Informatik-Fachberichte 126

Herausgegeben von W. Brauer
im Auftrag der Gesellschaft für Informatik (GI)

GI – 16. Jahrestagung I

Informatik-Anwendungen – Trends und Perspektiven

Berlin, 6.-10. Oktober 1986
Proceedings

Herausgegeben von
G. Hommel und S. Schindler

Springer-Verlag
Berlin Heidelberg New York
London Paris Tokyo

Herausgeber

G. Hommel
S. Schindler
TU Berlin
Franklinstr. 28/29, 1000 Berlin 10

CR Subject Classifications (1985): D.2.2, I.2, I.3, H.2, I.2.9

ISBN-13: 978-3-540-16813-3 e-ISBN-13: 978-3-642-71388-0
DOI: 10.1007/978-3-642-71388-0

CIP-Kurztitelaufnahme der Deutschen Bibliothek. Gesellschaft für Informatik: GI-Jahrestagung: proceedings. - Berlin; Heidelberg; New York; Tokyo: Springer
16. Informatik-Anwendungen - Trends und Perspektiven: Berlin, 6.-10. Oktober 1986. 1 (1986). (Informatik-Fachberichte: 126)

NE: HST; GT

Vorwort

Die Informatik befindet sich im Umbruch: Aufgrund des Wegfalls bisheriger technischer Barrieren erschließen sich Anwendungsgebiete in großem Stil. Sie wird damit noch mehr als bisher zum Hoffnungsträger für Innovationen in den unterschiedlichsten Fachgebieten und Märkten. Dies erfordert neben einer Analyse der neuen technologischen Gegebenheiten das Erarbeiten der nunmehr möglichen und notwendigen Perspektiven der Informatik in den verschiedenen Anwendungsbereichen.

Informatik-Anwendungen im Verwaltungs- und Produktionsbereich bilden deshalb den Tagungsschwerpunkt der GI-Jahrestagung 1986. Es wird aufgezeigt, welche Perspektiven sich für künftige Informatik-Anwendungen eröffnen durch den Einsatz von

- Methoden der künstlichen Intelligenz (z.B. in der Robotik),
- Techniken des papierarmen Büros (z.B. in Verwaltungen) oder
- Verfahren der Computer-Graphik und Bildverarbeitung (z.B. in der Medizin).

Die beiden vorliegenden Tagungsbände enthalten die eingeladenen Vorträge und die Beiträge zu den Fachgesprächen.

In den eingeladenen Vorträgen werden aktuelle Entwicklungen der Informatik dargestellt. Da Informatik-Methoden in immer neue Anwendungsgebiete eindringen, kann der einzelne Trends und Perspektiven in den verschiedenen Bereichen nicht mehr in voller Breite und Tiefe verfolgen. Trotzdem sind Kenntnisse von Entwicklungen in anderen Bereichen für die eigene Arbeit unerläßlich. Diesen Überblick vermitteln die eingeladenen Vorträge. Häufig bieten die eingeladenen Vorträge auch Einführungen in Fachgespräche, in denen dann technische Details in größerer Tiefe behandelt werden.

Die Fülle der Beiträge zu den einzelnen Fachgesprächen, die auch eine Aufteilung in zwei Tagungsbände notwendig machte, zeigt, daß in den Fachgruppen der GI aktive wissenschaftliche Arbeit geleistet wird.

Für die Mithilfe bei der Gestaltung der Tagung möchten wir insbesondere danken

- den Vortragenden,
- den Mitgliedern des zentralen Programmkomitees,
- den Mitgliedern der Programmkomitees für die Fachgespräche,
- den Sekretärinnen des Fachbereichs Informatik, Frau Karin Dahlheim, Frau Ruth Mahler und Frau Ingeborg Weber,
- den Mitgliedern des Organisationskomitees unter Leitung von Ralf Guido Herrtwich, der, unterstützt von Wolfgang Brandenburg und Fred Schneidereit, die Hauptlast der Vorbereitung und Abwicklung der Tagung mit ebenso großem Engagement wie Geschick getragen hat, und
- den Förderern der Jahrestagung sowie den Ausstellern des Industrieprogramms.

Berlin, im Juli 1986

G. Hommel
S. Schindler

Vorsitzender des Programmkomitees:

Günter Hommel

Tagungsleitung:

Sigram Schindler

Tagungsorganisation:

Ralf Guido Herrtwich

Zentrales Programmkomitee:

H. Balzert (Triumph-Adler Nürnberg)
A. Blaser (IBM Heidelberg)
M. Broy (Universität Passau)
E. Danke (Bundespostministerium Bonn)
U. Dierk (Nixdorf Paderborn)
H.-D. Ehrich (TU Braunschweig)
J. Encarnação (TH Darmstadt)
H. Fiedler (Universität/GMD Bonn)
N. Gerner (Siemens München)
G. Hommel (TU Berlin)
U. Kastens (Universität-Gesamthochschule Paderborn)
K.-P. Löhr (FU Berlin)
H. Niemann (Universität Erlangen-Nürnberg)
M. Paul (TU München)
P. L. Reichertz (Medizinische Hochschule Hannover)
S. Schindler (TELES/TU Berlin)
H. E. Schwärtzel (Siemens München)
G. Siegel (TFH Berlin)
P. Stahlknecht (Universität Osnabrück)
H. Strunz (ExperTeam Dortmund)

Inhaltsverzeichnis von Band I

Inhaltsverzeichnis von Band II

Hauptprogramm

DER INDIVIDUELLE RECHNER IM NETZVERBUND ALS ARBEITSPLATZ DES INGENIEURS

G. Krüger
Universität Karlsruhe
Institut für Informatik III

1. Einführung

Unter den Beobachtern und Analysten der industriellen Entwicklung besteht weitgehende Übereinstimmung, daß die achtziger Jahre das Jahrzehnt des Durchbruchs der rechnergestützten Ingenieurtechnik sein werden. Jüngste Zahlen und Prognosen vom amerikanischen Markt der Automatisierungstechnik zeigen eine eindrucksvolle Expansion /1/. So wurden für rechnergestütztes Entwickeln und Konstruieren von der amerikanischen Industrie 1980 389 Mio. $ ausgegeben, für 1985 betrugen die Aufwendungen bereits 2456 Mio. $ und bis 1990 wird eine nochmalige Steigerung auf 6500 Mio. $ erwartet. Für die eigentliche Fertigungsautomatisierung, dem Kernstück des Produktionsbetriebs der Zukunft, lauten die entsprechenden Zahlen 1980 6853 Mio. $, 1985 15375 Mio. $ und die Prognose für 1990 beläuft sich auf 32300 Mio. $. Der dritte große Wachstumsbereich der Informations- und Kommunikationstechnik in den Industrieunternehmen ist der innerbetriebliche Datentransfer, speziell die Fabrikkommunikation. Die Steigerung der Investitionsaufwendungen in der US-Industrie in diesem Bereich wird sich von knapp über 100 Mio. $ in 1980 über 264 Mio. $ 1985 auf mindestens 800 Mio. $ im Jahre 1990 erhöhen. Ein Blick in moderne Produktionsstätten europäischer und japanischer Unternehmen zeigt, daß auch hier mit hoher Veränderungsgeschwindigkeit Rechen- und Kommunikationstechnik die heutige Industrielandschaft umgestalten. Wenn auch gegenwärtig eine Schrittmacherrolle der Großindustrie, besonders auf den weltweit heißumkämpften Märkten technischer Massenprodukte, nicht zu übersehen ist, haben doch auch die mittelständischen Unternehmen die Zeichen der automatisierungstechnischen Revolution erkannt und beginnen die Weichen für die Fabrik der Zukunft zu stellen.

Zunehmend werden allerdings Klagen laut und das gilt für die Bundesrepublik, die in der Umstrukturierung ihrer industriellen Technik sehr gut im Rennen liegt, ebenso wie für die Vereinigten Staaten, daß eine kontinuierliche Entwicklung mit einer produktiven und menschengerechten Nutzung der neuen rechnergestützten Techniken durch einen gravierenden Mangel an Fachleuten entscheidend behindert wird. Vorwürfe treffen die technischen Universitäten und Fachhochschulen, daß sie nicht in der Lage seien, auf dem neuesten internationalen Stand stehende qualifizierte Absolventen auszubilden. Auch die Umsetzung von Informatikwissen in die ingenieurwissenschaftlichen Anwendungen in den Forschungsbereichen der Hochschulen wird in vielen Punkten als unbefriedigend empfunden.

Natürlich treten ähnliche Probleme mit den neuen Informationstechniken auch in anderen Teilen der Volkswirtschaft auf, doch muß sich dieser Beitrag auf die Bereiche naturwissenschaftlicher und ingenieurwissenschaftlicher Anwendungen der Informatik und ihrer Umsetzung in informations- und kommunikationstechnische Werkzeuge, Geräte und Systeme beschränken. Dabei sollen auch Vorstellungen über die erforderlichen Veränderungen an den Hochschulen entwickelt werden.

2. Informatik und Ingenieurarbeit

Will man das breite Spektrum der von Ingenieuren beruflich ausgeübten Tätigkeiten charakterisieren, gehört der Ingenieur natürlich in erster Linie zu den "Informationsarbeitern", d.h. er führt geistige Arbeiten aus, beispielsweise in Form des Planens, Entwerfens, Konstruierens, Leitens von Produktionsprozessen, Abwicklung von Vertriebs- und Beratungsaufgaben usw.

Betrachtet man typische Schwerpunktgebiete der Ingenieursarbeit, so lassen sich die Änderungen seiner Arbeitswerkzeuge, Methoden und Techniken durch die Informatik an vielen Beispielen darstellen und zu einem Gesamtbild zusammenfügen /2/.

So werden die Arbeit der Entwickler und Konstrukteure immer stärker von den Hilfsmitteln des rechnergestützten Entwurfs (CAD Computer Aided Design, CAE Computer Aided Engineering) bestimmt. Im mikroelektronischen Schaltungs- und Systementwurf läßt sich die Komplexität hochintegrierter Schaltungen überhaupt nicht mehr anders beherrschen als durch CAD-Unterstützung. Aber auch für den Maschinenbauer, den Bau-Ingenieur und den Prozeß- und Verfahrenstechniker sind rechnergestützte Planungs- und Entwurfsverfahren in fortgeschrittenen Anwendungen längst keine fremden Begriffe mehr.

Die Produktionsautomatisierung durch Roboter, rechnergeführte Maschinen und Transportsysteme (CAM Computer Aided Manufacturing) sowie die damit verbundenen papierarmen (oder gar papierlosen) Kommunikationsflüsse stellen den Fertigungsingenieur in seinen Planungs-, Leitungs- und Kontrollfunktionen vor stark veränderte Aufgaben.

Die rechnerintegrierte Produktion hat viele Vorteile, wie größere Flexibilität bei kleinen Stückzahlen, bessere Qualität, längere Nutzungszeiten, geringerer Materialverbrauch, günstige Lagerkosten usw. Sie bedeutet aber auch höhere Betriebskomplexität und geringere - meist softwarebedingte - Durchschaubarkeit der internen Funktionsabläufe. Diese Komplexität kann sehr schnell auf die Verfügbarkeit durchschlagen, wenn bei Störungen oder auch Erweiterungen und Adaptionen an veränderte Anforderungen das entsprechende qualifizierte Hardware- und Software-Personal nicht kurzfristig verfügbar ist. Man muß daher die hochinformatisierten Fertigungssysteme nicht nur fehlertolerant auslegen, so daß Konfigurationsalternativen mit stoßfreiem Ein- und Ausgliedern von Teilsystemen im laufenden Betrieb ohne Unterbrechungen möglich sind. Es ist auch die Verfügbarkeit von Ferndiagnose und gegebenenfalls Fernwartung über Telekommunikationseinrichtungen zur Unterstützung des Wartungs- und Betriebspersonals vor Ort mit hochspezialisiertem know how erforderlich. Die Möglichkeiten des Zugangs in die Fertigungseinrichtungen über Telekommunikation muß der Entwicklungsingenieur von vorneherein in die Konstruktion seiner Geräte und Systeme einbeziehen so wie der Betriebsingenieur Ferndiagnose und Fernwartung im Zusammenhang der Betriebsabläufe verstehen und beherrschen muß.

Sehr wesentlich für die Frage Informatik und Ingenieurarbeit ist, daß - wie viele Arbeitsstudien auch quantitativ belegt haben - ein Großteil der Arbeitszeit selbst eines Entwicklungsingenieurs in der Ausführung nicht fachspezifischer und gelegentlich auch wenig kreativer Büroarbeit besteht. Beispiele sind das Suchen oder Ablegen von Informationen (Fachliteratur, Normen, innerbetriebliche Mitteilungen), die Erstellung von Berichten in Text, Bild und Graphik, routinemäßige Datenauswertung und administrative Aufgaben (z.B. Projektplanung und -verfolgung, Kalkulationen, Abrechnungen). Auch der allgemeine innerbetriebliche und firmenübergreifende Kommunikationsaufwand kann - wie bei den anderen Beschäftigten auch - erhebliche Teile der Arbeitszeit in Anspruch nehmen.

Da diese Tätigkeiten der Büroinformation und -kommunikation oft als lästig und als von den eigentlichen Aufgaben ablenkend angesehen werden, ist beim Ingenieur in der Regel eine Hilfe durch Büroautomatisierungssysteme besonders willkommen.

Gute, leicht handhabbare Kommunikationstechnik fördert darüberhinaus die Intensität und Qualität der Teamarbeit und erleichtert klare Zielvorgaben, straffe Führung und zeitnahe Projektverfolgung auf den höheren Managementebenen.

In diesem Abschnitt sollte modellhaft gezeigt werden, wie vielfältig die Informations- und Kommunikationstätigkeiten im Ingenieuralltag sind und wo Ansatzpunkte für den informationstechnischen Wandel der Ingenieurarbeit zu erkennen sind.

3. Rechnernutzung durch den Ingenieur

Die Entwicklung der digitalen Rechenanlagen wurde von Beginn an durch die Suche nach mathematisch-numerischen Lösungen für naturwissenschaftlich-technische Probleme, d.h. für die Erleichterung der Durchführung umfangreicher Rechnungen, entscheidend geprägt. Entlastung von der Rechenroutine war nicht nur das Motiv von Konrad Zuse, sich mit der Entwicklung von Rechenautomaten zu befassen, sondern spielte auch bei allen amerikanischen Pionieren der vierziger Jahre eine dominante Rolle. In den fünfziger Jahren waren Universitäten, öffentliche und industrielle Forschungsstätten und das Militär Hauptabnehmer der ersten Generation technisch-wissenschaftlicher Großrechner und erst gegen Ende des Jahrzehnts verbreitete sich in der Wirtschaft die Erkenntnis, daß man die neuen Computer nicht nur zum Zahlenrechnen, sondern auch viel breiter, z.B. für nichtnumerische Anwendungen einsetzen kann.

Die breite Nutzung von Rechenleistungen durch die Industrie begann in den sechziger Jahren bevorzugt in den Großunternehmen durch Installation von recht teuren, in Rechenzentren aufgestellten - nach damaligen Begriffen - Großrechenanlagen (main frames). Der Zugang erfolgte über Lochkarteneingabe, die Programmiersprache der Ingenieure war Fortran und die erforderlichen numerischen Datenbestände waren vorzugsweise auf Magnetbänder, später ergänzt durch Magnetplatten, gespeichert. In den siebziger Jahren wurde der Zugriff auf die Rechenleistungen und Datenbestände der Großrechner durch den Einsatz von vom Rechner entfernt aufstellbarer Datenstationen (Terminals) und anderer Ein-/Ausgabestationen wesentlich verbessert. Die Aufgabe dieser in den Abteilungen an ausgewählten Arbeitsplätzen untergebrachten Geräte war es im wesentlichen,"aus der Fläche" Aufträge an den Großrechner heranzuführen und die Ergebnisse beim Benutzer vor Ort wieder abzuliefern. Die Vorbereitung der Auftragsabwicklung erfolgte im Dialog meist über alphanumerische Terminals, die eigentliche Auftragsdurchführung aber über die - manchmal recht langen - Warteschlangen des Stapelbetriebs. Die Eigensteuerungsfähigkeiten der Datenstationen waren gering (dumme Terminals), Graphikbildschirmgeräte waren teuer, hatten geringe Auflösung, neigten zum Flackern, oder sonstigen unangenehmen Eigenschaften, z.B. dem Fehlen einer selektiven Löschmöglichkeit.

Auf den Großrechnern entstanden in den sechziger und siebziger Jahren auf der Basis leistungsfähiger Betriebssysteme große ingenieurtechnische Anwender-Softwarepakete für die verschiedensten ingenieurtechnischen Fachgebiete. Dadurch wurde der entwerfende Ingenieur einerseits von zeitraubender Eigenprogrammierung entlastet, andererseits konnten auch komplizierte Berechnungsmethoden wie die Finite Elemente Verfahren in die Alltagsarbeit der Ingenieure in großem Umfang eingebracht werden.

In den Bereichen der Fertigungs-, Labor- und Prozeßautomatisierung führten sich in den siebziger Jahren Kleinrechner (Mini-Computer) ein, mit deren Entwicklung und Herstellung das Aufkommen einer neuen Herstellergruppe innerhalb der Computerindustrie verbunden war. Im kaufmännischen Bereich entsprachen den dezentral aufgestellten Prozeßrechnern die Bürorechner der mittleren Datentechnik. Kennzeichnend für beide Klassen von dezentralen Anwendungen war die hohe Autonomie der Rechner, sie arbeiteten fachlich und organisatorisch als Insellösungen, die Kommunikation zu anderen Fachbereichen des Unternehmens erfolgte über Papier (Ausdrucke) oder günstigstenfalls über transportable Datenträger. Die Minicomputer/ MDT Rechner der siebziger Jahre waren durchweg groß (Schrank- oder Schreibtischgröße), laut und stellten oft Anforderungen an Klima und Lüftung. Der Arbeitsplatz war in dieser Entwicklungsstufe der dezentralen Systeme am, die Gestaltung der Arbeitsumgebung beherrschenden, Rechner und nicht, wie heute angestrebt, der Rechner am Arbeitsplatz. Ende der siebziger Jahre kam nach der Welle der elektronischen Taschen- und Tischrechner als den ersten Massenprodukten der neuen Mikroelektronik der Durchbruch zum neuen Typus des Kleincomputers (PC), der kaum größer als eine Schreibmaschine, ausgerüstet mit Tastatur, einfachem Bildschirm und Diskettenlaufwerken ein in der Grundfunktionalität vollwertiges programmierbares Gerät auf dem Schreibtisch des Benutzers darstellt.

Die Anfangsgeneration der PC (Personal Computer) war noch schwach in der Rechenleistung, hatte sehr begrenzte Arbeitsspeicher und keine Möglichkeit, größere Datenbestände in schnellem Zugriff zu speichern. Auch die Kommunikationsfähigkeiten waren wenig entwickelt. Es ist daher nicht verwunderlich, daß die Personal Computer der ersten Generation auf die professionellen Anwender, besonders im technisch-wissenschaftlichen Bereich, wenig Eindruck machten. Die Stärke dieser Geräte lag und liegt auch heute noch in einem gewissen Umfang bei den schon erwähnten Infrastrukturtätigkeiten der Büroarbeit, wie Texterstellung und -bearbeitung, Tabellenkalkulation, Speicherung mittlerer Informationsbestände in einem Archiv und anderen kaufmännischen und organisatorischen Tätigkeiten. Der PC hat durch seine Anspruchslosigkeit an seine Betriebswelt, seine Preisgünstigkeit und der Verfügbarkeit einer Fülle von benutzerfreundlicher Anwendungssoftware den Rechnereinsatz erst wirklich zur Massennutzung, insbesondere im mittelständischen und semiprofessionellen Bereich bis hin zur privaten Nutzung und zum Ausbildungsmarkt, geführt.

Mit seinen Büroarbeits-Automatisierungsfortschritten hat er natürlich auch Nutzen für den Ingenieur gebracht, nicht zu vergessen, die durch ihn kostengünstig ermöglichte Integration von Rechnerleistung in Laborplätze, Versuchsanordnungen, kleinere prozeßtechnische Automatisierungen usw.

Für die typischen Planungs-, Entwurfs- und Konstruktionsaufgaben des Ingenieurs war der kleine PC nicht geeignet. Dazu sind erhebliche Rechenleistungen, große Datenspeicher und ein Mindestniveau an graphischer Unterstützung im Dialog und als graphische "hardcopy" Ausgabe erforderlich. Sowohl vom Preis-Leistungs-Verhältnis als auch von der praktischen betrieblich-organisatorischen Handhabbarkeit her und nicht zuletzt durch die starke Dedizierung einer ganzen Gruppe von Herstellern auf das technisch-wissenschaftliche Marktsegment haben sich seit Mitte der siebziger Jahre sogenannte Superminirechner in den Ingenieurabteilungen als Ein-Platz- oder Mehr-Platz-Systeme durchgesetzt.

Superminis als Abteilungsrechner für ein kooperierendes Team von Ingenieuren haben eine Reihe von Vorteilen. Superminis erreichen heute hohe Rechenleistungen, die früher den "Main frames" vorbehalten waren, sie besitzen Befehlssätze, die besonders auf die wissenschaftlich-technische Nutzung zugeschnitten sind und erlauben durch Zusatzprozessoren gezielt erhebliche Leistungssteigerungen z.B. im Gleitkommabereich.

Erhebliche Arbeitsspeichergrößen und hohe Transferraten zu den Massenspeichern ermöglichen heute sowohl eine vorzügliche Dialogleistung als auch die Bewältigung großer Stapelläufe. Wirtschaftlich positiv ist die gemeinsame Nutzung der Rechnerressourcen zu bewerten. Bei der natürlichen fluktuierenden Rechnernutzung steht dem einzelnen Ingenieur bei Bedarf die volle Leistungsfähigkeit eines Superminis am Arbeitsplatz zur Verfügung. Auch können spezielle Geräte, wie Magnetbandeinheiten zur Datensicherung, optische Leser, größere Drucker und Plotter usw. kosteneffektiv nur von einer größeren Benutzergruppe genutzt werden. Die Erfahrung ist allerdings, daß zumindest die Ein-/Ausgabegeräte in räumlicher Nähe der Nutzergruppe unterzubringen sind, beispielsweise in Form eines Stockwerknutzerdienstes. Neuere Erfahrungen zeigen teilweise ein auf den ersten Blick überraschendes Bild, was die Akzeptanz einer grossen Rechnerausrüstung am Arbeitsplatz betrifft. Viele Anwender werden durch die unvermeidlichen Geräusche, die Wärmeentwicklung und die bei einigen Geräten, wie nicht-mechanischem Drucker, auftretende Geruchsbildung in unmittelbarer Nähe ihres Arbeitsplatzes erheblich belästigt und möchten die Gerätepräsenz auf dem eigenen Schreibtisch auf das nutzungsmäßig erforderliche Minimum beschränken, d.h. den Hochleistungsbildschirm, der über eine schnelle Kommunikation mit dem Supermini verbunden ist, die diversen manuellen Eingaben für den interaktiven Betrieb, ergänzt noch durch ein Diskettenlaufwerk zur individuellen Datenspeicherung und eventuell einen kleineren Massenspeicher zum schnellen Speicherwechsel. Diese Trennung von Endgerät und dem Rest der rechentechnischen Einrichtungen läßt sich mit Hilfe von Hochgeschwindigkeitsübertragung (Kanalgeschwindigkeit) über Glasfaserstrecken heute leicht auf Abstände Rechner - hochauflösendes graphisches Bildschirmgerät im Kilometerbereich ausdehnen. Entsprechende Verbindungen sind im Rahmen eines Kooperationsprojektes mit der IBM Deutschland auf dem Campus der Universität Karlsruhe seit einiger Zeit störungsfrei im Einsatz /3/.

4. Die Ingenieur-Arbeitsplatzstation

Die Gemeinschaftsnutzung ingenieurorientierter Supermini-Computer, die heute sicher den Schwerpunkt der Ingenieuranwendungen umfaßt - amerikanische Quellen schätzen, daß über 90% der Ingenieur-Forschungs- und Entwicklungslaboratorien in USA Superminis installiert haben - ist auch kritisch zu betrachten und hat manche Nachteile. Wie anders wäre es sonst zu erklären, daß die jüngste Entwicklung auf dem Gebiet der Rechnernutzung durch Ingenieure, das professionelle Arbeitsplatzrechnersystem (engineering workstation) seit seiner Einführung etwa im Jahre 1981 eine explosionsartige Entwicklung genommen hat. In den Jahren seit

1981 hat sich der Umsatz dieser CAD/CAE-Stationen beispielsweise in der Elektrotechnik, insbesondere bei der Schaltungsanalyse, dem Schaltungsentwurf, der logischen Simulation und dem "layout" von integrierten Schaltkreisen und Leiterplatten regelmäßig jährlich verdoppelt. Im Gegensatz zur vollen firmenweiten Zentralisierung über Großrechner oder zur Teilzentralisierung mit abteilungs- oder gruppenorientierten aufgabenspezifischen Superminis konnte als Gegenkonzept die völlige Dezentralisierung und Individualisierung der Computernutzung auch praktisch realisiert werden. Dabei hat der Benutzer alleinigen Zugriff zu einer individuellen Arbeitsplatzstation, die ihm lokal alle benötigten Hardware- und Softwareressourcen, insbesondere hohe Rechenleistung und ausgezeichnete graphische Fähigkeiten zur Verfügung stellt. Ein solches Konzept bietet sich als einzige Alternative für kleine Ingenieurbüros und viele mittelständische Unternehmen an, die beim Einsatz neuer Rationalisierungshilfsmittel sehr kostenempfindlich sind und für die ein Supermini in Beschaffung und Unterhalt schlicht zu aufwendig ist. Auch besteht hier nicht der interne Kommunikationsbedarf größerer Teams, da das Firmenumfeld im Entwicklungs- und Produktionsbereich durchaus noch überschaubar ist.

Aber auch in größeren Einheiten gibt es Gründe für die geschlossene Workstationlösung. Sie sind sowohl technischer als auch nicht-technischer (z.B. arbeits- und betriebsorganisatorischer) Natur. Ein wesentlicher technisch-wirtschaftlicher Grund ist gegenwärtig, daß Hochleistungs-Arbeitsplatzrechner beim Preis-Leistungs-Vergleich der Rechenleistungen bei eigenem hohen Leistungsangebot in der Mips- (Millionen Instruktionen pro Sekunde) Klasse sehr gut gegenüber den Superminis und erst recht den Main Frames abschneiden. Die Tendenz in den Schaltungskreistechnologien scheint zu sein, daß es immer aufwendiger wird, sehr hohe Mips-Zahlen in einem Prozessor zu realisieren, während mittlere Mips-Zahlen mit geringem Aufwand hochintegriert in hohen Stückzahlen produziert werden können.

Ein anderer aktueller technischer Trend im Workstation-Markt ist es, Spezialprozessoren oder Hardware-Beschleuniger für häufig vorkommende sehr anwendungsspezifische Aufgaben einzusetzen. So wurde eine Simulationseinheit für den elektronischen Logikentwurf und die Fehlererkennung auf der Basis von Simulationsalgorithmen angekündigt, die in vollständig kundenspezifischen VLSI Chips implementiert wurde. Nach Angaben des Herstellers reduziert sich damit die logische Simulation eines 10000 Gatterentwurfs von mehreren Stunden Simulationslauf auf einer VAX 11/780 auf etwa eine Minute mit der Hardwarelösung /4/.

Neben der Steigerung der allgemeinen und spezialisierten Rechnerleistung bestehen die höchsten Forderungen moderner Workstationkonzepte an die Benutzeroberfläche und insbesondere an eine großflächige 2D- und 3D-Ingenieursgraphik. Auch in diesem Bereich ist ein eindeutiger Trend zur Verlagerung der graphischen Subsysteme in VLSI-Hardware zu beobachten, wobei auch hier anwendungsspezifische Spezialisierungen, z.B. für die Zeichnungserstellung, aus dem Hauptprozessor herausgenommen und in hardwareorientierter Weise in Spezialprozessoren implementiert werden. Die Nutzung der graphischen Funktionen erfordert höchste Bildaufbautransferraten, die gegenwärtig nur durch einen integrierten Entwurf mit kürzesten Wegen in einer geschlossenen Workstation realisierbar sind.

Überhaupt tritt die Länge der Antwortzeit auch für komplexere Dialogoperationen immer stärker in den Vordergrund. Nach einer IBM-Studie wird der Gedankenfluß des Benutzers bereits empfindlich gestört, wenn die Antwortzeit mehr als eine Sekunde beträgt. Jede Verbesserung um eine Zehntel Sekunde in der Antwortzeit soll danach zu einer wesentlichen Reduktion der Gesamtarbeitszeit für eine typische experimentelle Entwurfsaufgabe führen. Solche extremen Berechnungs- und Bildaufbaugeschwindigkeiten sind über heutige Netze nicht realisierbar. Die gegenwärtige Hardwaretechnologie begünstigt also bei sehr hohen Benutzeranforderungen die am Platz befindliche Individuallösung.

Für den individuellen Arbeitsplatzrechner sprechen aber auch einige praktische und organisatorische Gründe. Ganz wesentlich ist der Gesichtspunkt der Unabhängigkeit und Selbstverantwortung. Bei jeder Form der Mitbenutzung einer zentralen Ressource muß der Einzelne sich den dort gegebenen Randbedingungen und Vorschriften anpassen. So ist die Maschine unglücklicherweise immer dann überlastet, wenn man selbst im Druck ist, wichtige Datenbestände sind ausgelagert, weil man einen Meldetermin übersehen hat, Betriebsmaterial ist ausgegangen, ein Defekt wurde verursacht und nicht gemeldet usw. Solche Probleme treten natürlich besonders bei operateurlosem Betrieb auf Abteilungsrechnerebene auf.

Zunehmende Bedeutung gewinnen auch die Verantwortlichkeits- und Sicherheitsfragen. Gemeinsame Datenbestände, selbst individuelle Daten auf gemeinsamen Speichern, sind nicht so schützbar, wie die Daten auf dem eigenen Rechner. Gerade wenn der Rechner der Zukunft eine oder gar die dominierende persönliche Wissens- und Informationsbasis des Einzelnen darstellt, wird der Benutzer hohe Sicherheitsforderungen an den Schutz seiner vertraulichen Information vor Zerstörung, versehentlicher oder gezielter unerlaubter Veränderung und anderer Formen des Mißbrauchs stellen.

Das wird trotz aller heute in der Diskussion befindlichen Sicherungsvorkehrungen selbst auf längere Sicht nur möglich sein, wenn der Benutzer seine sensitiven Daten räumlich und technisch voll unter eigener Kontrolle hat.

5. Rechner im Netzverbund

Selbst eine weitgehende Autarkie in Rechen- und Speicherkapazität, Anwendungssoftware und persönlicher Datenbasis enthebt den Ingenieur nicht der Notwendigkeit, über seinen Rechner zu kommunizieren. Zu nennen ist zuerst die anwendungsorientierte Kommunikation, beispielsweise bei der Übergabe von Daten und Ergebnissen an andere Gruppenmitglieder eines Ingenieurteams, oder beim Zugriff auf aktuelle öffentliche Informationen, wie Normen, Preisentwicklungen und Fachinformationen. Insgesamt kann man sagen, daß es sich in den hochinformatisierten Unternehmen der Zukunft kein Arbeitsplatz leisten kann, am elektronischen Informationsfluß im Unternehmen nicht teilzunehmen.

Diese Einbindung in das innerbetriebliche (und überörtliche) Kommunikationsnetz erhöht natürlich wiederum die genannten Sicherheitsrisiken des unerwünschten Fremdzugriffs, so daß je nach Art und Umfang der individuellen und vertraulichen Information besondere Hardware- und Softwareschutzmaßnahmen erforderlich sind.

Auf der konstruktiven Seite ist sicherzustellen, daß Nachrichten auch angenommen und zwischengespeichert werden können, wenn der Benutzer nicht am Arbeitsplatz ist bzw. nicht unterbrochen werden möchte oder der Rechner gar abgeschaltet ist.

Der zweite Kommunikationsbereich kann inhaltlich als ressourcenbezogener Kommunikationsbedarf gekennzeichnet werden. Bei aller Leistungsfähigkeit der Workstation vor Ort wird doch oft auf spezialisierte, nicht lokal verfügbare Hardware- und Softwareleistungen zurückgegriffen werden müssen. Beispiele sind die Benutzung von Höchstleistungsrechnern für sehr große numerische Berechnungen oder spezielle aufwendige Peripherie- oder Software-Leistungsanbieter, die im Netz seit neuerem als Server bezeichnet werden. Die explizite oder implizite Nutzung von Servern sollte unter möglichst einfachen Benutzungsbedingungen geschehen, die den Benutzer von der Kenntnis technischer Details möglichst freistellen. Aus Benutzersicht können die verschiedenen, über das Kommunikationsnetz zu erbringenden Leistungen, in Anlehnung an den Sprachgebrauch der Deutschen Bundespost als "Dienste" betrachtet werden. Zukünftige innerbetriebliche Netze sollen nicht technologieorientiert, sondern "dienstorientiert" sein und zudem leicht den Übergang in öffentliche Postdienste ermöglichen. Mit dem unternehmensweiten oder auch universitätsweiten Netzverbund treten die Probleme der Standardisierung zumindest der Schnittstellen und der Verfahren der Mensch-Netz-Kommunikation in den Vordergrund, wobei auch die Inhomogenitäten und Inkompatibilitäten der heutigen unterschiedlichen Herstellerwelten benutzertransparent überbrückt werden müssen. Eine große Verbundinstallation mit Zugang zu Superrechnern, klassischen Main Frames, abteilungs- oder funktionsorientierten Supermini-Rechnern, Servern aller Art und Arbeitsplatzrechnern (Terminals) unterschiedlichster Leistungsfähigkeit und Ausrichtung wird kaum als geschlossene Lösung aus der Hand eines Herstellers bezogen werden können. In der Entwicklung solcher schrittweise weiterentwickelbarer hierarchischer Verbundrechnerkonzepte liegen noch gewaltige Aufgaben für Informatiker und Nachrichtentechniker.

6. Einflüsse auf die Ingenieurausbildung

Trotz der Forderung nach größtmöglicher Einfachheit und Transparenz der neuen Informatik- bzw. Informationstechnik- und Kommunikationstechnikstrukturen in der Arbeitswelt der Ingenieure und der anderen Beschäftigten muß der Ingenieur einen erheblichen Aufwand investieren, um die neuen Mittel und Werkzeuge seiner Facharbeit zu verstehen und auf einer anwendungsnahen Ebene zu beherrschen. Sowohl aus seinen Fachnotwendigkeiten als auch aus seinem Selbstverständnis heraus, muß der Ingenieur anstreben, ein vertiefteres Verständnis der Informatik und ihrer Anwendungen zu gewinnen, als es bei weniger technisch interessierten und vorgebildeten Berufsgruppen erforderlich ist. Unter dieser Voraussetzung läßt sich die heutige Diskussion zum Einfluß der Informatik auf die Hochschulausbildung der Ingenieure wie folgt zusammenfassen /5/.

Jeder Ingenieurstudent muß eine solide Ausbildung in den Grundlagen der Informatik bekommen, so wie er sich obligatorisch im Grundstudium seines Faches Mathematik- und Physikkenntnisse erwirbt. Dieses Pflichtstudium ist nicht auf das Erlernen einer Programmiersprache zu beschränken, sondern trägt der Tatsache Rechnung, daß die Informatik eine eigenständige Wissenschaft mit einer genuinen Begriffswelt, eigener Methodik und vielen spezifischen Arbeitstechniken ist. Daraus ergibt sich auch eine übergreifende Befruchtung der Ingenieurmethodik. So lassen sich die Entwurfsprinzipien komplexer Systeme sehr gut an der Systemtechnik des Entwurfs großer Softwarepakete als ingenieurmäßig erstellte Produkte erlernen.

Die Informatikeinführungen müssen in aller Regel von den Lehrstühlen der Fakultäten/Fachbereiche der Informatik angeboten werden, um eine qualifizierte Ausbildung sicherzustellen. Eine umfangreiche Übungsarbeit an Rechnern ist für die Grundausbildung selbstverständlich.

Aufbauend auf den obligatorischen Grundkenntnissen sollten im Hauptstudium vertiefende Informatikveranstaltungen angeboten werden. Für Ingenieurstudenten, die sich auf Planung, Entwurf und Weiterentwicklung von CAD-, CAM-, CIM-Systemen aus Anwendersicht spezialisieren wollen, die also später stark informatikorientiert arbeiten, ist die Einrichtung einer Informatiknebenfachausbildung im Rahmen des Fachstudiums nach dem Vordiplom vorzusehen. Geeignete Fachgebiete aus dem Lehrangebot der Informatik wären beispielsweise Softwarekonstruktionslehre, Realzeitsysteme, Datenbanktechnologie, digitale Telekommunikation und graphische Informatik.

Die eigentlichen fachbezogenen Anwendungen der Informatik als Werkzeuge der Ingenieurarbeit sind integraler Bestandteil der fachspezifischen Ausbildung der einzelnen Ingenieurdisziplinen. Die Lehre industrieller CA-Techniken und Automatisierungsverfahren ist direkt in die entsprechenden Fächer zu verankern und sollte daher nicht auf die Dauer speziellen Lehrveranstaltungen bzw. Übungen oder Praktika vorbehalten werden, die neben den klassischen Hauptveranstaltungen stehen. Entscheidend wichtig ist dabei, den Studenten ausreichende Übungsmöglichkeiten an gut ausgestatteten Rechnerarbeitsplätzen anzubieten. Ideal wäre, die apparative Ausrüstung so großzügig zu bemessen, daß die Studenten nicht nur grundsätzliche Einsichten gewinnen, sondern beim Studienabschluß schon eine erhebliche praktische Erfahrung in den neuen Informationstechnologien mit in den Beruf nehmen. Die Forderungen der Industrie nach Absolventen dieser Qualifikation sind jedenfalls unüberhörbar.

7. Erfahrungen an der Universität Karlsruhe

Karlsruhe hat eine bis in die fünfziger Jahre zurückgehende Tradition beim Einsatz von Digitalrechnern für die ingenieurwissenschaftliche Forschung und Lehre. Es wurde früh erkannt, daß DV-Grundkenntnisse und Programmiererfahrungen für Naturwissenschaftler und Ingenieure unverzichtbar sind und besonders in der Gestaltung des Übungsbetriebs für große Studentenzahlen wurden anerkannte Pionierleistungen erbracht.

So war zu Beginn der achtziger Jahre für etwa 85% aller Karlsruher Studenten der Erwerb eines Programmierscheins Pflicht. Obwohl es zu dieser Zeit auch außerhalb der Informatik eine größere Zahl von rechnergestützten Lehrveranstaltungen in den natur- und ingenieurwissenschaftlichen Studiengängen gab und zudem jeder Student im Hauptstudium ohne Beschränkung ein Rechenzeitkontingent zum freien Üben auf den Anlagen des Rechenzentrums beantragen konnte, lag die Nutzung der Karlsruher Großrechnerkapazität für alle Formen der Lehre und Studentennutzung im Jahre 1982 unter 5% der Gesamtauslastung.

Da eine größere Nutzungsintensität durch Studenten - unter anderem durch den umständlichen Zugang über Lochkarte und Lochstreifen und die im Stapelbetrieb unvermeidlichen Wartezeiten - auf dem Weg der zentralisierten Großrechenanlagen nicht erreichbar war, wurde 1983 damit begonnen, die Studentenausbildung am Rechner durch den Einsatz von Personal Computer zu dezentralisieren. Nach einer bereits 1981 erfolgten Umstellung der Anfängerausbildung der Informatiker und Wirtschaftswissenschaftler auf einfache PC wurde ab 1983 die gesamte Erstausbildung im Programmieren und den Grundlagen der Informatik auf PC-Kursbetrieb umgestellt, wobei ein Teil der Kurse auch über die PC im Netzverbund auf größere Rechner zugreifen. Die guten Karlsruher Erfahrungen bei der Intensivierung der Ausbildung im interaktiven PC-Betrieb, die hervorragende Ausnutzung der in Computersälen 12-14 Stunden betriebenen preisgünstigen Kleinrechner und nicht zuletzt die Zuverlässigkeit der PC-Technik auch unter hartem Dauerbetrieb haben wesentlich zur Vorbereitung des bundesweiten Programms: PC in der Studentenausbildung (Computer Investitions-Programm CIP) beigetragen. Als eine entscheidende Hilfe für eine flächendeckende Bereitstellung geeigneter PC-Hardware und Software erwiesen sich - neben dem Beschluß der Universität hier einen fakultätsübergreifenden Investitionsschwerpunkt zu setzen - die Unterstützungen durch Industriekooperationen. So stellte die IBM Deutschland über 150 PC und mehrere technischwissenschaftlich-orientierte Supermini-Rechner im Verbund zur Verfügung. Die Firma Hewlett Packard stiftete ein ausschließlich für Ausbildungszwecke vorgesehenes leistungsstarkes Mehr-Benutzer-System mit mehr als 30 Terminals. Weitere umfangreiche Unterstützungen gaben Digital Equipment, Prime und Siemens.

In der zweiten Phase des Informatisierungsprojektes der Universität wurde - nachdem der Grundausbildungsbetrieb mit mehreren hundert PC stabil läuft - der Schwerpunkt auf den Einsatz dezentraler Rechner für die fachbezogene Nutzung durch Naturwissenschaftler und Ingenieure gelegt.

Beispiele sind die langjährigen Arbeiten der Physiker zur rechnergestützten Vermittlung physikalischer Sachverhalte mit modellierender und simulierender Lehrsoftware in einem Computer-Theoretikum, das jetzt über PC-Arbeitsplätze einer größeren Zahl von Studenten interaktiv angeboten werden kann /6/. Ebenso werden Kurse für Text- und Graphikerstellung, Tabellenkalkulation, Datenbankaufbau und -nutzung, integrierte kommerzielle Pakete usw. angeboten.

Als Erfahrung zeigt sich, daß praktisch alle Lehrinhalte der Informatikgrundausbildung, ein wesentlicher Teil der praktischen Übungen im Informatiknebenfach und das Erlernen der Nutzung des PC als breit verwendbares Werkzeug für die schon oben so bezeichneten fachunspezifischen "Infrastrukturtätigkeiten" geistigen Arbeitens mit dem heutigen Personal Computer ohne Einschränkung an Qualität und Allgemeinheit gelehrt werden können.

In der Tagesarbeit zeigen sich allerdings Grenzen des Massenbetriebs in PC-Sälen mit 30 und mehr Arbeitsplätzen. Eine solche Packung von Menschen und Maschinen führt zu doch recht erschwerten Arbeitsbedingungen, die für eine längere konzentrierte geistige Tätigkeit prohibitiv sind. Für fortgeschrittene Rechnerarbeitsplätze ist daher auch eine angemessene räumliche Dezentralisierung und Abgeschirmtheit erforderlich.

Die PC der Niederpreisklasse reichen für die professionellen Anwendungen der CA-Klasse, wie CAD im Maschinenbau, der Elektrotechnik oder der Architektur in der Regel nicht aus. Allerdings sind sie für Anfängerübungen auf diesen Gebieten durchaus brauchbar und aus Kostengründen sogar erforderlich.

Fortgeschrittene Ingenieurstudenten sollten am Ende ihres Studiums, zumindest ein bis zwei Semester lang, die Gelegenheit haben, an professionellen "engineering workstations" ihres Faches zu arbeiten. Gerade für den vielberedeten Technologietransfer zur Unterstützung der Modernisierungsbestrebungen der mittelständischen Industrie ist eine Vertrautheit der Absolventen mit neuester "workstation technology" einschließlich der darauf einzusetzenden graphikgestützten Applikationspakete eine unabdingbare Notwendigkeit. Aus Kostengründen ist hier auch an Mehrplatzsysteme zu denken, selbst wenn damit einige Komforteinbußen verbunden wären; so müßte in der Ausbildungsumgebung nicht unbedingt die erwähnte produktivitätsorientierte "unter einer Sekunde" Antwortzeitregel gelten. Sicher ist, daß die Ausstattung der naturwissenschaftlichen, der Ingenieur- und Informatik-Fachbereiche an den Universitäten und Fachhochschulen mit professionellen Workstations, Superminis und schnellen Kommunikationsnetzen ohne Verzögerung beginnen muß. Die Preisentwicklung der jüngsten Zeit und die offensichtliche Bereitschaft der einschlägigen Industrie, sicher nicht ohne Eigeninteressen, diese Ausrüstung zu fördern, lassen einen Einstieg der Hochschulen in den nächsten Jahren sowohl sachlich als auch wirtschaftlich vernünftig erscheinen. Klar ist, daß - trotz aller günstigen Preisentwicklung - Milliardenaufwendungen erforderlich sein werden, die nur durch ein weiteres Sonderprogramm von Bund und Ländern bereitgestellt werden können. Daß auch andere Länder die vor den Hochtechnologie-Industrienationen liegenden internationalen Wettbewerbsprobleme erkannt haben und entschlossen sind durch staatliche Maßnahmen ihre Informatiker- und Ingenieurausbildung zu unterstützen, zeigt das Beispiel der Schweiz, deren Parlament auf Vorlage des Schweizer Bundesrats /7/ "Sondermaßnahmen zugunsten der Ausbildung und Weiterbildung sowie der Forschung in der Informatik und den Ingenieurwissenschaften" für den Zeitraum 1986-91 in Höhe von fast 500 Mio. Schweizer Franken beschlossen hat. Übertragen auf die Bundesrepublik wäre das ein Zusatzprogramm von mehreren Milliarden DM!

8. Abschlußbemerkungen

Aus einer Zwischenbilanz der Karlsruher Ausbildungsprojekte lassen sich zusammenfassend einige allgemeine Ergebnisse herleiten, die zum großen Teil gut mit den Erfahrungen in der Industrie und anderen Ausbildungseinrichtungen übereinstimmen.

Die Beherrschung der neuen rechnergestützten Denkmethoden und Arbeitstechniken kann sich der Student nicht so nebenher aneignen. Sie erfordert einen erheblichen Qualifikationsaufwand, den zuerst natürlich das Lehrpersonal für sich selbst leisten muß. Diese Weiterqualifikation unter den heutigen Überlastbedingungen in den meisten Ingenieurfächern zu leisten, erweist sich als schwierig. Es sollte daher von den Hochschulen daran gedacht werden, insbesondere für Nachwuchswissenschaftler gegebenenfalls gemeinsam mit interessierten Stiftungen und Förderungsmöglichkeiten von Bund und Ländern Qualifikationsprogramme auf hohem fachlichem Niveau in koordinierter Weise bundesweit auszuarbeiten und anzubieten.

In den Hochschulen ergibt sich bis hin zur technischen Beherrschung der neuen Informatikinstrumente ein gewaltiger Beratungs- und Unterstützungsbedarf. In Karlsruhe hat das Universitätsrechenzentrum die Initiative ergriffen und organisiert und koordiniert besonders auf dem PC-Gebiet die universitätsweite Kooperation der Fakultäten in einem sogenannten Benutzerzentrum (Mikro-Bit = Mikrocomputer Beratungs- und Informationsteam) /8/. Ein weiteres erfolgreiches Konzept, um den Ausbildungsengpässen Herr zu werden, ist die direkte Heranführung interessierter Studenten an den Umgang mit Arbeitsplatzstationen im Selbststudium.

Zum einen stehen die Kleinrechner-Pools außerhalb der Kurszeiten und insbesondere in der vorlesungsfreien Zeit den Studenten in großem Umfang zum "freien Üben", das heißt ohne Kurseinbindung und unmittelbare fachbezogene Betreuung zur Verfügung. Zum anderen sind PC-Benutzerräume, unter anderem in der Universitätsbibliothek aber auch in anderen Fakultätsbibliotheken eingerichtet worden, die im Rahmen der üblichen Bibliotheksorganisation betrieben werden. Studenten können sich Lehrprogramme mit entsprechenden Anleitungen für die Nutzung auf den in den Bibliotheken verfügbaren Rechnern genauso wie normale Literatur ausleihen und auf den "Bibliotheksrechnern" ausführen. Dieses Vorhaben wurde von der Universität Karlsruhe - IBM Kooperation initiiert und soll in weiteren Stufen auf eine "on-line Ausleihe" der Lehr- und Übungsprogramme von File Servern und auf einen campusweiten Zugriff aus allen geeigneten Pools ausgebaut werden.

Die direkte Ansprache und Ermutigung der Studenten zum rechner-experimentellen Selbststudium stellt nach Ansicht des Verfassers ein hervorragendes Mittel dar, sowohl informatik-als auch fachspezifische Rechner-Nutzung in allen Stufen der studentischen Ausbildung einzuüben, ohne das ohnehin überlastete Lehrpersonal weiter zu überfordern.

Ein Schlüssel für den Erfolg dieses Ansatzes stellt natürlich die Verfügbarkeit allgemein zugänglicher Lehrsoftware hoher fachlicher und didaktischer Qualität dar. Zur Erstellung und Betreuung solcher, auf das deutsche Ausbildungsniveau zugeschnittener Unterrichts-Software, die sicher mit hohem Aufwand verbunden ist, sollten sich die einschlägigen Fachbereiche oder Fakultäten in konzertierten Aktionen bundesweit zusammenfinden, um das Rad nicht an jeder Stelle neu zu erfinden. Ein Vorbild kann hier die bereits angelaufene Kooperation der Physikfakultäten sein. Das Zusammenwirken mit den Informatikern (u.a. bei graphischen Benutzeroberflächen, Bewegtbildgraphiken, Autorensystemen und Tutorensprachen, Datenbankstrukturen und Einbeziehung von Erkenntnissen zum Entwurf wissensbasierter Systeme) sollte dabei nicht vergessen werden.

Ein letztes Wort zur Forschung: Aus der Geschichte wissen wir, daß Wissenschaft und Technik sehr häufig über neue oder verbesserte Instrumente entscheidende inhaltliche Entwicklungsanstöße bekommen haben. Man denke nur an das Fernrohr, das Mikroskop oder heutzutage den Laser. In gleicher Weise werden auch die Werkzeuge der Informatik neue, möglicherweise ebenfalls revolutionäre, Entwicklungen in den Inhalten und Methoden der sie anwendenden Wissenschaften auslösen. Hier liegt ein unübersehbares großes Gebiet der Forschung, besonders im Grundlagenbereich, für die Hochschulen. Es muß daher selbstverständlich werden, daß in den Forschungsgruppen der ingenieurwissenschaftlichen Institute professionelle Arbeitsplatzrechner stehen, die am Spitzenstandard der internationalen Entwicklung zu messen sind. Dabei sind die Komponenten der Basis-Hardware und -Software sicher Industrieprodukte, die eigentliche forscherische Leistung, der "wissenschaftliche Mehrwert" liegt in den anwendungsbezogenen Methoden der Planung, der mathematischen Modellbildung, den Simulationsverfahren und dem Aufbau und der Erschließung problemspezifischer Datenbestände und Datenbanken. Schließlich ist auch die Benutzerschnittstelle mit ihrem enormen graphischen Darstellungspotential nicht festgeschrieben, sondern sollte ein Feld für wissenschaftliche Innovation aus der Hochschulforschung sein.

Individuelle Hochleistungs-Rechnerarbeitsplätze im Netzverbund sind somit weder als Mittel der Forschung noch als ihr Objekt und damit verbunden als Transportmittel für neue - in Software gepackte - wissenschaftliche Erkenntnisse für die Praxis aus den angewandten Bereichen der Hochschulen der Zukunft wegzudenken. Jedes Zögern bei der Umsetzung dieser Erkenntnisse in die praktische Hochschularbeit wird unabweisbar zum wissenschaftlichen und wirtschaftlichen Zurückfallen unseres Landes führen.

Literatur

/1/ Special Report: High Tech to the Rescue
Business Week June 16, 1986

/2/ Krüger, G.:
Zum Einfluß der Informatik auf die Hochschulausbildung.
Angewandte Informatik. Bd. 26.1984,12.

/3/ Krüger, G.:
Die Herausforderung der verteilten Datenverarbeitung für die Hochschulen am Beispiel der Universität Karlsruhe.
Hackl, C., Schmidt, H.K.: Verteilte Datenverarbeitung in Lehre und Forschung
Wissenschaftssymposium IBM Deutschland GmbH, Bad Neuenahr
10.-12. Juni 1986 (erscheint demnächst)

/4/ Special Report on Workstations: Tailored designs match workstations to applications.
Computer Design, Vol. 25, No. 11, 1986

/5/ GI-Empfehlung: Integration der Informatik in die Ingenieurstudiengänge an wissenschaftlichen Hochschulen.
Informatikspektrum Bd. 9, Heft 3, 1986

/6/ Höhler, G., Staudenmaier, H.M. (Hrsg.):
Computer Theoretikum und Praktikum für Physiker.
Karlsruhe: FIZ, 1985

/7/ Furgler, Buser:
Botschaft über Sondermaßnahmen zugunsten der Ausbildung und Weiterbildung sowie der Forschung in der Informatik und den Ingenieurwissenschaften.
Drucksache 1985-974 Schweizer Bundesrat, Bern

/8/ Oberle, D.:
Konzeption und Implementierung eines PC-Benutzercenters am Beispiel der Universität Karlsruhe.
Tagungsband IBM Kongreß '86, Düsseldorf 16./17. Juli 86

/9/ Schreiner, A. (Hrsg.):
CAK: Computer Anwendungen Universität Karlsruhe
Heft 1. 1986

C I M - eine Strategie der Produktion

Vortragender: Dipl.-Ing. Eginhard Jungmann

Zusammenfassung:

Die konventionelle Strategie der Produktion, Herstellkosten zu minimieren und die Fertigungsqualität der Produkte zu sichern, ist angesichts der gegenwärtigen raschen Produktinnovation und des starken Wettbewerbsdrucks nicht mehr ausreichend.
Die Produktion muß deshalb Instrumente für eine offensive Produktplanung und darauf aufbauend für die Prozeßinnovation entwickeln. Ein Beitrag dazu liefert ein ganzheitliches Konzept der Rechnerunterstützung in der Produktion - CIM. Die ganzheitliche Automatisierung des industriellen Produktionsprozesses, insbesondere aller informationsverarbeitenden Aktivitäten, setzt voraus:

- integrierte Rechnerunterstützung für einen durchgehenden Informationsfluß von der Entwicklung bis zur Fertigung und Prüfung (CAD, CAP, CAM, CAT);
- DV-unterstützte Logistik, Produktionsplanungs- und Steuerungsverfahren;
- eingebettet in werksübergreifende Kommunikationskonzepte für technische Büros und Werkstätten.

Die Investitionen für diese rechnerunterstützenden Systeme müssen sich an den kritischen Erfolgsfaktoren

- schnelle Durchlaufzeiten und
- Flexibilität
- bei hoher Produktivität

orientieren.

1. Einleitung

Die Rationalisierungsbestrebungen in lokalen Bereichen der Produktion haben in den letzen Jahren zu einer erheblichen Kostenreduzierung bei Material, Arbeitslohn und Fertigungsmitteln geführt. Dadurch wurden Produktivitätssteigerungen bis zu 10 % pro Jahr erreicht. Eine der Methoden, die zum Erreichen dieses Zieles beigetragen haben, war die Fertigung möglichst großer Stückzahlen. Nachteil dieser Methode war eine sehr hohe Kapitalbindung durch Lagerhaltung von Halb- und Fertigerzeugnissen und die nur mit Verzögerung mögliche Anpassung an Marktänderungen. Diese beiden Nachteile wirken sich in letzter Zeit verstärkt auf die Kostensituation und Wettbewerbsfähigkeit von Firmen aus.
Einige Randbedingungen für Herstellung und Verkauf von Produkten beginnen sich jedoch entscheidend zu ändern. Die Wachstumsraten der Wirtschaft haben nicht mehr die hohen Werte wie früher, z.B. liegt die Steigerung des Bruttosozialproduktes der Bundesrepublik Deutschland derzeit real bei ca. 2,5 %. Die Konkurrenzsituation zwischen allen Ländern der westlichen Welt einschließlich Japan hat die Innovationsgeschwindigkeit erhöht und damit den Lebenszyklus von Produkten verkürzt. Das wachsende Umweltbewußtsein und das größere Bedürfnis nach Sicherheit bringt laufend neue Produktanforderungen, z.B. bezüglich Qualität und Energieverbrauch. Schließlich darf nicht unerwähnt bleiben, daß einige Entwicklungsländer wie z.B. Brasilien inzwischen die Fähigkeiten besitzen Hochtechnologieprodukte herzustellen, die bisher von den hochentwickelten Industrieländern des Westens und Japans geliefert wurden.

Auf diese veränderten Randbedingungen muß sich die Produktion einer Firma einstellen, um auch in Zukunft auf dem Markt bestehen zu können. Die Hauptforderungen an die Produktion lauten: größere Flexibilität und erhöhte Reaktionsgeschwindigkeit auf Marktforderungen. Hilfsmittel, dies zu erreichen, sind der verstärkte Einsatz von rechnergestützten Konstruktions- und Fertigungsvorbereitungssystemen (CAD/CAP) und die Verwendung flexibler Fertigungszellen und -systeme. Diese Methoden und die erforderliche Integration über ein rechnergestütztes Informationssystem bewirken eine Reduzierung der Durchlaufzeit vom Eintreffen eines Auftrages bis zur Auslieferung eines Produkts. In die Integrationsaktivitäten der Produktionsschritte müssen auch die Produktionsplanung einschließlich Logistik (PPS), die Qualitätssicherung (CAQ) und die Steuerung und Überwachung der Fertigung und Prüfung (CAM, CAT) mit einbezogen werden (Bild 1). Die rechnerunterstützte Integration der Produktionsfunktionen - CIM - kann nur schrittweise und durch permanente Anstrengungen erreicht werden. Die Realisierung des CIM-Konzeptes stellt auch eine Herausforderung für die Informatik dar. Der Schwerpunkt von Forschung und Entwicklung wird aber weniger auf Betriebssystemen und Compilern sondern eher auf Anwendersoftwaresystemen liegen. Dabei bedarf es besonderer Anstrengungen, dieses Konzept nicht nur in neu aufzubau-

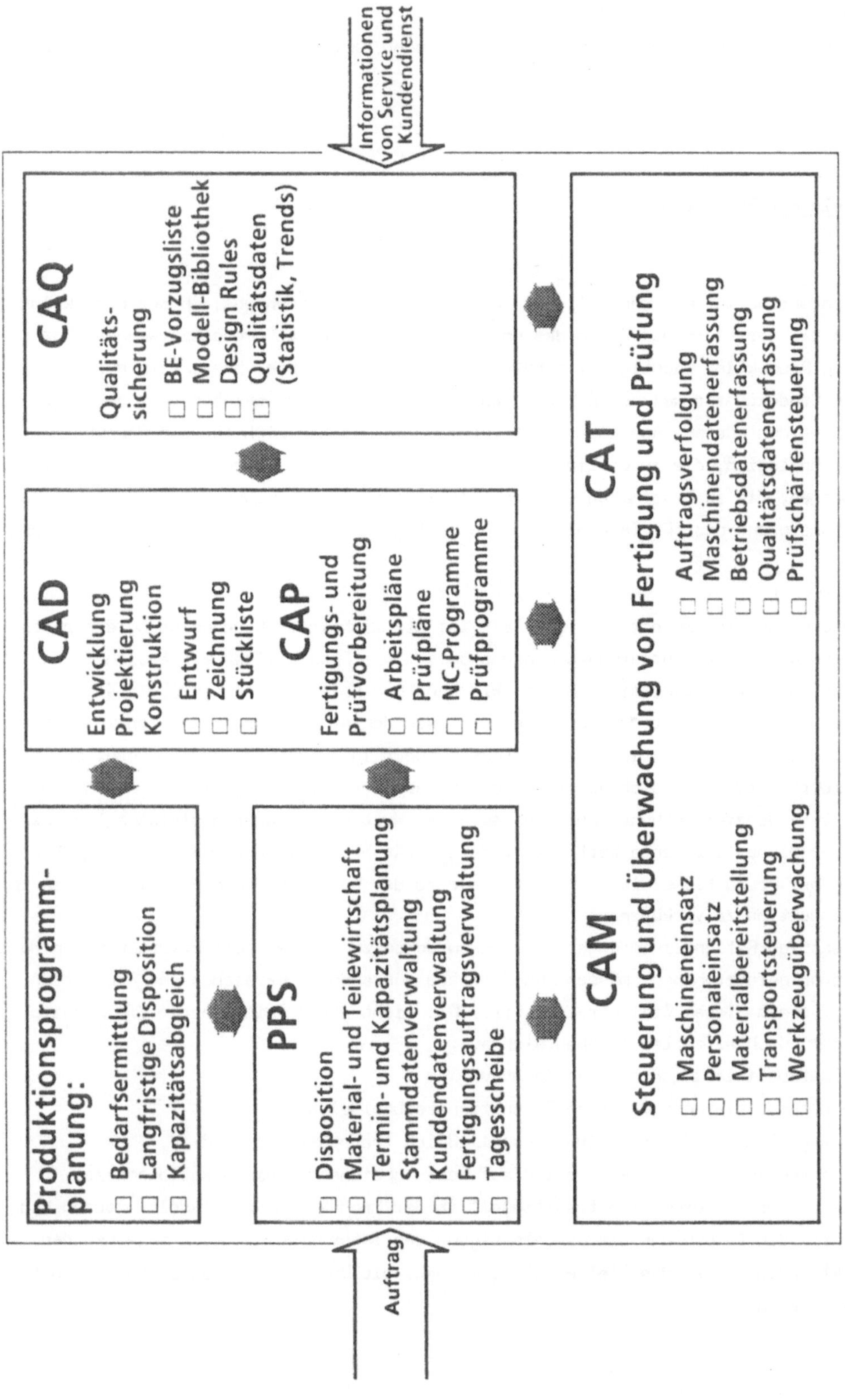

Produktionsprogrammplanung:
- Bedarfsermittlung
- Langfristige Disposition
- Kapazitätsabgleich

PPS
- Disposition
- Material- und Teilewirtschaft
- Termin- und Kapazitätsplanung
- Stammdatenverwaltung
- Kundendatenverwaltung
- Fertigungsauftragsverwaltung
- Tagesscheibe

CAD

Entwicklung
Projektierung
Konstruktion
- Entwurf
- Zeichnung
- Stückliste

CAP

Fertigungs- und Prüfvorbereitung
- Arbeitspläne
- Prüfpläne
- NC-Programme
- Prüfprogramme

CAQ

Qualitätssicherung
- BE-Vorzugsliste
- Modell-Bibliothek
- Design Rules
- Qualitätsdaten (Statistik, Trends)

Auftrag

Informationen von Service und Kundendienst

CAM | CAT

Steuerung und Überwachung von Fertigung und Prüfung
- Maschineneinsatz
- Personaleinsatz
- Materialbereitstellung
- Transportsteuerung
- Werkzeugüberwachung
- Auftragsverfolgung
- Maschinendatenerfassung
- Betriebsdatenerfassung
- Qualitätsdatenerfassung
- Prüfschärfensteuerung

CIM - Funktionen

Bild 1

enden Fabriken (FoF) sondern auch in bestehenden Produktionsstätten zum Tragen zu bringen.

2. Ziele der Produktion

Die Produktion ist ein wesentlicher Teil des Gesamtunternehmens; in der Produktion müssen die strategischen Ziele des Unternehmens in die Tat umgesetzt werden. Das für die Produktion wichtigste, strategische Unternehmensziel besteht in der Aussage, welche Produkte für welche Märkte in welchem Umfang und zu welcher Zeit bereitgestellt werden müssen. Aus diesem Unternehmensziel leiten sich für die Produktion die Technologien, die zu bestimmten Zeitpunkten beherrscht werden müssen, die Produktmengen, die zu bestimmten Terminen fertiggestellt sein müssen, die Qualitätsanforderungen und der für Technologien und Fertigung erforderliche Investitionsumfang ab.

Für die Produktion in der heutigen Zeit ist als wichtigste Randbedingung die rasche Reaktion auf Marktanforderungen hinzugekommen. Die Flexibilität wirkt sich in der Produktion eher kostensteigernd aus. Wie kann nun bei erhöhter Flexibilität, d.h. höheren Produktionskosten, das Verhältnis zwischen erbrachter Produktionsleistung und eingesetzten Produktionsmitteln (ausgedrückt in Geld), beibehalten oder sogar gesteigert werden? Da sich der Wert der eingesetzten Produktionsmittel durch Flexibilität tendenziell erhöht, muß sich auch der Wert der Produktionsleistung erhöhen, wenn der bisher erreichte Wert der Produktivität beibehalten werden soll. Die Erhöhung der Produktionsleistung führt daher zu der Forderung, die Durchlaufzeiten in der Produktion zu verkürzen.
Da bisherige Rationalisierungsbestrebungen schon zu lokalen Zeitverkürzungen in der Fertigung geführt haben, müssen nun Beiträge aus anderen Bereichen der Produktion kommen, damit dieses Ziel erreicht wird. Die wichtigsten Beiträge für die Reduzierung der Durchlaufzeiten ergeben sich aus:

- der automatisierungsgerechten Konstruktion
- den automatisierungsgerechten Produktionstechnologien
- dem abgestimmten Materialfluß einschließlich Transportwesen und
- dem integrierten Informationsfluß auf Basis geeigneter Kommunikationsnetze.

Einige dieser Faktoren sind traditionell in der Produktion angesiedelt. Jedoch kann nur durch den Aufbau und die Beschleunigung des Informationsflusses zwischen den Produktionsschritten das Ziel erreicht werden, die Durchlaufzeiten in der Produktion zu minimieren.

Um dieses zu erreichen, müssen Datenverwaltung und Datenfluß in einem CIM-System bestimmte Anforderungen erfüllen. Einige dieser Forderungen lauten:

- Anreicherung der Informationsbasis entsprechend dem Produktionsfortschritt
- Konsistente Verwaltung der Produktdaten mit Ausbaustufen, Versionen und Varianten
- Versorgung einzelner Prozeßschritte mit relevanten Informationsteilmengen
- Verteilung der Informationsbasis
- Berücksichtigung heterogener Hardware
- Bereitstellung von Sicherungs- und Archivierungsstrategien
- Zugriff auf die verteilten Datenbasen über geeignete Kommunikationsnetze

Für dieses Bündel von Forderungen muß auch die Informatik Lösungsbeiträge liefern. Gelingt es nämlich nicht, die Probleme der Datenverwaltung und des Datenflusses zu lösen, ist die Realisierung des CIM-Konzeptes nicht möglich.

3. Ganzheitliches Automatisierungskonzept

Nachdem das Rationalisierungspotential in lokalen, begrenzten Fabrikbereichen, wie z.B. Einzelmaschinen und Prozesse mit geringen Arbeitsinhalten, weitgehend ausgeschöpft ist, sind weitere Erfolge nur noch in größeren und komplexeren Strukturen wie flexible Fertigungszellen, flexible Fertigungssysteme, Prozeßlinien und Verfahrensketten möglich. Komplexe Automatisierungsvorhaben sind auf drei Schwerpunkte ausgerichtet: die Bearbeitungsprozesse, den Materialfluß und das Informationssystem.

3.1 Bearbeitungsprozesse

Die Bearbeitungsprozesse sind direkt von der Flexibilisierung der Produktion und der daraus folgenden Verringerung der Losgrößen betroffen. Die Nebenzeiten, bezogen auf die verringerte Losgröße, für das losbezogene Umrüsten nehmen dabei zu. Mit entsprechenden Vorrichtungen für die Handhabung der Werkstücke und Werkzeuge wurde bisher schon Abhilfe geschaffen. Günstigere Lösungen werden erzielt in flexiblen Fertigungszellen, wo die teueren Handhabungsgeräte besser genutzt werden können, z.B. Roboter bei der Bedienung mehrerer Maschinen. Damit die Durchlaufzeiten durch die Flexibilisierung nicht zunehmen, muß dabei der Fertigungsprozeß so gesteuert werden, daß das Rüsten parallel zum eigentlichen Fertigungsvorgang abläuft. Neben den schon bereits im Einsatz befindlichen flexible Zellen in der Vorfertigung werden verstärkt ähnliche Lösungen für die Aggregate- und Endmontage erprobt - ein weites Feld für den Einsatz flexibler, intelligenter Handhabungsgeräte und einer Vielzahl von Sensor- und Erkennungseinrichtungen. Einrichtungen zur Bild- und Signalverarbeitung befinden sich zwar noch weitgehend im Forschungs- und Entwicklungsstadium, werden in Zukunft jedoch immer mehr an Bedeutung gewinnen.

Die Zusammenfassung mehrerer Fertigungszellen und Einzelmaschinen führt zu einem flexiblen Fertigungssystem. Die Verknüpfung der Systemeinheiten erfolgt über lokale Transportsysteme. Bei der Auslegung dieser komplexen und flexiblen Lösungen, die entsprechend hohe Investitionen erfordern, muß schon die Produktgestaltung produktions- bzw. automatisierungsgerecht sein. Die Reichweite dieser Abhängigkeit beginnt bei der Konstruktion und endet in der Fertig-Montage. Die Konstruktionsvorschriften müssen Angaben über die verfügbaren bzw. empfohlenen Werkzeuge, Vorrichtungen, Materialien und die maschinelle Ausstattung der Fertigung enthalten. Mit der Verlagerung von Tätigkeiten aus der Fertigung in die Konstruktion zeichnet sich eine Änderung der Arbeitsinhalte der bis heute weitgehend getrennten Arbeitsbereiche ab. Die dabei auftretenden personalpolitischen Probleme müssen sorgfältig analysiert und Übergangshilfen angeboten werden. Aber auch der verstärkte Einsatz von rechnerunterstützten Konstruktions- und NC-Programmiersystemen (CAD/CAP) verändert die bisher gewohnte Umgebung der dort tätigen Mitarbeiter.

Der Einstieg in diese Systeme kann jedoch durch das Angebot einer geeigneten Benutzeroberfläche erleichtert werden. Aufgaben für die Informatik finden sich hier in der Gestaltung der Benutzeroberfläche unter Berücksichtigung der graphischen und dynamischen Möglichkeiten moderner Arbeitsplätze.

3.2 Materialfluß

Der Materialfluß, ein Teil der Logistik im Fertigungsbetrieb, umfaßt alle Bewegungen von Rohstoffen, vorgefertigten Teilen, partiell montierten Aggregaten bis hin zu den versandfertig verpackten Endprodukten. In Nebenströmen erfolgt die Zufuhr von Hilfsmitteln wie Werkzeuge, Vorrichtungen und Hilfsmaterialien. All diese Bewegungen müssen in komplexen Fertigungssystemen zeitlich aufeinander abgestimmt werden, um den zügigen Fluß der Fertigungsströme abzusichern. Dies gilt um so mehr, als zur Verringerung der Kapitalbindung die Lagerbestände der für die Fertigung notwendigen Materialien und Teile so gering wie möglich gehalten werden müssen.

Nur beim Bau neuer Fabriken können moderne, flexible Lösungen für den Materialfluß vollständig realisiert werden. Die nachträgliche Umgestaltung des Materialflusses in alten Werkshallen mit deren mehrfach geänderten Layouts stößt auf technische und wirtschaftliche Grenzen. Bei Werksneuplanungen werden die bestehenden Planungsfreiräume genutzt für zukunftssichere Anordnungen, beginnend bei der optimalen Festlegung der Hallengröße, über die Auslegung der Versorgungssysteme bis zur gradlinigen Aneinanderreihung der Fertigungseinrichtungen in sogenannte Prozeßlinien (Bild 2). Diese gesamtheitlichen Werksplanungen (Neuplanungen) erfolgen ebenfalls rechnergestützt.
Das vollständige Fabrikmodell kann dazu in einer Datenbank abgelegt werden. Mit der integrierten Verwaltung sämtlicher Daten von Produkten, Produktionsverfahren, Anlagen und der gesamten Infrastruktur kann die Grundlage für eine optimale Gestaltung des Produktionsbetriebes geschaffen werden.
Die Forderung nach Durchlaufzeitverkürzung und damit auch der Reduzierung von Pufferzeiten in den Fertigungsabläufen erfordert schon in der Planungsphase für eine Produktion größere Rechnerunterstützung. Ein wichtiges Hilfsmittel ist dabei die Simulation. Durch Vergleich der Ergebnisse verschiedener Modellrechnungen kann die optimale Gestaltung des Produktionsbetriebes gefunden werden. Im laufenden Betrieb können bei Auftreten von Störungen zur Ermittlung von Ersatzstrategien ebenfalls Simulations- aber auch Optimierungsverfahren eingesetzt werden.
Bisher mußten beim Einsatz solcher Verfahren Spezialisten herangezogen werden. Für den akuten Einsatz im Produktionsbereich wird jedoch eine leichte aber bezüglich der Ergebnisse sichere Bedienung gefordert. Eine weitere lohnende Aufgabe für die Informatik.

3.3 Informationsfluß

Ein wesentlicher Grund für die Erhöhung des Datendurchsatzes und der Vernetzung in der Produktion ist die notwendige Integration aller Fertigungsschritte. Bei existierendem Produktionsbetrieb erfolgt die Annäherung an ein vollständig integriertes System von Datenverarbeitungs- und Automatisierungskomponenten über alle Bereiche des Betriebes evolutionär; dabei müssen Wirtschaftlichkeit und Betriebszuverlässigkeit (der laufende Produktionsbetrieb darf nicht beeinträchtigt werden) kritisch geprüft werden. Nur bei der Neuplanung von Produktionsstätten besteht die Chance, die CIM-Komponenten vollständig und in einem Zug zu realisieren. Da jedoch eine neue Produktionsstätte i.a. in eine bestehende Firma mit vorhandenen Automatisierungs- und Datenverarbeitungskomponenten eingebunden ist, müssen auch bei Neuplanung einer Fabrik häufig Randbedingungen berücksichtigt werden, die eine vollständige Realisierung des CIM-Konzeptes am Anfang noch nicht zulassen.

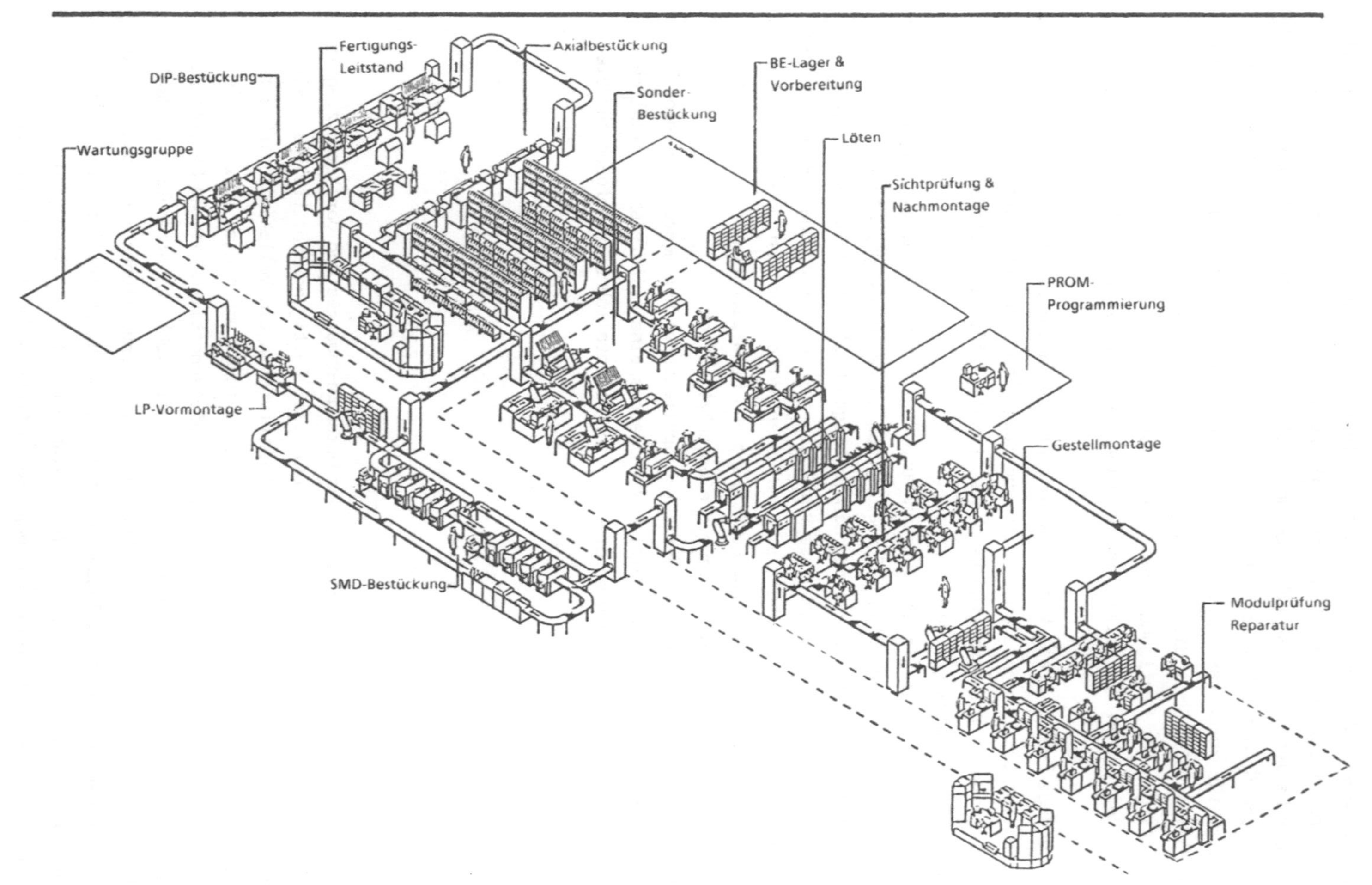

Flexible Flachbaugruppen-Fertigung

Bild 2

Das Szenario in Bezug auf Fertigungsmittel wie auch Automatisierungskomponenten unterliegt einem raschen Wandel. Jede Firma trifft aus der eigenen Interessenslage heraus die Entscheidung, welche und wieviele Automatisierungs- und Datenverarbeitungs-Komponenten eingesetzt werden. Deshalb ist auch künftig mit einer bunten Palette von CIM-Systemen, aufbauend auf unterschiedlichen Komponenten, zu rechnen.

Die Funktionsabläufe in den modernen Fertigungseinrichtungen und Automatisierungskomponenten werden gesteuert, geregelt, optimiert und überwacht. Dafür werden Standardkomponenten wie Microrechner, elektronische, optische, hydraulische und pneumatische Subsysteme eingesetzt. Die Soll- und Istwerte sowie die unterschiedlichsten Zustandssignale werden an übergeordnete Rechner und Programmsysteme weitergeleitet. Um die in Echtzeit gelieferten Daten sinnvoll nutzen zu können, muß eine Normierung und Vorverdichtung an den Datenquellen bzw. in den peripheren Datenerfassungssystemen erfolgen.

3.3.1 Datenströme, Datenumfang, Zeitbedingungen

Von der Planungs- bis zur Fertigungsebene nehmen die vertikalen Datenströme an Breite (immer mehr Einzelheiten) und deswegen auch an Umfang zu. Die allgemeinen Auftragsvorgaben der Planungsebene werden von den untergeordneten Funktionsebenen CAP und CAM entsprechend aufbereitet, ergänzt, vervielfältigt, vereinzelt und verteilt. Umgekehrt unterliegt der Strom der Kontrollinformationen auf dem Wege nach oben von der Prozeßebene bis zu den Planungs- und Managementebenen bei jedem Ebenenwechsel einer entsprechenden Verdichtung und Reduktion.
Während die vertikalen Informationsflüsse in Einklang mit den Entscheidungsprozessen ablaufen und gewisse zeitliche Verzögerungen bzw. Pufferungen sogar einkalkuliert werden, um Optimierungspielräume zu schaffen, laufen die horizontalen Informationsströme z.B. auf der Ebene der Prozeßabläufe und des Materialflusses bzw. Teiletransports (operative Ebene) unter zeitkritischen Bedingungen ab. Darüber hinaus muß die Zufuhr von Energie, Rohstoffen und Hilfsmitteln wie Werkzeuge und Werksstückträger im Echtzeitbetrieb gesteuert werden. Die Bewältigung dieser Aufgabe übernehmen leistungsstarke, realzeitfähige Steuerungsrechner und lokale Datenübertragungssysteme (LAN).

Die Drehscheibe für die Informationsbewegungen in einem modernen Produktionsbetrieb wird künftig die integrierte Datenhaltung sein, abgestützt auf leistungsfähige Datenbanksysteme. Diese Datenhaltung enthält für jede Produktionsebene die relevanten Steuerungs- bzw. Kontrolldaten. Daraus ergibt sich die Notwendigkeit einer verteilten, hierarchisch geordneten Datenhaltung, die vor allem die Datenkonsistenz, d.h. die Zugehörigkeit der Datenbestände auf den verschiedenen Ebenen, sichern muß. Das Datenvolumen eines Produktionsbetriebes wächst überproportional mit der steigenden Komplexität der Produkte und deren Herstellungsverfahren. Andererseits wird im Zuge der erhöhten Flexibilität die Aktualität dieser Daten zeitlich verkürzt. Daraus ergeben sich die wichtigsten Anforderungen an das Informationsmanagement bezüglich Datenstrukturumfang, Archivierung und Zugriff.

3.3.2 Kommunikationssysteme

Die Realisierung der datentechnischen Integration aller Produktionsbereiche in Richtung CIM erfordert leistungsfähige und ausbaufähige Kommunikationssysteme. Dabei sind unterschiedliche Anforderungen zu erfüllen. Auf der Prozeß- und Automatisierungsebene müssen kleine Datenmengen in kurzer Zeit, z.B: 50 ms übertragen werden. Für große Datenmengen aus dem Konstruktionsbereich wird eine Übertragungszeit im Minutenbereich zugestanden werden. Diese Eigenschaften bieten Systeme mit offener Kommunikationsarchitektur, offengelegter und standardisierter Geräteschnittstelle und anwendergeprägten Kommunikationsprotokollen. Die Standardisierungsaktivitäten sind dabei gerichtet auf die

- Prozeß- und Anlagenbusse
- die Rechnernetze und die lokalen Netze
- die öffentlichen Netze.

Kommunikationssysteme sind sowohl für den lokalen Bereich (LAN) als auch bei Betriebsstätten an verschiedenen Orten für den Fernbereich (WAN) erforderlich (Bild 3).

3.4 CIM-Strategie

Der Erfolg weiterer Automatisierungsbemühungen wird von der lückenlosen DV-technischen Integration der Kernaufgaben der Produktion, nämlich der Entwicklung und Konstruktion sowie der Produktionsplanung und -steuerung, zu einem effizienten und zukunftssicheren CIM-Gesamtsystem abhängen. Besondere Anstrengungen wird dabei das Zusammenführen des betriebswirtschaftlichen Bereiches und der fertigungstechnischen Bereiche erfordern. Die bei den Produktplanungssystemen (PPS) in langen Jahren gewachsenen Strukturen unterstützen weder die heute verfügbaren, flexiblen Fertigungs-

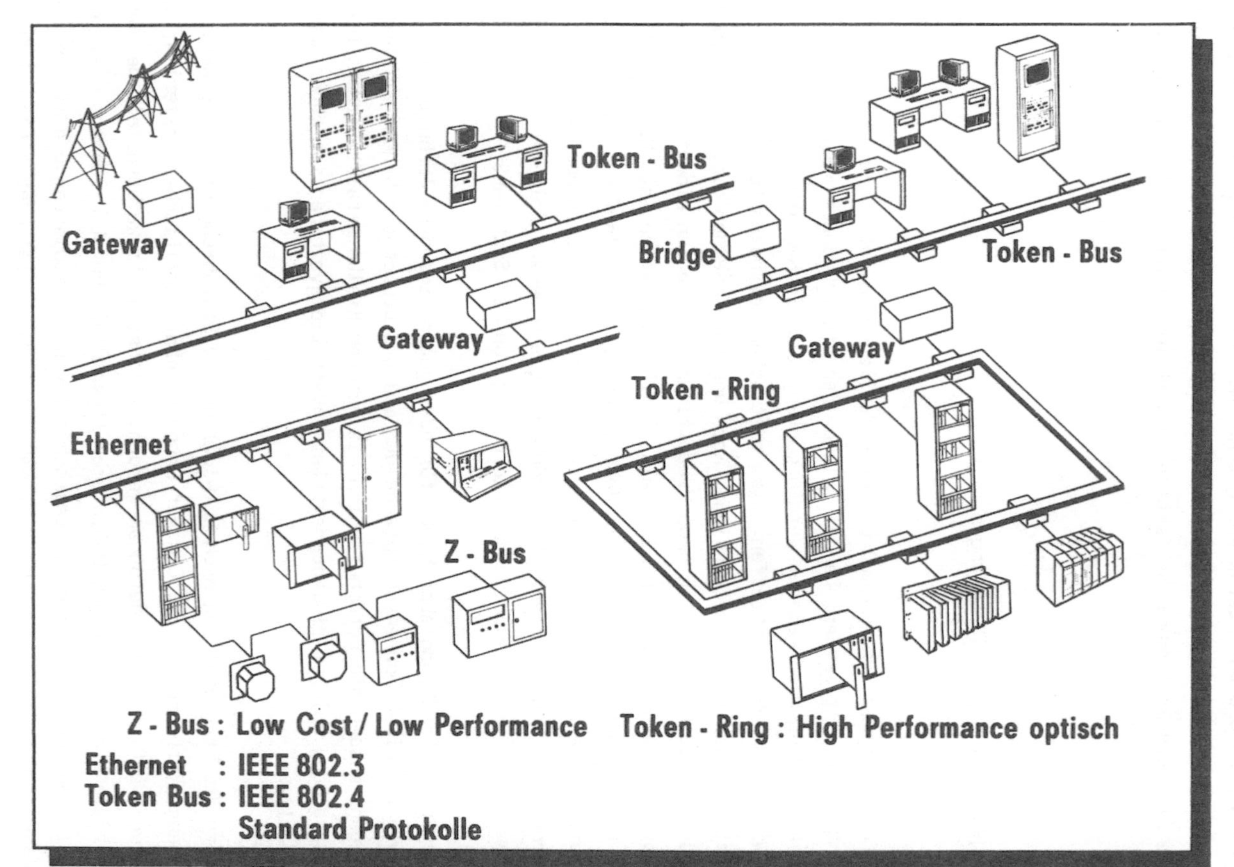

Bushierarchien mit Netzübergängen Bild 3

konzepte, noch bieten sie die notwendige Interaktivität; sie müssen daher von Grund auf neu strukturiert werden. Dabei wird es zu einer Aufteilung der klassischen PPS-Funktionen in zentrale und lokale Aufgaben kommen. Die lokalen PPS-Funktionen werden dann von den reaktionsschnellen Leitrechnern der Flexiblen Fertigungssysteme ausgeführt (Bild 4). Auch die Qualitätsplanung (CAQ) muß in ein CIM-Konzept integriert werden. Die Qualitätsfestlegung eines Produkts beginnt nämlich schon beim Entwurf, der Test des Produkts kann nur mehr feststellen, ob die Qualitätsziele erreicht wurden.

4. Bewertungskriterien für CIM-Lösungen

Bei der Einführung neuer Systeme muß den erforderlichen Investitionen der erwartete Nutzen gegenübergestellt werden. Da bei solchen Renditerechnungen Annahmen bezüglich zukünftiger Randbedingungen gemacht werden müssen, ist die Renditeschätzung sicher nur so gut wie die Annahmen zutreffen. Dies gilt schon bei bekannten Technologien und bei konstanter Wirtschaftsentwicklung. Noch ungenauer werden diese Schätzungen, wenn man bedenkt, daß heute völlig neue Produktionstechnologien eingeführt werden und die Innovationsrate wesentlich höher als in früheren Jahren ist. Wer kann heute eine exakte Aussage machen, ob z.B. die Reduzierung der Durchlaufzeit durch ein bestimmtes flexibles Fertigungssystem bei Marktreife eines Produkts noch ausreicht? Nur neue Vorhersage- und Schätzverfahren können diese Ungenauigkeit reduzieren. Diese Problematik gilt speziell für die Einführung von CIM-Systemen.

Da sich eine Geschäftsführung aber heute für oder gegen eine neue Technologie bzw. die Einführung von CIM-Komponenten entscheiden muß und brauchbare Schätzverfahren nicht vorliegen, müssen die Entscheidungen mit höherem Risiko gefällt werden. Die ständige Überwachung solcher risikobehafteter Investitionsvorhaben ist daher unbedingt erforderlich.

Betrachtet man die Fragestellung nach Entwicklung und Einführung einer Produktlinie bzw. eines neuen Verfahrens, z.B. CIM auf Grund geschäftspolitischer Kriterien, so muß eine Antwort auf die Frage gefunden werden, welcher Wettbewerbsvorteil daraus erwächst. Für die Einführung von CAD-Systemen legen Prof. Horst Wildemann u.a. in ihrem Artikel "Lösungsansätze zur strategischen Investitionsplanung und Wirtschaftlichkeitsrechnung von CAD-Projekten" dar, daß der Technologieführer einen erheblichen Vorteil beim frühen Einsatz von CAD-Systemen erzielt hat gegenüber späteren Nutzern. Unter der Annahme, daß diese Überlegung auch für die Entwicklung und Einführung von CIM-Systemen gilt, müssen dieser Vorteil und das zu erwartende Risiko

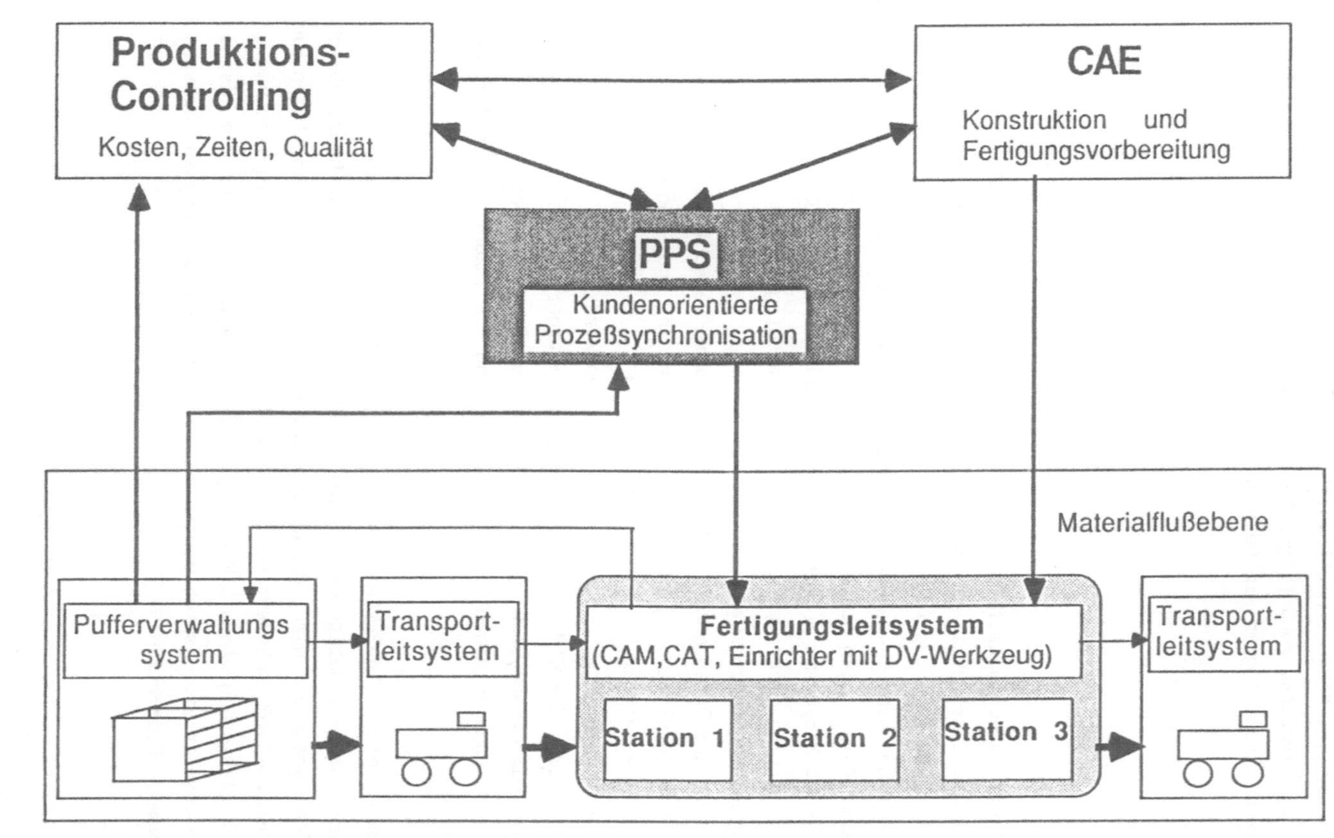

Einbettung flexibler Fertigungssysteme (ohne CIM-Datenbasis)

Bild 4

bei einer Entscheidung berücksichtigt werden. Eine absolute Kenngröße für die Entscheidungsfindung ist derzeit nicht verfügbar. Damit ist die Entscheidung auf verläßliche Einschätzung des zukünftigen Marktes und teilweise auch auf den Mut, in zukunftsweisende Technologien einzusteigen, angewiesen.

5. Ausblick

Es gibt heute keine schlüsselfertigen CIM-Lösungen. Auch in Zukunft werden bestenfalls für bestimmte Produktionstypen vorgefertigte Rahmensysteme bereitgestellt werden können. Die Realisierung von CIM-Konzepten muß vom Anwender mit den heute verfügbaren Systemkomponenten begonnen werden. Die ersten Schritte werden eher in der Kopplung dieser Komponenten bestehen; jedoch wird mit diesen Schritten bereits das Kernstück eines CIM-Systems aufgebaut: die integrierte Datenhaltung. Damit die Vorteile der Integration nicht verloren gehen, muß darauf geachtet werden, daß

- diese Datenhaltung redundanzarm ist,
- die Konsistenz der Daten erhalten bleibt, auch wenn verschiedene Repräsentationen derselben Daten gleichzeitig im System vorhanden sind und wenn die Daten auf verschiedene Stellen des Systems verteilt sind und
- die Anzahl der Datenumsetzungen minimal gehalten wird.

Bei der Realisierung des CIM-Konzeptes sind aus heutiger Sicht noch einige Probleme zu lösen. Ein Teil dieser Probleme fällt in den Bereich der Informatik, die mit der Erarbeitung von Lösungen einen wesentlichen Beitrag für zukünftige Produktionssysteme leisten kann.

Die Realisierung eines CIM-Systems in einer existierenden Produktion ist ein evolutionärer, lange Jahre benötigender Prozeß. Da dieser Prozeß viele heute übliche Produktionsabläufe verändern wird, müssen bei der Einführung von CIM-Systemen auch die Organisationsstrukturen angepaßt und die Arbeitsinhalte der Mitarbeiter neu definiert werden. Die Realisierung eines CIM-Konzeptes ist deshalb nicht nur die Lösung eines komplexen Datenverarbeitungsproblems sondern eine Herausforderung zur Neustrukturierung der gesamten Produktion.

Nichtprozedurale Sprachen und Probleme bei ihrer Implementierung

Harald Ganzinger
Lehrstuhl Informatik V
Universität Dortmund
Postfach 50 05 00
4600 Dortmund 50

Kurzfassung

Unter nichtprozeduralen Sprachen versteht man das ganze Spektrum applikativer bzw. funktionaler (z.B. Lisp, Hope, FP, Miranda, ML), logischer (z.B. Prolog) und objektorientierter (z.B. Smalltalk-80, Loops) Programmiersprachen. Trotz der Breite des Spektrums gibt es eine ganze Reihe von Gemeinsamkeiten in der Konzeption dieser Sprachen, die zu spezifischen Implementierungsproblemen führen, wie man sie von der Implementierung herkömmlicher, z.B. Pascal-artiger Sprachen nicht kennt. Auf der Ebene von primitiven Datentypen finden sich Listen bzw. Bäume mit zugehörigen Standardoperationen und der Forderung nach automatischer Speicherverwaltung. In "lazy" Sprachen dürfen diese Strukturen sogar unendlich sein, die endliche Repräsentation muß das System effizient erledigen. Funktionen beliebiger Ordnung sind in den meisten Fällen gleichberechtigt mit primitiven Daten. Dies bedeutet, daß sie insbesondere uneingeschränkt als Argumente und Ergebnisse von Funktionen auftreten dürfen. Aus diesem Grunde sind Variablenadressierungsmechanismen komplizierter als in Pascal.Regel- und musterorientierte Definitionsweisen müssen mit möglichst effizienten und "backtracking"-freien Mustererkennungsverfahren realisiert werden.
Im Bereich Typisierung und Typrüfung löst heute der Typpolymorphismus die frühere Untypisiertheit von Lisp- und Prolog-artigen Sprachen ab. Dies bedeutet eine erhebliche Erhöhung der Zuververlässigkeit von Programmen, da Typfehler erkannt werden können, ohne die Flexibilität einer untypisierten Sprache wesentlich zu beeinträchtigen.
Typinferenz, d.h. das automatische Bestimmen des allgemeinsten Typs einer Variablen, der mit allen ihren Anwendungen verträglich ist, ersetzt die Typprüfung in herkömmlichen Sprachen.
Der Vortrag versucht, anhand von Beispielen, die erwähnten Probleme zu illustrieren und grundlegende Ideen der zugehörigen Implementierungstechniken (z.B. Vermeidung der Konstruktion von Zwischenergebnissen bei Funktionskomposition, Einführung von globalen Variablen, Kombinatorkalküle und Graphreduktionsmaschinen, Striktheitsanalyse, intelligentes (!) "backtracking", Typinferenz) zu erläutern.

Werkzeuge zur Erstellung von Expertensystemen

Stuart E. Savory Ph.D

Nixdorf Computer AG
D-4790 Paderborn

1. Einleitung

Expertensysteme lassen sich kurz in folgenden vier Saetzen definieren:

Expertensysteme sind "intelligente" Computersysteme, in denen die fachliche Kompetenz von Experten in Form von Sachwissen und Erfahrungswissen gespeichert wurde. Sie benutzen neben Fakten- und Regelwissen Heuristiken und vages Wissen. Expertensysteme sind imstande, ueber Regeln aus dem vorgegebenen Wissen selbstaendig Schluesse zu ziehen, d.h. Problemloesungen anzubieten. Sie koennen an jeder Stelle des Loesungsprozesses Auskunft darueber geben, warum sie einen eingeschlagenen Loesungsweg gewaehlt haben, zu welchen Schlussfolgerungen sie bereits gelangt sind und wie sie zu diesen Schlussfolgerungen kamen.

Das Interesse eines Herstellers ist es, seine Kunden optimal und preisguenstig zu bedienen. Dass heisst, der Hersteller soll Werkzeuge schaffen, die es ermoeglichen, Expertensysteme auf einer grossen Bandbreite von Anwendungsgebieten einfach zu erstellen. Der Preis dieser Werkzeuge kann umso geringer sein, desto universeller das Werkzeug ist. Denn wenn das Werkzeug wiederholt bei mehreren Kunden eingesetzt werden kann, sinken die anteiligen Herstellungskosten.

Dieser Vortrag skizziert drei Klassen von Werkzeugen zur Erstellung von Expertensystemen, naemlich PC-Loesungen, LISP-Maschinen-Loesungen (am Beispiel von BABYLON) und Mainframe-Loesungen (am Beispiel von Nixdorfs TWAICE). Dabei werden die verschiedenen Entwurfsentscheidungen und deren Konsequenzen skizziert.

2. Werkzeuge auf PCs

Die maechtigeren KI-Werkzeuge benoetigen einen groesseren Rechner mit reichlich ausgestattetem Speicher und CPU-Leistung. Jedoch gibt es eine Reihe von kleineren Shells, die auf PCs laufen. Diese sind haeufig "nur" auf Aussagenlogik beschraenkt und sind in ihrer Funktionalitaet begrenzt. 1982 hatte ich selbst eine solche kleine Shell als Spielzeug erstellt [cf. Savory 1983], die wir jedoch fuer zu eingeschraenkt hielten, um marktfaehig zu sein. Andere waren nicht so schuechtern, und eine Reihe von Mikro-shells sind fuer MS-DOS Maschinen verfuegbar. Die erste kommerziell verfuegbare Mikroshell war [lt. Johnson 1984] das MicroExpert von Isis Systems Ltd(UK). Weitere sind APES und ES/P Advisor, die beide in Prolog geschrieben sind, und ExpertEase (in Pascal). Staerkere Shells fuer PCs sind M.1 von Framentec und PersonalConsultant (eine Untermenge von EMYCIN), die durch Texas Instruments vermarktet wird. Preise durchlaufen die Bandbreite von DM 299,- bis DM 15.000,- fuer PC Shells.

2.1 PC-Anwendungen

Auf der Basis von PC-Shells sind bis dato ueberwiegend Stand-Alone Entscheidungsbaeume entstanden. Interessanter sind die Shells, die mittels MYCIN-artigen Konfidenzfaktoren (wie in M.1) oder Bayesischer Statistik (wie in SAVOIR) Evidenzen sammeln und berechnen. Als Beispiel habe ich hier ESES genommen. ESES ist ein Expertensystem ueber den moeglichen Eignungsgrad von Expertensystemen zur Loesung von Benutzerproblemen, aufgebaut mit der Shell SAVOIR. Es liefert Ergebnisse wie "Suitability of Expert System Technology = 0.82", leider laesst die Erklaerungskomponente meiner Meinung nach zu wuenschen uebrig. Es gibt neben Textkonserven nur ein (ich meine recht kryptisches) Trace; hier eine Kostprobe:

"Are there any parts of this application where judgement is needed?
Press <c> for chain of reasoning"

"The line of reasoning is:
part ES (by way of the main derivation)
uncertainty (by way of the main derivation)
judgement (by way of the main derivation) "

3. Werkzeuge auf LISP-Maschinen - am Beispiel von Babylon

Die zweite Klasse von Expertensystem-Werkzeugen, die ich besprechen moechte, sind die "Single-user high-power-workstation" Shells. Sie benoetigen Hoechstleistungs-LISP-Maschinen um abzulaufen. Chronologisch gesehen war zuerst KEE da (IntelliCorp, August 1983), dann LOOPS von Xerox (jedoch ohne Unterstuetzung), danach S.1 (Teknowledge, Juni 1984) und ART (1985). Sie wurden allesamt in Kalifornien erstellt, die eigentlichen Entwicklungen wurden urspruenglich an Universitaeten gemacht. Sie sind alle in LISP geschrieben und benoetigen die breitbandigen Schnittstellen und hochaufloesende Pixelgrafik der LISP-Umgebungen auf Symbolics 3600 und/oder Xerox 1108 usw. Sie unterliegen somit (teilweise) den D.o.D. Ausfuhrbeschraenkungen. In der BRD wurden die darin enthaltenen Konzepte von Franco di Primio und Thomas Christaller (Bungers Gruppe) aufgegriffen und als BABYLON implementiert. Gute Uebersichten ueber BABYLON befinden sich in [Walters 1985] und in [Bungers 1985]. Bungers schreibt: "Die Architektur von BABYLON integriert Regeln, Objekte und Logik: Ihr liegt das Prinzip des verteilten Problemloesens zugrunde, bei dem der Problemloesungsprozess mit Hilfe des Regel-, des Objekt- und des Logikprozessors von einem Metaprozessor koordiniert wird und Kommunikation zwischen den Basisprozessoren nur ueber den Metaprozessor moeglich ist. Daraus ergeben sich ein hohes Mass an Modularitaet und Offenheit hinsichtlich kuenftiger Verfeinerungen und Erweiterungen." Seit Herbst 1985 wurde BABYLON an mehrere Pilot-Anwender verteilt, damit es im Rahmen von Betatests bei reellen Anwendungen ausprobiert werden konnte. Die Erfahrungsberichte liegen (mir) zur Erstellungszeit dieses Papiers (Mai 1986) noch nicht vor.

Diese Klasse von Werkzeugen hat Probleme mit der DFUe-Faehigkeit, denn sie nutzt normalerweise die breitbandige Schnittstelle aus. Sie hat auch meist keinen Zugriff zu Dateien oder Datenbanken auf einem Host und ist daher - aehlich wie PC-Shells - schwieriger in die uebliche DV-Umgebung zu integrieren als Mainframe-orientierte Werkzeuge.

3.1 DEX-C3: eine BABYLON Anwendung

Die am meisten zitierte Anwendung ist DEX-C3 [cf Walter 1985 und/oder Bungers 1985]. Die Abkuerzung steht fuer "Diagnose-Expertensystem fuer automatische Getriebe vom Typ C3". Es wurde gemeinsam von der GMD und Ford Europa entwickelt zwecks Demonstration von Machbarkeit und Funktion von Expertensystemen. Nicht beabsichtigt war die reelle betriebliche Einfuehrung dieses Systems, denn dafuer stimmten die wirtschaftlichen Rahmenbedingungen nicht. Es waere ein Xerox oder Symbolics Rechner am Ort der durchzufuehrenden Getriebereparatur notwendig, aber die besagte Art von Getriebereparatur faellt nur zweimal im Jahr an! DEX-C3 wurde 1984 von 5 Leuten urspruenglich direkt in Lisp implementiert, da BABYLON noch nicht zur Verfuegung stand. 1985 wurde die Wissensbasis auf BABYLON portiert - als Test fuer BABYLON. Die Wissensbank ist relativ klein, sie besteht nur aus 170 Regeln, davon 99 Diagnose-Regeln, 47 Kontroll-Regeln und 24 Konsistenz-Regeln [cf Bungers 85]. Die Regeln (und daher etwaige Erklaerungen) sind eher fuer einen LISP-Programmierer lesbar, um Bungers Beispiel zu zitieren:

```
(RULE61 IF(AND(HL-DRUCK IN-R I.O)
            (NOT(HL-DRUCK IN-D I.O))
            (NOT(HL-DRUCK IN-1 I.O))
            (NOT(HL-DRUCK IN-2 I.O))
        THEN
          (LET(SET-CF .5)
            (NOT(DICHTRINGE V-KUPPLUNG I.O))
            (NOT(H-SERVO I.O))
            (NOT(REGLER-DICHTRINGE I.O))))
```

DEX-C3 nutzt die hochaufloesende Pixelgrafik der Workstation voll aus. In muehevoller Kleinarbeit sind Pixel-fuer-Pixel Schnittbilder der Getriebe manuell erstellt und Active-Regions definiert worden, die mit der Wissensbasis gekoppelt sind. Diese Grafik kann nicht aus der Wissensbasis generiert werden, sie steht sozusagen daneben. Nichtsdestoweniger wirkt sie eindrucksvoll; man darf sie aber nicht mit der Funktionalitaet der Shell verwechseln.

Neuere Anwendungen wie z.B. Bachems EVA haben keinerlei Grafik und haben auch keine Erklaerungskomponente (Stand: CEBIT '86).

4. Werkzeuge auf konventionellen Rechnern - am Beispiel von TWAICE

TWAICE ist das erste einer Reihe von Produkten der Nixdorf Computer AG im Bereich der "Kuenstlichen Intelligenz". Zuerst sollten wir also den Begriff KI definieren. Wie Henry Bergson schon 1907 sagte :- "Intelligenz ... ist die Faehigkeit, kuenstliche Objekte zu erzeugen, insbesondere Werkzeuge, um Werkzeuge herzustellen." Fertige Expertensysteme sind Werkzeuge zur wissensdomaenspezifischen Problemloesung. TWAICE ist ein domaenunabhaengiges Werkzeug, um diese domaenspezifischen Werkzeuge zu bauen.

Nun, TWAICE ist ein generisches Werkzeug, um Expertensysteme bauen zu koennen. Als vollportables Rumpfsystem konzipiert, bedarf es (lediglich) der Zugabe von anwendungsspezifischem Wissen, um ein zugeschnittenes Expertensystem zu erhalten. TWAICE ist seit Ende 1984 auf Nixdorf 32-bit Rechnern kommerziell erhaeltlich und seit Mitte 1985 auf Fremdrechnern (z.B. VAX unter VMS, IBM & Amdahl unter VM/SP , SUN und Tektronix Workstations unter UNIX usw. [insgesamt z.Z. ca. 10 verschiedene HW]).

Die Entwurfsziele fuer TWAICE waren u.a. :-

- TWAICE soll als fachgebietsunabhaengige Expertensystemshell konzipiert werden.
- TWAICE soll den Aufbau von Expertensystemen fuer komplexe Entscheidungssysteme (Decision Support Systems) stark unterstuetzen.
- Der Wissenserwerb soll einfach sein, insbesondere sollen die Wissensbanken auf leichte Weise inkrementell modifizierbar sein.
- TWAICE soll seine Ergebnisse rechtfertigen und seine Fragen begruenden koennen.
- TWAICE soll auch durch Computerlaien als Beratungs- bzw. Lehrsystem benutzbar sein.

- Es darf nicht begrenzt sein auf einen "Ein-Benutzer" Rechner wie z.B. einen Xerox 1108, Symbolics oder Lisp Maschine, denn wenn die TWAICE Kunden expandieren wollen und mehrere Leute gleichzeitig ihr Expertensystem benutzen sollen, moechten sie auf einer Familie von Rechnern (ueber ein weites Leistungsspektrum (1, 10, 40 oder 100 Benutzer)) mit derselben Software und derselben Wissensbank arbeiten koennen.

- Es muss auf jedem normalen Rechner laufen unter Verwendung von billigen (dummen) Terminals, integriert in ihre bestehenden Anwendungen und mit Zugriff auf ihre bestehenden Datenbanken.

- Der Benutzerdialog muss eine schmale Schnittstelle haben, sodass er ggf. ueber ein breitverteiltes Datenfernuebertragungsnetz betrieben werden kann; d.h. die Waehlnetze der Bundespost mit 2400 Baud; Konsequenz: keine breitbandigen Grafik Schnittstellen.

- Es muss in der jeweiligen Landessprache kommunizieren koennen und nicht seine Benutzer zwingen, z.B. Amerikanisch zu lernen; denn nicht jeder, der in den Genuss der Leistung des Expertensystems kommen soll, ist unbedingt bereits Fremdsprachenexperte.

- Ein explizites Taxonomie-Modell fuer die Wissensbasis muss vorhanden sein.

- Interaktive Formulierung von Wissen in Form von Produktionsregeln sowie die Gewinnung taxonomischer Strukturen im Dialog soll unterstuetzt sein.

- Ein Regel-Compiler fuer beschleunigtes Laufzeitverhalten (sowie Pruefung der Wissensbasis auf Konsistenz und Vollstaendigkeit) ist noetig.

- Mehrere Inferenz-Mechanismen fuer verschiedene Logikarten sollen enthalten sein. Bei TWAICE enthalten die Inferenz-Mechanismen die Rueckwaertsverkettung und die Vorwaertsverkettung von Produktionsregeln sowie die Vergabe von Sicherheitsgraden (confidence factors) bei der Verwendung von nicht exaktem (= vagem) Wissen. Ferner sind Tabellenzugriffe, Dateizugriffe, Prozeduraufrufe, Formelbearbeitung und der Aufruf anwender-spezifische individuelle Programme vorgesehen.

- Eine leicht zu bedienende Dialog-Schnittstelle soll enthalten sein. Der Dialog soll demnach wie folgt aussehen :-
  Vor dem Einstieg in das konkrete Problem werden vom System zunaechst Informationen zum Problemfeld gesammelt. Ein "spelling corrector" korrigiert kleinere Tippfehler. Dann erfolgt die Pruefung von Eingaben auf semantische Zulaessigkeit. Fehlen dem System an einer bestimmten Stelle zur Loesung des Problems Informationen, die nur von aussen kommen koennen, erzeugt das Expertensystem automatisch Fragen an den Benutzer. Lautet die Benutzerantwort auf eine Frage des Systems "Das weiss ich nicht", versucht das Expertensystem, die Antwort anderweitig aus seinem Wissen herauszufinden.

  Dem erfahrenen Benutzer stehen fuer die Dialogfuehrung Kurzkommandos zur Verfuegung. Ueber jederzeit verfuegbare Help-Funktionen werden die zu einem bestimmten Zeitpunkt moeglichen Eingaben angezeigt und erklaert.

  Bei der Problemloesung kann es vorkommen, dass Daten erforderlich sind, die nicht explizit in der Wissensbasis stehen. Die Inferenz-Komponente des Expertensystems kann solches fehlendes Wissen logisch ableiten. Dieses abgeleitete Wissen kann als Ganzes oder in Teilen betrachtet und vom Knowledge Engineer untersucht werden. Zum Beispiel kann mit Hilfe eine Wissensanalysator die Taxonomie als Ganzes oder in Ausschnitten untersucht werden, bzw. die Gesamtheit der Regeln, Teile davon oder einzelne Regeln koennen gezielt betrachtet und untersucht werden (engl. Selective Browsing).

- Das Rumpfsystem soll seine Ausgaben quasi in der natuerlichen Sprache formulieren, d.h. die Schlussfolgerungen der Inferenz-Komponente werden fuer den Benutzer verstaendlich aufbereitet. Nicht sofort einsichtige Fragen des Expertensystems koennen auf Wunsch erlaeutert oder begruendet werden. Das Kurzzeitgedaechtnis des Benutzers wird entlastet, indem er sich jederzeit den bisher beschrittenen Loesungsweg im Zusammenhang darstellen lassen kann.

- Eine starke Erklaerungskomponente schliesst die Moeglichkeit ein, das Expertensystem jederzeit zu fragen, zum Beispiel warum es eine bestimmte Frage stellt oder mit welchen Regeln neues Wissen abgeleitet wurde oder welche Regeln auf ein vorgegebenes Objekt anwendbar sind oder in welcher Beziehung ein Objekt zu seiner Wissensumgebung steht usw.

- Je nach Bedarf muss die Moeglichkeit bestehen, direkt in der Wirtssprache des Rumpfsystems geschriebene benutzerspezifische Prozeduren einzubinden (ueblicherweise ist dies bei unseren Systemen PROLOG). Das System muss in der Lage sein, mehrere hundert Regeln, zahlreiche Datentabellen usw. zu nutzen. Fuer den Wissenserwerb soll ein leistungsfaehiger Texteditor zur Verfuegung stehen. Fuer eine spaetere Analyse durch den Knowledge Engineer sollen ganze Beratungssitzungen abgespeichert werden koennen. Alle Schlussfolgerungen sollen in allen Schritten nachvollzogen werden koennen (damit kann der Knowledge Engineer in Zusammenarbeit mit dem Experten die Wissensbasis begutachten und auf sachliche Korrektheit pruefen). Erkannte Fehler in der Wissensbasis (Fakten oder Regeln) koennen direkt beseitigt werden. Zur Ueberpruefung der (geaenderten) Wissensbasis steht eine Falldatenverwaltung zur Verfuegung.

TWAICE hat alle diese Anforderungen erfuellt und ist nach zweijaehrigem hausinternen Test zum stabilen, kommerziell erfolgreichen KI-Produkt geworden. Der Platz reicht hier nicht aus, um die Architektur von TWAICE zu beschreiben. Dies ist aber hier auch nicht noetig, denn die Architektur von TWAICE ist in [Savory 1985] detailliert dargestellt. Zusammenfassend kann gesagt werden, dass TWAICE ein hervorragendes Werkzeug zum Wissenserwerb und zur Wissensformalisierung fuer den kommerziellen Einsatz ist.

4.1 TWAICE Anwendungen

Am Beispiel der Nixdorf Computer AG moechte ich nun zwei sinnvolle Anwendungsgebiete der Expertensysteme skizzieren, denn neben mehrjaehriger Entwicklungsarbeit im eigenen Hause und enger nationaler wie auch internationaler Kooperation mit fuehrenden Universitaets- und Industriepartnern haben wir bei Nixdorf selbst Expertensysteme fuer unsere speziellen Belange aufgebaut.

Als erstes Beispiel dient FAULTFINDER mit REPPLAN (zur Fehlerdiagnose und zur Erzeugung von Reparaturanweisungen), vgl. [Savory 1984] in [Bernhold und Albers 1985]. Das Wissen war urspruenglich als Semantisches Netz direkt in Prolog geschrieben, ist aber neuerdings unter Anwendung von TWAICE mittels Produktionsregeln dargestellt worden. Die Aufgabe dieses Systems ist die Erkennung und Lokalisierung von Fehlern (durch den Bediener, ohne unnoetige Hilferufe an den technischen Kundendienst) sowie die Erzeugung von Reparaturanweisungen fuer beliebige komplexe Geraete und Anlagen (Rechner, Fotokopierer, Autos, Flugzeuge, chemische Anlagen, Kraftwerke, Stromnetze, usw.), wobei wir lediglich die Reparatur von Rechner damit implementiert haben.

Das Expertensystem enthaelt sowohl das Wissen des Konstrukteurs als auch das des Kundendienst-Ingenieurs und kann auch Nichtfachleute bei der Reparatur anleiten. Wir bei Nixdorf werden FAULTFINDER z.B. bei der Fehlerdiagnose des fehlertoleranten Systems TARGON/32 anwenden.

REPPLAN ist ein allgemeiner Mechanismus, der nach der Diagnose eines Fehlers durch FAULTFINDER die Planung und Ausgabe einer detaillierten Reparaturanleitung veranlasst. Bei einer entsprechenden Anzahl von Reparaturen (Nixdorfs Technischer Kundendienst macht ca. 1 Mio. Einsaetze pro Jahr) kann der Nutzen allein dieses Expertensystems einige Millionen Mark betragen. Alle Wartungsorganisationen koennten diese Methode (FAULTFINDER und REPPLAN) einsetzen.

Als zweites Beispiel dient CONAD (Configuration advisor = Konfigurationsberatung). CONAD ist ein Expertensystem zur Konfiguration von komplexen Geraeten, Anlagen, Angeboten und Dienstleistungen (Computer, Prozessanlagen, Maschinen, Netzwerke, finanztechnische Beratung, Versicherungspakete, usw.) CONAD wird bei Nixdorf fuer die Konfigurationsberatung bei unsere Bankenrechner 8864 eingesetzt. Anwendungsziel ist, den Vertrieb computergestuetzt in die Lage zu versetzen, auf der Basis der Preislistenstruktur aus spezifischen Kundenwuenschen die bestellungsgerechte Hardware-Konfiguration zu erzeugen. Hardware-Komplexitaet fuehrt oft zu unvollstaendigen Angaben bei Bestellung, was zu unnoetigen Belastungen bei unseren Kunden und im eigenen Hause fuehren kann. Die CONAD zugrundeliegende Wissensbank enthaelt ueber 1400 Regeln, ferner den Zugriff zu entsprechenden Tabellen, Dateien und anwendungsspezifischen Prozeduren (sog. "attached procedures"). Sie ist eine reelle Anwendung, integriert in die EDV-Umgebung des Hosts, und wirtschaftlich sinnvoll (Wert von CONAD = Eigenersparnisse von ca. 3 Mio. DM jaehrlich). Die CONAD zugrundeliegende Wissensbank enthaelt alle fuer jede Geraetezusammenstellung notwendigen Informationen. Auf dieser Basis kann der Benutzer im Dialog und regelgesteuert die vollstaendige und konkrete Konfiguration seines Computersystems vornehmen. Ist einmal eine Beratungssitzung "zur Zufriedenheit" von CONAD beendet, so ist fuer eine weitere Bestellung eines Nixdorf-8864-Bankencomputers sichergestellt, dass sie fehlerfrei ist, kein Teil vergessen wurde und alle Teile zusammenpassen. Besondere Eigenschaften von das CONAD-Prinzip sind sowohl die allgemeine Anwendbarkeit in allen Bereichen, wo in Form von Beratung Produkte oder Dienstleistungen unter Beruecksichtigung individueller Kundenwuensche und -gegebenheiten zu einem sinnvollen Ganzen zusammengefuehrt werden muessen, als auch die Erklaerungsfaehigkeit. Die bisherige Erklaerungskomponente von TWAICE gibt die verwendete Regel(n) im Telegrammstil wieder (sogenannte ARL= Abbreviated Rule Language), hierzu ein Beispiel aus CONAD:

```
(4) Wieviele Tastaturen sollen an Arbeitsplatz-1 angeschlossen werden?
>warum ?
Ich verstehe Ihre Frage als: Warum befassen wir uns mit der Tastatur des 1.
Arbeitsplatzes. Dies ist notwendig, damit seine Peripherie bestimmt werden kann.

Folgende Praemissen sind bereits erfuellt:
(FAKT 27)  Arbeitsplatz-1 . Typ = normal
daher:
   IF   Tastatur . Konfiguration = bestimmt
   AND  Display . Konfiguration = bestimmt
   AND  Drucker . Konfiguration = bestimmt
   AND  IDKG . Konfiguration = bestimmt
   AND  AKT . Konfiguration = bestimmt
   THEN Arbeitsplatz-1 . Peripherie = bestimmt
( RULE 640 )
```

Neuerdings kann TWAICE die ARL vollautomatisch in grammatikalisch richtige deutsche Saetze uebersetzen unter Verwendung von Pronomen usw. Dies hat den Vorteil, dass ein voelliger Laie sie lesen kann und dass die Saetze ggf. von einer Sprachausgabeeinheit gesprochen werden koennten. Somit waere sogar ein herkoemmlicher Telefonapparat als Endgeraet denkbar! Die Integration der Forschungsergebnisse der BMFT-Projekte WISBER und VESPRA laesst sowas fuer die 90-er Jahre realistisch erscheinen.

Beispiel:

Folgende Regel (640) wird z. Zt. untersucht:
1) schon erfuellte Praemisse(n):
Fakt 27: der Typ des 1. Arbeitsplatzes ist normal
2) Rest der untersuchten Regel:
Wenn die Tastatur , das Display , der Drucker ,
das IDKG und der AKT konfiguriert worden sind ,
dann ist auch die Peripherie des 1. Arbeitsplatzes bestimmt .

5. Warenzeichen

UNIX ist ein eingetragenes Warenzeichen von AT&T.

TWAICE ist ein eingetragenes Warenzeichen der Nixdorf Computer AG.

6. Literaturverweise

1. Bungers,D. "Aktivitaeten der Forschungsgruppe Expertensysteme der GMD" in "Expertensysteme in der Unternehmung", BIFOA-Seminar Dez.1985
2. International Resource Development Inc. "Artificial Intelligence". Report #552, Juni 1983
3. Johnson,T. "The commercial application of expert systems technology". Ovum Ltd. 1984. ISBN 0 903969 22 X
4. Roesner, H. "Expertensysteme fuer den kommerziellen Einsatz". In : Savory 1985a.
5. Savory, S. :1983: "The Prototype Nixdorf Expert System". In : Angewandte Informatik 11/83.
6. Savory, S. :1984 : "FF; A Nixdorf Expert System for Fault-Finding and Repair Planning - An Outline Description." In Bernold und Albers (Hrsg) "Artificial Intelligence Towards Practical Application". North-Holland 1985. pp119->128
7. Savory, S.(Hrsg.) :1985a: Kuenstliche Intelligenz und Expertensysteme. Oldenbourg Verlag, Muenchen 1985. ISBN 3-486-29281-1
8. Walther,J. "Expertensysteme - Vorboten einer neuen Technologie" in GMD-Spiegel Maerz 1985 pp 8->16.

DIE PLANUNGEN DER DEUTSCHEN BUNDESPOST ZUR WEITERENTWICKLUNG DER FERNMELDENETZE

Dipl.Phys. A. Hünseler
Bundesministerium für das
Post- und Fernmeldewesen

1. Ausgangssituation

Die von der Deutschen Bundespost (DBP) angebotenen Fernmeldedienstleistungen werden heute in weitestgehend getrennten Netzen abgewickelt. Hierbei handelt es sich im einzelnen um

- das Fernsprechnetz mit ca. 26 Millionen Hauptanschlüssen und ca. 33 Millionen Telefonen

- das Integrierte Text- und Datennetz (IDN) in digitaler Technik mit über 265 000 Anschlüssen

- lokale Breitbandverteilnetze in Koaxialtechnik zur Übertragung von Ton- und Fernsehrundfunkprogrammen.

Einerseits ermöglicht diese Netzvielfalt - entsprechend der technologischen Entwicklung - ein flexibles Reagieren auf Marktentwicklungen durch bedarfsorientierte Erweiterung des Dienstleistungsangebotes. Andererseits bedingt der Aufbau und das Betreiben getrennter Netze einen beachtlichen Mehraufwand aufgrund der hohen Investitionen für einen Teilnehmeranschluß in Netzen mit geringer Dichte sowie getrennter Planungs- und Betriebskonzepte. Auch bieten getrennte Netze im Regelfall nicht die Möglichkeit, Verkehrsspitzen durch gegenseitige Aushilfe bei der Abwicklung des Verkehrs aufzufangen.

Diese Situation ist der Ausgangspunkt einer Strategie, die darauf abzielt, Fortschritte in der Technologieentwicklung zur netztechnischen Integration möglichst vieler bestehender und neuer Fernmeldedienste zu nutzen.

Hierbei ist die Verwendung neuer Technologien durch zwei sich gegenseitig ergänzende Zielsetzungen bestimmt:

- Dem substitutiven Einsatz neuere Technologien/Systeme zur Verbesserung der Kostensituation bestehender Fernmeldedienste.
- Dem additiven Einsatz neuer Technologien/Systeme mit dem Ziel neuer Fernmeldedienste; d.h. systemtechnische Innovation als Voraussetzung für Innovationen im Dienstebereich.

2. Konzept der DBP für die Weiterentwicklung der Fernmeldenetze

Die Entwicklung der Fernmeldeinfrastruktur in der Bundesrepublik Deutschland von den heutigen getrennten Netzen hin zu einem integrierten breitbandigen Universalnetz (Bild 1) wird sich in einzelnen, sich teilweise überdeckenden Zeitabschnitten vollziehen. Kernpunkte dieser Entwicklung sind die Digitalisierung des heutigen analogen Telefonnetzes mit dem sich anschließenden Übergang zum diensteintegrierten digitalen Fernmeldenetz mit einer Bitrate von 64 kbit/s (ISDN-64 kbit/s), sowie der Aufbau eines breitbandigen Glasfasernetzes für neuartige Dienste der Breitbandindividualkommunikation (Breitband-ISDN). Durch die Integration von Diensten der Individual- und Massenkommunikation in einem einzigen Netz - dem dem IBFN - führt die Entwicklung zur Option einer zukünftigen ausschließlich in Glasfaser aufgebauten Fernmeldeinfrastruktur.
Die einzelnen Zeitabschnitte werden durch folgende Teilprozesse gekennzeichnet:

- In den Jahren 1985/86 erfolgt in Fortführung der bereits 1982 begonnenen Digitalisierung der Übertragungstechnik des Telefonnetzes der Einsatz digitaler Vermittlungsstellen in der Orts- und Fernebene.

1) ISDN: Integrated Services Digital Network
2) IBFN: Integriertes Breitband Fernmelde-Netz

Entwicklungskonzept der Fernmeldenetze

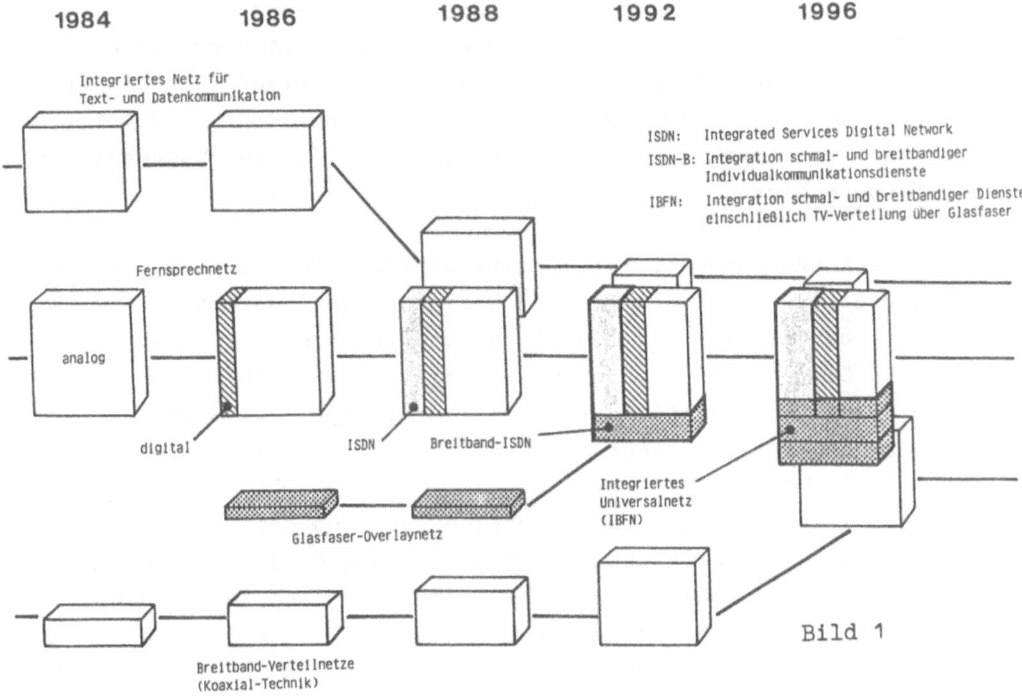

Bild 1

Zeitliche Entwicklung des ISDN-Anwendungspotentials (Basis- und Primärmultiplexanschlüsse)

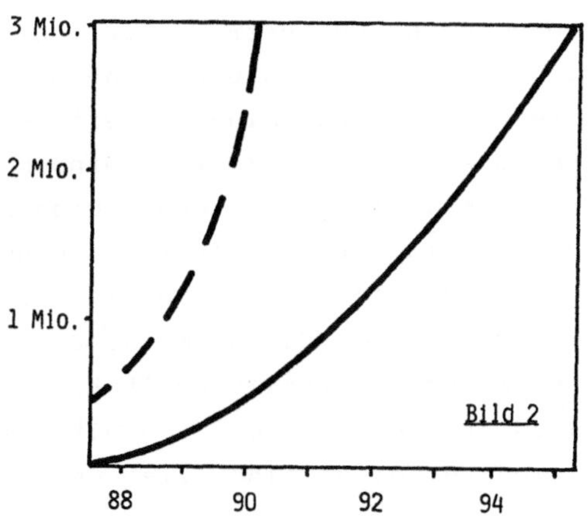

Bild 2

— ISDN-Anwendungspotential

– – Bestand an Anschlußmöglichkeiten in digitalen Ortsvermittlungsstellen

- 1986/87 beginnt mit dem Ausbau örtlicher Glasfaser-Overlaynetze in zunächst 29 ausgewählten Großstädten die Realisierung eines von Teilnehmer zu Teilnehmer reichenden Glasfaser-Overlaynetzes als Voraussetzung für die Einführung neuer Breitbanddienste der Individualkommunikation. Der Einsatz einer Vorläufertechnik für Breitbandvermittlungen und die Fertigstellung einer bundesweiten Glasfaserfernstrecke schaffen die Möglichkeit von bundesweiten Breitbandverbindungen.

- Durch Einbeziehung der Teilnehmeranschlußleitung in die Digitalisierung wird die Basis für den Übergang zum ISDN geschaffen. Ab 1988 ist der Einsatz der ISDN-Regeltechnik im heutigen Kupfernetz geplant. Das so entstehende von Teilnehmer zu Teilnehmer reichende digitale Netz ermöglicht die Integration aller heutigen und zukünftigen Fernmeldedienste mit Bitraten bis zu 64 kbit/s.

- Zu Beginn der neunziger Jahre dürften aufgrund der heute absehbaren Technologieentwicklung die Voraussetzungen für die Einführung einer Breitbandvermittlungs-Regeltechnik gegeben sein. Dies ermöglicht den Übergang zu einer integrierten Vermittlungstechnik für Schmal- und Breitbanddienste, die, zusammen mit dem im Rahmen des Glasfaser-Overlaynetzes geschaffenen linientechnischen Netzvorlaufs, Grundlage für die Einführung des ISDN-B ist, in dem alle Dienste der Indiviualkommunikation zusammengefaßt werden können.

- Durch die Einbeziehung der bisher getrennt verlaufenden Weiterentwicklung der Breitbandverteildienste kann ab Mitte der neunziger Jahre der letzte Schritt zu einem Breitbanduniversalnetz durch die Integration der Verteilnetze für Fernseh- und Tonrundfunk in das Breitband-ISDN vollzogen werden. Dieser Schritt wird zusätzlich zur Preiswürdikeit der Glasfasertechnologie maßgebend durch die Vielfalt elektronischer Massenmedien und individueller Abrufdienste bestimmt. Übersteigt deren Umfang die mittels Koaxialtechnik bereitszustellende Verteilkapazität, so stellt das Prinzip der Verteilvermittlung in Verbindung mit dem sternförmigen Glasfasernetz eine technisch sinnvolle und zukunftsoffene Lösung dar.

Die hier skizzierte Vorgehensweise der DBP entspricht der Verpflichtung der DBP im Umfeld konkurriender Technologien netztechnische Optionen offenzuhalten, um Nachfrage und Marktentwicklung zeitkontinuierlich und in wirtschaftlicher Weise zu befriedigen.

3. Die Entwicklung von Fernmeldediensten in digitalen diensteintegrierenden Netzen

3.1 Dienste im ISDN-64 kbit/s

Die Nachfrage nach ISDN-Anschlüssen kann heute nur schwer vorhergesagt werden, da erst Erfahrungen mit dem Netz und den Endgeräten Anwendungsformen anregen werden, die über das heute bestehende hinausgehen werden.

Aus heutiger Sicht werden drei z.Z. parallel verlaufende Entwicklungen die Nachfrage beeinflussen:

- Anwendung mehrerer Kommunikationsformen am Arbeitsplatz

  Nach derzeit vorliegenden Untersuchungen wird die Zahl der Nichttelefon-Terminals an Arbeitsplätzen in den nächsten Jahren stark zunehmen. Über ihre informationsverarbeitenden Funktionen hinaus besitzen diese Geräte zunehmend kommunikative Aufgaben (Daten-, Text- und Festbildübertragung), so daß die Vorteile des ISDN-Anschlusses wie z.B. mehrkanalige Nutzung der Anschlußleitung, Erreichbarkeit aller Endgeräte unter einer Rufnummer, Möglichkeit des Dienstewechsels zum Tragen kommen. Dieser Trend zu multifunktionalen Terminals am Arbeitsplatz bildet deshalb eines wesentliche Grundlage für die Nachfrage nach ISDN-Anschlüssen.

- Verbreitung von Mikrocomputern

  Der jährliche Absatz von Mikrocomputern bewegt sich heute in der Größenordnung von über 200 000 Stück, wovon ca. 20% als Büro- und Personalcomputer am Arbeitsplatz eingesetzt werden. Prognosen gehen von einer jährlichen Absatzsteigerung von ca. 30% bis in die 90er Jahre aus, was zu einer nachhaltigen Dezentralisierung der Datenverarbeitung führen wird. Aber auch bei steigender Leistungsfähigkeit der Mikrocomputer werden aus Kostengründen der Speichermedien nicht alle Funktionen und Programme "vor Ort" vorzuhalten sein, so daß sich trotz Dezentralisierung Datenanwendungen zwischen Terminals und Großrechnern entwickeln werden.

Die voraussichtlich realisierbare ISDN-64 kbit/s-Gebührenstruktur, sie sich wahrscheinlich an den Verbindungesgebühren des Telefontarifs orientiert, begünstigt solche Datenanwendungen mit großen Datenvolumina.

Diese Zunahme der Mikrocomputer am Arbeitsplatz ist deshalb in engen Zusammenhang mit der Nachfrage nach ISDN-Anschlüssen zu sehen.

In wieweit sich dem eigentlichen Massenmarkt der Homecomputer mit Kaufpreisen, die für den privaten Verbraucher erschwinglich sind, eine Nachfrage nach ISDN-64 kbit/s-Kommunikationsdiensten ergibt, muß bei der derzeit zurückhaltenden Einstellung von privaten Haushalten zu möglichen elektronischen Servicedienstleistungen, die sich im Umfeld kommunikationsfähiger Homecomputer entwickeln könnten, abgewartet werden.

- Multiplikatoreffekte durch ISDN-Anwendungen innerhalb von Nebenstellenanlagen

Die derzeit in der Markteinführung befindlichen "ISDN- Nebenstellenanlagen" erfüllen einige zukünftige ISDN-Merkmale wie z.B. So-Schnittstelle, Betrieb von Mehrdienstenebenanschlüssen unter einer Rufnummer etc. noch nicht. Durch den Mehrdienstezugriff von einer Nebenstelle aus hat der Nutzer jedoch schon die Gelegenheit sich mit Formen der Mischkommunikation vertraut zu machen, die Organisation im Bürobereich anzupassen und die Bürokommunikation effizienter zu gestalten. Außerdem sollten diese Anlagen die rechtzeitige Implementierung der vollen ISDN-Merkmale erlauben.

In der frühen Phase wird das sich durch den Nebenstellenbereich ergebende ISDN-Anschlußpotential die Summe der ISDN-Anschlußmöglichkeiten weit über die Zahl der direkten Anschlüsse an das öffentliche Netz erhöhen (Prognosen lassen vermuten, daß bis 1990 bereits ca. 1 Mio. Anschlüsse an ISDN-Nebenstellenanlagen bestehen könnten).

Der durchschnittliche Multiplikationsfaktor zwischen ISDN-Hauptanschlüssen und hiermit realisierbaren Anschaltemöglichkeiten für ISDN-Terminals wird im Vergleich zum Telefonnetz duch zwei abweichende Randbedingungen beeinflußt:

- Der ISDN-Basisanschluß ermöglicht das Anschalten von bis zu acht Endgeräten.

- Durch Ausweitung der Kommunikationsformen am Arbeitsplatz über die Sprache hinaus auf Text und Daten entsteht ein erhöhtes auch nach außen gerichtetes Verkehrsaufkommen, daß stärker zur anteiligen Auslastung der Hauptanschlüsse beiträgt.

Heute sind im Telefonnetz an ca. 2-3 Mio. geschäftlich genutzte Hauptanschlüsse für Nebenstellenanlagen ca. 11 Mio. Sprechstelstellen angeschlossen, was einen Multiplikationsfaktor von 4,5 ergibt. Dieser Faktor dürfte sich unter den o.g. Randbedingungen eher vergrößern, da insbesondere die Vervielfachung der Anschlußmöglichkeiten an einfache ISDN-Netzabschluß stärker zu Buche schlägt als eine mögliche verkehrsbedingte Reduzierung im Verhältnis Haupt- zu Nebenanschlüssen bei ISDN-Nebenstellenanlagen.

Eine Abschätzung des ISDN-Anwendungspotentials zeigt Bild 2 als Zahl der zu schaltenden ISDN-Hauptanschlüsse. Hierbei ist unterstellt, daß das zugrundeliegende Spektrum neuer Fernmeldedienste mit einer Übermittlungsrate von 64 kbit/s sowohl im Geschäfts- als auch im Privatbereich Interessenten findet. Aus diesem Potential entwickelt sich in Abhängigkeit von Gebühren, Endgerätepreisen etc. die ISDN-Nachfrage. Die Planungen der DBP sind grundsätzlich darauf ausgerichtet, die Nachfrage termingerecht zu decken, die dem Gesamtanwendungspotential entspricht. Die hierzu erforderlichen Installationen an digitalen Ortsvermittlungsstellen werden bereits in den Vorjahren im Rahmen der Digitalisierungsstrategie des Telefonnetzes vorgenommen (Bild 2). Bild 3 zeigt die Einsatzorte für ISDN in 1988.

3.2 Dienste der Breitbandindividualkommunikation mit Übermittlungsraten von 2-140 Mbit/s (Breitband-ISDN)

Prognosen über die Entwicklung neuer Fernmeldedienste im Breitband-ISDN und im vermittelten breitbandigen Vorläufernetz (Overlaynetz) sind natürlich mit erheblichen Unsicherheiten behaftet und unterliegen, da erst wenige Erfahrungen über konkrete Anwendungsformen und Nachfragestrukturen von vermittelten Breitbanddiensten vorliegen, in Abhängigkeit von den unterstellten Randbedingungen starken Schwankungen. Die vorliegenden Abschätzungen (Bild 4) zeigen jedoch, daß die Unschärfe weniger im erreichbaren Summenwert als vielmehr in der zeitlichen Entwicklung der Nachfrage liegen dürfte. Das Schwergewicht der Anwendungen wird - vor allem in der Anfangsphase - im Bereich der Geschäftskommunikation liegen und die Bewegtbildkommunikation (Videokonferenz und Bildfernsprechen) sowie die schnelle Text- und Datenübertragung mit Bitraten $\geq$2 Mbit/s umfassen. Aufgrund seiner konkreten Ausprägung wird der Videokonferenzdienst zunächst eine Vorreiterrolle übernehmen, für den nach Untersuchungen bis zum Ende des Jahrzehnts mit einem Potential von ca. 1 500 Anschlüsse gerechnet werden kann.

Mit dem weiteren Ausbau der Glasfasernetze ist eine Ausweitung des Diensteangebotes auf das in Bild 5 dargestellte Spektrum zu erwarten, wobei Bewegtbild- und die schnelle Text- und Datenkommunikation Schwerpunkte bilden werden.

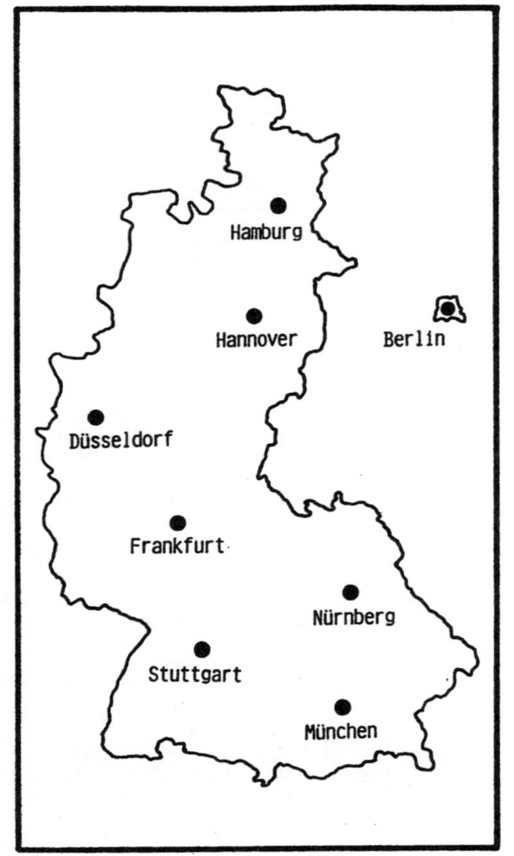

Bild 3

Aufbau von ISDN-Vermittlungsstellen
bis Ende 1988

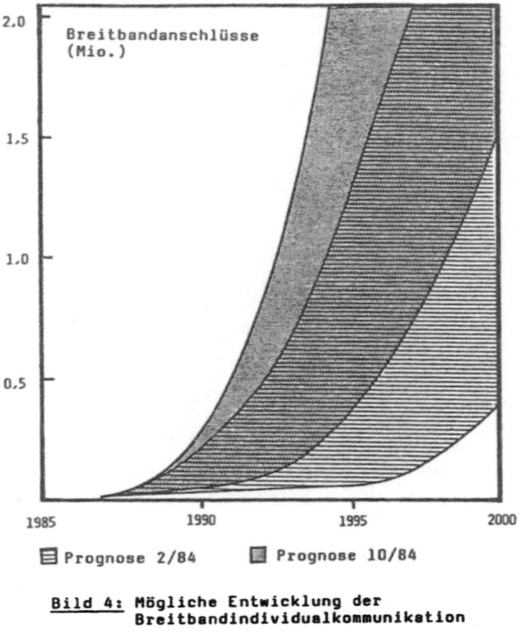

Bild 4: Mögliche Entwicklung der Breitbandindividualkommunikation

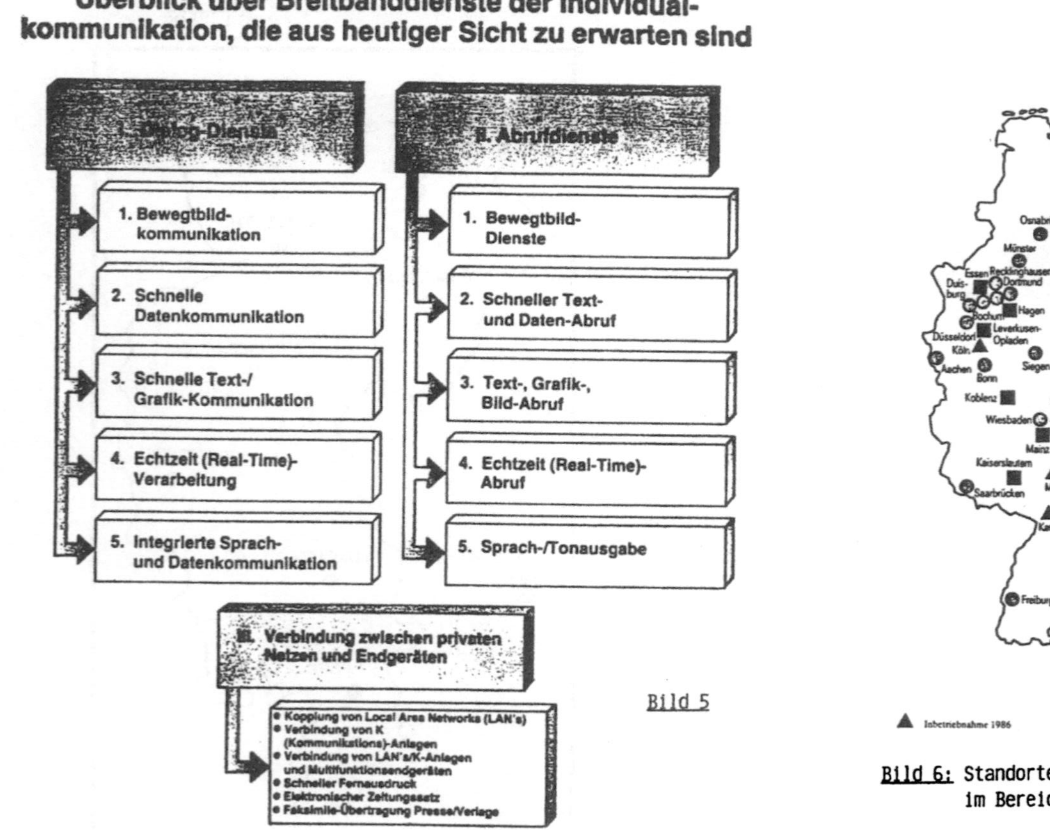

Bild 5

Bild 6: Standorte der ersten digitalen Vermittlungsstellen im Bereich der DBP

4. Entwicklung des ISDN-64 kbit/s

Bereits seit mehreren Jahren stellt der Einsatz der digitalen Übertragungstechnik im Fernnetz und im Ortsverbindungsnetz den Regelfall bei Neuinvestitionen dar. Hierbei handelt es sich um eine zunächst rein netzinterne Maßnahme, deren Sinn sich aus der wirtschaftlichen Überlegenheit der Digitaltechnik gegenüber den analogen Übertragungssystemen ergibt und sich in einer Reduzierung der Investitions- und im Rahmen der Digitalisierung des gesamten Telefonnetzes auch der Betriebskosten ausdrückt.

Durch die Verfügbarkeit digitaler Vermittlungstechnik ab 1985 ergibt sich eine weitere Verbesserung der Gesamtwirtschaftlickeit des Netzes, da zusätzlichen Aufwendungen für Analog/Digital-Übergänge nicht mehr erforderlich sind. Unter der Zielsetzung bis zum Jahre 2000 ein volldigitales Telefonfernnetz aufzubauen ist es erforderlich, die hierfür übertragungstechnischen Fernnetzinvestitionen wegen des erforderlichen Zeitvorlaufs im Zeitraum bis 1990 zu konzentrieren, während sich die vermittlungstechnischen Investitionen stetig auf den Gesamtzeitraum verteilen. Parallel zu den Maßnahmen im Fernnetz erfolgt auch die Digitalisierung innerhalb der Ortsnetze. Im Bereich der Übertragungstechnik für die Ortsverbindungsleitungen wird zeitversetzt zur Investitionsspitze im Fernnetz das Maximum erreicht, was zu einer Verstetigung des Investitionsverlaufs führt und ein Absinken des Investitionsvolumens verhindert. Bis zum Jahre 2020 wird dann auch die Digitalisierung der Ortsvermittlungsstellen abgeschlossen sein.

Der eigentliche Übergang zum ISDN-64 kbit/s erfolgt durch die Einbeziehung der Teilnehmeranschlußleitung in die Digitalisierung und die Erweiterung der bestehenden digitalen Orts- und Fernvermittlungsstellen. Bei diesen Erweiterungen handelt es sich im wesentlichen um das D-Kanal-Protokoll auf der Teilnehmeranschlußleitung und das CCITT-Zeichengabeverfahren Nr. 7 zwischen den digitalen Vermittlungsstellen. Durch die Einführung des ISDN-64 kbit/s erhalten die zunächst rein "substitutiven" Investitionen für die Digitalisierung des Orts- und Fernnetzes "additiven" Charakter, da durch die Struktur des ISDN-Anschlusses sich neue schmalbandige Fernmeldedienste entwickeln können.

Jedoch muß gesehen werden, daß zu dem für 1988 vorgesehenen Bereitstellungstermin mit ca. 1,0 Mio. digitaler Beschaltungseinheiten der Ortstechnik in 26 Orten, ca. 0,5 Mio. digitaler Leitungsanschlüssen der Ferntechnik in 50 Orten und ca. 260 000 digitalen Fernleitungen erst eine im begrenzten Umfang digitalisierte Infrastrukur vorliegt.

Wie bereits ausgeführt, werden sich die ersten Anwender für ISDN-64 kbit/s-Dienste aus dem Bereich der gewerblichen und öffentlichen Dienstleistungs- und Produktionsträger rekrutieren. Diese Anwender konzentrieren sich in Orten mit hohem Verkehrsaufkommen, in denen aus netztechnischen Gründen mit der Digitalisierung des Telefonnetzes begonnen werden muß. Bild 6 zeigt die Standorte der ersten digitalen Vermittlungsstellen. Darüber hinaus sieht die ISDN-Ausbaustrategie vor, durch Fernanschlüsse ISDN-Dienste auch in solchen Gebieten zugänglich zu machen, in denen die Digialisierung des Telefonnetzes aufgrund der zeitgestaffelten Umstellungsphase noch nicht abgeschlossen ist. Aus diesem Grund ist das flächendeckende ISDN-Diensteangebot an beliebigen Orten der Bundesrepublik einschließlich Berlin (West) hinsichtlich der zeitlichen Realisierung deutlich vom flächendeckenden Netzausbau zu trennen.

5. Einsatz der Glasfaser in den Netzen der Deutschen Bundespost

Wie bei der Digitalisierung des Telefonnetzes vollzieht sich auch der Einsatz der Glasfasertechnik nach zwei sich ergänzenden Aspekten:

- "substitutiver" Einsatz derGlasfasertechnik anstelle der herkömmlichen Kupfertechnik aus wirtschatlichen Gründen

- "additiver" Einsatz als Ergänzung bestehender Netze mit der Zielsetzung, neue Fernmeldedienste einzuführen.

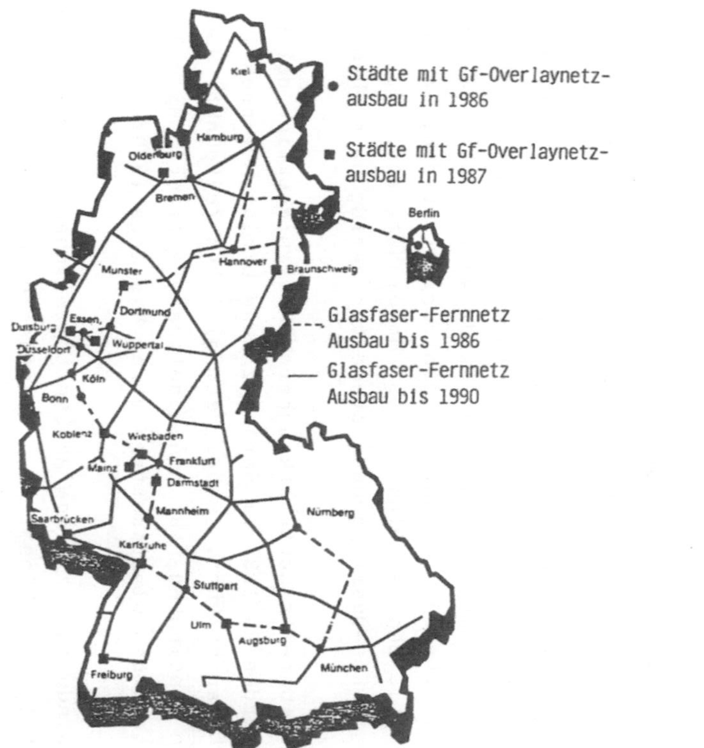

Bild 7 Städte mit Glasfaser-Overlaynetzausbau; Ausbau des Glasfaser-Fernnetzes

Jahr	Fernnetz		Ortsnetz	
	Gradienten-Fasern (km)	Monomode-Fasern (km)	Gradienten-Fasern (km)	Mono-Mode-Fasern (km)
1986	50.000	20.000	15.000	
1987	10.000	46.000		40.000
1988		56.000		75.000
1989		54.000		150.000
1990		45.000		260.000
Summe	60.000	221.000	15.000	525.000

Bild 8: Verlegte Glasfaser pro Jahr

Im ersten Fall ist die Glasfaser als preiswertes alternatives Übertragungsmedium zu sehen. Beim additiven Einsatz steht sie stellvertretend für alle Komponenten neuer innovativer Netze mit ihren übertragungs- und vermittlungstechnischen Einrichtungen. Eine exakte Aufteilung des Glasfaservolumens auf die beiden Bereiche ist nicht möglich, da der Ausbau nicht auf den konkreten Einzelfall bezogen ist, sondern zeitlich vorlaufend auf die wahrscheinliche Entwicklung aller Fernmeldedienste ausgerichtet ist, wobei ursprünglich substitutive Investitionen additiven Charakter erhalten können und umgekehrt.

Dies wird im Fernnetzbereich besonders deutlich. Hier dienen Glasfaserlinien bereits heute dazu den Weitverkehr der herkömmlichen Dienste, die regionale und überregionale Heranführung von Rundfunkprogrammen an örtliche BK-Netze sowie die Verbindung von Glasfasernetzen für vermittelte Breitbanddienste abzuwickeln. Die angestrebte Mindestübertragungsrate von 140 Mbit/s erlaubt eine solche flexible Nutzung und bietet damit bereits von Beginn an die Voraussetzung für eine linien- und übertragungstechnische Integration im regionalen und überregionalen Fernnetz, was zu einer Amortisation der Glasfaserinvestitionen sowohl durch den Verkehrszuwachs bestehender Dienste als auch durch die Entwicklung neuer Dienste führt.

Bild 7 zeigt die bis Ende 1986 linientechnisch fertiggestellte bundesweite Glasfaserfernstrecke, die Zug um Zug teilweise 1986, teilweise in 87 in Betrieb genommen wird. Während auf dem Abschnitt Bremen - Karlsruhe 60 Gradientenfasern verlegt wurden, enthält der Abschnitt Karlsruhe - Nürnberg 40 Monomodefasern, für die ab 1987/88 565 Mbit/s-Übertragungssysteme zur Verfügung stehen.

Aufgrund der bereits heute erkennbaren Kostenreduktion der Glasfasertechnik werden ab 1987 im Fernnetz neue Linien nur noch in Glasfasertechnik ausgeführt, wobei zum gleichen Zeitpunkt auch der Übergang von Gradienten- auf Monomodefasern erfolgt. Bild 7 zeigt den Ausbaustand des Glasfaserfernnetzes bis Ende 1990.

Im Ortsverbindungsnetz (dem Abschnitt zwischen den Vermittlungsstellen) erfolgt der Einsatz von Glasfasern unter Anwendung ähnlicher Kriterien wie im Fernnetz. Auch hier führt die parallele Führung von Telefonverbindungen (insbesondere zwischen digitalen

Vermittlungsstellen), von Programmverbindungsleitungen zwischen BK-Inseln und Anschlußleitungen für neue vermittelte Breitbanddienste zu den in der Anfangsphase nur zentral vorhandenen Breitbandvermittlungsstellen zu einer Konzentration von Verkehrsströmen unterschiedlicher Bitraten, die diensteflexibel und kostengünstig über Glasfaserlinien realisiert werden können.

Im Teilnehmeranschlußbereich (dem Abschnitt zwischen Vermittlungsstelle und Teilnehmer) orientiert sich der Einsatz der Glasfaser am erwarteten Bedarf nach vermittelten Breitbanddiensten der Individualkommunikation. Da zu erwarten ist, daß die Nachfrage nach solchen Diensten sich zunächst im geschäftlichen Bereich entwickeln wird, hat sich die DBP bereits 1984 dazu entschieden, zunächst in besonders nachfrageträchtigen Geschäftsgebieten örtliche Glasfaser-Overlaynetze zu errichten, über die parallel zum bestehenden Kupfernetz vermittelte Breitbanddienste angeboten werden. Die Auswahl der Ausbauorte und der innerhalb dieser Orte vorgesehenen Ausbaubereiche orientierte sich an dem Grundsatz, Zug um Zug die Geschäftsbereiche einzubeziehen, die aufgrund verschiedener Indikatoren ein besonders hohes Potential an Breitbandteilnehmern erwarten lassen. Für das Jahr 1986 sind insgesamt 72 Telefonanschlußbereiche in 14 Städten für den Ausbau von Overlaynetzen vorgesehen. 1987 wird der Ausbau bedarfsentsprechend in weiteren Anschlußbereichen der ersten 14 und weiteren 15 Städten fortgesetzt (Bild 7).

Mit diesen örtlichen Overlaynetzen und den Fernverbindungen soll durch den Einsatz einer Vorläufertechnik im übertragungs- und vermittlungstechnischen Bereich bis zur Einführung von ISDN-B einer begrenzten Zahl von bereits heute interessierten Teilnehmern, die Nutzung von breitbandigen Individualkommunikationsdiensten im Sinne einer Marktverbreitung und -schaffung ermöglicht werden. Die Attraktivität und Akzeptanz dieser neuen Dienste hängt aber entscheidend davon ab, daß es gelingt, diesen ersten Nutzern eine gewisse Mindestzahl von Kommunikationsbeziehungen zu ihren Partnern zu eröffnen. Zur Erfüllung dieser Bedingung wird der Glasfaserausbau in den Städten mit Overlaynetzausbau nicht in Form von Einzelanschlüssen vorgenommen, sondern es wird verlaufend zur konkreten Bedarfsentwicklung, durch Verlegung von entsprechend dimensionierten Glasfaserkabel ein linientechnischer Netzvorlauf für das Breitband-ISDN geschaffen, der bis zur Einführung von ISDN-B kurzfristig und entsprechend der aktuellen Bedarfssituation die Möglichkeit bietet, Glasfaseranschlüsse bereitzustellen. Basierend auf der Einschätzung, daß ISDN-64 kbit/s und Breitbandteilnehmer sich zumindest anfänglich aus dem gleichen Teilnehmerpotential rekrutieren und somit in den gleichen Gebieten zu finden sind, in deren Zentren zwar noch funktionsmäßig getrennt, jedoch standortgleich ISDN-64 kbit/s-Vermittlungsstellen und die breitbandigen Vorläuferkoppelnetze aufgebaut werden, ergibt sich eine weitere Nutzung des netztechnischen Vorlaufs; die Realisierung von ISDN-64 kbit/s-Anschlüssen über Glasfaserleitungen. Dies wird ab 1988/89 zunächst für Primärmultiplexanschlüsse, später auch für Basisanschlüsse möglich sein und ist insbesondere dann vorteilhaft, wenn Teilnehmer sowohl ISDN-64 kbit/s-Dienste als auch Breitbanddienste des Overlaynetzes nutzen wollen oder wenn, aufgrund der geringen Dichte von Vermittlungsstellen in der ersten Phase des ISDN-Aufbaus, die Länge der ISDN-Kupfer-Anschlußleitung bis zu nächsten ISDN-Vermittlungsstelle den Einsatz von Regeneratoren erforderlich machen würde, parallel jedoch Glasfaserleitungen verfügbar sind.

Unter Berücksichtigung der beschriebenen Ausbaugrundsätze für Glasfaserlinien im Fermeldenetz der DBP kann bis 1990 von folgendem Glasfaserbedarf ausgegangen werden (Bild 8).

Unterstellt man im Jahr 1990 eine durchschnittliche Länge Glasfaseranschlußleitungen im Versorgungsbereich einer Breitbandvermittlungsstelle von 7 - 15 km, so ergeben sich aus dem Glasfaservolumen theoretisch 40 000 - 70 000 Teilnehmeranschlußmöglichkeiten in den örtlichen Overlaynetzen. Dieses linientechnische Anschlußpotential ist jedoch aufgrund der räumlichen und zeitlichen Verteilung der Bedarfsentwicklung, verbunden mit den längerfristigen linientechnischen Ausbauabschnitten nur anteilig beschaltbar. Basierend auf den Erfahrungen bei Aufbau des Telefonnetzes ist deshalb auch beim Aufbau einer Infrastruktur für die Breitbandindividualkommunikation mit einem Zeitvorlauf der Ausbaumaßnahmen von 3 -4 Jahren gegenüber der Anschlußentwicklung zu rechnen. In der Praxis dürfte deshalb der bedarfsmäßig beschaltbare Anteil des Glasfaserpotential als Anfang der neunziger Jahre bei einigen Tausend Teilnehmern liegen.

6. Ausbau des Breitbandvorläufernetzes und des Breitband-ISDN

Zu Beginn der neunziger Jahre dürften aufgrund der heute Technologieentwicklung die Voraussetzungen für die Einführung des Breitband-ISDN unter Verwendung von zum Teil nationalen Standards im Breitbandbereich gegeben sein. Zu diesem Zeitpunkt dürfte es technisch und ökonomisch möglich sein, die Netzknoten des ISDN-64 kbit/s um breitbandige Koppelnetze zu erweitern.

Auf der Grundlage einer vermittlungstechnischen Vorläufertechnik wird die DBP ab Mitte 1987 für eine begrenzte Teilnehmerzahl breitbandige vermittelte Fernmeldedienste im Rahmen eines Breitbandvorläufernetzes anbieten, in das auch das Videokonferenzversuchsnetz und das Bildfernsprechversuchsnetz einmünden werden.

Dieses auf der Infrastruktur der Glasfaser-Overlaynetze basierende Breitbandvorläufernetz ist ein volldigitales Netz mit Teilnehmerselbstwahl, in dem für die Bewegtbildkommunikation 140 Mbit/s-Kanäle übertragen und vermittelt werden. Zur Abwicklung von Satelliten und internationalen Verbindungen (insbesondere für Videokonferenz), für die eine Bitratenreduktion auf 2 Mbit/s erforderlich ist, wird ein Reservierungssystem verwendet. Der Videokonferenzdienst als geschäftsorientierte Form der Bewegtbildkommunikation wird aufgrund seiner konkreten Ausprägung (volle Bewegtbildübertragung mit Farbfernsehqualität unterstützt durch Dokumenten-, Text- und Datenübertragung) zunächst eine Vorreiterolle im Diensteangebot übernehmen. Die Teilnehmerselbstwahl im nationalen Bereich eröffnet mit ihren kurzen Reaktionszeiten neue, arbeitsplatzbezogene Anwendungsformen der Bewegtbildkommunikation, die sich in ihrer Endgerätekonzeption dem Beildfernsprechen nähern; sie ist auch Voraussetzung für die schnelle Text- und Datenübertragung für die digitale 2 Mbit/s- und 140 Mbit/s-Schnittstellen angeboten werden. Es kann erwartet werden, daß sich hier weitere Nutzungsschwerpunkte bilden werden.

Neben den bisher beschriebenen linien- und übertragungstechnischen Gesichtspunkten tritt insbesondere unter den Aspekten
- der raschen Verfügbarkeit von vermittelten Breitbandverbindungen zwischen allen Teilnehmern des Breitbandvorläufernetzes und

- der Berücksichtigung der späteren Einführung der Breitband-ISDN-Regeltechnik

die Frage der Netzgestaltung in den Vordergrund.
Aufgrund der zum Beginnzeitpunkt begrenzten Anzahl von breitbandigen Fernverbindungsleitungen scheidet eine vollständige Vermaschung aller in 1986 und in den folgenden Jahren auszubauender Orte aus. Es wird ein zweistufiges Netz mit drei untereinander vollvermaschten Durchgangsvermittlungsstellen in Hannover, Düsseldorf und Frankfurt und insgesamt 13 Breitbandanschlußvermittlungsstellen Hamburg, Bremen, Berlin, Hannover, Dortmund, Düsseldorf, Köln, Bonn, Frankfurt, Mannheim, Stuttgart, München, Nürnberg) realisiert. Die Standorte der Breitbandanschlußvermittlungsstellen stimmen mit den Koppelnetzstandorten des Videokonferenzversuchsnetzes überein und decken die Bedarfsschwerpunkte ab, die bereits 1986 für den Overlaynetzausbau vorgesehen sind. Diese Netzstruktur stellt aus netzökonomischer Sicht einen optimalen Kompromiß zwischen der Zahl der erforderlichen Fernleitungsverbindungen, der Zahl der zu durchlaufenden Vermittlungsstellen und der Erreichbarkeit auf der Grundlage der vorhandenen bzw. geplanten Glasfaserfernverbindungsleitungen dar.

In diesen Orten ist darüber hinaus bis 1987 der Einsatz digitaler Telefonvermittlungssstellen vorgesehen, so daß frühzeitig die Voraussetzungen für den späteren Übergang auf ISDN-64kbit/s und darauf aufbauend für den Übergang zum Breitband-ISDN gegeben sind.

Schlußbemerkungen

Mit dem dargestellten Ausbaukonzept setzt die DBP die Umsetzung ihres eingangs geschilderten langfristigen Entwicklungskonzeptes fort. Innerhalb der nächsten Jahre werden durch den Einsatz des ISDN-64kbit/s und der Glasfasertechnik im Sinne der Marktvorbereitung und -schaffung die Voraussetzungen für die weitere Entwicklung neuer Dienste geschaffen. Der rechtzeitige Einstieg wird zu einer Konkretisierung der heute bereits diskutierten neuen Anwendungsformen von Schmal- und Breitbanddienste und ihrer Nachfragestrukturen führen.

Die Entstehung dieser neuen Fernmeldenetze und -dienste wird geprägt durch das Zusammenwachsen von Telekommunikation, Bürotechnik und Datenverarbeitung. Der für den Anwender maßgebende Erfolg aus dem Zusammenwachsen dreier sich bisher weitestgehend selbständig entwickelnder Gebiete kann allerdings erst dann zum Tragen kommen, wenn die technische Integration mit einer handlungsmäßigen Integration aller Beteiligten einhergeht.

Dies bedeutet im einzelnen:

- Die Datenverarbeitungsbranche muß lernen, Märkte nicht mehr über inkompatible Firmenstandards zu gewinnen und zu erweitern, da Datenverarbeitungsanwendungen zunehmend zu Kommunikationsanwendungen entwickeln. Nur international abgestimmte Standards werden in Datennetzen den Weg zur offenen Kommunikation ebnen.

- Die Bürokommunikationsbranche muß lernen, einerseits Geräte und Einrichtungen maßgeschneidert auf die konkreten Bedürfnisse des Kunden auszurichten, andererseits aber kompatibel an die neuen Möglichkeiten der Kommunikationstechnologie und ihrer Netze anzupassen, damit eine problemlose Kommunikation von Büro zu Büro möglich ist.

- Die Deutsche Bundespost als Netzbetreiber muß weiterhin den Weg beschreiten, neue Telekommunikationsnetze und -dienste in enger Anlehung an die Erfordernisse des Marktes einzuführen. Nicht mehr im traditionellen Sinn, erst die Produkte und Dienste zu entwickeln und dann auf die Nachfrage zu warten, sondern der ständige Erfahrungsaustausch zwischen Kundenwunsch und Dienstgestaltung wird langfristig die immensen Investitionen der nächsten Zeit dem bestmöglichen volkswirtschaftlichen Nutzen zuführen.

Literatur

1. Konzept der Deutschen Bundespost zur Weiterentwicklung der Fernmeldeinfrastruktur
Herausgeber: Der Bundesminister für das Post- und Fernmeldewesen
Bonn, 1984

2. Mittelfristiges Porgramm für den Ausbau der technischen Kommunikationssysteme
Herausgeber: Der Bundesminister für das Post- und Fernmeldewesen
Bonn, 1986

Die Zukunft rückt näher: Das Bürosystemprogramm von ESPRIT

Jan Roukens

Hauptziel des von der Europäischen Gemeinschaft aufgelegten Programms ESPRIT ist die Unterstützung der industriellen Forschung auf dem Gebiet der Informationstechnologie. Es wird davon ausgegangen, dass als Folge hierauf Produktentwicklungen und Marketing durch die Eigeninitiative der Industrie beschleunigt werden und dass dies zu qualitativ hochwertigen Produkten und einer Steigerung des Anteils europäischer Erzeugnisse am Weltmarkt führen wird. Die von der KEG zur Durchführung des Programms entworfenen Instrumente waren im wesentlichen dreifacher Art:

1. Aufstellung eines technischen Arbeitsplans, in dem die vorrangigen Aktionsbereiche festgelegt sind,
2. Finanzielle Unterstützung in Höhe von 50 % zur Deckung der Kosten für die Forschungsvorhaben und
3. Schaffung einer Reihe von Voraussetzungen, wie beispielsweise die Förderung einer multinationalen Zusammenarbeit, die die Vorhaben erfüllen müssen.

Bis Mitte 1986 werden rund 200 Vorhaben angelaufen sein. Zusammengenommen arbeiten mehr als 1000 Forschungsteams in einigen 100 Gross- und Kleinunternehmen, Forschungsinstituten und Hochschulen auf Projektebene zusammen. Davon liefen etwa die Hälfte vor 2 Jahren an, die andere Hälfte vor weniger als einem Jahr. Dieses Ergebnis ist sicherlich eindrucksvoll, der Nutzen aus der Zusammenarbeit und dem Wissenstransfer macht sich denn auch für die Beteiligten spürbar. Da die technischen Ergebnisse der kooperativen Forschungsvorhaben nach etwa 2 bis 3 Jahren in Erscheinung treten, darf angenommen werden, dass 1986 und mehr noch 1987 einige greifbare Errungenschaften aufzuweisen sein werden.

Der technische Arbeitsplan von ESPRIT umfasst 5 breitangelegte Forschungsbereiche, nämlich

. Mikroelektronik,
. Software,
. Fortgeschrittene Informationsverarbeitung,
. Bürosysteme,
. Rechnerunterstützte Fertigung.

Der Bereich Bürosysteme wurde aus folgenden Gründen gewählt:

Das Büro wird als grösster Markt für IT-Erzeugnisse in den 90er Jahren angesehen. Da es Büros jeder Art in Unternehmen oder Instituten, gleichviel ob diese gross oder klein sind, gibt und da diese die Produktionseinheiten der geweiligen Organisation lenken, können Bürosysteme und die sie verbindenden Netze die Architekturen und sonstigen artspezifischen Konzepte schaffen, von denen die künftige Auslegung der Informationssysteme für jede Art von Organisation bestimmt wird. Die Computergestützten Bürosysteme stossen jedoch noch auf erhebliche Probleme, weshalb ihre Einführung auch noch nicht weit fortgeschritten ist. Diese Probleme lassen sich in 2 Hauptkategorien zusammenfassen:

1. Probleme, die sich aus (dem Mangel an) der Einheitlichkeit der Konzepte auf der Anwendungsebene und auf der technischen Ebene ergeben, und die gelöst werden müssen, weil der Umgang mit Informationen im Büro ein in hohem Masse kooperativer Vorgang ist.
2. Probleme im Zusammenhang mit einem mehr anwenderorientierten statt funktionsorientierten (Routine-) Konzept der Systemauslegung; das funktionsorientierte Konzept ist das herkömmliche - sowohl bei der wissenschaftlichen als auch bei der administrativen Datenverarbeitung.

Diese Probleme werden in vielen der über 40 Vorhaben im Rahmen der ESPRIT-Bürosysteme aus verschiedenen Blickwinkeln heraus angegangen.

Forschung und Entwicklung im Datenbank-Management-System-Bereich

Peter Dadam
IBM Wissenschaftliches Zentrum
Heidelberg

Zusammenfassung

Datenbank-Management-Systeme (DBMSe) werden schon seit den 60er Jahren im administrativen ("kommerziellen") Bereich auf immer breiterer Basis eingesetzt. Waren die ersten Systeme hinsichtlich ihres Benutzungskomforts sowie der maximal zu speichernden Datenvolumina noch relativ bescheiden, so erlauben heutige, moderne DBMSe die Speicherung sehr großer Datenmengen, ermöglichen konkurrierendes Lesen und Schreiben und bieten einen hohen Grad an Datensicherheit. Auf Grund dieser Eigenschaften ist es nicht verwunderlich, daß man DBMSe heute gerne auch in anderen Bereichen einsetzen würde. Das Spektrum der potentiellen, neuen Anwendungsgebiete ist dabei sehr breit und vielfältig. Entsprechend breit und vielfältig sind auch die Forschungs- und Entwicklungs-Aktivitäten im DBMS-Bereich gefächert. Sie reichen von der Weiterentwicklung der "klassischen" DBMS-Architektur, über die Verteilung des Datenbestandes auf mehrere Rechner (verteilte DMBSe, Mehrrechner-DBMSe, ausfallsichere DBMSe), über Anwendungen im Ingenieur-Bereich (insbesondere CAD/CAM) bis hin zur Datenverwaltung in Expertensystemen.

Ziel dieses Beitrages ist es, einen Überblick über diese Forschungs- und Entwicklungsarbeiten zu geben.

1.0 Einführung und Überblick

Mehr als 20 Jahre nach Markteinführung der ersten DBMSe, nach mehr als 20 Jahren Forschungs- und Entwicklungs- (F & E-) Arbeit zeigt das Gebiet der DBMSe immer noch eine ungebrochene, eher zunehmende als abnehmende Vitalität und Aktualität. Infolge der wachsenden Integration von Anwendungen und infolge der damit verbundenen Forderungen nach gemeinsamer Nutzung von Daten, nach Zugriffskontrolle, nach erhöhter Unabhängigkeit der Anwendungsprogramme gegenüber der physischen Speicherung und vielem anderen mehr, haben sich die DBMSe mittlerweile zu einer *der* Schlüsseltechnologien für die Realisierung computer-unterstützter Anwendungen entwickelt. Durch den zunehmenden Integrationsdruck sowie durch die vielfach hohen Kosten "selbstgestrickter" Lösungen stellt sich vielfach gar nicht mehr die Frage, *ob* man Datenbanktechnologien einsetzen soll oder nicht, sondern nur noch *wie* man diese einsetzen soll.

Einige dieser neuen DBMS-Anwendungsgebiete sind dabei mit ihren Anforderungen hart an der Grenze dessen (oder bereits darüber hinaus), wozu heutige DBMSe von ihrer Konzeption her in der Lage sind zu leisten, sei es in leistungsmäßiger Hinsicht (performance) oder in bezug auf die angebotene Funktionalität. Bereits seit einigen Jahren finden daher im DBMS-Bereich auf breiter Front und unter verschiedenen Aspekten F & E - Aktivitäten statt, um diese für die ins Auge gefaßten neuen Anwendungsgebiete in leistungsmäßiger oder funktionaler Sicht zu verbessern. Entsprechend der breiten Streuung der Anwendungsgebiete sind auch die aktuellen F & E - Aktivitäten breit gestreut (siehe Abbildung 1).

Wie man aus Abbildung 1 ersieht, lassen sich die F & E - Aktivitäten grob in system-orientierte und in funktions-orientierte Aktivitäten einteilen. Bei den **system-orientierten** Arbeiten geht es vor allem um die Verbesserung der bestehenden Systeme hinsichtlich Ausfallsicherheit und Leistungsfähigkeit. Die funktionale Erweiterung der Systeme (neue Datentypen, neue Operatoren u.ä.) steht dabei nicht im Vordergrund. Bei den **funktions-orientierten** Aktivitäten konzentriert man sich vor allem auf die Erhöhung der funktionalen Mächtigkeit von DBMSen. System-orientierte Aspekte kommen hier meist nur insofern ins Spiel, wie sie zur Realisierung der neuen Funktionen relevant werden.

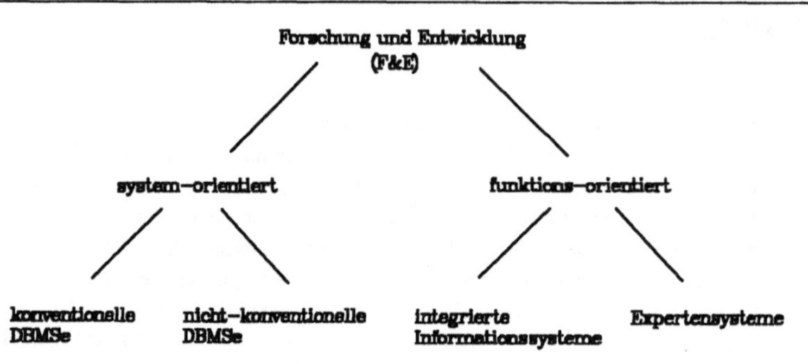

Abbildung 1. F & E - Aktivitäten im DBMS-Bereich

2.0 System-orientierte F & E - Aktivitäten

Die system-orientierten Aktivitäten kann man grob in zwei Gruppen einteilen. Zum einen gibt es Aktivitäten, die sich vor allem mit der Verbesserung der **konventionellen** DBMSe befassen, wobei technologische Entwicklungsrichtungen, wie etwa größere Hauptspeicher, natürlich bereits mit einfließen. Zum andern gibt es die **nicht-konventionellen** DBMSe, bei denen system-technisch neue Wege beschritten werden, etwa durch Verteilung der Daten auf mehrere Rechner in Form eines verteilten DBMSs oder als sog. Mehrrechner-DBMS.

2.1 F & E für konventionelle DBMSe

Die F & E - Aktivitäten für konventionelle DBMSe konzentrieren sich vor allem auf den Aspekt "Leistungssteigerung" in verschiedenen Variationen. Hierzu gehören in erster Linie effizientere Synchronisations-Verfahren, effizientere Pufferverwaltungs-Verfahren, die Realisierung der Datenbank im Hauptspeicher (Hauptspeicher-DBMSe) sowie verbesserte Anfrage-Bearbeitungs-Strategien.

2.1.1 Synchronisations-Verfahren

Es ist eigentlich erstaunlich, daß ein inzwischen so "altes" Datenbank-Thema wie die Synchronisation und Recovery sich immer noch einer so großen Beliebtheit erfreut. Auf fast jeder großen Datenbank-Konferenz taucht dieses Thema schon seit Jahren mit Beständigkeit auf, sei es daß "neue" Verfahren vorgeschlagen werden, sei es, daß bekannte Verfahren miteinander verglichen werden. Bis vor wenigen Jahren ging es hierbei praktisch ausschließlich um reine Varianten des normalen Zwei-Phasen-Sperrprotokolls auf Seiten-, Tupel- oder Feldebene. Durch zwei neue Vorschläge der jüngsteren Zeit hat sich dieses Bild heute gewandelt.

Basierend bzw. beeinflußt von einer Idee von Reed /Re78/, der **Tupel-Versionen** in einem verteilten Datenbanksystem zur Erhöhung der Parallelität vorschlug, gab es in den letzten Jahren eine Reihe von Arbeiten, die diese Idee in verschiedenen Varianten auf zentrale DBMSe übertrugen bzw. zur Erweiterung der Synchronisations-Theorie beitrugen (siehe z.B. /BG83/, /BS83/, /La83/ und /PK84/). Bayer et al. /BHR80/ schlugen z.B. 1980 vor, die für Recovery-Zwecke ohnehin vorhandene(n) Before-Image-Kopie(n) einer Seite für die Erhöhung des Parallelitäts-Grades nutzbar zu machen. Mittels verschiedener Lock-Modi (read, analyze, commit) sowie durch Analyse der Transaktions-Abhängigkeiten (Zyklus-Analyse im Abhängigkeits-Graphen) wird ermittelt, ob eine gegebene Transaktion auf die alte oder auf die neue Objektversion zugreifen muß. Der Zugriff auf die alte Objektversion bedeutet jedoch nicht, daß diese Transaktion eine "veraltete" Version liest, sondern besagt lediglich, daß sie in einer äquivalenten seriellen Ausführungsreihenfolge möglicherweise ebenfalls die alte Version zu sehen bekommen hätte.

Eine etwas andere Philosopie verfolgten Chan et al. /Ch82/ mit Ihrem 1982 veröffentlichten Verfahren. Bei ihrem Vorschlag erhalten reine Lese-Transaktionen, die nicht unbedingt auf den allerhöchsten Aktualitätsstand angewiesen sind ("Browser"), ggf. eine etwas ältere Kopie (üblicherweise wenige Minuten oder Sekunden alt) zu lesen. Durch Anbringen eines Transaktions-Identifizierers im Seitenkopf sowie mittels einer globalen Liste abgeschlossener bzw. noch in Ausführung befindlicher Transaktionen kann das Zugriffssystem feststellen, ob eine Browser-Transaktion die aktuelle Version einer bestimmten Seite erhalten kann oder ob sie eine (und wenn ja welche) ältere Version dieser Seite erhalten muß. Durch eine geeignete Implementierung kann dieses Verfahren so realisiert werden, daß Browser-Transaktionen praktisch keine Sperren setzen müssen und damit weder selbst parallele Änderungs-Transaktionen behindern noch von diesen behindert werden.

Die zweite Idee, die Bewegung in die Synchronisations-Thematik brachte, stammt von Kung und Robinson /KR81/ und nennt sich **optimistische Synchronisations-Verfahren** (optimistic concurrency control). Die Kern-Idee ihres Vorschlages ist, daß Transaktionen nicht mehr Sperre vor einem lesenden Zugriff auf ein Objekt anfordern, sondern daß sie diesen Zugriff ausführen und lediglich lokal protokollieren. Eventuelle Änderungen werden auf einer lokalen Kopie des Objektes durchgeführt und erst am Ende wird geprüft ("validiert") ob das erzeugte Resultat auf konsistenten Eingangsdaten beruhen. Im wesentlichen wird hierbei geprüft, ob die Eingangsdaten, auf denen das Resultat beruht, zwischenzeitlich nicht von anderen Transaktionen verändert wurden. In diesem Fall würde die Validation negativ ausgehen, die Transaktion würde abgebrochen und nochmals neu gestartet werden. Führt die Validation dagegen zu einem positiven Ergebnis, so wird das erzeugte Resultat ausgegeben und/oder in die Datenbank eingebracht.

Dieser Vorschlag hat eine ganze Reihe von Folge-Vorschlägen provoziert und initiiert, teils sehr kontroverse Diskussionen ausgelöst sowie eine recht beachtliche Zahl qualitativer und quantitativer Leistungsvergleiche nach sich gezogen. Die Folge-Vorschläge reichten hierbei von alternativen Validierungs-Konzepten bis hin zur Integration von Sperrverfahren und optimistischen Verfahren. Bei der Bewertung dieses Vorschlages bzw. seiner inzwischen zahlreichen Varianten kommt es, wie so oft, auch hier auf die Rahmenbedingungen und die zugrundeliegenden Annahmen an. Die bisherigen Untersuchungsergebnisse scheinen jedoch darauf hinzudeuten, daß diese Verfahren in Hochleistungs-DBMSen, in denen sehr viele, relativ kurze Transaktionen pro Zeiteinheit anfallen, den Sperrverfahren überlegen sind, da hier die Kosten für die Wiederholung einer Transaktion weniger stark ins Gewicht fallen als die lange

Blockierung von Objekten. Aus Platzgründen können wir dieses Thema im Rahmen dieses Beitrages leider nicht weiter vertiefen. Der interessierte Leser sei daher auf /Hä84/; /La83/, /MN82/, /PR83/ und /UPS83/ verwiesen.

Neben den "allgemeinen" Synchronisations- und Recovery-Problemen gibt es noch eine Reihe spezieller Probleme, wie etwa beim Zugriff auf sog. "Hot-Spot"-Daten (z.B. Summenfelder) oder beim Zugriff auf bzw. beim Ändern von Index-, Katalog- und Freispeicherverwaltungs-Daten. Eine ausführliche Beschreibung und Gegenüberstellung der speziell für B*-Baum-Strukturen entwickelten Synchronisationsverfahren findet sich in /DP86/, das Problem der Behandlung sog. "Hot-Spot"-Daten wird u.a. in /Re82/ und in /GK85/ behandelt und auf Aspekte der Freispeicherverwaltung wird - unter Recovery-Aspekten - z.B. in /HG83/ eingegangen. Eine ausführliche Gegenüberstellung von transaktions-orientierten Recovery-Verfahren findet sich in /HR83/.

2.1.2 Hauptspeicher-DBMSe

Die Architektur heutiger DBMSe ist stark auf die Reduzierung von Zugriffen auf den Hintergrundspeicher (Platten) ausgerichtet. Dies zeigt sich u.a. anhand der (platten-) block-orientierten Index-Strukturen wie B-Bäumen ebenso wie anhand der auf Minimierung der Plattenzugriffe zugeschnittenen Pufferverwaltungs-Strategien (vgl. /CD85/, /EH84/). Heute ist jedoch bereits absehbar, daß in naher Zukunft sehr große Hauptspeicher (> 1 GByte) zu relativ günstigen Preisen zur Verfügung stehen werden. Damit besteht nun die Möglichkeit, die Datenbank in großen Teilen - wenn nicht sogar ganz - in den Hauptspeicher zu laden. Dies kann zum einen dadurch realisiert werden, daß man einfach den Systempuffer so stark vergrößert, daß alle relevanten Daten der Datenbank i.a. stets hauptspeicher-resident gehalten werden können. Kann man sicherstellen, daß vor Transaktionsende keine Änderungen ("dirty data") in die gespeicherte Datenbank gelangen, so lassen sich, in Verbindung mit darauf abgestimmten Logging-Techniken, hierdurch bereits deutliche Leistungsverbesserungen im Vergleich zu einer konventionellen Vorgehensweise erzielen. Ein Beispiel hierfür ist das in /EB84/ beschriebene **DB-Cache**-Verfahren.

Nun sind heutige Datenbank-Großanwendungen zunehmend auch "CPU-gebunden" (CPU-bound), das heißt, daß die Prozessor-Leistung den Engpaß darstellt und nicht - zumindest nicht allein - der Zugriff auf die Platten-Peripherie. In einem solchen Fall wird ein größerer Systempuffer zwar auch eine gewisse Verbesserung bringen, da weniger ein-/ausgabebedingte Prozeß- oder Taskwechsel stattfinden, aber die hierdurch erzielbare Leistungssteigerung wird in den meisten Fällen nicht ausreichen; auch die Implementierung des DBMSs in bezug auf interne Instruktions-"Pfadlängen" muß effizienter gemacht werden. Ein möglicher Ansatzpunkt hierbei könnte die Pufferverwaltung sein. Ein nicht zu unterschätzender Aufwand tritt in heutigen DBMSen nämlich durch das ständige Fixieren (fix) und wieder Freigeben (unfix) von Seiten im Systempuffer sowie die mit diesem Verfahren verbundene Form der softwaremäßigen, zur Laufzeit durchzuführenden Adreßrechnung (Seite -> Hauptspeicheradresse) für den Zugriff auf eine Seite im Systempuffer auf. Unter der Voraussetzung, daß die Datenbank komplett in den Hauptspeicher geladen werden kann, wären hardware-/firmware-basierte Adressierungsmechanismen vorstellbar, die es erlauben, Datenbank-Objekte (z.B. Tupel oder Records) aus Programmiersprachen heraus direkt zu adressieren. Dennoch ist fraglich, ob sich die "Alles-oder-nichts"-Strategie am Ende wird durchsetzen können, denn es wird immer Fälle geben, wo die Datenbank eben doch nicht ganz in den Hauptspeicher paßt, und dann ist es sehr wichtig, daß sich das Leistungsverhalten des DBMSs "sanft" verschlechtert (graceful degradation) und nicht etwa drastisch.

Zusammenfassend ist zu sagen, daß im Hinblick auf hauptspeicher-residente Datenbanken vermutlich viele der heute als "gut" empfundenen Lösungen nochmals neu bewertet werden müssen und ggf. nach neuen Lösungen gesucht werden muß, um die Vorteile der großen Hauptspeicher auch wirklich voll nutzen zu können. Einführende bzw. weiterführende Literatur zu diesem Thema findet sich in /Tr82/, /Tr83/, /Hä79/, /Bi86/, /DeW84/ und in /LC86/.

2.1.3 Anfrage-Bearbeitung

Relationale DBMSe zeichnen sich vor allem durch ihre mengen-orientierten, nicht-prozeduralen Anfragesprachen aus. Im Gegensatz zu Systemen mit prozeduralen Anfragesprachen, hat hier das DBMS prinzipiell mehr Möglichkeiten, eine Anfrage auszuführen und zu optimieren. Nicht nur, daß es darüber entscheiden kann, ob ein Index für einen bestimmten Zugriff auf die Daten benützt wird oder nicht, es kann auch Anfrage-Ausdrücke so umformen, daß diese - bei gleichem Resultat versteht sich - effizienter ausführbar werden. Bei diesen Umformungen einer Anfrage geht es zum einen darum, eine gegebene Anfrage so umzuordnen, daß die "teueren" Operationen, wie kartesisches Produkt oder Verbund (join) auf möglichst kleinen Zwischenergebnis-Relationen ausgeführt werden können. Zum anderen geht es darum, gemeinsame Teilausdrücke zu erkennen, so daß deren Auswertung nur einmal vorgenommen werden muß; außerdem sollten Teilausdrücke, die nichts zum Endresultat beitragen, erkannt und eliminiert werden.

Eigentlich ermöglicht erst eine gute Anfrage-Optimierung des DBMSs, daß sich ein Benutzer bei der Formulierung einer Anfrage nicht darum kümmern muß, wie die Anfrage letztlich system-intern ausgeführt wird. Es gibt dann im Idealfall keine "dummen" Anfrage-Formulierungen mehr, die durch längere Antwortzeiten, im Vergleich zu einer "guten" Anfrage-Formulierung, "bestraft" werden. Das Problem "dummer" Anfrage-Formulierungen tritt jedoch nicht nur bei unerfahrenen Benutzern auf, sondern kann z.B. auch durch die Verwendung von Sichten (views; /Ch76/) auftreten. Zur Verdeutlichung hierzu ein kleines Beispiel:

Angenommen wir haben eine gespeicherte Relation R (a,b,c,d,e,f) mit 10.000 Tupeln. Aus Datenschutzgründen dürfen nicht alle Benutzer alle Attribute sehen. Für eine bestimmte Benutzergruppe werden daher lediglich zwei Sichten auf R angeboten; und zwar R1 (a,b,d) und R2 (a,d,e). Angenommen, es soll eine Auswertung vorgenommen werden, die eine Ergebnis-Relation R3 (a,b,e) liefert, wobei a < 800 sein soll. Die entsprechende Anfrage könnte in SQL /Ch76/ etwa wie folgt formuliert werden:

```
Q1 SELECT x.a, x.b, y.e
   FROM   R1 x, R2 y
   WHERE  x.a = y.a and x.a < 800
```

Da R1 und R2 Sichten auf derselben Basis-Relation sind, könnte diese Anfrage an sich zurückgeführt werden auf:

```
Q2: SELECT a,b,e
    FROM   R
    WHERE  a < 800
```

Wird Q1 unoptimiert ausgeführt, das heißt der Verbund wirklich berechnet, so ergeben sich im ungünstigsten Fall 10.000 x 10.000 Tupel-Zugriffe für die Berechnung des Verbundes + 10.000 für die Selektion (a < 800) und Projektion (Beschränkung auf die Attribute a,b,e), also insgesamt 100.010.000 Tupel-Zugriffe. Dem stehen 10.000 Tupel-Zugriffe für die Ausführung von Anfrage Q2 gegenüber. Für eine vertiefte Diskussion derartiger Fragestellungen siehe /OH85/.

Wie man bereits an diesem einfachen Beispiel sieht, ist Anfrage-Optimierung in der Regel ein äußerst lohnendes "Geschäft" und war und ist demzufolge einer der Schwerpunkte der F & E - Aktivitäten im DBMS-Bereich. Obwohl das Wissen hier mittlerweile einen recht hohen Stand erreicht hat (siehe hierzu z.B. /JK84/ für einen ausführlichen Überblick), gibt es immer noch eine Reihe offener Probleme bzw. Verbesserungsmöglichkeiten (siehe z.B. /Kim82/ und /Ki85/).

Neuere Aktivitäten im Bereich der Anfrage-Bearbeitung finden zur Zeit vor allem in den Teil-Bereichen Materialisierung von Sichten und Optimierung ganzer Anfrage-Gruppen statt. Sichten kann man zum einen als reine Anfrage-Ausdrücke speichern und diese bei Bedarf in die entsprechenden Anfragen einsetzen. Ein anderer Weg, Sichten zu realisieren, ist den Anfrage-Ausdruck (der die Sicht beschreibt) auszuwerten und das Ergebnis physisch zu speichern (zu "materialisieren"). Man spricht daher in diesem Zusammenhang auch von **materialisierten Sichten**. Dies kann auf der einen Seite Anfragen erheblich beschleunigen, bereitet jedoch im Änderungsfall einige Probleme, da die Änderungen auf den materialisierten Sichten nachvollzogen werden müssen; und zwar möglichst effizient und ohne Konsistenzprobleme für parallel ausgeführte Anfragen. Mit dieser Problematik befassen sich eine ganze Reihe von Arbeiten, wie etwa /AL80/, /BLT86/, /BS81/, /FC85/, /Li86a/, /Ro82/ und /Sh84/.

Ein etwas neueres Forschungsgebiet ist die **globale Optimierung** von Anfragen. Hierbei geht es darum, bei der Optimierung nicht nur jeweils eine einzelne Anfrage zu betrachten sondern gleich eine ganze Folge von Anfragen zusammen. Solche Folgen von Anfragen treten z.B. in Anwendungsprogrammen auf, wenn innerhalb der Verarbeitung mehrere Datenbankaufrufe abgesetzt werden. Betrachtet man diese Operationen zusammen, so ergeben sich - etwa durch temporäre Speicherung von Zwischenergebnis-Relationen - bessere Optimierungs-Möglichkeiten als bei einer Einzel-Betrachtung. Mit diesem Thema befassen sich z.B. /Ja85/, /KG85/, /Kim85/, /Sa85/ und /Se86/. - Ein weiteres Gebiet ist die Behandlung rekursiv definierter Anfragen. Hierauf werden wir in Abschnitt 3.2.3 eingehen.

2.2 F & E für nicht-konventionelle DBMSe

Auch bei den nicht-konventionellen DBMSen liegen die Schwerpunkte der F & E - Aktivitäten vor allem auf den Gebieten Leistungssteigerung (high performance) und Erhöhung der Ausfallsicherheit (high availability). Die Mittel zur Erreichung dieser Ziele sind vor allem speziell für den Mehrprozessor-Betrieb ausgelegte DBMSe, auch **Mehrrechner-DBMSe** /Re85/ (MR-DBMS) genannt. Viele der bei den MR-DBMSen verwendeten Techniken zur Leistungssteigerung bzw. zur Erhöhung der Ausfallsicherheit laufen, zumindest in Teilbereichen, auf die Realisierung eines lokal verteilten DBMSs hinaus, wobei "lokal" in diesem Zusammenhang vor allem das Vorhandensein schneller Kommunikation bedeutet. Erstaunlicherweise treten hier durch redundante Hardware in einigen Fällen, obwohl die physisch gespeicherten Daten überhaupt nicht verteilt sind, typische "verteilte" Synchronisations-Pobleme auf. Wir werden hierauf in Abschnitt 2.2.3 noch zu sprechen kommen.

Um die "verteilten Datenbanken" selbst, ein Thema das noch vor wenigen Jahren eigene Konferenzen und Workshops gefüllt hat, ist es in den letzten 2-3 Jahren forschungsmäßig etwas ruhiger geworden. Eine große Anzahl von Forschungs-Projekten sind mittlerweile bereits abgeschlossen worden oder stehen relativ kurz vor dem Abschluß (siehe /CP84/, /IEEE82/, /Li85/ sowie /Mo84a/ und /Mo84b/ für eine ausführliche Beschreibung). Mittlerweile sind schon die ersten "echten" verteilten DBMSe auf dem Markt (siehe z.B. /Bo81/) bzw. sind zumindest als Produkte angekündigt; weitere Produkte bzw. Produktankündigungen werden innerhalb der nächsten 1-2 Jahre erwartet (siehe /My86/). Der Schwerpunkt wird hierbei sicherlich zunächst auf homogenen, verteilten DBMSen liegen, also auf Systemen, bei denen die lokalen DBMSe untereinander kompatibel sind. Es ist allerdings zu erwarten, daß auch bald verteilte DBMSe auf den Markt kommen werden, bei denen die lokalen DBMSe nicht homogen sein müssen (vgl. hierzu wieder /My86/). Die Standardisierungs-Bemühungen im Bereich der Kommunikation in offenen Rechnernetzen (siehe z.B. /IEEE83/) werden sich hierbei sicherlich förderlich auswirken.

2.2.1 Mehrrechner-DBMSe

Schon seit Jahren ist - zumindest im Bankenbereich - ein stetiger Anstieg der Anforderungen an die **Leistungsfähigkeit** (Durchsatz) der DBMSe zu verzeichnen, so daß die konventionellen Systeme zum Teil bereits an die durch die Hardware-Technologie vorgegebenen Leistungsgrenzen stoßen bzw. den geforderten Leistungszuwachs nur noch zu unverhältnismäßig hohen Kosten (wenn überhaupt) realisieren können. Die Lösung dieses Problemes wird heute überwiegend in der Verwendung mehrerer Prozessoren und speziell darauf abgestimmter Software gesehen. Parallel hierzu wird jedoch auch weiterhin noch an der Weiterentwicklung "intelligenterer" Subsysteme gearbeitet, die den bzw. die Hauptrechner entlasten helfen sollen (siehe Abschnitt 2.2.4).

Mit der Erhöhung der Leistungsfähigkeit der DBMSe, mit der Zunahme der Anwendungen, die über das DBMS abgewickelt werden, steigen natürlich auch die Anforderungen an die **Verfügbarkeit** der Systeme, denn es ist ja schließlich ein Unterschied, ob nur 10 oder ob z.B. 10.000 Benutzer - eine bei Großanwendungen (Platzbuchungssysteme etc.) durchaus realistische Zahl - von einem Ausfall des DBMSs bzw. des Rechnersystems betroffen sind. So gesehen ist es nicht verwunderlich, daß die Bemühungen um eine hohe Leistung (high performance) meist mit dem Bemühen um eine hohe Verfügbarkeit (high availability) einhergehen.

Für die Kategorisierung der derzeit existierenden bzw. sich derzeit in der Prototyp-Entwicklungsphase befindlichen Systeme kann man zum einen den Grad der Kopplung der beteiligten Rechner (enge Kopplung versus lose Kopplung) und zum anderen die Organisation des Datenbestandes (gemeinsame Datenbasis versus partitionierte Datenbasis) heranziehen. Auf diese Weise lassen sich insgesamt vier Kategorien bilden, von denen allerdings nur drei von praktischer Bedeutung sind (siehe Abbildung 2).

Alle Systeme gehen davon aus, daß Fehler in den I/O-Subsystemen (Kanäle, Platten-Controller, Platten, Systembusse, etc.) durch Mehrfachauslegung dieser Komponenten bzw. durch traditionelle Recovery-Maßnahmen abgefangen werden müssen. Ferner wird in einem solchen Scenario üblicherweise vorausgesetzt, daß die Rechner untereinander über sehr schnelle Kommunikationswege, z.B. über Kanal-Kopplungen (lose gekoppelte Systeme) oder über gemeinsame Hauptspeicherbereiche (eng gekoppelte Systeme) miteinander verbunden sind. Wir werden dies bei der Diskussion der einzelnen Ansätze daher nicht mehr einzeln erwähnen.

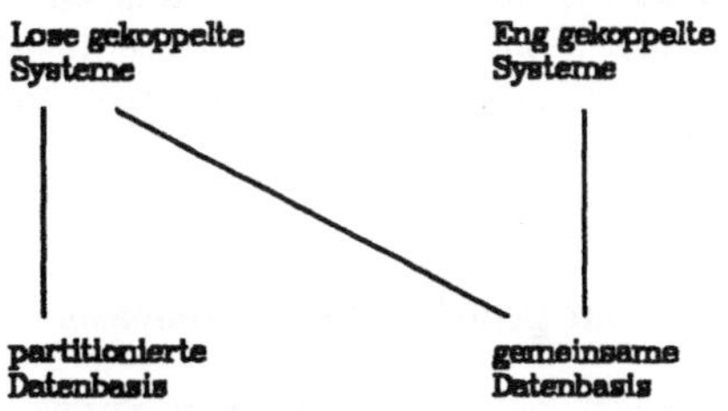

Abbildung 2. Organisationsformen von MR-DBMS

2.2.2 Lose gekoppelte Systeme mit partitionierter Datenbasis

Bei diesem Ansatz wird der Datenbestand in disjunkte Partitionen (in der Regel definiert über Schlüssel-Intervalle) aufgeteilt, für die jeweils ein weitgehend autonomer Prozessor mit eigenem Hauptspeicher zuständig ist. Von einem Prozessor-Ausfall kann daher, per Konstruktion, nur die durch diesen Prozessor verwaltete Partition betroffen sein.

Durch einen sogenannten "Backup-Prozeß" auf einem anderen Prozessor und durch Bereitstellung eines alternativen Zugriffspfades zu jeder Partition bleiben die Daten der vom Prozessorausfall betroffenen Partition auch weiterhin zugreifbar - wenn auch i.d.R. unter Inkaufnahme eines etwas verschlechterten Zugriffszeitverhaltens.

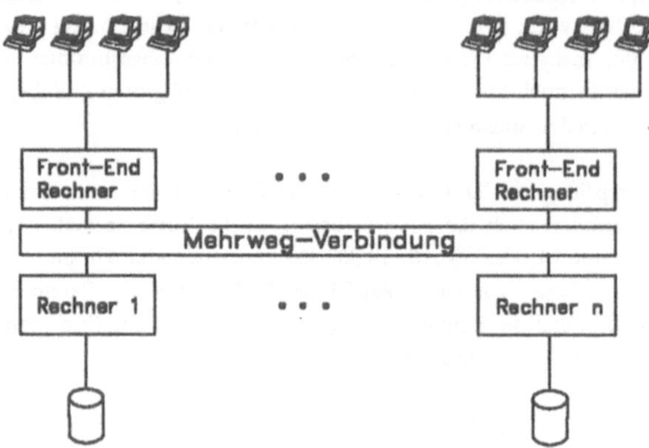

Abbildung 3. Lose gekoppelte Systeme mit partitionierter Datenbasis

Bei der Bearbeitung einer Transaktion wird zunächst durch Analyse der Anfrage ermittelt, welche Partition bzw. welche Partitionen angesprochen wird/werden. Steht die bzw. stehen die Partitionen fest, so liegt damit auch fest, auf welchem bzw. auf welchen Rechner(n) die Transaktion zu bearbeiten ist. Sind mehrere Partitionen und damit ggf. auch mehrere Rechner betroffen, so muß die Bearbeitung der Transaktion entsprechend aufgeteilt werden. Die Rechner bzw. die auf ihnen laufenden Prozesse synchronisieren sich hierzu über den Austausch von Nachrichten. Zu dieser Kategorie von Systemen gehören z.B. das Tandem NonStop System /Ba78/, /Bo81/, das Auragen System 4000 /Go83/, das Stratus/32 Continuous Processing System /Ka83/, das "Highly Available System" (HAS) Projekt /Ag83/ sowie das Multi-Backend Database System /DHM85/. Je nachdem, wie "kompliziert" Anfragen sein dürfen, hat man hier bezüglich der Anfrage-Zerlegung und -Bearbeitung die volle Komplexität einer verteilten Datenbank oder nur einen vereinfachten Spezialfall. Eine schematische Darstellung dieses Ansatzes ist ein Abbildung 3 angegeben.

2.2.3 Lose gekoppelte Systeme mit gemeinsamer Datenbasis

Bei dieser Variante, die auch als **Data Sharing** /Sh86/ bzw. als **Database Sharing** /Re85/ bezeichnet wird, haben *alle* Rechner Zugriff auf *alle* Daten. Attraktiv an dieser Lösung ist, daß - wegen der gemeinsamen Datenbasis - die Möglichkeit einer dynamischen Lastverteilung gegeben ist. Im Gegensatz zur partitionierten Lösung kann man es hier relativ einfach vermeiden, daß gehäufte Zugriffe auf eine bestimmte Partition zu einer Überlastung eines bestimmten Rechners und damit zu Leistungsengpässen führen, obwohl die anderen Rechner unterbeschäftigt sind. Auch müssen Anfragen nicht in partitions-bezogene Teil-Anfragen zerlegt werden, die dann Inter-Rechner-Kommunikation zum Versenden der Teil-Anfragen bzw. zum Assemblieren der Ergebnis-Daten erfordern (obwohl diese Form der Anfragebearbeitung im Prinzip natürlich auch möglich ist).

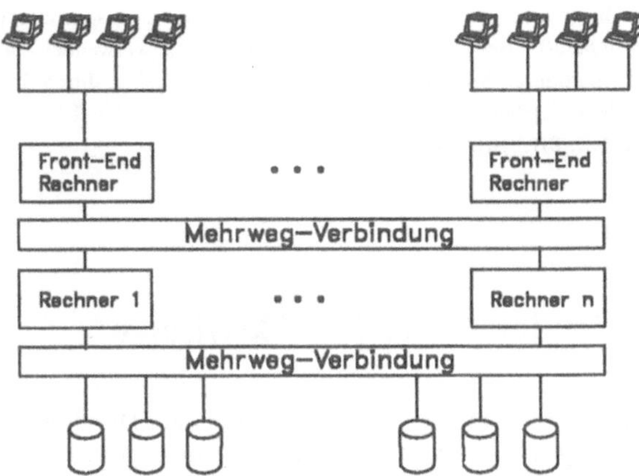

Abbildung 4. Lose gekoppelte Systeme mit gemeinsamer Datenbasis

Obwohl die Daten nicht verteilt sind, handelt es sich synchronisations-technisch doch um eine voll-redundante Datenbank, bei der jeder Rechner logisch gesehen über eine komplette Kopie der Datenbank verfügt. Da jeder Rechner einen eigenen Systempuffer (Datenbankpuffer) besitzt, können nämlich Kopien einer bestimmten Seite gleichzeitig in mehreren Systempuffern vorhanden sein. Folglich müssen Sychronisations-Mechanismen implementiert werden, die gewährleisten, daß nicht versehentlich mit "veralteten" Seiten gearbeitet wird. Wie man von den verteilten Datenbanken her weiß, ist dies eines der aufwendigsten Synchronisations-Probleme. Die praktische Bedeutung dieses Ansatzes steht und fällt damit vor allem mit der Entwicklung effizienter Synchronisations-Verfahren (vgl. /Re85/), möglicherweise auch unter Verwendung spezieller Hardware (siehe z.B. /Ro84/). Eine schematische Darstellung dieser Architektur ist in Abbildung 4 (vgl. /Sh86/) angegeben. Das vermutlich bekannteste Projekt, das diese Architektur erforscht, ist das AMOEBA-Projekt (/Tr83/, /Sh84a/). Eine kontroverse Diskussion der Vor- und Nachteile der beiden Realisierungsformen lose gekoppelter Systeme (partitionierte versus gemeinsame Datenbasis) findet sich in /St86/ und /Sh86/.

2.2.4 Eng gekoppelte Systeme mit gemeinsamer Datenbasis

Das Hauptmerkmal der eng gekoppelten Systeme ist der gemeinsame Hauptspeicher. Damit sind diese Systeme vom Prinzip her stärker gegen Hauptspeicherfehler empfindlich als die lose gekoppelten Systeme, wo immer nur ein einzelner Prozessor betroffen sein kann. Während es sich bei den lose gekoppelten Systemen zudem i.d.R. um "General-Purpose"-Rechner handelt, die neben den Datenbankfunktionen auch andere Aufgaben wahrnehmen, handelt es sich bei den eng gekoppelten Systemen überwiegend um spezielle **Datenbankmaschinen**, in denen vorwiegend kleinere Prozessoren, dafür aber in großer Anzahl Verwendung finden. Die einzelnen Ansätze differieren sehr stark, so daß es den Rahmen dieser Übersicht sprengen würde, darauf im Detail einzugehen. Der interessierte Leser sei hier auf /Be86/, /Kim84/ und /Qa85/ verwiesen.

Neben diesen, auf normaler Hardware aufsetzenden Systemen, gibt es eine ganze Reihe von Ansätzen, durch spezielle Hardware mehr "Intelligenz vor Ort", das heißt in die Platten-Controller zu verlagern. Ziel ist, das zum Hauptrechner zu übertragende Datenvolumen durch "Vorfilterung" zu reduzieren. Entgegen den ersten Ansätzen, einfach "alles" zu lesen und zu filtern, scheint ein gewisser Trend zu "selektivem" Lesen bzw. zu sogenannten **hybriden Architekturen** zu bestehen (vgl. hierzu z.B. /Qa85/). Bei diesen Ansätzen werden Indexe verwendet, um den zu lesenden Bereich einzuschränken und dadurch sowohl die Suchzeit (im wesentlichen vorgegeben durch die Anzahl der Lesekopf-Bewegungen) als auch das anfallende Datenvolumen zu beschränken. Einen guten Überblick über die verschiedenen Architektur-Varianten geben /ERS81/, /Br85a/, /HF86/ sowie /Qa85/.

3.0 Funktions-orientierte F & E - Aktivitäten

Wie bereits in der Einleitung erwähnt, gibt es eine Reihe von potentiellen DBMS-Anwendungsgebieten, in denen Funktionen benötigt werden, die von den heutigen DBMSen nicht angeboten werden. Hierzu gehören u.a. Information Retrieval-Funktionen für die inhaltsbezogene Suche in Text-Dokumenten, die Verwaltung sog. "komplexer Objekte" für die Entwurfs-Unterstützung (u.a. im CAD/CAM-Bereich), die Möglichkeit zur effizienten Verwaltung sehr großer Objekte (z.B. digitalisierter Bilder) sowie die Unterstützung von Objekt- und Zeit-Versionen. Es gibt daher eine ganze Reihe von F & E-Aktivitäten, bei denen es vor allem darum geht, Funktionen, die bisher lediglich von spezialisierten, auf bestimmte Anwendungsklassen hin ausgerichteten Systemen angeboten werden, in geeigneter, integrierter Form innerhalb eines DBMSs anzubieten. Wir wollen diese Systeme im folgenden daher als **integrierte Informations-Systeme** bezeichnen.

Neben diesen Aktivitäten gibt es noch einen anderen F & E-Schwerpunkt, der sich mit der Verbindung von Expertensystemen und DBMSen befaßt. Natürlich haben diese Aktivitäten auch etwas mit einer funktionalen Erweiterung der DBMSe zu tun. Da sie jedoch mittlerweile - und nicht zuletzt durch das japanische "5th Generation Computer Project" /5thG84/ - ein relativ großes Eigengewicht erreicht haben, wollen wir sie im folgenden unter dem Stichwort **datenbankbasierte Expertensysteme** getrennt behandeln.

3.1 Integrierte Informations-Systeme

Bei den integrierten Informations-Systemen lassen sich i.w. zwei große Gruppen unterscheiden, nämlich technisch-wissenschaftlich orientierte Systeme und büro-orientierte Systeme, wobei natürlich auch Überlappungen gegeben sind.

3.1.1 Technisch-wissenschaftliche Systeme

Im Zuge der fortschreitenden Fertigungsautomatisierung werden in zunehmendem Maße rechner-gestützte Werkzeuge für die geometrische Modellierung, für Layout-Optimierungen (z.B. beim VLSI-Entwurf), für Schwachstellenanalysen, für die Erstellung von Arbeitsplänen, für die Erstellung von Stücklisten usw. eingesetzt. Um diese Werkzeuge auch wirklich in integrierter Form einsetzen zu können, bedarf es zum einen einer Absprache über die Art der Datenrepräsentation (das "Datenmodell"), so daß ein Werkzeug die Daten, die ein anderes Werkzeug erzeugt hat, auch zu verstehen vermag. Aus diesem Grund finden hier schon seit Jahren intensive Standardisierungs-Bemühungen auf nationaler und internationaler Ebene statt (siehe hierzu /GG86/). Ein anderes - und zumindest ebenso großes - Problem ist, die zunehmend größer werdende Datenmenge in konsistenter und sicherer Weise zu verwalten sowie einen koordinierten (synchronisierten) Zugriff auf gemeinsam genutzte Daten zu gewährleisten bzw. zu unterstützen. Einer "naiven" Unterstützung dieser Werkzeuge durch herkömmliche DBMSe steht in der Regel entgegen, daß die verwendeten Datenstrukturen zum Teil sehr komplex sind und von den herkömmlichen DBMSen in der Regel nicht angemessen - zumindest nicht unter Leistungsaspekten - modelliert werden können (vgl. hierzu z.B. /Hü85/).

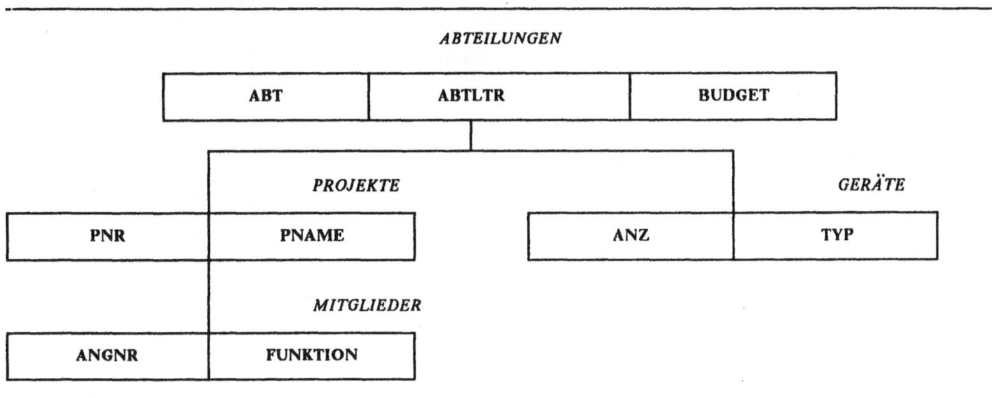

Abbildung 5. ABTEILUNGEN in hierarchischer Darstellung

Seit einigen Jahren werden daher intensive Anstrengungen unternommen, DBMSe für den technisch/wissenschaftichen (t/w) Bereich zu entwickeln, die sowohl adäquate Datenstrukturen (wie z.B. Vektoren, Matrizen, Hierarchien, Netzwerkstrukturen) für die Modellierung anbieten als auch durch geeignete Architekturen die geforderten Antwortzeiten erfüllen sollen (vgl. hierzu z.B. /Da86/, /DGW85/, /Eb84/, /Fi83/, /HL82/, /Lo84/, /LP83/, /Lu85/, /SW86/.) Einen vielversprechenden Ansatz bietet hierbei ein erweitertes relationales Datenmodell, das es erlaubt, Hierarchien als verallgemeinerte Relationen zu definieren (s. hierzu z.B. /PA86/, /PT85/, /Sch85/, /SS86/).

Dies gestattet auf diese Hierarchien in relationaler Weise zuzugreifen und auch - eine geeignete physische Implementierung (Cluster-Bildung) vorausgesetzt - eine effiziente Verarbeitung. Ein Beispiel hierzu ist in Abbildung 5 und in Abbildung 6 angegeben. Abbildung 5 zeigt die über die Abteilungen gespeicherte Information (Typ-Darstellung) in hierarchischer Form und Abbildung 6 in einer erweiterten relationalen Darstellung (zusammen mit einigen Beispieldaten).

Die in Abbildung 6 dargestellte Tabelle ist dabei wie folgt zu interpretieren: Die ABTEILUNGEN-Relation weist auf der obersten Ebene fünf Attribute auf, und zwar ABT, ABTLTR, PROJEKTE, BUDGET und GERÄTE. Während ABT, ABTLTR und BUDGET atomar - also nicht weiter strukturiert - sind, sind PROJEKTE und GERÄTE wiederum Relationen (man spricht in diesem Zusammenhang daher auch von "Relationen mit relationswertigen Attributen"). Die "innere" Relation PROJEKTE weist nun auf der obersten Ebene drei Attribute auf, von denen zwei (PNR und PNAME) atomar sind und eines (MITGLIEDER) wiederum eine (innere) Relation ist usf. Für eine ausführliche Diskussion solcher verallgemeinerten Tabellen sowie die Beschreibung einer entsprechend erweiterten relationalen Abfrage- und Datenmanipulations-Sprache siehe /PT85/ und /PA86/. Formale Aspekte einer entsprechend erweiterten relationalen Algebra finden sich u.a. in /Jae85a/, /Jae85b/, /JS82/ und in /SS86/.

{ ABTEILUNGEN }								
ABT	ABTLTR	{ PROJEKTE }				BUDGET	{ GERÄTE }	
		PNR	PNAME	{ MITGLIEDER }			ANZ	TYP
				ANGNR	FUNKTION			
314	56194	17	CGA	39582	Leiter	320,000	2	3278
				56019	Berater		3	PC/AT
				69011	Sekretärin		1	PC
		23	HPAR	58912	Personal			
				90011	Leiter			
				78218	Sekretärin			
				98902	Personal			
218	71349	25	LEXI	72227	Personal	440,000	2	3278
				89211	Personal		2	PC/AT
				92100	Leiter		1	3179
				89921	Berater		1	PC/GA
				99025	Sekretärin			
				44512	Berater			
417	91093	37	NDBS	87710	Sekretärin	360,000	1	4361
				81193	Leiter		1	PC/XT
				75913	Personal		1	PC/AT
				96001	Personal		2	3278
							1	3270
							1	3179
							1	PC/GA

Abbildung 6. ABTEILUNGEN in erweiterter relationaler Darstellung

Ungeachtet all dieser Verbesserungen ist es sehr schwer, die Antwortzeitanforderungen interaktiver graphischer Systeme zu erfüllen, wenn die benötigten Daten jeweils direkt aus der Datenbank ausgelesen werden müssen. Es wird daher unumgänglich sein, diese Daten zu Beginn einer Arbeitsphase (Sitzung) in einen entsprechend großen Arbeitsbereich im Hauptspeicher zu laden und dann i.w. nur noch hauptspeicher-interne Datenzugriffe zu haben. Dabei ist zur Zeit noch offen, ob hierbei ein genügend großer Systempuffer das Problem bereits löst (wobei alle evtl. benötigten Datenbankseiten während der gesamten Sitzung im Puffer gehalten werden) oder ob die Datenbankstrukturen in eine effizientere interne Darstellung überführt werden müssen, die speziell auf das sie benutzende "Werkzeug" hin ausgerichtet ist. Dieses Problem tritt auch auf, wenn die Modelle sehr groß sind und daher eine kompaktere interne Darstellung gewählt werden muß (Modellgrößen von 60MB und mehr können bei komplexeren Modellen durchaus auftreten). Damit stellt sich aber auch das Problem, wie die Datenbank über die vorgenommenen Änderungen in geeigneter Form unterrichtet werden kann. Sicherlich kann man sich i.a. nicht erlauben, stets nur komplette Versionen abzuspeichern, sondern man wird vielmehr die Veränderungen (Differenzen, "Deltas") speichern wollen bzw. müssen. Einige Aspekte dieses Problems werden in /De86/ diskutiert.

Neben dem Aspekt der geeigneten "Objekt-Repräsentation" sowie der hierfür tauglichen Speicherungsstrategie, ist die Unterstützung des ingenieurmäßigen Entwurfsprozesses durch das Erzeugen und Verwalten verschiedener Repräsentationsformen, von Varianten (Variationen), von Zwischenschritten im Entwurfsprozeß (Versionen) sowie deren Abhängigkeits-Beziehungen ein sehr aktives F & E-Gebiet (siehe z.B. /BK85/, /DL85/, /Kl85/, /KL84/, /KSW86/, /Ne83/).

3.1.2 Bürosysteme

Der Büro-Bereich ist vor allem geprägt durch eine große Vielfalt verschiedener Repräsentationsformen von "Information", nämlich Texte, Graphiken, Bilder und Sprache. Demzufolge widmet sich ein Großteil der F & E-Aktivitäten in diesem Bereich der integrierten Verwaltung dieser Informations-Vielfalt, also der Entwicklung sogenannter **Multi-Media-DBMSe.**

Eines der Hauptprobleme bei der Verwaltung solch heterogener Informationsformen ist die inhaltsbezogene Suche. Während Suchbedingungen auf alpha-numerischen Feldern durch diverse Index-Techniken heutzutage sehr effizient unterstützt werden können, sind Indexe für andere Datentypen z.T. immer noch Gegenstand der Forschung. Für die Unterstützung des Datentyps "Text" gibt es z.B. mittlerweile ein Reihe von Ansätzen, einen akzeptablen Kompromiß zwischen der Effizienz in Anfrage-Fall und der Effizienz im Änderungsfall (Einfügen, Löschen, Ändern) zu finden. Teils wird dies durch einfache Index-Strukturen wie "Signaturen" angestrebt (siehe /De86a/, /Fa85/), teils wird versucht, die Effizienz durch dedizierte Synchronisations- und Wartungs-Techniken zu steigern (siehe z.B. /DLPS85/, /DPS82/ und /DPS83/). Bei vielen anderen Datentypen wie etwa "Bild" und "Sprache" ist zum größten Teil noch völlig offen, wie auf diesen überhaupt inhaltsbezogen gesucht werden soll. Hier beschränkt man sich zur Zeit meist darauf, die hierbei auftretenden Probleme hinsichtlich Speicherbedarf und Zugriffszeit-Verhalten zu verringern sowie die systemseitige Handhabung solcher Datenobjekte (-> Objekt-orientierte Systeme) geeignet zu implementieren (siehe hierzu z.B. /Ap85/, /CHT86/, /WKL86/).

Neben dem Interesse an "Multi-Media-DBMSen" ist auch ein reges Forschungs-Interesse an **temporalen DBMSen** festzustellen. Das Spektrum reicht hierbei von der formalen Behandlung von Zeit im Rahmen von Datenmodell-Diskussionen, über die Erweiterung von Anfragesprachen ins temporale (zeitbezogene), bis hin zu Implementierungsüberlegungen unter Speicherplatz- und Effizienzaspekten (vgl. hierzu z.B. /AS86/, /CW83/ /DLW84/, /Hä84a/, /KL83/, /Lu84/, /SA85/).

3.2 Datenbankbasierte Expertensysteme

Expertensysteme allgemein und speziell auch datenbankbasierte Expertensysteme sind z. Zt. ein sehr aktuelles Thema, das momentan eine ganze Reihe von Konferenzen und Tutorials "ernährt". Wir wollen diesem offensichtlichen Informationsbedürfnis im Rahmen dieses Beitrages Rechnung tragen und gehen daher auf dieses Gebiet - verglichen mit den anderen Gebieten - etwas ausführlicher ein.

Ein Expertensystem besteht zum einen aus der eigentlichen "Wissensbasis", das heißt dem in irgendeiner Form gespeicherten "Expertenwissen" und zum anderen aus dem Mechanismus, dieses Wissen zu verwalten und Anfragen auf Basis dieses gespeicherten Wissens zu beantworten. So gesehen, ist ein Datenbanksystem, in dem irgendwelche Daten gespeichert sind, auch eine Art von "Expertensystem", denn es kann Anfragen bezüglich des Vorhandenseins oder Nicht-Vorhandenseins von Daten, wobei diese ggf. noch gewissen Einschränkungen genügen müssen, beantworten. Von einem "richtigen" Expertensystem erwartet man allerdings mehr als das. Zum einen soll das System nach vorgegebenen Regeln Schlußfolgerungen aufgrund der gespeicherten Daten (man spricht in diesem Zusammenhang dann i.a. von "Fakten") ziehen können, zum andern erwartet man auch, daß das System auf Anfrage auch erläutern kann, *wie* es zu einer gewissen Schlußfolgerung kam; und zwar soll dies in einer möglichst verständlichen Form erfolgen. Das heißt man fordert im allgemeinen eine sog. **Erklärungskomponente** (vgl. hierzu z.B. /Ap83/ und /Pu86/). Die Auswertung der Fakten wird bei neueren Systemen praktisch ausschließlich über die vorgegebenen Regeln gesteuert, wobei die Anfrage selbst als eine spezielle Regel ("Ziel", goal) aufgefaßt werden kann. Man spricht in diesem Zusammenhang daher auch von **regelbasierten Systemen**. Die z.Zt. wohl bekannteste Programmiersprache für die Implementierung von regelbasierten Systemen ist PROLOG /CM81/. Wir wollen uns daher im folgenden - auch aus Platzgründen - auf Expertensysteme auf PROLOG-Basis beschränken. Eine ausführliche Besprechung weiterer Ansätze findet sich u.a. in /Pu86/.

Die Architektur eines PROLOG-basierten Expertensystems ohne eigentlichen Datenbank-Anschluß ist in Abbildung 7 dargestellt. Wie man sieht, besteht ein solches Expertensystem i.w. aus drei Komponenten; und zwar dem PROLOG-Programm, dem PROLOG-Interpretierer und der hauptspeicher-residenten "PROLOG-Datenbank", in der die Fakten und Regeln gespeichert werden. Die PROLOG-Datenbank ist im wesentlichen eine Datei, von der mittels spezieller Prädikate Fakten- und Regelmengen in den Hauptspeicher geladen werden bzw. auf Platte gespeichert (gesichert) werden können. Hierbei werden stets alle Regeln bzw. alle Fakten eines bestimmten Typs (z.B. eine ganze Relation) ein- bzw. ausgelagert. Eine selektive Ein- bzw. Auslagerung von Teilmengen ist in der Regel nicht möglich. Vor der eigentlichen Ausführung des PROLOG-Programmes müssen alle benötigten Regeln und Fakten in den Hauptspeicher (in die "PROLOG-Datenbank") gebracht werden. Bei der Ausführung des PROLOG-Programmes wird die "PROLOG-Datenbank" i.d.R. sequentiell nach relevanten Einträgen durchsucht. Die Verwendung von Sekundär-Zugriffspfaden (z.B. Indexen) zur Beschleunigung der Suche ist i.a. nicht vorgesehen. Wie man sich leicht vorstellt, kann dies bei sehr großen Regel- und Faktenmengen (vor allem die Faktenmengen können sehr groß werden) zu einem Problem werden. In bezug auf den Hauptspeicherbedarf könnte man natürlich damit argumentieren, daß die virtuellen Speicher immer größer werden. Wenn die Regel- und Faktenbasis jedoch wirklich groß ist, dann wird - insbesondere wenn man die sehr ineffiziente Suchstrategie berücksichtigt - wohl Vassiliou's Bemerkung zutreffen, der schrieb: "... with virtual memories, you may never run out of space, but, eventually, will certainly run out of time" (siehe /Va85/, S. 151).

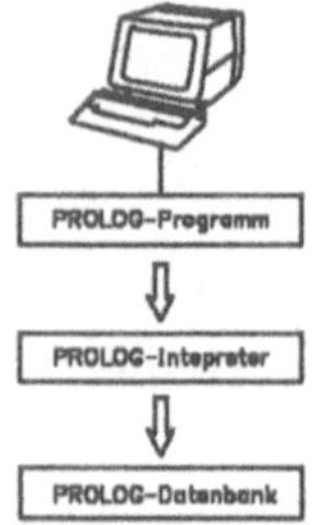

Abbildung 7. PROLOG-System

Bei der Entwicklung von regelbasierten Expertensystemen standen bislang vor allem der Schlußfolgerungsmechanismus (die "Inferenzmaschine"), die Erklärungskomponente sowie die Schaffung einer "Programmier-Umgebung" (Editor, Maskengenerator, etc.) im Vordergrund. Große Datenvolumina, Mehrbenutzerbetrieb, Synchronsiations- und Recovery-Aspekte waren Problemfelder, die man zunächst einmal zurückstellte. Im Gegensatz dazu haben die DBMSe eine vergleichsweise lange Tradition in bezug auf die Erforschung und Implementierung von Techniken für die effiziente Verwaltung großer Datenmengen, für die Optimierung von Anfragen, für die Gewährleistung eines korrekten Mehrbenutzerbetriebes (Synchronisation), für die Behandlung von Fehlerfällen (Recovery) und anderes mehr. Es liegt daher nahe, eine Verbindung von Expertensystemen und DBMSen anzustreben. Hier bieten sich insbesondere die **relationalen DBMSe** an, die - von der Art der formalen Darstellung und dem theoretischen Hintergrund her - ohnehin bereits eine nahe Verwandtschaft zu den regelbasierten Systemen haben (siehe /GMN84/ für eine ausführliche Diskussion dieses Aspektes).

Bezüglich der Verbindung zwischen PROLOG und einem DBMS kann man im wesentlichen drei Fälle unterscheiden:

1. Lose gekoppelte Systeme

2. Eng gekoppelte Systeme

3. Erweiterte DBMSe

Auf die Eigenschaften der verschiedenen Realisierungsformen sowie auf ihre Vor- und Nachteil wollen wir im folgenden überblicksartig eingehen. Hierbei lehnen wir uns teilweise an /AB85/ sowie an /Va85/ an.

3.2.1 Lose gekoppelte Systeme

Bei der losen Kopplung (siehe Abbildung 8) bleibt das PROLOG-System und seine "Ausführungs-Philosophie" vollständig erhalten. Es werden lediglich einige Erweiterungen vorgenommen, die es erlauben, Fakten und Regeln aus der Datenbank zu extrahieren und in die PROLOG-Datenbank zu übernehmen. Mittels spezieller Prädikate ("Datenbankprädikate") werden unter Kontrolle (und Verantwortung) des Benutzers Regeln und Fakten aus der Datenbank extrahiert und in die PROLOG-Datenbank übernommen. Die Verantwortung, daß alle benötigten Fakten und Regeln zur richtigen Zeit in die PROLOG-Datenbank geladen werden, liegt hier voll beim Benutzer; auch das Problem großer Datenvolumina ist hier nur sehr eingeschränkt gelöst. Die Implementierung der "Datenbank-Prädikate" kann z.B. mittels eines "Vor-Interpretierers" durchgeführt werden, der in einer Vor-Verarbeitungsphase eine statische Programm-Analyse durchführt und das Laden der im Datenbank-Prädikat angegebenen Fakten- und Regelmengen in die PROLOG-Datenbank vornimmt. Hierbei bleibt das PROLOG-System selbst völlig unangetastet.

Die lose Kopplung ist vom Ansatz her ziemlich unbefriedigend, da sie weder das Problem großer Datenvolumina noch die Probleme des Mehrbenutzerbetriebes, der Synchronisation und der Recovery löst. Wenn es jedoch darum geht, ein exisitierendes DBMS mit einer deduktiven Komponente zu versehen, ist es aus Zeit- und Aufwandsgründen oftmals der einzig gangbare Weg.

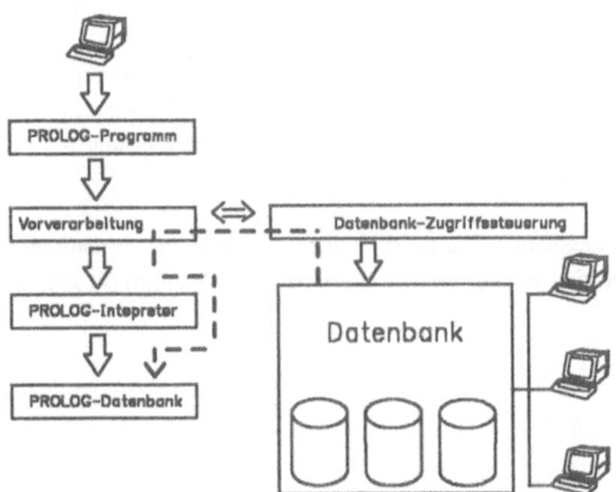

Abbildung 8. Lose gekoppelte Systeme

3.2.2 Eng gekoppelte Systeme

Bei den eng gekoppelten Systemen ersetzt das Datenbanksystem bzw. ein entsprechend gestalteter Zwischenpuffer entweder die PROLOG-Datenbank oder er koexisitiert mit dieser (siehe Abbildung 9). Im letzteren Fall gibt es Regeln und Fakten, die in der PROLOG-Datenbank verwaltet werden, während andere in der normalen Datenbank gespeichert sind. Da PROLOG selbst keine Ein-/Ausgabe in diesem Sinne kennt, muß der Datenbank-Zugriff hinter speziellen Regeln "versteckt" werden, die sich zwar dem PROLOG-Interpretierer gegenüber wie normale Regeln verhalten, die jedoch von einem zusätzlichen Steuerungssystem, einem **Meta-Interpretierer**, in geeignete Datenbank-Aufrufe umgesetzt werden. (Meta-Regeln sind Regeln, mit denen man die Auswertestrategie von Regeln beeinflussen kann; der Meta-Interpretierer ist die Komponente, welche die Meta-Regeln zu interpretieren vermag).

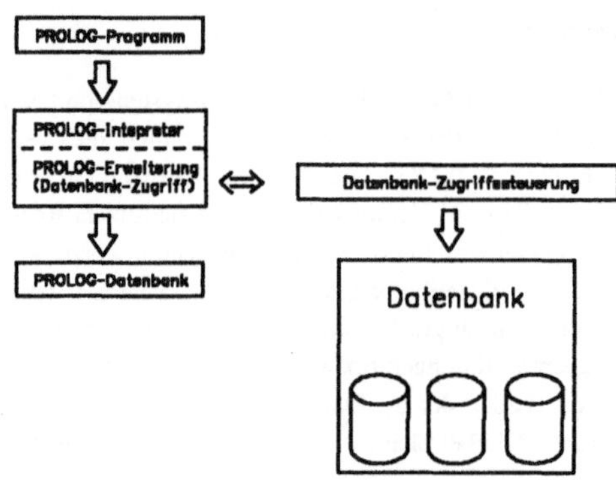

Abbildung 9. Eng gekoppelte Systeme

PROLOG-Systeme werten Prädikate, wie bereits erwähnt, sequentiell aus. Sind die Regeln oder Fakten nun nicht in der PROLOG-Datenbank gespeichert, sondern z.B. in einer relationalen Datenbank, so würde an sich jeder Zugriff des PROLOG-Systems auf eine solche Regel bzw. auf ein Faktum auf einen Datenbank-Zugriff hinauslaufen. Wie man sich leicht vorstellt, wäre dies äußerst ineffizient; der zu treibende Kommunikations-Aufwand würde im allgemeinen zu miserablen Antwortzeiten führen. Eine Möglichkeit zur Reduzierung des Kommunikations-Aufwandes ist die **Zusammenfassung verwandter Teil-Anfragen**. Worum es hierbei geht und wie es im Prinzip funktioniert, soll an einem einfachen Beispiel erläutert werden.

Angenommen, unsere Datenbank enthalte die Relationen **mann(Name)**, **frau(Name)** und **eltern(vater_name,mutter_name,kind_name)** mit den folgenden Ausprägungen (in PROLOG-Schreibweise):

```
mann(heinz).
mann(otto).
mann(karl).

frau(klara).
frau(emma).
```

3.2.2 Eng gekoppelte Systeme

Bei den eng gekoppelten Systemen ersetzt das Datenbanksystem bzw. ein entsprechend gestalteter Zwischenpuffer entweder die PROLOG-Datenbank oder er koexisitiert mit dieser (siehe Abbildung 9). Im letzteren Fall gibt es Regeln und Fakten, die in der PROLOG-Datenbank verwaltet werden, während andere in der normalen Datenbank gespeichert sind. Da PROLOG selbst keine Ein-/Ausgabe in diesem Sinne kennt, muß der Datenbank-Zugriff hinter speziellen Regeln "versteckt" werden, die sich zwar dem PROLOG-Interpretierer gegenüber wie normale Regeln verhalten, die jedoch von einem zusätzlichen Steuerungssystem, einem **Meta-Interpretierer**, in geeignete Datenbank-Aufrufe umgesetzt werden. (Meta-Regeln sind Regeln, mit denen man die Auswertestrategie von Regeln beeinflussen kann; der Meta-Interpretierer ist die Komponente, welche die Meta-Regeln zu interpretieren vermag).

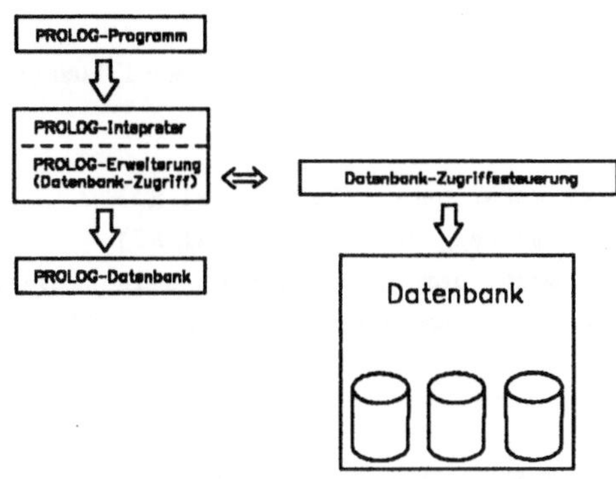

Abbildung 9. Eng gekoppelte Systeme

PROLOG-Systeme werten Prädikate, wie bereits erwähnt, sequentiell aus. Sind die Regeln oder Fakten nun nicht in der PROLOG-Datenbank gespeichert, sondern z.B. in einer relationalen Datenbank, so würde an sich jeder Zugriff des PROLOG-Systems auf eine solche Regel bzw. auf ein Faktum auf einen Datenbank-Zugriff hinauslaufen. Wie man sich leicht vorstellt, wäre dies äußerst ineffizient; der zu treibende Kommunikations-Aufwand würde im allgemeinen zu miserablen Antwortzeiten führen. Eine Möglichkeit zur Reduzierung des Kommunikations-Aufwandes ist die **Zusammenfassung verwandter Teil-Anfragen**. Worum es hierbei geht und wie es im Prinzip funktioniert, soll an einem einfachen Beispiel erläutert werden.

Angenommen, unsere Datenbank enthalte die Relationen **mann(Name)**, **frau(Name)** und **eltern(vater_name,mutter_name,kind_name)** mit den folgenden Ausprägungen (in PROLOG-Schreibweise):

```
mann(heinz).
mann(otto).
mann(karl).

frau(klara).
frau(emma).
```

```
eltern(heinz,emma,otto).
eltern(heinz,emma,klara).
eltern(heinz,emma,karl).
```

Eine "virtuelle" Relation **bruder_von(name,geschwister_name)** könnte nun in PROLOG etwa wie folgt definiert werden:

```
R:  bruder_von(X,Y)
        <- eltern(V,M,X),        (R1)
           eltern(V,M,Y),        (R2)
           mann(X),              (R3)
           X <> Y.               (R4)
```

Regel R ist wie folgt zu interpretieren: X ist Bruder von Y, falls es zwei Fakten (Tupel) f1 und f2 in der Relation Eltern gibt, für die folgendes gilt:

1. f1.vater_name = f2.vater_name (Teil-Regel R1)
2. f1.mutter_name = f2.mutter_name (Teil-Regel R2)
3. f1.kind_name muß Element der Mann-relation sein (Teil-Regel R3)
4. f1.kind_name und f2.kind_name müssen unterschiedlich sein (Teil-Regel R4).

Betrachten wir nun die PROLOG-spezifische Abarbeitung der folgenden Anfrage, mit der alle Brüder von Klara ermittelt werden sollen, wobei wir zunächst von einer "dummen" Schnittstelle zur Datenbank ausgehen wollen.

```
?- bruder_von(X,klara).
```

Eine Sequenz von Datenbank-Aufrufen zur Ermittlung der Brüder von Klara könnte in Anlehnung an PROSQL /CW84/ etwa wie folgt aussehen, wobei wiederholte Aufrufe mit demselben Suchprädikat jeweils das nächste Tupel (also keine Tupelmenge wie die Standard-SQL-Schnittstelle) liefern sollen.

```
eltern(V,M,klara)
        <- SQL('SELECT vater_name, mutter_name
                INTO V, M
                FROM eltern
                WHERE kind_name = klara ').
```

Dies führt in unserem Fall im ersten Auswertungsschritt zu einer Belegung der Variablen V mit "Heinz" und der Variablen M mit "Emma". Mit dieser Wertebelegung kann nun Teil-Regel (R2) "bedient" werden:

```
eltern(heinz,emma,X)
        <- SQL('SELECT kind_name
                INTO X
                FROM eltern
                WHERE vater_name = heinz and mutter_name = emma').
```

Hierdurch würde X als erstes den Wert "Otto" erhalten. Teil-Regel (R3) könnte damit nun mit dem folgenden PROSQL-Ausdruck ausgewertet werden:

```
mann(X)
      <- SQL('SELECT name
              INTO X
              FROM mann
              WHERE name = otto').
```

Teil-Regel (R3) und Teil-Regel (R4) würden nun mit dieser Wertebesetzung solange ausgewertet werden, bis keine Treffer mehr gefunden werden (dies wäre in unserem Beispiel schon beim nächsten Aufruf der Fall). Dann würde die Teil-Regel (R2) nochmals ausgewertet werden und mit jedem Treffer dann wieder entsprechend Teil-Regel (R3) usw. Liefert Teil-Regel (R2) keinen Treffer mehr, so wird Teil-Regel (R1) wieder ausgewertet usf., bis diese schließlich keine Treffer mehr erlangen kann (was in unserem kleinen Beispiel natürlich sehr rasch geschieht).

Wie man leicht einsieht, nützen wir bei dieser Vorgehensweise die Vorteile des mengenorientierten Zugriffs überhaupt nicht aus. Durch eine geeignete Voranalyse unseres Programmes könnte man durch eine geeignete Zusammenfassung von Datenbank-Aufrufen etwa zu der folgenden optimierten bruder_von(X,klara)-Regel kommen:

```
bruder_von(X,klara)
      <- SQL('SELECT e2.kind_name
              INTO X
              FROM eltern e1, eltern e2, mann m
              WHERE e1.vater_name = e2.vater_name
                AND e1.mutter_name = e2.mutter_name
                AND e1.kind_name = klara
                AND e2.kind_name = m.name
                AND e1.kind_name <> e2.kind_name')
```

Hier könnte das Datenbanksystem z.B. die sich qualifizierende Tupelmenge beim ersten Aufruf an das PROLOG-System übertragen, auf die dann Tupel für Tupel entsprechend der oben beschriebenen Vorgehensweise zugegriffen werden könnte. Nähere Einzelheiten zu diesem Ansatz finden sich in /VCJ83/, /JCV84/, /JV83/ sowie in /Va85/. Weitere Aspekte der engen Kopplung - insbesondere auf welcher Ebene des DBMSs die Kopplung stattfinden sollte - sind in /AB85/ und in /Se85/ beschrieben.

Die enge Kopplung weist gegenüber der losen Kopplung bereits erhebliche Vorteile auf, da zum einen - zumindest unter günstigen Voraussetzungen - bereits eine deutliche Verbesserung in bezug auf einen selektiven Datenzugriff realisiert werden kann und zum anderen die Mehrbenutzer-, Synchronisations- und Recovery-Fähigkeiten des DBMSs - zumindest teilweise - genutzt werden können. Als Nachteil ist sicherlich der nicht unerhebliche Implementierungs- und Analyseaufwand zu nennen, der getrieben werden muß, um hier zu akzeptablen Lösungen in bezug auf das Laufzeitverhalten und den Speicherbedarf zu kommen. Nachteilig ist sicherlich auch, daß keine globale Optimierung der Anfrage möglich ist, da ein Teil der Optimierung im Meta-Interpretierer und ein anderer Teil - unabhängig davon - im DBMS erfolgt.

3.2.3 Erweiterte DBMSe

Eine Verbesserung dieser Situation könnte durch eine geeignete Erweiterung von DBMSen erzielt werden, so daß sich Regeln und Fakten direkt in der Daten-Definitions- und Manipulationssprache beschreiben bzw. ansprechen lassen (siehe Abbildung 10). Bei den derzeitig existierenden Ansätzen werden Regeln im allgemeinen als Sichten und Fakten als Relationen beschrieben (modelliert) und gespeichert. Das besondere Augenmerk der derzeitigen F & E - Aktivitäten in diesem Bereich liegt auf der Behandlung rekursiv definierter Regeln, was dann entsprechend zu rekursiv definierten Sichten führt. Ein Beispiel für eine solche rekursive Sicht wäre z.B. die Ahnen-Relation, die mittels PROLOG-Regeln etwa wie folgt ausgedrückt werden könnte:

```
ahn_von(X,Y) <- elternteil(X,Y).
ahn_von(X,Y) <- elternteil(X,Z), ahn_von(Z,Y).
```

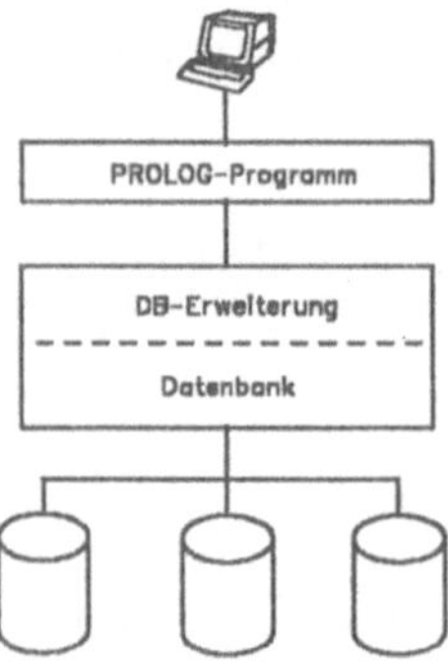

Abbildung 10. Erweiterte DBMSe

Die erste Regel stellt hierbei fest, daß die Eltern zu den Ahnen gehören, die zweite Regel stellt fest, daß die Eltern von Ahnen ebenfalls zu den Ahnen gehören.

Das Problem ist, eine solche rekursiv definierte Sicht in ein äquivalentes (und möglichst effizientes) Programm zu übersetzen, das eine Anfrage gegen eine solche Sicht *iterativ* ausführt. In /vEB86/ werden hierbei zwei Vorgehensweisen unterschieden, und zwar das "Iterieren auf der Ergebnismenge" und das "iterative Compilieren". Beim **Iterieren auf der Ergebnismenge** werden unter Verwendung der bereits erzielten Treffer solange Verbund-Operationen (joins) berechnet und diese mit der Treffermenge vereinigt, bis sich keine Vergrößerung der Treffermenge mehr erzielen läßt. Im obigen Beispiel würde man z.B. die elternteil-Relation der zunächst leeren ahn_von-Relation zuweisen. Dann würde man den Verbund zwischen der ahn_von-Relation und der elternteil-Relation bezüglich des Attributes Z berechnen. Ist die Ergebnismenge nicht leer, so wird sie mit der ahn_von-Relation vereinigt und aufs neue der Verbund berechnet usf.

Beim **iterativen Compilieren** wird im Prinzip wie oben vorgegangen, jedoch wird nicht das *Resultat* sondern die *Definition* des vorangegangenen Iterationsschrittes zur Erzeugung des nächsten Anfrageschrittes verwendet. Jeder neue Anfrageschritt wird neu übersetzt und ausgeführt. Das erzielte Resultat wird - wie beim Iterieren auf der Ergebnismenge - mit dem des vorangegangenen Iterationsschrittes verglichen. Die Auswertung ist beendet, wenn sich keine Veränderung der Resultatmenge mehr ergibt. Sei z.B.

```
Q:    ahn_von <- elternteil(X,Y) UNION
                 elternteil(X,Z/Y) JOIN ahn_von(Z/X,Y)
```

eine Sicht-Definition in einer Pseudo-Algebra, wobei mittels rel(X1/X) ein Umbenennen von Attribut X von Relation rel in X1 möglich sein soll (vgl. /vEB86/).

Wird die ahn_von-Ergebnismenge als leere Menge initialisiert, so ist Q unmittelbar ausführbar (und liefert als Ergebnis gerade die elternteil-Relation). Die nächste Iteration würde dann zu dem folgenden (unoptimierten) Ausdruck führen:

```
Q':   ahn_von <- elternteil(X,Y) UNION
                 elternteil(X,Z/Y) JOIN
                     (elternteil(X,Y) UNION
                      elternteil(X,Z/Y) JOIN ahn_von(Z/X,Y))
```

Beim nächsten Iterationsschritt würde dann dieser Ausdruck anstelle von ahn_von(Z/X,Y) in Q eingesetzt werden usf. Natürlich würden diese Ausdrücke vor der Ausführung jeweils noch mittels symbolischer Anfrage-Optimierung vereinfacht werden.

Welche Vorgehensweise letztlich unter welchen Randbedingungen besser ist, läßt sich heute wohl noch nicht abschließend beurteilen und bedarf noch weiterer Forschungen und Prototyp-Implementierungen. Eine vertiefte Diskussion der Behandlung rekursiv definierter Sichten bzw. Anfragen findet sich z.B. in /Ba85/, /GM86/, /JLS85/, /Li86/, /Ro86/ und in /vEB86/. Die Beschreibung eines erweiterten DBMSs auf der Basis des Entity-Relationship-Modells findet sich in /GR84/.

4.0 Zusammenfassung

Obwohl die heutigen DBMSe bereits eine breite Palette unterschiedlicher Anforderungen an die Datenverwaltung abdecken können, gibt es immer noch eine recht große Anzahl von Anwendungsgebieten, deren spezielle Anforderungen von den derzeitigen Systemen nicht oder zumindest nur teilweise abgedeckt werden können. Hierbei handelt es sich entweder um Anwendungsgebiete, die man beim Entwurf der heutigen DBMSe noch nicht vorgesehen hatte (z.B. Büroautomatisierung, Computer Aided Design (CAD)) oder zum Teil noch gar nicht kannte (z.B. regelbasierte Expertensysteme) oder um Anwendungsgebiete, für welche die herkömmlichen DBMSe in Verbindung mit der seinerzeit verfügbaren Hardware zu ineffizient waren (z.B. Hochleistungs-Buchungssysteme im Bankenbereich oder bei Fluggesellschaften).

Im Rahmen dieses Beitrages haben wir versucht, einen Bogen von den Forschungs- und Entwicklungsaktivitäten im Bereich der heutigen, konventionellen DBMSe, über neuere DBMS-Architekturen, denen neuartige Hardware-Konzepte zugrundliegen, bis hin zu den integrierten Informationssystemen und den datenbankbasierten Expertensystemen zu spannen. Zwangsläufig konnten dabei einige Themengebiete nur angerissen werden, nur einige wenige konnten exemplarisch etwas vertieft werden. Einige Fragestellungen wie Indexe, Cluster-Algorithmen, Integrationsüberwachung u.a. konnten aus Platzgründen überhaupt nicht angesprochen werden. Darüber hinaus gibt es auch noch eine große Anzahl mehr theoretisch orientierter Forschungsaktivitäten, etwa im Bereich der relationalen Normalformen, der "universellen" Relationen (universal relations), Komplexitäts-Betrachtungen und anderes mehr, die aus dem selben Grund ebenfalls nicht angesprochen wurden. Aus der Nicht-Behandlung eines bestimmten Themas sollte daher keinesfalls der Schluß gezogen werden, daß dieses für die Forschung- und Entwicklung im Bereich der DBMSe nicht relevant ist.

Danksagung

Ich möchte mich an dieser Stelle bei meinen Kollegen Rolf Erbe, Hein Lehmann, Volker Linnemann und Klaus Küspert für ihre kritische Durchsicht einer früheren Version dieses Papieres und für ihre hilfreichen Anmerkungen und Verbesserungsvorschläge bedanken.

5.0 Literatur

AB85 Appelrath, H.-J., Bense, H.: Zwei Schritte zur Verbesserung von PROLOG-Programmiersystemen: DB-Unterstützung und Meta-Interpreter. Proc. GI-Fachtagung "Datenbank-Systeme für Büro, Technik und Wissenschaft" (Informatik-Fachberichte Nr. 94, Springer-Verlag, 1985), Karlsruhe, März 1985, S. 161-176

Ag83 Aghili, H. et al.: A Prototype for a Highly Available Database System. IBM Research, San Jose, California, June 1983.

AL80 Adiba, M.E., Lindsay, B.G.: Database Snapshots. Proc. VLDB 80, Montreal, October 1980, pp. 86-91

Ap83 Appelrath, H.-J.: Wissensbereitstellung in Expertensystemen: Inferenzmechanismen auf relationalen Datenbanken. Dissertation, Universität Dortmund, Abteilung Informatik, 1983

Ap85 Appelrath, H.-J.: ODIR: Optical Disc Information Retrieval. Proc. GI-Fachtagung "Datenbank-Systeme für Büro, Technik und Wissenschaft" (Informatik-Fachberichte Nr. 94, Springer-Verlag, 1985), Karlsruhe, März 1985, S. 213-216

AS86 Ahn, I., Snodgrass, R.: Perfomance Evaluation of a Temporal Database Managment System. Proc. ACM-SIGMOD 86, Washington, D.C., May 1986, pp.96-107

Ba78 Bartlett, J.F.: A 'Non Stop' Operating System. Proceedings 11th Hawaii International Conference on Systems Sciences, Honolulu, Hawaii, January 1978

Ba85 Bayer, R.: Database Technology for Expert Systems. Proc. GI-Kongress "Wissensbasierte Systeme" (Informatik-Fachberichte Nr. 102, Springer-Verlag, 1985), München, November 1985, S. 1-16

Be86 Bernstein, P.A.: Synchronizing Shared Memory in the SEQUOIA Fault-Tolerant Multiprocessor. IEEE Quarterly Bulletin Database Engineering, Vol 9, No.1, March 1986 (Special Issue on High Performance Transaction Systems)

BG83 Bernstein, P.A., Goodman, N.: Multiversion Concurrency Control - Theory and Algorithms. ACM TODS, Vol. 8, No. 4, December 1983, pp. 465-483

BHR80 Bayer, R., Heller, H., Reiser, A.: Parallelism and Recovery in Database Systems. ACM TODS, Vol. 5, No. 2, June 1980, pp. 139-156

Bi86 Bitton, D.: The Effect of Large Main Memory on Database Systems. (Panel-Summary). Proc. ACM-SIGMOD 86, Washington, D.C., May 1986, pp.337.339

BK85 Batory, D.S., Kim, W.: Modelling Concepts for VLSI CAD Objects. ACM TODS, Vol.10, No. 3, September 1985

BLT86 Blakely, J.A., Larson, P.-A., Tompa, F.W.: Efficiently Updating Materialized Views. Proc. ACM-SIGMOD 86, Washington, D.C., May 1986, pp. 61-71

Bo81 Borr, A.: Transaction Monitoring in ENCOMPASS (TM): Reliable Distributed Transaction Processing. Proc. VLDB 81, Cannes, France, September 1981, pp. 445-453

CHT86 Christodoulakis, S., Ho, F., Theodoridou, M.: The Multimedia Object Presentation Manger of MINOS: A Symmetric Approach. Proc. ACM-SIGMOD 86, pp. 295-310

Br85a Boral, H., Redfield, S.: Database Machine Morphology. Proc. VLDB 85, Stockholm, August 1985, pp. 59-71

BS81 Bancilhon, F., Spiratos, N.: Update Semantics of Relational Views. ACM TODS, Vol. 6, No. 4, December 1981, pp. 557-575

BS83 Buckley, G.N., Silberschatz, A.: Obtaining Progressive Protocols for a Simple Multiversion Database Model. Proc. VLDB 83, Florence, Italy, November 1983, pp. 74-80

CD85 Chou, H.-T., DeWitt, D.J.: An Evaluation of Buffer Management Strategies for Relational Database Systems. Proc. VLDB 85, Stockholm, August 1985, pp. 127-141

Ch76 Chamberlin, D.D. et al: SEQUEL2: A Unified Approach to Data Definition, Manipulation, and Control. IBM Journal of Research and Development, November 1976, pp. 560-575

Ch82 Chan, A. et al.: The Implementation of an Integrated Concurrency Control and Recovery Scheme. Proc. ACM-SIGMOD 82, Orlando, Florida, 1982

CM81 Clocksin, W.F., Mellish, C.S.: Programming in Prolog. Springer-Verlag, 1981

CP84 Ceri, S., Pelagatti, P.: Distributed Databases, Principles and Systems, North-Holland Publ. Company, 1984

CW83 Clifford, J., Warren, D.S.: Formal Semantics for Time in Databases. ACM TODS, Vol. 8, No.2, June 1983, pp.214-254

CW84 Chang, C.L., Walker, A.: PROSQL: A Prolog Programming Interface with SQL/DS. IBM Research Report RJ4314, San Jose, Calif., May 1984

Da86 Dadam, P. et al.: A DBMS Prototype to Support Extended NF2 Relations: An Integrated View on Flat Tables and Hierarchies. Proc. ACM-SIGMOD 86, Washington, D.C., May 1986, pp. 356-367

De86 Deppisch, U. et al.: Überlegungen zur Datenbank-Kooperation zwischen Server und Workstations. To appear: Proc. GI-Jahrestagung 86, Berlin, Oktober 1986

De86a Deppisch, U.: S-Tree: A Dynamic Balanced Signature Index for Office Retrieval. To appear: Proc. ACM-Conf. on Research and Development in Information Retrieval, Pisa, Italy, September 1986

DeW84 DeWitt, D.J. et al.: Implementation Techniques for Main Memory Database Systems. Proc. ACM-SIGMOD 84, Boston, MA, June 1984, SIGMOD Record, Vol. 14, No. 2, pp. 1-8

DGW85 Deppisch, U., Günauer, J., Walch, G.: Speicherungsstrukturen und Adressierungstechniken für komplexe Objekte des NF2-Datenmodells. Proc. GI-Fachtagung "Datenbank-Systeme für Büro, Technik und Wissenschaft" (Informatik-Fachberichte Nr. 94, Springer-Verlag, 1985), Karlsruhe, März 1985, S. 441-459

DHM85 Demurjian, S.A., Hsiao, D.K., Menon, J.: A Multi-Backend Database System for Performance Gains, Capacity Growth and Hardware Upgrade. Naval Prostgraduate School, Monterey, Calif., Rep. No. NPS52-85-002, February 1985

DL85 Dittrich, K.R., Lorie, R.A.: Version Support for Engineering Data Base Systems. IBM Research Report RJ4769, San Jose, Calif., 1985

DLPS85 Dadam, P., Lum, V., Prädel, U., Schlageter, G.: Selective Deferred Index Maintenance and Concurrency Control in Integrated Information Systems. Proc. VLDB 85, Stockholm, September 1985, pp. 142-150

DLW84 Dadam, P., Lum, V., Werner, H.-D.: Integration of Time Versions into a Relational Database System. Proc. VLDB 84, Singapore, August 1984, pp. 509-522

DP86 Dadam, P., Pörtner, E.: Synchronisation paralleler Operationen auf Index-Bäumen (in Vorbereitung)

DPS82 Dadam, P., Pistor, P., Schek, H.-J.: Prädikat-Sperren mittels Textfragmenten. Proc. GI-Jahrestagung 82 (Informatik-Fachberichte, Nr. 57, Springer-Verlag, 1982), Kaiserslautern, Oktober 1982, S. 648-668

DPS83 Dadam, P., Pistor, P., Schek, H.-J.: A Predicate Oriented Locking Approach for Integrated Information Systems. Proc. IFIP Congress 83, Paris, September 1983, pp. 763-768

Eb84 Eberlein, W.: Architektur technischer Datenbanken für integrierte Ingenieursysteme (Dissertation). Arbeitsberichte des Instituts für Mathematische Maschinen und Datenverarbeitung (Informatik), Universität Erlangen Nürnberg, Band 17, Nr. 1, Erlangen, Februar 1984

EB84 Elhard, K., Bayer, R.: A Database Cache for High Performance and Fast Restart in Database Systems. ACM TODS, Vol. 9, No. 4, December 1984, pp. 503-525

EH84 Effelsberg, W., Haerder, T.: Principles of Database Buffer Management. ACM TODS, Vol. 9, No. 4, December 1984, pp. 560-595

ERS81 Eberhard, L., Riechmann, Ch., Schütt, A.: Datenbankmaschinen - Überblick über den derzeitigen Stand der Entwicklung. Informatik-Spektrum, Band 4, Heft 1, Februar 1981, S. 31-40

Fa85 Faloutsos, C.: Access Methods for Text. ACM Computing Surveys, Vol. 17, No. 1, March 1985, pp. 49-74

FC85 Furtado, A., Casanova, M.: Updating Relational Views. Topics in Information Systems, Query Processing in Database Systems, Springer-Verlag, 1985, pp. 127-142

Fi83 Fischer, W.E.: Datenbanksystem für CAD-Arbeitsplätze. Informatik-Fachberichte 70, Springer-Verlag, 1983

GG86 Grabowski, H., Glatz, R.: Schnittstellen zum Austausch produktdefinierender Daten. VDI-Z, Bd. 128, Nr. 10, Mai 1986, S. 333-343

GK85 Gawlick, D., Kinkade, D.: Varieties of Concurrency Control in IMS/VS Fast Path. IEEE Quarterly Bulletin Database Engineering, Vol. 8, No.2, June 1985, pp. 3-10 (Special Issue on Concurrency and Recovery)

GM86 Gardarin, G. de Maindreville, Ch.: Evaluation of Database Recursive Logic Programs as Recurrent Function Series. Proc. ACM-SIGMOD 86, Washington, D.C., May 1986, pp.177-186

GMN84 Gallaire, H., Minker, J., Nicholas, J.-M.: Logic and Databases: A Deductive Approach. ACM Computing Surveys, Vol. 16, No. 2, June 1984, pp. 153-185

Go83 Gostanian,R.: The Auragen System 4000. IEEE Quarterly Bulletin Database Engineering, Vol 6, No.2, June 1983

GR84 Getta, J., Rybinsky, H.: Holmes: A Deduction Augmented Database Management System. Information Systems, Vol. 9, No. 2, 1984, pp. 167-179

Hä79 Härder, T.: Die Einbettung eines Datenbanksystems in eine Betriebssystemumgebung. Proc. Tagung II/1979 des German Chapter of the ACM (Datenbanktechnologie, J. Niedereicholz (Hrsg.), Teubner Verlag, 1979), Bad Nauheim, September 1979, S. 9-24

Hä84 Härder, T.: Observations on Optimistic Concurrency Control Schemes. Information Systems, Vol. 9, No. 2, 1984, pp. 111-120

Hä84a Härder, T.: Überlegungen zur Modellierung und Integration der Zeit in temporalen Datenbanksystemen. Universität Kaiserslautern, 1985, FB Informatik, Bericht Nr. 19/84

HF86 Hagmann, R.B., Ferrari, D.: Performance Analysis of Several Back-End Database Architectures. ACM TODS, Vol. 11, No. 1, March 1986, pp. 1-26

HG83 Hecht, M.S., Gabbe, J.D.: Shadowed Management of Free Disk Pages With a Linked List. ACM TODS, Vol. 8, No. 4, December 1983, pp. 503-514

HL82 Haskin, R.L., Lorie, R.A.: On Extending the Functions of a Relational Database System. Proc. ACM-SIGMOD 82, Orlando, Florida, June 1982, pp. 207-212

HR83 Haerder, T., Reuter, A.: Principles of Transaction-Oriented Database Recovery. ACM Computing Surveys, Vol. 15, No. 4, December 1983, pp. 287-318

Hü85 Hübel, Ch.: Ein datenbankbasierter 3D - Bauteilmodellierer als Anwendung eines Nicht-Standard-Datenbanksystems - Ansätze zur quantitativen Systemanalyse. Technischer Bericht, FB Informatik, AG Datenverwaltungssysteme, Universität Kaiserslautern, November 1985

IEEE82 -: IEEE Quarterly Bulletin Database Engineering, Vol 5, No.4, December 1982 (Anmerkung: Dieses Heft enthält Berichte über den aktuellen Stand der 12 bekanntesten Forschungsprojekte im Bereich "Verteilte Datenbanken")

IEEE83 -: Proc. IEEE, Vol. 71, No. 12, December 1983 (Special Issue on Open Systems Interconnection (OSI) - Standard Architecture and Protocols)

Ja85 Jarke, M.: Common Subexpression Isolation in Multiple Query Optimization. Topics in Information Systems, Query Processing in Database Systems, Springer-Verlag, 1985, pp. 191-205

Jae85a Jaeschke, G.: Nonrecursive Algebra for Relations with Relation Valued Attributes. Technical Report TR 85.03.001, IBM Scientific Center, Heidelberg, West Germany, March 1985

Jae85b Jaeschke, G.: Recursive Algebra for Relations with Relation Valued Attributes. Technical Report TR 85.03.002, IBM Scientific Center, Heidelberg, West Germany, March 1985

JCV84 Jarke, M., Clifford, J., Vassiliou, Y.: An Optimizing Prolog Front-End to a Relational Query System. Proc. ACM-SIGMOD 84, Boston, MA, June 1984, pp. 296-306

JK84 Jarke, M. Koch, J.: Query Optimization in Database Systems. ACM Computing Surveys, Vol.16, No.2, June 1984

JLS85 Jarke, M., Linnemann, V., Schmidt, J.W.: Data Constructors: On the Integration of Rules and Relations. Proc. VLDB 85, Stockholm, August 1985, pp. 227-240

JS82 Jaeschke, G., Schek, H.-J.: Remarks on the Algebra of Non First Normal Form Relations. Proc. ACM SIGACT-SIGMOD Symp. on Principles of Data Base Systems, Los Angeles, Cal., March 1982, pp. 124-138

JV83 Jarke, M., Vassiliou, Y.: Coupling Expert Systems with Database Management Systems. Proc. VLDB 83, Florence, Italy, October 1983, pp. 70-72

Ka83 Kastner, P.C.: A Fault-Tolerant Transaction Processing Environment. IEEE Quarterly Bulletin Database Engineering, Vol.6, No.2, June 1983

KG85 Kambayashi, Y., Gosh, S.: Query Processing Using the Consecutive Retrieval Property. Topics in Information Systems, Query Processing in Database Systems, Springer-Verlag, 1985, pp. 217-236

Ki85 Kiessling, W.: On Semantic Reefs and Efficient Processing of Correlation Queries with Aggregates. Proc. VLDB 85, Stockholm, August 1985, pp. 241-250

Kim82 Kim, W.: On Optimizing an SQL-like Nested Query. ACM TODS, Vol. 7, No. 3, September 1982, pp. 443-469

Kim84 Kim,W.: Highly Available Systems for Database Applications, ACM Computing Surveys, Vol. 16, No. 1, March 1984, pp. 71-98

Kim85 Kim, W.: Global Optimization of Relational Queries: A First Step. Topics in Information Systems, Query Processing in Database Systems, Springer-Verlag, 1985, pp. 206-216

Kl85 Klahold, P. et al.: A Transaction Model Supporting Complex Applications in Integrated Information Systems. Proc. ACM-SIGMOD 85, Austin, Texas, May 1985, pp. 388-401

KL83 Klopprogge, M.R., Lockemann, P.C.: Modelling Information Preserving Databases: Consequences of the Concept of Time. Proc. VLDB 83, Florence, Italy, October/November 1983, pp. 399-416

KL84 Katz, R.H., Lehman, T.J.: Database Support for Versions and Alternatives of Large Design Files. IEEE Transactions on Software Engineering, Vol. SE-10, No.2, March 1984

KR81 Kung, H.T., Robinson, J.T.: On Optimistic Methods for Concurrency Control. ACM TODS, Vol. 6, No. 2, June 1981, pp. 213-226

KSW86 Klahold, P., Schlageter, G., Wilkes, W.: A General Model for Version Management in Databases. Informatik-Berichte Nr. 58, FernUniversität Hagen, März 1986

La83 Lausen, G.: Formal Aspects of Optimistic Concurrency Control in a Multiple Version Database System. Information Systems, Vol. 8, No. 4, 1983, pp. 291-302

LC86 Lehmann, T.J., Carey, M.J.: Query Processing in Main Memeory Database Management Systems. Proc. ACM-SIGMOD 86, Washington, D.C., May 1986, pp. 239-250

Li85 Lindsay, B.: A Retrospective of R*: A Distributed Database Management System. IBM Research Report, San Jose, Calif., RJ4959, 1985

Li86 Linnemann, V.: Constructorset's Database Support for Knowledge Based Systems. Proc. 2nd IEEE Int. Conf. on Data Engineering, Los Angeles, February 1986

Li86a Lindsay, B. et al.: A Snapshot Differential Refresh Algorithm. Proc. ACM-SIGMOD 86, Washington, D.C., May 1986, pp. 53-60

Lo84 Lohman, G. et al.: Optimization of Nested Queries in a Distributed Relational Database. Proc. VLDB 84, Singapore, August 1984, pp. 403-415

LP83 Lorie, R.A., Plouffe, W.: Complex Objects and Their Use in Design Transactions. Proc. Annual Meeting - Database Week: Engineering Design Applications (IEEE), San Jose, Calif., May 1983, pp. 115-121

Lu84 Lum, V. et al.: Designing DBMS Support for the Temporal Dimension. Proc. ACM-SIGMOD 84, Boston, Mass., June 1984, pp. 115-130

Lu85 Lum, V. et al.: Design of an Integrated DBMS to Support Advanced Applications. Proc. GI-Fachtagung "Datenbank-Systeme für Büro, Technik und Wissenschaft" (Informatik-Fachberichte Nr. 94, Springer-Verlag, 1985), Karlsruhe, März 1985, S. 362-381 (als eingeladener Vortrag auch erschienen in Proc. Int. Conf. on Foundations of Data Organization, Kyoto, Japan, May 1985)

MN82 Menasce, D.A., Nakamishi, T.: Optimistic Versus Pessimistic Concurrency Control Mechanisms in Database Management Systems. Information Systems, Vol. 7, No. 1, 1982, pp. 13-27

Mo84a Mohan, C.: Recent and Future Trends in Distributed Data Base Management. Proc. NYU Symposium on New Directions for Data Base Systems, New York, May 1984. Auch erhältlich als IBM Research Report RJ4240, 1984

Mo84b Mohan, C.: Tutorial: Recent Advances in Distributed Data Base Management, IEEE Computer Society Press, EH0218-8, 1984

My86 Myers, E.: No DBMS is an Island. Datamation, June 1, 1986, pp. 32-33

Ne83 Neumann, T.: On Representing the design Information in a Common Database. Proc. ACM-SIGMOD, San Jose, Ca., May 1983

OH85 Ott, N., Horlaender, K.: Removing Redundant Join Operations in Queries Involving Views. Information Systems, Vol. 10, No. 2, 1985

PA86 Pistor, P., Andersen, F.: Designing a Generalized NF2 Data Model with an SQL-type Language Interface. To appear: Proc. VLDB 86, Kyoto, Japan, August 1986

PT85 Pistor, P., Traunmüller, R.: A Data Base Language for Sets, Lists, and Tables. Technical Report TR85.10.004, Wissenschaftl. Zentrum Heidelberg, Oktober 1985

PK84 Papadimitriou, C.H., Kanellakis, P.C.: On Concurrency Control by Multiple Versions. ACM TODS, Vol. 9, No. 1, March 1984, pp. 89-99

PR83 Peinl, P., Reuter, A.; Empirical Comparison of Database Concurrency Control Schemes. Proc. VLDB 83, Florence, Italy, November 1983, pp. 97-108

Pu86 Puppe, F.: Expertensysteme. Informatik-Spektrum, Band 9, Heft 1, Februar 1986, S. 1-13

Qa85 Qadah, G.Z.: Database Machines: A Survey. Proc. NCC 85 (AFIPS Conference Proc., Vol. 54), Washington, D.C., 1985, pp. 211-223

Re78 Reed, D.P.: Naming and Synchronization in a Decentralized Computer System. Ph.D. Thesis, M.I.T., Dept. of Electrical Eng. and Comp. Science, September 1978

Re82 Reuter, A.: Concurrency on High-Traffic Data Elements. Proc. ACM Symp. on Principles of Database Systems, 1982, pp. 83-92

Re85 Reuter, A.: Database Sharing. Informatik-Spektrum, Das Aktuelle Schlagwort, Band 8, Heft 4, August 1985, S. 225-226

Ro82 Roussopoulos, N.: View Indexing in Relational Databases. ACM TODS, Vol. 7, No. 2, June 1982, pp. 258-290

Ro84 Robinson, J.T.: A Fast General-Purpose Hardware Synchronization Mechanism. Proc. ACM-SIGMOD 84, Boston, MA, June 1984, SIGMOD Record, Vol. 14, No. 2, pp. 122-130

Ro86 Rosenthal, A. et al.: Traversal Recursion: A Practical Approach to Supporting Recursive Applications. Proc. ACM-SIGMOD 86, Washington, D.C., May 1986, pp. 166-176

SA85 Snodgrass, R., Ahn, I.: A Taxonomy of Time in Databases. Proc. ACM-SIGMOD 85, Austin, Texas, May 1985, pp. 236-246

Sa85 Satoh, K. et al.: Local and Global Query Optimization Mechanisms for Relational Databases. Proc. VLDB 85, Stockholm, August 1985, pp. 405-417

Sch85 Schek, H.-J.: Towards a Basic Relational NF2 Algebra Processor. Proc. Int. Conf. on Foundations of Data Organization, Kyoto, Japan, May 1985, pp. 173-182

Se85 Seidel, R.: Wissensabbildung auf Datenbanken und ihre Realisierung in einem Expertensystem. Diplomarbeit Nr. 313, Institut für Informatik, Universität Stuttgart, 1985

Se86 Sellis, T.K.: Global Query Optimization. Proc. ACM-SIGMOD 86, Washington, D.C., May 1986, pp. 191-205.

Sh84 Shmueli, O.: Maintenance of Views. Proc. ACM-SIGMOD 84, Boston, MA, June 1984, SIGMOD Record, Vol. 14, No. 2, pp. 240-255

Sh84a Shoens, K. et al.: AMOEBA Project. IBM Research Report, San Jose, Calif., RJ4465, 1984

Sh86 Shoens, K.: Data Sharing vs. Partitioning for Capacity and Availability. IEEE Quarterly Bulletin Database Engineering, Vol 9, No.1, March 1986 (Special Issue on High Performance Transaction Systems)

SS86 Schek, H.-J., Scholl, M.H.: The Relational Model with Relation-Valued Attributes. Information Systems, Vol. 11, No. 2, 1986

St86 Stonebraker, M.: The Case for Shared Nothing. IEEE Quarterly Bulletin Database Engineering, Vol 9, No.1, March 1986 (Special Issue on High Performance Transaction Systems)

SW86 Schek, H.-J., Weikum, G.: DASDBS: Concepts and Architecture of a Database System for Advanced Applications. Manuskript, FB Informatik, AG Datenverwaltungssysteme, TH Darmstadt, 1986

Tr82 Traiger, I.L.: Virtual Memory Management for Database Systems. IBM Research Report RJ3489, San Jose, Calif., May 1982

Tr83 Traiger, I.: Trends in Systems Aspects of Database Management. Proc. British Computer Society 2nd Int. Conf. on Databases (ICOD-2), Cambridge, England, August/September 1983, pp. 1-20

UPS83 Unland, R., Praedel, U., Schlageter, G.: Design Alternatives for Optimistic Concurrency Control Schemes. Proc. ICOD-2, Cambridge, England, August/September 1983, pp. 288-297

Va85 Vassiliou, Y.: Integrating Database Management and Expert Systems. Proc. GI-Fachtagung "Datenbank-Systeme für Büro, Technik und Wissenschaft" (Informatik-Fachberichte Nr. 94, Springer-Verlag, 1985), Karlsruhe, März 1985, S. 147-160

VCJ83 Vassiliou, Y., Clifford, J., Jarke, M.: How Does an Expert System Get its Data? CAIS Working Paper Series, No. 50, Graduate School of Business Administration, 83-26, New York University, 1983

vEB86 van Emde Boas, G., van Emde Boas, P.: Storing and Evaluating Horn-Clauses in a Relational Database. IBM Journal of Research and Development, Vol. 30, No. 1, January 1986, pp. 80-92

WKL86 Woelk, D., Kim, W., Luther, W.: An Object-Oriented Approach to Mutlimedia Database. Proc. ACM-SIGMOD 86, Washington, D.C., May 1986, pp. 311-325

5thG84 -: Outline of Fifth Generation Computer Project. Institute for New Generation Computer Technology (ICOT), Tokyo, Japan, 1984

Integrierte Fertigungsdatenbanken

Prof. Dr. Hartmut Wedekind
Universität Erlangen-Nürnberg
Informatik VI (Datenbanksysteme)
Martensstraße 3, D-8520 Erlangen
W-Germany

1. Das Produktmodell

In den letzten Jahren sind die Bemühungen verstärkt worden, die Möglichkeiten der Integration von diversen Anwendungen mittels einer Datenbank nicht nur im betriebswirtschaftlichen, sondern auch im technischen Bereich der Unternehmung zu nutzen. Der Erfolg von Datenbanksystemen in der Massendatenverarbeitung, insbesondere ihre Überlegenheit gegenüber Dateisystemen was Fehlerbehandlung (database recovery), konsistenter Änderungsdienst (database integrity) und Benutzerfreundlichkeit betrifft, gab Anlaß zu der Hoffnung, daß technische Datenbanken in gleicher Weise zügig einzurichten seien. Es zeigte sich jedoch sehr bald, daß die Gewinnung eines einheitlichen Konzeptionellen Schemas, der Kern eines jeden Datenbankentwurfs, im technischen Bereich, wo u.a. Geometrie und physikalische Bewegungsschemata in geeignete Sprachschemata umgesetzt werden müssen, sehr viel schwerer zu erreichen ist als im sprachlich schon stark schematisierten betriebswirtschaftlichen Bereich. Härder und Reuter (HäRe 83) machten u.a. mit ihrem Terminus "Nichtstandard-Datenbankanwendung" darauf aufmerksam, daß noch eine gewaltige Forschungs- und Entwicklungsleistung zu erbringen ist, bis Datenbanken im technischen Bereich die heute vorherrschenden "Insellösungen" verdrängen können. Es gibt berechtigten Zweifel, ob dies überhaupt gelingen kann.

Technische Datenbanken sollen eine Darstellung des Produktmodells sein, das alle Aspekte der Funktionsweisen und der Gestalt technischer Objekte zum Gegenstand hat. In Bild 1-1 werden die Komponenten eines Produktmodells herausgestellt. Es wird zwischen dem Produktstrukturmodell, dem physikalischen Modell, dem geometrischen Modell und dem technologischen Modell unterschieden.

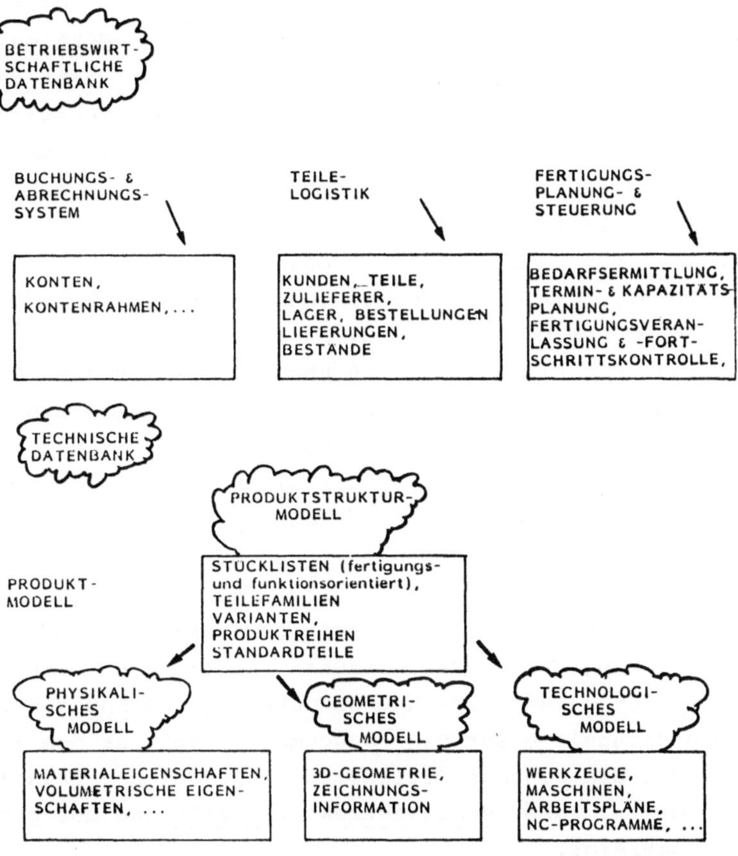

Bild 1-1 : Die Komponenten des Produktmodells nach Eberlein (Eb 84)

Das Produktstrukturmodell beschreibt die strukturelle Gliederung der Teile in Unterelemente. Für Gliederungen dieser Art, die mit dem Namen "Stückliste" belegt werden, sind grundsätzlich zwei Kriterien denkbar. Einmal die funktionale Gliederung, die der Konstrukteur bevorzugt. Eine Halterung z.B. wird hier der Lenkung zugeordnet. Zum anderen die fertigungstechnische Gliederung, die zu einer Montagestückliste führt. Eine Halterung gehört hier z.B. zum Fahrgestell. Beide Gliederungstypen erfüllen ihren Zweck, nämlich zur Komplexitätsreduktion mittels "information hiding" beizutragen. Historisch gesehen steht das Produktstrukturmodell im Zentrum der technischen und betriebswirtschaftlichen Datenbankentwicklung. Es war in den 60-er Jahren das System BOMP (Bill of Material Processor) der IBM, das als eine Art ad hoc-Datenbank die Stücklistenorganisation unterstützte und eine Entwicklungsgrundlage für die späteren Produktionsplanungs- und Steuerungssysteme (PPS-Systeme) á la COPICS (Communications Oriented Production Information and Control System) darstellte. Es liegt an dem Aktivitätsspektrum der Firma IBM, daß über die frühen Ansätze eines Produktstrukturmodells nicht tiefer in das Produktmodell eingedrungen wurde, um stattdessen die betriebswirtschaftliche Datenbankentwicklung zu bereichern. PPS-Systeme sind in der Diktion des Bildes 1-1 dem betriebswirtschaftlichen Bereich "Fertigungsplanung und -steuerung" mit seinen material- und zeitwirtschaftlichen Dimensionen zuzumessen. Wir können diesen Systemen in dieser Arbeit aus Gründen der knappen Darstellung keine besondere Aufmerksamkeit zuwenden. Gleiches gilt für die Bereiche "Teilelogistik" (Beschaffung, Lagerung und Absatz von Teilen" und "Buchungs- und Abrechnungssysteme" (Rechnungswesen zur Wert- und Mengenführung). Unser Hauptaugenmerk liegt auf dem Technologischen Modell, das die gesamte Teileherstellung auf der Grundlage des geometrischen Modells, des Produktstrukturmodells und des physikalischen Modells beschreibt.

2. Integrationsstufen

Bei der enormen Breite des Einsatzes der Datenverarbeitung in der Fertigung ist von großer Wichtigkeit, daß Integrationsstufen, die angestrebt werden, deutlich unterschieden werden. Wenn eine Datenbank als die höchste Stufe der Integration angesehen wird, so soll herausgestellt werden, daß auch Vorstufen von großer praktischer Bedeutung sind. In Anlehnung an Eberlein (Eb 84) wollen wir vier Integrationsstufen unterscheiden

<u>Integrationsstufe 0</u> ("Insellösung")

Verschiedene Anwendungspakete arbeiten isoliert auf "ihren" Dateien (Bild 2-1).

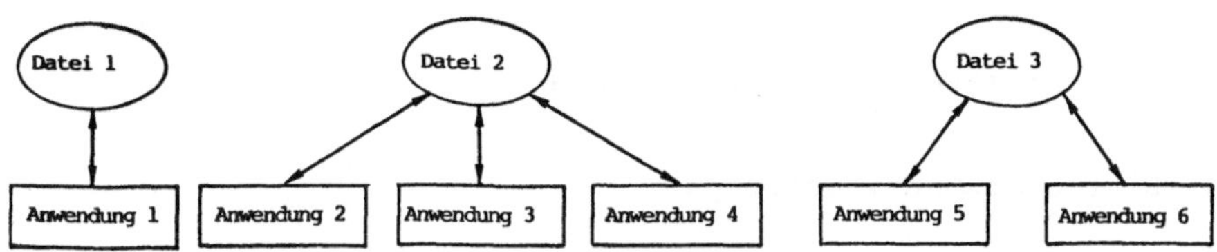

Bild 2-1: Isolierte Anwendungen (Eb 84)

<u>Integrationsstufe 1</u> ("N*(N-1) file-exchange")

Um die Dateiänderungen zu reflektieren, werden Abbildungsprogramme entwickelt, die wegen möglicher Inkonsistenzen auch zu validieren sind.

a) Verknüpfung durch Abbildungsprogramme

b) Resultierendes Netzwerk

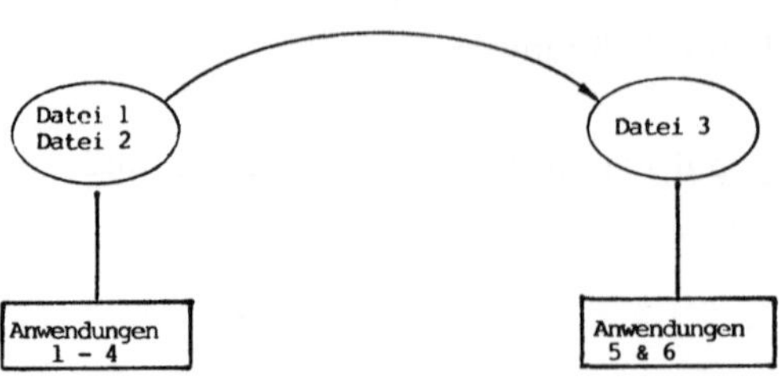

c) Integration der Dateien

Bild 2-2: Einfacher Dateiaustausch

Bei einem wechselseitigen Austausch sind bei N Dateien N*(N-1) Abbildungsprogramme erforderlich. Bei einer sehr engen Kopplung können N Dateien wie im obigen Beispiel unter c) u.U. zusammengelegt werden.

Integrationsstufe 2 ("2*N file-exchange")

In Bild 2-3 wird gezeigt wie aus einer Dateizentrale über Konverter Dateien gewonnen und wie Änderungen in Dateien eingebracht werden.

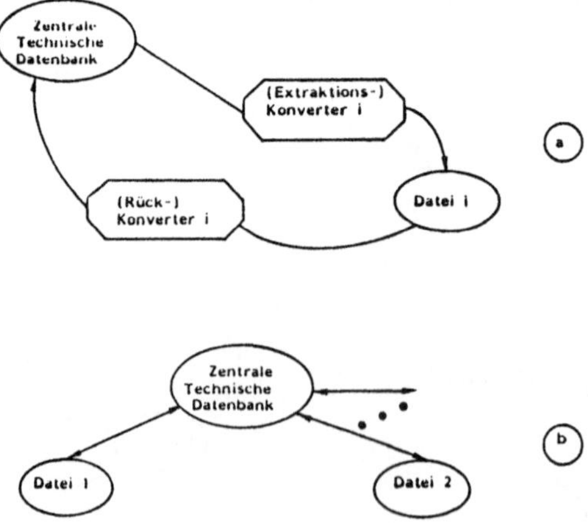

a) Ankopplung von Dateien an eine zentrale Technische Datenbank mittels Konverter

b) Resultierende Anbindung an die Technische Datenbank

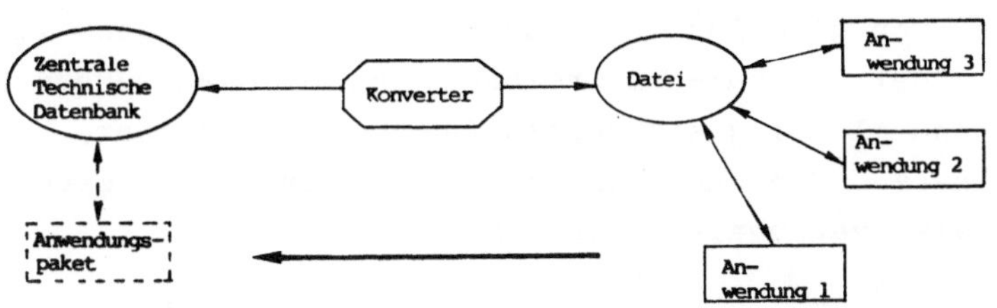

c) Anwendungsprogramme auf Dateischnittstelle und Andeutung der Integrationsstufe 3, d.h. Übergang zur Datenbankschnittstelle

Bild 2-3:

Integrationsstufe 3 ("Vollintegration")

Die höchste denkbare Form der Integration ist mit einer Datenbank erreicht. Alle Applikationen arbeiten direkt auf einer Datenbankschnittstelle. Alle Änderungen, die durch eine Anwendung bewirkt werden, sind sofort nach Freigabe über den view-Mechanismus für alle anderen Anwendungen sichtbar.

Fertigungsdatenbanken kommen wegen der großen Heterogenität ihrer Aufgaben (von der NC/RC-Steuerung bis zu CAD/CAM Anwendungen) nur die Mehrrechnersysteme in Frage. Integrationsstufen unterhalb der Stufe 3, also Teilintegrationen, sind als Übergangszustände aber auch als Endzustände, wenn man das gesamte Produktmodell betrachtet, durchaus vertretbare Lösungen. In Mehrrechnersystemen interessiert die Frage, wie die Wirkung von Veränderungsoperationen eines Rechners auf einen verteilten Datenbestand ist. Dabei ist zwischen aktiven und passiven Änderungen zu unterscheiden. Aktive Änderungen zeigen, welche Wirkungen Änderungsoperationen eines Rechners auf seine ihm verfügbare Daten haben. Die Frage, welche Auswirkungen diese Änderungen auf andere, meist abgeleitete Datenbestände in anderen Rechnern haben, wird unter dem Begriff passive Änderung zusammengefaßt.

In Anlehnung an Wedekind/Zörntlein (WeZö 86) sprechen wir bei aktiven Änderungen von lokaler, global-mittelbarer und global-unmittelbarer Wirkung. Lokale Änderungen sind nur für den die Operation durchführenden Rechner sichtbar. Der globale, z.B. das ganze Produktmodell betreffende Datenbstand, bleibt davon unberührt. Hingegen führen die beiden Typen von globalen Änderungen zu Veränderungen im globalen Datenbestand. Bei global-unmittelbaren Operationen werden die Änderungen lokal und global gleichzeitig (synchron) sichtbar, während bei global-mittelbaren die Änderungen erst zu einem späteren Zeitpunkt (asynchron), also verzögert erkennbar sind.

Bei den passiven Änderungen sprechen wir analog von isolierten, abgesetzten und integrierten Wirkungen, je nachdem, ob die Wirkung überhaupt nicht (isoliert), zeitlich verzögert (abgesetzt) oder sofort (integriert) erkennbar ist.

Mit dieser Begriffsbildung ist es möglich, die für die Fertigungsdatenhaltung wichtigen Verteiltechniken, nämlich: copy (Kopie), snapshot (Abzug), file-exchange (Dateiaustausch) und view (Sicht) zu klassifizieren.

		aktive Änderung		
		lokal	global-mittelbar	global-mittelbar
passive Änderung	isoliert	copy	.	.
	abgesetzt	snapshot	file-exchange	.
	integriert	.	.	views

Bei views (Sichten), dem bekannten Verteilmechanismus der Datenbanksysteme auf Integrationsstufe 3, sind aktive und passive Änderungen global sofort sichtbar, also global-unmittelbar und integriert. Dies gilt auch für verteilte Datenbanksysteme mit einer festen Ortsvorverteilung der Daten und möglicherweise knotenübergreifenden Transaktionen. Der Aufwand für verteilte Datenbanksysteme (Remote Procuedure Call, Zweiphasen-Freigabe-Protokoll) ist beachtlich und bringt bei homogenen Anwendungen z.B. im Banken- und Versicherungsbereich nur dann Vorteile, wenn auch ein Großteil der Transaktionen sich auf einen Knoten beschränkt. In der Fertigung hingegen müssen die Daten mit dem Materialfluß "wandern". Eine statische Vorverteilung der Daten ist somit nur bedingt einsetzbar.
Copy (Kopie) ist das andere Extrem. Aktive Veränderungen bleiben lokal und werden für niemanden sonst sichtbar (isoliert). Hingegen wirken beim Snapshotverfahren aktive Änderungsoperationen lokal und passive Veränderungen abgesetzt verzögert. (snapshot refresh zu bestimmten Trigger-Bedingungen). Für den Fertigungsbereich sind file-exchange-

Verfahren von besonderer Bedeutung. Im Rahmen der IGES-Norm (Initial Graphical Exchange Specification) (En 84) gelten aktive Veränderungen global mittelbar und werden abgesetzt verzögert wirksam (Integrationsstufe 2). Wegen ihrer herausragenden Stellung im Fertigungsbereich soll im folgenden Abschnitt auf die IGES-Norm und ihre Derivate sowie die anderen Standardisierungen im Rahmen des Produktmodells kurz eingegangen werden.

3. Integration durch Standardisierung

Wenn zwei Wege zur Integration unterschieden werden können, nämlich der Datenbankweg über ein gemeinsames Konzeptionelles Schema der Anwendungen, und der Standardisierungs-Weg über Vereinheitlichungen zwecks Austausch von Information, so ist im Fertigungsbereich bis dato sicherlich der letztere seit jeher vorgezogen worden. Heute hat man erkannt, daß beide Wege einzuschlagen sind.

Die IGES-Norm der ANSI (Version 2.0 im Februar 1983) steht für die Bemühungen, diverse CAD-CAM Systeme mit völlig unterschiedlichen geometrischen Modellierern über ein neutrales Dateiaustauschformat miteinander zuverknüpfen. Bild 3-1 (vgl. ScTr 84) zeigt diesen Zusammenhang einer Integrationsstufe 2.

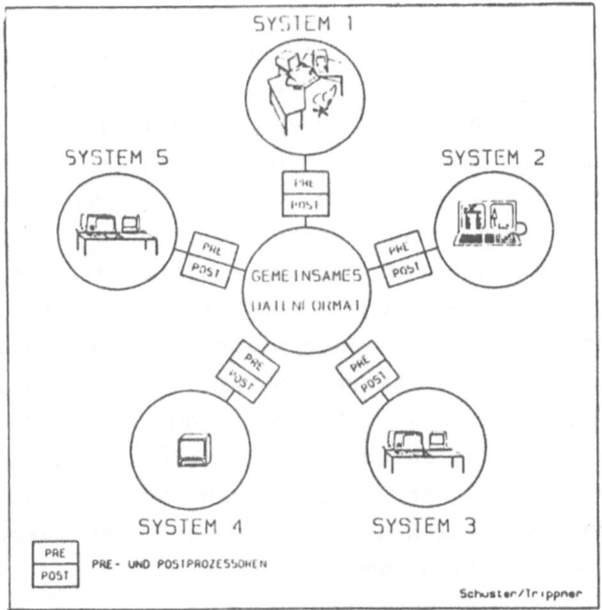

Bild 3-1: Die Stellung neutraler IGES-Datei Austauschformate

Post- und Präprozessoren sind die sehr umfangreichen Konverter, um Daten des geometrischem Modells in das neutrale IGES-Format zu übertragen, bzw. umgekehrt diese Daten aus diesem Format zu gewinnen. Wie aus Bild 3-2 hervorgeht (vgl. ScTr 84), denkt man bei einem IGES-Austausch an Entwicklungs- und Fertigungsketten über Firmengrenzen hinweg.

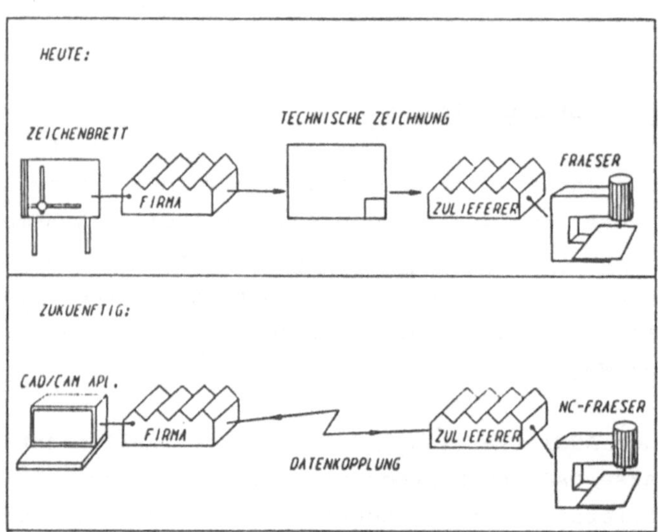

Bild 3-2: Firmenübergreifender Datenaustausch

Die IGES-Norm gilt im wesentlichen als abgeschlossen. Die Standardisierungsbemühungen werden jedoch unter dem Namen PDES (Product Data Exchange Standard) des ANSI bzw. STEP (Standard for the Exchange of Product Model) der ISO fortgesetzt. Diese Aktivitäten stellen eine wesentliche Erweiterung dessen dar, was man in den IGES-Normen erreicht hat: Zum ersten werden die Normierungen auf das ganze Produktmodell ausgedehnt. Zum zweiten werden nicht mehr bloß Dateien auf der physischen Ebene ausgetauscht, sondern es wird der Begriff der logischen Schicht und damit das Konzeptionelle Schema der Datenbanken eingeführt. Man beruft sich expressis verbis auf die alte 3-Schema-Architektur von ANSI-Sparc (1. internes Schema, hier die IGES-Files, 2. konzeptionelles Schema, für das Sprachmittel erarbeitet werden und 3. das externe Schema in der jeweiligen Anwendung). An eine volle Datenbank über den IGES Files mit View-Konzept, Recovery-Mechanismen Abfragesprache, etc. ist nicht gedacht.

Das Konzeptionelle Schema von STEP bzw. die darunter liegenden IGES-Files sind als Schnittstellen zwischen den einzelnen austauschorientierten Anwendungen gedacht. Im Bild 3-3 sind die wesentlichen Schnittstellen, die einer Standardisierung unterworfen wurden, zusammengefaßt auf einem zentral gedachten Host-Rechner dargestellt. Neben der Datenbank-Schnittstelle, die in Bezug auf die Sprache SEQUEL genormt wird, sind die Schnittstelle "API" (Application Programmer Interface zum Graphik-System) und die Schnittstelle "VDI" (Virtual Device Interface) für das Produktmodell von Bedeutung.

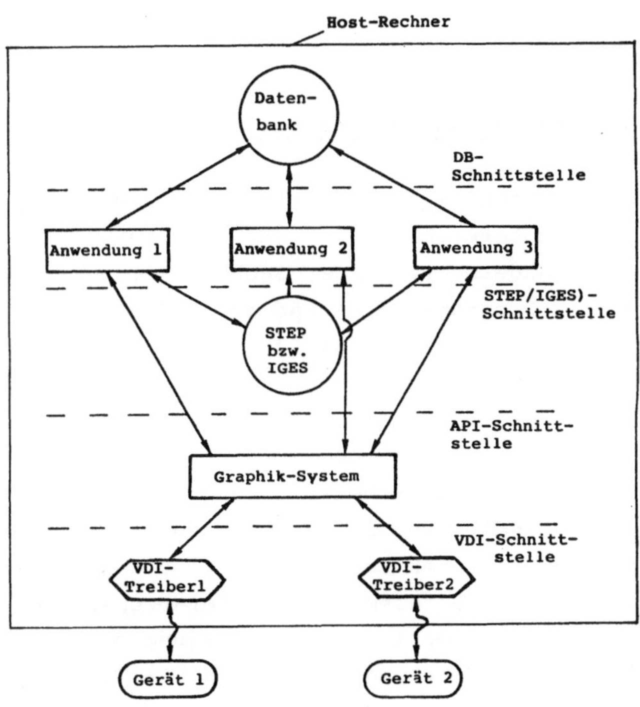

Bild 3-3: Vier standardisierte Schnittstellen

Bezüglich API ist das Graphical Kernel System (GKS) und das Programmer's Hierarchical Interactive Graphics System (PHIGS) zu erwähnen.

Die VDI Schnittstelle, die eine Geräteunabhängigkeit insbesondere zu allen Graphikgeräten gewährleisten soll, ist Gegenstand der Norm Computer Graphical Metafile (CGM) als File-Schnittstelle und der Norm Computer Graphics Virtual Device Interface (CG-VDI) als der dazugehörigen Funktionalschnittstelle (vgl. Bo 84). An jeder der vier Schnittstellen ist es möglich, eine Dezentralisation einzuführen, um so vom Mehrrechnersystem mit Datenbankknoten, Anwendungsknoten, Grafik-Workstation-Knoten und Standardknoten reden zu können. Wir unterlassen es, diese Konfigurationen hier darzustellen, die für das Produktmodell aus der Sicht des Geometrischen Modells von großer Wichtigkeit sind.

Zwei Datenbanksysteme zur Unterstützung des Produktmodells verdienen zum Ende dieses Abschnitts noch erwähnt zu werden. Es handelt sich einmal um das CODASYL-System PHIDAS von Fischer (Fi 83) und die Erweiterung des System R durch Lorie (LoPl 83).

4. Das Betriebssystem-Paradigma für die automatische Fertigung

Wenn Anwendungen sich wie in Bild 3-3 ebenbürtig als "peer applications" gegenüberstehen, so ist das nur eine mögliche Anwendungsstruktur. Anders liegt der Sachverhalt, wenn über eine Anwendung (Operator, Programm) eine andere ("höher" gelegene) Anwendung konstituiert, oder schlichter: eingeführt wird. In umgekehrter, analytischer Denkrichtung sagt man, die "höhere" Anwendung "benutzt" die untergeordnete Anwendung. Diese hierarchisch angeordneten Anwendungen sind im technologischen Modell der Fertigung anzutreffen. Ausgangspunkt in analytischer Denkrichtung ist dabei der Fertigungsauftrag, der nur erledigt werden kann, wenn andere, bereitgestellte Operatoren auf einer tieferen Ebene benutzt werden können. Endpunkt in dieser Stufung sind die elementaren Geräteoperationen, wo unter "Gerät" in einer voll automatisierten Fertigung die Fertigungsmaschinen, die Puffer, die Handhabungsgeräte und die Transportvorrichtungen verstanden werden.

Die Hierarchie der Anwendungen im Fertigungsbereich hat dazu geführt, daß man auch eine hierarchische Rechnerkonfiguration vorsieht. Typischerweise werden vier Hierarchiestufen unterschieden:

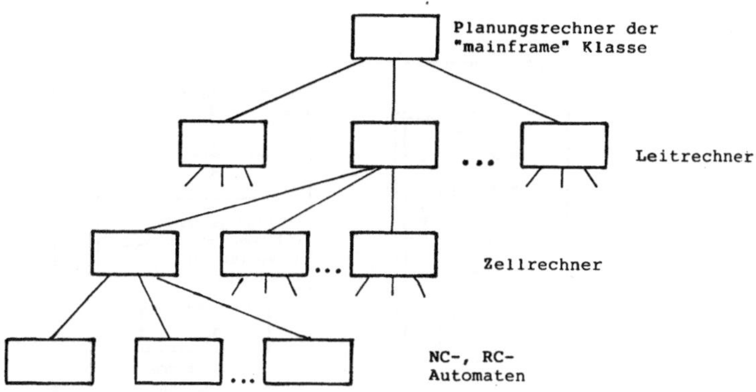

Bild 4-1: Rechnerhierarchie

Die Bausteine eines Fertigungssystems sind sog. Fertigungszellen, die autonom arbeiten und somit zur Fehlertoleranz beitragen.

Das Betriebssystemparadigma der automatischen Fertigung besagt nun, daß vom Prinzipiellen her automatische Fertigungssysteme wie Betriebssysteme aufgefaßt werden können. Was hier ein Fertigungsauftrag ist, ist dort ein Rechenauftrag (Job). Was hier ein NC- oder RC-Programm zum Betreiben einer Maschine oder eines Handhabungsgerätes ist, ist dort ein Gerätetreiber. In beiden Systemen müssen für Aufträge Ressourcen bereitgestellt und verwaltet werden. Erst wenn man die unterschiedlichen Gerätetypen herausstellt, hier die einem starken mechanischen Verschleiß unterliegenden Fertigungseinrichtungen, und dort allenfalls ein rotierendes Plattengerät und erst, wenn man auch die unterschiedlichen Möglichkeiten der Fehlerbehandlung betrachtet, erst dann werden beide Systeme deutlich different.

Wie Betriebssysteme der Informatik kann man die Betriebssysteme der Fertigungstechnik in Abstraktionsebenen bzw. in einer Hierarchie von abstrakten Maschinen strukturieren. Bild 4-1 zeigt nur eine Skizze, in der die Systeme der Informatik (Betriebs- und Datenbanksysteme) und ihre Abstraktionsebenen orthogonal zu den Ebenen des Fertigungsbetriebssystem angeordnet wurden. Detailliertere Erläuterungen sind in Wedekind/Zörntlein (WeZö 86b) zu finden.

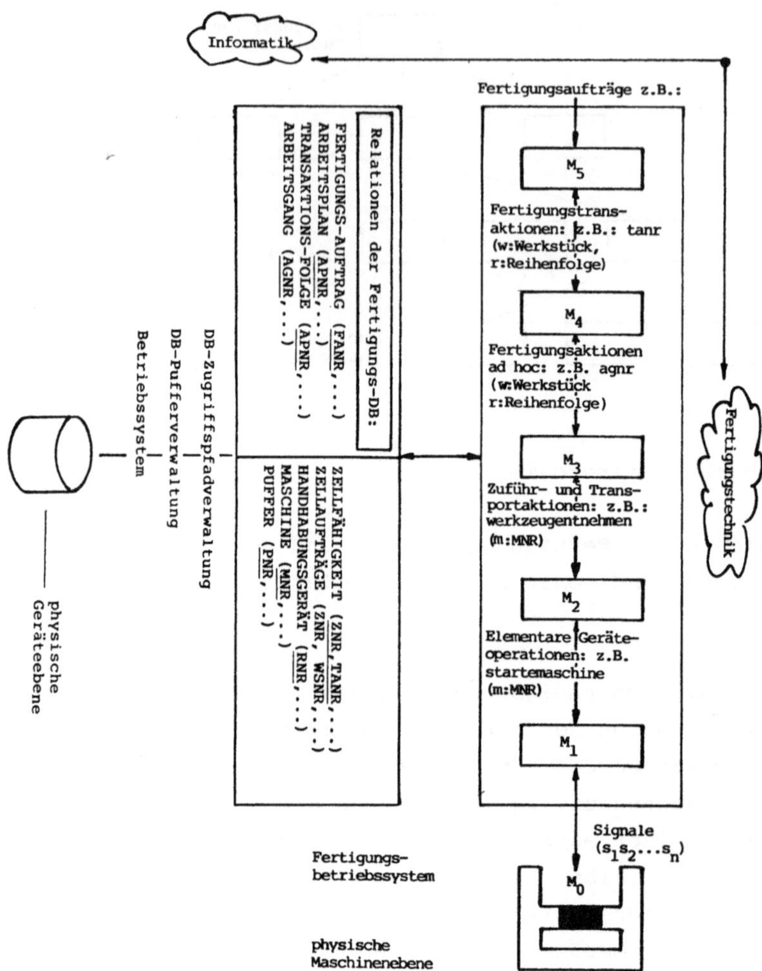

Bild 4-2: Abstraktionsebene (abstrakte Maschinen) in einem Fertigungsbetriebssystem

Auf der Ebene der physischen Maschine M_0 werden Operationen in Form von Signalen abgesetzt, bzw. Signale empfangen. Die nächst höhere abstrakte Maschine M_1 ermöglicht es, elementare Geräteoperationen anzugeben, die wir in Form der Prozeduren einer Programmiersprache (z.B. startemaschine (m:MNR) hinschreiben. Ein Fertigungsvorgang setzt sich zusammen aus diversen, atomaren Aktionen, die wir Fertigungsaktionen nennen, wenn sie unmittelbar dem Fertigungsfortschritt dienen, und die Zuführ- und Transportaktionen heißen, wenn nur mittelbar zur Erfüllung des Fertigungsauftrages beigetragen wird. Auf der Ebene der abstrakten Maschine M_2 werden Zuführ- und Transportaktionen sichtbar, die sich aus elementaren Geräteoperationen zusammensetzen (z.B.

werkstückentnehmen (m:MNR). Auf der Ebene der Maschine M_3 können Operatoren benutzt werden, die einem Arbeitsgang entsprechen, hier Fertigungsaktionen heißen, weil sie atomarer aufgefaßt werden. Eine Fertigung wird dargestellt als eine Folge von Fertigungsaktionen, die parallel oder sequentiell ablaufen können. agnr, die Arbeitsgang-Nr. ist z.B. der Name einer Prozedur (Operation), die eine Fertigungsaktion ausführt. Aufgerufen wird ein NC- bzw. RC-Programm. Wie für Arbeitspläne typisch, braucht auf Zuführ- und Transportaktionen keine Rücksicht genommen werden. Auf der Ebene der Maschine M_3 bleiben diese bloß mittelbaren Aktionen im Sinne des "information hiding" verborgen.

Mehrere Fertigungsaktionen machen eine Fertigungstransaktion aus, die auf der Ebene der Maschine M_4 sichtbar werden. Eine Fertigungstransaktion, die von einer Zelle abgearbeit wird, "sieht" ein Werkstück zu Beginn, in einem meß- bzw. überprüfbaren Zustand. Ein Werkstück mit diesen Eigenschaften wird Teil genannt. Eine Fertigungstransaktion überführt nun ein Teil in ein neues Teil. Ein Teil ist in einem definierten Zustand, ein Werkstück ist dies nicht. An dem Begriff "Teil" orientiert sich der Begriff "Fertigungstransaktion". Ähnlich wie Transaktionen in Datenbanksystemen haben Fertigungstransaktionen somit integritätserhaltende Funktionen. Die Wirkung einer Fertigungstransaktion ist stets über eine Folge von Fertigungsaktionen zu erreichen. Die Zellstrukturierung eines FFS sollte neben der Modularisierung der Hardware auch zu einer Strukturierung der Software beitragen. Dies kann erreicht werden, wenn Fertigungstransaktionen nicht zellübergreifend, sondern innerhalb einer Zelle ausgeführt werden kann.
Ein Fertigungsauftrag für ein FFS läßt sich als eine Folge von Fertigungstransaktionen auffassen. Die Maschine M_5 hat die Aufgabe, Fertigungsaufträge, die von einem PPS verwaltet werden, in eine solche Folge von Fertigungstransaktionen umzuwandeln, wobei ein geeigneter, belegungsabhängiger Pfad (routing) auszuwählen ist.

Vergleichen wir die Abstraktionshierarchie des Bildes 4-2 mit der Rechnerhierarchie in Bild 4-1, so ist intuitiv klar, welche abstrakten Maschinen auf welchen Rechnern zu realisieren sind. Abgesetzt vom FFS wird der Planungsrechner gesehen, auf dem das PPS und ein Datenbanksystem läuft. Man denkt hier an einen Rechner, der "mainframe" Klasse. Die abstrakte Maschine M_5 zur Verarbeitung ganzer Transaktionsfolgen einschließlich des Routings kann auf dem Leitrechner realisiert werden. Jedem FFS wird ein Leitrechner zugeordnet. Die Transaktionsverarbeitung (M_4) sowie die Aktionsverarbeitung (M_3 und M_2) geschehen auf dem Zellrechnern, während elementare Geräteoperationen (M_1) den Automaten zukommen. Mit dieser vertikalen Aufgabenzuordnung ist eine vertikale Verteilung der benötigten Daten verbunden. Diese Verteilung ist abzugrenzen von einer horizontalen Datenverteilung auf Leitrechner-, Zellenrechner und Automatenebene. In (WeZö 86b) wird eine solche horizontale Datenverteilung exemplarisch mittels einer erweiterten SQL-Sprache spezifiziert.

In Bild 4-2 ist die Abstraktionshierarchie der Informatik, nämlich die physischen Objekte der Hardware, die Objekte der Betriebssysteme, die Objekte der DB-Puffer- und Zugriffspfadverwaltung sowie die Relationen als Objekte der Anwendung in einem Fertigungsbetriebssystem, senkrecht zur Abstraktionshierarchie des Fertigungsbetriebssystems dargestellt worden. Damit soll dargetan werden, daß ein Fertigungsbetriebssystem noch auf einer anderen Abstraktionshierarchie aufbaut. Die Hierarchie der Informatik wird heute einigermaßen beherrscht; geht sie doch auch von relativ einfachen Bewegungsschemata (allenfalls ein sich drehender Speicher) aus, die mit den komplexen Bewegungsschemata der Fertigung, insbesondere der mechanischen Fertigung, keinen Vergleich aushalten. Im Zentrum der Forschung der Fertigungsautomatisierung werden nicht Verteilmechanismen stehen, um die Daten der Datenbank als Schema und als Ausprägung über die Rechnerhierarchie zu verteilen (siehe WeZö 86); ein "snapshot refresh" Mechanismus leistet hier sicherlich gute Dienste. Systematische Grundlagenforschung ist in Fertigungsbetriebssystemen auf dem Gebiete der Fehlerbehandlung zu leisten. Transaktionsorientierte Recovery-Konzepte der Datenverwaltung, entwickelt als "Backward Recovery" (das Zurückgehen auf einen definierten Punkt) mit UNDO/REDO-Operationen, sind für Fehler in der Fertigung kaum zu übernehmen, da eine Vernichtung von teilweise ausgeführten Fertigungstransaktionen aus Kostengründen nicht in Frage kommt. Als Recovery-Einheiten stehen tiefer liegende Einheiten, also Aktionen zur Debatte. Hier könnte ein "backward recovery" mit einem Setzen eines Sicherungspunktes (save point) zu Beginn einer Aktion eingeführt werden. Zu fragen ist aber auch, welcher Fehlertypus auf der Ebene der Elementaren Geräteoperationen und auf der Signalebene behandelt werden kann. Abgesehen von diesen "Backward-Maßnahmen" auf tieferen Schichten sind die Möglichkeiten des Forward-Recovery zu untersuchen. Diese Maßnahmen entsprechen der Reparatur, d.h. Ausgangspunkt ist ein undefinierter Zustand, der zunächst einmal in einen definierten Zustand zu überführen ist. Darüber hinaus gibt es im Fertigungsbereich wegen der Verschleißprozesse die Möglichkeit der präventiven Fehlerverhinderung durch vorzeitigen Ersatz oder vorzeitiger Pflege (vorbeugende

Instandhaltung), eine Strategie, die es in der Informatik natürlicherweise nicht gibt. Fehlertoleranz wird hier immer als ein elastisches Abfangen eines Fehlers verstanden und umschließt keine präventiven Maßnahmen.

5. Ergänzende Maßnahmen für Fertigungsdatenbanken

Wir wollen uns zum Abschluß die Frage stellen, durch welche Maßnahmen konventionelle Datenbanksysteme ergänzt werden müssen, um im Fertigungsbereich eingesetzt werden zu können. Dabei gehen wir davon aus, daß Fundamentaleigenschaften von DB-Systemen (z.B. das zugrunde liegende Datenmodell) unverändert bleiben können. Im Mittelpunkt stehen Maßnahmen, um Realzeit-Anforderungen zu gewährleisten. Es ist entscheidend von der Anwendung abhängig, ob ein Datenbanksystem für den Realzeiteinsatz geeignet ist. Ein Realzeit-Datenbanksystem ist ein Datenbanksystem, das in einer garantierten Reaktionszeit Typen von Operationen auf bestimmte Daten in definierten Umgebungen bearbeitet.

Bild 5-1 zeigt die Abstraktonshierarchie in einem Datenbanksystem, wie sie z.B. in (Re 81) zu finden ist. Auf der rechten Seite im Bild sind die ergänzenden Maßnahmen aufgeführt, die in der abstrakten Maschine jeweils zu realisieren sind. Unüblich ist in konventionellen DB-Systemen die Prioritätensteuerung der einzelnen Transaktionsebenen.

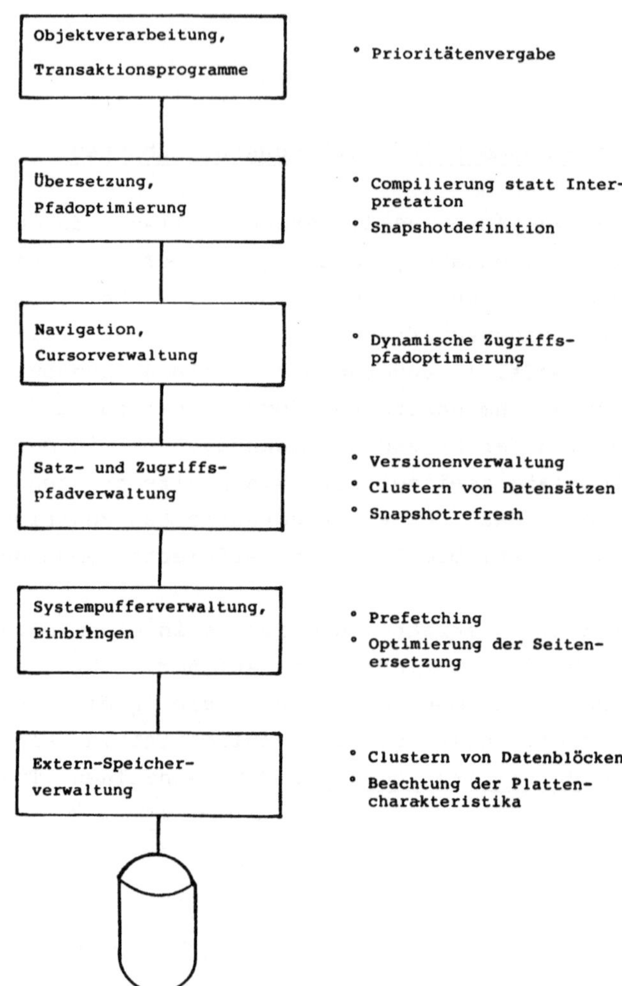

Bild 5-1: Ergänzende Maßnahmen

Alle Transaktionen und ihre Umgebungen sind in kaufmännischen Systemen gleichberechtigt. Auf der nächsten Ebene ist zu fordern, daß die DML-Anweisungen in der Sprache des DB-Systems präkompiliert und nicht, wie in einigen Systemen, interpretiert werden. Eine Definition der Snapshots zwecks physischer Verteilung sollte möglich sein, was die meisten DB-Systeme heute noch nicht vorsehen. Eine dynamische Zugriffspfadoptimierung löst die Frage, ob das Auffinden der Sätze besser sequentiell oder wahlfrei zu erfolgen hat. Auf der Ebene der Satz- und Zugriffspfadverwaltung sind die wichtigen Merkmale der Versionenverwaltung (MüSt 84) und die Snapshotrefreshalgorithmen und -protokolle (Li 86) einzubringen. Ebenfalls ist das Zusammenfassen von Datensätzen nach eine Prädikat (Clustern) zur Beschleunigung des Zugriffs von einer Bedeutung. Die DB-Pufferverwaltung kann verbessert werden, wenn die Seiten nicht nur nach Bedarf eingelagert und verdrängt werden (demand paging) sondern entsprechend den fest vorgegebenen Fertigungstransaktionen vor Bedarf im Puffer zur Verfügung stehen (prefetching), um so das Betriebsverhalten einer Hauptspeicherdatenbank (main memory database) zu erreichen (WeZö 86a). In gleicher Weise ist an eine anwendungsbezogene Seitenersetzungstrategie und deren Optimierung zu denken. Auf der untersten Ebene, der exterenen Speicherverwaltung (Plattenverwaltung), kaum neben dem Clustern ganzer Datenblöcke eine Optimierung der Spurbelegungen entsprechend den Plattencharakteristika vorgesehen werden.

Literatur

(Bo 85) Bono, P.R.: A Survey of Graphics Standards and their Role in Information Interchange, in: COMPUTER IEEE CS, Vol. 18 (1985), No. 10, S. 63-75

(EbWe 82) Eberlein. W. und Wedekind, H.: A Methodology for Embeding Design Databases into Integrated Engineering Systems, in: Proc. IFIP WG 5.2 Conf. on File Structures and Databases, Seeheim, North-Holland, Amsterdam 1982, S. 3-37

(Eb 84) Eberlein, W.: CAD-Datenbanksysteme, Springer-Verlag, Berlin-Heidelberg-New York, 1984

(En 84) Enderle, G.: IGES (Initial Graphical Exchange Specification), in: Informatik-Spektrum, Band 7 (1983), Heft 1, S. 45-46

(Fi 83) Fischer, W.E.: Datenbanksysteme für CAD Arbeitsplätze, Springer Verlag, Berlin-Heidelberg-New York-Tokyo, 1983

(HäRe 83) Härder, Th. und Reuter, A.: Database Systems for Non-Standard Applications, in: Schneider, H.J. (Hrsg.): Proc. International Computing Symposium (ICS 83) der ACM, Nürnberg 1983, Teubner Verlag, Stuttgart, 1983, S. 452-466

(Li 86) Lindsay, B., Haas, L., Mohan, C., Pirahesh, H. und Wilms, P.: As Snapshot Differential Refresh Algorithm, in: Proc. SIGMOD 1986 Conf. Washington DC, S. 53-60

(LoPl 83) Lorie, R. und Plouffe, W.: Complex Objects and Their Use in Design Transactions, Proc. ACM SIGMOD Conf. (1983), Engineering Design Application, S. 115-121

(MüSt 84) Müller, Th. und Steinbauer, D. und Wedekind, H. : Control of Versions in Database Applications, Gaithersburg, MD, May 1984, S. 308-316

(Re 81) Reuter, A.: Fehlerbehandlung in Datenbanksystemen, Carl-Hanser Verlag, München, 1981

(ScTr 84) Schuster R. und Trippner, D.: Anforderungen an eine Schnittstelle zur Übertragung produktdefinierender Daten zwischen verschiedenen CAD/CAM-Systemen, in: Fachgespräche auf der 14. GI-Jahrestagung in Braunschweig, Springer-Verlag, Berlin-Heidelberg-New York-Tokyo, 1984, S. 243-258

(WeMü 81) Wedekind, H. und Müller, Th.: Stücklistenorganisation bei einer großen Variantenzahl, in: Angewandte Informatik, Band 9 (1981), S. 377-383

(WeZö 86a) Wedekind, H. und Zörntlein, G.: Prefetching in Realtime Database Applications, in: Proc. SIGMOD 1986 Conf. Washington DC, S. 215-226

(WeZö 86b) Wedekind, H. und Zörntlein, G.: Eine konzeptionelle Basis für den Einsatz von Datenbanken in Flexiblen Fertigungssystemen (erscheint in: Informatik in Forschung und Entwicklung)

The Development of an Experimental Discrete Dictation Recognizer

FREDERICK JELINEK, FELLOW, IEEE

Invited Paper

This paper describes an experimental real-time recognizer of isolated word dictation implemented at the IBM Thomas J. Watson Research Center, on a system of commercially available computers and array processors. The recognizer's intended use is creation of office memoranda. It is based on a 5000-word vocabulary. A specially designed workstation enables the user to correct and edit the transcribed speech.

The paper outlines the self-organized, statistical approach underlying the basic algorithms of the recognizer. Results of several recognition experiments are then presented. The rest of the paper considers important issues in the future development of dictation recognizers, such as vocabulary selection, language model creation, and human factors.

I. Introduction

Since 1972 the Continuous Speech Recognition Group of IBM has been working on large-vocabulary speech recognition [1], [2]. In 1981 we decided to develop a real-time recognizer capable of handling dictation of office correspondence. The algorithms known to us at that time could not provide for real-time recognition of continuous speech on any feasible combination of commercially available processors, and it seemed prudent not to rely on self-implemented hardware. Thus we limited the proposed system to isolated word input. Preliminary simulation experiments [3], [4] suggested that discrete dictation with immediate text display would be a more productive text-creation mode than either handwriting or dictation on a standard recording machine, and that users preferred discrete input with large vocabularies to continuous input with small vocabularies. We expected that experience with the recognizer would provide valuable information about human factors of speech recognition.

In June 1984 we completed a real-time discrete dictation recognizer with a workstation that allows speech or keyboard editing of text (e.g., correction, insertion, etc.) which appears on a screen. The recognizer uses only algorithms also applicable to continuous speech recognition.

Our recognizer runs on the Speech Development System, consisting of an IBM 4341 host machine and three Floating Point Systems 190L array processors, to which a workstation based on an Apollo DN-400 computer is attached. The speech signal is picked up by a Crown PZM-6S pressure-zone microphone placed freely on the desk. A mouse is used for pointing. The system is diagrammed in Fig. 1. Fig. 2 depicts the workstation, the microphone is above the mouse on the right.

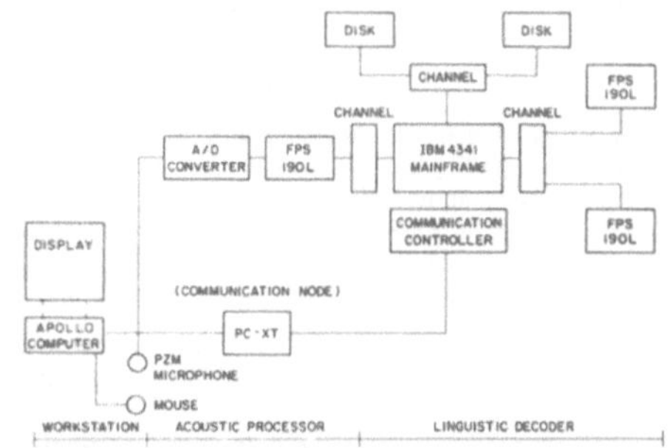

Fig. 1. Schematic of the hardware components of the Speech Development System.

Fig. 2. The Speech Development System workstation. The microphone is on the right of the screen.

Manuscript received March 6, 1985; revised April 1, 1985.

The author is with the Continuous Speech Recognition Group, IBM Thomas J. Watson Research Center, Yorktown Heights, NY 10598, USA.

0018-9219/85/1100-1616$01.00 ©1985 IEEE

The vocabulary is limited to 5000 words and a spelling mode facilitates input of the complete text by speech. The system operates in a quiet office environment. A speech training sample 20 min long is required to adjust the recognizer to a new user. It is capable of keeping up with an average discrete speech rate of 90 words a minute, but a variable delay of about 3 words exists between the time a word is spoken and displayed on the screen, allowing the use of bidirectional context by the recognizer.

The next section is devoted to an overview of our approach to speech recognition. A more precise formulation was given elsewhere [1], [2]. In Section III we give results of experiments with our system. Section IV addresses the problems of vocabulary selection and personalization. Section V deals with achievement of better language models and measurement of their quality. Section VI concludes the paper with a discussion of desirable characteristics of practical recognizers for text creation and of our plans to achieve them.

II. A Statistical Approach to Speech Recognition

We will now outline our approach to speech recognition. Let

$$W = w_1, w_2, \cdots, w_n \tag{2.1}$$

denote a string of n words, and let A denote the acoustic evidence (data) on the basis of which the recognizer will make its decision about which words were spoken. If $P(W/A)$ denotes the probability that the words W were spoken given that the evidence A was observed, our recognizer is designed to decide in favor of a word string $\hat{W}$ satisfying

$$P(\hat{W}/A) = \max_{W} P(W/A). \tag{2.2}$$

Decision criterion (2.2) is natural and generally acceptable. For a language whose spelling system is roughly phonetic, a dictation recognizer based on (2.2) will tend to minimize the number of corrections necessary to obtain the spoken text.

Application of Bayes' formula

$$P(W/A) = \frac{P(W)P(A/W)}{P(A)} \tag{2.3}$$

to the criterion (2.2) reveals the different research areas of speech recognition.

We must first determine the nature of the acoustic evidence A on which the recognizer's decision will be based. The transformation of the speech signal into the evidence A is called *acoustic processing*. In our recognizer (see Fig. 3), the acoustic signal is synchronously transformed by the

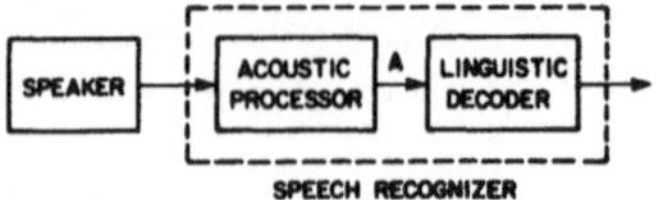

Fig. 3. The speech recognition system.

Acoustic Processor into a sequence of labels $A = a_1, a_2, \cdots$ from an alphabet $\mathcal{A}$ of size 200. Fig. 4 shows the acoustic processor schematically. Every 10 ms, the signal processor extracts a vector of 20 parameters from a 20-ms window of

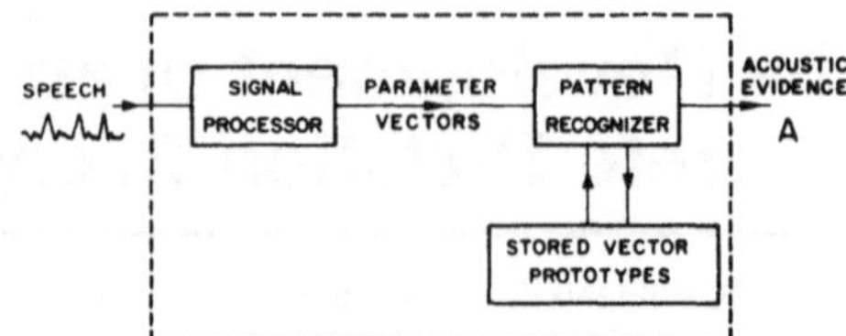

Fig. 4. The acoustic processor.

the speech input. This vector is compared to a set of 200 pre-stored prototype vectors and the label of the prototype that is closest to the parameter vector is put out [1], [2]. The design of our signal processor is based on current knowledge of the performance of the human ear [5]. The 200 prototypes are selected essentially by the method of vector quantization [6], [7]. The signal processor output parameter vectors corresponding to a 5-min long speech training sample are collected. Considered as points in a 20-dimensional space, they are partitioned into 200 clusters. The cluster centers become the stored prototypes which in our system are specific to each speaker.

Returning to (2.3), it is next necessary to create an *acoustic model* describing statistically the interaction between the speaker and the acoustic processor. The acoustic model allows us to compute the probability $P(A/W)$ that the acoustic processor will put out the label string A if the speaker says the word sequence W. In our system, the acoustic model is built up out of models of pronunciation of phonetic symbols. In brief, the model for a word string W consists of a concatenation of models of the individual words w_i, and these in turn are made up of a concatenation of models of the phonetic symbols defining the basic word pronunciations.

To each word w of the vocabulary $\mathcal{W}$ there corresponds a baseform $B(w) = b_1, \cdots, b_k$ consisting of a string of symbols b_i from a phonetic alphabet $\mathcal{B}$. The baseform models the basic pronunciation of the word w.[1] To each symbol b of $\mathcal{B}$ there corresponds a Markov source (hidden Markov chain) [1], [2], [8] which is an abstract model of the response of the acoustic processor to the act of "pronouncing" the phonetic symbol b. The transitions between states are labeled by letters of the alphabet $\mathcal{A}$ (Fig. 5). As the source changes state, it outputs the label attached to the transition it takes. The acoustic model of any word w of the vocabulary $\mathcal{W}$ is obtained by concatenating the Markov sources corresponding to the symbols of the baseform $B(w)$ of the

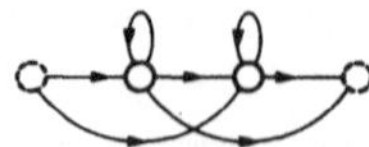

Fig. 5. Structure of a Markov model of acoustic label generation resulting from "pronunciation" of phonetic symbols. Each solid arc represents 200 labeled transitions, one for each letter of the output alphabet $\mathcal{A}$. The transition probabilities are estimated during the training process and differ for different phonetic symbols.

[1] The phonetic alphabet $\mathcal{B}$ contains several symbols corresponding to various modes of silence and so in isolated word dictation the baseforms both start and end with substrings of these silence symbols.

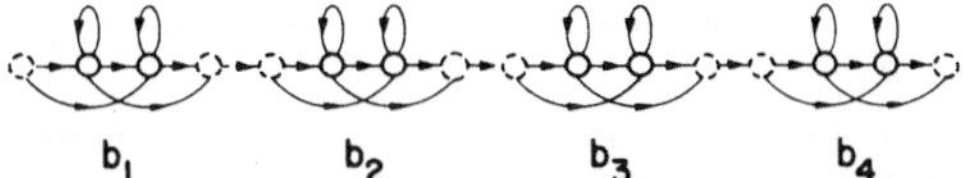

Fig. 6. Markov model of a word whose baseform is b_1, b_2, b_3, b_4.

word (see Fig. 6). The probability $P(A/W)$ is then computed as follows: A composite Markov source for the string W is obtained by concatenating the Markov sources corresponding to the n words of $W = w_1, \cdots, w_n$. $P(A/W)$ is the probability that the composite source will produce the string A when it is placed in its initial state and left running until it reaches the final state.[2]

The various Markov sources (Fig. 5) corresponding to the phonetic symbols b of the alphabet $\mathscr{B}$ are characterized by the different probabilities with which these sources take various transitions labeled by the letters a of the alphabet $\mathscr{A}$. While the baseforms $B(w)$ used by our recognizer are speaker independent (although intended for the standard American dialect), the transition probabilities of sources are specific to the speaker. They are estimated by the Forward–Backward algorithm [1], [2], [9] from data A generated by the speaker's reading a prescribed text of 100 sentences, resulting in a 20-min speech sample.

Next, in order to use (2.3) it is necessary to construct a *language model* computing the probability $P(W)$ that the speaker will wish to say the word string W. Now

$$P(W) = \prod_{i=1}^{n} P(w_i/w_{i-1}, \cdots, w_1). \tag{2.4}$$

But the probability values $P(w_i/w_{i-1}, \cdots, w_1)$ cannot in reality depend on the full apparent set of i parameters, since the number of these values N^i for even a moderate vocabulary size N would be too large to be estimated, stored, or retrieved. Hence the various possible conditioning histories $w_1, \cdots, w_{i-1}$ must be partitioned into a manageable number of equivalence classes. The classification would most fruitfully be based on syntactic and semantic information. The selection of the exact classification scheme, and its use in determining the probability values from a large amount of text, is an unsolved problem that will claim increasing attention of researchers.

In our system, all histories ending in the same two words w_{i-2}, w_{i-1} are considered equivalent, so that the factors $P(w_i/w_{i-1}, \cdots, w_1)$ of (2.4) are defined equal to $P(w_i/w_{i-1}, w_{i-2})$. Unfortunately, these probabilities cannot be approximated directly by relative frequencies obtained by counting trigrams occurring in some large text, since the vast majority of possible English word trigrams will not take place even in very large databases. In fact, the number of different trigrams of a 5000-word vocabulary is 1.25×10^{11}, which is far bigger than any conceivable database.

Our current method of estimating the required probabilities was worked out by S. Katz [10], based on Good's elaboration [11] of an argument by Turing. We present here a rudimentary version that contains the main idea. We first develop an estimate of probabilities $P(w_2/w_1)$ and then use it to compute $P(w_3/w_2, w_1)$.

[2] A computationally efficient algorithm for computing $P(A/W)$ was given by Bahl and Jelinek [28].

Consider two samples of text generated by the same source. Referring to the first sample, let N be the total number of bigrams, let $N(w_1, w_2)$ be the number of times the words w_1, w_2 occur adjacent to each other, and let $N(w_1)$ be the number of times w_1 takes place. Finally, let r be the number of different pairs that occur exactly once (i.e., such that $N(w_1, w_2) = 1$). Turing argues that r/N is a good estimate of the probability that a random pair of words selected from the second sample will be one never seen in the first. Then it is reasonable to estimate the required conditional probability by the formula

$$P(w_2/w_1) = \begin{cases} \left(1 - \dfrac{r}{N}\right) \times \dfrac{N(w_1, w_2)}{N(w_1)}, & \text{if } N(w_1, w_2) > 0 \\ \left(\dfrac{r}{N}\right) \times \dfrac{N(w_2)}{K_2(w_1)}, & \text{otherwise} \end{cases} \tag{2.5a}$$

where $K_2(w_1)$ is a normalizing factor that assures that the probabilities estimated by (2.5a) add up to 1 when summed over all the words w_2. The method is referred to as one of "backing off" from bigram to unigram estimation when bigram data are not available.

Let s be the number of trigrams w_1, w_2, w_3 occurring exactly once in the training text. Then application of backing off approach leads straightforwardly to the formula

$$P(w_3/w_2, w_1) = \begin{cases} \left(1 - \dfrac{s}{N}\right) \times \dfrac{N(w_1, w_2, w_3)}{N(w_1, w_2)}, & \text{if } N(w_1, w_2, w_3) > 0 \\ \left(\dfrac{s}{N}\right) \times \dfrac{P(w_3/w_2)}{K_3(w_2)}, & \text{otherwise} \end{cases} \tag{2.5b}$$

where $P(w_3/w_2)$ is computed by (2.5a) and $K_3(w_1, w_2)$ is a normalizing factor.

The backing off formulas of Katz [10] are more subtle than those of (2.5), but they too depend on the frequencies of word trigrams, bigrams, and unigrams, computed from a very large (25 million words) office correspondence text. Section V examines additional aspects of language modeling.

Our system actually uses two language models. In addition to the one described above, another smaller one exists to support spelling recognition. It has the form (2.5), but its "words" belong to a vocabulary of size 76 consisting of letters, digits, punctuation marks, and nine control words. Its basic relative frequencies were estimated from a sample of 5 million characters of office text.

So far, the discussion of the recognizer components has taken care of the numerator of (2.3). Since the denominator is not a function of W, it need not be evaluated to find the maximizing sequence $\hat{W}$ satisfying (2.2). So the remaining problem is that of *hypothesis search* for $\hat{W}$. From the combinatorics involved, it is clear that this search cannot be exhaustive even for a very moderate vocabulary size N and sequence length n. It is necessary to severely limit the search to only a very small fraction of the N^n possible word strings W.

A method that is successful is an adaptation of stack sequential decoding studied extensively by Information Theory [12]. We have described it elsewhere [1], [2]; here we just outline it. The hypothesis tree appropriate to the search has a root node from which stem N branches, one for each word in the vocabulary. From each branch there stem N more branches, etc. The problem of speech recognition can be thought of as one of finding a complete tree path (that corresponds to one definite string of words W) that is most probable given the acoustic evidence A (see (2.2)). The idea is to conduct a left to right search of the acoustic evidence A, comparing it to various subpaths (of different length) of the word hypothesis tree. The search is efficient if relatively few paths are examined.

Let $L(W)$ be an evaluation function of the path corresponding to the word string W that depends appropriately on $P(W)$ and $P(A/W)$. Assume that L has the property that if $L(W) > L(W')$ then W is more likely than W' to be the beginning of the spoken word sequence resulting in A, regardless of the relative lengths of W and W'. Such a function is described in a previous paper [2]. A good search strategy is as follows:

1) Arrange words w of the vocabulary $\mathcal{W}$ in decreasing order of $L(w)$, creating a stack.

2) Let W^* be the path on top. Remove it and insert into the stack its extensions $W' = [W^*, w]$ for all vocabulary words w, keeping the stack ordered by the values $L(W)$.

3) If the last word of the path W^* on top of the stack corresponds to an end of sentence marker, and if W^* accounts for the complete evidence A, decide that W^* was the sentence spoken. Else go to step 2).

The algorithm above can serve as a basis for a practical search procedure because the function L has the property that the value $L(W')$ is a simple update of $L(W^*)$ that depends essentially only on w and on that portion of acoustics A corresponding to w.

As it stands in step 2), the algorithm requires the evaluation of L, called *the detailed match*, for N different extensions W' of W^*. For large vocabularies this represents too much work. Thus the list of extensions of W^* must be reduced further. One way to do that is to split the acoustics A into the front part A^* accounted for by W^*, and the remaining tail part $\mathcal{A}$, and then to confine the detailed match to a small subset of words w that could possibly account for the beginning of the tail $\mathcal{A}$. The determination of the subset is called *the fast match*, and many techniques are possible.

In one method of fast match the vocabulary is pre-clustered into subsets of acoustically similar words [13]. Each subset is associated with a word "centroid." During recognition the data tail $\mathcal{A}$ is matched against the centroids. The word extension list for W^* is made up of subsets having centroids whose match exceeds a pre-determined threshold.

Another option is to first carry out the match $P(\mathcal{A}/w)$ over all words w of the vocabulary, but in an approximate, fast manner [14]. The extension list is then made up only of those words whose approximate match exceeds a threshold.

The processor configuration of the recognition system of Fig. 1 mirrors the research categories discussed in this section. The array processor on the left (connected to the microphone) is devoted to acoustic processing, the remaining two array processors carry out the detailed and fast matches, and the host IBM 4341 system computes the language model probabilities, conducts the hypothesis search, and communicates the recognition results to the workstation.

III. The Performance of the Yorktown Dictation Recognizer [15]

The experiments described here tested the recognizer under three conditions:

1) prerecorded speech
2) speech read in real time
3) speech produced spontaneously in real time.

A total of five speakers, including one female, were represented.

Each speaker trained the system by reading 100 sentences containing 1107 words (about 20 min of speech). Next, in the same recording session, the speaker read 50 test sentences containing roughly 591 words, which we call the "prerecorded speech." Both training and test sentences were chosen from our database of office correspondence (the test sentences, however, were kept separate from the data used to estimate language model parameters).

The speech read in real time and the spontaneous speech were collected over the course of 2 months in half-hour dictation sessions. Within each session, the first 20 test sentences (of the 50 mentioned above) were read; this constituted the "read speech." The "spontaneous speech" consisted of actual memos dictated by the speakers, and averaged 150 words per memo. Each time a new topic was chosen by the speaker.

In the next section we discuss how the 5000 words of the system's vocabulary were chosen. The recognition results on words of this vocabulary are shown in Table 1 (words not in the vocabulary have been omitted from the data). As can be seen, performance on prerecorded speech is better than on live speech, and performance on read speech is better than that on spontaneous speech. The performance on prerecorded speech is high because the test and training data were collected during the same session. Performance on spontaneous speech may be lower than that on read speech for a number of reasons. First, the error rate on spontaneous speech reflects not only dictated sentences but also efforts by the speaker to experiment with the system. For example, a speaker might try to correct a recognition error by redictating portions of the memo and the same error is likely to recur. Second, the language model may be doing a poorer job of predicting words in spontaneous speech than for "normal" office correspondence, and, in fact, the perplexity[3] of text dictated spontaneously by our subjects is higher than that of the test data. Also, any word not in the vocabulary places the language

Table 1 Word Error Rate of the Real-Time Recognizer

Speaker	Prerecorded Speech (%)	Read Speech (%)	Spontaneous Speech (%)
JC	2.7	3.1	7.8
BF[1]	3.0	4.3	6.7
MP	1.4	3.3	3.7
SD	2.0	3.8	6.2
LB	1.0	1.0	4.1
Average	2.0	3.1	5.7

[1]Female speaker.

[3]Perplexity is a basic measure of complexity of text relative to the language model used [16], [17]. It is further discussed in Section V.

model automatically in a wrong state for prediction of the next word. Finally, our training method does not reflect the change in speaker acoustic style from read to spontaneous speech.

The system has also been tested on a number of speakers with foreign accents (British English, Persian, Russian, Czech); on average, there were again half as many word errors.

IV. Selection of a Recognition Vocabulary and its Personalization

We define a word by its spelling. Thus two differently spelled inflections of the same stem constitute different words. Different meanings or parts of speech of the same spelling (homographs) constitute the same word. The 5000 words of our vocabulary were selected in two steps. First a basic subvocabulary of size M was constructed, consisting of words whose availability was thought necessary, such as recognizer control words, numbers (e.g. "thousand," "million," etc.), dates (e.g., "Monday," "November," etc.), and the first and last names of some of our colleagues at IBM Research. The remaining $5000 - M$ words of the vocabulary were chosen to be those that have the highest minimal count in three databases (OC1, OC2, and OC3) and do not belong to the subvocabulary. This selection method left out words that have little universal use and are peculiar to a particular database.

We are in possession of three additional databases. The first, PDB, consists of 2 million words of correspondence by a single colleague at the T. J. Watson Research Center. The second, MNG1, contains written memoranda from one of us, from the director of research, and from the chairman of the corporation. The third database MNG2 was created from transcribed spontaneous dictation of memoranda by four Research staff members. Our 5000-word vocabulary covered about 93 percent of words in all three of these text collections. That is, with probability 0.07 a random word selected from any of the texts does not belong to the vocabulary. As a consequence, if no words are spelled, the error rate of our recognizer will exceed 7 percent regardless of how good it is otherwise. Moreover, when a word outside the vocabulary is spoken, the resulting recognition error forces the language model into a wrong state, increasing the probability of an error in the next word.

A substantially better text coverage by the vocabulary is clearly desirable. It must be achieved by a combination of vocabulary size increase and personalization. Inspection of standard references on frequencies of English words [18], [19] clearly indicates that a large fixed size alone will not do the job. In fact, quite familiar words such as "admonition" or "deluded" occupy a position higher than 86000 in the American Heritage list [19]. And this does not even take into account technical words particular to the individual user's field! On the other hand, it turns out that the total vocabulary of all works of Shakespeare is only 29000 [20], and the vocabulary of a 1 million-word large varied office text by many authors (database OC1) is 19000, so the problem is not a hopeless one.

Using the previously described method, R. L. Mercer [21] constructed vocabularies of varying larger sizes. Table 2 shows the PDB coverage when names and acronyms occurring in it have been disregarded. The selection rule for the 20000 word vocabulary had to be modified because the OC database contains fewer than that many different words.

Table 2 Static Coverage of the Personal Database PDB as a Function of Vocabulary Size

Vocabulary Size	Text Coverage (%)
5000	92.5
10000	95.9
15000	97.0
20000	97.6

Our method of fixed vocabulary construction may be satisfactory if the intended user belongs to some easily identifiable category (e.g., employee of the data processing industry) for which text databases are available. Still, it is hardly acceptable that the recognizer's use would have to be identified before the system could be adequately equipped. The only way out seems to be some more practical method of personalization or a fixed vocabulary of really gigantic size. The latter would have to be synthetic, consisting of inflections and derivations based on a substantially smaller set of building blocks (stems? morphemes?). Henry Kucera estimates that vocabulary compression by a factor of 6 to 10 may be attainable in this way [20].

A crude method of personalization is achieved by maintaining during dictation a dynamically varying vocabulary consisting at any given moment of the last N different words used. The coverage is then defined as the asymptotic probability that the word spoken next already belongs to the vocabulary. Table 3 gives the result for the PDB database [21] when names and abbreviations have been excluded. The second column is the good news (99-percent coverage by a 15 thousand-word vocabulary), while the third is the bad: It takes 613 thousand words of text before a set of 15 thousand different words is assembled. This then is not a practical way of vocabulary personalization, except for the most prolific of writers. It may, however, result in a satisfactory vocabulary for an entire installation site if the text produced by all the resident users is pooled.

Table 3 Dynamic Coverage of the Personal Database PDB as a Function of Vocabulary Size (The last column indicates the amount of text processed before the number of different words contained in it is equal to the vocabulary size.)

Vocabulary Size	Text Coverage (%)	Text Size to Reach Coverage
5000	95.5	56000
10000	98.2	240000
15000	99.0	640000
20000	99.5	1300000

There are at least four different ways in which a vocabulary is particular to a speaker. First is the peculiar active vocabulary reflecting his habits of expression, possibly related to his level of education. Next is the general domain of his discourse (e.g., data processing, musicology, medical reports, etc.) containing technical expressions, cliches, and such. Then, there are the names, addresses, and other information that reflects the user's needs. Finally, there is the vocabulary needed for the document at hand. A large, fixed vocabulary can take care of the first category and conceivably of some part of the second as well. The rest must be obtained through active participation by the user.

In the discussion above we have not considered the problem of language modeling. We constructed our trigram language model (see Section III and [1], [2]) using the 25 million word text database OC3. The trigrams from OC3 made up of words in our vocabulary covered 84 percent of correspondingly restricted trigrams in the test databases PDB and MNG1, while the coverage of the same texts by trigrams from the 1 million word database OC1 was only 55 percent.

A trigram language model for a personalized vocabulary cannot be constructed solely from the text created by the user. He will never dictate enough. The only conceivable way is to extract the model from an already stored trigram collection appropriate to a large vocabulary that includes the personalized one. It is obvious that the more the personalized vocabulary of size N differs from the N most frequent words of the training corpus, the less will the trigrams in the dictated text be covered by trigrams collected from the training text. Therefore, a truly gigantic training corpus would have to be used as a basis for a satisfactory dynamic (personalized) language model.[4]

The need for a more general method of language model construction is thus clear. It seems that the trigram idea can be preserved only if it is based on equivalence between words whose statistical properties are similar. For instance, one could envision having 5000 categories g, one for each word in the basic vocabulary for which a trigram model $P(g_3/g_2, g_1)$ was constructed based on a training corpus representative of English. Every word w of the total potential vocabulary would then be classified as belonging to one of the 5000 categories. The probabilities of use of words w in category g, $P(w/g)$, could be estimated. The actual language model for a large or personalized vocabulary would then function using the trigram formula

$$P(w_3/w_2, w_1) = P(w_3/g_3) \times P(g_3/g_2, g_1) \quad (4.1)$$

where g_i, $i = 1, 2, 3$, are the categories to which the words w_i belong.

V. Language Model Perplexity and the Shannon Game

There is, of course, nothing to recommend the trigram language model except its simplicity and ease of construction from training text. Just how good is it? Information theory measures the information content of sources by their *entropy* H [22]. Since in speech recognition the source can be thought of as generating word sequences, then by definition

$$H = -\lim_{N\to\infty} \left(\frac{1}{N}\right) \times \log_2 P(w_1, w_2, \cdots, w_N) \quad (5.1)$$

where N is the size of the sample text generated by the source.

We see from (5.1) that to compute the entropy H one would need to know the actual probabilities $P(w_1, w_2, \cdots, w_N)$ of strings of the language. These probabilities are, in practice, unknowable. At best we can have their estimates $\hat{P}(w_1, w_2, \cdots, w_N)$ which the language model provides to the recognizer. Thus from the point of view of the recognizer, the difficulty of recognition of a given text is measured by its *logprob* (LP)

$$LP = -\lim_{N\to\infty} \left(\frac{1}{N}\right) \times \log_2 \hat{P}(w_1, w_2, \cdots, w_N). \quad (5.2)$$

It is easy to show [22] that $LP \geq H$, assuming properly ergodic behavior of the text generating source. In the case of the trigram language model

$$LP = -\lim_{N\to\infty} \left(\frac{1}{N}\right) \times \sum_{i=1}^{N} \log_2 P(w_i/w_{i-1}, w_{i-2}). \quad (5.3)$$

It is intuitively more satisfying to measure the difficulty of a recognition task relative to a given language model by the value of its *perplexity* (PP) defined by [16], [17]

$$PP = 2^{LP}. \quad (5.4)$$

A basic argument of Information Theory shows that to the first order of approximation (which disregards the acoustic distances between particular words) the task can be thought to be as difficult as would the recognition of a language with PP equally likely words. Thus perplexity gives the correctly computed "branching factor" of the language model.

In practice, any estimation of the perplexity depends on the sample text whose length N is finite. The perplexity of our trigram model when applied to the databases OC1 and MNG2 is 70 and 128, respectively. A different model will approximate $P(w_1, w_2, \cdots, w_N)$ in a different way and will thus lead to a different perplexity that will be lower if the model is better.

Entropy measures the intrinsic difficulty of the task, logprob its difficulty relative to the language model used. The difference between logprob and entropy, if it were known, would indicate the scope of potential language model improvement. Folklore has it that in a famous paper [23] Shannon estimated the entropy of English to be 1 bit per letter, i.e., assuming the average word length to be 5.5 letters, about 5.5 bits per word. Actually, based on a sample text, Shannon provided bounds on logprob of natural language models intrinsic to human subjects. His bounds place logprob between 0.6 and 1.3 bits, and thus perplexity between 10 and 142. We will outline below his method that depends on guessing a text. His results would be valid only if the text they were based on was representative and large enough for his statistical estimates to converge. Representativity of English can never be established, and the test passage Shannon chose was much too short. But given enough perseverance by human subjects, valid results for the narrow genre of office correspondence could be obtained. Also, introspection during guessing may provide clues to the construction of more effective language models.

In the Shannon method, the subject is asked to guess the text, letter by letter (including the space marker between words, punctuation, etc.). He is advised about the correctness of each guess. When he finds the first letter, he starts guessing the second, then the third, etc.... Let r_i be

[4] If we think of the personalized vocabulary as consisting of a common core together with a personal set, the words in the latter will on average be longer and thus acoustically more distinguishable. This may compensate for weak prediction by the language model of words outside the core.

the number of tries it takes to guess the ith letter. Then assuming that given the same state of knowledge the subject would always guess in the same order, the text can be perfectly recovered by the subject from the guess order sequence $r_1, r_2, \cdots, r_i, \cdots$. The sequence is thus a perfect encoding of the text. Hence the logprob of $r_1, r_2, \cdots, r_i, \cdots$ is the same as the logprob of the text. Let $Q(n)$ be the relative frequency with which the number n appears in the order sequence. Then it is easy to show [22] that

$$H^+ = -\sum_n [Q(n) \times \log Q(n)] \tag{5.5}$$

is an upper bound on the logprob of the encoding $r_1, r_2, \cdots, r_i, \cdots$ and therefore on the logprob of the text. If m is the average number of letters per word in the text, then 2^{mH^+} is an upper bound on its perplexity. Shannon also derived a lower bound formula on text logprob. Cover and King later obtained a direct estimate of text logprob by replacing the guesses in Shannon's procedure by bets [24].

Stephen and Vincent Della Pietra have automated the Shannon procedure [23] on a computer [25]. The resulting Shannon game has several additional features. The text is chosen at random from a database. It is possible to have the estimate converge faster by having part of the text revealed from the start. The information contained in n-grams can be measured by selecting at random the word to be guessed and revealing to the subject exactly n preceding words. The subject is also provided with two aids. Consistent with the letters guessed so far, the possible words of the vocabulary are shown together with their probabilities as computed by the trigram language model (given the preceding two words of the text). Another display panel shows the letter probabilities of the guess to be made next, as computed by the language model consistent with the revealed past and the guesses already made for the current letter position. The computer keeps the running H^+ score and compares it to the score that would have been incurred had the subject been guided strictly by the language model.

As already pointed out, our aim in playing the Shannon game is not to estimate the human perplexity of office correspondence, but to discover what manner of information is used by humans in word prediction. We hope that this will help us design the structure of future language models. Even keeping in mind that H^+ is only an upper bound, it is already clear that the trigram language model can be substantially improved. In the Shannon game humans beat the trigram model by factors of 3 or more in perplexity (2^{mH^+}). The advantage of humans seems mostly based on their ability to use relevant information found contained in a text passage that often considerably precedes the currently guessed letters.

VI. Future Aspects of Text Creation by Voice

Gould and Boies [26] "*observed that handwriting was the main method by which principals composed. (They) had the intuitive belief that dictation was potentially a superior method of composition. Dictation is potentially five times faster than writing, on the basis of estimates of maximum writing and speaking rates when composition is not required (see [27]). Dictation may also be qualitatively superior: potentially faster transfer of ideas from limited capacity human working memory to a permanent record may reduce forgetting attributable to interference or decay.*"

Those who could pay for it have been creating text by voice for a long time. Originally by direct dictation to a secretary, later also by using conventional dictating (recording) equipment. This method of text creation is linear and does not allow for easy review and immediate modification of what has been said. Insertion, change of phrasing, or text reorganization while dictating are not possible. The job cannot be completed in one sitting, there are delays, and the convenience, work load, office hours, and various habits of the typist must be taken into account.

Word processing via computer terminals or personal computers gives more control over the process to the user, but the natural human inclination to communicate by voice rather than keyboard is sacrificed. We hope that automatic dictation recognition will solve the problem. Two conditions must be fulfilled: the speech recognizer must be reliable, and the man–machine interface must be a convenient one.

The interface problem, shared with word processing, is not a trivial one. Perhaps due to early childhood experiences (I believe the cause is deeper), hands-on editing with paper and pencil seems preferable. It is easy to direct the typist to rearrange text by circling it, or to indicate text insertion, correction, deletion, or indentation. Pointing by a mouse or a touch-sensitive screen, or text movement via marking the beginning and end of a section followed by cursor specification of the place of insertion, are not as convenient. To get a really good interface, it may prove necessary to use writing tablets and achieve automatic recognition of hand-produced diacritical marks and possibly of handwriting as well. Clearly, the recognizer must be an integral part of the total office support system that includes facilities such as electronic mail or database access. The machine should not take up extra space or be otherwise intrusive. Thus most of the feedback it gives should be visual and not acoustic.

To gain reliability, accuracy, and ease of use, the IBM project will attempt to enhance four facets of recognition: vocabulary text coverage, noise immunity, speaker independence, and continuous speech. The first problem was discussed in Section IV. The remaining three will now be addressed.

Our pressure-zone microphone picks up all sounds in its vicinity and the recognizer interprets them as part of the dictation. We consider this a worthwhile price to pay for eliminating the head mounted microphone that usually inconveniences users of speech recognizers. Nevertheless, the appearance of extraneous text on the screen is extremely annoying, as is the somewhat increased error rate due to background noise. It should be possible to adjust our signal processing to filter out speech by others than the dictator, as well as noise bursts such as telephone ringing, dropped books, rustling of paper, or door slams. Tracking of the speaker's position by a microphone array may prove part of the answer. Improved recognition algorithms should take care of higher ambient noise levels.

Our training procedure currently consists of reading of 100 sentences of average length of 12 words. Thus about 20 min of speech is needed. The sentences were selected at random from our office text and somewhat adjusted with the aim of covering all basic sound combinations. We do not expect to change this approach when we increase the vocabulary. The current training text contains only 700 different words. The necessary statistical parameters of the speaker's personal acoustic model are estimated off-line using the Forward–Backward algorithm [1], [2], [9], as are the 200 prototype vectors. It takes a day or so of elapsed time to sign a new speaker onto the recognizer. This delay will be drastically cut when we implement the training algorithm on our real-time system, but the sign-on will still be time consuming. It is clearly desirable to create a system capable of recognizing without any training any standard American speaker with tolerable accuracy. The performance should improve as the recognizer is used until the best achievable speaker accuracy rate is reached.

As the results of Section III indicate, we have encountered only moderate problems in recognizing spontaneous (as opposed to read) speech. However, with rare exceptions, to achieve satisfactory results, speakers whose native tongue is not English must pronounce the entire vocabulary several times during training. Even then the recognition performance is slightly worse. This we think is due mainly to the inconsistency and occasional self-consciousness of the accented speech. For instance, F. Jelinek occasionally (both during training and recognition) remembers to voice the final "s" in plurals, pronounces the word "of" as 'ov' (rather than his usual 'of'), or attempts to adjust his 'th' sound to make it conform to what he imagines is its correct pronunciation. At other times he tries to remember how he pronounced particular words during training. Such efforts lead mostly to trouble. We do not know yet how to handle these difficulties. It is unfortunately possible that the first commercial dictation recognizers will not perform adequately for some nonnative speakers.

We believe that isolated word dictation will be acceptable for text creation, but the desirability of recognizing continuous speech is self-evident. This is how people speak. Our algorithms do not make any explicit use of the pauses between words and are therefore not limited to isolated word recognition. Unfortunately, even assuming that our methods prove sufficient to overcome problems such as co-articulation, an increase of 6 to 10 times in computing speed will be required to achieve real-time recognition of continuous speech. Our current Speech Development System is not powerful enough. Wanting real-time recognition as we do, we will need to use a new generation of array processors or reluctantly base the development of algorithms on special-purpose hardware. In any case, much progress in work station human factors, noise immunity, vocabulary text coverage, and speaker independence will be necessary before text creation by natural speech becomes everyday reality.

Acknowledgment

The work reported here was carried out individually and collectively by present and past members of the Continuous Speech Recognition Group of the IBM T. J. Watson Research Center. Very significant contributions were made by J. Cocke. All the ideas presented that are of any value resulted from exceptionally effective collaboration by these colleagues.

The present Group members are A. Averbuch, L. Bahl, R. Bakis, P. Brown, A. Cole, G. Daggett, S. Das, K. Davies, S. De Gennaro, P. de Souza, E. Epstein, D. Fraleigh, I. Halpin, F. Jelinek, S. Katz, B. Lewis, H. Meleis, R. Mercer, A. Nadas, D. Nahamoo, M. Picheny, G. Shichman, and P. Spinelli.

The past group members are T. Ancheta, J. K. Baker, J. M. Baker, S. Chang, J. Cohen, P. Cohen, N. R. Dixon, M. Fitzgerald, G. Freeman, R. Freitas, M. Garrett, G. Hatfield, G. Heidorn, C. Junker, P. Loewner, L. Loh, F. Mintzer, J. Mommens, E. M. Mueckstein, L. Mullin, J. Raviv, R. Riekert, J. Robinson, J. Rosenfeld, R. Sadr, H. Silverman, C. Tappert, D. Teaney, and A. Wadia.

We have all benefited from the help given us by our visitors F. Adler, R. Ambrosio, E. Black, S. Bozic, L. Braida, G. Brown, M. Brown, D. Bustamante, L. Butler, W. Chang, P. Chen, P. Corsi, S. Della Pietra, V. Della Pietra, A. M. Derouault, I. Feerst, R. Findlay, T. Fine, D. Francis, L. Fridman, A. Fronistas, E. Goldwasser, S. Haltsonen, S-S. Huang, T. Im, T. Kaneko, V. Khazatsky, S. Kuo, D. Lee, B. Lotto, J. Lucassen, A. Martelli, M. Morf, A. Nobel, M. Okhochi, A. Pickholtz, J. Pitrelli, S. Pombra, L. Powers, N. C. Rabin, S. Rao, M. Rentmeesters, C. Richardson, M. Roberts, S. Scarci, M. Scott, S. Soudoplatoff, E. Strum, K. Toshioka, and L. Wilcox.

References

[1] F. Jelinek, "Continuous speech recognition by statistical methods," *Proc. IEEE*, vol. 64, no. 4, pp. 532–556, Apr. 1976.

[2] L. R. Bahl, F. Jelinek, and R. L. Mercer, "A maximum likelihood approach to continuous speech recognition," *IEEE Trans. Pattern Anal. Machine Intell.*, vol. PAMI-5, no. 2, pp. 179–190, Mar. 1983.

[3] J. D. Gould, J. Conti, and T. Hovanyecz, "Composing letters with a simulated listening typewriter," *Commun. ACM*, vol. 26, no. 4, pp. 295–308, Apr. 1983.

[4] E. Goldwasser, an unpublished memorandum, 1980.

[5] J. R. Cohen, "Application of a sensor—Neural model to speech recognition," to be published.

[6] H. Abut, R. M. Gray, and G. Rebolledo, "Vector quantization of speech and speech-like waveforms," *IEEE Trans. Acoust., Speech, Signal Processing*, vol. ASSP-30, no. 3, pp. 423–435, June 1982.

[7] A. Nadas, R. L. Mercer, L. R. Bahl, R. Bakis, P. S. Cohen, A. G. Cole, F. Jelinek, and B. L. Lewis, "Continuous speech recognition with automatically selected acoustic prototypes obtained by either bootstrapping or clustering," in *Proc. Int. Conf. on Acoustics, Speech, and Signal Processing* (Atlanta, GA, Apr. 1981), pp. 1153–1155.

[8] J. D. Ferguson, "Hidden Markov analysis: An introduction," in J. D. Ferguson, Ed., *Hidden Markov Models for Speech.* Princeton, NJ: IDA-CRD, Oct. 1980, pp. 8–15.

[9] L. E. Baum, "An inequality and associated maximization technique in statistical estimation of probabilistic functions of Markov processes," *Inequalities*, vol. 3, no. 1, pp. 1–8, 1972.

[10] S. Katz, "Recursive M-Gram language model via a smoothing of Turing's formula," a forthcoming paper.

[11] I. J. Good, *The Estimation of Probabilities: An Essay on Modern Bayesian Methods.* Cambridge, MA: MIT Press, Mar. 1965.

[12] F. Jelinek, "A fast sequential decoding algorithm using a stack," *IBM J. Res. Devel.*, vol. 13, pp. 675–685, Nov. 1969.

[13] D. P. Huttenlocher and V. W. Zue, "A model of lexical access from partial phonetic information," in *Proc. ICAASP 84*, vol. 2, pp. 26.4.1–26.4.4, Mar. 1984.

[14] T. Kaneko and N. R. Dixon, "A hierarchical decision approach to large vocabulary discrete utterance recognition," *IEEE Trans. Accoust., Speech, Signal Processing*, vol. ASSP-31, no. 5, pp. 1061–1066, Oct. 1983.

[15] A. Averbuch *et al.*, "A real-time, isolated-word, speech recognition system for dictation transcription," in *Proc. Int. Conf. on Acoustics, Speech, and Signal Processing* (Tampa, FL, Mar. 1985).

[16] F. Jelinek, R. L. Mercer, L. R. Bahl, and J. K. Baker, "Perplexity—A measure of difficulty of speech recognition tasks," presented at the 94th Meet. Acoustical Society of America, Miami Beach, FL, Dec. 15, 1977.

[17] M. M. Sondhi and S. E. Levinson, "Computing relative redundancy to measure grammatical constraint in speech recognition tasks," in *Proc. Int. Conf. on Acoustics, Speech, and Signal Processing* (Tulsa, OK, Apr. 1978), pp. 409–412.

[18] W. N. Francis and H. Kucera, *Frequency Analysis of English Usage*. Boston, MA: Houghton-Mifflin, 1982.

[19] J. B. Carroll, P. Davies, and B. Richman, *Word Frequency Book*. New York, NY: American Heritage, 1971.

[20] H. Kucera, personal communication.

[21] R. L. Mercer, personal communication.

[22] F. Jelinek, *Probabilistic Information Theory*. New York, NY: McGraw-Hill, 1968.

[23] C. E. Shannon, "Prediction and entropy of printed English," *Bell Syst. Tech. J.*, vol. 30, pp. 50–64, 1951.

[24] T. M. Cover and R. C. King, "A convergent gambling estimate of the entropy of English," *IEEE Trans. Informat. Theory*, vol. IT-24, no. 4, pp. 413–420, July 1978.

[25] S. Della Pietra and V. Della Pietra, personal communication.

[26] J. D. Gould and S. J. Boies, "Human factors challenges in creating a principal support office system—The speech filing system approach," *ACM Trans. Office Inform. Syst.*, vol. 1, no. 4, pp. 273–298, Oct. 1983.

[27] _____, "Writing, dictating, and speaking letters," *Science*, vol. 201, pp. 1145–1147, 1978.

[28] L. R. Bahl and F. Jelinek, "Decoding for channels with insertions, deletions, and substitutions with applications to speech recognition," *IEEE Trans. Informat. Theory*, vol. IT-21, no. 4, pp. 404–411, July 1975.

MEDIZINISCHE BILDVERARBEITUNG

H. Weiss
Philips GmbH Forschungslaboratorium Hamburg
Vogt Koellnstrasse 30, D 2000 Hamburg 54

1. Einleitung

Annähernd 90 Jahre liegen zwischen der Aufnahme der Hand von Frau Röntgen durch ihren Mann (Bild 1) und einer Handaufnahme mit einem Gerät für Magnetische Resonanz (MR) der Gegenwart (Bild 2). Neben vielen technischen Verbesserungen der Aufnahmetechnik sowohl bei der Röntgendiagnose als auch bei anderen medizinischen Abbildungsverfahren ist es besonders die Digitalisierung der Abbildung durch die Verwendung von Computern, die einen gewaltigen Innovationsschub in der Medizinischen Abbildung hervorbrachte. Ein diagnostisches Abbildungssystem besteht heute aus zwei wesentlichen Blöcken (Bild 3): Im Block "Bilderzeugung", auch "front end" genannt, werden mit Hilfe physikalischer Meßmethoden computergesteuert Meßdaten über das Innere des Körpers erzeugt und - ebenfalls per Computer - Bilder rekonstruiert. Diese primären Bilder werden auf einer Bildkonsole oder "back end" digital dargestellt und verarbeitet. Diese Bilder können sowohl vom Arzt diagnostisch ausgewertet als auch archiviert werden.

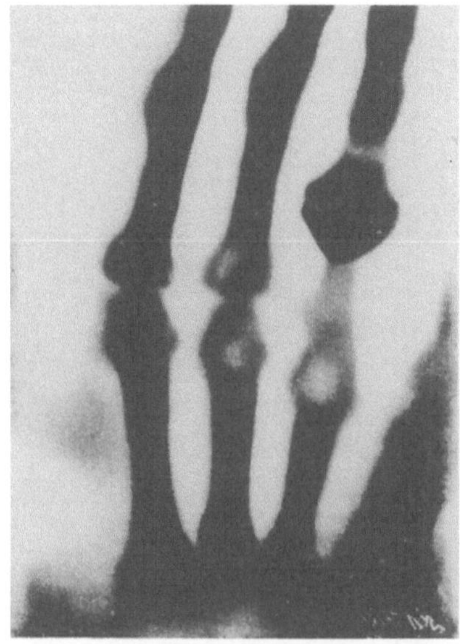

Bild 1: Röntgenaufnahme der Hand von Frau Röntgen 1898

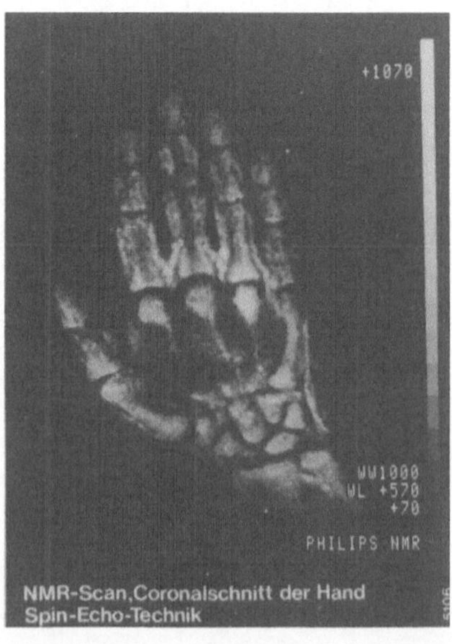

Bild 2: MR-Aufnahme einer Hand 1984

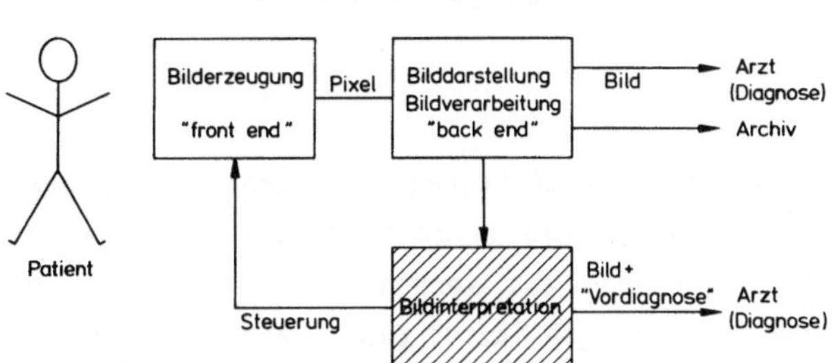

Bild 3:
Allgemeines Schema eines medizinischen Abbildungssystems

Dieses Standardschema eines Diagnosesystems, wie es in der Computertomographie (CT) oder der Magnetischen Resonanz (MR) realisiert ist, könnte in Zukunft erweitert werden durch einen dritten Block: die Bildinterpretation. Diese automatische Erkennung von Bereichen des Bildes könnte sowohl den Arzt in seiner Diagnose unterstützen, als auch die Aufnahmeparameter der bilderzeugenden Maschine steuern.

Wir wollen einige Aspekte des "front end", des "back end" und der Problematik der Bildinterpretation an einigen ausgewählten Beispielen erläutern. Es sind Beispiele aus der Gesamtheit der ditgitalen medizinischen Abbildungsverfahren, wie sie in Bild 4 dargestellt sind [1].

Verfahren	Abbildende "Teilchen"	Physikalische Bildparameter	Detail-auflösung in mm	Minimale Aufnahme-zeit in sec.	Matrix größe n×n Pixel
Nuklearmedizin					
- planar		lokale Dichte-	2.0	0.01	256
- SPECT	γ-Quanten	verteilung von	2.0	10	128
- PET		Isotopen	3.0	60	128
Digitale Projektionsradio-graphie	Röntgen-strahlen	Röntgen-Absorp-tions-Koeffizient	0.1	0.1	2048
Digitale Subtraktions Angiographie	Röntgen-strahlen	Röntgen-Absorp-tions-Koeffizient	0.5	0.04	512
Computertomographie	Röntgen-strahlen	Röntgen-Absorp-tions-Koeffizient	0.5	1.0	512
Magnetische Resonanz	Hochfrequenz-	Dichte ρ,			
- Wasserstoff	strahlung	Relaxations-	0.5	180	512
- Natrium	bis 200 MHz	zeiten T_1, T_2	3.0	1800	32
Ultaschall B-scan	Schallwellen	Ultraschall-laufzeiten	1.0	0.04	512

Bild 4: Die wichtigsten medizinischen Abbildungsmethoden

2. Neue Ergebnisse der Bilderzeugung (front end)

a) Digitale Angio-Tomosynthese (DATOS)

Das Ziel ist die Verfeinerung der Digitalen Subtraktionsangiographie (DSA) durch Addition tomographischer Möglichkeiten[2]. Das Schema zeigt Bild 5. Hier werden die Kranzgefäße des Herzens von vier Röntgenröhren aus verschiedenen Richtungen mit einem Röntgenpuls von einigen Sekunden Dauer "angeblitzt". Einen Laborprototyp zeigt Bild 6: Die 4 Röntgenröhren und der Bildverstärker sind klar erkennbar, die fünfte Röhre in der Mitte dient zur normalen DSA.

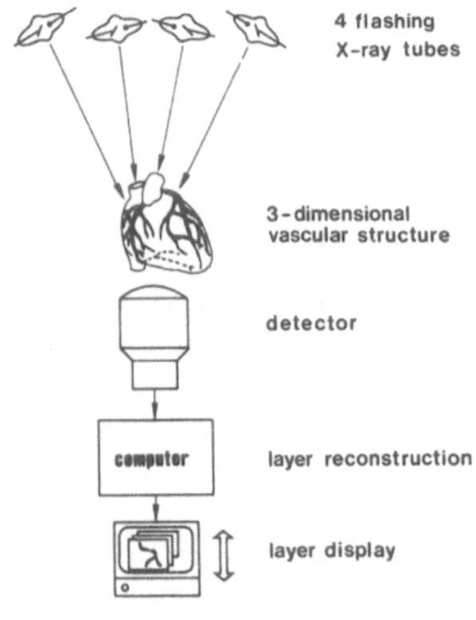

Bild 5:
Prinzip der Digitalen Angio-Tomosynthese

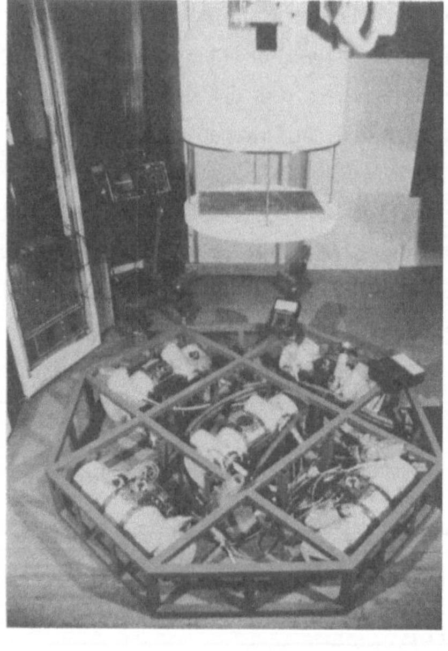

Bild 6:
Laborsystem zur Angio-Tomosynthese

Die entstehenden vier Projektionen werden über eine Bildverstärker-Fernsehkette digitalisiert. Der Computer rekonstruiert aus den Bilddaten einzelne Tomogramme des Objektes. Wegen der kurzen Blitzdauer lassen sich auch bewegte Organe, z.B. das Herz, abbilden. Bild 7 zeigt die ersten auf der Welt erzeugten Herztomogramme. Der Vorteil von DATOS liegt in der gegenüber herkömmlichen Methoden weit besseren Darstellung von Gefäßstenosen.

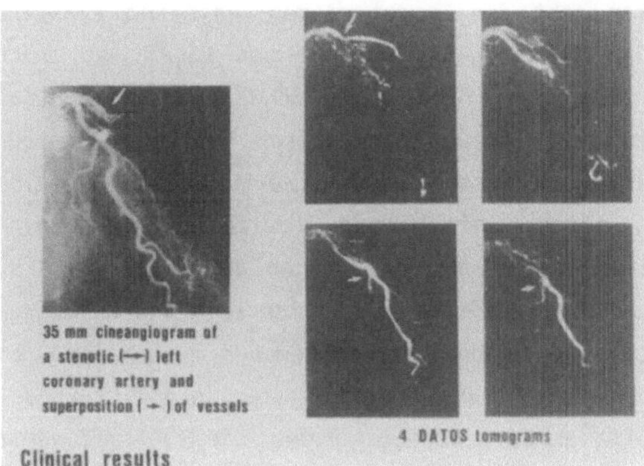

Bild 7:
Die ersten erzeugten Tomogramme der Herzkranzgefäße

b) Energieselektive Computertomographie

Die gewebeselektiven Darstellungsmethoden der Magnetischen Resonanz MR veranlaßten die CT-Forscher nach neuen selektiven Methoden in der Computertomographie zu suchen. Dies führte zunächst zur Erfindung der <u>Doppelenergie (dual energy)-Methode</u>[3]. Hier werden aus 2 Aufnahmen mit verschiedener Röhrenspannung zunächst das photo-elektrische Bild und das Comptonbild synthetisiert und dann mit diesen beiden energetischen Extrembildern beliebige quasi-monochromatische CT-Bilder durch Interpolationsverfahren erzeugt[4] (Bild 8).

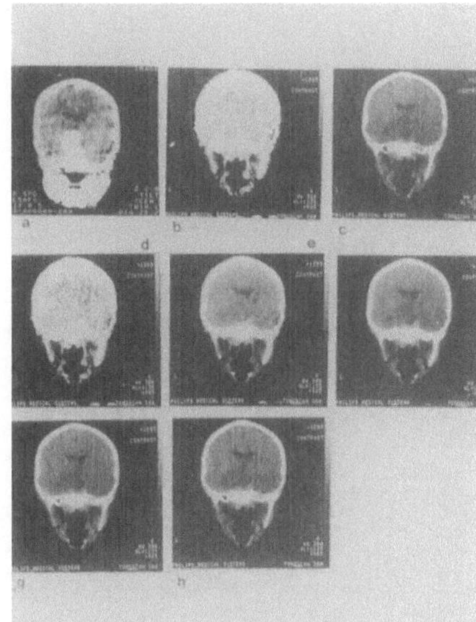

Bild 8:
"Dual Energy" CT Bilder:
a) normales CT-Bild
b) Photoelektrisches Bild
c) Comptonbild
d-h) Synthetisierte Bilder von 25 - 125 keV

Noch einen wesentlichen Schritt weiter geht die Computertomographie mit elastisch gestreuter Röntgenstrahlung ESCAT[5]. Der grundlegende Gedanke von ESCAT ist, nicht wie in der "konventionellen" Computertomographie allein die Schwächung des Zentralstrahles, sondern auch die an den Atomen des Gewebes elastisch gestreute Röntgenstrahlung zu messen und daraus Bilder zu rekonstruieren. Strukturen von kolloiden Dimensionen, also auch Hochpolymere, zeigen bei Winkeln bis zu einigen wenigen Graden Röntgen-Kleinwinkel-Interferenzen, sobald Periodizitäten auftreten (Bild 9). Da solche Strukturen auch im Gewebe vorliegen, könnte es möglich sein, durch Auswertung der Streustrahlung einen Einblick in die "Chemie" des Gewebes zu erhalten. Ein Experimentiersystem zeigt Bild 10. Erste Bilder an Phantomen, wie sie für CT-Experimente benutzt werden, zeigen, daß Stoffe erkannt werden können, die sich mit normaler CT nicht abbilden lassen (Bild 11).

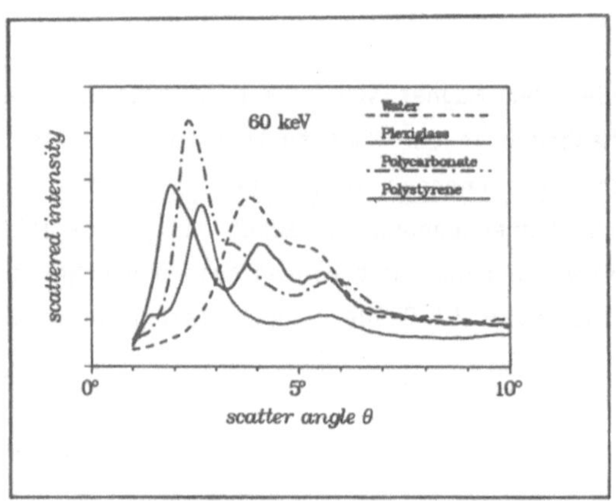

Bild 9:
Beugungsintensitäten einiger organischer Verbindungen im Kleinwinkelbereich

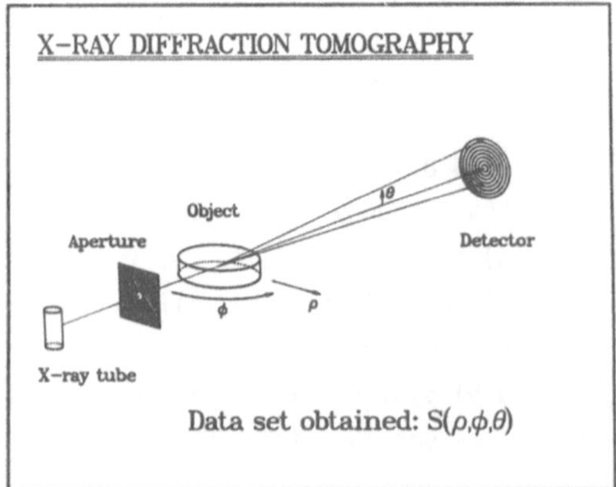

Bild 10:
Schematischer Aufbau der "kohärenten" Computertomographie

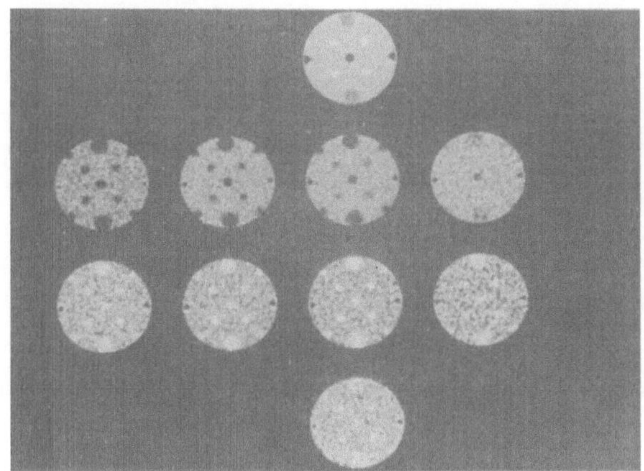

Bild 11:
Ergebnisse von ESCAT mit einem CT-Phantom erzielt: Das normale CT-Bild (oberste Aufnahme) zeigt nicht alle Substanzen der ESCAT-Bilder. Die ESCAT-Serie zeigt eine Folge von Bildern verschiedener Streuwinkel, d.h. verschiedener Energie

c) Tendenzen in der MR-Abbildung

Es zeigt sich mehr und mehr, daß die Magnetische Resonanz zu einem universellen Abbildungssystem ähnlich den Röntgengeräten wird. Bild 12 zeigt das Gesamtsystem mit front end, back end und dem Computer zur Steuerung und Rekonstruktion der Bilder. Aus Gründen des Signal/Rausch-Verhältnisses geht der Trend in Richtung immer höherer Magnetfeldstärken. Im Januar 1984 wurde die erste 2-Tesla Maschine installiert (Bild 13) und bald darauf wurden die ersten Kopfbilder mit hoher Detailauflösung (Bild 14) erzeugt[6].

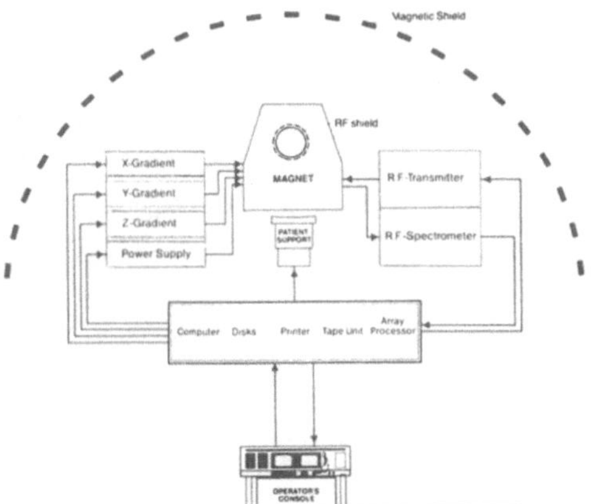

Bild 12:
Schema einer MR-Anlage

Bild 13:
1984 installiertes 2-Tesla System

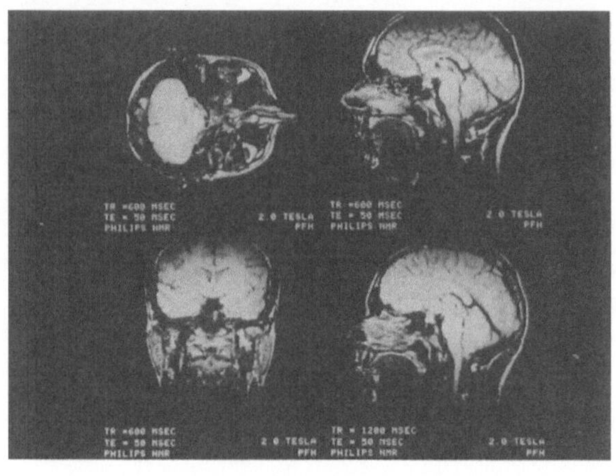

Bild 14:
Erste 2-Tesla Bilder

Darüber hinaus wird der MR allmählich die spektroskopische Abbildung erschlossen. Das heißt, daß spektrale Resonanzlinien von Wasserstoff und anderen Elementen im Körper zur Bilderzeugung herangezogen werden. Fernziel ist die Abbildung des Stoffwechsels; dazu müssen aber die Magnetfelder noch erhöht und ihre Homogenität verbessert werden. Ein Anfang wurde bereits gemacht. Es gelang, auf Grund der verschiedenen Bindungsverhältnisse des Wasserstoffs in Fett und Wasser getrennte Fett- und Wasserbilder herzustellen (Bild 15 und 16). So können z.B. entzündliche Vorgänge im Knochen, die mit der Computertomographie nicht nachweisbar sind, einwandfrei dargestellt werden[7].

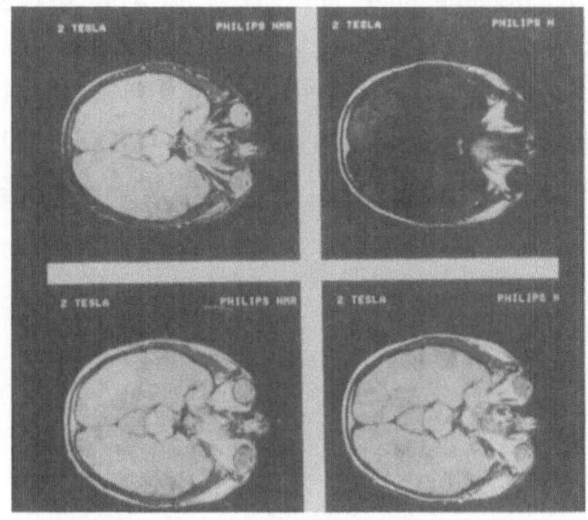

Bild 15:
MR Fett/H_2O Trennung:
rechts unten: konventionelles MR-Bild
rechts oben: Fett-Bild
links oben: H_2O-Bild
links unten: aus Fett- und H_2O-Bild komponiertes Gesamtbild

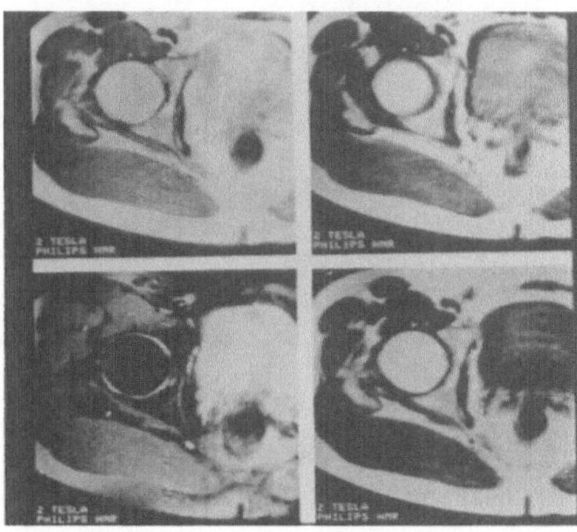

Bild 16:
Fett/H_2O Trennung am Hüftknochen:
unten links: konventionelles Bild
unten rechts: Fettbild
oben rechts: Wasserbild
oben links: komponiertes Gesamtbild

3. Bilddarstellung und Bildverarbeitung (back end)

Die Erzeugung der Bilder in Form von digitalisierten Pixeln eröffnet naturgemäß die ganze Palette der Bildverarbeitung wie sie auch in anderen Anwendungsgebieten wie Satellitenaufnahmen, pattern recognition, "Animation" u.a. praktiziert wird. Wir wollen hier einige medizin-spezifische Anwendungen vorstellen:

a) Eliminierung der "CT-Ringe"

Ein schwerwiegendes Problem trat bei der 3. Generation der Computertomographen auf. Die gleichmäßige starre Rotation von Röntgenröhre und Detektorzeile, bei der ringförmige Gebiete im Objekt immer ein und denselben Detektor "sehen", erzeugte in den CT-Bildern ringförmige Artefaktstrukturen (Bild 17), die selbst bei einer Ungleichheit von nur 0.3 Promille der Detektoren untereinander noch auftritt. Um eine extrem teure Herstellung von sehr gleichen Detektoren zu umgehen, wurden Methoden der Mustererkennung angewendet, um die Ringartefakte zu beseitigen[8]. Bild 18 zeigt die erkannten Ringe und Bild 19 das CT-Bild nach der "ringe-eliminierenden Bildverarbeitung". Die Ringartefakt-Beseitigung war eine der wichtigsten Voraussetzung für den Einsatz der CT der 3. Generation!

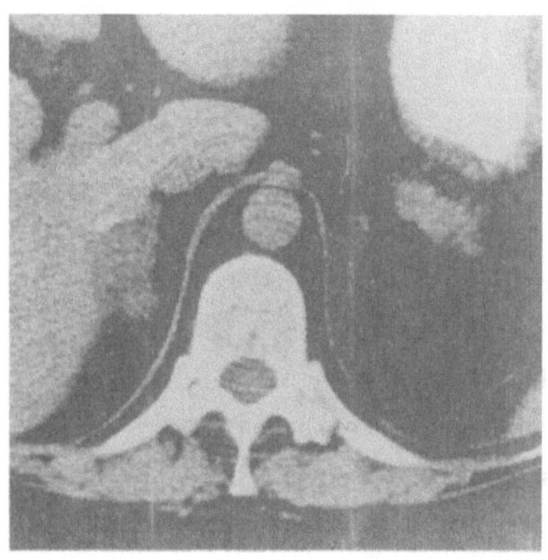

Bild 17:
Ringartefakte der 3. Generation von CT-Geräten

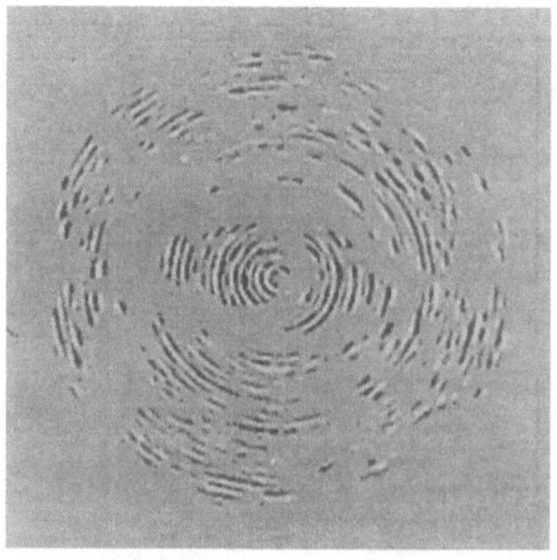

Bild: 18
Die "erkannten" Ringe

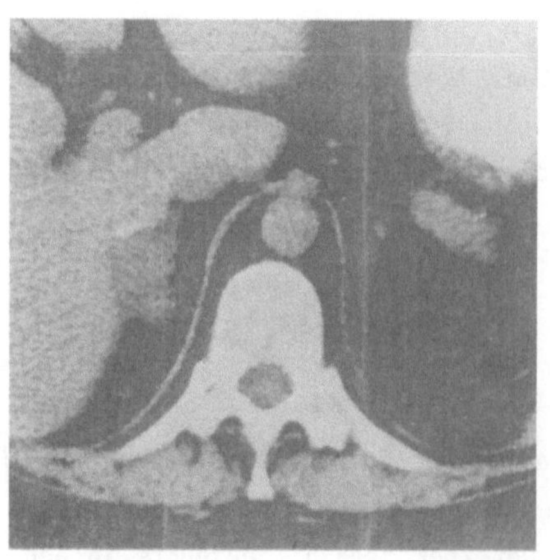

Bild 19:
Das "ringartefakt-befreite" Bild 17

b) MR-Bildsynthese

Ein konventionelles MR-Bild ist eine Mischung der Gewebeparameter Dichte ρ und Relaxationszeiten T_1, T_2. Je nach Einstellung der Maschinendaten bei der Aufnahme werden diese Parameter verschieden gemischt und können so für eine und dieselbe Schicht ganz verschiedenartige Kontraste erzeugen. Im allgemeinen weiß der Arzt nicht welche Maschinenparameter er zur Erzielung eines optimalen diagnostischen Kontrastes einstellen muß. Es gelang nun[9], ausgehend von einer ganz bestimmten Aufnahmesequenz, im Nachhinein durch Bildsynthese im Computer die Maschinendaten koninuierlich so a posteriori zu variieren, daß der Betrachter in Echtzeit sich den optimalen Kontrast wählen kann. Bild 20 zeigt eine MR-Aufnahme mit zu schlechtem Kontrast um den Tumor (Astrozytom) gut erkennen zu können. In Bild 21 wurden nun die Maschinendaten interaktiv am Bildschirm so variiert (siehe Balken am oberen Bildrand), daß das Astrozytom mit optimalem Kontrast abgebildet wird. Versuche zeigten, daß die a posteriori Kontrastoptimierung die gleichen Resultate liefert wie die Aufnahme mit den ent-

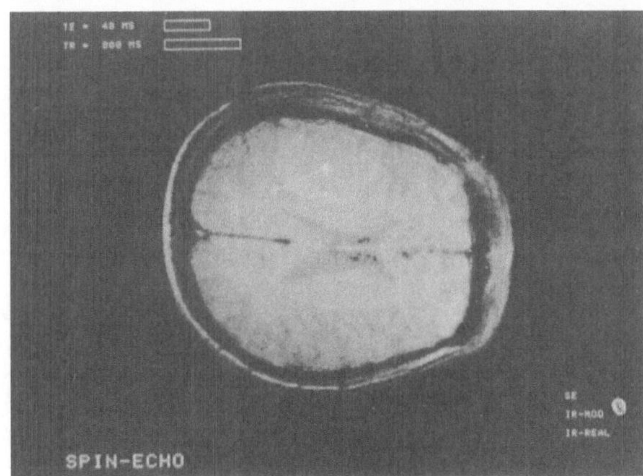

Bild 20:
MR-Bild mit ungenügendem Kontrast

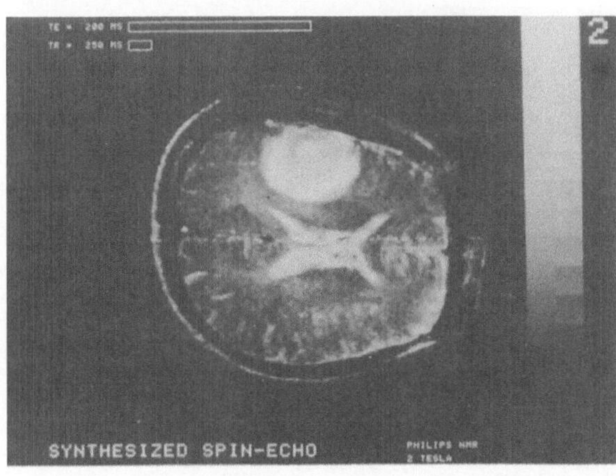

Bild 21:
A posteriori Kontrastoptimierung durch MR-Bildsynthese

sprechenden Maschinendaten. Natürlich kann die Kontrastoptimierung auch halbautomatisch gemacht werden, indem man 2 Punkte auf beiden Seiten eines Kontrastsprunges interaktiv "antippt" und dann mit bekannten Verfahren der Kontrastsprung optimiert wird.

c) 3-D Darstellung

Eine typische back end Darstellungsmöglichkeit ist die quasi-dreidimensionale Komposition von Schichtbildern, die momentan mehr eine technische Herausforderung als medizinisch diagnostisch notwendig ist. Bild 22 zeigt einen Kopf aufgebaut aus 50 MR-Schichtaufnahmen. Die Möglichkeiten des beliebigen Schattierens und Einblendens von Körperteilen wird in Bild 23 demonstriert, in dem die verschiedenen Teile Haut, Hirn, Ventrikel dargestellt sind[10].

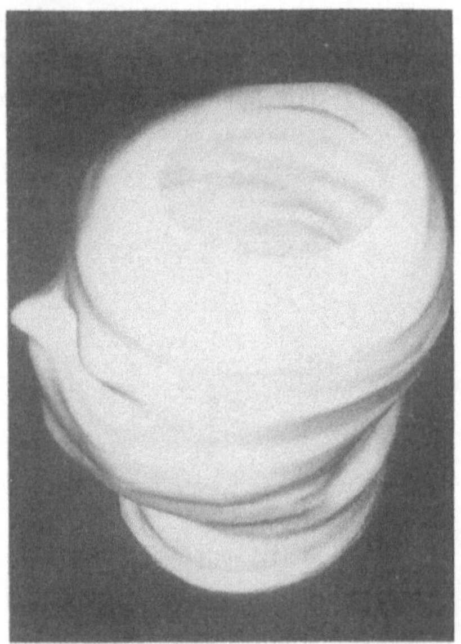

Bild 22:
3-D Synthese eines Kopfes, ausgehend von MR-Schichbildern

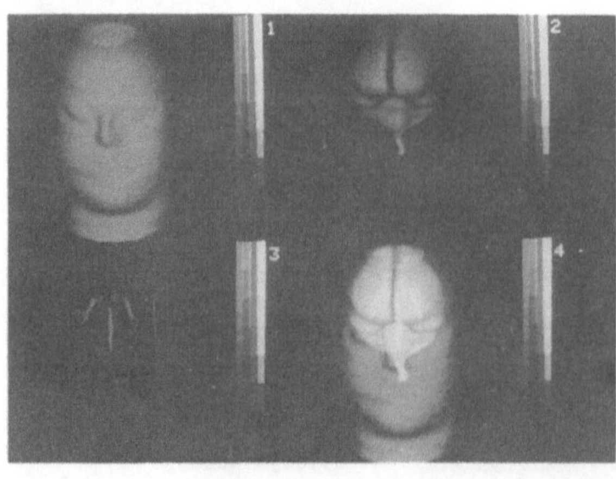

Bild 23:
3-D Darstelung im Kopfbereich mit MR-Schichtbildern

d) Der "Medizinische Arbeitsplatz"

Die hard- und softwaremäßige Realisierung der Bildfunktionen durch spezielle Rechner ist aufgrund der Echtzeitanforderung ein schwieriges Problem. Im PICASSO-Projekt[11] wurde eine "Medical Workstation" konzipiert, die den routinenmäßigen Ablauf einer diagnostischen Situation für den Arzt möglichst einfach (d.h. aber technisch schwierig) gestalten soll. Das System besteht aus einem Massenspeicher, z.B. der DOR-Platte, einem Hardware-Rechner und dem Monitor (Bild 24). Eine typische Folge von Funktionsschritten zeigen die Bilder 25 bis 27, in denen mit Hilfe eines touch-panels aus der Archivübersicht (Bild 25) durch Antippen eine Kopfaufahme groß dargestellt wird (Bild 26). Eine Echtzeit-Histogrammtransformation gestattet es, ein Kontrastverbesserungsfenster über das Bild zu schieben (Bild 27). Die Weiterentwicklung der Bildkonsolen wird zukünftig unter Verwendung von Expertensystemen sicher auch in Kombination mit einem Modell des Benutzers dafür sorgen, die Akzeptanz der elektronischen Bilddarstellung und Bildverarbeitung bei den Ärzten zu erhöhen.

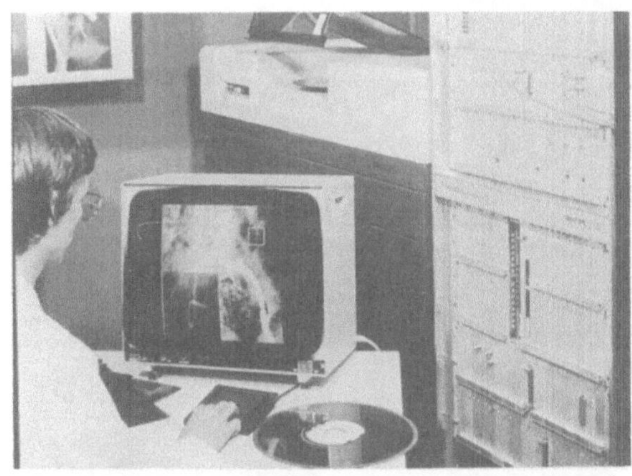

Bild 24:
Vollelektronisches medizinisches Bildarchiv

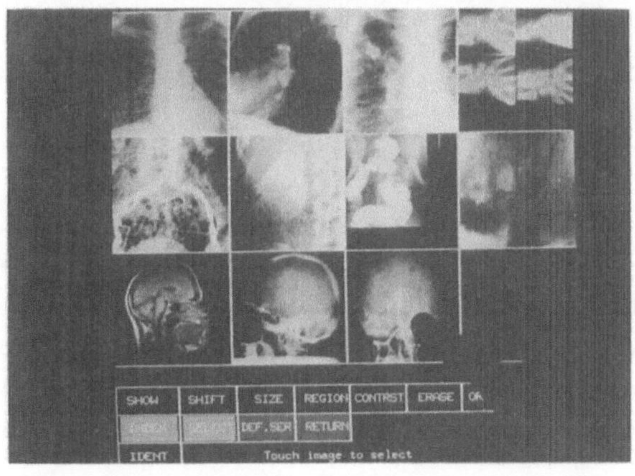

Bild 25:
Übersicht über einen hypothetischen Diagnosefall

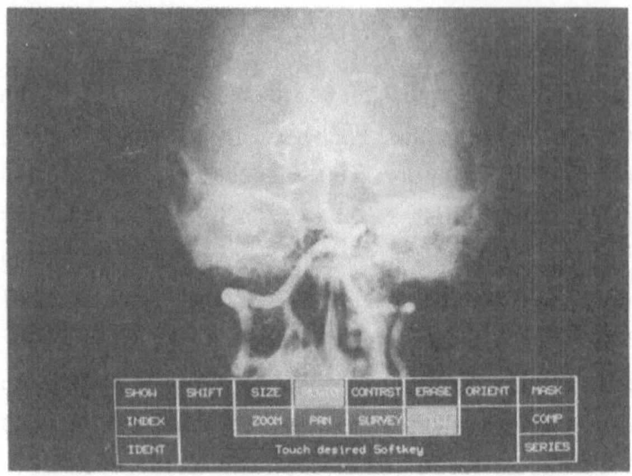

Bild 26:
Ausschnitt aus Bild 25

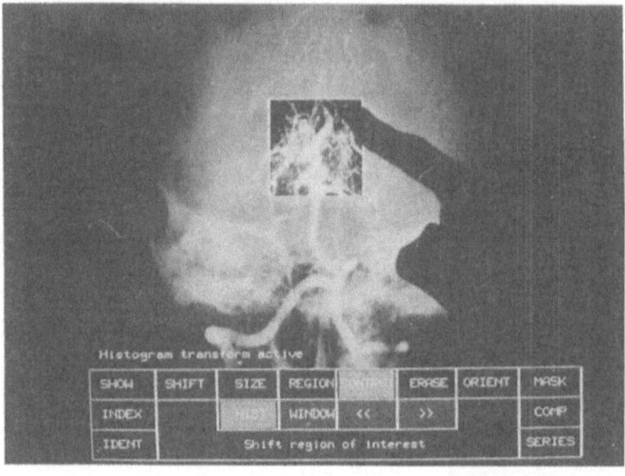

Bild 27:
Kontrastverbessserung durch Histogrammtransformation

Das Stichwort Expertensystem führt uns zum letzten der hier dargestellten medizinischen Bildverarbeitungsmöglichkeiten:

4. Bildinterpretation

Während Expertensysteme für die medizinische Diagnose, z.B. durch Patientenbefragen bereits eine längere Geschichte haben, ist die Verwendung von Bildern als Grundlage neueren Datums[12]. Die Kompliziertheit von MR-Bildern ist nun natürlich Ansporn genug, Mustererkennung und regelbasierte Systeme zu verwenden, um den Arzt bei der Diagnose zu unterstützen oder die bilderzeugende Maschine zu steuern, um optimalen Kontrast zu erhalten. Bild 28 zeigt ein wissensbasiertes System zur Erkennung von Tumoren im Gehirn[13], das erste Schritte hinter sich hat. Die Kombination von Mustererkennungsschritten (ρ-, T_1-,T_2-Histogramme) und Regeln (rule sets 1-4) ist in den Bildern 29-30 am Zwischenergebnis demonstriert und führt schließlich zum Endergebnis der Erkennung des Astrozytoms (Bild 31).

Bild 29-31:
Beispielhafte Schritte aus dem Ablauf in Bild 28:

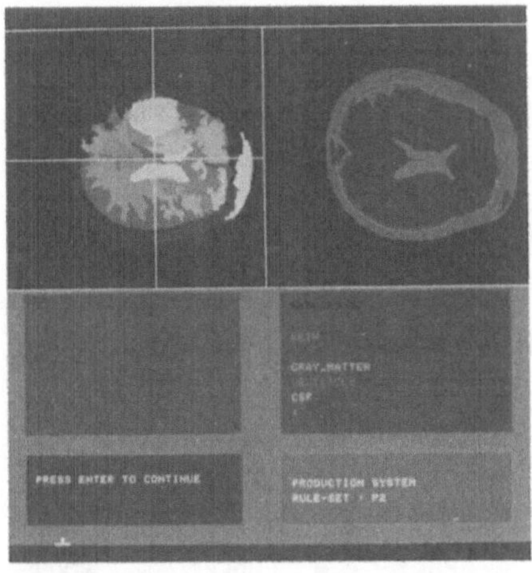

Bild 29:
Auswertung des Regelsatzes 2

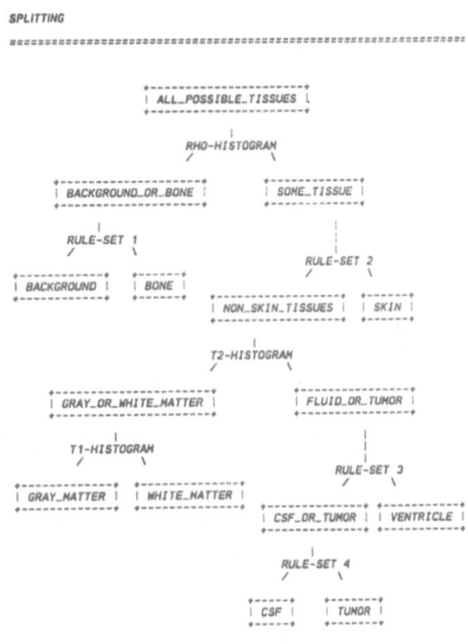

Bild 28:
Ablauf der Aufspaltung zur automatischen Erkennung eines Tumors in einem MR-Bild

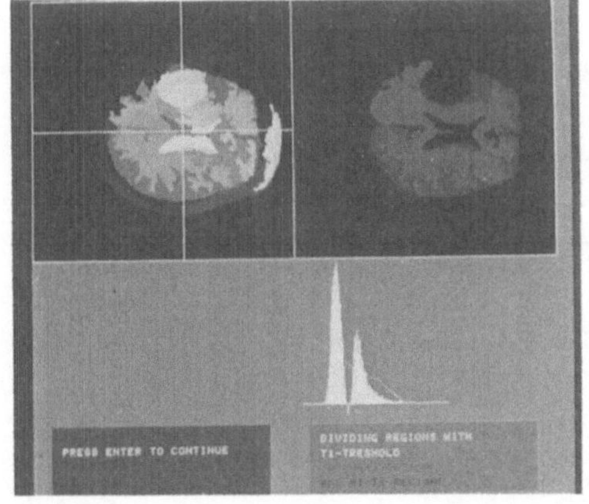

Bild 30:
Aufspaltung durch T_1-Histogrammdarstellung

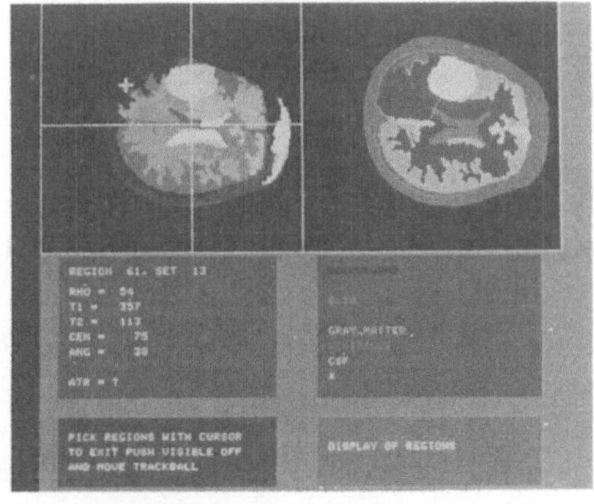

Bild 31:
Endergebnis

Beginnend bei der Meßdatenerfassung und endend bei der automatischen Diagnoseunterstützung wird auch in Zukunft die digitale Bildverarbeitung bei den medizinischen Abbildungssystemen einen entscheidenden Einfluß haben, der sich im Zuge der weiteren Integration der Mikroelektronik noch gar nicht absehen läßt. Die Informatik wird neben dem Büro und der Fabrik der Zukunft auch im Krankenhaus der Zukunft ihre Rolle sicher noch verstärken.

Referenzen:

1 F. BUCHMANN, J. COUMANS, W.J. DALLAS, J. KOSANETZKY, T. WENDLER, medicamundi 30 (1985) 37

2 P. HAAKER, E. KLOTZ, R. LINDE, Proc. 6. DAGM-Tagung Mustererkennung '84, Graz, S. 237

3 R.E. ALVAREZ, A. MACOWSKY, Phys. Med. Biol. 21 (1976) 733

4 J. COUMANS, J. KOSANETZKY, Proc. 3rd Int. Workshop on Bone and Soft Tissue Densitometry using CT, Banff, Canada (1982)

5 G. HARDING, J. KOSANETZKY, U. NEITZEL, Phys. Med. Biol. 29 (1984)

6 H. BOMSDORF, D. BUIKMAN, T. HELZEL, M. KUHN, D. KUNZ, K.M. LÜDEKE, W. MEYER, P. RÖSCHMANN, R. TISCHLER, W. VOLLMANN, H. WEISS, medicamundi 29 (1984) 6

7 J. FRAHM, A. HAASE, W. HÄNICKE, D. MATTHAEI, H. BOMSDORF, T. HELZEL, Radiology 152 (1984) 79

8 G. KOWALSKI, R. RIECKEHEER, W. WAGNER, Acta Electronica 22 (1979) 51

9 M. H. KUHN, W. MENHARDT, I.C. CARLSEN, IEEE Trans. Med. Im. MI-4 (1985) 160

10 W.J. DALLAS, W. MENHARDT, Computer Assisted Radiology (CAR'85) (1985) 560

11 Th. WENDLER, Computer Assisted Radiology (CAR'85) (1985) 669

12 L. SAGERER, Darstellung und Nutzung von Expertenwissen für ein Bildanalysesystem, Informatik Fachberichte Springer Verlag (1985)

13 W. MENHARDT, Proc. 8. DAGM-Symposium Mustererkennung Paderborn (1986)

Computer-Animation: Visionen ex machina

Frank Dietrich
(Palo Alto und University of Utah)

Die Einführung digitaler Medien verursacht gegenwärtig einen tiefgreifenden Umbruch im gesamten Bereich der visuellen Kommunikation. Der Computer, anfangs eine unbeholfene, wenn auch schnelle und präzise Rechenmaschine, ist mittlerweile zu einem ausserordentlich kultivierten Werkzeug zur Kreation und Bearbeitung von Bildmaterial avanciert. Innerhalb der Computer-Graphik hat sich die Erzeugung von Bildfolgen zur Darstellung bewegter Handlungsabläufe als besondere Herausforderung an den Entwicklungsstand der Technologie erwiesen. Denn über die Bewältigung der allgemeinen graphischen Problemstellungen hinaus stellt die erfolgreiche Simulation der Dimension Zeit erhebliche Anforderungen an Programme und Bildmaschinen.

Computer-Animation kann in bezug auf Anwendungsbereiche und Maschinentypen in drei verschiedene Klassen gegliedert werden:

– Videospiele und Personal Computer, die auf Mikroprozessoren basieren, sind am weitesten verbreitet. Die rudimentäre Veränderung des Bildinhalts beruht auf logischen Operationen, die an kleinen Pixelgruppierungen vorgenommen werden. Diese Form der Animation ist bedeutsam, weil sie Pionierfunktion für leicht erlernbare visuelle Dialogverfahren beim massiven Einsatz von Computern hatte.

– Graphische Arbeitsplätze finden in Forschung, Entwurf und Simulation Anwendung. Unbedingte Priorität wird dem Höchstmass an Interaktivität zwischen Benutzer und Maschine zugemessen. Aus dieser Fragestellung entwickelte sich das Konzept der Echtzeit-Animation, das einen anhaltenden Trend zu Hardware-Lösungen einleitete. Sequentielle Pipelines, parallele Prozessorarchitekturen und spezielle VLSI-Chips leisten die kontinuierliche Auffrischung und Abbildung 3-dimensionaler Objekte. Echtzeit-Animation war zuerst beschränkt auf einfache Vektorenzeichnungen, ist jedoch auf vollständig modellierte Gebilde ausgedehnt worden.

– Die Stars der Szene sind zweifellos in der kommerziellen Film- und Fernsehindustrie zu finden. Spektakuläre Filmeffekte konkurrieren im harten Wettbewerb um ein Millionenpublikum. Die visuelle Finesse ist Produkt hochspezialisierter Studios, die enorme Rechenanlagen einsetzen und trotzdem manchmal Stunden benötigen, um ein einzelnes Standbild zu produzieren. Mit Echtzeit-Animationen testet man vorher choreographische Stimmigkeit der Bewegungsabläufe. Um die Bildkomplexität weiter zu verdichten, wurden Zwitterformen des Trickfilms entwickelt, die Computer-Graphiken mit traditionellen Bildquellen auf einer optischen Bank oder mittels digitaler Videotechnologie vereinen. Verstärkt wird an Software-Innovationen gearbeitet, welche die Darstellung natürlicher Phänomene und menschlicher Körper ermöglicht.

Die Computer-Animation hat sich als visuelles Medium etabliert, das an Flexibilität und Produktivität ohne Präzedenz ist. Die dynamische Natur des Mediums ist einerseits von fundamentaler Bedeutung für die maschinelle Herstellung einer grossen Anzahl von Bildern, die für die Darstellung von Bewegung unabdingbar ist. Darüberhinaus kann der Computer z.B. organische Wachstumsprozesse simulieren und interne Funktionsvorgänge visualisieren, die dem menschlichen Auge oder einer Kamera verborgen bleiben. Die Erschaffung bislang ungesehener Bildwelten bleibt ein ständiger Ansporn für die Gestalter der Computertechnologie.

Computer-Animation

Fachgespräch Implementierung von KI-Programmiersystemen

Techniken der künstlichen Intelligenz werden in immer weiteren Bereichen der Informatik eingesetzt. Es besteht daher ein zunehmender Bedarf an entsprechenden Werkzeugen, die den Programmierer bei der Software-Entwicklung unterstützen, da die meisten klassischen Hilfsmittel zur Modellierung wissensbasierter Systeme nur bedingt geeignet sind. Hinzu tritt der Wunsch, diese Werkzeuge auch auf den immer grössere Verbreitung findenden Mikrorechnern zur Verfügung zu haben.

Im Mittelpunkt dieses Fachgesprächs, das gemeinsam von den GI-Fachgruppen 1.2.8 (KI-Softwaretechniken), 2.1.3 (Implementierung von Programmiersprachen) und 2.1.4 (Alternative Konzepte für Sprachen und Rechner) veranstaltet wird, steht daher der Entwurf und die Implementierung von Programmiersystemen, die den besonderen Anforderungen der KI-Programmierung angepasst sind. Hierzu gehören unter anderem

- neue funktionale, logische und objektorientierte Sprachkonzepte,
- ihre effiziente Implementierung durch Interpretierer und Compiler,
- benutzerfreundliche Mensch/Maschine-Schnittstellen unter Verwendung von Graphik und Window-Techniken,
- Hilfsmittel zur Verbindung von Expertensystemen, Daten- und Methodenbanken oder
- intelligente Werkzeuge zum Testen bzw. Verifizieren von Programmen.

Programmkomitee für dieses Fachgespräch: T. Christaller (GMD St. Augustin), K. Estenfeld (ECRC München), H. Ganzinger (Uni Dortmund), K. Indermark (RWTH Aachen), U. Kastens (Uni-GH Paderborn), R.-T. Kölsch (Software und Management Consulting München), W.-M. Lippe (Uni Münster, Vorsitz), B. Nebel (TU Berlin), H. Stoyan (Uni Erlangen)

UND-PARALLELISMUS UND EFFIZIENTES BACKTRACKING

VON PROLOG-PROZEDUREN

Lutz Plümer
Universität Dortmund
Fachbereich Informatik (LS VI)
4600 Dortmund 50

Abstract

Effizientes Backtracking von Prolog-Programmen kann bereits durch statische Optimierung auf einem Standard-Interpreter mittels eines Vorübersetzers und Meta-Interpreters erzielt werden. Zwei Verfahren werden dargestellt und miteinander verglichen. Das erste beruht auf der Bestimmung effizienter Backtrackpfade durch Datenabhängigkeitsanalyse, das zweite auf der Lokalisierung von (bedingten) Problemunabhängigkeiten und potentiellem Und-Parallelismus. Damit können unter gewissen Bedingungen exponentielle Laufzeitverbesserungen erzielt werden.

1. Einleitung

Ein wichtiges Problem im Bereich der logischen Programmierung ist die geringe Effizienz bestehender Interpreter. Dies wirkt sich insbesondere bei solchen Programmen aus, die Problemlösungen in nichtdeterministischer Weise beschreiben. Die Auswertung solcher Programme führt oft zu extensivem Backtracking. Effizienzsteigerungen können erzielt werden durch die Entwicklung von Suchstrategien, die eine intelligentere Auswertung erlauben als die Standardstrategie, und durch die Lokalisierung von Und-Oder-Parallelismus, der bei der Verwendung geeigneter Rechner-Architekturen ausgenutzt werden kann.

Der Zusammenhang zwischen diesen beiden Aspekten wird besonders durch Conerys Arbeit deutlich (/1/,/2/). Conery zeigt, daß durch die Berechnung und Aktualisierung von Datenflußgraphen zur Laufzeit Kontrollinformationen gewonnen werden können, durch die der Und-Parallelismus gesteuert und geeignete Backtrackpunkte ermittelt werden können. Allerdings entsteht durch die dynamische Herleitung der erforderlichen

Kontrollinformationen - wie beim "intelligenten" Backtracking /3/ - Overhead, der die erzielten Vorteile unter Umständen aufwiegt. Darüberhinaus ist die Synchronisation Und-paralleler Prozesse verhältnismäßig aufwendig.

Chang und Despain (/4/,/5/) haben, auf der Arbeit von Conery aufbauend, das Konzept des Datenabhängigkeitsgraphen vorgeschlagen, um Kontrollinformationen für Und-Parallelismus und "semi-intelligentes" Backtracking statisch zu ermitteln. Die Idee ist, beim Scheitern eines Literals L_n aus der Menge der nichtdeterministischen Literale L_i ($i < n$) diejenigen herauszufiltern, die an dem Scheitern von L_n beteiligt sein können. Dazwischenliegende Literale können übersprungen werden. Dieser Ansatz zielt auf den Entwurf eines Prolog-Compilers und einer geeigneten Hardware-Architektur. In /6/ wird gezeigt, wie ein derartiger Effizienzgewinn bereits auf einem Standard-Interpreter durch Verwendung geeigneter Meta-Prädikate erzielt werden kann.

Der Datenabhängigkeitsgraph im Sinne von /5/ legt die in der Programmniederschrift gegebene Reihenfolge der Literale im Klauselrumpf zugrunde. Unter logischen Gesichtspunkten ist diese Reihenfolge irrelevant, unter Effizienzgesichtspunkten kann sie aber ungünstig sein. Die Möglichkeiten der (statischen) Optimierung werden dadurch nicht ausgeschöpft.

Das zweite hier vorgestellte Verfahren beruht auf der statischen Analyse von (bedingten) Problemunabhängigkeiten. Es beinhaltet die Lokalisierung bestimmter hierarchischer Problemstrukturen und führt zur baumartigen Repräsentation dieser Strukturen im Klauselrumpf. Dies kann auf einem Standardinterpreter durch Verwendung geeigneter Metaprädikate ausgenutzt werden. Diese Metaprädikate verallgemeinern einen kürzlich von Freuder und Quinn vorgeschlagenen Pseudo-Baum-Algorithmus /7/ und wenden ihn auf das Gebiet der logischen Programmierung an. Unser Meta-Interpreter wahrt - im Gegensatz zu dem Algorithmus von Freuder und Quinn - die Vollständigkeit. Trotzdem können wir zeigen, daß die Komplexität der Problemlösung nicht mehr von der Anzahl der vorkommenden Variablen, sondern nur noch von der Höhe des entstehenden Baumes exponentiell abhängt.

2. Bestimmung effizienter Backtrackpfade

Ein Literal L im Rumpf einer Programmklausel heißt Erzeuger des Werts einer Variablen V, wenn V durch L an einen variablenfreien Term gebunden wird. Kommt V im Klauselrumpf später noch einmal in einem Literal L' vor, so heißt L' Verbraucher des Wertes von V. L heißt auch Erzeuger von L', L' Verbraucher von L. Die Erzeuger/Verbraucherrelation definiert eine Halbordnung unter den Literalen des Rumpfes einer Klausel, die Vorgängerrelation bezeichne die transitive Hülle dieser Relation.

Wenn wir reines Prolog voraussetzen, also insbesondere die Verwendung von Seiteneffekten durch assert/retract ausschließen, folgt daraus: Scheitert ein Literal L_n im Rumpf einer Klausel g, dann kommen als Backtrackknoten nur die Vorgänger von L_n (und natürlich der Kopf von g) in Betracht.

Dieser Sachverhalt kann durch das in Abbildung 1 dargestellte Färbungsproblem illustriert werden. Es geht darum, die durch R1 - R6 bezeichneten Länder so zu markieren, daß keine 2 Länder mit einer gemeinsamen Grenze die gleiche Farbe haben. Es ist bekannt, daß im allgemeinen mit 4 Farben eine Lösung stets gefunden werden kann, während das Problem, ob beim Vorhandensein von nur 3 Farben eine Lösung existiert, NP-vollständig ist /9/. Programm 1 ist ein Lösungsverfahren für dieses Problem.

```
:- color1(R1,R2,R3,R4,R5,R6,R7).

/* #0 */ color1(R1,R2,R3,R4,R5,R6,R7):-
/* #1 */   next(R2,R3),
/* #2 */   next(R2,R4),
/* #3 */   next(R7,R1),
/* #4 */   next(R5,R7),
/* #5 */   next(R5,R6),
/* #6 */   next(R5,R1),
/* #7 */   next(R6,R1),
/* #8 */   next(R3,R1),
/* #9 */   next(R4,R1),
/* #10*/   next(R2,R1).

next(grün,rot).    next(grün,gelb).
next(rot,gelb).    next(rot,grün).
next(gelb,grün).   next(gelb,rot).
```

Programm 1

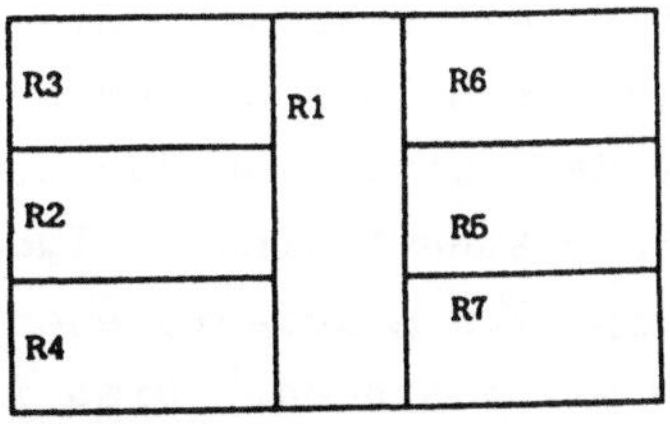

R3 R1 R6
R2 R5
R4 R7

Abbildung 1

Die Definition von next/2 bedingt, daß Variablen stets an der Stelle ihres ersten Vorkommens im Rumpf von color1/7 erzeugt werden. Wir unterstellen, daß das Literal #10 scheitert. Nur die Literale #1 - #5 sind Erzeuger von Variablenwerten. Daraus folgt bereits, daß #6 - #9 übersprungen werden können. #1 und #3 sind die (einzigen) Vorgänger von #10. #4 und #5 können also ebenfalls übersprungen werden. Aus Gründen der Vollständigkeit muß #3 als Backtrackknoten ausgewählt werden (als "$Backtrack_1$-Knoten" von #10). Gelingt es nicht, an der Stelle #3 die Ursache des Scheiterns von #10 zu beseitigen, ist #1 der nächste Backtrackknoten (der "$Backtrack_2$-Knoten" von #10), in diesem Fall kann #2 übersprungen werden. Ein Problem ergibt sich daraus, daß #1 kein Vorgänger von #3 (im Sinne der durch die Datenabhängigkeiten gegebenen Vorgängerrelation) ist.

Die $Backtrack_1$-Knoten können unmittelbar dem Datenabhängigkeitsgraphen entnommen werden. Die Knotenmenge dieses Graphen ist durch die Literale des Klauselrumpfes gegeben, die gerichteten Kanten führen von Verbrauchern zu Erzeugern.

Eine Prozedur g sei gegeben, L sei eine Liste von Teillisten L_i, so daß L_i die im i-ten Literal des Rumpfes von g vorkommenden Variablen enthält. Die Prozedur ddg/2 wird wie folgt definiert:

```
ddg([],_).
ddg([Head_of_L | Tail_of_L],I):-  substitute(Head_of_L,I),
                                  J is I + 1,
                                  ddg(Tail_of_L,J).
substitute([],_).
substitute([I | Tail_of_Li],I) :- substitute(Tail_of_Li,I).
substitute([Head | Tail_of_Li],I) :- substitute(Tail_of_Li,I).
```

Nach Aufruf von ddg(L,1) kann man dem Term L die Kanten des Datenabhängigkeitsgraphen entnehmen: enthält eine Teilliste L_i einen Index j<i, dann ist #j Erzeuger von #i. Dies wird durch die zweite Klausel für substitute/2 bewirkt, die alle Vorkommen der an I gebundenen Variablen in L simultan an den entsprechenden Index bindet. Der Zeitaufwand für den Aufruf von ddg(L,1) hängt linear von der Länge von L ab. Für die Korrektheit dieses Algorithmus ist die Annahme wesentlich, daß die im Rumpf von g aufgerufenen Prozeduren alle Variablen an variablenfreie Terme binden. Dies ist, wie Lloyd und Topor gezeigt haben, stets dann der Fall, wenn bei allen Programmklauseln die im Klauselkopf vorkommenden Variablen auch im Klauselrumpf auftreten /12/.

$Backtrack_1$-Knoten eines Literals L_n ist der Vorgänger von L_n mit dem größten Index. Die - aus Gründen der Vollständigkeit erforderliche - Erreichbarkeit aller Vorgänger von L_n kann entweder durch geeignete Buchhaltungsoperationen, die die Geschichte von Mißerfolgen festhalten, sichergestellt werden /2/, oder durch die statische Festlegung geeigneter $Backtrack_2$-Knoten, wobei allerdings gewisse Worst-Case-Annahmen gemacht werden müssen /5/.

Das zugrundeliegende Problem, daß die Vorgänger eines Literals L_n nicht notwendig untereinander in der Vorgängerrelation stehen (in dem Färbungsbeispiel ist z.B. #1 kein Vorgänger von #3, aber beide sind Vorgänger von #10), wird bei dem im folgenden beschriebenen Ansatz vermieden.

3. Statische Optimierung durch baumartige Problemrepräsentation

Offenbar ist die Anordnung der Literale im Rumpf von color1/7 in Programm 1 nicht besonders günstig, weil sie die Struktur des Problems nicht ausnutzt. Besser ist es, als erstes einen Wert für R1 zu erzeugen, weil dadurch die Einfärbung der linken und der rechten Kartenhälfte zu voneinander unabhängigen Problemen werden. Die Erzeugung von R2 und R5 schafft für die beiden Kartenhälften eine entsprechende Situation.

Daß sich ein solches Vorgehen anbietet, kann auch dem in Abbildung 2 dargestellten Constraint-Graphen entnommen werden. In diesem Graphen entsprechen den Knoten die vorkommenden Variablen und den Kanten die Literale im Rumpf von color1/7. Offenbar kann eine dem Problem angemessene Reihenfolge bei der Erzeugung der Variablen durch eine Baumstruktur beschrieben werden. Den Variablenabhängigkeiten entspricht eine baumähnliche Struktur. Diese Situation soll im folgenden durch einen Meta-Operator '&' dargestellt werden, der logisch dem Konjunktionsoperator ',' äquivalent ist, aber die vorliegende Unabhängigkeit zum Ausdruck bringt. Die Schreibweise

P_1, (P_2 & P_3)

wird verwendet, wenn nach Lösung von P_1 die Probleme P_2 und P_3 voneinander unabhängig sind.

'&' sei als rechtsassoziativer Infix-Operator so deklariert, daß '&'

stärker bindet als das Konjunktionssymbol ',' und schwächer als das Implikationssymbol ':-'. Dies dient lediglich der Klammerersparnis. Eine zu color1/7 äquivalente Prozedur color2/7 ist dann durch Programm 2 gegeben.

```
/* #0 */ color2(R1,R2,R3,R4,R5,R6,R7):-
/* #1 */   next(R1,R2),
/* #2 */     (next(R2,R3),
/* #3 */      (next(R3,R1) &
/* #4 */       next(R2,R4),
/* #5 */       next(R1,R4)) &
/* #6 */     next(R1,R5),
/* #7 */     (next(R5,R6),
/* #8 */        next(R1,R6) &
/* #9 */        next(R5,R7),
/* #10*/     next(R1,R7))).
```

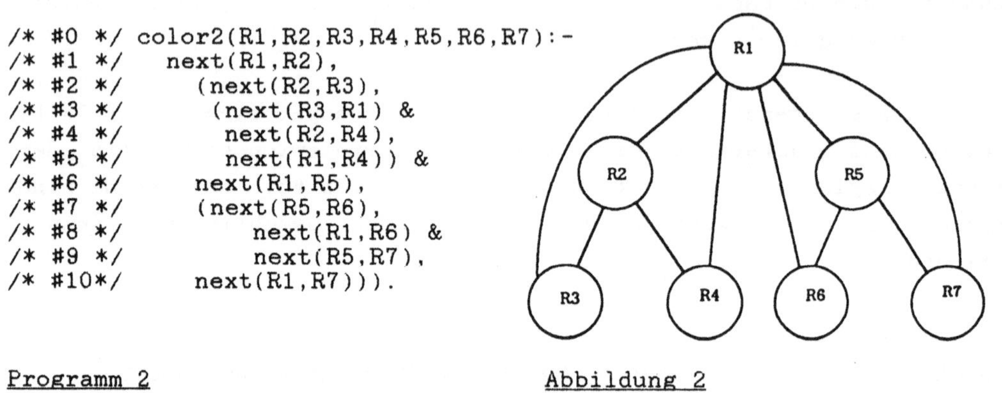

Programm 2 Abbildung 2

Angenomen #10, also der Aufruf von next(R1,R7), scheitert. #9 und #10 sind durch ',' miteinander verbunden und #9 ist nichtdeterminstisch, also Backtrackknoten für #10. Tatsächlich erzeugt #9 einen Wert für R7. Scheitert dann auch #9, kommen #7 und #8 als Backtrackknoten nicht in Betracht, da sie mit #9 und #10 durch '&' verbunden sind. Nächster Backtrackknoten ist also #6. #6 erzeugt R5. Da der durch #9 erzeugte Wert von R7 von R5 abhängt, muß #6 auch auf einem von #10 ausgehenden Backtrackpfad liegen. #6 ist Vorgänger von #10 in dem oben definierten Sinn. Der nächste Backtrackknoten ist dann #1.

Bei paralleler Bearbeitung können alle für die Synchronisation der Und-Prozesse erforderlichen Informationen der Struktur des Rumpfes von color2/7 entnommen werden. Die durch #2 - #5 und #6 - 10 gegebenen unabhängigen Prozesse können initiiert werden, sobald der Prozeß #1 Werte geliefert hat. Ebenso können nach Lösung von #2 Prozesse für #3 sowie #4,#5 gestartet werden. Scheitert ein Sohn-Prozeß, dann ist - in der Terminologie von Conery - eine "Redo"-Nachricht an den Vaterknoten zu senden, dieser hat "Cancel"-Nachrichten an alle Söhne zu senden. Der Synchronisationsaufwand ist also gering, die erforderlichen Rücksetzoperationen werden gegenüber dem Ansatz von Conery eingeschränkt (vgl. /6/).

4. Der '&'-Meta-Interpreter

Das intendierte Backtrackverhalten kann auf einem sequentiellen Standard-Interpreter erzielt werden, wenn '&' wie folgt definiert wird:

```
A & B :- call(A), !, call(B), !.
```

Die Standardsuchstrategie von Prolog bewirkt, daß der oben beschriebene Baum nach der depth-first-Regel durchlaufen wird. Das '&'- Metaprädikat bewirkt, daß beim Backtracking im Bereich des mit B assoziierten Teilbaums der durch A gegebene Teilbaum übersprungen wird. Diese Version des Meta-Prädikats sichert allerdings lediglich das Auffinden einer Lösung. Die Vollständigkeit (relativ zur Standardsuchstrategie) wird durch die folgende Definition gewahrt:

```
/* #0 */   A & B :- call(A),
/* #1 */             (check1;
/* #2 */              check2(y),!,fail;
/* #3 */              fail),
/* #4 */             call(B).

check1:- !.
check2:- cont(y,for).
```

Hier wird hinter den Aufruf von A mittels call(A) ein bedingter Cut eingefügt. Der Cut wirkt, solange noch keine Lösung gefunden wurde, danach wird er aufgehoben. Die Information, ob bereits eine Lösung gefunden wurde, kann nicht durch Variablenbindungen bereitgestellt werden, da diese im Falle des Backtracking aufgehoben werden. Sie erfolgt deshalb durch Seiteneffekte, die mittels assert/1 und retract/1 herbeigeführt werden. Wir verwenden hier der Einfachheit halber zwei Prozeduren cont/2 und set/2, die lesend bzw. schreibend auf eine derart simulierte globale Variable zugreifen. Eine aufrufende Prozedur hat dann die Gestalt

g':- set(y,for), P_0, (P_1 & .. & P_n), set(y,back).

Einen "bedingten" Cut bewirkt die in #1 - #3 angegebene Disjunktion (';' ist das Disjunktionssymbol). Nach erfolgreichem Aufruf von A durch call(A) wird check1, das erste Glied der Disjunktion, aufgerufen. Dieser Aufruf gelingt, wie die Defintion von check1 zeigt, genau einmal. Backtracking von call(B) führt dann zu #2, dem zweiten Glied der Disjunktion. Der Aufruf von check2(y) gelingt genau dann, wenn g' noch keine Lösung geliefert, y also den Wert "for" hat. Der anschließende Aufruf von "!, fail" bewirkt dann das Scheitern des Prozeduraufrufs A & B, insbesondere wird also Backtracking von call(A) vermieden. Ist dagegen check2(Y) nicht erfüllt, wird #3, das dritte Glied der Disjunktion, überprüft. Das einfache "fail" in #3 bewirkt Backtracking von call(A).

Sollen rekursive oder geschachtelte Aufrufe von Prozeduren möglich sein, die das '&'-Metaprädikat verwenden, muß die Lokalität der durch Seiteneffekte simulierten Variablen gesichert sein. Dies ist möglich, wenn man '&' als dreistellige Prozedur definiert und die Namen geeigneter globaler Variablen jeweils übergibt. Die durch die Infix-Notation erzielte Übersichtlichkeit geht dann allerdings verloren.

5. Bedingte Problemunabhängigkeit und Separabilität von Constraint-Graphen

Eine Prozedur g sei von der Gestalt

```
g:- p,q.
```

wobei p und q Literale oder Konjunktionen von Literalen sein können. Sind p und q variablendisjunkt, dann sind die durch p und q gegebenen Probleme voneinander unabhängig. Denn für jede Antwortsubstitution S von p gilt: q*S = q (dabei soll q*S die Anwendung der Substition S auf den Ausdruck q bedeuten). Umgekehrt gilt entsprechendes. Wir setzen dabei reines Prolog voraus, schließen also das Auftreten von Seiteneffekten (durch Verwendung von retract/assert) bei der Auswertung von p bzw. q aus.

Hat eine Prozedur g die Form

```
g:- p, q, r
```

und macht jede Lösung von p die Variablenmengen von q und r disjunkt, liegt bedingte Problemunabhängigkeit (bedingte Zerlegbarkeit) vor: q und r sind beide von p, aber voneinander unabhängig. Dies ist stets dann der Fall, wenn der Durchschnitt der Variablenmengen von q und r in der Variablenmenge von p enthalten ist und jede Lösung von p die in p vorkommenden Variablen an variablenfreie Terme bindet. Wir nennen p dann einen Constraint. Kommen in p genau 2 Variablen vor, heißt p binärer Constraint.

Wir betrachten zunächst Prozeduren in reinem Prolog, in derem Rumpf nur binäre Constraints auftreten, und schließen zusätzlich aus, daß beim Aufruf von g im Prozedurkopf von g vorkommende Variablen miteinander identifiziert werden. Dadurch wird verhindert, daß Variablenabhängigkeiten entstehen, die der Definition der Prozedur nicht entnommen werden können, wie in dem folgenden Beispiel:

```
:- p(A,A).
p(X,Y):- q(X), r(Y).
```

Die Variablenabhängigkeiten des Rumpfes einer solchen Prozedur können durch einen Constraint-Graphen G(V,E) repräsentiert werden. Dabei ist V, die Knotenmenge von G, gegeben durch die in P vorkommenden Variablen. Jedem Literal mit Variablen A und B entspricht dann eine Kante A-B in G.

Ein Graph G(V,E) heißt zusammenhängend, wenn je zwei Knoten a und b aus V durch einen Pfad von G miteinander verbunden sind. Andernfalls ist G nicht zusammenhängend.

Ist G(V,E) ein zusammenhängender Graph, dann heißt ein Knoten v aus V Artikulationspunkt von G, wenn zwei von v verschiedene Knoten a und b existieren, so daß jeder a und b verbindende Pfad durch v führt. Existiert ein solcher Knoten v, dann heißt G separabel.

Es gilt nun:

1) Ist der Constraint-Graph einer Prozedur nicht zusammenhängend, dann ist der Rumpf dieser Prozedur zerlegbar.

2) Ist der Constraint-Graph einer Prozedur separabel, dann ist der Rumpf dieser Prozedur bedingt zerlegbar.

Even beschreibt in /10/ einen Algorithmus, der in linearer Zeit (bezogen auf die Kantenzahl eines Graphen) bestimmt, ob ein zusammenhängender Graph separabel ist und gegebenenfalls alle Artikulationspunkte und nichtseparablen Komponenten des Graphen angibt. Even zeigt ferner, daß die durch die Artikulationspunkte und die nichtseparablen

Komponenten gegebene Superstruktur eines Graphen Baumgestalt hat.

Diese Struktur ist für unsere Zwecke noch nicht fein genug. Wir definieren stattdessen den Reduktionsbaum eines Graphen wie folgt:

Ein Knoten v sei Artikulationspunkt eines Constraint-Graphen G(V,E). V_1, .. V_k sei eine (disjunkte) Partition von V - {v}, so daß gilt: zwei Knoten a und b aus V sind Element derselben Menge V_i dann und nur dann, wenn es einen a und b verbindenden Pfad gibt, der nicht durch v führt.

Für i = 1 .. k sei G_i der durch V_i u {v} und G_i' der durch V_i induzierte Teilgraph von G. Der Reduktionsbaum RT ist dann ein Baum mit der Wurzel v und Teilbäumen t_1 .. t_k, wobei

i) $t_i = V_i$, wenn weder G_i noch G_i' separabel ist

ii) t_i ist der Reduktionsbaum von G_i, wenn G_i separabel ist

iii) sonst ist t_i der Reduktionsbaum von G_i'.

Mithilfe des aus dem Rumpf einer Prozedur

g:- L_1, .. L_n.

hergeleiteten Reduktionsbaumes RT kann die verfeinerte Darstellung

g':- P_v, (P_{t1} & .. & P_{tm})

berechnet werden. Dabei muß gelten:
- alle im Rumpf von g vorkommenden Literale kommen auch in g' vor,
- P_v erzeugt die Variable v (und ggf. weitere Variablen),
- jedes P_{ti} erzeugt die Variablen von t_i, die nicht bereits von P_v erzeugt wurden, und verbraucht lediglich v und Variablen von t_i.

Entsprechendes gilt für verfeinerte Darstellungen der P_{ti}.

Die verfeinerte Darstellung einer Prozedur wird durch die genannten Bedingungen nicht eindeutig charakterisiert. Die verbleibenden Freiheitsgrade können genutzt werden, um domain-spezifische Effizienzgesichtspunkte zu berücksichtigen, und sie ermöglichen später zu diskutierende Verallgemeinerungen.

Satz: Die verfeinerte Form g' einer Prozedur g und die Höhe h des Reduktionsbaumes seien gegeben. Es wird angenommen, daß an jedem Knoten genau eine Variable gebunden wird. b_i sei die Anzahl der Knoten auf der i-ten Ebene des Baumes, m_i die Anzahl der Werte, die die Variablen auf dieser Ebene maximal annehmen können. Die Kosten des Aufrufs eines Literals im Rumpf von g seien durch eine Konstante begrenzt. Dann kann die Komplexität von g' abgeschätzt werden durch:

$$O(h * \prod_{i=1}^{h} (b_i * m_i))$$

Ein Beweis dieses Satzes findet sich in /6/.

6. Verallgemeinerungen

Hat eine Prozedur einen nichtseparablen Constraint-Graphen G(V,E) dann werden solange Knoten entfernt, bis der verbleibende Teilgraph separabel ist. Die zuvor entfernten Knoten sind dann zusätzlich mit dem Wurzelknoten des Reduktionsbaumes zu assoziieren. Entsprechendes gilt für die mit den Blattknoten des Reduktionsbaumes assoziierten, ggf. nichttrivialen Teilgraphen. Dabei ist folgende Heuristik sinnvoll: Zu entfernende Knoten sollten mit zuvor entfernten - sofern vorhanden - verbunden und von maximalem Grad (in Bezug auf in Frage kommende Knoten) sein.

Zulässige Seiteneffekte

Seiteneffekte, die Programmklauseln hinzufügen oder löschen, können dazu führen, daß die prozedurale Semantik eines Programms von der verwendeten Backtrack-Strategie beeinflußt wird. Dies ist dann nicht der Fall, wenn Seiteneffekte nur dazu verwendet werden, gewisse bereits hergeleitete Zwischenergebnisse festzuhalten, um sie zum Beispiel nicht wiederholt herleiten zu müssen. Diese in /11/ als Lemma-Generierung bezeichnete Technik kann durch ein Meta-Prädikat

```
lemma(Z) :- call(Z), assert(Z).
```

beschrieben werden und ist in dem hier diskutierten Zusammenhang unproblematisch.

Berücksichtigung des Cut

Kommt ein Cut am Ende der Prozedur vor, kann die erste (unvollständige) Version des '&'-Meta-Prädikats verwendet werden. Hat eine Prozedur die Gestalt

```
g:- p, !, q.
```

wobei p und q Literale oder Konjunktionen von Literalen sind, die den Cut nicht enthalten, sind Reduktionsbäume für p und q getrennt zu berechnen. Bei der verfeinerten Darstellung von p kann die unvollständige Version des '&'-Metaprädikats verwendet werden. Bei der Bestimmung des Reduktionsbaumes von q können die durch p bewirkten Variablenbindungen berücksichtigt werden.

Berücksichtigung von Aufrufmustern

Im Kopf einer Programmklausel g vorkommende, voneinander verschiedene Variablen A und B können beim Aufruf von g miteinander identifziert werden. Solche Variablenidentifikationen müssen aus Vollständigkeitsgründen bei der Optimierung berücksichtigt werden. Wird eine im Kopf von g vorkommende Variable C bereits beim Aufruf von g an einen variablenfreien Term gebunden, so kann dies aus Effizienzgründen berücksichtigt werden. Es gibt stets nur endlich viele verschiedene Aufrufmuster einer Prozedur g. Ein solches Aufrufmuster kann durch eine Liste dargestellt werden, in der eine Variablenidentifikation von A und B durch ein Element [A¦B] und eine variablenfreie Substitution von C durch ein Element [C¦t] repräsentiert wird. Vor der Berechnung des Constraint-Graphen für g hat dann ein Aufruf bind(Rumpf_von_g,List) zu erfolgen. 'bind/2' ist wie folgt zu definieren:

```
bind(Prozedurrumpf,[]).
bind(Prozedurrumpf,[[V¦V]¦T]:- bind(Prozedurrumpf,T).
```

Unvollständige Variablenbindungen

Es ist im allgemeinen nicht sichergestellt, daß der Aufruf eines Literals L die in L vorkommenden Variablen an variablenfreie Terme bindet. Eine hinreichende Bedingung wurde in Abschnitt 2 erwähnt. Einen allgemeineren Algorithmus zur automatischen Generierung von Informationen über das Bindungsverhalten von Prozeduren, der aber aus Entscheidbarkeitsgründen gewisse Worst-Case-Annahmen machen muß, enthält /8/. Das

Verfahren für die Bestimmung des Reduktionsbaumes ist für den allgemeinen Fall so zu modifizieren: eine Variable V kann Wurzel des Reduktionsbaumes sein, wenn der mit V assoziierte Knoten Artikulationspunkt des Constraint-Graphen ist und ein Literal p existiert, das V erzeugt.

Entsprechendes gilt für die Konstruktion der Teilbäume des Reduktionsbaumes. Dies kann unter der Voraussetzung erfolgen, daß die den Vorgängerknoten entsprechenden Variablen bereits erzeugt wurden.

Bislang wurde verlangt, daß im Prozedurrumpf vorkommende Literale genau 2 Variablen enthalten. Kommen in einem Literal weniger als 2 Variablen vor, ändert sich an der Konstruktion des Reduktionsbaumes nichts. Kommen in einem Literal L mehr als 2 Variablen vor, entält der Constraint-Graph für jedes Paar von in L vorkommenden Variablen eine Kante.

8. Ein Benchmark-Test

Wir haben die hier beschriebenen Verfahren auf einem Standard-Interpreter implementiert und miteinander sowie mit der Standardstrategie verglichen. Als Anwendungsbeispiel haben wir ein in /3/ vorgeschlagenes Färbungsproblem gewählt; es handelt sich um eine Karte mit 13 Ländern und 31 Grenzen, für 3 Farben ist dieses Färbungsproblem unlösbar. Wir bezeichnen mit Standard die implementierte Standardstrategie des Interpreters, mit Methode 1 das in Abschnitt 2, mit Methode 2 das zuletzt dargestellte Verfahren. Constraint-Checks bezeichnen erfolgreiche, Backtracks erfolglose Aufrufe von next/2.

4 Farben	CPU-Sek.	Constr. Checks	Back-tracks	3 Farben	CPU-Sek.	Constr. Checks	Back-tracks
Standard	79	5815	5784	Standard	488	79422	40358
Methode 1	23	651	89	Methode 1	209	4761	1039
Methode 2	3	55	24	Methode 2	2	78	79

Danksagung

Das hier beschriebene Verfahren ist Gegenstand meiner Diplomarbeit, die ich unter der Betreuung von Prof. Dr. A. B. Cremers angefertigt habe, dem ich für seine Unterstützung meinen herzlichen Dank ausspreche.
Den Mitgliedern des ESPIRIT-Projekts P530 ("EPSILON") danke ich für fruchtbare und anregende Diskussionen.
Für Unterstützung danke ich auch der Firma Siemens AG, München, DAP 332.

Literatur

/1/ J. S. Conery, D. F. Kibler: "AND Parallelism in Logic Programs", Proceedings 8th IJCAI, Karlsruhe, 1983, S. 539 - 543.

/2/ J. C. Conery, D. F. Kibler, "AND Parallelism and Nondeterminism in Logic Programs", New Generation Computing, Vol. 3, No. 3, S. 43-70.

/3/ M. Bruynooghe, L. M. Pereira: "Deduction revision by intelligent backtracking", in: A. Campbell (Hrsg.): "Implementation of Prolog", Ellis Horwood Limited, Chichester, 1984

/4/ J-H. Chang, A. M. Despain, D. DeGroot: "AND-Parallelism of Logic Programs Based on a Static Data Dependency Analysis", Digest of Papers of COMPCOM Spring 85, 1985, S. 218 - 225.

/5/ J-H. Chang, A. M. Despain: "Semi-Intelligent Backtracking of Prolog Based on a Static Data Dependency Analysis", 1985 Symposium on Logic Programming, Boston 1985, S. 10 - 21.

/6/ L. Plümer: "Ein Vorübersetzer und Meta-Interpreter für effizientes Backtracking von Prolog-Programmen", Diplomarbeit, Universität Dortmund, Abteilung Informatik, 1986.

/7/ E. Freuder, M. Quinn: "Taking Advantage of stable sets of variables in constraint satisfaction problems", Proceedings 9th IJCAI, 1985.

/8/ C. S. Mellish: "The Automatic Generation of Mode Declarations for Prolog Programs", DAI Research Paper No. 163, University of Edinburgh, 1981.

/9/ L. Stockmeyer: "Planar 3-Colorability is Polynomial Complete", SIGACT News, Vo. 5, Nr. 3, 1973.

/10/ S. Even: "Graph Algorithms", London, 1979.

/11/ C. H. Hogger: "Introduction to Logic Programming", London, 1984.

/12/ J. W. Lloyd, R. W. Topor: "A Basis for Deductive Data Base Systems, Journal of Logic Programming, Vol. 2, Nr. 2, S. 93-109, 1985.

Efficient Implementation of the Graphical Input/Output for Smalltalk-80

Harald Ganzinger
Georg Heeg
Universität Dortmund
Lehrstuhl Informatik V
Postfach 50 05 00
4600 Dortmund 50
West Germany

A highly interactive system such as Smalltalk-80 requires high performance at the user interface. An implementation of the Smalltalk virtual machine, to be acceptable, must be tuned to achieve good efficiency of its I/O operations. This paper describes our experiences gained from implementing the v-machine on a specific hardware configuration in which we have available a separate I/O-processor for driving the bitmap terminal. We respecify the Smalltalk-80 I/O-primitives in Smalltalk in terms of a set of more low-level operations. The latter are designed to be performed by the I/O-processor in parallel to the operation of the virtual machine on the main processor of the workstation. We conclude in demonstrating the usefulness of this type of hardware and software structure.

1. Introduction

Smalltalk-80 is a highly interactive programming system. One of the most important requirements for such systems is immediate reaction to certain kinds of user activity. If the user touches the mouse, the cursor must follow the moving immediately and continuously. Some existing Smalltalk implementations (e.g. BSII on Sun2) show an unsatisfactory behaviour. Moving the mouse slows down or stops the main process or, even worse, the cursor jumps erratically, making it rather awkward to designate large window sizes or to point to small objects on the screen. Similarly, fast double clicks on mouse or keyboard buttons should always be recognizable. As browsing through class definitions is a main activitiy during Smalltalk program development, output operations (bitblts, text formatting) are required to be as fast as possible. If a programmer wants to modify several methods at the same time, he freqently changes his window selection, upon which the newly selected window is always completely rewritten by the Smalltalk system.

One important principle in operating systems is to introduce a maximum amount of parallelism between the activities of the main processes and the usually slow I/O-operations, avoiding situations of waiting. Therefore if one has available a bitmap terminal that has associated a separate I/O-processor, one should exploit the capabilities of parallelism in such a hardware structure. We will show that the implementation of the I/O-operations of the Smalltalk-80 virtual machine (*v-machine*) can be designed to allow for such parallelism. In other words, we will specify a virtual bitmap terminal that offers I/O-operations which are one side as close as possible to what is required by the I/O-primitives of the v-machine, and, on the other hand, allow for executing them in parallel to the main interpreter process. The I/O-operations of the v-machine will be specified (using Smalltalk pseudo-code) in terms of the bitmap's operations. Communication between the main processor and the terminal will be modelled in the message passing mechanism of Smalltalk.

The paper in particular describes the I/O-aspects of our v-machine implementation BS/DO for the CADMUS 9000 series, which we have derived from the Berkeley Smalltalk interpreter BSII. The CADMUS is based on the Motorola MC 68010 and runs UNIX System V. Its graphics terminal has a local MC 68010 and local memory (cf. section 2). So far, our efforts have resulted in a considerable speed-up of the system's performance. Our implementation is almost twice as fast compared to what is reported from measurements taken for the original BSII on a Sun1.5 [Xerox 84]. A substantial portion of this improvement stems from our I/O-design. Furthermore, our abstract machine has a much simplified internal structure. In contrast to the original BSII, it can be easily debugged as all timer interrupts are handled by the second processor.

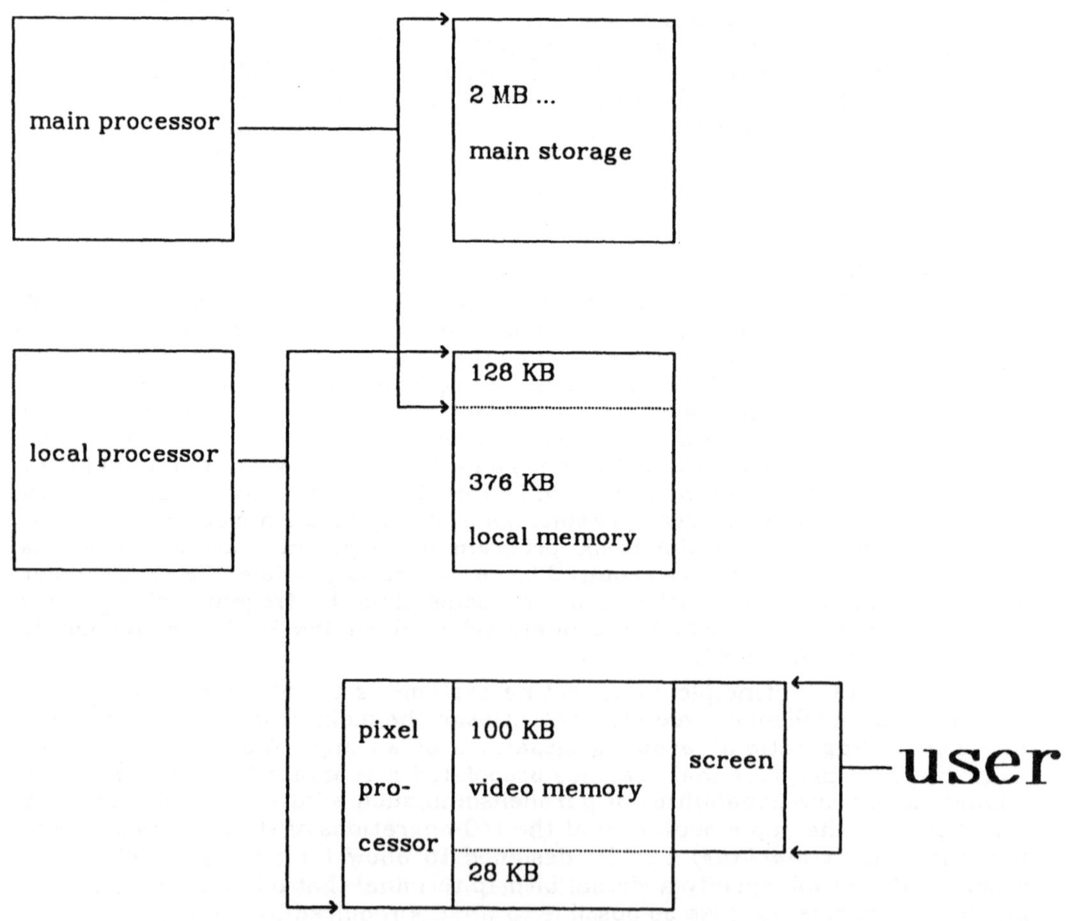

Figure 1: The hardware architecture

2. The Hardware Architecture

The system we use has a complete separate one-board computer to drive the bitmap terminal. This unit will be called ***bitmap processor*** subsequently. This bitmap processor is organized as a slave processor supervised by the main processor of the workstation. The main processor can start and stop the bitmap processor, as well as read and write all its memory. So the communication between the two processors is mainly established via this shared memory. (Actually we use only 128K of the local memory for communication purposes cf. figure 1.) Besides this the bitmap processor can itself raise bus interrupts. A block diagram is shown in figure 1.

As a 680x0 processor can only handle entire words with fixed boundaries, an additional pixel processor is available to allow for addressing operands bitwise. Every memory access through the pixel processor is a complete read-modify-write cycle and affects the addressed bits. A combination rule (0-15) with the same semantics as in Smalltalk defines the type of the modification. For details see [PCS 1985].

3. The Usage of the Bitmap Processor

There are two different reasons for migrating a task to the bitmap processor:

- The task is a "real time task" which has to be performed immediately, regardless of the load of the main processor (controller tasks).
- The task can be performed in parallel to activities on the main processor, allowing to gain speed through parallelism (output operations).

3.1. Controller Tasks on the Bitmap Processor

An important controller task is the handling of the mouse. If a user moves the mouse s/he expects the cursor to move immediately and continuously at the user's speed. A possible solution for this problem is a separate hardware device to modify the video signal. If this device is not available the following operations are to be performed by software upon moving of the mouse:

1. Restore the area where the "old" cursor was shown before the move.
2. Save the area where the "new" cursor must be shown.
3. Paint the cursor at the new position.

This sequence is to be triggered by polling the mouse registers. On a one-processor machine a decision must be taken as to whether assigning a high or low priority to this task. Choosing a high priority slows the system down considerably when the mouse is moved. Assigning a low priority to this task may make a smooth moving of the cursor impossible. A specialized bitmap processor, however, has enough power to run this task at a high priority.

Another controller task is to read keyboard and mouse buttons and to send corresponding messages to the virtual machine. The specification of the virtual machine implies the existence of a polled memory location for signalling these events. This semaphore may also serve for interrupting Smalltalk when the time is elapsed after executing Smalltalk <primitive: 100> ProcessorScheduler>> signal: atMilliseconds: and to trigger garbage collection. The migration of <primitive: 100> to a second processor has a nice side effect. Unix timer interrupts are not needed any more. This cleans up the structure of the Smalltalk interpreter and makes it possible to debug the Smalltalk virtual machine using a standard Unix debugger.

3.2. Output Operations

The screen output of Smalltalk is generated by three rather general primitives:

BitBlt>> copyBits

Instances of class BitBlt describe bit operations on three rectangular bitmaps, called source, destination and halftone form, respectively. They specify the affected subrectangles and the rule of combining the rectangles. The message <primitive: 96> performs an execution of the specified operation.

BitBlt>> drawLoopX: Y:

The drawing of lines is viewed as an iterative execution of one bitblt operation for each point on the line. The moving direction is given as a parameter. The message <primitive: 104> performs this iteration.

CharacterScanner>> scanCharactersFrom: to: in: rightX: stopConditions: displaying:

The class CharacterScanner is a subclass of BitBlt and has a text and various additional information like font descriptions and current positions in the text as components. The message <primitive: 103> performs a scanning, updates the positions and writes the characters to a form if specified so.

A complete definition of these operations is given in [Goldberg, Robson 1983] chapter 18. Mandatory is only the implementation of the first primitive in the interpreter. For the other two there exists a complete implementation in Smalltalk itself based on BitBlt>> copyBits. Because of performance reasons, however, it is more or less a must to implement all the primitives in the interpreter.

4. General Structure of the Bitmap Software

In this section we will describe the principle structure of the bitmap software together with the communication between both processors.

Above we have distinguished between controller and output operations. The output operations are activated by sending messages to the bitmap processor whereas the controller tasks are performed as background processes on the bitmap processor. The bitmap processor executes a busy-wait loop that checks for the incoming of such messages and when a message arrives executes the corresponding method. Controller tasks may interrupt this loop.

As a consequence of the hardware structure, methods on the bitmap processor which modify the video ram have to run mutually exclusively. This is reflected in the Smalltalk pseudo code given in appendix 1 where the activations of these methods occur in critical regions over the semaphore *busySemaphore*.

Both processors operate in parallel. The software is designed to run as concurrently as possible. Only those methods that return a nontrivial result have to be completed before the main process continues. The latter is the case e.g. for bitblts with a destination form in main memory. In the specifications in appendices 2 and 3, parallelism is indicated by the sending of fork messages.

The controller tasks are implemented in two different ways. The cursor moving is taken care of by the busy-wait loop. An interrupt routine which is executed every 2 milliseconds reads the keyboard and the mouse button and updates the timer. On the bitmap processor we, therefore, have a simple operating system that schedules two tasks, the timer interrupt routine and the kernel task which is basically a busy-wait loop that checks for incoming messages and calls upon the corresponding output routines. This describes the implementation of the semaphore *busySemaphore*. The kernel waits for a message, then executes the corresponding method and, then, waits again. The *busySemaphore* indicates whether the kernel task waits or whether it executes a method. The main processor can read this semaphore and waits before sending the next message until the semaphore indicates the completion of the previously sent message.

As a visible cursor may conflict with the effect of any output operation, the screen under the cursor is always restored before a output operation method is executed. That the cursor is, thus, unvisible for a very short time is hardly noticable. The mouse registers may be updated by the interrupt task while an output routine is executed. Hence no move information gets lost.

On the machine level the communication and message passing is implemented by shared memory. As the bitmap processor cannot access any object in the main processor's memory, the messages and all their parameters are copied into the former's memory.

4.1. The Breakdown of the BitBlt Output Primitives

Following the decision to migrate a BitBlt operation to the bitmap processor if one of its operands is the display screen leads to an analysis of four subcases:

- both source and destination are the screen,
- the source is the screen and destination is a form in memory,
- the source is a form in memory and the destination is the screen,
- no source exists and the destination is the screen.

Every operation may have an additional third form as a parameter, a haftone which is an infinite form that is "and"-ed to the source. This results in eight different Bitmap methods for BitBlt>> copyBits and eight for BitBlt>> drawLoopX: Y: which are given in appendix 1.

In appendix 2 we specify the implementation of the above mentioned breakdown of BitBltSimulation>> copyBits and BitBltSimulation>> drawLoopX: Y: . This case analysis is executed by the main processor. As the Smalltalk pseudo code can only be used for documentation purposes the methods are included in a class called BitBlt Simulation, as is done in [Goldberg Robson 1983].

4.2. The Breakdown of the Character Scanner

Character output may have either the screen or any other form in memory as destination or it may have no destination at all. (The latter is used e.g. for scanning strings until a specified pattern is found.) This results in a corresponding set of subcases of the character scanner routine. The case analysis again is performed on the main processor, whereas the first subcase itself is handled by the bitmap. For the implementation of CharacterScanner>> scanCharactersFrom: to: in: rightX: stopConditions: displaying: we store a font cash in the bitmap memory. This reduces the number of messages sent to the bitmap and the size of the passed parameters. bStoreFontForm: H: W: xTable: stores a font into the cash and bPutString: X: Y: H: W: uses this font to write a string into a rectangle of the screen. In appendix 3 we specify the above mentioned case analysis in terms of a class CharacterScannerSimulation which is a subclass of both CharacterScanner and BitBltSimulation. CharacterScannerSimulation>> scanCharactersFrom: to: in: rightX: stopConditions: displaying: tests whether the destination form is the display screen. If so it determines whether the font is already stored in the bitmap's memory and, if not, sends it there. Then it determines the substring which is to be written and updates the corresponding pointers to the text. Finally it sends the appropriate bPutString: X: Y: H: W: message.

5. Results

There are three advantages in the parallel use of the bitmap processor.

- Interactive actions can be executed immediately if required.
- The structure of the interpreter becomes simpler.
- Performance is increased due to the parallel computing power.

The simplification of the interpreter is obtained by migrating the handling of timer interrupts to the bitmap processor. Hence, the virtual machine on the main processor is no more interrupted by the timer which greatly simplifies its debugging. For the future we plan to migrate all mouse polling and keyboard polling from Smalltalk to the bitmap processor. This may eliminate most busy-waits in the Smalltalk system and may make feasible to run Smalltalk concurrently with other Unix tasks on the same work station. This is not only interesting for multi user systems but also for a possible use of Smalltalk as a Unix shell.

The following benchmarks provide some quantitative answers to performance improvement. They refer to our Smalltalk interpreter BS/DO which we have derived from the Berkeley interpreter BSII. This interpreter differs in various ways from the original. Major parts have been reimplemented in assembly language. The I/O primitives have been redesigned in the way described above. According to the official Smalltalk benchmarks BS/DO runs at 26.23 % of the speed of a Dorado, compared to 14 % for BSII on a SUN 1.5 [Xerox 84]. (The SUN 1.5 has about the same computing power as our 68010-based CADMUS machine.) The character scanning benchmark in particular yields an excellent 104 % Dorado compared to 27 % for BSII on SUN1.5.

In a series of further benchmarks we have tried to analyze the effect of our specific software design. These benchmarks are given in figure 2.

	Character Scanning Benchmark				Restore Display	
Interpreter	sec	% Dorado	char/sec	%	sec	%
BS/DO	0.30	104.00	5333	100.00	17.08	100.00
BS/DO-stringWait	0.64	48.75	2500	46.87	18.72	91.23
BS/DO-wait	0.66	47.27	2424	45.45	20.14	84.80
BS/DO-singleChar	2.14	14.58	748	14.02	28.02	60.95
Sun 2	1.07	27	1495			
PS	0.52	59.65	3059	100.00	7.38	100.00
PS-wait	0.70	44.38	2276	74.28	9.01	81.89

Figure 2: Performance of Smalltalk output

To measure the speed-up gained through parallelism we created different versions of BS/DO and of Deutsch's compiler system PS [Deutsch, Schiffman 84]. BS/DO-stringWait waits after each string output (operation *bPutString: X: Y: H: W:*) until it is completed. The effect of this is a loss in performance of more than a factor of 2 in character output. The macro benchmark ***restoreDisplay***, however, is only affected by less than 9 %. (restoreDisplay restores a display containing about 5 large open windows which contain textual information, eg. workspaces, system browsers.) This clearly shows that the character output itself is only a minor subtask of the window system. If the overall performance of the system was better the effect would have been much more noticable. BS/DO-wait additionally waits after any other bitblt output operation. This of course has no effect on character scanning but can be felt when restoring the display. Thus, the overall gain in speed from parallelism is 15% for BS/DO in this macro benchmark. BS/DO-singleChar implements character scanning by sending each single character separately. The loss here against BS/DO is 40% for the macro benchmark. In this case the overhead from synchronizing the two processors is quite substantial. On a single processor system, the figures for the character scanning benchmark would be like those for BSII on Sun1.5.

The remaining benchmarks refer to PS. In our ported version of PS - the original runs on Suns - the destination of any output operation is a complete shadow bitmap of the screen stored in the memory of the main processor. After each output operation, the affected rectangle is copied from the shadow bitmap to the screen. At the time being only this screen updating is done in parallel to the main process using the above described operations of the bitmap terminal. In PS-wait, the main processor always waits for the completion of any such updating. The character scanning benchmark in PS runs only at 58% of the speed of BS/DO. Abandoning parallelism here slows the system down to a greater percentage as it is the case with the Interpreter because the compiled methods are much faster than the interpreted ones. This can already be seen from the 19% performance differrence between PS and PS-wait (compared to 15% for BS/DO) on the macro benchmark restoreDisplay, although PS has a much smaller output rate for characters than BS/DO. We expect that redesigning I/O for PS according to the proposal made in this paper will noticably improve the interactive behaviour of the system.

6. Literature

[Deutsch, Schiffman 84]
L. Peter Deutsch, Allan M. Schiffman: "Efficient Implementation of the Smalltalk-80 System", in Conference Record of the Eleventh Annual ACM Symposium on Principles of Programming Languages, Salt Lake City 1984

[Goldberg, Robson 83]
Adele Goldberg, David Robson: "Smalltalk-80: The Language and its Implementation", Addison Wesley Publishing Company, Reading 1983

[PCS 85]
PCS: "CADMUS 2200/N Bit-Map-Terminal 2", PCS GmbH, München 1985

[Xerox 84]
Xerox Corporation: Smalltalk-80 Newsletter 4, Palo Alto, September 1984

BitmapProcessor

class name	**BitmapProcessor**
superclass	**DisplayScreen**
instance variable names	**cursor** **fontBits** **fontH** **fontW** **fontXtable** **signalAtTickTime** **mouseX** **mouseY** **busySemaphore**
class variable names	*none*
pool dictionaries	*none*
category	**Graphics-Display Objects**

comment
This class has no instance and serves as desriction of thebitmap computer's software for Smalltalk.

cursor: <16 x 16 bitMap>
the bitmap of the current cursor

fontBits: <fontW x fontH bitMap>
the bitmap of the current font

fontH: <integer>
the height of the current font

fontW: <integer>
the width of the current font

fontXtable: <array [chararcter] of integer>
the xTable of the current font

signalAtTickTime: <integer>
the time left until the next Smalltalk timer interrupt (in milliseconds)

mouseX, mouseY: <integer>
the actual mouse position

busySemaphore: <semaphore>
the hardware allows only one bitmap process at a time

Protocols For: initialisation and termination

```
locSm80Main
    "initializes local variables"

    cursor ← WordArray new: 16.
    fontBits ← WordArray new: 2032.
    fontH ← 0.
    fontW ← 0.
    fontXtable ← Array new: 256.
    mouseX ← 0.
    mouseY ← 0.
    busySemaphore ← Semaphore forMutualExclusion.
    self unSetTimer        "starts the background process which performs the
    following background operations:

    - decrement signalAtTickTime every millisecond if an integer
    - show the cursor following the mouse position
    - queue keyboard and mouse events
    - signal local semaphore when an event happened or the time is gone"

stopLocSm80Main
    "stops the background process back to normal behavior

    - leave signalAtTickTime unchanged
    - don't show the cursor
    - send keyboard characters to the operating system"
```

Protocols For: cursor

```
mouseCursor: userCursor
    "sets a new cursor shape"
    "implements Cursor>>beCursor <Primitive: 101>"

    busySemaphore
        critical: [1 to: 16 do: [:i | cursor at: i put: (userCursor at: i)]]
```

Protocols For: mouse

```
mGet
    "returns the mouse position"
    "implements InputState>>primMousePt (<primitive: 90>)"

    ↑mouseX @ mouseY
```

mSetX: x Y: y

```
    "sets the mouse position to x@y"
    "implements InputState>>primCursorLocPut: (<primitive: 91>)"

    busySemaphore
        critical:
            [mouseX ← x.
            mouseY ← y]
```

Protocols For: bitblt for dest=source=Display

bFillLoopX: x Y: y H: h W: w deltaX: deltaX deltaY: deltaY clipping: aRectangle opCode: paint

```
    busySemaphore
        critical:
            ["perform the bitBlt repeatedly operation on the screen"
            "this operation has no halftone and no source"]
```

bFillLoopX: x Y: y H: h W: w halftone: halftone deltaX: deltaX deltaY: deltaY clipping: aRectangle opCode: paint

```
    busySemaphore
        critical:
            ["perform the bitBlt repeatedly operation on the screen"
            "this operation has no source"]
```

bFillX: x Y: y H: h W: w halftone: halftone opCode: paint

```
    busySemaphore
        critical:
            ["perform the bitBlt operation on the screen"
            "this operation has no source"]
```

bFillX: x Y: y H: h W: w opCode: paint

```
    busySemaphore
        critical:
            ["perform the bitBlt operation on the screen"
            "this operation has no source and no halftone"]
```

bitBltLoopX: x Y: y H: h W: w xTo: xTo yTo: yto deltaX: deltaX deltaY: deltaY clipping: aRectangle opCode: paint

```
    busySemaphore
        critical:
            ["perform the bitBlt repeatedly operation on the screen"
            "this operation has no halftone"]
```

bitBltLoopX: x Y: y H: h W: w xTo: xTo yTo: yto halftone: halftone deltaX: deltaX deltaY: deltaY clipping: aRectangle opCode: paint

```
    busySemaphore
        critical:
            ["perform the bitBlt repeatedly operation on the screen"]
```

bitBltX: x Y: y H: h W: w xTo: xTo yTo: yto halftone: halftone opCode: paint

```
    busySemaphore
        critical:
            ["perform the bitBlt operation on the screen"
            "this operation has no source"]
```

bitBltX: x Y: y H: h W: w xTo: xTo yTo: yto opCode: paint

```
    busySemaphore
        critical:
            ["perform the bitBlt operation on the screen"
            "this operation has no source"]
```

Protocols For: bitblt for dest=Display

bPutLoopX: x Y: y H: h W: w sourceBits: mem deltaX: deltaX deltaY: deltaY clipping: aRectangle opCode: paint lineSize: lineSize leftSkip: leftSkip

```
    busySemaphore
        critical:
            ["perform the bitBlt operation repeatedly on the screen"
            "x@y extent: w@h specifies the screen rectangle"
            "mem is a wordAdday of h * lineSize elements"
            "leftSkip@0 extent: w@h specifies the source rectangle
                (0 <= leftSkip <= 15)"
            "This operation has no halftone"]
```

bPutLoopX: x Y: y H: h W: w sourceBits: mem halftone: halftone deltaX: deltaX deltaY: deltaY clipping: aRectangle opCode: paint lineSize: lineSize leftSkip: leftSkip

```
    busySemaphore
        critical:
            ["perform the bitBlt operation repeatedly on the screen"
            "x@y extent: w@h specifies the screen rectangle"
            "mem is a wordAdday of h * lineSize elements"
            "leftSkip@0 extent: w@h specifies the source rectangle
                (0 <= leftSkip <= 15)"]
```

bPutX: x Y: y H: h W: w sourceBits: mem halftone: halftone opCode: paint lineSize: lineSize leftSkip: leftSkip

```
busySemaphore
    critical:
        ["perform the bitBlt operation on the screen"
        "x@y extent: w@h specifies the screen rectangle"
        "mem is a wordAdday of h * lineSize elements"
        "leftSkip@0 extent: w@h specifies the source rectangle
            (0 <= leftSkip <= 15)"]
```

bPutX: x Y: y H: h W: w sourceBits: mem opCode: paint lineSize: lineSize leftSkip: leftSkip

```
busySemaphore
    critical:
        ["perform the bitBlt operation on the screen"
        "x@y extent: w@h specifies the screen rectangle"
        "mem is a wordAdday of h * lineSize elements"
        "leftSkip@0 extent: w@h specifies the source rectangle
            (0 <= leftSkip <= 15)"
        "this operation has no halftone"]
```

Protocols For: bitblt for source=Display

bGetX: x Y: y H: h W: w destinationBits: mem halftone: halftone opCode: paint lineSize: lineSize leftSkip: leftSkip

```
busySemaphore
    critical:
        ["perform the bitBlt operation on the screen"
        "x@y extent: w@h specifies the screen rectangle"
        "mem is a wordAdday of h * lineSize elements"
        "leftSkip@0 extent: w@h specifies the destination rectangle
            (0 <= leftSkip <= 15)"

        ↑ mem]
```

bGetX: x Y: y H: h W: w destinationBits: mem opCode: paint lineSize: lineSize leftSkip: leftSkip

```
busySemaphore
    critical:
        ["perform the bitBlt operation on the screen"
        "x@y extent: w@h specifies the screen rectangle"
        "mem is a wordAdday of h * lineSize elements"
        "leftSkip@0 extent: w@h specifies the destination rectangle
            (0 <= leftSkip <= 15)"
        "this operation has no halftone"

        ↑ mem]
```

Protocols For: character scanning

bPutString: aString X: x Y: y H: h W: w opCode: paint

```
busySemaphore
    critical:
        ["writes aString with the actual font into the reactangle"
        "x@y extent: w@h of the screen"]
```

bStoreFontForm: newFontBits H: h W: w xTable: xTable

```
busySemaphore
    critical:
        ["stores a new actual font"
        1
            to: newFontBits size
            do: [:i |
                fontBits at: i put: (newFontBits at: i)].
        fontH ← h.
        fontW ← w.
        1 to: xTable size do: [:i | fontXtable at: i put: (xTable at: i)]]
```

Protocols For: timing stuff

setTimer: milliseconds

```
    "implements ProcessScheduler>>signal:atMilliseconds: (<Primitive: 100>)"

    busySemaphore
        critical:
            [signalAtTickTime ← milliseconds - Time millisecondClockValue]
```

timerExhaused

```
    ↑ signalAtTickTime ~= nil and: [signalAtTickTime <= 0]
```

unSetTimer

```
    busySemaphore
        critical:
            [signalAtTickTime ← nil]
```

BitBltSimulation

class name	**BitBltSimulation**
superclass	**BitBlt**
instance variable names	**sourceBits** **sourceRaster** **destBits** **destRaster** **halftoneBits** **skew** **skewMask** **mask1** **mask2** **preload** **nWords** **hDir** **vDir** **sourceIndex** **sourceDelta** **destIndex** **destDelta** **sx** **sy** **dx** **dy** **w** **h**
class variable names	*none*
pool dictionaries	*none*
category	**Graphics-Support**

comment
The original version of this class is defined in the blue book pp. 355 ff. Here copyBits and drawLoop (origially defined in the superclass BitBlt) are redefined to use BitmapProcessor's methods.

Protocols For: line drawing

drawLoopX: xDelta Y: yDelta

```
self clipRange. "sets w and H"
(w <= 0 or: [h <= 0])
    ifTrue: [↑self].
"null range"
self calculateOffsets.
(Display isKindOf: BitmapProcessor)
    ifTrue: [destForm == Display
ifTrue: [sourceForm isNil
    ifTrue: [halftoneForm isNil
        ifTrue:
            [[Display
                bFillLoopX: dx
                Y: dy
                H: h
                W: w
                deltaX: xDelta
                deltaY: yDelta
                clipping: (clipX @ clipY
                        extent: clipWidth @ clipHeight)
                opCode: combinationRule] fork.
            ↑self]
        ifFalse:
            [[Display
                bFillLoopX: dx
                Y: dy
                H: h
                W: w
                halftone: halftoneBits
                deltaX: xDelta
                deltaY: yDelta
                clipping: (clipX @ clipY
                        extent: clipWidth @ clipHeight)
                opCode: combinationRule] fork.
            ↑self]]
    ifFalse: [sourceForm == Display
        ifTrue: [halftoneForm isNil
            ifTrue:
                [[Display
                    bitBltLoopX: sx
                    Y: sy
                    H: h
                    W: w
                    xTo: dx
                    yTo: dy
                    deltaX: xDelta
                    deltaY: yDelta
                    clipping: (clipX @ clipY
                            extent: clipWidth @ clipHeight)
                    opCode: combinationRule] fork.
                ↑self]
            ifFalse:
                [[Display
                    bitBltLoopX: sx
                    Y: sy
                    H: h
                    W: w
                    xTo: dx
                    yTo: dy
                    halftone: halftoneBits
                    deltaX: xDelta
```

```
                    deltaY: yDelta
                    clipping: (clipX @ clipY
                                extent: clipWidth @ clipHeight)
                    opCode: combinationRule] fork.
                ↑self]]
        ifFalse: [halftoneForm isNil
            ifTrue:
                [[Display
                    bPutLoopX: dx
                    Y: dy
                    H: h
                    W: w
                    sourceBits: (sourceBits
                                copyFrom: sourceIndex
                                to: sourceBits size)
                    halftone: halftoneBits
                    deltaX: xDelta
                    deltaY: yDelta
                    clipping: (clipX @ clipY
                                extent: clipWidth @ clipHeight)
                    opCode: combinationRule
                    lineSize: sourceRaster
                    leftSkip: sx \\ 15] fork.
                ↑self]
            ifFalse:
                [[Display
                    bPutLoopX: dx
                    Y: dy
                    H: h
                    W: w
                    sourceBits: (sourceBits
                                copyFrom: sourceIndex
                                to: sourceBits size)
                    halftone: halftoneBits
                    deltaX: xDelta
                    deltaY: yDelta
                    clipping: (clipX @ clipY
                                extent: clipWidth @ clipHeight)
                    opCode: combinationRule
                    lineSize: sourceRaster
                    leftSkip: sx \\ 15] fork.
                ↑self]]]]].
    super drawLoopX: xDelta Y: yDelta
```

Protocols For: copying

copyBits

```
    self clipRange. "sets w and H"
    (w <= 0 or: [h <= 0])
      ifTrue: [↑self].
"null range"
    self calculateOffsets.
    (Display isKindOf: BitmapProcessor)
        ifTrue: [destForm == Display
            ifTrue: [sourceForm isNil
                ifTrue: [halftoneForm isNil
                    ifTrue:
                        [[Display
                            bFillX: dx
                            Y: dy
                            H: h
                            W: w
                            opCode: combinationRule] fork.
                        ↑self]
                    ifFalse:
                        [[Display
                            bFillX: dx
                            Y: dy
                            H: h
                            W: w
                            halftone: halftoneBits
                            opCode: combinationRule] fork.
                        ↑self]]
                ifFalse: [sourceForm == Display
                    ifTrue: [halftoneForm isNil
                        ifTrue:
                            [[Display
                                bitBltX: sx
                                Y: sy
                                H: h
                                W: w
                                xTo: dx
                                yTo: dy
                                opCode: combinationRule] fork.
                            ↑self]
                        ifFalse:
                            [[Display
                                bitBltX: sx
                                Y: sy
                                H: h
                                W: w
                                xTo: dx
                                yTo: dy
                                halftone: halftoneBits
                                opCode: combinationRule] fork.
                            ↑self]]
                    ifFalse: [halftoneForm isNil
                        ifTrue:
                            [[Display
                                bPutX: dx
                                Y: dy
                                H: h
                                W: w
```

```
                    sourceBits: (sourceBits
                                copyFrom: sourceIndex
                                to: sourceBits size)
                    halftone: halftoneBits
                    opCode: combinationRule
                    lineSize: sourceRaster
                    leftSkip: sx \\ 15] fork.
                ↑self]
            ifFalse:
                [[Display
                    bPutX: dx
                    Y: dy
                    H: h
                    W: w
                    sourceBits: (sourceBits
                                copyFrom: sourceIndex
                                to: sourceBits size)
                    halftone: halftoneBits
                    opCode: combinationRule
                    lineSize: sourceRaster
                    leftSkip: sx \\ 15] fork.
                ↑self]]]]
ifFalse: [sourceForm == Display
    ifTrue: [halftoneForm isNil
        ifTrue: [destBits
                replaceFrom: destIndex
                to: destBits size
                with: (Display
                    bGetX: sx
                    Y: sy
                    H: h
                    W: w
                    destinationBits: (destBits
                                copyFrom: destIndex
                                to: destBits size)
                    opCode: combinationRule
                    lineSize: destRaster
                    leftSkip: dx \\ 16)]
        ifFalse: [destBits
                replaceFrom: destIndex
                to: destBits size
                with: (Display
                    bGetX: sx
                    Y: sy
                    H: h
                    W: w
                    destinationBits: (destBits
                                copyFrom: destIndex
                                to: destBits size)
                    halftone: halftoneBits
                    opCode: combinationRule
                    lineSize: destRaster
                    leftSkip: dx \\ 16)]]]].
```

```
self computeMasks.
self checkOverlap.
self copyLoop
```

CharacterScannerSimulation

class name	**CharacterScannerSimulation**
superclass	**CharacterScanner**
superclass	**BitBltSimulation**
instance variable names	*none*
class variable names	**LastFontForm**
pool dictionaries	*none*
category	**Graphics-Support**

comment
This class serves like one of its superclasses BitBltSimulation to describe the behavior of the bitmap primitives using a BitmapProcessor as Display.

Protocols For: conflicting inherited methods

```
copyBits
    ↑self BitBltSimulation.copyBits

drawLoopX: xDelta Y: yDelta
    ↑self BitBltSimulation.drawLoopX: xDelta Y: yDelta
```

Protocols For: scanning

```
scanCharactersFrom: startIndex to: stopIndex in: sourceString rightX: rightX
stopConditions: stops displaying: display
  "this simulation implements
  CharacterScanner>>scanCharactersFrom:to:in:rightX:stopConditions:displaying:
  <primitive: 103>"

  | ascii nextDestX stopNo |
  (display and: [(Display isKindOf: BitmapProcessor)
          and: [destForm == Display
              and: [destX >= clipX and: [destY >= clipY]]]])
    ifTrue:
          [lastIndex ← startIndex.
          self clipRange.
          self calculateOffsets.
          LastFontForm == sourceForm ifFalse: [[Display
                    bStoreFontForm: sourceBits
                    H: sourceForm height
                    W: sourceForm width
                    xTable: xTable] fork].
          [lastIndex <= stopIndex]
               whileTrue:
                    [ascii ← (sourceString at: lastIndex) asciiValue.
                    (stopConditions at: ascii + 1)
                         ~~ nil ifTrue: [stopNo ← ascii + 1].
                    sourceX ← xTable at: ascii + 1.
                    nextDestX ← destX + (width ← (xTable at: ascii + 2)
                                                   - sourceX).
                    nextDestX > rightX ifTrue: [stopNo ← CrossedX].
                    destX ← nextDestX.
                    lastIndex ← lastIndex + 1].
          lastIndex ← stopIndex.
          stopNo ← EndOfRun.
          [Display
               bPutString: (sourceString
                         copyFrom: startIndex
                         to: lastIndex)
               X: dx
               Y: dy
               H: h
               W: w
               opCode: combinationRule] fork.
          ↑stops at: stopNo]
    ifFalse:
          [lastIndex ← startIndex.
          [lastIndex <= stopIndex]
               whileTrue:
                    [ascii ← (sourceString at: lastIndex) asciiValue.
                    (stopConditions at: ascii + 1)
                         ~~ nil ifTrue: [↑stops at: ascii + 1].
                    sourceX ← xTable at: ascii + 1.
                    nextDestX ← destX + (width ← (xTable at: ascii + 2)
                                                   - sourceX).
                    nextDestX > rightX ifTrue: [↑stops at: CrossedX].
                    display ifTrue: [self copyBits].
                    destX ← nextDestX.
                    lastIndex ← lastIndex + 1].
          lastIndex ← stopIndex.
          ↑stops at: EndOfRun]
```

EIN OPTIMIERTER STATIC SCOPE LISP-INTERPRETIERER AUF DER BASIS ALGOL-ARTIGER LAUFZEITKELLER

Kay - Ulrich Felgentreu

Institut für Numerische und instrumentelle Mathematik
der Universität Münster
Einsteinstraße 62, D - 4400 Münster

Zusammenfassung

Eine wichtige Aufgabe bei der Implementation eines Static Scope LISP Interpretierers ist die Organisation des Zugriffs auf Variablenwerte. Herkömmliche Interpretierer verwenden hierfür Assoziationslisten oder Shallow Binding und erreichen Static Scoping durch die einfach zu implementierende Closure-Bildung. Bei der Implementation ALGOL-artiger Sprachen wird dagegen meist die effizientere Technik des Laufzeitkellers verwendet, wobei Static Scoping dann durch komplizierte Verweisstrukturen in diesem Keller realisiert wird. Die vorliegende Arbeit stellt ein Verfahren vor, das die effiziente Laufzeitkeller-Technik mit der unkomplizierten Closure-Bildung kombiniert. Diese Methode erlaubt darüberhinaus eine statische Optimierung von Funktionsaufrufen, die bei Assoziationslisten oder Shallow Binding prinzipiell nicht möglich ist.

Inhalt

1. Einleitung

Eine wichtige Aufgabe bei der Implementation eines Static Scope LISP Interpretierers ist die Organisation des Zugriffs auf Variablenwerte. Diese Organisation gliedert sich in der Regel in zwei Teile: einen prinzipiellen Bindungsmechanismus und zusätzliche Maßnahmen zur Gewährleistung von Static Scoping.

Als "klassische" Bindungskonzepte in LISP-Interpretierern sind Assoziationslisten (s. (McC66), (Ba80)) und Shallow Binding (siehe (Ba78), (Fe/Li86a)) zu nennen. Während Assoziationslisten bekanntlich recht ineffizient sind, gilt Shallow Binding bereits als effizientes Verfahren. Eine weitere Effizienzsteigerung läßt sich dabei durch die automatische Standardisierung der zu interpretierenden Programme erreichen ("Standardized Shallow Binding", (s. (Fe/Li85), (Fe/Li86b)). Eine übliche Technik für Static Scoping ist die Closure-Bildung (s. (St/Su78), (Ba80), (Fe/Li/Si86)), die in jedem Fall einfach zu implementieren ist und deren Effizienz im wesentlichen von dem zugrundeliegenden Bindungsmechanismus abhängt: Die effizienteste Version ist die Closure-Bildung bei Standardisiertem Shallow Binding. Ein weiterer Vorteil der Closure-Technik besteht darin, daß neben funktionalen Argumenten auch funktionale Resultate behandelt werden können, und zwar auf dieselbe einfache Weise.

Bei der Implementierung ALGOL-artiger Sprachen wird zur Speicherung von Variablenwerten meist ein Laufzeitkeller verwendet (siehe z.B. (Gr/Hi/La67)). Die Laufzeitkeller-Technik kann als eine Weiterentwicklung des Standardisierten Shallow Binding betrachtet werden, bei der durch das Einsparen gewisser Umspeicher-Operationen, die bei Shallow Binding ständig anfallen, ein weiterer Laufzeitgewinn erzielt wird. Dagegen wird Static Scoping üblicherweise durch eine komplizierte Verweisstruktur im Laufzeitkeller realisiert. Problematisch ist bei der Laufzeitkeller-Technik auch die Behandlung von funktionalen Resultaten, wie sie in LISP vorkommen. Durch eine Modifikation der üblichen Kellertechnik (Retention- statt Deletion-Strategie, vgl. (Be71)) läßt sich dieses Problem zwar lösen; diese Lösung zieht aber ohne eine weitere, komplizierte Optimierung, wie sie in (Ho83) vorgestellt wurde, eine drastische Erhöhung des Speicherplatzbedarfs nach sich.

Die grundlegende Idee dieser Arbeit besteht nun darin, unter den oben genannten Ansätzen den effizientesten Bindungsmechanismus (nämlich die Laufzeitkeller-Technik) und die vorteilhafteste Zusatzmaßnahme für Static Scoping (nämlich die Closure-Bildung) auszuwählen und zu einem neuen, insgesamt effizienteren System zu kombinieren.

Wir wollen als Grundlage zunächst einen kurzen Überblick geben über die bisherigen Techniken Shallow Binding und Standardisiertes Shallow Binding - jeweils mit Closure-Bildung zur Gewährleistung von Static Scoping (Abschnitt 2). Anschließend stellen wir unser LISP-System mit Laufzeitkeller-Technik und Closure-Bildung vor (Abschnitt 3). Darüber hinaus wollen wir eine statische Optimierung von Funktionsaufrufen betrachten, die in (Fe/Li85) für Standardisiertes Shallow Binding eingeführt wurde und die die bekannten Optimierungen von postrekursiven und verdeckt postrekursiven Funktionsaufrufen übertrifft (siehe auch (Fe/Li86b)). Wie in (Fe85) gezeigt wurde, ist diese Optimierung ohne die Standardisierung der zu interpretierenden Programme nicht möglich. Da die Laufzeitkeller-Technik eine solche Standardisierung voraussetzt, läßt sich die Optimierung auf unser System übertragen (Abschnitt 4); sie sorgt zur Interpretationszeit für eine frühzeitige Wiedergewinnung von Activation Records und damit zu einer weiteren beträchtlichen Einsparung von Speicherplatz.

2. Bisherige Konzepte

In diesem Abschnitt sollen die Techniken Shallow Binding und Standardisiertes Shallow Binding, jeweils mit Closure-Bildung, kurz erläutert werden. Für eine ausführlichere Darstellung sei auf (Fe/Li86a) und (Fe/Li86b) verwiesen.

Wir betrachten eine Funktion f,

$$f = (\text{LABEL } id_f \ (v_1 \ \dots \ v_n) \ r),$$

mit dem Funktionsidentifikator id_f, den gebundenen Variablen $v_1,\dots,v_n$ und dem Rumpf r, der außerdem freie Variablen $v^f_1,\dots,v^f_k$ enthält. Jedem Identifikator x, $x \in \{id_f, v_1,\dots\dots, v_n, v^f_1,\dots,\dots, v^f_k\}$, ist bei Shallow Binding eineindeutig eine Speicherzelle z(x), die sogenannte Wertezelle von x, zugeordnet. Sie soll zu jedem Zeitpunkt während der Interpretation den gültigen Wert von x enthalten. Um dies zu gewährleisten, sind bei einem Aufruf von f mit Argumenten $a_1,\dots,a_n$ die folgenden Maßnahmen erforderlich:

- Vor der Auswertung von r werden zunächst die Inhalte der Wertezellen von $id_f, v_1,\dots,v_n, v^f_1,\dots,v^f_k$ in den Keller gerettet. Dann werden die Zellen von $v_1,\dots,v_n$ mit den Werten der Argumente $a_1,\dots,a_n$ geladen. In die Zelle von id_f wird ein Verweis auf die Closure von f eingetragen, d.h. ein Verweis auf eine Liste der Form (CLOSURE f ℓ), wobei ℓ die Liste der (gemäß Static Scoping !) gültigen Werte von $v^f_1,\dots,v^f_k$ ist. Diese Werte werden außerdem in die Zellen von $v^f_1,\dots v^f_k$ übertragen. (Anmerkung: Die Closure wurde vom Interpretierer in der Umgebung des definierenden Vorkommens von f gebildet.)

- Es folgt nun die Auswertung von r durch EVAL. Dabei wird ein Zugriff auf den Wert eines Identifikators einfach durch Laden des Inhalts seiner Wertezelle realisiert. Kommt id_f selbst in r vor (z.B. bei einem rekursiven Aufruf von f), so wird der Verweis auf die Closure von f "weitergereicht", so daß die Werte der freien Variablen erhalten bleiben.

- Nach der Auswertung von r wird der alte Zustand der Wertezellen mit Hilfe des Kellers wiederhergestellt.

Diese Technik des Shallow Binding mit Closure-Bildung hat sich als eine korrekte und relativ effiziente Methode zur Implementierung von Static Scope-LISP erwiesen.

Eine Verbesserung läßt sich nun dadurch erreichen, daß die Nichtstandardidentifikatoren des zu interpretierenden Programms in folgender Weise systematisch umbenannt werden: Der Funktionsidentifikator einer jeden Funktion wird in &0, die i-te Variable v_i in &i transformiert. Freie Variablen werden in der Reihenfolge ihres Auftretens innerhalb einer Funktion in %1,%2,... umbenannt. Dementsprechend wird dem neuen Identifikator &i die Wertezelle mit der Nummer i zugeordnet; der Wert von %j findet sich nun stets an der (j+2)-ten Stelle in der aktuellen Closure. Diese Umbenennung bezeichnen wir als "Standardisierung", die Technik "Shallow Binding plus Standardisierung" kurz als "Standardisiertes Shallow Binding". Ihr Vorteil liegt darin, daß der Aufwand für die Bereitstellung der Werte der freien Variablen erheblich reduziert und der Platzbedarf für die Allokation der Nichtstandardidentifikatoren (der bei den üblichen Hash-Verfahren beträchtlich ist) minimiert wird (s. (Fe/Li85), (Fe/Li86b)). Es sei aber betont, daß die Standardisierung keinesfalls als eine Compilation aufzufassen ist; es handelt sich lediglich um eine spezielle Art der Allokation von Nichtstandardidentifikatoren, die beim Einlesen des Programms ohnehin erfolgen muß.

3. Laufzeitkeller mit Closure-Bildung

In diesem Abschnitt wollen wir zunächst die Funktionsweise des Laufzeitkellers beschreiben und dann das Closure-Konzept daran anpassen.

Wir betrachten wieder die Funktion f = (LABEL $id_f(v_1 \ldots v_n)$ r) , wobei wir zunächst voraussetzen, daß f keine freien Nichtstandardidentifikatoren enthält.

Wie beim Standardisierten Shallow Binding ist der Funktion f durch das Standardisieren der Identifikatoren id_f, $v_1,\ldots,v_n$ die "standardisierte Version" f^s zugeordnet:

$$f^s = (\text{LABEL \&0 (\&1 ... \&n) } r^s).$$

Wir betrachten nun einen Aufruf von f^s mit n Argumenten $a_1,\ldots,a_n$:

$$(\&0\ a_1\ \ldots\ a_n)$$

Vor der Interpretation dieses Aufrufs befinde sich der Laufzeitkeller in dem folgenden Zustand:

- Abb. 1 -

Dabei bezeichnen die Sterne den bisherigen, hier nicht relevanten Kellerinhalt und die Leerzeichen den freien Speicherplatz. Zur Verwaltung des Laufzeitkellers und zur Organisation des Zugriffs auf Identifikatorwerte verfügt der Interpretierer über drei Zeiger: AAR, BFS und ACL. AAR zeigt stets auf den Anfang des aktuellen Activation Record, BFS auf den Beginn des freien Speichers; die Bedeutung von ACL werden wir später erläutern.

Für den Aufruf von f^s legt der Interpretierer nun den folgenden Activation Record AR an:

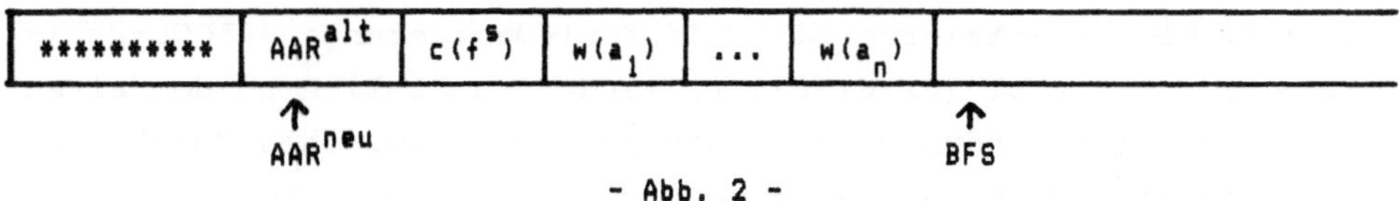

- Abb. 2 -

Dabei ist $c(f^s)$ ein Verweis auf die Closure von f^s, deren genaue Gestalt wir unten besprechen werden, und $w(a_i)$ bezeichnet einen Verweis auf den Wert des i-ten Arguments a_i. Der Zusatz "alt" bzw.

"neu" von AAR gibt an, daß es sich um den Wert von AAR vor bzw. nach dem Anlegen von AR handelt.

Es folgt nun die Interpretation des Funktionsrumpfes r^s durch die Interpretierer-Funktion EVAL. Die Rücksprungadresse des EVAL-Aufrufs wird mit Hilfe von BFS rechts an AR angefügt, und BFS wird inkrementiert.

Stößt der Interpretierer nun bei der Abarbeitung von r^s auf den Nichtstandardidentifikator &i, i $\in$ {0,1,...,n}, der in dem ursprünglichen Programm dem Funktionsidentifikator id_f bzw. der Variablen v_i entspricht, so findet er den gültigen Wert von &i im Laufzeitkeller an der Adresse AAR+i+1. (Anmerkung: Durch eine etwas andere Numerierung von $id_f, v_1, \ldots, v_n$ läßt sich der Zugriff mit Hilfe von Indexregistermodifikation sogar auf einen einzigen Maschinenbefehl reduzieren.)

Nach Abarbeitung des Rumpfes r^s wird der Activation Record AR "gelöscht", indem AAR und BFS auf die vorherigen Werte zurückgesetzt werden.

Der Vergleich zum Standardisierten Shallow Binding zeigt: Die Einträge im Activation Record AR entsprechen gerade der Belegung der Wertezellen 0,1,...,n. Während bei Shallow Binding aber die alten Inhalte dieser Wertezellen zunächst gerettet und später wiederhergestellt werden müssen, wird AR einfach am Beginn des freien Speichers angelegt, frühere Activation Records bleiben erhalten. Bei gleichbleibendem Speicherplatzbedarf sinkt also der Zeitaufwand für den Funktionsaufruf erheblich. Insofern kann die Laufzeitkeller-Technik als eine effiziente Weiterentwicklung des Standardisierten Shallow Binding aufgefaßt werden.

Es bleibt noch zu zeigen, wie sich der Zugriff auf die Werte von freien Variablen realisieren läßt. In Implementierungen ALGOL-artiger Sprachen (s. z.B. (Gr/Hi/La67)) werden zusätzlich zu dem alten Wert von AAR (dort "dynamisches Niveau des dynamischen Vorgängers von f" genannt) weitere Verweise im Keller gespeichert, die den Zugriff auf die Activation Records der "statischen Vorgänger von f" ermöglichen. Die Nutzung dieser "statischen Kette" setzt aber weitere Informationen über die einzelnen Identifikatorvorkommen voraus (das "statische Niveau"), und für eine effiziente Implementierung bedarf es noch einer Reihe von Indexregistern, die ständig umgeladen werden müssen. Außerdem eignet sich diese Technik, wie eingangs erwähnt (Abschnitt 1), nicht ohne weiteres für Aufrufe mit funktionalem Resultat.

Wir greifen daher auf die einfache und effiziente Implementierung von Closures zurück, wie sie beim Standardisierten Shallow Binding vorgenommen wird, und passen die oben beschriebene Laufzeitkeller-Technik daran an.

Seien also $v^f_1,\ldots,v^f_k$ die in f freien Nichtstandardidentifikatoren, k > 0, wobei die Indizes die Reihenfolge des Auftretens im Rumpf r angeben. Seien ferner $s_1,\ldots,s_k$ diejenigen Werte, die $v^f_1,\ldots,v^f_k$ in der Umgebung des definierenden Vorkommens von f (bzw. f^s) besitzen. Gemäß Static Scoping bleiben diese Werte für jeden Aufruf von f bzw. f^s gültig (genauer: für jeden Aufruf dieser Kopie von f bzw. f^s). Wie beim Standardisierten Shallow Binding legt der Interpretierer daher eine Closure (CLOSURE f^s v) an, wobei v ein Vektor der Länge k ist, der die Werte $s_1,\ldots,s_k$ aufnimmt. Durch eine Zusatzinformation, die der Funktionsdeklaration beim Standardisieren hinzugefügt wird, kennt der Interpretierer die Adressen, denen $s_1,..,s_k$ zu entnehmen sind. Da Closures wegen der funktionalen Resultate nicht kellerartig verwaltet werden können, wird die Closure nicht im Laufzeitkeller, sondern auf dem Heap angelegt. Damit unterscheidet sich diese Technik wesentlich von den ALGOL-Implementierungen, in denen die Werte der freien Nichtstandardidentifikatoren ebenfalls im Keller zu finden sind. Der von der Closure belegte Speicherplatz wird später entweder durch die Garbage Collection wiedergewonnen oder vom Interpretierer zu geeigneter Zeit explizit freigegeben.

Bei einem Aufruf von f^s ergibt sich somit der folgende Speicherzustand:

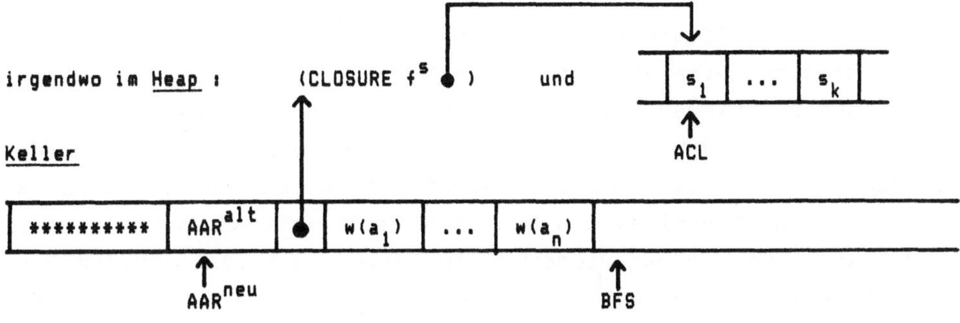

- Abb. 3 -

Man beachte hierbei, daß der Zeiger ACL des Interpretierers in die aktuelle Closure weist, und zwar genau an den Anfang des Vektors v.

Wie beim Standardisierten Shallow Binding werden die freien Identifikatoren $v^f_1,\ldots,v^f_k$ durch das Standardisieren umbenannt in %1,...,%k. Stößt nun der Interpretierer bei der Abarbeitung des Funktionsrumpfes r^s auf %i, $i \in \{1,..,k\}$, so findet er den korrekten Wert dieses freien Identifikators im Heap an der Adresse ACL+i-1. (Anmerkung: Durch eine etwas andere Numerierung von $v^f_1,\ldots,v^f_k$ läßt sich der Zugriff mit Hilfe von Indexregistermodifikation auf einen einzigen Maschinenbefehl reduzieren.) Damit erfolgt der Zugriff auf den Wert einer freien Variablen auf die gleiche effiziente Weise wie der Zugriff auf den Wert einer gebundenen Variablen. Dies ist auch ein wesentliches Merkmal der oben genannten ALGOL-Implementierungen. Im Unterschied zu jenen ist die hier vorgestellte Technik aber leicht verständlich, einfach zu implementieren und auch für funktionale Resultate geeignet.

Abschließend sei darauf hingewiesen, daß diejenigen Teile des Interpretierers, die die Situationen "Funktionseintritt", "Zugriff" und "Funktionsende" betreffen, im Anhang in einer PASCAL-artigen Notation angegeben sind.

4. Optimierung von Funktionsaufrufen

Im vorigen Abschnitt haben wir mit Hilfe der Laufzeitkeller-Technik den Zeitaufwand für Funktionsaufrufe gegenüber (Standardisiertem) Shallow Binding erheblich reduziert. Hier soll nun eine Optimierung vorgenommen werden, die auch den Speicherplatzbedarf verringert. Dazu übernehmen wir ein Verfahren, das in (Fe/Li85) (siehe dazu auch (Fe/Li86b)) für Standardisiertes Shallow Binding eingeführt wurde.

Der zentrale Begriff dieses Verfahrens ist der Begriff des "kostengünstig interpretierbaren Aufrufs" ("Low Cost Call", kurz: "LCC"), den wir nun definieren wollen. Dazu betrachten wir eine Nichtstandardfunktion f mit dem Rumpf r, und r enthalte einen Nichtstandardfunktionsaufruf $c = (x\ e_1 \ldots e_m)$. Gemäß der Syntax von LISP kann x dabei eine LABEL-Funktion, ein Nichtstandardfunktionsidentifikator, eine Variable oder selbst wiederum ein Aufruf (mit funktionalem Resultat !) sein. In jedem Fall wird die Auswertung von x zur Interpretationszeit eine Nichtstandardfunktion g liefern, es sei denn, es liegt ein Programmierfehler vor.

Wir führen nun die folgenden Notationen ein:

Idf(f) bzw. Idf(g) sei die Menge, die aus dem Funktionsnamen und den Variablen von f bzw. g besteht. Als "relevanten lokalen Kontext" rlc(c) von c bezeichnen wir denjenigen Teil von r, auf den der Interpretierer nach der Ausführung von c evtl. noch zugreifen kann. Der rlc(c) ist durch die Syntax von LISP und durch die Auswertungsstrategie des Interpretierers bestimmt (eine formale Definition für Pure LISP findet sich z.B. in (Fe/Li86b)) und ist damit statisch entscheidbar. Schließlich sei Free(rlc(c)) die Menge der in rlc(c) frei vorkommenden Nichtstandardidentifikatoren. Dann sagen wir:

<u>Definition:</u> Der Aufruf c in dem Programm p ist ein LCC gdw. für jede solche Nichtstandardfunktion g gilt:

(B1) $Idf(g) \subseteq Idf(f)$ und

(B2) $Idf(g) \cap Free(rlc(c) = \emptyset$

Im Hinblick auf die im letzten Abschnitt vorgestellte Laufzeitkeller-Technik interessieren uns hier nur das standardisierte Programm p^s und die standardisierten Funktionen f^s und g^s. Für diese bedeutet die Bedingung (B1) gerade, daß der Activation Record AR_gs von g^s höchstens so lang ist wie der Activation Record AR_fs von f^s; und (B2) besagt, daß diejenigen Zellen von AR_fs, auf die nach der Ausführung von c noch zugegriffen werden kann, eine höhere Nummer tragen als jede Zelle in AR_gs. Daraus ergibt sich sofort, daß AR_gs nicht am Beginn des freien Speichers angelegt werden muß, sondern den Activation Record AR_fs von links nach rechts überschreiben kann, d.h. AR_fs wird so früh wie möglich ganz oder teilweise wiederverwendet.

Wir wollen dies im folgenden kurz illustrieren. Dazu sei f^s n-stellig und g^s m-stellig, m < n. Wenn der Interpretierer auf den Aufruf c = $(x\ e_1 \ldots e_m)$ von g^s stößt, liegt der folgende Speicherzustand vor:

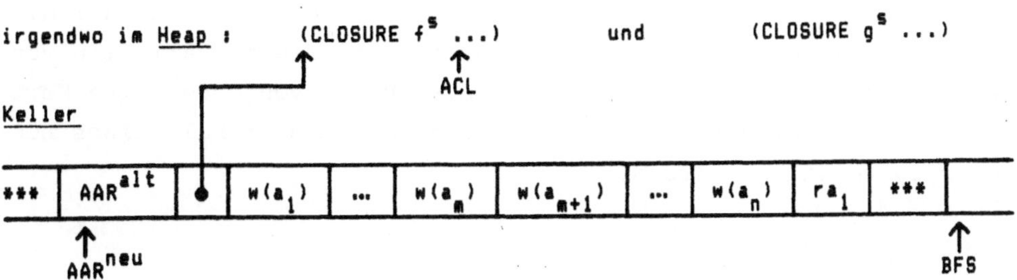

wobei $w(a_i)$ ein Verweis auf den Wert des i-ten Arguments a_i von f^s ist, $1 \leq i \leq n$,
ra_1 die Rücksprungadresse für den EVAL-Aufruf ist und
*** an der Kellerspitze für eventuelle Hilfseinträge steht, die bei der Abarbeitung des Rumpfes r^s von f^s entstehen können.

- Abb. 4 -

Bei der Ausführung des Aufrufs c von g^s, der ein LCC sei, wird AR_{f^s} wie folgt überschrieben:

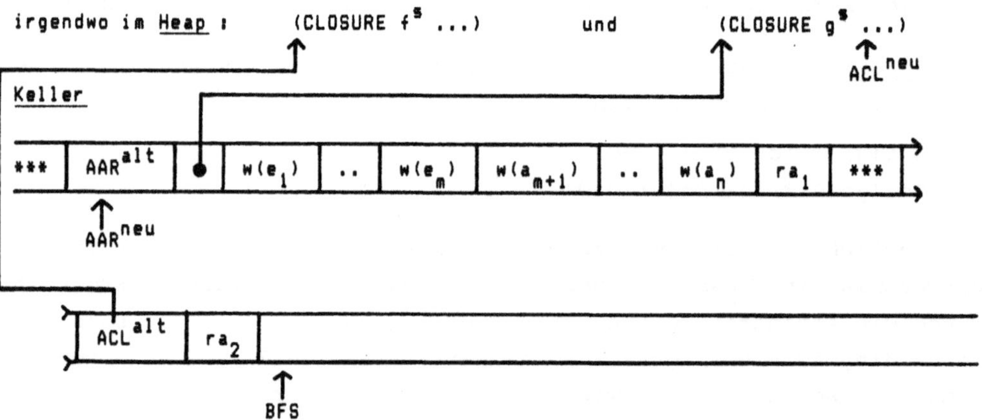

wobei $w(e_j)$ ein Verweis auf den Wert des j-ten Arguments e_j von g^s ist, $1 \leq j \leq m$,
$w(a_i)$ ein Verweis auf den Wert des i-ten Arguments a_i von f^s ist, $m+1 \leq i \leq n$,
ra_1 die Rücksprungadresse des ersten EVAL-Aufrufs ist und
ra_2 die Rücksprungadresse des zweiten EVAL-Aufrufs ist.

- Abb. 5 -

Während der Ausführung von c kann nun mit Hilfe von AAR und ACL wie zuvor auf alle gebundenen und freien Nichtstandardidentifikatoren in g^s zugegriffen werden. Nach der Interpretation von c können bei der weiteren Bearbeitung von r^s wegen (B2) nur noch Zugriffe auf die Zellen AAR+m+2 bis AAR+n+1 oder aber auf die freien Variablen von f^s auftreten. Daher muß nach der Ausführung von c der alte Wert von ACL wiederhergestellt werden, d.h. ACL muß im Fall eines LCC kellerartig verwaltet werden.

Dieses Schemata zeigt, daß

- bei der Ausführung eines LCC für das Anlegen des neuen Activation Record kein zusätzlicher Speicherplatz benötigt wird. Auch die beiden Kellereinträge ACL^{alt} und ra_2 können in vielen Fällen entfallen, da z.B. für direkt-rekursive Aufrufe oder für Aufrufe von geschlossenen Funktionen das Aktualisieren von ACL nicht erforderlich ist (siehe (Fe/Li85)).

Weiterhin läßt sich zeigen (Fe85), daß

- jeder postrekursive und verdeckt postrekursive Aufruf ein LCC ist, alle wechselseitig (verdeckt) postrekursiven Aufrufe mit gleicher Anzahl von Parametern LCCs sind,
- ein LCC aber nicht notwendigerweise ein rekursiver Aufruf sein muß.

Diese vier Eigenschaften zeigen die Bedeutung von LCCs.

Diejenigen Teile des Interpretierers, die die Situation "Funktionseintritt", "Zugriff" und "Funktionsende" für LCCs betreffen, sind im Anhang in einer PASCAL-artigen Notation angegeben.

Es stellt sich nun die Frage nach der Existenz eines generellen Entscheidungsalgorithmus für LCCs, d.h. eines Algorithmus, der für einen <u>beliebigen</u> Aufruf c in einem <u>beliebigen</u> LISP-Programm p statisch (d.h. vor Beginn der Interpretation) entscheidet, ob c ein LCC ist oder nicht. Leider gilt jedoch, wie in (Fe85) bewiesen wurde, der

<u>Satz 1:</u> Es gibt keinen generellen Entscheidungsalgorithmus für LCCs.

Das liegt im wesentlichen daran, daß es keinen generellen Algorithmus gibt, der zu einem Aufruf c die Menge(n) Idf(g) derjenigen Funktion(en) g bestimmt, die durch c aufgerufen wird (werden). Die Aussage des Satzes bleibt auch dann wahr, wenn nur Programme mit korrekter Parameterübergabe betrachtet werden und nur Aufrufe, von denen bereits bekannt ist, daß es sich um Nichtstandardfunktionsaufrufe handelt.

An dieser Stelle wird die Standardisierung von Nichtstandardidentifikatoren bedeutsam. Es gilt nämlich der

<u>Satz 2:</u> Sei p ein standardisiertes LISP-Programm mit korrekter Para-

meterübergabe, und sei c ein Nichtstandardfunktionsaufruf in p. Dann ist es statisch entscheidbar, ob c ein LCC ist.

Unter den Voraussetzungen des Satzes läßt (lassen) sich die Menge(n) Idf(g) nämlich sehr einfach bestimmen: Ist c ein Aufruf mit m Argumenten, so ist Idf(g) = {&0,&1,..,&m} für jede Funktion g, die durch c aufgerufen wird. Die Bedingungen (B1) und (B2) werden damit berechenbar, ohne daß die Funktion(en) g selbst bekannt sein muß (müssen).

Damit wird auch deutlich, daß die Standardisierung eine notwendige Bedingung für die Durchführbarkeit unserer Optimierung ist. In den herkömmlichen A-Listen-Systemen oder bei (Nicht-Standardisiertem !) Shallow Binding ist diese Optimierung also nicht möglich. Da unsere Laufzeitkeller-Technik die Standardisierung aber ohnehin voraussetzt, stellt der Zwang zur Standardisierung für unsere Zwecke keine Einschränkung dar. Dies gilt auch für die anderen beiden Voraussetzungen aus Satz 2, aus den folgenden Gründen:

- Die Interpretation von Aufrufen mit inkorrekter Parameterübergabe führt zum Abbruch mit Fehlermeldung. (In voll spezifizierten LISP-Dialekten, wie z.B. LISP/N (Li/Si79), ist diese Eigenschaft sogar statisch entscheidbar, so daß Programme mit inkorrekter Parameterübergabe vom Interpretierer gar nicht erst zur Auswertung zugelassen zu werden brauchen.)
- Der Bindungsmechanismus wird nie auf Standardfunktionsaufrufe angewandt.

Der Beweis zu Satz 2 (s. (Fe85)) ist konstruktiv. Er liefert einen Algorithmus zur Bestimmung von LCCs, der aus den oben genannten Gründen auf jedes beliebige LISP-Programm p (nach der Standardisierung) angewendet werden kann. Er markiert jeden potentiellen LCC in p^s mit T und jeden anderen Aufruf mit F. Dieser Algorithmus erfordert nur einen geringen Mehraufwand bei oder nach dem Einlesen des Programms. Während der Interpretation kann der Interpretierer dann sofort entscheiden, ob ein vorliegender Aufruf in der oben beschriebenen Weise optimiert werden kann.

5. Schlußbemerkungen

Wir haben eine Implementierungstechnik für Static Scope LISP vorgestellt, die einen ALGOL-artigen Laufzeitkeller als prinzipiellen Bindungsmechanismus mit der Closure-Bildung zur Realisierung von Static Scoping kombiniert. Der Vorteil des Verfahrens besteht darin, daß die Effizienz des Laufzeitkellers genutzt werden kann, ohne daß eine komplizierte Verweisstruktur zur Gewährleistung von Static Scoping hinzuzufügen ist und ohne daß auf funktionale Resultate verzichtet werden muß. Darüberhinaus ist diese Methode effizienter als die bekannten Verfahren, die auf Assoziationslisten oder Shallow Binding bzw. Standardisiertem Shallow Binding basieren. Eine Optimierung von Funktionsaufrufen, die unter praktischen Gesichtspunkten bereits statisch (d.h. vor Beginn der Interpretation) entscheidbar ist, erlaubt außerdem die frühzeitige Wiederverwendung von Teilen des Laufzeitkellers zur Interpretationszeit. Einzige Voraussetzung für die Anwendung dieser Technik ist die Standardisierung des zu interpretierenden Programms, die aber lediglich eine spezielle (außerdem platzsparende !) Art der Allokation von Nichtstandardidentifikatoren ist.

Abschließend sei darauf hingewiesen, daß die hier vorgestellte Methode einschließlich der Optimierung keineswegs auf die Interpretation oder auf die Sprache LISP beschränkt ist. Der Laufzeitkeller mit Closure-Bildung eignet sich auch für das Laufzeitsystem compilierter Sprachen; auch für prozedurale Sprachen (insbesondere mit funktionalen Resultaten !) ist diese Technik interessant. Die Optimierung dagegen ist vermutlich nur für applikative Sprachen besonders wirkungsvoll, da in prozeduralen Sprachen wegen möglicher Schleifen der relevante lokale Kontext eines Funktionsaufrufs im allgemeinen so viele Nichtstandardidentifikatoren enthalten wird, daß die zweite LCC-Bedingung selten erfüllt sein dürfte.

Anhang

Die wesentlichen Teile des Interpretierers, die die in dieser Arbeit behandelten Situationen betreffen, sind im folgenden in einer PASCAL-artigen Notation angegeben. Dabei wird der Code für die Interpretation von LCCs dem Code zur Interpretation sonstiger Funktionsaufrufe gegenübergestellt. Wir betrachten den Aufruf einer Funktion (LABEL id_f (v_1 ... v_n) b) mit den freien Variablen $v^f_1,\dots,v^f_k$ und den Argumenten $a_1,\dots,a_n$. Der Laufzeitkeller wird hierbei als eindimensionales Feld M dargestellt.

Non - L C C s	L C C s
Funktionseintritt	

M[BFS] := AAR; AAR := BFS; BFS:= BFS+1;
M[BFS] := closure(f);
ACL := caddr(M[BFS]); BFS := BFS + 1;
for i := 1 to n do
begin
   M[BFS] := eval(a_i);
   BFS := BFS + 1;
end;
eval(b);
	M[BFS] := ACL; BFS := BFS + 1;
	M[AAR+1] := closure(f);
	ACL := caddr(M[AAR+1]);
	for i := 1 to n do
	   M[AAR+i+1] := eval(a_i);
	
	eval(b);

Zugriff	
auf id_f : M[AAR+1]; auf v_i : M[AAR+i+1] auf $v^f{}_j$: M[ACL+j-1]	wie links
Funktionsende	
BFS := AAR; AAR := M[BFS]	BFS := BFS - 1; ACL := M[BFS];

Man beachte, daß ein Aufruf von eval stets eine Rücksprungadresse am Beginn des freien Speichers anfügt und später wieder löscht (siehe ra_1 in Abbildung 4).

Literaturhinweise

(Ba78) Baker, H. G.
Shallow Binding in LISP 1.5
CACM, Band 21, Nr. 7, S. 565-569, Juli 1978

(Ba80) Bauchrowitz, N.
Vergleich einer operationellen mit einer denotationellen Semantik für LISP
Diplomarbeit am Institut für Informatik und Praktische Mathematik der Universität Kiel, 1980

(Be71) Berry, D. M.
Block Structure: Retention or Deletion
Proceedings of the Third Annual ACM Symposium on the Theory of Computing, 1971

(Fe/Li85) Felgentreu, K.-U., Lippe, W.-M.
Low Cost Calls - Definition, Detection and Implementation
Bericht Nr. 1/85-I, Institut für Numerische und instrumentelle Mathematik der Universität Münster, 1985

(Fe85) Felgentreu, K.-U.
Decidability Problems Concerning the Optimization of Function Calls
Bericht Nr. 3/85-I, Institut für Numerische und instrumentelle Mathematik der Universität Münster, 1985

(Fe/Li86a) Felgentreu, K.-U., Lippe, W.-M.
Dynamic Optimization of Covered Tail Recursive Functions in Applicative Languages
Proceedings of the ACM Computer Science Conference '86, S. 293-299, Februar 1986

(Fe/Li86b) Felgentreu, K.-U., Lippe, W.-M.
A General Approach to the Optimization of Function Calls
Proceedings of the European Symposium on Programming 1986, Lecture Notes in Computer Science, Band 213, S. 41-52, März 1986

(Fe/Li/Si86) Felgentreu, K.-U., Lippe, W.-M., Simon, F.
Optimizing Static Scope LISP by Repetitive Interpretation of Recursive Function Calls
(erscheint in IEEE Transactions on Software Engineering)

(Gr/Hi/La67) Grau, A.A., Hill, U., Langmaack, H.
Translation of ALGOL 60
Handbook for Automatic Computing, Band 1, Teil b
Springer-Verlag 1967

(Ho83) Honschopp, U.
Implementation der funktionalen Programmiersprache LISP/N
Diplomarbeit am Institut für Informatik und Praktische Mathematik der Universität Kiel, 1983

(La73) Langmaack, H.
On correct Procedure Parameter Transmission in Higher Programming Languages
Acta Informatica, Band 2, S. 110-142, 1973

(Li/Si79) Lippe, W.-M., Simon, F.
LISP/N - Basic Definitions and Properties
Bericht Nr. 4/79, Institut für Informatik und Praktische Mathematik der Universität Kiel, Oktober 1979

(McC66) McCarthy, J., et.al.
LISP 1.5 Programmer's Manual
MIT Press, Cambridge, Massachusetts, 1966

(Si78) Simon, F.
Zur Charakterisierung von LISP als ALGOL - ähnliche Programmiersprache mit einem strikt nach dem Kellerprinzip arbeitenden Laufzeitsystem
Bericht Nr. 2/78, Institut für Informatik und Praktische Mathematik der Universität Kiel, 1978

(St/Su78) Steele, G. L., Sussman, G. J.
The Art of the Interpreter, or, The Modularity Complex
Memo Nr. 453, Artificial Intelligence Laboratory, MIT, 1978

Softwareentwurf und Realisierung des Expertensystemwerkzeugs BABYLON mit Hilfe objektorientierter Programmierung*

E. Groß† J. Walther T. Christaller E. Rome
B.S. Müller
Forschungsgruppe Expertensysteme
Institut für Angewandte Informationstechnik
Gesellschaft für Mathematik und Datenverarbeitung mbH
Postfach 1240
D-5205 St. Augustin 1
Tel. 02241-14-2679

Zusammenfassung: Das Softwaresystem BABYLON unterstützt Wissensingenieure und Anwender, um Expertensysteme zu erstellen und zu betreiben. Die BABYLON zugrundeliegende Architektur ist flexibel bzgl. Erweiterungen und Anpassungen an die jeweiligen Bedürfnisse der Benutzer und Entwickler von BABYLON. Diese Architektur wurde mit Hilfe objektorientierter Programmiermittel in Software umgesetzt. Dabei wurde deutlich, daß dieser Programmierstil auch in anderen Bereichen als dem der Datenabstraktion vorteilhaft ist. Insbesondere lassen sich damit Interpreter für Programmiersprachen und Wissensrepräsentationsformalismen auf einfache Art und Weise realisieren.

1 Einleitung

In diesem Papier beschäftigen wir uns mit Fragen des Software Engineerings bei der Implementierung des Expertensystemwerkzeugs BABYLON, das die Erstellung, Verwendung und Wartung von Expertensystemen unterstützt [6]. Natürlich ist es möglich, ein Expertensystem ohne ein spezielles Werkzeug zu erstellen. Doch auf Grund eigener Erfahrungen [9] gehen wir davon aus, daß man in komplexeren Anwendungsfeldern und bei größeren Wissensbasen ohne ein derartiges Werkzeug nicht mehr auskommt. Die Situation erscheint uns vergleichbar mit der Zeit der ersten Datenbanken und Datenbankverwaltungssysteme (zum aktuellen Stand siehe [2]).

*Diese Arbeit enstand im Rahmen des Verbundvorhabens WEREX, das zum Teil mit Mitteln des Bundesministers für Forschung und Technologie unter dem Förderkennzeichen ITW8505A2 finanziert wird.

†Wir möchten uns bei unseren Kollegen in der Forschungsgruppe bedanken, insbesondere bei F. di Primio, die alle dazu beigetragen haben, daß **BABYLON** so geworden ist, wie wir es hier beschreiben.

Bei Expertensystemwerkzeugen kann man zwischen zwei Arten von Systemen unterscheiden. Die einen sind für den Einsatz in engen Problemfeldern gedacht. Ein derartiges *spezielles* System ist z.B. MED1 [12], das auf die Modellierung medizinischer Diagnosen abgestimmt ist. Die zweite Art sind Systeme, die verschiedene Repräsentationsformalismen unterstützen, und damit den Anspruch erheben, unabhängig von einzelnen Anwendungsfeldern zu sein, z.B. Systeme wie BABYLON [6], KEE [7] und LOOPS [1].

Diese Systeme werden als *hybride* Systeme bezeichnet [11], da sie zum Aufbau von Wissensbasen die Möglichkeit bieten, verschiedene Wissensrepräsentationsformalismen alternativ bzw. komplementär zueinander zu gebrauchen. Dafür gibt es keine zwingende theoretische oder technische Notwendigkeit, denn alle Formalismen sind gleichmächtig, d.h. jedes repräsentierbare Wissen läßt sich in jedem Formalismus darstellen. Der Grund für die Bereitstellung verschiedener Formalismen liegt vielmehr in der Absicht, die unterschiedlichen Wissenstypen einer Anwendung jeweils in *natürlicher* Form darstellen zu können. Ein hybrides Werkzeugsystem besteht im wesentlichen aus den verschiedenen Interpretern für die Wissensrepräsentationsformalismen, einer Erklärungskomponente, einer Wissenserwerbskomponente und einer Benutzerschnittstelle.

In den folgenden beiden Abschnitten beschreiben wir die Anforderungen an die Architektur eines Expertensystemwerkzeuges und deren Berücksichtigung in der BABYLON-Architektur. Damit die verwendeten Softwaremethoden zur Implementierung dieser Architektur diskutiert werden können, beschreiben wir danach die Funktionalität der drei vorhandenen Interpreter in BABYLON. Die Basis dieser Softwaremethoden ist der objektorientierte Programmierstil in LISP. Dieser wird im nächsten Abschnitt kurz dargestellt. Im folgenden Abschnitt beschreiben wir dann die objektorientierte Realisierung der Gesamtarchitektur, der drei Interpreter und des Baumeditors. Wir stellen dabei unsere jeweiligen Erfahrungen mit den gewählten Softwaremethoden dar. Im letzten Abschnitt beschreiben wir Aspekte, die wir in der Zukunft bearbeiten wollen.

2 Anforderungen an das Architekturkonzept

Das wichtigste Kriterium, um zu beurteilen, ob ein allgemeines System an spezielle Aufgaben angepaßt werden kann, ist der *Grad der Offenheit* des Systems. Darunter verstehen wir die Spezialisierungsmöglichkeiten, die das System bietet (Offenheit), und der dazu notwendige Realisierungsaufwand (Grad). Die Offenheit alleine ist ja nicht entscheidend, sonst wäre z.B. jede höhere Programmiersprache auch ein geeignetes Expertensystemwerkzeug, weil sie sich für jede Anwendung gebrauchen läßt.

Entscheidend ist beides, die Ausdrucksmächtigkeit der Repräsentationsformalismen und wie aufwendig es ist, das Werkzeug für die adäquaten Darstellungsformen des jeweiligen Bereichs anzupassen. Wenn man sich den Weg, der von einer Basissprache wie LISP zu einer konkreten Expertensystemanwendung führt, bildlich vorstellt, so sollte ein *gutes* allgemeines Werkzeugsystem in der Mitte sein, weder zu nah an der Basissprache noch an den Anwendungsfeldern. Je näher ein Werkzeugsystem einer konkreten Anwendung ist, um so spezieller und geschlossener ist es. Je näher es einer Basissprache ist, um so weniger Struktur gibt es dem Benutzer.

Allerdings hat man bislang weder die optimale Kombination von Formalismen gefunden noch für einen einzelnen Formalismus sich auf die notwendigen Eigenschaften einigen können. Wir rechnen deshalb damit, daß durch wachsende Erfahrung mit der Expertensystemtechnologie immer neue Varianten von Formalismen bzw. auch ganz neue Formalismen entwickelt werden. Dies erfordert eine Architektur für das Werkzeugsystem, die das Auswechseln, Weglassen und Hinzufügen von Interpretern unterstützt. Dazu sollte es möglich sein, das Werkzeug mit Hilfe einer Deklaration zu konfigurieren, d.h. es sollte immer nur aus den für eine Anwendung notwendigen Teilen bestehen.

Um diese Offenheit der Architektur zu gewährleisten, dürfen die Interpreter nichts voneinander wissen. Ein Interpreter sollte erkennen, ob ein vorgelegter Ausdruck von ihm ausgewertet werden kann. Ist das nicht möglich, so muß dieser Ausdruck an einen anderen Interpreter übergeben werden. Gibt es keinen Interpreter für den Ausdruck, so muß der Benutzer gefragt werden, was damit geschehen soll. Da jeder Interpreter nicht direkt mit den anderen Interpretern kommunizieren soll, ist es relativ einfach, einen Interpreter auszutauschen bzw. einen neuen hinzuzufügen. Erfüllt eine Architektur diese Bedingung, so sprechen wir hier von der *Offenheit in der Breite.*

Man unterscheidet zwischen sogenannten Entwicklungs- und Einsatzumgebungen von Expertensystemen. Die Entwicklungsumgebung soll den Wissensingenieur unterstützen, wenn er die Wissensbasis erstellt, austestet und modifiziert. Die Einsatzumgebung bringt die Leistung des Expertensystems an die Produktionsstätte, den Sachbearbeiter etc. Beide Umgebungen stellen unterschiedliche Anforderungen an das Werkzeug. Während der Wissensingenieur möglichst schnell lauffähige Versionen erzeugen will, will der Anwender ein schnell und sicher laufendes Expertensystem haben.

Die Entwicklungsumgebung besteht zur Zeit häufig aus leistungsfähigen aber teuren Spezialrechnern, z.B. LISP-Maschinen. In der Einsatzumgebung denkt man aber eher an billigere oder besser in die Organisation passende Rechner. Dieser Unterschied zwischen Entwicklungs- und Einsatzumgebung erfordert zusätzlich, daß das Werkzeugsystem leicht portierbar sein muß. Die Portierbarkeit des Werkzeugsystems garantiert auch die Portierbarkeit der damit erstellten Wissensbasen. Dazu müssen z.B. funktionale Schnittstellen zum Graphik- und Betriebssystem der fraglichen Gastrechner definiert werden.

3 Die Architektur von BABYLON

Die meisten allgemeinen Werkzeugsysteme haben sich aus speziellen Expertensystem-Shells entwickelt, die ihrerseits aus einzelnen Expertensystementwicklungen hervorgegangen waren. Denen lag zunächst nur ein Repräsentationsformalismus zugrunde. Das gilt z.B. für S.1 [8], das auf dem produktionsregelbasiertem EMYCIN [17] basiert, das die im Expertensystem MYCIN [13] benutzten Techniken verallgemeinert.

Besser ist es, wenn die Forderung nach hybrider Wissensrepräsentation bereits dem Architekturkonzept von vornherein zugrundegelegt werden kann. Das ist dann möglich, wenn kein spezielles Werkzeugsystem existiert, zu dem ein aufwärtskompatibles allgemeines System entwickelt werden muß. Nur so kann die gewünschte offene Architektur ohne Abstriche entwickelt werden.

BABYLON ist ein solches Werkzeugsystem. Es ist anwendungsunabhängig, offeriert mehrere Repräsentationsformalismen und besitzt eine Rasterbildschirm-orientierte Benutzerschnittstelle. Die Architektur von BABYLON erfüllt alle weiter oben genannten Anforderungen:

- Berücksichtigung hybrider Wissensrepräsentation von Anfang an.
- Offenheit in der Breite.
- Konfigurierbarkeit des Systems, um den unterschiedlichen Leistungsanforderungen, z.B. Entwicklungs- vs. Einsatzumgebung, gerecht zu werden.

Ein weiteres wichtiges Entwurfsziel dieser Architektur war, die beiden folgenden sich scheinbar widersprechenden Verwendungen zu ermöglichen. BABYLON soll sowohl als einsatzfähiges Werkzeug verfügbar sein als auch für Forschungszwecke wie ein Labor benutzt werden.

Der Benutzer von BABYLON, entweder der Wissensingenieur oder der Endanwender, erwartet, daß es an seine Anwendungen angepaßt werden kann und zuverlässig arbeitet. Der KI-Wissenschaftler dagegen will neue Formalismen erproben, Erklärungs- und Wissenserwerbsfähigkeiten des Systems verändern können. Der Systemprogrammierer wiederum will die Performanz des Systems und die Benutzerschnittstelle verbessern. Die Lösung bestand darin, das Werkzeugsystem als einen Baukasten von funktional definierten Komponenten zu entwerfen. Alle diese Komponenten werden als voneinander unabhängige Softwareeinheiten angesehen, die über eine uniforme Schnittstelle miteinander kommunizieren können [6].

Für alle Arbeiten mit und an dem Werkzeugsystem sind die Interpreter der verschiedenen Wissensrepräsentationsformalismen sehr wichtig. Deshalb wurden sie als die Komponenten angesehen, die die Funktionalität des Gesamtsystems definieren. BABYLON erhielt eine Architektur, in der diese Interpreter vollkommen unabhängig voneinander gesehen werden können. Die uniforme Schnittstelle zwischen allen Komponenten des Systems bildet der sogenannte Metaprozessor. Bezogen auf die Interpreter der verschiedenen Formalismen besteht seine Aufgabe darin, für Ausdrücke, die ein Interpreter nicht evaluieren kann, den richtigen Interpreter zu finden. Diese Entscheidung trifft der Metaprozessor nur mit Hilfe syntaktischer Informationen.

4 Die Funktionalität der Sprachinterpreter

4.1 Der Regelprozessor

Wissensrepräsentation mit Hilfe von Produktionsregeln ist eine der ältesten Formalismen, die beim Bau von Expertensystemen benutzt werden. Regelorientierte Darstellung von Wissen ist innerhalb von BABYLON nur eine der möglichen Formen neben objektorientierter und logikorientierter Darstellung. Es war deshalb bei der Festlegung der Anforderungen an den regelorientierten Formalismus hier nicht so sehr die Forderung nach möglichst großer Mächtigkeit, sondern eher die Forderung nach einer sinnvollen Abgrenzung der Eigenschaften gegenüber denen der anderen Formalismen zu beachten.

Der Regelprozessor realisiert die regelorientierte Form der Wissensrepräsentation im Gesamtsystem und bietet dem Benutzer eine entsprechende Programmierumgebung, um regelorientiertes Wissen zu formulieren, auszuwerten und dessen Auswertung nachzuvollziehen. Die wichtigsten Forderungen waren, die Regelmenge strukturieren zu können, verschiedene Auswertungsstrategien verfügbar zu machen und offen gegenüber Erweiterungen zu sein.

Die erste Forderung wird dadurch erfüllt, daß die Regelmenge in unabhängige Teilbereiche gliederbar ist, die unabhängig voneinander auswertbar sind. Einem solchen Teilbereich wird erst dynamisch beim Aufruf der Auswertung die Auswertungsstrategie zugeordnet. Vorwärts- und Rückwärtsauswertung mit unterschiedlichen Kontrollstrategien werden unterstützt. In Regeln kann sowohl auf Konstrukte anderer Formalismen als auch auf Konstrukte, die in der zugrundeliegenden Programmiersprache realisiert sind, referiert werden.

4.2 Der Frame-Prozessor

Die frame-orientierte Wissensrepräsentation dient primär der Darstellung struktureller Zusammenhänge. Mit diesem Formalismus läßt sich aber auch Schlußfolgerungswissen darstellen. Wie bei den anderen Formalismen ging es hier nicht um universelle Einsatzfähigkeit, sondern um die Abgrenzung zu den anderen Wissensrepräsentationsformalismen Regeln und Logik.

Häufig bildet der objektorientierte Teil die Grundlage, auf der Teile der Wissensbasis in regel- oder logikorientierter Darstellung aufbauen. Trotzdem hat der Frame-Prozessor keine übergeordnete

Stellung gegenüber dem Regel- oder Logikprozessor. Es existiert kein frame-spezifischer Matcher, mit dem etwa Ähnlichkeitsvergleiche zwischen Frames angestellt werden könnten.

Frames dienen allgemeinen Beschreibungen von Objektklassen im Anwendungsbereich durch Merkmale, während Instanzen Individuen dieser Klassen repräsentieren. Die Merkmale werden in Frames durch Slots und Behaviors definiert. Slots beschreiben Merkmale in deklarativer Art, während Behaviors prozeduralen Charakter haben. Die Instanzen von Frames übernehmen die Merkmale, eventuell in veränderter oder ergänzter Form. Darüberhinaus können Frames die Slots und Behaviors von anderen Frames erben. Die Slots von Instanzen können einen Wert enthalten. In den Frame-Definitionen können die Slots Annotationen (Properties) zum Wert in der Instanz enthalten.

4.3 Der Prolog-Prozessor

Der Prolog-Interpreter erlaubt die Repräsentation von Wissen in Form von Klauseln und das Beweisen von Hypothesen aufgrund der Klauseln. Zum (alternativen) Beweis einer Hypothese wird die Standardkontrollstrategie von Prolog verwendet. Diese kann in üblicher Weise durch das Systemprädikat **cut** modifiziert werden [4]. Der Interpreter erlaubt Variablen für Prämissen und Prädikate, bietet Lisp-Schnittstellen und Referenzmöglichkeiten auf Objekte.

5 Die objektorientierte Realisierung

5.1 Der objektorientierte Programmierstil in Lisp

BABYLON ist vollständig in ZetaLisp implementiert. LISP ist in erster Linie eine funktionale Programmiersprache [14]. Allerdings unterstützt sie auch andere Programmierstile, z.B. den befehlsorientierten Programmierstil, und es ist leicht, Sprachkonstrukte für einen neuen Programmierstil einzuführen, z.B. den objektorientierten [15]. Um die objektorientierte Realisierung beschreiben zu können, stellen wir in diesem Abschnitt kurz das Flavor-System dar, das den objektorientierten Programmierstil in ZetaLisp ermöglicht [16,10]. Eine leicht portierbare Mikroversion des Flavor-Systems ist das PMFS [5,3], das in ZetaLisp, Interlisp-D, CommonLisp und LeLisp verfügbar ist.

Im Flavor-System unterscheidet man zwei Sorten von Objekten. Die eine Sorte wird **Flavors** genannt. Mit Flavors werden generische Objekte dargestellt. Die andere Sorte sind die **Instanzen** von Flavors. Sie stellen individuelle Realisierungen von Flavors dar. Im Flavor-System werden nur zwischen den Instanzen Nachrichten ausgetauscht. Eine Nachricht besteht aus einem **Selektor** und einer beliebigen Anzahl von Argumenten. Der Selektor gibt an, welche Leistung (**Methode**) vom empfangenden Objekt erfragt wird.

Die Flavors sind in gerichteten Graphen, einem Flavor-Graphen, angeordnet. Ein Flavor-Graph erlaubt die Vererbung von Informationen längs der gerichteten Kanten. Bei der Modularisierung mit Hilfe eines Flavor-Graphen ist es sinnvoll, Methoden der 'abstrakteren' Flavors sehr allgemein zu definieren. Allerdings werden dann auf tieferen Ebenen im allgemeinen Spezialisierungen dieser Methoden benötigt. Deshalb kann man zu jeder ererbten Methode eine Kapsel definieren. In ihr wird Kode spezifiziert, der vor der ererbten Methode oder danach wirksam wird. Diese Kapseln werden Before- oder After-Daemons genannt.

5.2 Die Systemarchitektur

Die BABYLON-Architektur ist vollständig objektorientiert realisiert. Dazu wurden alle Komponenten des Systems als Flavors definiert. Eine Wissenbasis enthält eine Deklaration der in ihr

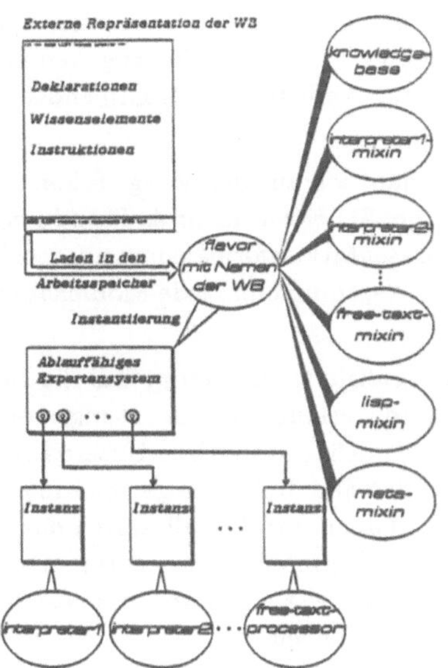

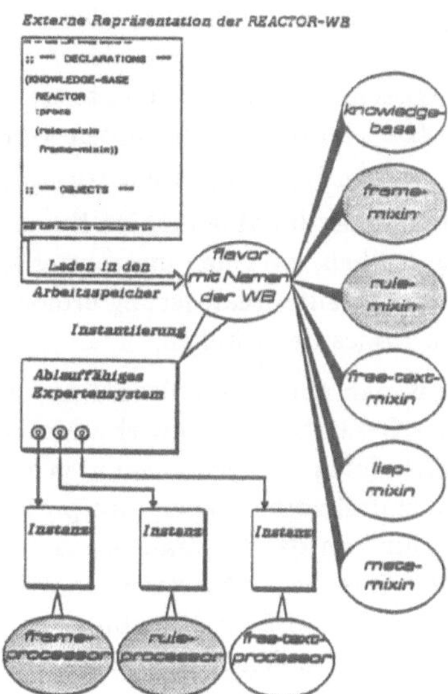

Abbildung 1: BABYLON-Systemarchitektur Abbildung 2: REACTOR-Systemkonfiguration

verwendeten Bestandteile. Mit Hilfe dieser Angabe wird ein Flavor konfiguriert, dessen Instanzen ein ablauffähiges Expertensystem für diese Wissensbasis im Lisp-System darstellen. Mit einer solchen Instanz wird jeweils eine Instanz der entsprechenden Prozessoren assoziiert, die für spezielle Anteile der Wissensbasis zuständig sind (siehe Abb. 1).

Die in der Deklaration der Wissensbasis genannten Bestandteile sind die Namen von Objekttypen, sogenannte Prozessor-Mixins, die die Leistungen eines Prozessors beschreiben, der in das Gesamtsystem eingebunden werden soll (siehe Abb. 1). Solche Mixins integrieren den eigentlichen Prozessor in das Gesamtsystem und erlauben es, den Prozessor unabhängig vom Gesamtsystem zu entwickeln. Dazu gehört als wesentlicher Aspekt die Zusammenarbeit der Prozessoren bei der Problemlösung. Für diesen Zweck wird eine Auswertungsmethode generiert, die auf alle Typen von Ausdrücken der speziellen Wissensbasis anwendbar ist. Bei der Auswertung eines Ausdrucks muß auch ein Modus angegeben werden, um z.B. zwischen lesendem und schreibendem Zugriff auf Slots in Instanzen zu unterscheiden.

Jeder Prozessor muß dazu angeben, welche Methoden er zur Auswertung welcher Typen von Ausdrücken in welchem Modus zur Verfügung stellt. Aus diesen Angaben wird dann - datengetrieben - die Auswertungsmethode für die spezielle Konfiguration erzeugt. Sie stellt sicher, daß Ausdrücke, die von einem Prozessor nicht selbst ausgewertet werden können und an die Wissensbasis weitergereicht werden, an die entsprechende Methode des zur Auswertung zuständigen Prozessors weitergeleitet werden. Dieser Kommunikationsaspekt der Wissensbasis wird im Ojekttyp **meta-mixin** abgehandelt, während die Aspekte der Wissenbasis als Gesamtheit im Objekttyp **knowledge-base** angesiedelt sind (siehe Abb. 1).

Neben der Auswertungsmethode können Prozessoren auch auf Leistungen des Benutzerinterface zurückgreifen, auf die aber hier nicht weiter eingegangen werden soll. In der anderen Richtung müssen sie neben der Beschreibung der von ihnen selbst bearbeiteten Ausdrücke einige wenige

Methoden exportieren, die von allen Prozessoren gefordert werden. Dazu gehören unter anderem Methoden, die den Prozessor in den Ausgangszustand zurücksetzen; statistische Angaben über die interne Wissensbasis und eine externe Repräsentation liefern; Auflisten der Kommandos, die in der Benutzerschnittstelle angeboten werden sollen.

Mit Hilfe der Deklaration in der Wissensbasis konfiguriert man sich aus der Menge schon vorhandener Interpreter das ablauffähige Expertensystem (siehe Abb. 2). Etwas mehr Aufwand muß man allerdings treiben, um einen Interpreter für einen neuen Repräsentationsformalismus anzuschließen. Die hier vorgestellte Realisierung ermöglicht es aber, diesen Anschluß ohne jede Modifikation vorhandenen Kodes herzustellen.

Dazu muß man ein Flavor definieren, das den Interpreter realisiert; ein Mixin, das die Integration in das Gesamtsystem bewirkt; Methodendefinitionen für die erlaubten Auswertungsmodi; und schließlich müssen die oben genannten erforderlichen Methoden definiert werden. Unsere Erfahrungen mit den drei vorhandenen Interpretern machte deutlich, daß alle drei einen gemeinsamen Kern zum Anschluß an das Gesamtsystem besitzen. Diesen Kern haben wir deshalb durch das Flavor **processor-core** herausfaktorisiert. Bei der Definition der Interpreter-Flavors sorgt man lediglich dafür, daß man über Vererbung im Flavor-Graphen auf die Leistungen von **processor-core** zugreifen kann, um den Anschluß an das Gesamtsystem bereitzustellen.

5.3 Der Produktionsregelinterpreter

5.3.1 Strukturierungsprinzipien

Bei der Architektur des Regelprozessors wurde darauf geachtet, daß sich folgende Aspekte auch in der Realisierung niederschlagen:

- die Einbindung in das Gesamtsystem soll deutlich werden,
- die Auswertung soll von der Verwaltung von Regeln und Daten getrennt sein, und
- die Aspekte der Entwicklungsumgebung für Regeln, das Verfolgen und die Erklärung der Arbeitsweise der Regelauswertung sollten separiert werden.

Erreicht wurden diese Forderungen durch eine strikt objektorientierte Realisierung einer entsprechend modularen Architektur für den Interpreter (siehe Abb. 3). Das Flavor **rule-base** stellt die elementaren Operationen zur Verwaltung von Regeln zur Verfügung, die für die Auswertung benötigt werden. Sie enthalten noch keine Methoden, um die Entwicklung von Regeln zu unterstützen.

Das Flavor **data-base** realisiert die dynamische Datenbasis für die Auswertung von Regeln. Dabei wird weitgehend über **processor-core** die Hilfe des Gesamtsystems in Anspruch genommen. Lediglich Information über bereits verifizierte Fakten wird hier direkt gespeichert und bildet die Grundlage für die Auswertung der Regeln und für Erklärungszwecke.

Diese drei Flavors bilden die minimale Basis für den eigentlichen Auswertungsprozeß und unterscheiden deutlich die Aspekte der Einbindung ins Gesamtsystem von der Regel- und Datenverwaltung. Das Flavor **rule-interpreter** basiert auf ihnen und ist der Teil, in dem die Regelauswertung durch Methoden definiert wird.

Die folgenden drei Flavors können als Erweiterungen der Funktionalität der vorhergehenden Flavors betrachtet werden. Sie sind nicht in jedem Anwendungsfall erforderlich und sind daher als getrennte optionale Bestandteile des Regelprozessors realisiert worden.

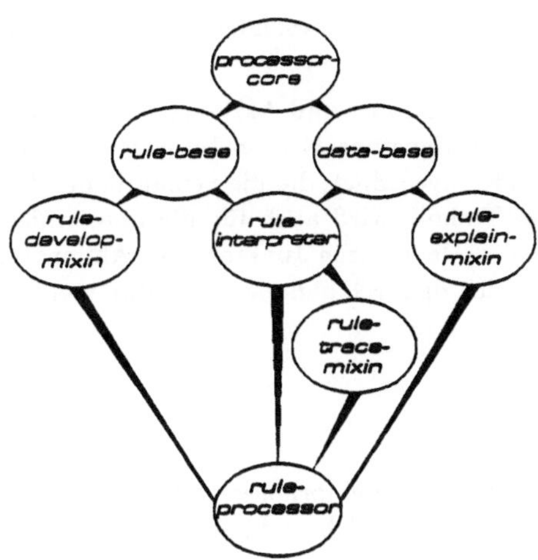

Abbildung 3: Struktur des Regelprozessors

Im Flavor **rule-develop-mixin** sind alle über **rule-base** hinausgehenden Leistungen einer Entwicklungsumgebung für Regeln zusammengefaßt. Sie bieten umfassende Möglichkeiten der Untersuchung und Bearbeitung von Regeln. Das Flavor **rule-explain-mixin** nutzt die in **data-base** verwaltete Information, um Erklärungen über die Ergebnisse von Regelauswertungen zu liefern. Das Flavor **rule-trace-mixin** definiert einige Daemons für Methoden von **rule-interpreter**, um die Auswertung von Regeln zu verfolgen.

Im Flavor **rule-processor** schließlich werden die Komponenten, aus denen der Regelprozessor bestehen soll, zusammengestellt und die von jedem Prozessor im Gesamtsystem geforderten Methoden auf die verfügbaren Methoden der Bestandteile des Prozessors abgebildet. Hier wird also der Prozessor konfiguriert, indem optionale Bestandteile - solche, die 'mixin' als Bestandteil ihres Namens haben - einbezogen werden oder nicht.

Jedem der am Beginn dieses Abschnitts geforderten unterscheidbaren Aspekte ist ein gesondertes Flavor zugeordnet worden. Lediglich die Einbindung in das Gesamtsystem wird in der einen Richtung (Import von Methoden) durch **processor-core** und in der anderen Richtung (Export von Methoden) durch **rule-processor** in zwei verschiedenen Flavors angesiedelt. Die Abb. 3 zeigt die Architektur des Regelprozessors in der bisher vorliegenden Maximalkonfiguration.

Jeder in Form eines Flavors definierter Aspekt des Regelprozessors kann ergänzt oder ersetzt werden. Ergänzungen erfolgen einfach dadurch, daß zusätzliche Methoden definiert werden. Ersetzungen der optionalen Bestandteile können bei der Definition des Flavors **rule-processor** erfolgen. Lediglich das Ersetzen eines der grundlegenden Flavors verlangt genauere Kenntnisse über die Implementierung. Im folgenden Abschnitt zeigen wir deshalb, wie der Evaluierungsprozeß des Regelinterpreters vom Benutzer ohne Kodemodifikationen verändert werden kann.

5.3.2 Implementierungstechniken

Bietet schon die Architektur viele Möglichkeiten, den Leistungsumfang den jeweiligen Erfordernissen anzupassen, so wurde auch bei der Implementierung der einzelnen Flavors auf Unabhängigkeit bei der Erweiterung geachtet. Dies wurde insbesondere durch Anwendung datenorientierter Techniken erreicht.

So sind z.B. in **rule-interpreter** Junktoren und Aktionstypen datengetrieben implementiert, d.h. Bezeichnern eines Junktors oder Aktionstyps wird für Vorwärts- und Rückwärtsauswertung jeweils in geeigneter Weise eine Methode zugeordnet, die die Semantik des Junktors bzw. Aktionstyps im jeweiligen Fall festlegt. Diese Technik wird auch für die unterschiedlichen Kontroll- und Konfliktlösungsstrategien angewendet. Jeder neue Junktor oder Aktionstyp, jede neue Kontroll- oder Konfliktlösungsstrategie lassen sich dadurch ohne Modifikation von bestehendem Kode in gleicher Weise hinzufügen.

5.4 Der Frame-Prozessor

Objektorientiertes Programmieren und objektorientierte Wissensrepräsentation sind sehr eng miteinander verwandt. Der Hauptunterschied besteht darin, daß zur Wissensrepräsentation mehr Möglichkeiten angeboten werden müssen als bei einer objektorientierten Programmiersprache. Es lag deshalb nahe, das schon vorhandene Flavor-System als Basis zu nehmen und zu erweitern. Dazu wurden zuerst Begriffe im Flavor-System mit Begriffen bei dem Frame-Formalismus identifiziert. Dadurch wurde klar, wie die Konstrukte der Frame-Sprache realisiert werden können. Frames werden mit Hilfe von Flavors dargestellt, Instanzen von Frames als Instanzen der entsprechenden Flavors.

Normalerweise kann man Merkmale von Frame-Instanzen durch Instanzenvariablen in einer Flavor-Definition realisieren. Wie oben schon in der funktionalen Beschreibung dargestellt wurde, ist es möglich, die Merkmale mit Annotationen zu versehen. Deshalb kann man Merkmale nicht direkt auf Instanzenvariable in einem Flavor abbilden. Damit können auch nicht die standardmäßig gegebenen Zugriffsmechanismen für Instanzenvariablen bei Merkmalen verwendet werden. Die gewählte Lösung bestand darin, daß ein spezielles Flavor **frame** definiert wurde. Dieses Flavor enthält alle Methoden und Instanzenvariablen, um annotierte Merkmale in Frames und deren Instanzen zu verwalten, abzufragen und zu setzen. Jeder Frame ererbt bei seiner Definition automatisch alle Informationen aus dem Flavor **frame**.

Wie bei dem Produktionsregelprozessor neue Auswertungsstrategien leicht hinzugefügt werden können, so kann man auch bei der Frame-Sprache neue Sprachkonstrukte hinzufügen, z.B. neue Annotationen. Dies geschieht dann dadurch, daß man geeignete neue Methoden für das Flavor **frame** definiert. Veränderungen an vorhandenen Methoden werden dadurch normalerweise überflüssig.

So wurde ein Constraints-Mechanismus später hinzugefügt. Damit ist es möglich, Wertkombinationen für Merkmale durch Restriktionen zu beschreiben. Die Realisierung geschah einfach dadurch, daß für die Zugriffsmethoden – lesend oder schreibend – für Merkmalswerte Before- bzw. After-Methoden erhielten. Schwieriger war die Integration des sogenannten Active-Value-Konzeptes. Dazu mußten die Zugriffsmethoden vollständig ersetzt werden. Die neue Version unterschied sich allerdings von der alten nur dadurch, daß eine Fallunterscheidung getroffen wurde: ist der Wert eines Merkmals kein aktiver Wert, dann verfahre wie früher, sonst verwende eine besondere Methode.

5.5 Der Prolog-Prozessor

Mit der Modularisierung des Prolog-Prozessors wird das Baukastenprinzip, nach dem das Gesamtsystem entworfen wurde, auf eine seiner Komponente übertragen. Das Ziel ist das gleiche:

eine der jeweiligen Anwendung angepaßte Version des Prozessors bereitzustellen. So können für einen Endanwender Trace-Möglichkeiten überflüssig sein; ein KI-Forscher will alternative Realisierungen eines Algorithmus erproben. Die objektorientierte Realisierung des Prozessors bietet die Möglichkeit diesen konfigurierbar zu gestalten.

Trotz der unterschiedlichen Formalismen, die Regel- und Prolog-Prozessor verwenden, lassen sich unschwer funktionelle Parallelen im gewünschten Verhalten der Prozessoren finden: Dem Verwalten einer Regelmenge entspricht das Verwalten einer Klauselmenge, der Auswertung einer Regelmenge ein Beweis aufgrund einer Klauselmenge u.s.w. Diese Parallelen spiegeln sich in einer weitgehend analogen Zerlegung von Regel- und Prolog-Prozessor in einzelne Komponenten.

Goals mit für Prolog unbekannten Prädikaten werden grundsätzlich an den Metaprozessor weitergereicht. Dieser erkennt, um welche Art Goal es sich handelt, und übergibt es dem zuständigen Interpreter. Dessen Antwort wird dem Prolog-Prozessor zugeleitet, und zwar in Form von Klauseln. Wie beim Regelprozessor stellt auch hier **processor-core** das Interface zum Metaprozessor dar.

Die Komponente **axset-basic** verwaltet Klauseln und Klauselmengen. Sie entspricht dem Flavor **rule-base** des Regelprozessors. Wie dieser enthält **axset-basic** nur elementare Methoden. Die Komponente **proc-sc-mixin** faßt Funktionen und Methoden zur Behandlung von Klauseln im Beweisprozeß zusammen.

Bei der vorliegenden Prolog-Implementation wird ein Structure-Copying-Ansatz verfolgt, d.h. alle Klauseln werden vor der Unifikation kopiert, wobei sämtliche Prolog-Variablen durch neu generierte ersetzt werden. Da die Unifikationsmethode selbst auf diesen Ansatz zugeschnitten ist, gehört sie ebenfalls zu dieser Komponente. Das gleiche gilt für alle Mechanismen, die es erlauben, Bindungen für Variablen, die bei der Unifikation vorgenommen werden, zurückzunehmen. Da alle auf dem Structure-Copying-Ansatz beruhenden Methoden in dieser Weise zusammengefaßt sind, können alternative Ansätze einfach durch Ersetzen des Mixins **proc-sc-mixin** realisiert werden.

Die Komponente **prolog-interpreter** stößt den Beweis der vom Benutzer vorgegebenen Goals an. Auf die eigentliche Beweisführung wird weiter unten noch eingegangen. Zu diesen Komponenten, die einen minimalen Prolog-Prozessor ausmachen, treten wie beim Regelprozessor optionale Zusätze mit analogen Aufgaben hinzu.

In dem Mixin **prolog-trace-mixin** werden alle Parameter verwaltet, die das Tracen eines Prolog-Beweises steuern. Das Mixin **ax-develop-mixin** bietet eine Entwicklungsumgebung für Klauseln und Klauselmengen. Es enthält insbesondere Methoden für eine komfortable Anzeige und Modifikation von Klauseln bzw. Klauselmengen. Das Mixin **proc-explain-mixin** bietet dem Benutzer Erläuterungen zweierlei Art: Er kann sich einen Beweis in Form eines Baumes anzeigen lassen. Dazu wird der weiter unten beschrieben Baumeditor benutzt. Ferner hat er die Möglichkeit, sich den Kontext einer Frage anzeigen zu lassen. Derartige Fragen können durch Objektreferenzen mit unbestimmten Slotwert ausgelöst werden. Diese Referenzen sind als Goal zulässig, wenn sie auch vom Prolog-Prozessor selbst nicht ausgewertet werden können. Das Fragen wird vom zuständigen Prozessor, dem Frame-Prozessor, veranlaßt, über den Kontext, in dem die Objektreferenz steht, kann aber nur der Prolog-Prozessor informieren.

Obligatorische und optionale Komponenten werden, entsprechend den jeweiligen Wünschen, in einem Flavor **prolog-processor** zusammengefaßt. Die Abb. 4 zeigt die Architektur des Prolog-Prozessors bei maximaler Konfiguration aller hier beschriebenen Komponenten.

Vergleicht man die Komponenten des Prolog-Prozessors mit denen des Rule-Prozessors, so fällt auf, daß die Komponente für eine dynamische Datenbasis scheinbar fehlt. Für sie wurde eine besondere Realisierung gewählt. Sie lehnt sich an das bekannte Box-Modell von L. Byrd an (siehe [4, Kapitel 8.3]). Dieses Modell verdeutlicht die Arbeitsweise eines Prolog-Interpreters in besonders

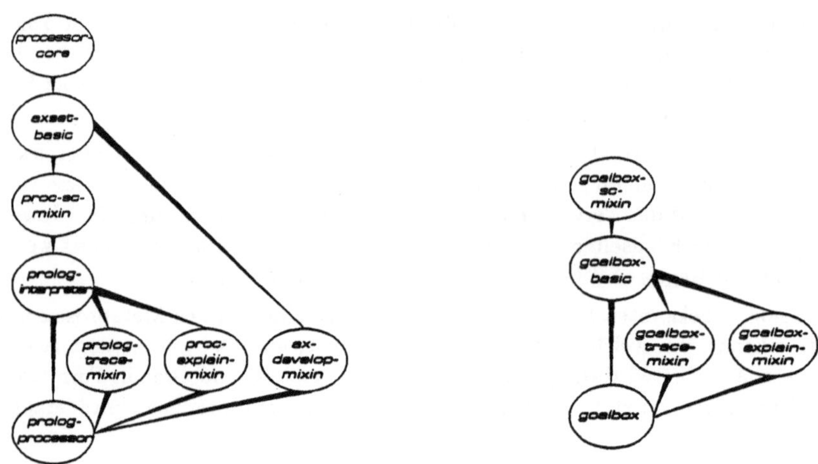

Abbildung 4: Struktur des Prolog-Prozessors

Abbildung 5: Goal-Repräsentation

anschaulicher Weise und läßt sich sehr einfach objektorientiert realisieren: für jedes Goal wird eine Box mit zwei Eingängen – für den ersten bzw. jeden wiederholten Beweisversuch des Goals – und zwei Ausgängen – für das Gelingen bzw. das Mißlingen des Beweises – dargestellt. Eine Box wird in BABYLON-Prolog durch Instanzen eines entsprechenden Flavors dargestellt. Im Zuge eines Beweises wird ein Baum aus solchen Instanzen aufgebaut. Dieser Baum verkörpert die dynamische Datenbasis des Prolog-Prozessors.

Das Flavor zur Beschreibung eines Goals ist ebenfalls modular aufgebaut, entsprechend der Aufgliederung des Flavors **prolog-processor**. So ist das Mixin **goalbox-sc-mixin** ein Pendant zu **proc-sc-mixin** und enthält Methoden zur Behandlung von Klauseln, soweit sie vom Structure Copying Ansatz abhängen.

Das Flavor **goalbox-basic** enthält **goalbox-sc-mixin** als Komponente und ist die minimale Verkörperung eines Goals. Es korrespondiert mit dem Flavor **prolog-interpreter**. Das Flavor stellt Methoden zum Beweis eines Goals bereit. Für jedes Systemprädikat gibt es eine eigene Methode, für Benutzerprädikate eine Standardmethode. Die benötigte Methode wird zur Laufzeit ermittelt. Ist ein Benutzerprädikat aufgrund einer Regel zu beweisen, werden entsprechend den Prämissen der Regel neue Goalbox-Instanzen erzeugt und entprechend der Standard-Kontrollstrategie von Prolog bewiesen, wozu wieder die Methoden zum Beweis eines einzelnen Goals aufgerufen werden. Der Beweisprozeß wird vom Prolog-Interpreter dadurch angestoßen, daß an ein fiktives Topgoal die übliche Nachricht geschickt wird, die den Beweis eines Goals auslöst.

Das Mixin **goalbox-trace-mixin** erlaubt das Tracen eines Beweises. Jeder Methode zum Beweis eines Goals, den Methoden für Systemprädikate wie der Standardmethode, entspricht eine Methode, die zusätzlich Trace-Informationen liefert. Sie wird an Stelle der normalen Methode verwendet, falls das jeweilige Prädikat zu tracen ist. Das Mixin **goalbox-explain-mixin** ermöglicht zusammen mit dem **proc-explain-mixin** die oben beschriebenen Leistungen.

Obligatorische wie optionale Komponenten werden in einem Flavor **goalbox** zusammengefaßt. Die Abb. 5 zeigt den Aufbau des Flavors, wenn alle beschriebenen Komponenten einbezogen werden.

5.6 Der Baumeditor

Der **Baumeditor** ist ein System, das die interaktive Generierung von Baumstrukturen unterstützt. Den Kern dieses Systems bildet der **Displayer**, mit dem die Baumstrukturen grafisch dargestellt werden können. Er wird von den Erklärungskomponenten einiger Prozessoren des BABYLON-Systems als Hilfsmittel benutzt. Dies sind im einzelnen: Der Prolog-Prozessor (für Beweisbäume), der Regelprozessor (für die baumartige Regelverkettung) und der Frame-Prozessor (Darstellung von Frames und Instanzen). Darüberhinaus kann der Baumeditor auch als eigenständiges Werkzeug eingesetzt oder in andere Programme eingebunden werden.

5.6.1 Implementierungsgeschichte

Als Prototyp des Baumeditors wurde sein Kern, der Displayer, in einer Mischimplementierung als Unterprogramm der Benutzerschnittstelle von BABYLON realisiert. Dadurch konnten die Techniken zur internen Repräsentation der Baumstrukturen und zur Berechnung des Layouts für die grafische Darstellung erprobt werden. Die interne Darstellung der Baumstrukturen war objektorientiert, die grafische Darstellung derselben teils objektorientiert, teils funktionsorientiert und die eigentliche Benutzerschnittstelle rein funktionsorientiert implementiert. Dabei erwies sich die funktionsorientierte Programmierweise als weniger gut geeignet für Erweiterungen der Funktionalität, die aus der bei der Benutzung des Werkzeuges gewonnenen Erfahrung heraus notwendig oder wünschenswert erschienen. Dies war dann auch der Anlaß für die Reimplementierung des Baumeditors, an die dann einige weitergehende Anforderungen gestellt wurden.

Die wichtigsten Anforderungen an den Baumeditor waren eine *einfache Schnittstelle* zu anderen Subsystemen, *einfache Handhabung*, *Offenheit* gegenüber Erweiterungen der Funktionalität und *Konfigurierbarkeit* des Systems. Die letzten beiden Punkte hängen zusammen. Es hat sich bei der Erprobung gezeigt, daß die gleichzeitige Präsenz aller vorhandenen Funktionen des Displayers u.U. nicht erwünscht ist, da einige Funktionen für bestimmte Anwendungen nicht benötigt werden. Daher sollte es möglich sein, ein System mit genau der Funktionalität zu konfigurieren, die gebraucht wird.

Die erste Anforderung wird dadurch erfüllt, daß der Baumeditor beim Aufruf eine Baumstruktur in Listendarstellung übergeben bekommt. Die Interaktion zwischen Benutzer und Baumeditor ist menügesteuert und auf die Benutzung einer Maus ausgerichtet, sodaß die zweite Anforderung ebenfalls erfüllt ist.

Die dritte und vierte Anforderung werden durch objektorientierte Implementierung realisiert. Ein neues Kommando wird z.B. dadurch implementiert, daß man eine Methode schreibt, die dieses Kommando realisiert und daß man den Kommandonamen in eine Liste der bekannten Kommandos einträgt sowie einen Menü-Eintrag spezifiziert. Dies kann ohne Kodemodifikation während der Laufzeit gemacht werden, sodaß das neue Kommando sofort verfügbar und ausführbar ist.

Der Displayer wird durch ein Flavor gleichen Namens implementiert. Dieses Kernsystem kann Baumstrukturen grafisch darstellen und den sichtbaren Ausschnitt der Darstellung durch **Browsing** und **Scrolling** verschieben. Darauf bauen z.Zt. drei Erweiterungen der Funktionalität auf, die als Mixins implementiert sind. Das sind Flavors, die Methoden zum Abspeichern und Restaurieren einer Baumdarstellung auf und von Platte, Methoden zum Markieren einzelner Knoten oder ganzer Pfade im Baum und die Methoden zum Kreieren und Editieren von Baumstrukturen enthalten.

Das Flavor **displayer** kann einzeln oder zusammen mit einem oder mehreren der Mixins zu einem neuen Flavor kombiniert werden, sodaß eine Instanz des neuen Flavors das *maßgeschneidert*

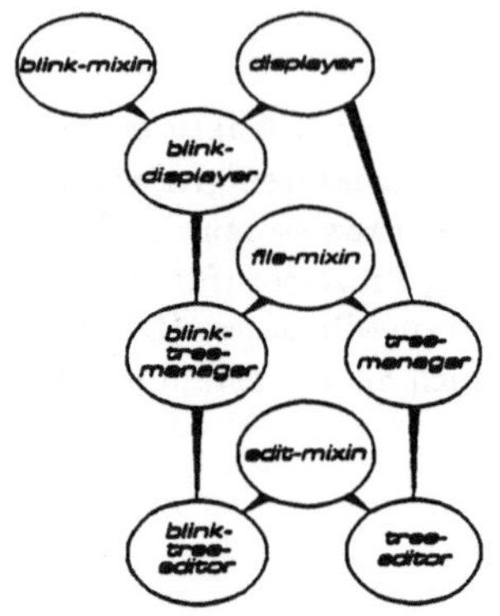

Abbildung 6: Struktur des Baumeditors

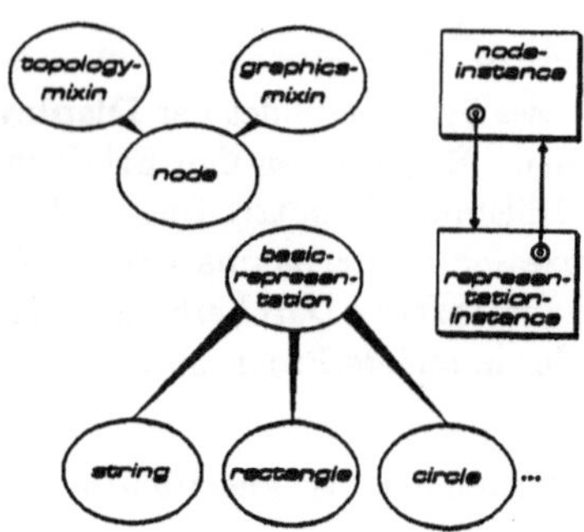

Abbildung 7: Knotenrepräsentation

konfigurierte System bildet. Aus pragmatischen Überlegungen wurde eine der Kombinationsmöglichkeiten nicht zugelassen. Standardmäßig wird das Edit-Mixin automatisch zusammen mit dem File-Mixin verwendet, da man davon ausgehen kann, daß die kreierten oder modifizierten Bäume abgespeichert werden sollen. Der Zusammenhang zwischen den Flavors und Mixins ist in Abb. 6 dargestellt.

5.6.2 Interne Baumdarstellung

Ein Baum wird dargestellt als eine Hierarchie von Knoten, die miteinander durch Verweise verknüpft sind. Um die Implementierung der Browsing-Methoden effizienter zu machen, wurden nicht nur Verweise verwandt, die die Vorgänger- und Nachfolger-Relationen der Knoten im Baum beschreiben, sondern auch solche, die die Nachbarrelation (als Double Linked List) beschreiben.

Die Knoten sind Objekte, die sich selbst grafisch repräsentieren können. Sie sind Instanzen des Flavors **node**, der eine einfache Kombination aus dem **graphics-mixin** und dem **topology-mixin** ist. Letzterer beherbergt alle Informationen, die für die Layout-Generierung gebraucht werden, also z.B. die Koordinaten der grafischen Knotendarstellung bezüglich des Ursprungs des Display-Fensters etc. Für die Berechnung dieser Koordinaten ist es irrelevant, wie die grafische Darstellung aussieht. Man braucht nur zu wissen, wie breit und wie hoch sie maximal ist. Diese Information wird vom **graphics-mixin** bereitgestellt, der die Schnittstelle zwischen dem Knoten und seiner grafischen Darstellung bildet.

Die grafische Darstellung ist selbst wieder ein Objekt. Es setzt sich zusammen aus einem Base Flavor und darstellungsspezifischen Erweiterungen. Die daraus entstehenden Objekte sind **picture**, **string**, **rectangle**, **circle**, **point** und **dash** (siehe Abb. 7). Das **graphics-mixin** besitzt Methoden zum Propagieren von Nachrichten an die unterschiedlichen Grafik-Objekte, die alle bestimmte Standardnachrichten wie **:draw-self** etc. verstehen müssen.

5.6.3 Schnittstellenbeschreibung

Neben der Möglichkeit, aus einer Listenrepräsentation eines Baumes dessen interne und grafische Darstellung mittels der Methoden des Baumeditors zu erzeugen, gibt es noch eine zweite, flexiblere aber auch aufwendigere Schnittstelle. Es ist möglich, aus Knoten und eigenen Objekten neue Objekte zu erzeugen, d.h. den Flavor **node** in eigene Flavors hineinzumixen. Dann kann man die interne Baumdarstellung selbst durch Setzen der Verweise und die grafische Darstellung eigener Objekte beliebig programmgesteuert generieren. Wird dem Baumeditor bekannt gemacht, welches Objekt die Wurzel des selbst erzeugten Baumes ist, so kann er damit arbeiten und das Layout generieren usw.

Diese Möglichkeit haben wir dazu benutzt, um die Prolog-Beweisbäume während des Beweisvorgangs dynamisch zu erzeugen und nur bei Bedarf zu zeigen. Darüberhinaus wurde der Displayer **angepaßt**, indem darauf aufbauend ein Prolog-Proof-Tree-Displayer geschaffen wurde, der Operationen auf den Knoten des Beweisbaumes ausführen kann, die eigentlich nur mit der Erklärung des Beweisvorganges zu tun haben und nichts mit der Baumdarstellung. Dabei erwies sich die objektorientierte Implementierung erneut als Vorteil, denn der zur Anpassung geschriebene Kode hat den Umfang von nur einer DIN-A4-Seite, wovon 90 Prozent aus den Methoden für die neuen Kommandos bestehen.

6 Zusammenfassung und Ausblick

Wir haben in diesem Papier gezeigt, wie man mit Hilfe des objektorientierten Programmierstils die Architektur größerer Softwaresysteme direkt in die Implementierung abbilden kann. **BABYLON** läuft zur Zeit auf verschiedenen Typen von Lispmaschinen (Symbolics und Texas Instruments) und hat einen Umfang von über 800KB.

Die gewählte Architektur hatte zum Ziel, ein Werkzeugsystem für Expertensysteme aus einem Baukasten vor- oder selbstdefinierter Komponenten konfigurieren zu können. Dazu wurden die Interpreter der verschiedenen Repräsentationsformalismen als wichtigste funktionale Einheit zugrunde gelegt. Als Konsequenz wurde dann eine Kommunikationskomponente, der Metaprozessor, definiert, der die Integration aller Interpreter in ein System gewährleistet.

Alle Aspekte der Programmierumgebung wurden aus den Interpretern und der Metaprozessordefinition herausgehalten. Sie wurden in formalismusspezifischen Komponenten zusammengefaßt. Durch eine Deklaration in der Wissensbasis gibt der Benutzer an, aus welchen Komponenten das lauffähige Expertensystem mit dieser Wissensbasis bestehen soll.

Auf dieselbe Art und Weise wurden zwei der drei in **BABYLON** vorhandenen Interpreter modularisiert. Der Frame-Interpreter dagegen wurde als eine Erweiterung des in ZetaLisp vorhandenen Flavor-Systems realisiert. Ein wichtiger Teil der Dialogkomponente, der Baumeditor, wurde ebenfalls objektorientiert implementiert.

Die in allen diesen Fällen verwendete Vorgehensweise zeigt, daß es möglich ist, die gewünschte Architektur oder Funktionalität von Softwaresystemen direkt in Objektdefinitionen abzubilden. Wir haben für **BABYLON** zusätzlich eine Architektur gewählt, die es erlaubt, die Funktionalität des Gesamtsystems oder wichtiger Teile davon zu ändern, alleine durch Hinzu- oder Wegnehmen von Kode und ohne schon vorhandenen Kode zu modifizieren.

In dem Verbundvorhaben **WEREX** ist unter anderem geplant, **BABYLON** als Softwarevorlage für entsprechende Werkzeugsysteme zu nehmen, die auf MS-DOS bzw. UNIX-Rechnern laufen sollen. Durch die objektorientierte Realisierung hoffen wir, daß einerseits die vorgesehene Portierung nach LeLisp wesentlich erleichtert wird und andererseits eine vergleichbare Funktionalität mit eventuell anderen Ausprägungen erreicht werden kann.

Im Verlauf dieses Verbundvorhabens werden wir unter anderem den Frame-Interpreter entsprechend zum Regel- bzw. Prolog-Interpreter modularisieren. Weiterhin haben wir vor, die Teile des

Systems weiter auszubauen, die den Wissensingenieur bzw. Endanwender bei der Konstruktion und dem Verwenden von Expertensystemen unterstützen.

Literatur

[1] Bobrow, D. G.; Stefik, M. *The LOOPS Manual.* XEROX PARC, Palo Alto (CA), 1983

[2] Buchanan, B. G. *Expert Systems: Working Systems and the Research Literature.* In: Expert Systems, 3:1, 1986, S.32-45

[3] Christaller, T. *KI-Programmiertechniken.* In: Hein, H.-W.; Neumann, B. (Hrsg.) KIFS-85. Springer, Berlin, erscheint demnächst

[4] Clocksin, W.F.; Mellish, C.S. *Programming in Prolog.* Springer, Berlin, 2.Aufl., 1984

[5] di Primio, F.; Christaller, T. *A Poor Man's Flavor System. Part 1.* WP 47, Inst. Dalle Molle ISSCO, Genf, 1983

[6] di Primio, F.; Brewka, G. *BABYLON: Kernel System of an Integrated Environment for Expert System Development and Operation.* In: Proc. of Fifth International Workshop on Expert Systems and their Applications, Avignon, 1985, S.573-583

[7] ohne Verfasser *Kee User's Manual.* IntelliGenetics, Menlo Park (CA), 1983

[8] ohne Verfasser *S.1 Reference Manual.* Framentec, Monaco, 1984

[9] Klar, W.; Wittur, K.H. *DEX-C3 – Ein Expertensystem zur Diagnose von Fehlverhalten im automatischen Getriebe C3 von Ford.* In: GMD-Jahresbericht 1984, Sankt Augustin, 1985, S.49-56

[10] Keene, S.E.; Moon, D.A. *Flavors: Object-oriented Programming on Symbolics Computers.* Symbolics, Cambridge (MA), 1985

[11] Kunz, J.C.; Kehler, T.P.; Williams, M.D. *Applications Development Using a Hybrid AI Development System.* In: The AI Magazine, V:3, 1984, S.41-54

[12] Puppe, B.; Puppe, F. *Overview on MED1: a Heuristic Diagnostics System with an Efficient Control Structure.* In: Neumann, B.(Hrsg.) GWAI-83, Springer, Berlin, Informatik-Fachberichte 76, S.11-22

[13] Shortliffe, E.H. *Computer-based medical consultations: MYCIN.* American Elsevier, New York, 1976

[14] Stoyan, H.; Wedekind, H.(Hrsg.) *Objektorientierte Software- und Hardwarearchitekturen.* Teubner, Stuttgart, 1983

[15] Stoyan, H.; Görz, G. *LISP. Eine Einführung in die Programmierung.* Springer, Berlin, 1984

[16] Symbolics Inc. *Lisp Maschine Manual.* Cambridge (MA), 1984

[17] van Melle, W. *A Domain independent System that Aids in Constructing Consultation Programs.* Rep. STAN-CS-80-820, Computer Science Dept., Stanford University, 1980

Programmierwerkzeuge - ihre Integration in eine objektorientierte Programmierumgebung

Matthias Schneider[1]

Abstract

In einer Programmierumgebung, in der nach dem Prinzip des Rapid Prototyping programmiert wird, gewinnen Programmierwerkzeuge an Bedeutung, die den Programmierer bei der Analyse bereits bestehender Programme und ihres Laufzeitverhaltens und insbesondere beim Suchen nach fehlerhaften Stellen in diesen Programmen unterstützen. Für die Effizienz beim Einsatz einer Programmierumgebung ist deren Benutzeroberfläche und der Grad der Integration der einzelnen Komponenten ein wichtiger Faktor. - Dieser Beitrag beschreibt den Entwurf einer Programmierumgebung für die objektorientierte Sprache ObjTalk und erläutert deren grundlegende Eigenschaften exemplarisch an einem Werkzeug, dem ObjTalk Stepper.

1. Einleitung

Die Technik des Rapid-Prototyping (siehe z. B. [Sheil 83]) gewinnt an Bedeutung für den Programmentwurf, vor allem im Bereich der Gestaltung der Mensch-Computer-Schnittstelle. Im Gegensatz zu den bekannten Phasenmodellen des Software-Engineering [Howden 82] wiederholen sich beim Rapid-Prototyping auch die einzelnen Designtätigkeiten. Dabei dienen die entstehenden Programme als Ausgangspunkt für weitere Designphasen (siehe Abb. 1).

In einem Software-Designprozeß, der dem Prinzip des Rapid Prototyping folgt, werden im Gegensatz zur Programmentwicklung nach konventionellen Methoden schon zu einem sehr frühen Zeitpunkt Programme erstellt. Da der Programmierer üblicherweise zu diesem Zeitpunkt die notwendige Funktionalität des zu entwerfenden Programms noch nicht in vollem Umfang kennt, ist es beinahe unausbleiblich, daß sein Prototyp sowohl syntaktische als auch logische Fehler enthält.

Zum Verbessern derartiger Fehler benötigt der Programmdesigner Werkzeuge, die das Auffinden der fehlerhaften Stellen in seinem Programmcode erleichtern. Die Verfahren zum Auffinden dieser Stellen sind häufig von der verwendeten Implementierungssprache abhängig.

Syntaktische Fehler sind meist leichter als logische Fehler zu finden. Sofern sie nicht bereits vom Compiler gefunden wurden, werden sie spätestens zu dem Zeitpunkt offensichtlich, an dem der fehlerhafte Ausdruck zum ersten Mal ausgeführt werden soll. In manchen Programmiersprachen hat

[1] Forschungsgruppe INFORM, Institut für Informatik, Universität Stuttgart, Herdweg 51, 7000 Stuttgart 1

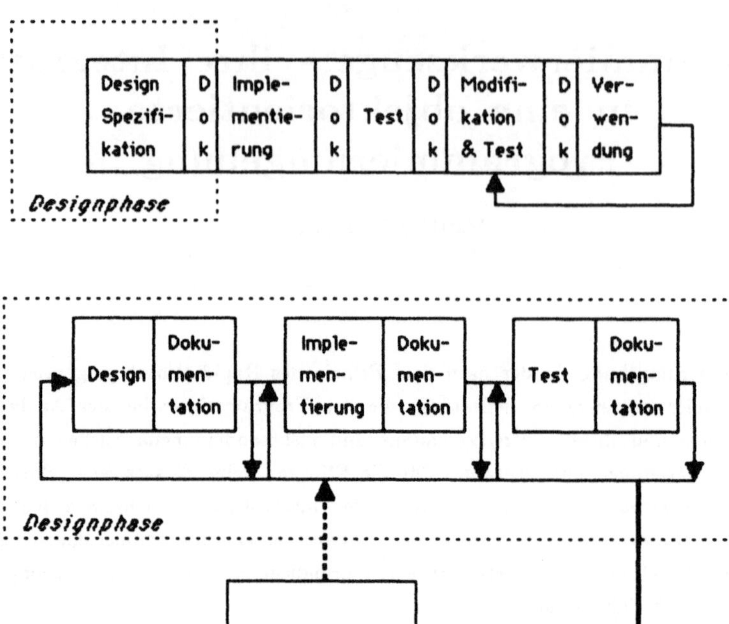

Abbildung 1: Der Software-Designprozeß

Während in den sogenannten Life-Cycle-Modellen die einzelnen Designaufgaben streng getrennt sind und hintereinander ausgeführt werden, sammelt der Programmdesigner bei einem Rapid-Prototyping-Verfahren Wissen über das zu lösende Problem und Lösungsmöglichkeiten mit Hilfe von lauffähigen Programmen, die er "kritisieren" kann. Am Ende eines Prozesses mit vielen Durchläufen hat er genügend Wissen über sein Problem, um aus dem Prototypen ein unter Realbedingungen benutzbares Produkt zu schaffen.

---

man jedoch das Problem, diejenige Stelle im Quell-Code zu finden, die für den Fehler verantwortlich ist. Dies ist vor allem dann nicht einfach, wenn Programmodule von verschiedenen Programmierern verwendet werden und Fehler durch das Zusammenwirken dieser Module entstehen. Der Programmierer erhält dann oft Fehlermeldungen, die die eigentliche Ursache des Fehlers nicht beschreiben.

Schwieriger gestaltet sich die Suche nach logischen Fehlern. Programme mit logischen Fehlern lassen sich häufig ausführen, wobei das tatsächliche Ergebnis nicht mit den erwarteten Resultaten übereinstimmt. Der Programmierer muß in diesem Fall sein Programm Anweisung für Anweisung ausführen und nach jedem Schritt den Zustand des Systems mit seinen Erwartungen vergleichen. Dabei spielt die Steuerbarkeit der verwendeten Werkzeuge eine wesentliche Rolle.

Für die schrittweise Fehlersuche gibt es zwei wichtige Werkzeuge:

- *Trace-Werkzeuge* gestatten es, den Aufruf und Ablauf von Programmkonstrukten (Funktionen,

Prozeduren o.ä.) zu protokollieren. Sie erlauben beispielsweise dem Programmierer, aktuelle Parameterbelegungen zu überprüfen oder den Programmablauf beim Eintreten und Verlassen der Konstrukte zu unterbrechen, um Variablenwerte zu verändern, beliebige Programme auszuführen und danach den Programmlauf fortzusetzen. Hierbei muß der Programmierer *vor* der Programmausführung entscheiden, wo er welche Aktionen ausgeführt haben möchte.

- *Stepper* ermöglichen die gesteuerte Abarbeitung eines Programms in Einzelschritten. Vor *jedem* Programmausdruck kann der Programmierer entscheiden, wie die Befehlsausführung durchgeführt werden soll. Mit Hilfe von Steppern lassen sich Fehlerstellen exakt lokalisieren.

Welches dieser Werkzeuge im Einzelfall eingesetzt wird, ist abhängig von den spezifischen Eigenschaften der Problemstellung und der Handhabbarkeit der einzelnen Werkzeuge. Meist genügt ein Trace zur ungefähren Lokalisation des fehlerhaften Ausdrucks, während die genaue Bestimmung der Fehlerposition mit Hilfe eines Steppers gefunden wird.

2. Objektorientierte Programmierung

Objektorientierte Programmierung stellt - im Gegensatz zur prozeduralen Art der Programmierung in Programmieranweisungen und Prozeduren - den Begriff des *Objektes* in den Vordergrund. Diese Art der Programmierung hat im Bereich der Künstlichen Intelligenz-Programmierung vor allem durch objektorientierte Erweiterungen für LISP Eingang gefunden.

Unter Objekten versteht man aktive Datenstrukturen, die in eine Hierarchie von *Klassen* und Instanzen eingebunden sind. Klassen definieren diejenigen Eigenschaften, die ihre sämtlichen Instanzen gemeinsam haben. Neue Klassen werden durch Spezialisierung bereits vorhandener Klassen erzeugt, wobei die Eigenschaften dieser Oberklassen auf ihre Subklassen *vererbt* werden können. Namen und Wertebereiche von Zustandsvariablen werden beispielsweise in Klassen definiert. Für diese Zustandsvariablen haben die einzelnen Instanzen individuelle Wertebelegungen.

Objekte können untereinander kommunizieren, indem sie sich *Nachrichten* zusenden. Zu den Eigenschaften einer Klasse gehören *Methoden*; sie definieren, wie ein Objekt auf eine ankommende Nachricht reagiert. Die Reaktion auf eine ankommende Nachricht kann die Veränderung des Werts einer Zustandsvariablen, das Versenden von Nachrichten an andere Objekte und/oder die Rückgabe eines Wertes sein. Wichtig hierbei ist, daß die Objekte selbst entscheiden, ob und wie sie auf eine ankommende Nachricht reagieren. Außerhalb eines Objekts ist nur bekannt, welche Nachrichten von diesem Objekt verstanden werden. Im Innern eines Objekts sind dessen Methoden und der Wert seiner Zustandsvariablen bekannt. Ein Objekt kann nur diesen internen Zustand verändern, der Zustand anderer Objekte ist ihm nur über das Versenden von Nachrichten zugänglich.

Der Ablauf eines Programms wird damit in einer objektorientierten Programmiersprache nicht mehr durch Kontrollstrukturen wie *Schleifen*, *Sprünge*, *Verzweigungen* oder *Funktionen* kontrolliert, sondern durch das *Versenden* und *Empfangen* von *Nachrichten* und die in den *Methoden* definierte Reaktion auf empfangene Nachrichten. Werkzeuge zur Fehlersuche in objektorientierten Programmen müssen deshalb das Versenden von Nachrichten und die Ausführung von Methoden kontrollieren. An die Stelle von einzelnen Anweisungen einer herkömmlichen Programmiersprache treten jetzt Nachrichten, die in einem System versandt werden.

Als Beispiele objektorientierter Programmiersprachen sind SMALLTALK [Goldberg, Robson 83], LOOPS [Bobrow, Stefik 81; Stefik et al. 83], COMMONLOOPS [Bobrow 85] und ACT-1 [Theriault 82] zu nennen. Die in unseren Systemen verwendete Sprache ObjTalk [Laubsch, Rathke 83] ist eine objektorientierte Erweiterung der Programmiersprache LISP [Winston, Horn 81].

Die Eigenschaften von objektorientierten Progammsystemen werden zu einem erheblichen Teil zum einen durch die Beziehungen zwischen Klassen und Instanzen, zum anderen durch die interne Struktur von einzelnen Klassen definiert. Zur Analyse und zur Modifikation derartiger Programme werden deshalb Werkzeuge benötigt, die dem Systemdesigner diese Strukturen visualisieren und ihn bei der Modifikation seiner Programme unterstützen:

- *(Extra-)Browser* dienen dazu, die Klassen- und Instanzen-Hierarchie zu visualisieren und unterstützen den Benutzer dabei, diese Beziehungen zu verstehen bzw. sie zu verändern [RathkeC 86].

- *(Intra-)Browser* (*Inspectors*) werden benötigt, um die interne Struktur von Objekten dem Benutzer sichtbar zu machen [Herberg 86].

- *Objekteditoren* unterstützen den Programmierer beim Verändern von Objekteigenschaften und bei der Neudefinition von Klassen und Instanzen [Specht 86].

Ein weitere wichtige Komponente für eine objektorientierte Programmierumgebung ist ein Objektverwaltungssystem [Bauer 86], das den Benutzer unterstützt, wenn er Objekte auf Files retten oder löschen möchte oder wenn er verschiedene Versionen seiner Objektwelt verwalten muß.

3. Die ObjTalk-Programmierumgebung

Die hier beschriebene Programmierumgebung integriert die oben beschriebenen Werkzeuge in eine einheitliche Umgebung. Beim Entwurf dieser Umgebung wurde darauf geachtet, daß alle Werkzeuge eine einheitliche Benutzerschnittstelle aufweisen. Dies bedeutet:

1. Der Benutzer kann die Erfahrungen, die er mit einem Werkzeug gemacht hat, leicht auf andere Werkzeuge übertragen. Dies erspart ihm Einarbeitungszeit und häufiges Wechseln von Kontexten.

2. Der Benutzer kann Objekte, die er mit einem Werkzeug bearbeitet, leicht an andere Werkzeuge "weitergeben", d.h. er muß den Namen derartiger Objekte nicht neu tippen, sondern kann die Eintragung durch Zeigen auf das entsprechende Objekt am Bildschirm vornehmen. Dafür wurde für alle Werkzeuge eine einheitliche *Programmschnittstelle* geschaffen, über die die einzelnen Werkzeuge miteinander kommunizieren können.

3. Die einzelnen Werkzeuge der Programmierumgebung verändern während ihrer Benutzung das Gesamtsystem *nicht*. Ein- und Ausgabe von Werkzeugen werden grundsätzlich in getrennten Ausgabebereichen vorgenommen, sodaß das System, an dem der Programmierer arbeitet, dadurch nicht verändert wird. Um dies zu erreichen wurde die Programmierumgebung in einem auf LISP basierenden Fenstersystem (WLISP, [Fabian 84; Böcker, Fabian, Lemke 85]) integriert. Dieses Fenstersystem läßt multiple, überlappende Fenster zu. Die Organisation der Ein- und Ausgabe wird zum größten Teil von diesem Fenstersystem übernommen.

4. Die meisten Werkzeuge sind mit eingeschränkter Funktionalität auch ohne das Fenstersystem und ohne graphikfähige Terminals verwendbar. Allerdings wird ohne das Fenstersystem die Interaktion mit den einzelnen Werkzeugen komplizierter.

3.1 Die Programmschnittstelle der Programmierumgebung

Die meisten Werkzeuge der Programmierumgebung bearbeiten entweder eine spezifische Klasse oder eine bestimmte Instanz. Beispielsweise wird die Definition eines Traces immer klassenspezifisch vorgenommen, auch der Klassen-Browser hat immer eine *Klasse* selektiert, während der Inspector eine beliebige *Instanz* (d.h. möglicherweise auch eine Klasse) ausgewählt hat. Werkzeuge werden durch die Auswahl eines Objekts und die nachfolgende nähere Spezifizierung der geforderten Aktion eingestellt.

Jedes ObjTalk-Programmierwerkzeug hat eine Reihe von Methoden, um sein selektiertes Objekt oder ein beliebiges, vom Benutzer ausgewähltes anderes Objekt an andere Werkzeuge weiterzugeben bzw. um das selektierte Objekt eines anderen Werkzeugs zu erhalten. Die Syntax der entsprechenden Nachrichten ist für jedes Werkzeug gleich, so daß die Werkzeuge einfach miteinander kommunizieren können. Jedes Werkzeug definiert allerdings seine Reaktion auf die entsprechenden Nachrichten selbst. Auch die Interpretation der zurückgegebenen Objekte liegt bei den einzelnen Werkzeugen. Wenn also ein Werkzeug (wie der Class-Browser), das nur Klassen bearbeiten kann, ein anderes Objekt erhält, muß das Werkzeug darauf geeignet reagieren.

Die Integration in die LISP-Umgebung von ObjTalk wird dadurch erreicht, daß alle auf dem Bildschirm vorhandenen Fenster die entsprechenden Nachrichten ebenfalls verstehen und sinnvoll bearbeiten können. Wenn keine andere Reaktion definiert ist, gibt ein Fenster der WLISP-Umgebung den Wert *nil*, d.h. kein Objekt, zurück.

3.2 Designkriterien für die Mensch-Computer Schnittstelle

Von entscheidender Bedeutung für die Benutzbarkeit von Software-Engineering-Werkzeugen ist das Design der Benutzerschnittstelle. Nach unseren Erfahrungen ist die einheitliche Gestaltung der Benutzeroberfläche und die Kompatibilität der einzelnen Werkzeuge untereinander mindestens ebenso wichtig wie die Funktionalität der einzelnen Werkzeuge.

Im folgenden sollen einige Designkriterien für den Entwurf der Mensch-Computer(MC)-Schnittstelle einer Programmierumgebung erläutert werden. Abschnitt 4.1 zeigt die Auswirkungen dieser Kriterien beim Entwurf der Schnittstelle eines spezifischen Werkzeugs.

Kriterien für das Design der MC-Schnittstelle ergeben sich unter anderem aus der verfügbaren Rechnerumgebung, den potentiellen Benutzergruppen der Werkzeuge, der erwarteten Funktionalität und den Ein- und Ausgabedaten, die bei der Benutzung der Programmierumgebung benötigt werden bzw. anfallen.

Hardwarevoraussetzungen

Mit dem Wechsel von teletype-artigen Schnittstellen zu graphikfähigen hochauflösenden Rasterbildschirmen hat sich die Qualität des MC-Dialogs grundlegend gewandelt. Während früher Daten und Kommandos über die Tastatur eingeben werden mußten, stehen dem Programmierer heute Zeigegeräte (Maus, Graphik-Tablett) zur Verfügung. Damit kann er Objekte, die sich auf dem Bildschirm befinden, auswählen. Diese Objekte können beispielsweise Kommandos repräsentieren, die mit Hilfe des Zeigegeräts aktiviert werden, oder Ausgabegeräte wie Drucker darstellen, an die man Daten und Programme zum Ausdrucken schicken kann.

Auch bei der Ausgabe von Ablaufinformationen und Ergebnissen läßt sich ein ähnlicher Trend beobachten. Daten, die früher textuell ausgegeben wurden, können heute graphisch dargestellt werden, wenn dafür eine dem Benutzer einsichtige Repräsentation gefunden werden kann. Beispiele dafür sind Dateien, die mit Hilfe von Piktogrammen (*Icons*) dargestellt werden. Beispiele für derartige Schnittstellen findet man beim Xerox-STAR-System [Smith et al. 82] oder beim MacIntosh [Macintosh 83] von Apple.

Softwarevoraussetzungen

Für das Design der MC-Schnittstelle ist die Software-Umgebung wichtig, in der das Werkzeug verwendet wird. Wenn diese Programmierumgebung nur eine teletype-orientierte Schnittstelle unterstützt, muß man die MC-Schnittstelle der Werkzeuge daran anpassen (Eingabe nur über die Tastatur, nur textuelle Ausgabe, Ausgabe darf nicht zu umfangreich sein, damit der Benutzer noch erkennen kann, in welchem Zustand sich sein System befindet etc.). Ist die Programmierumgebung jedoch in ein Fenstersystem integriert, das multiple, überlappende Fenster zuläßt, sollte für jedes Werkzeug ein separates Fenster zur Verfügung stehen, damit Aus- und Eingaben nicht die Umgebung verändern können.

Benutzergruppen

Man kann beim Schnittstellendesign für Software-Engineering-Werkzeuge davon ausgehen, daß die potentiellen Benutzer sowohl Programmiererfahrung besitzen als auch die verwendete Programmiersprache kennen, da sie ohne diese Kenntnisse nicht in der Lage wären, Fehler im Programmcode zu finden. Auch mit dem Zweck und der Einsetzbarkeit der einzelnen Werkzeuge sind die Benutzer im allgemeinen vertraut.

Unterschiede zwischen einzelnen Benutzern findet man jedoch im Grad der Vertrautheit mit einem spezifischen Werkzeug. So sind gelegentliche Benutzer oft nicht in der Lage, ein Werkzeug zu laden und zu starten, da sie z.B. Funktionsnamen vergessen haben oder einen File nicht mehr finden, den sie laden müßten. Oft wissen sie auch nicht mehr, wie zu erreichen ist, daß sich das Werkzeug in einer bestimmten Weise verhält. (Beispiel: "Was muß ich tun, um den Stepping-Prozeß abzubrechen?") Die MC-Schnittstelle sollte daher so gebaut sein, daß dem Benutzer situationsspezifische Hilfen angeboten werden können.

Weiterhin sollte der Benutzer die Möglichkeit haben, die Ein- und Ausgabe seinen Arbeitsgewohnheiten entsprechend zu gestalten. Ein Beispiel: Die Entscheidung, ob die Eingabe über die Tastatur, über Menüs oder über das Anklicken von Funktionssymbolen auf dem Bildschirm erfolgt, sollte nicht vom System, sondern vom Benutzer getroffen werden können. Auch die Ausgabe des Systems sollte vom Benutzer veränderbar sein (z. B. Detailliertheitsgrad, Darstellungsform etc.). Eine so gestaltete MC-Schnittstelle hat überdies den Vorteil, daß das Werkzeug auch für Systeme verwendet werden kann, denen bestimmte Hardwareeigenschaften, wie z.B. ein Zeigegerät, fehlen.

Die Funktionalität des Systems

Die Anzahl unterschiedlicher Funktionen eines Werkzeugs bestimmt, welche Eingabemöglichkeiten zur Verfügung gestellt werden können bzw. welche Technik für den Benutzer am einfachsten verwendbar ist. So besteht zum Beispiel bei einem Werkzeug, bei dem der Programmierer nur zwischen 2 oder 3 Funktionen auswählen kann, die Möglichkeit, die Auswahl über die Knöpfe einer Maus zu steuern. Diese Eingabe ist weniger sinnvoll, wenn mehr Funktionen als Knöpfe vorhanden sind. In diesem Fall ist eine Eingabe über Menü-Auswahl, Funktionsknöpfe oder die Tastatur möglich.

Darstellung von Eingabe- und Ausgabedaten

Die Komplexität der notwendigen Eingabedaten und der auszugebenden Resultate beeinflußt die Gestaltung der Schnittstelle. Sind beispielsweise komplexe Datenstrukturen zu erwarten, sollten Möglichkeiten zum Unterdrücken von Komplexität vorgesehen sein.

Wenn eine dem Benutzer einleuchtende Repräsentation gefunden wird, kann eine graphische Darstellung von Daten dem Benutzer Zusammenhänge sichtbar machen, die in einer textuellen Repräsentation nur mit Mühe erkennbar sind. Der Einsatz graphischer Darstellungstechniken ist vor allem dann sinnvoll, wenn die Datenobjekte mittels ihrer graphischen Darstellung direkt manipuliert werden können.

Uniformität der Schnittstelle

Beim Design der MC-Schnittstelle jedes Werkzeugs sollte man darauf achten, daß alle Werkzeuge eine uniforme Schnittstelle besitzen. Es kann also notwendig werden, bei einzelnen Werkzeugen im Interesse dieser Vereinheitlichung nicht die nach den übrigen Kriterien optimale Gestaltung zu realisieren.

4. Der Stepper der ObjTalk-Programmierumgebung

Stellvertretend für die anderen Komponenten der Programmierumgebung soll hier der ObjTalk Stepper, seine Benutzerschnittstelle und die Designentscheidungen, die bei seiner Entwicklung gefällt wurden, detailliert beschrieben werden.

Ein Stepper für eine objektorientierte Programmiersprache erlaubt es dem Programmierer, das Versenden von Nachrichten (*Messages*) zwischen einzelnen Objekten zu kontrollieren. Wenn ein Objekt eine Nachricht erhält, reagiert es darauf entweder mit der Rückgabe des Werts einer Zustandsvariablen (eines *Slots*) oder mit der Ausführung einer Methode. Im Zuge dieser Evaluation kann das Objekt auch Nachrichten an andere Objekte versenden. In diesem Fall wird die Ausführung der betreffenden Methode unterbrochen, bis die gesandte Nachricht *quittiert* wurde. Die Interpretation des zurückgegebenen Werts liegt bei dem die Nachricht absendenden Objekt. Dieses kann nun die begonnene Methode weiter abarbeiten.

Analog zum Prozedur-Aufrufkeller einer prozeduralen Programmiersprache erhält man bei objektorientierten Programmiersprachen in einem bestimmten Systemzustand einen *Keller* von Nachrichten, deren Bearbeitung beim empfangenden Objekt suspendiert ist. Der Programmierer hat jetzt bei jeder Nachricht, die versandt werden soll, die Wahl zwischen den folgenden Ausführungsarten:

1. Er kann die Reaktion auf die zu versendende Nachricht (*current message*) weiter beobachten und beeinflussen. Das bedeutet, daß er beim Versenden einer weiteren Nachricht unabhängig von der Kellertiefe informiert wird und den Ablauf weiter beeinflussen kann.

2. Wenn er weiß, daß die zu versendende Nachricht vom Empfänger korrekt interpretiert wird, kann die Nachricht abgesandt werden, ohne daß der Programmierer über Nachrichten mit größerer Kellertiefe unterrichtet wird. Der weitere Ablauf ist erst bei Nachrichten mit geringerer oder gleicher Kellertiefe (verglichen mit der der "current message") wieder beeinflußbar.

3. Er kann die Methode, die gerade abgearbeitet wird, als korrekt erkennen und ohne weitere Unterbrechung, einen oder mehrere Stufen im Nachrichtenkeller nach oben gehen, ehe er wieder Einfluß nehmen möchte.

4. Der Nachrichtenkeller kann ohne weitere Einflußmöglichkeiten abgearbeitet werden.

5. Das Versenden einzelner Nachrichten kann verhindert werden, die Abarbeitung wird nach der übersprungenen Nachricht fortgesetzt.

6. Die Abarbeitung aller Nachrichten im Keller wird abgebrochen.

Diese sechs Kontrollmöglichkeiten stellen gewissermaßen ein *Minimum* an Funktionalität dar, über die jeder Stepper verfügen sollte. Sie lassen sich auch auf prozedurale und funktionale Sprachumgebungen übertragen.

Erweiterungen dieser Funktionalität sind dann wesentlich von der gewählten Programmiersprache und der gewünschten Benutzeroberfläche abhängig. In dem hier beschriebenen Werkzeug wurden folgende zusätzliche Funktionen realisiert:

- Der Benutzer kann ein Protokoll über das Versenden von Nachrichten sehen, wenn er eine der Möglichkeiten 2 bis 4 wählt.

- Er kann entscheiden, ob er die Antworten auf Nachrichten sehen möchte.

- Er hat die Möglichkeit, den Nachrichtenkeller anzusehen.

- Er kann sich die "current message" in leicht lesbarer Form darstellen lassen.

- Die Abarbeitung kann unterbrochen werden, um beliebige Ausdrücke zu evaluieren.

In Systemen, bei denen mehrere Programmiersprachen parallel verwendet werden können, (wie z.B. ObjTalk und LISP in unserer Umgebung) ist es wünschenswert, daß der Programmierer mit seinem Werkzeug Programme unabhängig von der Programmiersprache "steppen" kann.

4.1 Die Benutzer-Schnittstelle von FAST

Anhand der in Abschnitt 3.2 beschriebenen Designkriterien sollen in diesem Abschnitt die Entscheidungen erläutert werden, die während des Entwurfs der MC-Schnittstelle für FAST getroffen wurden.

FAST[2] ist ein Werkzeug für ObjTalk-Programmierer. ObjTalk hat in seiner einfachsten Version eine teletype-artige Schnittstelle. Allerdings werden fast alle Implementationen auf einem System mit hochauflösendem Rasterbildschirm (BBN-Bitgraph) und Maus durchgeführt, für das ein LISP-basiertes Fenstersystem [Fabian 84] zur Verfügung steht. Die MC-Schnittstelle wurde daher so entworfen, daß FAST mit einfachen Terminals benutzbar ist und gleichzeitig die Vorteile der Bitmap-Umgebung ausnützen kann.

4.1.1 Eingabemöglichkeiten

Beim Arbeiten ohne Fenstersystem erfolgt die Eingabe über die Tastatur, wobei jedes Kommando mit einem einzigen Tastendruck angestoßen wird. Die Ausgabe wird als Text in verkürzter Form dargestellt.

Im Fenstersystem hat der Programmierer die Möglichkeit, für die Eingabe dieselbe Technik zu benutzen. Alternativ steht ihm die Eingabemöglichkeit mit der Maus zur Verfügung.

FAST erkennt 14 verschiedene Kommandos, die in Abb. 2 aufgeführt sind. Die Auswahl kann deshalb nicht allein mit den Mausknöpfen erfolgen. Im Laufe der Entwicklung wurden drei Alternativen erprobt:

- Eingabe über sogenannte *Pop-up-Menüs*: Hierbei wird durch das Drücken einer Maustaste ein Menü angefordert, aus dem durch Loslassen der Taste ein Kommando ausgewählt wird. Das Menü verschwindet anschließend vom Bildschirm.

- Eingabe über *dauernd sichtbare Menüs*: Dauernd sichtbare Menüs sind separate Fenster, in denen vom Programmierer definierbare Funktionen ausgewählt werden können.

- Eingabe über *Buttons*: Buttons sind Bereiche auf dem Bildschirm (genauer: in einem Fenster). Wenn ein solcher Button mit der Maus ausgewählt wird, wird ein Kommando ausgeführt. Buttons werden meist am Rand eines Fensters angeordnet und sind permanent sichtbar.

Im ersten Fall muß die Auswahl initiiert werden[3], während die Auswahl aus festen Menüs oder Buttons stets möglich ist. Bei FAST wurde die Eingabe mit feststehenden Menüs realisiert, da mit Pop-up-Menüs der Eingabeprozeß unnötig kompliziert und zeitlich lang wird, während Buttons in der gesamten Programmierumgebung nur vereinzelt verwendet werden. Da auch andere Werkzeuge der Programmierumgebung (Trace, Editor, Lisp-Toplevel etc.) mittels feststehender Menüs gesteuert werden können, lag eine derartige Realisierung nahe. Es wurden drei Menüs am rechten Rand des Ausgabefensters angebracht, mit deren Hilfe der Stepper gesteuert werden kann. Diese Menüs zei-

---

[2] FAST, der Fred-Astaire-Stepper

[3] Das Menü muß sichtbar gemacht werden.

Kommandoname	Char	Beschreibung
next	n	setzt Evaluation im Stepping-Mode fort
continue	c	führt Evaluation dieser Nachricht ohne Stepper durch; danach Rückkehr zum Stepping-Mode
go	g	Durchführung der gesamten Evaluation ohne Stepper
up	u	Durchführung der aktuellen Methode ohne Stepper
continue and show	C	führt Evaluation dieser Nachricht ohne Nachfragen durch; dabei wird das Versenden weiterer Nachrichten protokolliert; danach Rückkehr zum Stepping Mode
go and show	G	Durchführung der gesamten Evaluation ohne Stepper; dabei wird das Versenden weiterer Nachrichten protokolliert
up and show	U	wie "u", aber mit Protokoll
skip	s	sendet die aktuelle Nachricht nicht;
abort	a	bricht die gesamte Evaluation ab; Rückkehr zur Benutzereingabe
break	b	Unterbrechung der Evaluation der Durchführung beliebiger Aufgaben; der Stepper ist zwischenzeitlich abgeschaltet.
eval	e	Evaluiert beliebigen Ausdruck ohne Stepper
print message	p	Ausdruck der vollständigen Nachricht mit einem Prettyprinter
print message stack	P	Ausdruck aller "suspendierten" Nachrichten
help	?,h	erklärt die Arbeitsweise des Steppers
toggle printing of results	r	Zeigt Ergebnisse, bzw. zeigt Ergebnisse nicht
turn FAST off	t	Stepper abschalten, dann Evaluation fortsetzen

Abbildung 2: Die Auswahlmöglichkeiten von FAST

gen auch den aktuellen Zustand des Werkzeugs. Die Zuordnung der Menüs zum Ausgabefenster und die Positionierung der Menüs wird vom Fenstersystem übernommen. Die Abbildungen 4 bis 5 zeigen den Einsatz von FAST während einer Beispielsitzung. Anhand dieser Abbildungen lassen sich einige Eigenschaften der Schnittstelle zeigen.

Das Fenster mit der Aufschrift "ObjTalk Stepper" (Abb. 4) ist die verkleinerte Darstellung des Stepperfensters. Sobald der Stepper verwendet wird, wird dieses Fenster expandiert und stellt sich wie in Abb. 5 dar.

Die oberen Menüs des Stepperfensters zeigen den Zustand des Werkzeugs an. Der jeweils eingestellte Zustand ist in Fettdruck dargestellt. In Abb. 5 ist beispielsweise der Stepper eingeschaltet, ohne daß Ergebnisse ausgegeben werden. Durch Anklicken der Menüeinträge in Normalschrift können diese Einstellungen verändert werden (siehe Abb. 4).

Der Benutzer steuert nun den Stepper mit Hilfe der drei Menüs. Er hat auch die Möglichkeit, die Steuerkommandos jederzeit über die Tastatur einzugeben.

4.1.2 Die Ausgabe des Steppers

Bei der Ausgabe des Steppers wurde auf graphische Komponenten weitgehend verzichtet. Dafür gab es folgende Gründe:

1. Das Werkzeug wurde hauptsächlich für Programmierer entwickelt, für die die Textform von Nachrichten einen sehr großen Informationsgehalt besitzt. Es ist die Form einer Nachricht, in der der Programmierer sie in seinem Programm niedergeschrieben hat. Es ist deshalb leicht für ihn, die Position der aktuellen Nachricht in seinem Programm zu finden.

2. Es konnte bislang noch keine graphische Darstellung gefunden werden, die den Programmierer besser unterstützt als die verwendete textuelle Ausgabe.

3. Mit der von uns verwendeten Hard- und Software eines Mehrbenutzer-Systems ist die Erzeugung und Darstellung graphischer Objekte als Repräsentanten von einzelnen Nachrichten zu langsam. Mit graphischer Ausgabe wäre FAST während der Programmierung nicht sinnvoll einsetzbar. Dies ändert sich jedoch bei einem Wechsel auf graphikfähige Einzelplatzrechner grundlegend.

Es liegt nahe, die Objekte, die in einer objektorientierten Sprache untereinander Nachrichten austauschen, durch graphische Objekte darzustellen. Bei der Ausgabe des Steppers entstehen dabei jedoch eine ganze Reihe von Problemen:

1. Es gibt mehrere Relationen zwischen einzelnen Objekten, die für den Programmierer sichtbar gemacht werden sollten. Dazu gehören die Klasse-Subklasse-Relation und die Instanz-Klasse-Beziehung. Zusätzlich dazu sollten nun die Beziehungen dargestellt werden, die durch das Versenden von Nachrichten in einem System entstehen. Wenn diese drei Relationen gleichzeitig sichtbar sein sollen, wird die Darstellung eines Systems sehr komplex und unübersichtlich.

2. In einem System, das nicht nur zu Demonstrationszwecken verwendet werden soll, sind üblicherweise sehr viele Objekte vorhanden. Es läßt sich kein sicherer Algorithmus zur automatischen Positionierung dieser Objekte auf dem Bildschirm angeben, bei der sich alle notwendigen Relationen übersichtlich darstellen lassen. Andererseits möchte der Programmierer nicht gerne mit der Positionierung seiner Objekte auf dem Bildschirm beschäftigt sein, da dies nicht seine eigentliche Aufgabe ist.

3. Aus demselben Grund ist es oft nicht möglich, *alle* an einer Nachrichtenbearbeitung beteiligten Objekte gleichzeitig auf einem Bildschirm darzustellen. Die graphische Repräsentation eines solchen Vorgangs würde deshalb entweder häufiges Scrolling oder überlappende Fenster, die abwechselnd aktiviert werden, notwendig machen. Beide Lösungen machen jedoch die Darstellung rasch unübersichtlich.

4. Bei der Reaktion eines Objekts auf eine Nachricht ist häufig die zeitliche Reihenfolge der zu versendenden Nachrichten von Bedeutung. Diese zeitliche Beziehung läßt sich nicht einfach in die statische Struktur der Klassen- und Instanzenrelationen integrieren. Entweder sieht man nach einer Abarbeitung alle Nachrichten und hat die Schwierigkeit, die zeitliche Reihenfolge zu erkennen, oder die Darstellung des Nachrichtentransfers wird nach der Abarbeitung der entsprechenden Nachricht gelöscht. Dies bedeutet aber, daß man nach der Abarbeitung keine Informationen über den Ablauf mehr sieht. Bei einer textuellen Darstellung ist das Problem des Erkennens der zeitlichen Abhängigkeiten weniger gravierend, da dann die Reihenfolge der ausgedruckten Nachrichten der Reihenfolge der Abarbeitung entspricht.

Einige graphische Hilfsmittel lassen sich jedoch auch in unserer Umgebung in die Ausgabe eines

Steppers mit vertretbarem Aufwand integrieren. Zum einen handelt es sich dabei um die Visualisierung der Tiefe des Nachrichtenkellers, zum andern um die lesbare Ausgabe der vollständigen aktuellen Nachricht durch "graphical indenting" innerhalb des Ausgabefensters. Einige weitere Ideen zur Integration graphischer Elemente in die Ausgabe sind in Abschnitt 5 erläutert.

Die Visualisierung der Tiefe des Nachrichtenkellers wurde durch Einrücken der Ausgabe der einzelnen Nachrichten erreicht. Beispiel: Eine Nachricht, die bereits vier hängende Nachrichten "über" sich hat, wird mit vier führenden Leerzeichen ausgegeben. Dadurch läßt sich einfach erkennen, welche Methode (d.h. Reaktion auf eine Nachricht) welche Nachrichten versendet (siehe Abb. 5).

Im Normalfall werden von Nachrichten, die nicht in eine Zeile passen, nur die Anfänge dargestellt, während das Ende der Nachricht nicht sichtbar ist. Auf Anforderung kann die gesamte Nachricht mittels eines Pretty-Printers vollständig im Ausgabefenster dargestellt werden (siehe Abb. 4).

5. Abschließende Bemerkungen

Erfahrungen mit unserer Programmierumgebung haben gezeigt, daß die Erstellung von Programmen mit ihrer Hilfe effizienter wird. Programmierer sind in der Lage, schneller als früher weitgehend fehlerfreie Programme zu entwickeln. Aus den bisherigen Erfahrungen läßt sich die Vermutung ableiten, daß Schnittstellen, die vom Benutzer seinen Bedürfnissen angepaßt werden können, eine wichtige Voraussetzung sind. So haben wir beispielsweise festgestellt, daß bei FAST von erfahrenen Programmierern die Tastatureingabe bevorzugt wird. Es ist allerdings von Vorteil, die Eingabemöglichkeit mit der Maus zu haben, da sich damit Programme, deren MC-Dialog schwerpunktmäßig mit der Maus abläuft, bearbeiten lassen, ohne daß man zwischen Maus und Tastatur wechselt. Für Programmierexperten sind die Menüs des Werkzeugs eine einfache aber ausreichende Hilfekomponente, Anfänger steuern FAST vorwiegend über diese Menüs.

Die Entwicklung der Programmierumgebung für ObjTalk ist noch nicht abgeschlossen. Weitere Arbeiten sind notwendig zur Integration des Objekteditors und des Objektverwaltungssystems. Bei diesen Arbeiten sind teilweise auch konzeptionelle Fragen noch offen. Weiterentwicklungsmöglichkeiten gibt es auch im Bereich der graphischen Aufbereitung der Ausgabe der einzelnen Komponenten. Denkbar ist zum Beispiel eine permanent sichtbare Darstellung der Objektwelt ähnlich der des KEE-Systems [KEE 85].

Auch die bereits implementierten Werkzeuge der Programmierumgebung für ObjTalk werden in ihrer Funktionalität und ihrer MC-Schnittstelle weiterentwickelt. Schon jetzt stellen sie ein deutliche Verbesserung zu anderen von uns benutzten Programmierwerkzeugen dar: mit Werkzeugen dieser Art kann man Programmierern, denen bisher qualitativ schlechte MC-Schnittstellen angeboten wurden, sinnvolle Unterstützung bieten.

Literatur

[Bauer 86]
D. Bauer: *"Wissensbank für Objekte - ein Werkzeug zur Verwaltung von ObjTalk-Wissensbasen"*. WISDOM-Forschungsbericht FB-INF-86-10, Forschungsgruppe INFORM, Universität Stuttgart, 1986.

[Bobrow 85]
D.G. Bobrow, K. Kahn, G. Kiczales, L. Masinter, M. Stefik and F. Zdybel: *"Commonloops"*. Technical Report ISL-85-8, Xerox Palo Alto Research Center, August, 1985.

[Bobrow, Stefik 81]
D.G. Bobrow, M. Stefik: *"The LOOPS Manual"*. Technical Report KB-VLSI-81-83, Knowledge Systems Area, Xerox Palo Alto Research Center (PARC), 1981.

[Böcker 84]
H.-D. Böcker: *"Softwareerstellung als wissensbasierter Kommunikations- und Designprozeß"*. Dissertation, Universität Stuttgart, Fakultät für Mathematik und Informatik, April, 1984.

[Böcker, Fabian, Lemke 85]
H.-D. Böcker, F. Fabian Jr., A.C. Lemke: *"WLisp: A Window Based Programming Environment for FranzLisp"*. In *Proceedings of the First Pan Pacific Computer Conference, Vol. 1*, pp 580-595. The Australian Computer Society, Melbourne, Australia, September, 1985.

[Fabian 84]
F. Fabian: *"Benutzungsanleitung für das Bitgraph-Fenstersystem"*. INFORM-Memo, Institut für Informatik, Universität Stuttgart, Februar, 1984.

[Goldberg, Robson 83]
A. Goldberg, D. Robson: *"SMALLTALK-80, The Language and its Implementation"*. Addison-Wesley, Reading, Ma., 1983.

[Herberg 86]
H. von der Herberg: *"Visualisierung von ObjTalk-Strukturen"*. WISDOM-Forschungsbericht FB-INF-86-11, Forschungsgruppe INFORM, Universität Stuttgart, 1986.

[Howden 82]
W.E. Howden: *"Contemporary Software Development Environments"*. *Communications of the ACM* 25(5), pp 318-329, May, 1982.

[KEE 85]
"KEE Software Development System User's Manual". IntelliCorp, 1985.

[Laubsch, Rathke 83]
J. Laubsch, C. Rathke: *"OBJTALK: Eine Erweiterung von LISP zum objektorientierten Programmieren"*. In H.Stoyan, H.Wedekind (editors), *Objektorientierte Software- und* Hardwarearchitekturen, pp 60-75. Stuttgart, 1983.

[Macintosh 83]
C. Kaehler: *"MacIntosh Benutzerhandbuch"*. Apple Computer, California, 1983.

[RathkeC 86]
C. Rathke: *"ObjTalk. Repräsentation von Wissen in einer objektorientierten Sprache"*. Universität Stuttgart. in Vorbereitung, 1986

[Schneider 86]
M. Schneider: *"INFORM-Manual: Object-sensitive Windows, Version 1.0"*. WISDOM-Forschungsbericht FB-INF-86-04, Institut für Informatik, Universität Stuttgart, Januar, 1986.

[Sheil 83]
B.A. Sheil: *"Environments for Exploratory Programming"*. *Datamation* , February, 1983.

[Smith et al. 82]
D.C. Smith, Ch. Irby, R. Kimball, B. Verplank: *"Designing the Star User Interface"*. *BYTE* , April, 1982.

[Specht 86]
C. Specht: *"Obj-Ed, ein objektorientierter Struktureditor für ObjTalk"*. Studienarbeit Nr. 554, Institut für Informatik, Universität Stuttgart, 1986.

[Stefik et al. 83]
M. Stefik, D.G. Bobrow, S. Mittal, L. Conway: *"Knowledge Programming in LOOPS: Report on an Experimental Course"*. *The AI Magazine* , Fall, 1983.

[Theriault 82]
D. Theriault: *"A Primer for the Act-1 Language"*. AI Memo 672, MIT AI Laboratory, April, 1982.

[Winston, Horn 81]
P.H. Winston, B.K.P. Horn: *"LISP"*. Addison-Wesley, Reading, Ma., 1981.

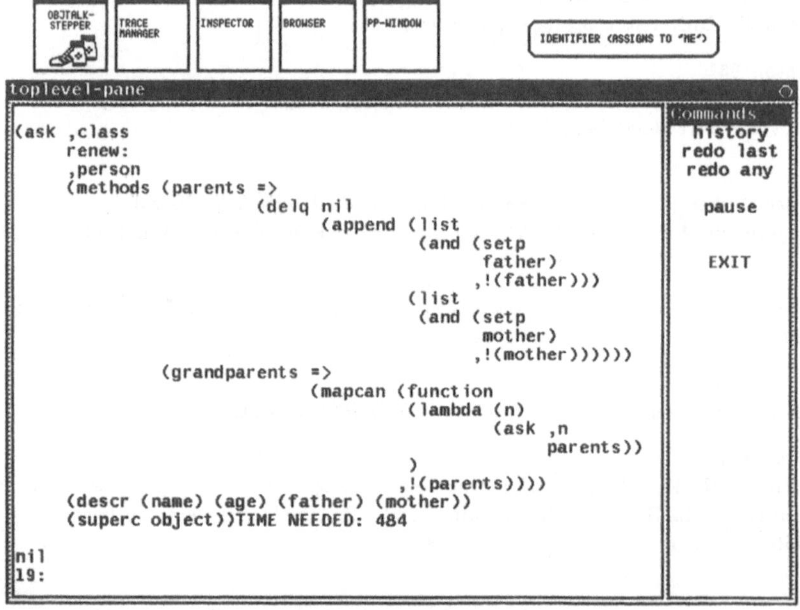

Abbildung 3: Die Programmierumgebung für ObjTalk

Im Ausgangszustand sieht der Benutzer ein Fenster für die Eingabe an das System. Die Ausgabefenster für die Werkzeuge der Programmierumgebung werden erst dann sichtbar, wenn sie benötigt werden. Sie sind als *Icons* am oberen Rand rechts dargestellt. Das längliche Fenster am oberen Bildrand ist ein *softbar*, mit dem eine Variable an ein Fenster gebunden werden kann.

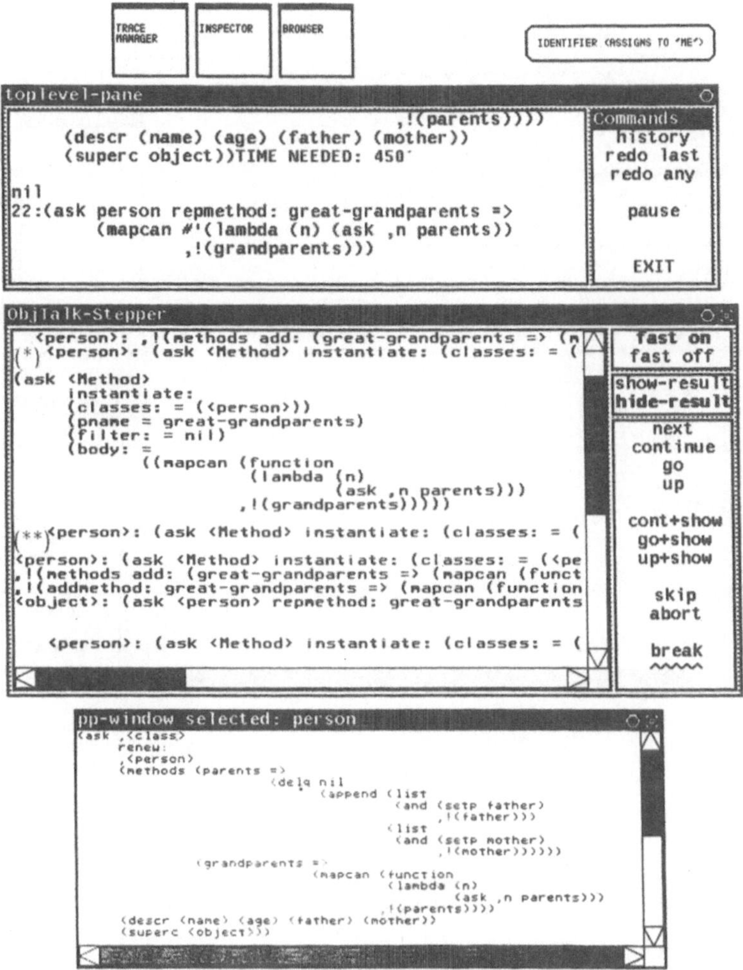

Abbildung 4: Definition einer Methode

Hier wird mit eingeschaltetem Stepper eine Methode neu definiert. Die führenden Blanks bei der Ausgabe stellen die Kellertiefe dar. An der mit (*) bezeichneten Stelle wurde die Funktion "pp msg" ausgewählt, bei (**) wurde mit "pp stack" der gesamte Nachrichtenkeller angefordert. Danach hat der Programmierer mit "next" das Versenden der Nachrichten weitergeführt. In dem unten sichtbaren pp-window kann der Benutzer während der Arbeit mit dem Stepper beliebige Objekte ausdrucken lassen. Genauso kann er den Inspektor bzw. den Browser des Systems parallel mit dem Stepper verwenden.

Abbildung 5: Ausführung der Methode

Die in Abb. 4 definierte Methode wird zum ersten Mal ausgeführt. An der mit (*) markierten Stelle entdeckt der Programmierer, daß dieselbe Nachricht bereits einmal versandt wurde. Er steppt deshalb nicht mehr durch die folgenden "parents"-Nachrichten, sondern führt die Evaluation mit "cont" direkt aus. Bei (**) verwendet er "up", um die gesamte Nachricht abzuarbeiten. Die Objekte, die im Ausgabefenster des Steppers dargestellt sind, sind *maussensitiv* [Schneider 86] und können jederzeit ausgewählt werden, um beispielsweise mit dem Browser oder dem Inspektor bearbeitet zu werden.

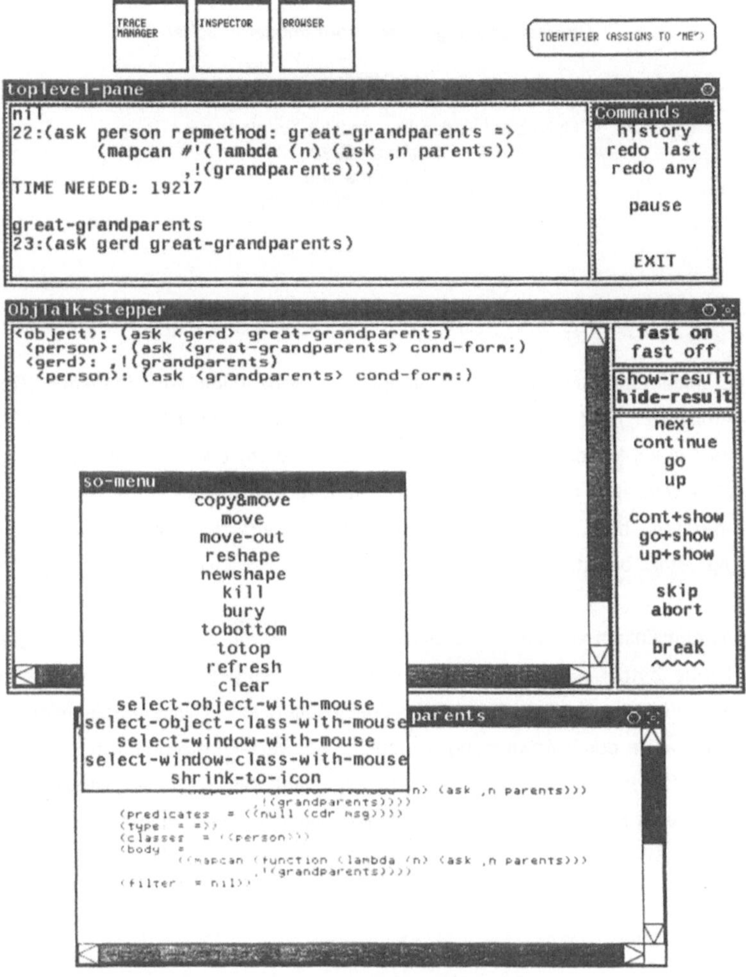

Abbildung 6: Übertragung von Objekten zwischen Werkzeugen

In jedem Werkzeug der Umgebung kann man mittels Menüauswahl vier verschiedene Funktionen zur Selektion von Objekten, Fenster, Klassen und Fensterklassen ausführen. Hier wird die Methode *grandparents* vom Stepper-Fenster in das Pretty-Print-Fenster übertragen. Die Realisierung dieser Funktionalität geschieht über die in Abschnitt 3.1 erwähnten Nachrichten und Methoden. Der Benutzer kann die notwendige *Message* durch die Auswahl des entsprechenden Menüeintrags versenden.

Übersetzung logischer Programmiersprachen

Igor Varsek

Universität Karlsruhe, Institut für Informatik I
Postfach 6980
D-7500 Karlsruhe 1
CSnet: Varsek@Germany

Einleitung

Logischen Programmiersprachen wird nachgesagt, auf konventioneller Hardware (Rechnern mit "von-Neumann-Architektur") vergleichsweise ineffizient abzulaufen. Damit wird zugleich der Ruf nach Spezialmaschinen (Prolog-Maschinen, Rechner der 5. Generation) und Parallelverarbeitung begründet. Angesichts solcher teilweise recht spektakulären Hardware-gestützen Maßnahmen mag leicht in Vergessenheit geraten, daß auch mit "Software-Techniken" und -Verfahren eine signifikante Effizienzsteigerung erreichbar ist.

Im Rahmen eines gemeinsam von der Universität Karlsruhe [(1)] und der GMD Forschungsstelle an der Universität Karlsruhe betriebenen Projektes "KA-PROLOG" werden verschiedene Maßnahmen zur Steigerung der Ablaufeffizienz und Ausdrucksmächtigkeit untersucht . Unseren bisherigen Erfahrungen zufolge erhalten wir allein durch Anwendung geeigneter Software-Werkzeuge je nach Applikation einen Effizienzgewinn um mehrere Größenordnungen. Auf Grundlage der software-gestützten Optimierungen kann der Einsatz spezieller Hardware gezielter und daher kostengünstiger erfolgen.

Grundbegriffe

Gegenstand unserer Untersuchungen sind (Horn-) logische Programmiersprachen auf der Grundlage des Resolutionskalküls [Lloy 84]. In diesem Sinne definieren wir ein *logisches Programm* als eine (i.a. geordnete) Menge *definiter Klauseln* $\mathbf{A_0 \leftarrow A_1,\ldots,A_n}$ (n≥0) . Wir unterscheiden dabei *Fakten* $\mathbf{A \leftarrow}$ (kurz: **A.**) und *Regeln* $\mathbf{A_0 \leftarrow A_1,A_2,\ldots,A_n}$, (n>0) ; $\mathbf{A_0}$ heißt *Kopf* und $\mathbf{A_1,A_2,\ldots,A_n}$ *Rumpf* der Regel. Eine *Anfrage* (auch: *negative Klausel*) hat die Form $\mathbf{\leftarrow A_1,A_2,\ldots,A_m}$, (m>0). Die Komponenten $\mathbf{A, A_0,\ldots}$ sind *atomare Formeln* (*Atome* , *Literale*) der Form $\mathbf{p}(t_1, \ldots ,t_m)$, (m=m(**p**) ≥0). **p**/m (oder kurz **p**) heißt *Prädikat-* oder *Relations-Symbol der Stelligkeit m* , die t_i stehen für Argument-*Terme*. Ist **p** ein Prädikatsymbol und $\mathbf{p}(t_1,\ldots,t_m) \leftarrow \mathbf{A_1,A_2,\ldots,A_n}$ (n≥0) eine definite Klausel, so nennen wir diese Klausel ***p**-definierend* . Die Menge aller **p**-definierenden Klauseln bezeichnen wir als *Prozedur für* (die Relation) **p**.

---

(1) teilweise gefördert durch den Sonderforschungsbereich 314 *Künstliche Intelligenz* der Deutschen Forschungsgemeinschaft

Die operationale Semantik eines logischen Programms ist definiert durch die *lineare Resolution* und die darin verwendete *Suchstrategie*. In Prolog [ClMe 84] ist eine links-abwärts Tiefensuche (mit chronologischem Rücksetzen) implementiert.

Problemstellung

In jüngster Zeit wurden Querbeziehungen zwischen sog. *Verfahren der algebraischen Vervollständigung* und dem Resolutionsverfahren geknüpft [Hsia 83]. Es erhob sich darauf die Frage, ob auf der Grundlage solcher *algebraischer Interpretierer* nicht eine grundlegende Verbesserung der Interpretation von Hornklauseln erzielt werden kann. Im Rahmen des KA-Prolog -Projektes wurde von Dietrich [Diet 85] der Nachweis erbracht, daß dieses zumindest bei Hornklauseln *nicht* möglich ist. Wir betrachten daher in der Folge ausschließlich resolutionsgestützte Logik-Kalküle.

Prolog [ClMe 84] ist , obwohl die derzeit am weitesten entwickelte logische Programmiersprache, in vielerlei Hinsicht verbesserungswürdig. Die Ursachen der Defizienzen sehen wir in der

- mangelnden Berücksichtigung von "Kontext-Information" beim Programm-Ablauf und
- unzureichenden Formulierungsmächtigkeit .

Mangelnde Berücksichtigung von Kontext-Information tritt insbesondere bei der Suchstrategie zutage. So kann beispielsweise in einem Programm für ein Färbeproblem (13 Felder, 4 Farben) allein durch *Verbesserung der Konfliktauflösung (Rücksetzverhalten)* in der üblichen Suchstrategie ein Laufzeitgewinn um den Faktor 1100 erzielt werden [Webe 85]. Die bisher übliche Lösung dieses Problems besteht darin bereits in der Problemformulierung die Suchstrategie von Prolog zu berücksichtigen. Diese Vorgehensweise läuft dem Ziel des logischen Programmierens, den Anwender von Fragen der *Ausführung* weitgehend zu entlasten, zuwider.

Effizienz-Erwägungen verleiten erfahrene Prolog-Programmierer oft dazu, sehr kompakte und daher kryptische Programme zu erstellen, um durch Ansammlung von Kontextinformation in den Argumenten den Suchraum einzuschränken, wie es etwa das aus [Kowa 84] entlehnte Beispiel illustriert:

```
ext( [ Z | P ] , [ Z | P ], Z ).
ext( P , [ K | TP ] , Z) ←
            K verbunden_mit NK,
            not member( NK, [ K | TP ] ),
            ext(P , [NK, K | TP ] , Z).
```

Dieses wirkt sich oft nachteilig auf die Lesbarkeit (das "deklarative Verständnis") der Programme aus. Die folgende, nahezu selbstdokumentierende Fassung dieses Programms läßt sich vermöge der partiellen Auswertung [Ven 84] *automatisch* in die zuvor genannte effiziente Formulierung *übersetzen.*

```
ext( P, T, Z) :- P ist_zyklenfreie_erweiterung_von(T in_richtung Z).

P ist_zyklenfreie_erweiterung_von (TEILPFAD in_richtung ZIEL) ←
        P = TEILPFAD, P endet_in ZIEL.

P ist_ zyklenfreie_ erweiterung_von ( TEILPFAD in_richtung ZIEL) ←
        PFAD ist_ zyklenfreie_ verlängerung_von TEILPFAD,
        P ist_ zyklenfreie_ erweiterung_von ( PFAD in_richtung ZIEL).

[KNOTEN | PFAD ] endet_in  KNOTEN .

PFAD ist_ zyklenfreie_ verlängerung_von TEILPFAD ←
        TEILPFAD endet_in KNOTEN,
        KNOTEN verbunden_mit NÄCHSTEM_KNOTEN,
        PFAD ist_verlängerung_von (TEILPFAD, NÄCHSTEM_KNOTEN),
        NÄCHSTEM_KNOTEN kommt_nicht_vor_in PFAD.

[ KNOTEN | PFAD ] endet_in  KNOTEN .
[ KNOTEN | PFAD ] ist_verlängerung_von (PFAD, KNOTEN)
KNOTEN kommt_nicht_vor_in PFAD  ←  not  member( KNOTEN , PFAD).
```

Diese Beispiele machen bereits deutlich, daß *optimierenden (Prolog-) Übersetzern* eine zentrale Rolle zukommt für die effiziente Abarbeitung, den Dokumentationswert und das deklarative Verständnis logischer Programme. Wir teilen die Ansicht von C.S. Mellish [Mell 85]: "It seems unlikely that conventiona machines can be used without the use of sophisticated compilers.... Moreover, there is no reason why reasonable efficiency should not be obtained without special-purpose hardware". Die nachfolgenden Ausführungen sollen die Plausibilität dieser Ansicht zu unterlegen.

Auf der Grundlage von Übersetzern eröffnen sich zusätzliche Optimierungsmöglichkeiten, wenn man die *Ausdrucksmächtigkeit* der Sprache erhöht. Hierbei denken wir sowohl an eine Erweiterung der Horn-Logik um *Gleichheit* als auch an *mehrsortige Resolution* [Walt 84] welche es gestattet, zu vergleichsweise *kürzeren Programmen und Suchräumen* zu gelangen als bisher.

Die Erweiterung der Horn-Logik um Gleichheit zielt auf die theoretisch fundierte Verbindung des logischen Programmierens und des funktionalen Programmierens (erster Ordnung). Der Gewinn liegt hierbei nicht nur in der höheren Formulierungsmächtigkeit, sondern auch in der effizienteren Ausführbarkeit funktionaler (Teil-) Programme. [Bock 86] gibt einen Überblick über verschiedene theoretisch fundierte Ansätze zur Verschmelzung logischer und funktionaler Sprachen.

Die Qualität einer Sprache wird nicht allein an ihrer Ausdrucksmächtigkeit und der Ausführungsgeschwindigkeit gemessen, sondern unter anderem auch an der Verfügbarkeit einer sprachbezogenen *integrierten* Entwicklungsumgebung mit Komponenten wie Editor, Interpretierer, Testhilfe und Übersetzer.

Ein häufiges Problem hierbei sind Inkonsistenzen zwischen den Sprachimplementierungen einzelner Werkzeuge. So realisieren Interpretierer oft einen anderen Sprachumfang als Übersetzer (Beispiel : DEC-10 - Prolog [BBPW 81]) oder Interpretierer und Testhilfe-Werkzeug weisen Inkonsistenzen in der Semantik mancher Sprachkonstrukte auf (Beispiel: C-Prolog [Pere 84]).

Die Realisierung eines optimierenden Prolog-Entwicklungssystems stellt somit folgende Aufgaben:

- Verbesserung der Suchstrategie
- Erweiterung der Formulierungsmächtigkeit
- Entwicklung von Übersetzungs-Methoden, speziell zur Unterstützung o.g. Ziele
- Basissoftware für eine konsistente integrierte Entwicklungsumgebung.

Im folgenden stellen wir einige Ansätze und Methoden zur Lösung dieser Aufgaben vor.

Ansätze und Methoden

Suchstrategie

as folgende Beispiel [BrPe 83] illustriert die Bedeutung der Suchstrategie. Eine ebene Fläche mit 13 Feldern ist mit vier Farben derart einzufärben, daß keine zwei benachbarten Felder gleich gefärbt sind:

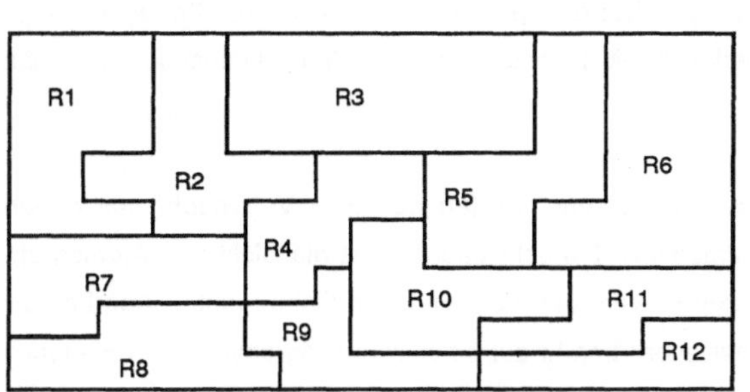

Das nachfolgende Prolog-Programm beschreibt anhand des Prädikates neben/2 die zulässigen Einfärbungen benachbarter Felder, das Prädikat fläche/13 repräsentiert die einzufärbende Fläche anhand der Nachbarschaftsbeziehungen ihrer Teilfelder.

```
neben( blau, gelb ).
```

```
      neben (blau, rot ).
      neben( blau, grün )
      neben( gelb, blau ).
      neben( gelb, rot ).
      neben( gelb, grün ).
      neben( rot, blau ).
      neben( rot, gelb ).
      neben( rot, grün ).

fläche( R1, R2, R3, R4, R5, R6, R7, R8, R9, R10, R11, R12, R13) ←
      neben( R1,R2),      neben(R2,R3),       neben(R3,R4),        neben(R4,R5),
      neben( R5, R6),     neben( R6, R11),    neben(R11,R12),      neben(R12,R13),
      neben(R9, R13),     neben(R9,R10),      neben(R4, R10),      neben(R4, R7),
      neben(R7,R8),       neben(R2,R7),       neben(R6,R10),       neben(R2,R13),
      neben(R6,R13),      neben(R2,R4),       neben(R8,R13),       neben(R4,R9),
      neben(R3,R5),       neben(R8,R9),       neben(R1,R13),       neben(R3,R13),
      neben(R5,R13),      neben(R7,R13),      neben(R11,R13),      neben(R9,R12),
      neben(R5,R10),      neben(R10,R11),     neben(R1,R7).
```

Ein Aufruf ←fläche(R1, R2, R3, R4, R5, R6, R7, R8, R9, R10, R11, R12, R13) liefert gemäß der Standard-Strategie von Prolog die erste Lösung nach 89253 Ableitungsschritten, wobei im Zuge der Klauselauswahl 981515 Unifikationskonflikte (fehlgeschlagene Unifikationsversuche) auftreten. In [BrPe 83] wird gezeigt, daß eine andere Formulierung des Prädikats fläche/13 exponentiellen Laufzeitgewinn einbringt: die erste Lösung erhält man nach 47 Ableitungsschritten bei 276 Unifikationskonflikten. Die "Güte" dieses Programms beruht darauf, daß die Anordnung der Rumpfliterale in fläche/13 unter Berücksichtigung der Datenabhängigkeiten (vereinfacht: gemeinsame Variablen) zwischen den Atomen und der zugrunde liegenden Suchstrategie erfolgt.

Die der Literatur aufgeführten Vorschläge zur Verbesserung der Suchstrategie kann man grob in zwei Gruppen gliedern: *anwendungsspezifische* und *anwendungsunabhängige* Suchstrategien. Beispiele für *anwendungsspezifische* Suchstrategien findet man für den Datenbankbereich u.a. in [GuBa 85], [JaCV85] für das automatische Beweisen u.a. in [Stik 86], wo eine Art Breitensuche mittels "iterativer Tiefensuche" (*Depth First Iterative Deepening* , [Kord 85]) simuliert wird. Diese Strategien zeigen im intendierten Anwendungsgebiet klare Überlegenheit gegenüber der "blinden" Tiefensuche, sind aber als "universelle" Strategien zu aufwendig.

Anwendungsunabhängige Suchverfahren werden häufig in Verbindung mit neuen Prolog-Dialekten vorgeschlagen. In den Ablaufmodellen herrscht dabei meist die Sicht von Atomen als *Prozessen* oder *Koroutinen* vor (in Abkehrung von der sequentiellen links-rechts- Abarbeitungsreihenfolge von Regel-Rümpfen). Die Synchronisation beruht auf einer vom Programmierer vorgegebenen (teilweise auch automatisch erzeugten [Nais 85a]) Produzent-Konsument- Beziehung zwischen Atomen eines Rumpfes. Beispiele solcher Dialekte sind u.a. MU-Prolog [Nais 85b] und Concurrent Prolog [Shap 83].

Maßnahmen zur Effizienzsteigerung der (anwendungs-unabhängigen) *sequentiellen* Tiefensuche setzen bei der Auflösung des Regelauswahl-Konflikts an ; einschlägige Verfahren werden in der Literatur oft als *intelligentes Rücksetzen* bezeichnet. Wir unterscheiden dabei *globale* und *lokale* Verfahren.

Globale Verfahren wurden u.a. von Pereira, Porto [PePo 80], Bruynooghe, Pereira [BrPe 83], Cox, Pietrzykowski, Matwin [CoPi 81], [PiMa 82] und Dilger, Janson [DiJa 84] vorgeschlagen. Dabei wird zur Konfliktanalyse immer der gesamte (*globale*) Beweisbaum betrachtet. Dies impliziert, daß die Konfliktanalyse *zur Laufzeit* stattfinden muß. Der damit verbundene Verwaltungsaufwand bewirkt, daß die bisher bekannten globalen Verfahren des intelligenten Rücksetzens für die meisten Prolog-Anwendungen inpraktikabel erscheinen.

Als Ausweg bieten sich *lokale* Verfahren an, die u.a. von Chang, Despain [ChDe 85] , Varsek, Weber [Vars4 [Webe 85] und Plümer [Plüm 86] untersucht wurden. Hierbei wird über dem Programm eine Abhängigkeits-Analyse durchgeführt, um Informationen über "semi-intelligente" Rücksetzpunkte *innerhalb einer Klausel* (daher *lokal*) zu erhalten. Die Einschränkung auf die Betrachtung einzelner Klauseln verbiete im Unterschied zu globalen Verfahren das Rücksetzen über mehrere Klauseln (im Beweisbaum) hinweg; als entscheidender Vorteil ist zu nennen, daß die Analyse *a priori* durchgeführt werden kann, wodurch der Verwaltungsaufwand zur Laufzeit minimiert wird. Lokale Verfahren zur Bestimmung "intelligenter" Rücksetzpunkte können daher bestens in den Übersetzer integriert werden, man spricht daher auch von der *Compilation intelligenter Suchstrategien* [ChDe 85]. Hierzu können zwei Wege beschritten werden: Transformation des Programms oder Anreicherung der Ablaufsteuerung.

Die *Transformation des Programms* zielt auf eine nach Maßgabe der Variablendependenzen "optimale" Anordnung der Atome in den Regelrümpfen. Wird das transformierte Programm nach der Standard-Strategie abgearbeitet, ist ein direktes Rücksetzen über mehr als ein Atom nicht möglich. Daher werden die von der Abhängigkeitsanalyse aufgezeigten Optimierungsmöglichkeiten i.a. nicht ausgeschöpft.

Bei *Anreicherung der Ablaufsteuerung* wird der Rumpf einer Klausel um (System-) Prädikate zur Ablaufsteuerung ergänzt, die relative Reihenfolge der Atome innerhalb einer Klausel bleibt dabei erhalten Eine einfache Implementierung erhalten wir mittels eines System-Prädikats **backto(Zahl)** mit folgender prozeduralen Semantik :

```
backto(_).
backto( N ) ← "setze auf Atom N zurück"
```

Das folgende, mit "backto" angereicherte (automatisch erzeugte [Webe 85]) Programm lief interpretiert über 1100 Mal schneller als das ürsprüngliche. Durch eine Verfeinerung des ablaufsteuernden Prädikats sowie eine "feinere" Übersetzung auf abstrakten Maschinencode (siehe z.B. [ChDe 85]) läßt sich sowohl das Rücksetzverhalten als auch der Laufzeitgewinn weiter verbessern.

```
fläche( R1, R2, R3, R4, R5, R6, R7, R8, R9, R10, R11, R12, R13) ←
                                  neben( R1,R2),        <1>
                                  neben(R2,R3),         <2>
                                  neben(R3,R4),         <3>
                                  neben(R4,R5),         <4>
                                  neben( R5, R6),       <5>
                                  neben( R6, R11),      <6>
                                  neben(R11,R12),       <7>
                                  neben(R12,R13),       <8>
                                  neben(R9, R13),       <9>
                                  neben(R9,R10),        <10>
                                  neben(R4, R10),       <11>
                 backto( <3> ),   neben(R4, R7),        <12>
                                  neben(R7,R8),         <13>
                 backto( <12> ),  neben(R2,R7),
                 backto( <10> ),  neben(R6,R10),
                 backto( <8> ),   neben(R2,R13),
                 backto( <10> ),  neben(R6,R13),
                 backto( <3> ),   neben(R2,R4),
                 backto( <13> ),  neben(R8,R13),
                 backto( <9> ),   neben(R4,R9),
                 backto( <4> ),   neben(R3,R5),
                 backto( <13> ),  neben(R8,R9),
                 backto( <8> ),   neben(R1,R13),
                 backto( <8> ),   neben(R3,R13),
                 backto( <8> ),   neben(R5,R13),
                 backto( <12> ),  neben(R7,R13),
                 backto( <8> ),   neben(R11,R13),
                 backto( <9> ),   neben(R9,R12),
                 backto( <10> ),  neben(R5,R10),
                 backto( <10> ),  neben(R10,R11),
                 backto( <12> ),  neben(R1,R7).
```

Die Güte der durch lokale Abhängigkeits-Analyse bestimmten Rücksetzpunkte ist i.a. suboptimal im Vergleich zu den dynamischen Verfahren; inwieweit dies in der Praxis von Bedeutung ist, wird gegenwärtig untersucht.

Die Bestimmung der Variablendependenzen zur Bestimmung von Rücksetzpunkten gründet auf einer *globalen Analyse* von Programmen. In ähnlicher Weise können anahnd einer globalen Analyse automatisch *mode*- Vereinbarungen abgeleitet und zur Übersetzungszeit feststellt werden, daß manche Anfragen deterministisch abzuarbeiten sind [Mell 85] . Ein weiteres Bespiel hierzu ist die Überprüfung auf Typkonsistenz von typisierten logischen Sprachen [Stra 86]. Allerdings sind derartige globale Analysen sehr aufwendig, was derzeit den Einsatz darauf beruhender Optimierungstechniken im Rahmen einer *interaktiven* Entwicklungsumgebung nur in eingeschränktem Maße zuläßt.

Erweiterung der Formulierungsmächtigkeit

Die Verbindung logischer und funktionaler Programmiersprachen zielt sowohl auf eine Erhöhung der Formulierungsmächtigkeit, als auch auf eine Beschleunigung der Abarbeitung, da funktionale

(Teil-)Programme oft effizienter (mittels Reduktion) abgearbeitet werden können als logische (mittels Resolution).

Eine weitere Möglichkeit der Optimierung besteht darin, die Axiomatisierung (Problemformulierung) und damit die möglichen Suchräume in der Problembearbeitung zu verkürzen. Dieses wurde im automatischen Beweisen schon vor mehreren Jahren erkannt und führte unter anderem zur Entwicklung eines *mehrsortigen Resolutionskalküls* [Walt 84]. Eine Klausel der Form p(X,Y) ← s(X) notieren wir kürzer dadurch, daß wir das einstellige Prädikat s als *Sortenbezeichner* ansehen p(X:s,Y). Entsprechend drücken wir Teilmengenbeziehungen zwischen Sorten nicht mehr durch eine Klausel s(X)← s1(X), sondern vermöge einer eigenen *Untersorten-Relation* s1 ≤ s aus. Solche Untersorten-Relationen werden im mehrsortigen Resolutionskalkül nicht mehr auf der Ebene der Resolution, sondern "tiefer" im Unifikationsalgorithmus verarbeitet. Das führt meist zu kürzeren (und damit schnelleren) Ableitungen, wie das folgende Beispiel illustriert. Zunächst die Prolog-Fassung:

```
mensch(X) ← frau(X).              hat( X, verstand )← mensch(X).
mensch(X) ← mann(X).              hat( X, bartwuchs)← mann(X).

frau( jutta ).                    mann( karl ).
frau( anne ) .                    mann( benjamin ).
   :                                 :
frau(  milena ).                  mann( sven ).

befreundet( milena,  sven).
```

Um die Anfrage ← hat(X,verstand), hat(X, bartwuchs), befreundet(milena, X) zu beweisen, wird gemäß der üblichen Tiefensuche die Variable X nach und nach mit allen Konstanten aus den Relationen *frau* und *mann* instanziert, bis zuletzt die Antwort X=sven gefunden wird.

In der mehrsortigen Formulierung werden die Extensionen der Sorten (= Argumente der Sortenprädikate) gesondert vermerkt, ebenso wie die Sortenangaben für die Argumente der Prädikate. Terme, die nicht einer definierten Sorte zuzuordnen sind, betrachten wir zu einer Übersorte **any** zugehörig (im Beispiel: verstand bartwuchs).

```
hat( X:mensch, verstand ).        frau ≤ mensch.
hat( X:mann, bartwuchs).          mann ≤ mensch.
befreundet( milena,  sven).       sort frau = [ jutta, milena, ... ].
                                  sort mann = [ karl,...,sven].
                                  sort hat(mensch,any).
                                  sort befreundet( frau  , mann ).
```

Die Anfrage ← hat(X,verstand), hat(X, bartwuchs), befreundet(milena, X) wird im mehrsortigen Kalkül *ohne Rücksetzen* bewiesen, da die Aufrufe hat(X,....) nicht zu einer Instanziierung von X, sondern lediglich zu einer *Einschränkung der Sorte* von X auf "mensch" bzw. "mann" führen. Erst durch die letzte Teilanfrage wird X mit "sven" unifiziert. Die Typangabe hat zudem den bekannten Vorzug, daß der Übersetzer Typisierungsfehler aufdecken kann.

Dieses Beispiel legt die Vermutung nahe, daß mehrsortige Resolution gerade für datenbank-orientierte Anwendungen signifikante Vorteile in sich birgt. Eine Evaluierung dieser Frage ist Gegenstand laufender Untersuchungen [Hube 86].

Entwicklung von Übersetzungs-Methoden

Der Nachweis der *Compilierbarkeit logischer Programme* [Warr 77] war (zumindest für die Praktiker) ein Meilenstein in der Entwicklung logischen Programmierens. Von vergleichbarer Bedeutung ist das Model einer *abstrakten Prolog-Maschine* nach D.H.D.Warren [Warr 83] (auch: *Warren´s Prolog Engine,* WPE), das heute die Grundlage zahlreicher neuerer Prolog-Übersetzer ist. Aufgrund des zunehmenden Interesses dessen sich der Bereich "Programmieren in Logik" derzeit erfreut, werden wir mit einer Fülle von Dialekten und Sprach-Erweiterungen und damit immer wieder aufs Neue mit der Problem der Übersetzbarkeit konfrontiert, insbesondere bei der Kombination logischer und funktionaler Sprachen. Hier ist die Entwicklung universeller Entwurfs- bzw. Übersetzungsmethoden gefordert, die Antwort auf die Frage geben können: *Wie erfinde ich eine abstrakte XYZ-log-Maschine* ? Einen wichtigen Beitrag hierzu lieferte im Rahmen des KA-Prolog-Projekts P. Kursawe [Kurs 86], der das Verfahren der partiellen Auswertung [Venk 84] erweiterte, mit einem Datenrepräsentationswechsel verband und auf eine Prolog-Formulierung des Unifikationsalgorithmus anwandte. Dadurch konnte ein Großteil des Befehlssatzes der WPE *systematisch* hergeleitet werden.

Bei der Entwicklung von Übersetzungsmethoden spielen leistungsfähige Transformationssysteme [BuDa 77] eine zentrale Rolle ; die partielle Auswertung ist hierbei nur *eine* von zahlreichen Transformationsregeln. Eine weitere Regel erlaubt es, das sogenannte Occur-Check-Problem in Prolog [Plai 84] praktisch zu lösen. Dazu wird eine Klausel derart transformiert, daß im Kopf jede Variable höchstens einmal vorkommt (man spricht von *linearen Termen*). Mehrfach vorkommende Variablen werden durch ein spezielles Unifikations-Prädikat **unify** unifiziert. Der Zirkularitätstest in der Unifikation kann damit auf das Prädikat **unify** lokalisiert werden [Var 84] . Beispiel:

append([], X,X).
append([X|A], B, [X|C]) ← append(A,B,C).

wird transformiert zu

append([], X,Y) ← **unify**(X,Y).
append([X|A], B, [Y|C]) ← **unify**(X,Y), append(A,B,C).

Diese Regel wird in [Neid 86] auf die Struktur der WPE übertragen und zu einer effizienten Implementierung der *korrekten Unifikation* verfeinert.

Entwicklung von Basissoftware für eine integrierte Entwicklungsumgebung

Inkonsistenzen zwischen den Sprachimplementierungen von Interpretierern und Übersetzern sind ein häufig zu beobachtendes Phänomen in integrierten Entwicklungssystemen. So können beispielsweise übersetzte Prozeduren nicht mehr im Ablauf (trace) verfolgt werden; dynamische Bindungen (call, u.a.) sind nur im Interpretierer zulässig; das Grundsystem muß eine doppelte Buchführung von compilierten und übersetzten Code unterhalten (was die Wartung des Gesamtsystems erschwert) u.a.m. Für den Anwender lautet die Konsequenz, daß er die Festlegung zwischen Interpretation und Übersetzung sehr früh treffen muß. Dies hemmt die Produktivität der interaktiven ("explorativen") Programmentwicklung.

Als Alternative bietet sich der Verzicht auf Interpretation unter Einschränkung des Sprachumfangs an. Meist impliziert dies den Verzicht auf dynamische Bindungen (Prolog-*call* : Aufruf des Interpretierers aus dem Programm), was eine signifikante Einschränkung der Ausdrucksmächtigkeit darstellt.

Unser Wunsch ist daher ein Basissystem, welches auf einen üblichen Interpretierer (und die mit der "doppelten Buchführung" verbundenen Nachteile) verzichtet, ohne jedoch den Sprachumfang einzuschränken. Auch die für die Programmentwicklung relevanten Funktionen des Interpretierers müssen mit übersetztem Code durchführbar sein :

- Inkrementelle Programm-Modifikation (klauselweise).
- Schnelle Rückübersetzung des Klausel-Codes (reversibler Code)
- Ablaufverfolgung übersetzter Klauseln (für Testhilfe)

Sowohl die Programmentwicklung als auch Datenbank-Anwendungen (wobei wir keine Unterscheidung zwischen Programm und Daten treffen) verlangen nach einer inkrementellen (klauselweisen) Programm-Modifikation. In einem rein übersetzergestützen System stellt sich damit die Aufgabe der dynamischen Code-Manipulation . Diese kann in erster Näherung einfach dadurch gelöst werden, daß der Code für die Ablaufsteuerung (die "Verkettung" der Klauseln) getrennt vom Code für die Klauselrepräsentation gehalten wird. Bei Hinzufügen neuer Klauseln lokalisiert man die erforderlichen Modifikationen auf die Ablaufsteuerung.

Zur *Rückübersetzung von Maschinensprache* dienen meist spezielle Decompiler, welche versuchen, aus Maschinencode-Sequenzen die Konstrukte der Quellsprache zu rekonstruieren. Dieser Vorgang ist somit stark codeabhängig und steht im Widerspruch zu vielen Optimierungen. Legt man das Übersetzungsschema von Warren [Warr 83] zugrunde, so kann man die Eigenschaften der Unifikation ausnutzen, um eine *völlig codeunabhängige Rückübersetzung* zu realisieren, bei der überdies die *Ablaufverfolgung auf Quellprogrammebene* als Nebenergebnis mit abfällt. Der Aufwand in der Basismaschine ist dabei vernachlässigbar, die Rückübersetzung findet *mit der gleichen Geschwindigkeit wie die Ausführung* des zu decompilierenden Codes statt. Dieses Verfahren beruht auf der Erkenntnis, daß der Maschinencode nach Warren bereits alle benötigten Informationen über die Atome einer Klausel beinhaltet. Durch geschicktes partielles Ausführen des Codes kann die abstrakte Maschine selbst die Quellform der Atome bzw. Klauseln wiederherstellen [Neid 86]. Optmierungen, die mit diesem Schema unverträglich sind, müssen beim Übersetzen "geklammert" werden, wie beispielsweise eine Befehlssequenz zur optimierten Auswertung arithmetischer Prädikate in einem Atom ..., C is B + 2, ... :

```
           if_decompile        label(1)
           eval   RY(3)
           push_constant       2
           add
           assign_variable     RY(2)
           jump   label(2)
label(1):  put_variable        RY(2), RA(1)
           put_structure       +, RA(2)
           unify_value         RY(3)
           unify_constant      2
           call     3, is
label(2):  ...
```

Diese Befehlssequenz wird eingeleitet durch die Fallunterscheidung, ob der Code rückübersetzt werden soll oder nicht. Im zweiten Fall wird der optimierte Code ausgeführt; man beachte, daß der Bezeichner des Auswertungsprädikats "is" im Code nicht mehr auftritt. Falls decompiliert werden soll, wird zu label(1) verzweigt, wo die Termstruktur des Atoms aus der Codesequenz rekonstruierbar ist (siehe Argument von call). Die Ablaufverfolgung auf der Ebene des Quellcodes beruht ebenfalls auf dieser Decompilierungstechnik , doch sind hier bei Eintritt , Verlassen und Rücksetzen auf (in) Klauseln noch zusätzliche Meldungen an den Benutzer zu erzeugen , was durch die folgende Transformation skizziert wird. Um den Ablauf von

$$p(f(X,Y)) \leftarrow q(X), p(Y).$$

zu verfolgen, formt man die Klausel um zu

p(f(X,Y)) ← **enter**(q(X)), q(X), **leave**(q(X)), **enter**(p(Y)), p(Y), **leave**(p(Y)).

Die folgenden Klauseln erzeugen dann die gewünschten Meldungen:

```
enter(X) ←  write(" CALL : "), write(X).
enter(X) ←  write(" FAIL : "), write(X).

leave(X) ←  write(" EXIT : "), write(X).
leave(X) ←  write(" REDO : "), write(X).
```

In einer Prolog-Maschine nach Warren kann diese Transformation während der Ausführung *ohne Änderung des Codes* durch geschickte Manipulation der ablaufsteuernden Datenstrukturen implementiert werden [Neid 86].

Das KA-Prolog-System

Das KA-Prolog-Projekt verfolgt neben den zuvor genannten Punkten auch das Ziel, die Ergebnisse der grundlagenorientierten Teilaufgaben (Verbesserung der Suchstrategie, Entwicklung von Übersetzungsmethoden, Erweiterung der Formulierungsmächtigkeit) in ein operationales Gesamtsystem einzubinden. Die Systemarchitektur des KAP-Systems läßt sich als 4-Schichten- Modell darstellen.

Auf der obersten Ebene sind ein oder mehrere sprachabhängige interaktive Programm-Transformationssysteme vorgesehen, welche den Anwender interaktiv bei der Programmentwicklung unterstützen sollen (etwa durch Vorschläge und Durchführung von Repräsentationswechseln bei Datenstrukturen, Umformung von Rekursionen u.a.m.). Hier kann insbesondere auch ein Vorübersetzer für diverse Spracherweiterungen und/oder Optimierungen (z.B. für Suchstrategien [Webe 85]) angelegt werden Die zweite Ebene von oben umfaßt den inkrementellen Übersetzer [Lind 86] (z.Zt. für C-Prolog) nebst anderen Entwicklungswerkzeugen (Testhilfe, Bibliotheksverwaltung u.ä.). Auf der nächst tieferen Ebene befindet sich die interne Speicher- und Systemverwaltung mit Schnitttstellen zum Betriebssystem des Wirtrechners (UNIX). Die unterste Ebene realisiert die abstrakte Prolog-Maschine (*KAP-Maschine*). Die KAP-Maschine baut auf dem Maschinenmodells von Warren [Warr 83] auf, besitzt aber folgende wichtige Erweiterungen [Neid 85] [Neid86]:

- Korrekte Unifikation (mit Occur-Check)
- Optimierte Arithmetik
- Unterstützung der Ablaufverfolgung
- spezieller Befehlssatz für einseitige Unifikation(*matching*)
- Bearbeitung von Software-Interrupts für Systemerweiterungen.

Zusammenfassung

Die oft geforderte Erweiterung der Formulierungsmächtigkeit und Erhöhung der Effizienz machen den Einsatz optimierender Übersetzer immer zwingender. Anhand geschickter Übersetzungstechniken unc geeigneter abstrakter Maschinen sind wir in der Lage, die Fähigkeiten herkömmlicher Interpretierer durch inkrementelle Übersetzer weitgehend nachzubilden. Durch Kombination verschiedener Optimierungstechniken iäßt sich bereits ohne Einsatz spezieller Hardware ein Eiffizienzgewinn von mehreren Größenordnungen erzielen.

Ich Danke meinen Kollegen und Projektmitgliedern Alexander Bockmayr, Roland Dietrich , Peter Kursawe Norbert Lindenberg und Burkhard Neidecker für anregende Diskussionen und tatkräftige Mitarbeit.

Literaturverzeichnis

[BBPW 81] D.L.Bowen, L. Byrd, L.M. Pereira, F.C.B. Pereira, D.H.D. Warren :*Prolgo On the DECSYSTEM-10 User's Manual, Draft - 21. October 1981.* Department of Artificial Intelligence, University of Edinburgh

[Bock 86] A. Bockmayr : *Conditional rewriting and narrowing as a theoretical framework for logic-functional programming - A Survey*. Interner Bericht Nr. 10/86 , Institut für Informatik I Universität Karlsruhe (1986)

[BuDa 77] R.M. Burstall, J. Darlington : *A Transformation System for Developing Recursive Programs.* J. ACM 24 (1977), 46-67

[BrPe 83] M. Bruynooghe, L.M. Pereira : *Deduction revision by intelligent backtracking.* In: Implementations of Prolog (J.A. Campbell, Ed.), Ellis Horwood Series in Aritificial Intelligence (1983)

[ChDe 85] J.-H. Chang, A.M. Despain: *Semi-Intelligent Backtracking of Prolog Based on Static Data dependency Analysis.* In: 1985 Symp. on Logic Programming, Boston, IEEE Computer Society Press (1985) 10-21

[ClMe 84] W.F. Clocksin, C.S. Mellish : *Programming in Prolog (Second Edition)*, Springer-Verlag (1984)

[CoPi 81] P.T.Cox, T. Pietrzykowski : *Deduction Plans : A Basis for Intelligent Backtracking.* in: IEEE Trans. on Pattern Analysis and Machine Intelligence 3(1), (1981) 52-65

[Diet 85] R. Dietrich : *Relating Resolution and Algebraic Completion for Horn Logic*. Arbeitspapiere der GMD 177, (Nov. 1985), Gesellschaft für Mathematik und Datenverarbeitung mbH.

[DiJa 84] W. Dilger, A. Janson : *A Unification Graph with Constraints for Intelligent Backtracking in Deduction Systems.* Interner Bericht 100/84, Fachbereich Informatik, Universität Kaiserslautern (1984)

[GuBa 85] U. Guentzer, R. Bayer : *Control for Iterative Evaluation of Recursive Rules in Deductive Database Systems.* Bericht TUM-I8513, Technische Universität München, 1985

[Hube 86] M. Huber : *Eine mehrsortiger Resolutionskalkül für Prolog.* Diplomarbeit, Universität Karlsruhe, Institut für Informatik I, (1986)

[Hsia 83] J. Hsiang: *Topics in Automated Theorem Provin and Program Generation.* Ph. D. Thesis, University of Illinois at Urbana-Champaign, 1983.

[JaCV 84] M. Jarke, J. Clifford, Y. Vassiliou : *An Optimizing Front-End to a Relational Query System.* Proc. ACM-SIGMOD Conference, Boston, (1984) 296-306

[Korf 85] R.E. Korf : *Depth-First Iterative-Deepening: An Optimal Admissible Tree Search* Journal of Artificial Intelligence 27 (1985) 97-109

[KoSe 84] R. Kowalski, M.J. Sergot: *micro-Prolog for Problem Solving.* in : K.L. Clark, F.G. McCabe : micro-PROLOG: Programming in Logic. Prentice-Hall International, (1984)

[Kurs 86] P. Kursawe : *How to invent a Prolog Machine* . Proc. Third International Conference on Logic Programming , E. Shapiro Ed., LNCS 225, Springer-Verlag (1986) 134-148

[Lind 86] N. Lindenberg: *Der KAP-Compiler - V 0.2.* unveröffentlichtes Arbeitspapier, Universität Karllsruhe, Fakultät für Informatik (1986)

[Mell 85] C.S. Mellish : 'Some Global Optimizations for a Prolog Compiler.' Journal of Logic Programming, Vol. 2, No. 1 (1985)

[Nais 85a] L. Naish: *Automating Control for logic Programs.* J. Logic Programming Vol. 2 , Number 3, (1985), 167-185

[Nais 85b] L. Naish: *MU-Prolog 3.2 Reference Manual.* Techn. Report 85/13, Dept. of Computer Science, Univ. of Melbourne (1985).

[Neid 85] B. Neidecker : *KAP-Maschine - Maschinenmodell 0.4,* unveröffentlichtes Arbeitspapier , Universität Karllsruhe, Fakultät für Informatik (1985)

[Neid 86] B. Neidecker : *Entwurf eines Basissystems für logisches Programmieren.* Diplomarbeit, Universität Karlsruhe, Fakultät für Informatik (1986) (unveröffentlicht)

[Pere 84] F. Pereira : *C-Prolog User's Manual , Version 1.5.* EdCAAD, Edinburgh Computer Aided Architectural Design, University of Edinburgh (1984)

[PePo 80] L.M. Pereira, A. Porto : *Selective Backtracking for Logic Programs.* Proc. Proc. 5th Conference on Automated Deduction, LNCS 87, Springer-Verlag (1980) 306-317

[PiMa 82] T. Pietrzykowski, S. Matwin : *Exponential Improvement of Efficient Backtracking. A Strategy for Plan-based Deduction.* Proc. 6th Conference on Automated Deduction, pp. 223-239, LNCS 138, Springer-Verlag (1982).

[Plai 84] D.A. Plaisted: *The Occur-Check Problem in Prolog.* Proc. 1984 Symp. on Logic Programming, Atlantic City (1984)

[Plüm 86] L. Plümer: *Efficient Backtracking of Prolog Procedures Based on Static Optimization.* unveröffentlichter Bericht, Universität Dortmund, Fachbereich Informatik, Lehrstuhl VI.

[Shap 83] E.Shapiro: *A Subset of Concurrent Prolog and Its Interpreter.* Tech. Report TR-003, ICOT (1983)

[Stik 86] M. Stickel: *A Prolog-Technology Theorem Prover.* in: 1984 International Symposium on Logic Programming, Atlantic City

[Stra 86] M. Straßberger : *Analyse von Datenfluß- und Typangaben in Prolog-Programmen.*

Diplomarbeit, Universität Karlsruhe, Fakultät für Informatik, (1986)

[Vars 84] I.Varsek : *Unifizierbare zweischichtige Grammatiken.* Dissertation, Universität Karlsruhe, Fakultät für Informatik (1984)

[Venk 84] R. Venken : *A Prolog Meta-Interpreter for Partial Evaluation and its Application to Source tc Source Transformation and Query- Optimisation.* ECAI 84, Elsevier Sc. Publ., North-Holland (1984) 91 - 104

[Walt 84] Ch. Walther : *Ein mehrsortiger Resolutionskalkül mit Paramodulation.* Interner Bericht 23/84 (1984), Universität Karlsruhe, Fakultät für Informatik

[Warr 77] D.H.D. Warren : *AImplementing Prolog - Compiling Predicate Logic Programs. Vol. 1-2 .* D.A.I. Research Report No. 39, Dept. of Artificial Intelligence, Univ. of. Edinburgh (1977)

[Warr 83] D.H.D. Warren : *An Abstract Prolog Instruction Set.* SRI Technical Note 309, SRI International, (October 1983)

[Webe 85] H. Weber: *Datenfluß-Klassifizierung definiter Klauseln zur Erzeugung von Constraints.* Diplomarbeit, Universität Karlsruhe, Fakultät für Informatik (1985).

Eine Beurteilung paralleler Modelle für Prolog

Harald Westphal

European Computer-Industry Research Centre
Arabellastraße 17
8000 München 81

Abstract

Evaluation of parallel computational models for Prolog.

After a motivation of parallel computational models for Prolog some important proposals found in the literature are introduced. These are *Parlog, Concurrent Prolog, KL1, GHC, Kabu-Wake, Ciepielewski's OR-parallel Token Machine, Borgwardt's Communicating Stack Segments.* The choice was made to include those models that are important because of their actual implementation (e.g. by ICOT) as well as those that are important because of some good features.

Advantages and disadvantages are described for an efficient implementation that keeps the property of a *logic* programming language.

Finally we conclude postulations for an efficient Prolog implementation.

Zusammenfassung

Nach einer Motivation von parallelen Berechnungsmodellen für Prolog werden einige wichtige Vorschläge aus der Literatur vorgestellt. Dieses sind *Parlog, Concurrent Prolog, KL1, GHC, Kabu-Wake, Ciepielewski's OR-parallel Token Machine, Borgwardt's Communicating Stack Segments.* Die Auswahl wurde so getroffen, daß sowohl solche Modelle, die durch ihre tatsächliche Implementation (z.B. durch ICOT), als auch solche, die durch ihre sehr guten Eigenschaften wichtig sind, enthalten sind.

Im einzelnen werden Vor- und Nachteile für eine effiziente Implementierung beschrieben, die den Charakter einer *logischen* Programmiersprache erhält.

Schließlich werden daraus Forderungen abgeleitet, die unserer Meinung nach von einer effizienten parallelen Prolog-Implementierung erfüllt werden sollten.

1. Einführung

Parallelismus in symbolischen Programmiersprachen (z.B. Lisp und Prolog) ist schon lange ein wichtiges Arbeitsgebiet in der Forschung. Das hat mehrere Gründe:

- In den (theoretisch) seiteneffekt-freien Sprachen für die Symbolverarbeitung ist der potentielle Parallelismus offensichtlicher als in numerischen Sprachen, die in der Regel für sequentielle Algorithmen konstruiert sind.

- Gegenwärtig existiert ein Trend, symbolische Sprachen bei der Lösung echter, sehr großer Proleme einzusetzen. Hierbei ist Parallelismus notwendig, um vernünfige Antwortzeiten zu erreichen.

- Schließlich machen charakteristische Eigenschaften (sehr hohes Niveau, komplexe nicht-numerische Operationen) symbolische Sprachen auf konventionellen sequentiellen Rechnern recht langsam.

In der Literatur sind viele Vorschläge für parallele logische Modelle veröffentlicht worden. Die meisten verwirklichen einen der grundlegenden Typen von Parallelismus in logischen Sprachen wie Prolog: UND-Parallelismus bzw. ODER-Parallelismus. Bei genauem Hinsehen erweisen sich die meisten dieser Modelle entweder als unvollständig oder als nicht effizient implementierbar.

Bei ECRC haben wir seit 1984 parallele logische Sprachen untersucht [Syre and Westphal 85]. Bei weitem nicht alle von diesen scheinen wirklich ernst gemeint zu sein. Vor ihrem Hintergrund haben wir versucht, Eigenschaften eines guten parallelen logischen Modelles zu bestimmen. Dieser Beitrag faßt die Ergebnisse zusammen.

Vorweg möchte ich mich für einige 'neudeutsche Wörter' entschuldigen, die ich verwenden werde. Aber mir ist beim besten Willen kein deutsches Wort beispielsweise für *goal* eingefallen, bei dem jeder Leser sofort gemerkt hätte, daß eben ein *Prolog-goal* gemeint ist.

2. Kabu-Wake

Die Kabu-Wake Methode [Sohma et al. 85, Sohma et al. 84] wurde an den Fujitsu Laboratorien in Japan entwickelt. Ihr Ziel ist nicht massiver Parallelismus in einer hochintegrierten Architektur, sondern eher ein relativ lockerer Verbund einiger (ungefähr ein Dutzend) konventioneller Prozessoren.

Der grundlegende Ausführungsmodus ist sequentiell. Nur, wenn ein Prozessor frei wird, wird eine sequentielle Berechnung in eine parallele umgewandelt. Dieses geschieht folgendermaßen:

- Derjenige ODER-Knoten, der am nächsten an der Wurzel des UND-ODER-Baumes ist und noch nicht bearbeitete Alternativen hat. wird ausgewählt.

- Von allen Variablen, die für das aufzuspaltene Goal zugreifbar sind, wird eine Kopie angelegt.

- Alle Bindungen, die von Goals zwischen dieser zukünftigen Verzweigung und dem aktuellen Goal des Prozessors für Variablen oberhalb der Verzweigung gemacht wurden, werden in der Kopie rückgängig gemacht.

- Der ausgewählte ODER-Knoten wird dem Arbeit anfordernden Prozessor geschickt, zusammen mit einem Zeiger auf eine noch nicht bearbeitete Alternative (clause) und der Liste der noch zu bearbeitenden Goals (Resolvent).

Vorteile:

+ Das Model kreiert genau so viel Parallelismus, wie die Maschine anbietet, weil neue Prozesse nur geboren werden, wenn ein arbeitsloser Prozessor sie anfordert. Dieses Schema kann man *Demand-Parallelismus* nennen. Kein Aufwand wird für die Kreation paralleler Prozesse verschwendet, die dann doch sequentiell ausgeführt werden.

+ The Kabu-Wake Implementatoren hoffen, daß die Wahrscheinlichkeit für 'grobkörnigen' Parallelismus (parallele Prozesse werden nur für größere Aufgaben kreiert) recht groß ist, weil die Verzweigungen nahe der Wurzel des UND-ODER-Baumes sind. Solange es keine vom Benutzer gegebenen Hinweise auf den zu erwartenden Gewinn der parallelen Ausführung von Prädikaten gibt, scheint diese Heuristik recht vielversprechend zu sein und erfordert keine aufwendige automatische Programmanalyse. Die größten Unterbäume - mit dem größten Nutzen paralleler Ausführung - können wahrscheinlich eher in der Nähe der Wurzel als in der Nähe der Blätter gefunden werden.

+ Der Ausfall einzelner Prozessoren wird gutmütig verkraftet, weil abgespaltene Berechnungen eine vollständige Kopie der relevanten gemeinsamen Vergangenheit bekommen und nie wieder mit dem Vater-Prozessor kommunizieren müssen. Wenn ein Prozessor ausfällt, können alle anderen Zweige des Programms bis zum Ende laufen. In diesem Fall gehen nur die Lösungen des ausgefallenen Prozessors verloren, möglicherweise sogar gar keine, wenn der betroffene Zweig sowieso nicht erfolgreich gewesen wäre.

Nachteile:

- Sequentiell angefangene Berechnungen werden rückwirkend in parallele umgeformt. Falls es mehr als die in [Sohma et al. 85] erwähnten 13 Prozessoren gibt, werden Verzweigungen weiter von der Wurzel entfernt sein müssen. Dieses führt zu beträchtlichem Verwaltungsaufwand für das:

Durchsuchen des Teiles des Suchbaumes zwischen dem zu teilenden Knoten und der Wurzel nach Bindungen, die von Goals der sequentiellen Berechnung seit dem zu teilenden Knoten gemacht wurden; diese müssen rückgängig gemacht werden.

- Kopieren all dieser Goals und Bindungen.

- Wenn ein ODER-Knoten in parallele Prozesse aufgeteilt wird und kurze Zeit später eine weitere Anforderung eintrifft, diesen Zweig aufzuteilen, wird mit dem nächsten ODER-Knoten fast identische Arbeit (Aufheben der Bindungen und Kopieren) gemacht. Es könnte sogar eine Kopie für denselben Prozessor sein, falls dieser bei der Ausführung der ersten Aufgabe sofort in eine Sackgasse geraten ist. Als Beispiel hierfür das folgende Programm (nach [Satoh 85]):

```
p :- a, b, c, d, e.        a :- a1, a2.        a1 :- a11, a12.
                           a :- a3, a4.        a1 :- a13, a14.
```

Es kann zu den Goals der Abbildung 1 führen. Aufgeteilte Goals - eines von ihnen wird zu einem anderen Prozessor gesandt (gestrichelte Linie) - sind durch Verzweigungen im Graphen angezeigt.

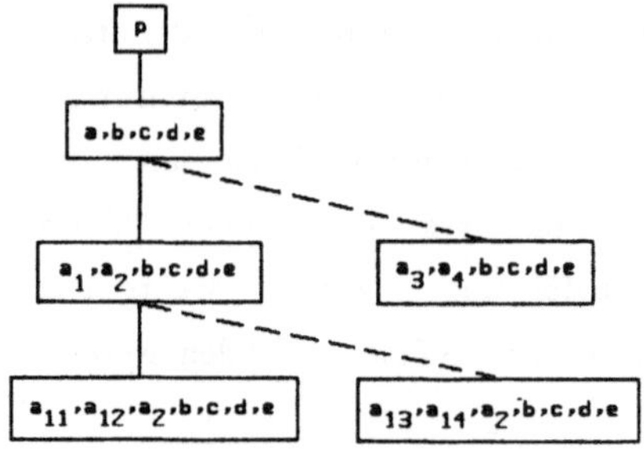

Abbildung 1: Goal-Baum bei der Kabu-Wake Methode

Das Untergoal (b, c, d, e) wird zweimal gesandt. Wenn das Goal (a_3, a_4, b, c, d, e) sofort in eine Sackgasse läuft und sein Prozessor deshalb sofort wieder Arbeit anfordert, kann es passieren, daß er die Aufgabe (a_{13}, a_{14}, a_2, b, c, d, e) bekommt, die derjenigen, die er gerade vorher bekommen hat, sehr ähnlich ist.

3. Ciepielewski's ODER-parallele Token Maschine

A. Ciepielewski vom Royal Institute of Technology in Stockholm[1] hat eine "OR-parallel

[1] Inzwischen *SICS*

token machine" [Ciepielewski 84, Ciepielewski and Haridi 84a, Haridi and Ciepielewski 83, Ciepielewski and Haridi 84b, Ciepielewski et al. 85] vorgeschlagen. Diese Maschine setzt auf vollen impliziten ODER-Parallelismus. Wo immer ein Prädikat mit mehreren Clauses ist, wird ein Prozeß-Token für jede Clause generiert und in einen Prozeß-Pool getan. Dieser Pool wird von den physikalischen Prozessoren bedient. Die "Continuation-List" eines jeden Tokens - das sind die noch nicht vollständig resolvierten Goals - wird parallel mit den Continuation-Lists der anderen abgearbeitet, sodaß man *induzierten UND-Parallelismus* erhält.

Was ist induzierter UND-Parallelismus? Er entsteht, wenn das zweite Goal einer Konjunktion gestartet wird, sobald eine Lösung für das erste Goal existiert und weitere Lösungen für das erste Goal parallel zur Bearbeitung des zweiten Goals gesucht werden:

```
p :- q (X), r (X).
q (a).
q (b).
```

Wenn `r` gestartet wird, sobald `q` die erste Lösung (z.B. `a`) abliefert, und so parallel mit der anderen Inkarnation von `q` (d.h. `b`) läuft, nennt man das induzierten UND-Parallelismus. Die in UND-Ralation stehenden Goals `q` und `r` laufen parallel, arbeiten allerdings nicht an der gleichen Lösung.

Wann immer ein Goal aufgerufen wird, wird ein Aufrufsatz (Kontext) für die lokalen Variablen dieses Goals kreiert. Ein Verweis auf diesen wird zum Kontext-Verzeichnis des laufenden Prozesses gefügt, in dem Verweise auf alle (vergangenen) Kontexte sind. Wenn eine Berechnung in mehrere ODER-parallele Zweige aufgespalten wird, werden alle bereits bestehenden Kontexte und das Verzeichnis kopiert. Gefestigte Kontexte - das sind solche, die keine ungebundenen Variablen mehr enthalten - können gemeinsam benutzt werden und brauchen nicht kopiert zu werden. (Dieses ist nur das Grundschema - es gibt Optimierungen, die das Kopieren reduzieren). Abbildung 2 zeigt ein Beispiel.

Das Verfahren

+ bietet vollen ODER-Parallelismus und

+ offeriert einen Mechanismus, der ein gemeinsames Benutzen von gefestigten Kontexten erlaubt und so einiges Kopieren erspart.

+ Außerdem hat es keine hierarchische Aufrufstruktur. Nachdem ein Prozess alle ODER-parallelen Kinder erzeugt hat, terminiert er. Er braucht nicht auf ihre Ergebnisse zu warten, weil diese selbst anhand ihrer *continuation lists* ihre Berechnung bis zum Ende bringen können - sei es erfolgreich (Meldung der

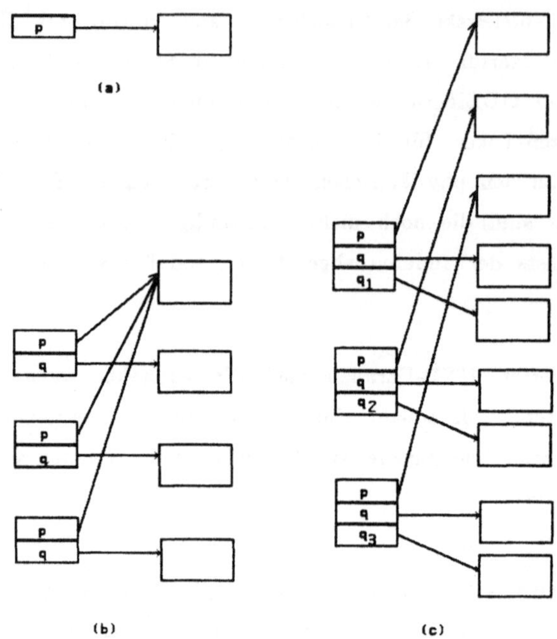

Abbildung 2: Ciepielewski's ODER-paralleles Modell (optimiert)

Speicheraufteilung für das folgende Programm:

```
p :- q.
q :- q1.
q :- q2.
q :- q3.
```

Die markierten Kästchen stellen Kontextverzeichnisse dar, die Buchstaben sind die Namen der Kontexte, auf die sie verweisen.

(a) Nach Aufruf von p.

(b) Nach Aufruf von q: Drei Kontextverzeichnisse für die drei ODER-parallelen Prozesse, Kontext p ist unverändert und wird deshalb gemeinsam benutzt, aber drei lokale Kontexte für die q's sind nötig.

(c) Nach Aufruf von den q_is, wobei die Bindung einer Variablen von p angenommen wird. Deshalb wird p's Kontext dupliziert.

Lösung an die Benutzerschnittstelle) oder nicht (Prozesse, die in eine Sackgasse, d.h. *fail*, laufen, terminieren einfach und verschwinden).

Aber folgende Nachteile lassen das Verfahren als nicht besonders laufzeiteffizient erscheinen:

- Der Parallelismus ist sehr *feinkörnig*, weil jeder ODER-Knoten als paralleler Knoten kreiert wird.

- Es gibt einen *großen Verwaltungsaufwand*. Für jeden Aufruf eines ODER-parallelen Goals

- werden so viele Token kreiert. wie das Prädikat Clauses hat.

- Speicherplatz muß für das Kontextverzeichnis und den neuen Kontext dieser Token alloziert werden.

- Die Token müssen in einem Token-Pool verwaltet werden.

- Es muß entschieden werden, welche Token nicht lokal bearbeitet werden sollen.

- Die Token müssen schließlich über ein Netzwerk in die Token-Pools verschiedener Prozessoren verteilt werden.

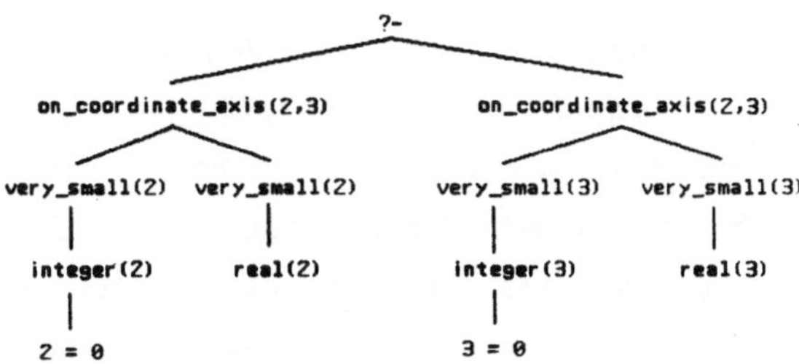

Abbildung 3: Prozeßbaum erzeugt von Ciepielewski's Modell

```
very_small (X) :- integer (X), X = 0.
very_small (X) :- real (X), X < 0.001, X > -0.001.
on_coordinate_axis (X, Y) :- very_small (X).
on_coordinate_axis (X, Y) :- very_small (Y).

?- on_coordinate_axis (2, 3).
```

Abbildung 3 zeigt ein Beispiel. Der Aufruf von `on_coordinate_axis (2, 3)` hat vier parallele Prozesse zur Folge - zwei parallele Aufrufe von `on_coordinate_axis`, die beide sofort je zwei parallele `very_small` goals aufrufen, von denen eines `real` aufruft und dann nicht weiterkommt, das andere dagegen `integer` und `X=0` aufruft. Für insgesamt zwölf sehr einfache Operationen - Aufruf eines Goals, Untersuchung der Typenkennung einer Variablen, Abfrage auf Null - werden vier Prozesse mit dem obengenannten Aufwand geschaffen. Es ist sehr wahrscheinlich, daß der Aufwand weit über dem Nutzen liegt.

- Es gibt *keine sequentielle ODER-Abarbeitung*. Das Model sieht nur voll ODER-parallele Abarbeitung von Prädikaten mit mehreren alternativen Clauses vor. Auch, wenn der Programmierer gerne sequentielle Abarbeitung möchte und parallele Verarbeitung bedeutend weniger effizient ist als sequentielle kann nur parallel gerechnet werden.

- Es gibt keinen echten UND-Parallelismus innerhalb der Berechnung einer Lösung, nur *induzierten UND-Parallelismus* zwischen den Lösungen.

4. Borgwardt's kommunizierende Stacksegmente

Dieser sehr interessante Ansatz zur Verwirklichung von sowohl ODER- als auch UND-Parallelismus wird von P. Borgwardt an der University of Minnesota [Borgwardt 84] untersucht.

Das hervorstechende Merkmal seines Schemas ist das Konzept eines *Hash-Fensters*, von dem er sagt, es sei eine Anregung von Warren für eine Variante von Ciepielewski's Bäumen aus Kontexten. Bindungen werden nicht im Aufrufsatz desjenigen Goals vorgenommen, in dem die Variable kreiert wurde, vielmehr wird der Bindungsvermerk im bindenden Goal gemacht. Zu diesem Zweck führt jedes ODER-parallele Goal eine Hash-Tabelle, die Hash-Fenster genannt wird und in der *deep bindings* vorgenommen werden. In jedem dieser Hash-Fenster befindet sich ein Verweis auf das Hash-Fenster des Vater-Prozesses, sodaß sich ein Baum aus Hash-Fenstern ergibt. Die Bindung einer globalen Variablen wird dadurch vorgenommen, daß ihr Name in das Hash-Fenster des bindenden ODER-parallelen Prozesses zusammen mit ihrem Wert eingetragen wird. Wenn auf eine solche Variable zugegriffen wird, wird zunächst in dem Aufrufsatz nachgesehen. in dem sie kreiert wurde. Falls sie dort gebunden ist, ist diese Bindung für alle Kinder gültig. Falls nicht. werden alle Hash-Fenster zwischen dem des zugreifenden Prozesses und dem des kreierenden Prozesses daraufhin untersucht, ob die Variable seit ihrer Kreation gebunden wurde. Befindet sich irgendwo ein Eintrag für sie, geht aus ihm der gültige Wert hervor. Ist die Suche ergebnislos, ist die Variable noch ungebunden.

Dieses Schema eignet sich gut für eine verteilte Implementierung, weil Bindungen gemeinsamer Variablen lokal im Speicher des bindenden Prozesses vorgenommen werden.

Borgwardt untersucht auch verschiedene Arten der Einbeziehung von UND-Parallelismus. Er bleibt jedoch sehr allgemein und läßt viele wichtige Details aus. Uns ist keine Implementation seines Verfahrens bekannt.

5. Parlog, Concurrent Prolog, KL1

Parlog [Clark and Gregory 83, Clark and Gregory 84, Gregory et al. 85, Clark and Gregory 86, Gregory 85] wurde am Imperial College in London entwickelt. *Concurrent Prolog* [Shapiro 83] wurde am Weizmann Institute of Science in Israel entwickelt. Es wird - in abgewandelter Form mit mehr ODER-Parallelismus unter dem Namen *KL1* [Ito et al. 85] oder anders abgewandelt als *GHC* - vom japanischen Fifth Generation Projekt verwendet.

Die Berechnungsmodelle aller drei Ansätze sind ziemlich ähnlich und können mit dem Begriff *massiver Parallelismus* beschrieben werden. Falls die Quelle nicht explizit sequentielle Verarbeitung vorschreibt, wird für jedes Goal ein UND-paralleler und für jede Clause ein ODER-paralleler Prozeß kreiert.

UND-parallele Goals werden mithilfe der Markierung von produzierenden und konsumierenden Argumenten synchronisiert. Alle Goals werden parallel gestartet, aber diejenigen mit konsumierenden Argumenten werden suspendiert, bis diese von den anderen parallelen Goals produziert sind.

Es gibt eine verkrüppelte Form von ODER-Parallelismus: *Guarded* Clauses. Diese haben die Form

Kopf :- Guard | Rumpf.

wobei "Guard" und "Rumpf" Konjunktionen von Goals sind und "|" der *Commit*-Operator genannt wird. Die Guards der ODER-parallelen Clauses werden parallel ausgeführt, bis der erste von ihnen den Commit-Operator erreicht. Nur diese eine Clause wird fortgesetzt, die Geschwister werden abgebrochen. Erst nach dem Commit werden Bindungen globaler Variablen durchgeführt.

Guard-Parallelismus

+ vermeidet das Problem mehrfacher Bindungen von Variablen für alternative Clauses, wie es beim echten ODER-Parallelismus entsteht. Höchstens eine Clause überlebt beim Commit und darf nicht-lokale Bindungen vornehmen,

+ beschränkt die kombinatorische Explosion, die echter, vollständiger ODER-Parallelismus leicht bewirken kann.

Aber es gibt verschiedene Nachteile:

- Es gibt keinen echten ODER-Parallelismus, höchstens ein einziger Rumpf wird ausgeführt.

- Nur eine einzige Lösung wird je geliefert, obwohl eine parallele Architektur einen 'Alle-Lösungen' Ansatz nahelegt.

- Die Semantik eines Guards ist überhaupt nicht 'logisch': Der Erfolg eines Guards bewirkt den Abbruch aller Geschwister, auch solcher, die ebenfalls erfolgreich gewesen wären und möglicherweise zu einer globalen Lösung geführt hätten. Weil es kein Backtracking gibt, kann es passieren, daß das Programm keine Lösung findet, obwohl es eine gäbe. Welche Clause das Commit ausführt, kann vom Zufall abhängig sein.

- Die Mehrzahl der Guards wird sehr einfach sein - in der Tat sind in *Flat Concurrent Prolog* [Shapiro et al. 85] nichttriviale Guards explizit ausgeschlossen (trivial bedeutet kein Aufruf anderer Goals). Auf diese Weise werden viele Prozesse erzeugt, die alle bis auf einen nach sehr kurzer Zeit wieder beendet werden. Der Verwaltungsaufwand wird sehr wahrscheinlich viel höher sein als der Nutzen. Auch möglich ist die totale Abschaffung von ODER-Parallelismus (wie Shapiro es jetzt auch tatsächlich macht).

Die andere Art von ODER-Parallelismus, der angeboten wird, benutzt ein *Set-of*-Konstrukt. Hierbei werden alle Lösungen eines Prädikats explizit in einer Variablen vom Typ 'Menge' gesammelt. Dieses Verfahren hat aber auch Nachteile:

- Der Programmierer muß sich explizit darum kümmern, alle Lösungen in einer besonderen Datenstruktur zu sammeln, die er dann anschließend wieder in ihre Bestandteile aufbricht, um sie weiterzuverarbeiten.

- Es gibt keinen induzierten UND-Parallelismus, weil alle Lösungen gesammelt werden, bevor das nächste UND-Goal für diese Menge aufgerufen wird.

6. Kritik

Alle beschriebenen Ansätze - mit Ausnahme von Kabu-Wake - leiden an dem Nachteil, massiven Parallelismus zu schaffen. Im Vergleich zu den imperativen Sprachen führt der Aufruf von Prozeduren in Prolog - Goals - in der Regel nicht zu großem Rechenaufwand. Ein Prozeduraufruf besteht aus der Unifikation der Argumente - im Durchschnitt nur etwa zwei an der Zahl [Ratcliffe and Robert 85], einer Evaluation, falls es sich um ein evaluierbares Prädikat handelt, andernfalls dem Aufruf weiterer Goals. Die Schaffung eines Prozesses - das heißt Finden eines Prozessors, Allokation von Speicher, Initialisierung von Kommunikationspfaden, Scheduling des Prozesses - für jedes Goal wird deshalb mehr kosten als an Geschwindigkeit gewonnen wird. In einem hierarchischen Schema wie PARLOG oder KL1 ist die Kommunikation außerdem bidirektional: ein Goal wird aufgerufen und das Ergebnis - Erfolg oder Mißerfolg - muß dem aufrufenden Prozeß zurückgemeldet werden.

Dynamische Analysen der Lokalität von Zugriffen in existierenden Prologprogrammen [Hailperin and Westphal 85] haben erwiesen, daß nur etwa die Hälfte aller Zugriffe auf lokale Variablen des gerade gültigen Aufrufsatzes sind. Die nicht-lokalen Zugriffe bedeuten eine hohe Belastung der Inter-Prozessor Kommunikationsverbindungen in den Verfahren mit massivem Parallelismus, wenn die Prozesse auf verschiedenen Prozessoren ablaufen. Deshalb ist durch die Netzwerk-Latenz eine bedeutende Verlangsamung des Programmablaufes zu erwarten. Sogar innerhalb eines Prozessors mag eine Suche nach den Bindungen nicht-lokaler Variablen erforderlich sein, wenn diese in separaten Prozessen alloziert sind.

7. Folgerungen

Ein gutes Berechnungsmodell für Prolog sollte folgende Eigenschaften haben:

- *Nur so viel Parallellismus, wie ihn die vorhandenen Resourcen gewähren.*
  Es sollten nur so viele Prozesse kreiert werden, wie effizient parallel ausgeführt werden können. - Das Kabu-Wake Verfahren, in dem nur freie Prozessoren die Kreation weiterer paralleler Prozesse bewirken können, weist den richtigen Weg.

- *Jede parallele Berechnung so lang wie möglich.*
  Wenn ein paralleler Prozeß auf einem anderen Prozessor gestartet wird, sollte die Wahrscheinlichkeit minimiert werden, daß er nach wenigen Schritten terminiert. Wir wollen 'grobkörnigen' Parallelismus. Das schließt beispielsweise den Guard-ODER-Parallelismus oder den UND-Parallelismus à la PARLOG aus. - Wieder weist das Kabu-Wake Verfahren den richtigen Weg: Diejenigen ODER-Knoten, die der Wurzel am nächsten sind, sollten bevorzugt gegenüber den den Blättern nahen parallel ausgeführt werden. Zusammen mit der ersten Forderung - Begrenzung des Parallelismus - führt dieses zur Forderung einer nachträglichen Parallelisierbarkeit.

- *Möglichst geringer Aufwand bei der Kreation von Prozessen.*
  Da man vorher nicht sicher weiß, wie lange ein neu geschaffener Prozeß laufen wird, bis er in eine Sackgasse gerät, sollte die Kreation von Prozessen so wenig Aufwand wie möglich bedeuten. Hier dürfte ein wesentlicher Schwachpunkt kopierender Verfahren wie Kabu-Wake liegen.

- *Sequentielle Berechnung so effizient wie auf einer rein sequentiellen Maschine.*
  Die Mehrzahl der bekannten parallelen Verfahren für Prolog - wenn nicht alle - sind im allgemeinen langsamer als optimierte sequentielle Verfahren. Parallelismus bedeutet unweigerlich zusätzlichen Verwaltungsaufwand, der oft durch die Parallelverarbeitung nicht wieder wettgemacht werden kann. Deshalb

muß die Forderung einer sequentiellen Verarbeitung gestellt werden, die die meisten der bekannten Verfahren für sequentielles Prolog verwendet.

- *Berechnung aller Lösungen.*
  Das System sollte alle Lösungen berechnen und nicht nur eine. Diejenigen Vorschläge, die die Berechnung von Zwischenergebnissen auf nur eines beschränken, können möglicherweise existierende Lösungen zur Haupt-Anfrage ignorieren. Wir sind deshalb gegen Guards. Gerade bei der Berechnung aller Lösungen dürften parallele Implementationen sequentiellen überlegen sein.

- *Fähigkeit, eine große Anzahl von Prozessoren auch mit realen Programmen sinnvoll zu auszulasten.*
  Wenn man sich auf grobkörnigen Parallelismus beschränken will und trotzdem genug Parallelismus haben möchte, ist man sowohl auf UND- als auch auf ODER-Parallelismus angewiesen.

8. Danksagungen

Ich möchte besonders meinen Kollegen Max Hailperin und Jean-Claude Syre danken.

References

[Borgwardt 84] Peter Borgwardt.
Parallel prolog using stack segments on shared memory multiprocessors.
In IEEE (editor), *84 Int. Symposium on Logic Programming*, pages 2-11. February, 1984.

[Ciepielewski 84] Andrzej Ciepielewski.
Towards a Computer Architecture for Or-Parallel Execution of Logic Programs.
PhD thesis, Royal Institute of Technology, Stockholm, May, 1984.

[Ciepielewski and Haridi 84a]
A. Ciepielewski and S. Haridi.
Control of activities in the or-parallel token machine.
In *84 IEEE logic programming conf*, pages 49-57. February, 1984.

[Ciepielewski and Haridi 84b]
Andrzej Ciepielewski and Seif Haridi.
Execution of bagof on the or-parallel token machine.
In *ICOT Conf. 84*, pages 551-560. November, 1984.

[Ciepielewski et al. 85]
A. Ciepielewski, S. Haridi and B. Hausman.
Initial Evaluation of a Virtual Machine for Or-parallel Execution of Logic Programs.
In UMIST (editor), *IFIP TC-10 Working Conf. on Fifth Generation Computer Architecture.* IFIP, Manchester, July 15-18, 1985.

[Clark and Gregory 83]
Keith L. Clark and Steve Gregory.
Parlog: A parallel logic programming language.
Technical Report, Department of Computing, Imperial College, London, May, 1983.

[Clark and Gregory 84]
K. Clark, S. Gregory.
Parlog: parallel programming in logic.
Technical Report DOC 84/4, Imperial College London, April, 1984.

[Clark and Gregory 86]
K. Clark, S. Gregory.
Parlog: parallel programming in logic.
ACM Trans. on Programming languages and systems 8(1), January, 1986.
to appear.

[Gregory 85] Steven Gregory.
Design, Application and Implementation of a Parallel Logic Programming Language.
PhD thesis, Imperial College of Science & Technology, September, 1985.

[Gregory et al. 85]
S. Gregory, R. Neely, G. Ringwood.
Parlog for specification, verification and simulation.
Draft, Department of Computing, Imperial College, London, January, 1985.

[Hailperin and Westphal 85]
Max Hailperin and Harald Westphal.
An Empirical Study of Locality of Reference in Prolog.
Technical Report CA-15, ECRC, 1985.

[Haridi and Ciepielewski 83]
Seif Haridi and Andrzej Ciepielewski.
An Or-parallel Token Machine.
In Nucleo de Inteligencia Artificial, Universidade Nova de Lisboa (editor), *Proc. 1983 Logic Programming Workshop*, pages 536 - 552. Stockholm Sweden, June, 1983.

[Ito et al. 85] Noriyushi Ito, Masasuke Kishi, Eiji Kuno, Kazuaki Rokusawa.
The Dataflow-based Parallel Inference Machine to Support Two Basic Languages in KL1.
In UMIST (editor), *IFIP TC-10 Working Conf. on Fifth Generation Computer Architecture.* Manchester, July 15-18, 1985.

[Ratcliffe and Robert 85]
M. J. Ratcliffe and P. Robert.
The Static Analysis of Prolog Programs.
Technical Report CA-11, ECRC, October, 1985.

[Satoh 85] Ken Satoh.
private communication.
October, 1985
Fujitsu Laboratories Ltd.

[Shapiro 83] Ehud Y. Shapiro.
A subset of concurrent prolog and its interpreter.
Technical Report, The Weizmann Institute of Science, Rehovot, February, 1983.

[Shapiro et al. 85]
E. Shapiro, W. Silverman, A. Houri, M. Hirsch.
Logix. User Manual for Release 1.1
Weizmann Institute of Science, 1985.

[Sohma et al. 84]
Y. Sohma, H. Masuzawa, A. Itashiki, K. Kumon, K. Satoh.
Multi-Processor Model of Prolog.
draft, Fujitsu Laboratories Ltd., 1984.

[Sohma et al. 85]
Yukio Sohma, Ken Satoh, Koichi Kumon, Hideo Masuzawa, Akihiro Itashiki.
A New Parallel Inference Mechanism Based on Sequential Processing.
In UMIST (editor), *IFIP TC-10 Working Conf. on Fifth Generation Computer Architecture.* Manchester, July 15-18, 1985.

[Syre and Westphal 85]
Jean Claude Syre and Harald Westphal.
A Review of Parallel Models for Prolog.
Technical Report CA-07, ECRC, June, 1985.

Fachgespräch
Graphische Datenverarbeitung und künstliche Intelligenz: Wechselwirkungen und Anwendungen

Unter graphischer Datenverarbeitung wird die Technologie verstanden, mit der Bilder im allgemeinsten Sinne (d.h. Graphik-, Grau- und Farbbilder) mit Hilfe von Prozessoren erfasst bzw. erzeugt, verwaltet, dargestellt, manipuliert, in für die jeweilige Anwendung geeigneter Form verarbeitet und mit sonstigen, auch nichtgraphischen, Anwendungsdaten in Wechselbeziehungen gebracht werden.

Mit dem immer stärkeren Einsatz von Rechnern für technische, industrielle und administrative Zwecke wurde der Bedarf an leistungsfähigen Technologien der graphischen Datenverarbeitung grösser. Dies gilt ganz besonders für den Einsatz von sogenannten CA-Techniken, also rechnerunterstütztem Konstruieren (CAD), rechnerunterstütztem Fertigen (CAM), etc. Der Trend, Rechner nicht nur als Lösungsabwicklungsmaschinen zu betrachten, sondern immer mehr auch als Lösungsfindungsmaschinen einzusetzen, sowie Fortschritte der Informationstechnik, die mit Begriffen wie "künstliche Intelligenz" oder "Expertensystemen" charakterisiert werden, stellen neue Herausforderungen für die graphische Datenverarbeitung dar.

Um dieser Entwicklung gerecht zu werden, behandelt dieses Fachgespräch sowohl die Wechselwirkungen zwischen Methoden der künstlichen Intelligenz und der graphischen Datenverarbeitung als auch den integrierten Einsatz beider Technologien für konkrete Anwendungen.

In diesem Fachgespräch werden zunächst in drei Übersichtsvorträgen die Methoden und Systeme der graphischen Datenverarbeitung und künstlichen Intelligenz behandelt (P. Wisskirchen), die Techniken der graphisch-interaktiven Wissensakquisition, -darstellung und -manipulation erläutert (G. Rahmstorf) und die Möglichkeiten der Anwendung der Integration von graphischer Datenverarbeitung und künstlicher Intelligenz im Ingenieurbereich präsentiert (H. J. Bullinger et al.).

Der zweite Teil des Fachgesprächs geht auf konkrete Implementierungsfragen ein. Diskutiert werden die Möglichkeiten der Zeigetechnik für die Mensch-Maschine-Schnittstelle in KI-Systemen (J. Allgayer), die Integration von GKS und PROLOG und ihre Anwendung bei der Realisierung von graphisch-interaktiven Expertensystemen (J. Bach et al.) und schliesslich die Probleme beim Backtracking in PROLOG in einer graphisch-interaktiven Umgebung (R. Hammwöhner, U. Thiel).

Programmkomitee für dieses Fachgespräch: J. Encarnação (TH Darmstadt, Vorsitz), L. A. Messina (TH Darmstadt), H. Rahmstorf (IBM Wiesbaden), H. Wahlster (Uni Saarbrücken), P. Wisskirchen (GMD St. Augustin)

Graphische Kernsysteme und Programmiermethoden der Künstliche Intelligenz: Systematische Ansätze und Wechselwirkungen

PETER WISSKIRCHEN

Gesellschaft für Mathematik
und Datenverarbeitung mbH
Institut für Angewandte Informationstechnik
5205 St. Augustin

Zusammenfassung: *Ziel dieses Beitrags ist es, im Bereich der Künstlichen Intelligenz entwickelte Methoden der graphischen Programmierung aufzuzeigen und diese zu herkömmlichen Verfahren der Graphischen Datenverarbeitung in Beziehung zu setzen. Neben einer Einführung und Übersicht sollen Anregungen für weitere Forschungsarbeiten gegeben werden. Diese sollen dazu dienen, die noch recht weit voneinander entfernten Systemansätze der klassischen Computergraphik und der Graphik in KI-Programmierumgebungen einander näherzubringen mit dem Ziel einer gegenseitigen Befruchtung.*

1. Einleitung

Zur Gestaltung (interaktiver) graphischer Schnittstellen steht sowohl in klassischen Programmierumgebungen als auch bei Software-Entwicklungssystemen, wie sie im Bereich der Künstlichen Intelligenz benutzt werden, graphische Basissoftware zur Verfügung. Eine der Kernfragen zur Benutzung dieser Software-Systeme ist die Frage, wie und mit welchem Aufwand es möglich ist, eine spezifizierte Schnittstelle zu gestalten und zu ändern. Man geht dabei meist von einer funktional spezifizierten, interaktiven Anwendung aus, für die eine geeignete Mensch-Maschine-Schnittstelle zu realisieren ist.

Bei der Festlegung von Graphiknormen wie GKS [DIN86, EKP84] oder bei noch laufenden Normungsbestrebungen zur Festlegung eines Graphiksystems mit hierarchischer graphischer Datenstruktur (PHIGS [ANSI85]), denkt man zunächst an eine Verwendung dieser Systeme in *prozeduralen Programmierumgebungen*. Die Grundvorstellung hierbei ist die, daß der Programmierer durch entsprechende Prozeduraufrufe die Dienste der festgelegten Graphikkerne in Anspruch nimmt. Diese Grundvorstellung hat, wie wir glauben, die Funktionalität der entsprechenden *klassischen* Kernsysteme mitgeprägt. Wir wollen dies an einigen Beispielen illustrieren und dann aufzeigen, daß die in *KI-Programmierumgebungen* verfügbaren zusätzlichen Konzepte neue Möglichkeiten zur Integration von graphischen Basisfunktionen und Anwendung bieten. Die Aufarbeitung dieser Konzepte dürfte dem Gebiet der Graphischen Datenverarbeitung neue Impulse geben und könnte mittelfristig zu sehr leistungsfähigen Systemen führen.

2. Klassische graphische Kernsysteme

Unter *klassischen* graphischen Kernsystemen wollen wir die aus dem Normungsbereich bekannten Entwicklungen zur Festlegung entsprechender Systeme zur Programmierung graphischer Schnittstellen verstehen. Hier ist vor allem die verabschiedete Norm GKS zu nennen. Aber auch die Entwicklungen zur Festlegung von PHIGS, auf die wir weiter unten eingehen, sind in diesem Zusammenhang erwähnenswert.

Zweck graphischer Kernsysteme ist es, die zur Erzeugung und interaktiven Bearbeitung graphischer Darstellungen notwendigen Grundfunktionen zur Verfügung zu stellen, und zwar unabhängig von einer bestimmten Anwendung. Bei der Festlegung der Funktionalität dieser Systeme versuchen die damit befaßten Normungsgremien eine funktionale Beschreibung zunächst unabhängig von einer speziellen Programmiersprache zu formulieren. Danach werden dann für spezielle Programmiersprachen sogenannte *Sprachschalen* (language bindings) entwickelt.

Zu den Funktionen graphischer Kernsysteme gehören Grundfunktionen zur graphischen Ausgabe, zur Definition von Darstellungsattributen (Farbe, Linienstärke, Strichlierung), zur graphischen Eingabe (Koordinateneingabe, Pickfunktion), zur Geräteverwaltung, zur Koordinatentransformation und zur Strukturierung einer Graphik (Segmentierung).

2.1 Anwendungsmodell und Segmentstruktur bei GKS

Bei der Konzeption von GKS wurde versucht, zwischen der häufig durch die jeweilige Anwendung bestimmten *Modellierung* geometrischer Objekte und dem Graphiksystem im engeren Sinne, dem *Graphikkern*, zu unterscheiden. Dies führte hauptsächlich dazu, daß sich die in GKS angebotenen Instrumente zur Strukturierung einer Graphik auf recht einfache Mechanismen beschränken: Eine Graphik besteht aus einer Menge von Segmenten (Teilen) gleicher Stufe, es gibt also keine Teilsegmente eines Segmentes. Diesen Segmenten können einige wenige Attribute zugeordnet werden (Sichtbarkeit, Ansprechbarkeit, Hervorheben); außerdem können Segmente gelöscht werden. Mit diesen Hilfsmitteln ist es möglich, graphische Darstellungen interaktiv zu ändern (etwa einen Graphikteil zu löschen).

Eine der wesentlichen Funktionen im Zusammenhang mit Segmenten ist die *Pickoperation*, eine graphische Eingabefunktion, die den Namen eines durch den

Bediener identifizierten – etwa durch die Benutzung einer *Maus* „angeklickten" – Segmentes dem Anwendungsprogramm zurückmeldet. Eine derartige Funktion wird in einem graphischen Kernsystem zur Verfügung gestellt, um den Anwendungsprogrammierer von der sehr aufwendigen Aufgabe zu befreien, „herausfinden", welches Graphikelement (etwa durch einen Mausklick, auf unterer Stufe nur durch eine Koordinatenposition mitgeteilt) vom Benutzer identifiziert wurde. GKS besitzt sozusagen die geringste Funktionalität zur Unterstützung dieser Aufgabe.

Die bei GKS vorgenommene Trennung zwischen Modellierung und Basisgraphik hat neben einigen Vorteilen einen wesentlichen Nachteil: Die Anwenderdatenstruktur ist in vielen Fällen wesentlich komplexer als der einstufige Segmentmechanismus von GKS. Der hierbei auftretende Strukturbruch zwischen Anwendungskomponente und Graphik-Schnittstelle muß daher – teils mit erheblichem Programmieraufwand – überwunden werden. Dieses Problem läßt sich am folgenden Beispiel erläutern:

> **Beispiel 1:** Löschen eines zusammengesetzten Gebildes mit einem einstufigen Segmentmechanismus
> *Auf einen Bildschirm möge ein Dorf mit mehreren Häuser dargestellt sein, wobei jedes Haus sich aus Tür, Fenstern, Dach, etc. zusammensetzt (siehe Abb. 1). Will man jedes Hausteil einzeln manipulieren können, muß in einem einstufigen Segmentspeicher für jedes dieser Hausteile ein eigenes Segment angelegt werden. Soll nun ein komplettes Haus manipuliert werden, so wird der Bediener eine beliebige Stelle des Hauses picken. GKS meldet dann z.B. „Fenster 2" als Segmentnamen zurück. Das Anwendungsprogramm muß nun feststellen, zu welchem Haus „Fenster 2" gehört und dann sämtliche Segmente finden und löschen, die zu diesem Haus gehören.*
>
> *Der Anwendungsprogrammierer muß also – ohne Unterstützung durch GKS – alle hierarchischen Bezüge zwischen Teilobjekten und den aggregierten Objekten herstellen und verwalten.*

Die bei GKS verfolgte Trennung von Basisgraphik und Modellierung sowie die einstufige Segmentstruktur geht auf Empfehlungen eines Workshops [GUED79] zurück, der im Jahre 1976 von IFIP WG 5.2 in Seillac veranstaltet wurde. Diese Trennung hatte u.a. folgende Gründe:

- Die verfügbare Hardware unterstützte häufig nur einstufige Segmentierung.
- Da es in der Anwendung beliebig komplexe geometrische Strukturen gibt, war es schwer, sich auf ein Komplexitätsniveau für eine Norm festzulegen.
- Strukturen der Modellierungsebene beinhalten häufig anwendungsabhängige Daten und Operationen, die sich der Festlegung eines anwendungsneutralen Standards widersetzten.

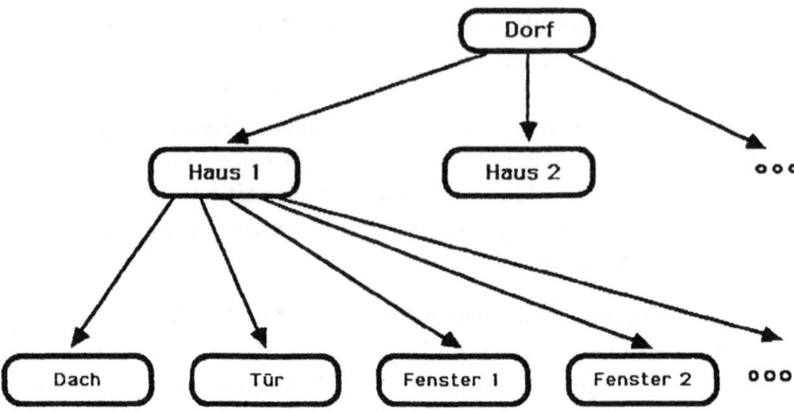

Abb. 1: Hierarchische Strukturierung einer graphischen Darstellung mit mehreren Häusern

2.2 Hierarchisches Strukturierungskonzept von PHIGS

Um die erwähnten Abweichungen zwischen Anwenderdatenstruktur und Graphik zu minimieren, wurde in den letzten Jahren Anstrengungen mit der Definition einer Graphiknorm begonnen, die hierarchische graphische Datenstrukturen unterstützt. Es handelt sich hierbei um das von ANSI vorangetriebene Vorhaben zur Definition eines „Programmer's Hierarchical Interactive Graphics System" (PHIGS) [ANSI85]. PHIGS unterstützt mehrstufige graphische Datenstrukturen, die als gerichtete, azyklische Graphen dargestellt werden können.

Mit PHIGS läßt sich nun Beispiel 1 einfacher programmieren. Die graphische Darstellung 1 kann entsprechend der Hierarchie Dorf, Haus, Hausteil aufgebaut werden. Wird nun ein beliebiger Bildteil gepickt, liefert PHIGS nicht nur den Namen des Segments auf unterster Ebene, sondern auch die Namen der übergeordneten Segmente im gerichteten Graphen bis zur Wurzel des Graphen. Der Bediener kann nun die gewünschte Aggregationsstufe auswählen und auf dieser Stufe manipulieren, also z.B. das ganze Haus mit einem Befehl löschen.

Obwohl es sicherlich sinnvoll ist, bei den heutigen gerätetechnischen Möglichkeiten einen Graphikstandard anzustreben, der hierarchische graphische Datenstrukturen unterstützt, beinhaltet die in PHIGS verfolgte Vorgehensweise eine Reihe von Schwachstellen [WISS85], für die in [WISS86] konstruktive Alternativen aufgezeigt werden. Die Schwachstellen betreffen vor allem das Abstraktionsniveau, auf der die Funktionalität einer sprachunabhängigen Graphiknorm beschrieben sein sollte: Unabhängig von speziellen Programmiersprachen und Implementationsstrategien muß sich dieses auf Beschreibung der „eigentlichen" Graphikfunktionalität konzentrieren. Dieses Prinzip ist bei PHIGS häufig verletzt worden, was gerade im Zusammenhang mit dem objekt-orientierten Programmierstil zu Konflikten führt.

Die von PHIGS vorgeschlagenen Funktionen zur Konstruktion von Segmenten basieren auf der Konstruktion von Strukturlisten (structures). Eine Strukturliste wird beschrieben durch eine lineare Liste, in der Darstellungselemente, Darstellungsattribute, Verweise auf andere Strukturlisten, Marken u.s.w. „aufgesammelt" werden. Dies geschieht in Form üblicher Listenmanipulationen, insbesondere über die Navigation mit einem *element pointer* vom Typ *integer*, der als Bezeichner von Segmentinhalten instabil gegenüber Editieroperationen ist. Der *element pointer* bezieht sich nämlich auf die Platznummer eines Elements, die sich ändert, wenn ein vorhergehendes Element gelöscht oder ein neues eingefügt wird.

Im Kontext mit der Kopplung zwischen Anwendung und Graphik ist es wichtig, auf eine hierzu von PHIGS angebotene Möglichkeit hinzuweisen. Da PHIGS durchaus in stärkerem Maße als GKS mächtige Funktionen zur Manipulation hierarchischer Graphikstrukturen aufweist, ist der Wunsch verständlich, außer der rein prozeduralen Kopplung mit der Anwendung, weitere Möglichkeiten anzubieten. Wir wollen dies an Beispiel 2 zeigen:

> **Beispiel 2:** Hierarchische Datenstruktur mit Anwenderdaten gekoppelt
> *Den einzelnen Bildteilen in Abb. 1 können nicht-graphische Daten (Materialbezeichnungen, Gewicht, Volumen) ein-zu-eins zugeordnet werden (siehe Abb. 2). Bei einer strikten konzeptionellen Trennung zwischen Graphik und Anwendung und einer rein prozeduralen Programmierumgebung müßte, trotz isomorpher Beziehungen zwischen Graphikdaten und den im Beispiel angeführten Anwendungsdaten, vom Anwendungsprogrammierer eine zweite hierarchische Anwenderdatenstruktur programmiert werden, die in isomorpher Weise ebenfalls einen gerichteten azyklischen Graphen editiert.*

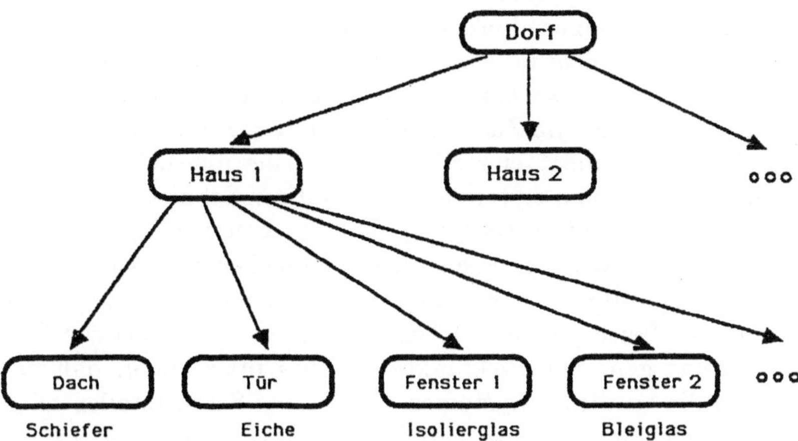

Abb. 2: Graphische Struktur aus Abb. 1 gekoppelt mit nicht-graphischen Daten

Um die doppelte Verwaltung der hierarchischen Struktur zu verhindern, gestattet es PHIGS, nicht-graphische Anwenderdaten in die Strukturliste einzufügen und zu editieren. Diese Vorgehensweise hat drei Nachteile:

- Es kommt zu einer konzeptionell unsauberen Vermischung zwischen einem Graphiksystem und nicht-graphischen Anwendungsdaten.
- Ein vorgefertigter Graphikkern PHIGS (evt. in Firmware produziert) müßte über Vorkehrungen zur Aufnahme nicht-graphischer Daten verfügen.
- Darüber hinaus ist der PHIGS Vorschlag lediglich dazu geeignet, nicht-graphische *Daten* in Segmente aufzunehmen, aber keine *Programme* (Methoden) zu deren Auswertung (Volumenberechnung, statische Kalkulationen).

3. Graphik in KI-Programmierumgebungen

Unter einer KI-Programmierumgebung wollen wir hier – im Zusammenhang mit der Graphik – die Systeme (Hardware und Software) verstehen, auf denen heute anspruchsvolle Systeme der Künstlichen Intelligenz (Expertensysteme, wissensbasierte Systeme, intelligente CAD-Systeme) entwickelt werden. Hierzu sind vor allem die *Lisp-Maschinen* [WEIN81] zu nennen, aber auch Smalltalk-80-Syteme [GOLD83] und in naher Zukunft Prolog-Maschinen mit graphischer Benutzerschnittstelle.

Diese Systeme sind sehr leistungsfähige Arbeitsplatzsysteme mit hochauflösenden Rasterbildschirmen und graphischen Eingabemöglichkeiten. Ferner gibt es einen Graphikkern, auf den wir im weiteren eingehen werden. Wir konzentrieren uns dabei auf die Lisp- und Smalltalk-80-Maschinen.

In erster Näherung kann gesagt werden, daß der verfügbare Satz von Hilfsmitteln zur Gestaltung graphischer Schnittstellen aus einem vorgefertigten „Paket“ besteht, realisiert in einer objektorientierten Weise, also in Form vorgefertigter Klassen, deren Instanzen in etwa wie Subroutinen eines klassisches Unterprogrammpaket aufgerufen werden können. Der Funktionsumfang dieser Pakete ist – eher unsystematisch – im Zusammenhang mit der Realisierung prototypischer Schnittstellen entstanden; er stellt dennoch eine nützliche Sammlung für die schnelle Realisierung von ersten, noch vorläufigen Schnittstellen zu Demonstrationszwecken dar (*rapid prototyping*). Die Systeme verfügen über Klassen verschiedener Komplexität. Diese reichen von einfachen grafischen Darstellungselementen bis zu komplexen maus-sensitiven Bereichen (Fenstern, pop-up-menus); auf der anderen Seite gibt es Lücken, z.B. keine systematische Graphikstrukturierung, keine generelle Pickfunktion. Dies führt dazu, daß nach unseren Erfahrungen die an diesen Systemen generierten Schnittstellen alle „irgendwie gleich“ aussehen, insbesondere weil die komplexeren Klassen z.B. in ihrer Realisierung schwer durchschaubar sind und in ihrem Aussehen und Verhalten schlecht änderbar sind. Ein systematisches Redesign dieser Systeme durch Fachleute der Graphischen Datenverarbeitung wäre daher sehr nützlich.

Die eigentliche Stärke der genannten Systeme bzw. von Systemerweiterungen auf der Basis von Smalltalk-80 oder des Lisp-Flavor-Systems besteht darin, die in KI-Programmierumgebungen entwickelten, neuartigen softwaretechnologischen Konzepte zur *Wissensrepräsentation* für die Graphische Datenverarbeitung zu nutzen.

3.1 Verwendung des Vererbungsmechanismus

Wir beginnen mit einer Zusammenfassung der Grundkonzepte objektorientierter Systeme [STOY83]:

- Jeder Gegenstand in einem objekt-orientierten System ist ein Objekt.
- Jedes Objekt ist Instanz einer Klasse und verhält sich in der durch die Klassendefinition vorgeschriebenen Weise; daneben verfügen Objekte auch über instanzenspezifische individuelle Information.
- Klassen werden definiert durch die Nachrichten, die ihre Objekte empfangen, und die Methoden, die sie zu deren Bearbeitung verwenden.
- Die Programmierung besteht im Definieren von Klassen, Erzeugen von Instanzen dieser Klassen und Senden von Nachrichten an solche Instanzen.
- Wesentliches Merkmal objekt-orientierter Systeme sind die von ihnen zur Verfügung gestellten *Vererbungsmechanismen*. So kann z.B. bei der Erzeugung von Klassen auf andere Klassen Bezug genommen werden, um deren Methoden zu übernehmen.
- Beim „Vererben" müssen nicht alle Methoden übernommen werden; außerdem können ererbte Methoden überschrieben und neue Methoden hinzugefügt werden.

Es gibt verschiedene Vererbungsmechanimen, streng hierarchische, bei denen nur von einer Superklasse geerbt werden kann (Smalltalk-80), und polyhierarchische, bei denen von mehreren Superklassen geerbt werden kann (Flavor-System der Lisp-Maschine).

Um Verwechslungen vorzubeugen sei bemerkt, daß das Vererbungskonzept der KI dazu dient, neue Klassen zu *definieren*, auf die Verhalten (Methoden) vererbt werden. In der Graphischen Datenverarbeitung versteht man unter Vererben häufig die Übertragung von Daten wie graphischen Attributen (Farbe, Maßstab) von einem Objekt auf andere Objekte, sei es auf untergeordnete in einer hierarchischen graphischen Datenstruktur oder auf zeitlich später generierte Objekte. Hierzu bietet die KI ebenfalls – aber unter anderen Namen – Konzepte an, die Beziehungen zwischen Objekten beschreiben und Daten zwischen ihnen austauschen (s. Abschnitt 3.2.).

Nach diesen Vorbereitungen wollen wir die Frage der Kopplung von Graphik-Daten und nicht-graphischen Anwendungsdaten wieder aufnehmen. Wenn wir ein objekt-orientiertes graphisches Kernsystem – etwa eine Smalltalk-80-Sprachschale von GKS oder ein System mit hierarchischen Datenstrukturen (s. z.B. GEO in [WISS86]) – realisiert haben, so bietet sich folgende Möglichkeit zur Kopplung an: Unter Benutzung der Vererbungsmechanismen bilde man eine Unterklasse *Segmenterweiterung* der vom Kernsystem gelieferten Klasse *Segment*. Für diese Unterklasse realisiere man zusätzliche Methoden zur Aufnahme, Abfrage und Auswertung von Anwendungsdaten (Volumenberechnung, Statikkalkulationen). Instanzen dieser Klasse stellen nun geradezu ideal eine Integration von Graphik und Anwendung dar: Sie können wie normale – rein graphische – Segmente angesprochen werden (über die ererbten Methoden) und erfüllen zusätzlich alle anwendungsrelevanten Erfordernisse, da die Methoden der Unterklasse auf sie anwendbar sind.

Zusammengefaßt: Der Vererbungsmechanismus ist in der Lage, in „subtiler" Weise Funktionen des Kernsystems (Segmentoperationen, Generierung graphischer Darstellungselemente, Attributsoperationen) mit denen des Modellierungssystems zu vereinigen – und dies, *ohne die aus Gründen der Modularität sinnvolle Trennung zwischen Modellierung und graphischem Kernsystem aufzugeben!*

3.2 Graphische Constraints

Die Realisierung des Constraint-Konzeptes in interaktiven, graphischen Systemen stellt einen weiteren Fortschritt zur Bereitstellung von Basiswerkzeugen zur Schnittstellengestaltung dar. Das Konzept der constraint-orientierten Wissensrepräsentation in der Künstlichen Intelligenz wurde insbesondere von Borning auf den Spezialfall der Graphik hin untersucht, spezialisiert und in Form des Systems *ThingLab* auf der Basis von Smalltalk implementiert [BORN81].

Grundidee des Konzeptes ist es, graphische und „mittelbar-graphische" Beziehungen zwischen Objekten zu repräsentieren, wozu Hilfsmittel zur Spezifikation dieser Beziehungen und Mechanismen zur Einhaltung dieser Beziehungen (constraint-satisfaction) angeboten werden. Eine einfache Spezifikation eines Constraint könnte daraus bestehen, die relative Lage zweier, auf dem Bildschirm dargestellter Objekte vorzugeben und konstant zu halten. Constraint-satisfaction würde in diesem Falle daraus bestehen, bei Verschiebung eines der beiden Objekte dafür zu sorgen, daß das andere Objekt ebenfalls um den gleichen Betrag verschoben würde. Constraints können ebenfalls als Objekte realisiert werden, wobei die constraint-satisfaction über vorprogrammierte Methoden dieses Objektes realisiert wird.

Bemerkt sei, daß wesentlich komplexere Constraints, etwa über prädikatenlogische Ausdrücke, formulierbar sind und insbesondere die Methoden zur constraint-satisfaction kompliziert und rechenaufwendig sein können. Unter „mittelbar-graphischen" Constraints verstehen wir aus der speziellen Anwendung resultierende Beziehungen mit Auswirkungen auf graphische Darstellungen, die in einem anwendungsneutralen Graphikkern nicht vordefiniert werden können, z.B. Beziehungen aufgrund mathematischer Zusammenhänge einer speziellen Anwendung; unter graphischen Constraints wäre ein (noch zu definierender) Satz von Constraints zu verstehen, der in einem Graphikkern festgeschrieben und vom Hersteller zur Verfügung gestellt werden könnte. In der Sichtweise dieses Abschnitts können viele der in GKS oder PHIGS formulierten Bezüge als Constraints gesehen werden, z.B. automatische Attributsübertragungen (Farbe, Linienart, Maßstab) auf Graphikteile (Unterstrukturen, einzelne Darstellungselemente) etc.. Bemerkt sei, daß auch andere Konzepte zur Wissensrepräsentation, wie „active values" oder „demons" zur Repräsentation graphischer Bezüge geeignet sind, sich aber in ihrer Mächtigkeit und Handhabung unterscheiden.

3.3 Regelorientierte Graphikprogrammierung

Ein anderes Prinzip aus dem Gebiet der Künstlichen Intelligenz, das in der Graphischen Datenverarbeitung untersucht wird, ist die Verwendung von Regeln oder Logik. Hier sind insbesondere Entwicklungen zur Nutzung von Prolog zu erwähnen. Diese haben zum Ziel, sich vom prozeduralen Programmierstil zu lösen und die aus der KI bekannten Kontrollmechanismen und Problemlösungsstrategien zu nutzen. So berichtet Hübner über eine GKS-Anbindung an Prolog [HUEB86], und Hammwöhner, Thiel stellen in diesem Tagungsband Lösungen des Problems vor, wie man graphische Ausgabe im Backtrackingprozeß kontrolliert.

Probleme bereitet Prolog bei der *interaktiven* Programmierung. Hier stellt die Stärke von Prolog: „der Anwendungsprogrammierer beschreibt Fakten und Regeln, das Prolog-System kümmert sich um die Ablaufsteuerung" zugleich eine Schwäche dar! Bei der interaktiven Programmierung verliert der Anwendungsprogrammierer bei Prolog die Übersicht über das zeitliche Verhalten des Systems – ein Grund, warum erfolgreiche *interaktive* Graphikkerne unter ausschließlicher Nutzung von Prolog noch nicht realisiert werden konnten. In letzter Zeit wächst die Gruppe derer, die für interaktive Anwendungen wegen der hier „natürlich" auftretenden, prozeduralen Komponente „hybride" Wissensrepräsentationssysteme als einzig sinnvoll Lösung ansehen. (Diese können ebenfalls auf der Basis von Prolog realisiert werden). Derartige hybride Entwicklungsumbebungen stellen etwa LOOPS [BOBR81] oder das in der Gesellschaft für Mathematik und Datenverarbeitung, St. Augustin, entwickelte (ebenfalls in diesem Tagungsband beschriebene) System BABYLON dar. Im Zusammenspiel mit anderen Mechanismen hat Prolog bzw. regelorientierte Programmierung durchaus ihren Wert! Sie kann erfolgversprechend bei den Phasen der graphischen Programmierung benutzt werden, bei denen Graphiken aus „Einzelteilen" (Darstellungselementen, Segmenten) „zusammengebaut" werden müssen. Es wäre sicherlich reizvoll, über eine Systematisierung allgemein anwendbarer Regeln, die in einem Kernsystem zur Verfügung gestellt werden könnten, nachzudenken. Planung, Problemlösung, Konstruktion aufgrund allgemeiner Fakten und Regeln ist eine typische KI-Aufgabe. Angewandt auf die Konstruktion einer graphischen Darstellung sind wir nahe dem aktuellen Forschungsfeld *intelligentes CAD*, auf das Bullinger et al. in diesem Fachgespräch eingehen.

4. Anregungen für weitere Forschungsaufgaben

Die im vorigen Kapitel dargestellten KI-orientierten Programmiertechniken stellen spezielle softwaretechnische Realisierungen von Repräsentationsmechanismen aus dem Gebiet der Künstlichen Intelligenz dar. Ihre erfolgversprechende Anwendung für Graphische Kernsysteme wurde nur beispielhaft illustriert. Um diese – oder andere bekannte bzw. neue – Techniken für die Graphische Datenverarbeitung weiter zu erschließen, wird folgende Vorgehensweise zur Diskussion gestellt:

- Anhand einer existierenden Spezifikation eines Kernsystems GKS oder von PHIGS (mit dessen grundsätzlicher Funktionalität wir übereinstimmen) *beschreibe man die Semantik dieser Kerne* unter Verwendung der in KI-Lehrbüchern vorgeschlagenen Methoden (s. z.B. das Kapitel „Representing Commonsense Knowledge" in [WINS84]). Diese Übung hat den Zweck, die in Graphikkernen teilweise verborgene Semantik transparenter zu machen. Hierzu ein Beispiel: Die hierarchische Strukturierung einer Graphik in PHIGS ist eine „part-whole hierarchy" [BORN81], deren Semantik sich auf die Funktionen und Attribute bezieht, die vom übergeordneten Teil der Hierarchie übertragen werden (Löschen, Verschieben, Transformieren, Farbwertübertragung).
- Im zweiten Schritt *modelliere man die semantischen Beziehungen* – etwa beim genannten Beispiel durch eine Beschreibung entsprechender Constraints.
- In einem dritten Schritt versuche man die *semantische Beschreibung zu verallgemeinern*, um zu flexibleren funktionalen Definitionen von Graphischen Kernsystemen zu gelangen. Ein Beispiel: Eine Trivialregel, daß sich Farbe von der Vaterstruktur auf die Sohnstruktur vererbt, wird durch eine Regel mit höherem Freiheitsgrad ersetzt, z.B. könnte für diese Art der Attributsübertragung ein anderes Objekt mit seinem Namen in die Constraintmethode als Parameter eingesetzt werden. Kurzum, die Bezüge zwischen Graphikobjekten würden aufwärtskompatibel zu klassischen Kernsystemen flexibilisiert.
- Diese Vorgehensweise würde zu neuen Kernsystemen in KI-orientierten Programmierumgebungen führen, in einer systematischen Weise und unter voller Berücksichtigung des Erfahrungsschatzes der bisherigen Arbeit aus dem Gebiet der Graphischen Datenverarbeitung. Es wäre aber auch noch ein weiterer Schritt denkbar, nämlich *Herunterbrechen dieser Funktionalität auf klassische Programmiersprachen*. Hierzu müßte die präzise Formulierung der

Semantik auf dem hohen Abstraktionsniveau einer KI-Sprache heruntergebrochen werden auf die sprachlichen Mittel einer klassischen Programmiersprache. Man ginge also den umgekehrten Weg wie bei PHIGS, wo „voreilig" – d.h. zu früh an spezielle Implementationen denkend – funktionale Festlegungen getroffen wurden.

5. Schlußbemerkungen

Die Tatsache, daß Graphik im Bereich der Künstlichen Intelligenz gebraucht wird, ist unbestritten und wurde hier nicht weiter erhärtet! Wir hoffen, mit diesem Beitrag *umgekehrt* gezeigt zu haben, daß die in der KI entwickelten Repräsentationsmethoden und ihre sich in KI-Programmierumgebungen niederschlagenden „Mechanisierungen" dem Gebiet der Graphischen Datenverarbeitung wichtige Impulse geben können.

Meinem Kollegen Klaus Kansy danke ich für fachliche Anregungen bei der Erstellung dieses Berichtes.

6. Literaturhinweise

ANSI85 AMERICAN NATIONAL STANDARDS INSTITUTE: *ANSI/X3H3/85-21: Programmer's Hierarchical Interactive Graphics System.* ANSI, New York, Aug. 1985.

BOBR81 D. G. BOBROW, M. STEFIK: *The LOOPS-Manual.* Xerox Corp., Palo Alto, Calif., 1983.

BORN81 A. BORNING: *The Programming Language Aspects of ThingLab, a Constraint-Oriented Simulation Laboratory.* ACM Transactions on Programming Languages and Systems, Vol. 3, No. 4, Oct. 1981, S. 353-387.

DIN86 DEUTSCHES INSTITUT FÜR NORMUNG: *DIN 66252 Teil 1: Graphisches Kernsystem (GKS).* Beuth Verlag, Berlin 1986; 218 S..

EKP84 G. ENDERLE, K. KANSY, G. PFAFF: *Computer Graphics Programming – GKS – The Graphics Standard.* Springer-Verlag, Berlin 1984; 542 S..

GOLD83 A. GOLDBERG, D. ROBSON: *Smalltalk-80: The Language and its Implementation.* Addison-Wesley, Reading, Mass., USA 1983.

GUED79 R. GUEDJ et al. (Hrsg.): *Methodology in Computer Graphics.* North Holland, Amsterdam 1979.

HUEB86 W. HÜBNER: *GKS-based Graphics Programming in Prolog.* Computer Graphics Forum, Vol. 5,1, S.41-50.

STOY83 H. STOYAN, G. GÖRZ: *Was ist objekt-orientierte Programmierung?* in H. Stoyan, H. Wedekind (Hrsg.): „Objekt-orientierte Software- und Hardwarearchitekturen", Teubner Verlag Stuttgart 1983.

WEIN81 D. WEINREB, D. A. MOON: *The Lisp Machine Manual.* 4. Ausg., M.I.T., Cambridge 1981.

WINS84 P. H. WINSTON: *Artificial Intelligence (2. Aufl.).* Addison-Wesley, Reading, Mass., USA 1984 .

WISS85 P. WISSKIRCHEN: *Towards Object-Oriented Graphics Standards.* in EUROGRAPHICS '85, North Holland, Amsterdam, 1985, S. 391-400.

WISS86 P. WISSKIRCHEN: *GEO – Graphics System with Editable Objects.* in Kunii (Hrsg.): Advanced Computer Graphics, Springer-Verlag, Tokyo 1986.

Graphisch-interaktives Arbeiten mit Wissensstrukturen

Gerhard Rahmstorf
IBM Wiesbaden

Abstract

Graphisch-interaktive Arbeitsstationen erweitern die Einsatz- und Anwendungsmöglichkeiten wissensbasierter Systeme, wobei sich verbesserte Arbeitsmöglichkeiten für den Entwickler und den Benutzer ergeben. Ein Teilgebiet aus diesem Bereich ist die Erfassung, Wiedergabe, Überprüfung und Korrektur von Wissensrepräsentationen, die auf semantischen Netzen und damit zusammenhängenden Frames und Regeln beruhen. Die hier untersuchten Operationen sind (1) Auswahl von Teilbereichen eines semantischen Netzes zur graphischen Wiedergabe (2) Bestimmung einer flächenhaften Präsentation des semantischen Netzes aufgrund der gespeicherten Netzstruktur und Darstellung auf Bildschirm bzw. Plotter, (3) Interaktive Veränderungen an graphisch dargestellten Netzen, (4) Produktive Erfassung eines semantischen Netzes über Frames und (5) Verdichtung der dargestellten graphischen Information zur Verbesserung der Orientierung des Benutzers. Es wird über den Stand eines Programms berichtet, das diese Operationen durchführt.

GRAPHIK FÜR WISSENSBASIERTE SYSTEME

Wenn man die Beziehung zwischen graphischen Funktionen und wissensbasierten Systemen zu bestimmen versucht, kann man die Einsatzmöglichkeiten der Graphik nach der jeweils dargestellten Information unterteilen, z. B. in:

Darstellung von Funktionsverläufen und Meßdaten,
Darstellung von Strukturen (z. B. Bäumen, Netzen),
Darstellung von Objekten (z. B. Maschinenteilen, Gebäuden),
Darstellung von Szenen,
Darstellungen von Bewegungsabläufen.

Das Gebiet der Graphik in wissensbasierten Systemen kann man zusätzlich nach der Komponente klassifizieren, in der die Graphik angewendet wird. Wissensbasierte Systeme, insbesondere Expertensysteme, haben in der Regel mindestens folgende Komponenten:

- Ein/Ausgabe- und Dialogkomponente

- Erklärungskomponente

- Steuerungs- und Problemlösungskomponente

- Wissens- und Datenbasis

Die Ein/Ausgabe- und Dialogkomponente umfaßt die Programme, über die der Dialog zwischen Benutzer und System geführt wird. Graphische Funktionen können hier dem Benutzer erlauben, seine Problemstellung mit Hilfe von bildhaft ergänzten Textmenüs, ikonischen Zeichen, Diagrammen oder Zeichnungen zu verdeutlichen. Das System kann im Prozeß der Problemerkennung seine Rückfragen wiederum am Bildschirm graphisch unterstützen. Nachdem der Klärungsdialog abgeschlossen ist und das System eine Lösung gefunden hat, kann diese auch in graphischer Form dem Benutzer dargestellt werden.

Ein anderer Einsatzbereich für graphische Darstellungen bezieht sich auf die Erklärungskomponente eines wissensbasierten Systems. Hier hat die Graphik die Funktion, die vom System gegebene Begründung der Problemlösung für den Benutzer durch Visualisierungen leichter verständlich zu machen. So können die erfolgreich durchlaufenen Zweige im Suchbaum graphisch dargestellt werden.

Der Prozeß der Lösungsfindung, z. B. das Backtracking, in der Steuerungs- und Problemlösungskomponente läßt sich auch umsetzen in eine Form, die der Interpretation in der Anwendung entspricht. So kann z. B. bei Reisewegplanungen das System an einer am Bildschirm dargestellten Landkarte sichtbar machen, wie es Flugverbindungen vom gegebenen Ausgangsort zum gewünschten Zielort schrittweise entwickelt und daraufhin untersucht, ob mit ihnen das Ziel erreichbar ist.

In der Wissensbasis sind die Fakten und Regeln so gespeichert, daß der Inferenzmechanismus der Problemlösungskomponente damit unmittelbar arbeiten kann. Eine herkömmlich strukturierte Datenbank, die vom wissensbasierten System erreichbar ist, kann Informationen enthalten, die ebenfalls zur Problemlösung verwendet werden. In der Datenbank können aber auch graphische Daten stehen, die dem Benutzer zur Ergänzung und Verdeutlichung einer schon gefundenen Lösung mit ausgegeben werden.

Vielfach verfügen wissensbasierte Systeme über eine zusätzliche Acquisitionskomponente, die vom Wissensingenieur verwendet wird, um das Wissen in der Wissensbasis zu erfassen, darzustellen, zu überprüfen und zu manipulieren.

Bei den in der Wissensbasis repräsentierten Gegenständen des Wissens können zwei Darstellungen unterschieden werden. Man kann entweder ihre reale Form graphisch abbilden oder ihre logische Struktur, z.B. das semantische Netz, das ihre Eigenschaften beschreibt, graphisch darstellen. Bevor wir auf diese semantischen Netze näher eingehen, soll kurz die Problematik der Acquisition, Darstellung und Manipulation von Wissen skizziert werden.

WISSENSACQUISITION

Ein Expertensystem ist ein wissensbasiertes System, in dem ein bestimmtes, verhältnismäßig eng umgrenztes Fachwissen zur Lösung von Fragen über dieses Fachgebiet verwendet wird. Um die Wissensbasis für ein Expertensystem zu entwickeln, müssen verschiedene Arbeitsgänge nacheinander bzw. in Iterationsschritten durchgeführt werden:

1. Eingrenzung des Wissensgebietes

2. Identifizierung von Wissensquellen

3. Erstellung einer Liste typischer Fragen

4. Festlegung der gewünschten Systemauskünfte

5. Analyse der Begriffe des lösungsrelevanten Wissens

6. Strukturierung der Begriffe

7. Bestimmung von Fakten für Prämissen

8. Bestimmung der Lösungskonzeption

9. Bestimmung von Regeln

Nachdem man den thematischen Bereich für das zu erstellende Expertensystem auf ein Kerngebiet eingegrenzt hat, und die zu befragenden Fachleute und Informationsquellen identifiziert wurden, stellt man eine Liste von typischen Fragen auf, die das System beantworten soll.

Man wird dann die Antworten aufschreiben, die ein Experte auf diese Fragen gibt und entfaltet daraus das Feld der Begriffe, in welchem das Expertenwissen eingeordnet ist. Aus den Definitionen, die man für diese Begriffe aufstellt, ergibt sich eine systematische Ordung der Begriffe, zumindest eine monohierarchische Klassifikation.

Aus der Expertenauskunft leitet man dann die Fakten ab, die bei der Deduktion von Antworten verwendet werden. Die Lösungskonzeption ist eine verbale Beschreibung der Folgerungsketten, die bei der Lösung hauptsächlich verwendet werden. Aus dieser Beschreibung können durch weitere Verfeinerungen schließlich Regeln gewonnen werden.

Was hier als ein scheinbar logischer Entwicklungsprozeß beschrieben wird, ist eher eine von Kreativität und Inspiration getragene "Kunst" des Wissensingenieurs, die in dieser Arbeit nicht weiter untersucht werden kann.

DARSTELLUNG VON WISSEN

Die bisher beschriebenen Schritten kann man im Prinzip noch ohne Verwendung eines Computers durchführen. Spätestens in den folgenden Arbeitsgängen muß man sich jedoch auf eine bestimmte Systemumgebung (Sprache und/oder Expertensystemschale) festlegen:

1. Auswahl einer Repräsentationssprache

2. Formalisierung des Wissens

3. Maschinelle Erfassung des Wissens

4. Präsentation der Wissensbasis

Nachdem man das Expertenwissen kennt, das zur Lösung von Problemen aus dem vorgesehenen Anwendungsgebiet benötigt wird, muß man dieses Wissen in die Form bringen, die die Inferenzmaschine des Expertensystems erfordert. Im Falle des inzwischen viel verwendeten PROLOG sind das bekanntlich Horn-Klauseln, d.h. bestimmte, von Formeltypen der Prädikationslogik abgewandelte Anweisungen des Programms. Wenn man eine bestimmte Sprache zur Entwicklung des Expertensystems, wie z.B. PROLOG, verwendet, kann man die Wissensdarstellung in dieser Sprache durch weitere, selbst gesetzte Bedingungen und Interpretationen einschränken und festlegen. So kann man mit PROLOG auch Frames oder semantische Netze realisieren.

Semantische Netze sind visualisierbare Strukturen, die bestimmte Beziehungen zwischen Wörtern bzw. Begriffen darstellen. Z.B. kann ein semantisches Netz die Bedeutungsstruktur von mehreren, inhaltlich zusammenhängenden Sätzen angeben. Es gibt zahlreiche, unterschiedliche Vorschläge über den formalen Aufbau semantischer Netze. (vgl. BARR, FEIGENBAUM, 1981)

Frames werden verwendet, um Wissen in einer bestimmten standardisierten Form zu strukturieren und zu verarbeiten. (vgl. CHARNIAK, McDERMOTT, 1985)

In einem Frame wird das zu einem bestimmten Begriff, z.B. "Compiler" gehörende Wissen abgespeichert, wobei die entsprechenden Begriffe im semantischen Umfeld als Werte in bestimmte Positionen (slots) eingetragen werden.

Compiler

Oberbegriff	:	Programm
Verwendung	:	Übersetzung von Programmen
Bestandteile	:	Syntaxanalyse-Modul
		Codegenerierer
		Optimizer-Modul
Eingabe	:	Quellprogramm
Ausgabe	:	Objektprogramm
Unterbegriffe	:	FORTRAN-Compiler
		PASCAL-Compiler

Wir legen der weiteren Untersuchung die Annahme zugrunde, daß semantische Netze in Verbindung mit Regeln die Grundlage der Wissensrepräsentation darstellen und die in Frames erfaßbare Information als Teil der semantischen Netzes dargestellt werden kann.

Semantische Netze oder Frames müssen in großem Ausmaß intellektuell und manuell durch den Entwickler des Systems bzw. durch den Wissensingenieur aufgebaut werden. Die Verarbeitung natürlicher Sprache und die Verarbeitung bildhaft vorliegender Information ist nicht so weit entwickelt, daß aus diesen Darstellungsformen durch Programme automatisch und fehlerfrei die ihnen entsprechenden Wissensstrukturen als semantische Netze abgeleitet werden könnten. Soweit solche automatischen Verfahren erforscht und getestet werden, müssen die semantischen Netze, die automatisch erzeugt wurden, intellektuell und manuell am Bildschirm bzw. am Plotterausdruck überprüft, korrigiert und ergänzt werden können.

WISSENSMANIPULATION

Wenn das semantische Netz einen bestimmten Reifegrad erreicht hat, wird der Systementwickler das Netz in Verbindung mit der geplanten Anwendung bzw. mit den vorhandenen Regeln für das Netz testen und weiter verfeinern. Zu diesem Bereich der Wissensmanipulation kann man folgende Arbeitsschritte zählen:

1. Prüfung auf Vollständigkeit und Konsistenz

2. Korrektur und Vervollständigung der Wissensbasis

3. Anwendungstest

Unter den angegebenen Arbeitsschritten sind einige, die durch graphische Funktionen besonders gut unterstützt werden können. Wir behandeln hier vor allem die graphische Darstellung semantischer Netze und die Möglichkeiten des interaktiven Arbeitens mit solchen Strukturen. Dabei gehen wir von einem binären zusammenhängenden Graph aus, dessen Knoten Begriffe und dessen gerichtete, markierten Kanten Begriffsbeziehungen sind. Die Markierung bezeichnet die Art der Beziehung, z.B. Inklusion, Partitivbeziehung, Kausalbeziehung, Zweckbeziehung usw. (vgl. RAHMSTORF, 1983)

AUSWAHL DER PRÄSENTATIONSMENGE

Sinnvolle Anwendungen mit semantischen Netzen erfordern eine große Anzahl von Kanten und Begriffen. Solche umfangreichen Netze können nicht auf einem Bildschirm oder einem Plotterausdruck vollständig präsentiert werden, weil dann wegen der notwendigen Verkleinerung der Einzelheiten die Ausgabe unübersichtlich und undeutlich wird. Daher muß sich der Benutzer entweder auf einen kleineren Ausschnitt aus dem Gesamtnetz graphisch festlegen oder die Möglichkeit erhalten, die Gesamtstruktur zu verdichten.

Der darzustellende Ausschnitt der (Knoten und Kanten) des semantischen Netzes soll Präsentationsmenge genannt werden. Der Benutzer muß sich für eine bestimmte Präsentationsmenge entscheiden und diese definieren.

Die Präsentationsmenge sollte sinnvollerweise ein zusammenhängender Teil des semantischen Netzes sein und durch einen Begriff aus dem semantischen Netz bestimmt werden, dessen Umfeld darzustellen ist. In dem hier beschriebenen Programm RELATIO/GR, das auf einem IBM 3270-PC/GX läuft, nennen wir diesen Begriff den Zentralbegriff der Präsentationsmenge. Er kann entweder durch eine interne Knotennummer oder durch die Begriffbezeichnung, z.B. "Mikrocomputer", aus einem sprachspezifischen, gespeicherten Wörterbuch angegeben werden.

Wenn der Zentralbegriff feststeht, sind die zur Präsentationsmenge gehörenden Begriffe im Umkreis des Zentralbegriffs zu bestimmen. Der Benutzer kann sich entweder für eine formale oder für eine qualitative Auswahl entscheiden. Bei einer formalen Auswahl wird das darzustellende semantische Umfeld des Zentralbegriffes nur aufgrund der Topologie bestimmt.

Zu diesem Zweck gibt der Benutzer eine bestimmte Begriffsanzahl und einen Nachbarschaftsgrad an. Sämtliche Begriffe, die im angegebenen Nachbarschaftsgrad vom Zentralbegriff aus erreichbar sind, werden in die Präsentationsmenge übernommen, sofern dabei die angegebene Anzahl von Begriffen nicht überschritten wird.

Bei einer qualitativen Auswahl wird das Umfeld des Zentralbegriffs auch unter Berücksichtigung der Art der knotenverbindenden Relationen bestimmt. Dies hat den Vorteil, daß die Darstellung des Ausschnittes aus dem semantischen Netz auf die besonderen Interessen des Benutzers Rücksicht nehmen kann.

Für viele Anwendungen wird es z.B. wichtig sein, die Hierarchie der Begriffe, die durch Inklusionsrelationen (Unterbegriff/Oberbegriff) gebildet werden, sichtbar zu machen. Die Wege von Kanten, die vom Zentralbegriff aus durch Nicht-Inklusionsrelationen zu benachbarten Begriffen gebildet werden, möchte man dann nicht oder wenigstens nicht in der gleichen Linienstärke auf der Graphik dargestellt haben.

Weiterhin kann es erwünscht sein, daß sämtliche Inklusionswege die zu Begriffen höherer Abstraktionsstufe führen, bis zu ihrer Vereinigung in einem gemeinsamen Oberbegriff in der Präsentationsmenge dargestellt werden. Dabei übersteigt möglicherweise die Anzahl der zu berücksichtigenden Begriffe die angegebene Zahl der maximal darzustellenden Begriffe (Inklusionsvervollständigung).

Andere qualitative Bestimmungen können sich auf bestimmte Arten von Relationen beziehen, die jeweils interessieren. Man kann diese Teilnetze auch als qualitative Subnetze bezeichnen.

Man kann z.B. bei einer bestandsbezogenen Betrachtung vorwiegend an den Partitivbeziehungen zwischen Begriffen interessiert sein, um zu sehen, wie in der Wissensbasis Gegenstände durch ihre Zusammensetzung aus Teilen beschrieben werden, wobei dann die anderen Eigenschaften der betrachteten Gegenstände nicht dargestellt werden müssen.

Zeitliche Beziehungen werden sichtbar, wenn man nur das Netz der temporalen Begriffsbeziehungen darstellt. Dies kann z.B.

wichtig sein, wenn man Ereignisse in ihrer Abfolge aus dem semantischen Netz ablesen möchte.

Kausalzusammenhänge in einem Begriffsnetz, das Ereignisse wiedergibt, werden erkennbar, wenn sich der Benutzer durch eine entsprechende Angabe für die Präsentationsmenge nur die Begriffe anzeigen läßt, die von kausalen Relationen berührt werden.

Weitere Anwendungen kann man sich vorstellen, wenn man die Relationstypen eines semantischen Netzes einzeln näher betrachtet.

DARSTELLUNG DER PRÄSENTATIONSMENGE

Wenn die Präsentationsmenge feststeht, muß entschieden werden, wie die Begriffe auf die Darstellungsfläche verteilt werden und wie die gewünschten Beschriftungen für Knoten und Kanten positioniert werden. Es geht dabei um die Bestimmung der Netzgeometrie für die gegebene Fläche des Ausgabegerätes, z. B. des Bildschirms oder des Plotters. Die Aufgabe ist formal gelöst, wenn jedem Knoten und jeder Beschriftung des semantischen Netzes die Koordinatenwerte x und y zugewiesen sind, wobei bestimmte Bedingungen erfüllt sein müssen. Über dieses Problem wird an anderer Stelle berichtet, so daß wir uns hier auf das Wichtigste beschränken können (vgl. RAHMSTORF, 1986, in Vorb.)

Es gibt unbegrenzt viele Möglichkeiten, eine gegebene Struktur graphisch darzustellen. Die graphische Darstellung kann jedoch nicht willkürlich gewählt werden, wenn Benutzer mit semantischen Netzen in einer produktiven Weise am Bildschirm interaktiv arbeiten sollen. Auf umfangreiche, graphisch dargestellte Netze kann ein Benutzer nur dann schnell reagieren, wenn er wie bei Landkarten die Prinzipien der Darstellung kennt. Er muß die Einzelheiten, die er näher betrachten will, auch tatsächlich in einem bestimmten Bereich der Bildschirmfläche vorfinden. Nach interaktiven Korrekturen und Ergänzungen sollte bei erneuter Netzpräsentation die unveränderte Information ungefähr wieder in dem gleichen Bereich dargestellt werden, in dem sie sich auch in der vorherigen Darstellung befand.

Zu den obligatorischen Bedingungen der Darstellung kann z.B. gezählt werden, daß das Prinzip der vertikalen Ordnung nach Allgemeinheitsgrad der Begriffe eingehalten wird. Das bedeutet, daß zwei Begriffe immer so in der Vertikalen verteilt werden, daß der allgemeinere über dem spezielleren positioniert wird. Weitere Prinzipien, die nicht streng eingehalten werden können, aber für die Positionierung herangezogen werden sollten, sind:

* Symmetrische Verteilung gleichartiger Teilstrukturen

* Minimierung von Kantenüberschneidungen

Nach diesen Prinzipien werden die Begriffe (Knoten) des semantischen Netzes zunächst in der Vertikalen auf verschiedene Ebenen angeordnet. Nach dieser vertikalen Positionierung der Knoten auf der Bildfläche werden die x-Koordinaten der Knoten bestimmt. Die horizontale Positionierung der Knoten auf der Bildfläche kann nach zwei alternativen Prinzipien erfolgen:

* Absolute Positionierung
* Relative Positionierung

Bei absoluter horizontaler Positionierung werden die x-Koordinaten der Knoten auf einer Ebene unabhängig von den Knoten aller anderen Ebenen festgelegt. Da dieses Verfahren zu vielen Überschneidungen führt, verwenden wird eine relative Positionierung, die Symmetrien im Kantenverlauf des Netzes sichtbar macht.

INTERAKTIVE MODIFIKATION DER GRAPHISCHEN DARSTELLUNG

Der am Bildschirm dargestellte Graph kann bei Verwendung entsprechend ausgerüsteter Graphikgeräte interaktiv ergänzt und geändert werden. Die Knoten des semantischen Netzes können z.B. so verschoben werden, daß die resultierende Darstellung mehr symmetrische Teilgraphen, weniger Überschneidungen von Kanten und geringe Kantenlängen hat.

Neue Knoten und Kanten sollen hinzugefügt werden können, wobei nicht nur die bildliche Darstellung, sondern auch die zugrunde liegenden Strukturdateien entsprechend verändert werden müssen.

KOMBINIERTE TEXT/GRAPHIK-ERFASSUNG MIT FRAMES

Bei der Entwicklung von Wissensbasen gewinnen systematische Verfahren der Wissenserfassung zunehmend an Bedeutung. Dabei werden die Begriffe eines semantischen Bereiches in einem bestimmten Sinn vollständig erfaßt. Man kann einen semantischen Bereich in grober Näherung als die Gesamtheit der Begriffe bezeichnen, die über eine gegebene Anzahl von Kanten von einem gegebenen Begriff aus erreichbar sind. Eine Überprüfung auf Vollständigkeit ist bei Systemen, die nur eine begrenzte Anzahl von definierten binären Kantentypen zulassen, am leichtesten nachvollziehbar.

Semantische Nezte bestehen zu einem großen Anteil aus Texten, die die Kanten und vor allem die Begriffe in einer oder in verschiedenen Sprachen bezeichnen. Die Erfassung dieser Texte muß durch graphische Funktionen so unterstützt werden, daß Texte, die sich wiederholen, bei der Eingabe eingespart und Fehler leicht erkennbar werden. Die Produktivität und Zuverlässigkeit der Wissenserfassung kann gesteigert werden, wenn eine Texteingabe über standardisierte, tabellarische Eingabefenster (Frames) erfolgt, wobei der Benutzer auf Knoten des Begriffsnetzes mit Hilfe des Fadenkreuzes oder des Lichtstiftes verweisen können sollte. Den einzelnen Schlitzen des Eingabefensters entsprechen die verschiedenen Typen von Relationskanten. Da nicht alle Typen von Relationen mit einem gegebenen Begriff als Argument gebildet werden können, kann man die bei einem ausgewählten Begriff möglichen Schlitze automatisch auswählen und die Eingabe von inkonsistenten Relationen verhindern.

VERDICHTUNG DER INFORMATION

Wie kann man eine Präsentationsmenge definieren, bei der ein gewünschter Teilausschnitt in seinen Grenzen erkennbar bleibt, die Darstellung aber nicht durch zu viele Einzelheiten unübersichtlich und unlesbar wird ? Um diesem Ziel näher zu kommen, müssen unwesentliche Einzelheiten des semantischen Netzes weggelassen oder in einer verallgemeinerten, verdichteten Form dargestellt werden. Was ist wesentlich ? Worauf kann man verzichten ? Diese Probleme können nur durch Experimentieren mit graphischen Darstellungen am Bildschirm unter Berücksichtigung der Anwenderziele vorangebracht werden. Eine Möglichkeit z.B. dazu, alle Begriffe nicht darzustellen, die in einer gegebenen Sprache nicht durch Wörter, sondern nur durch syntaktische Ausdrücke bezeichnet werden können. Eine andere Form der Verdichtung wird z.B. von Wille (1984) mit den gestuften Liniendiagrammen vorgeschlagen. Hier eröffnet sich ein Feld für weitere Untersuchungen, die der Graphik in der Künstlichen Intelligenz zunehmendes Gewicht geben werden.

Literatur:

Barr, A.; E.A. Feigenbaum (Ed.): The Handbook of Artifical Intelligence, Vol.1, Stanford, Cal. 1981

Charniak, E.; D. McDermott: Introduction to Artifical Intelligence. Reading, Ma. 1985

Rahmstorf, G.: Die semantischen Relationen in nominalen Ausdrücken des Deutschen Diss. Univers. Mainz 1983

Rahmstorf, G.: Graphische Darstellung semantischer Netze, i. Vorb.

Waterman, D. A.: Guide to Expert Systems, Reading Ma. 1985

Wille, R.: Liniendiagramme hierarchischer Begriffssysteme. Techn. Hochsch. Darmstadt, FB Mathematik, Reprint 812, 1984

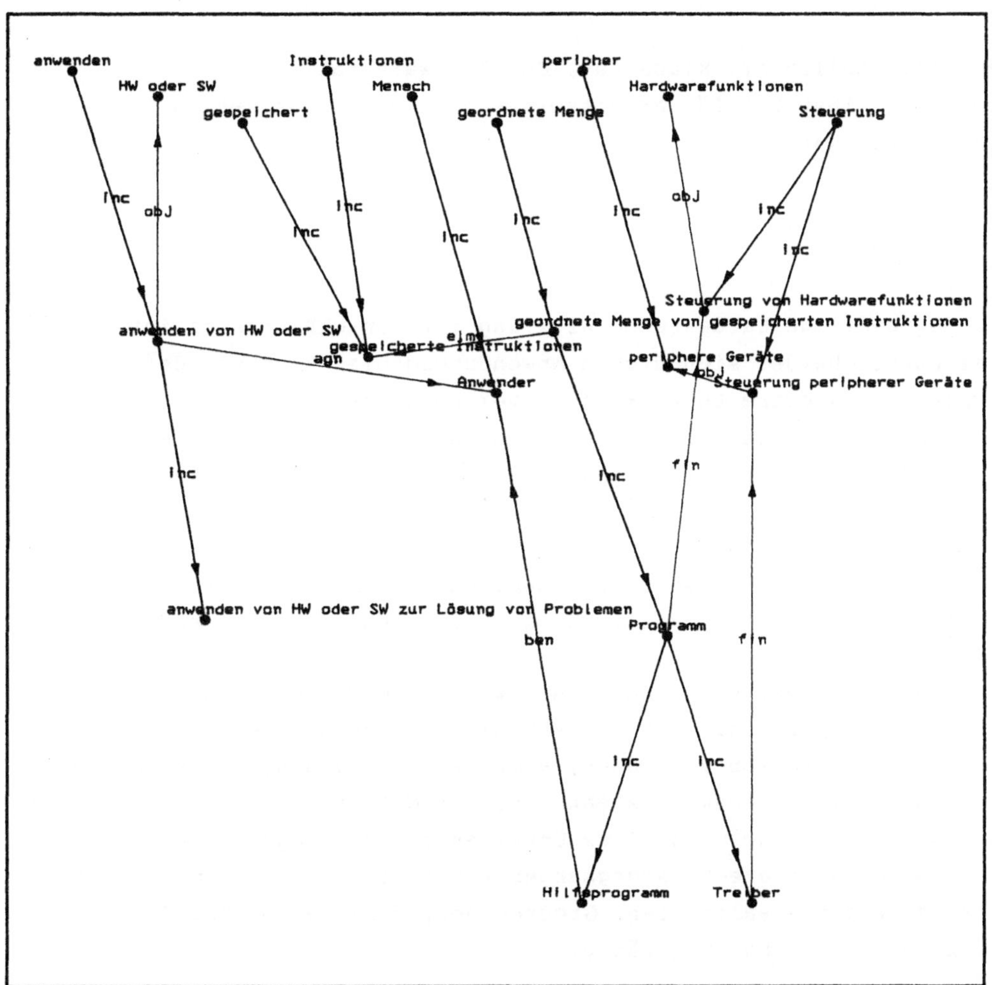

anwenden
HW oder SW
Instruktionen
gespeichert
Mensch
peripher
geordnete Menge
Hardwarefunktionen
Steuerung
inc
obj
inc
inc
inc
inc
inc
obj
inc
inc
Steuerung von Hardwarefunktionen
geordnete Menge von gespeicherten Instruktionen
anwenden von HW oder SW
elmt
gespeicherte Instruktionen
agn
periphere Geräte
obj
Steuerung peripherer Geräte
Anwender
inc
inc
fin
anwenden von HW oder SW zur Lösung von Problemen
Programm
ben
fin
inc
inc
Hilfsprogramm
Treiber

CAD UND KÜNSTLICHE INTELLIGENZ, PROBLEME, METHODEN, ANWENDUNGEN

H.-J.Bullinger, K. Lay, J. Warschat
Fraunhofer-Institut für
Arbeitswirtschaft und Organisation (IAO), Stuttgart

Hans-Jörg Bullinger, Klaus Lay, Joachim Warschat
Fraunhofer-Institut für Arbeitswirtschaft und Organisation (IAO), Stuttgart

1 EINLEITUNG

Die gegenwärtige Hardware-Entwicklung für den CAD-Einsatz ist - und hier unterscheidet sich dieses Anwendungsgebiet kaum von der allgemeinen EDV-Hardware-Entwicklung - gekennzeichnet durch

- eine permanente Steigerung der Leistungsfähigkeit der Prozessoren (z.B. 32 Bit, kurze Zykluszeiten, Hardware-realisierte Funktionen ...),
- eine Erweiterung der Zentral- und Peripherspeicher, und
- eine Zunahme der Qualität graphischer Terminals hinsichtlich Auflösung (z.B. durch Pixel-Phasing /21/) und dezentraler Rechenkapazität.

Dies führt in zwei Richtungen zu Erweiterungen des CAD-Hardware-Angebotes. Einmal zu sehr leistungsfähigen, großen und teuren Großrechner- und Workstation-Versionen, andererseits zu sehr preisgünstigen PC-Versionen. Insgesamt besteht also ein differenziertes Angebot, das es ermöglicht, innerhalb eines Unternehmens ein abgestuftes, verteiltes und vom Hardware-Leistungsangebot her gesehen problemangepaßtes Gesamtsystem zu realisieren. Großrechner, Workstation und PC sind dabei zunehmend vernetzungsfähig.

Die Entwicklung der CAD-Software führte - zumindest bei den großen Systemen - zu einer umfangreichen Sammlung von Features je CAD-System, zu der Berücksichtigung von Graphik-Schnittstellen wie IGES /18/ und VDAFS, zur Bereitstellung von NC-Kopplungsmöglichkeiten /12/ und teilweise zur Anbindung von Möglichkeiten der Roboter-Simulation /12/.

Dennoch sind hinsichtlich der CAD-Software noch viele Probleme offen.

So wird selbst durch die großen Systeme nur der Zeichnungserstellungsprozeß (geometrische Funktionen) und das eigentliche Zeichnen unterstützt und teilweise automatisiert.

Für den kreativen Design-Prozeß fehlen zur Zeit noch wesentliche Hilfsmittel und die Integration bzw. Verbindung zu anderen Programmen, die _während_ des Konstruktionsprozesses wichtige Daten und Informationen liefern könnten (z.B. Berechnungen, Patentinformationen, Simulationen, Daten Retrieval aus der Produktdatenbank etc.). Zusammengefaßt können drei Problembereiche bei konventionellen CAD-Systemen genannt werden /27/:

1) Die Systeme sind nicht intelligent, z.B. werden Eingaben des Konstrukteurs ohne Plausibilitätsprüfungen und Fehlertests akzeptiert. Während des Konstruktionsprozesses ist keine intelligente Hilfe vorhanden, die z.B. Alternativlösungen anbietet oder Fragen des Konstrukteurs beantwortet.

2) Die Mensch-Maschine-Schnittstelle oder das Kommunikationsproblem.

3) Fehlende funktionale Integration zu anderen CAD-Systemen bzw. zu anderen CA-Bereichen (z.B. CAPP, CAM etc.).

Im vorliegenden Beitrag werden wir aufzeigen, inwiefern Methoden der künstlichen Intelligenz (KI) zur Lösung der o.g. Probleme eingesetzt werden können und welche Entwicklungen und Anwendungen heute bekannt sind.

2 METHODEN DER KÜNSTLICHEN INTELLIGENZ IM ENGINEERING

Die künstliche Intelligenz hat als ein Teilbereich der Informatik in den letzten Jahren eine stürmische Entwicklung erfahren. Wissensbasierte Systeme wurden für prototypische Einsätze in der Medizin (z.B. MYCIN) und bei der Konfiguration von Computersystemen (Rl/DEC) entwickelt /20/.

Durch die Entwicklung von leistungsfähiger Hard- und Software wird die Anwendung wissensbasierter Systeme im Engineeringbereich immer interessanter, weil gerade dort sehr komplexe Fragestellungen, die in der Regel nicht algorithmisierbar sind, auftreten.
Wichtige zukünftige Anwendungsgebiete der KI sind in den Bereichen

- o Diagnose, Qualitätssicherung
- o Systemkonfiguration
- o Planungs- und Managementfunktion
- o CAD/CIM

angesiedelt /3/.

Die Entwicklung von Expertensystemen erfolgt heute auf der Grundlage von Programmiersprachen wie LISP oder PROLOG. Darüber hinaus werden jedoch Softwareentwicklungswerkzeuge/-systeme angeboten, die die Entwickler in allen Phasen des Softwareerstellungsprozesses unterstützen. Als Beispiele sind hier zu nennen

- o der Produktionsregelinterpreter OPS 5 /7/
- o Knowledge Engineering Environment (KEE) /17/
- o die Experten-System-Shell TWAICE /24/
- o das Werkzeugsystem für Entwurf und Entwicklung von Expertensystemen BABYLON /19/.

Die meisten dieser Softwareentwicklungsumgebungen werden auf speziellen Entwicklungsmaschinen mit hochauflösendem Graphikschirm eingesetzt. Die Benutzerschnittstelle wird über ein Window-System mit Graphik-Maus realisiert.

Seit einiger Zeit laufen nun jedoch auch verstärkt Entwicklungen, die das Ziel haben, für den Engineering- und Design-Prozeß KI-Werkzeuge zu entwickeln und einzusetzen. Hier wären beispielhaft die beiden Systeme PROSCODE-2 /27/ und AIR-CYL /4/ zu nennen. Das System PROSCODE-2 (PROduction rule System for COnceptual DEsign) wurde zum Studium der Einsatzmöglichkeiten des knowledge engineering bei der CAD-Gestaltung entwickelt. Mit Hilfe des PROSCODE-2-Systems ist es möglich, Wissen über das Wesen des Design aus der Sicht des Konstrukteurs in Regeln der Form

if (condition) then (action)

zu beschreiben. PROSCODE-2 ist Teil des Konzepts DWB (Designers Work Bench), das die Entwicklung zukünftiger CAD-Systeme unterstützen soll.

PROSCODE-2 wurde auf einer VAX-11/UNIX UCB in Pascal realisiert. Mit dem System AIR-CYL soll prototypisch gezeigt werden, wie ein Expertensystem zum Design für eine eingeschränkte Klasse von mechanischen Objekten funktionieren kann. Das AIR-CYL-System wird zur Zeit auf einer DEC 20 unter ELISP (RUTGERS) und mit Hilfe von FRL /23/ entwickelt.

Bei Crown /4/ werden weitere Systeme genannt, die als KI-Werkzeuge in Engineering-Bereich eingesetzt werden können.

In den folgenden Abschnitten sollen nun beispielhaft Lösungsansätze mit Hilfe von KI-Methoden der in Abschnitt 1 genannten Bereiche dargestellt werden.

3 UNTERSTÜTZUNG DES ENTWICKLUNGS- UND KONSTRUKTIONSPROZESSES

Der Entwicklungs- und Konstruktionsprozeß ist ein komplexer, aus vielen Teilschritten bestehender Vorgang. Er beginnt mit der Problemdefinitionsphase, deren Ergebnis ein Pflichtenheft ist, das die Systemanforderungen dokumentiert. In der Regel wird die Realisierung, die sich in die Schritte /5/

- Ermitteln von Funktionen und deren Strukturen,
- Suche nach Lösungsprinzipien und deren Strukturen,
- Gliederung in realisierbare Module,
- Gestalten der maßgebenden Module,
- Gestalten des gesamten Produktes

gliedern läßt, erschwert durch

- o die nicht vollständig definierte Aufgabenstellung,
- o sich teilweise widersprechende Ziele (z.B. niedrige Kosten, hohe Qualität),
- o viele mögliche Alternativen für die Konkretisierung von Teilfunktionen,
- o stark restriktiv wirkende Vorgaben (z.B. Höchstgewicht, Einbaumaße etc.).

Die KI bietet Methoden und Werkzeuge an, die den Problemlösungsprozeß unterstützen /14/.

Für den wirkungsvollen Einsatz solcher und zukünftiger Methoden wird es jedoch unumgänglich sein, den Konstruktionsprozeß genauer zu analysieren. So teilt z.B. Brown /4/ die Konstruktionsobjekte in 3 Klassen ein und meint, daß nur beim Entwurf von Objekten der dritten Klasse (Objekte mit vielen einfachen Konstruktionstätigkeiten und Routinevorgängen, geringer kreativer Anteil) zur Zeit sinnvoll mit KI-Methoden automatisiert werden kann.

Zu einem ähnlichen Ergebnis kommt Ohsuga /16/ der darüber hinaus die These aufstellt, daß für sehr komplexe Design-Vorgänge die heutigen Informationsverarbeitungssysteme nicht geeignet sind.

Der Einsatz von KI-Methoden im Engineering-Bereich ist bei der Entwicklung von VLSI's am weitesten fortgeschritten /26/. Ein bekannter Traum aus der KI-Forschung ist die Entwicklung eines Silicon Compilers der (in Analogie zu den Software Compilern) automatisch aus einer Softwarebeschreibung der Schaltkreise ein Chip-Layout erstellt /28/.

Simmons /25/ zeigt die allgemeine Entwicklung von KI-Methoden beim VLSI-Design auf. Von besonderer Bedeutung ist dabei das System EURISKO /13/. EURISKO (ursprünglich entwickelt zur Entdeckung neuer mathematischer Gesetze) wird nun eingesetzt zur Entwicklung dreidimensionaler VLSI-Strukturen.

Aus der Verbindung des allgemeinen relationalen Datenmanagement-Systems TIGRE und der objektorientierten KI-Programmiersprache PROLOG ist es gelungen, ein Anwendungssystem für CAD/VLSI zu generieren /1/.

Die schwierigsten Aufgaben bei der Entwicklung eines wissensbasierten Systems zur Konstruktions-Unterstützung sind die Einbringung und die Formalisierung des Expertenwissens (knowledge engineering).

Insgesamt gesehen hat die KI in diesem Bereich gerade begonnen erste Hilfestellungen zu geben. In nächster Zukunft wird deshalb sicherlich die Zahl spezieller wissensbasierter Systeme zur Konstruktionsunterstützung zunehmen.

Ein wichtiges Ziel wird dabei die Entwicklung einer "Konstruktions-Shell" sein, die vor allem die Funktionalität leistungsfähiger CAD-Systeme mit den obengenannten KI-Methoden vereinigt.

4 MENSCH-MASCHINE-KOMMUNIKATION

Als ein wesentlicher Engpaß bei der Einführung und beim rationellen Handling klassischer CAD-Systeme hat sich die Benutzerschnittstelle (user interface) herausgestellt. Die bei vielen gängigen Systemen verwendeten Menüfelder sind unübersichtlich und oft schwer interpretierbar. Neuere Entwicklungen im Bereich der künstlichen Intelligenz und der Software-Ergonomie bieten nun Lösungsmöglichkeiten an, die die Arbeit mit dem CAD-System wesentlich erleichtern können.
Als erstes wären hier Fenstersysteme zu nennen, die aus den Programmierumgebungen der KI (z.B. SMALLTALK /9/) entstanden sind. Fenstersysteme dienen zunächst zur Organisation der Ausgabe auf dem Bildschirm. Ein Fenstersystem ermöglicht die Unterteilung des Bildschirms in mehrere "virtuelle Bildschirme" (Fenster), die vom Anwendungssystem als Ausgabemedien genutzt werden können (Bild 1 zeigt ein Beispiel /6/).

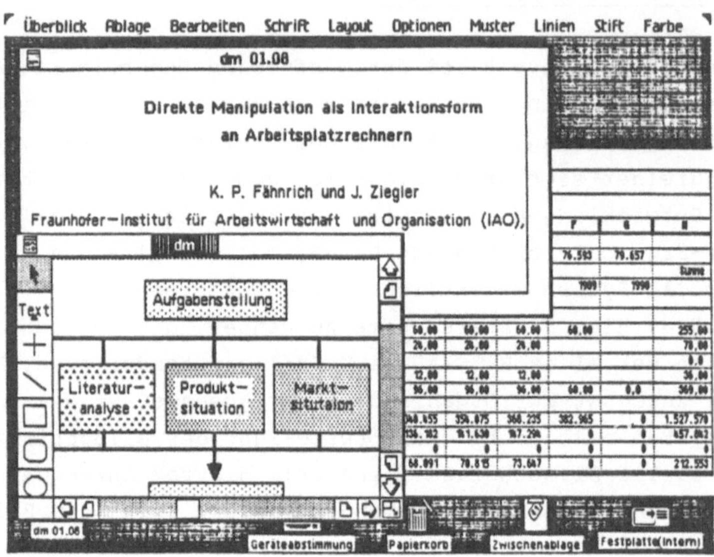

Bild 1: Beispiel für ein Window-System

Folgende Funktionsmerkmale heben Fenstersysteme gegenüber herkömmlichen Techniken ab /2/:

- o größeres Informationsangebot und bessere Nutzung des Bildschirms, insbesondere bei überlappenden Fenstern,
- o direkter Zugriff auf verschiedene Informationsquellen zur gleichen Zeit,
- o Integration und Austausch von Information aus verschiedenen Quellen durch bildschirmorientierte Interaktion,
- o gleichzeitige Kontrolle über mehrere Prozesse möglich,
- o Hilfe und Erinnerung durch spezielle Fenster,

- o Fenster als Rahmen für bestimmte Interaktionsmöglichkeiten, z.B. aktive Formulare,
- o multiple, simultane Repräsentation von Objekten und Aufgaben, z.B. verschiedene externe Darstellungen (Ansichten ein und desselben Objekts).

5 FUNKTIONALE INTEGRATION ANDERER CA-BEREICHE

5.1 Wissensrepräsentation geometrischer Objekte

Die Grundlage jeder CA-Integration ist die rechnerinterne Darstellung der Werkstücke, so daß alle Teilbereiche auf die Werkstückgeometrie zurückgreifen können. Es werden u.a. folgende rechnerinterne Repräsentationen von geometrischen Objekten unterschieden /22/:

- Raumbelegungs-Enumeration,
- Zelldekomposition,
- Constructive Solid Geometry (CSG),
- Sweeping,
- Interpolation,
- Boundary Repräsentation (BREP).

Über diese "Schicht" der rechnerinternen Repräsentation, die die geometrischen Fakten darstellt, kann mit Hilfe von KI- Methoden, insbesondere mit dem Prädikatenkalkül erster Stufe und der Sprache PROLOG eine zweite Repräsentationsschicht gelegt werden, die es ermöglicht:

a) Wissen über Objektgeometrie,
b) Wissen über Objektattribute,
c) Wissen über die geometrischen und topologischen Beziehungen zwischen Objekten

darzustellen.

Gero /8/ zeigt am Beispiel authonomaler Parallelepipede (Prismatische Körper) wie auf der Grundlage der geometrischen Fakten - Eckpunkte und deren Koordinaten - die topologischen Beziehungen zwischen Ecken und Kanten eines solchen Körpers mit Hilfe von PROLOG-Statements ausgedrückt werden können.

Durch Vorwärts- oder Rückwärtsinduktion (foreward-, backwardchaining), können damit z.B. folgende Aufgaben gelöst werden:

- Gegeben zwei Eckpunkte E1, E2 und ein Körper; bilden E1 und E2 eine Kante des Körpers?
- Gegeben E1 und E2; bei welchem Körper bilden E1 und E2 eine Kante?
- Gegeben Körper und E1 oder E2; welchen Endpunkt hat die Kante des Körpers, die in E1 bzw. E2 beginnt?
- Gegeben: nichts; gibt es Kanten?

Objekt-Attribute können ebenso formuliert werden. Beispiel: ein Objekt ist ein Würfel, wenn Länge, Breite und Höhe gleich sind.

Damit kann z.B. unter verschiedenen Körpern ein Würfel ausgesucht werden, so daß z.B. eine wissensbasierte Wiederholteilefindung möglich ist.
In ähnlicher Weise kann auch Wissen über Beziehungen zwischen Körpern (z.B. Körper A steht <u>neben</u> Körper B, A berührt B etc.) formuliert werden.

Henderson und Anderson /11/ geben ebenfalls in PROLOG die Repräsentation geometrischer Körper an, die durch Sweeping erzeugt werden können. Damit lassen sich schon recht allgemeine Objekte beschreiben, die z.B. prismatisch, zylindrisch oder eine Kombination aus beiden Formen sein können.

Ein wichtiges Anwendungsgebiet der Wissensrepräsentation geometrischer Objekte ist die CAD/CAPP-Integration.

5.2 CAD/CAPP-Integration

Wissensbasierte Fertigungsplanungssysteme wurden für spezielle Fertigungsarten (z.B. Stanzen /10/) entwickelt.
Sie gehen i.a. von einer hierarchischen Werkstückbeschreibung aus und sind objekttypgebunden, d.h. sie zerlegen das Werkstück in vordefinierte Objekttypen.

Ein sehr allgemeines Verfahren, das bestimmte 3D-Werkstücke in allgemeine Objekttypen zerlegt, wird in /11/ beschreiben.

Wegen der Eindeutigkeit wird die BREP-Darstellung von Objekten und nicht die CSG-Darstellung als Ausgangsinformation gewählt (Bild 2).

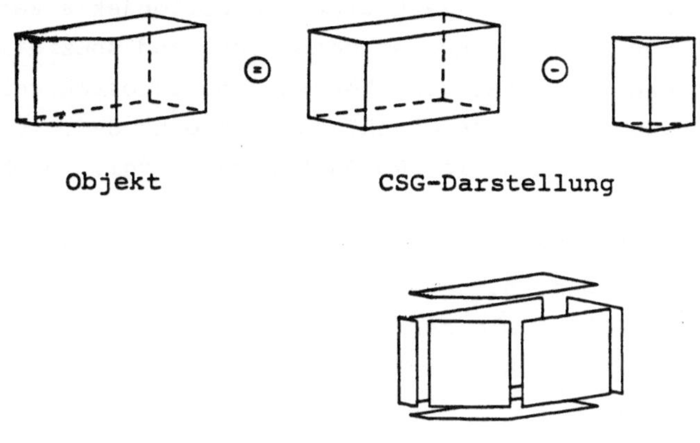

Bild 2: CSG- und BREP-Darstellung eines Objektes

Es werden folgende Stufen der Objektzerlegung unterschieden:

- Objekterkennung,
- Objekt-Extraktion und -Organisation.

In einem ersten Schritt wird durch den 3D-Modeler des CAD-Systems das Volumen des Fertigteils von dem des Rohteils subtrahiert. Der Restkörper stellt das abzutragende Material dar (Bild 3).

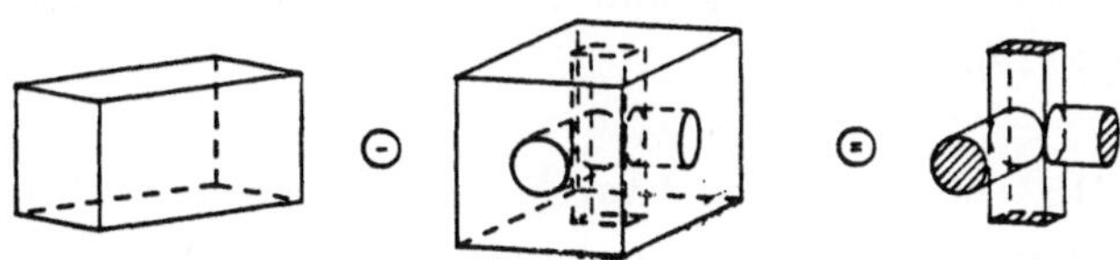

Bild 3: Restkörperermittlung

Anschließend werden die Eintrittsflächen (schraffiert) für das Werkzeug ermittelt. Eine Überprüfung auf das Vorhandensein von Eintrittsflächen kann nicht herstellbare Teilbereiche des Restkörpers feststellen.

Im nächsten Schritt wird der Restkörper in Teilobjekte zerlegt. Bei der Definition von Objekten können generische und spezielle Objekte unterschieden werden. Löcher z.B. können eine unterschiedliche Form haben, und trotzdem kann eine Objektklasse "Loch" definiert werden. Diese Eigenschaften können als PROLOG-Programm (vgl. Abschn. 5.1) formuliert werden.

Es können auch PROLOG-Programme zur Definition von Schlitzen, Taschen etc. geschrieben werden, die die Ermittlung dieser Objekttypen in Restkörpern ermöglichen. Die Zerlegung des Restkörpers erfolgt durch die schrittweise Ermittlung von Teilobjekten und deren Subtraktion vom Restkörper (Bild 4).

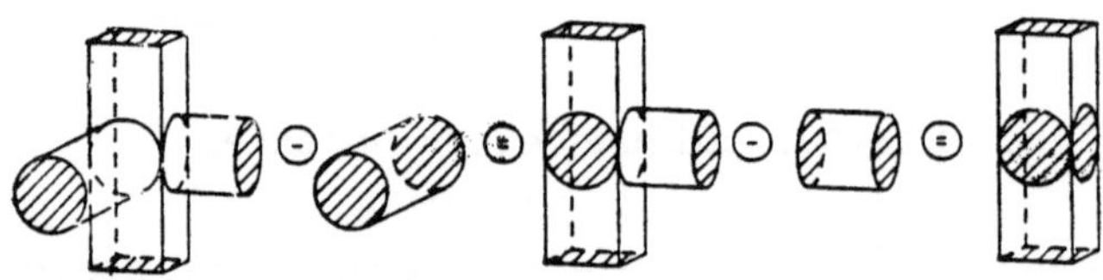

Bild 4: Zerlegung eines Restkörpers in Teilobjekte

Als Ergebnis der Zerlegung wird ein Objekt-Graph erstellt (Bild 5).

Diesem Objekt-Graphen können nun verschiedene Fertigungsoperationen (Bohren, Fräsen ...) zugeordnet werden, deren Reihenfolge durch den Objekt-Graphen festgelegt ist, und die die Grundlage für einen Arbeitsplan darstellen.

Nau und Chang /15/ beschreiben hierfür einen frame-orientierten Ansatz. Aus der Geometrie z.B. eines zylindrischen Loches (Tiefe, Toleranzen etc.) wird über Constraints, die die verschiedenen in Frage kommenden Fertigungsverfahren beschreiben, versucht, ein geeignetes Verfahren auszuwählen. Dabei muß neben der Geometrie des Werkstückes auch die Geometrie des Werkzeuges in Form von Kollisionsbetrachtungen berücksichtigt werden.

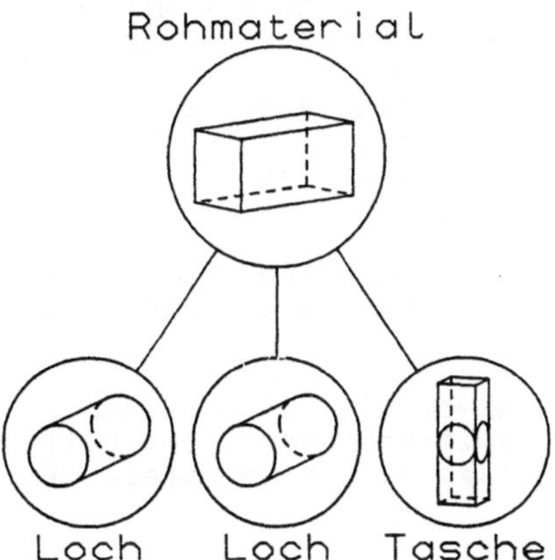

Bild 5: Objekt-Graph

Durch die Formulierung von Wissen über Werkstückgeometrien und Fertigungsverfahren läßt sich - zumindest für bestimmte Werkstückklassen - eine weitgehende Automatisierung der Arbeitsplanerstellung erreichen.

6 ZUSAMMENFASSUNG

An den Beispielen des Konstruktionsprozesses, der Mensch-Computer-Schnittstelle und der CAD/CAPP-Integration wurde kurz der Einsatz von KI-Methoden zur benutzerfreundlichen, problemnahen Gestaltung graphischer Datenverarbeitung gezeigt. Neben der Entwicklung spezieller Expertensysteme für den Konstrukteur wird vor allem die Anpassung von KI-Entwicklungsumgebungen an die CAD-Arbeitsweise und -Werkzeuge notwendig sein.

LITERATUR

/1/ Adiba, M.; Nguyen, G.T.: Knowledge Engineering for CAD/VLSI, on a Generalized Data Management System. In: Knowledge Engineering in CAD. J.S. Gero (Editor) North-Holland, 1985.

/2/ Balzert, H.; Hoppe, U.; Ziegler, J.: Fenstersysteme im Vergleich - Architektur, Leistungsfähigkeit und Eignung für die Anwendungsentwicklung. In: Bullinger, H.-J. [Hrsg.]: Software-Ergonomie '85. Mensch-Computer-Interaktion. Stuttgart: B.G. Teubner 1985.

/3/ Blume, C.; Levi, P.: Die Aufgaben von Experten-Systemen im Maschinenbau. In: 11. Intern. Kongreß Mikroelektronik- Schlüssel für Produkte von Morgen. München 13.-15.11.1984.

/4/ Brown, D.C.; Chandrasekaran, B.: Expert Systems for a Class of Mechanical Design Activity. In: Knowledge Engineering in CAD. J.S. Gero (Editor) North-Holland, 1985.

/5/ DIN 2221 (Entwurf), Methodik zum Entwickeln und Konstruieren technischer Systeme und Produkte. Verein Deutscher Ingenieure, Düsseldorf 1985.

/6/ Fähnrich, K.P.; Ziegler, J.: Direkte Manipulation als Interaktionsform an Arbeitsplatzrechnern. In: Bullinger, H.-J. [Hrsg.]: Software-Ergonomie '85. Mensch-Computer- Interaktion. Stuttgart: B.G. Teubner 1985.

/7/ Forgy, C.L.: OPS5 User's Manual; Technical Report CMV-CS-81-135, Carnegie-Mellon University, July 1981.

/8/ Gero, J.S.: Object Modelling through Knowledge Engineering. Manufacturing Systems 14 (1986), S.54-62.

/9/ Goldberg, A.; Robson, D.: Smalltalk 80. Addison-Wesley 1983.

/10/ Grasmück, R.; Guldner, A.: Wissensbasierte Fertigungsplanung in Stanzereien mit FERPLAN: ein Systemüberblick. Bericht aus dem KI-Labor am Lehrstuhl IV für Informatik, Universität des Saarlandes, 1985.

/11/ Henderson, M.R.; Anderson, D.C.: Computer Recognition and Extraction of Form Features: A CAD/CAM link. Computers in Industry, 5 (1984), S. 329 - 339.

/12/ Kochan, D. [Hrsg.]: CAM Developments in Computer Integrated Manufacturing. Berlin, Heidelberg, New York: Springer 1986.

/13/ Lenat, D.B.; Sutherland, W.R.; Gibbons, J.: Heuristic Search for New Microcirquit Structures: An Application of Artifical Intelligence. AI Magazine, Summer 1982, pp 17 - 26.

/14/ Maher, M.L.; Sriram, D.; Fenves, S.J.: Tools and Techniques for Knowledge Based Expert Systems for Engineering Design. Adv. Eng. Software, 6 (1984), S.178-188.

/15/ Nau, D.S.; Chang, T.-Ch.: Prospects for Process Selection Using Artificial Intelligence. Computers in Industry, 4 (1983), S. 253 - 263.

/16/ Ohsuga, S.: Conceptual Design of CAD Systems Involving Knowlege Bases. In: Knowledge Engineering in CAD. J.S. Gero (Editor) North-Holland, 1985.

/17/ o.V.: The Knowledge Engineering Environment (KEE) Intellicorp, California 1984.

/18/ Pratt, M.J.: IGES - The Present State and Future Trends. Computer Aided Engineering Journal, 1985, S.130-133.

/19/ Primio, F. di; Bungers, T.; Christaller, T.: BABYLON als Werkzeug zum Aufbau von Expertensystemen. In: Wissensbasierte Systeme. GI-Kongreß 1985, Berlin, Heidelberg, New York, Tokyo: Springer 1985.

/20/ Raulefs, P.: Expert Systems: State of the Art and Future Prospects. GWA '81, Bad Honnef.

/21/ Reiss, M.: Pixel Phasing - Rasterbildschirm ohne Stufen. CAE--Journal 3 (1985), S.27-30.

/22/ Requicha, A.: Representation for Rigid Solids. Theory, Methods and Systems. ACM Computing Surveys 12 (1980), S.437-464.

/23/ Roberts, R.B.; Goldstein, I.P.: The FRL Manual. AI-Memo 409, MIT, 1977.

/24/ Savory, E. [Hrsg.]: Künstliche Intelligenz und Expertensysteme. Forschungsbericht der Nixdorf Computer AG, Oldenbourg 1985.

/25/ Simmons, M.K.: Artifical Intelligence for Engineering Design. Computer-Aided Engineering Journal. April 1984.

/26/ Steinberg, L.I.; Mitchell, T.M.: A Knowledge Based Approach to VLSI CAD - the Redesign System. Proc. 21. ACM IEEE Design Automation Conference. 1984.

/27/ Tomiyama, T.; Yoshikawa, H.: Requirements and Principles for Intelligent CAD Systems. In: Knowledge Engineering in CAD. J.S. Gero (Edt.) North-Holland, 1985.

/28/ Werner, J.: The Silicon Compiler: Panacea, Wishful Thinking or old hat? VLSI Design, 1982, 3 Sept/Oct. pp 46 - 52.

Eine Graphikkomponente zur Integration von Zeigehandlungen in natürlichsprachliche KI-Systeme

Jürgen Allgayer
SFB 314
KI-Wissensbasierte Systeme
Universität des Saarlandes

Abstract:
Die Kombination von Sprache und Zeigen und damit das Schaffen einer natürlicheren Kommunikationsumgebung liefert in verschiedenen Bereichen eine Erhöhung der Akzeptanz von KI-Systemen. Das hier beschriebene System unterstützt als Teil einer natürlichsprachlichen Schnittstelle zu Expertensystemen den Aufbau einer Umgebung, in der Sprache und sprachbegleitende Zeigegesten kombiniert und kontextabhängig weiterverarbeitet werden. Innerhalb der auf dem Bildschirm visualisierten Umgebung kann eine Zeigegeste benutzt werden, die aus einem definierten Spektrum als für die gewünschte Äußerung geeignet ausgewählt wird. In vielen Fällen erlaubt erst die Kombination der Informationen aus der Analyse der Sprache und Gesten, das vom Benutzer intendierte Objekt zu extrahieren. Es besteht keine feste Zuordnung der Zeigepositionen innerhalb des Bildschirms zu den abgebildeten Objekten.

Diese Arbeit entstand im Rahmen des von der DFG geförderten SFB 314: Künstliche Intelligenz und wissensbasierte Systeme, Teilprojekt NS1: XTRA: Ein natürlichsprachliches Zugangssystem zu Expertensystemen.

1. Problemstellung

Ein wesentlicher Aspekt zur Erhöhung der Akzeptanz von KI-Systemen [1] , die in letzter Zeit vor allem in Form von Expertensystemen (vgl. Hayes-Roth83) einem breiten Publikum zugänglich gemacht werden, ist die Verwendung von Computergraphik. Sie dient zum einen dazu, visuelle Information in adäquater Form zu präsentieren, indem Daten optimal aufgearbeitet und visualisiert werden (z.B. in Form von Diagrammen oder Graphiken) (vgl. Newman86). Zum anderen stellt sie in der Phase des Wissenserwerbs innerhalb wissensbasierter System ein mächtiges Hilfsmittel dar, indem die Möglichkeit geboten wird, interaktive Graphiksysteme zur Eingabe oder zum Editieren von Datenmaterial auszunutzen.
Fenstersysteme erleichtern dies noch durch die Möglichkeit, dem Benutzer visuelle Information parallel zu herkömmlichen Methoden der Informationspräsentation anzubieten.
Insbesondere im Bereich natürlichsprachlicher Systeme (vgl. Winograd83) bietet sich diese Alternative. In Situationen, in denen Teile des Diskursbereiches visualisierbar sind, kann dies ausgenutzt werden, kurze Erklärungen in Kombination mit visueller Information zu verwenden. Die Möglichkeit, den angemessenen Kanal für die beabsichtigte Informationsvermittlung bereitzustellen, erhöht die Akzeptanz und Performanz der Systeme zusätzlich.
Innerhalb des Projektes XTRA, in dem ein natürlichsprachliches Zugangssystem zu Expertensystemen entwickelt wird, werden anhand eines Mini-Expertensystems, das beim Ausfüllen des Formulars zum Lohnsteuerjahresausgleich unterstützt, die Möglichkeiten und Vorteile untersucht, die sich ergeben, wenn dieses Formular gleichzeitig sichtbar ist.
Aur Vereinfachung der Benutzereingabe wird die natürlichsprachliche Eingabe um das Zeigen innerhalb des Formulars erweitert. Er kann nun Fragen wie

(1) *"Muß ich in das kleine Feld rechts neben der Spalte, in die ich eben meine Arbeitsstätte eingetragen habe, noch ..."*

verkürzen zu

(2) *"Muß ich hier [↗] noch ..."*,

bei der eine Zeigegeste innerhalb des Formulars verwendet wurde, die auf die in (1) komplex beschriebene Stelle zeigt.
Zusätzlich sollen Zeigegesten in Fällen, bei denen die Beschreibung allein nicht ausreicht, den vom Sprecher (Benutzer) gemeinten Referenten eindeutig zu bestimmen, zur Disambiguierung verwendet werden. Die Aussage

"Ich möchte in das grüne Feld die Summe eintragen."

ist innerhalb des Formulars, in dem sich mehrere grüne Felder befinden, nicht eindeutig aufzulösen. Wird die Aussage durch einen Zeigeakt ergänzt

"Ich möchte in das [↗] grüne Feld die Summe eintragen.",

so hilft dieser, das Feld eindeutig zu kennzeichnen.
Die Ausführung von Zeigehandlungen innerhalb des Formulars erfolgt durch Positionierung der Maus (einer Pointing-Device, die Bewegungen auf dem Schreibtisch umsetzt in dazu analoge Bewegungen eines [Maus-]Cursors auf dem Bidschirm) innerhalb des Formulars und Fixierung der Position mittels einer Maus-Taste.
Um Formulare auf dem Bildschirm zur Verfügung zu stellen, ist ein System zum interaktiven Formularaufbau entwickelt worden. Es genügt nicht, eine von einem Scanner gelieferte Bit-Map auf

[1] Eine Einfuehrung in Kuenstliche Intelligenz bietet z.B. Nils J. Nilssons Principles of Artificial Intelligence (vgl. Nilsson82)

dem Bildschirm sichtbar zu machen. Dabei würde keinerlei Struktur verwertbar sein, da keine Entitäten zur Strukturierung vorlägen.
Diese Strukturierung des Formulars erfolgt parallel zum Aufbau des Formulars, indem der Designer gleichzeitig bei der Definition eines Formularbereiches dessen Einordnung in die innere Struktur des Formulars festlegt.
Es ist vorstellbar, daß diese im Moment noch manuell ausgeführte Arbeit in Zukunft einmal von einem Bildverstehenden System erledigt wird, das die geometrischen, äußeren Strukturen eines Formulars erkennt, Bereiche extrahiert, und schließlich deren Zusammenhänge, die mit Hilfe von Wissen über die jeweilige Domäne inferiert werden, expliziert.
Es ist nicht möglich, komputational geeignete Anordnungen der Formularbereiche festzulegen, bei denen keine Überlappungen oder Überschneidungen vorkommen. Dies würde zwar den Vorteil liefern, jede Zeigegeste eindeutig interpretieren zu können, da jeder Bildpunkt genau einem Bereich des Formulars zugeordnet ist, schlösse aber die Abbildung existierender Formulare aus.
Für gängige Formulare ist es daher notwendig, die Auswertung der Zeigegeste genauer zu untersuchen und festzulegen.
Das System stellt dem Benutzer verschiedene Arten des Zeigens zur Verfügung, aus denen er sich die für die aktuelle Zeigegeste geeignete auswählen kann. Über die Auswertung der Zeigegeste soll er sich keine Gedanken machen, das System wird versuchen, den im vorliegenden Kontext geeignetsten Kandidaten der von der Zeigegeste angesprochenen Felder herauszufinden.

Das zweite Kapitel der vorliegenden Arbeit stellt die Möglichkeiten vor, die das System dem Benutzer zur Verfügung stellt, um ein Formular aufzubauen und zu strukturieren.
Zunächst werden die nötigen Operationen vorgestellt, die Geometrie eines Formulars zu definieren, seine Visualisierung auf dem Bildschirm möglichst naturgetreu zu gestalten und Fehler beim Entwurf zu korrigieren.
Danach wird die Konstruktion des *Organisationsgraphen*, der die Struktur des Formulars repräsentiert, beschrieben. Es stehen hier Operationen zur Verfügung, die Struktur des Graphen zu ändern, zu erweitern oder zu korrigieren.
Das dritte Kapitel geht auf die Beschreibung der Zeigearten und deren Auswertung ein.
Es werden hier zwei verschieden Arten des Zeigens unterschieden, die *taktile* und die *umgreifende Zeigegeste*. Für die erste werden zusätzliche Informationen über den Grad der Ungenauigkeit vom Benutzer gegeben, für die andere werden diese Daten aus der Zeigegeste ermittelt.
Schließlich wird der Organisationsgraph dazu benutzt, Informationen über die Qualität der Zeigegeste von einigen Knoten ausgehend über den gesamten Graphen zu verteilen.

2. Formularkonstruktion und Organisation der Formularfelder

2.1. Formularkonstruktion

Die Bildschirmaufteilung, mit der sich das System dem Benutzer vorstellt, hängt davon ab, ob ein Formular erstellt bzw. verändert (vgl. Figur 2.2), oder ob ein aufgebautes Formular als zusätzliche Information während eines Dialogs zur Verfügung gestellt werden soll (vgl. Figur 2.1). In der letzten Konfiguration ist lediglich das Formular zu sehen, nicht der Organisationsgraph.
In der Konfiguration, bei der ein Formular erstellt wird, teilt sich der Bildschirm in folgende Teile auf (vgl. Figur 2.2):

* Der *Formularkonstruktionsbereich* definiert eine Region, in der die Geometrie des Formulars festgelegt wird. Innerhalb dieser Region läßt sich das Formular editieren, ändern und schließlich als Datei sichern.
* Der *Organisationsgraph* beschreibt die Struktur der verschiedenen Teile des Formulars. Dieser Graph ist editierbar, es können Verbindungen zusätzlich zu den automatisch erzeugten hinzugefügt oder gelöscht werden.

* Über den *Dialog* läuft der normale In-/Output.
* In *Echo* wird der Benutzer mit verschiedenen Informationstexten zur Unterstützung der Editierarbeit versorgt. So hat er jederzeit einen Überblick über den aktuellen Systemzustand, in dem er sich befindet.

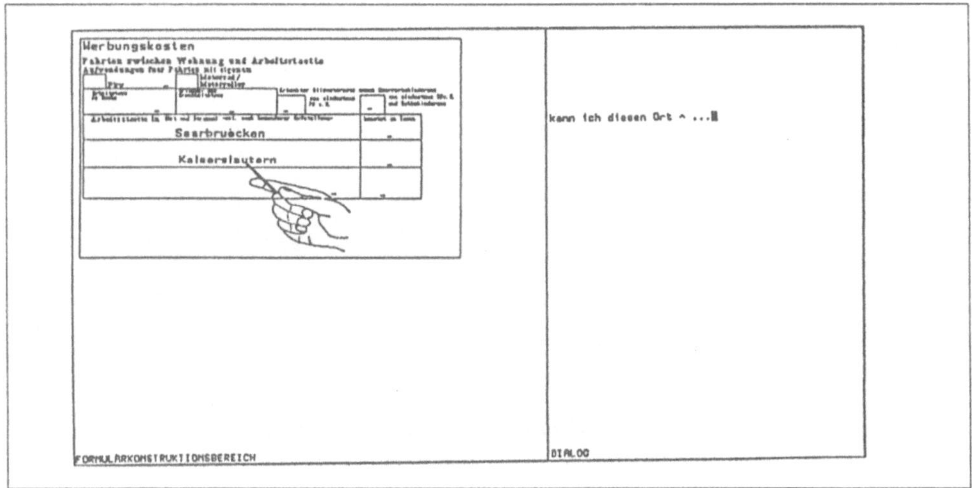

Figur 2.1: Konfiguration bei Formulareinsicht während des Dialogs

Der Aufbau des Formulars geschieht durch iterative Definition von Rechtecken und deren Zusammenstellung zu einem Formular innerhalb des Formularkonstruktionsbereichs. Die Menge aller Rechtecke und deren räumliche Anordnung liefert schließlich das endgültige Formular. Einzelne Rechtecke werden durch die zwei Punkte 'linke obere Ecke' und 'rechte untere Ecke' definiert, die mit der Maus ausgewählt werden.
Um die Koordinaten der Eckpunkte leichter bestimmen zu können, wird der Maus-Cursor während dieses Prozesses in ein Fadenkreuz umgewandelt, mit dem die Punkte anvisiert werden können. Die das Kreuz aufspannenden Linien sind innerhalb des gesammten Formularkonstruktionsbereiches sichtbar (vgl. Figur 2.3). Damit kann ein Koordinatenpunkt ausgewählt werden, der exakt im Schnittpunkt der Verlängerung zweier existiernder Bereichskanten liegt.

Damit Formulare erstellt werden können, die größer sind als der Formularkonstruktionsbereich, ist dieser "scrollable". D.h. mit Hilfe der Maus kann das eigentliche Formular so unter den Formularkonstruktionsbereich positioniert werden, daß der im Interesse stehende Teil sichtbar ist.
Um das Editieren zu vereinfachen, ist mit jedem Feld ein Menu assoziiert, das eine Menge von Operationen zur Verfügung stellt:

* Nachträgliches *Ändern der Größe* und *Festlegen einer neuen Position* eines Feldes.
* *Löschen falsch (überflüssig) eingetragener Felder.*
* *Beschriftung von Feldern.*
  Diese Option ist nicht für alle Felder erlaubt, sie taucht daher nur dann im Menu auf, wenn tatsächlich Werte in ein Feld eingetragen werden können.

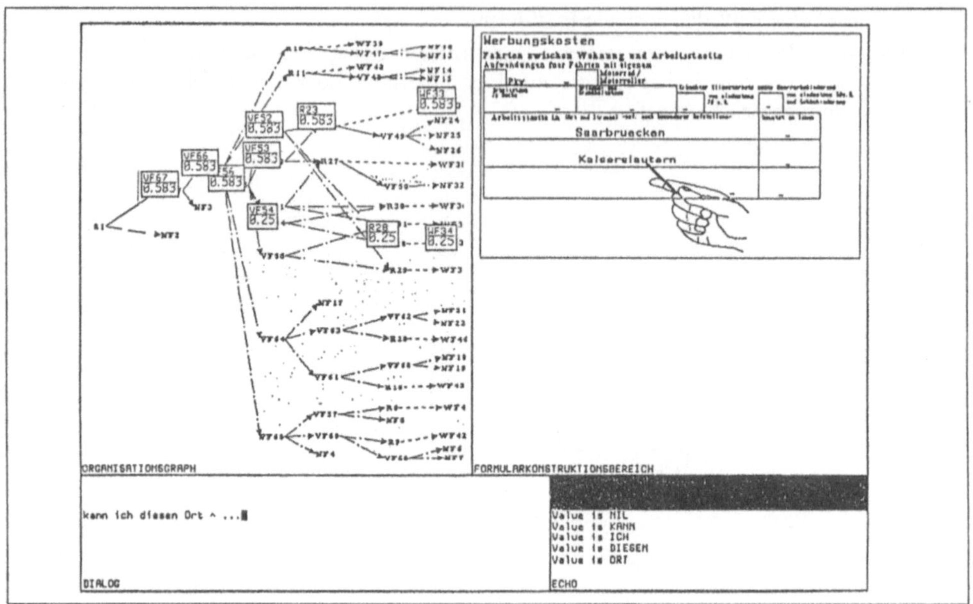

Figur 2.2: Konfiguration beim Formularaufbau

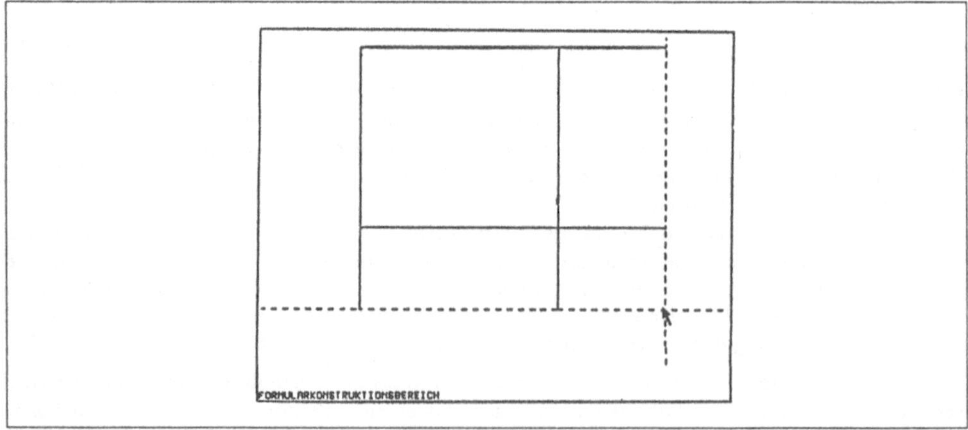

Figur 2.3: Eckpunktdefinition

* *Korrektur fehlerhafter Einträge.*
Beschriftungen und Werteinträge in das Formular können nachträglich korrigiert werden.
* *Ändern des Schrifttyps für einen Eintrag.*
Um ein möglichst naturgetreues Abbild von Formularen entwickeln zu können, ist es nötig, die verschiedene Schrifttypen, die in gängigen Formularen auftauchen, nachbilden zu können. Für Strings, die Namen oder Werte innerhalb des Formulars graphisch repräsentieren, sind deshalb verschiedene Schrifttypen vorgesehen. Die Auswahl des gewünschten Schrifttyps erfolgt aus den innerhalb des Fontmenus (vgl. Figur 2.4) vorgeschlagenen Alternativen.

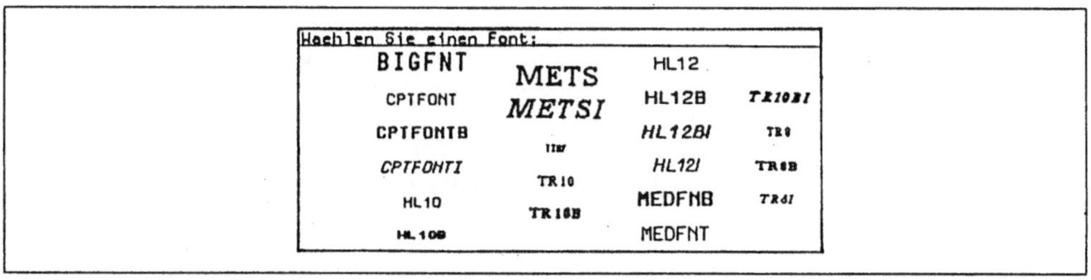

Waehlen Sie einen Font:
BIGFNT
CPTFONT
CPTFONTB
CPTFONTI
HL10
HL10B
METS
METSI
TR10
TR10B
HL12
HL12B
HL12BI
HL12I
MEDFNB
MEDFNT

Figur 2.4: Fontmenu

2.2. Organisierungsmöglichkeiten für Formularteile

Die Knoten des Netzes

Um die bisher definierte Formulargeometrie strukturieren zu können, sind mit Feldern innerhalb des Formulars Knoten assoziiert. Die Knoten werden bei der Definition der Felder erzeugt und in den Organisationsgraph eingegliedert. Entsprechend den Eigenschaften des (assoziierten) Feldes innerhalb des Formulars gehören die Knoten einem bestimmten Typ an.
Es stehen vier verschieden Feldtypen zur Auswahl, die nach Entwurfsaspekten gewählt werden.
Soll das Feld optisch als Zusammenfassung verschiedener anderer Felder zu erkennen sein, so entspricht es einem *Rahmen*, dessen Visualisierung innerhalb des Formulars ein Kästchen um den betreffenden Feldbereich zeichnet.
Die konstituierenden Bestandteile eines Formulars sind *Namensfelder*, in denen Strings sichtbar gemacht werden, und *Wertfelder*, in die Werte eingetragen werden können. Die Knoten dieser Felder haben keine Nachfolger im Graphen. Sie sind Elemente, die innerhalb von Rahmen oder Virtuellen Feldern zusammengefaßt werden.
Virtuelle Felder definieren sich als Zusammenfassung verschiedener existierender Teile des Formulars, die auf dem Formular nicht durch eine Einrahmung expliziert (visualisiert) wird. So können bestimmte Sichtweisen auf die Formularbereiche modelliert werden. Diese alternativ zu den auf dem Formular sichtbaren Strukturen ermöglichen es, Zusammenhänge von nicht beieinanderliegenden Feldern oder prinzipiell andere Strukturkriterien zuzulassen.

Die Elemente des Organisationsgraphen und die Elemente des Formulars sind zwei Sichten auf die darunterliegende frameartige Struktur der Objekte, in denen die Merkmale, die Formularfelder definieren, festgehalten sind. Die Knoten des Graphen werden als symbolische Repräsentation der

durch die Felder gezeigten geometrischen Eigenschaften von Formularteilen aufgefasst.
Den Knoten sind vom System verwaltete, interne Namen zugeordnet. Ein Knotenname besteht aus einer Typkennung (**NF** für Namensfeld, **WF** für Wertfeld, **R** für Rahmen, **VF** für Virtuelles Feld) und einer fortlaufend vergebenen Nummer (also z.B. **NF57**)(vgl. dazu auch den Organisationsgraphen aus Figur 2.2).

Die Kanten des Netzes

Um aus der Knotenmenge einen Graphen aufbauen zu können, ist die gerichtete Verbindung zweier Knoten möglich. Die Verbindung steht für die Relation *"inside-of"*: der Zielknoten befindet sich geometrisch innerhalb des Startknotens.
Diese Verbindungen werden, soweit das möglich ist, automatisch erzeugt. Z.B. muß die Verknüpfung zwischen einem Rahmen und einem Namens- oder Wertfeld, das explizit für diesen Rahmen definiert wurde, nicht vom Formulardesigner eingetragen werden.
Innerhalb der Kanten ist außerdem im *Kantentyp* festgehalten, welchen Typs Start- bzw. Zielknoten sind. Diese Information ist redundant, wird aber in einem anderen Teil des Systems (vgl. den Abschnitt Bewertungen von Zeigeakten) ausgenutzt und dient der Steigerung der Effizienz.
Ein Knoten kann mehrere Vorgänger besitzen (i.a. ist dann nur ein Knoten dieser Vorgängermenge vom Typ 'Rahmen', die anderen vom Typ 'Virtuelles Feld'). Dadurch entsteht ein zyklenfreier, gerichteter Graph mit ausgezeichnetem Startknoten (kein Baum, vgl. Organisationsgraph aus Figur 2.2).

2.3. Ein Editor für den Organisationsgraphen

Um den Graphen bequem aufbauen zu können, müssen sowohl Knoten als auch Kanten editierbar sein. Gekoppelt mit dem Bereich, in dem das Organisationsnetz sichtbar ist, ist ein Menu, das einige allgemeine Editieroperationen anbietet:

* *Definition von Virtuellen Feldern.*
  Knoten zu Virtuellen Feldern werden nicht innerhalb des Editierbereichs definiert (da sie ja innerhalb des Formulars nicht sichtbar sind), sondern innerhalb des Organisationsnetzbereichs. Für einen neu eingeführten Knoten eines Virtuellen Feldes werden alle Nachfolger und Vorgänger spezifiziert, die Verbindungen angelegt und mit entsprechenden Typattributen belegt. Nach dem Einfügen in das Netz kann dieser Knoten an eine geeignete Position verschoben werden.
* *Definition einer neuen Verbindung.*
  Durch Auswahl eines Start- und Zielknotens mittels Maus wird eine neue Verbindung im Organisationsnetz aufgebaut.

Befindet sich die Maus in einem Knoten oder einer Kante, werden in einem Menu alle für dieses Item sinnvollen und zulässigen Operationen gesammelt und zur Verfügung gestellt (vgl. Figur 2.5).

Als **Operationen für Knoten des Graphen** stehen z.B. zur Verfügung:

* Das *Verschieben eines Knotens* innerhalb des Organisationsnetzbereiches, um eine übersichtliche Aufteilung des Graphens zu ermöglichen. Die von einem verschobenen Knoten ausgehenden und auf ihn weisenden Kanten werden nach der Positionierung neu berechnet und gezeichnet. Das Nachführen der Kanten während des Positioniervorgangs ist nicht implementiert, um die durch die evtl. große Zahl von Kanten auftretende Verzögerung durch die nötigen Berechnungen zu vermeiden (Flimmern, Springen und 'Nachziehen' der Linien).
* *Beschreibung der spezifischen Knotendaten.*
  Diese Operation liefert in einem Menu alle Daten, die diesen Knoten beschreiben.

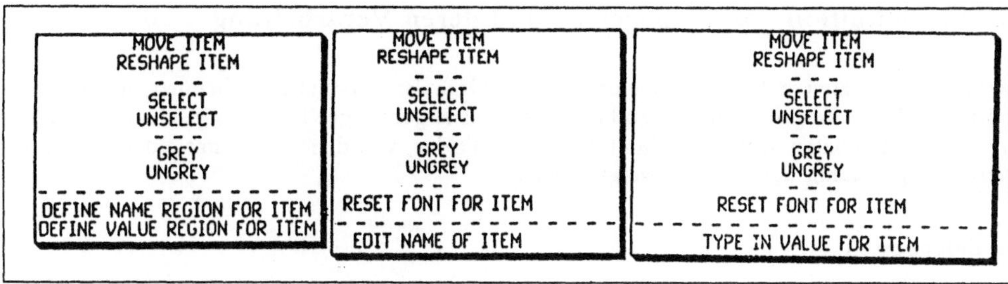

Figur 2.5: Knotenspezifische Menus

* *Löschen eines Virtuellen Feldes.*
  Knoten, die nicht durch explizites Definieren eines Feldes im Formular definiert wurden (= Virtuelle Felder als nichtsichtbare Zusammenfassung) können aus dem Graphen gelöscht werden. Dabei wird die Transitivität der Relation *"inside-of"* aufrechterhalten, d.h. Vorgänger und Nachfolger, die vorher über diesen Knoten implizt verbunden waren, werden jetzt explizit verbunden. Die Kanten werden automatisch mit entsprechenden Typen versehen.
* *Namensänderungen.*
  Die Systemnamen der Knoten können vom Benutzer abgeändert werden, um mnemotechnische Kürzel zu vergeben. Die Verwaltung der selbstdefinierten Namen liegt beim Benutzer (doppelt vorkommende Namen etc.). Auf dem Bildschirm erscheint für diesen Knoten der neue Name. Die Start- und Zielpositionen der Kanten sind angepaßt, um einen übersichtlichen Graphen zu erhalten.

Die Verbindungen der Knoten sind durch Pfeile dargestellt. Der Pfeilschaft spiegelt durch verschiedene Schraffuren den Typ der Verbindung wider.
Um Kanten zu definieren, die nicht automatisch generiert wurden, wird das mit dem Organisationsnetz assoziierte Menu beutzt. Hiermit können Kanten durch Festlegung von Start- und Zielknoten definiert werden. Die Attributierung der Kanten mit dem Kantentyp erfolgt automatisch.

Einige **Operationen für Kanten des Graphen** zeigt die folgende Aufstellung:

* *Löschen von Kanten.*
  Jede Kante kann explizit gelöscht werden. Die Verwaltung der evtl. auftretenden separierten Teilgraphen wird dem Benutzer überlassen.
* *Ändern des Typattributes.*
  Nachträgliches Ändern oder Korrigieren des (automatisch erzeugten) Typattributs ist möglich.
* *Ändern von Start- und Zielknoten einer Kante.*
  Für eine Kante kann der angegebene Start- bzw. Zielknoten neu definiert werden. Dies geschieht durch Auswahl eines neuen Start- bzw. Zielknotens aus dem Graphen mittels der Maus.
* *Beschreibung der Kantendaten.*
  Diese Operation liefert in einem Menu alle spezifische Daten, die diese Kante beschreiben.

3. Die Definition von Zeigegesten und deren Verarbeitung

Innerhalb des erwähnten Rahmensystems wird das Organisationsnetz dazu benutzt, innerhalb des Formulars erfolgte Zeigehandlungen zu bewerten. Das Ergebnis der Bewertung soll eine geordnete Menge von Kandidaten sein. Die Kandidaten sind Felder, von denen man mit einer bestimmten Sicherheit sagen kann, daß auf sie gezeigt wurde.

3.1. Zeigegesten

Es wird nur ein Teil aller möglichen Zeigegesten betrachtet, und zwar die *taktilen Zeigegesten*, also diejenigen, bei denen das Formular berührt wird. Da kein optisches Feedback darüber erfolgt, innerhalb welchen Feldes sich die Maus gerade befindet und außerdem übergeordnete, d.h. umgreifende Bereiche gemeint sein könnten, ist die Geste nicht (immer) eindeutig.
Hierin liegt gerade der Unterschied zu herkömmlichen Systemen, bei denen mit einer Maus "gezeigt" werden konnte. Bisher bedeutete dies, kontextunabhängige, vorstrukturierte Alternativen eindeutig anzuwählen. Jetzt ist der Vorgang des Auswählens zunächst mehrdeutig, und er muß abhängig von der Situation bewertet werden.
Die verschiedenen alternativen Ziele, die mit einer Zeigegeste gemeint sein konnten, erhalten deshalb eine Bewertung, die als *Zeigegüte* interpretiert wird. Zur genaueren Berechnung und Verarbeitung der Zeigegüte wird im Teil *Bewertungen von Zeigegesten* Näheres beschrieben.

Außer dem taktilen Zeigen ist es möglich, zu zeigen, indem ein Bereich umfahren wird (*Umgreifendes Zeigen*). Dies wird häufig bei größeren Feldern benutzt, oder dann, wenn es sich bei dem zu Zeigenden um eine Zusammenfassung anderer Teile handelt.

Mit der Auswahl der taktilen Zeigegeste ist eine Aussage über den Grad der Ungenauigkeit verbunden, mit der die Zeigegeste auszuführen ist. Um diese *Graduierung von Zeigegenauigkeiten* zu erhalten, stehen (bis jetzt) drei Stufen zur Auswahl:

* *Punktuelles, exaktes Zeigen*, so wie man es mit einem spitzen Bleistift auf dem Formular tun würde, um kleine Dinge (Felder / Strings / Ziffern) zu zeigen.
* *Fein flächenhaftes Zeigen* als erste Stufe der Ungenauigkeit. Sie soll dem Zeigen mit dem Zeigefinger entsprechen.
* Zuletzt *grob flächenhaftes Zeigen*, etwa die Entsprechung der Richtungsangabe mit der ganzen Hand.

Die Auswahl der aktuellen Zeigeart und -genauigkeit erfolgt über das Zeigegenauigkeitenmenu (vgl. Figur 3.1), in dem für jede zur Verfügung stehende Zeigegenauigkeit ein Ikon angeboten wird. Durch Auswahl eines Ikons aus dem Zeigestärkemenu wählt man implizit die Zeigeart (=> taktil) und explizit die Zeigegenauigkeit (Größe der Ungenauigkeit).

Das eigentliche Zeigen geschieht durch Positionieren des Maus-Cursors (der die Gestalt des gewählten Ikons angenommen hat) und einen Maus-Click an der gewünschten Stelle (ein Beispiel für exaktes Zeigen ist in Figur 2.2 zu sehen.).
Umgreifendes Zeigen ist durch ein eigenes Ikon (@) gekennzeichnet. Die Zeigegeste beginnt mit dem Herunterdrücken einer Maustaste und endet mit deren Loslassen. Der inzwischen von der Maus umfahrene Bereich wird zur Bestimmung der Zeigefläche herangezogen.

3.2. Bewertung von Zeigegesten (Ausnutzen des Graphen)

Die Größe der Ungenauigkeit, die für einen Zeigeakt gewählt wurde, wird auf eine *Zeigefläche* abgebildet. Das Ausmaß der Zeigefläche ist proportional der Ungenauigkeit. Durch die Existenz

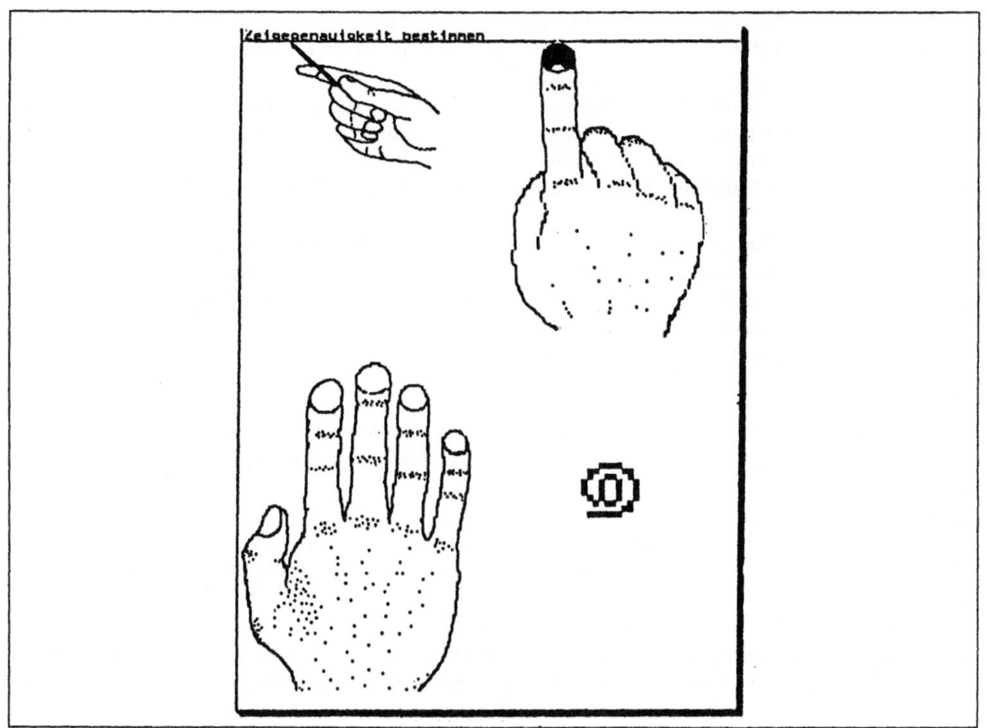

Figur 3.1: Zeigegenauigkeitenmenu

dieser Fläche besteht nun die Möglichkeit, existierende Formularfeldflächen und gewählte Zeigfläche zu vergleichen.
Die Bestimmung der Zeigefläche bei umgreifenden Zeigegesten geschieht folgendermaßen: während der Mausbewegung bis zu dem die Zeigegeste beendenden Loslassen der Maustaste werden die in diesem Zeitraum überfahrenen Koordinaten gesammelt. Aus ihnen werden die Extremwerte für x- und y-Positionen (Maximum und Minimum) extrahiert und die Seitenlängen und das Zentrum des durch sie definierten Rechtecks berechnet. Die Größe des Rechtecks wird verarbeitet als Zeigefläche, das Zentrum als *Zeigeposition*. Bei taktilen Zeigegesten ist die Zeigefläche proportional der gewählten Ungenauigkeit festgelegt, d.h. jedem Ikon ist eine Konstante zugeordnet, die die Größe der Zeigefläche bestimmt. Die die Zeigeposition bestimmende Stelle ist innerhalb der Ikonen sichtbar gemacht (zum "Anpeilen" des Zentrums).
Als Maß für die Güte einer Zeigegeste fliessen verschiedene Aspekte in die Bewertung ein.
Die *absolute Entfernung von Zeigeposition zu einem Feld* soll dazu führen, weit entfernte Felder schlechter zu bewerten als naheliegende.
Das *Verhältnis der Größe eines Feldes und der Größe des Anteils der Zeigfläche, die sich während der Zeigegeste innerhalb dieses Feldes befand*, soll kleine Felder, die durch eine Zeigegeste berührt wurden, besser bewerten als große.
Die explizite Berechnung von Güten für Felder, die in den assoziierten Knoten des Graphen abgelegt werden, geschieht nur für Blätter (terminale Knoten) des Graphen, d.h. Namens- und Wertfelder als konstituierende Elemente des Formulars. Für alle anderen Knoten werden diese berechneten

Werte entlang der Kanten des Organisationsgraphen propagiert. Dabei wird das Typattribut der Kanten ausgenutzt, um die zu propagierenden Werte gemäß *Gewichtsfunktionen* zu variieren, die mit den einzelnen Knotentypen assoziiert sind.
In einem besonderen Modus des Systems kann diese Propagierung beobachtet werden. In jeden Propagierungsschritt wird für betroffene Knoten des Graphen ein Window erzeugt, das die neue, propagierte Güte des Knotens zeigt. Der Benutzer bestimmt den Zeitpunkt des nächsten Propagierungsschrittes durch eine beliebige Tastatureingabe. Damit kann jede einzelne Änderung der Güten nachvollzogen werden.
Um noch grösseren Einfluß auf die Berechnung der Güten zu bekommen, ist jedem Knoten ein numerischer Faktor zwischen 0 und 1 zugeordnet, mit dem die zu propagierenden Werte multpliziert werden. So kann für ein vollständig erstelltes Formular durch einige Testläufe ein optimales Tuning vorgenommen werden, um eine möglichst natürliche Kandidatenbewertung zu erzielen (Figur 2.2 zeigt den Graphen während einer Propagierung).

Man findet in Formularen häufig die Situation, daß Felder, die durch einen Rahmen hervorgehoben werden, eine Bezeichnung erhalten, die in unserem Sprachgebrauch gerade den Namensfeldern entsprechen. Deren Güte würde mit einer anderen Gewichtsfunktion an den Rahmen propagiert als bei einem Fall, bei dem auf ein kleines Feld gezeigt, aber ein übergeordnetes, größeres Feld gemeint war (*pars-pro-toto-Zeigen*).
Diese Gewichtsfunktionen sind abhängig von den unterschiedlichen Kantentypen. So sollen mit verschiedenen Verbindungstypen unterschiedliche Gewichtungen für die Propagierung verknüpft werden.
Ein weiterer Aspekt, der bei der Propagierung beachtet wird, ist die *Länge des Pfades, den eine Bewertung schon zurückgelegt hat.* Je weiter sie in das Netz "eindringt", um so geringer wird ihr Wert. Damit soll gewährleistet werden, daß die Sicherheit geringer wird, je öfter die Zeigegüte propagiert wurde, d.h. je weiter man von der Stelle entfernt ist, an der sie berechnet wurde.

4. Implementation

Das System wurde auf einer Lispmaschine Symbolics 3600 implementiert. Sie verfügt über einen 'flimmerfreien Ganzseiten-Graphik-Bildschirm, der von einem Motorola 68000 Mikroprozessor kontrolliert wird.
Der Bildschirm enthält 1150 x 900 einzeln ansprechbare Pixel, die mit einer 60 Hz Bildwiederholrate aufgefrischt werden.
Neben einer Spezialtastatur mit 100 Tasten steht eine 3-Tasten-Maus zur Verfügung.
Der Lisp-Dialekt der Symbolics-Maschinen ist *Zeta-LISP* (vgl. Symbolics85), eine Weiterentwicklung von Mac-LISP. Zusätzlich stellt die Maschine ein Flavor-System zur Verfügung, in der die gesammte Systemsoftware implementiert ist.
Flavors unterstützen objektorientiertes Programmieren. Es werden zunächst alle *Objekte* spezifiziert, die in einem bestimmten Aufgabenbereich auftreten.
In diesen Objekten werden statische Information in Form von *Instanzvariablen* festgehalten. Diese Instanzvariablen sind vergleichbar mit den Slots eines Frames.

Nach dem Festlegen der Objektmenge muß nun spezifiziert werde, welche *Operationen auf Objekten* notwendig sind.

Diese Operationen werden über *Nachrichten*, die einem Objekt gesendet werden, angestossen.
Jedes Objekt kennt eine Menge von Nachrichten, auf die es durch Ausführung bestimmter *Methoden* (vergleichbar mit Prozeduren) reagieren kann. Die Menge aller erlaubten Nachrichten an ein Objekt nennt man sein *Protokoll*.
In den Methoden wird auf die Instanzvariablen des Objekts zugegriffen, sie werden gelesen und/oder verändert.

Um die vorhandenen Objekte strukturieren zu können, können für jedes Objekt *Superobjekte* angegeben werden. Damit läßt sich eine Objekthierarchie aufbauen, die dazu benutzt wird, gemeinsame Eigenschaften von Objekten einmal zu beschreiben und sie allen abhängigen Objekten zu *vererben*. Die Objekthierarchie wird zum *Vererbungsnetz*, in dem die Pfade festgelegt sind, auf denen ein Objekt von seinen Superobjekten (und deren Superobjekten ...) Eigenschaften in Form von Instanzvariablen und Methoden zu bestimmten Nachrichten ererbt und damit selbst zur Verfügung hat.
Diese Vorgehensweise liefert eine starke Modularisierung und vereinfacht damit das Verstehen größerer Programmsysteme. Gleichzeitig unterstützt sie darin, Informationen an nur einer Stelle zu definieren (und somit den Aufwand bei etwaigen Änderungen gering zu halten).
Die Objekte sind aufzufassen als Typ- oder Klassenbeschreibung vorkommender Entitäten, in denen für alle auftretenden Situationen die nötigen Operationen definiert sind. Der Übergang zu tatsächlich im Aufgabenbereich auftretenden Dinge erfolgt durch *Instantiierung* eines Objekts. Eine Instanz stellt eine bestimmte Ausprägung einer Klasse (eines Objekts) dar, in dem die vorgesehenen Instanzvariablen bestimmte Werte besitzen: eine Instanz verhält sich zu einem Objekt wie z.B. Mozart zur Menge der Komponisten.

Im vorgestellten System wurden folgende Objekte definiert: *BASIC-ENTITY* als Zusammenfassung der für alle Knoten obligatorischen Daten (in Form von Instanz-Variablen) und deren Be- und Verarbeitung (in Form von Methoden zu Nachrichten). Von diesem Objekt gibt es keine Instanzen, es beschreibt lediglich die Basis zum Aufbau einer Objekthierarchie. In ihm sind die grundlegenden Methoden gesammelt, die die Editieroperationen innerhalb des Formularkonstruktionsbereiches bzw. des Organisationsnetzes bilden (vgl. Figur 4.1).

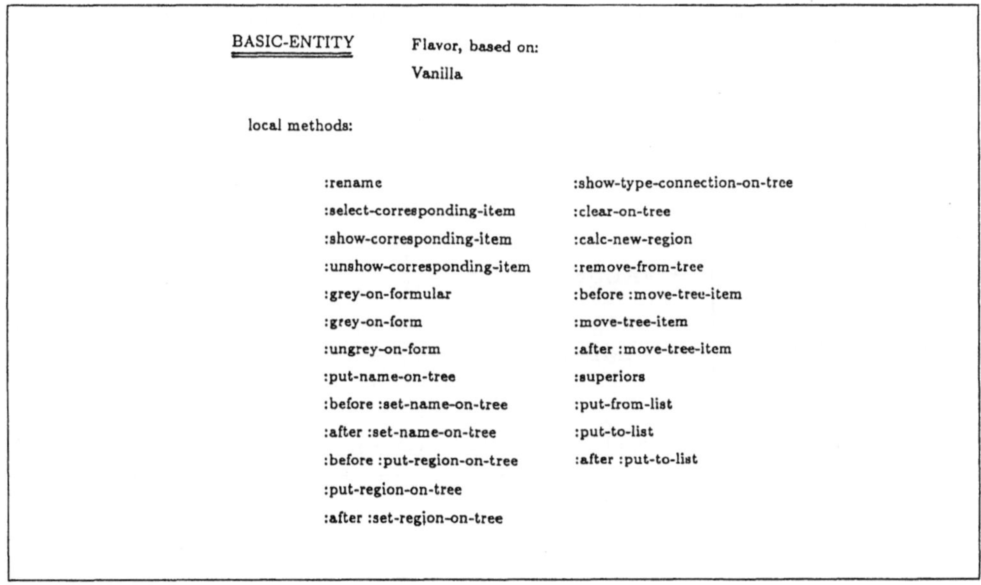
BASIC-ENTITY Flavor, based on: Vanilla

local methods:

:rename	:show-type-connection-on-tree
:select-corresponding-item	:clear-on-tree
:show-corresponding-item	:calc-new-region
:unshow-corresponding-item	:remove-from-tree
:grey-on-formular	:before :move-tree-item
:grey-on-form	:move-tree-item
:ungrey-on-form	:after :move-tree-item
:put-name-on-tree	:superiors
:before :set-name-on-tree	:put-from-list
:after :set-name-on-tree	:put-to-list
:before :put-region-on-tree	:after :put-to-list
:put-region-on-tree	
:after :set-region-on-tree	

Figur 4.1: BASIC-ENTITY-Protokoll

Es wurde dabei Gebrauch gemacht von Graphikoperationen, die in der Systemsoftware der Maschine enthalten sind. Diese Operationen sind definiert für Instanzen von Flavors, die auf *Window*, einem speziellen Basisflavor der Maschine, aufbauen. Es ist Grundlage des implementierten *Windowsystems*, das auch im vorliegenden System ausgenutzt wurde.

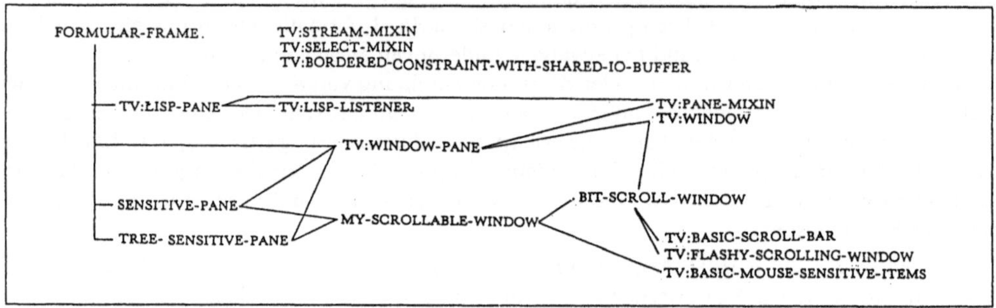

Figur 4.2: Zugrundeliegendes Flavor-Netz

Einige typische Operationen in *BASIC-ENTITY* sind

Loeschen eines Knotens im Organisationsnetz [Methode :remove-from-tree]
Verschieben eines Knotens im Organisationsnetz [Methode :move-tree-item],
Highlighting assoziierter Formularbereiche [Methode :show-corresponding-item].

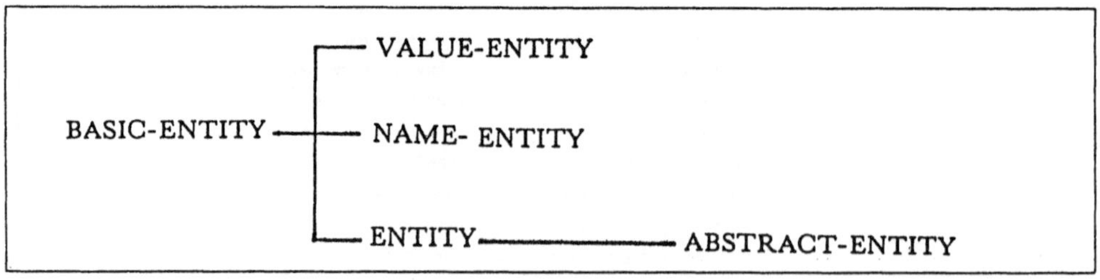

Figur 4.3: Objekthierarchie

Als erste Verfeinerungsstufe sind die Objekte *NAME-ENTITY*, *VALUE-ENTITY* und *ENTITY* definiert (vgl. Figur 4.3). Sie liefern Instanzen für Knoten, deren assoziierte Felder Namensfelder, Wertfelder bzw. Rahmen darstellen. Hierbei sind spezifische Daten, die z.B. Wert- und Namensfelder diskriminieren, festgehalten.

Zusätzlich sind hier einige Methoden definiert, die innerhalb von *BASIC-ENTITY* nicht sinnvoll zu beschreiben waren.
Bei der Erweiterung der Protokolle der verschiedenen Objekte wurde streng darauf geachtet, möglichst wenig neue Operationen zu definieren, sondern durch Ergänzung bzw. Änderung bestehender (d.h. ererbter) Operationen den gewünschten Erfolg zu erzielen.
Das Ergebnis ist ein größtenteils einheitliches Protokoll. Dies hat den Vorteil, daß alle Objekte eine gemeinsame "Oberfläche" besitzen. Die spezifischen Besonderheiten der einzelnen Objekte werden verdeckt. Jedes Objekt reagiert auf eine ihm gesendete Nachricht auf die ihm eigene Weise und entspricht so den an es gestellten Erwartungen.

Als letzte Verfeinerung ist noch *ABSTRACT-ENTITY* definiert, eine Spezialisierung von *ENTITY*. Instanzen dieses Objekts entsprechen den Virtuellen Feldern innerhalb des Formulars.

5. Diskussion

Es handelt sich bei dem hier implementierten Zeigen nicht um ein Zeigen, wie es bisher in verschiedenen Systemen, mit denen mittels einer Maus aus vorgegebenen Menus Optionen gewählt werden können, realisiert ist. Der Unterschied besteht im Fehlen des optischen Feedbacks, mit der herkömmliche Systeme dem Benutzer mitteilen, worauf gerade gezeigt wird. (Standard: Umrahmung des Feldes). Im vorliegenden System wird eine natürliche Dialogsituation simuliert, bei der diese Rückkopplung keinesfalls üblich ist. Die natürliche "Rückkopplung" ist eine Reaktion des Gesprächspartners, aus der wiederum geschlossen werden kann, ob die vorangegangene Zeigegeste richtig verstanden wurde, d.h. der Referent im Sinne des Zeigenden ermittelt wurde.
Außerdem soll die Möglichkeit geboten werden, durch eine Zeigegeste kontextabhängig verschiedene Referenten ansprechen zu können. Auch diese Forderung entspringt der Absicht, der natürlichen Dialogsituation möglichst nahe zu kommen. Diese Forderung ist nicht zu erfüllen, wenn ausschliesslich disjunkte Bereiche als zeigbare Felder in Frage kommen.
Bei der Strukturierung des Formulars muß also nicht darauf geachtet werden, daß jeder mögliche Referent als zeigbarer Bereich auftaucht, um ihn zeigbar zu machen, sondern er kann aus dem Kontext und der Formularhierarchie (d.h. aus dem Organisationsgraphen mit Hilfe der implementierten Algorithmen) erschlossen werden.

Bei der sich gegenseitig unterstützenden Vorgehensweise der Analyseprozesse für gestische und sprachliche Referenz sind bis jetzt zwei Verfahren vorgesehen (vgl. Kobsa86, Allgayer/Reddig86). Zum einen soll es möglich sein, mit Hilfe der Zeigegeste einige *Kandidaten zu generieren*, die als mögliche Referenten in Frage kommen.
Dies geschieht, indem alle im Organisationsgraphen auftauchenden Knoten "zeigbar" gemacht werden. Dies bedeutet, daß alle konstituierenden Elemente (alle Namensfelder und alle Wertfelder) für eine Bewertung in Betracht gezogen werden. Dadurch fächert sich der Bereich, innerhalb dessen berechnete Werte propagiert werden, maximal auf, und es werden schließlich *alle* potentiell (gestisch) angesprochenen Felder berücksichtigt.
Auf diese Menge von vorgeschlagenen Kandidaten wirkt anschließend der Analyseprozess der sprachlichen Referenz restringierend, d.h. er versucht, ihm zur Verfügung stehende Informationen auszunutzen, um aus der Kandidatenmenge einen (den gemeinten) Referenten zu bestimmen. Dazu wird semantisches Wissen über die Bedeutung dessen, was in ein Feld eingetragen wurde oder als Formularaufschrift existiert, ausgenutzt, um die Bedeutung der Einträge beim Parsen des natürlichsprachigen Eingabeteils verwerten zu können.

Alternativ dazu besteht die Möglichkeit, die Zeigehandlung im Anschluß an die Sprachanalyse einzusetzen, um von ihr ermittelte *Kandidaten zu restringieren.* Das Parsen des natürlichsprachlichen Teils der Eingabe liefert diese Kandidaten. Dabei wird vor allem die Bedeutung dessen, was begleitend zur Geste eingegeben wurde, berücksichtigt. Schließlich wird aus der Bedeutung der Äußerung versucht, diejenigen Bereiche des Formulars zu bestimmen, die damit angesprochen worden

sein können. Dazu werden Verbindungen benutzt, die zwischen dem Bedeutungslexikon des natürlichsprachlichen Parsers und dem Organisationsnetz bestehen.
Diese Menge von Kandidaten werden jetzt dem Analyseprozess für Zeigegesten zur Verfügung gestellt. Nur innerhalb dieser eingeschränkten Menge werden die konstituierenden Elemente (Werte- bzw. Namensfelder) bewertet und deren Werte wiederum nur innerhalb des von den Kandidaten aufgespannten Teilgraphen propagiert.
Die Steuerung des Ineinandergreifens dieser beiden Prozesse ist Aufgabe eines speziellen Parsers, der innerhalb des Projektes XTRA entwickelt wird. Insbesondere das enge Zusammenspiel der Analyse von Zeigegesten und Nominalphrasen wird dort genauer untersucht (vgl. Allgayer/Reddig86), um der in der natürlichen Dialogsituation auftretenden Gleichzeitigkeit von Zeigen und Sprechen näherzukommen.

6. Bibliographie

Allgayer/Reddig86: Juergen Allgayer, Carola Reddig (1986), Systemkonzeption zur Verarbeitung kombinierter sprachlicher und gestischer Referentenbeschreibungen, C.-R. Rollinger (ed.), GWAI-86: 10th German Workshop on Artificial Intelligence, Springer, Berlin etc.

Nilsson82: Nils J. Nilsson (1982), Principles of Artificial Intelligence, Springer, Berlin etc.

Hayes-Roth83: Frederick Hayes-Roth, Donald A. Waterman, Douglas B. Lenat (eds.) (1983), Building Expert Systems, Addison-Wesley Publishing Company, Inc., London etc.

Newman86: William M. Newman, Robert F. Sproull (1986), Grundzuege der interaktiven Computergraphik, McGraw-Hill Book Company GmbH, Hamburg etc.

Winograd83: Terry Winograd (1983), Language as a Cognitive Process, Vol. I: Syntax, Addison-Wesley Publishing Company, Massachusetts etc.

Kobsa86: Alfred Kobsa, Juergen Allgayer, Carola Reddig, Norbert Reithinger, Dagmar Schmauks, Karin Harbusch, Wolfgang Wahlster (1986), Combining Deictic Gestures and Natural Language for Referent Identification, erscheint in den Proceedings der Coling '86 in Bonn

Symbolics85: Manual der Symbolics Lisp-Maschine (1985), Vol. I - X, Symbolics Inc., Massachusetts

GKS und Prolog als Werkzeuge zum Aufbau von Graphisch-Interaktiven Expertensystemen

J.BACH, L.A.MESSINA, C.PARRA-RAMIREZ

FG Graphisch-Interaktive Systeme
FB Informatik - THDarmstadt
Alexanderstr. 24 1.Stock
D-6100 Darmstadt Germany

1. Einführung

Da die Verbreitung von Rechner-Anwendungen in den verschiedensten Gebiete wächst, gewinnt der Aufbau von Dialog-Prozessen immer mehr an Bedeutung. Mensch-Maschine Schnittstellen sollten nah an der Benutzerarbeitsweise und den Arbeitsobjekten orientiert sein. Die Durchführung der meisten anwendungstypischen Operationssequenz sollte, wenn rechnerunterstützt, noch einfacher sein.

Die Einführung der Geometrie zur Unterstützung von Wissenschaftsbeweisen und Übermittlungen hat ihre Ursprünge lange in der Geschichte. Die Einbettung von Logik ist daher eine natürliche Entwicklung, die mit der Geschichte übereinstimmt. Es wird momentan nur eine Anpassung an die heutigen Werkzeuge gemacht.

Die vorliegende Arbeit stellt einige Untersuchungen im Gebiet der logischen Formulierung und der Geometrie auf der Grundlage von GKS und Prolog dar; und versucht anhand eines zukünftigen Expertensystems auf dem Gebiet der GDV-Konfigurierung einen graphischen Dialog vorzubereiten.

2. Die GKS <--> Prolog Bindung

Seit Anfang 1985 werden an der TH Darmstadt die Möglichkeiten einer Integration von GKS und Prolog untersucht. Für den Prototyp einer Implementierung stand als Rechner ein PCS/CADMUS 9200 System mit dem Betriebssystem Munix zur Verfügung. Zur graphischen Ein-/Ausgabe war ein Bitmap-Terminal angeschlossen. Von GKS wurde die Version 3.0 der Firma GTS/GRAL und von Prolog die Version 2.1 von IF/Prolog der Firma Interface verwendet.

Zur Realisierung wurde ein Zwei-Prozesse-Konzept entwickelt, zu dem eine technische Möglichkeit zur Kommunikation gefunden werden mußte. In Unix bietet sich dazu die Methode des Pipelining an. Abb.1a zeigt das Prinzip der realisierten GKS-Prolog-Kopplung und die dazu notwendigen Schnittstellen, die in C geschrieben wurden, um die Kommunikation zu ermöglichen.

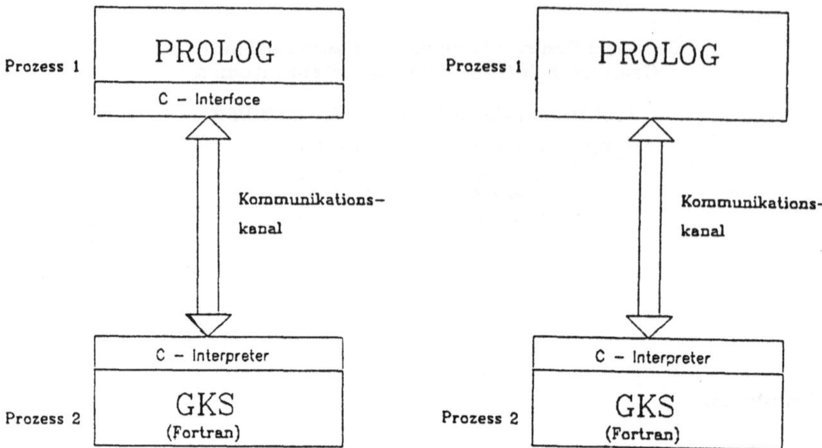

Abb.1: a) C-External Prädikaten, b) Prolog-Programm

Bedingt durch die stark unterschiedlichen Datentypen zwischen Prolog und C und durch die fehlende Realarithmetik der mittlerweile veralteten IF/Prolog-Version wurden für einige GKS-Funktionen andere Parameter-Belegung gewählt, als der Standard es für GKS vorschreibt. Eine genauere Beschreibung der Kopplung und der zur Zeit implementierten Ein- und Ausgabe-Funktionen sind aus [5] zu entnehmen. Das C-Interface ermöglicht den Aufbau von External-Prädikaten für If/Prolog.

Da wir nicht über Prolog-Source-Codes verfügten und die Prolog/C-Schnittstelle fest und begrenzt war, war es nicht möglich mit GKS-Funktionen als Prolog-Prädikaten zu arbeiten, ohne daß wir die Möglichkeit von Eingabe-GKS/Ausgabe-Prolog über zwei verschiedene Terminals verlieren würden. Daher wurde in diesem Fall auf GKS-External-Prädikate verzichtet. Die GKS-Funktionen wurden dann direkt von Prolog über Pipes an den C-Interpreter geliefert (e.g.:...,tell(pipe1),gpl(L),told.) Abb.1b.

3. GKS als graphische Unterstützung zu Prolog

ISO 7942, DIN 66252 - Graphisches Kernsystem (GKS) spezifiziert eine Menge von Funktionen für die Programmierung in der graphischen Datenverarbeitung [1]. GKS wird heute in der Regel in den Sprachen Fortran, Pascal oder C implementiert und auf dem Markt angeboten. Die GKS-Funktionen gliedern sich in [1] :

- Steuerung
- Ausgabe
- Ausgabeattribute
- Transformation
- Segmentation
- Eingabe
- Bilddatei
- Erfrage
- Hilfe
- Fehlerbehandlung

Anwenderprogramme, die GKS-Funktionen benutzen, müssen zuerst compiliert werden, um sie ausführen zu können. Erst dann kann die Auswirkung der GKS-Funktionen festgestellt werden. Wenn es sich um ein getestetes Programm handelt, scheint dieses Verhalten ganz natürlich.

Wenn aber das Ziel z.B. das Lernen der Funktionalität von GKS ist, so erscheint dieses Verfahren unnatürlich, langweilig und langsam. Durch die Erweiterung von Prolog auf GKS, können die GKS-Funktionen direkt ausprobiert werden. An einem zweiten Terminal oder einem anderen Window kann das Verhalten des Programms auf neue Eingabe direkt beobachtet werden und so die Funktionalität spezieller GKS-Funktionen wie Attributeänderungen und Transformationen gezielt getestet werden. Nützlich dabei ist auch die interaktive Erfragung der Zustand-Liste und der Beschreibungstabelle für GKS und der offenen Arbeitsplätze.

In dem nachfolgenden Beispiel einer Prolog-Sitzung werden einige Attributfunktionen, Ausgabe und Segmentoperationen interaktiv getestet. Die nach verschiedenen Zuständen am Bildschirm entstandenen Bilder werden anschließend abgebildet (Abb.2).

Prolog ist im Prinzip als Sprache für die logische Bearbeitung von Symbolen, und zwar als Fakten und Regeln entwickelt worden. Die Entwicklung auf geometrischen Grundlagen ist jedoch noch nicht voll untersucht worden, obwohl Tätigkeiten in diesem Bereich seit einiger Zeit im Laufe sind ([2],[10]).

Mit Prolog entstehen einfache Beschreibungsmöglichkeiten für Objekte und Operationen, die auch die graphische Programmierung unterstützen. Die Deklarative Semantik von Prolog ermöglicht objekt-, attribut- und operationsbezogene Beschreibungen leichter zu formulieren. Konzepte wie Rekursivität und Pattern-Matching zeigen sich als nützliche Werkzeuge zur Erleichterung der Programmierungsaufgaben. Backtracking auf dargestellte Graphiken setzt eine zusätzlich Anforderung an Programmierungsaufwand, indem Backtracking allein nicht genug ist, um Rückkehr an graphisch dargestellte Objekte zu realisieren. Dafür ist eine explizite Menge von Regeln notwendig, um die durchgeführten Aktionen umzustellen und zu kontrollieren [11].

Abb. 3 zeigt ein Beispiel, das mit Hilfe der an der TH-Darmstadt implementierte Prolog/GKS-Version erstellt wurde. Dazu waren nicht mehr als 2 Prolog-Klauseln notwendig, die rekursiv das vorliegende Bild erzeugten.

Bedingt durch eine neuartige Art der Programmierung wird der Benutzer beim 'Spielen' mit diesem System andere Formen im Umgang mit Graphik entdecken und seine Kreativität und Überlegung besser entfalten können.

4. Deklarativ- und Prozedural-Semantik graphisch dargestellt

Bäume sind eine der einfachsten Strukturen zur Darstellung von Abhängigkeiten und trotzdem eine der wirkungsvollsten zum Verständnis einer Gesamtheit. Zusätzliche graphische Hilfsmittel sind aber notwendig, wenn eine tatsächliche graphische Konstruktion, Manipulierung bzw. Modifizierung und Identifizierung eines Objektes stattfinden soll. Im Gebiet CAD sind diese Hilfsmittel Thema einiger Bücher ([3], [9]). Im Expertensystemgebiet fängt es erst jetzt an.

Angenommen, daß die graphische Konstruktion schon ein reifendes Spektrum von Operationen anbietet, richten wir uns hier an die schrittweise graphische

Unterstützung dieser Operationen, um sie dem Anwender deutlicher zu machen, und ihm auch, wenn möglich, entsprechende Erweiterung der Anwendungs-Funktionen interaktiv anbieten zu können. Diese sind als Untersuchungsthemen zu verstehen.

Prolog-Strukturen werden häufig in baumartigen Graphen dargestellt. Objekte, die im Prolog-Program manipuliert und/oder generiert wurden und die eine Graphen-Struktur vorzeigen, können genauso graphisch dargestellt werden. Es ist oft sogar einfacher diese Strukturen zu verstehen, wenn sie graphisch dargestellt werden (Abb.4).

Prolog-Klauseln sind meist aufwendigerer darzustellen, wenn die Built-in Prädikate mit dazugehörigen Variablen mit zu berücksichtigen sind. Klauseln enthalten "Und-" und "Oder-" Operatoren, und bekommen deshalb eine andere aber ähnliche graphische Darstellung (Abb.5), indem die Tiefe das "Und" und die Breite das "Oder" bedeuten, wobei die Wurzel der Kopf der Klausel ist.

Eine weitere graphische Unterstützung wäre bei der Prozedural-Semantik oder bei der Evaluierung eines "goals". Ein "trace" dieser Evaluierung würde dem Benutzer in Form eines graphischen Baumes gezeigt. Dabei kann er den Verlauf der Aufrufe mitfolgen, ohne daß die "Vater goals" unkontrolliert vom Bild verschwinden(Abb.6).

5. Untersuchung anhand eines Beispiels zum Aufbau eines Experten Systems mit graphischer Schnittstelle

Als eine mögliche Anwendung eines Experten-Systems nehmen wir die Konfigurierung einer CAD-Rechnerausstattung.

Viele Randbedingungen bestimmen z.B. die Größe einer EDV-Anlage. So wie der Stand heute bei den klein- und mittelständischen Firmen ist, wird ein CAD-System oft eingeführt, ohne daß Beziehungen zu anderen EDV-Abteilungen miteinberücksichtigt werden. Bei großen Firmen sind aber schon die Ansprüche an Schnittstellen zu anderen Betriebsbereichen z.B. Fertigungsvorbereitung, Rechnungswesen u.s.w. eine notwendige Realität. Die Komplexität dieser Beziehungen zwingt uns vorläufig an einem Beispiel zu denken, wo die CAD-Anlage allein betracht wird.

Man könnte zwei Größe wählen, die die Größe der Anlage stark beeinflussen:

- Anzahl der Konstrukteure, die direkt am Bildschirm arbeiten werden

- und die Investitionshöhe

Die Anzahl der Konstrukteure bestimmt ein Intervall für die Anzahl der Arbeitsplätze. Nach der neuen, noch in Vorbereitung befindlichen VDI-Richtlinie 2216 wird mit einem Minimum von 2 und einem Maximum von 3 Konstrukteuren pro Arbeitsplatz gerechnet. Daraus läßt sich eine Anforderung an einen Rechner, der diese Arbeitsplätze bedienen könnte spezifizieren.

Nimmt man noch zwei weitere Eingabe-Werte, wie z.B.:

- Anwendungsbranche (Maschinenbau, Kartographie, Elektronik,...)

- Art der Zeichnung (einfach, mittel, kompliziert) und Volume/Jahr

so könnte schon einiges über den Typ des Bildschirmes, den Plottertyp, die Anzahl und über die CAD-Software Eigenschaften vorgeschlagen werden. Die Investitionshöhe könnte zusätzliche Grenze legen oder bei unbegrenzten Resourcen würde es sich zeigen müssen, ob und wo Einsparungen zu erwarten sind.

Einige Regeln könnten dieses Verfahren unterstützen. Die Richtigkeit der selben stehen hier auch zur Debatte. Sie dienen als Anregung zu einer besseren Verständigung dieser besonders den CAD-Käufer bzw. -Manager relevanten Fragen.

min. Anzahl der Arbeitsplätze = Anzahl der Konstrukteure / 3

max. Anzahl der Arbeitsplätze = Anzahl der Konstrukteure / 2

Zahl der effektiv anschließbaren Arbeitsplätze eines Rechners > min. Anzahl der Arbeitsplätze

Maschinenbau Anwendung (impliziert)--> NC? , FEM? , Normbibliothek?...

Elektronik Anwendung (impliziert)--> NC? , Normbibliotek? Schalpläne-Symbole?...

Die Bezeichnung der Anwendung bestimmt nur einige branchenabhängige Anforderungen, die dann abhängig von der spezifischen Aufgabe (d.h. einer Verfeinerung des Anwendungsbereiches nach Produktspektrum und entsprechenden Prozessen) genau festgelegt werden. Wenn die Spezifizierung der Aufgabe und die Verbindung zu ihren Hardware-/Software-Anforderungen als Regel schon existieren, entfallen die o.g. Fragen (z.B. NC? , FEM?...).
Die Spezifizierung der Zeichnung folgt demselben Verhalten; z.B.:

einfache Zeichnung (impliziert)--> einfache Arbeitsplatz und einfache Plotter und einfache Graphik-Software (2D?)

Volume der Zeichnungen pro Jahr (impliziert)--> Anzahl der Plotter

Der Preis der ausgewählten Hardware-/Software-Komponenten wird gegenüber der Investitionshöhe gestellt und mehrere Alternativen können daraus entstehen.

Die Architektur eines Expertensystems kann wie folgt dargestellt werden:

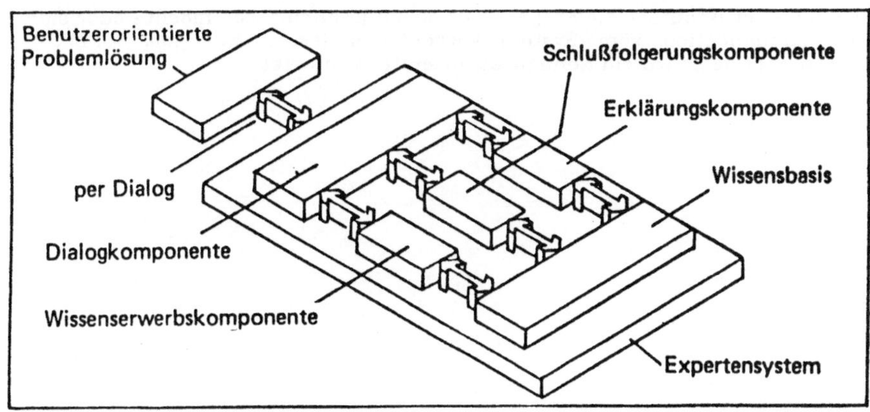

Abb.7: Nixdorf (VDI nachrichten Nr. 22/30. Mai 1986 - Expertensystem zur Rostbekämpfung von Egon Schmidt)

Dabei ist der Dialog eine wichtige Komponente. Die Dialogprozesse sollen den Benutzer in die Lage versetzen die zu lösenden Aufgaben schnell zu verstehen und sie wenn möglich (gegenüber Konsistenz) zur Erfüllung seiner vorläufigen Anforderungen zu manipulieren. Die Wissenserwerbskomponente soll dafür sorgen daß die Wissensbasis mit der Erweiterung bzw. Manipulierung konsistent bleibt.

Der Aufbau von solchen Dialogprozessen verlangt zumindestens für eine bedeutende Menge von Anwendungen Graphik-Fähigkeiten. Diese variieren von den einfachsten Tabellen-, Graphen- über Ikonen- zu den komplizierten 3D-Dynamische-Anwendung. Es zeigt sich sogar eine Tendenz, wo ein Dialog eigentlich als tatsächlich getrennter Baustein zu realisieren ist. Und das mit Hilfe von Graphiken [6,7].

Die GKS-Funktionen bieten die graphischen Basis-Funktionen, mit Hilfe deren u.a. graphische Eingabe, Manipulierung und Ausgabe realisiert werden können. Daher, genauso wie es KB-Editor (Wissensbasis-Editor: Aufbau von Fakten und Regeln) gibt, kann es dafür und für den Dialog-Aufbau auch einen graphischen Editor geben, der den graphischen Aufbau von Objekten ermöglicht. Diese Graphiken, im Falle von Primitiven, haben eine 1:n Relation mit den GKS-Funktionen. Wie explizit dieses Prädikat implementiert wird

graphic (box, gpl ([x1,y1,...,x4,y4]) oder

graphic (box, gpl([x1:y1, x2:y2])
graphic (box, gpl([x2:y2, x3:y3])
graphic (box, gpl([x3:y3, x4:y4])
graphic (box, gpl([x4:y4, x1:y1])

hängt von der Anwendung und der Kontrollstruktur ab. Ein Objekt wird aus Primitiven gebildet. Ein gewisses Objekt ist eine Instanz einer Klasse (genannt *familie*), welcher ein eindeutiger Name vom Programmierer gegeben wird. Objekte der selben Klasse haben die selbe hierarchiesche Struktur. Graphische Attribute werden global oder lokal vergeben. Angesichts der Anwendung dürfen die Primitive Objekte nicht weiter zerlegt werden, obwohl neue editiert werden können. Deshalb sind sie die niedrigsten identifizierbaren Objekte. Da high-level Objekte in einer logischen Datenbasis behandelt werden, reicht die one-level GKS-Segmentierung aus [6].

Ein möglicher Anwendungsdialog mit einem System zur Konfigurierung einer CAD-Umgebung auf Grundlage von graphischen Arbeitsplätzen könnte dann folgendermaßen ablaufen.

Nachdem der Benutzer die Frage, ob er selbst konfigurieren möchte oder sich eine Konfiguration vom System vorschlagen lassen will, mit "SELBST" beantwortet hat, wird ein Konfigurationseditor gestartet.

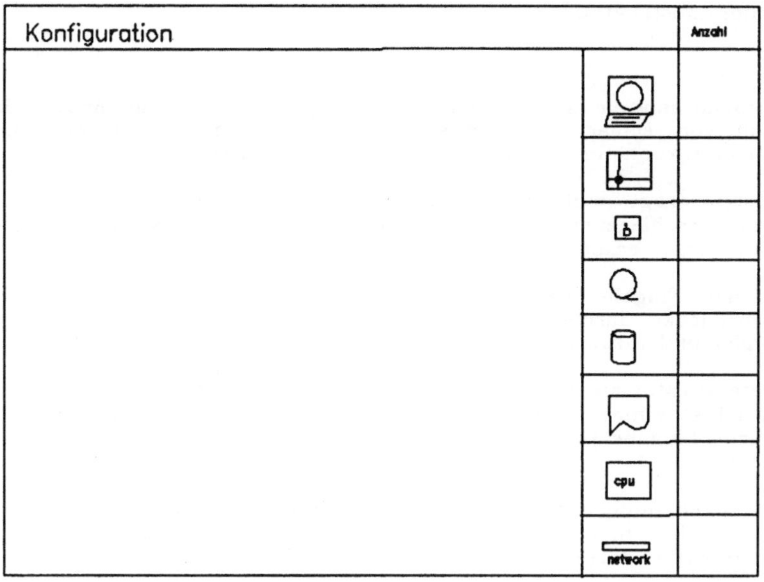

Konfiguration
Anzahl
cpu
network

Beispiel eines System-Konfigurations-Editors

Anschließend können zusätzliche Angaben für Details (ohne graphische Unterstützung) erfragt werden. Die Konfiguration könnte dann folgendermaßen aussehen:

Konfiguration
Anzahl
cpu
2
1
cpu
1
network
1

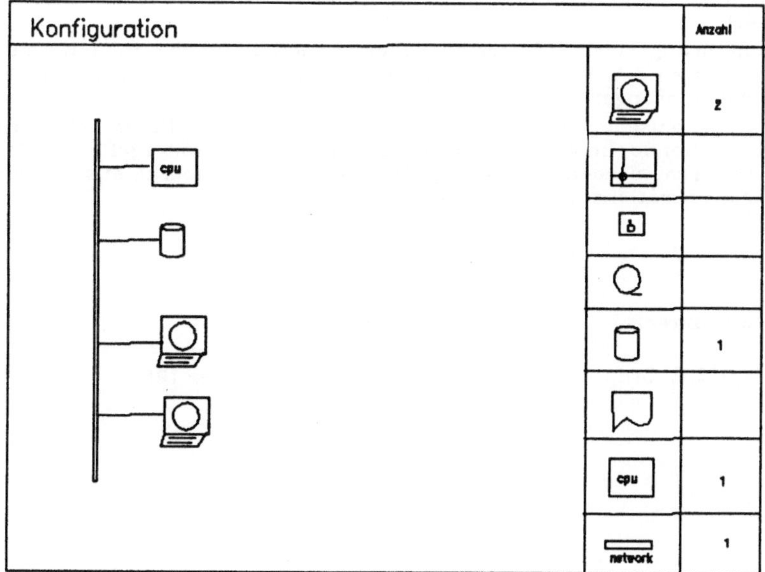

Anzahl der Konstrukteure ? :

Anschließend muß die zuvor generierte Konfiguration auf die Anzahl der daraufhin vorgeschlagenen Arbeitsplätze angepaßt werden. Die einzelnen Komponenten können nun weiter spezifiziert werden (Abb.4).

Das System fragt nach Anwendung, Zeichnungstyp etc., indem es dem Benutzer Vorschläge anbietet und deren Bedeutung in verschiedenen graphischen Formen erläutert.

Nach jeder Eingabe vom Benutzer werden vom System automatisch Zwischen-Checks durchgeführt, um eventuell auftretende Inkonsistenzen aufzufinden und anzuzeigen.

Das System testet an Hand der Wissensbasis Regeln und Fakten seine Wahl und berichtet einige wissensbasierte Entscheidungen dem Benutzer. Falls unmögliche Eingabe vom Benutzer angekommen sind, werden Alternativen angeboten.

Bei der Berechnung der notwendigen Investitionen können einmalige und laufende Kosten miteinbetrachtet werden. Kostenverteilungshistogramme können daraufhin dargestellt werden.

Falls am Anfang mit "NEIN" beantwortet wurde, fragt das System die o.g. Fragen und erstellt daraufhin selbst eine Konfiguration zusammen. Selbstverständlich, wird die Implementierung, abhängig von der Zeit, Vereinfachungen bei der graphischen Ausgabe von beliebigen Konfigurationen in Kauf nehmen müssen.

6. Zusammenfassung

Die Einbindung von GKS in Prolog hat eine Lücke erfüllt, die vielfältige Aufgaben zum Nutzen bringen wird. Einige wichtige Möglichkeiten wurden skizziert und erklärt.

Die Durchführung einer reduzierten Expertensystem-Aufgabe anhand eines Beispiels zeigt eine Anwendung der in diesem Bericht erläuterten Gedanken und Implementierungen.

Auf Grund graphischer Manipulation auf Objekten werden Untersuchungen und entsprechende Implementierungen in Prolog/GKS weitergeführt. Der Aufbau von graphischen Dialog-Schnittstellen soll darüberhinaus in der Praxis diese Operationsweise anwenden.

7. Literaturhinweis

[1] DIN 66252, Graphisches Kernsystem, Entwurf, Oktober 1983

[2] Swinson,P.S.G, Prolog: a prelud to a new generation of Computer-Aided Architectural Design, Computer-Aided Design, vol.15 N.6 Nov.83, p.335-343

[3] Eigner,M.,Maier,H., Einstieg in CAD, Carl Hanser Verlag, 1985

[4] Clocksin,W.F., Mellish,C.S., Programming in Prolog, Springer Verlag, 1985

[5] Bach,J., Eine Erweiterung für Prolog zur graphischen Programmierung hierarchischer Objekte auf der Grundlage von GKS, GRIS-Diplomarbeit, TH Darmstadt, Nov.1985

[6] Prospero,M.;J. und Messina,L.A., Towards the construction of graphical interfaces on the basis of geometric models, Proceedings of Eurographics'86, North Holland

[7] Artificial Intelligence, IEEE Computer Graphics and Applications, Nov.85 Vol.5 N.11

[8] J.L.Encarnacao et al, GI-CAD/Handbuch, Auswahl und Einführung von CAD-Systemen, Springer Verlag 1984

[9] Spur,G. und Krause,F.-H., CAD-Technik, Carl Hanser Verlag 1984

[10] Yoshikawa,H.(Ed.), Design theory for CAD, North Holland - Proceedings of IFIP Working Conference W.G.5.2, Tokyo Oct.1-3 85

[11] Ross,M.L.,McMahon,A.G.,Leach,G., Prolog, Backtracking and Graphics, Technical Report 85/10, Dept. of Computing, Royal Melbourne Institute of Technology

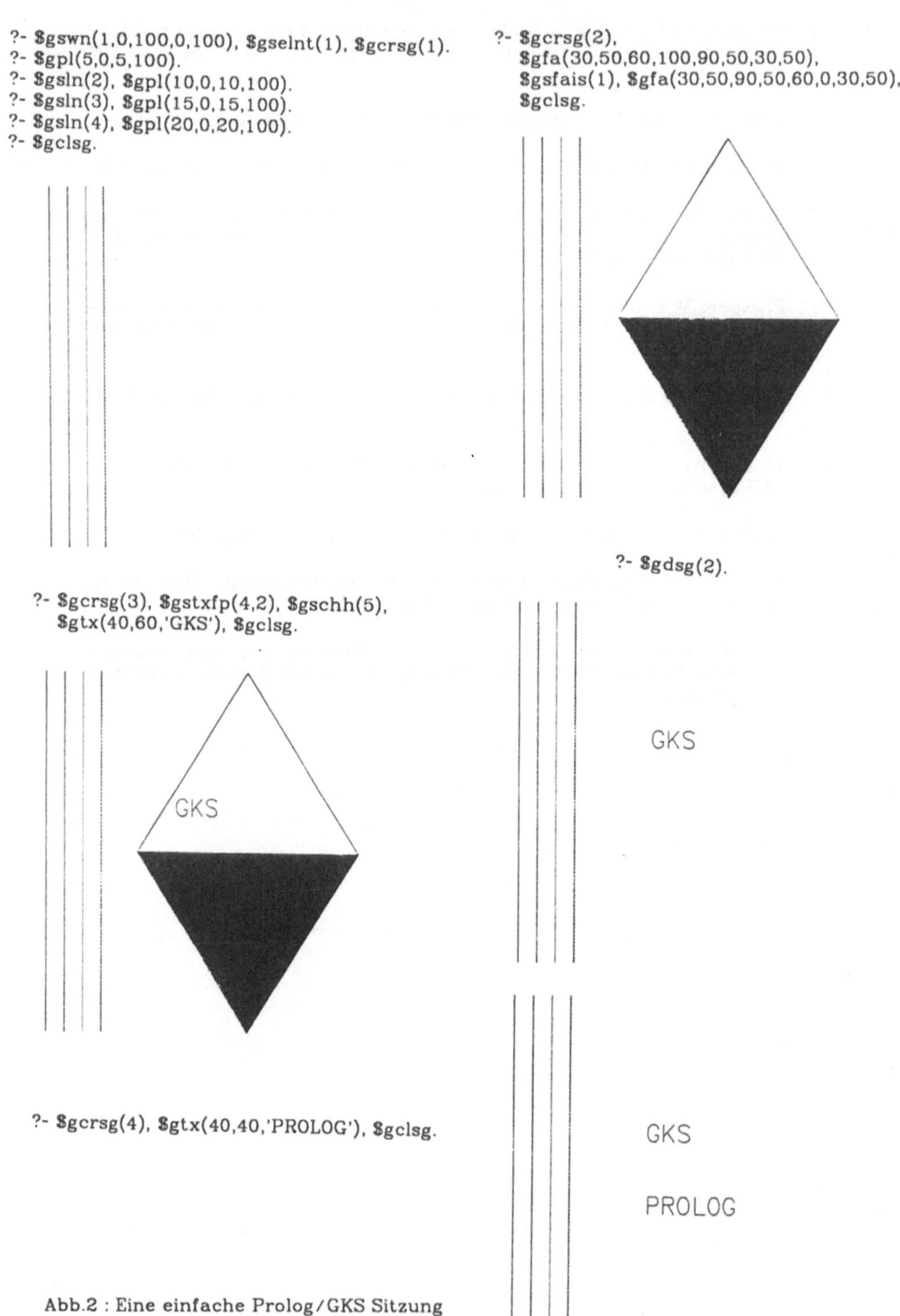

Abb.2 : Eine einfache Prolog/GKS Sitzung

```
pic([0,X2,X3,X4,X5,X6,X7,X8,0],[0,Y2,Y3,Y4,Y5,Y6,Y7,Y8,0]) :-
        gpl([0,X2,X3,X4,X5,X6,X7,X8,0],[0,Y2,Y3,Y4,Y5,Y6,Y7,Y8,0]), !.

pic([X1,X2,X3,X4,X5,X6,X7,X8,X1],[Y1,Y2,Y3,Y4,Y5,Y6,Y7,Y8,Y1]) :-
        gpl([X1,X2,X3,X4,X5,X6,X7,X8,X1],[Y1,Y2,Y3,Y4,Y5,Y6,Y7,Y8,Y1]),
        Q1 is X1-50, Q2 is X2+100, Q3 is X3-50, Q4 is X4, Q5 is X5+50,
        Q6 is X6-100, Q7 is X7+50, Q8 is X8, Q9 is X1-50,
        P1 is Y1-50, P2 is Y2, P3 is Y3+50, P4 is Y4-100, P5 is Y5+50,
        P6 is Y6, P7 is Y7-50, P8 isY8+100, P9 is Y1-50,
        pic([Q1,Q2,Q3,Q4,Q5,Q6,Q7,Q8,Q9],
        [P1,P2,P3,P4,P5,P6,P7,P8,P9]) .

gpl([_],[_]) :- !.
gpl([X1,X2|Tx],[Y1,Y2|Ty]) :-
       $gpl(X1,Y1,X2,Y2),
       gpl([X2|Tx],[Y2|Ty]).

init : -
  gopks(6),
  $gopwk(1,3,8),
  $gacwk(1),
  $gsasf(1,1,1,1,1,1,1,1,1,1,1,1,1),
  $gsds(1,0,1), !.

start :- init,
       pic([2500,0,2500,5000,7500,10000,7500,5000,2500],
       [2500,5000,7500,10000,7500,5000,2500,0,2500]),
       !.
```

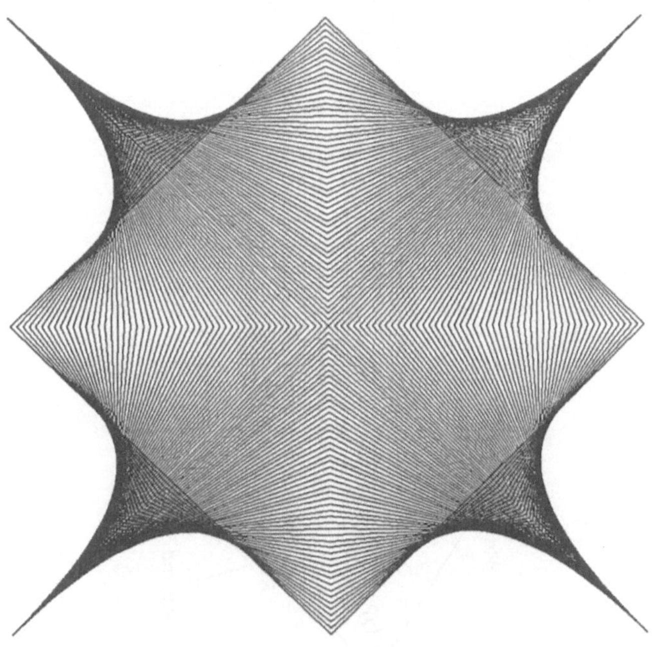

Abb.3 : Ein mit Prolog rekursiv generiertes Bild

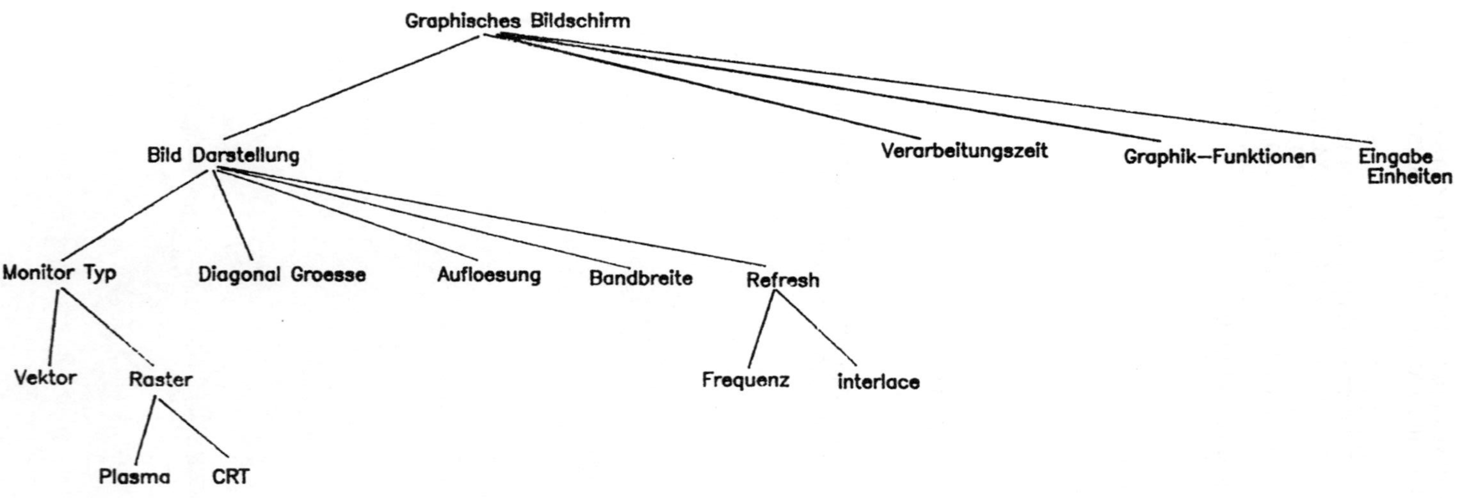

Abb.4: Graphische Darstellung eines baumartigen Graphen

```
eingabe(cad,E,_,_) :- interaktivitaet(cad::software,I,_,_) , tastatur(wkst,T,_,_) , (tablet(wkst,Ta,_,_) ;
                      lichtgriffel(wkst,L,_,_) ; maus(wkst,M,_,_)).
```

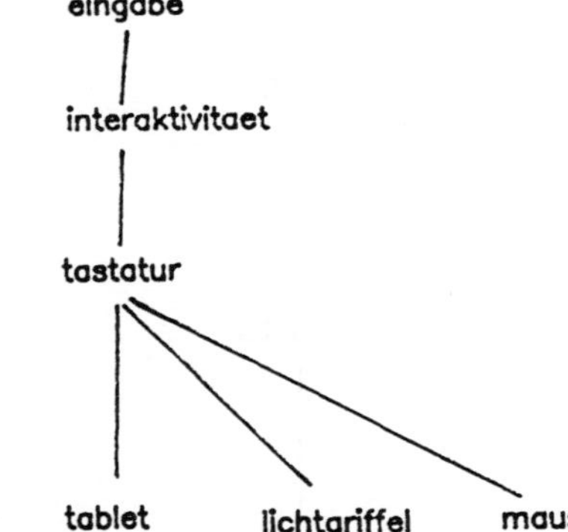

Abb.5: Graphische Darstellung einer Klausel (deklarativ)

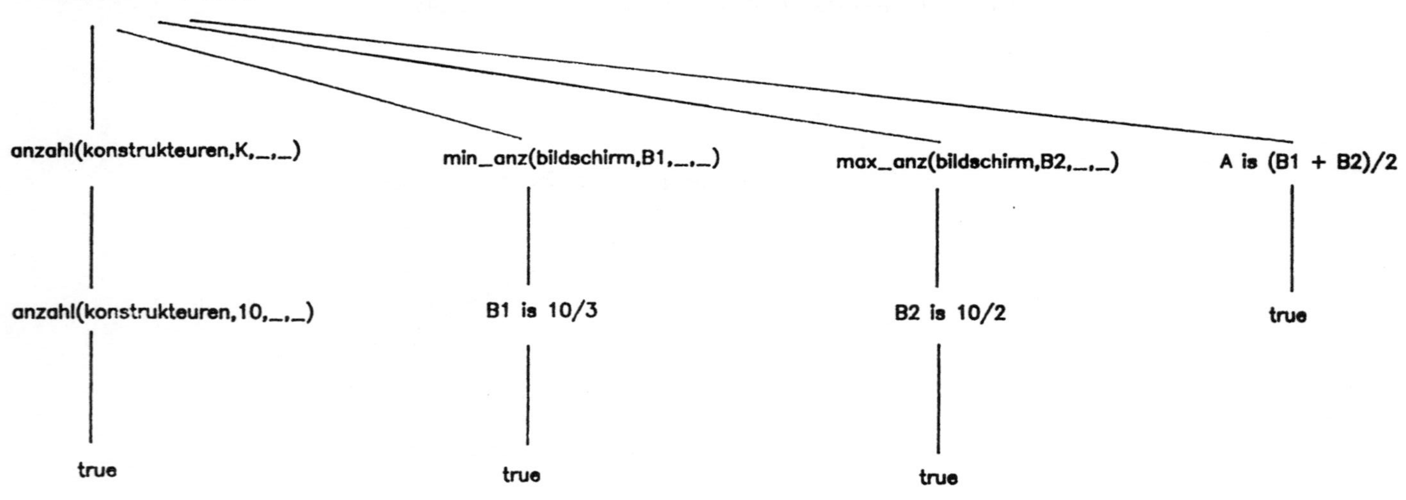

Abb.6: Graphisch dargestellte "Trace" (prozedural)

Die Behandlung graphischer Seiteneffekte
beim Backtracking in Prolog

Rainer Hammwöhner
Ulrich Thiel

Universität Konstanz
Informationswissenschaft

1. Einleitung

Im Rahmen des Projekts TOPOGRAPHIC wird zur Zeit am Lehrstuhl für Informationswissenschaft der Universität Konstanz ein Prototyp für ein wissensbasiertes Informationssystem mit graphischem Interface entwickelt. Der experimentelle Charakter dieses Systems erfordert den Einsatz einer Spezifikationssprache, die eine inkrementelle Entwicklung im Sinne des Rapid Prototyping ermöglicht. Die Entscheidung, dieser Spezifikationssprache eine um Graphik- und Wissensbasiszugriffsfunktionen erweiterte Prolog-Version zugrunde zu legen, gründet sich auf folgende Gesichtspunkte:

- Prolog eignet sich sehr gut als Datenbankabfragesprache (z.B. Futo et al. 1978)
- Der Aufbau von Bildern läßt sich auf Datenbankoperationen zurückführen, mit denen die Repräsentation des Bildes in der Datenbank manipuliert wird. (Pereira 1986)

In diesem Beitrag wollen wir uns mit einigen Aspekten der Einbettung von Graphik in Prolog auseinandersetzen. Standard-Prolog (Clocksin/Mellish 1984) hat bezüglich der Ein-/ Ausgabe nur einen minimalen Funktionsumfang, der sich trotzdem nur recht unglücklich in das Konzept von Prolog als logischer Programmiersprache einfügt (Clocksin 1984). Im ersten Abschnitt dieses Beitrags werden wir deshalb Verbesserungen für einige Konstrukte in Standard-Prolog vorschlagen, die das Verhalten beim Backtracking betreffen. Das dabei angewandte Verfahren wird dann auf das Problem der Einbettung von Graphik in Prolog übertragen. Grundannahme bei diesen Überlegungen ist, daß eine Erweiterung des Funktionsumfangs von Prolog angestrebt wird, jedoch nicht eine

Veränderung an den Resolutions- oder Unifikationsalgorithmen. Ein graphikfähiges Prolog, wie es hier im Bezug auf das Verhalten beim Backtracking diskutiert wird, kann also mit allen Prolog-Versionen, die über eine Schnittstelle zu einer prozeduralen Programmiersprache verfügen, erstellt werden. Anschließend werden die bis dahin pragmatisch begründeten Vorschläge abgesichert, indem das graphikfähige Prolog - zunächst nur informal - als ein modallogisches System reinterpretiert wird. Ein kurzer Ausblick auf weitergehende Fragestellungen wird zum Abschluß gegeben.

2. Seiteneffekte in Standardprolog

Als außerlogische Operatoren werden wir diejenigen Standard-"Prädikate" bezeichnen, deren Auswertung zu nicht monotonem Verhalten führt. Dies sind insbesondere die Operatoren zur Manipulation der Datenbasis (asserta, assertz, retract) und zur Ein-/Ausgabe (tell,told, read, write, etc.). Die von diesen Operatoren bewirkten Zustandsänderungen der Datenbasis bezeichnen wir als Seiteneffekte.

Hierzu ein Beispiel :

```
prädikat_1:- bedingung_1,
             asserta(fakt_1(x)),
             bedingung_2.

prädikat_2:- fakt_1(x).

test :- prädikat_1; prädikat_2.
```

Das Ergebnis von ´test´ ist nicht nur davon abhängig, ob ´prädikat_1´ bewiesen werden kann, sondern auch davon, ob wenigstens das ´asserta´ erreicht wird, da die hier spezifizierte Änderung der Datenbasis von potentiellem Backtracking nicht berührt wird. Operatoren, die im Falle des Backtrackings ihre Seiteneffekte zurücksetzen, lässen sich in Prolog folgendermaßen definieren:

```
asserta*(TERM) :-  asserta(TERM);retract(TERM),fail.
assertz*(TERM) :-  assertz(TERM);retract(TERM),fail.

retract*(TERM) :- retract(TERM);asserta(TERM),fail.
```

Das heißt, im Fall des Backtracking wird der ´oder-Zweig´ der Regel durchlaufen und damit der ursprünglich gesetzte Seiteneffekt annulliert. Das ´fail´ verhindert, daß dieser Zweig der Regel einen neuen Lösungsweg für den Beweis bereitstellt. Während der Zustand der Datenbasis im Fall von asserta* und assertz* durch Backtracking exakt wieder hergestellt wird, wird durch retract* nur ein deklarativ äquivalenter Zustand erreicht, da die Reihenfolge der in der Datenbasis befindlichen Formeln verändert sein kann. Gravierende Änderungen im Systemverhalten können dann auftreten, wenn das Argument von retract* eine Regel ist. Deshalb sollte dieser Operator entweder nur für atomare Formeln zugelassen werden, oder so erweitert werden, daß der Ursprungszustand auch prozedural äquivalent wiederhergestellt wird.

Ein weiteres Problem tritt auf, wenn die Argumentterme der außerlogischen Operatoren nicht unifizierte Variablen enthalten, denn dann wird durch den Seiteneffekt eine implizite Änderung der Variablenquantifizierung bewirkt.

Beispiel: goal(X):-asserta(fact(X)),X=´abc´.

das entspricht: ∀ X (goal(X) <- asserta(fact(X)),X=´abc´

und damit: ∀ X (fact(X))

Dieses Problem werden wir im Verlauf des Vortrags wieder aufgreifen, führen aber zunächst Graphik-Prolog als eine Erweiterung des Standard-Prolog (Clocksin;Melish 1984) ein.

3. Graphik-Prolog

Graphikfähiges Prolog entsteht aus Standard-Prolog durch die Definition einer Menge von Graphik-Prädikaten und einer dualen Menge von Graphik-Operatoren. Sowohl die Prädikate, wie auch die Operatoren beziehen sich auf graphische Objekte, wobei komplexe Objekte aus elementaren zusammengesetzt werden können, die durchaus nicht mit den atomaren Bausteinen des Darstellungsmediums (z.B. Bildpunkte) identisch sein müssen, sondern Polygonzüge, Textfragmente etc. darstellen können. Aussagen über die Merkmale bereits existierender Objekte und damit über das aktuell dargestellte Bild können mit Hilfe graphischer Prädikate formuliert werden, während die dualen Operatoren als Seiteneffekt Objekte mit vorgegebenen Merkmalen erzeugen. Diese Operatoren werden durch Unterprogramme einer prozeduralen Programmiersprache implementiert und als eingebaute Prädikate in Prolog eingebettet. Sie sind in ihrem Verhalten während des Beweisvorgangs analog zu den Prädikaten zur Datenbasismanipulation zu verstehen, nur daß sie sich nicht auf Formeln der Datenbasis beziehen, sondern auf graphische Objekte. Welche Auswirkungen die unterschiedliche Behandlung von Seiteneffekten auf die Formulierung von Regeln in Graphik-Prolog hat, soll nun an einem kleinen Beispiel erläutert werden, dem die in (Clocksin/Mellish 1984) angeführte rekursive Regel zum Durchwandern eines Netzes zugrunde liegt. Dabei ist zu beachten, daß die inversen Operatoren, die beim Backtracking die Seiteneffekte beseitigen, in der Regel mehr Statusinformationen benötigen als aus der Argumentenliste ersichtlich ist. Ein Operator zum Löschen graphischer Objekte z.B. muß den kompletten Zustand eines Objekts mit allen seinen Teilobjekten sichern, damit daß Objekt beim Backtracking wiederhergestellt werden kann. Zunächst wird eine minimale Graphik-Erweiterung von Prolog definiert. Es seien drei Typen graphischer Objekte gegeben: Netze, Knoten und Kanten, wobei sich Netze aus durch Kanten verbundenen Knoten zusammensetzen. Für die elementaren Objekte sind folgende Prädikate/Operatoren definiert:

Prädikat	Operator	Bedeutung
node(Id,X,Y,Color)	create_node(Id,X,Y,C)	Der Knoten Id befindet sich an der Position X,Y und hat die Farbe C
connects(Id,N1,N2)	connect(Id,N1,N2)	Die Kante Id verbidet die Knoten N1 und N2
color(Id,C)	paint(Id,C)	Der Knoten Id hat die Farbe C

Nun soll folgende Aufgabe gelöst werden: Ein Netz sei auf dem Bildschirm dargestellt. Es gilt nun einen Weg zwischen zwei Knoten zu finden, wobei die Bewegung entlang der Kanten erfolgt. Der gefundene Weg soll durch Knoten mit verändertem Darstellungsmodus gekennzeichnet werden. Der Lösungsansatz beruht darauf, daß von einem vorgegebenen Knoten ausgehend ein erreichbarer Nachbarknoten aufgesucht wird. War dieser Knoten zuvor noch nicht erreicht worden - das wird mit Hilfe einer Liste festgestellt -, so wird er als neuer Ausgangspunkt betrachtet.

Variante 1 : Seiteneffekte werden beim Backtracking nicht beseitigt, deshalb kann der gesuchte Weg erst nach vollständiger Abarbeitung der Rekursion in die Graphik eingetragen werden, es müssen also zwei Rekursionen abgearbeitet werden.

```
go(Node,Node,Liste) :- update_graphics(Liste).

go(Node1,Node2,Liste) :- is_related(Node1,NodeX),
                         not (member(NodeX,Liste)),
                         go(NodeX,Node2,[NodeX|Liste]).

update_graphics([]).

update_graphics([Node|Liste]):- paint(Node,black),
                                update_graphics(Liste).
```

Variante 2 : Die Seiteneffekte werden beim Backtracking rückgängig gemacht, deshalb kann die graphische Markierung gefundener Knoten direkt in die Regel eingebracht werden, wodurch man zu einer vereinfachten Formulierung kommt. Überdies ist diese Regelversion in der Lage durch Backtracking weitere Lösungsvarianten zu erzeugen, was bei Variante 1 nicht ohne weitere Verkomplizierung möglich ist.

```
paint*(Obj,Color)       :- node(Obj,X,Y,C),
                           (paint(Obj,Color);
                           paint(Obj,C),fail).

go(Node,Node,Liste).

go(Node1,Node2,Liste):- is_related(Node1,NodeX),
                        not (member(NodeX,Liste)),
                        paint*(NodeX,inverted),
                        go(NodeX,Node2,[NodeX|Liste]).
```

Für beide Varianten gilt:

```
is_related(Node1,Node2):- connects(X,Node1,Node2).
```

Die beiden Abbildungen auf der folgenden Seite zeigen eine beispielhafte Anwendung der Regelversion 2 auf ein einfaches Netz. Gesucht wurde ein Weg zwischen den Knoten 2 und 7. Durch anschließendes resatisfy´ wurde eine zweite Lösung gefunden.

4. Graphische Operatoren als Modaloperatoren

In (Warren 1984) wird eine modallogische Interpretation von Änderungen der Datenbasis gegeben, die allerdings auf das Hinzufügen oder Löschen atomarer Formeln beschränkt ist. Da die Repräsentation von Graphik extensional durch die Menge der dargestellten Objekte erfolgen kann, erscheint diese Einschränkung als nicht gravierend, so daß dieser Ansatz - abgesehen von der Behandlung nicht unifizierter Variablen (s.u.) - unverändert übernomen werden kann. Eine exakte Definition von Syntax und Semantik der erweiterten Prolog-Version wird an dieser Stelle nicht gegeben, da sie aufgrund der logischen Äquivalenz - nur die Seiteneffekte unterscheiden sich - nur zu einer Rekonstruktion führen würde. Deshalb soll eine informelle Einführung anhand einiger Beispiele erfolgen. Außerlogische Operatoren werden nicht mehr in Analogie zu Prädikaten gesehen, sondern als Modaloperatoren, die auf die in einer Klause rechts von ihnen stehenden Prädikate angewandt werden. Um diese mehrdeutige Verwendung des ´,´-Junktors zu vermeiden, wurde eine modifizierte Schreibweise eingeführt, die für die Anwendung eines Operators auf eine Formel ein eigenes Symbol vorsieht (´@´).

```
create_node(obj,1,1,white),true.
          <=>
create_node(obj,1,1,white) @ (true).
```

Diese Formel ist erfüllt, wenn das aktuelle Bild um den Knoten ´obj´ erweitert werden kann.

```
create_and_connect(Obj,X,Y,C):- create_node(Obj,X,Y,C) @
                               (node(Obj2,X2,Y2,C2),
                                connect(rel,Obj,Obj2) @ (C2==white)).
```

Durch diese Formel wird ein neuer <u>Operator</u> definiert, der einen Knoten erzeugt und ihn durch eine Kante mit einem beliebigen weißen Knoten verbindet.

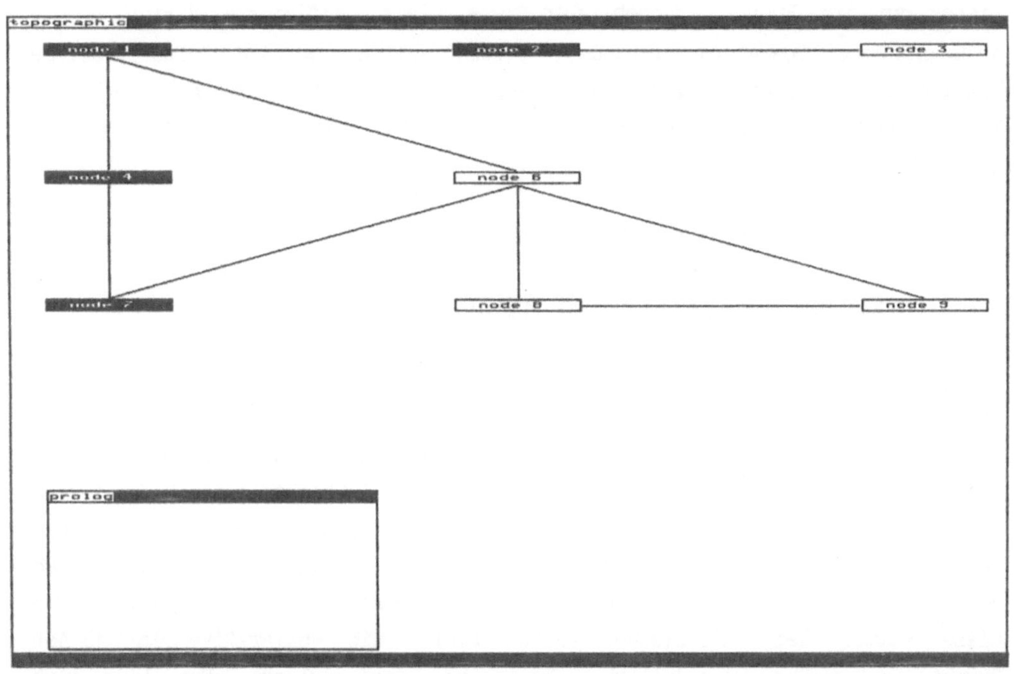
topographic
node 1
node 2
node 3
node 4
node 6
node 7
node 8
node 9
prolog

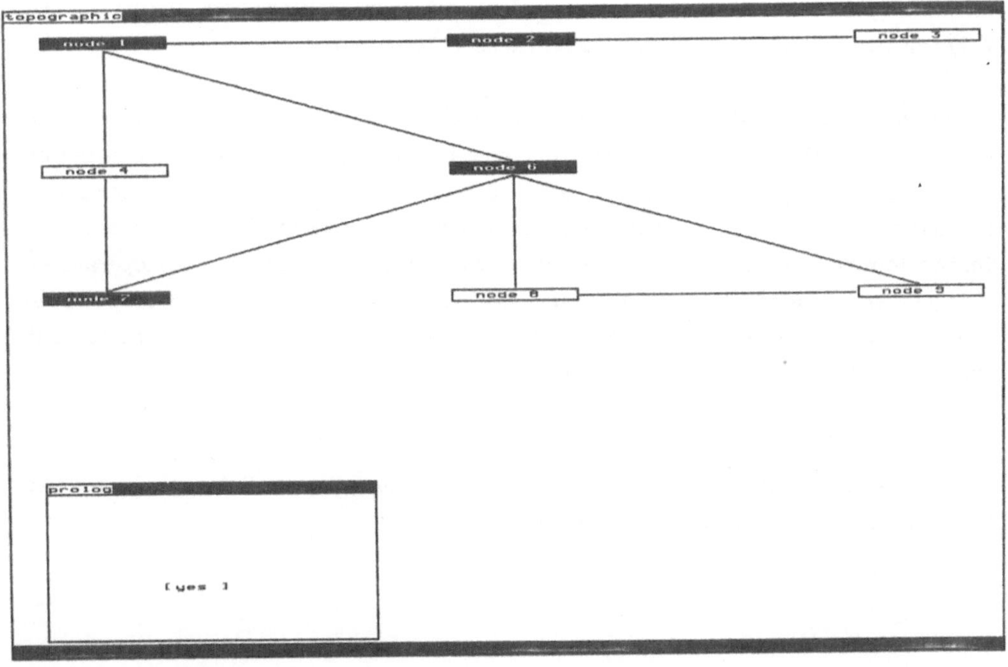
topographic
node 1
node 2
node 3
node 4
node 6
node 7
node 8
node 9
prolog
[yes]

Bisher war die Frage offengeblieben, wie nicht unifizierte Variablen als Argumente von Operatoren behandelt werden sollen, so daß keine Probleme hinsichtlich der Quantifizierung auftreten (s.o.). Warren schlägt vor, die Bindung der Variablen auch nach Einfügen einer Formel in die Datenbasis zu erhalten.

```
create_node(obj,X,Y,white) @ (X=1,Y=2).
                <=>
X=1,Y=2,create_node(obj,X,Y,white) @ (true).
```

Dieser Ansatz erscheint uns für die geplante Anwendung als unbefriedigend. Abgesehen davon, daß der Resolutionsalgorithmus geändert werden müßte, sind graphische Objekte mit zeitweilig unbestimmten Merkmalen nicht darstellbar. Es ist daher sinnvoll, den Merkmalen jeweils bezogen auf Objektklassen Defaultwerte (vgl. Reiter 1978) zuzuordnen, mit denen Variable gegebenenfalls unifiziert werden können. Dabei können durchaus mehrere Werte zu einem Merkmal gehören, so daß beim Backtracking verschiedene graphische Lösungen generiert werden. Durch diese Fassung der Variablenunifikation bleibt die deklarative Semantik der Operatoren unberührt, die Vollständigkeit geht jedoch verloren. Das läßt sich darlegen, indem man sich die möglichen Lösungen durch Fakten dargestellt denkt. Die Defaultwerte seien die ersten n dieser Fakten und beim n-ten Fakt sei ein cut eingefügt. Zur Auswirkung des cut auf deklarative Semantik und Vollständigkeit von Prolog-Programmen siehe (Lloyd 1984).

In den bisherigen Ausführungen wurde der Aufbau einer Graphik als Inferenz in einem modallogischen System gedeutet, so daß eine formale Semantik graphischer Prolog-Programme gegeben ist, insoweit sie keine Mensch-Maschine-Interaktion beinhalten. Eine Erweiterung auf interaktive Systeme erreicht man indem man Temporaloperatoren definiert, die eine Zuordnung der durch Modaloperatoren definierten graphischen Übergänge zu Dialogereignissen erlauben. Eine Erweiterung des von Warren vorgeschlagenen Ansatzes um solche Konstrukte ist Gegenstand der momentanen Projektarbeit.

Für ihre konstruktive Kritik während der Ausarbeitung dieses Beitrags danken wir Udo Hahn und Ulrich Reimer recht herzlich.

Literatur

Clocksin, W.F. (1984)
Logic Programming and Prolog
in: Chambers, F.B.; Duce, D.A.; Jones, G.P. Distributed Computing
Academic Press London 1984

Clocksin, W.F.; Mellish, C.S. (1984)
Programming in Prolog
Springer Verlag Berlin Heidelberg New York Tokio 1984

Futo, I.; Darvas, F.; Szeredi P.; Igüszi, N. (1978)
The Application of Prolog to the Development of QA and DBM Systems
in: Gallaire, H. Minker, J. Logic and Data Bases
Plenum Press New York London 1978

Lloyd, J. W. (1984)
Foundations of Logic Programming
Springer Verlag Berlin Heidelberg New York Tokio 1984

Mallgren, W. R. (1982)
Formal Specifikation of Interactive Graphics Programming Languages
MIT Press Cambridge London 1982

Pereira, F. C. N. (1986)
Can drawing be Liberated from the von Neumann Style?
in: Caneghem, M.; Warren, D. H. D. Logic Programming and its Applications
Ablex Publishing Corporation Norwood, New Jersey 1986 pp 175-187

Reiter, R. (1978)
On Reasoning by Default
In: Proc. 2nd Symposium on Theoretical Issues in Natural Language
Processing pp. 210-218
Urbana 1978

Warren, D. S. (1984)
Database Updates in Pure Prolog
in: Proceedings of the International Conference on Fifth Generation
Computer Systems 1984 pp 244-252
North Holland 1984

Fachgespräch Graphikunterstützung bei der Software-Entwicklung

Lange Zeit waren graphikfähige DV-Geräte kostspielig und wurden hauptsächlich für kartographische Aufgaben und das Entwerfen von Mechanik- und Elektronik-Bauteilen verwendet.

Dies hat in der Software-Entwicklung die Verbreitung und den Einsatz graphischer Methoden und Hilfsmittel erheblich behindert. Inzwischen gibt es jedoch leistungsfähige, preiswerte Geräte für diese Zwecke. Graphikfähige Workstations mit hochauflösenden Bildschirmen, PCs mit Graphik-Komponenten und graphikfähigen Druckern/Plottern sowie Anwendungen für diverse Gebiete entstehen.

In diesem Fachgespräch wollen wir uns auf rechnergestützte graphische Hilfsmittel für die Software-Entwicklung konzentrieren. Im Vordergrund stehen graphische Methoden und Werkzeuge sowie der Einsatz und die Erfahrung mit derartigen Mitteln in der Software-Entwicklung. Die folgende Liste zeigt das breite Spektrum dieses Themengebietes:

- graphische Beschreibungsmittel für die Spezifikation und Modellierung von Software-Systemen,
- graphische Hilfsmittel und Methoden für den Entwurf von Software,
- graphische Darstellungsformen für Systemstrukturen,
- Benutzerschnittstellen und Ergonomie derartiger Systeme,
- Software-Dokumentation unter Einschluss graphischer Elemente,
- Testunterstützung durch graphische Elemente,
- Analyse und Transformation graphischer Darstellungen.

Programmkomitee für dieses Fachgespräch: G. Enderle (SEL Stuttgart), C. Floyd (TU Berlin), H. Geist (Nixdorf Paderborn, Vorsitz), P. Gorny (Uni Oldenburg), R. Kofer (Siemens München), B. Krämer (GMD St. Augustin), J. Ziegler (Fraunhofer-Institut IAO Stuttgart)

Graphikunterstützung bei der Software-Entwicklung
- Eine Einführung in das Fachgespräch -

Harald Geist

Nixdorf Computer AG
D-4790 Paderborn

Systementwicklung ist zu einem wesentlichen Teil ein Beschreiben von Strukturen. Dies geschieht sowohl gegenüber einem Auftraggeber und den zukünftigen Nutzern, um mit ihnen eine vorgeschlagene Lösung abzustimmen, als auch gegenüber der Maschine, die das implementierte System ausführen soll. Jeder, der sich schon einmal in ein fremdes Programm hat einarbeiten müssen, weiß darüberhinaus, wie wichtig Systembeschreibungen bei der Analyse von Software sind.

Entwickler haben daher seit jeher nach möglichst präzisen und eindeutigen, gleichwohl aber auch anschaulichen Beschreibungsmitteln gesucht. Natürlich-sprachliche Ansätze erwiesen sich sehr schnell als mehrdeutig und zu wenig präzise. So gab es eine Fülle von Versuchen, textuelle Beschreibungen so weit zu formalisieren, daß eine eindeutige Interpretation möglich wurde. Dies hat zur Entwicklung einer Vielzahl von Programmiersprachen geführt, deren Interpretation bzw. Kompilierung Maschinen übernehmen konnten. Die Formalisierung der sprachlichen Systembeschreibungen hat die Beschreibung eines Systems gegenüber einem Rechner erheblich erleichtert. Ihr Ziel, auch die Verständigung über Systemstrukturen unter Menschen zu verbessern, haben die Sprachen nur sehr begrenzt erreicht.

Als zusätzliches Beschreibungsmittel haben folglich viele nach graphischen Notationen gesucht, um entweder sich selbst oder anderen komplexe Strukturen anschaulich erklären zu können. Wir kennen alle noch die Versuche, Programmabläufe mit Hilfe von Flußdiagrammen zu beschreiben. Unter dem Einfluß der Diskussion über strukturierte Programmierung wurden dann als Ersatz Struktogramme angeboten [NASS73]. Zur System- und Modulbeschreibung propagierte ein großer DV-Hersteller einige Zeit lang HIPO [IBM00]. Über den erfolgreichen Einsatz von Interaktionsdiagrammen zur Beschreibung von Benutzerdialogen wird in [DENE77] berichtet. Nicht unerwähnt bleiben sollen auch Zustandsdiagramme, die u.a. in der Darstellung von Kommunikationsprotokollen Verwendung finden [BUDD80] sowie die verschiedenen Netzarten, die im Laufe der Zeit aus Petri-Netzen abgeleitet worden sind [REIS82].

Die größte Akzeptanzschwelle, die die meisten graphischen Beschreibungsmittel bis heute nicht überwinden konnten, war der Aufwand, der für die Erstellung und wichtiger noch für die Pflege der Graphiken getrieben werden mußte. Das manuelle Zeichnen mit Bleistift und Schablone verschlingt sehr viel Zeit, ist mühsam also unbeliebt und unterbleibt in der Regel spätestens dann, wenn die erste Änderung des Systems in der Graphik nachgehalten werden muß. Eine akzeptable DV-Unterstützung für diese Arbeiten war bisher nicht vorhanden. Graphikfähige DV-Geräte waren lange Zeit für Software-Entwickler zu kostspielig. Sie wurden hauptsächlich für kartographische Aufgaben und das Entwerfen von Mechanik- und Elektronikbauteilen verwendet. Graphische Beschreibungsmittel für Software mußten daher so angepaßt werden, daß sie auch mit den verfügbaren Zeilendruckern und zeichen-orientierten Terminals einsetzbar waren. Derartige Adaptionen waren in ihrer Handhabung ebenfalls mühsam und blieben in ihrer Wirkung wegen der für diesen Zweck unzureichenden Geräte unbefriedigend. Vor die Wahl gestellt zwischen dem manuellen Zeichnen und einer derartigen DV-"Unterstützung" haben die meisten Software-Entwickler notgedrungen auf Graphik ganz verzichtet. So hat die fehlende Werkzeugunterstützung die Verbreitung und den Einsatz graphischer Hilfsmittel erheblich behindert.

Seit ein paar Jahren werden jedoch zum einen sehr leistungsfähige Standard-Mikroprozessoren angeboten. Sie erlauben es, graphik-fähige Workstations und PCs zu Preisen herauszubringen, von denen man früher nur träumen konnte. Zum anderen hat es große Verbesserungen bei der Drucktechnik gegeben. Matrix- und kleine Laserdrucker bieten heute preiswerte Ausgabemöglickeiten auch für Graphik. Diese drastischen Veränderungen der technischen Ausgangslage lassen viele hoffen, daß Graphikunterstützung bei der Software-Entwicklung in Zukunft doch einmal möglich sein wird. So kann man heute an vielen Stellen Versuche mit den neuen Möglichkeiten beobachten.

Das "klassische" Anwendungsgebiet für Graphik innerhalb der Software-Entwicklung ist wohl der Entwurf. Hier hatte es in der Vergangenheit die meisten Ansätze gegeben, hier gibt es auch heute wieder viele Arbeiten. Graphik bietet sich z.B. an, um die Modulstruktur eines größeren Systems mit ihren vielfältigen Beziehungen anschaulich und kompakt darzustellen, um nebenläufige Prozesse zu beschreiben und zu analysieren oder um den Datenfluß eines Systems darzustellen. Insbesondere bei

Ingenieurdisziplinen findet der Software-Entwickler oft schon fachspezifische graphische Notationen vor. Kann er diese nun in seine Arbeit übernehmen, so erleichtert das die Verständigung mit den Auftraggebern erheblich. In unserem Fachgespräch ist dieses Teilgebiet mit drei Vorträgen vertreten: J. Wagner berichtet über die Entwicklung eines graphischen Programmentwicklungssystems, M. Castner und J. Pasch über einen graphisch orientierten Schnittstelleneditor und M. Fastenbauer über eine graphische Entwurfsmethode für Echtzeitprogramme.

Eng verknüpft mit dem Entwurf und von diesem auch nicht immer randscharf zu trennen ist das Gebiet der Analyse und Festlegung von Anforderungen. Graphische Beschreibungen bieten hier den Vorteil, besonders anschaulich die Verständigung zwischen den Beteiligten zu unterstützen. Als sehr hilfreich hat es sich erwiesen, wenn schon in dieser frühen Phase der Ablauf eines Systems oder eines wesentlichen Teils, z.B. der Benutzerschnittstelle, prototypisch demonstriert werden kann. Auch bei dieser Modellbildung kann Graphik einen Beitrag leisten. Hierzu berichten A. Häuslein und B. Page über ein Modellbildungs- und Simulationssystem, H.P. Godbersen und H. Trümner über einen graphisch orientierten Ansatz zur Bildung operationaler Modelle sowie G. Schäfer über die graphikunterstützte Entwicklung von Benutzerdialogen.

Es wäre schade, wenn der Graphikeinsatz auf die genannten Anfangsphasen der Entwicklung (neuer) Software beschränkt bliebe. In der Industrie steht man ja heute fast häufiger noch vor der Aufgabe, alte bzw. fremde Software übernehmen und weiterentwickeln zu müssen. Daß auch dabei Graphik ihren Beitrag leisten kann, zeigt C. Oeters mit seiner Arbeit über die graphisch unterstützte Restrukturierung der Architektur eines industriellen Softwareproduktes. Ein weiteres, interessantes Anwendungsgebiet ist die Verbindung von Text und Graphik in der Dokumentation. Wie die die Benutzerschnittstelle für das Editieren solcher Objekte aussehen kann, zeigt das Papier von J. Kaeber.

Das Fachgespräch bietet so einen breiten Überblick über Arbeiten zur Graphikunterstützung bei der Software-Entwicklung. Es will dabei auch bewußt neue, möglicherweise noch im Entstehen begriffene Arbeiten vorstellen. Manche Fragen, die den interessierten Anwender beschäftigen, bleiben dabei u.U. offen, etwa die nach dem Reifegrad der heutigen Ergebnisse, nach der Einsetzbarkeit unter vorgegebenen Randbedingungen oder allgemeiner nach dem richtigen Zeitpunkt und der Art, wie graphische Hilfsmittel in Software-Entwicklungsumgebungen integriert werden können. Die Abschlußdiskussion gibt Gelegenheit, diese Fragen zu behandeln. Das Programmkomitee hat hierfür zwei Mitarbeiter aus der Industrie um Statements gebeten. M. Rheindt nimmt aus Sicht einer Mitarbeiterin bei einem DV-Hersteller, P. Hruschka aus der eines Anbieters graphischer Tools Stellung.

Literaturangaben

BUDD80 R. Budde, P. Schnupp, A. Schwald: Untersuchung über Maßnahmen zur Verbesserung der Software-Produktion, Teil 1: Theoretische Ansätze auf dem Gebiet der Software-Technologie. (Berichte der Gesellschaft für Mathematik und Datenverarbeitung, Nr. 130) Oldenbourg (München) 1980

DENE77 E. Denert: Specification and Design of Dialogue Systems with State Diagrams. In Proc. of the Int. Comp. Symposium (ICS), North-Holland (Amsterdam) 1977

IBM00 HIPO - A Design Aid and Documentation Technique. IBM Best. Nr. GC20-1851, IBM (White Plains, N.Y.) o.J.

NASS73 I. Nassi, B. Shneidermann: Flow charting techniques for structured programming. SIGPLAN Notices, Vol. 8 (1973) Nr. 1, S. 12

REIS82 W. Reisig: Petrinetze - Eine Einführung. Springer (Berlin) 1982

***

DYNAMIS: Ein Modellbildungs- und Simulationssystem mit objektorientierter Benutzeroberfläche

A. Häuslein, B. Page
Universität Hamburg
Fachbereich Informatik
2000 Hamburg 13

Zusammenfassung:

Gegenstand dieses Beitrages ist die Beschreibung der Konzeption und Realisierung des interaktiven Modellbildungs- und Simulationssystems DYNAMIS, das auf System Dynamics basiert. Es wird erläutert, aus welchen Elementen das System zusammengesetzt ist und welche Bedeutung diese Elemente in bezug auf die Modellbildung und Simulation haben. Als wesentliche Merkmale der Benutzerschnittstelle werden die Objektorientierung, die Fenster- und die Menü-Technik hervorgehoben. Auf den Einsatz von Graphik zur Unterstützung des Benutzers wird in weiteren Abschnitten gesondert eingegangen. Dabei ist zu unterscheiden, ob die Modellerstellung oder die Durchführung der Simulationsexperimente unterstützt wird. Die Modellerstellung und dabei vor allem der Aufbau des Simulationsprogramms wird durch die Anschaulichkeit der Graphik erleichtert. Bei der Durchführung der Simulationsexperimente dient das graphische Tracing als Entscheidungshilfe für interaktive Eingriffe des Benutzers. Abschließend werden in einem Ausblick die Möglichkeiten zur Weiterentwicklung des Systems aufgezeigt.

1. Einleitung

Auf der Basis einer kritischen Analyse von System Dynamics und DYNANMO entstand im Arbeitsbereich "Anwendungen der Informatik in Geistes- und Naturwissenschaften" am Fachbereich Informatik der Universität Hamburg das System DYNAMIS, das die Konzepte von System Dynamics und DYNAMO aufgreift, weiterentwickelt und einer interaktiven Nutzung zugänglich macht. Zur Gestaltung der Benutzerschnittstelle wurden zahlreiche Graphik-Konstrukte verwendet, die den Benutzer bei der Durchführung von Simulationsstudien unterstützen sollen.

Das DYNAMIS-System wurde im Rahmen eines Projektes innerhalb der letzten zwei Jahre bereits in großen Teilen auf einem graphikfähigen Personal Computer realisiert. Neben den Autoren waren an dem Projekt außerdem K. Brunnstein, C. Nowak und K. Slottke beteiligt. In den folgenden Abschnitten soll zunächst ein kurzer Überblick über die Konzeption und den Aufbau des Systems gegeben werden. Dann wird darauf eingegangen, wie die Graphikunterstützung im System DYNAMIS realisiert ist.

2. Konzeption des Systems

Das System DYNAMIS ist als Modellbildungs- und Simulationssystem konzipiert und faßt alle Funktionen, die für diesen Bereich notwendig sind, zusammen. Seine grundlegende Leistung besteht daher darin, den Aufbau von Modellen und die Durchführung von Simulationen mit diesen Modellen zu ermöglichen. Dabei bildet System Dynamics nach Forrester /2/ mit seinen Konzepten die Grundlage für die Modellbildung und Simulation im System DYNAMIS. System Dynamics bietet den Vorteil, daß es aus relativ wenigen Grundstrukturen aufgebaut ist, die sich leicht erlernen lassen. Seine Anwendung erfordert auch keine weitreichenden mathematischen Kenntnisse im Bereich der Differential- und Integralgleichungen, wie dies sonst für den Aufbau kontinuierlicher Simulationsmodelle notwendig ist. Die Modelle können im System DYNAMIS, wie in System Dynamics vorgesehen, auf verschiedene Arten dargestellt werden. Die wichtigsten Darstellungsformen sind dabei das Diagramm und die Gleichungen, die die Modellzusammenhänge mathematisch festlegen.

Die Modellbildung und Simulation ist ein komplexer Prozeß, der sich aus vielen verschiedenen Phasen zusammensetzt. In den meisten dieser Phasen wurde der Computer bisher nicht eingesetzt und auf eine Unterstützung durch ihn verzichtet. Lediglich für den Ablauf des Simulationsprogramms wurde der Computer genutzt. Um dem Benutzer eine bessere Unterstützung bei der Modellbildung und Simulation insgesamt zu geben, werden mit dem System DYNAMIS nun auch die anderen Phasen des Prozesses in den Computer verlagert. Durch diese wesentliche Erweiterung sind alle relevanten Informationen zu einem Modell von den ersten Notizen der Problemformulierung bis hin zur Dokumentation der Simulationsergebnisse im Rechner zusammengefaßt. Sie sind damit schnell, direkt und ohne Wechsel des Mediums zugreifbar. Alle zeitaufwendigen und fehleranfälligen Transformationsschritte zwischen Darstellungen des

Modells außerhalb und innerhalb des Computers entfallen. Darüberhinaus ist es möglich, den Benutzer in allen Phasen so zu unterstützen, daß der Arbeitsablauf beschleunigt, besser dokumentiert und weniger fehleranfällig wird.

Für den Prozeß der Modellbildung und Simulation gibt es keinen fest vorgegebenen Ablauf. Die Reihenfolge der Phasen ergibt sich aus dem Vorgehen des Modellbildners und der Art der untersuchten Problemstellung. So ist es eine wesentliche Leistung des Systems DYNAMIS, durch ein hohes Maß an Interaktivität in allen Systembereichen dem Benutzer eine individuelle und flexible Gestaltung des Arbeitsablaufs zu ermöglichen. Die Interaktivität ist eine Voraussetzung für die Nutzung des Computers in Phasen, die sich nicht ohne weiteres durch einen Algorithmus beschreiben lassen. Besonders hervorzuheben sind:

- interaktive Modellbildung
- interaktive Simulationssteuerung
- interaktive Ergebnisanalyse.

Interaktive Modellbildung

- Die Modelle werden direkt am Bildschirm aufgebaut.
- Ein Modell ist auf verschiedene Arten darstellbar.
- Der Benutzer kann jederzeit zwischen den Darstellungsarten wechseln oder sich verschiedene Darstellungen gleichzeitig anzeigen lassen.
- Die verschiedenen Darstellungen sind auf Inkonsistenzen prüfbar, die dem Benutzer dann angezeigt werden.
- Modelle sind als Objekte direkt handhabbar.

Interaktive Simulationssteuerung

- Die Simulationsläufe sind jederzeit durch Benutzereingriff unterbrechbar.
- Die Simulationsläufe können nach einer Unterbrechung fortgesetzt werden.
- Bei einer Unterbrechung der Simulation sind die Werte aller Modellgrößen zum Unterbrechungszeitpunkt verfügbar.
- Bei einer Unterbrechung der Simulation kann der Modellzustand durch Änderung der angezeigten Wertebelegung verändert werden. Die Fortsetzung der Simulation erfolgt auf der Basis des neuen Modellzustandes.

- Eine laufbegleitende Ausgabe von Simulationsergebnissen (Tracing) ist nach den Vorgaben des Benutzers möglich.
- Der Benutzer wird über Fehler, die während der Simulation auftreten, informiert (z.B. arithmetischer Überlauf).

Interaktive Ergebnisanalyse

- Die Ergebnisse von Simulationsläufen können gespeichert, gelöscht und jederzeit wieder abgerufen werden.
- Der Benutzer kann aus der Menge der gespeicherten Ergebnisse diejenigen auswählen, die aufbereitet werden sollen.
- Die Anzeige der Ergebnisse erfolgt wahlweise numerisch oder graphisch.
- Die Darstellung der Ergebnisse auf dem Bildschirm ist direkt änderbar (z. B. Änderung der Skalierung).

Für alle Benutzer des Systems DYNAMIS, besonders jedoch für die EDV-Laien unter ihnen, ist es wichtig, daß die bereits aufgeführten Leistungen des Systems in komfortabler Weise zugänglich sind. So kommt zu den Leistungen des Systems, die sich direkt auf die Modellbildung und Simulation beziehen, eine weitere allgemeine Leistung hinzu. Dies ist die Bereitstellung der Systemfunktionen über eine Benutzerschnittstelle, die den Prinzipien der Benutzerfreundlichkeit entspricht. Besonders wichtige Punkte sind im einzelnen:

- Transparenz des Systems, z. B. Information des Benutzers über momentan ablaufende Aktionen oder aufgetretene Fehler;
- Weitgehende Verwendung der Sprache des Benutzers;
- Vermeidung von Zwangssituationen für den Benutzer, d. h. keine Systemzustände, die der Benutzer nur durch Aktionen verlassen kann, die seinen eigentlichen Absichten widersprechen;
- Verständliche Fehlermeldungen, die sich auf die Ebene der Benutzerschnittstelle beziehen und nicht auf interne Vorgänge des Rechners;
- Selbsterklärende Bezeichnung von Objekten und Funktionen;
- Bereitstellung einer Hilfe-Funktion, durch die jederzeit zustandsabhängige Information über das System abrufbar ist;
- Sicherheit vor unerwünschten Aktionen, z. B. eine zusätzliche Rückfrage vor dem Löschen von Objekten;
- Möglichkeit zu Rücksprüngen zu vorherigen Systemzuständen, z. B. das Abbrechen von Aktionen oder der Rückgriff auf gesicherte Versionen von Objekten.

- Konsistenz der Systemteile, z. B. gleiche Bezeichnung für gleiche Objekte im gesamten System.

3. Aufbau des Systems

In diesem Abschnitt wird die statische Struktur des Systems DYNAMIS durch die Beschreibung der inhaltlichen Einheiten dargestellt. Der dabei verwendete Begriff "Bereich" bezeichnet eine solche inhaltliche Einheit.

Der Aufbau des Systems untergliedert sich in drei Bereiche:

- Datenbereich
- Benutzerbereich
- Modellbereich

3.1 Datenbereich

Der Datenbereich bildet die Schnittstelle des Systems DYNAMIS zu einem umfangreichen Datenbestand. Dieser Datenbestand teilt sich auf in einen internen Bestand von Daten, die im System selbst gespeichert sind, und einen externen Bestand, der durch den Zugriff auf externe Datenbanken realisiert wird.

Der Datenbereich stellt Daten zur Verfügung, die für die Arbeit im Modellbereich benötigt werden. Sie können z. B. beim Aufbau eines Modells für die Modellgrößen, bei der Simulation für die Parametervariation oder als Vergleichswert bei der Ergebnisanalyse verwendet werden. Der Datenbereich muß daher auch eine Schnittstelle zum Modellbereich enthalten, über die Daten aus dem Datenbereich des Systems in den Modellbereich eingehen können.

3.2 Benutzerbereich

Der Benutzerbereich enthält Informationen, die nicht einem Modell allein zugeordnet werden können oder sollen. Er besteht aus einer Programmbibliothek und einem Bereich für Notizen des Benutzers.

Die Programmbibliothek enthält Prozeduren und Funktionen, die in Pascal oder in der Programmiersprache des Systems DYNAMIS geschrieben sind. Sie sind entweder standardmäßig vorgegeben oder vom Benutzer definiert. Es besteht die Möglichkeit, diese Funktionen in mehreren Programmen im Modellbereich als externe Funktionen zu deklarieren und aufzurufen. Pascal-Routinen können außerdem bei der Ergebnisaufbereitung im Modellbereich verwendet werden. Sie dienen zur Unterstützung der Ergebnisanalyse und -bewertung.

Im Bereich für Notizen kann der Benutzer beliebige Informationen für eine spätere Verwendung festhalten. Das System stellt ihm dafür "Formulare" für Text und einfache Graphik zur Verfügung. Der Benutzer kann sie in bliebiger Anzahl verwenden und seine Informationen dort eintragen. Durch diesen Teil des Benutzerbereiches werden auf Papier festgehaltene Notizen des Benutzers, der sich Informationen für die weitere Arbeit mit dem System merken will, weitgehend überflüssig.

3.3 Modellbereich

Der Modellbereich stellt den zentralen Bereich des Systems dar und enthält die im System gespeicherten Modelle, die in der Modelliste zusammengefaßt werden. Die Modelliste gibt einen Gesamtüberblick über alle vorhandenen Modelle und bildet den Ausgangspunkt für die Auswahl und die Bearbeitung von Modellen.

Jedes Modell setzt sich aus folgenden fünf Bereichen zusammen:

- Modellbeschreibung
- System-Dynamics-Diagramm
- Programm
- Bezeichnerliste
- Ergebnisübersicht

Die Modellbeschreibung dient zum Sammeln beschreibender Informationen über das Modell und seine Umgebung. Sie stellt somit einen wichtigen Teil der Dokumentation dar und soll einerseits dem Benutzer des Modells ein besseres Verständnis der Zusammenhänge vermitteln, andererseits soll sie den Modellentwickler bei der Problemdefinition und der Erfassung der Systemstruktur unterstützen. Voraussetzungen für die Gültigkeit des Modells sowie Einschränkungen werden in diesem Bereich aufgeführt. Wenn bereits Ergebnisse vorliegen, soll die Ergebnisbewertung in der Modellbeschreibung festgehalten werden. Auch festgestellte Fehler in der Modellstruktur oder nicht plausibles Modellverhalten können hier dokumentiert werden. Die Modellbeschreibung besteht aus mehreren inhaltlichen Abschnitten, die mit einer Überschrift versehen sind und dementsprechend vom Benutzer ausgefüllt werden sollten. Um einen besseren Zusammenhang zu den anderen Bereichen des Modells (z. B. dem System-Dynamics-Diagramm) herzustellen, können einzelne Teile aus diesen Bereichen kopiert und in die Modellbeschreibung integriert werden.

Die graphische Darstellung des Modells wird durch das System-Dynamics-Diagramm wiedergegeben. Es ist aus graphischen Symbolen aufgebaut, die weitgehend aus dem Konzept der System-Dynamics-Methode übernommen wurden und auch die dort beschriebene Bedeutung haben. Zur besseren Strukturierung der Modelle gibt es u. a. zusätzlich die Möglichkeit, eine "Abgrenzung von Submodellen" vorzunehmen. Jedes im Diagramm dargestellte Symbol, welches einer Modellgröße entspricht, kann durch einen Bezeichner benannt sein. Als weitere Erläuterung der Graphik kann Kommentartext an beliebiger Stelle auftreten.

Das Programm enthält den Text des Modellprogramms und gegebenenfalls Kommentar. Durch den Programmtext wird die mathematische Formulierung der Modellzusammenhänge gegeben. Die Definition der Größen entspricht den Prinzipien des System-Dynamics-Konzeptes. Jede Modellgröße muß genau einmal durch eine Modellgleichung definiert werden. Die Programmiersprache, die zur Formulierung dieser Gleichungen dient, stellt eine Modifikation der bekannten Simulationssprache DYNAMO dar, die nicht mehr die Anforderungen an zeitgemäße Programmiersprachen erfüllt. Aufbau und Umfang der Sprache wurden weiterhin den Erfordernissen angepaßt, die durch ihre Integration in ein Simulationssystem entstanden. Ausgehend von DYNAMO wurden an der Programmiersprache im System DYNAMIS folgende wichtige Änderungen vorgenommen:

- Die Syntaxvorschriften sind weniger streng, wodurch die Erstellung von Programmen erleichtert und die Lesbarkeit verbessert wird.
- Mit Hilfe eines CASE-Konstruktes lassen sich Modellgrößen in Abhängigkeit von Bedingungen berechnen, was zu einer übersichtlichen Darstellung der Modellstruktur im Programm beiträgt.
- Es besteht die Möglichkeit, innerhalb des Programms Submodelle zu deklarieren und diese im Programm aufzurufen. Dies führt zu einer besseren Modularität der Programme.

- Das Programm enthält lediglich die Modellgrößen mit ihren funktionalen Zusammenhängen. Die Angaben für die Steuerung des Simulationslaufes und die Spezifikationen für die Aufbereitung und Ausgabe der Ergebnisse erfolgen interaktiv außerhalb des Programms. Dadurch stellt das Programm ausschließlich das Modell dar und muß nicht geändert werden, wenn der Ablauf der Simulation oder die Ausgabe modifiziert werden soll.
- Die Datenversorgung erfolgt außerhalb des Programms. Durch die Trennung von Daten und Programm sind Änderungen von Eingabewerten ohne Programmänderung und erneute Übersetzung möglich.
- Die Programmiersprache orientiert sich streng an der System-Dynamics-Theorie von Forrester. Programme von Modellen, die dieser Theorie widersprechen, sind nicht korrekt.

Die Bezeichnerliste gibt einen ausführlichen Überblick über alle Modellgrößen. Außerdem dient sie zur Eingabe der für einen Simulationslauf benötigten Initialisierungswerte der Größen. Sie faßt die Bezeichner aller Modellgrößen, die Spezifikationsgrößen DT (Diskretisierungsintervall) und LENGTH (Simulationsdauer) und die Größe TIME (Modellzeit) zusammen. Zu jeder Größe sind folgende weitere Informationen vorgesehen:

- Bezeichner des Submodells, in dem die Größe definiert ist
- Kommentar, der die Größe näher erläutert
- Typ der Größe (Level, Rate, Auxiliary, Constant oder Vector)
- Dimension
- Wert für die Initialisierung (Initialwert)

Der letzte Bereich, der zu einem Modell gehört, ist die Ergebnisübersicht. Sie gibt dem Benutzer einen Überblick über alle gespeicherten Simulationsergebnisse. Diese Ergebnisse sind dem Simulationslauf, der sie erzeugt hat, zugeordnet. Der Benutzer kann nur über die Ergebnisübersicht auf die Ergebnisse zugreifen. Sie sind also fest mit dem Modell verbunden und können nur in diesem Zusammenhang verwendet werden. Die Ergebnisübersicht dient als Ausgangspunkt für die selektive Aufbereitung, die Ausgabe und die Verwaltung der Ergebnisse. Die folgende Abbildung faßt noch einmal die Elemente und ihre Hierarchie im System DYNAMIS zusammen:

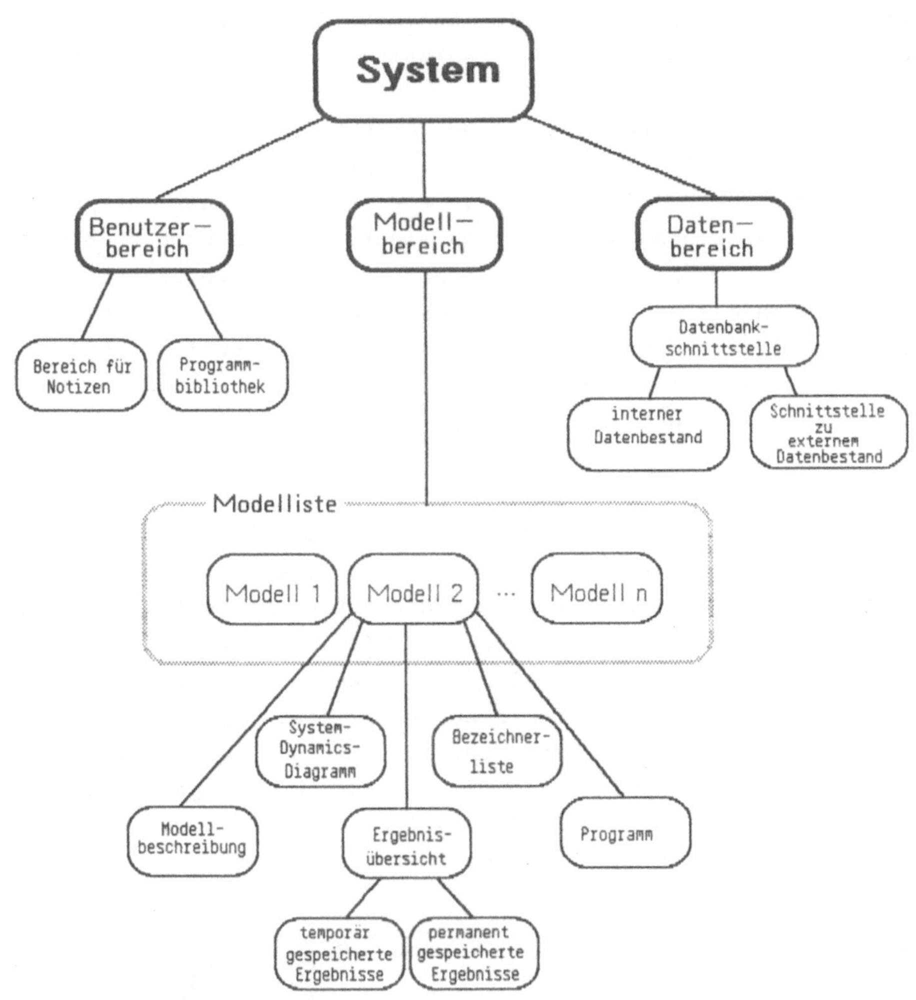

4. Merkmale der Benutzerschnittstelle des Systems

Die Benutzerschnittstelle des Systems DYNAMIS ist objektorientiert gestaltet. Die Objekte, die aus der Sicht des Benutzers im System vorhanden sind und bearbeitet werden können, werden mit graphischen Mitteln (Symbole, Ikone, Flächen etc.) auf dem Bildschirm dargestellt. Beispiele für derartige Objekte sind etwa die Modelliste, Symbole der Modelldiagramme oder die Zeilen in der Bezeichnerliste. Die verschiedenen Bereiche eines Modells (Beschreibung, Diagramm, Programm, Bezeichnerliste, Ergebnisübersicht) können mit Hilfe einer Fenstertechnik auf dem Bildschirm sichtbar gemacht werden. Auch diese Bildschirm-Fenster stellen aus Benutzersicht Objekte dar, die bestimmte Eigenschaften haben und mit den entsprechenden Funktionen bearbeitet werden können.

Auf die einzelnen Objekte, die auf dem Bildschirm sichtbar sind, kann vom Benutzer durch eine Zeige-Technik zugegriffen werden. Dazu wird der Maus-gesteuerte Cursor eingesetzt sowie eine in die Maus integrierte Taste, die zum Aussenden von Signalen dient. Objekte werden identifiziert, wenn der Cursor auf sie zeigt und die Maustaste betätigt wird. Mit dieser Technik können einerseits Objekte direkt bearbeitet werden (z. B. Verschieben, Vergrößern/Verkleinern), andererseits ist es möglich, die Objekte zu bestimmen (zu "aktivieren"), auf die sich die folgende, explizit ausgewählte Aktion beziehen soll.

Die explizite Auswahl von Aktionen erfolgt über graphik-orientierte Menüs. Diese Menüs sind aus rechteckigen Flächen zusammengesetzt, die den einzelnen Auswahlfeldern des Menüs entsprechen. Die Felder sind mit einem mnemotechnischen Bezeichner für die Aktion beschriftet, die gestartet wird, wenn der Benutzer das Feld mit dem Cursor und der Maustaste auswählt. Die Menüs sind als "Pull-Down-Menüs" realisiert, d. h. die verschiedenen Menüs, die dem Benutzer im jeweiligen Systemzustand zur Verfügung stehen, sind erst sichtbar, wenn sie vom Benutzer in der sogenannten Funktionsleiste ausgewählt werden. Die folgende Abbildung zeigt ein Hardcopy eines Bildschirminhaltes und gibt einen Eindruck von der implementierten Benutzerschnittstelle des Systems:

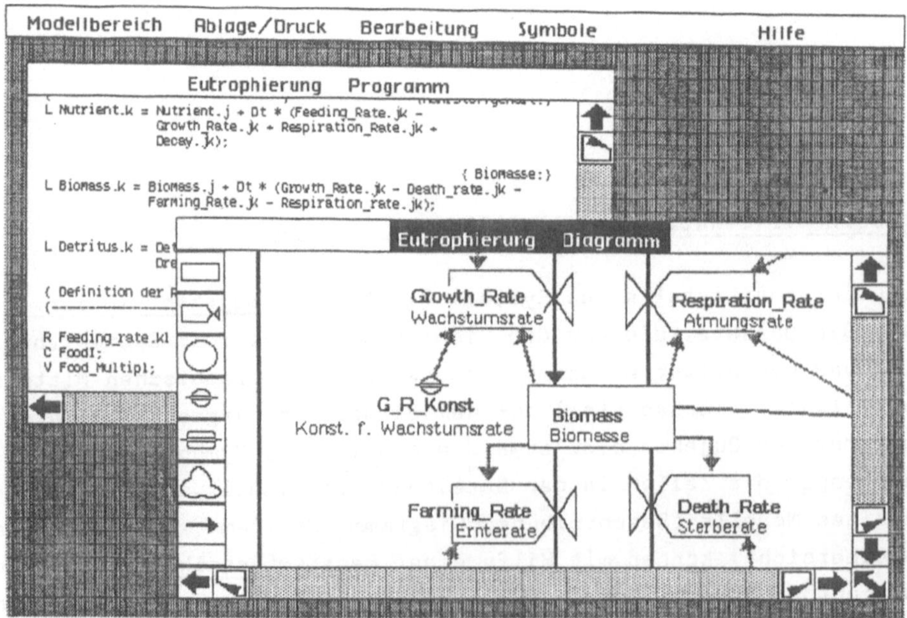

Es sind zwei Fenster sichtbar, in denen das Diagramm und das Programm eines Modells dargestellt werden. Die Flächen der Fenster überlappen sich, so daß der Eindruck einer Schichtung entsteht. Das jeweils "oben" liegende Fenster kann bearbeitet werden. Die Fenster enthalten am Rand die Menüfelder zum Verändern (z. B. Scrollen und Blättern) des Fensterausschnitts (Pfeilsymbole etc.). Am linken Rand des Diagrammfensters sind darüberhinaus Menüfelder zu erkennen, über die der Benutzer die Form der nächsten zu zeichnenden Symbols auswählen kann (siehe unten). Am oberen Bildschirmrand ist die Funktionsleiste angezeigt, die die Bezeichner für die Pull-Down-Menüs aufführt.

5. Graphikunterstützung im System DYNAMIS

5.1 Graphikunterstützung bei der Modellerstellung

Jedem Modell, das im System DYNAMIS gespeichert ist, ist ein Diagramm zugeordnet, mit dem die Modellzusammenhänge in graphischer Form dargestellt werden können. Die Symbole, aus denen die Diagramme aufgebaut werden (vgl. 3.3), lassen sich mit Hilfe des Maus-gesteuerten Cursors direkt am Bildschirm erzeugen. Dazu muß der Benutzer zunächst den zu zeichnenden Symboltyp aus einer Menü-artigen Liste auswählen, dann kann er mit dem Cursor die Position und Größe des Symbols im Diagramm flexibel bestimmen. Beides kann jedoch auch nachträglich leicht verändert werden. Darüberhinaus gibt es eine Reihe von Funktionen, um die Symbole weiterzubearbeiten (z. B. Duplizieren, Benennen).

Der Darstellung des Modells als Diagramm kommt im System DYNAMIS zentrale Bedeutung zu. Das Diagramm stellt die Modellzusammenhänge in besonders anschaulicher Form dar. Auch wenn der Benutzer im System DYNAMIS bei der Modellerstellung an keine Reihenfolge gebunden ist, ist es von Vorteil, zunächst das Diagramm des Modells aufzubauen. Aufgrund der Anschaulichkeit kann dieses ein erster, relativ leicht vollziehbarer Schritt zur Formalisierung des Modells sein, an deren Ende ein ablauffähiges Simulationsprogramm stehen soll. Der Benutzer kann das Diagramm aufgrund der Objektorientierung im System DYNAMIS nutzen, um die weiteren Schritte der Modellerstellung vom Diagramm aus vorzunehmen.

So entsprechen die Symbole aus der Sicht des Benutzers vollkommen den Modellgrößen, die sie darstellen. Dies gibt dem Benutzer die Möglichkeit, vom Diagramm aus Attribute der Modellgrößen einzugeben, sich an-

anzeigen zu lassen oder zu ändern. Dies können Attribute sein, die in der Bezeichnerliste zusammengefaßt werden (vgl. 3.3). Von besonderer Bedeutung ist aber die Möglichkeit, für jede Modellgröße ihre Berechnungsvorschrift als Attribut im Diagramm einzugeben. Da im System DYNAMIS das Programm nur noch aus einer Sammlung von Berechnungsvorschriften besteht und im Gegensatz zu herkömmlichen DYNAMO-Programmen keine Anweisungen zur Ablauf- und Ausgabesteuerung enthält, kann auf diese Weise das gesamte Simulationsprogramm anhand des Diagramms eingegeben werden.

Dieses Konzept läßt sich zukünftig bis zur halbautomatischen Erstellung des Simulationsprogramms ausbauen, indem vom Diagramm ausgehend ein Programmgerüst generiert wird, in das der Benutzer nur noch bestimmte Ergänzungen (z. B. Parameterwerte) eintragen muß.

Auch wenn der Benutzer nicht in der beschriebenen Weise vorgeht, wird die Aussagekraft des Diagramms verstärkt, indem seine Konsistenz zu der Bezeichnerliste und dem Modellprogramm geprüft und damit festgestellt werden kann, inwieweit das Diagramm das Modell korrekt darstellt.

5.2 Graphikunterstützung bei den Simulationsexperimenten

Vor der Durchführung eines Simulationslaufes kann der Benutzer Modellgrößen auswählen, für die eine laufbegleitende Ausgabe (Tracing) erfolgen soll. Dazu kann er die Skalierung und den Abstand der Ausgabezeitpunkte (in Einheiten der Modellzeit) bestimmen. Während des Simulationslaufes werden für die Größen Kurvenverläufe gezeichnet, die sich aus der Wertebelegung der Größen zu den Ausgabezeitpunkten ergeben. Bei entsprechender Wahl der auszugebenden Größen geben die Tracing-Kurven einen Überblick über das Modellverhalten und können daher als Entscheidungsgrundlage für interaktive Eingriffe des Benutzers dienen (vgl. 2.). Andererseits ist bei der Fortsetzung eines Simulationslaufes die Wirkung des interaktiven Eingriffs auf das Modellverhalten sofort sichtbar, wenn zum Beispiel Werte wichtiger Modellparameter vom Benutzer verändert worden sind. Dabei spielt eine wichtige Rolle, daß derartige Kurvenverläufe das Modellverhalten wesentlich anschaulicher wiedergeben als eine Folge von numerischen Werten. Der Benutzer kann daher seine Entscheidungen schneller treffen, als wenn er noch die numerischen Werte interpretieren und das Modellverhalten herleiten muß.

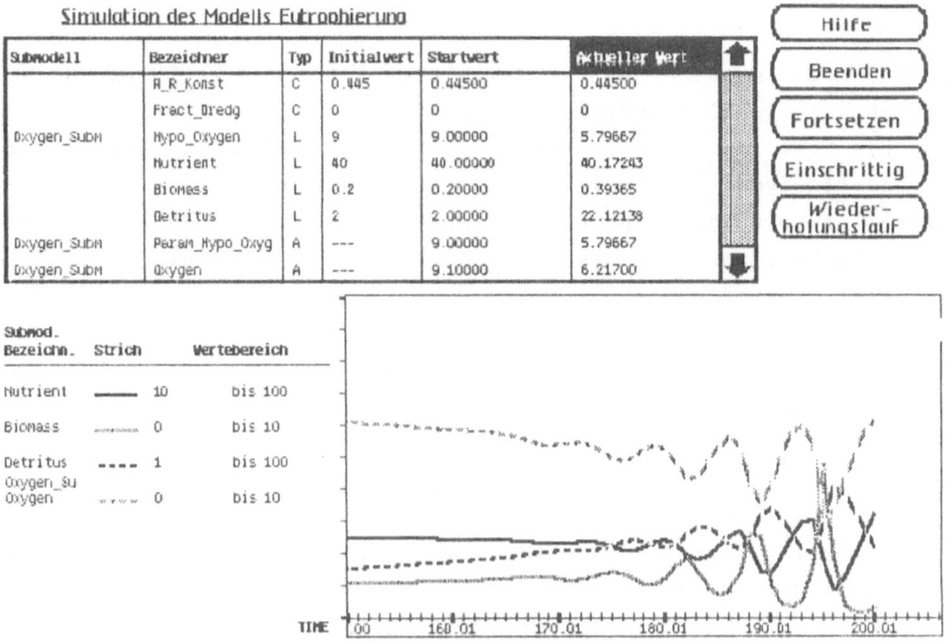

Simulation des Modells Eutrophierung

Submodell	Bezeichner	Typ	Initialwert	Startwert	Aktueller Wert
	A_R_Konst	C	0.445	0.44500	0.44500
	Fract_Dredg	C	0	0	0
Oxygen_SubM	Hypo_Oxygen	L	9	9.00000	5.79667
	Nutrient	L	40	40.00000	40.17243
	Biomass	L	0.2	0.20000	0.39365
	Detritus	L	2	2.00000	22.12138
Oxygen_SubM	Param_Hypo_Oxyg	A	---	9.00000	5.79667
Oxygen_SubM	Oxygen	A	---	9.10000	6.21700

Hilfe

Beenden

Fortsetzen

Einschrittig

Wieder-holungslauf

Submod. Bezeichn.	Strich	Wertebereich	
Nutrient	———	10	bis 100
Biomass	....	0	bis 10
Detritus	----	1	bis 100
Oxygen_Su Oxygen	~~~~	0	bis 10

TIME 00 160.01 170.01 180.01 190.01 200.01

Die Abbildung zeigt den Bildschirmaufbau während der Simulationsexperimente. Alle Modellgrößen werden in einer Tabelle mit ihrer Wertebelegung aufgeführt. Am rechten Bildschirmrand liegen die Menüfelder zur Auswahl der jeweiligen Aktion. Die untere Hälfte des Bildschirms dient der Wiedergabe der Tracing-Kurven. Neben den Kurven selbst sind auf der linken Seite die dargestellten Größen mit der entsprechenden Strichart und der Skalierung aufgelistet.

6. Ausblick

Mit dem Modellbereich ist bereits ein wesentlicher Teil des Systems auf einem Personal Computer com Typ "Apple LISA 2/10" realisiert. So kann die Realisierung des Datenbereichs und des Benutzerbereichs zur Vervollständigung der Implementation unmittelbar in Angriff genommen werden. Doch es zeichnen sich auch konzeptionell eine Vielzahl von Möglichkeiten zur Weiterentwicklung des Systems ab. Als wichtigste seien hier genannt:

- Erzeugung der Modellgleichungen aus dem Diagramm: Um den Einsatz graphischer Techniken zur Unterstützung des Benutzers zu erweitern, soll die Darstellung des Modells als Diagramm weiter in den Vordergrund treten. Ausgehend vom Diagramm, das vom Benutzer erstellt wurde, kann das System automatisch ein Programmgerüst erzeugen, das alle im Diagramm verfügbaren Informationen enthält, so daß der Benutzer nur noch Ergänzungen vornehmen muß. Auch diese Ergänzungen können vom Diagramm aus eingegeben werden, damit die Modelldarstellung durch Gleichungs- und Programmtext weiter an Bedeutung verliert.

- Verteilte Simulation: In das System DYNAMIS kann eine Schnittstelle integriert werden, die der Kommunikation mit anderen Rechnern dient. Zum einen können diese zur Durchführung der rechenintensiven Simulationsexperimente genutzt werden, zum anderen können Modelle, Simulationsergebnisse etc. zwischen den Rechnern ausgetauscht werden.

- Übertragung auf einen leistungsfähigeren Rechner: Um die Bearbeitungsgeschwindigkeit zu erhöhen und dem Benutzer weitere Unterstützung geben zu können, ist es sinnvoll, das System auf einen Rechner zu übertragen, der oberhalb der Klasse der Personal Computer liegt und dennoch die Beibehaltung der skizzierten Benutzerschnittstelle erlaubt.

- Diskrete Simulation: Die Konzeption des Systems DYNAMIS läßt sich so verändern und erweitern, daß es auch zum Aufbau von diskreten Modellen und zur Durchführung von Simulationsexperimenten mit diesen dienen kann. Auch in diesem Zusammenhang ist die oben erwähnte Erhöhung der Rechnerleistung von besonderer Bedeutung.

Literaturverzeichnis

1) Diether Craemer:
Mathematisches Modellieren dynamischer Vorgänge.
B.G.Teubner Stuttgart 1985

2) Jay W. Forrester:
Grundzüge einer Systemtheorie.
Betriebswirtschaftlicher Verlag Dr. Th. Gabler Wiesbaden 1972

3) Andreas Häuslein, Katarina Kullack, Christine Nowak:
Modellbildung und Simulation mit System Dynamics: Grundlagen und Konzepte zur interaktiven Unterstützung.
Mitteilung Nr. 133, Fachbereich Informatik der Universität Hamburg 1985

4) Otto Kolbe, Rolf Hutzenlaub, Werner Bayer:
Benutzerhandbuch für DYNAMO - S.
Büro für angewandte Mathematik BAM Stuttgart 1976

5) Fred Maryanski:
Digital Computer Simulation.
Hayden Bool Company, Inc. Rochelle Park, New Jersey 1980

6) Bernard P. Zeigler:
Theory of Modelling and Simulation.
John Wiley & Sons, New York London Sydney Toronto 1976

Adresse der Autoren:

Prof. Dr. Bernd Page
Dipl.-Inform. Andreas Häuslein
Universität Hamburg
Fachbereich Informatik
Schlüterstr. 70
2000 Hamburg 13

EIN GRAPHISCH ORIENTIERTER ANSATZ ZUR BILDUNG OPERATIONALER MODELLE

H. P. Godbersen; H. Trümner

Nixdorf NME	TU Berlin CIS
Berliner Str. 66	Franklinstr. 28/29
D–1000 Berlin 27	D–1000 Berlin 10

0 Zusammenfassung

Es wird eine Bestandsaufnahme der Einsatzmöglichkeiten der Modellierungskonzeption *Funktionsnetze* vorgenommen. Es wird gezeigt, wie dieser graphisch orientierte Ansatz in den Bereichen der Modellbildung und Konstruktion bis hin zur Programmgenerierung einsetzbar ist.

1 Einleitung

Graphische Darstellungen sind ein bewährtes Mittel zur Modellbildung bei den klassischen Ingenieurdisziplinen (vgl. /Ro77/). Im Bereich der Informatik stehen solche Ansätze weiterhin im Schatten von Text–orientierten Lösungen (vgl. dazu /Go83a/, /Ba82/). Ein Grund für diese Zurückhaltung liegt sicherlich in den bisher zu hohen Hardwarekosten für solche Werkzeuge. Es drängt sich allerdings die Frage auf, ob die konzeptionelle Durchdringung der Modellbildung bei Informationssystemen (IS) durch die weitgehende Text–Orientierung zu stark beeinflußt worden ist.

Im vorliegenden Beitrag wird zunächst die Motivation für die Modellierungskonzeption *Funktionsnetze* (FN) gegeben. FN sind über den rein deskriptiven Bereich hinaus einsetzbar, angefangen von der Simulation bis hin zu der Möglichkeit einer evolutionären Softwareproduktion. In Abschnitt drei wird der derzeit realisierte Umfang der Softwareunterstützung erläutert. Eine Bestandsaufnahme der Einsatzmöglichkeiten von FN in den Gebieten Leistungsvorhersage und Methoden/Modellbanken wird in Abschnitt vier diskutiert. Schließlich erfolgt eine Besprechung des Themas Softwareproduktion mit den Unterabschnitten Prototyping und Programmgenerierung.

2 Die Modellierungskonzeption Funktionsnetze

In diesem Abschnitt werden Funktionsnetze (FN) informell eingeführt. Für eine umfassende Dokumentation sei insbesondere auf /Go83a/ verwiesen. Die Modellierungskonzeption basiert auf *ISAC* (vgl. /Lu79/, /Wi86/) und *Petrinetzen* /Pe81/, /Br80/. ISAC dient ausschließlich zur Beschreibung, indem Präzedenzen der Abarbeitungsfolge in einem System aufgezeigt werden. Dagegen erlauben *Petrinetze* (Transitionsnetze) eine Beschreibung dynamischer Aspekte durch die Einführung von anonymen Marken (Token), die mittels der Anwendung einer *Transitionsschaltregel* durch das Netz wandern. Transitionsnetze sind allerdings auf einem sehr niedrigen Aggregationsniveau angesiedelt: Der Vorzug der (eindeutigen) Darstellung dynamischer Abläufe wird auf Kosten der starken Detaillierung erkauft. Wollte man ein ISAC-Netz operational vollständig mit Petrinetzen modellieren, so entstünde ein unüberschaubar großes Transitionsnetz.

Aufbauend auf der *Kanal/Instanz-Interpretation* im Rahmen von Petrinetzen führen wir bei FN folgende Konzepte ein:

1. Um die Netzgröße insgesamt überschaubar zu halten, sehen wir *Attribute* bei den Knoten und Systembeziehungen vor.
2. Um die Marken strukturieren zu können, führen wir eine *Nachrichten-Anschrift* ein.
3. Die Einbeziehung *dynamischer Aspekte* ermöglichen wir durch den Fluß der Nachrichten entlang der gerichteten Wege; *Operationen* auf den Nachrichten werden ausschließlich in den Instanzen durchgeführt.
4. Den Instanzen (aktiven Funktionseinheiten) wird ein *Zeitverbrauch* zugeordnet, um auch die Zeit konzeptionell in das Modell einzubeziehen.
5. Um die Dynamik in einem System adäquat modellieren zu können, führen wir neben dem 'und'-Schaltverhalten ein *Partielles Schalten* ein, das 'oder'-Verknüpfungen realisiert. Die Partielle Schaltregel erlaubt insbesondere die adäquate Modellierung von Selektion und Verteilung.
6. Um unterschiedliche Formen von Systembeziehungen realitätsnah zu modellieren, unterscheiden wir zwischen *Nachrichten- und Steuerfluß* sowie verschiedenen Zugriffstypen.

Der Ansatz soll zunächst an einem einfachen Beispiel erläutert werden (Abb. 1). Die verwendeten Symbole sind im Anhang zusammengefaßt.

Die Kanäle in Abbildung 1 sind zu Beginn mit den Nachrichten *2* bzw. *3* initialisiert (aus Platzgründen neben den Kreis geschrieben). Die Instanz *EQ* führt einen Vergleich aus, wobei sie die Nachrichten aus den Eingangskanälen entnimmt (kopierend aus dem oberen) und als Ergebnis nach Ablauf der Schaltzeit von *0.5* Einheiten *einem* Ausgangskanal eine Marke übermittelt. Das partielle Schaltverhalten auf der Ausgangsseite ist ein Attribut der Instanz *EQ*, dargestellt durch ein Dreieck.

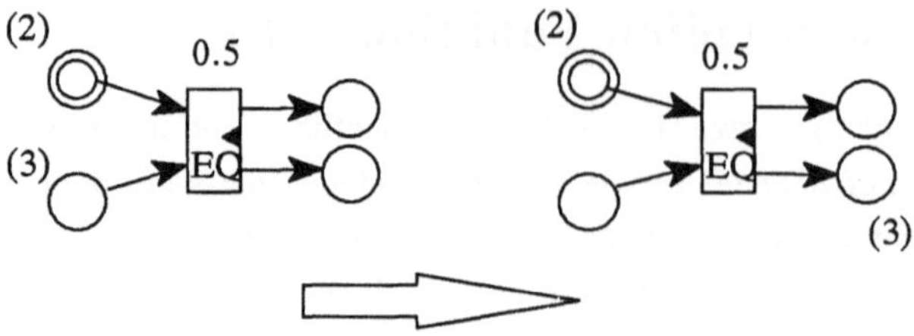

Abb. 1: Dynamik im Funktionsnetz

Bezüglich der *Mächtigkeit* der vorliegenden Modellierungskonzeption seien folgende Stichpunkte genannt:

* Die *Modellbildung und -dokumentation* mit einer anschaulichen graphischen Darstellung.

* *Operationen* auf den Modellen, insbesondere für die *Entscheidungsunterstützung* als (spezielles) Einsatzgebiet für IS und die *Entwurfsunterstützung* als Teil der Erstellung eines (beliebigen) computergestützten IS.

* Eine *einheitliche Beschreibung* von Systemen und Prozessen, unterschiedlicher Anwendungsgebiete, Modellierungsziele und System-Grenzen, einschließlich der *einfachen Auswertung* (bzw. Aufbereitung) der Ergebnisse und *Online-Kommunikation* zwischen Benutzer und Modell während der Durchführung von Berechnungen.

* Die *Vorab-Spezifikation unterschiedlicher Sichten* in der Form von branchenspezifischen Aggregaten, Namen oder Einschränkungen, abgestimmt auf die Bedürfnisse unterschiedlicher Benutzergruppen (z.B. Laie, Experte).

* *Analyse* struktureller und dynamischer Eigenschaften, u.a. mit Mitteln der Petrinetz-Theorie.

* *Gültigkeitsprüfung* der Modellbildung durch den Einsatz computergestützter Analyse- und Simulationsinstrumente, wobei sich beide Aspekte gegenseitig ergänzen.

* Die Schnittstelle zu einer abstrakten Maschine *Methoden/Modellbank*, zum Bau von *Prototypen* und zur *Programmgenerierung*.

* Die weitgehend *computergestützte Durchführung* der Modellierung, Analyse und Simulation mit Hilfe von Software-Tools.

3 Die Werkzeuge

Die Notwendigkeit des Einsatzes von Computern im Modellierungsprozeß ergibt sich aus dessen Komplexität. Als Einsatzgebiete sind außer der Dokumentationsunterstützung im Modellbildungsprozeß die semi-automatische Gültigkeitsprüfung, Analyse und Simulation operationaler Modelle zu nennen.

Es wurden bereits mit zwei experimentellen Implementierungen *FUN* (vgl. /Go80/) und *BOSS* (vgl. /Me81/) Erfahrungen gesammelt: Während beim FUN-Ansatz die Unterstützung der Modellbildung und -auswertung im Mittelpunkt steht, spielen bei BOSS Fragen der Verwaltung und Verknüpfung von fertigen Methoden und Modellen eine zentrale Rolle. Das FUN-Softwarepaket, das insbesondere die Simulation und die Job-Bibliothek unterstützt, ist auf einem Großrechner unter VM/CMS in SIMULA und PASCAL implementiert. Der Definitionsumfang von FN wird weitgehend abgedeckt. Derzeit sind ca. 70 Job-Algorithmen in der Bibliothek gespeichert, angefangen von den Grundrechnungsarten über Zufallszahlengeneratoren und Auswerteinstanzen hin zu vollständigen Maskenverwaltungen und Teilnetz-Zusammenfassungen.

In Ergänzung zu der von FUN bereitgestellten Text-Eingabeschnittstelle wurde ein *Graphik-Editor* auf einem Mikrocomputer entwickelt, der mit dem Großrechner gekoppelt ist. Damit ist es möglich, ein FN graphisch zu erstellen, an den Großrechner zu schicken, dort ausführen zu lassen und die Ergebnisse wiederum auf dem Mikrorechner (ggf. graphisch aufbereitet) auszugeben. Weiterhin steht ein Softwarepaket zur Plotterausgabe von Ergebnissen zur Verfügung.

Aufbauend auf der Mikrorechner-Version des Netzeditors entsteht derzeit eine neue, wesentlich umfangreichere Implementierung. Als Hardware steht dafür ein Tektronix 4109 Farbrasterterminal, (640*480 Pixel, 16 Farben) mit Graphik-Tablett und Ink-Jet-Drucker als Peripherie zur Verfügung. Gesteuert wird diese Konfiguration über eine PLOT-10 Schnittstelle. In erster Linie soll dieses Werkzeug die Erstellung, Modifikation und Wartung von Netzen unterstützen. Dafür sind an Operationen vorgesehen: *Insert* und *Delete* von Knoten und Kanten, *Replace, Clear Screen* sowie *Restore Net*.

Wir beschränken uns bei der Darstellung auf Netze, die auf einer Bildschirmseite (A4 Seite als Hardcopy) Platz finden. Für umfangreiche Systeme ist deshalb der in den Petrinetzen vorgesehene Mechanismus der *Verfeinerung* implementiert. Dazu kann jeder einzelne Knoten dienen (auf jeder Verfeinerungsebene). Die Schachtelungstiefe hängt einzig und allein von den Anforderungen an das Netz und dem Stil des Entwicklers ab. Allerdings können (bedingt durch die Auflösung des Terminals) von uns nur das Übersichtsnetz und die ersten fünf Verfeinerungsebenen auf dem Bildschirm plaziert werden (damit der gerade bearbeitete Knoten im Gesamtsystem jederzeit einzuordnen ist). In Abschnitt 5 findet sich dazu ein erläutertes Beispiel.

Des weiteren existiert eine Schnittstelle zu anderen Systemkomponenten (Simulation, Analyse, Bibliotheksverwaltung und Generierung), die ohne zusätzlichen Eingriff benutzt werden können. Die Ergebnisse der Simulation (Darstellung von Steuer- und Informationsfluß) und der Analyse (Invarianten, Deadlocks und Traps) lassen sich in einer anschaulichen graphischen Form in dem erstellten Netz darstellen.

4 Der Einsatz in der Entscheidungsunterstützung

Im Bereich deskriptiver Modelle liegen (bezüglich ISAC) umfangreiche Erfahrungen mit kommerziellen Softwareprojekten vor (vgl. /Sch86/). Die Anwendung im Bereich von Protokollen wird in /Bau83/ diskutiert. Mehrere weitere Anwendungsbeispiele sind in /Go83a/ aufgeführt.

4.1 Die Leistungsvorhersage

Operationale FN sind bisher erfolgreich im Rahmen von Leistungsvorhersagen eingesetzt worden /Sc86/. Es handelt sich um stochastische Warteschlangenmodelle zur Untersuchung der Architektur von Multicomputer-Datenbankmaschinen. Dabei werden u.a. Job-Bausteine für die Generierung von Transaktionen und zur stochastischen Auswertung benutzt. Weiterhin sind FN u.a. auch im Bereich kontinuierlicher Simulation einsetzbar /Go83a/.

Es zeigt sich, daß der Leistungsumfang von bisherigen SIMULA-Softwarepaketen für stochastische Warteschlangensysteme (vgl. /Bi79/) und kontinuierliche Simulation beibehalten werden kann, darüber hinaus aber eine komfortable graphische Sprache zur Modellbildung bereitgestellt wird.

4.2 Methoden-Modellbanken

Neben der Modellierung von Einzelmodellen aus den Komponenten des FN-Ansatzes besteht die Notwendigkeit, im Rahmen eines Methoden/Modellbanksystems mehrere Einzelmodelle zu einem flexiblen Gesamtmodell zusammenzustellen, um damit Ad-Hoc-Fragen bearbeiten zu können.

In der Praxis besteht aus ökonomischen Gründen oft die Notwendigkeit, vorhandene Gesamtmodelle (mit einem begrenzten Anwendungsbereich) in die Methoden/Modellbank zu übernehmen. Um eine gewisse Flexibilität bei dem Einsatz von Modellen und Methoden zu haben, werden diese in Bausteine (funktionale Einheiten) aufgesplittet. Dabei besteht keine prinzipielle Einschränkung bezüglich der Programmiersprache oder Code-Länge. Ein Baustein besteht grundsätzlich aus dem eigentlichen Programm und einem Vorspann (Header). Der Vorspann beschreibt die Schnittstelle des Bausteins nach außen. Die Verknüpfung der Bausteine geschieht über Kanäle. Abbildung 2 verdeutlicht die Vorgehensweise bei der Baustein-Bildung und -Verknüpfung:

Durch die Zerlegung (vorhandener) Software entstehen Sub-Modelle, die z.B. Methoden oder aufgabenspezifisch abgrenzbare Modellteile repräsentieren (Abbildung 2a). Mittels einer Ein-

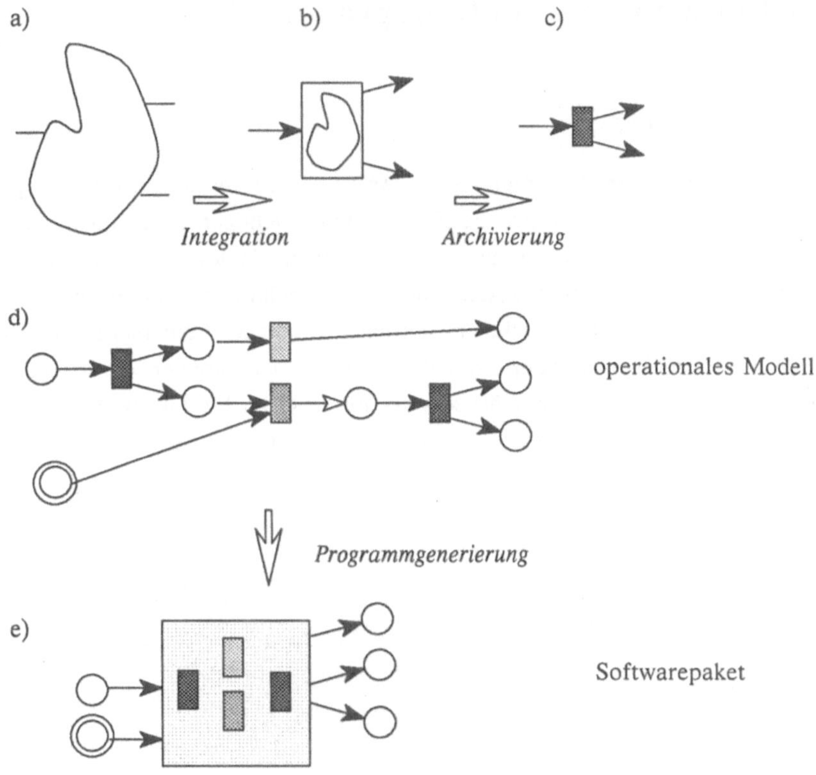

Abb. 2: Instanzen als Bausteine und deren Verknüpfung

bettung erhalten die Algorithmen eine einheitliche Schnittstelle nach außen (2b); das Ergebnis ist eine Instanz als fertiger Baustein, der in einer Bibliothek archiviert werden kann (2c). Die Verknüpfung der Bausteine durch Einfügen von Kanälen und Systembeziehungen liefert ein operationales Modell (2d). Dieses FN ist einsetzbar für Protoyping oder zur Simulation. Schließlich läßt sich ein eigenständiges Softwarepaket durch einen Generierungslauf erstellen (2e).

Die Erfahrungen bezüglich des Einsatzes beschränken sich derzeit noch auf universitätsinterne Modelle (vgl. /Me81/, /Go83a/).

5 Der Einsatz in der Softwareproduktion

5.1 Das Prototyping

Die FN-Spezifikation eines Informationssystems (IS) läßt sich zu einem Prototyp weiterentwikkeln, der mit geringem Aufwand die Realisierung wichtiger Funktionen des geplanten IS ermöglicht. Dabei benötigte Bildschirmmasken können als Kanal-Initialisierungen oder über eine Datenbankkomponente bereitgestellt werden. Die zukünftigen Benutzer werden dadurch in die Lage versetzt, Änderungswünsche einzubringen. Damit wird einerseits eine frühzeitige Fortschreibung der Systemspezifikation ermöglicht, andererseits können die in der Job-Bibliothek gesammelten Algorithmen als *reusable software* im späteren Produkt weiter verwendet werden. Diese Vorgehensweise entspricht dem *evolutionären Prototyping,* wie es in /Fl84/ gefordert wird.

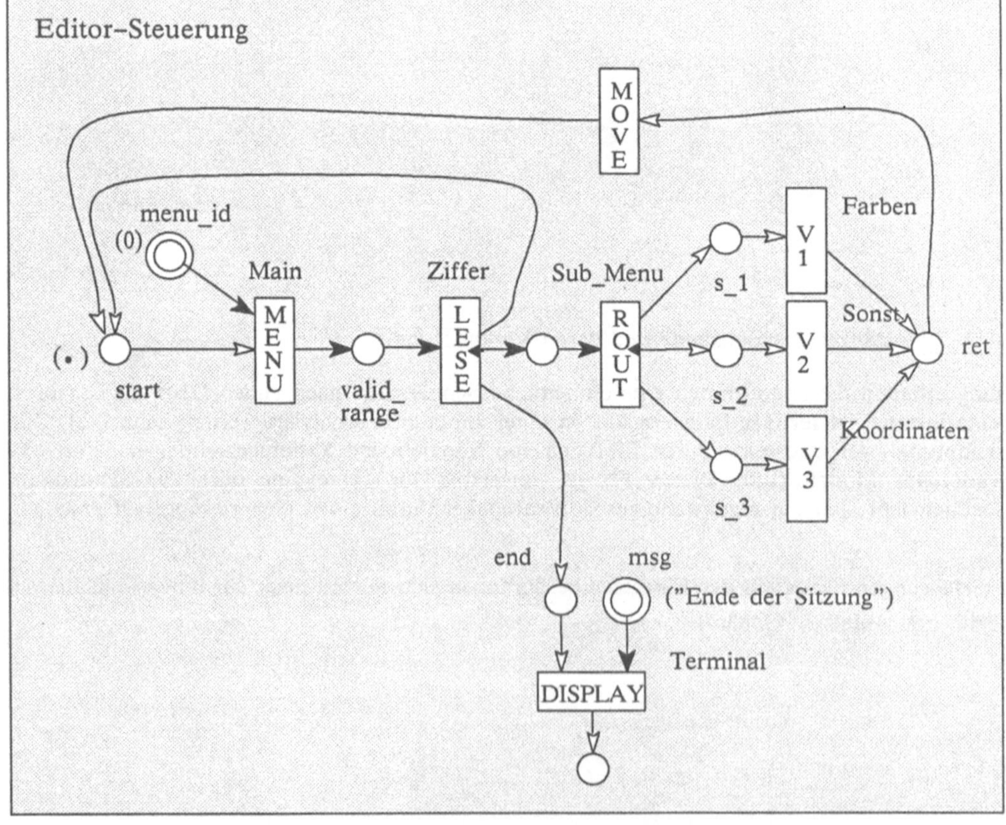

Abb. 3: Editor-Steuerung (Übersichtsebene)

Das folgende Modell zeigt beispielhaft, wie FN dabei einzusetzen sind. Es handelt sich um einen Prototyp für eine *Editor–Steuerung*.

Aufgabe des Programms ist es, die Dateisteuerung des Editors zu aktualisieren. Abbildung 3 zeigt das Netz in der Übersichtsebene. Im wesentlichen enthält es ein Hauptmenue *Main*, von dem aus Sub–Menues (z.B.: *Farben*) ausgewählt und aktiviert werden können. Ein kontrollierter Ausstieg erfolgt über die Markierung des Kanals *end*.

Die Verfeinerung der Instanz *Farbwahl* ist in Abbildung 4 dargestellt. Diese Instanz taucht nicht in der Übersichtsebene auf, vielmehr ist sie Teil des Sub–Netzes der Instanz *Farben* (Identifikation einer Gruppe von Kantenfarben).

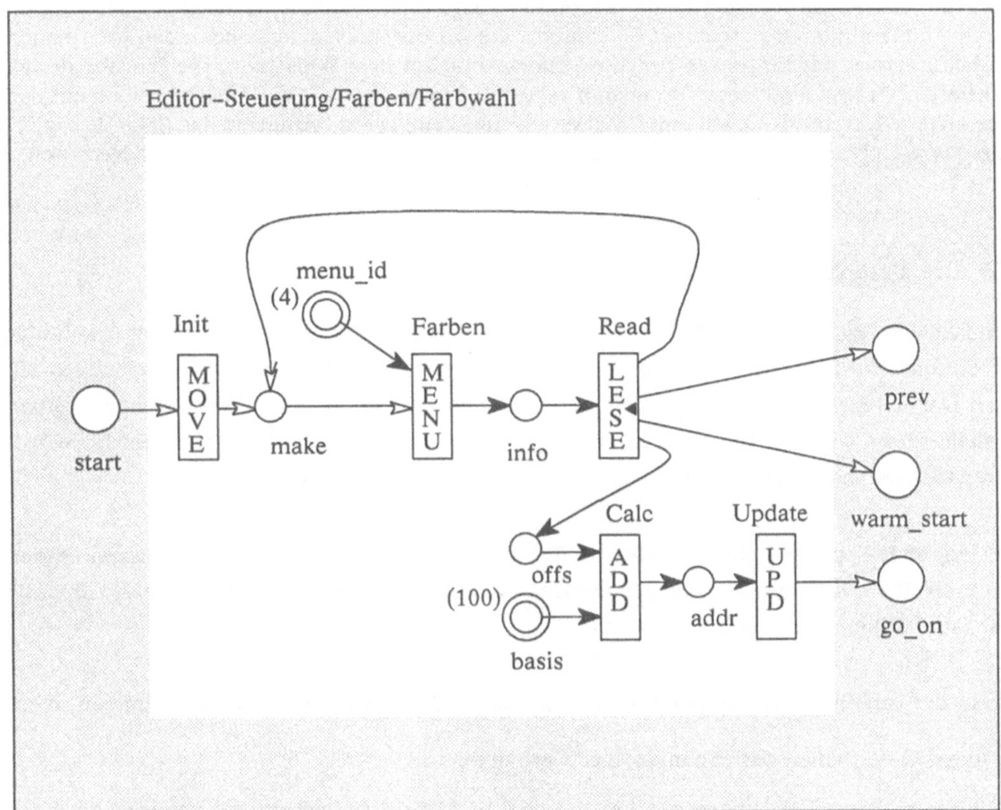

Abb. 4: Verfeinerung der Instanz *Farbwahl*

Das Sub–Netz (SN) *Editor_Steuerung/Farben/Farbwahl* besitzt zehn Kanäle (*start, addr, info, ...*) und fünf Instanzen (*Read, Update, ...*). Von den Kanälen gehören vier (*start, go_on, prev* und *warm_start*) zu der auf einem höheren Level spezifizierten Umgebung der Instanz (*Editor–Steuerung/Farben*). Diese werden auf dem Bildschirm lediglich eingeblendet und können hier nicht verändert werden. Alle Kanäle besitzen die Kapazität *1*. *menu_id* und *basis* sind mit Nachrichten (*4* bzw. *100*) initialisiert. Alle Instanzen schalten koinzident. Die den Instanzen zugeordneten Jobs (Operationen) sind: *MOVE* (Synchronisation), *MENU* (Aufbau eine Bildschirmseite), *LESE* (Verzweigung entsprechend einer Terminaleingabe), *ADD* (Addition) und *UPD* (Update einer Direct-Access-Datei). An Systembeziehungen sind Nachrichtenfluß (⟶) und Steuerfluß (⟶) vorhanden. Der Zugriff auf *menu_id* und *basis* geschieht zerstörungsfrei (Nachrichten werden nur kopiert). Durch das Schalten der Instanzen wird die Markierung verändert:

Ist *start* mit einer Marke belegt (durch Schalten in anderen Netzteilen oder durch Initialisierung) so wird durch *init* diese Marke zerstört und eine neue in *make* erzeugt. Damit wird *Farbe* aktiviert. Die Instanz liest die *menu_id* (kopierend) und gibt das korrespondierende Menue auf dem Bildschirm aus. Als Ergebnis werden nach *info* die gültigen Auswahlmöglichkeiten (in einer Marke) geschrieben. Diese Information wird von *Read* benötigt, um die Gültigkeit der Eingabe zu überprüfen. In Abhängigkeit dieses Tests erfolgt die Verzweigung: Wiederholung (Marke auf *make*); zur vorletzten Menueebene (*prev*), Gesamtabbruch (*warm_start*) oder gültige Auswahl (*offs*). Im letzten Fall wird die Identifikation der ausgewählten Altenative nach *offs* geschrieben. Durch Addition mit *basis* errechnet *Calc* daraus die Adresse *addr* der zu ändernden Information. In *Update* erfolgt das Einspielen der alten Information auf dem Bildschirm, die Eingabe des aktualisierten Wertes durch eine Terminaleingabe des Benutzers sowie das Überschreiben mit dem neuen Wert. Durch das Legen einer Marke auf die Stelle *go_on* terminiert das SN. Gleichzeitig ist *go_on* jedoch in einem anderen Modellteil Eingangsbedingung für einen anderen Netzzweig.

5.2 Die Programmgenerierung

Der Prototyp, eingebettet in die Entwicklungsumgebung (bestehend aus dem Graphik-Editor, der Simulation, dem Analyseinstrumentarium und den daraus resultierenden Ergebnissen und ihren Darstellungsformen), bildet für einen wiederholten Einsatz keine adäquate Realisierung. Deshalb setzen wir auf einen solchen Prototyp einen Generator an, der ein von dem FUN-Softwarepaket unabhängiges Programm erzeugt.

Das zugrunde liegende Netz dient als *Spezifikation* des Steuer- und Informationsflusses, es dient damit als das Gerüst des zu erzeugenden Code. Die Codegenerierung selbst, d.h. die *Konstruktion*, läuft völlig automatisch ab.

Die in der Job-Bibliothek gespeicherten Algorithmen werden unverändert übernommen, d.h.:

* das I/O-Verhalten des Prototyps bleibt erhalten,
* kleinere Bausteine können mit herkömmlichen Mitteln entwickelt und verwendet werden, und
* existierende externe Programme und Module lassen sich weiter verwenden.

Der strukturelle Aufbau unseres Generators zeigt eine gewisse Ähnlichkeit mit dem eines Compilers. Die einzelnen Phasen seien an dieser Stelle nur kurz erwähnt:

* Selektion der Job-Algorithmen aus der Bibliothek
* Parsen der verwendeten Algorithmen, z.B. zur Substitution der Variablennamen
* Optimierungen an der Netzstruktur
* Synthese
* Compilation

Neben dem wesentlich effizienteren Umgang mit den Ressourcen CPU-Zeitverbrauch (Faktor 40 gegenüber der Simulation) und Hauptspeicher, gewinnt man eine verbesserte Softwarequalität durch die automatische Erzeugung.

Mit dem Vorliegen eines übersetzten Programms ist ein weiterer Meilenstein im Software Life Cycle erreicht. Für die weitere Verwendung stehen zwei Möglichkeiten zur Auswahl:

1. Die Installation beim Benutzer. Vom Generator werden nur einfache Programmiersprach-Konstrukte verwendet. Dies (zusammen mit der Dateisteuerung des Generators) unterstützt die Portierung und den Wechsel der Zielsprache.
2. Die Aufnahme als weiteren, mächtigen Baustein in die Job-Bibliothek.

Das oben eingeführte Beispiel *Editor-Steuerung* läßt sich als Prototyp verwenden. Durch die Programmgenerierung entsteht daraus ein einsetzbares, von der Netzumgebung unabhängiges Softwarepaket. Zukünftige Ergänzungen lassen sich dann auf der Ebene des Prototyps spezifizieren (d.h., als FN). Durch einen weiteren Generierungslauf steht dann (automatisch) die verbesserte Software zur Verfügung.

Gegenüber herkömmlichen Sammlungen von Bausteinen (etwa in UNIX) unterstützt der FN-Ansatz die unterschiedlichen Phasen des Software-Einsatzes: Während in der Phase des Prototyps unstrukturierte Daten mit einer einfachen, robusten Schnittstelle vorherrschen (mit hohem Laufzeitaufwand zur Prüfung der Konsistenz), erfolgt bei der Generierung eine Übersetzung in maßgeschneiderte, inidviduelle Schnittstellen.

Zusammenfassend läßt sich sagen, daß (in der Terminologie des Software Engineering) die *Programmspezifikation* auf der Netzebene geschieht (operationales Modell), die anschließende *Konstruktion* eine Aufgabe des Programmgenerators wird.

Der FN-Ansatz wird derzeit in dem Teilprojekt *Geometriebezogene Qualitätssicherung in CAD-Softwaresystemen* im Rahmen des Sonderforschungsbereichs 203 *Rechnergestützte Konstruktionsmodelle im Maschinenwesen* unter der Leitung von Herrn Prof. Hans-Jochen Schneider eingesetzt und weiterentwickelt.

Literatur

/Ba82/ Balzert, H.:
Die Entwicklung von Softwaresystemen.
B.I. Reihe Informatik, Bd. 34, (1982)

/Bau83/ Bauerfeld, W.:
Performance Prediction of Computer Network Protocols.
Proc. Int. Conf. on Communication, Boston, Ma.; IEEE (June 1983)

/Bi79/ Birtwistle, G.M.:
Discrete Event Modelling on Simula.
Macmillan Press, London (1979)

/Br80/ Brauer, W. (ed.):
Net Theory and Applications.
Lecture Notes in Computer Sciences, Vol. 84 (1980)

/Fl84/ Floyd, C.:
A Systematic Look at Prototyping.
In: Budde, Kuhlenkamp (eds.): Approaches to Prototyping. Springer Verlag, Berlin, Heidelberg, New York (1984)

/Go80/ Godbersen, H.P.; Meyer, B.E.:
A Net Simulation Language.
Proc. Summer Computer Simulation Conference, Seattle, Wa. (Aug. 1980), AFIPS Press, p. 188–193

/Go83a/ Godbersen, H.P.:
Funktionsnetze.
Ladewig Verlag, Birkach, Berlin, Muenchen (1983)

/Go83b/ Godbersen, H.P.:
Simulation with 'FUN'.
Angewandte Informatik, Heft 5/83, p. 213–219

/Lu79/ Lundeberg, M.; Goldkuhl, G.; Nilsson, A.:
A Systematic Approach to Information System Development.
Information Systems, Vol. 4, p. 1–12, 93–118 (1979)

/Me81/ Meyer, B.E.:
COLAN – A Language for the Communication Between Simulation Models.
Proc. Summer Computer Simulation Conference, Washington, DC (July 1981), AFIPS Press

/Pe81/ Peterson, J.L.:
Petri Nets.
Prentice Hall, Englewood Cliffs, N.J. (1981)

/Ro77/ Ross, D.T.:
Structured Analysis (SA): A Language for Communicating Ideas.
IEEE Transaction on Software Engineering, Nr. 1 (Jan. 1977)

/Sc86/ Schiffner, G.; Godbersen,H.P.:
Function Nets. A Comfortable Tool for Simulating Software/Hardware Architectures.
Simulation, May 1986

/Sch82/ Schneider, H.J.:
Techniques and Formal Tools for Design, Realization and Evaluation of Evolutionary Information Systems.
In: Hawgood, I. (ed.): Proc. IFIP TC-8 Working Conf. on Evolutionary Information Systems, North Holland (1982)

/Sch86/ Schneider, H.J.:
Formale Gestaltungsaspekte in der Systementwicklung.
In: Handbuch der modernen Datenverarbeitung, Heft 130, (1986)

/Wi86/ Winter,D.; Scheschonk,G.; Gier,K.:
ISAC- Ein Ssytem zur Unterstuetzung der Systembeschreibung in der Systemanalyse.
In: Handbuch der modernen Datenverarbeitung, Heft 130, (1986)

Anhang: Funktionsnetz–Symbole

Instanzen:

	Default:
Job	MOVE
2 Zeitverbrauch	0
Gedächtnis	NONE
Schaltverhalten:	ALL
SOME	
SOME_IN	
SOME_OUT	

Kanäle:

		Default:
∞	Kapazität	1
	Zugriffsmodus	FIFO
LIFO		

Initialisierungen:

(22.5)
(• •)
(A,B,C)

Systembeziehungen:

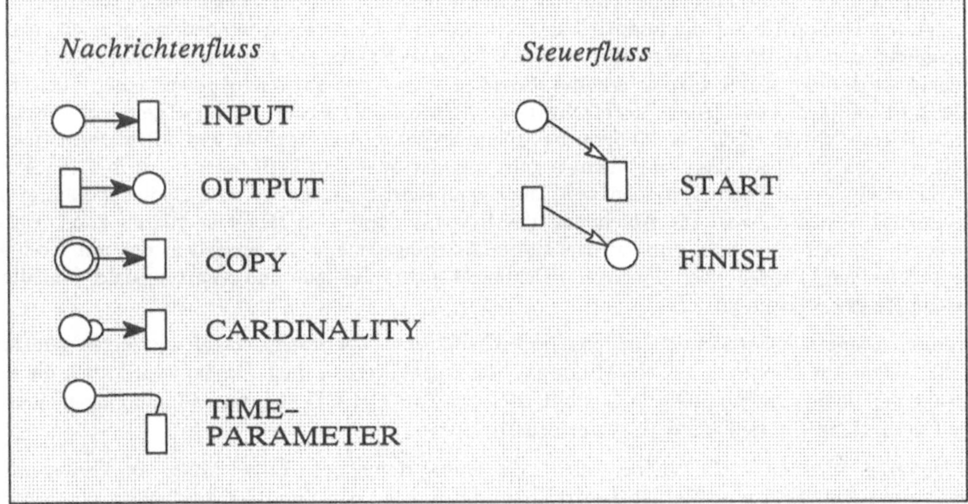

Graphikunterstützte Entwicklung von Bedienerdialogen

Dipl.-Inform. G. Schäfer

Universität Karlsruhe
Institut für Informatik III
Lehrstuhl für Prozeßrechentechnik
Prof. Dr.-Ing. U. Rembold
7500 Karlsruhe

1. Motivation

In der Literatur über Software Engineering /KIM 79/, /GEW 77/ und Projektplanung /MET 73/ werden verschiedene Modelle von "Software Life Cycles" propagiert, die sich im wesentlichen nur in der Anzahl der Phasen unterscheiden. Die Reihenfolge der verschiedenen Aktionen ist weitgehend identisch, und nur die Zusammenfassung dieser Aktionen zu größeren Phasen wird von Autor zu Autor unterschiedlich vorgenommen.

Leider ist es fast nie möglich, Software in der Reinform eines Phasenmodells zu entwickeln. Es werden immer wieder Rückgriffe auf vorhergehende Phasen notwendig, wenn z.B. bei der Implementierung Probleme auftauchen, die nur durch eine Änderung der Spezifikation zu lösen sind. Solange nur Rückgriffe auf die unmittelbar vorhergehende Phase nötig werden, ist es noch relativ unproblematisch. Die Praxis zeigt aber, daß die folgende Faustregel zutrifft: Je früher ein Fehler gemacht wird, desto später wird er erkannt. So ist es zwar schon aufwendig genug, einen Entwurfsfehler zu beseitigen, es ist jedoch noch schwieriger, einen in der Problemanalyse gemachten Fehler zu korrigieren, der aus dem Verständigungsproblem zwischen Auftraggeber und Softwareentwickler resultiert - ein Problem, das wohl niemals ganz aus der Welt geschafft werden wird. Gerade bei der Entwicklung von Dialogsystemen wird die dynamische Schnittstelle zum Bediener häufig unzweckmäßig realisiert, was zur Ablehnung des Systems durch den Benutzer führen kann. Unter "Bediener" ist der Anwender eines Prozeßautomatisierungssystems zu verstehen, der mit Rechner und technischem Prozeß über Tastatur, Sichtgerät sowie Bedien- und Wartungsfeld (Schalter, Drehknöpfe usw.) kommuniziert.

Prozeßsteuerungen müssen immer höheren Sicherheits- und Zuverlässigkeitsanforderungen genügen, da die Gefahr für Menschen auf ein Minimum beschränkt werden muß. Deshalb wird auch die Bedeutung der Bedienerschnittstelle in Zukunft noch zunehmen /ROU 81/, weshalb eine ingenieurmäßige Entwicklung von Bedienerdialogen erforderlich wird.

Im folgenden wird ein Verfahren vorgestellt, das eine systematische Entwicklung von Bedienerdialogen ermöglicht. Erklärtes Ziel ist das frühzeitige Erkennen von Spezifikationsfehlern durch rechnerunterstütztes Generieren eines Prototyps aus der formalen Spezifikation. Der Prototyp muß vor der endgültigen Implementierung vom zukünftigen Bediener validiert werden. Dadurch sollen zeitaufwendige Korrekturen nach der Implementierungsphase vermieden und somit insgesamt eine Verkürzung der Entwicklungszeit erreicht werden.

2. Dialog-Entwicklungs-Verfahren

Am Lehrstuhl für Prozeßrechentechnik der Universität Karlsruhe wurde im Rahmen des DFG-Projektes "Anforderungsspezifikation von Bedienerdialogen" ein Verfahren implementiert, das die Entwicklung von Bedienerdialogen in Prozeßautomatisierungssystemen unterstützt (Bild 2.1). Dabei wurde die formale Sprache LADIE (= **La**nguage for **Di**alogue **E**ngineering) und das graphische Beschreibungsmittel CONDIE (= **Co**mmunication **N**ets for **Di**alogue **E**ngineering) entwickelt /EPP 86/.

Mit den dualen Beschreibungsmitteln LADIE und CONDIE können auch spezielle Situationen in Bedienerdialogen spezifiziert werden, die mit bisher verfügbaren Spezifikationswerkzeugen noch nicht beschreibbar waren, wie z.B.:

- gleichzeitiger Informationsaustausch zwischen verschiedenen Dialogpartnern (Mensch, Rechner, technischer Prozeß)
- parallele Eingabe und paralleler Ablauf
- Vielzahl verschiedener E/A-Elemente
- Störungen, asynchrone Reaktionen durch den technischen Prozeß

Weiterhin wurden entsprechende Werkzeuge implementiert zur

- interaktiven graphischen Spezifikation von Bedienerdialogen mit Hilfe von CONDIE
- Transformation einer graphischen Spezifikation in die duale formalsprachliche Spezifikation (LADIE) und umgekehrt
- Syntaxprüfung der formalsprachlichen Spezifikation
- Simulation des spezifizierten Bedienerdialogs

Bei der Dialog-System-Entwicklung geht man folgendermaßen vor: Zuerst werden die durch die Systemanalyse gewonnenen Anforderungen an das zu erstellende Dialogsystem unter Verwendung eines bedienerfreundlichen, interaktiven Graphikeditors graphisch dargestellt. Die so erstellte graphische Dialogbeschreibung wird automatisch in die formalsprachliche Dialogbeschreibung übergeführt. Der so generierten formalsprachlichen Dialogablaufbeschreibung muß mit Hilfe eines Texteditors die Beschreibung der Peripherie, die noch nicht auf graphischem Wege eingegeben werden kann, vorangestellt werden. Ein Parser erzeugt aus der vollständigen Spezifikation eine interne Darstellung, mit der ein Interpreter arbeiten kann und die Simulation des Bedienerdialogs ermöglicht. Der Prototyp des Dialogs muß durch den zukünftigen Bediener validiert werden. In dieser Phase können eventuelle Entwurfsfehler entdeckt und mit verhältnismäßig geringem Aufwand repariert werden, indem man die Spezifikation ändert und einen neuen Prototypen generiert. Erst wenn ein solcher funktionaler Prototyp vom Benutzer akzeptiert wurde, wird mit der eigentlichen Programmierung begonnen. Diese könnte aufgrund der formalsprachlichen Spezifikation zum Teil rechnerunterstützt ablaufen.

Dadurch, daß der spezifizierte Bedienerdialog simuliert werden kann, wird die Forderung nach einer frühzeitigen Validierung des Dialogsystems durch den zukünftigen Bediener erfüllt. Außerdem wird ein frühzeitiges Training des Bedienungspersonals ermöglicht. Das häufig auftretende Verständigungsproblem zwischen Auftraggeber und Systemhaus soll damit in den Griff bekommen werden.

In den beiden folgenden Kapiteln sollen die formalen Beschreibungsmittel und Werkzeuge kurz vorgestellt und beleuchtet werden. Das anschließende Beispiel zeigt die Grobspezifikation des Dialog-Entwicklungs-Verfahrens.

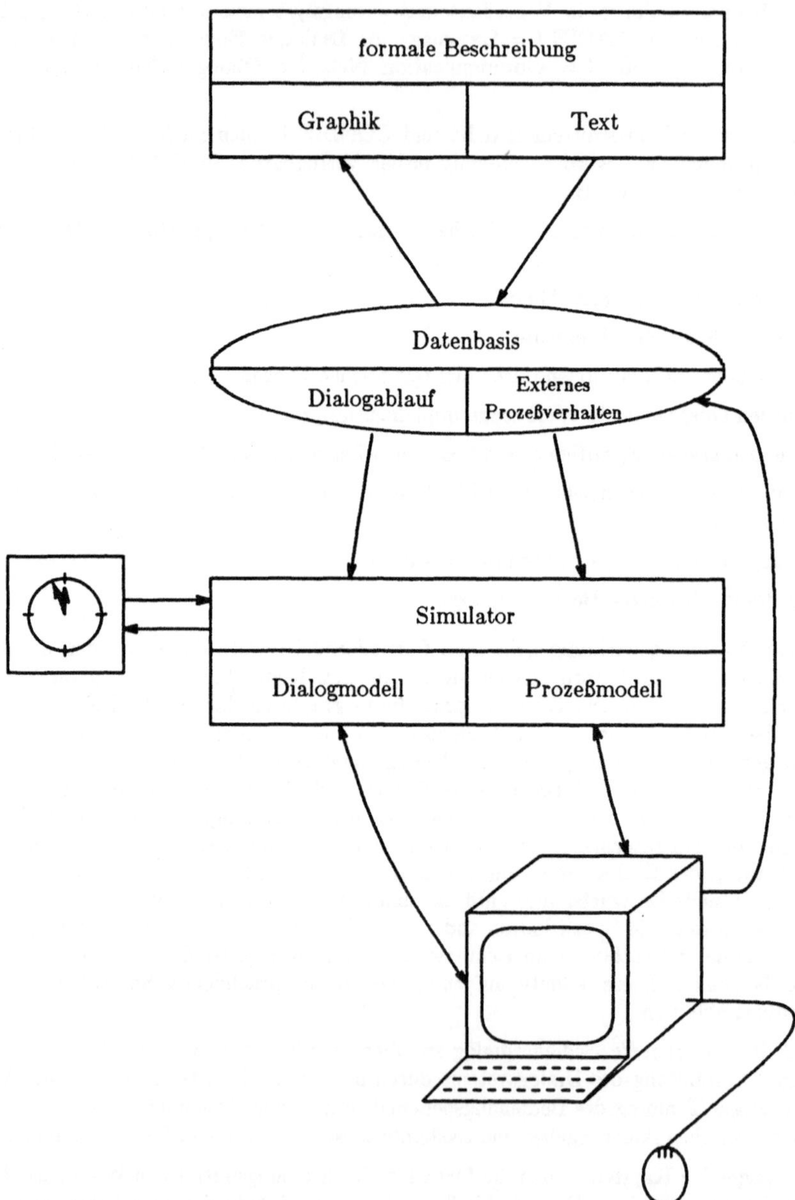

Bild 2.1 Systemstruktur

3. Formale Beschreibungsmittel

3.1 Graphisches Beschreibungsmittel

Die Kommunikationsnetze des graphischen Beschreibungsmittels CONDIE (COmmunication Nets for DIalogue Engineering) bestehen aus Knoten und Kanten. Da hier jedoch unterschiedliche Akteure (Bediener, technischer Prozeß und Rechner) existieren und diese gleichzeitig aktiv sein können, sind im Gegensatz zu den Zustandsdiagrammen der Automatentheorie verschiedene Knotentypen vorgesehen. Einzelne Knoten eines Netzes können durch Subnetze verfeinert werden. Für jedes Element von CONDIE existiert ein Äquivalent in der Sprache LADIE (LAnguage for DIalogue Engineering). Die verschiedenen Knotentypen (Bild 3.1) werden im folgenden vorgestellt.

Startknoten:

Der Startknoten repräsentiert den Startzustand des Dialogsystems. Er ist der erste (oberste) Knoten des (Haupt-) Kommunikationsnetzes. In jeder Dialogspezifikation darf lediglich ein Startknoten existieren. Der ihm zugeordnete Bezeichner ist gleichzeitig der Name des Dialogsystems. Der Startknoten besitzt genau eine Ausgangskante, da im Startzustand noch keine Bedingungen ausgewertet werden und somit keine Verzweigungen auftreten können.

Transferstartknoten:

Der Transferstartknoten hat eine ähnliche Funktion wie der Startknoten. Wie weiter unten erklärt wird, gibt es Knoten, die aufgrund ihrer Komplexität durch Subnetze verfeinert werden müssen. Der Transferstartknoten ist der erste Knoten eines solchen Subnetzes. Sein Bezeichner muß identisch sein mit dem Bezeichner des zu verfeinernden Knotens im hierarchisch übergeordneten Netz. In jedem Subnetz darf es nur einen Transferstartknoten geben. Für die Ausgangskanten gilt dasselbe wie beim Startknoten.

Aktivierungsknoten:

Auch der Aktivierungsknoten ist der erste Knoten eines speziellen Netzes, des sogenannten Aktivierungsnetzes. Diese Aktivierungsnetze sind notwendig, um spontane Ereignisse des technischen Prozesses, die in Prozeßautomatisierungssystemen recht häufig asynchron zum Bedienerdialog auftreten, geeignet beschreiben zu können. Der Aktivierungsknoten besitzt als Attribute die Aktivierungsbedingungen, die erfüllt sein müssen, um die Ausführung eines solchen Netzes starten zu können. Aktivierungsnetze (beliebig viele) laufen parallel zum Hauptnetz bzw. Subnetzen ab, d.h. nach dem Start eines Aktivierungsnetzes sind mindestens zwei Netze aktiv. Die Aktivierungsbedingungen können entweder vom Bediener, vom technischen Prozeß oder vom Steuerungssystem selbst zu einem nicht vorhersehbaren Zeitpunkt erfüllt werden.

Kommunikationsknoten (einfache und komplexe):

Ein Kommunikationsknoten stellt einen "Bedienerzustand" dar. Innerhalb des Dialogablaufs wird eine Eingabe des Bedieners erwartet, auf die das System dann reagieren muß. Diese Reaktion entspricht einer Verzweigung innerhalb eines Kommunikationsnetzes. Mit Hilfe von Kommunikationsknoten können die möglichen Bedienereingaben sowie die Systemreaktionen auf korrekte und falsche Eingaben beschrieben werden. Durch Setzen eines Attributes ist es möglich, sowohl sequentielle als auch parallele Bedienereingaben zu beschreiben. Die Folgereaktion des Systems hängt bei einfachen Kommunikationsknoten lediglich von der Bedienereingabe, bei komplexen Kommunikationsknoten zusätzlich von Bedingungen des technischen Prozesses bzw. des Steuerungssystems ab. Von einem Kommunikationsknoten können beliebig viele Kanten ausgehen, je nach der Anzahl der möglichen Bedienereingaben bzw. Bedingungen. Außerdem kann einem Kommunikationsknoten das Attribut "Subnet" zugeordnet werden, d.h. komplexe Bedienereingaben (z.B. mehrere hierarchische Menüs) können durch Subnetze beschrieben werden.

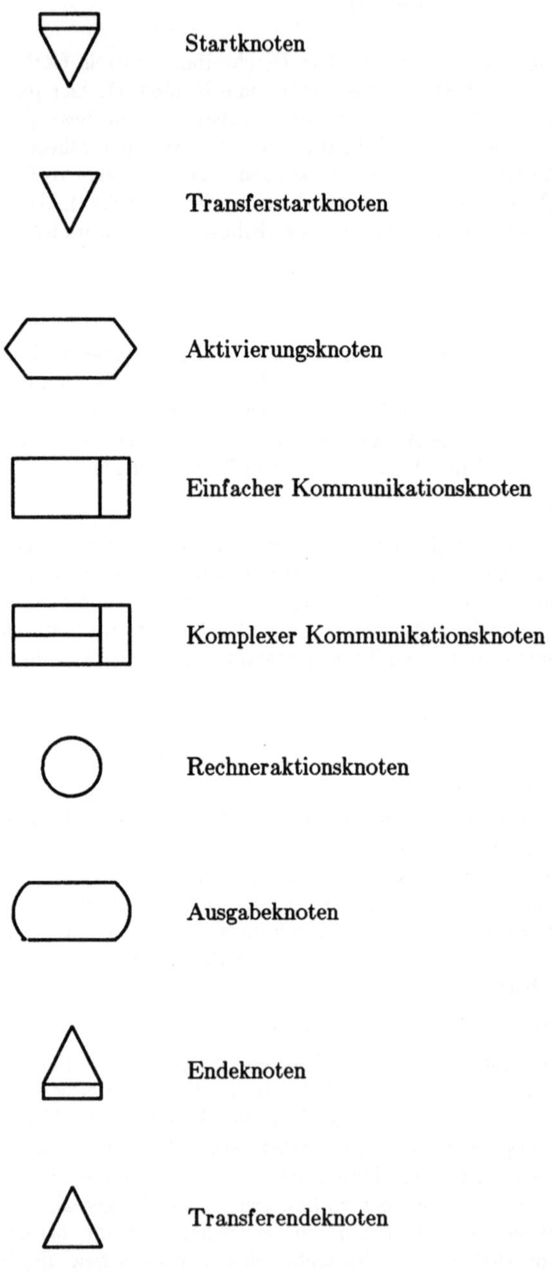

Bild 3.1 Knotentypen

Rechneraktionsknoten:

Dieser Knotentyp beschreibt einen Dialogzustand, der überwiegend durch Aktivitäten des Rechners gekennzeichnet ist. Dies sind Aktionen, die der Rechner ohne direkte Auswirkungen auf den Benutzer ausführt. Nach Ablauf der Rechneraktionen werden in der Regel Bedingungen ausgewertet, so daß häufig Verzweigungen über mehrere Ausgangskanten auftreten. Außerdem können komplexe Rechneraktionen durch Subnetze verfeinert werden.

Ausgabeknoten:

Die Ausgaben des Dialogsystems an den Bediener werden durch Ausgabeknoten beschrieben. Durch entsprechende Attribute wird das Gerät spezifiziert, auf das die Ausgabe erfolgen soll. Es gibt drei Ausgabegeräteklassen: Screen (SC), Lineprinter (LP) und Process Control Console (PCC). Außerdem kann der Ort weiter detailliert werden, z.B. LED2 von PCC1.

Endeknoten:

Ein Endeknoten wird als Terminierungsknoten im Hauptnetz sowie in Aktivierungsnetzen verwendet.

Transferendeknoten:

In Subnetzen werden als Terminierungsknoten die Transferendeknoten verwendet, von denen mehrere in einem Subnetz existieren können. Jeder Transferendeknoten terminiert einen Pfad des Subnetzes, der mit einer speziellen Ausgangskante des zu verfeinernden Knotens korrespondiert. Die Zuordnung geschieht über identische Bezeichner. Die Anzahl der Ausgangskanten eines zu verfeinernden Knotens muß mit der Anzahl der Transferendeknoten des entsprechenden Subnetzes übereinstimmen.

3.2 Sprachliches Beschreibungsmittel

Die formale Sprache LADIE erlaubt eine komplette Spezifikation sowohl der Komponenten eines Dialogs als auch des eigentlichen Dialogablaufs. Der durch CONDIE spezifizierte Dialogablauf, d.h. die "grobe" Abhängigkeit von Bedienereingaben, System- bzw. Prozeßzuständen und Reaktionen, kann äquivalent mit dieser Sprache formuliert werden. Die Sprache ist mächtiger als das graphische Beschreibungsmittel, da sie weitere Konstrukte enthält, die u.a. die exakte und vollständige Beschreibung der Abhängigkeiten erlauben. Die Sprache unterstützt die maschinenverarbeitbare Spezifikation von Bedienerdialogen und ermöglicht die automatische Prototypengenerierung.

Die Sprache kann in drei Teile eingeteilt werden: in Peripherie-, Interface- und Dialogablaufteil. Der Peripherieteil ist eine geräteorientierte Darstellung der Prozess- und Benutzerperipherie, während der Interfaceteil dieselben Informationen aus nachrichtenorientierter Sicht beschreibt. Deshalb ist es erlaubt, einen der beiden Teile in einer speziellen Spezifikation wegzulassen. Der Dialogablaufteil kann automatisch aus einer graphischen Ablaufbeschreibung generiert werden. Der große Vorteil der Sprache ist die relative Rechnerunabhängigkeit. Eine Übertragung des Graphikeditors auf ein anderes Graphikterminal ist sicherlich mit höherem Aufwand verbunden. Außerdem ist die formalsprachliche Spezifikation für die automatische Prototypengenerierung dringend erforderlich.

4. Werkzeuge

Das Dialog-Entwicklungssystem besteht aus den beiden formalen Beschreibungsmitteln (Graphik,Text) sowie den Werkzeugen Graphikeditor mit integriertem Transformationsprogramm (Umwandlung von Graphik in Text und umgekehrt), Parser (LADIE-Übersetzer) und Simulator (Interpreter). Graphikeditor und Parser sind auf einem PCS-System, der Simulator bisher nur auf unserem ursprünglichen Zielrechner (Siemens R30) verfügbar. Die Funktion der Werkzeuge wird im folgenden beschrieben.

4.1 Graphikeditor

Der **Graphikeditor** unterstützt die Erstellung und Modifikation von graphischen Dialogspezifikationen. Als Graphikeinheit wird ein hochauflösendes Rastergraphikterminal vom Typ "BBN BitGraph" verwendet. Eine Maus dient als interaktives Eingabegerät. Der Graphikeditor stellt dem Benutzer Funktionen und Symbole (alle Knotentypen vgl. Bild 3.1) zur Verfügung, die interaktiv mit der Maus aus Menüs ausgewählt werden können. Mit Hilfe der Maus können in Verbindung mit einem Cursor Symbole auf dem Bildschirm positioniert werden. Bereits vorhandene Symbole lassen sich damit identifizieren, um z.B. als Parameter für Funktionen ausgewählt zu werden. Damit ist es möglich, den Symbolen Attribute zuzuordnen, Symbole zu benennen, zu verschieben oder auch zu löschen.

Die Bildschirmfläche wurde wie in Bild 4.1 gezeigt in verschiedene "Regions" aufgeteilt. Die linke obere Ecke ist den Menüs vorbehalten, von denen bis zu drei Hierarchieebenen nebeneinander ausgegeben werden. In der rechten oberen Ecke befindet sich die Info_Region, die zur Protokollierung der eingegebenen Kommandos und für Helpausgaben verwendet wird. Über die Input_Region werden Benutzereingaben angefordert und Bezeichner, Filenamen usw. eingegeben. In der Error_Region erscheinen die Fehlermeldungen des Dialog-Entwicklungs-Systems. In die Output_Region werden nur die graphischen Strukturen (Kommunikationsnetze) ausgegeben.

Dem Anwender stehen eine Menge von Funktionen zur Verfügung, sowohl zur Generierung eines neuen Netzes, als auch zur Modifikation eines gegebenen Netzes. Soweit es mit vertretbarem Aufwand möglich ist, überprüft der Graphikeditor schon während der Kommandodecodierung die Eingabe auf Einhaltung bestimmter syntaktischer und semantischer Regeln. Die Modifikationsfunktionen sind dann von besonderer Bedeutung, wenn zur Erstellung eines Prototypen von einer formalsprachlichen Beschreibung ausgegangen und daraus eine graphische Darstellung generiert wird. Da die generierte Darstellung nicht immer bezüglich der Knotenanordnung den Vorstellungen des Spezifikateurs entsprechen wird, lassen sich mit den Modifikationsfunktionen semantisch äquivalente Darstellungen erzeugen.

In der nun folgenden Beschreibung realisierter Funktionen ist die angegebene Syntax so zu verstehen:

<symbol>	Auswahl eines Symbols aus Menü
<koor>	Eingabe einer Bildschirmkoordinate
<node>	Identifizierung eines Knotens
<link>	Identifizierung einer Kante
<....>	entsprechendes Kommando im aktuellen Menü

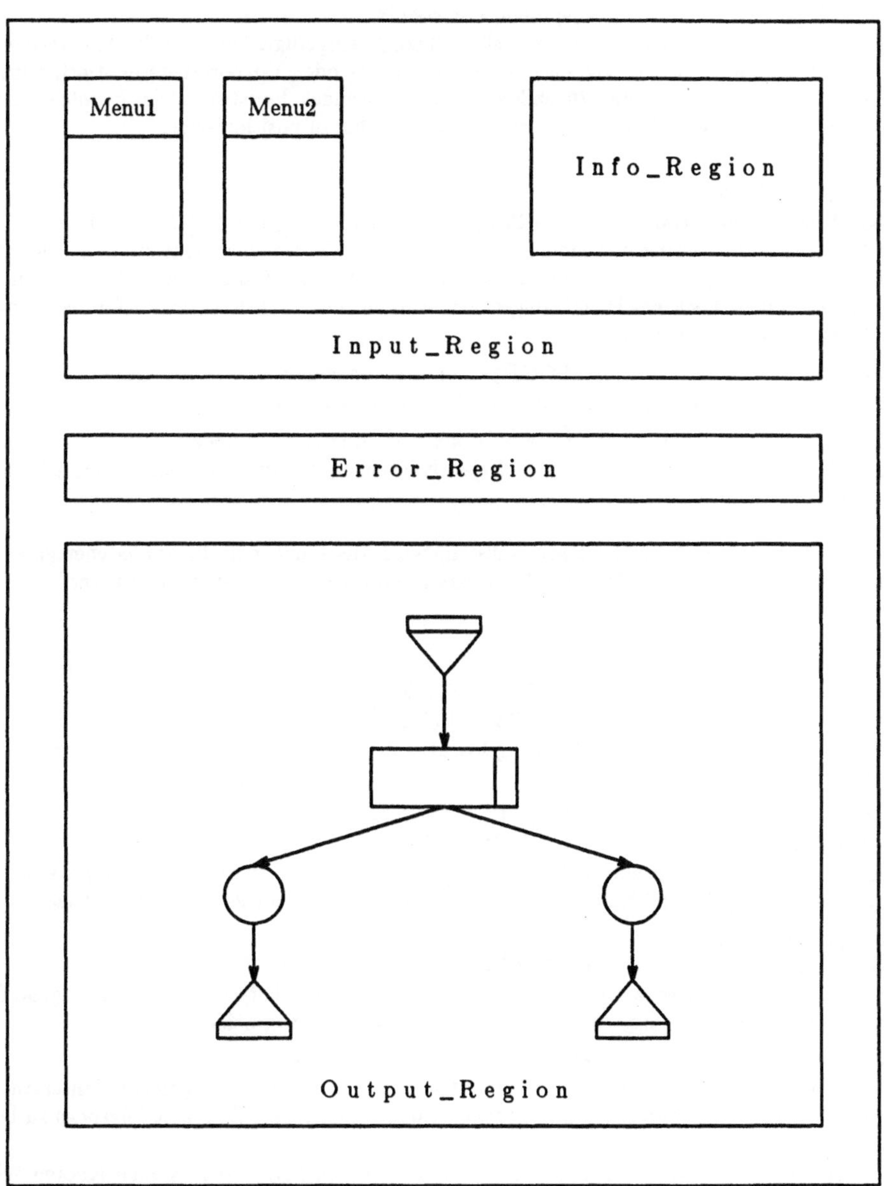

Bild 4.1 Bildschirmaufteilung

Beschreibung ausgewählter Funktionen:

Kommandogruppe INSERT

Knoten einfügen <symbol> <koor>

Das ausgewählte Symbol wird an der Stelle <koor> eingefügt. Die Koordinaten werden vorher adaptiert, d.h., falls ein Knoten mit "ähnlicher" X- oder Y-Koordinate existiert, wird diese Koordinate für den neu einzufügenden Knoten verwendet. Es ist somit leicht möglich, mehrere Knoten auf gleicher Höhe oder direkt untereinander zu positionieren.

Kommandogruppe JOIN

Normale/Rückführende Kante <NORM/RET> <node> <node> [<koor>]

Die beiden Knoten werden verbunden. Falls der erste Knoten über dem zweiten liegt, durch eine normale Kante, sonst durch eine rückführende Kante. Im Falle einer rückführenden Kante muß zusätzlich noch ein Punkt eingegeben werden, dessen X-Koordinate für das vertikale Kantenstück verwendet wird.

LOOP-Kante <LOOP> <node> <node>

Die beiden Knoten werden durch eine LOOP-Kante verbunden.

freie Kante <FREE> <node> [<koor>...<koor>] <node>

Die beiden Knoten werden durch einen freien Kantenzug mit maximal fünf Stützpunkten verbunden.

Generell: für Kanten, die bezeichnet sein müssen, wird zusätzlich eine Koordinateneingabe (Anfangspunkt des Bezeichners) angefordert. Diese Koordinate kann jederzeit geändert werden.

Kommandogruppe DELETE

Knoten löschen <NODE> <node>

Kante löschen <LINK> <link>

Falls Knoten vorhanden, wird Knoten gelöscht; falls Kante vorhanden, wird Kante gelöscht; sonst: Fehler.

Bezeichner eines Knotens <IDENT> <node>

Bezeichner einer Kante <IDENT> <link>

Falls Knoten an dieser Stelle und Knoten bezeichnet ist, wird der Bezeichner gelöscht; falls Kante an dieser Stelle und Kante bezeichnet ist, wird Bezeichner gelöscht; sonst: Fehler.

Kommandogruppe MOVE

Knoten verschieben <NODE> <node> <koor>

Der identifizierte Knoten wird an die angegebene Stelle verschoben, falls dort genügend Platz vorhanden ist. Die Eingangs- bzw. Ausgangskanten werden mitgeschleift.

Kante verschieben <LINK> <link> <koor>

Das vertikale Kantenstück einer rückführenden Kante bzw. das identifizierte Kantenstück einer freien Kante wird durch den angegebenen Punkt verschoben. Dabei ist folgendes zu beachten:

- das vertikale Kantenstück der neuen rückführenden Kante darf keinen Knoten schneiden.
- das neu entstehende Kantenstück einer freien Kante ist entweder waagerecht oder senkrecht.

Bezeichner einer Kante verschieben <IDENT> <link> <koor>

Falls die identifizierte Kante bezeichnet ist, wird der Anfangspunkt des Bezeichners verschoben.

Oberen Bildteil verschieben <UPPER PART> <koor> <koor>
Unteren Bildteil verschieben <LOWER PART> <koor> <koor>
Linken Bildteil verschieben <LEFT PART> <koor> <koor>
Rechten Bildteil verschieben <RIGHT PART> <koor> <koor>
Gesamtbild verschieben <PICTURE> <koor> <koor>

Der entsprechende Bildteil wird um die Differenz der beiden Punkte verschoben. Dabei dürfen sich keine Knoten überschneiden.

Kommandogruppe NAME

Knoten bezeichnen <node> <bez>
Kante bezeichnen <link> <bez>

Der Knoten bzw. die Kante wird bezeichnet. Der Bezeichner <bez> wird in der Input_Region abgefragt und über die Tastatur eingegeben.

Auto-Name <AUTONAME>

Der Graphikbildschirm wird gelöscht. Die Kanten werden neu gezeichnet. Dann werden alle Knoten nacheinander gezeichnet und ihre bisherigen Bezeichner werden in der Input_Region vorgelegt. Man kann diese Bezeichner quittieren oder ändern.

Weitere Kommandos:

<DEFINE SUBNET> <node>

Kommunikationsknoten und Rechneraktionsknoten können durch Subnetze verfeinert werden. Graphisch wird dies durch ein Kreuz im entsprechenden Knoten dargestellt.

<NO SUBNET> <node>

Die Definition eines Subnetzes wird rückgängig gemacht.

<ENLARGE> <node>
<REDUCE> <node>
<CONVERT> <node>

Je nach Kommando wird der Knoten (nur Kommunikationsknoten zulässig) vergrößert, verkleinert oder gespiegelt. Es sind vier verschiedene Größen implementiert.

<INTERCHANGE> <node> <node>

Die beiden Knoten werden vertauscht. Die vorhandenen Kanten werden - falls notwendig - adaptiert, d.h. aus einer normalen Kante kann eine rückführende Kante werden und umgekehrt.

<CUT> <node> <node>

Falls eine Verbindung zwischen den beiden Knoten in der angegebenen Richtung existiert, wird diese gelöscht.

<NEW PICTURE>

Der Bildschirm wird gelöscht und die Graphik wird neu aufgebaut.

Des weiteren existieren noch Kommandos zur Eingabe von speziellen Knoten- und Kantenattributen, wie z.B. Gerätenamen, Sender-, Empfängerklasse, Aktivierungsbedingungen. Außerdem wurden Transformationsfunktionen im Graphikeditor integriert, wodurch es möglich ist, von Graphikeingabe auf Texteingabe umzuschalten. Nach der Rückkehr in den Graphikmodus sind die im Textmodus eingegebenen Bezeichner und Attribute auch in den graphischen Netzen aktualisiert.

4.2 Parser

Der Parser wurde mit Hilfe des Parser Generating System PGS /DEN 80/ erstellt. Eine LADIE-Spezifikation wird in Form eines linearisierten Strukturbaums abgelegt, mit dem dann ein Interpreter arbeiten kann. Deshalb erzeugt der LADIE-Übersetzer (Parser) keinen ausführbaren Code, sondern stellt die Informationen, die in einer Spezifikation enthalten sind, dem Interpreter als Eingabe zur Verfügung.

Der LADIE-Übersetzer hat demnach folgende Aufgaben:

a) Symbolentschlüsselung

Die Symbolentschlüsselung (lexikalische Analyse, scanning) hat die Aufgabe, ein Quellprogramm so umzucodieren, daß es als Sequenz von Grundsymbolen und nicht mehr als Folge von Zeichen erscheint. Die Symbolentschlüsselung hängt vom verfügbaren Zeichenvorrat ab. Die Grundsymbolsequenz dient als Eingabe für den Zerteiler, der als Grundsymbole nur positive ganze Zahlen zuläßt. Der Symbolentschlüssler für den LADIE-Übersetzer ist ein endlicher Automat, der als Eingabe eine Folge von Zeichen akzeptiert und die erkannten Grundsymbole ausgibt.

b) Syntaxanalyse

Die Syntaxanalyse (Zerteilung, parsing) erkennt die Struktur eines Programms, indem sie es nach den grammatikalischen Regeln der Sprache in einzelne syntaktische Einheiten zerteilt. Diese Zerteilung prüft die syntaktische Richtigkeit eines Programms und meldet Syntaxfehler mit Angabe ihrer Position im Quelltext.

c) Bereitstellen der Information für den Simulator

Der Strukturbaum bildet für ein spezielles LADIE-Programm die Schnittstelle zum Interpreter. Er wird in Anlehnung an die kontextfreie Syntax aufgebaut und besteht aus Knoten für Nichtterminale und Terminale. Die Konstruktion des abstrakten Strukturbaums erfolgt mit Hilfe von Konstruktionsprozeduren, die mit den einzelnen Produktionen der Grammatik verbunden sind. Die Prozeduraufrufe werden in der Grammatik durch Strukturanknüpfungen gekennzeichnet, d.h. jede Strukturanknüpfung entspricht einem Prozeduraufruf. Die Prozeduren werden vom Parser aufgerufen.

4.3 Simulator

Der Simulator ermöglicht es, ein mit Hilfe von LADIE beschriebenes Dialogsystem simulativ zu erproben. Es kann also überprüft werden, ob das spezifizierte System den Wünschen des späteren Bedieners entspricht und ob eine optimale Steuerung des technischen Prozesses gewährleistet wird. Der Bediener wäre sonst nicht in der Lage, aufgrund einer formalen Beschreibung die Güte des Dialogsystems zu beurteilen. Durch den Simulator wird eine schrittweise Verbesserung von Entwürfen bzw. eine Auswahl zwischen mehreren Alternativen ermöglicht.

Der Simulator hat zwei Arten von Benutzereingaben zu verarbeiten. Zum einen die Eingaben für das zu simulierende Dialogsystem, zum anderen Eingaben für den sogenannten Metadialog, durch den der Simulator gesteuert werden kann. Mit Hilfe des Metadialogs kann beispielsweise ein technisches Prozeßmodell generiert werden. Es können verschiedene Eingriffe des technischen Prozesses definiert werden, nämlich einmalige, zyklische und zufällige Ereignisse (z.B. Überdruck, Übertemperatur, usw.), die den Dialog mit dem Bediener beeinflussen. Das technische Prozeßmodell ermöglicht die realitätsnahe Simulation eines Realzeitdialogs.

5. Beispiel

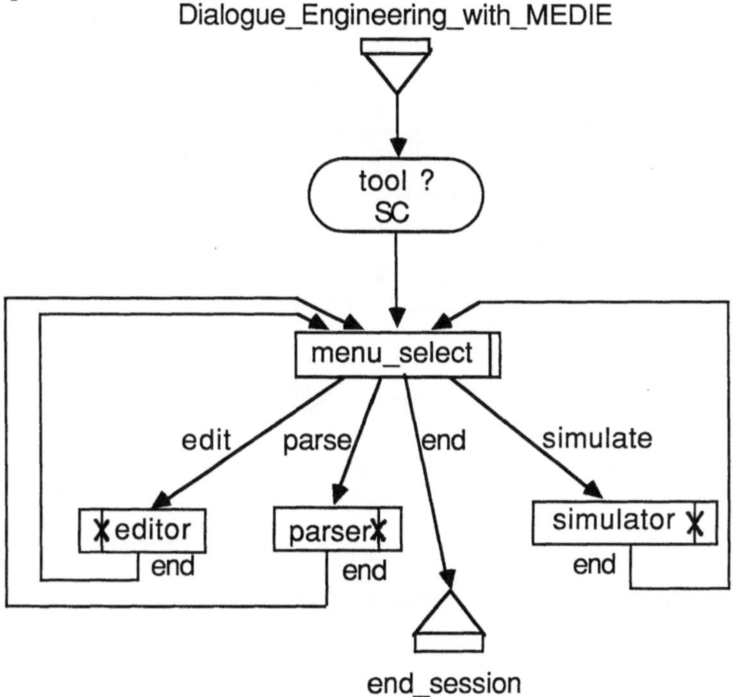

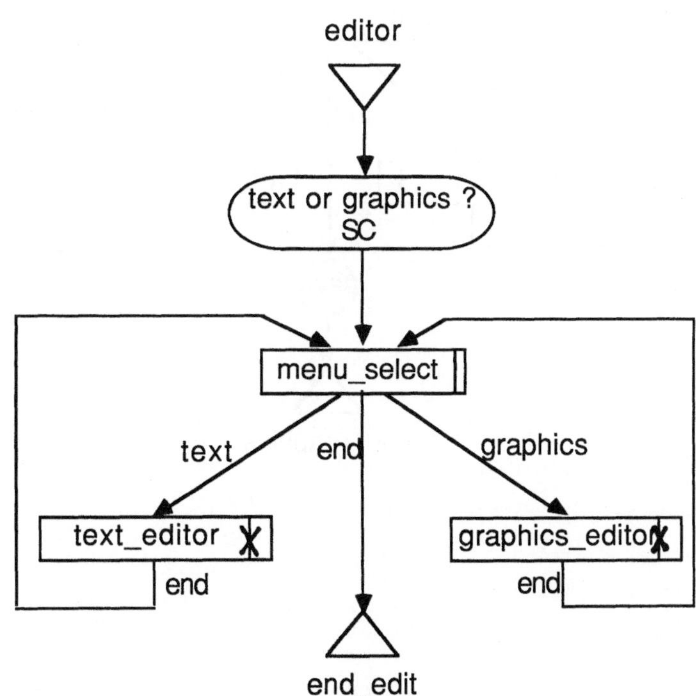

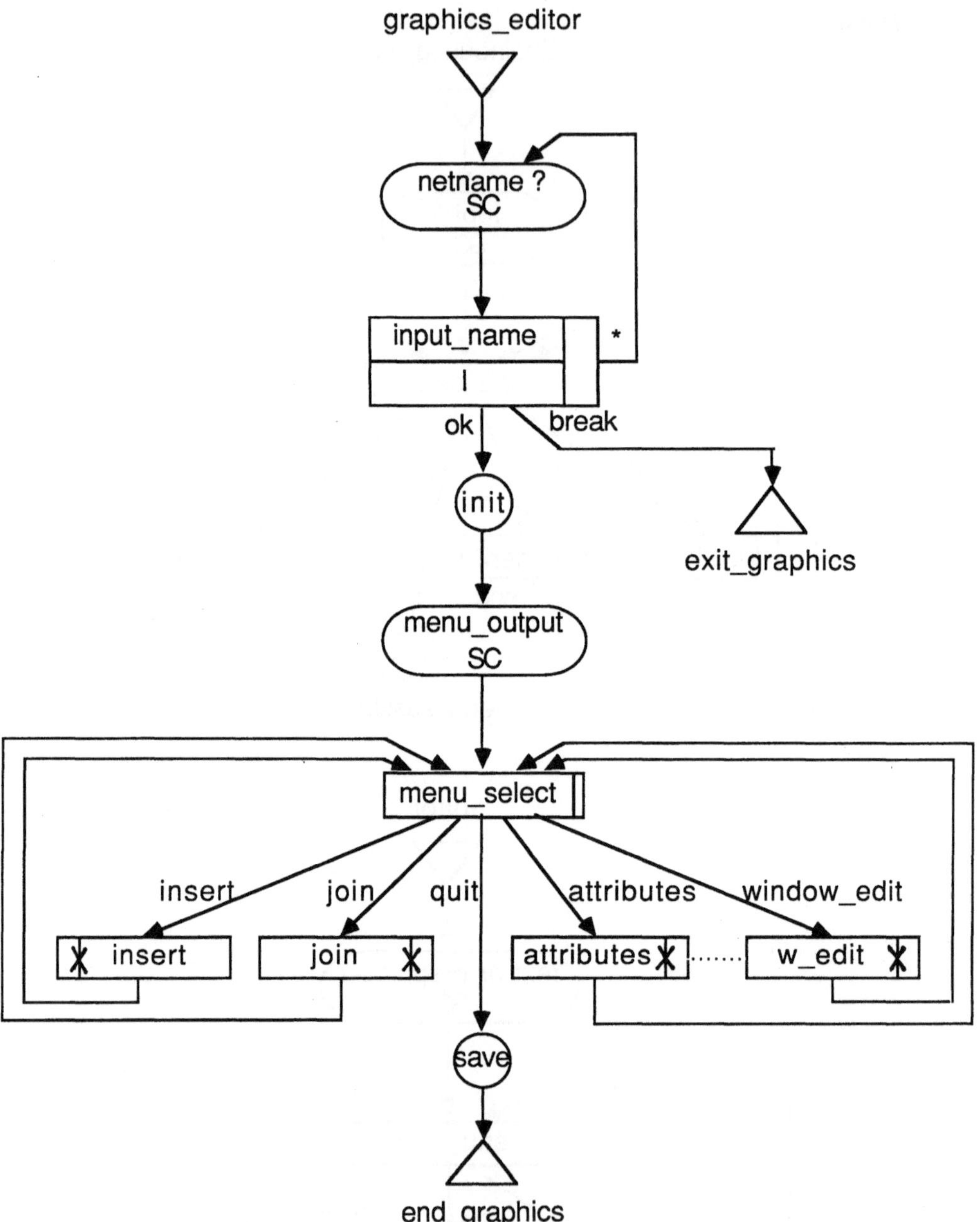
graphics_editor
netname ?
SC
input_name
*
I
ok
break
init
exit_graphics
menu_output
SC
menu_select
insert
join
quit
attributes
window_edit
insert
join
attributes
w_edit
save
end_graphics

Dialogue_Engineering_with_MEDIE
tool ?
SC
menu_select
edit
parse
end
simulate
editor
parser
simulator
end
end
end
end_session

editor
text or graphics ?
SC
menu_select
text
end
graphics
text_editor
graphics_editor
end
end
end_edit

6. Zusammenfassung

Es wurde ein Verfahren vorgestellt, das die Entwicklung von Bedienerdialogen graphisch unterstützt. Mit Hilfe der dualen graphischen und formalsprachlichen Beschreibungsmittel lassen sich auch spezielle Situationen bei Bedienerdialogen, wie parallele Eingabe und asynchrone Reaktionen des technischen Prozesses, adäquat spezifizieren. Eine hierarchische Beschreibung des Systems wird dadurch ermöglicht, daß Knoten durch Subnetze verfeinert werden können. Die graphische Darstellung dient einer besseren Software-Dokumentation. Eine frühzeitige Validierung des spezifizierten Bedienerdialogs wird durch einen Simulator ermöglicht. Das häufig auftretende Verständigungsproblem zwischen Auftraggeber und Auftragnehmer kann dadurch entschärft werden.

Die Arbeiten an diesem Projekt wurden in Zusammenarbeit mit Dr. W. K. Epple durchgeführt, dem ich an dieser Stelle für seine Mitwirkung herzlich danken möchte.

Literatur

/DEN 80/ DENCKER, Peter: "Benutzerbeschreibung des PGS", Institut für Informatik II, Universität Karlsruhe, Interner Bericht Nr. 8/80

/EPP 86/ EPPLE, Wolfgang K.; SCHÄFER, Gerald: "Realisierung eines Werkzeugs zur Entwicklung von Bedienerdialogen", erscheint als DFG-Forschungsbericht 1986

/GEW 77/ GEWALD, K.; HAAKE, G.; PFADLER, W.: "Software Engineering", Oldenbourg Verlag, 1977

/KIM 79/ KIMM, R. und andere: "Einführung in Software Engineering", Walter de Gruyter Verlag Berlin 1979

/MET 73/ METZGER, Philip W.: "Managing a Programming Project", Prentice Hall, New Jersey, 1973

/ROU 81/ ROUSE, William B.: "Human-Computer Interaction in the Control of Dynamic Systems", in Computing Surveys, Vol. 13, No. 1, March 1981, pp. 71-99

Grafisch unterstützte Restrukturierung der Architektur eines industriellen Softwareprodukts

Christoph Oeters

System Consult GmbH
An der Rehwiese 28, D-1000 Berlin 38

Zusammenfassung

In diesem Papier wird der Einsatz der Softwarearchitektursprache MOIRA bei der Restrukturierung eines industriellen Softwareproduktes beschrieben.

In MOIRA wird die Zerlegung eines Softwareproduktes in Komponenten zusammen mit den Beziehungen zwischen den Komponenten dargestellt. Die Werkzeuge für MOIRA unterstützen den Entwurf und die Restrukturierung der Architektur von Software. Zu ihren Leistungen gehört unter anderem die automatische Erzeugung von grafischen Darstellungen aus Softwarearchitekturbeschreibungen. Die Werkzeuge wurden für den Entwurf und die Restrukturierung mehrerer Softwareprodukte eingesetzt. In diesem Papier wird die Restrukturierung des Fotosatz-Systems MAGIC beschrieben.

1 EINLEITUNG

In dem Maße, wie grafische Arbeitsplätze erschwinglich für den Software-Ingenieur werden, setzt sich die Einsicht durch, daß bestimmte Aspekte eines Softwareproduktes besser durch Grafiken als durch Text darzustellen sind. Zu diesen gehört die **Architektur** der Software. Durch die eigenständige grafische Darstellung der Softwarearchitektur entstehen Dokumente, die auch für sehr große Produkte einen überschaubaren Überblick über ihren Entwurf bzw. ihre Modularisierung liefern können.

In MOIRA kann die Architektur von Softwareprodukten textuell und grafisch dargestellt werden. Unter der **Architektur** eines Softwareproduktes verstehen wir seine Zerlegung in **Komponenten** sowie die **Beziehungen** zwischen den Komponenten. Komponenten können u.a. **Subsysteme** sein, die weiter in Komponenten zerlegt werden, oder

Moduln, die nicht weiter zerlegt werden. Zu den Beziehungen gehört insbesondere die **Benutztbeziehung**. Weiterhin umfaßt die Architektur **Konfigurationsregeln**, mit denen die Zusammensetzung von Produktvarianten aus Komponentenvarianten beschrieben wird.

MOIRA ist unabhängig von der konkreten Implementierungssprache, in der die Komponenten realisiert sind. Die MOIRA-Werkzeuge können damit an verschiedene Implementierungssprachen angeschlossen werden. Als Implementierungssprachen kommen Programmiersprachen sowie Entwurfs- oder Spezifikationssprachen in Betracht. Sie müssen über ein **Modulkonzept** verfügen, und ihre Moduln müssen (zumindest konzeptionell) in **Schnittstelle** und **Rumpf** zerlegbar sein. Bisher wurden die MOIRA-Werkzeuge an die Programmiersprachen VAX-Pascal /DEC 82/, Fortran und CDL2 /Dehottay 76/ angeschlossen.

Die MOIRA-Werkzeuge unterstützen den Entwurf und die Restrukturierung von Softwareprodukten. Zu ihren Leistungen gehören die Analyse von Entwürfen, die Erfassung der **Ist-Architektur** aus einer vorhandenen Implementierung und die Unterstützung bei der Entwicklung der **Soll-Architektur** zu einer Implementierung. Zentrale Bedeutung hat dabei die automatische Erzeugung von grafischen Darstellungen aus Softwarearchitekturbeschreibungen.

Die Werkzeuge wurden anhand mehrerer im Einsatz bzw. in der Entwicklung befindlicher Softwareprodukte erprobt. Die Erprobung fand zum Teil an der TU Berlin, zum Teil bei der Firma System Consult GmbH und deren Kunden statt. Die Erprobung hat die Arbeitsabläufe bei Entwurf und Restrukturierung der Architektur eines Softwareproduktes deutlich gemacht. Sie hat den Nutzen der grafischen Darstellung der Softwarearchitektur und der Zerlegung in Subsysteme bestätigt. Sie hat weiterhin gezeigt, daß die Benutztrelation bei realistischen Softwareprodukten nicht immer zyklenfrei ist.

In diesem Papier wird beispielhaft die Restrukturierung von MAGIC, einem Fotosatz-System der Firma H. Berthold AG, beschrieben. Eine ausführliche Darstellung von MOIRA und den Erprobungen befindet sich in /Oeters 85/.

2 BEZUG ZU ANDEREN ARBEITEN

MOIRA ist ursprünglich als Ergänzung zu **Programmiersprachen** mit Modulkonzept, wie z.B. **Modula 2** /Wirth 80/, und als Alternative zu '**Module Interconnection Languages**' wie z.B. **Intercol** /Tichy 79/ oder **MIL 82** /Rombach 82/ entwickelt worden. Das Entwurfsprinzip war dabei, die Architektur in einem eigenen Dokument zu beschreiben und die

Modulschnittstellen in der jeweils angeschlossenen Programmier- oder Spezifikationssprache zu formulieren. Damit kann - mehr als bei den genannten Sprachen - der Zusammenhang der Komponenten auch bei sehr großen Produkten in einem übersichtlichen Dokument dargestellt werden. Weiterhin bildet die eigenständige Behandlung der Architektur eine wesentliche Grundlage für ihre grafische Darstellung.

Grafische Hilfsmittel sind in der Softwaretechnik auf dem Vormarsch. **Grafische Benutzerschnittstellen** werden von Arbeitsplatz-Systemen wie **PECAN** (APOLLO-Arbeitsplatz-Rechner) /Reiss 84/, **CEDAR** (XEROX-Dorado-Rechner) /Teitelman 85/ und **XS 2** (Lilith-Rechner) /Stelovsky 84/ angeboten. Sie bieten Kommunikation über Fenster, menügesteuerte Interaktion und Eingabe über grafische Zeigegeräte.

Anwendungsbezogene Grafik wird bisher besonders für die Darstellung und Manipulation von Netzen angeboten /Winkler 83, Scheschonk 84, Batini 84/. Zentrale Frage ist dabei die Erzeugung eines übersichtlichen Layouts. Ein Algorithmus zum Testen von Kreuzungsfreiheit und der entsprechenden Aufbereitung eines Graphen wird in /Hopcroft 74/ angegeben. Dieser berücksichtigt aber nicht weitere Layout-Anforderungen, wie z.B. hierarchische Darstellung. Ein Verfahren zur Reduzierung von Kreuzungen unter Einhaltung einer gegebenen Hierarchie wird in /Carpano 80/ beschrieben. Von den MOIRA-Werkzeugen wird ein übersichtliches Layout nach einem heuristischen Verfahren erzeugt. Dabei wird die Zerlegung in Subsysteme ausgenutzt, um Teilgraphen auszulagern, was die Übersichtlichkeit wesentlich erhöht.

MOIRA ist an der TU Berlin im Rahmen des BMFT-geförderten Projektes "Spezifikation mit Rechnerunterstützung - Entwurf und Entwicklung (SPREE)" entstanden. In diesem wurde der Prototyp zu einer syntaxorientierten, grammatikgesteuerten Softwareentwicklungsumgebung, das **SPREE-Labor** /Böker 84/ entwickelt. Dabei wurde eine strukturorientierte Dokumentenverwaltung mit Versionsverwaltung exemplarisch für das Sprachpaar MOIRA/CDL2 realisiert, und es wurde eine an MOIRA anschließbare Spezifikationssprache, **UNIVERS** /Löwe 85/ entwickelt. Im selben Diskussionskontext wie MOIRA, aber mit anderen Zielen, wurde die Entwurfssprache **MODEST** /Schmidt 83, Floyd 85/ entwickelt.

3 ÜBERBLICK ÜBER MOIRA

In MOIRA wird die Zerlegung eines Softwareproduktes in **Komponenten**, bis zu **Moduln**, sowie die Beziehungen zwischen den Komponenten beschrieben. Die Architekturbeschreibung stellt damit die Struktur des Produkts im Großen dar. Sie wird ergänzt durch die **Implementierung**, die sämtliche Moduln des Produktes umfaßt. Zu jedem in MOIRA beschriebenen Modul gehört dabei ein Modul der Implementierung, jeweils bestehend aus **Schnittstelle** und **Rumpf**. Die Schnittstelle eines Moduls kann z.B. die Köpfe aller seiner Prozeduren enthalten, sein Rumpf die Realisierung dieser Prozeduren.

Komponenten eines Programms können u.a. Steuermoduln, benutzbare Moduln, Subsysteme und Familien sein.

- **Steuermoduln** verkörpern einen einzelnen, ausgezeichneten Algorithmus. Sie stehen an der Spitze in der Benutzt-Hierarchie.
- **Benutzbare Moduln** verkörpern eine Menge von Objekten, z.B. Prozeduren, Typen und Konstanten. Sie können von anderen Komponenten benutzt werden.
- **Subsysteme** bilden Hüllen für eine Menge von **Komponenten**. Sie können in der Benutzthierarchie an jeder Stelle stehen. Ihre Komponenten können wiederum Subsysteme, Moduln oder Familien sein. Dadurch, daß Subsysteme selbst Subsysteme enthalten können, besteht in MOIRA die Möglichkeit einer beliebig tiefen baumförmigen Zerlegung.
- **Familien** verkörpern die gemeinsame Schnittstelle einer Menge von Varianten, d.h. alternativer Realisierungen einer Komponente.

Die Beziehungen zwischen den Komponenten eines Produktes sind größtenteils **Benutzungen**. Eine Benutzung liegt z.B. vor, wenn eine Komponente eine Prozedur aus der Schnittstelle einer anderen Komponente aufruft oder einen Typ daraus anwendet.

Benutzungen können in MOIRA qualifiziert werden:

- Standardqualifikation ist **weak**. Bei ausschließlicher Anwendung bewirkt sie, daß die Benutztrelation zyklenfrei sein muß.
  Die von MOIRA unterstützte Entwurfsphilosophie ist, daß die Benutztrelation im Prinzip hierarchisch, d.h. zyklenfrei sein soll, daß aber Ausnahmen zugelassen werden, die mit den im folgenden genannten Qualifikationen als solche spezifiziert werden können. Die Zulassung von Ausnahmen hat den Effekt, daß der Rest der Architektur sinnvoll auf die Einhaltung einer Hierarchie überprüft werden kann.
- Mit der Qualifikation **soft** können lokale Verletzungen der Hierarchie, z.B. eine Rekursion zwischen zwei Moduln, als gewollt spezifiziert werden.
- Mit **exceptional** können globale Verletzungen der Hierarchie z.B. für Fehlerbehandlung, qualifiziert werden.
- Mit **pervasive** können Benutzungen als vernachlässigbar qualifiziert werden. Solche Benutzungen können sich insbesondere auf Basiskomponenten beziehen.

Eine vollständige Beschreibung von MOIRA befindet sich in /Oeters 85/.

4 DIE MOIRA-WERKZEUGE

Die Werkzeuge für MOIRA unterstützen den Entwurf von Software sowie die nachträgliche Dokumentation und Restrukturierung von Software. Der **Entwurf** wird durch Konsistenzprüfung auf der Architektur und insbesondere durch die grafische Darstellung unterstützt. Zur nachträglichen **Dokumentation** kann mit Hilfe der Werkzeuge die **Ist-Architektur** aus einer vorhandenen Implementierung erfaßt und in MOIRA wiedergegeben werden. Diese Architektur kann dann analysiert und grafisch dargestellt werden. Zur **Restrukturierung** wird mit den Werkzeugen eine **Soll-Architektur** formuliert. Dazu wird die Implementierung zusammen mit einer **Strukturvorgabe** bearbeitet, die Transformationen auf der Ist-Architektur beschreibt. Die neu erzeugte Soll-Architektur kann als Vorgabe für die Restrukturierung der Implementierung verwendet werden.

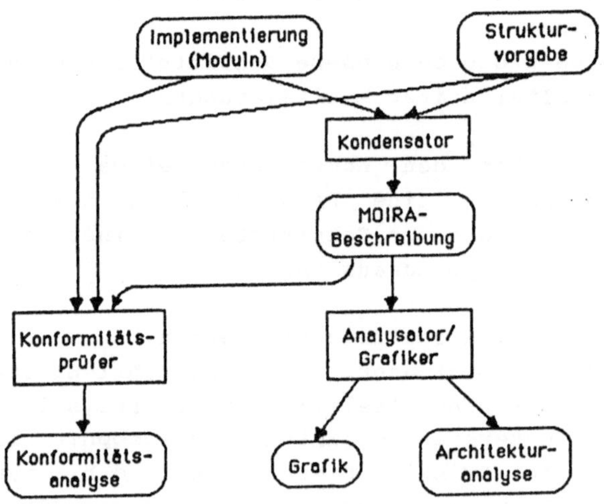

Abb. 1: Die MOIRA-Werkzeuge

Abbildung 1 zeigt die MOIRA-Werkzeuge und ihr Zusammenwirken. Jedes der Werkzeuge kann einzeln aufgerufen werden.

Der **Kondensator** extrahiert aus einer vorliegenden Implementierung (einer Menge von Moduln) eine dazu äquivalente Architekturbeschreibung. Die genaue Ausprägung der Architekturbeschreibung kann in einer Strukturvorgabe bestimmt werden. Sie enthält Anweisungen zur:

- Bildung von Subsystemen durch Angabe ihrer Komponenten,
- Qualifizierung von Benutzungen als soft oder exceptional,
- Qualifizierung von Komponenten als pervasive,
- Ausblendung von Benutzungen.

Mit den ersten drei Transformationen (Subsystembildung und Qualifizierung von Benutzungen) bleibt die erzeugte Architektur äquivalent zu dem gegebenen Programm. Die Ausblendung von Benutzungen führt jedoch dazu, daß die resultierende Architektur nicht mehr äquivalent zum Programm ist. Die erzeugte Architektur ist damit als eine **Soll-Architektur** anzusehen. Um das Programm wieder mit der Architektur zur Deckung zu bringen, muß die ausgeblendete Benutzung im Programm entfernt werden.

Der **Analysator** prüft eine Architekturbeschreibung auf interne Konsistenz. Gegebenenfalls gibt er Analysemeldungen, die zur Verbesserung der Struktur benutzt werden können. Die Analysemeldungen umfassen z.B. die textuelle Beschreibung von Benutzungszyklen.

Der **Grafiker** erzeugt aus einer Architekturbeschreibung eine äquivalente Grafik. Das Verfahren, das bei der Grafik-Erzeugung angewendet wird, ist in /Oeters 84, 85/ dokumentiert. Die wichtigsten Kriterien des Verfahrens sind:

- Komponenten werden durch beschriftete Kästen verschiedener Typen repräsentiert (vgl. Abb. 2 - 5):
    - Steuermoduln werden durch Häuser dargestellt.
    - Benutzbare Moduln werden durch einfache Kästen wiedergegeben.
    - Subsysteme werden in ihrer Umgebung als Doppelkästen gezeichnet.
    - Familien werden als Särge dargestellt.
- Benutzungen und andere Relationen werden durch Pfeile dargestellt.
- Entsprechend der Zerlegung des Produktes in Subsysteme wird die Grafik in Einzelseiten zerlegt. Ein Subsystem tritt also zweimal in der Grafik auf:
    - In seiner Umgebung wird es als einzelne Komponente ohne Inhalt gezeigt.
    - Auf einer weiteren Seite wird das Subsystem mit den darin enthaltenen Komponenten, aber nur mit einem Teil der Umgebung gezeigt. Von der Umgebung werden die Komponenten dargestellt, die das Subsystem benutzt.
- Die Benutzthierarchie wird als Grundlage für die vertikale Anordnung der Komponenten verwendet. D.h. es wird davon ausgegangen, daß eine Hierarchie vorhanden ist, und die Komponenten werden danach in der Grafik angeordnet. Die Hierarchie darf durch spezifizierte Ausnahmen verletzt werden; bei der grafischen Anordnung werden diese berücksichtigt:

- Soft qualifizierte Benutzungen führen dazu, daß die Komponenten horizontal nebeneinander angeordnet werden.
- Exceptional qualifizierte Benutzungen werden für die vertikale Anordnung ignoriert. Sie führen in der Regel zu aufwärts gerichteten Pfeilen. Benutzungen dieser Art werden farblich hervorgehoben.
- Pervasive qualifizierte Benutzungen bzw. Benutzungen von pervasive qualifizierten Komponenten werden unter bestimmten Bedingungen unterdrückt, um die Übersichtlichkeit der Darstellung zu erhöhen.

Wird die Hierarchie durch Benutzungen verletzt, die nicht besonders qualifiziert sind, so muß eine vertikale Anordnung willkürlich gewählt werden. Diese wird natürlich nicht immer den Intentionen des Entwerfers entsprechen. Die Benutzungszyklen werden bei der Darstellung farblich hervorgehoben.

Der **Konformitätsprüfer** vergleicht eine Implementierung und eine Architekturbeschreibung auf Äquivalenz. Eventuell vorhandene Differenzen meldet er und setzt sie in Relation zur Strukturvorgabe. Er stellt dabei z.B. fest, ob eine überzählige Benutzung im Programm neu eingeführt wurde, oder ob sie ausgeblendet und noch nicht entfernt wurde.

Für den **Entwurf** einer Architektur werden der Analysator, der Grafiker und der Konformitätsprüfer benutzt. Für die **Dokumentation** und **Restrukturierung** der Architektur einer bereits vorliegenden Implementierung wird außerdem der Kondensator benötigt.

5 RESTRUKTURIERUNG DES MAGIC-SYSTEMS

In diesem Abschnitt wird beschrieben, wie mit Hilfe der MOIRA-Werkzeuge ein industrielles Softwareprodukt, das MAGIC-System, restrukturiert wurde.

MAGIC ist ein fortgeschrittenes Fotosatzsystem, das bei der Firma H. Berthold AG entwickelt wird. Der Funktionsumfang des Systems umfaßt Textsatz in hoher Qualität (Akzidenzsatz), geometrische Funktionen, Bildverarbeitung, eine grafische interaktive Benutzerschnittstelle sowie Ausgabemöglichkeiten für verschiedene Medien. Das System besteht aus über 100 Moduln, deren Größe zwischen 20 und 8000 Zeilen liegt. Das System ist größtenteils in VAX-Pascal realisiert.

Die Anwendung der MOIRA-Werkzeuge hatte das Ziel, die bestehende Architektur des Systems zu erfassen und nachzudokumentieren sowie geplante Restrukturierungen vorzubereiten. Im einzelnen wurden folgende **Ziele** verfolgt:

- Bessere Information des Projekt-Managements
- Bessere Wartbarkeit des Systems
- Unterstützung bei der Konfigurationsverwaltung

Insbesondere sollten zwei zu groß gewordene Subsysteme aufgeteilt werden.

Zur Unterstützung der Systemgenerierung war schon vor der hier beschriebenen Arbeit eine Aufteilung in Subsysteme vorgenommen worden. Die daraus resultierenden Beziehungen zwischen den Subsystemen sowie die Beziehungen innerhalb der Subsysteme waren allerdings nur informell dokumentiert.

Zu Beginn der Anwendung wurde daher mit Hilfe des Kondensators die vorhandene Architektur des MAGIC-Systems erfaßt und grafisch dargestellt. Dabei wurde die von den Entwicklern konzipierte Subsystemgliederung als Strukturvorgabe benutzt.

Die so gewonnene Struktur des Gesamtprodukts ist in Abbildung 2 dargestellt. Die vorgefundene Struktur des zur Überarbeitung vorgesehenen Subsystems Geometrie ist in Abbildung 3 dargestellt.

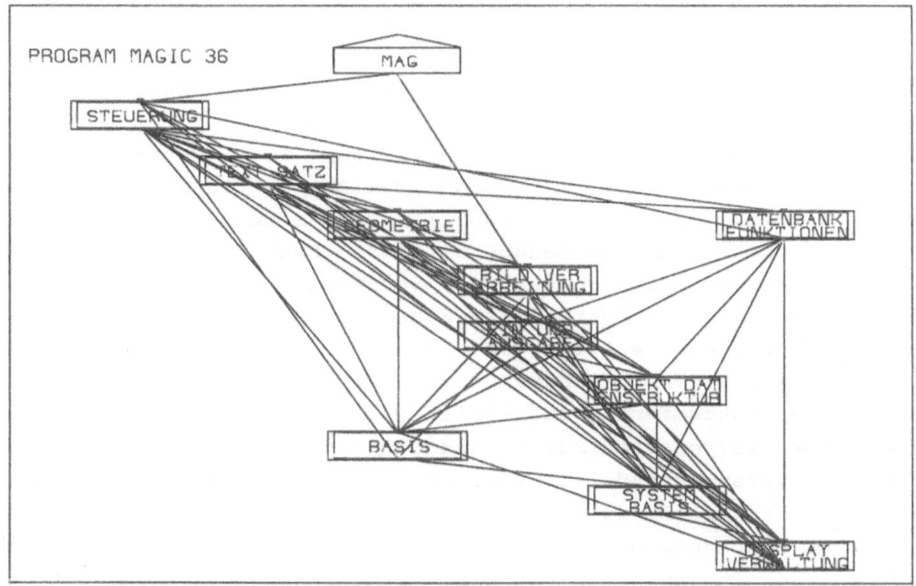

Abb. 2: Das MAGIC-System: Alte Ist-Architektur

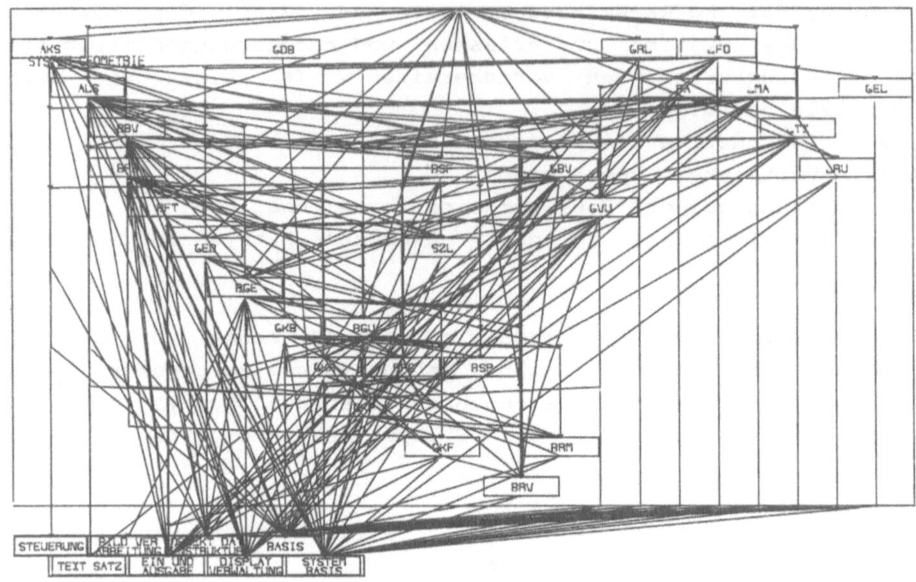

Abb. 3: Subsystem Geometrie: Alte Ist-Architektur

Die Abbildungen zeigen deutlich, daß sowohl auf der Ebene des Gesamtsystems als auch im Subsystem Geometrie starke zyklische Abhängigkeiten (erkennbar an nach oben gerichteten Pfeilen) vorlagen. Das Subsystem Geometrie enthielt zudem zuviele Komponenten, um übersichtlich dargestellt werden zu können.

Eine **Analyse der Benutzungszyklen** ergab folgende Gründe für ihr Vorhandensein:

- Bei der Bildung von Subsystemen waren zum Teil Komponenten mit hohem und Komponenten mit niedrigem Abstraktionsgrad zusammengefaßt worden. Durch das Nebeneinander mehrerer solcher Subsysteme entstanden Querbezüge zwischen ihnen, die sich insgesamt als zyklische Benutzung äußerten. Benutzungen dieser Art werden durch Aufteilung der betroffenen Subsysteme entfernt.
- Das bei Subsystemen aufgetretene Phänomen der Bildung zu großer Einheiten war auch bei einigen Moduln zu beobachten. Diese wurden bei der Restrukturierung aufgeteilt.
- Einige Basiskomponenten rufen Funktionen aus der Steuerung auf, die den Systemzustand widerspiegeln. Es wurde beschlossen, diese Funktionen in die Basis zu verlagern.
- Zyklische Benutzungen zwischen Basiskomponenten, die ihre Dienste gegenseitig in Anspruch nehmen, erschienen unvermeidlich. Sie wurden als soft qualifiziert.

Bei der Restrukturierung des Produktes wurde zunächst, von außen nach innen gehend, eine **Soll-Architektur** entwickelt. Dann wurde diese, von innen nach außen gehend, in der **Implementierung** des Systems realisiert.

Es wurde zunächst eine Soll-Architektur für das Gesamtsystem entwickelt. Dabei wurde die konzipierte Subsystemgliederung vorerst belassen. Die Benutzungen zwischen den Komponenten wurden zum Teil als soft qualifiziert, zum Teil ausgeblendet und zur Löschung vorgesehen. Die dabei entstandene Soll-Architektur ist in Abbildung 4 wiedergegeben. Die Übersichtlichkeit gegenüber Abbildung 2 wurde dadurch gewonnen, daß durch Ausblenden und Qualifizierung von Benutzungen die ursprünglich entworfene Hierarchie wieder sichtbar wurde.

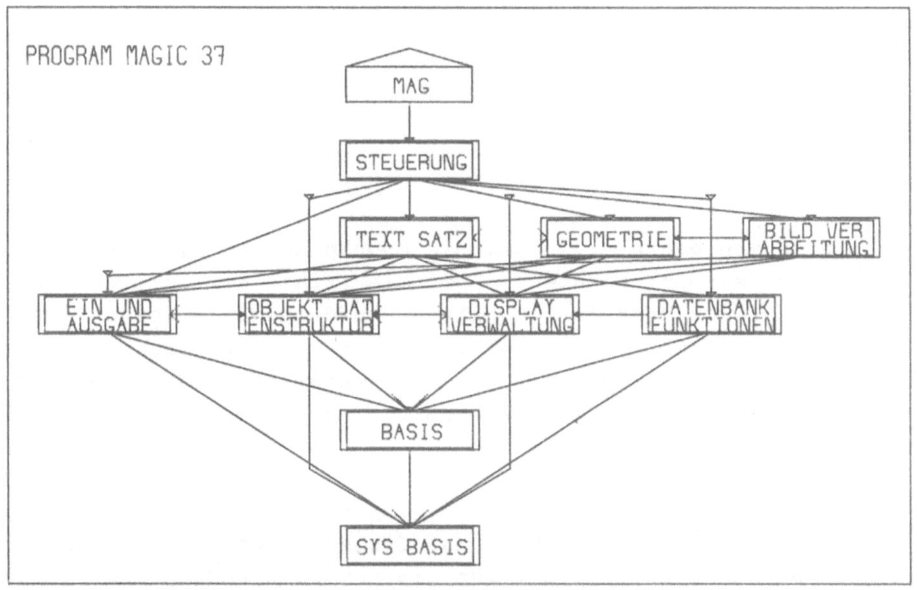

Abb. 4: Das MAGIC-System: Soll-Architektur

Anschließend wurde das für das Subsystem Geometrie eine Soll-Architektur entwickelt. Seine Moduln wurden zu Subsystemen zweiter Stufe zusammengefaßt. Dabei entstehende Zyklen zwischen diesen Subsystemen wurden zum Teil ausgeblendet. Die Soll-Architektur des Subsystems Geometrie ist in Abbildung 5 dargestellt. Der Zuwachs an Überschaubarkeit im Verhältnis zu Abbildung 3 ergibt sich aus der Zusammenfassung weiterer Subsysteme und durch das Aufzeigen der intendierten Hierarchie.

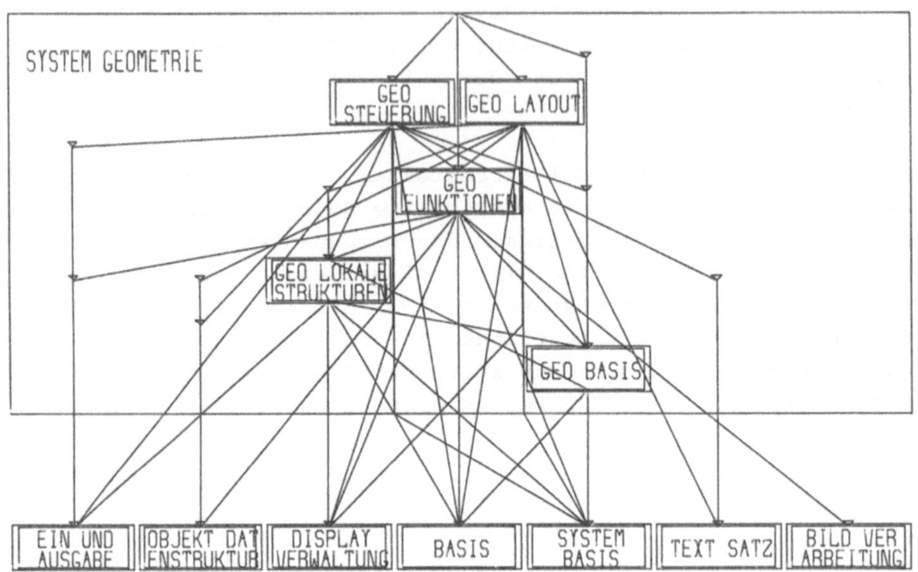

Abb. 5: Subsystem Geometrie: Soll-Architektur

Nun war ein Rahmen gegeben, in dem die Moduln des Subsystems Geometrie restrukturiert werden konnten. Um die Zahl der gleichzeitig zu bearbeitenden Moduln begrenzt zu halten, wurde jeweils eins der neu gebildeten Subsysteme für sich bearbeitet. Die darin enthaltenen Moduln wurden aufgeteilt und neu zusammengestellt. Dabei wurden im wesentlichen nur Prozeduren verlagert; es wurde kaum neuer Code programmiert.

Nach der Aufteilung der Moduln wurde jeweils die Strukturvorgabe angepaßt: Die Anweisungen zur Qualifizierung bzw. Ausblendung von Benutzungen wurden gelöscht, und für die neu entstandenen Moduln wurde ihre Zuordnung zu Subsystemen angegeben.

Abbildung 6 zeigt die neue Ist-Architektur des Subsystems Geometrie. Durch die Restrukturierung sind zwei neue Subsysteme zweiter Stufe entstanden. Zu bemerken ist, daß sämtliche Zyklen innerhalb des Subsystems, auch die zwischen den Moduln, entfernt wurden.

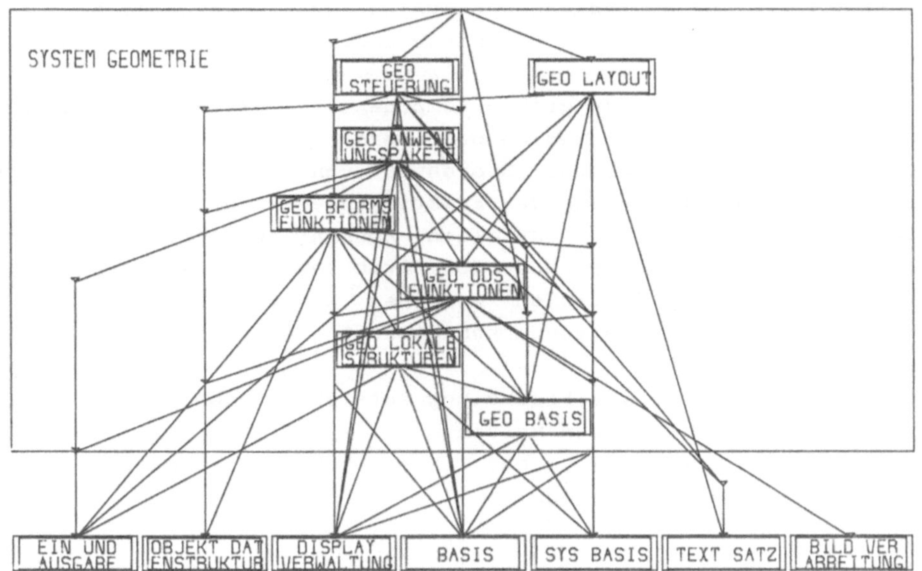

Abb. 6: Subsystem Geometrie: Neue Ist-Architektur

Als nächster Schritt innerhalb der Restrukturierung sind zunächst die anderen Subsysteme zu restrukturieren. Anschließend können verbleibende störende Benutzungen auf der Ebene des Gesamtsystems entfernt werden.

Zusammengefaßt hatte die Restrukturierung folgende Ergebnisse:

- Eine Hierarchisierung des Systems wurde weitgehend erreicht. Auf der Ebene des Gesamtsystems wurde dazu mit einer Strukturvorgabe eine entsprechende Soll-Architektur formuliert. Innerhalb des Subsystems Geometrie wurden die vorhandenen Zyklen durch Restrukturierung der Implementierung beseitigt.
- Die Übersichtlichkeit des Produktes wurde wesentlich gesteigert, zum einen durch Aufprägen einer Hierarchie, zum anderen durch Bildung von Subsystemen zweiter Stufe, wo eine einstufige Zerlegung nicht mehr ausreichte.
- Innerhalb des Subsystems Geometrie wurden aus 28 Moduln 51 gemacht. Die durchschnittliche Modulgröße wurde von 3300 Zeilen auf 1800 Zeilen gesenkt.
- Die MOIRA-Werkzeuge haben sich als nützlich für die Planung und Durchführung der Restrukturierung erwiesen.
- Die erstellten Grafiken werden als Dokumentation benutzt.

Als Ergebnis für die **Behandlung von Zyklen** kann festgehalten werden (wir schließen hierbei die Ergebnisse anderer Restrukturierungen mit ein, vgl. /Oeters 85/):

- Zyklen, die sich aus zu großen Komponenten ergeben, sollten durch Aufteilung der Komponenten behoben werden.
- Zyklen, die durch falsche Zuordnung von Funktionen entstehen, sollten durch Verlagerung der Funktionen entfernt werden.
- Zyklen, die entfernt werden sollen, können zunächst ausgeblendet werden, um eine entsprechende Soll-Architektur zu erzeugen.
- Zyklen, die durch Rekursion zwischen Komponenten mit gleichem Abstraktionsgrad entstehen, können soft qualifiziert und belassen werden.
- Zyklen, die durch Fehlerbehandlung entstehen, können exceptional qualifiziert und belassen werden.
- Zyklen, die durch Overlays entstehen, können exceptional qualifiziert und belassen werden.

6 ZUSAMMENFASSUNG UND AUSBLICK

Unmittelbares Ergebnis der Arbeit ist, daß ein industrielles Softwareprodukt restrukturiert wurde. Dabei wurde die Übersichtlichkeit des Produktes erhöht, und es wurden störende Benutzungszyklen entfernt. Die eigenständige Darstellung der Architektur eines Softwareproduktes hat sich dabei als ein nützliches Konzept erwiesen, das zur Überschaubarkeit und Handhabbarkeit eines Softwareproduktes wesentlich beiträgt. Als tragende Konzepte haben sich dabei die Zerlegung in Subsysteme und die Qualifizierung von Benutzungen unter Zugrundelegung einer grundsätzlich vorhandenen Hierarchie herausgestellt. Diese beiden Konzepte bilden auch die Grundlage der grafischen Darstellung, die von den Entwicklern als eine gute Hilfe für das Verständnis eines Softwareproduktes bezeichnet wurde.

Als eine wünschenswerte Erweiterung von MOIRA wurde die Einführung eines Prozeßkonzeptes gesehen, das die Beschreibung von Verteilten Systemen und der Kommunikation der darin enthaltenen Komponenten erlaubt. Eine solche Erweiterung ist möglich.

Bei den Werkzeugen wurde als wichtigste Erweiterung die Entwicklung eines grafischen Editors für MOIRA verlangt. Dieser würde ein grafisch-interaktives Erstellen und Ändern von MOIRA-Beschreibungen ermöglichen. Weitere mögliche Erweiterungen bestehen darin, interaktive Unterstützung speziell für die Restrukturierung von Subsystemen anzubieten. Beide Erweiterungen würden den Arbeitszyklus bei der Restrukturierung eines Softwareproduktes deutlich verkürzen.

Danksagung

MOIRA wurde an der TU Berlin im Rahmen des Projektes SPREE entwickelt. Die Werkzeuge wurden bei System Consult weiterentwickelt. Bei der hier beschriebenen Arbeit wurde ich von I. Lemke von der H. Berthold AG wesentlich unterstützt. M. Reisin und einem unbekannten Referenten danke ich für Kommentare zu einer früheren Version dieses Papieres.

Literatur

Batini, C. et al.: A Graph Theoretic Approach to Aestetic Layout for Information Systems Diagrams; in: Proceedings WG 84; Hrsg. U. Pape; Trauner Verlag, Linz (1984) 9-18

Böker, K.-H.; Kaeber, J.: Eine Produktbibliothek zur inkrementellen Programmentwicklung; TU Berlin, Fachbereich Informatik; Bericht Nr. 84-10 (1984)

Carpano, M.-J.: Automatic Display of Hierarchized Graphs for Computer-Aided Decision Analysis; IEEE Transactions on Systems, Man and Cybernetics 10/11 (1980) 705-715

DEC 82: Digital Equipment Corporation: VAX-11 Pascal, Language Reference Manual; Maynard, Mass. (1982)

Dehottay, J.-P. et al.: Syntaktische Beschreibung von CDL2; Interner Bericht, TU Berlin (1976)

Floyd, C. et al.: STEPS - Softwaretechnik für evolutionäre partizipative Systementwicklung; Arbeitsunterlagen, TU Berlin 1985

Hopcroft, J.; Tarjan, R.: Efficient Planarity Testing; Journal of the ACM 21 (1974) 549-568

Löwe, M.; Reisin, M.: UNIVERS Sprachbeschreibung; Technischer Bericht, TU Berlin 1985

Oeters, Ch.: Grafische Darstellung von Softwarearchitektur; in: Entwurf Großer Softwaresysteme; Hrsg. H. Morgenbrod, W. Remmele; Teubner (1984) 237-247

Oeters, Ch.: Grafisch unterstützter Entwurf und Restrukturierung von Softwarearchitektur; Dissertation TU Berlin 1985

Parnas, D.L.; Clements, P.C.; Weiss, D.M.: The Modular Structure of Complex Systems; 7th ICSE (1984) 408-419 und IEEE Transactions on Software Engineering 11/3 (1985) 259-266

Reiss, S.P.: PECAN: Program Development Systems that Support Multiple Views; 7th ICSE (1984) 324-333 und IEEE Transactions on Software Engineering 11/3 (1984) 276-285

Rombach, H.D.; Wegener, K.: Erfahrungen mit einem MIL-Entwurfswerkzeug; in: 8. Fachtagung Programmiersprachen und Programmentwurf Zürich 1984; Hrsg. U. Amman; Informatik-Fachberichte 77, Springer, Heidelberg (1984)

Scheschonk, G.: Eine auf Petri-Netzen basierende Konstruktions-,

Analyse- und (Teil-)Verifikationsmethode zur Modellierungsunterstützung bei der Entwicklung von Informationssystemen; Dissertation, TU Berlin (1984)

Schmidt, G.: Definition einer Sprache zur Beschreibung von Softwareentwürfen; Diplomarbeit, TU Berlin (1983)

Stelovsky, J.: The Use of Grammars in an Interactive Operating System; Notizen zum Interaktiven Programmieren 12 (1984) 33-42

Teitelman, W.: A Tour through Cedar; IEEE Software 1/2 (1984) 44-73

Tichy, W.F.: Software Development based on Module Interconnection; in: Proc. 4th ICSE, München (1979) 29-41

Winkler, P.: Anforderungsbeschreibung und Simulation mit NET-Modellen; PSI, Berlin (1983)

Wirth, N.: Modula-2; Bericht des Instituts für Informatik Nr. 36, ETH Zürich (1980)

Geradezu unvermeidlich sind Bemühungen um eine Integration, wenn Graphik und Text innerhalb einer Sprache so eng verwoben sind wie in der Spezifikations- und Entwurfssprache SEGRAS (Semigraphical Specification of Nonsequential Systems, [Kra84]). In SEGRAS sind textuelle Darstellungen für die algebraische Spezifikation von abstrakten Datentypen mit einer speziellen Form von Petri-Netzen für die Spezifikation von Nebenläufigkeit kombiniert (vgl. Abb. 1). Bei der Analyse von SEGRAS-Spezifikationen ist es z.B. notwendig, die Beschriftungen in der graphischen Darstellung von Petri-Netzen interpretieren zu können, wobei die Interpretation der Beschriftungen aus textuell gegebenen Regeln abzuleiten ist.

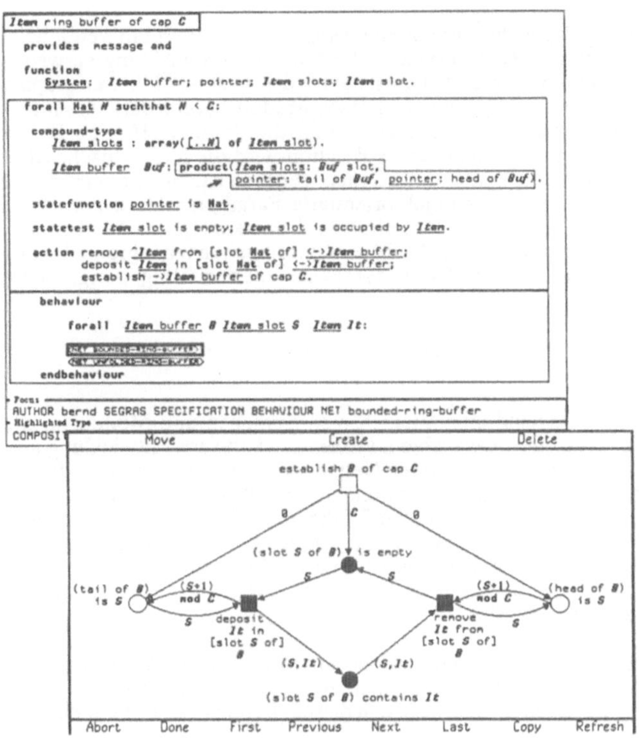

Abb. 1
SEGRAS-Spezifikation eines 'bounded ring buffer'

Im folgenden sollen weder graphische Beschreibungsmittel als solche noch spezielle graphikorientierte Sprachen beschrieben werden (s. hierzu [Rae85]). Es wird vielmehr ein Konzept vorgestellt, graphische und textuelle Beschreibungsmittel in einer integrierten Umgebung mit einheitlicher Benutzerschnittstelle zu editieren. In diesem Sinne sind auch die angegebenen Beispiele zu verstehen.

Dieses Konzept wird zur Zeit im Rahmen des ESPRIT-Projekts GRASPIN realisiert. Es wurde wesentlich geprägt durch

- die tabellengesteuerte, syntaxorientierte Datenverwaltung des SEGRAS-Labors, das im nächsten Abschnitt beschrieben wird,
- den Objektbegriff von Smalltalk [GR83],

Eine objektorientierte Benutzerschnittstelle für das syntaxgesteuerte Editieren von Text und Graphik

Joachim Kaeber
GMD Institut für Systemtechnik, Postfach 1240
D-5205 Sankt Augustin 1

Abstract Dieses Papier beschreibt eine Möglichkeit, durch ein vereinheitlichtes Modell von Graphik und Text, wie sie in der Software-Entwicklung verwendet werden, zu einer integrierten Benutzerschnittstelle für das Struktur-Editieren graphischer und textueller Dokumente zu gelangen. Dieses Modell beruht darauf, graphische wie textuelle Elemente als Objekte aufzufassen, die durch vielfältige Relationen miteinander verknüpft sind. Als primäre Relation wird die hierarchische Struktur angenommen, die durch eine kontextfreie Syntax gegeben ist. Operationen des Benutzers werden in Anlehnung an das objektorientierte Paradigma als Botschaften an diese Objekte verstanden. Diese Botschaften bewirken je nach Kontext unterschiedliche Zustandsänderungen. Das Modell ist sprachunabhängig und wird derzeit im Kontext einer parametrisierbaren syntaxgesteuerten Umgebung, dem SEGRAS-Labor, realisiert.

Einführung

In den letzten Jahren entstand eine Vielzahl von Sprachen und Methoden, die durch graphische Beschreibungsmittel einzelne oder mehrere Phasen der Software-Entwicklung unterstützen sollen. So gibt es verschiedene auf Graphen- oder Netztheorien basierende Spezifikationsmethoden (z.B. Datenfluß-Diagramme, Petri-Netze), graphische Beschreibungsmittel für Anforderungsermittlung und Entwurf (z.B. JSD, SADT) und Techniken für die graphische Darstellung von Software-Entwürfen (z.B. MOIRA [Oet85]) oder von Benutzerschnittstellen (z.B. Interaktionsdiagramme, NET [Win83]). Einige dieser Methoden bzw. Sprachen werden durch Werkzeuge, insbesondere Editoren unterstützt, die intensiv von modernen Hardware- und Software-Konzepten Gebrauch machen (Bitmap-Display, Maus, Fenster- und Menütechnik).

Andererseits ist nicht zu übersehen, daß der Anteil rein *textueller* Dokumente in der Software-Entwicklung insgesamt weiterhin überwiegt. Als Werkzeugunterstützung für die Erstellung und Weiterentwicklung von Dokumenten stehen in diesem Bereich zumeist nur einfache Text-Editoren zur Verfügung.

Von einer *Integration* von Editier-Werkzeugen für graphische und textuelle Dokumente sind wir noch weit entfernt. Zwar gibt es inzwischen Systeme, die die integrierte Bearbeitung von Text und Graphik erlauben (z.B. Xerox Star), jedoch sind diese zugeschnitten auf Bedürfnisse im Büro- und Medienbereich (*office systems* bzw. *electronic publishing*). Auf dem Gebiet der Software-Produktionsumgebungen ist jedoch weiterhin eine strikte Trennung zwischen Werkzeugen für graphische Darstellungen (Netz-, Diagramm-, Baum-Editoren, Netz-Analyse- und Simulationswerkzeuge) und solchen für die Verarbeitung textueller Dokumente (Analyse-Werkzeuge, Übersetzer, syntaxgesteuerte Editoren) festzustellen.

Eine Integration der Werkzeuge wird angestrebt, weil zwischen "graphischen" und "textuellen" Dokumenten, die während der Software-Entwicklung anfallen, eine Vielzahl von Querbezügen vorhanden ist. Solche Referenzen sind bei mangelnder Werkzeugunterstützung stets in Gefahr, inkonsistent zu werden. Mit völlig separaten Werkzeugen ist diese Unterstützung, wenn überhaupt, nur sehr schwierig zu realisieren.

- die programmierbare Kommando-Schnittstelle des EMACS-Editors [Sta81] und
- verschiedene graphische Editoren, z.B. MacDraw.

Das SEGRAS-Labor

Noch während des Entwurfs der Sprache SEGRAS wurde in der GMD begonnen, das SEGRAS-Labor [Bay84] als unterstützendes Werkzeug zu entwickeln. Das Labor ist eine Weiterentwicklung des parametrisierbaren syntaxgesteuerten Editors SEEK [Eps84]. Es verfügt über eine syntaxorientierte Datenbank, deren Struktur in einer *Abstract Syntax Definition Language* (ASDL, [Chr86]) definiert wird. Aus einer solchen Beschreibung werden Tabellen erzeugt, die verschiedene sprachunabhängige Werkzeuge (u.a. *parser*, *pretty printer*, *database navigator*) steuern.

Eine ASDL-Beschreibung enthält unter anderem

- *die abstrakte Syntax* der zu verarbeitenden Sprache(n), durch die der Datenbank eine hierarchische Struktur aufgeprägt wird. Die Knoten des entsprechenden Baumes repräsentieren spezielle Ausprägungen der in der Sprache erlaubten Sprachkonstrukte;
- *die konkrete Syntax*, d.h. die externe Repräsentation der einzelnen Sprachkonstrukte. Diese besteht aus terminalen Symbolen sowie Formatierangaben und steuert die Transformation zwischen externer und interner Darstellung und umgekehrt (mittels *parser* bzw. *pretty printer*);
- *Typ-Attribute*, die Eigenschaften aller Objekte eines syntaktischen Typs beschreiben, etwa die Information, ob ein Konstrukt benannt ist; ob und ggf. mit welchem Schlüsselwort es vom Benutzer mittels *database navigator* angesprochen werden kann;
- *Objekt-Attribute*, die relationale, d.h. insbesondere nicht-hierarchische Beziehungen zwischen Objekten beschreiben, und deren konkrete Werte von der jeweiligen Objektausprägung abhängen. Hierzu gehören etwa die Beziehung zwischen definierendem und angewandtem Auftreten von Bezeichnern, die Relation zwischen der formalen Spezifikation eines Objekts und seiner Implementierung, oder die Angabe über Quelle und Ziel eines Datenflusses. Der Aufbau und die Bearbeitung einiger dieser Relationen kann durch sprachunabhängige, tabellengesteuerte Komponenten des Labors erfolgen. Die Bearbeitung anderer Relationen erfordert die Integration sprachspezifischer Werkzeuge.

Die Benutzerschnittstelle des Labor-Kerns ist im konventionellen Sinne textorientiert: Operationen sind nur über die textuelle Eingabe eines Kommandos auszulösen, die Operanden werden über einen Pfad-Ausdruck angesprochen. So bewirkt (in einer fiktiven Pascal-Parametrisierung) das Kommando

```
delete PROGRAM example PROCEDURE _print_ CALL _line
```

das Löschen aller Prozedur-Aufrufe, die mit “line“ enden und in Prozedur-Deklarationen eines Programms “example” vorkommen, deren Bezeichner die Zeichenkette “print” enthalten. Die Ausgabe erfolgt auf einen herkömmlichen alphanumerischen Bildschirm in Form von Textblöcken; diese können dann zeichen/zeilenorientiert editiert und wieder dem *parser* übergeben werden, der daraus einen Syntaxbaum gemäß der abstrakten Syntax der Sprache erzeugt.

Da der hier skizzierte parametrisierbare Labor-Kern zunächst für die Bearbeitung rein textueller Sprachen konzipiert war, mußte das Labor für die SEGRAS-Parametrisierung erweitert werden: Objekte, deren syntaktischer Typ mit dem Attribut “graphic” versehen sind, werden mit einem *Netz-Editor* [Kra86] bearbeitet, der nur lose in den Labor-Kern integriert ist. Die Benutzerschnittstelle des Netz-Editors weicht erheblich von der des oben skizzierten Labor-Kerns ab.

Dieser Zustand ist nicht zufriedenstellend, weshalb wir zur Zeit an einem Redesign des SEGRAS-Labors arbeiten. Ein Ziel ist es, die objektorientierte, auf Fenster-, Maus- und Menü-Techniken basierende Benutzerschnittstelle des Netz-Editors auch für das syntaxorientierte Editieren textueller

Dokumente nutzbar zu machen. Im folgenden Abschnitt geben wir einen Überblick über die dabei verfolgten Ansätze.

Integration von Text und Graphik

Konzeptionelles Modell

Die Bearbeitung von Dokumenten wird als Erzeugung und Veränderung von *Objekten* aufgefaßt. Jedem Objekt ist ein *syntaktischer Typ* zugeordnet. Die kontextfreie Syntax der Dokumentensprache, die in einer ASDL-Beschreibung festgelegt ist, prägt den Objekten eine *hierarchische Struktur* auf. Daneben bestehen zwischen den Objekten verschiedene nicht-hierarchische *Relationen*. Diese werden zum Teil durch den Benutzer während des Editierens aufgebaut: so entsteht etwa in einem gerichteten Graphen die Relation zwischen einer Kante und ihrer Quelle sowie ihrem Ziel durch "Zeigen" auf die externe Darstellung der jeweiligen Objekte. Andere Relationen müssen durch sprachspezifische Werkzeuge hergestellt werden, z.B. die Zuordnung von Benutzungen eines Bezeichners zu seiner Definition. Auf den Objekten sind zwei Arten von Operationen möglich: *generische* und *sprachspezifische* .

Generische Operationen

Generische Operationen sind vordefiniert und werden vom tabellengesteuerten Kernsystem selbst ausgeführt. Welche Operationen auf Objekten welchen syntaktischen Typs erlaubt sind, ist in der ASDL-Beschreibung durch Angabe von Typ-Attributen festgelegt. Man beachte, daß stets auf typisierten Objekten (bzw. Baumwurzeln) operiert wird. Als Beispiele für generische Operationen seien genannt:

- Operationen zum *Navigieren im Syntaxbaum*, z.B. `next-object-in-sequence`, `previous-object-in-sequence`, `superior-object`, `first-inferior-object`, `next-inferior-object`;

- Operationen für die *Ausgabe von Objekten*. Betrachtet man die (durch die abstrakte Syntax gegebenen) Unterbäume eines Objekts als seine Feinstruktur, so ergeben sich zwei mögliche externe Darstellungsformen für jedes Objekt: die Operation `expand` gibt ein Objekt mit seiner Feinstruktur aus (gewöhnlich in der "Tiefe" begrenzt), `iconize` vergröbert das Objekt zu einer kompakten, möglicherweise graphischen Form ("icon");

- Operationen zum *Transportieren von Unterbäumen*, wobei von einer Art "Zwischenablage" Gebrauch gemacht wird: `copy-object` zum Kopieren eines Objektes, `cut-object` zum Ausschneiden eines Objektes, `paste-object` zum Einfügen eines zuvor kopierten oder ausgeschnittenen Objektes; die einsetzende Operation `paste-object` überprüft an Hand des syntaktischen Typs des aktuellen Objekts, ob der Unterbaum in seinen neuen syntaktischen Kontext paßt;

- Operationen zum *Erzeugen neuer Objekte*. Die Syntaxtypen einer unterstützten Sprache sind ebenfalls Objekte; auf ihnen ist insbesondere eine Operation `create-object` definiert, die Objekte des jeweiligen Typs erzeugt (dies entspricht allgemein der objektorientierten Sicht von *classes* und *instances*; vgl. [GR83]);

- Für Objekte mit rein textueller Struktur eine Operation `text-edit`, die den entsprechenden Teilbaum in eine "flache" textuelle Darstellung überführt. Diese wird an einen normalen Texteditor übergeben, der in einem getrennten Fenster erscheint. Der Benutzer kann den Text auf übliche Weise editieren und anschließend zum Parsieren an das Labor zurückgeben. Die Notwendigkeit einer solchen Operation resultiert aus der Erfahrung, daß manche Operationen erheblich einfacher durchzuführen sind, wenn man vorübergehend von der syntaktischen Struktur eines Textes absieht. Man denke hier etwa an das Editieren arithmetischer Ausdrücke oder an größere syntaktische Umstrukturierungen (etwa die Änderung eines `while...do` in ein `repeat...until`).

Sprachspezifische Operationen

Auch graphische Objekte lassen sich in der ASDL beschreiben. Die *abstrakte Syntax* graphischer Sprachen ist in der Regel sehr einfach, weil sich die für die Graphik typischen Informationen (Enthaltensein, Verbundensein usw.) eben nicht mit einer kontextfreien Grammatik beschreiben lassen. So muß zum Beispiel für die Ikonisierung eines Teilnetzes aus methodischen Gründen sichergestellt sein, daß diese im Sinne der Netztopologie auch eine korrekte Vergröberung darstellt.

Solche Informationen können durch Objekt-Attribute in der ASDL spezifiziert werden. Der Aufbau der entsprechenden Datenstrukturen und das Navigieren auf ihnen kann von den tabellengesteuerten Kernsystem-Komponenten vorgenommen werden. Das Berechnen und Verändern von Attributwerten muß durch spezielle, sprachspezifische Operationen realisiert werden. Für die Definition solcher sprachspezifischer Operationen stellt die ASDL einen Extensionsmechanismus zur Verfügung, über den externe Funktionen in das Kernsystem integriert und bestimmten syntaktischen Typen zugeordnet werden können (vgl. [Kra86]).

Für die Angabe der *konkreten Syntax* sind, auf der Ebene der für Text gebräuchlichen Bausteine (Schlüsselwörter, teminale Symbole, Bindungsstärken, Bezeichner), geometrische Elemente wie Kreis, Rechteck, Pfeil usw. als Primitive in die ASDL aufzunehmen.

Externe Repräsentation

Die durch die Syntax gegebene hierarchische Struktur erscheint an der Benutzerschnittstelle als räumliches *Enthaltensein* von Objekten in anderen Objekten (s. Abb. 2 und 3); nicht-hierarchische Beziehungen zu anderen Objekten sind, soweit möglich, explizit dargestellt oder können über Operationen angezeigt werden.

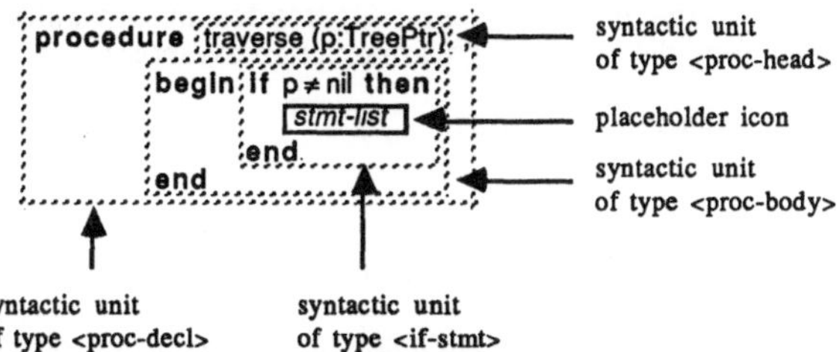

Abb.2
Syntaktische Struktur eines Textes

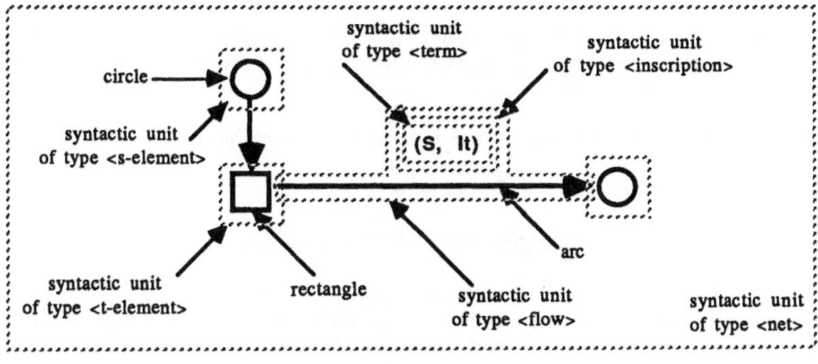

Abb. 3
Syntaktische Struktur einer Graphik

Textuelle Objekte lassen sich auf relativ einfache Weise automatisch formatieren (*pretty printing*). Für graphische Objekte ist dies in der Regel schwieriger, wenn nicht sogar unmöglich. Selbst bei automatisch erzeugtem Layout von Graphik (Netze, Diagramme...) sollte der Benutzer die Möglichkeit haben, dieses manuell zu verändern. Die dadurch entstandenen neuen Positionen sollten permanent sein, d.h. als Objekt-Attribute in der Datenbank abgelegt werden. Das interaktive Positionieren graphischer Elemente kann dadurch vereinfacht werden, daß ausgewählte Objekte in einem bestimmten Muster auf einer *alignment figure* (z.B. Gerade, Rechteck, Kreis, Ellipse), die selbst nicht Teil der Graphik ist, ausgerichtet werden können.

Die objektorientierte Benutzerschnittstelle

Einige Operationen, die auf den syntaktisch typisierten Objekten definiert sind, sind lediglich systeminterne Bausteine, aus denen komplexere Operationen (z.B. auf übergeordneten Objekten) zusammengesetzt sind. Andere, etwa die im vorigen Abschnitt genannten generischen Operationen, lassen sich direkt als Benutzeroperationen auffassen.

Abb. 4 gibt einen Eindruck, wie sich der Editor für den Benutzer darstellt: die auf dem Bildschirm sichtbaren Fenster repräsentieren Sichten (*views*) in die Datenbasis des Labors, die entsprechend der jeweiligen Dokumentensyntax hierarchisch gegliedert ist. Über Attribute in der ASDL-Beschreibung und auch durch explizite Benutzerkommandos werden einzelne Teilbäume in unterschiedlichen Fenstern dargestellt. Nur eines der auf dem Bildschirm sichtbaren Fenster ist *aktiv*. Nur auf den Objekten, die in diesem Fenster sichtbar sind, können Operationen ausgeführt werden. Die dargestellten Objekte sind "maus-sensitiv", d.h. der Benutzer kann (z.B. an einer temporären Umrahmung des jeweiligen Objekts) erkennen, über welchem Objekt sich der Maus-Cursor gerade befindet.

Um eine Operation und die von ihr betroffenen Operanden auszuwählen, hat der Benutzer verschiedene Möglichkeiten (vgl. die in Abb. 4 grau markierten Symbole):

Die Auswahl von Operanden kann erfolgen durch

- Selektion mit der Maus,
- textuelle Eingabe eines Pfadausdruckes oder durch
- Betätigen von Befehlstasten, die (vergleichbar den Cursortasten eines alphanumerischen Terminals), den "*focus of interest*" auf dem Fenster verschieben, erweitern, oder einengen. Dieser *focus of interest* besteht aus den Objekten, auf die sich die nächste ausgelöste Operation beziehen wird; diese Objekte sind auf bestimmte Weise visuell hervorgehoben (z.B. durch breite Umrahmung oder durch Invertiertung).

Durch die Auswahl der Operanden ist auch festgelegt, welche Operationen auf ihnen ausführbar sind: sie ergeben sich aus der Schnittmenge der für die einzelnen Objekte definierten Operationen. Das Auslösen einer Operation kann erfolgen durch

- Auswahl aus einem Menü, das alle auf den Operanden anwendbaren Operationen anzeigt,
- die textuelle Eingabe eines Kommando-Namens oder durch
- ein Tastatur-Kommando (im gezeigten Beispiel die Tasten-Kombination `control-E`).

Die Zuordnung von Menüs, Tasten und Kommando-Namen zu Operationen ist in Tabellen (*command tables*) eingetragen und dynamisch veränderbar (vgl. [Sta81]). Prinzipiell kann jedes Objekt, sobald es ausgewählt wurde, einzelne Kommandotabellen hinzufügen, austauschen oder modifizieren. Aufgabe des in der Abbildung gezeigten *command interpreter* ist es, auf Ereignisse (Tastendruck, Maus-Click, Menü-Auswahl) zu warten und entsprechend der gerade aktuellen Kommando-Tabellen zu interpretieren, d.h. die entsprechende Operation auf den ausgewählten Objekten auszuführen.

Die Ausführung einer Operation durch den *command interpreter* kann insbesondere auch darin bestehen,

- ein pop-up-Menü anzubieten, was möglicherweise eine neues Ereignis vom Typ "Menü-Auswahl" zur Folge hat;
- den *focus of interest* zu verändern, was möglicherweise dazu führt, daß eine neue Kommando-Tabelle für eine Menü-Auswahl aktuell wird;
- in einen "konventionellen" Kommando-Modus (vgl. die *extended commands* beim EMACS) überzugehen; anschließend eingegebene Zeichen werden in einen Puffer des *command interpreters* gegeben, dessen Inhalt bei Erkennen eines bestimmten anderen Ereignisses als textuelles Kommando interpretiert wird.

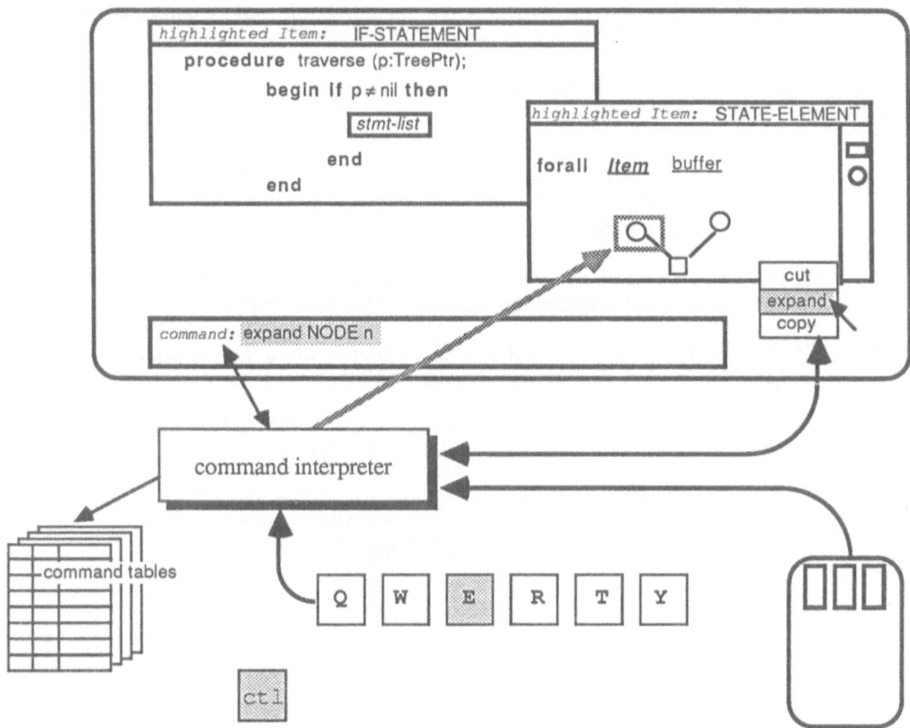

Abb. 4
Benutzereingaben als "Botschaften" an Objekte

Stand der Implementierung und Ausblick

Ein Prototyp des in diesem Papier vorgestellte Editors wird zur Zeit in CommonLisp auf einer Symbolics 36xx implementiert. Er baut auf dem in CDL2 geschriebenen Kernsystem SEEK auf. Geplant sind Portierungen auf Sun und Xerox (Siemens EMS 5800) Workstations. Der parametrisierbare syntaxgesteuerte Editor ist Bestandteil eines im Rahmen des ESPRIT-Projekt GRASPIN konzipierten und zu realisierenden Software-Entwickler-Arbeitsplatzes.

Literatur

[Bay84] Bayer, M., Dehottay, J.P., Krämer, B., Nieters, H.H., Schmidt, H.W., Singer, K., *A Syntax Directed Editor for Stepwise Specification of Non-sequential Systems in SEGRAS*, in: Implementierung von Programmiersprachen, Tagungsunterlage zum GI-Fachgespräch 7. März 1984, Ganzinger, H. (Ed.), Zürich 1984, pp. 21-40

[Chr86] Christ-Neumann, M.-L., Krämer, B., Schaede, R., Schmidt, H.W., *ASDL – A Specification Language for Syntax-Directed Environments*, GRASPIN Technical Paper GMD 16/5, St. Augustin, 1986

[Eps84] Epsilon, *SEEK – A Software Engineering Environment Kernel: Reference Manual*, Epsilon, Kurfürstendamm 188/189, D-1000 Berlin 15 (Dezember 1984)

[GR83] Goldberg, A., Robson, D., *Smalltalk-80, The Language and its Implementation*, Addison-Wesley Publishing Company (1983)

[Kra84] Krämer, B., *Formal and Semi-graphic Specification of Non-Sequential Systems*, in: Entwurf großer Software-Systeme, Berichte des German Chapter of the ACM, No. 19, Morgenbrod, H. und Remmele, W. (Eds.), B.G, Teubner Stuttgart 1985, 134-160

[Kra86] Krämer, B., *Interactive graphical specification using the syntax-directed SEGRASlab*, in: Proceedings of the 19-th Annual Hawaii International Conference on System Sciences, January 1986

[Oet85] Oeters, Ch., *Graphisch unterstützter Entwurf und Restrukturierung von Softwarearchitektur*, Dissertation, Technische Universität Berlin, 1985

[Rae85] Raeder, G., *A Survey of Current Graphical Programming Techniques*, in: IEEE Computer, Vol. 18, No. 8, August 1985, pp. 11-25

[Sta81] Stallman, R.M., *EMACS – the Extensible, Customizable Self-Documenting Display Editor* , in: SIGPLAN Notices 19/6 (1981), pp. 22-27

[Win83] Winkler, P., *Anforderungsbeschreibung und Simulation mit NET-Modellen*, GI-Fachtagung Requirements Engineering Okt. 1983, Friedrichshafen (Reihe Informatik-Fachberichte, Wiss. Springer-Verlag)

Grafische Programmentwicklung mit GRAPES ®

J. Wagner
Siemens AG
München

Inhalt:

1. Grafische Repräsentation von Softwaresystemen
2. Ziele des Projektes GRAPES
3. Darstellung logischer Strukturen mit GRAPES
4. Schrittweise Verfeinerung und Codegenerierung direkt aus der Grafik
5. Grafische Ablaufverfolgung
6. Analyse vorhandener Sourceprogramme
7. Funktionen des grafischen Editors
8. Technisches Konzept
9. Ausblick

Der Beitrag stellt Ziele, Funktionen und das technische Konzept von GRAPES, einem GRAfischen Programm-Entwicklungs-System, vor. Auf methodische Aspekte der Softwareentwicklung wird nur insoweit eingegangen, wie sie die Realisierung von GRAPES beeinflußt haben. Das Funktionsrepertoire und die Anpassungsfähigkeit von GRAPES lassen vielseitige Anwendungen erwarten.

1. Grafische Repräsentation von Softwaresystemen

Die Verwendung grafischer Ausdrucksmittel für die Darstellung von Software ist so alt wie die Computertechnik selbst. Mit zunehmender Größe und Komplexität der Programmsysteme wurde die abstrakte Repräsentation dieser Systeme für deren Dokumentation unerläßlich. Etwa in der Mitte der 70er Jahre entstand der Begriff des Software-Design, der Versuch, Vorgehensweisen anderer Ingenieurdisziplinen auch auf die Softwareerstellung zu übertragen. Die Informatik, die es jetzt seit etwa 20 Jahren gibt, hat einiges systematisiert, man denke nur an das Konzept der strukturierten Programmierung. Trotz allem bleibt das Gefühl, daß wir noch ganz am Anfang stehen. Die Erkenntnis beispielsweise, daß komplexe dynamische Systeme heute nur aus unterschiedlicher Sicht beschrieben werden können, ist nicht gerade angenehm, dieses Phänomen ist jedoch auch in anderen Wissenschaftsdisziplinen bekannt. Mit Vergnügen liest man dazu BEST[1] und HEISENBERG[2].

Die derzeit üblichen Systemsichten lassen sich am besten anhand einiger bekannter Darstellungsmethoden zeigen. Dabei sollen nicht so sehr die Methoden selbst, sondern eher die darin verwendeten grafischen Formen von Interesse sein. Eine gute Übersicht findet man bei PETERS[3].

Entwurfsstrukturen:

- Kommunikationsstruktur/Datenfluß (Beispiel SA/SADT)

  Besonders als Hilfsmittel für die Istanalyse haben sich Datenflußpläne bewährt, da es leichter ist, mit Anwendern über Objekte zu reden, die erzeugt und weiterverarbeitet werden, als über die dazu notwendigen Funktionen. Datenflußpläne sind Netze, deren Knoten Funktionen und deren Kanten Daten (Nachrichten) darstellen.
  Während SADT steuernde und reine Verarbeitungsdaten unterscheidet, besitzt SA zusätzliche Symbole für Langzeitspeicher.

- Aufrufhierarchie(Beispiel SD)

  YOURDON(SD) beschreibt Strategien, mit denen Datenflußnetze in Aufrufbäume (Structure Charts) transformiert werden können.
  An den verschiedenen Verzweigungen zu den aufgerufenen Subkomponenten werden die an den Schnittstellen ausgetauschten Daten vermerkt. Die Verbindung zu gemeinsamen Subkomponenten wird über grafische Konnektoren hergestellt. Gemeinsam verwendte Datenbereiche werden durch besondere Symbole repräsentiert und ebenso über Konnektoren verbunden.

- Ablaufstruktur

  Flußpläne sind die am längsten existierende grafische Form der Darstellung eines Programms. Programmflußpläne in ihrer ursprünglichen Form (ANSI-Standard) sind Netze. Die 1973 vorgeschlagenen Nassi-Shneiderman-Diagramme sind spezielle Baumstrukturen, deren Verzweigungen nur nach rechts ausladen und als verschachtelte Blöcke erscheinen. Es gibt zahlreiche Vorschläge, dieses Konzept der strukturierten Programmierung auch innerhalb der etwas anschaulicheren Flußplantechnik zu verwirklichen. Die Entwicklung von GRAPES durch Siemens leistet u.a. auch dazu einen neuen Beitrag. Zustandsdiagramme sind Flußplanformen zur Hervorhebung des Verhaltens kommunizierender Prozesse. Auch die (tokengetriebenen) Abläufe von Interpretern in der Syntaxanalyse werden mit Netzen dieser Art dargestellt.
  Die Knoten in diesen Netzen verkörpern Wartezustände eines Programms. An den Kanten werden die Ereignisse (Nachrichten,Token) vermerkt, welche den Übergang in einen neuen Zustand auslösen.

- Kausalstruktur

  Petrinetze sind ein Mittel verschiedenartige logische Beziehungen grafisch zu zeigen, insbesondere werden sie oft zur Darstellung nebenläufiger Vorgänge verwendet. Petri-netzähnliche Notationen findet man heute bei der Darstellung parallel auszuführenderAlgorithmen für datenflußgesteuerte Maschinen.

- Datenstruktur

  Einer Gruppe von Datenelementen eines Recordtyps kann in allen höheren Programmiersprachen ein eigener Name gegeben werden. Dadurch entsteht ein Namensbaum. Bei der Verfeinerung von Daten in einem Data-Dictionary-System wird in umgekehrter Richtung vorgegangen. Den Blättern dieser Bäume sind die Datenwerte zugeordnet. Logische Einheiten, definiert als Recordtypen, und logische Beziehungen zwischen den Recordtypen eines Datenbanksystems bezeichnet man als konzeptionelles Schema. In den meisten Anwendungsfällen handelt es sich um ein Netz von Beziehungen. Als grafische Form dieser Netze sind die Diagramme von CHEN bekannt.

Dokumentationsstrukturen:

- Verfeinerungshierarchie(Beispiel HIPO)

  Der Strategie des Top-Down-Entwurfs folgend werden verschieden genaue Beschreibungen von Verarbeitungsfunktionen als Baumstruktur gezeichnet. Jeder Baumknoten kann in Unterbäume zergliedert werden und damit in Beschreibungen, welche die gerade aktuelle Beschreibung vollständig ersetzen. Die Vollständigkeit wird dadurch definiert, daß den beschriebenen Einheiten Prozeßcharakter zugeschrieben wird, und daß die Wirkung dieser Prozesse nach außen bei der Verfeinerung nicht verändert werden darf. Datenflüsse werden innerhalb von HIPO durch spezielle Netze dokumentiert.

- Schichtenmodell

  Oftmals ist zur ersten Orientierung ein grobes Schema eines Systems hilfreich. Dazu wird das System als ein Gebilde aufeinanderliegender Funktionsschichten gezeigt, wobei Funktionen (Komponenten) einer Schicht nur Dienste der jeweils darunterliegenden Schicht verwenden. Eine feste Aufrufbeziehung ist meist nicht von Interesse. Diese Art der Präsentation bezeichnet man oft als die sogenannte "Systemarchitektur", eine Systemsicht, die manchem Entwickler Probleme bereitet.

- Benutztstruktur/Enthaltensstruktur

  Verweise auf gemeinsame Bibliothekselemente und auf referenzierte Daten werden meist in Listen- oder Tabellenform festgehalten. Die Einbettung von Komponenten in größere lexikalische Einheiten könnte durch Bäume dokumentiert werden, wenn es sich um eine disjunkte Struktur handelt.
  Vielfach werden logische, funktionelle Beziehungen mit diesen Konstruktionsbeziehungen vermischt, was nicht immer zur Klarheit beiträgt.

Obwohl es in softwaretechnischen Systemen natürlich kein Oben und kein Unten gibt, wird in baumartigen Strukturen Allgemeines meist oben und Spezielles meist darunter dargestellt. Daß diese Bäume von oben nach unten wachsen, liegt wohl an unseren Lesegewohnheiten. Selbst netzartigen Beziehungen wird manchmal diese Orientierung aufgeprägt. Unregelmäßigkeiten in grafischen Formen erhöhen den ästhetischen Reiz, stören jedoch etwas das schnelle Erfassen von Zusammenhängen und die visuelle Klassifikation der Plankomponenten.

Damit mit GRAPES softwaretechnische Sachverhalte in der gerade in Beispielen zitierten Art dargestellt werden können, haben wir uns zunächst für die einfachste Art grafischer Bäume und Netze entschieden. Es ist die in Bild 1a gezeigte Baumstruktur(Y-Baum), welche durch Vertauschen der X- und Y-Koordinaten in ein gewohntes Gliederungschema umgewandelt werden kann(X-Baum). Bild 1b zeigt die sogenannte N2-CHART-Technik (siehe LANO [4]) für beliebige Netze mit zweistelligen Relationen.
In N2-Charts werden alle miteinander in Beziehung stehenden Objekte(a,b,c in Bild 1b) in der Diagonalen eines Quadrats dargestellt. Für jede denkbare ("?") gerichtete Beziehung (1,2,3,4,in Bild1b) steht dann ein Feld für deren Beschreibung zur Verfügung. Die Richtung einer Beziehung wird dabei im Uhrzeigersinn gesehen. Diese Technik liegt in etwas modifizierter Form auch SADT Darstellungen zugrunde.

Die entscheidenden Gründe für die Wahl der beiden Planformen waren:
1. deren einfache und schnelle Interaktion bei der Editierung und
2. deren automatische Generierbarkeit.

Die Plazierung von Symbolen in der Schreibfläche wird durch ein sehr grobes Raster gesteuert, sodaß kaum Fehlpositionierungen bei der Eingabe entstehen können. Wir bezeichnen diese Technik auch mit Schachbrettgrafik.
Varianten zu den beiden Grundformen werden sich aus Anwenderwünschen ergeben und sind konzeptuell vorbereitet.

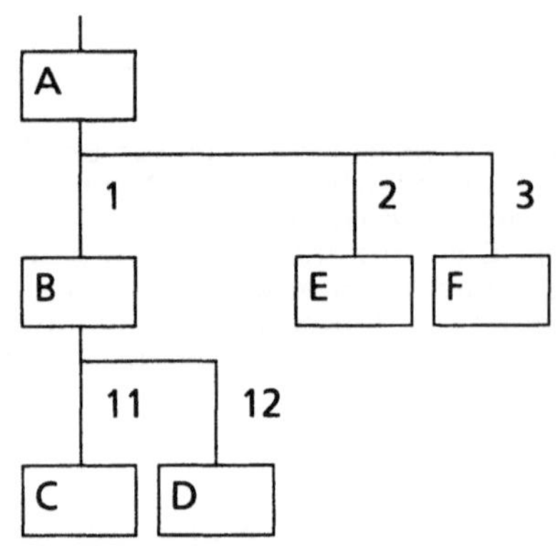

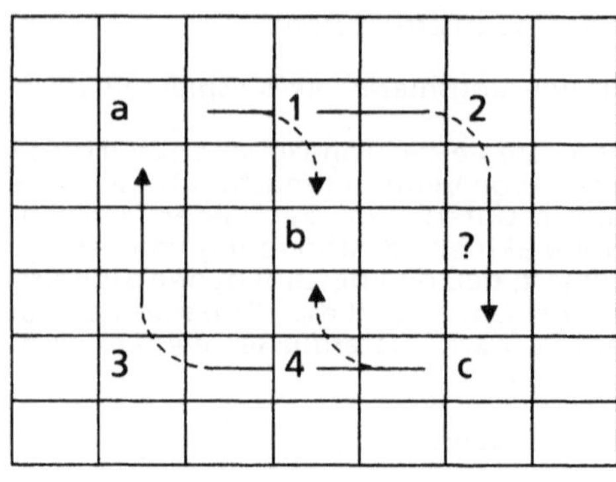

Bild 1a: Y - Baum

Bild 1b: N2-CHART

2. Ziele des Projektes GRAPES

Bei der Entwicklung unseres Systems GRAPES für grafische Arbeitsplätze mit Rasterschirmen verfolgen wir die Ziele:

- Grafische Editierung automatisch generierbarer Baum- und Netzstrukturen mit benutzereigener Symbolik.
- Unterstützung der Verfeinerung von Softwareentwürfen bis zur compilierbaren Form. Dabei wird natürliche Sprache und nach genügender Verfeinerung eine Compilersprache verwendet.
- Generierung von Sourcecode direkt aus den Diagrammen.
- Grafische Ablaufverfolgung und Datenanimation.
- Analyse und Dokumentation bestehender Softwaresysteme für die Konsistenthaltung von Produkt und Entwurfsdokumentation oder für das Redesign eines Produkts.

Daneben werden wir bei der Implementierung stets die Portabilität unserer Programme berücksichtigen. Die entstehenden Produkte werden auf den grafischen Maschinen der untersten Preisklasse zur Verfügung stehen. Die Programme sind ausnahmslos in der C - Sprache geschrieben. Die Schnittstelle zu den Grafikfunktionen ist textcodiert. Die leichte Adaption dieser Schnittstelle an die Grafikprimitvfunktionen einer Zielmaschine ist durch mehrere Portierungen bewiesen. Derzeit erfolgt eine Umstellung auf das grafische Windowmanagement- und Objektverwaltungssystem COLLAGE[5], wonach eine Portierung von COLLAGE auch die Ablauffähigkeit von GRAPES bedeutet.

Die in den nachfolgenden Kapiteln beschriebenen Funktionen von GRAPES zeigen den derzeitigen Entwicklungsstand. Ein großer Teil davon ist Bestandteil eines in Erprobung befindlichen Prototyps. Bis Herbst 86 wird daraus ein erstes Produkt entwickelt. Auf mögliche Erweiterungen der Funktionalität wird ausdrücklich hingewiesen.

3. Darstellung logischer Systemstrukturen mit GRAPES

Einige der im ersten Kapitel erwähnten Softwarestrukturen sollen hier mit den Mitteln von GRAPES gezeigt werden.

- Datenflußplan als N2-CHART

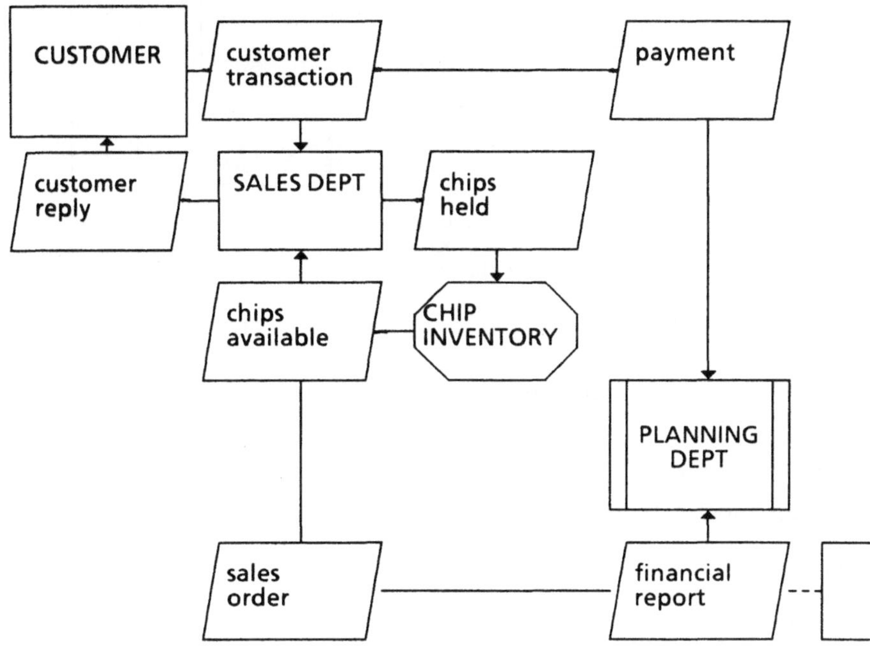

Bild 2: Datenflußplan

Im Bild 2 wird zwischen Aktivitäten und Datenspeicher unterschieden. Elemente, zu denen Verfeinerungen vorliegen, werden entsprechend gekennzeichnet.
Das GRAPES-Werkzeug erlaubt durch Deuten auf eine derartige Referenz in Verfeinerungen einzudringen und wieder an den Ausgangspunkt zurückzukehren. Die Umgebung (CUSTOMER) des Systems ist in diesen Datenflußplan einbezogen. Bestehen zwischen zwei Objekten mehrere Relationen in gleicher Richtung aber verschiedenen Typs, so werden sie zu einer multiplen Relation zusammengefaßt.
Zu den N2-CHARTS gibt es außerdem eine Sprachnotation in Textform, die NRL (Net Representation Language), aus der sie automatisch erzeugt und in die sie für eine Weiterverarbeitung umgewandelt werden können.

- Datenbankschema als N2-Chart

Das Beispiel in Bild 3 entspricht einem (UDS-)Datenbankschema. Als Relationen treten dabei die SET-Einträge und die ACCESS-KEYS auf. Die erwähnte NRL ähnelt sehr der DDL des CODASYL-Vorschlags, sodaß eine Generierung eines Datenbankschemas aus einem N2-CHART kein großes Problem ist.

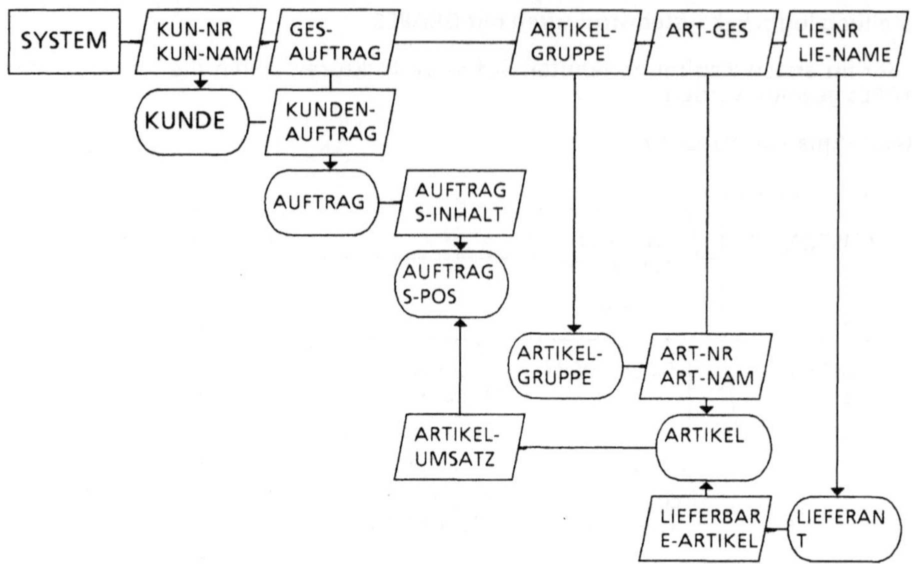

Bild 3: Datenbank-Diagramm

- Blockflußdiagramme

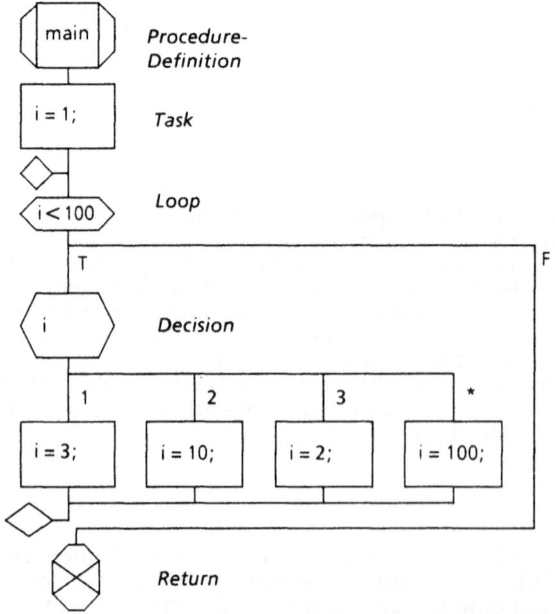

Bild 4: Blockfluß-Diagramm

Blockflußdiagramme sind strukturierte Flußpläne. Sie laden bei jeder Verzweigung nach rechts aus und besitzen für Schleifenkonstrukte eigene Symbole. Die Reichweite von Schleifen und Entscheidungen sind klar zu erkennen. Blockflußdiagramme sind Nassi-Shneiderman-Diagrammen äquivalent. Sie lassen sich mit GRAPES auf Knopfdruck in die Letzteren transformieren.
In Bild 4 ist ein kleines Beispiel für die Sprache C dargestellt.

- Die DATA-DIVISION von COBOL als Baum

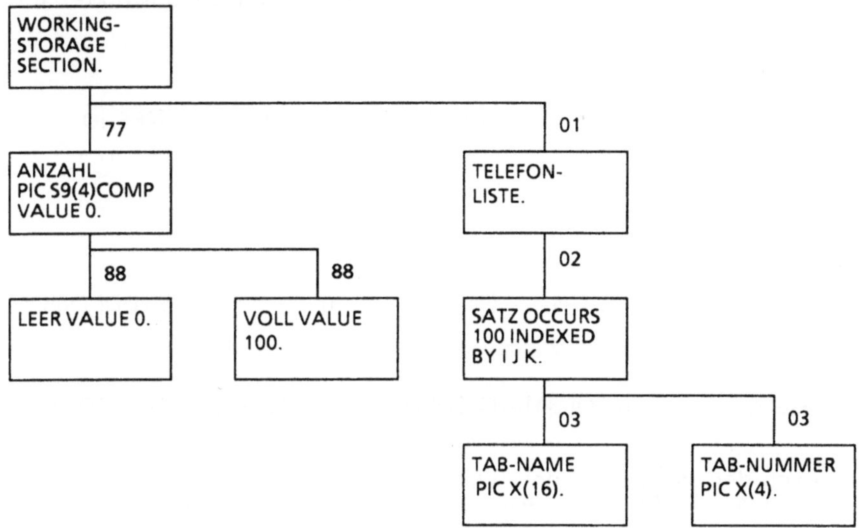

Bild 5: COBOL Working Storage Section

Die im Bild 5 gezeigte Darstellung einer WORKING-STORAGE-SECTION ist durch Analyse eines bestehenden Programms entstanden. Derartige Baumstrukturen können über Bildmakros auf einfache Weise aufgebaut werden, woraus sich ein grafisches Frontend für ein Data-Dictionary-System entwickeln läßt.

4. Schrittweise Verfeinerung und Codegenerierung aus der Grafik

GRAPES ist, wie eingangs erwähnt, keine spezielle Software-Entwicklungs-Methode sondern ein flexibles Editor- und Generator-System. Die Funktionalität von GRAPES berücksichtigt die Vorgehensweisen bekannter Methoden. Es werden analytische (TOP-DOWN,OUTSIDE-IN) und konstruktive (BOTTOM-UP) Strategien in gleicher Weise unterstützt.

Im einzelnen geschieht dies durch folgende Merkmale:

- Textkategorien in den Plansymbolen
  Beispiele:
  - Compilierbare Programmanweisung
  - Programmkommentar
  - Spezifikationstext
  - Langkommentar
  - Name eines Bibliothekselements

Das Kategorienschema ist offen. Die einzelnen Inhalte können selektiv gezeigt und editiert werden.

- Verfeinerung durch die Zuordnung von Compilersprachen

In einem fortgeschrittenen Stadium der Verfeinerung werden jedem Symbol Anweisungen bzw. Ausdrücke der gewünschten Zielsprache zugeordnet. Jedes Task-Symbol kann beliebig viele Anweisungen der Zielsprache enthalten. Die sich in der Grafik verbergenden Sprachelemente werden bei der Sourcecode-Generierung von GRAPES eingesetzt. Bild 6 zeigt verschiedene, generierbare Sprachkonstrukte für ein Entscheidungssymbol.

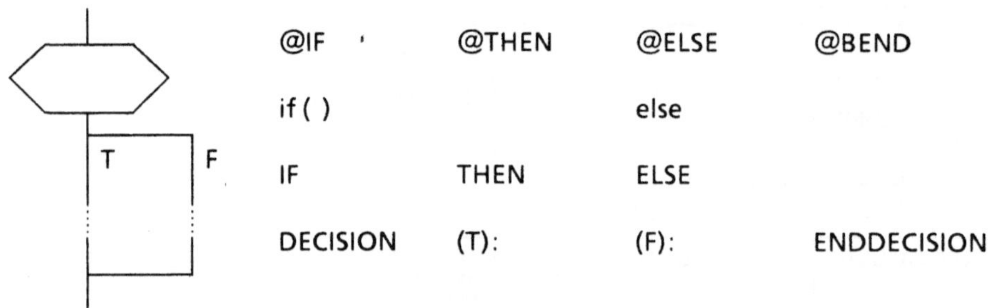

Bild 6: Generierung von COLUMBUS-COBOL, C, PASCAL und PSEUDOCODE

Abgesehen von der grafischen Form, welche man als "selbsterklärend" bezeichnen kann, wird somit durch GRAPES keine neue Programmiersprache eingeführt.

- Transformation von Plänen

Mit GRAPES können grafische Pläne in Sourcecode umgewandelt werden und umgekehrt.
Derzeit sind die folgenden Codegeneratoren realisiert:
- COLUMBUS-COBOL : für sämtliche DIVISIONS
- C : für Prozeduren
- PASCAL und CHILL : für Prozeduren (noch ohne Verschachtelung)
- PSEUDOCODE

N2-CHARTS können in baumartige Darstellungen umgeformt, d.h. hierarchisiert werden. Dabei werden Schleifen aufgebrochen und über Konnektoren dargestellt.

- Gemeinsame Darstellung von Entwurfsversionen

Die Verfeinerungen von Elementen eines Blockflußdiagramms können neben der ursprünglichen Version gezeigt werden. Dazu wurde ein eigenes Verzweigungsymbol geschaffen. Die gewünschte Version kann über einen Generierungslauf abgeleitet werden. Beim Start werden Optionsvariablen besetzt, welche die einzelnen Versionszweige bezeichnen. Die Werte dieser Variablen können während des Generierungslaufs durch Anweisungen in den Diagrammen geändert werden, wodurch logische Verknüpfungen möglich sind. Es wird ein Generierungsprotokoll erzeugt.

- Typenkonzept für Kausal- und Kommunikationsstrukturen

Grundsätzlich sollen alle Elemente nach dem Typenkonzept verfeinert werden, d.h. es wird zwischen der Definition einer Komponente und ihrer Verwendung in einem bestimmten Kontext unterschieden. Symbole, zu denen Verfeinerungen existieren, werden besonders gekennzeichnet. Alle Komponenten sind als Bibliothekselemente aufzufassen und können wiederverwendet werden. Besonders bei der Entwicklung grosser Softwaresysteme ist eine derartige Vorgehensweise nützlich, weshalb die Umständlichkeit von ADA diesbezüglich etwas verwundert. Bei der Konstruktion und Simulation von Hardwareschaltungen ist diese Methode seit langem geläufig.

- Restrukturierung

  Softwareentwicklung bedeutet permanentes Redesign von Entwürfen und Programmen. Dabei handelt es sich hauptsächlich um das Finden gemeinsamer Prozeduren. Manchmal müssen auch zu tief geratene Strukturen wieder abgebaut werden.
  GRAPES unterstützt diese Maßnahmen durch Herauslösen oder Einbauen logischer Blöcke. Der mit dem Editor verbundene Interpreter für Blockflußdiagramme generiert aus den vom Benutzer markierten logischen Blöcken formal neue Prozeduren und baut an der ursprünglichen Stelle eine Referenz(CALL) ein. Die Definition der notwendigen formalen und aktuellen Parameter sowie von lokalen Variablen in der neuen Prozedur muß der Anwender selbst vornehmen. In umgekehrter Weise können Prozeduren an der Stelle einer Referenz eingebaut werden.

  Wesentliches Ergebnis des Prototyping ist die Vorstellung über die in einem System zu manipulierenden Objekte. Die für die Objekte zu spezifizierenden Funktionen lassen sich teilweise aus den CALL-Beziehungen ableiten. Dazu besitzen wir in GRAPES die Möglichkeit nach einer entsprechenden Analyse die Referenzstruktur eines C-Programmsystems dynamisch zu entfalten. Künftig wollen wir neben den CALL-Strukturen auch Datenreferenzierungen einbeziehen, da zu einem guten technischen Design gerade das Einschließen von Daten gehört.

5. Grafische Ablaufverfolgung

- Reviewdialog

  Da mit dem grafischen Editor von GRAPES ein Interpreter verbunden ist, kann das Ablaufverhalten eines Entwurfs interaktiv überprüft werden. Dabei werden die Zweige eines Diagramms durchlaufen, und bei jeder Verzweigung wird der Bediener nach dem weiter einzuschlagenden Weg gefragt. Durch Hindeuten mit dem Cursor auf den gewünschten Zweig wird der Ablauf fortgesetzt. Mit dieser Funktion kann in einem Stadium des Entwurfs gearbeitet werden, in dem noch kein übersetzbarer Code vorliegt. Die durchlaufenen Pfade werden markiert.

- Maschinencode-Trace/Testabdeckung

  Ist eine Prozedur vollständig formalisiert, und sind alle benötigten Daten definiert, so kann bei der Sourcecodegenerierung eine Instrumentierung erfolgen. Dies ermöglicht nach erfolgreicher Compilierung eine Ablaufverfolgung im Diagramm. Testpunkte können noch nach der Übersetzung in der Grafik definiert werden. Es gibt einen kontinuierlichen und einen schrittweisen Ablaufmodus, den letzteren auch rückwärts. Die bei einem Test durchlaufenen Pfade werden als Markierung in die Diagramme eingetragen und können in dieser Form ausgedruckt werden. Als Summe mehrerer Testläufe erhält man eine grafische Darstellung der Testabdeckung.
  Ein Trace von C-Programmen auf einer abstrakteren Ebene ist in Form einer N2-Darstellung der betroffenen Prozeduren gegeben. In den Relationssymbolen an den orthogonalen Schnittpunkten werden die Durchlaufzähler eingetragen. Dies erfolgt im Batchmodus.

6. Analyse vorhandener Sourceprogramme

- Transformation in Blockflußdiagramme und Baumdiagramme

  Für die Umsetzung in grafische Form existieren unter SINIX zwei Quellcode-Analysatoren, einer für COLUMBUS-COBOL und ein weiterer für die Sprache C.
  Die damit bearbeiteten Sourceprogramme werden bis auf Statementebene bzw. Deklarationsebene analysiert und in Diagramme umgewandelt. Die dabei entstehende Datei beansprucht nicht mehr Speicherplatz als das Original.
  Auf diese Weise können komplette COLUMBUS-COBOL-Übersetzungseinheiten, also sämtliche DIVISIONS verlustfrei transformiert werden.

- Erzeugen dynamischer und statischer Aufrufbäume

  Weitere Dokumentations- und Testhilfen stehen für die Sprache C zur Verfügung. Zum einen kann man damit, wie oben erwähnt, alle Aufrufbeziehungen als Teilbäume darstellen und die interessierenden Zweige dynamisch auffächern. Zum anderen wird ein statischer Aufrufbaum mit einstellbarer Stufentiefe ausgegeben. Dabei werden Rekursionen erkannt und wahlweise die Auflösung bestimmter Zweige auf einfache Weise unterdrückt.

7. Funktionen des grafischen Editorsystems

- Definition von Symbolen

  Der grafische Editor von GRAPES ist nicht an eine bestimmte Symbolik gebunden. Eine Anpassung an Anwenderwünsche ist durch einfaches Austauschen von Tabellen möglich. Beim derzeitigen Entwicklungsstand geschieht dies mittels Source-Include-Dateien, welche die Deklarationen für die Konstruktionsprimitive der Symbole enthalten. Jeder Symboltyp entspricht einem Knoten eines Netzes und er wird im Modell durch einen internen Code, wie ihn der Interpreter erkennt, instantiiert. Diesem internen Code wird eine grafische Repräsentation, das grafische "Wort", eine Folge von Primitiven, zugeordnet.
  In einer weiteren Ausbaustufe planen wir einen kompletten Symboleditor, ähnlich einem Schriftfonteditor. Mit diesem werden sowohl grafische Formen als auch syntaktische Regeln erfaßt.
  Da die Reihenfolge, in der die Symbole eines Plans eingegeben werden, nicht festgelegt ist, und Änderungen an beliebigen Stellen zugelassen sind, ist gemäß einer Kombinationstabelle das unmittelbare Umfeld des zu plazierenden Symbols zu überprüfen. Man könnte von einer "Puzzlesyntax" sprechen. Die Korrektheit und Vollständigkeit eines ganzen Diagramms wird während der Editierung durch Aktivieren eines entsprechenden Diagramminterpreters überprüft.
  Eine Methode schneller zu syntaktisch korrekten Diagrammen zu kommen, sehen wir in der Verwendung wohldefinierter grafischer Symbolgruppen.

- Manipulation von Plänen

  Das Bedienkonzept für den Editor ist primär auf hohe Geschwindigkeit ausgelegt. So werden unnötige Handgriffe zur Maus vermieden, was sich besonders günstig bei der Primär-Erfassung auswirkt. Der einer Anwendung zugeordnete Symbolvorrat ist mnemotechnisch verschiedenen Buchstaben der Tastatur zugeordnet. Nach dem Zeichnen eines Symbols wird sofort in den Texteingabemodus umgeschaltet. Nach Abschluß der Texteingabe kehrt der Editor in den Kommandomodus zurück. Durch Funktionstasten kann ein Diagramm vertikal und horizontal im Raster verschoben werden, so daß die nächste Eingabeposition in den meisten Fällen ohne einen Griff zur Maus erreicht werden kann.
  Ein komplettes Bild kann dynamisch vergrößert oder verkleinert werden. In den Symbolen erscheint dann jeweils die Textmenge, die gerade Platz hat.

Die Bildfläche wird nicht durch eine Seiteneinteilung begrenzt. Mehrere Diagramme können in einer Bildfläche nebeneinander editiert werden, wobei ggf. nur ein Ausschnitt der Bildfläche im Arbeitsfenster zu sehen ist.
Die aktuelle Lage des Arbeitsfensters wird in filigranen Übersichten markiert.
Teile von Diagrammen können als Bildmakros in einer Datei gespeichert und an beliebigen Stellen und in beliebigen Plänen wiederverwendet werden. Beim Einfügen von Zeilen oder Spalten werden die entsprechenden Stellen im Diagramm mit Linien aufgefüllt. Diagrammteile, auf welche über grafische Konnektoren verwiesen wird, können durch einen Reorganisationslauf an der entsprechenden Stelle eingebaut werden.
Löschungen können symbolweise oder blockweise durchgeführt werden. Zum Drucken stehen eine Screendumpfunktion und zum Ausgeben von großen Plänen ein mehrbahniges Drucken zur Verfügung.
Zusätzlich zum derzeit realisierten Bedienkonzept für den Profi ist eines für den Anfänger geplant. Mit ihm können zum Beispiel Symbole frei wählbaren Funktionstasten zugeordnet oder einem am Schirm gezeigten Symbolvorrat durch Anklicken mit der Maus entnommen werden.

8. Technisches Konzept

- Modellrepräsentation

Wesentliches Merkmal der Realisierung von GRAPES ist die topologisch orientierte, interne Modellrepräsentation. In dem damit vereinbarten konzeptionellen Raum können Objekte an beliebigen Stellen gespeichert werden, vergleichbar mit Wörtern innerhalb einer Textseite. Erst die Interpreter für bestimmte Plantypen erfassen den logischen Zusammenhang, wie beispielsweise ein Compiler den Sourcetext einer bestimmten Sprache erkennt und transformiert. Im Unterschied zum Scanner eines Compilers, der Zeichen für Zeichen untersucht, ist bei GRAPES wie bei einem optischen Mustererkennungsverfahren die Richtung, in der ein nachfolgendes Element gesucht wird, nicht fest vorgegeben.
Relationen zwischen Objekten werden durch topologische Nachbarschaft, durch explizite Linien oder durch Analyseregeln festgehalten. Eine darüberhinausgehende, zusätzliche Repräsentation logischer Beziehungen existiert nicht.

- Ablaufsteuerung

Der GRAPES-Editor ist zustandsgesteuert. Ein Zustandswechsel erfolgt implizit beim "Anfassen" eines neuen Plantyps. Die innerhalb eines Zustandes zulässigen logischen Ereignisse werden über Zustandsdiagramme definiert, die in Sourcecode umgewandelt werden können. Durch Änderung dieser Zustandsdiagramme entsteht die für eine Anwendung benötigte Funktionalität eines GRAPES-Arbeitsplatzes.
Über eine Toolinterfacetabelle erfolgt die Zuordnung der logischen Ereignisse zu den vom Bediener produzierten externen Ereignissen, z.B. dem Drücken einer bestimmten Taste der Tastatur oder der Auswahl eines Menuefeldes. Diese Tabelle enthält auch Nachrichten zur Bedienerführung, die bei der Anforderung zusätzlicher Parameter ausgegeben werden.

- Konzeptionelle Schichten

Das topologisch konzeptionelle Schema von GRAPES ist die Sicht, aus der die Daten in einem Plan von den Funktionen des Editors manipuliert werden. Aufgrund bestimmter Abbildungsregeln wird die externe Sicht, d.h. die Eigentümlichkeiten von Plänen in Form und Anordnung der Symbole erzeugt. Änderungen im internen Model ziehen Änderungen der Abbildung am Schirm nach sich (siehe auch REISS[6], BROWN[7]).
Analog zur Darstellung von Programm- und Recordstrukturen in traditionellen Textstring - Sprachen werden in GRAPES netzartige Objekte auf ein räumliches Schema projiziert. Hinter der sehr anschaulichen Manipulation des Raumes verbirgt sich die Manipulation logischer Beziehungen zwischen den dargestellten Objekten. Die

Identifikation von Objekten erfolgt nicht, wie in Datenbanken meist üblich, durch eindeutige Schlüsselbegriffe, sondern über die Objektposition.
Aus den Manipulationsfunktionen des Editors könnte u. E. eine Manipulationssprache abgeleitet werden. Die Abbildung des konzeptionellen Schemas auf den Modellspeicher sowie auf den Bildspeicher des Rasterschirms könnte zu weiteren Sprachdefinitionen führen.

- Transformation und Compilierung

Die Interpretation der topologisch fixierten Information ist für jede Klasse von Plänen verschieden. Für die Transformation einer Klasse von Plänen, z.B. für Blockflußdiagramme, kann ein gemeinsamer Scanneralgorithmus gefunden werden. Ein und derselbe Plantyp kann jedoch in unterschiedlicher Weise interpretiert werden.
Der Einstiegspunkt für einen Scanner und die Richtung in der die einzelnen Sprachelemente gesucht werden können, ist völlig frei. Sie werden durch das spezielle Erkennungsverfahren bestimmt. Eine sprachliche Notation dafür, als Basis für ein Generatorsystem, haben wir bisher nicht versucht. Für Hinweise zu dieser Thematik wäre der Autor dankbar.
Der sich anbietende nächste Schritt wäre, auf die Generierung von Sourcecode für eine bestimmte Zielsprache zu verzichten, und unmittelbar auf die Zwischensprache des jeweiligen Compilers zu transformieren. Ein derartige Komponente wäre als grafisches Frontend des Compilers zu bezeichnen.

- Freie schematische Pläne

Die in CAE - Werkzeugen übliche freizügige Anordnung von Körpern (Bodies) mit automatischem Nachziehen von Verbindungen beim Verschieben verspricht Komfort und damit Akzeptanz.
Der logische Zusammenhang wird in den Datenstrukturen dieser Werkzeuge durch gemeinsam verwendete Schnittpunkte(Vertices) dargestellt. Diese sind Körpern(über Pins) und Verbindungen (Wires) zugeordnet. Versuche haben bewiesen, daß es grundsätzlich möglich ist, mit Editoren dieses Typs grafische Programme zu erstellen und daraus Sourcecode abzuleiten. Das Hauptproblem bei einer derartigen Transformation ist nicht die Interpretation der Datenstrukturen des Netzes, sondern die Erkennung nicht strukturierter Abläufe. Dies kann mit einem Analyseprogramm geprüft werden, welches, wenn möglich, alle verschachtelten und verketteten Strukturen auf die Konstrukte der strukturierten Programmierung(Schleife, Verzweigung, Sequenz)und damit jeweils aufeinen logischen Block reduziert. Läßt sich ein Ablaufnetz auf diese Weise auf einen einzigen Block reduzieren, so ist es strukturiert und kann auf die Konstrukte einer höheren Programmiersprache abgebildet werden.

Die objektorientierte Entwicklung von Systemen (siehe BOOCH [8]), beispielsweise mit ADA-Packages und -Tasks, verwendet eine höhere Auflösung in der Darstellung der Objektbeziehungen als dies in den traditionellen Structure-Charts üblich ist. Die in CAE-Werkzeugen typische Pinverwaltung kann aus der reinen grafisch/technischen Sicht mühelos mit exportierten Datenobjekten und Funktionen gleichgesetzt werden. "Wires" dienen dann zur Repräsentation von Requests(CALLS).

Unser technisches Ziel ist es die Manipulation strukturierter und freier schematischer Pläne mit einem einzigen Editorsystem zu unterstützen.

9. Ausblick

Aus dem hier vorgestellte GRAPES-Prototyp wird bis Herbst 86 eine erste Produktversion abgeleitet. Sie realisiert ein grafisches Frontend zu einer auf einem Hostrechner installierten Entwicklungsumgebung für die Sprache COLUMBUS-COBOL.
Neben der technischen Weiterentwicklung von GRAPES arbeiten wir an der GRAfischen Entwurfs - Sprache GRAPES 86. Sie integriert die Elemente diverser Entwurfssprachen (u.a. IORL[9] und SDL[10]) und ist für den Einsatz im Bereich unserer

Anwendersoftwareentwicklung vorgesehen. Wir vermuten, daß sich durch die Verwendung grafischer Ausdrucksmittel die Qualität unserer Produkte deutlich verbessern läßt.

Literatur:

[1] E. Best, "Atomicity of Activities",
Net Theory and Applications, Proceedings of the Advanced Course on General Net Theory of Processes and Systems, Hamburg 1979,
W. Brauer Hrsg., Springer Verlag, Lecture Notes in Comp. Science, Bd 84(1980)

[2] W. Heisenberg, "Der Teil und das Ganze",
München dtv-Verlag , Bd. 906, S. 95

[3] L.J. Peters, "Software Design:Methods and Techniques",
New York: YOURDON Press, 1981

[4] R.J. Lano, "A Technique for Software and System Design",
North Holland Publishing Comp. Amsterdam, NY, Oxford 1976

[5] H.-J. Gottschalk, "COLLAGE-Fenstertechnik für SINIX-Rechner",
UNIX/mail 4 (1986)

[6] S.P. Reis "PECAN: Program Development Systems that Support Multiple Views",
Proceedings of the 7th Intern. Conf. on Software Eng. New York 1984

[7] M.H. Brown et al. , "Techniques for Algorithm Animation",
IEEE Software, Jan. 1985

[8] G. Booch,"Object-Oriented Development",
IEEE Trans. Software Eng., SE - 12, Febr. 1986

[9] G.E. Sievert et.al., "Specification Based Software Engineering with TAGS"
Computer Vol 18 No 4 s.56 Apr. 1985

[10] A. Rockström "An Introduction to the CCITT SDL",
Schweden ISBN 91-7810-321-5

Graphitti - Ein grapisch orientierter Schnittstelleneditor für Entwurf und Spezifikation

M. Castner, J. Pasch, Technische Universität Berlin

Zusammenfassung: Graphitti (Graphisch orientierter Schnittstelleneditor) wird während des Entwicklungsprozesses von Softwaresystemen zur Dokumentation und schnellen Revidierbarkeit der jeweiligen Ergebnisse des Softwareentwurfes eingesetzt. Als Entwurfssprache unterstützt Graphitti MODEST, das als strukturbildende Beziehungen zwischen Moduln sowohl "benutzt"- als auch "enthält"-Relationen vorsieht. Mit Graphitti können Modulstrukturdiagramme und korrespondierende Schnittstellen editiert werden. Das Editieren dieser Diagramme und Schnittstellen erfolgt durch Navigation entlang der graphisch präsentierten Architektur des Entwurfs. Exportelemente brauchen textuell nur einmal eingegeben zu werden, das Werkzeug konstruiert daraus Schnittstellenspezifikationen in MODEST, die von anderen Werkzeugen weiterverarbeitet werden können , sowie Schnittstellenbibliotheken und eine spezielle Dokumentation. Graphitti erspart den Entwicklern somit einen beträchtlichen Dokumentationsaufwand, der sonst manuell zu leisten wäre.

1 Einführung

In den letzten Jahren ist die modulorientierte Spezifikation und Programmierung von Software-Systemen zum Stand der Kunst geworden. Modularisierungskonzepte sind in moderne Programmiersprachen wie Modula-2 [Wirth 80], Ada [DoD 80] und EUCLID [Lampson et al. 77] eingegangen, ebenso in "module interconnection languages" (MILs) wie Intercol [Tichy 80], Svcl [Kaiser, Haberman 82] und Moira [Oeters 86], die ein System durch Angabe seiner Moduln und ihrer Schnittstellen beschreiben und über Zielsprachen "gelegt" werden. Unsere Entwurfssprache MODEST [Schmidt 83] dient als Anleitung zum modularen Entwurf von Softwaresystemen, der anschließend in herkömmliche Progammiersprachen wie z.B. COBOL und C abgebildet wird. Mit MODEST bezeichnen wir sowohl unsere Zerlegungstechnik als auch Sprachkostrukte zur Beschreibung von Entwürfen, darauf wird später noch genauer eingegangen.

Zahlreiche Werkzeuge sind bisher entwickelt worden, um den modulorientierten Entwurf, die Implementierung und die Wartung von Softwaresystemen bei einer arbeitsteiligen Vorgehensweise zu unterstützen. Wir sind der Auffassung, daß es einen Mangel an Werkzeugen gibt, die den Entwursprozeß selber unterstützen. Während des Entwurfsprozesses haben Kreativität und Kommunikation im Entwicklerteam eine große Bedeutung. Es werden folgenschwere Entscheidungen getroffen, die möglicherweise später zur Restrukturierung des Softwaresystems führen, - falls das dann noch möglich ist -. Durch das manuelle Erstellen und Überprüfen von Zwischenergebnissen, die (bei uns) in Form von Schnittstellenbibliotheken und Modulstrukturdiagrammen - beides in MODEST formuliert - vorliegen, wird die Kreativität der Entwickler aber beeinträchtigt. Diese Erfahrung haben wir aus unserer jahrelangen praktischen Erprobung in großen Studentenprojekten gewonnen. Jeweils 15 Studenten bearbeiten dabei ein Jahr lang gemeinsam eine Problemstellung (ein spezielles Informationssystem) von der Anforderungsdefinition bis zum Systemtest nach unserem Methodenansatz STEPS und erstellen dabei 15 - 20000 Zeilen kommentierten COBOL- oder C-Code, sowie eine umfangreiche Entwicklungsdokumentation. Immer wieder wurde von den Studenten der beträchtliche Schreibaufwand beklagt, der aufgrund der

Beschreibung von Exportelementen sowohl in Import- als auch in Exportlisten entsteht und bei Änderungen immer zu Fehlern führt.

Dies gab uns den Impetus zur Entwicklung von Graphitti, (Graphisch orientierter Schnittstelleneditor) einem Werkzeug zur Unterstützung des Entwurfsprozesses. Uns ist aufgefallen, daß die Modulstrukturdiagramme als Verständnisgrundlage eines Entwurfes in allen Projekten völlig selbstverständlich die größte Bedeutung hatten. Dies ist auch kein Wunder, das Aufnehmen von Bildern ist einfacher als das Aufnehmen von Sprache, Kinder lernen durch Bilder erst eine Sprache, kluge Menschen denken in Bildern, "Ein Bild sagt mehr als tausend Worte" ist in diesem Zusammenhang wohl schon oft zitiert worden. Aus diesem Grund verwaltet Graphitti Schnittstellen und Modulstrukturdiagramme, und das Editieren dieser Schnittstellen und Diagramme erfolgt durch Navigation entlang der graphisch präsentierten Architektur des Entwurfes. Exportelemente brauchen textuell nur einmal eingegeben zu werden, Graphitti konstruiert daraus Schnittstellenspezifikationen in MODEST - die von anderen Werkzeugen weiterverarbeitet werden -, sowie Schnittstellenbibliotheken, bestehend aus Import- und Exportlisten verschiedener Sichtweisen, die zur Dokumentation dienen.

Für Graphitti ist es prinzipiell kein Problem, statt MODEST-Beschreibungen Beschreibungen von Softwarearchitekturen in anderen Sprachen zu generieren, sofern diese Sprachen modulorientiert sind und Sprachkonstrukte zur Festlegung von Schnittstellen besitzen. Konzeptionell ist Graphitti Bestandteil einer Werkzeugunterstützung, zu der noch zwei weitere Werkzeuge gehören, die alle auf einer gemeinsamen relationalen Datenbank arbeiten. Dies sind ein synatxgesteuerter Editor, mit dem die noch zu einer vollständigen Spezifikation fehlenden Modulrümpfe (wahlweise in MODEST oder der Zielsprache beschrieben) erstellt werden und ein Generator, der aus MODEST-Beschreibungen z.B. C-Code erzeugt. Diese Werkzeuge sind noch in der Entwicklung.

Bislang haben wir Begriffe wie Entwurfsprozeß, Modul und Schnittstelle nur sehr "lose" gebraucht und an die Intuition des Lesers apelliert. Da Graphitti den Entwurfsprozeß unterstützen soll, beschreiben wir in dem nachfolgendem Kapitel zunächst die MODEST zugrundliegende Entwurfstechnik und den Entwurfsprozeß und seine Ergebnisse. Anschließend erläutern wir die wesentlichen Anforderungen, die an Graphitti gestellt wurden und demonstrieren dessen Handhabung und Benutzerschnittstelle. Die beiden letzten Kapitel bringen dann eine technische Beschreibung von Graphitti und Anmerkungen zu unserer weiteren Arbeit.

2 Entwurfstechnik und Entwurfsprozeß

Unser zentrales Anliegen ist es, den Entwurfsprozeß selber zu unterstützen. Als Konzepte zur Strukturerarbeitung verwenden wir Moduln, eine spezielle Zerlegungstechnik und eine Anordnung von Arbeitsschritten. Der Entwurfsprozeß verläuft in der Zeit zyklisch; Lern- und Kommunikationsprozesse müssen gefördert werden, damit konstruktive Revisionen des Entwurfs möglich sind.Die Einordnung von MODEST in STEPS und unser zugrundliegendes prozeßorientierte Modell zur Softwareentwicklung wollen wir hier nicht erörtern. Dazu weisen wir auf [Floyd, Keil 83], [Floyd et al.], [Floyd, Pasch 85] und [Pasch, Schmidt 86] hin.

2.1 Modulkonzept und rekursive Zerlegungstechnik von MODEST

Der Modulbegriff von MODEST wurde aus der Spezifikationssprache SPEZI [Koch 79] übernommen und erweitert. In SPEZI ist ein Modul eine statische Klammer um Definitionen von Prozeduren, Funktionen, Konstanten, Typen und Objekten. Moduln können untereinander durch eine "benutzt"-Relation in Beziehung stehen. Eine "benutzt"-Relation wird durch eine explizite Export- und Importschnittstelle beschrieben. Eine Schnittstelle kann enthalten: parametrisierbare Prozeduren und Funktionen, Typen und Konstanten eines Typs. Prozeduren und Funktionen werden dynamisch benutzt, indem sie vom importierenden Modul zur Ausführung aufgerufen werden; Typen und Konstanten werden statisch benutzt in dem Sinne, daß der importierende Modul Kenntnis von ihnen hat. Nicht enthalten darf eine Schnittstelle Informationen über die Feinstruktur im Modul definierter Objekte und Typen. In MODEST wurde der Modulbegiff von SPEZI in Hinblick auf große Softwaresysteme kohärent erweitert.

Der modulare Softwareentwurf nach der "benutzt"-Relation führt bei großen Systemen entweder zu einer handhabbaren Anzahl nicht überschaubarer großer Moduln oder zu einer nicht überschaubarer Anzahl handhabbarer kleiner Moduln. Daher wurde in Modest eine weitere Relation zwischen Moduln eingeführt, die "enthält-Relation". Damit ist keineswegs ein Enthaltensein im Sinne einer textuellen Schachtelung wie in Ada und Modula-2 gemeint, wo Objekte und Moduln auf demselben Schachtelungsniveau definiert werden können und diese für die inneren Moduln applizierbar sind. Die "enthält"-Relation erlaubt es, ein System mehrstufig rekursiv zu zerlegen. Das bedeutet, daß das Gesamtsystem zunächst nach der "benutzt"-Relation in eine überschaubare Anzahl von Moduln zerlegt wird. Nun werden Moduln, die nach dieser Zerlegung noch zu groß sind, als Subsysteme betrachtet (Hüllen, Ensemble, Komponenten), die nach denselben Kriterien wie das Gesamtsystem weiter entsprechend der "benutzt"-Relation zerlegt werden. Ein Subsystem enthält damit die Moduln, die durch seine weitere Zerlegung entstanden sind. Dieses Verfahren, zu große Moduln als Subsysteme weiter zu zerlegen, wird rekursiv so lange fortgesetzt, bis nur noch kleine, überschaubare, (nicht weiter zerlegte) Moduln vorliegen.

Durch die erste Zerlegung des Gesamtsystems entsteht die höchste Zerlegungsebene; durch jede weitere Zerlegung eines Subsystems eine tiefere Zerlegungsebene. Die Zusammenhänge zwischen Moduln, Schnittstellen und Zerlegungsebenen werden in Abbildung 1 veranschaulicht.
Der Vorteil der rekursiven Zerlegungstechnik wird in [Pasch,Schmidt 86] weiter ausgeführt.
In Modest schlägt sich das skizzierte Modulkonzept verfeinert wieder: die nicht zerlegten Moduln werden unterschieden in Typmoduln und Objektmoduln. Ein Subsystem enthält die Aufzählung der Namen derin ihm enthaltenen Moduln; ein Objektmodul beschreibt modullokale Objekte und Prozeduren, die auf ihnen operieren; ein Typmodul beschreibt genau einen Typ durch Angabe seiner Wertemenge und Funktionen, die auf der Wertemenge operieren.
Schnittstellen zwischen Subsystemen werden nicht beschrieben; ihre Schnittstellen können aus den in ihnen enthaltenen Moduln von Graphitti zur Dokumentation konstruiert (vgl. die gestrichelten Linien in Abb. 1) werden.

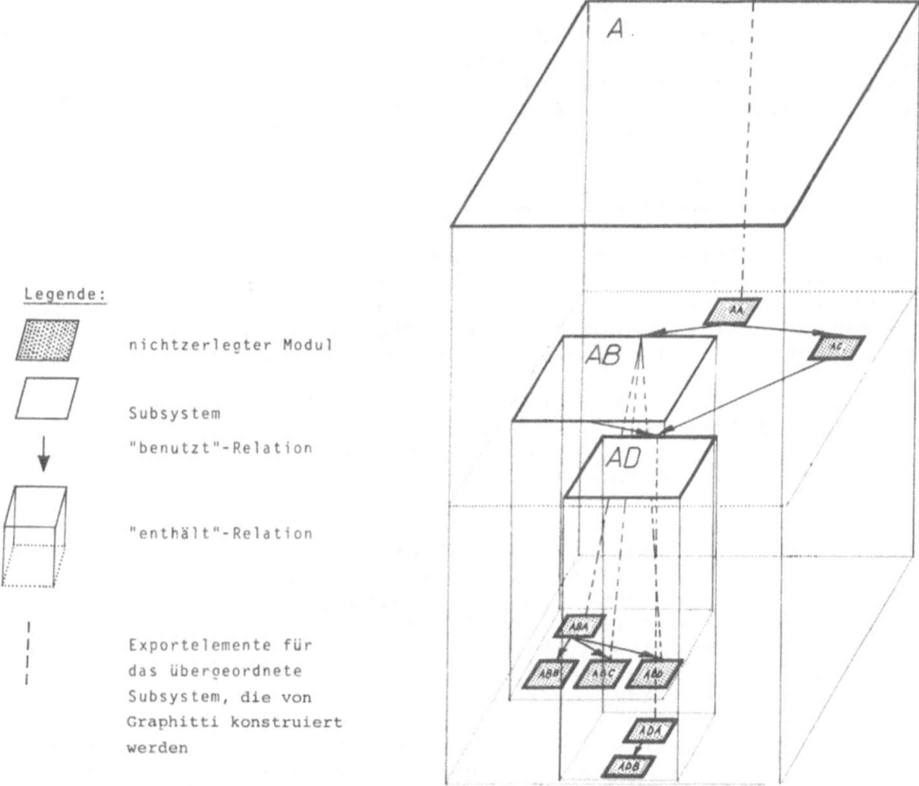

Abb. 1: Moduln, Schnittstellen und Zerlegungsebenen

2.2 Der Entwurfsprozeß und seine Ergebnisse

Der Prozeß des Softwareentwurfs läßt sich betrachten als Überlappung von Zyklen aus Analyse, Synthese und Überprüfung. Die Analyse und Synthese eines bereits vorhandenen Strukturvorschlages wird als Revision bezeichnet.

In der Analyse werden Objekte und Funktionen der Benutzermaschine und der Basismaschine herausgearbeitet, so daß die (dann abstrakten) Funktionen und Objekte der Benutzermaschine durch passende Verknüpfung auf die (konkreten) der Basismaschnie zurückgeführt werden.

Ein geeigneter Strukturvorschlag wird in der Synthese als modulare Softwarestruktur entworfen, indem Moduln mit ihren Beziehungen untereinander definiert werden. Analyse und Synthese sind kreative Prozesse im Entwicklerteam, die sich nicht formalisieren lassen. Arbeitsteilung darf nicht zu frühzeitig beginnen, da sonst diese kreativen Prozesse fragmentiert oder gar beendet würden und die Entwickler in den sogenannten "Teufelskreis der Spezialisierung" eintreten. "Die Komplexität des Problems zwingt zu einer Arbeitsteilung unter den am Entwurf Beteiligten. (...) Eine Folge der Spezialisierung ist das Auftreten von Verständigungsproblemen, die Ihrerseits zu einer Erhöhung der Komplexität beitragen." [Morgenbrod,Remmele 85,S. 170].

Die Güte des Entwurfs wird in der Überprüfung anhand von Modularisierungskriterien vorgenommen. Die Funktionalität des zerlegten Systems wird mit einer Handsimulation der Prozeduraufrufreihenfolgen überprüft und zwar für alle Funktionen der Benutzermaschine und für alle Klassen von Eingabeparametern, die als Systemtestdaten schon in der funktionellen Spezifikation vorliegen (vgl. [Floyd et al.]).

2.2.1 Phasen des Entwurfsprozesses

Während des Entwurfsprozesses geht es nach Auffassung der Autoren darum, in der Zeit sequentiell die skizzierten sechs Phasen des in dem nachfolgend geschildertem Szenario (des Entwurfs eines dialogorientierten Informationssystems) zu durchlaufen und die dazu gehörenden Zwischenergebnisse zu erarbeiten:

1.Phase (Analyse I). Die wesentlichen Entwurfsentscheidungen müssen von allen Entwicklern erarbeitet und konstruktiv kontrovers diskutiert werden. Hierzu wird eine Verteilung der vorgeschlagenen Konzepte auf Moduln vorgenommen und ein Bewußtsein für die dazu benötigten Datenstrukturen entwickelt. Entwurfsentscheidungen betreffen die generelle Änderbarkeit des Systems (welche Änderungen führen zu späteren Rekompilationen und welche nur zu Änderungen in Tabellen ?); die Dialog- und Maskensteuerung, die Konvertierung von Daten und die Datenhaltung selber und damit Kosten- Nutzengesichtspunkte. Kontroverse Entwurfsentscheidungen können z.B. eine zentrale oder dezentrale Dialogsteuerung sein oder die Maskenein- ausgabe. Ergebnis dieser Diskussion sind die akzeptierten Entwurfsentscheidungen.

In der 2.Phase (Analyse II) geht es darum, die schon statisch auf Moduln verteilten Konzepte grob zu operationalisieren, um so eine dynamische Betrachtung der Ablaufsteuerung anhand der Funktionen der Benutzermaschine "durchzuspielen". Dabei werden "benutzt"-Beziehungen und möglicherweise neue Moduln etabliert.

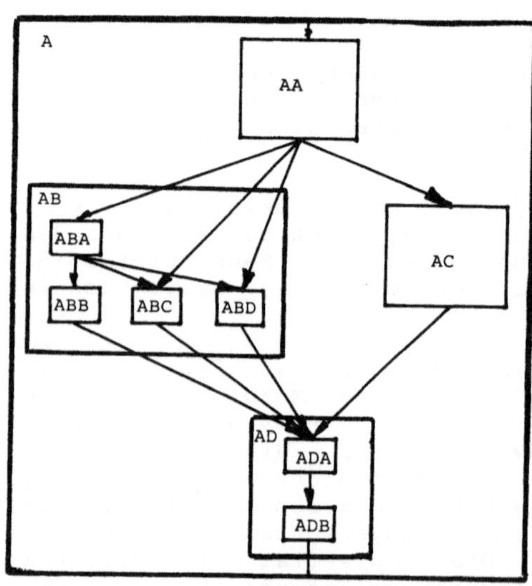

Abb.2: Modulstrukturdiagramm

Die Entwerfer fassen anschließend in der 3.Phase (Synthese I) die bisherigen Ergebnisse zusammen, denn es soll danach eine Arbeitsteilung einsetzen. Protokolliert wird die Verteilung der wichtigsten Systemfunktionen auf Moduln und die Ablaufsteuerung und ein Modulstrukturdiagramm (vgl. Abb 2); entschieden werden Anforderungen an Schnittstellen in der Form: viele Prozeduren mit wenigen Parametern oder umgekehrt; die Komplexität der zwischen den Moduln ausgetauschten Objekte wird festgelegt und schon bekannte Prozeduren ("**PROC** gib-Kommando (**OUT** kommando akt-kommando)") aufgeschrieben. Die Moduln werden auf die Entwickler verteilt, damit diese in der

4.Phase (Synthese II) die Export-Schnittstellen der Moduln in

MODEST (getrennt) festlegen. Die Exporte des Moduls werden schon mithilfe der Entwurfssprache aufgelistet: Prozedur und Funktionsdefinitionen, Typnamen und Konstanten. Die spätere Schnittstellenbibliothek (die auch noch Importlisten enthält) entsteht somit schrittweise während des Entwurfsprozesses.

In der nun folgenden 5.Phase (Synthese III) geben die Entwickler bekannt, welche Objekt-Moduln "aufgebrochen" und jetzt als Subsysteme zu betrachten sind. Daran schließt sich eine Diskussion an, ob mit den erarbeiteten Exportelementen die importierenden Moduln realisiert werden können.

Nun muß in der 6.Phase der bisherige Strukturvorschlag eine Überprüfung über sich ergehen lassen. Bei der Überprüfung werden ausschließlich die nicht zerlegten Moduln betrachtet. Die Überprüfung führt in der Regel zu einer Revision des Entwurfes, d.h. zu einer Analyse und einer Synthese, die sich auf einen bereits erarbeiteten Strukturvorschlag beziehen. Die Revision bewirkt eine Veränderung des Modulstrukturdiagrammes und der Schnittstellenbibliothek, die bis jetzt durch die Exportlisten der einzelnen Moduln repräsentiert wird.

Hat sich die Zerlegungsstruktur stabilisiert, kann die Beschreibung der Modulrümpfe (Prozedurrümpfe, Funktionsrümpfe, Wertemengen von Typen) erfolgen. Dies geht fließend in die Implementierung über. Fließend deshalb, weil der Entwickler weitgehend selbst entscheiden kann, ob er zur Beschreibung Sprachmittel von MODEST verwendet oder gleich Programmtext in der zu verwendenden Programmiersprache hinschreibt.

Eine vollständige Entwurfsspezifikation umfaßt die Modulstrukturdiagramme, Modulspezifikationen und eine Schnittstellenbibliothek, die Im- und Exportlisten der Moduln der verschiedenen Zerlegungsebenen enthält.

Aufgrund der geschilderten Vorgehensweise wird die Verschiedenheit von Kommunikationsprozessen und Kreativität im Entwicklerteam und der zu leistenden Arbeit selber deutlich. Während in den Phasen der Analyse (1 und 2) Kommunikation und Kreativität im Entwicklerteam eindeutig den Vorrang haben, ist der Anteil von manueller Arbeit (die die Entfaltung von Kreativität und Kommunikation erschweren) in den Synthesephasen (3,4,5) schon beträchtlich größer. Arbeitsteilung hat noch keine große Bedeutung (nur Phase 4), da nicht frühzeitig Entwurfsfehler in den Strukturvorschlag "einbetoniert" werden sollen. Konsistenzüberprüfungen und Änderungen verursachen schon Aufwand in den manuell geführten Schnittstellenbibliotheken, viele Fehler werden nur durch mühseliges gegenseitiges Überprüfen oder gar nicht entdeckt. Dagegen entspricht die inkrementelle, ausbaustufenorientierte Beschreibung der Modulrümpfe dem Programmieren im Kleinen, hier setzt erst die eigentliche Arbeitsteilung ein.

2.2.2 Anforderungen an ein Werkzeug zur Unterstützung des Entwurfsprozesses

Modulstrukturdiagramme, eine korrespondierende Schnittstellenbibliothek und MODEST-Text zur Weiterverarbeitung für andere Werkzeuge müssen in den Phasen 4,5 und 6, die immer wieder zyklisch durchlaufen werden, inkrementell erstellt werden können und leicht zu revidieren und fortzuschreiben sein, ebenso muß auch die Konsistenz zwischen Diagrammen, Schnittstellen und MODEST gewährleistet sein. Tiefgreifende Revisionen erfordern große Umstrukturierungen, dies muß ohne großen Schreibaufwand durchgeführt werden können.

Die Navigation des Werkzeugbenutzers innerhalb eines Entwurfes sollte objektorientiert entlang seiner Architektur erfolgen, dabei sollen als Objekte die graphischen Symbole der Modulstrukturdiagramme orthogonal zu graphischen und textuellen Editieroperationen stehen. Bequemes Editieren verlangt einen beliebigen Wechsel zwischen dem Zeichnen der Architektur und der textuellen Eingabe der Exportelemente. Wesentlich dabei ist, daß ein Mensch Moduln und "benutzt"-Beziehungen viel leichter - vor allem schneller - und ästhetischer anordnen kann als ein Algorithmus zur planaren Ausrichtung von Graphen, d.h. die Konsistenz zwischen Modulstrukturdiagrammen und Schnittstellen soll vom Werkzeug geprüft, aber die Anordnung der Moduln und der "benutzt"-Beziehungen vom Benutzer des Werkzeuges vorgenommen werden. Von der Fenstertechnik sollte in sparsamer und sinnfälliger Weise Gebrauch gemacht werden, schließlich geht es darum, ein Werkzeug zu bedienen und kein Videospiel. Desgleichen ist von einer zustandslosen Interaktion abzusehen (vgl. dazu die Ausführungen von Stelovsky über den XEROX-Star Ansatz und die damit verbundene Postfix-Kommando-Spezifikation in [Stelovsky 84, Seite 11]).

Graphitti leistet dies. Zusätzlich kann mit Graphitti eine Dokumentation des Entwurfs erzeugt werden. Während des Entwurfsprozesses haben die "benutzt"-Beziehungen zwischen nicht zerlegten Moduln Vorrang vor den "enthält"-Beziehungen, die, wenn sie entstehen, graphisch im Modulstrukturdiagramm (vgl. Abb. 2) und textuell in MODEST "aufbewahrt" werden. Letzlich wird die Güte des Entwurfs ganzheitlich anhand der flachen Modulstruktur betrachtet; z.B. verläuft die Überprüfung der dynamischen Benutzung (Handsimulation der Ablaufsteuerung) entlang der "benutzt"-Struktur des Entwurfes. Dagegen spielt die "enthält"-Relation und die sich daraus ergebenen Zerlegungsebenen für die Dokumentation in zweierlei Hinsicht eine wichtige Rolle: Zum Einen werden Moduln, die in Subsystemen enthalten sind, gemeinsame Eigenschaften zugeordnet wie "haben gemeinsamen Ersteller", "haben lokale Benutzungen", "haben lokale Konzepte", die bei späteren Änderungen beachtet werden müssen; zum Anderen muß es auch für andere Menschen als die Entwickler möglich sein, sich die Intention eines Entwurfs "top down" mit Hilfe der Zerlegungsebenen zu erschließen. Dazu konstruiert Graphitti die Schnittstellen aller Moduln und Subsysteme der höheren Zerlegungsebenen aus der flachen Modulstruktur und der streng baumartigen Enthaltensein-Struktur durch Vereinigung der Exportelemente der in den Subsystemen enthaltenen Moduln, die über die Subsystemgrenzen hinweg exportieren. Zur besseren Übersicht werden die "benutzt"-Beziehungen der Moduln eines Subsystems auf ihrer Zerlegungsebene und der nächst höheren dargestellt. Die innere Struktur der beteiligten Subsysteme wird aus Gründen der Lokalität der dortigen "benutzt"-Beziehungen und der besseren Anschauung wegen verborgen. Das Prinzip dse "information hiding" verbietet den Blick in einen Modul (Subsystem) hinein; der Blick aus einen Modul hinaus wird durch dieses Prinzip jedoch nicht eingeschränkt. Graphitti leitet z.B. aus dem Entwurf von Abb.2 MODEST-ähnliche Export- und Importlisten ab, die isomorph zu den in Abb.3 dargestellten

Sichten des Entwurfs von Abb.2 sind.

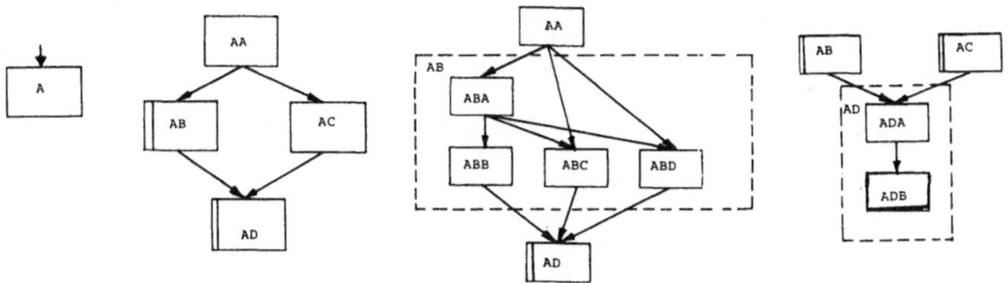

Abb. 3: Von Graphitti konstruierte Sichten auf einen Entwurf

Zusammenfassend sei gesagt, Graphitti soll die während der Entwurfsphase auftretende manuelle Arbeit, die die Kreativität im Team beeinträchtigt, minimieren helfen und zur Dokumentation des Entwurfes beitragen.

3 Die Benutzerschnittstelle von Graphitti

Die Benutzerschnittstelle von Graphitti ist objektorientiert aber nicht zustandslos. Um eine angemessene Benutzerschnittstelle für Graphitti zu erhalten, wurde die Idee verfolgt, die wesentlichen sinnfälligen Bearbeitszustände der Benutzung auf Dialogzustände abzubilden, wobei von jedem Dialogzustand alle anderen leicht erreichbar sein sollen. Die Bearbeitungszustände ergeben sich aus der freien Kombination von Arten der Bearbeitung mit den Objekttypen,die editiert werden sollen. Arten der Bearbeitung sind das Erstellen von Graphik, Schnittstellen, Druckunterlagen und MODEST-Text. Diese stehen orthogonal zu den drei Objekttypen, die editiert werden sollen: die flache Modulstruktur, die Enthaltenseinstruktur und die verschiedenen Sichten der Zerlegungsebenen. Es gibt also zwölf wesentliche Dialogzustände, in denen dann jeweils spezifische Operationen auf den dort vorhandenen Objekten zur Verfügung stehen. Die Dialogführung bleibt also einfach und überschaubar.

3.1 Bildschirmaufbau und Dialogsteuerung

Graphitti wird benutzt über ein Graphikterminal mit einem DIN A4-Bildschirm (vgl. Abb. 4), einer "normalen" Tastatur und einer Maus. Zwei Drittel des oberen Teils des Bildschirms nimmt das statische Editierfenster ein, im verbleibenden Teil des Bildschirms können "pop-up"-Menüs und ein Hilfefenster erscheinen. Das Editierfenster hat oben eine Menüleiste, unten eine Meldungszeile und in der rechten unteren Ecke Piktogramme zum Verschieben des Bildausschnitts; das Gesamtbild kann z.Zt. neunmal größer sein als der im Editierfenster sichtbare Ausschnitt, diese Fläche wird zur Darstellung des flachen Modulstrukturdiagramms benötigt. In das Editierfenster kann ein "pop-up"-Fenster, mit dem Kurzdarstellungen von Schnittstellen betrachtet werden können, am rechten Rand eingeblendet werden.

Maus-Operationen (positionieren und "anklicken") des Benutzers lösen die Funktionen zur Dialogsteuerung und die Systemfunktionen mittels Selektion aus der Menüleiste oder den "pop-up"-Menüs aus. Ebenfalls können die zur Darstellung von Softwarearchitekturen zu

Verfügung gestellten graphischen Sinnbilder mit Maus-Operationen selektiert und auf der zur Verfügung stehenden Fläche verschoben werden. Treten mehrere Maus-Operationen zur Auslösung einer Systemfunktion hintereinander auf, kann durch Drücken einer zweiten Maustaste zwischendurch beliebig abgebrochen werden.

In jedem Dialogzustand kann das Hilfefenster eingeblendet werden, das dann im unteren Teil des Bildschirms erscheint. Das Hilfefenster ist außerdem mit einer Menüleiste ausgestattet, mit deren Hilfe unterschiedlich strukturierte Beschreibungen der Operationen des oben erwähnten Dialogzustandes angesehen werden können.

Die Menüleiste des Editierfensters hat in allen zwölf Dialogzuständen dieselbe Verwendungsart. Die ersten beiden Felder zeigen als Paar (Operations-Art, Objekttyp) den aktuellen Dialogzustand an. Wenn diese Felder angeklickt werden, erscheint das zugehörige "pop-up"-Menü, und der Dialogzustand kann gewechselt werden. Die anderen sechs Felder repräsentieren die Operationen, die in diesem Dialogzustand zur Verfügung stehen und somit direkt selektierbar sind.

3.2 Editieren mit Graphitti

Die generelle Vorgehensweise im Umgang mit Graphitti läßt sich wie folgt charakterisieren: als erstes muß die

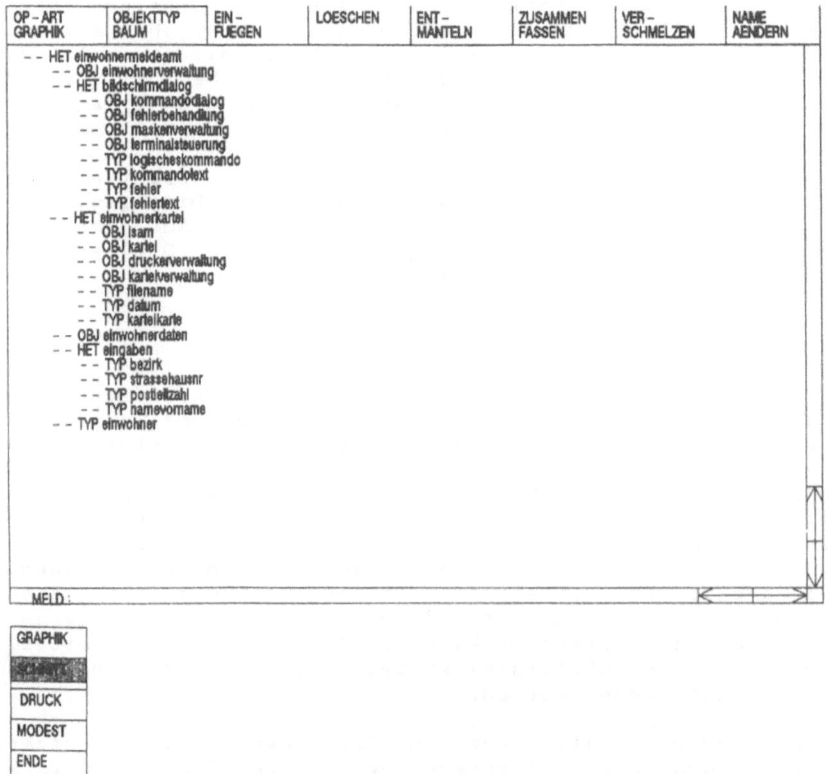

Abb. 4: Die Enthaltenseinstruktur

Enthaltenseinstruktur bekanntgegeben werden, nachfolgend sollte das flache Modulstrukturdiagramm graphisch und die Exportelemente textuell eingegeben werden. Die Importbeziehungen entstehen durch Zuordnung (Mausoperationen) der Exportelemente zu importierenden Moduln. Anschließend empfiehlt es sich, die höheren Zerlegungsebenen anzufertigen. Danach kann die von Graphitti verwaltete Architektur beliebig verändert werden.

Abbildung 4 zeigt die Enthaltenseinstruktur eines Einwohnermeldeamtes, das hier als Beispiel dienen soll. Der Entwurf des Einwohnermeldeamtes besteht aus vier Subsystemen, zehn Objektmoduln und zwölf Typmoduln. Die Enthaltenseinstruktur hat die Form eines eingerückten Textes und repräsentiert einen streng hierarchischen Baum. Die textuelle Repräsentation hat den Vorteil, daß alle Modulnamen bekannt sind und später nur noch ausgewählt werden müssen. Der Benutzer wird durch "--" vom System im Enthalteinseinbaum positioniert und gibt die Schlüsselworte HET (Heterogener Modul, entspricht einem Subsystem) , TYP oder OBJ, gefolgt von einem Modulnamen ein. Nach der Eingabe des Schlüsselwortes HET positioniert Graphittti mit "--" korrekt eingerückt in der nächsten Zeile.
Mit den zur Verfügung stehenden Operationen auf der Enthaltenseinstruktur können Moduln überhaupt etabliert werden später eingefügt oder gelöscht werden. Bei Revisionen eines von Graphitti verwalteten Entwurfes kommen die in der Menüleiste sichtbaren Kommandos zum Tragen. Die Operationen EINFÜGEN oder LOESCHEN tragen Moduln in den Enthalteinseinbaum ein oder entfernen sie aus der Architektur. ENTMANTELN löst ein Subsystem auf und ordnet die enthaltenen Moduln eine Zerlegungsebene höher an. Ein neues Subsystem wird mit ZUSAMMMENFASSEN kreiert, VERSCHMELZEN faßt mehrere Objektmoduln zu einem Objektmodul zusammen; dies bewerkstelligt eine Vereinigung der Schnittstellen der qualifizierten Objektmoduln.

Ist eine Enthaltenseinstruktur vorhanden, kann mit dem Editieren des flachen Modulstrukturdiagrammes begonnen werden. Abbildung 5a und 5b zeigen die flache Modulstruktur des Einwohnermeldeamtes. Als graphische Sinnbilder stehen Kästen für Objektmoduln, Ellipsen für Typmoduln und Kanten für "benutzt"-Beziehungen zur Auswahl, die auf einer Editierfläche, die neunmal größer als der sichtbare Aussschnitt ist, ihrer Bestimmmung nach angeordnet werden können.

Moduln wird ihr Platz angewiesen, indem durch Anklicken mit der Maus ein freier Platz bestimmt wird, die Operationen TYP oder OBJEKT zeichnen dann ein (normiertes) Sinnbild am spezifizierten Ort. Im Anschluß blättert man mit NAECHSTER NAME durch die Namensliste der Moduln und legt den Namen des Moduls fest. "Benutzt"-Beziehungen werden etabliert und gezeichnet, nachdem zuvor der Importeur, der Exporteur, die Operation BENUTZT BEZIEHung, der Anfangspunkt, eventuell zwei mögliche Zwischenpunkte und der Endpunkt in dieser Reihenfolge angeklickt wurden. In Abbildung 5a wird gerade eine Benutztbeziehung zwischen Karteiverwaltung und Kartei mit einem Zwischenpunkt gezeichnet. An dieser Stelle sei angemerkt, daß Gaphitti nur zyklenfreie und in schwacher Hierarchie angeordnete "benutzt"-Beziehungen toleriert. Befindet sich der Exporteur außerhalb des Bildes, braucht der Zeiger lediglich mit der Maus in die gewünschte Richtung des nicht sichtbaren Bildausschnittes an die Grenze des aktuellen Ausschnittes bewegt zu werden, um den gewünschten angrenzenden Ausschnit der Editierfläche zu erhalten.

In ganz ähnlicher Weise ist es möglich, Moduln innerhalb der Editierfläche zu verschieben. Dabei werden die Kanten (aber nicht die etablierten "benutzt"-Beziehungen !) gelöscht, weil diese

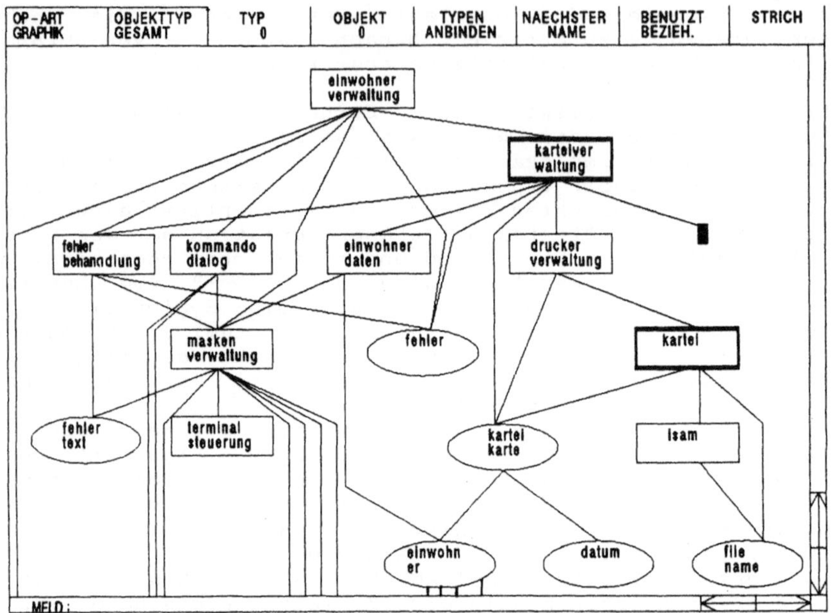

Abb. 5a: Die flache Modulstruktur

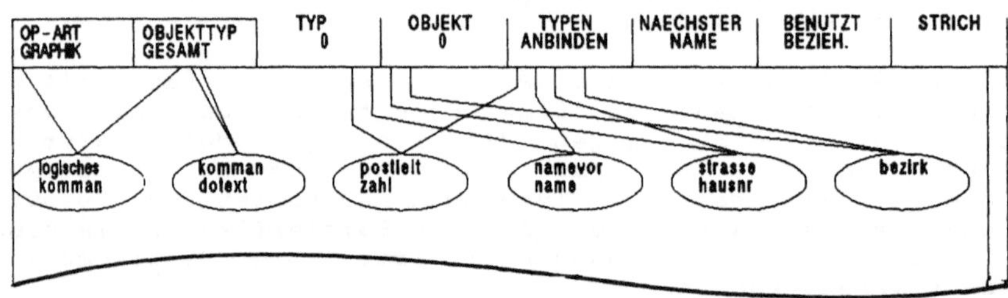

Abb. 5b: Die flache Modulstruktur, nächster Ausschnitt

sonst wie Gummibänder in sinnloser Weise über wohlstrukturierte Diagramme gezogen würden, was unausweichlich zu unangemessener Verwirrung führt. Die Ziffern unter TYP und OBJEKT signalisieren dem Benutzer, wieviele Moduln der jeweiligen Art er noch zu zeichnen hat. Mit Maus-Operationen ausgewählte Moduln werden grundsätzlich durch inverse Beschriftung hervorgehoben.

Mit geringfügigen Unterschieden zur geschilderten bisherigen Vorgehensweise lassen sich die verschiedenen Sichten des Entwurfes bezogen auf die Subsysteme der höheren Zerlegungsebenen editieren, wie in Abb. 6 zu sehen ist. Im Dialogzustand (GRAPHIK, EINZELdarstellung) gibt es als zusätzliches Sinnbild ▭ für Subsysteme. Im Unterschied zu (GRAPHIK,GESAMTdarstellung dürfen "benutzt"-Beziehungen nur mit der Operation STRICH gezeichnet, aber nicht etabliert werden.

Die Angabe der Ex- und Importbeziehungen entspricht einem zweistufigem Verfahren, um den Schreibaufwand für die

Importbeziehungen einzusparen. Dies ist nur auf der flachen Modulstruktur möglich, da ja die Schnittstellen der höheren Zerlegungsebenen der Einfachheit halber konstruiert werden sollen. Zunächst wird in dem Zustand (GESAMTdarstellung, SCHNITTstellen)

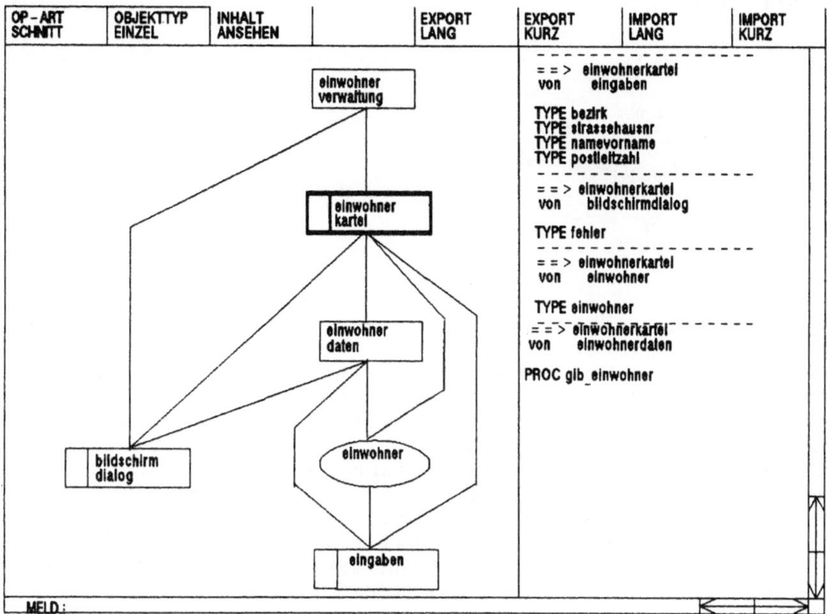

Abb. 6: Das Subsystem Einwohnermeldeamt mit der Kurzdarstellung der Importe von Einwohnerkartei

ZURUECK GESAMMT	INHALT LOESCHEN	ELEMENT LOESCHEN	ELEMENT AENDERN	ELEMENT ZUFUEGEN	NAECHSTES ELEMENT	VORHERIG. ELEMENT	DRUCKE INHALT

```
PROC initialisiere maskenverwaltung
PROC gib kommando(OUT kommando : kommandotext)
PROC gib_bezirk(OUT bezirk : bezirk)
PROC gib_strasse und hausnr(OUT strassehnr : strassehausnr)
PROC gib_postleitzahl(OUT plz : postleitzahl)
PROC nimm fehlertext(IN fehler : fehlertext)
PROC nimm
```

Abb. 7: Inhaltsbeschreibung des Moduls Maskenverwaltung

ein Typ- oder Objektmodul angeklickt, vermöge der Operation INHALT BESCHREIBEN in einen Unterzustand (GESAMTdarstellung, ModulINHALT) gewechselt (vgl. Abb. 6), wo die Exportelemente des zuvor qualifizierten Moduls eingegeben, gelöscht und geändert werden. Nach einer Eingabe wird das jeweilige Exportelement sofort syntaktisch geprüft.

Nun können die Importe jeweils eines Moduls sehr einfach durch folgende Mausoperationen vermerkt werden: Anklicken des Exporteurs, des Importeurs, der Operation EXPORT BESCHREIBEN, sowie der gewünschten Exportelemente auf der Exportliste, wobei die für den Importeur vorgesehenen Exportelemente invers hervorgehoben werden (vgl. Abb.8). Zur Qualifikation der Exportliste gelangt man wiederum in einem Unterzustand (GESAMTdarstellung, EXPORT BESCHREIBUNGEN), wo diese Liste präsentiert wird.

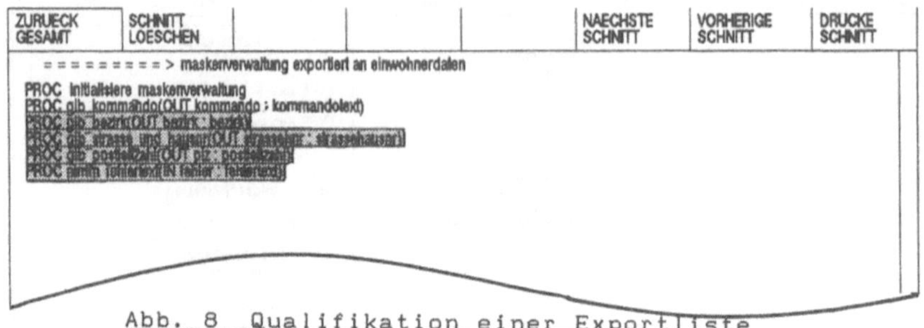

Abb. 8 Qualifikation einer Exportliste

Der Benutzer von Graphitti kann die Informationserschließung von Schnittstellen gleichfalls objektorientiert vornehmen: es muß die Operationsart SCHNITTstellen aktiv sein, dann kann in den Objekttypen Enthalteinseinstruktur, flache Modulstruktur und Subsystem mit den nun schon hinlänglich bekannnten Mausoperationen die gewünschten Moduln und die dazugehörigen Operationen bequem ausgewählt werden, welche die Im- und Exportlisten, Schnittstellenbibliotheken und Inhaltslisten anzeigen, blättern oder ausdrucken. Ganz ähnlich kann mit dem MODEST-Text und der früher erwähnten Dokumentation verfahren werden.

Konsistenzprüfungen führt Graphitti für die Operationsarten Graphik- und Schnittstellen bearbeiten durch. Dem Benutzer wird nach seiner Aufforderung das erste Modulstrukturdiagramm vorgeführt, das inkonsistent gegenüber der Enthalteinseinstruktur ist oder wo "benutzt"-Beziehungen zwar etabliert, aber nicht gezeichnet sind. Bezogen auf Schnittstellen ist es die erste Exportliste, die bezüglich der etablierten "benutzt"-Beziehungen inkonsistent ist.

4 Kurze technische Angaben

Graphitti läuft auf einem Unix-Rechner unter System V und der relationalen Datenbank Unify. Michael Castner hat im Rahmen seiner Diplomarbeit [Castner 86] dieses Werzeug implementiert und dabei fünf Subsysteme, dreizehn Objekt- und sechsundzwanzig Typmoduln in fünzehntausend Zeilen modularisierten C-Code abgebildet. Zur Datenhaltung wird Unify und das Unix-Filesystem benutzt. Es ist möglich, komplexe Objekte in der Datenbank abzulegen, wenn Attribute als Zeiger aufgefasst werden und Unify vom Programmsystem über die C-Schnittstelle benutzt wird, was auch zu einem besseren Antwortzeitverhalten führt.

Zur Zeit wird ein Graphik-Terminal der Firma Starlet verwendet, das eine maximale Zeilenzahl von 72 Zeilen mal 80 Zeichen ermöglicht. Die Bildwiedergabe des Terminals ist schwarz-weiß und und erlaubt eine Auflösung von 800 x 1024 Pixel. Um die graphischen Elemente darzustellen, wird der Graphikprozessor des Terminals verwendet, das Terminal ist leider noch nicht GKS-fähig.

5 Ausblick

Unsere weiteren Anstrengungen gelten der Geräteunabhängigkeit von Graphitti, ein GKS-Treiber für das Terminal wird gerade entwickelt. Desweiteren fehlt noch ein Druckertreiber, damit Modulstrukturdiagramme - integriert in den MODEST-Text - ausgedruckt werden können. In der Entwicklung befindet sich auch ein syntaxgesteuerter Editor, mit dem Modulrünpfe sowohl in MODEST als auch in der Zielsprache eingegeben werden sollen und ein Generator, der aus MODEST C-Code erzeugen soll. Alle drei Werkzeuge werden eine gemeinsame Datenbasis benutzen und haben in ihrer Anwendung definierte Übergänge.

6 Literatur

[Castner 86]
Castner, M.: Entwicklung und Implementierung eines graphisch orientierten Schnittstelleneditors. Diplomarbeit, TU-Berlin,Fachbereich Informatik, Forschungsgruppe Software Technik, 1986.

[DoD 80]
Department of Defense: The Programming Language Ada, Reference Manual. LNCS 106, Springer, Berlin, Heidelberg, New York, 1980.

[Floyd et al]
Floyd, Ch., Keil-Slawik, R.; Pasch,J.; Schmidt,G.: Arbeitsunterlagen für die Lehrveranstaltung "Einführung in Software Engineering". Arbeitsunterlagen, TU-Berlin, Fachbereich Informatik, Forschungsgruppe Software Technik.

[Floyd,Keil 83]
Floyd, CH.; Keil, R.: Integrative Systementwicklung. Projektbericht, TU-Berlin, Fachbereich Informatik, Forschungsgruppe Software Technik, 1983.

[Floyd,Pasch 85]
Floyd, Ch.; Pasch, J.: Methoden für den Entwurf großer Softwaresysteme. In: Morgenbrod,Remmele (Hrsg.): Entwurf großer Softwaresysteme. Berichte des German Chapter of the ACM, Teubner, Bd. 19, Stuttgart 1985.

[Kaiser,Haberman 82]
Kaiser,G. E.; Haberman, A. N.: An Environment for System Version Control. Carnegie Mellon University, Dept. of Computer Science, 1982.

[Koch 79]
Koch,W.: Syntax von SPEZI. Interner Bericht, Texhnische Universität Berlin, Fachbereich Informatik, Forschungsgruppe Softwaretechnik, 1979.

[Lampson et al. 77]
Lampson , B.W.; Horning, J.J.; London, R. L.; Mitchelll, J.G; Popek, G.L.: Report on the Programming Language Euclid. SIGPLAN Notices 12/2, 1977.

[Morgenbrod,Remmele 85]
Morgenbrod, H.; Remmele,W.: Ergebnisse der Arbeitsgruppe "Methoden des Softwareentwurfs". In: Morgenbrod,Remmele (Hrsg.): Entwurf großer Softwaresysteme. Berichte des German Chapter of the ACM, Teubner, Bd. 19, Stuttgart 1985.

[Oeters 86]
Oeters,C.: Grafisch unterstützter Entwurf und Restrukturierung von Softwarearchitektur. Dissertation,TU-Berlin , Fachbereich Informatik, Fachgruppe Software Technik, 1985.

[Paranas 72]
Parnas, D.L.: On the Criteria to be Used in Decomposing Systems into Modules. CACM, Vol. 15, No. 12, 1972.

[Pasch,Schmidt 86]
Pasch,J.; Schmidt,G.: MODEST - Eine modulare Entwurfstechnik und eine darauf abgestimmte Entwurfssprache.In : Wippermann, H,-W.(Hrsg.): Software-Architektur und modulare Programmierung. Berichte des German Chapter of the ACM, Teubner, Bd. 26, Stuttgart 1986.

[Schmidt 83]
Schmidt,G.: Definition einer Sprache zur Beschreibung von Softwarentwürfen. Diplomarbeit, TU-Berlin,Fachbereich Informatik, Forschungsgruppe Software Technik, 1983.

[Stelovsky 84]
Stelovsky,J.: Xs-2: The user interface of an interactive operating system. Dissertation, ETH Zürich,1984.

[Tichy 80]
Tichy, W.f.: Software Development based on Module Interconnection. In: Proc. 4th ICSE, München, 1979.

[Wirth 80]
Wirth, N.: Programming in Modula2. Springer Verlag, Berlin, Heidelberg, New York, 1982.

HCDM/GSDS - Eine graphische Entwurfsmethode fuer Echtzeitprogramme

Michael Fastenbauer

ITT-Elin Forschungszentrum
Scheydgasse 41
A-1210 Wien
Oesterreich

Schlagworte: Graphischer Software-Entwurf, Rechnergestuetzter Software-Entwurf, Entwurfswerkzeuge, Echtzeitsysteme, CHILL

1 EINLEITUNG

Diese Arbeit beschreibt die speziellen Aspekte der graphischen Benutzerschnittstelle der Software-Entwurfsmethode HCDM und ihrer rechnergestuetzten Implementierung GSDS. Die Entwurfsmethode HCDM ("Hierarchical CHILL Design Method") soll den Entwerfer von komplexen Echtzeitprogrammsystemen bei Entwurf, Dokumentation und Implementierung unterstuetzen. Die Methode ist speziell auf eine Implementierung solcher Programmsysteme in CHILL /CCI85c/ abgestimmt. Die Konzepte koennen in aehnlicher Form auf andere Implementierungssprachen angewandt werden. Die komplette Erfassung des durch hierarchische Verfeinerung gegliederten Entwurfs in einer Datenbank und seine graphische Darstellung sind die wesentlichen Merkmale der durch GSDS ("Graphical Software Design System") gebotenen Unterstuetzung. Die menuegesteuerte Benutzerschnittstelle von GSDS bietet Zugang zu komfortablen graphischen Editoren fuer die verschiedenartigen Entwurfsteile.

2 DIE ENTWURFSMETHODE

Auf dem Gebiet der Software-Entwicklungsumgebungen fuer Echtzeitsysteme besteht derzeit eine grosse Luecke zwischen den Benutzeranforderungen und den existierenden Loesungen. Einige Anstrengungen wurden in den letzten Jahren unternommen (/SSS86/, /Vef86/), um hier Abhilfe zu schaffen. Ein vielversprechendes Projekt dieser Art ist die Entwurfsmethode HCDM ("Hierarchical CHILL Design Method") zusammen mit der Implementierung durch das "Graphical Software Design System" (GSDS). Ein grober Ueberblick ueber dieses Entwurfswerkzeug (eine eingehende Beschreibung findet sich in /The86/) zeigt uns die folgenden Eigenschaften:

Die prinzipielle Entwurfsphilosophie ist das Konzept der schrittweisen hierarchischen Verfeinerung, das von recht abstrakten aber vollstaendigen Systementwuerfen in mehreren Verfeinerungsschritten zu einem konkreten Programmsystem fuehrt. HCDM unterscheidet vier Betrachtungsweisen fuer das zu entwerfende System, die sogenannten Systemmodelle:

- Statisches Modell
- Dynamisches Modell
- Datenmodell
- Physikalisches Modell

Auf alle diese Modelle wird das hierarchische Verfeinerungskonzept angewendet.

Im Statischen Modell werden die Systemstruktur (Gliederung in parallel ablaufende Subfunktionen) entwickelt und die Kommunikationsmechanismen zwischen diesen Subfunktionen (also ihre Schnittstellen) entworfen. Das System besteht in diesem Modell aus Funktionsbloecken (Subfunktionen), die durch Kanaele (logische Kommunikationswege) verbunden sein koennen. Jeder solche Kanal verbindet zwei Funktionsbloecke in einer Richtung. Jedem Kanal werden bestimmte Nachrichten zugeordnet, die ueber diesen Kanal gesendet werden koennen. Die verschiedenen Arten von Nachrichten werden durch Angabe von abstrakten Eigenschaften (z.B. gerichtet oder ungerichtet, persistent oder nicht persistent) modelliert.

Das Dynamische Modell enthaelt die Beschreibung des Verhaltens der einzelnen Subfunktionen. Als Modellierungskonzept werden die weitverbreiteten FMMs (Finite Message Machines, Endliche Nachrichtenautomaten) verwendet. Die Zustaende eines solchen Automaten entsprechen dem Warten eines Prozesses (einer Subfunktion) auf eine Nachricht. Je nach Art der Nachricht wird einer der moeglichen Zustandsuebergaenge ausgeloest. Jedem Zustandsuebergang sind Aktionen zugeordnet, abgeschlossen wird er durch Erreichen eines neuen Zustands.

Das Datenmodell stellt Ausdrucksmittel zur Beschreibung globaler und prozesslokaler Daten zur Verfuegung. Globale Daten werden als Elemente einer relationalen Datenbank beschrieben. Angaben ueber Zugriffsrechte, Beziehungen zwischen Relationen sowie Integritaetsbedingungen werden zusaetzlich erfasst.

Das Physikalische Modell schliesslich beschreibt die zugrundeliegende Hardware. Subfunktionen und Datenbankteile werden einzelnen Rechnern eines verteilten Systems zugeordnet, Kommunikationsvorgaenge den physischen Verbindungen zwischen oder in diesen Rechnern. Die Leistungsdaten der Hardware-Einheiten werden erfasst.

Die Entwurfsumgebung GSDS gliedert sich in die folgenden Bestandteile (cf.Abb.1):

Die graphischen Editoren (Graphics Editor) erlauben eine Erfassung der zuvor skizzierten verschiedenartigen Daten und tragen diese gemaess ihrer Bedeutung in die Entwurfsdatenbank (Design Data Base) ein. Die gesamte Entwurfsinformation kann mit dem Dokumentationsgenerator (Documentation Generator) in verschiedenen Detaillierungsgraden und mit zusaetzlichen abgeleiteten Listen und Tabellen auf Papier ausgegeben werden. Natuerlich wird die graphisch erfasste Information wieder in graphischer Form ausgegeben. Die verschiedenen Modelle fuer den Entwurf erlauben eine Ueberpruefung der Entwurfsteile auf Konsistenz (Consistency Checker). Besonders die Konsistenz der Kommunikationsschnittstellen mit dem Systementwurf ist fuer die Praxis von grosser Bedeutung und kann eine grosse Klasse von Fehlern ausschliessen. Der jeweilige Entwurfsstand fuer das zu implementierende System wird durch den CHILL Code Generator in uebersetzbaren CHILL-Code umgewandelt (Aenderungen im Entwurf fuehren somit automatisch zu entsprechenden Aenderungen im Code, das uebliche Nachziehen der Dokumentation zum Programm kann so verhindert werden).

Die Erfassung aller bekannten Systemdetails ermoeglicht dem Simulator eine Simulation sowohl auf logischem Niveau als auch, dank der Inhalte des Physikalischen Modells, auf Echtzeit-Niveau. Die beschriebenen Komponenten von GSDS koennen ueber eine einheitliche Benutzerschnittstelle (Man Machine Interface) angesprochen werden.

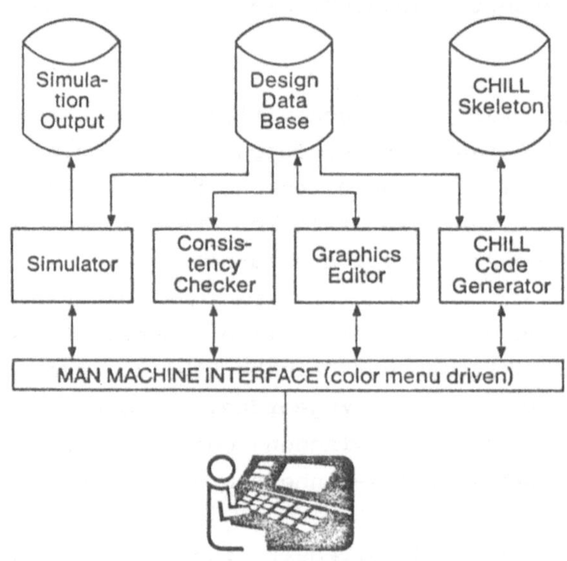

Abb.1 Der Aufbau von GSDS

Die Entwurfsmethode HCDM wurde speziell fuer den Entwurf von CHILL-Programmsystemen entwickelt. Es wurden aber zahlreiche Konzepte (z.B. die Nachrichtenmodellierung) in allgemeinerer Art als in CHILL gestaltet um eine Uebertragbarkeit der Methode auf andere Implementierungssprachen zu erleichtern. Die Notwendigkeit einer Bezugnahme auf eine bestimmte Programmiersprache ergab sich einerseits aus einem Mangel an allgemein anerkannten vollstaendigen Prinzipien fuer Echtzeitentwurf, andrerseits aus den speziellen Anforderungen der Echtzeitprogrammierung, die zumindest in Teilbereichen einen implementierungsnahen Entwurf erfordert. Besonderes Augenmerk wurde bei der Entwicklung der Methode darauf gelegt, dass eine gute Rechnerunterstuetzung moeglich ist. Die Implementierung eines solchen Entwurfswerkzeugs ist ganz wesentlich fuer einen Erfolg der Methode. Nur mit Computerhilfe kann die Einhaltung vieler wichtiger Regeln durch wiederholte zuverlaessige Ueberpruefung garantiert werden.

3 DIE BEDEUTUNG DER GRAPHIK FUER DAS ENTWERFEN

Im Rahmen des Einsatzes von CHILL ist es allgemein ueblich, die Funktionsweise einzelner Prozesse in anschaulicher Form durch FMM-Diagramme (Finite Message Machine Diagrams, bestehend aus Kaestchen fuer die Zustaende und verbindenden Pfeilen fuer die Zustandsuebergaenge) (Abb.2) grob darzustellen. Fuer eine verfeinerte Darstellung, in der die Aktionen waehrend eines Zustandsuebergangs im Detail beschrieben werden, verwendet man haeufig SDL-aehnliche Darstellungsformen (cf. /CCI85a/, /CCI85b/). Gerade zur Verwendung solcher graphischer Darstellungen ist eine Rechnerunterstuetzung aeusserst erstrebenswert. Einerseits kann durch den Rechner eine Unterstuetzung beim Zeichnen selbst geliefert werden, besonders das Aendern von Zeichnungen faellt mit Computerhilfe doch wesentlich leichter. Andrerseits ist es von besonders grosser Wichtigkeit, dass solche Zeichnungen - die ja das intuitive Verstaendnis des Entwerfers fuer den dargestellten Systemausschnitt widerspiegeln - semantisch erfasst werden und entweder direkt zur Codegenerierung herangezogen oder zumindest laufend auf Konsistenz mit der Implementierung ueberprueft werden. Die weitverbreiteten "Zeichenprogramme" (etwa fuer SDL-Diagramme) koennen nur Zeichenhilfe bieten, eine Pruefung daraufhin, ob die Vorstellung des Designers in korrekter und konsistenter Form implementiert ist, kann bei solcher Unterstuetzung nur manuell, also zeitaufwendig und fehlerbehaftet durchgefuehrt werden.

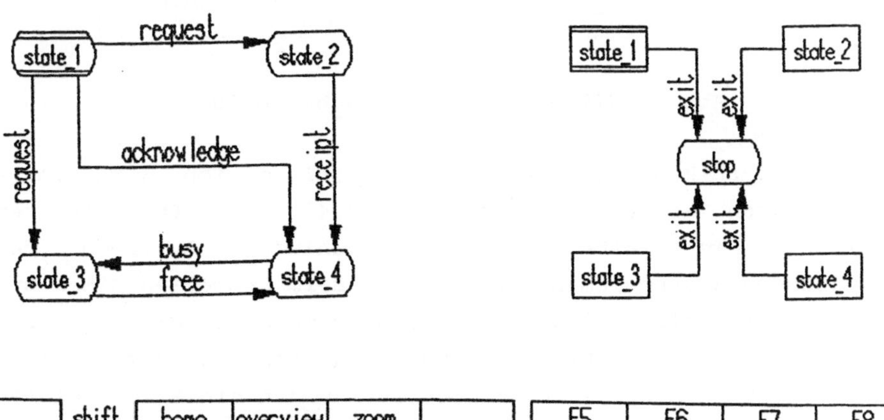

Abb.2 Bildschirm beim Editieren eines Ueberblicksbildes

Die durch GSDS gebotene Art der graphischen Unterstuetzung wurde aus den bisher beim Entwurf von Echtzeitsystemen benutzten graphischen Darstellungen abgeleitet. Fuer das dynamische Modell werden deshalb als Uebersichtsdarstellungen fuer einzelne Prozesse die FMM-Diagramme als Ueberblicksdarstellung und SDL-aehnliche Uebergangsdiagramme als Detailinformation unterstuetzt. Im Statischen Modell werden die Kommunikationszusammenhaenge (dargestellt als Verbindungslinien) zwischen den einzelnen Prozessen (dargestellt als Kaestchen) graphisch editiert. Durch den hierarchischen Entwurf des Systems wird diesem eine Struktur aufgepraegt, die eine Gliederung in einzelne "Statische Bilder" ermoeglicht. Kommunikationsverbindungen mit anderen Bildern werden als Kommunikation mit Schnittstellenkaestchen am Bildrand beschrieben (Abb.3).

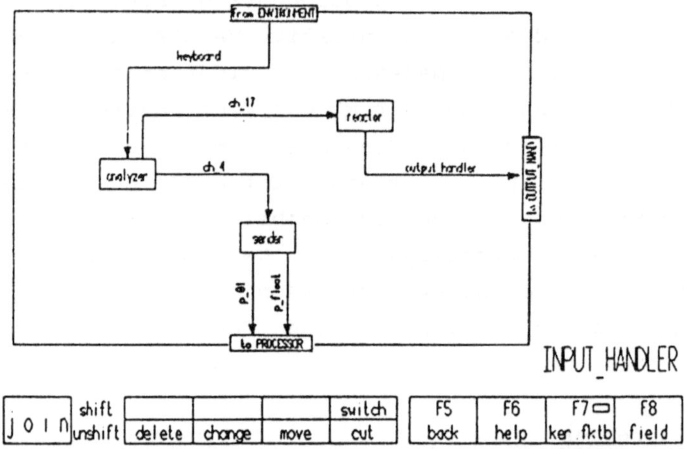

Abb.3 Editieren von Statischen Bildern

Die in den Graphiken nicht darstellbare Information wird in allen Editoren durch Hintergrundsmasken (Abb.4) in die Entwurfsdatenbank eingebracht. Diese Masken sind durch graphisches "Antippen" der zu beschreibenden Systemelemente abrufbar. Beim Erstellen einer Graphik werden sie automatisch eingeblendet und erzwingen die Eingabe der noetigen Information. Die durch das Entwurfssystem semantisch nicht interpretierbare Information (Kommentare zu den einzelnen Elementen) wird ebenfalls (ueber einen Text-Editor-Aufruf) waehrend des graphischen Editierens erfasst und in die Entwurfsdatenbank eingebracht.

TRANSITION PATH	acknowledge				
FROM state_1			TO state_4		
MESSAGES OF PATH			DIRECTED	PERSISTENT	MESSAGE-TYPE
off_hook_1			dir	pers	signal
off_hook_2			dir	non pers	event
no_off_hook_1			undir	non pers	event
no_off_hook_2			undir	pers	buffer[238]
MESSAGES OF FUNCTIONBLOCK					
off_hook_1	1		dir	pers	signal
off_hook_2	2		dir	non pers	event
off_hook_3	3		dir	non pers	event
no_off_hook_1	4		undir	non pers	event
no_off_hook_2	5		undir	pers	buffer[238]
no_off_hook_3	6		undir	pers	buffer[238]

Abb.4 Bildschirmmaske fuer Hintergrundsinformation

Diese Philosophie der sofortigen Erfassung und Verwaltung aller entwurfsbezogener Information bietet eine hervorragende Unterstuetzung zur Darstellung des aktuellen Systementwurfs. Durch die graphische Eingabe der graphisch dargestellten Information koennen Bilder immer kostenguenstig am laufenden gehalten werden, die Verwendung alter Versionen kann so verhindert werden. Ausserdem ist die graphische Anordnung in den Bildern nicht willkuerlich wie bei automatisch erzeugten Bildern sondern stellt die vom Entwerfer gewuenschten informellen Beziehungen zwischen Elementen wunschgemaess dar.

Wesentlich fuer die Anwendbarkeit einer graphischen Entwurfsmethode ist die Forderung nach komfortablen Editiermoeglichkeiten. Die Verwendung von Graphiken wurde bei der konventionellen Vorgangsweise (ohne Rechnerunterstuetzung) durch die Muehsal bei der Aenderung eines fertigen Diagramms behindert. Der zuvor erwaehnte Vorteil von GSDS, dass der Benutzer die Diagramme selbst entwirft, darf nicht in den Nachteil eines Zwanges zur graphischen Darstellung umschlagen. Abhilfe kann hier weitgehend durch eine halbautomatische Vorgangsweise geschaffen werden: Beispielsweise kann von einem graphischen Editor fuer das Verbinden zweier Symbole durchaus automatisch ein Vorschlag fuer den Verlauf der Verbindungslinie erstellt werden. Dieser Vorschlag kann vom Benutzer akzeptiert werden; andernfalls besteht fuer ihn die Moeglichkeit, selbst einen Linienverlauf anzugeben. Dieser Automatisierung sind fast nur von der Kostenseite her Grenzen gesetzt, es ist jedoch ganz wesentlich, auch eine manuelle Anfertigung von Diagrammen gut zu unterstuetzen.

4 DIE GRAPHISCHE GESTALTUNG

Alle graphischen Editoren haben eine gleichartige Benutzerschnittstelle. Ausser dem editierten Bild ist am Bildschirm das aktuelle Befehlsmenue eingeblendet (Abb.2,3,5) und darunter ein zweizeiliger Bereich fuer textuelle Kommunikation (Fehlermeldungen, Eingabe von Namen). Das Befehlsmenue gibt die jeweils aktuelle Bedeutung der acht zur Editorsteuerung verwendeten Funktionstasten an. Ein Teil dieser Funktionstasten hat eine feste Bedeutung, die anderen haben wechselnde Bedeutungen, die in einer Menuehierarchie geaendert werden koennen. Dazu kommt fuer das Editieren von symbolreichen Graphiken (z.B. Uebergangsdiagramme) am linken Bildschirmrand eine Symbolleiste, mit Hilfe derer die verschiedenen Symbole ausgewaehlt werden koennen (cf.Abb.5).

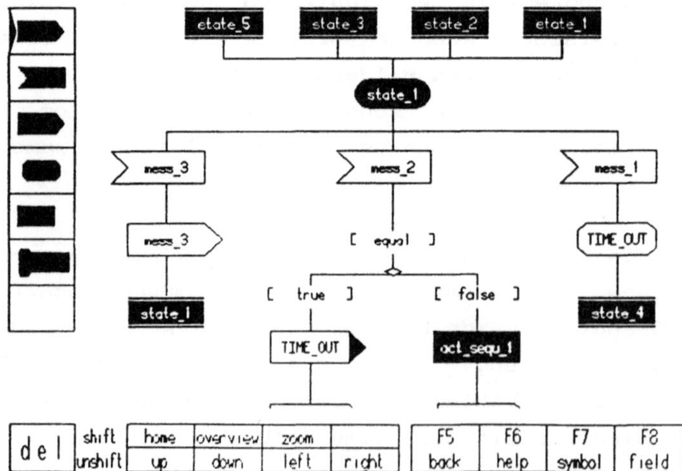

Abb.5 Bildschirmaufteilung mit Symbolleiste (Uebergangsdiagramm)

Der Graphik-Cursor wird mittels einer Joydisk oder einer Maus bewegt. Die alphanumerische Tastatur wird zur Texteingabe benutzt, fuer geuebte Benutzer bietet sie die Moeglichkeit haeufig benutzte

Befehlsfolgen in abgekuerzter Form aufzurufen.

Die prinzipiellen Funktionen, die GSDS beim Graphischen Editieren bietet sind

- PUT (Zeichnen eines Symbols)
- JOIN (Verbinden von Symbolen)
- VIEW (Veraendern von Ausschnitt und Massstab am Bildschirm)
- MOVE (Veraendern der Lage eines graphischen Elements)
- CHANGE (Editieren der formal erfassten Information zu graphischen Elementen)
- DOCUMENT (Editieren des Kommentars zu graphischen Elementen)
- DELETE (Loeschen eines graphischen Elements)

Die einzelnen Symbole konnten nicht sehr vielfaeltig gestaltet werden, da die Notwendigkeit besteht, im Bild zu ihnen moeglichst viel Information darzustellen. Obwohl wir uns auf die Anfuehrung des Namens der dargestellten Entity beschraenken, wird allein dadurch schon der Symbolvorrat stark eingeschraenkt. Diese Namen werden, entsprechend der zugrundeliegenden CHILL-Implementierung auf eine Laenge von 31 Zeichen beschraenkt. Die wohl einzig sinnvolle Darstellung dieser Information besteht in einer einheitlichen dreizeiligen Anordnung zu je 10 bis 11 Zeichen, sodass als Grundform der Symbole ein entsprechendes Rechteck verwendet wird. Formgebende Ergaenzungen dieses Grundsymbols an den vier Raendern schaffen daraus den moeglichen Symbolvorrat. Dieser orientiert sich an den SDL-Symbolen, muss aber von diesen oft abweichen, da SDL nicht speziell auf CHILL zugeschnitten ist und teilweise andere Informationsinhalte als in SDL unterstuetzt werden muessen.

Die Entscheidung zur Verwendung von Farbgraphik wurde trotz der damit verbundenen hohen Kosten und anderer Probleme getroffen, um den Benutzerkomfort zu erhoehen. Farbe kann kaum als Bedeutungstraeger verwendet werden, da die Druckausgabe am Laser-Printer nur monochrom erfolgen kann und natuerlich der am Terminal editierten Darstellung moeglichst stark aehneln soll. Der Einsatz von Plottern anstelle von Laser-Druckern ist fuer den Normalfall nicht zweckmaessig, da die in der Entwurfsdatenbank enthaltene Information in kompletter Form (Text und Graphik gemischt) ausgegeben werden soll. Farbe hat derzeit auch den Nachteil der schlechten Kopierbarkeit. Die Farbe kann aber waehrend des Editiervorgangs hervorragend zur Benutzerfuehrung beitragen. Die verschiedenen Editierfunktionen koennen durch wechselnde Farbgebung im bearbeiteten Diagramm unterscheidbar gehalten werden. Die Hervorhebung jeweils wichtiger Elemente durch wechselnde Farben erweckt viel leichter verschiedene beabsichtigte Assoziationen als die ausschliessliche Verwendung von Grauschattierungen fuer den gleichen Zweck.

Die Ergebnisse der Konsistenzpruefung werden am Bildschirm recht anschaulich graphisch dargestellt. Das eine Inkonsistenz bewirkende Symbol wird in seiner graphischen Umgebung auf den Bildschirm gebracht und durch blinkende Darstellung hervorgehoben. Die Art des Fehlers wird am unteren Rand des Bildschirms in den zwei dort vorgesehenen Dialogzeilen im Klartext angegeben. Auch dabei kann Farbe gut als Assoziationstraeger zur Unterscheidung verschiedener Fehlerarten eingesetzt werden.

Offen bleibt die Frage nach der Detaildarstellung im Dynamischen Modell. Es ist noch nicht klar, ob eine graphische Darstellung fuer alle Details eines Programms erforderlich ist. Wahrscheinlich ist eine solche Darstellung viel zu umfangreich und nutzlos (cf. auch aehnliche Probleme in /Jac85/, p.55). Aber selbst mit dieser Antwort ist unklar, ob die Aussonderung von Details sich an formalen Kriterien orientieren soll oder ob dem Entwerfer jede Moeglichkeit geboten werden muss, selbst die darzustellenden Elemente auszuwaehlen. Dieser letzte Ansatz waere aeusserst bedenklich im Hinblick auf moegliche Missverstaendnisse bei der Verwendung dieser Graphiken durch andere Menschen. Eine formale Analyse ist natuerlich nur fuer die komplette Information sinnvoll und setzt die Erfassung der graphisch nicht dargestellten Elemente in der Datenbank voraus.

5 RECHNERAUSSTATTUNG

Der implementierte Prototyp von GSDS, der zunaechst nur die Kommunikationsaspekte behandelt (das Datenmodell und das Physikalische Modell sind erst in der Entwurfsphase) ist ein PASCAL-Programmsystem, das auf VAX-Rechnern unter VMS laeuft. Als graphische Terminals werden Tektronix 4107 benutzt, die durch das PLOT-10 Graphikpaket angesteuert werden.

Fuer die Druckausgabe werden derzeit Laser-Drucker LN-01 von DEC verwendet. Leider ist die Entwicklung auf diesem Gebiet noch nicht sehr weit fortgeschritten, die graphischen Moeglichkeiten von Laser-Druckern sind beschraenkt. Sehr oft ist die Anzahl der Positionierungen beschraenkt, das Zeichnen von schraegen Linien wird kaum unterstuetzt, sodass im Prototyp nur waagrechte und senkrechte Verbindungen erlaubt werden koennen.

Eine gute Unterstuetzung muesste lokal am Drucker durch Vektorgraphikbefehle die komplette Bitmap fuer eine Druckseite (nach Moeglichkeit auch fuer groessere Formate) erstellen. Der Druckvorgang darf erst dann begonnen werden, wenn garantiert ist, dass die Seite komplett aufbereitet werden kann - alles keine normalerweise vorgesehenen Druckereigenschaften.

Fuer die gesamte Graphik ist eine GKS-Schnittstelle wuenschenswert, um verschiedene Peripherie (Terminals, Workstations, Drucker, Plotter) auf einfache Weise an das Entwurfswerkzeug anschliessen zu koennen, was leider durch die am Markt befindlichen Produkte noch nicht ausreichend unterstuetzt wird.

6 PRAKTISCHE ERFAHRUNGEN

Die praktischen Erfahrungen beschraenken sich bis jetzt auf Diskussionen mit potentiellen Anwendern und deren Stellungnahmen zu Vorfuehrungen von einzelnen Komponenten des GSDS. Der Prototyp wird ab Juli 1986 im Rahmen eines groesseren Software-Entwicklungsprojekts erstmals eingesetzt werden. Grosser Bedarf fuer ein solches Werkzeug ist gegeben, die Erwartungen sind hoch gesteckt. Zum einen verspricht HCDM/GSDS eine Kostenreduzierung der Systementwicklung durch Abfangen vieler Fehler in einer fruehen Entwurfsphase, zum anderen kann es zur Realisierung von Sicherheitsaspekten beitragen. Besonders fuer das Eisenbahnsicherungswesen ist eine formale Entwurfsmethode von Bedeutung, da mit ihrer Hilfe gewisse Eigenschaften der Software garantiert werden koennen, was ein wesentlicher Beitrag zur Erfuellung der in solchen Anwendungen ueberaus hohen Sicherheitsanforderungen ist.

Generell auffallend sind die recht hohen Anforderungen, die von

Benutzern an den Bedienungskomfort von graphischen Editoren gestellt werden. Im Vergleich zu traditionellen textorientierten Entwurfswerkzeugen die teilweise recht unkomfortabel zu bedienen sind (z.B. keine Unterstuetzung des Einrueckens beim Editieren von Programmen), wird bei der Graphik eine dem Stand der Technik entsprechende Benutzerschnittstelle als selbstverstaendlich vorausgesetzt.

Bei der graphischen Gestaltung der Entwurfsmethode tritt ein interessantes Dilemma auf: Eine formal korrekte und vollstaendige Darstellung des Systems ist graphisch schwierig zu bewerkstelligen; viel zu viele Details muessen dargestellt werden. Demgegenueber steht das Prinzip gleichartige Sachverhalte gleichartig darzustellen ohne dass "wichtige" (problemspezifische) und "unwichtige" (implementierungsspezifische) Sachverhalte unterschieden werden. Nur eine solche Unterscheidung koennte das Weglassen von Teilen der Information rechtfertigen. Ausgehend von einer formalen Pruefung des Entwurfs ist hingegen eine solche Unterscheidung nicht zu rechtfertigen.

Die derzeit verwendeten graphischen Darstellungsformen, die auf der geuebten Praxis beruhen, haben sich als wesentlich sinnvoller erwiesen, als neuentwickelte, in fruehen Projektphasen verwendete Formen der Graphik, die sich aus der formalen Analysemethode ergeben hatten.

Als sehr nuetzlich hat sich die Eigenschaft der hierarchischen Strukturiertheit der angestrebten Entwuerfe fuer die graphische Darstellung erwiesen. Graphiken von allzu grosser Komplexitaet rufen leicht Verwirrung anstelle von Uebersicht hervor. Leider ist es aufgrund der Spracheigenschaften von CHILL nicht leicht, fuer die Kommunikation das Prinzip des "information hiding" konsequent zu verwirklichen (die Kommunikation muss zwischen genau bezeichneten Prozessen stattfinden), sodass das Statische Modell im allgemeinen sehr komplex ist. Es konnte nur durch intensive Nutzung seiner hierarchischen Gliederung vernuenftig graphisch dargestellt werden.

Damit in enger Verbindung zeigt sich wegen beschraenkter Darstellungsflaechen die Notwendigkeit einer komfortablen Unterstuetzung des "Zerschneidens" komplexer Graphiken in Teile. Auch hier kann der Editor einfach Hilfestellung leisten: Die notwendige Aufteilung wird waehrend des Bilderstellens am Bildschirm angezeigt, sodass der Zeichner selbst die Aufteilung beeinflusst. Ohne solche (oft recht simple) Hilfsmittel erweisen sich Entwurfswerkzeuge in den meisten Faellen als unbrauchbar.

Ganz allgemein haben sich im Laufe der Entwicklung von GSDS Nutzen und Grenzen von graphischen Darstellungen gezeigt: Die graphische Darstellung wird vom Menschen dann gerne und sinnvoll verwendet, wenn dadurch formale Beziehungen in uebersichtlicher Weise dargestellt werden koennen, und ist nur dort von wirklich grossem Nutzen, wo zusaetzlich informelle Beziehungen eingebracht werden koennen. Die graphische Anordnung der Systemelemente auf der Zeichenflaeche drueckt fast immer eine informelle Gruppierung aus, die dem formal nicht fassbaren Blickwinkel des Entwerfers entspricht ("er macht sich ein Bild vom System"). Genau diese Form der Darstellung aber ist dem einzelnen Entwerfer sehr wichtig. Dies ist auch der Grund dafuer, dass eine vollautomatische Entwicklung von Graphiken aus einer (textuellen) formalen Beschreibung in sehr vielen Faellen kaum Anklang findet. Bei der Software-Erstellung handelt es sich meist um Graphiken bestehend aus Kaestchen und Linien. Solche Graphiken erweisen sich dort als sinnvoll, wo eine beschraenkte Anzahl von verschiedenartigen Systemelementen in (von Fall zu Fall wechselnden) Beziehungen stehen. Ein Beispiel fuer eine umstrittene Verwendung der Graphik ist die Modellierung von Datentypen. Schon die Tatsache, dass dazu ohne Rechnerunterstuetzung selten Graphiken benutzt werden, laesst eine gewisse Skepsis angebracht erscheinen. Tatsaechlich werden bei der Darstellung von Datentypen (nicht von konkreten Datenstrukturen) keine wechselnden Beziehungen dargestellt, sondern nur einige wenige feste Konzepte (wie array, record, etc.) durch graphische Darstellung bezeichnet. Hier scheint es zweckmaessiger, die kompaktere textuelle Darstellung (etwa wie bei PASCAL-Typdefinitionen) zu verwenden.

Aus all unseren Ueberlegungen zum Entwurf der Benutzerschnittstelle fuer HCDM/GSDS konnten wir erkennen, dass die (sicherlich rasch zunehmende) Verwendung von computerunterstuetzter Graphik interessante Probleme aufwirft und die richtige Verwendung solcher Graphik erst gelernt werden will. Einige theoretische Arbeiten koennen hier Hilfestellung leisten (z.B. /Rae85/), jedoch muss im einzelnen Anwendungsfall eine sorgfaeltige fallspezifische Auswahl der relevanten Konzepte erfolgen. Nur so kann die schwierige Aufgabe der Entwicklung von menschengerechten Benutzerschnittstellen fuer Computersysteme bewaeltigt werden.

7 LITERATUR

/BCH85/
G.P.BROWN, R.T.CARLING, C.F.HEROT, D.A.KRAMLICH, P.SOUZA: Program Visualization: Graphical Support for Software Development. IEEE Computer (August 1985), pp.27-34.

/CCI85a/
Functional Specification and Description Language (SDL), Recommendations Z.100-Z.104. CCITT Red Book Vol.VI, Fasc.VI.10, Geneva 1985.

/CCI85b/
Functional Specification and Description Language (SDL), Annexes to Recommendations Z.100-Z.104. CCITT Red Book Vol.VI, Fasc.VI.11, Geneva 1985.

/CCI85c/
CCITT High Level Language (CHILL), Recommendation Z.200. CCITT Red Book Vol.VI, Fasc.VI.12, Geneva 1985.

/Jac85/
R.J.K.JACOB: A State Transition Diagram Language for Visual Programming. IEEE Computer (August 1985), pp.51-59.

/Rae85/
G.RAEDER: A Survey of Current Graphical Programming Techniques. IEEE Computer (August 1985), pp.11-25.

/SSS86/
L.SANTAGOSTINO, D.SCRIGNARO, F.SERIO: A computer aided system based on CCITT's standards to design and to implement software. Sixth International Conference on Software Engineering for Telecommunication Switching Systems, IEE Conference Publication Number 259, pp.101-106.

/The86/
N.THEURETZBACHER: HCDM: A Hierarchical Design Method for CHILL based Systems. Proceedings of 1986 International Zurich Seminar on Digital Communications, IEEE Catalog No. 86CH2277-2, pp.163-169.

/Vef86/
E.A.M.VEFSNMO: DASOM - an integrated software engineering tool for telecommunication software systems. Sixth International Conference on Software Engineering for Telecommunication Switching Systems, IEE Conference Publication Number 259, pp.205-210.

Fachgespräch
Verarbeitung und Verwaltung geometrischer Daten

Vielfältige Anwendungen, die von der Computer-Graphik über Geographie und Kartographie bis zum Entwurf höchstintegrierter Schaltungen reichen, haben das Interesse an der Verarbeitung und Verwaltung von Daten verstärkt, für die eine räumliche Komponente charakteristisch ist. Das hat zu neuen Anforderungen an die anwendungsbezogene Grundlagenforschung geführt.

Obwohl die Geometrie sicher zu den ältesten Gebieten der Mathematik gehört, sind Fragen der Verarbeitung und Verwaltung geometrischer Daten mit Rechnern erst in jüngster Zeit systematisch und auf breiter Front untersucht worden. In der theoretischen Informatik hat sich ein ganz neues Forschungsgebiet unter dem Namen "Algorithmische Geometrie" in den letzten Jahren stürmisch entwickelt. Es nimmt inzwischen einen festen Platz im Bereich des Entwurfs und der Analyse von Algorithmen ein. Dort entwickelte Algorithmen finden zunehmend Eingang in die Anwendungen.

Umgekehrt verlangen die zahlreichen in der Praxis bereits vorhandenen Lösungen und Probleme nach einer Systematisierung und theoretischer Durchdringung. Im Datenbankbereich stehen Fragen der Verwaltung geometrischer Objekte im Zentrum aktueller Forschungen über Non-Standard-Anwendungen.

Ziel dieses Fachgesprächs ist es, durch eine Reihe eingeladener Vorträge Aspekte der Verarbeitung und Verwaltung geometrischer Daten aus der Sicht von Anwendern, Datenbankfachleuten, theoretischen Informatikern und Mathematikern zu beleuchten. Die Auswahl der Vorträge erfolgte nach dem Gesichtspunkt alle wichtigen Bereiche wenigstens exemplarisch vorzustellen. Auf diese Weise soll ein Anstoss zu einem fruchtbaren Dialog zwischen Theorie und Praxis in diesem Bereich gegeben werden.

Organisation des Fachgesprächs: T. Ottmann (Uni Karlsruhe)

Verarbeitung und Verwaltung geometrischer Daten

Einführung in das Fachgespräch

Th. Ottmann, Universität Karlsruhe

Die Verarbeitung und Verwaltung von Daten, für die eine räumliche Komponente charakteristisch ist, hat in den letzten Jahren zunehmend an Bedeutung gewonnen.

Stark vereinfachend kann man vielleicht sagen: Während zu Beginn der elektronischen Datenverarbeitung die Verarbeitung und Verwaltung von numerischen oder kommerziellen Daten im Stapelbetrieb überwog, steht heute die Verarbeitung und Verwaltung von Daten mit räumlicher Komponente, d.h. insbesondere graphischer Daten im Dialog im Vordergrund. Im praktischen Einsatz befindliche CAD–Systeme, Systeme zur Analyse und Synthese von Bildern und zahlreiche Graphik–Systeme belegen das ebenso wie ein in den letzten 10 Jahren unter dem Namen **algorithmische Geometrie** entstandenes neues Forschungsgebiet, das zu den gegenwärtig aktivsten Gebieten innerhalb der theoretischen Informatik zählt.

Es wird heute zunehmend üblicher, das gesamte Gebiet mit dem Begriff algorithmische Geometrie oder besser mit seiner im englischen Sprachraum gebräuchlichen Version als **Computational Geometry** zu bezeichnen. Das Gebiet und auch der Begriff Computational Geometry haben jedoch zwei verschiedene historische Wurzeln. (Vgl. hierzu die Einführung [2] von A.R. Forrest zum Special Issue on Computational Geometry, der ACM Trans. Graphics.) In den **Anwendungen**, d.h. vor allem in der Computer Graphik, verstand und versteht man darunter sämtliche Aspekte der (mathematischen) Darstellung und Manipulation von zwei– und dreidimensionalen Objekten (shapes). Dazu kann man zählen: geometrisches Modellieren, d.h. die Darstellung von Kurven, Flächen und Körpern, die Implementation realer Systeme, Nicht–Standard Anwendungen im Datenbankbereich (CAD–Datenbanken) und — um ein gegenwärtig besonders aktuelles Gebiet zu nennen —, Robotik als ein Gebiet, das sich mit der Repräsentation, der Manipulation und dem Argumentieren über physische Objekte in Computern beschäftigt. (Vgl. hierzu z.B. [3].)

Obwohl die Geometrie sicher zu den ältesten Gebieten der Mathematik gehört, sind Fragen der Verarbeitung geometrischer Daten mit Rechnern aus **theoretischer** Sicht erst in jüngster Zeit systematisch untersucht worden. Ausgelöst durch eine im Jahre 1978 an der Yale University erschienene Dissertation von M.I. Shamos [6] hat sich die Computational Geometry in den letzten 10 Jahren sehr stürmisch entwickelt. Sie nimmt inzwischen einen festen Platz im Bereich des Entwurfs und der Analyse von Algorithmen ein. Die bereits im Jahre 1983 erschienene Bibliographie [1] nennt mehr als 600, und der Übersichtsartikel [4] über 300 einschlägige Titel. Es wurden zahlreiche knifflige Datenstrukturen und effiziente Algorithmen entwickelt und mit mathematischer Präzision analysiert. Es ist jedoch nicht leicht, aus den Hunderten von vorgeschlagenen Einzellösungen die von exemplarischem Charakter oder für die Anwendungen besonders wichtigen herauszufiltern. Erste Darstellungen wichtiger Teile des Gebiets in Lehrbüchern, wie das 1985 erschienene Buch [5], sind eine wertvolle Orientierungshilfe.

Ziel dieses Fachgespräches ist es, beide Seiten der Verarbeitung und Verwaltung geometrischer Daten mit Rechnern, d.h. die **angewandte** und die **theoretische** Seite der Computational Geometry, durch eine Reihe eingeladener Vorträge zu beleuchten. Die im folgenden zu findenden Beiträge von Mathematikern, (theoretischen) Informatikern, Datenbankfachleuten und Anwendern können natürlich keine auch nur einigermaßen vollständige Übersicht über das Gebiet geben. Es ist jedoch zu hoffen, daß sie einen weiteren Anstoß zu einem fruchtbaren Dialog zwischen Theorie und Anwendungen liefern.

Dieser Versuch einer Zusammenführung theoretischer und angewandter Forschung in diesem Bereich ist seit einiger Zeit national und international zu beobachten. Arbeiten aus der Computational Geometry sind auf den großen internationalen Theoriekonferenzen ebenso vertreten wie umgekehrt theoretische Arbeiten in Zeitschriften und auf Tagungen zu finden sind, die sich in erster Linie an Anwender richten. Die ACM hat zwei Hefte der Transactions on Graphics diesem Thema gewidmet (vgl. [2]). Die IEEE Computer Society hat einen ausführlichen Übersichtsartikel [4] in das Jubiläumsheft zum 100–

jährigen Bestehen dieser Gesellschaft aufgenommen. Eine kleine Gruppe von den in Europa auf dem Gebiet arbeitenden Informatikern hat auf drei regionalen Workshops (Zürich 1983, Bern 1984 und Karlsruhe 1985) mit Beteiligten aus Deutschland, Österreich und der Schweiz ähnliche Themen behandelt. In den USA veranstalten die ACM Special Interest Groups für Graphics und Automata and Computability Theory seit 1985 jeweils im Juni ein jährliches Symposium über Computational Geometry: 1. Symposium 1985 in Baltimore, MD; 2. Symposium 1986 in Yorktown Heights, N.Y.; das dritte Symposium wird im Juni 1987 in Waterloo, Canada, stattfinden.

Einige Aspekte werden auch im Rahmen des kürzlich von der DFG eingerichteten Schwerpunktprogramms **Datenstrukturen und effiziente Algorithmen** in einer Reihe aufeinander abgestimmter Forschungsvorhaben untersucht.

Eine engere Zusammenarbeit zwischen Theorie und Anwendungen auf dem Gebiet der Verarbeitung und Verwaltung geometrischer Daten soll natürlich schließlich zu noch besseren und robusteren Systemen für den praktischen Einsatz führen. Dazu sind noch viele Probleme zu lösen. Zu den aus theoretischer Sicht besonders wichtigen Fragen gehören die Abkehr vom **worst case**–Denken und die stärkere Konzentration auf **im Mittel** für reale Daten effiziente Algorithmen, die Behandlung komplexer dreidimensionaler Objekte, die Berücksichtigung (und nicht das Ausklammern) der zahlreichen in der Realität auftretenden **Spezialfälle**, die Entwicklung von leistungsfähigen Standardstrukturen für Einzelprobleme, die Frage der numerischen Stabilität von Algorithmen.

Literatur

[1] H. Edelsbrunner, J. van Leeuwen: Multidimensional Data Structures and Algorithms, A Bibliography, Bericht F 104, IIG Graz, Jan. 1983.

[2] A.R. Forrest: Guest Editor's Introduction to Special Issue on Computational Geometry, in: ACM Transactions on Graphics, Vol. 3, No. 4, October 1984, 241 – 243.

[3] J.E. Hopcroft: The Impact of Robotics on Computer Science, in: Commu-

nications of the ACM, Vol. 29, No. 6, June 1986, 486 – 498.

[4] D.T. Lee, F.P. Preparata: Computational Geometry: A Survey, in: IEEE Transactions on Computers, C-33, 12, December 1984.

[5] F.P. Preparata, M.I. Shamos: Computational Geometry, An Introduction, Springer–Verlag, New York, 1985.

[6] M.I. Shamos: Computational Geometry, Ph.D. Thesis, Dept. of Computer Science, Yale University, 1978.

WECHSELWIRKUNG ZWISCHEN DER COMPUTERGRAFIK UND DER THEORIE DER POLYEDER

H. Bieri
Universität Bern
Institut für Informatik
und angewandte Mathematik
CH-3012 Bern

1. Einführung

Als gegen Ende der 50er-Jahre erstmals Kathodenstrahlröhren als grafische Terminals an Computer angeschlossen wurden, war die mathematische Theorie der Polyeder schon hochentwickelt, besonders diejenige der konvexen [Grünbaum 1967]. Neue und sehr bedeutende Ergebnisse (z.B. Upper Bound Theorem (1970), Lower Bound Theorem (1973), McMullen's Conditions (1980)) sind seither dazugekommen [Brøndsted 1983]. Dass sich in dieser gleichen Zeitspanne auch die Computergrafik - wir wollen den Begriff weit fassen und benachbarte Gebiete, wie die Bildverarbeitung, die Computervision und die Computational Geometry (vgl. [Meier 1986], S. 28) durchaus auch einbeziehen - in geradezu spektakulärer Weise entwickelt hat, braucht wohl nicht besonders betont zu werden [Van Dam 1984]. Nun dürfen die bedeutendsten Erfolge in beiden Gebieten während den letzten 25 - 30 Jahren allerdings kaum ihrer Wechselwirkung zugeschrieben werden. Der Einfluss der Computergrafik auf die Theorie der Polyeder hat sich - anders als bei der Graphentheorie - nicht bis zu deren tieferen Resultaten ausgewirkt, und umgekehrt verdankt die Computergrafik ihren Aufschwung viel eher der technischen Entwicklung als der Theorie der Polyeder. Aber die Wechselwirkung war vorhanden. Sie wirkte sich mehr in die Breite als in die Tiefe aus, war aber doch in beiden Richtungen nutzbringend. H. Hadwigers (1908 - 1981) letzte Veröffentlichung ist ein schönes Beispiel dafür, wie eine mathematische Vermutung erst streng bewiesen werden konnte, nachdem Berechnungen und Visualisierung auf dem Computer den schliesslich zum Ziel führenden Weg als genügend erfolgversprechend erscheinen liessen [Hadwiger 1979]. (Es handelte sich dabei um die Konstruktion eines Gegenbeispiels in Form eines Gittersimplexes im 441-dimensionalen euklidischen Raum.) Der Computer war hier für die

Theorie der Polyeder nutzbringend, aber als Tool und nicht z.B. als Quelle für eine neue Fragenstellung. Als einfaches Beispiel für die umgekehrte Richtung sei der Punktlokalisierungsalgorithmus von M.I. Shamos für den Fall eines (i.a.) nichtkonvexen Polygons erwähnt ([Shamos 1978], pp. 101 ff). Es werden hier zwar Ergebnisse aus der Theorie der Polyeder verwendet, aber nur äusserst elementare. Die Hauptidee entstammt der Computational Geometry.

Dass die Wechselwirkung zwischen den beiden Gebieten aber auch tiefgründiger - und interessanter - sein kann, soll im folgenden nicht streng begründet, aber immerhin angedeutet werden. Eine Bestätigung der These, dass sich die Informatik ganz allgemein im Verlaufe ihrer Reifung zunehmend der Mathematik annähern werde [Hoare 1985], kann sich damit nicht ergeben. Denn die hauptsächlichen Ergebnisse der Wechselwirkung zwischen der Theorie der Polyeder und der Computergrafik waren - wie soeben festgestellt - bisher nicht sehr tiefgehende, sondern mehr unmittelbar praktische.

2. Polyeder und Polygone

Die heutige Computergrafik ist von Polyedern und vor allem von Polygonen geradezu "durchsetzt" [Meier 1986], [Newman/Sproull 1986]. Für die unmittelbare Darstellung von geradlinig- bzw. ebenbegrenzten Objekten der "Wirklichkeit" spielen sie eine genauso grosse Rolle wie für das Approximieren von gekrümmten Linien und Flächen. Und so ist es z.B. selbstverständlich, dass das Graphische Kernsystem (GKS) als Standard für 2D-Grafik eine Primitive POLYLINE enthält [Enderle/Kansy/Pfaff 1984]. Im folgenden soll skizziert werden, in welcher Form die Mathematik die Begriffe "Polyeder" und "Polygon" bereitgestellt hat und wie diese in der Computergrafik verwendet werden. Polygone und Polyeder gehören zum anschaulichsten und wohl deshalb auch zum ältesten Bestand der Mathematik. Die Präzisierung der beiden Begriffe wurde dadurch natürlich nicht vereinfacht und ist denn auch spät und von mehreren Standpunkten aus erfolgt. Heute lassen sich grob die folgenden drei Standpunkte unterscheiden, welche natürlich nicht disjunkt sind:

2.1 Der morphologische Standpunkt

Hier wird - seit L. Poinsot und A.F. Moebius - ein Polygon als ein System von (abgeschlossenen) Strecken $[p_1,p_2],[p_2,p_3],\ldots,[p_{n-1},p_n]$ des Raumes R^3 definiert [Gerretsen/Vredenduin 1960]. Diese Strecken heissen Seiten und die p_i Eckpunkte des Polygons. Definitionen von Begriffen wie zusammenhängend, geschlossen, einfach, eben, windschief und konvex lassen sich anschliessen, womit sich die bekannten Klassierungsmöglichkeiten für Polygone ergeben. Weitere wichtige Begriffe, deren Präzisierung nun leicht vorzunehmen ist, sind z.B. die Orientierung, der Innen- und der Aussenwinkel. Von besonderer Bedeutung ist das Innere eines geschlossenen, einfachen, ebenen Polygons, welches auch etwa Polygonbereich genannt und häufig mit dem Polygon selber identifiziert bzw. verwechselt wird. Ein Polyeder wird nach dem morphologischen Standpunkt durch die Angabe seiner "Berandung" definiert, d.h. als System von endlich vielen geschlossenen, ebenen Polygonen. Von diesen Polygonen ist zu verlangen, dass jede ihrer Seiten zu genau zwei Polygonen gehört. Die Polygone werden Flächen des Polyeders genannt, ihre Seiten Kanten und ihre Eckpunkte Ecken. Auch hier lassen sich die Definitionen von weiteren bekannten Begriffen anschliessen, wie etwa diejenige des orientierbaren oder des konvexen Polyeders.

Die Definition von Polygon und Polyeder nach dem morphologischen Standpunkt ist in der Computergrafik und insbesondere der Computational Geometry die weitaus populärste [Preparata/Shamos 1985], [Nievergelt/Preparata 1984], [Mehlhorn/Simon 1985]. Die unmittelbare Anschaulichkeit sowie das leicht mögliche Umsetzen in Datenstrukturen dürften die Hauptgründe dafür sein. Gewisse Nachteile sind allerdings nicht zu übersehen. Der wichtigste betrifft das nahegelegte Ignorieren der topologischen Struktur des Raumes, mit der Folge, dass häufig nicht klar ist, ob z.B. ein Polygonbereich als abgeschlossen zu betrachten ist oder nicht. Ein weiterer liegt in den Schwierigkeiten, die sich beim Versuch des Verallgemeinerns auf höhere Dimensionen ergeben.

2.2 Der mengentheoretische Standpunkt

Bei diesem moderneren Standpunkt, der hauptsächlich auf H. Minkowski zurückgeht, wird von konvexen Polytopen ausgegangen: Ein konvexes Polytop (auch konvexes Poyeder bzw. einfach Polytop) ist als die konvexe Hülle von endlich vielen Punkten des Raumes R^d definiert [Hadwiger 1957]. Konvexe Polytope sind somit abgeschlossen und beschränkt (bezüglich der euklidischen Topologie des R^d). Die Dimension eines konvexen Polytops ist definitionsgemäss gleich der Dimension seiner affinen Hülle. i-dimensionale Polytope mit $i<d$ heissen uneigentlich. Es ist nicht schwierig, (rekursiv) die Seitenflächen eines konvexen Polytops zu definieren und zwar ebenfalls als konvexe Polytope (niedrigerer Dimension) [Grünbaum 1967]. Ein konvexes Polytop lässt sich auch als Durchschnitt von endlich vielen abgeschlossenen (ebenen) Halbräumen definieren, wobei zu verlangen ist, dass dieser Durchschnitt beschränkt und nicht leer ist. Lässt man die Forderung nach "beschränkt" fallen, ergibt sich die Definition der polyedrischen Menge, die z.B. in der Linearen Programmierung eine wichtige Rolle spielt. Ein Polyeder wird nun als die Vereinigungsmenge von endlich vielen konvexen Polytopen definiert. Polyeder sind somit wie Polytope abgeschlossen, beschränkt und nicht leer. Auf den Polygon-Begriff kann beim mengentheoretischen Standpunkt verzichtet werden. Die Theorie der (nichtkonvexen) Polyeder ist viel weniger weit entwickelt als diejenige der konvexen Polytope. So ist z.B. nicht einmal der Seitenbegriff befriedigend geklärt (vgl. [Hadwiger 1973], [Nef 1978], S. 0-5). Dass bei der Bildung der Differenz zweier Polyeder die Polyedereigenschaft i.a. verloren geht, ist für die Anwendung problematisch (vgl. [Tilove 1980], p. 875). Schön ist beim mengentheoretischen Standpunkt, dass die Definitionen für eine beliebige Raumdimension Gültigkeit haben und dass von der euklidischen Topologie des R^d Gebrauch gemacht wird. Die Computergrafik hat bisher diesen Standpunkt nur wenig berücksichtigt und auch dann nicht konsequent [Markowsky/Wesley 1980], [Requicha 1980]. Eine Ausnahme bilden Anwendungen, die sich auf konvexe Polytope beschränken, z.B. [Chand/Kapur 1970] und [Swart 1985].

2.3 Der topologische Standpunkt

Hier wird von den i-dimensionalen Simplexen des Raumes R^d ausgegangen ($0 \leq i \leq d$) [Weise/Noack 1960]. Endlich viele derartige Simplexe bilden unter gewissen zusätzlichen Bedingungen einen (endlichen) simplizialen Komplex, dessen Vereinigungsmenge Polyeder genannt wird. Diese Definition ist vorerst identisch mit der mengentheoretischen, wird nun aber noch wesentlich ausgedehnt, indem alle Teilmengen des R^d, die topologisch-isomorph zu einem Polyeder sind, ebenfalls als Polyeder aufgefasst werden. Es werden hier also auch Mengen mit "gekrümmter" Berandung als Polyeder zugelassen. Ein Polyeder ist nach dem topologischen Standpunkt im wesentlichen durch sein Schema, das heisst durch die Anordnungen der Eckpunkte der Simplexe des zugrundeliegenden simplizialen Komplexes bestimmt. Es kann hier somit auch vom kombinatorischen Standpunkt gesprochen werden. Als interessante Anwendung seien die "regulären Mengen" (R-sets) von A.A.G. Requicha erwähnt (siehe Abschnitt 4) oder die verschiedenen Modelliersysteme, die auf Euler-Operatoren (siehe z.B. [Meier 1986], S. 157 ff) basieren.

Bislang scheint man sich in der Computergrafik nicht allzu viele Gedanken über die Begriffe "Polyeder" und "Polygon" gemacht zu haben, i.a. ging man pragmatisch vor und liess sich vor allem von der Anschauung leiten. Künftig dürften die Anforderungen an die mathematischen Grundlagen und insbesondere an die Theorie der Polyeder grösser werden. Einerseits durch das zunehmende Interesse an höherdimensionalen Fragestellungen, vor allem aber durch den Bedarf an noch viel umfassenderen Grafiksystemen [Besl/Jain 1985], [Hopcroft 1986].

3. Computational Geometry

Wie den in letzter Zeit erschienen Übersichten und Einführungen [Lee/Preparata 1984], [Mehlhorn 1984], [Preparata/Shamos 1985] und [Toussaint 1985] entnommen werden kann, hat sich die Computational Geometry (Algorithmische Geometrie, Computergeometrie) bislang fast ausschliesslich mit Polygon- und Polyederproblemen beschäftigt, zu einem guten Teil sogar noch spezieller mit achsenparallelen Objekten [Wood 1985]. Die Gründe dafür sind vielfältig und müssen kaum weit gesucht werden: Die Anschaulichkeit sowie die allgemein gut bekannte Elementargeometrie dürften eine ebenso grosse Rolle spielen wie die Tatsachen, dass sich der Mensch an rechteckige Dokumente gewöhnt hat oder dass ein Grossteil der Maschinenbauteile polyederförmig ist. Dass sich dabei das Hauptinteresse der Computational Geometry - wie der eigentlichen Computergrafik - vorerst auf 2-dimensionale Fragestellungen konzentriert hat, ist ebenso verständlich. Hier kommt die Anschaulichkeit voll zum Zug, und die paar fehlerhaften Resultate, welche publiziert worden sind, haben das häufig recht unbekümmerte Vorgehen beim Entwurf von neuen Algorithmen nicht in Frage gestellt. Man arbeitet im 2-dimensionalen Fall mit dem morphologischen Polygonbegriff. (Auch eine beliebige endliche Menge von Strecken in der Ebene stellt nach diesem Begriff ein Polygon dar.) Die meist unmittelbar verständlichen Fragestellungen bilden einen besonderen Anreiz, sich in dieses Gebiet einzuarbeiten. Hier schliesst sich die Computational Geometry durchaus an die klassische Elementargeometrie an. Nun ist es natürlich so, dass sich sehr viele Fragen der 2-dimensionalen Computational Geometry nicht nur elementar stellen, sondern auch elementar lösen lassen - solang die Effizienz ausser acht gelassen wird. So ist zum Beispiel das Bestimmen des Durchmessers einer endlichen Menge $\subset R^2$ vom Standpunkt der klassischen Mathematik aus trivial, solange man sich mit der Zeitkomplexität $O(n^2)$ - an Stelle von $O(n \log n)$ - zufrieden gibt [Shamos 1978]. Aber die Praxis zeigt, dass oft (an sich einfache) Probleme mit grosser "Problem Size" auftreten. Ein bekanntes Beispiel bilden Szenen, die zwar "einfach" aufgebaut sind, aber wegen der Anzahl und Anordnung der Objekte z.B. für das Bestimmen der Sichtbarkeit doch sehr viel Rechenaufwand erfordern [Müller/Schmitt/Abramowski 1985]. Dann ist die Recheneffizienz entscheidend. Hier gibt die Computergrafik der Geometrie durchaus neue Impulse, indem sie diese dazu auffordert, nicht nur vermehrt konstruktive Lösungen zu suchen, sondern sogar effiziente. Von anderen Anwendungsgebieten her werden der Mathematik derartige Impulse schon seit langem gegeben, das Operations Research und in erster Linie die Numerik mögen als Beispiele dienen. Der algorithmische Standpunkt ist für die Mathematik weniger neu als vielmehr durch das Aufkommen der Informatik neu aktuell.

Die Computational Geometry hat sich methodisch im wesentlichen auf eine Aufgabe konzentriert, auf das Entwerfen von effizienten Algorithmen für geometrische Probleme. Das hat zur Entwicklung - oder besser Vervollkommnung - von Paradigmen geführt, wie Plane-Sweep, Divide-and-Conquer oder Geometrisches Transformieren [Lee/Preparata 1984]. Vor allem aber zu neuartigen und hochinteressanten (dynamischen) Datenstrukturen, wie dem Interval-Tree, dem Segment-Tree oder dem Priority-Search-Tree (vgl. [Overmars 1983], [Mehlhorn 1984], [Preparata/Shamos 1985]). Diese Datenstrukturen bilden vielleicht bis jetzt den wichtigsten Beitrag der Computational Geometry zur Informatik. Für den Entwurf der Algorithmen selber hat die Computational Geometry von der Geometrie eigentlich wenig Methoden übernommen, das Bilden der konvexen Hülle, die Polarität und das Voronoi-Diagramm gehören zu den wichtigsten. Anders sieht es bei der Analyse der Algorithmen aus, wo sehr viel mehr Mathematik gebraucht wird. Ein Phänomen, das so alt ist wie das ernsthafte Sich-Befassen mit Algorithmen. Es sei z.B. nur an das Analysieren der bekannten Sortier- oder Such-Algorithmen erinnert [Knuth 1973]. Für das Analysieren der Zeit- und Platz-Komplexität ist die Computational Geometry auf tiefere Resultate der Mathematik angewiesen, unter anderem auch aus der Theorie der Polyeder. So liefert das Upper Bound Theorem eine Abschätzung der Zeit-Komplexität des "Gift-wrapping"- Algorithmus für das Bestimmen der d-dimensionalen konvexen Hülle [Chand/Kapur 1970], [Swart 1985], oder die Schäl-Methode [Bruggesser/Mani 1971] eine Schranke für die Platz-Komplexität (vgl. [Preparata/Shamos 1985], p. 143)). Resultate der Integralgeometrie, wie die Sätze von Rényi-Sulanke (1963) oder Raynaud (1970), wurden bereits von [Shamos 1978] für Average-Case-Analysen verwendet. Gerade von der Integralgeometrie [Santaló 1976] darf die Computational Geometry noch viele Anstösse erwarten. Eine gewisse Wechselwirkung zwischen der Geometrie, inklusive der Theorie der Polyeder, und der Computational Geometry ist also durchaus festzustellen. Obschon die Computational Geometry gerade wegen ihrer Betonung der Effizienz einen eindrücklichen Aufschwung erlebt hat, darf ihr doch der Vorwurf einer gewissen Einseitigkeit nicht ganz erspart werden. Mit Effizienz meint sie - wie die Algorithmik allgemein - asymptotische Effizienz, eine Auffassung, die nebst all ihren Vorteilen auch Nachteile hat [Asano et al. 1985]. Nicht jeder praktisch interessante Input ist ein "sehr grosser" Input. Gelegentlich macht die Computational Geometry den Anschein, als ob für sie

"gut = O(n log n) Worst-Case-Komplexität"

gelte, was nicht einmal bei Sortieralgorithmen undiskutabel ist. Unseres Erachtens stösst der Wert der Komplexitätsoptimierung aber auch dann an gewisse Grenzen, wenn sich diese erst auf Kosten von Einfachheit und Eleganz ergibt ([Aho/Hopcroft/Ullman 1983], p.20f). Auch nicht sehr befriedigend - zumindest vom mathematischen Standpunkt aus - ist das Ausschliessen von Spezialfällen, um die angestrebte Effizienz zu erreichen.

Die Computational Geometry hat rasch einen hohen Stand erreicht. Dass es aber heute schon derart gut möglich ist, das Gebiet zu überblicken und insbesondere die Fragestellungen zu klassieren, ist etwas beängstigend und könnte auf ein voreiliges Sich-Einschränken hindeuten. [Lee/Preparata 1984] nennt als mögliche Quellen neuer Fragestellungen die Dynamic Computational Geometry (vgl. z.B. [Ottman/Widmayer 1983]) und das oben schon als sinnvoll erachtete Untersuchen von Algorithmen im nicht-asymptotischen Bereich. Das scheint etwas bescheiden. Das Konstruieren von parallelen Algorithmen [Akl 1985] bietet sicher ein weiteres Betätigungsfeld. Aber sollte nicht auch vermehrt ein Schwergewicht auf höherdimensionale Probleme, mindestens 3-dimensionale, gelegt werden? Die Schwierigkeiten sind im Vergleich zu den 2D-Problemen i.a. zwar wesentlich grösser - oft weil sich die Effizienz des Sortierens nicht mehr so unmittelbar auswirkt, aber es gibt doch schon schöne Resultate, wie z.B. [Mehlhorn/Simon 1985]. Die Theorie der Polyeder ist vor allem auch für höhere Dimensionen entwickelt worden. Daneben werden Problemstellungen in Zusammenhang mit krummlinig begrenzten Objekten an Bedeutung zunehmen, besonders aus dem Bereich der Robotik [Horn 1984], [Hopcroft 1986]. Hier kann für die Computational Geometry ein grosses neues Anwendungsgebiet entstehen. Es wird sich dann auch eine weitere Wechselwirkung mit der Mathematik ergeben, nämlich mit der Differential- und algebraischen Geometrie.

4. Geometrisches Modellieren

Im Gegensatz zur Computational Geometry lag beim Geometrischen Modellieren das Hauptinteresse von Anfang an bei den 3-dimensionalen Problemstellungen. Die dadurch bedingten hohen Anforderungen an die Hardware konnten vorerst nur ungenügend erfüllt werden, so dass das Gebiet erst gegen Ende der 70er-Jahre einen starken Aufschwung nahm. Also ungefähr gleichzeitig wie die 10 Jahre jüngere, aber sich von Anfang an sehr rasch entwickelnde Computational Geometry. [Requicha 1980], [Requicha/Voelcker 1982], [Requicha/Voelcker 1983] und [Besl/Jain 1985] geben gute Übersichten, auch über konkrete Systeme. Trotz allen seinen Erfolgen steckt das Geometrische Modellieren vermutlich erst in den Anfängen. Insbesondere die Robotik scheint zunehmend höhere Ansprüche an das Gebiet und damit an die dahinter stehende Mathematik zu stellen (vgl. Abschnitt 3). Polyeder und Polygone waren seit jeher wichtige Kandidaten bei der Wahl von Grundbausteinen oder Primitiven beim Geometrischen Modellieren. Aber ebenso z.B. Zylinder, Kegel oder Kreise, da hier im allgemeinen eher die praktische als die mathematische "Einfachheit" im Vordergrund steht. Alle im Abschnitt 2 erwähnten Polyeder- und Polygonbegriffe finden beim Geometrischen Modellieren ihre Anwendung, dazu kommen verschiedene Mischformen. Der morphologische Standpunkt kommt besonders bei Randdarstellungen zum Zug, der mengentheoretische beim Volumenmodell und der topologisch-kombinatorische bei der Zellzerlegung und beim Arbeiten mit Euler-Operatoren ([Requicha 1980], [Meier 1986]). Die Wechselwirkung zwischen der Theorie der Polyeder und der Computergrafik tritt beim Geometrischen Modellieren deutlicher und direkter in Erscheinung als bei der Computational Geometry, was aber mehr mit dem heutigen Stand der beiden Gebiete als mit der Natur der Sache zu tun hat. Zur Illustration dieser Wechselwirkung im Fall des Geometrischen Modellierens wollen wir uns auf das dafür interessanteste Teilgebiet, das Konstruieren mit Raumprimitiven (Constructive Solid Geometry) beschränken. Bei dieser Darstellungsform werden die zu konstruierenden Objekte aus den zugrundegelegten Primitiven durch endliches Anwenden von Booleschen Operationen gebildet. Ein sauber entworfenes System für didaktische Zwecke, welches insbesondere auch neuere Algorithmen der Computational Geometry berücksichtigt, ist POLY [Meier/Loacker 1986]. Wir skizzieren im folgenden zwei allgemeine Ansätze, die beide auf nichttrivialen Fundamenten aus der Theorie der Polyeder beruhen, umgekehrt dieser aber auch Anregungen vermitteln und zwar insbesondere dadurch, dass sie neue Vorschläge für einen in der Computergrafik geeigneten Polyederbegriff beinhalten. Ein weiterer, verwandter Ansatz findet sich in [Vogel 1984].

4.1 Der Ansatz von A.A.G. Requicha

[Requicha 1980] stellt sicher mit Recht fest, dass sich nur sehr wenige Teilmengen des R^3 zum Modellieren von physischen Objekten eignen. Er nennt diese Teilmengen Abstract Solids und stellt für sie einen Anforderungskatalog auf, der sowohl aus praktischen Erfahrungen wie aus theoretischen Überlegungen zu resultieren scheint. Es handelt sich um 6 Anforderungen, die hier nur in ihrer Kurzform - "Rigidity",

"Homogeneous three dimensionality", "Finiteness", "Closure under rigid motions and certain Boolean operations", "Finite describability", "Boundary determinism" - wiedergegeben werden sollen. Die Abstract Solids, welche Requicha aufgrund dieser Anforderungen "bestimmt" und R-sets nennt, sind die kompakten, regulären und semianalytischen Teilmengen des R^3. R-sets sind Polyeder nach dem topologischen Standpunkt und brauchen insbesondere nicht ebenbegrenzt zu sein. Als Boolesche Operationen schlägt Requicha die "regularisierten" Pendants zu den herkömmlichen Mengenoperationen Durchschnitt, Vereinigung, Differenz und Komplement vor: Es mögen int(X) das Innere, clos(X) die abgeschlossene Hülle und cpl(X) die Komplementärmenge von X bedeuten. Dann sind die regularisierten Operationen wie folgt definiert:

$$X \cap^* Y := \mathrm{clos}(\mathrm{int}(X \cap Y)),$$
$$X \cup^* Y := \mathrm{clos}(\mathrm{int}(X \cup Y)),$$
$$X -^* Y := \mathrm{clos}(\mathrm{int}(X - Y)),$$
$$\mathrm{cpl}^* X := \mathrm{clos}(\mathrm{int}(\mathrm{cpl}\ X)).$$

Die (abgeschlossen-) regulären Teilmengen X, für welche also clos(int(X)) = X gilt, bilden mit diesen Mengenoperationen eine Boolesche Algebra. Das heisst, dass die R-sets zusammen mit diesen Operationen die Forderung "Closure under certain Boolean operations" erfüllen. Die regularisierten Mengenoperationen lassen sich für genügend "einfache" Mengen natürlich leicht realisieren, was in verschiedenen konkreten Modellierungssystemen auch geschehen ist [Tilove 1984]. Für die meisten praktischen Bedürfnisse sollten sie auch ausreichen. Die R-sets dürften für das konkrete Implementieren grössere Schwierigkeiten bereiten. Der Begriff ist sehr allgemein, und seine Umsetzung in eine algorithmisch brauchbare Form wird i.a. zusätzliche Einschränkungen bedingen. Der Ansatz liefert auf jeden Fall einen fundierten Rahmen für das Erstellen von konkreten Systemen für das Konstruieren mit Raumprimitiven, und er hat auch bereits viel Beachtung gewonnen.

4.2 Der Ansatz von W. Nef

[Nef 1978] geht vom mengentheoretischen Polyederbegriff aus, den er aber aufgrund der folgenden Zielsetzungen erweitert:

- Der Theorie soll eine Klasse von Mengen $\subset R^d$ zugrundegelegt werden, welche die Polyeder im klassischen Sinn enthält und gegenüber der

Bildung von Vereinigung, Durchschnitt und Differenz abgeschlossen ist.

- Geometrische Beziehungen sollen auf einfache Weise in algebraische umgesetzt werden können.
- Alle Algorithmen sollen beweisbar sein.

Diese Grundsätze haben zu der folgenden Definition geführt: Ein <u>Polyeder</u> ist eine Menge $P \subset R^d$, die sich aus endlich vielen (ebenen) Halbräumen durch Anwenden der Mengenoperationen $\cup$, $\cap$ und cpl erhalten lässt. Äquivalent ist die folgende Definition [Bieri 1980]: Eine Teilmenge $P \subset R^d$ ist genau dann ein Polyeder, wenn sowohl P als auch cpl P Vereinigungen von endlich vielen relativ offenen Mengen sind. Die Algorithmen in [Nef 1978] und [Bieri/Nef 1982] - [Bieri/Nef 1985] zeigen, dass aufgrund dieser Definition die wichtigsten Aufgaben des Geometrischen Modellierens und weitere, Polyeder betreffende Probleme gelöst werden können. Die dabei verwendeten Techniken und insbesondere die postulierte Umsetzbarkeit geometrischer Beziehungen in algebraische sollen hier nur anhand eines kleinen Teilproblems im Zusammenhang mit den Seiten eines Polyeders P demonstriert werden. Die "lokalen Eigenschaften" von P in einem Punkt $x \in$ clos P werden mittels der <u>lokal zugeordneten Pyramide</u> P^x ausgedrückt, die wie folgt definiert ist: Falls x ein isolierter Punkt von P ist, ist $P^x := \{x\}$. Andernfalls ist P^x die Vereinigung aller Halbgeraden $[x,\infty)$ (falls $x \in P$) bzw. (x,∞) (falls $x \notin P$), auf welchen beliebig nahe bei x ein von x verschiedener Punkt $\in P$ liegt. Durch $x \sim y \iff P^x = P^y$ ist auf clos P eine Äquivalenzrelation definiert, deren (endlich viele) Klassen wir als <u>Seiten</u> von P bezeichnen. Nehmen wir an, dass P mittels eines Booleschen Polynoms aus Halbräumen dargestellt ist, so erhalten wir die entsprechende Darstellung von P^x , indem wir alle Halbräume, die x als inneren (äusseren) Punkt enthalten, durch R^d bzw. 1 (ϕ bzw. 0) ersetzen. P^x kann also durch <u>Teilauswertung</u> eines Booleschen Polynoms gefunden werden. Durch <u>Vergleich</u> der zu P^x und P^y gehörigen Polynome lässt sich dann leicht algebraisch feststellen, ob zwei Punkte x und y der gleichen Seite von P angehören. Es lässt sich zeigen, dass die so definierten Seiten relativ offene Polyeder sind. Es ist kritisiert worden, dass die Eigenschaft "relativ offen" eine unerwünschte Komplikation darstelle. Tatsächlich sind aber relativ offene Mengen insofern einfacher als abgeschlossene, als sie nur aus einer Sorte von Punkten, nämlich relativ inneren, bestehen, was sich in der Praxis ganz konkret so auswirkt, dass viele unangenehme Fallunterscheidungen wegfallen. Im übrigen sei darauf hingewiesen, dass sich die obige Definition der Polyederseite im Falle der konvexen Polytope insofern der klassischen angleicht, als die "klassischen" Seiten die abgeschlossenen Hüllen der soeben definierten relativ offenen sind. Kritisch ist weiter bemerkt worden, dass die Polyeder nach der Definition von W. Nef weder abgeschlossen noch beschränkt zu sein brauchen. Dazu ist vorerst zu bemerken, dass nicht abgeschlossene Polyeder z.B. schon in [Hadwiger 1973] betrachtet werden, und dass nicht beschränkte Polytope bzw. polyedrische Mengen in der Linearen Programmierung schon von Anfang an verwendet worden sind. Für den Praktiker (etwa im CAD) ist aber wichtiger, dass derartige "pathologische" Polyeder für ihn nicht sichtbar werden müssen: Denn sind zwei Polyeder P_1 und P_2 abgeschlossen und beschränkt, dann sind es auch $P_1 \cup P_2$, $P_1 \cap P_2$ und die modifizierte Differenz $\mathrm{clos}(P_1 - P_2)$.

Beim Vergleich mit A.A.G. Requicha's Ansatz ist vor allem folgendes festzustellen:

- W. Nef's Ansatz umfasst nur Polyeder im Sinne seiner Definition, also nicht alle R-Sets. Umgekehrt umfasst er Polyeder, die weder abgeschlossen, noch beschränkt, noch regulär und somit keine R-Sets sind.
- Die "regularisierten" Mengenoperationen bei Requicha's Ansatz können im Nef'schen System ohne weiteres durchgeführt werden. Denn die Bildung von clos P aus P ist eine einfache Operation, da clos P die Vereinigung aller Seiten von P ist. Ferner ist int P = cpl(clos(cpl P)).

Literaturverzeichnis

[Aho/Hopcroft/Ullman 1983]
Aho, A.V., Hopcroft, J.E., Ullman, J.D.: Data structures and algorithms. Reading: Addison-Wesley 1983.

[Akl 1985]
Akl, S.G.: Optimal parallel algorithms for selection, sorting and computing convex hulls. In Toussaint, G.T. (Ed.): Computational Geometry. Amsterdam: North-Holland 1985. pp. 1-22.

[Asano et al. 1985]
Asano, T., Edahiro, M., Imai, H., Iri, M., Murota, K.: Practical use of bucketing techniques in computational geometry. In Toussaint, G.T. (Ed.): Computational Geometry. Amsterdam: North-Holland 1985. pp. 153-195.

[Besl/Jain 1985]
Besl, P.J., Jain, R.C.: Three-dimensional object recognition. ACM Comput. Surv. 17, 75-145 (1985).

[Bieri 1980]
Bieri, H.: Eine Charakterisierung der Polyeder. Elemente Math. 35, 143-144 (1980).

[Bieri/Nef 1982]
Bieri, H., Nef, W.: A recursive sweep-plane algorithm, determining all cells of a finite division of R^d. Computing 28, 189-198 (1982).

[Bieri/Nef 1983]
Bieri, H., Nef, W.: A sweep-plane algorithm for computing the volume of polyhedra represented in Boolean form. Linear Algebra Appl. 52/53, 69-97 (1983).

[Bieri/Nef 1984]
Bieri, H., Nef, W.: Algorithms for the Euler characteristic and related additive functionals of digital objects. Comput. Vision, Graphics, Image Processing 28, 166-175 (1984).

[Bieri/Nef 1985]
Bieri, H., Nef, W.: A sweep-plane algorithm for computing the Euler-characteristic of polyhedra represented in Boolean form. Computing 34, 287-302 (1985).

[Brøndsted 1983]
Brøndsted, A.: An introduction to convex polytopes. New York: Springer-Verlag 1983.

[Bruggesser/Mani 1971]
Bruggesser, H., Mani, P.: Shellable decompositions of cells and spheres. Math. Scand. 29, 197-205 (1971).

[Chand/Kapur 1970]
Chand, D.R., Kapur, S.S.: An algorithm for convex polytopes. J. ACM 17, 78-86 (1970).

[Enderle/Kansy/Pfaff 1984]
Enderle, G., Kansy, K., Pfaff, G.: Computer graphics programming - GKS the graphics standard. Berlin: Springer-Verlag 1984.

[Gerretsen/Vredenduin 1960]
Gerretsen, J., Vredenduin, P.: Polygone und Polyeder. In Behnke, H. et al. (Ed.): Grundzüge der Mathematik. Bd. 2: Geometrie. Göttingen: Vandenhoeck & Ruprecht 1960. S. 174-225.

[Grünbaum 1967]
Grünbaum, B.: Convex polytopes. London: John Wiley 1967.

[Hadwiger 1957]
Hadwiger, H.: Vorlesungen über Inhalt, Oberfläche und Isoperimetrie. Berlin: Springer-Verlag 1957.

[Hadwiger 1973]
Hadwiger, H.: Erweiterter Polyedersatz und Euler-Shephardsche Additionstheoreme. Abh. Math. Seminar Univ. Hamburg 39, 120-129 (1973).

[Hadwiger 1979]
Hadwiger, H.: Gitterpunktanzahl im Simplex und Wills'sche Vermutung. Math. Ann. 239, 271-288 (1979).

[Hoare 1985]
Hoare, C.A.R.: The mathematics of programming. In Maheshwari, S.N. (Ed.): Foundations of software technology and theoretical computer science. Lecture Notes in Computer Science 206. Berlin: Springer-Verlag 1985. S. 1-18.

[Hopcroft 1986]
Hopcroft, J.E.: The impact of robotics on computer science. Comm. ACM 29, 486-498 (1986).

[Horn 1984]
Horn, B.K.P.: Extended Gaussian images. Proc. of the IEEE 72, 1671-1686 (1984).

[Knuth 1973]
Knuth, D.E.: The art of computer programming. Vol. 3: Sorting and searching. Reading: Addison-Wesley 1973.

[Lee/Preparata 1984]
Lee, D.T., Preparata, F.P.: Computational geometry - A survey. IEEE Trans. Comput. C-33, 1072-1101 (1984).

[Markowsky/Wesley 1980]
Markowsky, G., Wesley, M.A.: Fleshing out wire frames. IBM J. Res. Develop. 24, 582-597 (1980).

[Mehlhorn 1984]
Mehlhorn, K.: Data structures and algorithms 3: Multidimensional searching and computational geometry. Berlin: Springer-Verlag 1984.

[Mehlhorn/Simon 1985]
Mehlhorn, K., Simon, K.: Intersecting two polyhedra one of which is convex. In Budach, L. (Ed.): Fundamentals of Computation Theory. Lecture Notes in Computer Science 199. Berlin: Springer-Verlag 1985. S. 534-542.

[Meier 1986]
Meier, A.: Methoden der grafischen und geometrischen Datenverarbeitung. Stuttgart: Teubner 1986.

[Meier/Loacker 1986]
Meier, A., Loacker, H.B.: POLY - Ein Unterrichtssystem zur Beschreibung, Darstellung und Manipulation ebenbegrenzter Objekte. Tutorial. ETH Zürich 1986.

[Müller/Schmitt/Abramowski 1985]
Müller, H., Schmitt, A., Abramowski, St.: Visible surface calculation for complex unstructured polygonal scenes. Computing 35, 231-246 (1985).

[Nef 1978]
Nef, W.: Beiträge zur Theorie der Polyeder, mit Anwendungen in der Computergraphik. Bern: Herbert Lang 1978.

[Newman/Sproull 1986]
Newman, W.M., Sproull, R.F.: Grundzüge der interaktiven Computergrafik. Hamburg: McGraw-Hill 1986.

[Nievergelt/Preparata 1982]
Nievergelt, J., Preparata, F.P.: Plane-sweep algorithms for intersecting geometric figures. Comm. ACM 25, 739-747 (1982).

[Ottmann/Widmayer 1983]
Ottmann, T., Widmayer, P.: On translating a set of line segments. Comput. Vision, Graphics, Image Processing 24, 382-389 (1983).

[Overmars 1983]
Overmars, M.H.: The design of dynamic data structures. Lecture Notes in Computer Science 156. Berlin: Springer-Verlag 1983.

[Preparata/Shamos 1985]
Preparata, F.P., Shamos, M.I.: Computational geometry - An introduction. New York: Springer-Verlag 1985.
[Requicha 1980]
Requicha, A.A.G.: Representations for rigid solids: Theory, methods, and systems. ACM Comput. Surv. 12, 437-464 (1980).
[Requicha/Voelcker 1982]
Requicha, A.A.G., Voelcker, H.B.: Solid modeling: A historical summary and contemporary assessment. IEEE Comput. Graphics Appl. 2, 9-24 (1982).
[Requicha/Voelcker 1983]
Requicha, A.A.G., Voelcker, H.B.: Solid modeling: Current status and research directions. IEEE Comput. Graphics Appl. 3, 25-37 (1983).
[Santaló 1976]
Santaló, L.A.: Integral geometry and geometric probability. Reading: Addison-Wesley 1976.
[Shamos 1978]
Shamos, M.I.: Computational geometry. Ph. D. Thesis, Yale University 1978. Ann Arbor: University Microfilms International.
[Swart 1985]
Swart, G.: Finding the convex hull facet by facet. J. Algorithms 6, 17-48 (1985).
[Tilove 1980]
Tilove, R.B.: Set membership classification: A unified approach to geometric intersection problems. IEEE Trans. Comput. C-29, 874-883 (1980).
[Tilove 1984]
Tilove, R.B.: A null-object detection algorithm for constructive solid geometry. Comm. ACM 27, 684-694 (1984).
[Toussaint 1985]
Toussaint, G.T. (Ed.): Computational geometry. Amsterdam: North-Holland 1985.
[Van Dam 1984]
Van Dam, A.: Computer graphics comes of age: An interview with Andries van Dam. Comm. ACM 27, 638-648 (1984).
[Vogel 1984]
Vogel, V.: Mathematische Modelle für die Geometrieverarbeitung - mengentheoretisch-algebraische Grundlagen und ein (Fleisch,Haut)-Modell. Technische Universität Dresden, Sektion Mathematik, Nr. 07-07-84.
[Weise/Noack 1960]
Weise, K.H., Noack, H.: Ausgewählte Fragen der Topologie. In Behnke, H. et al. (Ed.): Grundzüge der Mathematik. Bd. 2: Geometrie. Göttingen: Vandenhoeck & Ruprecht 1960. S. 530-615.
[Wood 1985]
Wood, D.: An isothetic view of computational geometry. In Toussaint, G.T. (Ed.): Computational Geometry. Amsterdam: North-Holland 1985. pp. 429-459.

HIERARCHISCHE DARSTELLUNG GEOMETRISCHER OBJEKTE UND IHRE ALGORITHMISCHE BEDEUTUNG

Thomas Lengauer
Fachbereich 17
Universität-GH Paderborn
4790 Paderborn

Zusammenfassung: In den Ingenieurwissenschaften - etwa beim Entwurf größtintegrierter Schaltkreise - fallen große Datenmengen an, die hierarchisch strukturiert sind. Bestehende Entwurfssysteme unterstützen zwar die Eingabe in hierarchischer Form. Die Verarbeitung der Daten geschieht jedoch nichthierarchisch nach einer Phase der Datenexpansion. Wir diskutieren, inwieweit die in der Hierarchischen Definition verborgene Struktur ausgenutzt werden kann, um die Verarbeitung von großen Mengen geometrischer Daten effizienter zu gestalten, was Platz- und Zeitbedarf betrifft. Wir zeigen, daß es Modelle gibt, in denen eine solche Ausnutzung der Hierarchie immer möglich ist, aber auch solche Modelle, die nur in besonderen Fällen eine Ausnutzung der Hierarchie erlauben.

1. Einleitung

Bei der Verarbeitung geometrischer Daten (Geodaten) gibt es zwei Möglichkeiten, zu großen Datenmengen zu kommen. Zum einen kann ein großer statistischer Datenbestand (etwa in den Geowissenschaften) zu einer großen Menge relativ unstrukturierter geometrischer Daten führen. Zum anderen kann eine Produktentwicklung in den Ingenieurwissenschaften zu einem komplizierten geometrischen Objekt führen, das durch einen großen Datenbestand spezifiziert wird. In dieser Arbeit beschäftigen wir uns mit dem zweiten Fall. Große Geodatenbestände, die als Ergebnis einer Ingenieur-Entwicklung entstehen, sind im allgemeinen stark strukturiert. Der Grund hierfür ist, daß solche Daten, um eine wirtschaftliche Produkt-Entwicklung zu ermöglichen, von relativ wenigen Entwicklern in relativ kurzer Zeit generiert werden müssen. Als Beispiel diene hier die Entwicklung größtintegrierter Schaltkreise. Ein derartiger Schaltkreis umfaßt heutzutage bis zu 500.000 Komponenten. Eine Entwicklung eines so komplizierten Produkts ist nur wirtschaftlich, wenn starke generative Möglichkeiten zur Verfügung stehen, die es erlauben, den gesamten Schaltkreis unter Betrachtung von Schaltkreisstrukturen mit höchstens einigen Tausend Komponenten zu entwickeln. Hierfür gibt es mehrere Möglichkeiten:

1. Regulärer Entwurf: Hierbei wird der Geodatenbestand auf einer abstrakten Ebene in einer stark komprimierten Form spezifiziert, die dann mit Hilfe eines Generatorprogramms in die tatsächlichen umfangreichen Geodaten expandiert wird. Ein

Ein PLA-Generator, z.B., wandelt eine Schaltkreisspezifikation in Form Boolescher Formeln in Maskendaten um. Die hierdurch entstandenen Schaltkreise zeichnen sich durch eine hohe Regularität in Schaltnetz und Layout aus.

2. Hierarchischer Entwurf (Bausteinprinzip): Hier werden aus primitiven Strukturen schrittweise kompliziertere Geodatenbestände aufgebaut, die dann wiederum in vielfachen Kopien zur Entwicklung noch komplizierterer Bausteine verwendet werden können.

Beide Entwurfsmethoden erlauben eine außerordentlich komprimierte Definition großer strukturierter Geodatenbestände. Der definierte Geodatenbestand kann hierbei eine Größe haben, die bis zu exponentiell in der Größe seiner komprimierten Spezifikation ist. In den Ingenieurwissenschaften sind diese Entwurfsmethoden unerläßlich, da es keine anderen Möglichkeiten gibt, zu den großen Geodatenbeständen zu kommen, wie sie Produkte (etwa Schaltkreise) erfordern, die die Möglichkeiten der Hochtechnologie wirtschaftlich nutzen. Demgemäß gibt es heute in den Ingenieurwissenschaften zahlreiche Entwurfssysteme, die derartige Entwurfsmethoden unterstützen.

Allerdings ist es heute oft noch so, daß intern von der zusätzlichen Information, die die Herkunft eines großen Geodatenbestandes aus einer komprimierten Definition liefert, nur unzureichend Gebrauch gemacht wird. Vielmehr dienen die komprimierten Spezifikationsmethoden nur zur Verkleinerung der Eingabe in das Entwurfssystem. Intern finden die meisten Validierungen und Optimierungen direkt auf dem voll expandierten Geodatenbestand statt. Das führt zu außerordentlich hohen Anforderungen an Speicherplatz und Rechenzeit. Daher ist es angezeigt, nach Möglichkeiten zu suchen, die vollständige Datenexpansion im Entwicklungsprozeß auf einen möglichst späten Termin zu verschieben. D.h., auch das Entwurfssystem sollte so lange wie möglich auf dem komprimierten Datenbestand arbeiten und nur dann die Daten expandieren, wenn eine Verarbeitung der komprimierten Daten nicht mehr möglich ist.

Leider ist eine effiziente Ausnutzung der Regularität eines großen Geodatenbestandes nicht immer möglich. Daher muß bei der Entwicklung der Methode zur komprimierten Spezifikation der Daten darauf geachtet werden, daß ihre Ausnutzung auch bei der anschließenden Verarbeitung der Daten noch möglich ist.

Bei der weiteren Erörterung dieser Problematik werden wir hauptsächlich Graphenprobleme als spezifische Beispiele zurande ziehen. Dies geschieht aus folgenden Gründen:

- Viele Optimierungsprobleme auf Geodaten lassen sich als Graphenprobleme formulieren (Kompaktierung entspricht der Suche längster Wege, Verdrahtung steht in Beziehung zu Netzwerkproblemen etc.).
- Graphenprobleme erlauben eine anschauliche Definition hierarchischer Daten.

2. Anforderungen an ein hierarchisches Datenmodell

Nicht alle komprimierten Datenmodelle dienen zur effizienten Verarbeitung des expandierten Datenbestandes. [GW 83] präsentieren ein reguläres Graphenmodell, das im allgemeinen keine effiziente Verarbeitung zuläßt. Dieses Modell geht davon aus, daß die Knoten eines großen Graphen G von 1 bis N numeriert sind. Die Kanten des Graphen werden dann mit Hilfe eines charakteristischen Prädikates $\varphi(G)$: $[1,N]^2 \rightarrow \{0,1\}$ auf Knotenpaaren definiert. $\varphi(G)(i,j) = 1$ genau dann, wenn $\{i,j\}$ eine Kante in G ist. Die Spezifikation des Prädikates $\varphi(G)$ erfolgt als Boolescher Schaltkreis. In diesem Modell können solche Graphen, deren Prädikat $\varphi(G)$ sich besonders leicht, d.h. durch einen kleinen Schaltkreis berechnen läßt, sehr komprimiert dargestellt werden. Etwa kann man ein NxN-Gitter mit einem Schaltkreis der Größe O(logN) generieren (Exponentielle Datenkompression). Dazu gibt man den Knoten des Gitters ganzzahlige Koordinaten in der Ebene, d.h. $V = [1,N]^2$. $\varphi(G)$: $[1,N]^4 \rightarrow \{0,1\}$ ist dann definiert durch:

$$\varphi(G)(x_1, y_1, x_2, y_2) = (x_1 = x_2 \wedge |y_1 - y_2| = 1) \vee (y_1 = y_2 \wedge |x_1 - x_2| = 1).$$

[GW 83] zeigen, daß sich dieses Modell nicht zur hierarchischen Verarbeitung eignet. Bei vielen Graphenproblemen ist im wesentlichen die einfachste Lösungsmethode unter Anwendung von $\varphi(G)$ den Graphen G zunächst zu expandieren und dann einen klassischen nichthierarchischen Lösungsalgorithmus zu benutzen. Der Grund ist hier intuitiv darin zu sehen, daß die Regularität des Graphen G in seinem charakteristischen Prädikat $\varphi(G)$ nur unzureichend, d.h. zu implizit dargestellt ist, um sie bei der Verarbeitung von G auszunutzen.

Gegenüber dem Modell von [GW 83] haben hierarchische Datenmodelle den Vorteil, daß die Ähnlichkeit oder Gleichheit von Substrukturen in der hierarchischen Definition explizit niedergelegt ist. [BO 83] diskutieren ein Modell für hierarchische Mengen iso-orientierter Rechtecke, das direkt aus einem Datenformat zur hierarchischen Beschreibung von Maskendaten für integrierte Schaltkreise [MC 80] abgeleitet ist. Um Rechteckdaten hierarchisch zu entwerfen, darf man hier explizit Rechtecke in der Ebene plazieren, etwa durch die Angabe des Ausdrucks R(x,y,w,h), wobei (x,y) die Koordinaten des linken unteren Eckpunktes, w die Breite und h die Höhe des Rechtecks sind. Ferner darf man eine vorher hierarchisch definierte Rechteckdatei als Baustein benutzen. Dies geschieht mit dem Ausdruck H(N,x,y), wobei N der Name des Bausteins und (x,y) die Koordinaten des Ursprungs des Koordinatensystems des Bausteins in der zu definierenden Rechteckdatei sind. Auf diese Weise kann man etwa eine NxN-Matrix von Einheitsquadraten ($N = 2^n$) wie folgt definieren:

Typ des Bausteins		Inhalt des Bausteins
G_o		R(0,0,1,1)
G_i	$(1 \leq i \leq n)$	$H(G_{i-1},0,0)$
		$H(G_{i-1},0,2^{i-1})$
		$H(G_{i-1},2^{i-1},0)$
		$H(G_{i-1},2^{i-1},2^{i-1})$

G_i definiert eine $(2^i \times 2^i)$-Matrix von Einheitsquadraten.

Die Länge dieser Definition ist wiederum O(n) = O(logN), d.h., wir haben auch hier exponentielle Datenkompression. Wie [BO 83] zeigen, läßt sich auch dieses Datenmodell für viele wichtige Probleme nur unzureichend bei der Verarbeitung ausnutzen. Etwa ist die Frage, ob sich zwei Rechtecke einer hierarchischen Rechteckdatei schneiden, NP-vollständig, obwohl [Ke 82] hier eine platzeffiziente Lösung angibt. Der intuitive Grund hierfür liegt darin, daß verschiedene hierarchische Bausteine "übereinander" plaziert werden können. Damit können sie miteinander auf mannigfache Weise interferieren. Diese komplizierten Abhängigkeiten kommen jedoch in der hierarchischen Definition überhaupt nicht zum Ausdruck.

Offenbar ist es notwendig, den hierarchisch definierten Bausteinen eine Randbeschreibung beizufügen, d.h., in der hierarchischen Spezifikation explizit alle Teile des Bausteins anzugeben, die mit der Umgebung, in die der Baustein plaziert wird, in Interaktion treten können. Das bläht die hierarchische Spezifikation zwar auf, so daß die Datenkompression verringert wird, aber durch diese zusätzliche Information wird das Datenmodell hierarchisch verarbeitbar.

Wir haben nun also zwei Forderungen an unser komprimiertes Datenmodell: Hierarchie und explizite Randbeschreibung. Wir geben im folgenden ein hierarchisches Graphenmodell an, das diese Anforderungen erfüllt.

3. Ein geeignetes hierarchisches Graphenmodell

Abbildung 1 zeigt einen hierarchisch definierten Graphen in unserem Modell. Jeder hierarchische Teilgraph (Zelle) hat drei Arten von Knoten. Die durch Punkte und Quadrate dargestellten Knoten sind die primitiven Bausteine. Hierbei dürfen in höheren Hierarchiestufen nur an die durch Quadrate dargestellten Knoten (Pins) Verbindungen angelegt werden. (Dies ist die explizite Randbeschreibung.) Die hierarchischen Bausteine werden durch kreisförmige Knoten (Nonterminals) dargestellt. In dem Kreissymbol steht ein Name, der die Kopie des hierarchischen Bausteins identifiziert und eine Typangabe, die die Art eines bereits definierten Bausteins festlegt. (Zyklische Definitionen sind nicht erlaubt.) Die Ersetzung eines Nonterminals durch den von ihm erzeugten expandierten Graphen erfolgt durch Identifikation der Pins des expandierten Graphen mit den Nachbarn des Nonterminals. Hierbei muß in der hierarchischen Beschreibung eine bijektive Zuordnung zwischen den Pins des expandierten Graphen und den Nachbarn des Nonterminals explizit festgelegt werden. In Abbildung 1 ist diese Zuordnung durch die Anordnung der betreffenden Knoten in der Ebene festgelegt. Die Expansion des hierarchisch definierten Graphen von Abbildung 1 ist in Abbildung 2 gegeben. Die in der Hierarchie verborgene Struktur wird im Hierarchiebaum deutlich (Abbildung 3).

Ein Algorithmus, der die Hierarchie der Graphendefinition nicht ausnutzt, würde auf dem Graphen in Abbildung 2 arbeiten. Algorithmen, die die Hierarchie ausnutzen, ar-

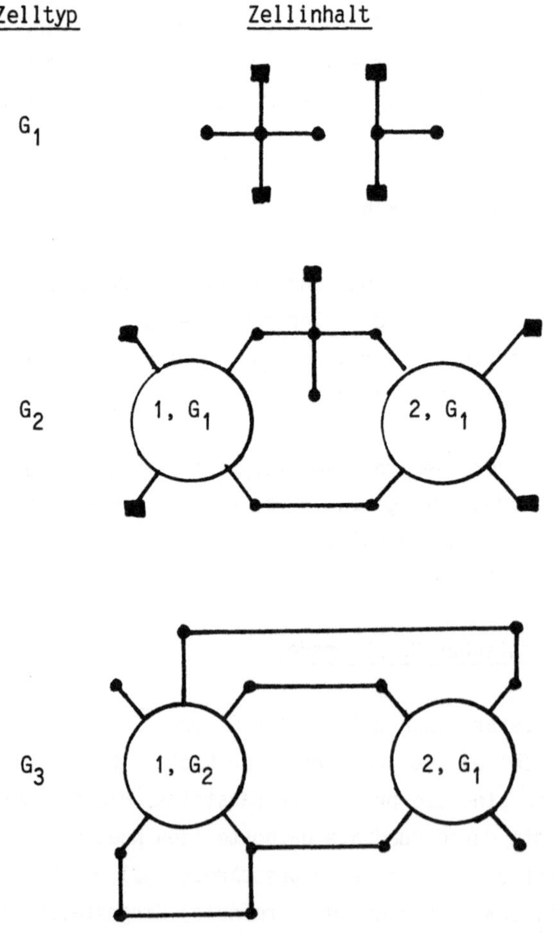

Abbildung 1: Hierarchischer Graph $\Gamma = (G_1, G_2, G_3)$

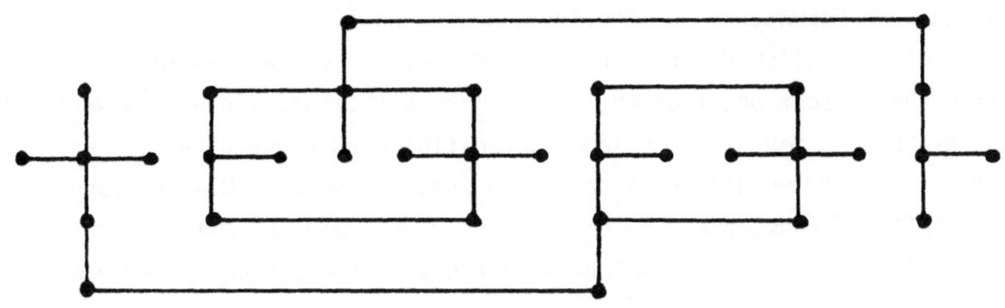

Abbildung 2: Expansion E(Γ) des hierarchischen Graphen in Abb. 1

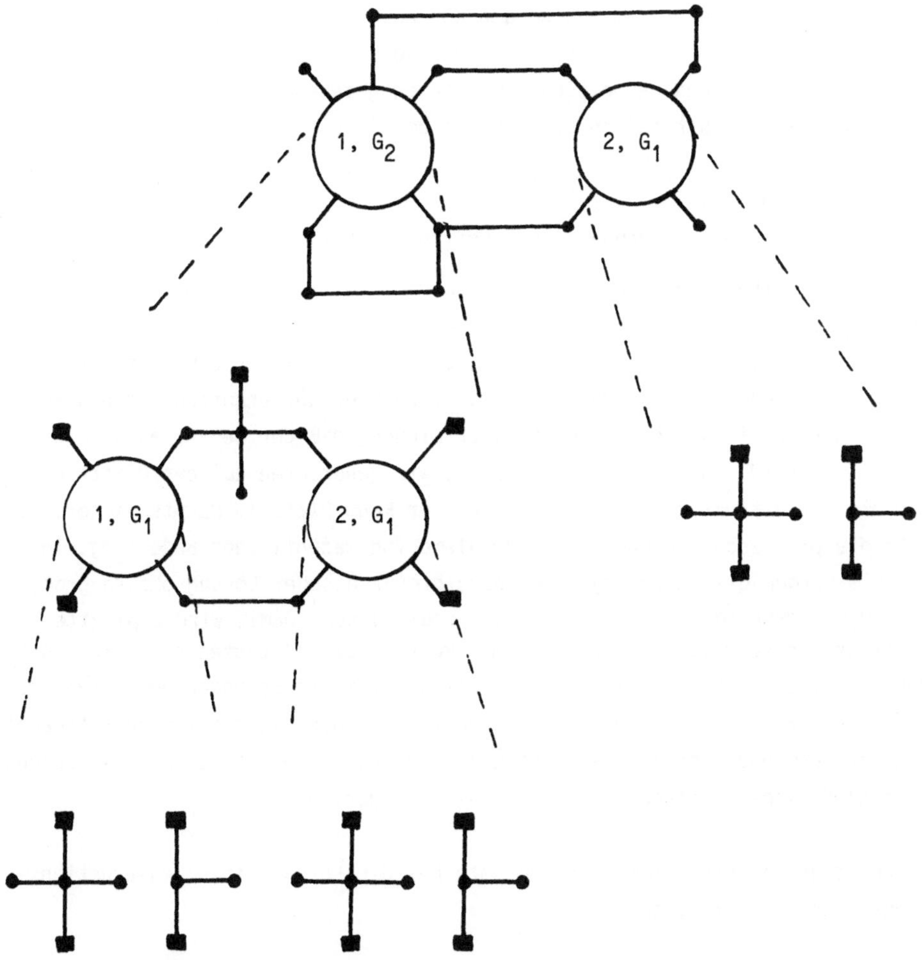

Abbildung 3: Hierarchiebaum des hierarchischen Graphen Γ in Abb. 1

beiten auf den Strukturen von Abbildung 3 oder Abbildung 1. Dabei sind für die Algorithmen, die lediglich die hierarchische Definition betrachten (Abbildung 1) und den Hierarchiebaum nicht untersuchen, die größten Effizienzgewinne zu erwarten. Das liegt daran, daß die in der hierarchischen Definition verborgene Datenkompression in der Anzahl der Knoten des Hierarchiebaums zum Ausdruck kommt. (Hierarchische Graphen mit exponentieller Datenkompression haben einen Hierarchiebaum mit exponentiell vielen Knoten.) Wir werden zunächst solche hierarchische Algorithmen untersuchen.

4. Hierarchische Problemlösungen

Wir sind in diesem Abschnitt daran interessiert, inwieweit die Lösungen klassisch einfacher Graphenprobleme (z.B. solcher mit Linearzeitalgorithmus) durch hierarchische Verarbeitung effizienter gemacht werden können. Hierbei seien M,N die Anzahl der Kanten bzw. Knoten des expandierten Graphen und m,n die Anzahl der Kanten bzw. Knoten in der hierarchischen Definition. (Wir haben gesehen, daß M,N bis zu exponentiell in m,n sein kann.) Wir teilen Graphenprobleme in drei Klassen ein:

1. Konstruktionsprobleme:
   (Beispiel: Liste die Zusammenhangskomponenten von E(Γ) auf.)

   In diesem Fall wird eine Frage an den Graphen gestellt, deren Antwort lang ist. Wir können im allgemeinen nicht erwarten, daß die Antwort die Hierarchie der Definition einhält (siehe Abb. 1, 2), d.h., die Antwort hat in expandierter Form zu erfolgen. Hier können wir asymptotisch keine Zeitgewinne erhoffen. Jedoch können wir durch hierarchische Vorverarbeitung erreichen, daß der Bedarf an Arbeitsspeicher von O(M+N) auf O(m+n) sinkt. D.h., wir generieren auf der Platte eine sehr große Datenstruktur, benötigen dafür aber kaum Platz im Hauptspeicher. Das ist für die praktische Lösung vieler Probleme von wesentlicher Bedeutung. In der Praxis werden die Datenmengen bei nichthierarchischer Lösung oft so groß, daß sie nicht mehr in den virtuellen Adreßraum passen. Damit wird explizite Sekundärspeicherverwaltung nötig. Hat man mehr Glück, so passen die Daten noch in den Adreßraum. Dann übernimmt das Betriebssystem die Sekundärspeicherverwaltung mittels Paging, was jedoch für die Performanz des Algorithmus katastrophale Folgen hat. Demgegenüber ist der Paging-Aufwand bei einer hierarchischen Lösung mit O(m+n) Speicherplatzbedarf vernachlässigbar gering.

Natürlich benötigt man nicht immer die gesamte bei der Lösung eines Konstruktionsproblems anfallende Information:

2. Entscheidungsprobleme:
(Beispiel: Ist E(Γ) zusammenhängend?)

Hier wird eine Frage an den Graphen gestellt, die eine kurze Antwort hat (eine Zahl oder ein Bit). In diesem Fall ist die auszugebende Informationsmenge gering und wir können darauf hoffen, daß die Rechenzeit von O(M+N) auf O(m+n) sinkt. Diese Hoffnung wird in vielen Fällen erfüllt.

Konstruktions- und Entscheidungsprobleme stellen die Extreme auf dem Spektrum der gewünschten Informationen bei der Graphenverarbeitung dar. Zwischen ihnen liegen die Anfrageprobleme.

3. Anfrageprobleme:
(Beispiel: Gegeben Knoten v,w in E(Γ). Sind v,w zusammenhängend?)

Hir werden eine ganze Anzahl von Fragen an den Graphen gerichtet, die alle kurze Antworten haben. Die nichthierarchische Bearbeitung von Anfrageproblemen besteht im allgemeinen aus einer Vorverarbeitungsphase, die wenigstens O(M+N) Zeit und Platz braucht. Danach ist jede Anfrage in Zeit O(1) und Platz O(M+N) zu beantworten. Hierarchisch kann man den Zeit- und Platzbedarf der Vorverarbeitung auf O(m+n) senken. Desgleichen kann eine Anfrage in Platz O(m+n) beantwortet werden, allerdings kann die Zeit jetzt auf O(k) ansteigen, wobei k die Höhe des Hierarchiebaums ist. In der Praxis sind hierarchische Lösungen von Anfrageproblemen nichthierarchischen vorzuziehen. Zum einen gibt es drastische Effizienzgewinne bei der Vorverarbeitungsphase. Zum anderen bedeutet die Reduktion des Platzbedarfs bei der Beantwortung der Anfragen, daß hier Plattenzugriffe unnötig werden.

Zusammenfassend ist festzustellen, daß für alle drei Klassen von Graphenproblemen hierarchische Lösungen gegenüber nichthierarchischen Lösungen dramatische Performanzgewinne beinhalten können. Im folgenden Abschnitt werden wir eine Methode zur hierarchischen Problemlösung erörtern, die diese Performanzgewinne erzielt.

5. Die Bottom-up Methode

Das Schlüsselkonzept der Bottom-up Methode ist die Ersetzbarkeit. Angenommen, wir wollen eine Grapheneigenschaft P testen (Beispiel: P = Zusammenhang). Zwei Graphen G_1 und G_2, die beide n Pins haben, heißen ersetzbar, wenn für alle Graphumgebungen H, die man an G_1 anheften kann, das Konglomerat von H mit G_1 genau dann P erfüllt, wenn das Konglomerat P erfüllt, das man erhält, wenn H in gleicher Weise an G_2 angeheftet wird. (Zwischen den Pins von G_1 und G_2 gibt es hier wieder eine bijektive Zuordnung.) Das Ziel der Bottom-up Methode ist es, kleine für die Expansion von G_i ersetzbare Graphen zu finden.

Man kann die Bottom-up Methode tabellarisch formulieren. Das Beispiel ihrer Anwendung auf den Zusammenhang von Γ zeigt Abbildung 4. Allgemein hat diese sog. BU-Tabelle vier Spalten, sowie eine Zeile für jede Zelle in der hierarchischen Definition. In der ersten Spalte steht die hierarchische Definition. In der zweiten Spalte steht für jede Zelle ein Graph, der die Expansion der Zelle ersetzen kann, aber noch nicht klein genug ist. In der dritten Spalte steht für jede Zelle ein ersetzbarer Graph, der klein genug für die effiziente Weiterverarbeitung ist. Die vierte Spalte enthält zusätzliche Information, die für den Test der Grapheneigenschaft P benötigt wird.

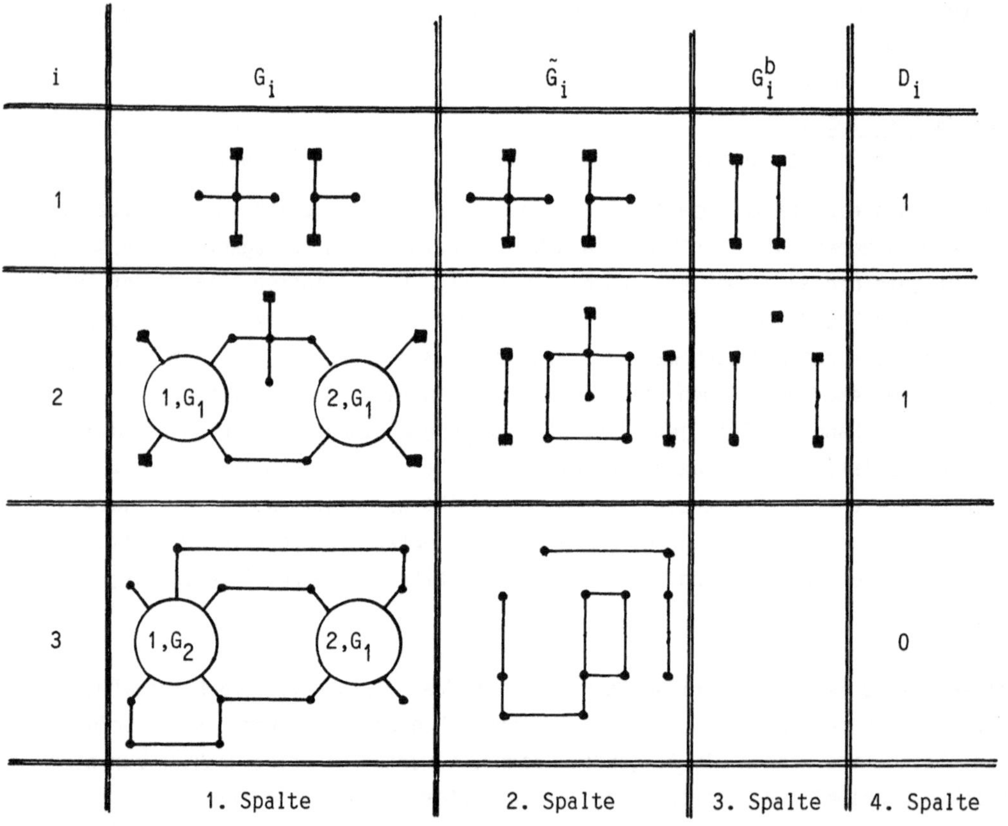

Abbildung 4: BU-Tabelle für den Zusammenhang des hierarchischen Graphen Γ in Abb. 1

Die Graphen in Spalte 2 und 3 werden wie folgt konstruiert. Man geht zeilenweise von oben nach unten vor. In jeder Zeile bewegt man sich von links nach rechts. Angenommen, wir wollen die i-te Zeile füllen. Der Graph $\tilde{G}_i$ in der 2. Spalte entsteht durch Ersetzung eines jeden Nonterminals in Zelle G_i vom Typ G_j $(j<i)$ mit seinem "Randgraphen" G_j^b, der in der 3. Spalte von Zeile j steht. (Man beachte, daß dieser Graph bereits vorher berechnet wurde.) Den Graphen in der 3. Spalte von Zeile i, d.h., den "Randgraphen" G_i^b für Zelle G_i erhält man dann durch einen von P abhängenden Algorithmus. Diese "Schrumpfung" macht das Herz des hierarchischen Tests auf Graphen-

eigenschaft P aus. Für das Zusammenhangsproblem ist der Schrumpfungsprozeß recht einfach. Er besteht aus den folgenden Schritten:

1. Bestimme die Zusammenhangskomponenten von G_i
2. Generiere für jede Zusammenhangskomponente C einen Knoten
3. Generiere für jeden Pin p von G_i einen Knoten
4. Verbinde den Knoten für p mit dem Knoten für C, falls $p \in C$
5. Lösche alle isolierten Knoten, die Zusammenhangskomponenten repräsentieren.
(6. Lösche alle Knoten vom Grad 1 und 2, die Zusammenhangskomponenten repräsentieren. Pins, die über einen Knoten vom Grad 2 verbunden werden, verbinde mit einer Kante.)

Während des Schrumpfungsprozesses muß man sich merken, ob in Schritt 5 etwas gelöscht wurde. Ist dies der Fall, so hat man eine Zusammenhangskomponente gefunden, die nicht mehr mit dem Rest des Graphen verbunden werden kann, da sie keinen Pin enthält. Damit kann Zusammenhang nicht mehr hergestellt werden. War Schritt 5 leer, so schreiben wir in Spalte 4 unter D_i eine 1, sonst eine 0.

In der unteren (k-ten) Zeile der BU-Tabelle wird keine Schrumpfung mehr vorgenommen. Vielmehr wird hier nur der Zusammenhang von $\tilde{G}_k$ getestet. Ist $\tilde{G}_k$ zusammenhängend, so wird $D_k = 1$ gesetzt. Sonst wird $D_k = 0$ gesetzt.

Der oben beschriebene Schrumpfungsprozeß benötigt lineare Zeit in der Größe von $\tilde{G}_i$, um einen Randgraphen G_i^b zu erzeugen, dessen Größe (Anzahl von Knoten und Kanten) linear in der Anzahl der Pins von G_i ist. Damit kostet das Füllen der gesamten Bottom-up Tabelle Zeit O(m+n). (Schritt 6 des Schrumpfungsprozesses ist eine zusätzliche Optimierung, die für das asymptotische Zeitverhalten belanglos ist.)

Der Beweis des folgenden Satzes ist in [Le 85a] enthalten.

Satz: E(r) ist zusammenhängend genau dann, wenn $D_i = 1$ für alle Zeilen der BU-Tabelle.

Der benötigte Randgraph hängt von der Grapheigenschaft P ab. Für Zusammenhang war ein kleiner Randgraph einfach zu erzeugen. Für zweifachen Zusammenhang, Planarität und viele andere Grapheigenschaften gibt es kleine Randgrpahen, deren Erzeugung jedoch oft schwieriger ist. Die Arbeiten [Le 84, Le 85a, Le 86a, Le 86b, Wa 86] enthalten hierarchische Lösungen der folgenden Entscheidungsprobleme.

Grapheigenschaft	Nicht-hierarchische Zeit	Hierarchische Zeit	Größe des Randgraphen
1. Zusammenhang [Le 85a]	$O(M+N)$	$O(m+n)$	$O(p)$[1)]
2. Zweifacher Zusammenhang [Le 85a]	$O(M+N)$	$O(m+n)$	$O(p)$
3. Starker Zusammenhang [Le 85a]	$O(M+N)$	$O(n^3)$	$O(p^2)$
4. Länge des kürzesten Weges von s aus $\leq \ell$? [Le 84]	$O(MN)$	$O(n^3)$	$O(p^2)$
5. Kosten eines minimalen Spannbaums $\leq \ell$? [Le 86a]	$O(M \log \beta(m,n))$[2)]	$O(m \log \log^* n)$	$O(p)$
6. Bipartitheit [Wa 86]	$O(M+N)$	$O(m+n)$	$O(p)$
7. Außenplanarität [Wa 86]	$O(N)$	$O(n)$	$O(p)$
8. Planarität [Le 86b]	$O(N)$	$O(n)$	$O(p)$

1) p = Anzahl der Pins von $\tilde{G}_i$

2) $\beta(m,n) = \min \{i \mid \log^i(m) \leq \frac{m}{n}\}$ (siehe [GG 85])

Die Ergebnisse in den Zeilen 1, 2, 6, 7, 8 sind asymptotisch optimal. Das Ergebnis in Zeile 5 verbessert sich, falls sich die Zeit zur nichthierarchischen Konstruktion eines minimalen Spannbaums verbessert. Das liegt daran, daß die hierarchischen Lösungen von Entscheidungsproblemen mit der Bottom-up Methode nicht von speziellen nichthierarchischen Lösungen abhängen. Vielmehr kann man jede nichthierarchische Lösung als Basis für den Schrumpfungsprozeß verwenden. Diese Tatsache ist auch für die praktische Anwendbarkeit der Bottom-up Methode wesentlich. Man darf nämlich davon ausgehen, daß die $\tilde{G}_i$ in der Praxis klein sind. Damit können auch asymptotisch suboptimale nichthierarchische Lösungen des Entscheidungsproblems, die in der Regel leichter zu implementieren und für kleine Probleme effizienter sind, als Basis für die hierarchische Lösung verwendet werden.

Wie werden nun Konstruktions- und Anfrageprobleme mit der Bottom-up Methode gelöst? In beiden Fällen wird in einem Vorverarbeitungsschritt die BU-Tabelle errechnet. Zur Lösung eines Konstruktionsproblems kann dann ein preorder Durchlauf des Hierarchiebaums erfolgen, der die Ausgabe erzeugt. Betrachten wir etwa das Konstruktionsproblem: Gib alle Zusammenhangskomponenten von $E(\Gamma)$ aus!
In diesem Fall beginnen wir bei der Wurzel des Hierarchiebaums und identifizieren durch Betrachtung von $\tilde{G}_k$ den Teil der Zusammenhangskomponenten, der zur Wurzel des Hierarchiebaums gehört. Diese Information wird sofort auf den Ausgabespeicher geschrieben. Danach muß der zur Wurzel des Hierarchiebaums gehörige Teil von $E(\Gamma)$ nicht mehr betrachtet werden. Wir fahren in dieser Weise rekursiv mit den Nachfolgern im Hierarchiebaum fort. Dabei übermitteln wir bei jedem rekursiven Aufruf die Information über den Zusammenhang zwischen den Pins der aufgerufenen Zelle. Der Speicherbedarf für dieses Verfahren entspricht der Summe der Größen der Zellen, die sich auf

dem Weg von der Wurzel des Hierarchiebaums zur jeweils bearbeiteten Zelle befinden, d.h., er ist O(m+n).

Zur Lösung von Anfrageproblemen muß bei der Vorverarbeitung noch zusätzliche Information in der BU-Tabelle festgehalten werden. Im wesentlichen wird jedem Element x in $\tilde{G}_i$ ein Element x' in G_i^b zugeordnet, das die Rolle von x in $\tilde{G}_j$, j > i übernehmen kann. Wir nennen eine solche Abbildung Emulation. Anfragen werden dann durch wiederholte Anwendung der Emulationsabbildung und entsprechende Anfragen auf den $\tilde{G}_i$ gelöst. Als Beispiel betrachten wir die Anfrage: Sind Knoten v und w in E(r) zusammenhängend? Die Emulationsabbildung ordnet hier jedem Knoten in $\tilde{G}_i$ einen Pin zu, der sich in derselben Zusammenhangskomponente befindet. Diese Emulationsabbildung wird von v und w aus wiederholt angewandt, bis man zu einer Zusammenhangskomponente kommt, die keine Pins mehr enthält. Ist diese Komponente für v und w dieselbe, so sind v und w zusammenhängend (siehe Abbildung 5). Da die Emulationsabbildung direkt in der BU-Tabelle gespeichert ist, kostet eine Anfrage O(k) Zeit und O(m+n) Platz.

Es gibt Graphenprobleme, die mit der Bottom-up Methode nicht zeiteffizient zu lösen sind. Bei solchen Problemen läßt sich die Hierarchie nur durch einen sinnvollen Durchlauf des Hierarchiebaums ausnutzen. Die hierarchische Definition selbst ist nicht auswertbar. Ein Beispiel ist das Problem der Auswertung hierarchischer azyklischer Boolescher Schaltkreise [Le 84, Le 86c], das mit dem Problemkreis der Schaltkreissimulation im VLSI Design eng verwandt ist. Bei den gegenwärtig bekannten Techniken kann man hier zwischen Lösungsmethoden, die platzeffizient sind, aber viel Zeit zur mehrfachen Berechnung von Zwischenresultaten benötigen, und solchen, die zeiteffizient sind, aber hohen Platzbedarf haben, jedoch die Möglichkeit zur Speichersegmentierung bieten, wählen.

6. Schlußfolgerungen

Die Bottom-up Methode stellt einen außerordentlich effizienten Weg der hierarchischen Lösung von Graphenproblemen dar. Die Methode läßt sich auch auf andere hierarchische Datenmodelle anwenden. Voraussetzungen für ihre Anwendbarkeit sind die Existenz einer azyklischen Hierarchie (Nonterminals vom Typ G_i werden nur in Zellen G_j mit j > i verwandt), die eine einzige Expansion hat (keine Zelle hat mehrere alternative Definitionen), sowie die explizite Beschreibung des Zellrandes.

Neuerdings erlauben CAD-Systeme die Spezifikation ganzer Familien von geometrischen Objekten in einem Designvorgang. So kann man etwa in gewissen Layoutsprachen für integrierte Schaltkreise [HILL] eine prozedurale Beschreibung adder (n: integer) einer Familie von Addierschaltkreisen angeben. Für jede Wahl von n wird dabei ein Addierer für Zahlen der Länge n erzeugt. Diese Möglichkeit beim Entwurf kann bis jetzt nicht durch entsprechende Validierungs- und Optimierungswerkzeuge unterstützt werden. Es

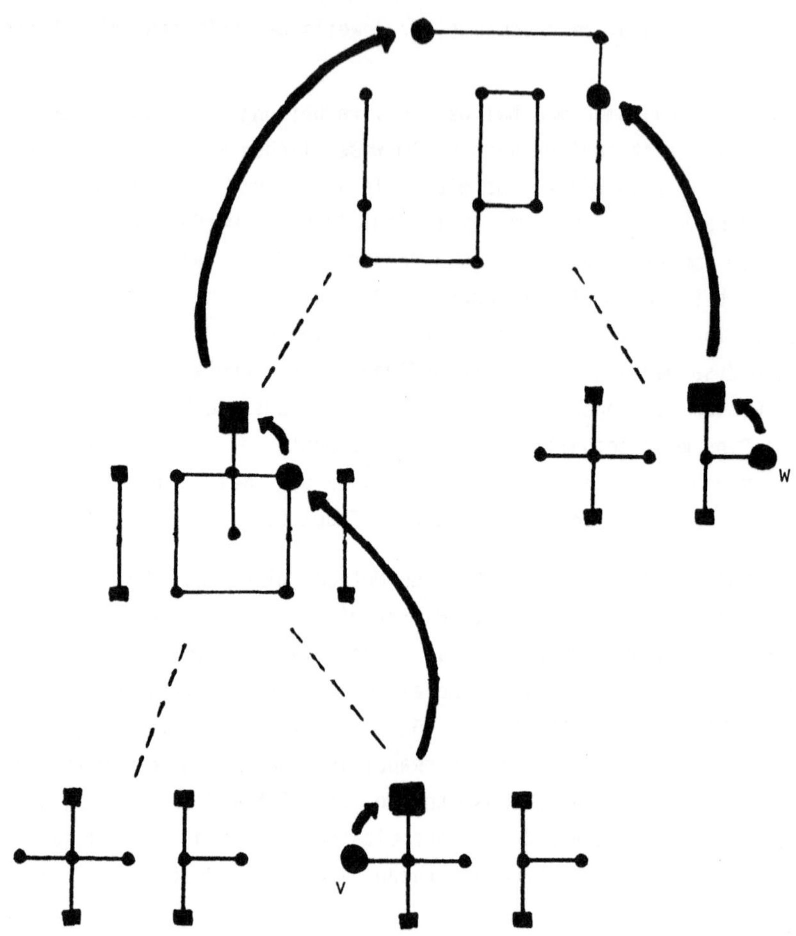

Abbildung 5: Schematische Darstellung der Verarbeitung einer Anfrage: Sind v,w zusammenhängend? Für das Beispiel ist die Antwort: Ja.

ist lediglich möglich, jedes spezielle generierte Objekt klassischen Werkzeugen zu unterwerfen, nicht jedoch Aussagen über die gesamte, u.U. unendliche Familie von Objekten zu machen. An einer entsprechenden Erweiterung der hierarchischen Verarbeitungsmethoden wird zur Zeit gearbeitet.

Zusammenfassend darf man sagen, daß es bei geeigneter Wahl des hierarchischen Datenmodells durchaus Möglichkeiten gibt, die in der Hierarchie verborgene Struktur zur effizienten Verarbeitung der expandierten Daten auszunutzen.

Die effektive Umsetzung der hier vorgestellten algorithmischen Konzepte in die Praxis des CAD würde durch weitere Forschungen wesentlich unterstützt, die auf die Findung von geeigneten Hierarchien zur effizienten Verarbeitung abzielen [Le 86c].

7. Literaturhinweise

[BO 83] Bentley, J.L./Ottmann, T./Widmayer, P.: The complexity of manipulating hierarchically defined sets of rectangles. In: Advances in Computing Research (F.P. Preparata, ed.) (JAI Press Inc.) 1 (1983) 127-158

[GG 85] Gabow, H.N./Galil, Z./Spencer, T./Tarjan, R.E.: Efficient algorithms for finding minimum spanning trees in undirected and directed graphs. Typescript (1985). To appear in COMBINATORICA

[GW 83] Galperin, H./Wigderson, A.: Succinct representations of graphs. In: Information & Control 56 (1983) 183-198

[HILL] Lengauer, T./Mehlhorn, K.: The HILL-System: A design environment for the hierarchical specification, compaction and simulation of integrated circuit layouts. Proceedings of the MIT-Conference on Advanced Research in VLSI (P. Penfield Jr. ed), Artech House Company (1984) 139-149

[Ke 82] Kedem, G.: The Quad-CIF Tree: A data structure for hierarchical on-line algorithms. Proceedings of 19th Design Automation Conference (1982) 352-357

[Le 84] Lengauer, T.: Hierarchical graph algorithms. TR-SFB 124, No. 15, FB 10, Universität des Saarlandes, Saarbrücken (1984)

[Le 85a] Lengauer, T.: Efficient solution of connectivity problems on hierarchically defined graphs. "Theoretische Informatik" No. 24, FB 17, Universität-Gesamthochschule Paderborn, Paderborn (1985)

[Le 85b] Lengauer, T.: Efficient solution of biconnectivity problems on hierarchically defined graphs. Proceedings of the WG '85 (H. Noltemeier, ed.), Trauner Verlag (1985) 201-216

[Le 86a] Lengauer, T.: Efficient algorithms for finding minimum spanning forests of hierarchically defined graphs. Proceedings of STACS 86 (B. Monien, G. Vidal-Naquet, eds.), Springer Lecture Notes in Computer Science No. 216 (1986) 153-170

[Le 86b] Lengauer, T.: Hierarchical planarity testing algorithms. Proceedings of ICALP 86, Springer Lecture Notes in Computer Science (1986)

[Le 86c] Lengauer, T.: Exploiting hierarchy in VLSI design. Proceedings of the Aegean Workshop on Computing (AWOC) '86

[MC 80] Mead, C./Conway, L.: Introduction of VLSI systems. Addison-Wesley (1980)

[Wa 86] Wanke, E.: Resultate und Implementierungen hierarchischer Graphenalgorithmen. Diplomarbeit, FB 17, Universität-Gesamthochschule Paderborn (1986)

Datenmodellierung für Geo-Datenbanken

Hartmut Noltemeier und Detlev Ruland*
Lehrstuhl für Informatik I
Universität Würzburg
8700 Würzburg

Zusammenfassung

Datenbanksysteme haben heute ihren festen Platz in administrativ-betriebswirtschaftlichen Anwendungen. Ihre Vorteile sind allgemein bekannt und akzeptiert. Man untersucht daher in immer größerem Maße die Nutzung ihrer konzeptionellen Eigenschaften in ingenieur-wissenschaftlichen Einsatzgebieten. Obwohl einige Aspekte von ingenieurwissenschaftlichen Anforderungen sehr wohl mit konventionellen Datenbank-Techniken bewältigt werden können, besitzen diese Anwendungen charakteristische Eigenschaften, die neue Datenbank-Konzepte erfordern. Entwurfs-Daten zeichnen sich immer durch ihre geometrischen und topologischen Komponenten aus. Neben der Verwaltung und Speicherung solcher Design-Objekte ist deren graphische Repräsentation eine wesentliche Aufgabe. Das Problem der Darstellung von Anfrageergebnissen stellt sich in klassischen Datenbankanwendungen nicht. Die Daten werden intern benutzer-orientiert gespeichert und für ihre externe Darstellung werden vertraute und wohlbekannte Methoden benutzt. Demgegenüber sind darzustellende Design-Objekte im allgemeinen stark strukturiert und zeichnen sich nahezu immer durch graphische Komponenten aus. Für ihre Darstellung stehen keine hinreichend mächtigen und universellen Werkzeuge zur Verfügung. Der Darstellungsprozeß bildet ein in der Datenbank vollständig beschriebenes Design-Objekt auf ein geeignetes Darstellungs-Objekt ab. Einerseits sind die Darstellungs-Prozesse vielschichtig und komplex, und andererseits sind die Darstellungs-Objekte stark strukturiert und umfangreich. Daher ist es notwendig, daß die Darstellungs-Objekte zusammen mit den eigentlichen Design-Objekten parallel und konsistent in der Design-Datenbank verwaltet werden. In diesem Bericht wird versucht, das Darstellungs-Problem in Geo-Datenbanken konzeptionell zu integrieren. Die Analyse des Darstellungs-Prozesses zeigt, daß die gleichen logischen Ebenen zur Beschreibung der Darstellungs-Objekte und des Transformations-Prozesses eingesetzt werden können, die auch allgemein zur Beschreibung von Datenbank- bzw. Design-Objekt benutzt werden. Damit unterscheiden sich Darstellungs-Objekte und ihre zugehörigen Transformations-Prozesse grundsätzlich nicht von Design- bzw. Datenbank-Objekten.

Current address: IBM ALMADEN Research Center, San José, Californien

1. Einleitung

In klassischen betriebswirtschaftlich-administrativen Einsatzgebieten von Datenbanksystemen steht die Verwaltung von wenig strukturierten Objekten, die vornehmlich durch alpha-numerische Informationen beschrieben werden können im Vordergrund. Beispiele für solche Anwendungen sind Flugreservierungssysteme, Kontoführungssysteme, etc.. Datenbanksysteme haben sich in diesen Anwendungsgebieten durchgesetzt und erfüllen weitgehendst deren Anforderungen bezüglich

- Datenintegrität,
- Redundanzarmut,
- Datenmodellierung,
- Datenkonsistenz,
- Transaktions-Management,
- Datensicherheit,
- Datenschutz,

vgl. hierzu etwa /DiKoMüLo 84/.

In letzter Zeit wird der Einsatz von Datenbanksystemen auch für weitere Anwendungsgebiete diskutiert, die vornehmlich aus dem ingenieurwissenschaftlichen Bereich stammen, so zum Beispiel:

- CAD-Elektronik /LeMuWe 85/, VLSI /DiKoMü 85/; -Mechanik /Lü 83/, /Mei 85/,
- Geowissenschaften /Fr 83/, /GrPi 83/, /Mei 82/, /RaNeuLiEh 85/, /Vi 84/,
- Textverarbeitung und Satzerstellung /Kn 84/,
- Prozeßdatenverarbeitung /Lo al. 85/,
- Bilderkennung und Bildverarbeitung /McK 83/, /McK 84/.

Ein Überblick von Anforderungen ingenieurwissenschaftlicher Anwendungen an Datenbanken ist in /Lo al. 85/ gegeben.

Heute kommerziell verfügbare Datenbanksysteme können in diesen Gebieten nicht ohne Schwierigkeiten eingesetzt werden. Die prinzipiellen Anforderungen von administrativbetriebswirtschaftlichen und ingenieurwissenschaftlichen Anwendungen unterscheiden sich grundlegend. Dies gilt insbesondere für die folgenden Punkte:

- Datenstrukturierung
  Ingenieurwissenschaftliche Objekte sind stark strukturiert. Diese strukturelle Information muß in den Design-Datenbanken verwaltet werden.
- Konsistenz-Bedingungen
  Konsistenz-Bedingungen für ingenieurwissenschaftliche Objekte sind umfangreich und komplex.
- Transaktions-Management
  Design-Objekte erreichen ihre endgültige Konsistenz erst am Ende eines langandauernden Design-Prozesses. Der übliche Transaktions-Begriff, der konsistente Datenbank-Zustände in konsistente Datenbank-Zustände überführt, ist nicht direkt anwendbar.
  Es muß vielmehr ein abgestufter, kontrollierter Konsistenz-Begriff, d.h. ein Design-

prozeß-Manager zur Verfügung gestellt werden, vgl. /RuSp 85/. Desweiteren müssen mehrere Darstellungen, Alternativen und Versionen eines einzelnen Objektes gleichzeitig und konsistent verwaltet werden.

- Datenvolumen
  Aufgrund der starken Strukturierung der Daten sowie der parallelen Speicherung mehrerer Versionen, Alternativen eines Objektes ist die Anzahl der zu verwaltenden Relationen-Schemata bzw. der Relationen erheblich größer als für die gleiche zu verwaltende Anzahl von Standard-Objekten.

Design-Objekte umfassen als wesentliche Komponente geometrische Informationen, d.h. die geometrische Lage und die räumlichen und topologischen Beziehungen von Design-Objekten gehen ebenso in die Beschreibung ein wie die deskriptiven (semantischen) Informationen. Diese geometrischen Informationen werden vorwiegend von den Anwendungs-Programmen aktiv manipuliert, so zum Beispiel von Geometrischen Modellierern und Layout-Systemen.
Das bedeutet, daß geometrische Daten Schlüssel für Design-Objekte sein können. Somit muß ein Datenbanksystem die Modellierung und Verwaltung von geometrischen Informationen effizient unterstützen. In dieser Anforderung unterscheiden sich Datenbanksysteme für Nonstandard-Anwendungen grundlegend von klassischen, administrativ-betriebswirtschaftlichen Anwendungen.

2. Das Darstellungsproblem

Die Darstellungen von in Datenbanken gespeicherten Objekten sind ihre externen anwendungs-orientierten Repräsentationen. In konventionellen Anwendungen stellt diese externe Darstellung von Objekten kein grundsätzliches Problem dar. Die Objekte sind in der Datenbank auf natürliche, dem Benutzer vertraute Weise strukturiert und beschrieben. Die zu ihrer Darstellung notwendige Interpretation ("views") ist entweder trivial, oder benutzt einfache, wohl-bekannte genormte Methoden und Regeln. Als Beispiel sei an die Verwaltung von Personal-Stammdaten in einem relationalen Datenbank-System erinnert:

Beispiel:

Betrachten wir die Beziehung zwischen Mitarbeitern einer Firma und deren Gehalt. Die Darstellung dieser Relation als Tabelle ist einfach. Die interne Struktur dieser Beziehung in einem Datenbanksystem ist homomorph zu der Struktur ihrer externen Darstellung. Diese Eigenschaft der benutzer-orientierten Datenstrukturierung zeichnet Datenbanksysteme für administrativ-betriebswirtschaftliche Anwendungen aus.

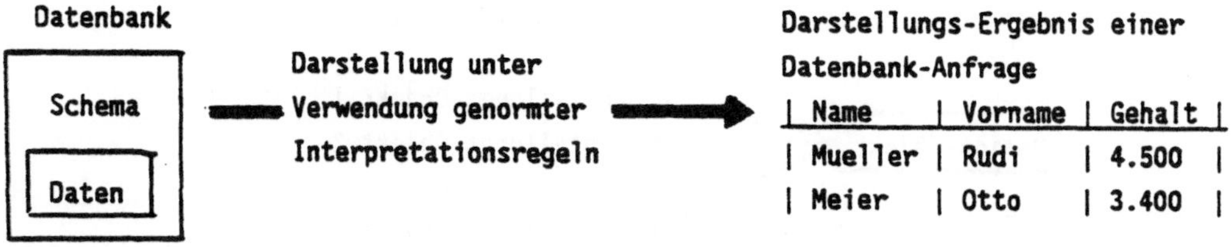

Datenbank

Schema
Daten

Darstellung unter Verwendung genormter Interpretationsregeln ⟶

Darstellungs-Ergebnis einer Datenbank-Anfrage

Name	Vorname	Gehalt
Mueller	Rudi	4.500
Meier	Otto	3.400

Aussagekräftigere Darstellungen (Diagramme) können mit einfachen Prozeduren generiert werden, die sich auf wenige, wohl-bekannte und genormte Interpretationen stützen.

Die Darstellung bildet ein in der Datenbank gespeichertes Objekt auf sein Darstellungs-Objekt ab. Ein Darstellungs-Objekt besteht aus seiner Struktur-Beschreibung, dem Darstellungs-Schema, und den Darstellungs-Daten. Ein Darstellungs-Objekt wird also genauso beschrieben wie ein Datenbank-Objekt.
Die Darstellung bzw. der Darstellungs-Prozeß ist damit zweistufig:

(1) Die Schema-Abbildung bildet die Struktur des Datenbank-Objektes auf die Struktur des Darstellungs-Objektes ab.
(2) Die Objekt-Abbildung bildet die Daten des Datenbank-Objektes gemäß der Struktur-Abbildung und dem Darstellungs-Schema auf die Darstellungs-Daten ab.

Die Struktur des Datenbank-Objektes und des Darstellungs-Objektes sind "homomorph".
In konventionellen Anwendungen wird die Darstellung der gespeicherten Datenbank-Objekte durch ihren deskriptiven Charakter und durch ihre symbolische Darstellung in genormten Zeichensätzen begünstigt.

In Nonstandard-Anwendungsgebieten ist das Darstellungs-Problem für Design-Objekte vielschichtiger und komplexer. Dies liegt vor allem daran, daß - im Gegensatz zu Standard-Anwendungen - die betrachteten Design-Objekte und insbesondere ihre geometrischen Eigenschaften nicht in natürlicher Weise beschrieben und abgespeichert werden können. Es existieren bislang keine direkten Methoden zur anwendungs-orientierten Datenstrukturierung in Nonstandard-Anwendungen. Design-Objekte werden vielmehr mit Methoden der Standard-Anwendungen modelliert und beschrieben.
Deshalb kann die komplexe Struktur von Design-Objekten nicht alleine durch das Schema ausgedrückt werden. Die strukturelle Information muß also auch durch die Daten beschrieben werden.
Eine weitere Besonderheit der Darstellung von Design-Objekten ist, daß i.a. keine universellen, wohl-bekannten und normierten Darstellungen existieren. Aus einem Design-Objekt können also mehrere unterschiedliche und unabhängige Darstellungs-Objekte generiert werden. Kriterien für unterschiedliche Darstellungen sind zum Beispiel verschiedene Symbole für Teil-Objekte, verschiedene Auflösungen, Ansichten.
In der Design-Datenbank müssen die Design-Objekte universell sowie semantisch und geometrisch vollständig beschrieben sein. Für eine spezielle Darstellung sind die Design-Objekte im allgemeinen wenig repräsentationsnah beschrieben. Unterschiedliche

Darstellungs-Objekte lassen sich aus einem Design-Objekt ableiten:

Die verschiedenen abgeleiteten Darstellungs-Objekte müssen zusammen mit dem Design-Objekt in der Design-Datenbank parallel verwaltet werden.
Die Darstellungs-Prozesse, d.h. die Transformationen eines Design-Objektes in ein Darstellungs-Objekt, sind sehr komplex. Die Transformationen müssen daher ebenfalls in der Design-Datenbank protokolliert werden.
Die Rückkopplung von Manipulationen an den Darstellungs-Objekten auf das zugehörige ursprüngliche Design-Objekt sei hier zunächst nicht betrachtet. Dies bedeutet jedoch nicht, daß die Generierung eines Darstellungs-Objektes aus einem Design-Objekt nicht selbst einen eigenständigen Entwurfs-Prozeß bilden kann. Im Rahmen eines solchen Darstellungs-Prozesses kann zunächst eine initiale Version des Darstellungs-Objektes aus dem Design-Objekt automatisch erstellt werden. Dieses initiale Darstellungs-Objekt bleibt manipulierbar, aber nur solange die Manipulationen keine Auswirkungen auf das ursprüngliche Design-Objekt haben.

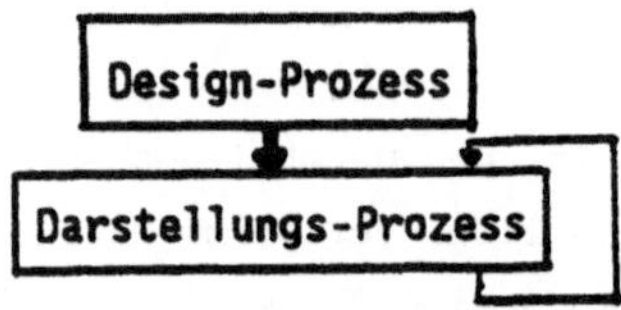

Diese zunächst vereinfachende Annahme hat zur Konsequenz, daß die Darstellungs-Objekte eines Design-Objektes zunächst nicht Gegenstand des eigentlichen Entwurfs-Prozesses des Design-Objektes sein können. Der Designer muß vielmehr das Design-Objekt anhand seiner Darstellungs-Objekte evaluieren und dann eventuell Modifikationen am Design-Objekt vornehmen.

Die Unterscheidung zwischen Design-Prozess und Darstellungs-Prozess soll an den drei folgenden Anwendungs-Beispielen näher erläutert werden.

Anwendung	Designprozeß	Ergebnis des Designprozesses	Darst.-Prozeß	Ergebnis des Darst.-Prozesses
CAD Elektronik VLSI	Schematic Layout, Routing, Simulation	Produkt-Beschreibung der Platine Baugruppe, VLSI-Chip	Anwendung von Schaltzeichen-Bibliotheken DIN-Normen	GKS-File, Drawings, NC-Files
Geowissen-schaften/ Kartographie	Erfassung von Meßpunkten, Scannen von Karten, Luftbild-Interpretation	Geo-Objekte	Anwendung von Kartographie-Normen	Karten-Objekte, Karten
Textverar-beitung	Autorentätig-keit, Editieren	Text-File	Anwendung von Manuskript-, Korrespondenz-Konventionen	formatierter Text-File, Briefe, Manuskripte, Akten

3. Analyse des Darstellungs-Prozesses

In einem Nonstandard-Datenbanksystem müssen also neben den Design-Objekten auch die verschiedenen Darstellungs-Objekte verwaltet werden. Wesentlich ist jedoch auch die Modellierung und Abspeicherung der Transformationen und Beziehungen, die zwischen den Design-Objekten und deren Darstellungs-Objekten bestehen. Ein Darstellungs-Objekt zerfällt dabei, genau wie ein Design-Objekt, in Schema und Daten.

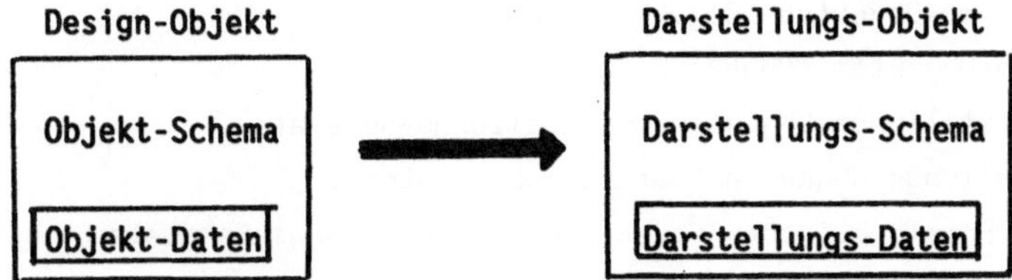

Das Darstellungs-Schema und das Objekt-Schema müssen "homomorph" sein. Die Darstellungs-Daten sind aus den Objekt-Daten entsprechend dem Darstellungs-Schema durch Anwendung von Transformations-Regeln abgeleitet.

Ein Darstellungs-Prozeß erfolgt damit auf zwei logischen Ebenen:

(1) Auf der logisch höheren Ebene werden die Beziehungen zwischen dem Objekt-Schema

und dem Darstellungs-Schema durch Transformations-Regeln beschrieben.

(2) Die Transformation der Daten bildet die zweite, logisch tieferstehende Ebene des Darstellungs-Prozesses. Die Objekt-Daten werden gemäß des Darstellungs-Schemas und der Transformations-Regeln in die Darstellungs-Daten transformiert. Die (Daten-) Transformationen werden dabei durch die (Schema-) Transformations-Regeln beschrieben.

Die Transformationen sind also Ausprägungen der Transformations-Regeln.

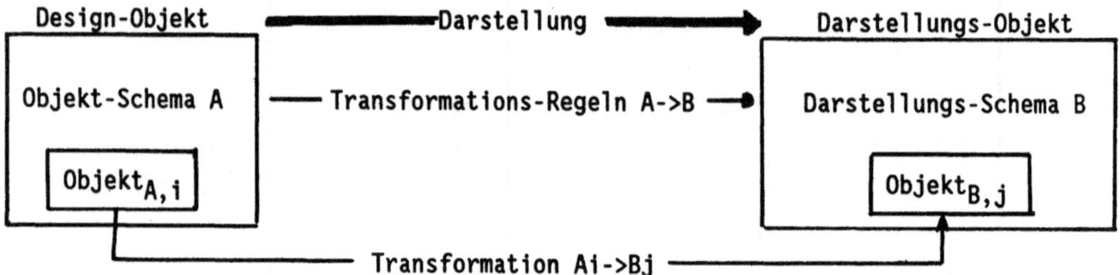

Die oben postulierte Einschränkung, daß Rückwirkungen von Manipulationen an Darstellungs-Objekten auf die zugehörigen Design-Objekte ausgeschlossen sind, kann in einem zukünftigen Schritt aufgehoben werden. Durch die explizit verwalteten Beziehungen zwischen dem Objekt-Schema und Darstellungs-Schema sowie den Objekt-Daten und Darstellungs-Daten ist es möglich, den Darstellungs-Prozeß in den Design-Prozeß zu integrieren. Die Auswirkungen von Manipulationen an einem Darstellungs-Objekt auf das zugehörige Design-Objekt können durch die explizit verwalteten Schema- und Daten-Beziehungen bestimmt werden. Dies setzt insbesondere voraus, daß die Darstellungs-Transformationen in Bezug auf die Manipulationen reversibel und eindeutig sind.

4. Transformation von Design- und Darstellungs-Objekten

In einer Design-Datenbank, in der Design-Objekte sowie abgeleitete Darstellungs-Objekte für Design-Objekte gespeichert werden, müssen also insbesondere die folgenden Informationen verwaltet werden:

- Schemata von Design-Objekten (Objekt-Schemata),
- Daten von Design-Objekten (Objekt-Daten),
- Schemata von Darstellungs-Objekten (Darstellungs-Schemata),
- Daten von Darstellungs-Objekten (Darstellungs-Daten),
- Transformations-Regeln zwischen Objekt- und Darstellungs-Schemata (Transformations-Schemata),
- Transformationen von Design- und Darstellungs-Objekten (Transformations-Daten).

Die Transformationen repräsentieren nur den initialen (automatischen) Entwurf eines Darstellungs-Objektes. Nachträgliche Manipulationen dieser ersten Version im Rahmen des Darstellungs-Prozesses müssen ebenfalls verwaltet werden. Dieser Aspekt ist hier nicht betrachtet.

Wir gehen im folgenden auf die Umsetzung von Design-Objekten in Darstellungs-Objekte näher ein. Dazu wird ohne Einschränkung angenommen, daß sowohl die Struktur der Design-Objekte als auch der Darstellungs-Objekte durch ein erweitertes Entity-Relationship-Modell (EER-Modell) beschrieben ist. Das klassische ER-Modell ist dabei erweitert um die beiden Relationship-Typen PART-OF und IS-A, die die Modellierung von komplexen Objekt-Strukturen unterstützen.

In der Praxis stellt sich heraus, daß Design-Objekte durch verschiedene, wenig voneinander abhängige Sichten beschrieben sind. Eine Elektronik-Baugruppe beispielsweise wird u.a. logisch (Stromlauf-Plan) und physikalisch (Layout) beschrieben. Diese relativ unabhängigen Beschreibungen sind - bis auf Rekursionen - hierarchisch (baumartig) strukturiert. Die Relationship-Typen der Baumstrukturen sind entweder vom Typ PART-OF oder IS-A.

Wir beschränken und hier auf die folgende Struktur von EER-Schemata:

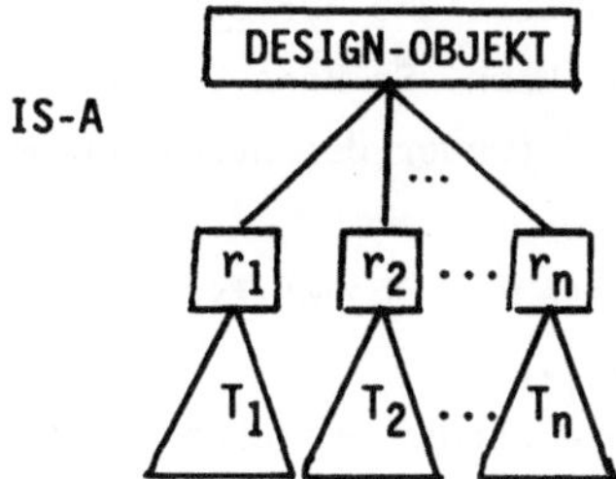

Der Objekt-Typ DESIGN-OBJEKT repräsentiert das Gesamt-Schema von Design-Objekten und besitzt als Attribute allgemeine Verwaltungs-Daten, beispielsweise die Identifikation des Produktes. Die Teilbäume T_i stellen die EER-Subschemata für unterschiedliche Sichten des Design-Objektes dar. Der Relationship-Typ zwischen dem Entity-Typ PRODUKT und den Wurzel-Entity-Typen $r_1,\ldots,r_n$ ist eine Generalisierung. Für das obige Beispiel einer Elektronik-Baugruppe beschreibt der Teilbaum T_1 die Struktur des Stromlauf-Plans und der Teilbaum T_2 beschreibt die Struktur des Layouts. Zwischen diesen einzelnen Teilbäumen können Querbeziehungen bestehen. Der Entity-Typ LOGISCHES ELEMENT im Teilbaum T_1 steht mit dem Entity-Typ TECHNISCHES ELEMENT im Teilbaum T_2 in Beziehung.

Ein Entity-Typ eines Teilbaumes T_i kann also mit einem Entity-Typ eines anderen Teilbaumes T_j in Beziehung stehen. Wir setzen voraus, daß diese Relationship-Typen immer binär sind.

Zunächst werden die Entity-Typen in EER-Schemata von Design-Objekten in darstellungswürdige Entity-Typen und nicht darstellungswürdige Entity-Typen vollständig partitioniert. Ein Objekt-Typ wird als darstellungswürdig bezeichnet, wenn er durch einen graphischen (komplexen) Darstellungs-Objekt-Typ ausgedrückt werden kann.

In einem Objekt-Schema für IC-Bausteine ist der Entity-Typ PIN darstellungswürdig; der Entity-Typ TECHNISCHER WERT dagegen nicht.
Mit dieser Klassifikation wird eine grundsätzliche Selektion der möglicherweise darstellbaren Objekt-Entity-Typen erzielt. Diese Selektion ist charakteristisch für das Design-Schema und insbesondere unabhängig von Darstellungs-Schemata.
Im Falle der hier betrachteten Klasse von Objekt-Schemata werden durch diese Art der Spezifikation Teilbäume T'_i innerhalb der Struktur-Bäume T_i spezifiziert.

Betrachten wir nun eine konkrete Darstellung. Wie bereits oben erwähnt, erfolgt die Beschreibung der Darstellung auf zwei Ebenen.
Auf der Schema-Ebene wird die Zuordnung der Objekt-Typen auf die Darstellungs-Typen durch die Schema Abbildung f beschrieben. Offensichtlich können nur darstellungswürdigen Objekt-Typen Darstellungs-Typen zugeordnet werden. Aus der Menge der darstellungswürdigen Objekt-Typen können für die konkrete Darstellung relevante Objekt-Typen selektiert werden.
Wesentlich ist, daß innerhalb einer Darstellung nur eine Sicht des Design-Objektes, d.h. ein Teilbaum T_i betrachtet werden kann. So kann beispielsweise bei einer Elektronik-Baugruppe in einer Darstellung entweder der Stromlauf-Plan oder der Layout-Plan dargestellt werden.
Die Spezifikation von darstellungsrelevanten Objekt-Typen ergibt also einen Teilbaum T''_i innerhalb eines Teilbaumes T'_i.
Den darstellungsrelevanten Objekt-Typen werden nun über die Schema-Abbildung f Darstellungs-Typen zugeordnet. Dabei wird jedem Objekt-Typ ein (komplexes) Darstellungs-Objekt zugeordnet und jedem Relationship-Typ zwischen zwei darstellungsrelevanten Objekt-Typen wird ein Relationship-Typ zwischen ihren (komplexen) Darstellungs-Typen zugeordnet.
Die wesentliche Forderung an die Darstellungs-Funktion f ist, daß sie strukturverträglich sein muß. Sei R ein binärer Relationship-Typ zwischen den beiden Objekt-Typen A und B, d.h. R = (A,B). Dann muß ein Relationship-Typ R' gleicher Art im Darstellungs-Schema existieren mit R' = (f(A),f(B)).
Weiter muß die Schema-Abbildung f injektiv und total sein.

Eine Erweiterung dieses Konzeptes stellt die Konditionierung der Darstellung dar. Einem darstellungsrelevanten Objekt-Typ A wird ein Prädikat select(A) zugeordnet, das jedem Design-Objekt a (vom Typ A) einen boole'schen Wert zuordnet. Nur diejenigen Design-Objekte a mit select(A) (a) = true werden dargestellt. Die Möglichkeit der Spezifikation von Selektionen erfordert ein entsprechenden Kalkül bzw. Datenbank-Sprache. Klassische Anfrage-Kalküle (zum Beispiel der relationale Tupel-Kalkül) eignen sich für Nonstandard-Anwendungen nur schlecht. Ein Anfrage-Kalkül für komplexe Design-Objekte mit geometrischen Komponenten muß insbesondere Konstrukte zur Verwaltung und Manipulation der Objekt-Strukturen sowie Algorithmen der Algorithmischen Geometrie zur Verfügung stellen. In /RaNeuLiEh 85/ wird ein Objekt-Kalkül für das eingeführte

Geo-Objekt-Modell vorgestellt. In /RoHeiMa 84/ wird ein Vorschlag zur Verarbeitung auf Objekten mit PART-OF-Strukturen und geometrischen Komponenten gemacht; vgl. desweiteren auch /Fr 82/ und /He 80/.

Auf der zweiten Ebene des Darstellungs-Prozesses werden nun die Objekt-Entities durch die Objekt-Abbildung g_f auf Darstellungs-Entities abgebildet.
Die Objekt-Abbildung g_f hängt von der übergeordneten Schema-Abbildung f ab. die Objekt-Abbildung g_f ordnet jedem Objekt-Entity a eines darstellungs-relevanten Objekt-Typs A ein Darstellungs-Entity b mit dem durch die Schema-Abbildung f bestimmten Typ B=f(A) zu.
Ist die Schema-Funktion zusätzlich konditioniert, so ist die Objekt-Abbildung nur für diejenigen Objekt-Entities a vom Typ A definiert, für die die Selektions-Bedingung wahr ist, d.h.

$\text{select}(A)\ (a)=\underline{\text{true}} \Rightarrow g_f(a)=b$ mit Typ(b)=B,

$\text{select}(A)\ (a)=\underline{\text{false}} \Rightarrow g_f(A)\ (a)=\underline{\perp}$.

So wie die Struktur-Verträglichkeit für Schema-Abbildungen gefordert wird, muß die Objekt-Abbildung die Relationships zwischen Entities erhalten. Sei R = (A,B) ein Relationship-Typ im Objekt-Schema mit zugeordnetem Relationship-Typ R' = (A',B') im Darstellungs-Schema, d.h. f(A) = A' und f(B) = B'. Stehen nun die beiden Objekt-Entities a vom Typ A und b vom Typ B durch Relationship r vom Typ R in Beziehung, so müssen die beiden Darstellungs-Entities $g_f(a)$ und $g_f(b)$ durch eine Relationship r' vom Typ R' in Beziehung stehen.

Mit Hilfe des vorgestellten Lösungsansatzes für das Darstellungs-Problem von Design-Objekten ist es grundsätzlich möglich, Design-Objekte, ihre Darstellungs-Objekte und die zugehörigen Darstellungs-Prozesse gleichzeitig in der Design-Datenbank zu modellieren und zu verwalten. Wesentlich für den vorgestellten Ansatz ist, daß sowohl die Darstellungs-Objekte als auch die Darstellungs-Prozesse durch Schema und Daten beschrieben werden. Es werden damit die gleichen Konzepte zur Beschreibung von Darstellungs-Objekten und Darstellungs-Prozessen benutzt, wie sie zur Beschreibung der Design-Objekte verwandt werden.
Das Darstellungs-Problem für Design-Objekte kann also grundsätzlich in Design-Datenbanken integriert werden.

Literatur-Verzeichnis

/Ap 85/ Appelrath, H.J.
GEO - Konzept eines applikationsneutralen geographischen DB-Systems und seine Implementierung als INGRES-Frontend.
Proc. BTW-Tagung 1985, ed.: Blaser, A., Pistor, P., IFB 94, Springer Heidelberg, 1985.

/CrHaBoDaFoMa 84/ Crehange, M., Haddou, A.A., Boukakiou, M., David, J.M., Foucaut, O., Maroldt, J.
EXPRIM: An Expert System to Aid in Progressive Retrieval from a Pictorial and Descriptive Database.
in: New Applications of Databases, ed.: Gardarin, G., Gelenbe, E., Academic Press, 1984.

/DeObPauScheSchoWei 85/ Deppisch, U., Obermeit, V., Paul, H.B., Schek, H.J., Scholl, M., Weikum, G.
Ein Subsystem zur stabilen Speicherung versionsbehafteter, hierarchisch strukturierter Tupel.
Proc. BTW-Tagung 1985, ed.: Blaser, A., Pistor, P., IFB 94, Springer Heidelberg, 1985.

/DiKoMüLo 84/ Dittrich, K.R., Kotz, A.M., Mülle, J.A., Lockemann, P.C.
Datenbank-Konzepte für Ingenieur-Anwendungen: eine Übersicht über den Stand der Entwicklung.
Proc. GI-Jahrestagung 1984, ed.: Ehrich, H.D., IFB 88, Springer Heidelberg, 1984.

/Fr 82/ Frank, A.
MAP-QUERY: Data Base Query Language for Retrieval of Geometric Data and their Graphical Representation.
ACM SIGGRAPH Newsletter (Computer Graphics), vol. 16(3), 1982.

/Fr 83/ Frank, A.
Datenstrukturen für Landinformationssysteme.
Institut für Geodäsie und Photogrammetrie, ETH Zürich, Techn. Report 34, 1983.

/GrPi 83/ Gründig, L., Pistor, P.
Land-Informations-Systeme und ihre Anforderungen an Datenbank-Schnittstellen.
Proc. GI-Fachgespräch 'Sprachen für Datenbanken', ed.: Schmidt, J.W., IFB 72, Springer Heidelberg, 1983.

/HaMa 85/ Hartzband, D.J., Maryanski, F.J.
Enhancing Knowledge Representation in Engineering Databases.
IEEE Computer, vol. 18(9), 1985.

/He 80/ Herot, C.F.
Spatial Management of Data.
ACM TODS, vol. 5(4), 1980.

/Kn 84/ Knuth, D.E.
The TEXbook.
Addison Wesley, 1984.

/LeMuWe 85/ Leßenich, H.R., Munford, U., Wenderoth, W.
Erfahrungen und Konzepte beim Einsatz eines CODASYL-Datenbanksystems in der Datenhaltung einer CAD-Elektronik-Anwendung.
Proc. BTW-Tagung 1985, ed.: Blaser, A., Pistor, P., IFB 94, Springer Heidelberg, 1985.

/Lo al. 85/ Lockemann, P.C. et.al.
Anforderungen technischer Anwendungen an Datenbanksysteme.
Proc. BTW-Tagung 1985, ed.: Blaser, A., Pistor, P., IFB 94, Springer Heidelberg, 1985.

/Lü 83/ Lücke, B.
DANTE - Ein semantisches Datenmodell für Anwendungen aus dem Konstruktionsbereich.
Interner Bericht 17/83, Universität Karlsruhe, Fakultät für Informatik, 1983.

/McK 83/ McKeown, D.M.
MAPS: The Organization of Spatial Database System Using Imagery, Terrain, and Map Data.
Techn. Report CMU-CS-83-136, Carnegie-Mellon University, Computer Science Dept., 1983.

/McK 84/ McKeown, D.M.
Digital Cartography and Photo Interpretation from a Data Base Viewpoint.
in: New Applications of Databases, ed.: Gardarin, G., Gelenbe, E., Academic Press, 1984.

/Mei 82/ Meier, A.
Semantisches Datenmodell für flächenbezogene Daten.
Dissertation ETH Zürich Nr. 7043, 1982.

/Mei 85/ Meier, A.
Applying Relational Database techniques to Solid Modelling.
Proc. BTW-Tagung 1985, ed.: Blaser, A., Pistor, P., IFB 94, Springer Heidelberg, 1985.

/NaWa 79/ Nagy, G., Wagle, S.
Geographic Data Processing.
ACM Computing Surveys, vol. 11(2), 1979.

/RaNeuLiEh 85/ Ramm, I., Neumann, K., Lippeck, U.W., Ehrich, H.D.
Eine Benutzerschnittstelle für geowissenschaftliche Datenbanken.
Bericht Nr. 85-08, TU Braunschweig, Institut für Informatik, 1985.

/RoBeiMa 84/ Rosenthal, A., Heiler, S., Manola, F.
An Example of Knowledge-Based Query Processing in a CAD/CAM DBMS.
Proc. VLDB, 1984.

/RuSp 85/ Ruland, D., Spindler, Th.
CADULA - A Universal Model for CAD-Processes.
Techn. Report, Universität Würzburg, 1985.

/Sch 85/ Schek, H.J.
Kurzbericht über Entwurf und Implementierung eines Datenbankkernsystems.
Nachrichten aus dem Karten- und Vermessungswesen I, Heft 95, 1985.

/SM 85/ Smith, J.M.
Large-Scale Knowledge Systems.
Proc. GI-Kongreß 'Wissenbasierte Systeme 1985', ed.: Brauer, W., Radig, R., IFB 112, Springer Heidelberg, 1985.

/Vi 85/ Vinken, R.
Digitale Geowissenschaftliche Kartenwerke - ein neues Schwerpunktprogramm der DFG.
Nachrichten aus dem Karten- und Vermessungswesen I, Heft 95, 1985.

/Wa 85/ Waterfeld, W.
Analyse von Dateiorganisationen und Zugriffspfaden in der digitalen Kartographie.
Arbeitsbericht DVSI-1985-A2, TH Darmstadt, FB Informatik, 1985.

/ZhWa 84/ Zhang, J., Wang, R.
Some Considerations on the Data Model of Geometric Data Bases.
ACM Proc. DAC, 1984.

DATENBANKSYSTEME FÜR DIE VERWALTUNG GEOMETRISCHER OBJEKTE

H.-J. Schek, Darmstadt

Kurzfassung
Geometrische Objekte spielen eine zentrale Rolle bei der Anwendung von Datenbanksystemen im Ingenieurbereich oder in den Geowissenschaften. Es wird anhand einfacher Beispiele aufgezeigt, daß das Konzept Komplexer Objekte *für die Darstellung der geometrischen Datenstrukturen nützlich ist, daß aber der Ansatz* abstrakter Datentypen *zusätzlich verwendet werden sollte, um sich von den Details der Darstellung und Interpretation der jeweiligen Geometrie zu lösen. Es wird gezeigt, wie Zugriffspfade und physische Clusterbildung für ADT-Operationen in ein Datenbanksystem eingebracht werden können.*

1. Einleitung

Das Problem der Verwaltung geometrischer Objekte spielt eine zentrale Rolle bei der Anwendung von Datenbanksystemen im Ingenieurbereich oder bei Landinformationssystemen. Man kann fast sagen, daß geometrische Objekte dafür verantwortlich sind, daß man heute unter dem Sammelbegriff "Nicht-Standard-Datenbanken" eine weit verbreitete Forschungsrichtung antrifft, bei der fast alle Konzepte oder Komponenten heutiger Datenbanksysteme in Frage gestellt werden. Das Anliegen dieses Papieres ist es, auf einige im Zusammenhang mit geometrischen Objekten auftretende Probleme hinzuweisen und Lösungsansätze aufzuzeigen. Im Vordergrund steht die Frage, wie Geometrie-Objekte in Datenbanken eingebettet werden können, genauer, welche Architekturkonzepte realisiert werden müssen, um eine möglichst flexible Unterstützung für das Arbeiten mit geometrischen Objekten erreicht wird. Hierzu soll im nächsten Kapitel zunächst an einfachsten Beispielen aufgezeigt werden, warum ein relationales Datenbanksystem wenig hilfreich ist. Der nächste Schritt ist die Einführung von komplexen Objekten und die Frage, ob hierdurch auch geometrische Objekte befriedigend unterstützt werden. Diese Frage wird im Kapitel 3, ebenfalls an einfachen Beispielen diskutiert. Es zeigt sich, daß bereits bei den einfachsten Beispielen eine Vielzahl möglicher Varianten für Datenstrukturen und für die zugehörigen Algorithmen der Operationen existieren. Bei einem Datenbanksystem dagegen möchte man mit möglichst wenigen einheitlichen Konzepten auskommen. Dies gilt insbesondere für die tiefen Systemschichten, wo Zugriffspfade und physische Clusterbildung angesiedelt sind. Daher wird im Kapitel 4 die Richtung der Geometrie als Abstrakter Datentyp (ADT) verfolgt, weil hierdurch eine Chance besteht, wenige "generische" Operationen in ein Datenbanksystem einzubetten: wiederum an einfachsten Beispielen wird aufgezeigt, wie im Prinzip Zugriffspfade und physisches Clustern für einige ADT-Grundoperationen in ein Datenbanksystem "importiert" werden können.

Die hier vorgestellten Überlegungen sind durch die Arbeit an einem DFG-Schwerpunktprogramm "Digitale Geowissenschaftliche Kartenwerke" entstanden, wo in Zusammenarbeit mit der Gruppe Ehrich /RNLE85/ ein Datenbanksystem für geowissenschaftliche Daten entwickelt wird. Die Diskussionen, welche geometrischen Strukturen und Operationen in dem von der Darmstädter Gruppe zu entwickelnden "Geokern" /SW86/ sein müssen und welche erst in höheren (Anwender-) Schichten, aber auch die berechtigte Forderung der Anwender, die in ihren Geo-Modellen jeweils _ihre_ Geometrie sehen wollen, hat die Notwendigkeit einer ADT-Einbettung stark beeinflußt.

2. Relationale Datenbanken und geometrische Objekte

Relationale Datenbanken haben sich in den letzten Jahren kommerziell durchgesetzt; ihre Schnittstelle SQL /IBM/ ist sogar Gegenstand eines Normenvorschlages. Daher ist die Frage nach der Anwendbarkeit relationaler Datenbanken auch für Geo-Objekte naheliegend, und häufig kommen aus den Anwendungen Erfahrungsberichte hierüber. Man findet solche Arbeiten z.B. in /SDH84, EK82/. Grob zusammengefaßt zeigen die Erfahrungen, daß das relationale Datenmodell zwar im Prinzip anwendbar, aber unhandlich ist und daß das Laufzeitverhalten unbefriedigend ist. Eberlein /Eb84/ hat einen Faktor von 10 oder mehr gemessen zwischen Spezialimplementierungen und der Anwendung einer relationalen Datenbank. Ein geometrisches Modellierungssystem auf der Basis eines Netzwerkmodells wurde von Härder /HHLM86/ untersucht. Auch hier ergibt sich eine extrem hohe Anzahl von Datenbankaufrufen und damit ein völlig unbefriedigendes Laufzeitverhalten. Vorschläge zur Verbesserung sind bereits von Fischer /Fi83/ bekannt geworden.

Wir wollen uns kurz klarmachen, worin das Problem besteht und daran lernen, welche Fähigkeiten ein zukünftiges Datenbanksystem aufweisen sollte.

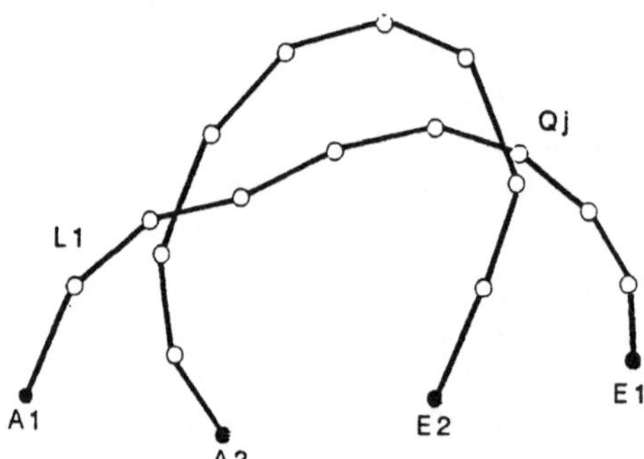

Figur 1: Polygonbeispiel

Hierzu nehmen wir als einfaches stilisiertes Beispiel an, daß Linien in Form von Polygonen (Fig. 1) in der Datenbank zu verwalten sind. Jede Linie ist durch Liniennummer LNR, ein weiteres Beschreibungsattribut NAME, Anfangs- und Endpunktkoordinaten AX, AY, EX, EY und durch eine variable Anzahl von Stützpunkten Q_j mit Koordinaten x_{ij}, y_{ij}, $i=1, \ldots n_j$, beschrieben. Ein relationaler Entwurf A, wie in Fig. 2 dargestellt, bietet sich daher an. Zur groben Beurteilung dieses Entwurfs stellen wir zwei Testfragen

F1: Prüfe, welche Linien den Stützpunkt S(x,y) enthalten.
F2: Extrahiere die kompletten Linien mit Namen "Bruchkante".

Wir erkennen, daß der Entwurf A für die Frage F1 formulierungsmäßig angenehm ist:

LINIEN					
LNR	NAME	AX	AY	EX	EY
1	Bruch-kante	ax_1	ay_1	ex_1	ey_1
2	Grenze	ax_2	ay_2	ex_2	ey_2

PUNKTE			
LNR	QNR	QX	QY
L1	1	x_{11}	y_{11}
L1	2	x_{12}	y_{12}
L2	1	x_{21}	y_{21}
....			
L1	j	x_{1j}	y_{1j}

Figur 2: Relationaler Entwurf A

Select LNR into: V_1 *from PUNKTE*
where QX=x and QY=y

Die SQL-Formulierung ist einfach, die Tabelle PUNKTE enthält die benötigte Information. Die Ausführungszeit ist entsprechend kurz. Dieses positive Verhalten ändert sich, wenn wir jetzt die Frage F2 verfolgen:

Select LNR, NAME, AX, AY, EX, EY, QNR, QX, QY
into :V1, :V2, :V3, :V4, :V5, :V6, :V7, :V8, :V9
from LINIEN, PUNKTE
where LINIEN.LNR=PUNKTE.LNR
and NAME="Bruchkante"

Die Formulierung erfordert offensichtlich einen Join. Dies ist umständlich insbesondere mit Blick auf die zunehmende Anzahl Joins bei komplexeren Geometrien. Außerdem erfolgt die Entgegennahme des Ergebnisses tupelweise in die angegebenen Wirtssprachenvariablen. Die Liniendaten werden für jeden Stützpunkt wiederholt. Auch dies ist umständlich, wenn man bedenkt, daß jede Programmiersprache Felder oder Strukturen für den Umgang mit solchen Daten zur Verfügung stellen würde. Eine Wunschvorstellung wäre, vorher eine Strukturabbildung zwischen Datenstrukturen der Datenbank und solchen der Programmiersprache definieren zu können, um durch einen Datenbankaufruf die gwohnten Strukturen aufgefüllt zu bekommen. Heutige Systeme leisten dies leider nicht.

Was nun die Effizienz bei der Ausführung von F2 anbetrifft, so stellen wir fest, daß ein Join i.a. teuer ist, es sei denn, die benötigten Tupel für die Ausführung liegen "clustered" in wenigen Seiten. Hierfür müssen jedoch besondere Maßnahmen eingeführt werden.

Ein zweiter möglicher Entwurf B ist in Fig. 3 dargestellt: Hier soll nun vermieden werden, daß die Extraktion einer kompletten Polygonlinie soviele Datenbankschnittstellenüberquerungen verursacht, wie Stützpunkte vorhanden sind. Vielmehr werden die Stützpunkte in irgendeiner Bytestringrepräsentation als ein (u.U. langes) Feld QSTRING in der Relation LINIEN gespeichert.

LINIEN						
LNR	NAME	AX	AY	EX	EY	... QSTRING ...
L1	Bruch - kante	ax_1	ay_1	ex_1	ey_1	$x_{11}\ y_{11}\ x_{12}\ y_{12}\ x_{13}\ y_{13}$ ...
L2	Grenze	ax_2	ay_2	ex_2	ey_2	$x_{21}\ y_{21}\ x_{22}\ y_{22}\ x_{23}\ y_{23}$ ...

Figur 3: Relationaler Entwurf B

Der Vorteil des Entwurfs B für Frage F2 liegt auf der Hand. Die Formulierung

Select LNR, NAME, AX, AY, EX, EY, QSTRING
into :V1, :V2, :V3, :V4, :V5, :V6, :V7
from LINIEN where NAME="Bruchkante"

liefert mit einem Datenbankaufruf eine komplette Bruchkante. In der Wirtssprachenvariablen V7 findet sich die Repräsentation aller Stützpunkte, also der "inneren" Geometrie allerdings in einer Zeichenkettendarstellung. Die effiziente Unterstützung der Extraktion eines (u.U. langen) Feldes durch das Datenbanksystem erwarten wir.

Umgekehrt hat Entwurf B gravierende Nachteile für Frage F1: zum Test, welche Linien den Stützpunkt S enthalten, müssen wir das ganze Feld QSTRING für jede Linie extrahieren und selbst testen, ob S enthalten ist. Eventuell gibt uns die Datenbank den Feldwert von QSTRING nur stückweise in eine Zeichenkettenvariable. Dies ist offensichtlich umständlich und auch von der Laufzeit her unbefriedigend, da u.U. auf viel zu große Datenmengen zugegriffen werden muß.

So grob vereinfachend und elementar dieses Beispiel der Polygonlinien auch sein mag, wir erkennen dennoch ziemlich klar, in welchen Richtungen Erweiterungen wünschenswert oder notwendig sind: Der Wunsch, einen Entwurf "zwischen" den oben eingeführten Entwürfen A und B zu finden, also einen, der die Vorteile beider vereinigt, die Nachteile beider aber vermeidet, führt uns zu *"Komplexen Objekten"*. Intuitiv erkennen wir auch, daß die Idee des Aufprägens von Datenstrukturen auf weiter unten atomar behandelte Attribute unserer Vorstellung der zunehmenden Abstraktion und Verfeinerung in einer Schichtenarchitektur entgegenkommt. Wir werden die Richtung *"Geometrie als Abstrakter Datentyp"* diskutieren. Sowohl für komplexe Objekte als auch für die Geometrie als abstrakter Datentyp ist die Kopplung mit der Wirtsprache zu überdenken.

3. Geometrische Objekte sind komplexe Objekte

Unter "Komplexen Objekten" versteht man Objekte, zu deren Beschreibung wieder (komplexe) Objekte verwendet werden können. Häufig werden sie dadurch charakterisiert, daß zu ihrem Aufbau - ausgehend von primitiven oder atomaren Objekten - Tupel- und Mengenbildung erlaubt wird /BK86/.

Das Modell geschachtelter Relationen (NF^2 Modell) ist ebenfalls dadurch charakterisiert, daß abwechselnd Tupel- und Mengenbildung zugelassen ist /z.B. SP82, SS83, Da86, SS86, PA86/. Unter Verwendung der in semantischen Datenmodellen üblichen Terminologie ergeben sich komplexe Objekte durch wiederholte Anwendung der Aggregation und Assoziation /AH84/.

LINIEN								
LNR	NAME	AX	AY	EX	EY	PUNKTE		
						QNR	QX	QY
1	Bruchkante	ax_1	ay_1	ex_1	ey_1	1	x_{11}	y_{11}
						2	x_{12}	y_{12}
						.		
						.		
						.		
						j	x_{1j}	y_{1j}
2	Grenze	ax_2	ay_2	ex_2	ey_2	1	x_{21}	y_{21}
						.		
						.		
						.		

Figur 4: NF^2 Relationaler Entwurf C

Diese Kurzfassung über den Begriff "Komplexe Objekte" möge an dieser Stelle genügen. Wir wollen hier lieber gleich die Brauchbarkeit an unserem Polygonbeispiel überprüfen und verwenden aus naheliegenden Gründen die Terminologie des NF^2 Modells. Da wir jetzt die Objekte "Stützpunkte" als Subobjekte zur Beschreibung, d.h. als Attribut einer Linie heranziehen können, ist der in Fig. 4 dargestellte Entwurf C erlaubt. Es ist deutlich, daß er in der Tat durch Kombination der Entwürfe A und B entsteht. Einmal können wir die Stützpunkte in ihrer Gesamtheit ansprechen, zum anderen kennt das Datenbanksystem die Innenstruktur und unterstützt Operationen hierauf. Unsere Beispielfrage F1, formuliert in einer SQL-Erweiterung für NF^2 Relationen /SP82, PA86/, macht dies deutlich

Select LNR into :V1 from LINIEN
where $[*, x, y] \in$ *PUNKTE*

Alternativ könnten wir die folgende Formulierung verwenden

Select LNR into :V1
where exists (Select QNR from PUNKTE
where QX=x and QY=y)

Bei der ersten Formulierung konstruieren wir ein Tupel $[*, x, y]$, das als Element in der Relation PUNKTE enthalten sein muß wobei wir den QNR Wert maskieren. Bei der zweiten Formulierung erkennen wir noch deutlicher, wie auf die (relationale) Struktur von PUNKTE Bezug genommen wird.

Die Frage F2 ist - wie erwartet - einfach, erlaubt sie doch die Extraktion des (ganzen relationenwertigen) Attributs PUNKTE in der Selektionsklausel.

Select LNR, NAME, AX, AY, EX, EY, PUNKTE
into Benutzerbereich
where NAME="Bruchkante"

Allerdings haben wir eine Schwierigkeit geschickt getarnt: Die into-Klausel sollte nach dem vorher Gesagten eigentlich die Wirtssprachenvariable enthalten, deren Typ den Datenbankvariablen entspricht. PUNKTE ist aber vom Typ Relation! Allgemeiner müssen wir bei der Extraktion von komplexen Objekten mit zwar fester, aber beliebig tiefer Schachtelung rechnen. Spätestens hier erkennen wir, daß es mit der Forderung nach komplexeren Objekten in der Datenbank allein nicht getan ist. Wir müssen sie im Anwenderprogramm, also in einer Wirtssprache, auch verarbeiten können. Hierzu haben wir im oberen Beispiel einen *Benutzerbereich* definiert, der als "Objektpuffer" eine oder mehrere Bruchkanten enthält. Zur Verarbeitung eines solchen Objektpuffers müssen dann navigierende Operationen eingeführt werden, mit denen man die einzelnen Bestandteile eines komplexen Objektes ansprechen kann. Wir erreichen hierdurch eine Mengenorientierung der Datenbankschnittstelle.

Wir haben bereits mit unserem einfachen Geometrie-Beispiel erkannt, daß komplexe Objekte ganz brauchbar sein können. Überall dort, wo die geometrische Beschreibung eines Objektes sich aus primitiveren geometrischen Objekten zusammensetzen läßt, wobei sich diese wiederum aus noch Primitiveren ergeben usw., bietet sich eine Modellierung über komplexe Objekte an. Die Bemerkung gewinnt dadurch an Gewicht, weil wir wissen, daß die insbesondere im CAD-Bereich wichtigen Darstellungsformen des geometrischen Modellierens 3-dimensionaler Objekte, die CSG Methode (Constructive Solid Geometry) und die Randdarstellung (Boundary Representation), diesem Prinzip folgen. Darstellungen hierüber findet man in /Ke85, Me86/.

Was nun das bislang beim Entwurf C noch nicht erwähnte Laufzeitverhalten zur Ausführung der Frage F1 und F2 anbetrifft, so erwarten wir von einem Datenbanksystem, das komplexe Objekte unterstützt, daß F2 ähnlich effizient ausgeführt wird wie F2 beim Entwurf B. Bei F1 rechnen wir mit einer geringfügigen Verschlechterung gegenüber der Ausführung von F1 bei A.

Insgesamt entsteht daher der Eindruck, als ob die Unterstützung komplexer Objekte in einem Datenbanksystem auch eine vernünftige Unterstützung für geometrische Objekte lieferte. Dies ist richtig, reicht aber alleine nicht: Wir haben nämlich noch keine eigentlichen *geometrischen* Operationen eingeführt. Eine leichte Modifikation der Frage F1 zeigt dies.

F3: Bestimme die Linien, welche durch den Punkt S(x,y) laufen

Gegenüber F1 wollen wir jetzt nicht nur solche Linien, die S als Stützpunkt enthalten, sondern auch solche, bei denen irgendeine Kante den Punkt S enthält. Wir erkennen, daß diese Frage nicht durch einen Vergleich mit den gespeicherten Stützpunkten beantwortet werden kann. Vielmehr müssen jetzt aus den gespeicherten Punkten erst die verbindenden Kanten berechnet werden. Wir gelangen hier zu einem prinzipiellen Problem: Ein Polygon, wie wir es uns vorstellen, ist ein Kontinuum. Objekte der Datenbank dagegen sind endlich viele "Punktdaten". In unserem Beispiel wird aus den gespeicherten Punktdaten erst dann ein Polygon, wenn wir noch die Vorschrift kennen, wie aus den Stützpunkten die Linie, also ein Kontinuum werden soll.

4. Geometrie als Abstrakter Datentyp

4.1 Prinzipielles zu Geo-Objekten

Ausgedehnte geometrische Objekte werden immer durch eine endliche Anzahl von Parametern dargestellt *und* durch eine Vorschrift, wie die Parameter zur Erzeugung von Kurven und Flächen oder Körpern verwendet werden sollen. Parameter *und* Vorschrift stellen die Objektbeschreibung dar. In den seltensten Fällen kann eine Operation nur auf den Parametern ohne Kenntnis der Vorschrift ausgeführt werden. Bei unseren Polygonlinien war F1 eine solche Operation. F3 bereits nicht mehr. Daß diese Bedenken durchaus ernsthaft sind und nicht nur theoretische Betrachtungen, die mit etwas Pragmatismus erledigt werden können, sollen folgende Überlegungen zeigen.

Wir erweitern unser Linienbeispiel etwas: Anstatt Polygone, also geradlinige Verbindungen zwischen den Stützpunkten zuzulassen, wollen wir dem ersten Stützpunkten noch eine Tangentenrichtung zuordnen. Eine Linie soll dann dadurch entstehen, daß wir durch jeweils zwei aufeinanderfolgende Stützpunkte den durch die Koordinaten und die jeweilige Tangentenrichtung eindeutig bestimmten Kreis ermitteln. Das Aneinanderreihen der entsprechenden Kreisstücke ergibt eine glatte Linie, wie sie in Fig. 5 dargestellt ist.

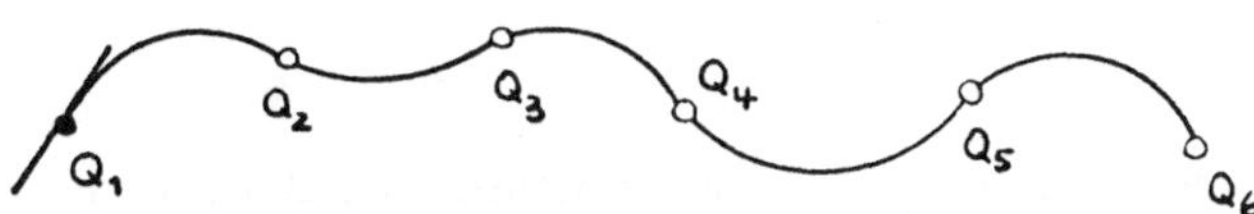

Figur 5: Glatte Linie bestehend aus Kreisstücken durch Q_i

Eine mögliche Repräsentation in der Datenbank zeigt Fig. 6. Zwei Dinge werden hier direkt deutlich: Zum einen läßt die dargestellte Repräsentation eine Vielzahl von möglichen Vorschriften zu, eine glatte Linie zu erzeugen; man denke etwa an die Vielfalt möglicher Splines. Zum anderen gibt es eine Vielzahl von möglichen Repräsentationen und Vorschriften, die alle identische Kreislinien erzeugen. Ein Beispiel ist in Fig. 7 enthalten. Der Anfangspunkt mit Richtung legt das Koordinatensystem fest, die Folge von Radien und Mittelpunktswinkel definiert dann koordinatensystemunabhängig die Folge der Kreistücke. Dies ist die Darstellung der Linie in natürlichen Koordinaten, bei der die

Krümmung als Funktion der Bogenlänge angegeben ist. Die Geometrie von Verkehrswegen wird beispielsweise durch solche "Krümmungsbild"-Darstellungen erfaßt /Sche73/. Wir wollen uns hier nicht mit einer Besprechung der Vor- und Nachteile der in Fig. 6 und 7 dargestellten Repräsentation aufhalten. Wir wollen hier lediglich festhalten, daß es eine Vielzahl geometrischer Beschreibungen gibt, die je nach Anwendung oder Algorithmus innerhalb der Anwendung seit jeher bekannt und bewährt sind. Da wir davon ausgingen, daß ein Datenbanksystem Grundoperationen unterstützen soll wie beispielsweise die Extraktion aller Linien, die durch einen Punkt gehen, oder, realistischer, alle Linien, die einem vorgegebenen Bereich schneiden, müssen wir verlangen, daß die Beschreibung, d.h. also die Repräsentation *und* die Interpretation dem Datenbanksystem bekannt ist.

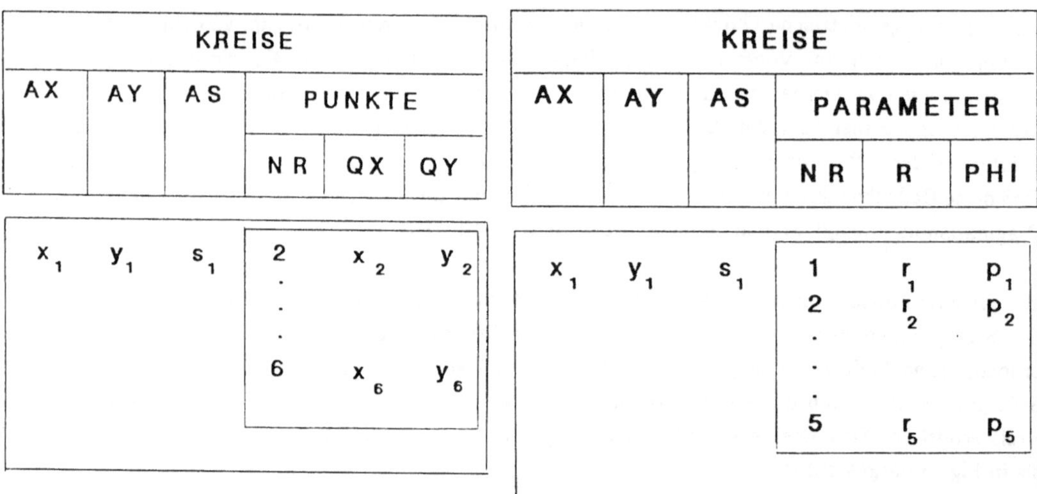

Figur 6: Darstellung einer Kreisfolge durch Stützpunkte und Anfangstangente

Figur 7: Darstellung einer Kreisfolge in natürlichen Koordinaten

Muß also ein Datenbanksystem möglichst viele geometrische Beschreibungen explizit kennen und verfügbar halten? Vordergründig gesehen müßte man das wohl bejahen. Wir würden doch die Qualität eines Datenbanksystems für geometrische Objekte hoch bewerten, wenn es nicht nur Punkte, Liniensegemente, Polygone, Kreise, Quader, Zylinder usw., sondern auch Spline-Kurven und Flächen verschiedenster Sorte anböte einschließlich einer Vielzahl von Operationen zwischen diesen. Man müßte, ähnlich wie bei relationalen Datenbankschnittstellen bereits geschehen, sich auf ein gewisses Mindest-Repertoire von Geo-Objekten und -Operationen einigen, also versuchen, Normen oder Standards einzuführen. Obwohl im Prinzip machbar, erscheint uns diese Richtung dennoch nicht voll befriedigend: Es würde ja gefordert, daß jede Anwendung ausschließlich mit diesen Primitiven und mit der Möglichkeit, diese zu komplexen Objekten zusammenzusetzen, auskommt. Je mehr Primitive angeboten würden, um so eher unterstützten wir eine Anwendung, aber um so umfangreicher wäre auch unser Datenbanksystem. Wir wollen daher einen zweiten Weg verfolgen, der als Unterstützung abstrakter Datentypen (ADT-Ansatz) in Datenbanken bekannt wurde /SRG83/, und der im Prinzip die Unterstützung jeder beliebigen Benutzergeometrie im Datenbanksystem vorsieht.

4.2 Geometrie als ADT an der Datenbankschnittstelle

Die Vielzahl geometrischer Beschreibungen, die verschiedenen Repräsentationsmöglichkeiten einer einzigen Geometrie sowie die enge Kopplung von Datenstruktur und Algorithmus, alles Dinge, die wir in den vorigen Abschnitten an Beispielen gesehen haben, drängen einen ADT-Ansatz geradezu auf: Ein Test, ob eine Linie einen bestimmten Punkt enthält, ist für jede Linie definierbar, unabhängig davon, welcher Typ von Linie (Kreisfolge, Polygon) und welche Darstellung der Linie vorliegt. Allein wichtig ist das Vorhandensein der Operation. Ein Test, ob eine Linie einen vorgegebenen Bereich durchquert, ist ebenfalls eine solche typische Operation. Die Datenstruktur für die Parameter der Linie sowie die Vorschrift, wie hieraus die Linie zusammenzusetzen ist, kann dem Datenbanksystem verborgen bleiben, sofern nur die Operation vorhanden und aufrufbar ist. Wenn wir daher die Schnittstelle der Datenbank um solche generischen Operationen erweitern, erreichen wir ein an beliebige Geometrien anpaßbares System.

Die Einbeziehung von ADTs in Datenmodelle ist keine neue Idee, sondern wird seit langem für Datenbankabfragesprachen gefordert. In jüngster Zeit ist diese Forderung im Zusammenhang mit komplexen Objekten wieder verstärkt gestellt worden /KWL86/. Für eine befriedigende Realisierung dieses Konzeptes müssen allerdings auch ADT-Operationen und nicht nur die Standardoperationen durch Zugriffspfade und physisches Clustern unterstützt werden können. Ansonsten hätte man die gleichen Nachteile wie bei Entwurf B mit Anfrage F1. Der ϵ-Operator würde zwar von der Datenbank ausgeführt, die Datenmenge aber, auf die zugegriffen werden müßte, wäre immer noch groß. Hier hat Stonebraker /SRG83/ eine Richtung aufgezeigt, die wir weiterentwickelt haben und zur Zeit weiter untersuchen.

5. Zugriffspfade und physisches Clustern für ADT-Operationen

Die vorher erwähnte Anreicherung einer Datenbankschnittstelle um Geometrieoperationen läßt sich in der sogenannten Zusatzebenenarchitektur /HR85/ realisieren. Dabei bleiben die unteren Schichten des Systems unverändert. Dagegen greift die Beinflussung von Speicherungsstrukturen durch ADT Geometrien in unterste Systemschichten eines Datenbanksystems ein. Wir benötigen daher in der Architektur unseres Datenbanksystems möglichst klare, einheitliche Konzepte für die Einbettung von Zugriffspfaden und müssen versuchen, gegenseitige Abhängigkeiten zu reduzieren.

5.1 Zu Zugriffspfaden allgemein

Zugriffspfade können wir allgemein betrachten als eine Menge von Paaren $< f_i, A_i >$, bestehend aus Anfragen f_i und zugehörigen Antwortmengen A_i. Die Menge F der im voraus zu berechnenden Anfragen f_i wird vorgegeben. Ebenso wird vorausgesetzt, daß zu jedem möglichen Objekt der Datenbank entschieden werden kann, ob es zu der Antwortmenge eines $f_i \in F$ gehört oder nicht. Bei einer aktuellen auszuführenden Anfrage q ist es dann Aufgabe des Optimierers, festzustellen, ob $q \in F$, die Antwort also bereits vorhanden ist, ob Mengenoperationen auf den vorausberechneten Antwortmengen die Anfrage q befriedigen, oder ob sich eine Obermenge aus den vorbereiteten Antwortmengen ableiten läßt, welche die Antwortmenge zu q enthält.

Physisches Clustern kann dann verstanden werden als die explizite Speicherung der Antwortmengen zu einer geeigneten Teilmenge $F' \subseteq F$ in möglichst wenigen Seiten. Diese wichtige Maßnahme führt offensichtlich beim Extrahieren der Antwortmenge für ein $f \in F'$ zu wenigen Seitenzugriffen während die Ermittlung einer nicht "clustered" Antwortmenge (Antwort zu $f \in F, f \notin F'$) über die dann vorhandenen Adressen zwar direkt ist, aber i.a. viele Seitenzugriffe benötigt.

Bevor die Vorteile dieser etwas "abgehobenen" Betrachtungsweise besprechen, geben wir einige Beispiele an:

1. Die Einrichtung eines Index zu einem Attribut B einer Relation A erzwingt, daß F alle Selektionen mit Filterformel $B = c_k$ enthält, wobei c_k jeder zur Zeit in der Relation A gespeicherte B-Wert ist. Wird ein B*-Baum verwendet, so erzwingen die Balancierungsregeln eine hierarchische Partitionierung des eindimensionalen Raumes der B-Werte.
2. Eine optimale eindimensionale Partitionierung, also eine optimale Menge F von Intervallfragen aufgrund eines Kostenmodells (nicht bedingt durch die Kapazität von Seiten wie bei der B*-Baum Partitionierung) wurde in /Sche80/ untersucht.
3. Der Textfragment-Index /Sche78/ beruht ebenfalls auf einer sorgfältig ausgewählten Menge F. Die Anfragen f_i aus F sind von der Form "B enthält c_k" als Substring"; die c_k sind die vorher statistisch ermittelten Textfragmente.
4. Falls die Antwortmengen zu einer Menge $F' \subseteq F$ disjunkt sind, kann man sie ohne Redundanz explizit speichern. Offensichtlich könnte F aus dem Beispiel (1) als F' gewählt werden. Dies entspräche der Festlegung eines Index mit "Clustering"-Eigenschaft wie in SQL/DS vorgesehen /IBM/.

5.2 Beispiel für ADT-Zugriffspfade

Wie kommen wir nun zu Zugriffspfaden für die Unterstützung von ADT-Operationen? Damit unsere Diskussion nicht zu abstrakt bleibt, soll das Vorgehen anhand des Linienbeispiels erklärt werden. Unter AL sei im folgenden die geometrische Beschreibung einer Linie verstanden, R enthalte die Beschreibung eines Rechtecks und P die eines Punktes. An Operationen betrachten wir

pir ... *testet, ob ein gegebener Punkt in einem gegebenen Rechteck liegt*
lir ... *testet, ob eine gegebene Linie Punkte innerhalb eines gegebenen Rechtecks hat*
pil ... *testet, ob ein gegebener Punkt auf einer gegebenen Linie liegt*
clip ... *bestimmt das oder die Linienstücke einer vorgegebenen Linie innerhalb eines gegebenen Rechtecks*
comp ... *setzt die Linienstücke zweier Rechtecke, die eine gemeinsame Kante haben, zusammen*

Des weiteren nehmen wir an, daß ein komplexes Objekt in Form einer NF^2 Relation unter anderem ein atomares Attribut vom Typ AL, also eine Liniengeometrie als Beschreibung hat. Ein konkretes Beispiel ist in Figur 8 dargestellt. Es geht um die Darstellung von Gesteinsschichten. Die Geometrie im Attribut OBERFLÄCHE wird dargestellt als eine Menge von Schichtlinien, wobei jede durch die HÖHE, das umschreibende Rechteck LR sowie durch ein Attribut KLINIE ("Konturlinie") beschrieben wird. KLINIE wird als abstrakte Liniengeometrie, also vom Typ AL betrachtet. Das LR Attribut ist vom Geometrietyp "Rechteck" und soll immer die Linie einschließen.

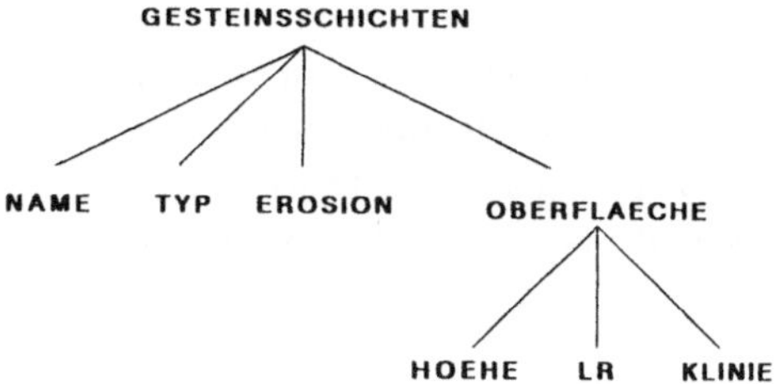

Figur 8: Typ eines Komplexen Objektes mit ADT-Geometrie KLINIE

5.2.1 Zugriffspfad für *lir*

Nun soll die Operation *lir* durch einen Zugriffspfad unterstützt werden, es soll also eine effiziente Ausführung garantiert werden, wenn wir nach Objekten bzw. Subobjekten von Objekten (falls die Geometrie auf einer tieferen Ebene vorkommt, wie in unserem Beispiel) fragen, die eine Liniengeometrie in einem vorgegebenen Rechteck haben.

Entsprechend den allgemeinen Vorüberlegungen können wir folgendermaßen vorgehen:

(1) Bestimmung einer möglichst geschickten Menge $\hat{R}$ von Rechtecken r unter Verwendung einer Stichprobe der Daten und, sofern verfügbar von Fragen, zur Berücksichtigung von Datenverteilung und Fragehäufigkeiten. Einfache Beispiele hierfür sind regelmäßige Raster, Gridfile-Partitionierung, hierarchische Partitionierung. Die Menge $\hat{R}$ stellt die Menge der vorbereiteten Anfragen dar, sie kann und soll anwendungsspezifisch optimiert werden.

(2) Berechnung der Antwortmengen zu gegebenem $\hat{R}$ für die zur Zeit in der Datenbank befindlichen Objekten. Hierzu wird jetzt die Operation *lir* innerhalb der Datenbankkomponente, die Zugriffspfade aufbaut, aufgerufen: Es wird für jedes $r \in \hat{R}$ und jedes Objekt bzw. Subobjekt der Test für die AL-Linie und r durchgeführt. Ist das Testergebnis positiv, wird die (hierarchische) Adresse des (Sub-) Objektes zusammen mit r gespeichert. Nach der Durchführung des Tests für alle Objekte mit allen $r \in \hat{R}$ ist zu jedem r die Menge der (hierarchischen) Adressen als komplexes Objekt bekannt. Es ist hierbei zu beachten, daß eine ADT Operation *lir*, die vom Anwender des Datenbanksystems für *seine* gewohnte Datenstruktur geschrieben ist, von einer tief im System befindlichen Komponente aufgerufen wird. Auch hier erscheint es wieder umständlich, wie die Transformation von Programmsprachenstrukturen wie Arrays oder Records auf eine Bytestringrepresentation erfolgt, auf der dann *lir* definiert sein muß. Damit verbunden sind unschöne Konversionen. Ob die in diesem Zusammenhang in /KWL86/ vorgeschlagene Realisierung eines ADTs auf ein komplexes Attribut, also auf mehrere Attribute Abhilfe schafft, muß noch genauer untersucht werden.

(3) Zur Ausführung einer aktuellen ADT-Anfrage muß jetzt eine Transformation auf die vorausberechneten Anfragen erfolgen. Diese Transformation muß erneut vom Benutzer definiert werden: <u>*Beispiel* 1 :</u> (Unterstützung der *pil* Operation): Gegeben ist ein Punkt, gesucht: alle Linien, die P enthalten. Hier kann folgende Transformation auf den *lir*-Zugriffspfad vorgenommen werden
   (a) bestimme das (kleinste) Rechteck $\hat{r} \in \hat{R}$, das P enthält unter Verwendung von *pir*. (Hierzu könnte man einen R-Tree /Gu84/ oder Gridfile-Ansatz /NHS84/ für Rechtecke als Zugriffspfade einsetzen)
   (b) bestimme alle Linien mittels des *lir*-Zugriffspfades, die in $\hat{r}$ liegen

(c) teste mittels *pil* welche der bei (b) gefundenen Linien P enthalten.

Beispiel 2 : (Unterstützung eines *lir*-Tests mit allgemeinem Rechteck r):

(a) bestimme eine möglichst kleine Überdeckung von r mit Rechtecken $r_1, r_2, \ldots, r_k \in \hat{R}$

(b) bestimme mittels des *lir*-Zugriffspfades alle Linien in $r_1, r_2, \ldots, r_k$

(c) teste mittels *lir*, welche in (b) gefundenen Linien wirklich Treffer in r sind.

5.2.2 Physische *lir*-Cluster

Wir wenden uns jetzt dem für die Effizienz entscheidenden physischen Clustern zu. Nur bei punktförmigen Objekten erhalten wir bei einer Menge $\hat{R}$, die durch disjunkte Partitionierung entstanden ist, auch disjunkte Antwortmengen. Wir können daher in diesem Fall ohne Einführung von Redundanz die durch $\hat{R}$ definierten Anfragen als F' wählen, d.h. die Antwortmengen als Speichercluster in möglichst wenigen Seiten speichern. Bei *ausgedehnten* Objekten - und solche überwiegen in den Anwendungen - kann die Disjunktheit der Antwortmengen auch bei disjunkten Rechtecken nicht erwartet werden. Es gibt hierzu in der Literatur folgende Überlegungen:

- Einfache geometrische Objekte, beispielsweise Rechtecke, können als Punktdaten in einem entsprechend höher-dimensionalen Raum (bei Rechtecken 4-dimensional) aufgefaßt werden /NH85/.
- Bei vergleichweise kleinen Objekten kann man versuchen, durch geschickte Partitionierung nur solche Rechtecke für $\hat{R}$ zuzulassen, welche die Geometrien eines Objektes ganz enthalten. Neuere Untersuchungen zu dieser interessanten Richtung sind von Six in /SiWi86/ enthalten. Die Arbeiten von Frank /Fr83/ zählen auch hierzu. Sie zeigen erneut, daß die Partitionierung, also die Vorgabe von F Sache der Anwendung ist.
- Bei einer Reihe von Anwendungen aus dem Bereich der Landinformationssysteme sind Änderungsoperationen weniger häufig als die Extraktion von Daten zur Weiterverarbeitung. Daher ist die systemkontrollierte redundante Speicherung ausgedehnter Objekte durchaus eine wichtige Maßnahme zur Erhöhung der Retrieval-Effizienz. Falls auch hier die Objekte sich nur über einige wenige Rechtecke aus $\hat{R}$ erstrecken, wird der Änderungsaufwand nicht drastisch ansteigen.

5.3.3 Zugriffspfad für *clip*

Bei allen bisherigen Überlegungen sind wir davon ausgegangen, daß unser Zugriffspfad je nach Testbedingung entweder die vollständige geometrische Beschreibung eines Objektes liefert oder nichts. Dies entspricht der relationalen Selektion. Können wir nun auch Zugriffspfade einrichten für die Extraktion von *Teilen der Geometrie*, also z.B. von Objektstücken eines ausgedehnten Objektes innerhalb eines vorgegebenen Bereichs? Dies entspräche der Unterstützung von relationalen Projektionen in tieferen Systemschichten zur möglichst großen Einschränkung von zu bewegenden Daten. Es zeigt sich, daß dies wiederum in einfacher Weise möglich ist: es geht um die Zugriffspfadunterstützung unserer vorne eingeführten *clip*-Funktion: Wie vorher bei der *lir* Testfunktion sind die wesentlichen Schritte

(1) Bestimmung einer geschickten Menge $\hat{R}$

(2) Berechnung der Antwortmengen durch Anwendung der *clip* Operation auf jedes Objekt und jedes $r \in \hat{R}$. Hier wird also zu jedem Rechteckt r das Ergebnis von *clip* an r, d.h. das Stück Geometrie innerhalb von r gespeichert. Praktisch bedeutet dies, daß *clip* die Bytestringrepräsentation von AL interpretiert und eine (i.a. kürzere) Bytestringrepräsentation vom Typ AL produziert. Wenn dieses Stück von AL-Geometrie dem Anwender überreicht wird, ist er in der Lage auch die übrigen

ADT-Operationen auf diesem AL-Linienstück ausführen zu lassen, es also als Liniengeometrie innerhalb von r zu erkennen.

Wir sehen, daß mittels der *clip* Operation bei einer disjunktion Partitionierung auch eine redundanzfreie physische Clusterbildung mit *Geometriestücken* erreicht wird. Wir müssen dabei allerdings die nichtgeometrische Beschreibung getrennt speichern, da sie sonst für jedes Geometriestück redundant gespeichert werden müßte. Mehr hierzu findet sich in /SW86/.

(3) Die Transformation einer aktuellen *clip* Operation an einem Rechteck r enthält dann folgende wesentliche Schritte

(1) Bestimmung einer möglichst kleinen Überdeckung von r durch $r_1, \ldots, r_k \in \hat{R}$ und Zugriff auf die zu $r_1, \ldots, r_k$ gehörigen Geometriestücke über den *clip*-Zugriffspfad.

(b) Anwendung der *clip*-Operation mit r auf alle Geometriestücke in $r_1, \ldots, r_e$, die nicht vollständig in r liegen. Die Ergebnisse seien mit $r'_1, \ldots, r'_e$ bezeichnet.

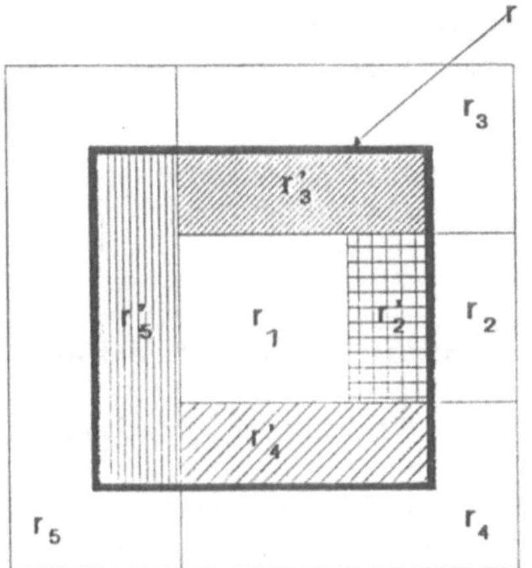

Figur 9: Zusammensetzung der Anfragegeometrie aus gespeicherten Geometriestücken r_1, r_2, r_3, r_4, r_5

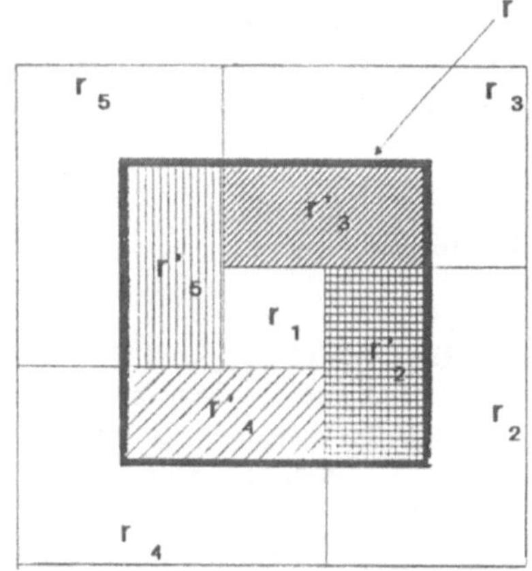

Figur 10: Partitionierung, bei der keine Zusammensetzungsreihenfolge existiert

(c) Anwendung der *comp*-Operation zum Zusammensetzen der oben ermittelten Geometriestücke zur Geometrie in r. Hierbei ist zu beachten, daß die *comp* Operation zwei Rechtecke mit gemeinsamer Kante benötigt, damit das Ergebnis wieder ein Stück Geometrie in einem Rechteck ist. Nicht jede Partitionierung erlaubt es, eine Zusammensetzfolge für *comp* zu finden. In unserem Beispiel in Figur 9 gelingt es, in der Reihenfolge $r_1, r'_2, r'_3, r'_4, r'_5$ das Rechteck r zusammenzusetzen. Figur 10 zeigt ein Gegenbeispiel.

6. Zusammenfassung und Ausblick

Da geometrische Objekte sich häufig aus einfacheren geometrischen Objekten zusammensetzen, erscheint das Konzept komplexer Objekte brauchbar: Die wiederholte Verwendung des Tupel- und Set-Konstrukts erlaubt die Aggregation von komplizierten Geometrien aus Primitiven. Andererseits aber sind auf diesen diskreten Parametermengen ohne Interpolations- oder Interpretationsvorschrift bis auf wenige Ausnahmen keine geometrischen Operationen erklärt. Daher wird zusätzlich und in Verbindung mit komplexen Objekten die Verwendung von Geometrie-Primitiven nach dem Ansatz abstrakter

Datentypen vorgeschlagen. Die zugehörigen Operationen verbergen dabei sowohl die Datenstruktur als auch die Interpretation. Wesentlich ist, daß Zugriffspfade und speziell auch physische Cluster-Bildung für ausgewählte ADT-Operationen möglich sind. Eine Datenbanksystemarchitektur, bei der die hier beschriebene ADT-Unterstützung im Zusammenhang mit einer Realisierung des NF^2 Modells für Komplexe Objekte vorgesehen ist, wird gegenwärtig im Rahmen des DASDBS-Projektes /DPS86, SchW86/ implementiert. Der hierzu gehörige Geokern /SW86/ erlaubt, Speichercluster und Zugriffspfade für Operationen auf ADT-Geometrie-Attributen einzurichten. Wie durch eine solche strenge (Schichten-) Architektur das Laufzeitverhalten beeinflußt wird, müssen zukünftige Auswertungen an Prototypanwendungen zeigen.

Abschließend muß festgehalten werden, daß für die zwei- und dreidimensionalen Objekte der Geowissenschaften die hier skizzierten ADTs brauchbar sein dürften. Ob allerdings ähnliche Ansätze auch für die rechnergestützte Konstruktion von technischen Objekten gefunden werden, müssen weitere Untersuchungen zeigen. Insbesondere müssen (generische) Grundoperationen identifiziert werden, für die es sich lohnt, Zugriffspfade einzurichten.

Literatur

/AH84/ Abiteboul, S., Hull, R.: *IFO: A Formal Semantic Database Model*, Proc. 3rd ACM Symp. on Principles of Database Systems, 1984

/BK86/ F. Bancilhon, S. Khoshafian: *A Calculus for Complex Objects*, Proc. Principles on Database Systems, 1986

/Da86/ P. Dadam, K. Küspert, F. Andersen, H. Blanken, R. Erbe, J. Günauer, V. Lum, P. Pistor, G. Walch: *A DBMS Prototyp to Support Extended NF^2 Relations: An Integrated View on Flat Tables and Hierarchies*, accepted for SIGMOD 1986

/DPS86/ U. Deppisch, H.-B. Paul, H.-J. Schek: *A Storage System for Complex Objects*, International Workshop on Object-Oriented Database Systems, September, 1986

/Eb84/ W. Eberlein: *Architektur Technischer Datenbanken für Integrierte Ingenieursysteme*, Dissertation an der Uni Erlangen-Nürnberg, Februar 1984

/EK82/ J. Encarancao, F.-L. Krause: *File Strukture and Databases for CAD*, Proc. if the IFIP WG 5.2 Working Conference in File Structures and Data Bases for CAD, Seeheim, North Holland Publ. Comp., 1981

/Fi83/ W.E. Fischer: *Datenbanksystem für CAD-Arbeitsplätze*, Informatik-Fachberichte Nr. 70, Springer Verlag, 1983

Fr83/ A. Frank: *Problems of Realization of Land Informations Systems*, 2. Part, Storage Methods for Space Related Data: The Field Tree, Institut für Geodäsie und Photogrammetrie, Bericht Nr. 71, ETH Zürich

/Gu84/ A. Guttman: *R- Trees: A Dynamic Index Structure for Spatial Searching* Sigmod Record, Vol. 14, No. 2, Proceedings of Annual Meeting 1984, pp. 47-57

/HHLM86/ T. Härder, C. Hübel, S. Langenfeld, B. Mitschang: *KUNICAD - ein datengestütztes Modellierungssystem für Werkstücke*, Bericht Nr. 22/86, Universität Kaiserslautern, Januar 1986

/HR85/ T. Härder, A. Reuter: *Architecture of Database Systems for Non-Standard Applications* (in German), GI-Conference on "Data Base Systems for Office, Engineering and Science Environments", Karlsruhe, March 1985, IFB 94, Springer Verlag

/Ke85/ A. Kemper: *CAM Databases: Requirements and Survey* Interner Bericht Nr. 17/85, Uni Karlsruhe, August 1985

/KWL86/ A. Kemper, M. Wallrath, P.C. Lockemann: *Ein Datenbanksystem für Robotikanwendungen*, Bericht Universität Karlsruhe, Mai 1986

/Me86/ A. Meier: *Methoden der grafischen und geometrischen Datenverarbeitung* Leitfäden der Angewandten Informatik, B.G. Teubner Verlag, Stuttgart, 1986

/NH85/ J. Nievergelt, K. Hinrichs: *Storage and Access Structures for Geometric Data Bases*, Proceedings International Conference on Foundations of Data Organization, Kyoto, May 1985

/NHS84/ J. Nievergelt, H. Hinterberger, K.C. Sevcik: *The Grid File: An Adaptable, Symmetric Multikey File Structure*, ACM Transactions on Database Systems, Vol. 9, No. 1, March 1984, pp. 38-71

/PA86/ P. Pistor, F. Andersen: *Principles for Designing a Generalized NF^2 Data Model with an SQL-Type Language Interface*, Proceedings 12th VLDB Conference, August 1986

/RNLE85/ I.U. Ramm, K. Neumann, U.W. Lipeck, H.-D. Ehrich: *Eine Benutzerschnittstelle für Geowissenschaftliche Datenbanken*, Informatik-Fachberichte Nr. 8505, Institut für Informatik, Braunschweig

/Sche73/ H.-J. Schek: *Optimierungsberechnungen und Sensititvitätsanalysen als Hilfsmittel bei der Entwurfsbearbeitung von Straßen*, Forschungbericht, Reihe "Straßenbau und Straßenverkehrstechnik", Heft 153, 1973

/Sche78/ H.-J. Schek: *The Reference String Indexing Method*, in: Lecture Notes in Computer Science, Nr. 65, Proceedings 2nd Conference of the European Cooperation Informatics, Oktober 1978

/Sche80/ H.-J. Schek: *On Index Intervals and their Optimisation*, in: Information Processing 80, Proceedings of IFIP Congress 1980

/SchW86/ H.-J. Schek, G. Weikum: *DASDBS: Concepts and Architecture of a Database System for Advanced Applications*, Technical Report DVSI-1986-T1, Technische Hochschule Darmstadt, 1986

/SDH84/ *Proceedings of the International Symposium on Spatial Data Handling*, Proceedings, Zürich 1984

/SiWi86/ H.-W. Six, P. Widmayer: *Hintergrundspeicherungsstrukturen für ausgedehnte Objekte*, 16. Jahrestagung der GI, Berlin, Oktober 1986

/SRG83/ M. Stonebraker, B. Rubenstein, A. Guttman: *Application of Abstract Data Types and Abstract Indices to CAD Data Bases*, Proceedings Conferece on Engineering Design and Applications, Data Base Week, San Jose, 1983

/SP82/ H.-J. Schek, P. Pistor: *Data Structures for Integrated Data Base Management and Information Retrieval Systems*, Proc. VLDB Mexico, 1982

/SS83/ H.-J. Schek, M.H. Scholl: *The NF^2 Relational Algebra for a Uniform Manipulation of the External, Conceptual, and Internal Data Structures* (in German), in: J.W. Schmidt (ed.), Sprachen für Datenbanken, IFB 72, Springer Verlag, 1983

/SS86/ H.-J. Schek, M.H. Scholl: *The Relational Model with Relation-Valued Attributes*, in: Information Systems, Vol. 11, No. 2, pp. 137-147, 1986

/SW86/ H.-J. Schek, W. Waterfeld: *A Database Kernel System for Geoscientific Applications*, in: Proceedings of the 2nd International Symposium on Spatial Data Handling, Seattle Washington, Juli 1986

Versionenkontrolle geometrischer Daten *)

Andreas Meier und Erwin Petry
Institut für Informatik
ETH-Zentrum
CH-8092 Zürich

Zusammenfassung: In technischen Anwendungsbereichen wie rechnergestützter Entwurf integrierter Schaltungen, Aufbau geographischer Informationssysteme oder Entwurf und Konstruktion mechanischer Teile ist eine Versionenkontrolle unumgänglich. Dazu müssen verschiedene Entwicklungs- und Änderungsstufen ein und desselben Objekts, meistens handelt es sich um geometrische Daten, verwaltet werden. Im vorliegenden Bericht diskutieren wir zwei grundlegende Verfahren zur Versionenkontrolle, nämlich das Kopieren von Versionen und das Bilden von Differenzversionen. Das Datenbanksystem XRS (eXtended Relational System) stellt eine Erweiterung des Relationenmodells dar und unterstützt beide Verfahren der Versionenkontrolle. Die Systemarchitektur von XRS ist so ausgelegt, dass neben Versionen auch strukturierte Objekte mit den gleichen Speicher- und Zugriffskonzepten bearbeitet werden können. Insbesondere umfasst der Datenbankkern von XRS eine mehrdimensionale Dateiorganisation, womit sich geometrische Suchvorgänge auf Versionen oder Versionenmengen effizient durchführen lassen.

*) Diese Arbeit wird vom Schweizerischen Nationalfonds im Projekt Nr. 2.734-0.85 unterstützt.

1. Was versteht man unter Versionen?

Unter dem Begriff der Version versteht man gemäss dem Lexikon der Informatik und Datenverarbeitung (Herausgeber: H.-J. Schneider) eine "Kennzeichnung der jeweiligen Änderungsstufen eines bestimmten Objekts, etwa eines *Programms* oder einer *Datei*". Eine Versionenkontrolle erlaubt somit, verschiedene Entwicklungs- und Änderungsstufen ein und desselben Objekts verwalten zu können, z.B. mittels einer fortlaufenden Versionennummer oder als Kombination eines Objektnamens mit einer Zeitangabe. Versionen und Versionenkontrolle spielen bei Betriebssystemen eine zentrale Rolle, finden aber in Anwendungsgebieten wie Datenbanken, Softwareentwicklung oder rechnergestütztem Entwurf vermehrt Bedeutung.

Im vorliegenden Bericht beschränken wir uns auf den Versionenbegriff in Datenbanksystemen, streng auf die Versionenkontrolle geometrischer Daten. Dabei soll ein Anwender eines Datenbanksystems die verschiedenen Versionen eines geometrischen Objekts *zugreifen und verändern* können. Im Gegensatz zu solchen expliziten Versionen existieren implizite, die dem Benutzer verborgen bleiben und auf die wir hier nicht eingehen. Implizite Versionen werden ausschliesslich vom Datenbanksystem verwaltet und dienen beispielsweise zur Effizienzsteigerung beim Zugriff auf verteilte Datenbanken, für Recovery-Massnahmen oder zum Zwecke der Synchronisation.

Als Beispiele von Versionen geometrischer Daten betrachten wir je eines aus dem Anwendungsbereich geographische Informationssysteme und rechnergestützter Entwurf von Maschinen- oder Bauteilen:

Jedes geographische Informationssystem enthält ein Geländemodell zur Erfassung und Wiedergabe der Lage und Höhe von Daten wie Bodenoberfläche, Bauten, Strassen, Gewässer etc. Zur Auswahl von Punkten im Gelände dienen Triangulationsnetze. Dabei werden zwischen einzelnen Punkten Richtungen und Distanzen gemessen, um die Koordinaten unbekannter Punkte bestimmen zu können. Einerseits existieren nun verschiedene Netzvarianten zur Vermessung eines bestimmten Punktes, andererseits gehören zu einem bestimmten Punkt im Gelände teils abweichende Versionen von Koordinaten. Sowohl die Versionen verschiedener Triangulationsnetze wie auch die Versionen der Punktkoordinaten müssen erfasst und verwaltet werden können.

Beim rechnergestützten Entwurf geht es um das Gestalten von Maschinen- oder Bauteilen und um das Erstellen von Zeichnungen und Arbeitsplänen. Als Beispiel einer Versionenkontrolle wählen wir die Variantenkonstruktion. Dabei wird aus einer Familie von geometrisch ähnlichen Bauteilen ein fiktives Komplexteil definiert. Die einzelnen Varianten einer Familie lassen sich durch aktuelle Parameter erzeugen und können als Versionen des Komplexteils abgelegt werden. Dies hat den Vorteil, das z.B. beim Herstellen einer Variantenzeichnung oder -konstruktion kein zusätzliches Erfassen der geometrischen Gestalt des Objekts erforderlich ist.

Die beiden Beispiele zeigen, wie bei technisch-wissenschaftlichen Anwendungen der Versionenkontrolle geometrischer Daten grosse Bedeutung zukommt. Nun ist es bei herkömmlichen Datenbanksystemen teilweise schwierig oder nicht erlaubt, zu einem bestimmten Objekt mehrere Versionen abspeichern zu können. Die Datenbankforschung widmet sich deshalb seit einigen Jahren diesen Verwaltungsaspekten. Bei *temporalen Datenbanken* ([Dadam et al. 1984], [Härder 1984], [Klopprogge/Lockemann 1983], [Müller/ Steinbauer 1983], [Snodgrass 1985]) kann der Anwender seine Daten mit Zeitangaben versehen. Anfragen an eine temporale Datenbank können sich auf bestimmte Zeitpunkte oder Zeitintervalle beziehen, da das Datenbanksystem mehrere zeitlich verschiedene Versionen eines Objekts verwaltet. Bei *technischen Datenbanken* wie etwa beim rechnergestützten Entwurf von integrierten Schaltungen oder bei der Konstruktion von Bauteilen treten Versionen mit nicht notwendigerweise zeitlichem Bezug auf ([Batory/Kim 1985], [Dittrich/Lorie 1985], [Katz/Lehman 1984], [Klahold et al. 1986]). Der Anwender einer technischen Datenbank verlangt die effiziente Verwaltung von Versionen, wobei Abhängigkeiten unter den einzelnen Ausprägungen bestehen können. Um solche Beziehungen zwischen Versionen oder Beziehungen zwischen den Teilen eines Objekts adäquat beschreiben zu können, verlangen herkömmliche Datenmodelle eine Erweiterung [Dittrich et al. 1985].

Im Abschnitt 2 zeigen wir, wie sich strukturierte oder mehrdimensionale Objekte in einem erweiterten relationalen Datenbanksystem modellieren lassen. Abschnitt 3 diskutiert grundlegende Verfahren zur Versionenkontrolle, nämlich das Bilden von Versionen aufgrund von Kopien oder Differenzen. Der Abschnitt 4 über Implementierungsaspekte beschreibt die Systemarchitektur des erweiterten relationalen Datenbanksystems XRS (eXtended Relational System) und dessen Versionenkontrolle.

2. Erweiterung des Relationenmodells

Im klassischen Relationenmodell werden einzelne Tupel einer Relation durch Merkmalswerte identifiziert; der Anwender deklariert dazu ein spezielles Attribut oder eine Attributskombination als Identifikationsschlüssel. Diese Benutzerverantwortung für den Identifikationsschlüssel führt zu Schwierigkeiten bei der Verwaltung geometrischer Daten. Beispielsweise können wir bei der Verwendung einer grafischen Schnittstelle vom Anwender nicht verlangen, dass er jedes geometrische Objekt oder Teilobjekt identifiziert. Vielmehr nutzt er die Möglichkeiten eines Griffels oder einer Maus und erwartet, dass das System die Struktur der Objekte kennt und einzelne Teile eindeutig identifiziert.

Neben dem Identifizieren von geometrischen Objekten und Teilobjekten ist der Anwender auch interessiert, mehrere Versionen ein und desselben Objekts in einer technischen Datenbank verwalten zu können. Für eine sinnvolle Versionenkontrolle müssen Abhängigkeiten zwischen verschiedenen Versionen dem System ebenfalls bekannt sein.

Um sowohl Struktureigenschaften von geometrischen Objekten wie auch verschiedene Versionen adäquat modellieren zu können, führen wir ein spezielles Attribut *Surrogat* ein. Surrogate sind systemvergebene Schlüssel und können innerhalb der Datenbank zur Definition von Beziehungen zwischen einzelnen Datensätzen oder Abhängigkeiten unter verschiedenen Versionen verwendet werden. Insbesondere sind Surrogatwerte systemweit eindeutig und dürfen vom Anwender abgefragt, aber nicht verändert werden.

Unter einer klassischen Relation oder *K-Relation* R der Dimension n verstehen wir eine Teilmenge des kartesischen Produkts aus Surrogat S und einer Menge von Wertebereichen $D_1,..,D_n$, d.h.

$$R \subset S \times D_1 \ldots \times D_n.$$

Mit dem Surrogat ist ein direkter Zugriff auf ein Tupel möglich. Neben dem Surrogat können in gewohnter Weise als Zugriffshilfen Benutzerschlüssel durch beliebige Attribute oder Attributskombinationen definiert werden; wir sprechen dann von Sekundärschlüsseln.

Unter einer hierarchischen Relation oder *H-Relation* verstehen wir ein hierarchisches Konstrukt von K-Relationen. Sie besitzt eine ausgezeichnete *Wurzelrelation*, der abhängige Relationen zugeordnet sind. Diese Zuordnung geschieht dadurch, dass eine abhängige Relation das Surrogat der direkt übergeordneten Relation als spezielles Attribut enthält. Eine von einer Relation R_i *abhängige Relation* R_j ist somit eine Teilmenge des kartesischen Produkts aus Surrogat S_j, Fremdsurrogat S_i und einer Menge von Wertebereichen $D_1,..,D_n$, d.h.

$$R_j \subset S_j \times S_i \times D_1 \ldots \times D_n.$$

Die Relation R_i ist entweder die Wurzelrelation oder selbst eine abhängige Relation, S_i ist dass Surrogat von R_i und wird auch als *H-Referenz* bezeichnet. (Selbstverständlich sind beliebige netzwerkartige Referenzen möglich, die jedoch aus semantischen und praktischen Überlegungen von unserem Datenbanksystem XRS nicht speziell unterstützt werden; vergl. dazu auch [Lorie et al. 1985]).

Um sogenannte Punkt- und Bereichfragen (vergl. [Meier 1986a]) bei geometrischen Daten effizient unterstützen zu können, führen wir eine mehrdimensionale Relation oder

M-Relation ein. Diese ist eine spezielle K-Relation, welche einen mehrdimensionalen Schlüssel aufweist und eine raumorganisierende Dateiorganisation verwendet. Genauer ist eine M-Relation R der Dimension k+n eine Teilmenge des kartesischen Produkts aus Surrogat S, einer Menge von k Schlüsselbereichen $K_1,..,K_k$ mit k>1 und einer Menge von n Wertebereichen $D_1,..,D_n$, d.h.

$$R \subset S \times K_1 \times ... \times K_k \times D_1 ... \times D_n.$$

Der k-dimensionale Schlüssel ist symmetrisch, da keine Dimension speziell ausgezeichnet ist oder die Reihenfolge beim Abspeichern der Datensätze beeinflusst.

Einzelne Tupel einer K-, H- oder M-Relation können als Versionen zu ***Versionenmengen*** zusammengefasst werden. Zur Verwaltung verschiedener Versionen derselben K-, H- oder M-Relation dient das Surrogat, das wie folgt aufgebaut ist:

$$S = [R\#,S\#,V\#,N\#].$$

Die Bedeutungen der einzelnen Teile des Surrogats sind:

R#: Nummer der Relation, zu der das Tupel gehört (Relation number).
S#: Identifikation der Versionenmenge innerhalb einer Relation (version Set number).
V#: Versionennummer innerhalb der Versionenmenge (Version number).
N#: Laufnummer innerhalb derselben Version zur Eindeutigkeit von abhängigen Tupeln (sequence Number).

Aus dem Surrogat ergibt sich im Sinne eines zusammengesetzten, hierarchischen Systemschlüssels die Identifikation der Relation innerhalb der Datenbank, der Versionenmenge innerhalb der Relation und der Version innerhalb der Versionenmenge des zugehörigen Tupels. Der Anwender selbst hat die Möglichkeit, über seine Benutzerschlüssel, das Surrogat oder durch einen mehrdimensionalen Schlüssel auf seine Datensätze zugreifen zu können (vergl. Abschnitt 4.2).

3. Verfahren zur Versionenkontrolle

3.1 Ungeordnete Versionenmengen

Die einfachste Versionenkontrolle ergibt sich, falls die zu einem K-, H- oder M-Tupel gehörenden Versionen zu einer Menge zusammengefasst werden. Solche Mengen stellen für uns *ungeordnete Versionenmengen* dar. Sämtliche eventuell einelementigen Versionenmengen bilden eine Partition der zugrundeliegenden Relation. Die Kardinalität jeder Versionenmenge entspricht der Anzahl der zu einem Objekt definierten Versionen.

Verschiedene Versionen ein und derselben Versionenmenge unterscheiden sich in den Surrogatwerten, nämlich in der Versionennummer V#. Über die übrigen Datenwerte eines versionenbehafteten K-, H- oder M-Tupels treffen wir im Falle ungeordneter Versionenmengen keinerlei Annahmen, insbesondere können sämtliche Datenwerte zweier Versionen völlig verschieden oder auch identisch sein (sog. Duplikate). Wir weisen besonders darauf hin, dass identische Tupel bei klassischen relationalen Datenbanksystemen untersagt sind, hier aber durchaus ihre Berechtigung haben.

Als Operationen auf ungeordneten Versionenmengen gelten:

- Das *Einfügen* einer Version in eine bestehende oder in eine neue Versionenmenge.
- Das *Kopieren* einer Version innerhalb einer Versionenmenge. Dabei bekommt das Duplikat ein neues Surrogat, die übrigen Datenwerte stellen Kopien der Ausgangswerte dar.
- Das *Löschen* einer Version oder einer Versionenmenge.

Hinzu kommen weitere Operationen für das Lesen und Verändern von Datenwerten innerhalb von Versionen. Diese Operationen tangieren die Versionenkontrolle hingegen nicht, da sie sich ausschliesslich auf Datenwerte von Tupeln beziehen.

Bei ungeordneten Versionenmengen ist es sinnvoll, die einzelnen Versionen physisch als zusammengehörig zu betrachten. Dies zahlt sich insbesondere dann aus, wenn ganze Versionenmengen abgefragt, manipuliert oder gelöscht werden.

Die Ordnung der vom System vergebenen Versionennummern kann vom Anwender nicht beeinflusst werden, obwohl die Nummern vernünftigerweise fortlaufend vergeben werden. Aus diesem Grund darf die Versionenkontrolle bei ungeordneten Versionenmengen keine Version bevorzugen und beispielsweise den Zugriff auf eine vom Benutzer gewählte Version besonders untersützen.

Die Versionenkontrolle für ungeordnete Versionenmengen unterscheidet sich wesentlich von Konzepten bei temporalen Datenbanken, bei welchen meistens die zeitlich neueste Version als aktuell bezeichnet wird und zugleich raschen Zugriff garantiert. Bei technischen Datenbanken zeigt es sich immer wieder, dass auch bei einer Menge von zeitlich abhängigen Versionen während der Entwurfs- und Entwicklungsphase keine Version als aktuell ausgezeichnet werden kann. Erst nach der definitiven Formgebung und Werkstoffwahl, nach Simulationen z.B. durch Finite Elementberechnungen oder nach Abschluss von Wirtschaftlichkeitsbetrachtungen können einzelne Versionen gegenüber andern bevorzugt werden. Zu diesem Zeitpunkt lassen sich aber technisch fehlerhafte oder unwirtschaftliche Versionen eliminieren oder als historische Daten betrachten, wodurch sich die Versionenmenge reduziert.

3.2 Partiell geordnete Versionenmengen

Wünscht ein Anwender die verschiedenen Versionen einer Versionenmenge möglichst redundanzfrei zu speichern, so kann er eine bestimmte Version vollständig abspeichern lassen und die übrigen als Differenzen definieren. Ein Differenzverfahren eignet sich zur Versionenkontrolle auf K-, H- oder M-Relationen, falls die Änderungen einzelner Tupelversionen gegenüber der Tupelgrösse klein bleiben. Besteht hingegen ein Missverhältnis zwischen dem Umfang der Änderung und der Grösse z.B. einer vollständig gespeicherten Version, so bleibt natürlich die Platzersparnis bescheiden. Auf alle Fälle darf der Zeitaufwand nicht unterschätzt werden, um aus einer Reihe von Differenzen die gesuchte Version herleiten zu können (vergl. z.B. [Dadam et al. 1984]).

Eine *vollständige Version* enthält per definitionem alle zu ihr gehörenden Datenwerte physisch selbst, insofern ist sie eigenständig. Eine *Differenzversion* umfasst physisch die Differenz zu genau einer Version, welche vollständig oder selbst als Differenzversion vorhanden sein kann. Jede Differenzversion referenziert somit eine Version. Differenzversionen sind zudem nur innerhalb von Versionenmengen zulässig, Abhängigkeiten zwischen Versionen verschiedener Versionenmengen müssen vom Anwender selbst verwaltet werden.

Die durch Differenzbildung voneinander abhängigen Versionen bilden einen Graphen, den sogenannten *Referenzgraphen*. Die Knoten des Referenzgraphen sind vollständige Versionen V oder Differenzversionen D, die Kanten sind gerichtet und zeigen von der referenzierenden zur referenzierten Version D→V oder D→D. Die Eigenschaften des Referenzgraphen lassen sich wie folgt zusammenfassen:

- Der Referenzgraph ist ein gerichteter, azyklischer Graph.
- Von jeder Differenzversion geht genau eine Kante aus; in eine vollständige Version oder in eine Differenzversion können mehrere Kanten eingehen.
- Der Referenzgraph enthält genau eine vollständige Version.
- Der Referenzgraph besitzt genau eine Senke, diese enthält die vollständige Version.

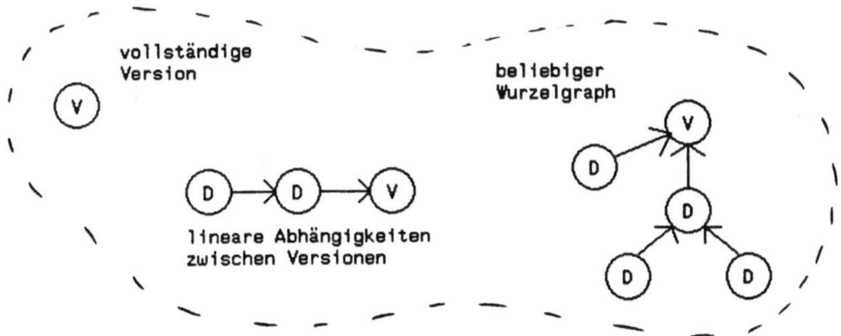

Abb. 1: Beispiel einer Versionenmenge mit verschiedenen Versionengraphen.

Die gerichteten Referenzgraphen führen zu einer partiellen Ordnung innerhalb der Versionenmenge. In der Abb. 1 zeigen wir ein abstraktes Beispiel einer partiell geordneten Versionenmenge, die aus vollständigen Versionen, linear geordneten oder beliebigen Versionengraphen zusammengesetzt ist.

Als Operationen auf partiell geordneten Versionenmengen gelten:

- Das *Einfügen* einer vollständigen Version in eine bestehende oder in eine neue Versionenmenge oder das Einfügen einer Differenzversion in einen bestehenden Referenzgraphen. Dazu muss eine Referenzversion als vollständige Version oder als Differenzversion angegeben werden.
- Das *Löschen* einer Version, eventuell mit all seinen abhängigen Differenzversionen oder das Löschen einer Versionenmenge. Wünscht der Anwender die Elimination einer abhängigen Version ohne das gleichzeitige Löschen der darauf referenzierenden Differenzversionen, so müssen die veränderten Abhängigkeiten im Referenzgraphen nachgeführt werden.
- Das *Vervollständigen* einer Version innerhalb eines Versionengraphen. Dabei bewirkt das Vervollständigen einer Differenzversion eine Teilung des Referenzgraphen in zwei unabhängige Graphen.
- Das *Invertieren* eines Paares $D_Y \rightarrow V_X$ in $D_X \rightarrow V_Y$: Im ersten Ableitungspaar ist die Y-Version als Differenzversion gespeichert, im zweiten Paar ist die Y-Version als vollständige Version abgelegt.
- Das *Navigieren* innerhalb eines Versionengraphen. Dabei kann die von einer Version referenzierte Version gefunden oder es können die von einer Version abhängigen Differenzversionen bestimmt werden.

Das Invertieren erweist sich als mächtige Operation auf einem Referenzgraphen. Unabhängig vom konkreten Vorgehen beim Bilden von Versionen kann damit jederzeit irgendeine beliebige Differenzversion des Referenzgraphen schrittweise durch Invertieren von Paaren der Form (Differenzversion, vollständige Version) in eine vollständige Version verwandelt werden. Damit geben wir dem Anwender die Möglichkeit in die Hand, zu beliebigen Zeitpunkten seine für ihn aktuelle Version als vollständige Version verwalten zu lassen. Der Zeitaufwand zur Berechnung einer Version aufgrund von Differenzen ist dadurch entschärft!

4. Implementierungsaspekte

4.1 Systemarchitektur von XRS

Am Institut für Informatik der ETH Zürich ist ein Datenbankkern für das erweiterte relationale System XRS (eXtended Relational System) in Modula-2 [Wirth 1985] entwickelt worden [Meier et al. 1986a]. Dieser verwaltet K-, H- und M-Relationen und bietet eine Versionenkontrolle für ungeordnete und partiell geordnete Versionenmengen an. Zurzeit wird die Mehrtupelschnittstelle des Datenbankkerns durch den geometrischen Modellierer POLY [Meier et al. 1986b] ausgetestet, welcher Objekte in K-, H- und M-Relationen ablegt oder Objekte aus der Datenbank extrahiert.

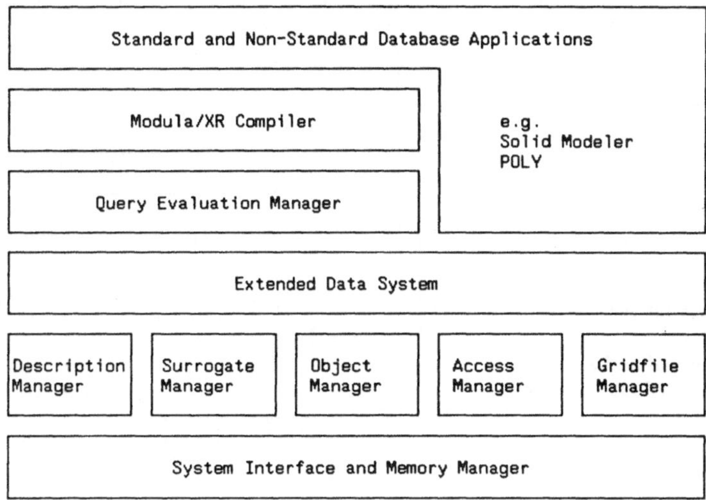

Abb. 2: Grobarchitektur des Datenbankkerns von XRS.

In der Abb. 2 zeigen wir den Aufbau von XRS, bestehend aus einer deskriptiven Schnittstelle zur Abfrage und Manipulation. Dazu wird im Moment eine Erweiterung von Modula/R [Koch et al. 1983] geplant, um Konstrukte für K-, H- oder M-Relationen sowie zur Versionenverwaltung anbieten zu können. Neben dem Einbezug eines neuen Datentyps SURROGATE zur Definition von molekularen Operationen soll ein zusätzlicher Datentyp TENSOR implementiert werden [Meier 1986b]. Dieser Datentyp dient dazu, Skalare, Vektoren, Matrizen etc. als Attribute von Relationen vorzusehen und algebraische Tensoroperationen wie Multiplikation mit einem Skalar, Addition zweier Tensoren derselben Stufe, tensorielles Produkt sowie Verjüngung in Modula/R zu integrieren.

Der eigentliche Datenbankkern von XRS bietet eine Mehrtupelschnittstelle mit Funktionen zur Datenbankdefinition, -abfrage, -manipulation sowie zur Versionenkontrolle. Darunter befinden sich verschiedene Kernkomponenten zur Verwaltung der Metadatenbank (Systemkatalog mit Beschreibungsdaten und Strukturinformation), zur Surrogatvergabe, zur Unterstützung der Zugriffspfade, zur Objektverwaltung sowie zur mehrdimensionalen Zugriffsunterstützung. Ein virtuelles Speicherkonzept basiert auf einer Systemschnittstelle, die eine hohe Portabilität des Gesamtsystems gewährleistet.

4.2 Speicher- und Zugriffskonzepte

Eine wesentliche Anforderung an die physische *Datenorganisation* von XRS ist die Clusterung von K- und H-Relationen. Dies bedeutet, dass sämtliche abhängigen Tupel eines H-Tupels zusammen abgespeichert und verwaltet werden. Zudem fassen wir auch alle zur selben Versionenmenge gehörenden Tupel sowie alle Versionenmengen einer Relation zusammen.

Seitenkopf PH
no: Seitennummer
np: Verweis nächste Seite
pp: Verweis Vorgängerseite
eod: Ende der Dateneinträge
sot: Start Offsettabelle

Tabelle FORT
SR: Systemrelation zur Clusterung der Tupel
SV: Systemrelation zur Clusterung der Versionenmengen
A: Wurzelrelation
B,...: abhängige Relationen

Datensätze
DP: Verweis auf abhängiges Tupel
NP: Verweis auf nächstes Tupel innerhalb derselben Relation

Offsettabelle OT
I: Index

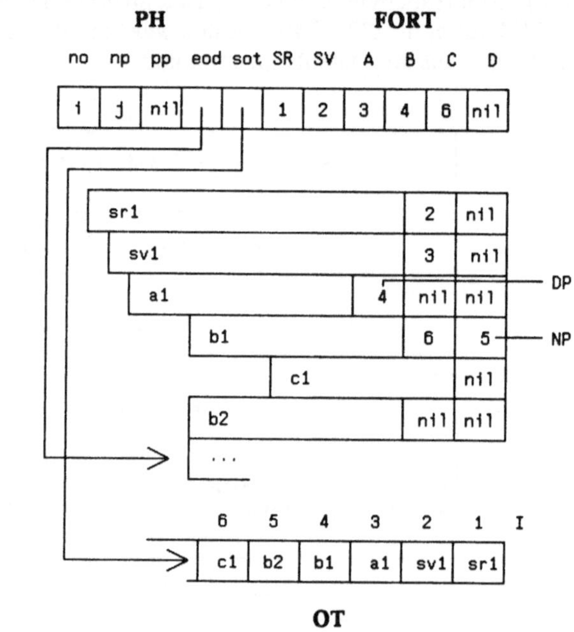

Abb. 3: Auslegung einer physischen Seite für K- und H-Tupel.

Wir erklären die Seitenorganisation des Objektverwalters für K- und H-Tupel anhand der Abb. 3. Dabei nehmen wir als Beispiel eine H-Relation bestehend aus einer Wurzelrelation A mit direkt abhängigen Relationen B und D, wobei B eine weitere abhängige Relation C umfasse. Der *Seitenkopf* (Page Header) enthält neben der Seitennummer (no) einen Verweis auf die logisch nächste Seite (next page), auf die logisch vorhergehende Seite (previous page), einen Zeiger auf den Beginn des noch freien Platzes auf der Seite (end of data) und einen Zeiger auf den Beginn der Offsettabelle (start offset table). Die *First Of Relation Table* (FORT) folgt auf den Seitenkopf. Sie enthält für zwei Systemrelationen SR und SV je einen Verweis auf den ersten Tupeleintrag. Die beiden Systemrelationen SR und SV gestatten die physische Clusterung sowohl von Tupeln einer Relation als auch von Versionenmengen. In der hierarchischen Reihenfolge A, B, C, ... gehört zu jeder abhängigen Relation einer H-Relation ein Feld, worin ein Verweis auf das erste Tupel der jeweiligen Relation auf dieser Seite steht (im Falle einer K-Relation existieren natürlich keine abhängigen Relationen).

Die Adresse zur physischen Identifikation eines Tupels auf einer Seite bezeichnet man als TID (Tuple IDentifier), und die Surrogate müssen über eine Umsetzungstabelle auf solche physischen Adressen abgebildet werden. Alle TIDs sind indirekt: In jedem FORT-Feld steht der Index eines Feldes der sogenannten Offsettabelle. Die *Offset Table* (OT) enthält den Seitenoffset. Sie wächst vom Ende der Seite her und schrumpft dynamisch mit der Anzahl Tupel auf der Seite. Ihre Einführung ermöglicht es, dass der TID eines Tupels bei einer Verschiebung innerhalb derselben Seite nicht ändert. Damit sind erheblich weniger Nachführungen des Zugriffspfads von Surrogaten auf TIDs nötig.

Die Datensätze selbst enthalten Verweise auf mögliche abhängige Tupel (Dependent Pointer) und je einen Verweis auf das nächste Tupel innerhalb der jeweiligen Relation (Next Pointer), falls sich die Tupel auf der gleichen Seite befinden. Der Next Pointer erlaubt das Durchwandern einer abhängigen Relation und unterstützt dadurch die klassische relationale Sicht auf eine H-Relation.

Die Speicherorganisation für M-Tupel unterscheidet sich wesentlich von der für K- und H-Tupel. Dies ist erforderlich, da sich die auf M-Tupeln angebotenen Operationen wie Punkt-, Bereichs- und Nachbarschaftsanfragen mit herkömmlichen Speicherorganisationsformen nicht effizient unterstützen lassen. M-Tupel einer M-Relation werden daher in einer *Gitterdatei* abgespeichert [Nievergelt et al. 1984].

Mit dem Surrogat kann jedes Tupel einer K-, H- oder M-Relation eindeutig identifiziert werden. Es dient als Systemschlüssel und steht damit im Zentrum der *Zugriffsorganisation* von XRS. Bei der Surrogatvergabe muss die Eindeutigkeit und die Unveränderlichkeit der Werte garantiert werden. Zusätzlich muss es auch möglich sein, mit einem unvollständig spezifizierten Surrogat auf die Menge der dazugehörenden Tupel zugreifen zu können. Um diesen Forderungen gerecht zu werden, realisieren wir die Umsetzungstabelle der Surrogate auf die TIDs durch die Gitterdatei, indem wir das Surrogat als vierdimensionalen Schlüssel betrachten.

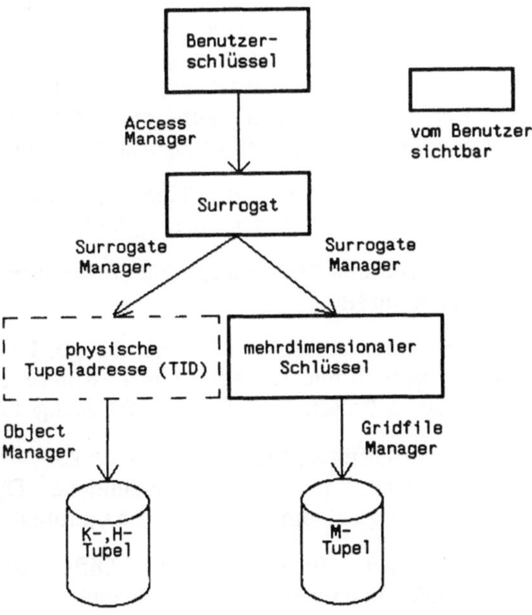

Abb. 4: Dreistufige Zugriffsorganisation mit Benutzerschlüsseln, Surrogaten oder mehrdimensionalen Schlüsseln.

Neben den vom System zur Verfügung gestellten Surrogaten kann ein Anwender auch mehrdimensionale Schlüssel sowie Sekundärschlüssel definieren. In der Abb. 4 zeigen wir das Zusammenwirken der verschiedenen Schlüsselkomponenten und die entsprechende Zugriffshierarchie.

4.3 Operationen auf Versionen

XRS bietet die in den Abschnitten 3.1 und 3.2 beschriebenen Konzepte zur Versionenkontrolle gleichzeitig an. Dazu enthält die Mehrtupelschnittstelle des Datenbankkerns die folgenden Prozeduren, die allgemein für das Bearbeiten von Relationen oder Versionenmengen dienen:

Retrieve liefert eine Version als K-, H- oder M-Tupel oder eine Versionenmenge. Ist die gesuchte Version eine Differenzversion, so erzeugt das System aus der im Referenzgraphen vorhandenen vollständigen Version automatisch, eventuell mit Hilfe der dazwischenliegenden Differenzen, eine alle Teile umfassende Version.

Insert fügt ein K-, M- oder abhängiges Tupel in die entsprechende Relation zur Bildung einer neuen Version oder Versionenmenge ein. Falls die Version als Differenz abgespeichert werden soll, muss ein Referenztupel (entweder vollständige Version oder selbst eine Differenzversion) spezifiziert werden.

Replace ersetzt beliebige Merkmalswerte in einer Version. Wird ein Tupel einer Version verändert, welche von anderen Differenzversionen referenziert wird, so führt die Operation die entsprechenden Anpassungen automatisch durch.

Delete löscht eine Version, eine Versionenmenge oder alle Ausprägungen einer Relation. Wird dabei eine Version eines Referenzgraphen gelöscht, so lassen sich entweder alle referenzierenden Differenzversionen automatisch eliminieren (cascaded deletion) oder die Löschoperation kann sich ausschliesslich auf die Version beschränken, wobei Abhängigkeiten im Referenzgraphen konsistent nachgeführt werden.

GeometricSearch unterstützt Punkt-, Bereich- und Nachbarschaftsfragen auf M-Relationen und liefert die in der vom Anwender definierten Suchregion liegenden Versionen.

Neben diesen allgemeinen Prozeduren bestehen spezielle Prozeduren, die ausschliesslich für die Versionenkontrolle vorgesehen sind:

Copy dupliziert eine Version innerhalb einer Versionenmenge. Die betroffenen Surrogatkomponenten V# und N# werden neu vergeben und H-Referenzen konsistent gehalten, während externe vom Benutzer definierte Referenzen nicht nachgeführt werden.

Complete berechnet die zu einer Differenzversion gehörende vollständige Version, speichert diese und spaltet sich gleichzeitig mit den abhängigen Differenzversionen vom entsprechenden Referenzgraphen zu einem neuen Referenzgraphen ab.

Invert wandelt eine vollständige Version in eine Differenzversion und eine sie referenzierende Differenzversion in eine vollständige Version.

Navigate erlaubt, auf dem Referenzgraphen zu einer bestimmten Version die Referenzversion oder sämtliche diese Version referenzierenden Versionen aufzusuchen.

4.4 Differenzen von H-Tupeln

Als Beispiel zur Versionenkontrolle mittels Differenzverfahren betrachten wir ein Beispiel einer H-Relation, bestehend aus der Wurzelrelation R_1, den beiden direkt abhängigen Relationen R_2 und R_4, wobei R_2 zusätzlich eine abhängige Relation R_3 aufweise.

Die Abb. 5 zeigt eine Ausprägung einer vollständigen Version und einer Differenzversion; der zugehörige Referenzgraph ist $D_2 \rightarrow V_1$. Wichtig dabei ist, dass die Ausprägung einer Differenzversion selbst als H-Tupel gespeichert wird. Dazu muss für jedes abhängige Tupel in der Differenzversion auch sein direkt übergeordnetes Tupel vorhanden sein, um das Strukturvorkommen der Differenzversion eindeutig herleiten zu können. Die Speicherung der Differenzversion als H-Tupel hat den grossen Vorteil, für das Differenzverfahren auf H-Relationen keine neuen Speicher- und Zugriffskonzepte einführen zu müssen.

VOLLSTÄNDIGE VERSION V1

Surrogat Opcode Target RefList Datenwerte

R1S1V1N1 | C | - | V2N1 | ... | Werte t1

R2S1V1N1 | C | - | Werte t2

R2S1V1N2 | C | - | t4

R2S1V1N3 | C | - | t5

R2S1V1N4 | C | - | t6

R2S1V1N5 | C | - | t7

R4S1V1N1 | C | - | Werte t9

R3S1V1N1 | C | - | t3

R3S1V1N2 | C | - | t8

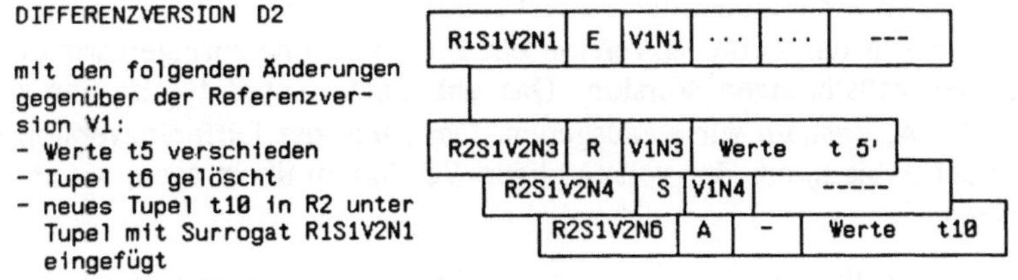

Abb. 5: Vollständig gespeicherte Version und Differenzversion als H-Tupel.

Ein Tupel einer vollständigen Version oder einer Differenzversion ist wie folgt aufgebaut:

R#S#V#N#	Surrogat des Tupels	
OpCode	Operationscode:	
	C (Complete)	ausschliesslich für vollständige Versionen

	E(Equal)	Die Werte des Tupels sind mit denen des Referenztupels gleich. Das Tupel gilt hier als Strukturknoten für einen Teilbaum, in dem es irgendwelche Änderungen gegenüber der Referenzversion gibt.
	R(Replace)	Die Werte des hier gespeicherten Tupels ersetzen das Referenztupel, eventuell gibt es auch Änderungen im Teilbaum.
	A(Add)	Das hier gespeicherte Tupel mit seinen Werten ist neu gegenüber der Referenzversion. Gehören dazu abhängige Tupel, so sind diese auch in der Differenzversion zu finden.
	S(Subtract)	Das Referenztupel gehört nicht zu dieser Version und ist zu ignorieren, ebenso wie alle abhängigen Tupel der Referenzversion.
Target	V# und N# des Referenztupels, bei vollständigen Versionen NIL.	
RefList	Referenzliste bestehend aus V# und N#, z.B. im Wurzeltupel. Sie gibt an, welche Differenzversionen die vorliegende Version referenzieren.	

Die Referenzliste wird in unserer Implementierung mit fester Länge vorgesehen, um bei der Speicherorganisation ohne variabel lange Tupel auskommen zu können. Aus demselben Grund sind auch die Längen sämtlicher Tupel der Differenzversion pro Relation gleich, unabhängig vom Operationscode des entsprechenden Tupels.

Die Herleitung einer Version aus einer vollständigen Version und aus einer Differenzversion beschreiben wir anhand des Beispiels aus Abb. 5: Über das Surrogat des Wurzeltupels der Differenzversion können wir dieselbe abarbeiten und ergänzen. Ein E-Code im Wurzeltupel signalisiert uns, dass Änderungen im Teilbaum dieses Tupels vorliegen. Gleichzeitig eröffnen wir mit der gefundenen Referenz (Target-Feld der Differenzversion) einen Cursor auf dem Wurzeltupel t_1 der vollständigen Version und geben dieses aus. Nun lesen wir das erste abhängige Tupel der Differenzversion und stellen fest, dass das Tupel t_2 mit dem abhängigen Tupel t_3 und das Tupel t_4 unverändert aus der vollständigen Version entnommen werden können. Der Operationscode des aktuellen Tupels der Differenzversion weist ein R auf, und wir ersetzen die Datenwerte des Tupels t_5 durch diejenigen aus $t_{5'}$. Da das nächste Tupel in der Differenzversion ein S enthält, überspringen wir das zugehörige Tupel t_6 in der vollständigen Version. Das abhängige Tupel t_{10} ist neu aufgrund des Operationscodes A, weshalb wir es ausgeben. Das Ende der Differenzversion bewirkt, die restlichen Tupel t_7 bis t_9 aus der vollständigen Version zu übertragen, womit die gesuchte Version vorliegt.

Wird in einer beliebigen Version eine Änderung vorgenommen, so sind alle referenzierenden Versionen anzupassen. Da jede Versionenmenge und somit jeder Versionengraph physisch zusammengehörig abgespeichert ist, reduziert sich die Zeit zur Änderung oder Herleitung von Versionen. Zusätzlich steht es dem Anwender jederzeit frei, eine für ihn oft gebrauchte Version innerhalb eines Versionengraphen zu vervollständigen oder mit Hilfe von Invertierungen die entsprechende Version zur Senke des Versionengraphen umzuwandeln und damit in beiden Fällen den Zugriff zu beschleunigen.

5. Schlussfolgerung

Die Datenbankforschung untersucht in letzter Zeit vermehrt Problemstellungen aus Technik und Wissenschaft, Büroautomation oder Softwareengineering (vergl. [Blaser/Pistor 1985]). Unsere Forschungsgruppe am Institut für Informatik widmet sich Anwendungen mit geometrischem Bezug und möchte mit der Entwicklung des Datenbanksystems XRS einen Beitrag zur Objekt- und Versionenkontrolle leisten. Wir verwenden das Relationenmodell, da Tabellen auch im technischen Anwendungsbereich einfach und verständlich die Arbeit des Ingenieurs unterstützen können (vergl. z.B. Normteilkataloge). Hinzu kommt die Mächtigkeit einer relationalen Datenbankabfrage- und Datenbankmanipulationssprache, besonders beim Entwickeln neuer Anwendungen (prototyping) oder bei adhoc-Anfragen an eine geometrische Datenbank. Da jede deskriptive Sprachschnittstelle ihren Preis hat, sehen wir für künftige Anwendungen von XRS auch die Möglichkeit vor, direkt auf der Mehrtupelschnittstelle des Datenbankkerns aufsetzen zu können. Besonders bei kritischen Anwendungen wie z.B. beim interaktiven Arbeiten mit einer grafischen Schnittstelle propagieren wir, die zu bearbeitenden Objekte vorerst aus der Datenbank in den Hauptspeicher zu laden. Die Verwendung einer eingebetteten Datenbankprogrammiersprache wie z.B. Modula/R bietet dabei den Vorteil, gleichzeitig lokale effizienzsteigernde Datenstrukturen anzulegen und damit den Anforderungen einer grafisch-interaktiven Schnittstelle besser zu genügen. In diesem Sinne dient die geometrische Datenbank dem längerfristigen Speichern der Objekte, der Versionenkontrolle sowie der Konsistenzüberprüfung.

LITERATUR

[Batory/Kim 1985]
Batory D. S., Kim W.: Modeling Concepts for VLSI CAD Objects. ACM TODS, Vol. 10, No. 3, 1985, pp. 322-346.

[Blaser/Pistor 1985]
Blaser A., Pistor P. (Hrsg.): Datenbank-Systeme für Büro, Technik und Wissenschaft. Informatik-Fachberichte Nr. 94, Springer-Verlag, 1985.

[Dadam et al. 1984]
Dadam P., Lum V., Werner H.-D.: Integration of Time Versions into a Relational Database System. Proc. 10th Int. Conf. on VLDB, Singapore 1984, pp. 509-522.

[Dittrich et al. 1985]
Dittrich K. R., Kotz A. M., Mülle J. A., Lockemann P. C.: Datenbankunterstützung für den ingenieurwissenschaftlichen Entwurf. Informatik-Spektrum 8, 1985, S. 113-125.

[Dittrich/Lorie 1985]
Dittrich K. R., Lorie R. A.: Version Support for Engineering Database Systems. IBM Research Report RJ 4769, San Jose, 1985, pp. 1-19.

[Härder 1984]
Härder T.: Überlegungen zur Modellierung und Integration der Zeit in temporalen Datenbanksystemen. Bericht Nr. 19/84, Universität Kaiserslautern, Fachbereich Informatik, S. 1-30.

[Katz/Lehman 1984]
Katz R. H., Lehman T. J.: Database Support for Versions and Alternatives of Large

Design Files. IEEE Transactions on Software Engineering, Vol. SE-10, No. 2, 1984, pp. 191-200.

[Klahold et al. 1986]
Klahold P., Schlageter G., Wilkes W.: A General Model for Version Management in Databases. Informatik Berichte Nr. 58, Fern-Universität Hagen, 1986, pp. 1-22.

[Klopprogge/Lockemann 1983]
Klopprogge M., Lockemann P. C.: Modelling Information Preserving Databases: Consequences of the Concept of Time. Proc. 9th Int. Conf. on VLDB, Florence 1983, pp. 399-416.

[Koch et al. 1983]
Koch J., Mall M., Putfarken P., Reimer M., Schmidt J., Zehnder C. A.: Modula/R Report, Lilith Version, ETH Zürich, Institut für Informatik, February 1983.

[Lorie et al. 1985]
Lorie R.A., Kim W., McNabb D., Plouffe W., Meier A.: Supporting Complex Objects in a Relational System for Engineering Databases. In: Kim W., Reiner D. S., Batory D. S. (Eds.): Query Processing in Database Systems. Springer-Verlag, Berlin 1985, pp. 145-155.

[Meier 1986a]
Meier A.: Methoden der grafischen und geometrischen Datenverarbeitung. Teubner Verlag, Stuttgart 1986.

[Meier 1986b]
Meier A.: Applying Relational Database Techniques to Solid Modeling. Computer-Aided Design, Butterworth Ltd., July/August 1986.

[Meier et al. 1986a]
Meier A., Durrer K., Heiser G., Petry E., Wälchli A., Zehnder C. A.: XRS: Ein erweitertes relationales Datenbanksystem zur Verwaltung von technischen Objekten und Versionen. Eingereicht: Informatik Forschung und Entwicklung, 1986.

[Meier et al. 1986b]
Meier A., Loacker H.-B., Paquet F., Kohler T.: Das rechnergestützte Unterrichtssystem POLY zur Darstellung und Manipulation ebenbegrenzter Objekte. GI-Tagung "Informatik Grundbildung in Schule und Beruf", Universität Kaiserslautern, September 1986.

[Müller/Steinbauer 1983]
Müller T., Steinbauer D.: Eine Sprachschnittstelle zur Versionenkontrolle in CAM-Datenbanken. In: Schmidt J. (Hrsg.): Sprachen für Datenbanken. Informatik-Fachbereichte, Nr. 72, Springer-Verlag, Berlin, 1983, S. 76-95.

[Nievergelt et al. 1984]
Nievergelt J., Hinterberger H., Sevcik K.: The Grid File: An Adaptable, Symmetric Multikey File Structure. ACM Transactions on Database Systems, Vol. 9, No. 1, March 1984, pp. 38-71.

[Snodgrass 1985]
Snodgrass R.: A Temporal Query Language. Technical Report TR85-013, University of North Carolina, Chapel Hill, 1985, pp. 1-61.

[Wirth 1985]
Wirth N.: Programming in Modula-2. Springer-Verlag, Berlin 1985.

Methoden zur Visualisierung räumlicher geometrischer Daten

Heinrich Müller
Institut für Informatik I
Universität Karlsruhe

Zusammenfassung

Die moderne Rastertechnik erlaubt die Darstellung komplexer räumlicher geometrischer Daten durch die Simulation von Lichteffekten in realistisch wirkender Weise. Der Rechenaufwand für die Erzeugung solcher Graphik ist erheblich, insbesondere bei der Strahlverfolgungsmethode, die den höchsten Grad an Realismus erreicht und die am allgemeinsten einzusetzen ist. Es wird ein Überblick über Algorithmen und Datenstrukturen gegeben, die diesen Nachteil vermindern.

1. Einleitung

Die graphische Datenverarbeitung beschäftigt sich traditionell mit geometrischen Daten. Das bedeutet zunächst die Aufbereitung von Daten zur Darstellung auf einem graphischen Ausgabemedium. Andererseits dient die graphische Darstellung zur Manipulation der Daten, indem etwa auf dem Bildschirm mittels eines graphischen Eingabegeräts ein Objekt ausgewählt wird, welches dann z.B. zu löschen ist und damit nicht nur aus der Graphik, sondern auch aus der Datenmenge selbst zu entfernen ist.

Entsprechend den technischen Möglichkeiten früherer graphischer Ausgabegeräte war die Darstellung linienorientiert. Das bedeutet, daß Objekte über signifikante Linien, wie Berandungskurven, Kanten und Silhouettenlinien dargestellt werden. Insbesondere bei räumlichen Geoobjekten ist diese Darstellung nicht sehr befriedigend. Sie kann dadurch signifikant verbessert werden, daß nur die sichtbaren Linien gezeichnet werden. Die Elimination der verdeckten Linien ist eines der klassischen Probleme der graphischen Datenverarbeitung (Hidden-Line-Problem). Zu seiner Lösung wurden seit dem Ende der 60er-Jahre zahlreiche Algorithmen angegeben /10/. Untersuchungen des Berechnungsaufwands des Hidden-Line- Problems wurden erst in jüngerer Zeit angestellt. Das führte zu Algorithmen mit beweisbar gutem Worst-Case- Verhalten, bei denen Datenstrukturen der algorithmischen Geometrie Anwendung finden /6,14,20,22/.

Durch das dramatisch verbesserte Preis/Leistungsverhältnis bei Halbleiterspeichern hat die zunächst der Bildverarbeitung vorbehaltene Rastertechnik an Bedeutung gewonnen. Bitmapgraphik, bei der Bilder aus einer Matrix von Bildpunkten, etwa 500x500 und mehr, bei Wiedergabe auf einem Monitor zusammengesetzt werden, ist auch bei preisgünstigen Mikrorechnern oder Workstations verfügbar. Die gute Darstellung von Liniengraphik erfordert allerdings eine höhere Auflösung, die bei den meisten heute erhältlichen Bitmapsystemen nicht geboten wird. Die Rasterdarstellung ist dagegen besonders gut für flächige Darstellungen geeignet, insbesondere dann, wenn hinreichend viele Intensitätsstufen, z.B. 255 bei Graubilddarstellung oder 2^{24} bei Farbdarstellung, zur Verfügung stehen. Das ist die Qualität, die die Wiedergabe und Verarbeitung von realen, etwa mit einer Videokamera erfaßten Bildern erlaubt. Auf der anderen Seite bietet sich nun aber die Möglichkeit, im Rechner vorhandene Szenen ähnlich realistisch darzustellen. Abb. 1 zeigt ein derartiges rechnergeneriertes Bild.

Die realistische Wirkung wird dadurch erreicht, daß das Verhalten von Licht in der Szene simuliert wird. Das bedeutet zunächst die Simulation des optischen Verhaltens von Objektoberflächen. Es wurden verschiedene Beleuchtungsformeln entwickelt, die abhängig von geometrischen Größen, wie Licheinfallsrichtung, Blickrichtung und Oberflächennormale sowie optischen Größen wie Objektfarbe, Spiegel- und Diffusanteil, Rauhheit und Brechungsindex die Intensität des entsprechenden Bildpunktes liefern /10/. Aus algorithmischer Sicht interessanter und für den Rechenaufwand bei umfangreichen Szenen entscheidend ist die Sichtbarkeitsberechnung. So müssen für einen vorgegebenen Augenpunkt die sichtbaren Objekte bestimmt werden. Für die verschiedenen, meist punktförmigen Lichtquellen muß herausgefunden werden, welche Szenenteile von ihnen ausgeleuchtet werden. Befinden sich Spiegel in der Szene, sind die Objekte zu bestimmen, die über den Spiegel im Bild sichbar werden. Analoges gilt für evtl. vorhandene lichtbrechende durchsichtige Objekte.

Diese Sichtbarkeitsberechnung kann in einfachen Fällen über mehrfache Anwendung von existierenden Visible-Surface-Algorithmen durchgeführt werden. Das geht noch gut bei der Berechnung von Schlagschatten, hat aber seine Grenzen bei mehrfachen Spiegelungen und Brechnungen. Hierfür gibt es ein konzeptuell sehr einfaches Verfahren, das Strahlverfolgungsverfahren (Raytracing). Grundlage des Strahlverfolgungsverfahrens ist das Strahlenmodell der Physik. Ausgegangen wird dabei von einer gerasterten Bildebene und einem Augenpunkt, vgl. Abb. 2. Nun werden vom Augenpunkt aus Sehstrahlen durch die Mitte jedes Bildpunktes gezogen. Für einen solchen Strahl wird das erste Objekt in der gegebenen dreidimensionalen Szene bestimmt, das getroffen wird. Ist das getroffene Objekt als spiegelnd spezifiziert, so wird ein weiterer Strahl verfolgt, nämlich der

Abb. 1: Ein rechnergeneriertes Bild, abfotografiert vom Monitor. Die Auflösung ist 512x512 Bildpunkte.

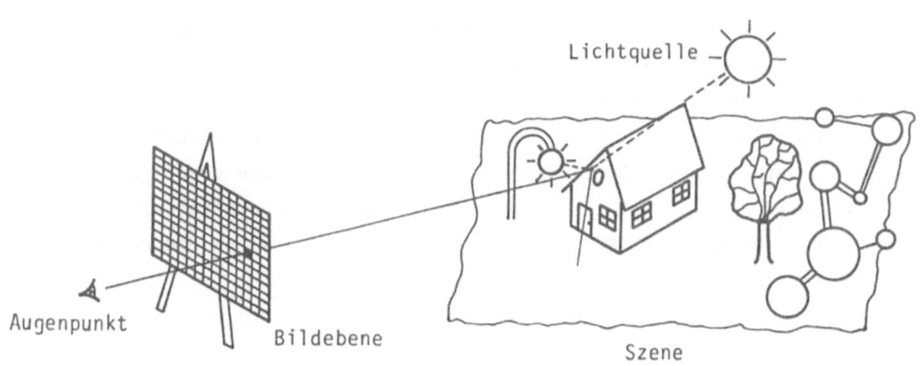

Abb. 2: Bilderzeugung durch Strahlverfolgung (Raytracing).

Reflexionsstrahl zum Sehstrahl, entsprechend dem Brechungsgesetz der Physik. Für diesen ist wiederum der erste Auftreffpunkt in der Szene zu bestimmen, mit welchem genauso verfahren wird wie zuvor. Ein weiterer Strahl ist zu verfolgen, wenn ein durchsichtiges Objekt getroffen wird. Dabei wird das Brechungsgesetz angewendet. Für jeden Auftreffpunkt in dieser baumartigen Struktur wird noch die Verbindungsstrecke zu jeder der vorgegebenen punktförmigen Lichtquellen gezogen, um zu untersuchen, ob ein blockierendes Objekt vorhanden ist. In diesem Fall liegt der Auftreffpunkt im Schatten dieser Lichtquelle und das von ihr ausgesendete Licht braucht bei der Farbberechnung des Bildpunktes nicht berücksichtigt werden. Die Farbberechnung der Bildpunkte geschieht nach einer Beleuchtungsformel.

Neben der Bilderzeugung tritt die Strahlanfrage für andere Anwendungen auf. So kann sie etwa als "Pick"-Anfrage in eine dreidimensionale Datenmenge dienen. Ferner können durch vielfache Strahlanfragen Volumina komplexer Objekte approximativ berechnet werden, oder Vereinigungs- und Schnittflächen oder -körper approximiert werden /21/. Der Vorteil der Strahlanfrage ist es, daß auch für komplexe Objekte die Schnittpunkte mit einem Strahl relativ einfach zu bestimmen sind. In ein strahlorientiertes System kann ein neuer Objekttyp einfach dadurch eingeführt werden, daß das Verfahren zur Schnittpunktberechnung mit Strahlen angegeben wird. In Abschnitt 2 werden effiziente Datenstrukturen zur Beantwortung von Strahlanfragen vorgestellt.

Die geometrischen Objekte sind in Form von Dateien in einer Datenbasis gespeichert. Zur Darstellung und Manipulation werden sie in eine Datenstruktur vorverarbeitet, die das schnelle Beantworten von Strahlanfragen erlaubt. Auf die Bilderzeugung wird in Abschnitt 3 eingegangen. Neben dem Versuch, Kohärenz zur schnelleren Generierung zu berücksichtigen, wird auch die Beschleunigung durch Parallelhardware diskutiert. Abschnitt 4 spricht weitere Anforderungen an, die sich aus Modellierungstechniken, Szenengröße und bei bewegten Szenen ergeben.

2. Strahlanfragen

Typische Strahlanfragen an eine räumliche Datenmenge (Szene) sind

- Existenz: Schneidet der Strahl ein Objekt?
- Bereichszählung: Anzahl der vom Strahl geschnittenen Objekte
- Bereichsaufzählung: Liste der geschnittenen Objekte
- erstes getroffenes Objekt

Um eine Vielzahl solcher Anfragen effizient beantworten zu können, wird die Szene in eine geeignete Datenstruktur vorverarbeitet. Zur praktischen Lösung von Suchaufgaben in geometrischen Daten erweist sich die Verwendung von Rasterungen als günstig. Dabei wird der Objektraum in Zellen zerlegt, die Objekte in diese Zellen verteilt und dann nur die Zellen durchsucht, die vom Anfragebereich, hier also dem Strahl berührt werden. In unserem Fall wird die gesamte Szene zunächst in in einen achsenparallelen Quader eingehüllt. Die Kanten werden in alle drei Koordinatenrichtungen äquidistant gerastert, was zu einer Unterteilung des Szenenquaders in kongruente Unterquader führt. Zu jeder dieser Zellen wird eine Liste der Objekte aufgebaut, die mit ihr einen nichtleeren Schnitt haben. Elemente werden nicht geclippt, was dazu führt, daß Objekte in mehreren Listen enthalten sein können. Deswegen werden in den Listen Verweise auf Einträge in ein Objektverzeichnis gespeichert, das zu jedem Objekt seine volle Beschreibung enthält.

Der Vorteil der äquidistanten Rasterung besteht darin, daß das Durchlaufen der von einem Strahl getroffenen Zellen sehr schnell ist. Dieses kann nämlich inkrementell nur unter Verwendung weniger Additionen erfolgen, ähnlich den in der Rastergraphik wohlbekannten Algorithmen zum Zeichnen von Vektoren zuf einem Rasterbildschirm. Für jede getroffene Zelle werden die Objekte in der Objektliste auf Schnitt getestet und bei Erfolg die Suche beendet. Rechnet man die Gesamtrechenzeit auf einen Strahl um, so wurde für Abb. 1 etwa 1 ms pro Strahl in einer Pascal-Implementierung auf einer Siemens 7561-Anlage verbraucht.

Bei diesem einfachen Gitterverfahren sind verschiedene Nachteile denkbar. So können Objektlisten lang werden, was zu zeitaufwendigen Anfragen führt, oder sehr ausgedehnte Objekte können in zahlreichen Listen auftreten, was einen hohen Speicherverbrauch hervorruft. Alle diese Nachteile können durch geschickte Hierarchisierung vermindert werden /15/. Wie Implementierungen gezeigt haben, haben solche Modifikationen Zusatzaufwand zur Folge, der höher ist als der des einfachen Strahlgenerators.

Der Nachteil der direkten Gitterverfahren ist das schlechte Worst-Case-Verhalten. Es stellt sich die Frage nach Datenstrukturen, die auch im Worst-Case besser sind als der vollständige Test aller Objekte auf Schnitt mit einem gegebenen Strahl. Ein Ansatz ist es, zu versuchen, eine ausgeglichene Raumzerlegung zu bekommen. Bekannte Datenstrukturen hierfür sind k-d-Bäume (k=3) und Polygonbäume /23,13/. Der Polygonbaum erlaubt es, für eine gegebene Menge aus n Punkten in der Ebene für beliebige Anfragegeraden die Anzahl der Punkte mit Zeitaufwand $O(n^{0.77})$ zu bestimmen, die in einer der beiden durch die Gerade festgelegten Halbebenen liegen. Der (2-Weg)-Polygonbaum entsteht durch iterierte Zerlegung der Ebene. Die Wurzel entspricht der Ebene selbst. Die Söhne erhält man durch Unterteilen der Ebene durch zwei sich schneidende Geraden. Das kann so gemacht werden, daß in jedem Sektor höchstens ein Viertel aller Punkte liegt (manche Punkte können auch auf den Unterteilungsgeraden liegen). Für jeden der vier Sektoren wird ein Sohn in den Baum eingefügt. Deren Söhne erhält man analog, indem die Punkte im entsprechenden Sektor geviertelt werden. Für jeden Knoten werden seine beiden Trennlinien gespeichert. Es bleiben noch die Punkte auf den Trenngeraden. Für jede Trenngerade wird ein binärer Suchbaum an den entsprechenden Knoten im Polygonbaum angefügt. Die Wurzel des Binärbaums entspricht der ganzen Geraden. Seine zwei Söhne gehören zu zwei Halbgeraden, von denen jede ungefähr die Hälfte der Punkte der Geraden enthält. Die Söhne hiervon werden analog konstruiert. In den Knoten der Binärbäume werden die Trennpunkte gespeichert, die die jeweiligen Hälften festlegen.

Um die Anzahl der Punkte in einer Halbebene herausfinden, werden die Knoten des Polygonbaums noch mit der Mächtigkeit der Punktmenge markiert, die in das zu diesem Knoten gehörende Gebiet fallen. Die Suche beginnt an der Wurzel, indem die Gebiete identifiziert werden, die die Anfragegerade schneidet. Das sind höchstens drei Gebiete. Die abgespeicherten Mächtigkeiten, die zu denjenigen nicht geschnittenen Gebieten gehören, die Teil der ausgewählten Halbebenen sind, werden zur Lösungsanzahl hinzugezählt. Dann wird die Suche für die geschnittenen Gebiete weitergeführt. Die binären Unterbäume werden analog abgesucht. Weitere Einzelheiten sind in /23/ zu finden.

Die Polygonbäume sind für endliche Mengen isolierter Punkte ausgelegt. Hingegen sind hier ausgedehnte Objekte zu bearbeiten. Für achsenparallele Quader als Objekte läßt sich durch iteriertes Anwenden von Polygonbäumen eine sublineare Anfragezeit erreichen, was im folgenden skizziert wird. Achsenparallele Quader haben besondere Bedeutung, da Tests mit Objekten aus Effizienzgründen zunächst mit deren Bounding-Boxen ausgeführt werden, bevor gegebenenfalls genauer untersucht wird. Wir beschränken uns auf die Seiten der Quader, die senkrecht zur x-Achse sind. Diese Rechtecke sind eindeutig durch den Eckpunkt v(R) mit minimalen Koordinatenwerten und dem diagonal gegenüberliegenden Eckpunkt w(R) bestimmt. Die senkrechte Projektion eines Punktes p auf die Koordinatenebenen wird mit p_{xy}, p_{xz} und p_{yz} für die x-y-, x-z- und y-z-Ebenen bezeichnet. p_x, p_y und p_z sind die Koordinaten von p. Eine Gerade im R^3 läßt sich durch zwei Gleichungen z=ax+b, y=cx+d darstellen. Die erste Gleichung beschreibt eine Ebene senkrecht zur x-z-Ebene, die zweite eine Ebene senkrecht zur x-y-Ebene. Die Gerade schneidet das Rechteck R gdw.

$$v_z(R) \leq a*v_x(R)+b, \quad w_z(R) \geq a*w_x(R)+b,$$
$$v_y(R) \leq c*v_x(R)+d, \quad w_y(R) \geq c*w_x(R)+d.$$

Die Idee ist nun, diese vier Halbebenentests nacheinander auszuführen, wobei jeweils ein geeigneter Polygonbaum zur Verfügung steht. Die Polygonbäume werden in geschickter Weise geschachtelt. Das beginnt mit dem Polygonbaum für die Menge $\{v_{xz}(R)$: R ein Rechteck der Eingabemenge$\}$ in der x-z-Ebene. Für jeden Knoten wird für die in der durch ihn repräsentierten Region S enthaltenen Punkte ein weiterer Polygonbaum angefügt. Dieser Unterbaum wird über der Punktmenge $\{w_{xz}$: v_{xz} in S$\}$ aufgebaut. In diesem Unterbaum wird analog verfahren, d.h. an einem Knoten mit Region T wird ein Polygonbaum über $\{v_{xy}(R)$: $w_{xz}(R)$ in T$\}$ aufgebaut, und für jeden Knoten dieses Baums mit Punkten U ein Unterbaum für die Menge $\{w_{xy}(R)$: $v_{xy}(R)$ in U$\}$. In diesem Unterbaum werden dann die Mächtigkeiten der Punktmengen an den Knoten gespeichert.

Um herauszufinden, ob eine beliebige Anfragegerade ein Rechteck schneidet, wird zunächst eine Halbebenenanfrage für $z \leq ax+b$ in der x-z-Ebene ausgeführt. Das geschieht im ersten Polygonbaum. Für alle seine Knoten, deren entsprechenden Regionen ganz in dieser Halbebene gefunden werden, wird eine Halbebenensuche bzgl. $z \geq ax+b$ in der x-z-Ebene in den dort angefügten Teilbäumen durchgeführt. In den Polygonbäumen der Knoten, die in dieser Halbebene gefunden werden, folgt eine Suche bzgl. $y \leq cx+d$ in der x-y-Ebene, und schließlich eine ($y \geq cx+d$)-Suche in den dort gefundenen Knoten. Die Mächtigkeiten in den schließlich gefundenen Knoten werden zum Endergebnis aufsummiert. Dieses ist = 0 gdw. keines der Rechtecke von der Anfragegeraden geschnitten wird. Um den ersten Auftreffpunkt eines Strahles zu finden, wird noch zu einer Hierarchie von Teilszenen übergegangen, in der binär gesucht wird /17/. Durch Aufstellen und Auswerten der entsprechenden Rekurrenzformeln erhält man

<u>Satz 1</u>

Gegeben sei eine Szene aus n gleichgerichteten Rechtecken im R^3, o.B.d.A. senkrecht zu einer der Koordinatenachsen, so daß keine Eckpunkte von verschiedenen Rechtecken einen gemeinsamen Projektionspunkt in einer der Koordinatenebenen haben. Die Szene kann in $O(n^2)$ Zeit so in eine Datenstruktur der Größe $O(n \log^4 n)$ vorverarbeitet werden, daß ein erster Schnittpunkt für einen beliebigen Strahl in Zeit $O(n^a) \log^3 n)$, $a = (\log 3)/2$, Zeit gefunden werden kann.

Durch Ersetzten der Polygonbäume durch die Conjugation-Trees in /9/ erhält man a=0.695. Eine weitere Verbesserung könnte mit den kürzlich vorgestellten "Epsilon-Nets" möglich sein /11/.

Dieses Verfahren hat den Vorteil eines geringen Speicherplatzverbrauchs, hat jedoch eine relativ hohe Anfragezeit. Bei der folgenden Datenstruktur ist das umgekehrt. Die Idee dabei ist es, die Strahlenmenge so in disjunkte Teilmengen zu zerlegen, daß diese dasselbe Antwortverhalten aufweisen. Das wird auch als "Locus-Approach" bezeichnet. Der Szenentyp bleibt derselbe wie zuvor, die Frage sei wieder nach der Existenz eines Schnittpunkts. Das Problem wird zunächst durch Projektion in die x-z- und x-y-Ebene in zwei zweidimensionale Teilprobleme zerlegt. Die Rechtecke werden dadurch Strecken, die Gerade bleibt eine Gerade. Wir sind nun an der Menge von Strecken interessiert, die von der Geraden geschnitten werden. Es kann höchstens $O(n^3)$ viele unterschiedliche Streckenmengen geben. Das sieht man ein, indem eine Gerade $y=ax+b$ parallel über die Ebene bewegt wird, d.h. a bleibt fest. Dabei ändert sich die aktuell geschnittene Menge von Strecken höchstens an den $O(n)$ verschiedenen Streckenendpunkten P_j. Führt man diesen Sweep mit verschiedenen Steigungen a durch, so ändert sich die Reihenfolge der getroffenen Streckenendpunkte und damit die Streckenmengen dann, wenn die Gerade durch zwei Streckenendpunkte geht. Das sind aber höchstens $O(n^2)$ mögliche Steigerungen $a_0 < \ldots < a_m$. Für a in (a_i, a_{i+1}) liefert die Geradenverschiebung wie oben eingesehen dieselben höchstens $O(n)$ Mengen, insgesamt also $O(n^3)$. Hat man die a_i vorausberechnet, sowie die Reihenfolge der Streckenendpunkte in jedem Steigungsintervall, so läßt sich durch zweimaliges binäres Suchen die entsprechende Streckenmenge für eine Anfragegerade finden. Dieses wird in der x-z- und x-y-Projektion getan.

Wie oben bemerkt, ist innerhalb eines Steigungsintervals die Reihenfolge der Streckeneckpunkte dieselbe. Fällt die Gerade nun in das Interval (p_j, p_{j+1}), schneidet offensichtlich die Gerade durch p_j mit derselben Steigung dieselben Strecken. Anstatt mit der ursprünglichen Geraden weiterzusuchen, kann daher mit einer Geraden weitergesucht werden, die durch zwei durch beliebige orthogonale Rechteckkanten induzierte Geraden geht. Diese Gerade kann in $O(\log n)$ Zeit gefunden werden. Die speziellen Geraden bilden $O(n^2)$ Klassen, die jeweils durch ein Paar von Recheckkanten festgelegt sind. Für jede dieser Klassen wird nun eine Suchstruktur aufgebaut, die ein schnelles Beantworten der Anfrage für die in ihr enthaltenen Geraden erlaubt. Diese kann so aussehen, daß für jede zur x-z-Ebene parallele Kante eine Ebene gedreht wird, und die getroffenen, ebenfalls zur x-z-Ebene senkrechten Kanten in dieser Reihenfolge angeordnet werden. Jeder der entstehenden $O(n)$ Sektoren schneidet höchstens $O(n)$ Rechtecke. Mit den zur x-y-Ebene senkrechten Kanten dieser Rechtecke wird genauso verfahren. Durch binäres Suchen in beiden Anordnungen kann in $O(\log n)$ Zeit festgestellt werden, ob ein Rechteck von der Anfragegeraden getroffen wird. Insgesamt erhält man also eine Anfragezeit von $O(\log n)$ und für jedes der $O(n^2)$ Kantenpaare höchstens $O(n^2)$

verschiedene Rechteckmengen, von denen nur "leer" oder "nicht leer" gespeichert wird. Der Speicheraufwand ist als $2*O(n^3) + O(n^4) = O(n^4)$.

Dieser Algorithmus ist ein Beispiel für schrittweise reduzierendes Suchen (Filtering Search /4/). Die beschriebene Datenstruktur enthält noch Redundanz, deren Elimination zu $O(n^3)$ Speicheraufwand führt /1/. Die binäre Suche zur Beantwortung der Frage nach dem ersten Auftreffpunkt wie beim vorigen Verfahren kostet einen weiteren log-Faktor. Insgesamt gilt

Satz 2

Gegeben sei eine Szene vom gleichen Typ wie in Satz 1. Die Szene kann in $O(n^3 \log n)$ Zeit so in eine Datenstruktur der Größe $O(n^3)$ vorverarbeitet werden, daß ein erster Schnittpunkt für einen beliebigen Strahl in Zeit $O(\log^2 n)$ gefunden werden kann.

Es bleibt die offene Frage, ob sich simultan wenig Speicher und wenig Anfragezeit erreichen läßt, eine Frage, die auch für die oben verwendete Halbebenenanfrage noch nicht vollständig geklärt ist /3/.

3. Bilderzeugung

Die im vorigen Abschnitt vorgestellten Datenstrukturen lassen sich unmittelbar für die Bilderzeugung einsetzen. Sie sind insbesondere günstig bei vielfach spiegelnden und brechenden Szenen, da sie beliebige Strahlanfragen effizient unterstützen. Bei anderen Objekten als Quadern sind sie als schnelle Vortests nützlich, wobei es allerdings passieren kann, daß mehrere Bounding-Boxen durchlaufen werden, bevor ein Schnittpunkt gefunden wird. Bisher fehlen Ergebnisse für andere Objekttypen als achsenparallele Rechtecke.

Bei der Bilderzeugung sind die zu verfolgenden Strahlen weitgehend bekannt und unabhängig. Es ist daher naheliegend, sie gemeinsam im "Batch" zu verarbeiten, und evtl. Zusammenhangsbeziehungen zwischen ihnen auszunutzen. In /16/ wird das durch eine Sweeptechnik getan. Wieder bestehe die Szene aus Rechtecken senkrecht zur x-Achse. Ferner sei eine Menge zu verfolgender Strahlen gegeben. Die Frage sei wieder die Existenz eines Schnittpunkts. Durch die Szene wird nun eine zur x-Achse senkrechte Sweepebene bewegt, wobei außerhalb der Szene begonnen wird. Während des Sweeps schneidet die Ebene gewisse Strahlen. Deren Schnittpunkte mit der Sweepebene werden in einem dynamischen Range-Tree abgespeichert /13,S.43/.

Immer wenn ein Rechteck getroffen wird, wird mit diesem eine Bereichsanfrage im Range-Tree durchgeführt und die zu dem in ihm enthaltenen Schnittpunkten gehörenden Strahlen als schneidend zurückgegeben. Die interessanten Ereignisse während des Sweeps sind

(a) Anfangspunkte von Strahlen
(b) Schnittpunkte mit Rechtecken
(c) Schnittpunkte von Strahlen in deren Projektion in die x-z-Ebene
(d) Schnittpunkte von Strecken in deren Projektion in die x-y-Ebene.

Für Ereignisse vom Typ (c) und (d) verändert sich die y-Ordnung bzw. z-Ordnung von Punkten im Range-Tree, der dann entsprechend angepaßt werden muß. Insgesamt läßt sich folgendes zeigen:

<u>Satz 3.</u>
Gegeben sei eine Szene vom Typ wie in Satz 1, ferner eine Menge aus m Strahlen. Es gibt einen Space-Sweep-Algorithmus, der es mit Speicheraufwand $O(m \log m + n)$ ermöglicht, für jeden Strahl ein erstes getroffenes Rechteck (falls es eines gibt) mit Zeitaufwand $O((m+K) \log^2 m + n \log^2 m + I)$ zu bestimmen. K ist die Anzahl der Schnittpunkte der in die Koordinatenebenen projezierten Strahlen, I die Anzahl der gefundenen Strahl/Rechteckschnittpunkte.

Für $K = O(m^2)$ ist das worst-case Verhalten schlecht. Dieses kann durch Zerlegung auf $O(m\, n^{0.5} \log^2 m + I)$ verbessert werden. Der Aufwand pro Strahl ist dann $O(n^{0.5} \log^2 m)$. Bei einer in der Anzahl der Objekte polynomiellen Strahlanzahl ist das weniger als bei der Polygonbaummethode.

Bei der Bilderzeugung erfolgt die Abarbeitung der Strahlen generationsweise. Zunächst werden die Primärstrahlen von der Lichtquelle abgearbeitet. Die resultierenden Spiegel- und Brechungsstrahlen bilden die zweite Generation, die sich daraus ergebenden die dritte, usw.. Wird eine Generation zu groß, so können Teile in einem Keller zwischengespeichert und später weiterverarbeitet werden.

Eine derartige Strategie hat sich auch bei der Bilderzeugung auf vektoriellen Supercomputern als nützlich erwiesen /19/. Solche Rechner erlauben es, Vektoren aus Zahlen sehr schnell zu verknüpfen, indem die Einzeloperationen durch eine im Maschinentakt arbeitende Pipeline abgearbeitet werden. Die folgende Tabelle zeigt einige typische Befehle der Cyber 205 in Takten zu 20 nsec:

Befehl	Ausführungszeit (32 Bit)
A:=B+C	51 + N/(2*P)
A:=B*C	52 + N/(2*P)
A:=B/C	68 + N/(0.3*P)
A:= $B^{0.5}$	75 + N/0.8
A[I]:=B[IX[I]], I=1,...,n (gather)	75 + N/0.8
A[IX[I]]:=B[I], I=1,...,n (scatter)	69 + N/0.8
A:=compress(B,Z): die B[I], für die Z[I]=1, werden in A komprimiert	69 + N/(2*P)
A:=expand(B,Z): falls Z[I]=1, wird A[I] gleich dem nächsten Element von B gesetzt	73 + N/(2*P)
A:=min(B,C)	75 + N

N: Vektorlänge, maximal N = 64 K
P: Anzahl der Pipes (Vektorprozessoren, typisch: P=2)

Bei nichtnumerischen Aufgaben sind Vektorrechner dann besonders schnell, wenn eine gute sequentielle Datenstruktur quasi-parallel zur Beantwortung einer Vielzahl von Anfragen eingesetzt werden kann. So kann das zu Beginn von Abschnitt 2 geschilderte Gitterverfahren günstig auf einem Vektorrechner implementiert werden. Die Vorverabeitung in das reguläre Gitter ist vollständig vektoriell durch Vergleiche von Vektoren durchzuführen. Die Anfrage erfolgt nun für Bündel aus typischerweise 8 K Strahlen quasiparallel. Der Strahlengenerator wird für den Gesamtvektor jeweils um einen Schritt weitergeschaltet. Dann werden die Objekte in den Zellen in einen Vektor aufgesammelt. Dieses ist der zeitlich aufwendigste Schritt, da er weitgehend sequentiell abläuft. Mit diesem Vektor sowie dem Strahlvektor lassen sich voll vektoriell die Schnittpunkte ermitteln, sowie das Objekt, das zuerst geschnitten wird. Ebenfalls vektoriell ist die Farbberechnung mit der Beleuchtungsformel durchzuführen. Für Abb. 1 wurden 2.4 Mio. Strahlen verfolgt und 48 Mio. Schnittpunkttests ausgeführt. Die Zeit pro Strahl war 0.06 usec.

In letzter Zeit wird die Strahlverfolgung auch für Maschinenmodelle mit höherem Parallelitätsgrad diskutiert. In /5/ werden die Objekte auf in zwei- oder dreidimensionaler Gitterform angeordnete Prozessoren verteilt, durch die dann die Strahlen "geroutet" werden. Günstige Zerlegungsmöglichkeiten für diese Strategie werden in /7/ diskutiert.

In /8/ wird Raytracing zur Sichtbarkeitsberechnung in CSG-Szenen verwendet. Eine CSG-Szene (Constructive Solid Geometry) wird durch normalisierte Mengenoperationen gebildet, die auf Elementarkörper angewendet werden. Die entsprechende Formel muß für jeden Strahl mehrmals, abhängig von den in seinem Verlauf geschnittenen Elementen ausgewertet werden. Um das parallel zu tun, werden die Knoten des CSG-Baums, d.h. des Strukturbaums der Formel, auf die Prozessoren eines 2d-Gitters verteilt. Interessant dabei ist, wie der nicht unbedingt ausgeglichene Baum effizient in das Prozessornetz eingegebettet wird. Die Raytracemaschine in /2/ besteht aus 32-Bit-Prozessoren mit lokalem Speicher, die auf lokalen Bussen angeordnet sind. Diese wiederum setzen auf einem globalen Bus auf.

4. Große Szenen, bewegte Szenen, prozedurale Geodaten

Interessante Szenen liegen in der Größenordnung von einigen 100 000 Objekten, insbesondere wenn natürliche Erscheinungen modelliert werden. Solche Szenen können durch Hierarchiebildung kompakt dargestellt werden, sofern sie eine regelmäßige, Wiederholungen enthaltende Struktur aufweisen. Die andere Möglichkeit ist, Szenen durch einen sie generierenden Algorithmus festzulegen /12/. Problematisch an diesem prozeduralen Ansatz ist, das der Aufwand zur Ausführung dieses Algorithmus zum Aufwand der Bilderzeugung hinzukommt. Als Lösungsmöglichkeit bietet sich eine Expansion nach Bedarf an.

Der prozedurale Ansatz kann dann nicht mehr angewendet werden, wenn reale, durch Digitalisieren erfasste Daten verwendet werden sollen. Beispiele sind digitale Geländemodelle oder Bauwerke. Bei den anfallenden Datenmengen muß auf Sekundärspeichermedien ausgewichen werden /18/.

Neben stehenden Bildern gibt es noch bewegte Bilder, d.h. Filme von zeitlich sich verändernden Szenen. Für eine Sekunde Film sind etwa 25 Bilder notwendig. Um diese in realistischer Zeit generieren zu können, muß ebenfalls versucht werden, Kohärenz auszunutzen. Hier ist das insbesondere die zeitliche Kohärenz, die dann besonders stark ist, wenn sich von Bild zu Bild nur wenig ändert.

5. Schlußbemerkung

Das hier diskutierte Strahlverfolgungsverfahren liefert realistisch wirkende Computergraphik sehr hoher Qualität. Auf der anderen Seite gilt es als sehr aufwendig und wird daher in der Praxis, insbesondere in der Animation, nur ab und zu eingesetzt. Die vorgestellten Datenstrukturen zeigen, daß der Aufwand selbst im Worst-Case gegen den direkten Schnittest jedes Strahls mit jedem Objekt beträchtlich reduziert werden kann. Ferner haben die Untersuchungen zu leistungsfähigen Implementierungen geführt, die es sogar erlauben, Raytracing in der Animation einzusetzen.

Literatur

/1/ Abramowski, S., Müller, H., 1-d queries in 3-d space, Bericht 11/85, Fakultät für Informatik, Uni. Karlsruhe, 1985

/2/ R. Brusq, Synthese d'images par lancer de rayon (ray-tracing): la machine CRISTAL - resultats et perspectives, 2. colloque image, Nice, Avril 1986, 404-410

/3/ Chazelle, B., Guibas, L., Lee, D.T., The power of geometric duality, IEEE FOCS, 1983, 217-225

/4/ Chazelle, B., Filtering Search - A new approach to query-answering, IEEE FOCS, 1983, 122-132

/5/ Cleary, J.G., Wyrill, B.M., Birtwistle, G.M., Vatti, R., Multiprocessor Raytracing, Computer Graphics Forum 5 (1986) 3-12

/6/ Devai, F., Quadratic Bounds for Hidden Line Elimination, Proc. 2. ACM Symp. on Comput. Geom., Yorktown Heights, 1986, 269-275

/7/ Dippe, M., Swensen, J., An adaptive subdivision algorithm and parallel architecture for realistic image synthesis, Computer Graphics 18 (1984) 149-158

/8/ Dew, P.M., Dodsworth, J., Morris, D.T., Systolic Array Architectures for High Performance CAD/CAM workstations, in: Fundamental Algorithms for Computer Graphics, Springer-Verlag, Berlin, 1985, 659-694

/9/ Edelsbrunner, H., Welzl, E., Halfplanar range search in linear space and $O(n^{0.695})$ query time, Bericht F111, IfIP, TU Graz, März 1983

/10/ Foley, J.D., van Dam, A., Fundamentals of Interactive Computer Graphics, Addison-Wesley Publ. Comp., Reading, Mass., 1982

/11/ Haussler, D., Welzl, E., Epsilon-Nets and Simplex Range Queries, 2. ACM Symposium on Computational Geometry, Yorktown Heights, 1986, 61-71

/12/ Kajiya, J.T., New techniques for ray tracing procedurally defined objects, Computer Graphics 17 (1983) 91-102

/13/ Mehlhorn, K., Data structures and algorithms 3, Springer-Verlag, Berlin, 1985

/14/ Müller, H., Schmitt, A., Abramowski, S., Visible Surface Calculation for Complex Unstructured Polygonal Scenes, Computing 35 (1985) 231-246

/15/ Müller,H., Erzeugung realistisch wirkender Computergrafik durch Strahlverfolgung, Angewandte Informatik 4/86, 1986, 151-156

/16/ Müller, H., Image Generation by Space Sweep, erscheint in Computer Graphics Forum 5 (1986)

/17/ Müller, H., Image Generation by Raytracing in Balanced Spatial Subdivisions, Bericht 7/86, Fakultät für Informatik, Uni. Karlsruhe, 1986

/18/ Müller, H., Hagen, H., Beschleunigung der Bilderzeugung für Freiformflächen durch Speichereinsatz, Proc. AUSTROGRAPHICS, Verlag R. Oldenbourg, Wien, 1986

/19/ Müller, H., Christmann, A., Erzeugung realistisch wirkender Computergraphik auf vektoriellen Supercomputern, Manuskript

/20/ Nurmi, O., A Fast Line-Sweep Algorithm for Hidden Line Elimination, BIT 25 (1985) 466-482

/21/ Roth, S.D., Ray-Casting for Modeling Solids, Computer Graphics and Image Processing 18 (1982) 109-144

/22/ Schmitt, A., Time and space bounds for hidden line and hidden surface algorithms, Proc. Eurographics'81, North Holland Publ. Comp., 1981, 43-56

/23/ Willard, D.E., Polygon retrieval, SIAM J. Comput. 11 (1982) 149-165

Zur Praxis der Erfassung, Verarbeitung und Darstellung kartographischer Daten

Manfred Müller
Landesanstalt für Umweltschutz Baden-Württemberg

Wolf-Dieter Rase
Bundesforschungsanstalt für Landeskunde und Raumordnung

1. Einleitung

Bereits vor über 10 Jahren entstand in den Verwaltungen von Bund, Ländern und Kommunen der Wunsch nach automatisierter Bearbeitung ihrer vielfältig anfallenden Daten in geographisch-räumlichen Bezugssystemen.

Der Aufgabenbereich erstreckt sich von der Erfassung und Fortführung von administrativen und thematischen Kartenwerken bis hin zur statistischen Auswertung und variablen Darstellung der enthaltenen Sachinformationen. Vor allem die aus dem Planungsvollzug resultierenden Aufgaben erfordern zusätzliche Funktionen der Überlagerung von thematischen Kartenwerken und Verknüpfung der zugeordneten Sachinformationen.

Im einzelnen sollen folgende Sachgebiete mit den bestehenden Instrumentarien abgedeckt bzw. unterstützt werden:

- kommunale und regionale Planung und Statistik
- topographische und thematische Kartographie
- Katasterwesen
- Naturschutz und Landschaftsplanung
- Land- und Forstwirtschaft
- Verkehrswesen.

2. Konzept eines geographischen Informationssystems

2.1 Anforderungen

Die unterschiedlichen, nicht vorhersehbaren Ansprüche der potentiellen Nutzer an Inhalt, Genauigkeit und Umfang der Auswertungen, machen ein Systemkonzept erforderlich, das

- modular erweiterbar,
- offen, d.h. mit klar definierten Schnittstellen versehen,
- portabel, d.h. weitgehend hardwareunabhängig,
- benutzerfreundlich, problemorientiert und v.a.
- maßstabsunabhängig

ist.

Sowohl die Integration weiterer Bausteine zur Beantwortung neuer Fragestellungen als auch die Ankopplung an bestehende andere Informationssysteme für zusätzliche Datenerschließung sollte möglich sein.

Insbesondere die zunehmend zu erwartenden Möglichkeiten der Operationnalisierung von Verfahren des Planungsvollzugs lassen den sukzessiven Aufbau einer "Methodenbank" sinnvoll erscheinen.

Bedingt durch die einfache Speicherstruktur von rasterorientierten Daten ist sowohl in der Methodenentwicklung als auch im Hardware-unterstützten Erfassungs- und Darstellungsbereich mit einem Trend zugunsten von Rasterverfahren zu rechnen.

Eine Einbindung von Vektor- und Rasterdaten ist durch entsprechende Konvertierungsroutinen formal erreichbar, allerdings muß der Anwender auf die damit verbundenen logischen und geometrischen Informationsverluste hingewiesen werden.

2.2 Realisierungsrahmen

Abb. 1 zeigt das Organisationsschema eines geografischen Informationssystems mit den Möglichkeiten der Bearbeitung verschiedener Sachgebiete.

Die jeweiligen Themenbereiche sind dabei als unabhängige Schichten im System zu erfassen, und bei Bedarf miteinander zu kombinieren.

Einzelne Verarbeitungsfunktionen können vom Benutzer über Menue- oder Parametersteuerung als ausführbare Programmodule aufgerufen werden; nach dem Aufbau einer konsistenten geografischen Speicherstruktur (Flächendatenbank) sind die Funktionen weitgehend unabhängig voneinander ausführbar.

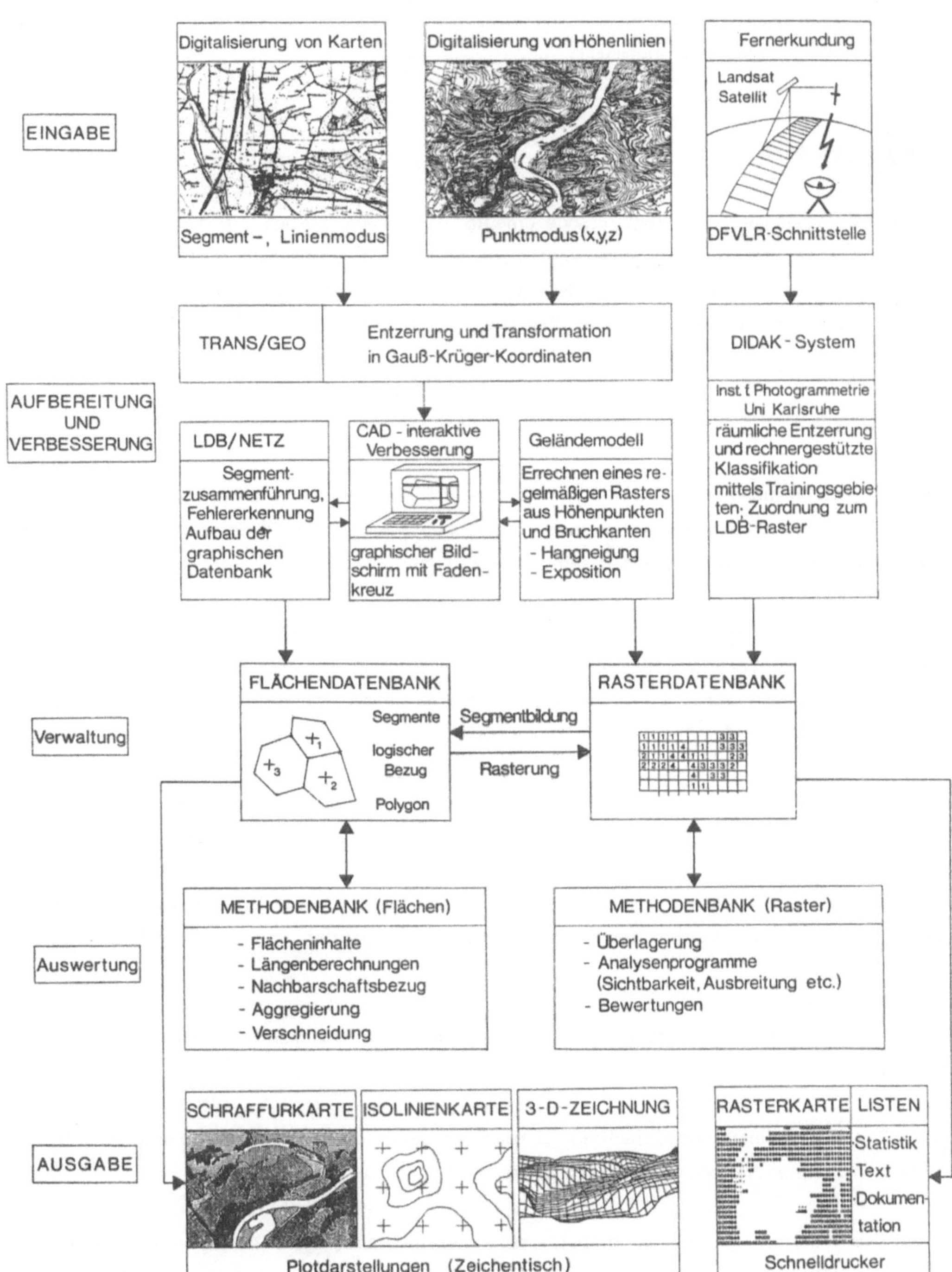

Abb. 1 Organisationsschema eines geografischen Informationssystems

In Tab. 1 sind bereits realisierte Module mit ihren Aufgaben aufgelistet. Für die Implementierung sind die folgenden Richtwerte angesetzt:

Genauigkeit, Maßstab

Die Darstellungsgenauigkeit liegt standardmäßig bei einem Meter; für Fragestellungen die Vermessungsstatus besitzen, ist eine Zentimetergenauigkeit erreichbar. Aufgrund des breiten Anwendungsspektrums müssen Maßstäbe von 1 : 1 Mio bis 1 : 2 500 abgedeckt werden; dies entspricht Kartengrößen von DIN A 5 bis über einen Meter.

Fallzahlen

Physische Speichereinheit (Datei) ist ein Kartenblatt. Darin können z.Zt. bis zu max. 10 000 Flächenobjekte enthalten sein, wobei jede Fläche sich aus max. 3.000 Segmenten (Kanten) mit jeweils max. 3.000 Zwischenpunkten zusammensetzen kann.

Durchschnittliche Kartenblätter aus thematischen Anwendungen enthalten ca. 300-500 Flächen mit insgesamt 1.000-2.000 Segmenten und einer Menge um ca. 50-80.000 Punkte. Bei Abspeicherung der Koordinaten als 2 x 4-Byte-Werte liegt der Speicherplatzbedarf je Karte für die Rohdaten im Mittel der Anwendungen bei ca. 0,5 MB.

3. Datenstruktur

Die geographischen Objekte einer Karte werden in einer über Verweise organisierten Struktur abgespeichert. Physisch werden hierzu index-sequentielle Dateien mit variabler Satzlänge benutzt.

Entsprechend den Hauptanwendungsbereichen wurden Flächen als zentrale Objekte eingehender behandelt.

In Abb. 2 sind in einem vereinfachten Übersichtsschema die Beziehungen zwischen Flächen (Maschen) und den enthaltenen Segmenten aufgezeigt.

Um die Koordinaten von Flächengrenzen redundanzfrei abzulegen, ist es erforderlich, eine gemeinsame Grenzlinie (Segment) für zwei benachbarte Flächen als separates Element zu behandeln.

Tabelle 1: Programm-System LDB

Bereich	Modulname	Aufgabe
EINGABE PRÜFUNG und VERBES-SERUNG	CAD	Punkt, Linien oder Flächendigitalisierung über grafischen Bildschirm und Digitizer; interaktive Verbesserung
	NETZ	Plausibilitätsprüfung, Beseitigung von Doppellinien und Toleranzfehlern; Aufteilen von durchgehenden Linien in Segmente
	SEGMA	Eingabe von Rasterdaten in die Flächendatenbank; Schnittstelle für Satellitenbilddaten und automatische Digitalisierung durch Scanner
TRANS-FORMATION	GEO/TRANS	Entzerrung, Beseitigung von Blattverzug; Projektion von GAUSS-KRÜGER in geografische Koordinaten und umgekehrt; automatische Eckenberechnung von Standardkarten (Grundkarten, Meßtischblätter)
	RING	Bildung von Flächen aus Grenzsegmenten; Aufbau der Flächendatenbank
	KLASSE	Aggregation von Einzelflächen in Merkmalsklassen; Beseitigung ursprünglicher Grenzverläufe
	ZONE	Erzeugung von Abstandsflächen um Linien und Flächen mit wählbarem Zonenradius
	MOSAIK	flächenscharfe Verschneidung von 2 Karten aus der Flächendatenbank (Überlagerung)
	DGM	Berechnung eines Digitalen Geländemodells aus Höhepunkten und -linien mit Bruchkanten
	RASTER	Aufrasterung von Flächen und Linien
AUSWERTUNG und DARSTEL-LUNG	IMGRID/MAP	Bearbeitung von Rasterdaten im Dialog
	ANALYS	flächenscharfe Analyse von Karten; Nachbarschaftsabfragen; Bewertungsmethoden
	REPORT	Bearbeitung der Flächencharakteristika; Ausgabe einer Flächen-Linienstatistik
	KARTE	Erstellung einer mehrfarbigen Schraffur- und Symbolkarte mit Legende
	CONTUR	Ermittlung von Isolinien; zweidimensionale Flächendarstellung
	PICTUR	dreidimensionale Darstellung von Flächen

Abb. 2 Beziehungen zwischen Flächen (Maschen) und den enthaltenen Segmenten

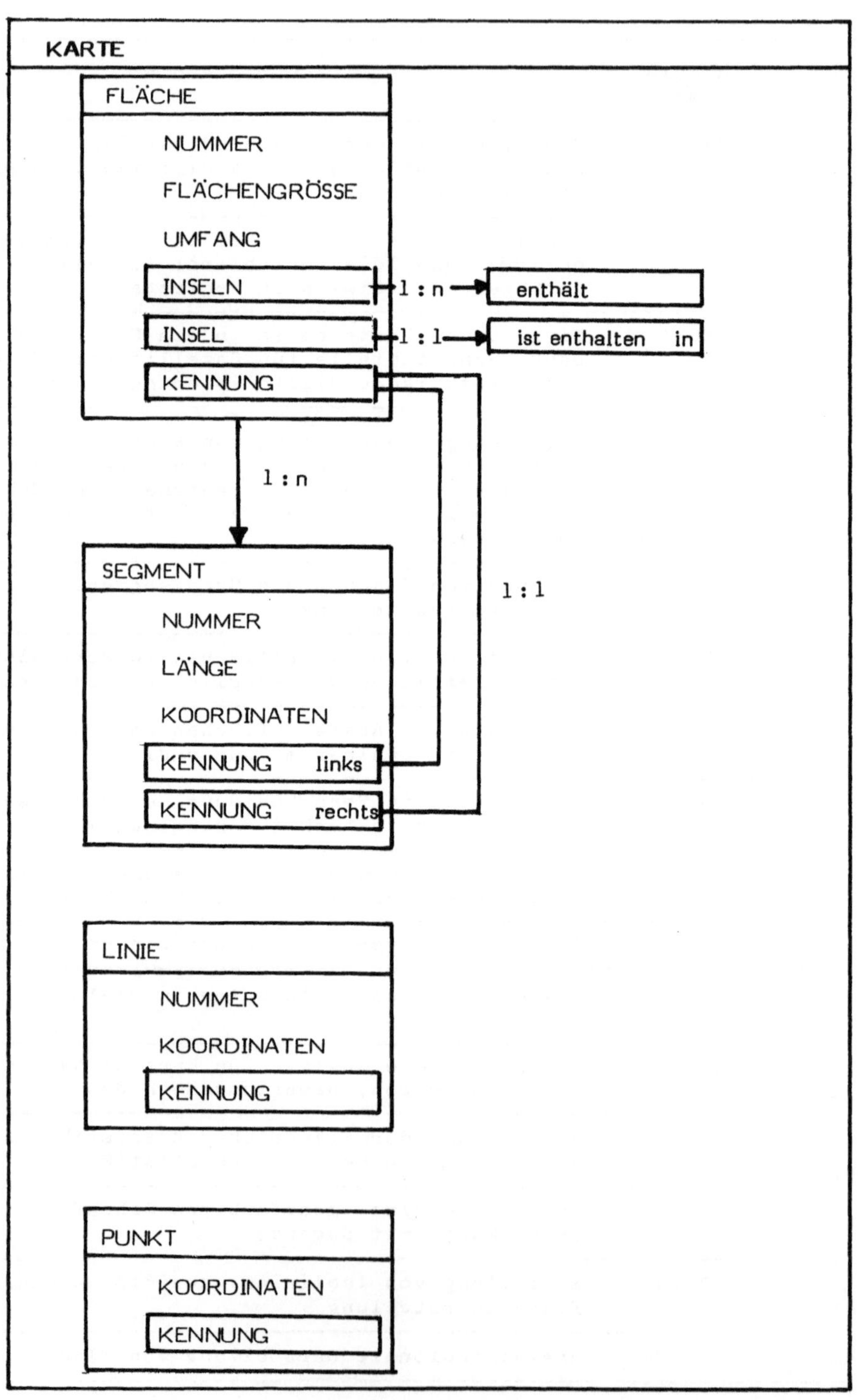

Für jede Fläche wird eine Schlüsselliste der zugehörigen Segmente gebildet; die Koordinaten der Grenzpunkte sind bei den jeweiligen Segmenten abgelegt.

Wichtig für eine komplette Flächentopologie ist die Beschreibung von Inseln in beliebigen Hierarchiestufen ("Insel in Insel ..."). Dies wird durch Verweislisten auf die jeweils nächstuntere Inselschicht organisiert; eine komplette Abbildung erhält man durch iterative Abarbeitung aller abhängigen Inselverweise.

Redundant sind jeweils auch Aufwärtszeiger für umschließende Flächen bei Inseln und, für die Segmente die Flächenkennungen der rechten bzw. linken Fläche mitabgelegt. Dies ergibt bei einigen geometrischen Operationen eine wesentliche Verkürzung der Ausführzeiten.

Von einer Behandlung der Zwischenpunkte der Segmente in eine elementare Dateneinheit, wie dies z.B. für reine Vermessungsaufgaben sinnvoll wäre, wurde aus Gründen derPerformance abgesehen.

Ebenso bestand bislang kein Bedarf eines Aufbaus weiterer Beziehungen zwischen Punkten, Linien und Flächen zu einem topologisch vollständigen Datenschema. Grundsätzlich stellt sich bei den, starken Fortschreibungsänderungen unterworfener Daten die Frage nach einem sinnvollen Kompromiß zwischen dem Aufwand für eine ständig zu aktualisierende Topologie einerseits und dem Nutzen der sich für ad-hoc Abfragen auf der Benutzerseite ergibt.

Für nicht vorhersehbare Operationen zwischen thematischen Datenschichten stehen generell nur algorithmische Lösungen der Behandlung geometrischer Beziehungen während der Laufzeit zur Verfügung.

Beispielsweise erscheint es zweckmäßig, den Verlauf eines Flusses zum Zwecke der Zeichnungserstellung erst im Bedarfsfalle auf Überlagerung und Verdeckung z.B. mit einer Gemeindegrenze zu überprüfen.

4. Entwickelte Teilbereiche

Im Gesamtkonzept sind folgende Problembereiche mit definierten Schnittstellen als Teilmodule abgrenzbar:

- interaktive Datenerfassung und Korrektur,
- Transformation von Daten aus anderen Informationsquellen,
- Plausibilitätsprüfung und Erstellung einer konststenten Datenbasis (Maschenbildung),
- Aufbau einer "Methodenbank" für geometrische und allgemein verwendbare Anwendungsfunktionen,

- Integration und Auswertung von geographischen und objektbezogenen Daten über eine einheitliche Benutzerschale (Abfragesprache),
- Variable kartographische Darstellung als Chorophletenkarte (Farbstufenkarte) auf der Basis des Grafischen Kernsystems (GKS).

Beispielhaft sollen nachfolgend für die Datenerfassung und die Maschenbildung bestehende Lösungsansätze analysiert und Verbesserungsvorschläge gemacht werden.

4.1 Problembereich Datenerfassung

4.1.1 Aufgabenstellung

Geographische Objekte werden durch Erfassung ihrer Lage an diskretisierten Punkten digitalisiert. Sind Kurven dargestellt, so müssen diese durch Geradenstücke approximiert werden.

Dies geschieht i.a. durch manuelle Abtastung von x-y-Koordinaten auf einem hochauflösenden Erfassungstablett bei gleichzeitiger Sichtkontrolle am grafischen Bildschirm.

Vor allem die Flächendigitalisierung ist sehr aufwendig, da vom Benutzer gemeinsame Segmente einer Fläche erkannt und Endpunkte durch Steuercodes markiert werden müssen.

Folgende Fehlersituationen treten häufig auf:

- Nichtsetzung des Ende-Codes,
- überlappende Linien,
- zu kurze Linien,
- doppelte Linien,
- Toleranzen bei Bildung von Schnittpunkten.

Die Fehler sollen beseitigt werden, nach der Bereinigung soll ein konsistentes Liniennetz aus Segmenten mit numerisch abgeglichenen Anfangs- und Endkoordinaten aufgebaut werden.

4.1.2 Lösungsansatz

Alle Linien werden miteinander sowie mit sich selbst geschnitten, die gefundenen Schnittpunkte werden als Anfangs- bzw. Endpunkte der neugebildeten Segmente eingetragen. Zur Optimierung der Suche nach potentiellen Kandidaten einer Verschneidung wird um jede Linie ein minimales achsenparalleles Rechteck gebildet. Das Rechteck wird in jeder Richtung um einen Toleranzbetrag (anwendungs- bzw. maßstabsbezogen) vergrößert, um Näherungsfehler erfassen zu können. Falls sich zwei Rechtecke überlagern, werden die jeweiligen Geradenstücke nur im Verschnittbereich überprüft.

4.1.3 Diskussion des Verfahrens und Vorschläge zu seiner Weiterentwicklung

Das Verfahren arbeitet für kleinere Datenmengen zufriedenstellend; größere Datenbestände erfordern überproportionalen Zeiteinsatz. Zwar wird ein exponentielles Anwachsen der Laufzeit auf einen - hauptspeicherorientierten - Vergleich von Rechtecken beschränkt, dennoch ergeben sich organisationsbedingte Grenzen beim Aufbau größerer Datenbestände.

Sinnvoll erscheint ein räumlich begrenzt arbeitendes Verfahren, das zusätzlich die Problematik von Randeffekten beim Anschluß benachbarter Kartenblätter abdeckt.

Ein inzwischen bei / 2 / entwickeltes Modell, basierend auf einem Sweepline-Algorithmus / 3 / erzielt auch für große Datenmenge ein verbessertes Zeitverhalten bei geringem Hauptspeicherbedarf.

Probleme ergeben sich allerdings bei der Erkennung von Doppellinien (z.B. Straßen, Flüsse, aber auch Fehler in Form von Doppelerfassungen), da die erforderliche Zerlegung von Segmenten in einzelne Geradenstücke mit dem Verlust an topologischer Information verbunden ist.

4.2 Aufbau einer Flächentopologie

4.2.1 Aufgabenstellung

Über den in 4.1 beschriebenen Erfassungsweg, durch Vektorisierung von Rasterdaten oder durch Verschneidung mehrerer Flächennetze wird ein aus einzelnen Segmenten bestehendes planares Flächennetz erstellt.

Die Segmente sind an Anfangs- und Endpunkten numerisch exakt auf Vorgänger- bzw. Nachfolgerelemente abgeglichen.

Gesucht wird eine Liste von Verweisen auf die Menge von Linien die ein geschlossenes Polygon (Masche) im Liniennetz definieren.

Die Maschendefinition soll bestehen aus einer Kennung, der Anzahl sowie Nummern und Laufrichtung der Segmente.

Die Kennung einer Masche kann entweder aus der topologischen Kennung der Segmente (Links-Rechts-Information) abgeleitet, oder durch die Kennung eines innerhalb einer Masche gelegenen Punktes bestimmt werden.

4.2.2 Lösungsansatz

Für alle vorliegenden Segmente wird im Hauptspeicher eine nach X-Werten sortierte Liste der Anfangs- bzw. Endkoordinaten aufgebaut.

Beginnend bei einem beliebigen Segment wird mit Laufrichtung im Uhrzeigersinn nach dem Kriterium des kürzesten Differenzwinkels eine Liste von Schlüsseln nachfolgender Segmente aufgebaut. Die ein- bzw. zweimalige Benutzung eines Segments wird als Vermerk mitgeführt.

In der Fehlerbehandlung ist vorgesehen:

- kein Nachfolgesegment gefunden,
- Maschenzyklus endet nicht beim ersten Segment sondern an anderer Stelle des Zyklus (Winkelbestimmungsfehler),
- Segment wurde nicht benutzt.

Nach der Bildung konstistenter Maschen wird über einen "Punkt-im-Polygon" -Vergleich die Kennung des Punktes auf die Fläche übertragen. Werden mehrere Punkte in einer Masche gefunden, so erfolgt eine Prüfung auf eingeschlossene Polygone. Über eine Sortierung der Polygone, entsprechend ihrer Flächengröße, werden die Hierarchiestufen von Inseln bestimmt und eine Nettoflächenberechnung effizienter durchgeführt.

4.2.3 Diskussion des Verfahrens und Vorschläge für weitere Entwicklungen

Das o.a. Verfahren ist zur Weiterverarbeitung digitalisierter Segmente grundsätzlich geeignet und arbeitet relativ fehlertolerant.

Nicht effizient gelöst beim Verfahren ist die Behandlung gravierender Geometriefehler: nach einer vorgenommenen Korrektur erfolgt kein "Aufsetzen" der Maschenbildung an der Abbruchstelle, sondern ein Neustart mit entsprechendem Zeitverlust muß in Kauf genommen.

Als Verbesserung wären Algorithmen mit lokal begrenzter Einsetzbarkeit im Liniennetz wünschenswert. Z.T. unbefriedigend verhält sich der Lösungsansatz bei Flächennetzen die durch Überlagerung von Geometrien entstanden sind. In Wirklichkeit identische Linien, die aufgrund von Erfassungstoleranzen unterschiedlich dargestellt sind, sollten identifiziert und auf einmaliges Vorkommen reduziert werden.

5. Schlußbemerkung

Im Gegensatz zu Software-Projekten die in einer abgegrenzten Entwurfs- und Entwicklungsumgebung realisiert werden können, sind bei produzierenden Systemen Interaktionen zwischen laufendem Betrieb und Weiterentwicklung praktisch unvermeidbar. Damit werden in theoretischen Realisierungen ausklammerbare Randbedingungen für starkgenutzte Systeme zu elementaren Zwangspunkten sowohl im zeitlichen als auch inhaltlichen Rahmen.

Da der Bedarf und damit die Grundlage einer Fortschreibung des Systems sehr stark vom Endbenutzer abhängt, muß der Versuch unternommen werden, geplante Einzelvorhaben mit z.T. stärkerem Eigengewicht über laufende Feinanalysen an das Gesamtkonzept anzubinden.

Ein vollständiger Neuentwurf ist mit starken Einschränkungen versehen und muß fast immer eine "aufwärtskompatible" Daten- und Funktionsstruktur zulassen.

Besondere Probleme bereiten - wie in allen anderen Bereichen, die sich mit der Abbildung der realen Welt befassen - auch in der Kartographie, die nicht standardisierbaren Teilaspekte bzw. Sonderfälle und Fehlermöglichkeiten.

Vor allem für die Zeit- und Aufwandsplanung muß bei Versuchen einer vollständigen Modellbildung mit einem mehrfachen Ansatz gegenüber abstrahierten Lösungen gerechnet werden.

6. Literaturverzeichnis

/1/ **M. Müller, A. Ulrich**

"Benutzerhandbuch zum Programmsystem Landschaftsdatenbank"; 2. Auflage, Landesanstalt für Umweltschutz Baden-Württemberg, Juli 85

/2/ **R. Hettler**

"Konzeptueller Entwurf zur räumlichen Verschneidung und automatischen Fehlerkorrektur von Geometriedaten mit anschließendem Aufbau konsistenter, geometrischer Datenstrukturen"; Studienarbeit am Institut für Angewandte Informatik und formale Beschreibungsverfahen Universität Karlsruhe (TH), Aug. 85

/3/ **J.L. Bentley, T.A. Ottmann**

"Algorithms for Reporting and Counting geometric intersections"; in IEEE Transactions on computers, vol. c-28, pp 643-647, Sept. 79

Hintergrundspeicherstrukturen für ausgedehnte Objekte

Hans–Werner Six

Fernuniversität Hagen
Postfach 940
5800 Hagen

Peter Widmayer

Universität Karlsruhe
Postfach 6980
7500 Karlsruhe

Zusammenfassung

Wir stellen ein allgemeines Prinzip vor, das es erlaubt, aus Hintergrundspeicherstrukturen zur Verwaltung von Punkten solche zur Verwaltung ausgedehnter Objekte zu generieren. Die Vorzüge der gewählten Punktdatenstrukturen, wie z.B. effiziente Retrieval– und Update–Operationen, Anpassung an variierende Verteilungen der Objekte und hohe Speicherplatzausnutzung, bleiben in vollem Umfang erhalten. In einem Praxistest mit kartographischen Daten, bei dem ein Gridfile als Punktdatenstruktur eingesetzt wurde, hat sich das Prinzip hervorragend bewährt.

1. Einführung

In den letzten Jahren sind die Ansprüche der Anwender an Informatik–Methoden im Bereich der Geodatenverarbeitung beträchtlich gestiegen. Trotz aller Anstrengungen hat die Informatik wesentliche Probleme im geowissenschaftlichen und CAD–Bereich und auch beim VLSI–Design bisher noch nicht zufriedenstellend gelöst. Eines dieser Probleme ist die Verwaltung großer Mengen geometrischer Objekte mit räumlicher Ausdehnung auf Hintergrundspeichern, wobei vor allem Bereichsanfragen (range queries) effizient unterstützt werden müssen. Bereichsanfragen, die nicht notwendig orthogonal sind, selektieren Teilmengen der Daten, damit sie manipuliert, ausgewertet oder auf dem Bildschirm präsentiert werden können. Außerdem ist in vielen Anwendungen die Menge der Objekte Änderungen unterworfen; insbesondere müssen neue Objekte aufgenommen und überflüssige entfernt werden.

Datenstrukturen für Geodaten auf Hintergrundspeichern teilen üblicherweise den Datenraum ein in Teilräume, denen jeweils Datenseiten entsprechen; d.h., Objekte eines Teilraums werden in der entsprechenden Datenseite abgelegt. (Aus den weiteren Betrachtungen schließen wir Ansätze aus, die mit einer regelmäßigen Einteilung des Raumes in Teilräume arbeiten, da sie weder auf die Verteilung der Objekte im Raum noch auf die Veränderung der Menge der Objekte im Verlauf der Zeit angemessen reagieren können.)

Für Objekte ohne räumliche Ausdehnung, also Punkte, sind bereits verschiedene Hintergrundspeicherstrukturen vorgeschlagen worden (z.B. Robinson 1981, Tamminen 1982, Burkhard 1983, Nievergelt 1984, Kriegel 1986). Über Strukturen zur Verwaltung ausgedehnter Objekte (Linien, Gebiete) ist vergleichsweise wenig bekannt. In der Literatur vorgestellte Ansätze approximieren ausgedehnte Objekte beliebiger Form meist durch kleinste umschließende mehrdimensionale Intervalle (bounding–box–Methode).

Einige Verfahren interpretieren die k–dimensionalen Intervalle als Punkte im $2k$–dimensionalen Raum, um Datenstrukturen, die zur Manipulation von Punkten geeignet sind, kanonisch nutzen zu können. Dieses Vorgehen hat den prinzipiellen Nachteil, daß räumlich nah beieinanderliegende k–dimensionale Intervalle als $2k$–dimensionale Punkte beliebig weit voneinander entfernt sein können. Eine Bereichsanfrage auf den Intervallen kann dadurch zu einer höchst ineffizienten Operation auf den Punkten werden. Eine Realisierung dieser Idee mit Hilfe des Gridfiles ist von Hinrichs vorgenommen worden (Hinrichs 1985).

In anderen Verfahren werden die Intervalle in ihrer ursprünglichen Bedeutung als ausgedehnte Objekte abgespeichert. Teilt man den Raum in paarweise disjunkte Teilräume auf, so fallen Intervalle nicht notwendig ganz in einen Teilraum, sondern haben mit mehreren Teilräumen einen nichtleeren Durchschnitt. Informationen über ein Intervall werden in allen Datenseiten abgespeichert, deren zugehörige Teilräume von ihm geschnitten werden (clipping). Als mehrfach abzuspeichernde Information können komplette Objektbeschreibungen (inklusive nicht–geometrischer Attribute) oder Teile von Objektbeschreibungen mit Verweisen auf die restliche Beschreibung gewählt werden. Bei der Mehrfachabspeicherung von Objektbeschreibungen werden zusätzliche Datenseiten benötigt, was zusätzliche Teilräume impliziert, also zu einer feineren Zerlegung des Datenraumes führt. Je feiner aber die Zerlegung ist, desto mehr Objekte müssen geclippt werden; mehr clipping führt jedoch wieder zu einer feineren Zerlegung — eine unkontrollierbare Spirale. Daraus ergeben sich nicht nur Konsistenz- und Speicherplatzprobleme, sondern auch eine drastische Verschlechterung der Zeitkomplexität. Beim Einfügen, Entfernen und Ändern eines Objektes sind viele Datenseiten betroffen. Bei Bereichsanfragen müssen ebenfalls viele Datenseiten inspiziert werden, da Objekte mehrfach berichtet werden.

Speichert man anstelle der kompletten Beschreibungen nur Teile der Beschreibungen mehrfach ab, so nehmen das Datenvolumen und die Feinheit der Datenraumzerlegung in geringerem Maße zu, aber die prinzipiellen Probleme bleiben. Werden sehr wenige Informationen mehrfach abgespeichert, so sind für die typischen Operationen zusätzliche Zugriffe auf Datenseiten erforderlich, weil zum Zugriff auf die restlichen Beschreibungen Verweisen gefolgt werden muß. Handelt es sich bei den Objekten nicht um k–dimensionale Intervalle, sondern um Gebiete mit langer geometrischer Beschreibung (etwa Polygone mit vielen Kanten), so kann man sowohl die Probleme des mehrfachen Abspeicherns von Information als auch die der zusätzlichen Zugriffe verringern, indem man die geometrische Beschreibung den Teilraumgrenzen entsprechend zerlegt und auf die zugehörigen Datenseiten verteilt. Dafür müssen aber bei Operationen, die ganze Objekte betreffen, Beschreibungen stets mit großem Aufwand zerlegt oder zusammengesetzt werden (etwa beim Einfügen und Suchen).

Dürfen sich die Teilräume dagegen überlappen, können sie so gewählt werden, daß jedes Intervall ganz in einem Teilraum liegt, also überhaupt kein clipping auftritt. Die Konsequenz ist, daß nun ein Intervall in mehr als einem Teilraum ganz enthalten sein kann. In R–trees (Guttman 1984) wird ein Intervall nur einem dieser Teilräume zugeordnet, d.h. nur einmal abgespeichert. Da nicht nachgehalten wird, welchem Teilraum das Intervall zugeordnet ist, müssen bei einer Suchoperation alle Datenseiten inspiziert werden, in deren zugehörigen Teilräumen das gesuchte Intervall enthalten ist. Der Vorteil, clipping–Probleme ganz zu vermeiden, rechtfertigt nur in den wenigsten Fällen diesen beträchtlichen Suchaufwand.

Zusammenfassend halten wir fest: keine der bekannten Methoden kann clipping vollständig vermeiden, ohne dafür gravierende andere Nachteile in Kauf zu nehmen. Ein naheliegendes Vorgehen wäre nun, einen Kompromiß zu suchen, bei dem clipping in begrenztem Umfang zugelassen wird, um die Nachteile sowohl der clipping– als auch der clipping–freien Ansätze klein zu halten. Aus der Sicht der Anwendungen wäre es bei diesem Vorgehen sinnvoll, wenn gerade solche Objekte geclippt würden, die als Ganzes nur bei wenigen Operationen betroffen sind. Typischerweise müssen von großen Objekten meist nur Teile als Antwort auf eine Bereichsanfrage geliefert werden. Will man etwa die Gegend um den Kaiserstuhl als Ausschnitt einer Karte Baden–Württembergs betrachten, so wird nur ein kleiner Teil des Rheins gezeigt werden. Da in vielen Anwendungen (Kartographie, Teilprobleme beim VLSI–Design und CAD) mehr Bereichsanfragen und lokale Änderungen als Einfügungen und Entfernungen ganzer Objekte vorkommen, ist es also wichtig, daß von unumgänglichen Clip–Operationen höchstens große Objekte betroffen sind und kleine Objekte nicht geclippt werden.

Wir stellen im folgenden Abschnitt eine Methode vor, die diesen Anforderungen genügt. Diese Methode folgt einem allgemeinen Prinzip, das es erlaubt, aus Punkt–Datenstrukturen solche für ausgedehnte Objekte abzuleiten. Abschnitt 3 enthält eine detaillierte Beschreibung unter Verwendung des Gridfiles als Punktdatenstruktur. Ein Leistungsvergleich dieser Methode mit einer clipping–Variante anhand realer kartographischer Daten folgt in Abschnitt 4.

2. Das Mehrschichtenprinzip für Punktdatenstrukturen

Am Beispiel von Rechtecken in der Ebene, also 2–dimensionalen Intervallen, illustrieren wir nun das Mehrschichtenprinzip für Punktdatenstrukturen; später wird klar werden, wie dieses Prinzip Strukturen für k–dimensionale Intervalle mit $k > 2$ abzuleiten gestattet. Wir betrachten die in Figur 1 gezeigte Menge von Rechtecken, die in einem Gridfile G_1 abgelegt sind. Eine Datenseite des Gridfiles kann bis zu drei Rechtecke aufnehmen. Figur 1 zeigt eine mögliche Zerlegung des Datenraumes.

Probleme bereitet das gestrichelt gezeichnete Rechteck r, da es nicht eindeutig

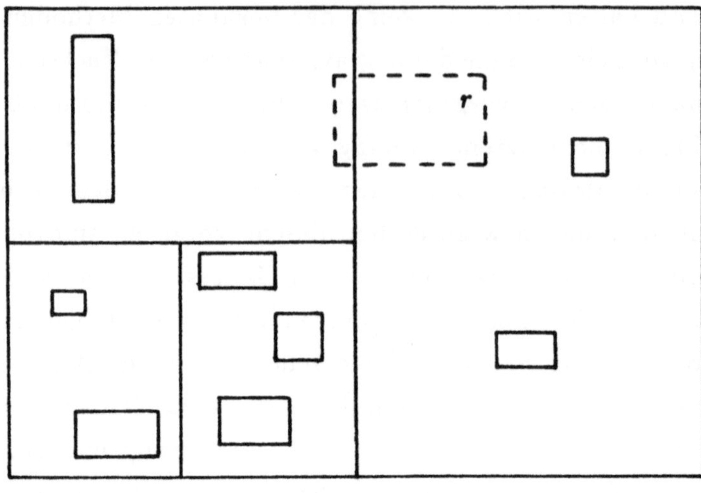

Figur 1

einem Teilraum zugeordnet werden kann. Um clipping zu vermeiden, legen wir r nicht in diesem, sondern in einem weiteren Gridfile G_2 ab. Dasselbe wird mit allen Rechtecken gemacht, die auf Teilraumgrenzen in G_1 fallen. Um auch in G_2 Rechtecke möglichst nicht zu clippen, wird eine überlaufende Datenseite so aufgeteilt, daß die neue Splitlinie möglichst großen Abstand zu existierenden Splitlinien (in beiden Gridfiles) besitzt.

Fällt ein Rechteck auch in G_2 auf eine Teilraumgrenze, so wird es in einem dritten Gridfile G_3 abgelegt. Allgemein wird eine neue Splitlinie in G_i ($i = 1, 2, 3$) stets so gewählt, daß sie einen möglichst großen Abstand zu existierenden Splitlinien in G_j ($j = 1, 2, 3$) besitzt.

Figur 2 zeigt drei mögliche Zerlegungen des Datenraums durch drei Gridfiles. Wir erhalten also eine Aufteilung des Datenraums in überlappende Teilräume durch das Überlagern dreier Gridfiles, von denen G_1 als unterste und G_3 als oberste Schicht anzusehen ist.

Solange die durchschnittliche Rechteckgröße einer Schicht relativ klein gegenüber der durchschnittlichen Teilraumgröße ist, werden nur relativ wenige Rechtecke durch Teilraumgrenzen auf die nächsthöhere Schicht abgedrängt. Besitzt das

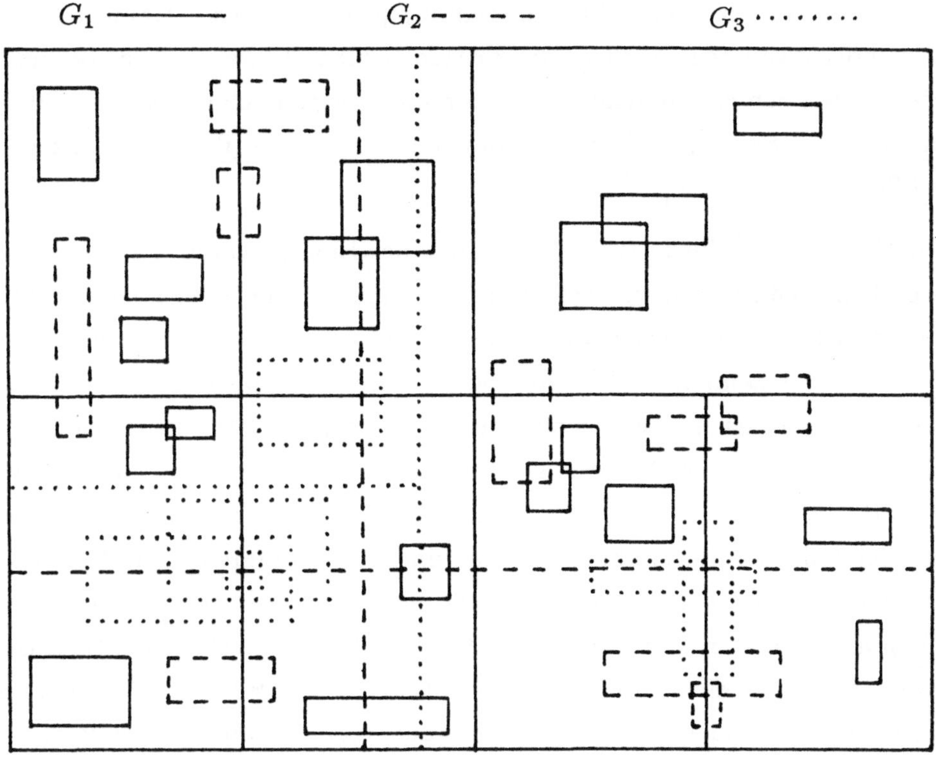

Figur 2

Gridfile der nächsthöheren Schicht dieselbe Datenseitenkapazität, so sind die Teilräume dieser Schicht im Durchschnitt deutlich größer als die der niedrigeren Schicht. Damit können auch größere Rechtecke ungeclippt einem Teilraum zugeordnet werden. Die Rechtecke, die selbst in den (sehr großen) Teilräumen der obersten Schicht keinen Platz finden — das sind im allgemeinen Rechtecke mit großer Ausdehnung — können beispielsweise in einem separaten Gridfile, ggf. in geclippter Form, abgelegt werden.

Daß drei Schichten für Rechtecke in der Ebene ausreichen, sofern nur garantiert werden soll, daß kleine Rechtecke nicht geclippt werden, zeigt die folgende Überlegung. Auf die dritte Schicht wird ein kleines Rechteck nur abgedrängt, wenn es sowohl auf einer Teilraumgrenze der ersten als auch der zweiten Schicht, also auf einem Kreuzungspunkt von Teilraumgrenzen, liegt. Dann allerdings findet es höchstwahrscheinlich in der dritten Schicht Platz, weil ja die Splitlinien der dritten Schicht zu denen der ersten und zweiten Schicht einen möglichst großen Abstand halten, und weil es ohnehin nur wenige Teilraumgrenzen der dritten Schicht gibt.

Für die Effizienz der Suche (und damit auch des Einfügens und Entfernens) ist es wesentlich, daß rasch festgestellt werden kann, welcher Schicht ein Rechteck zugeordnet ist. Verwendet man beispielsweise das Gridfile zur Realisierung einer Schicht, so kann mit Hilfe der Scales (Splitpositionen auf den Koordinatenachsen), die als lineare Arrays leicht im Internspeicher gehalten werden können, ohne Externzugriff diese Zuordnung ermittelt werden. Dies gilt nur, wenn ein Rechteck auch schon zur nächsthöheren Schicht abgedrängt wird, wenn es auf einer Splitlinie liegt, aber nicht auf einer Teilraumgrenze (im Gridfile ist das durch Splitpositionen induzierte Gitter feiner als die Datenraumzerlegung). Nachdem die Schicht ermittelt ist, wird die zum Rechteck gehörende Datenseite gemäß Gridfile über ein Directory bestimmt. Wird ein Rechteck nur dann auf die nächsthöhere Schicht verlagert, wenn es auf einer Teilraumgrenze liegt, dann muß zur Ermittlung der Schicht und der Datenseite unter Umständen auf mehr als ein Directory (höchstens drei) zugegriffen werden.

Beim Suchen, Einfügen und Entfernen eines Rechtecks kann also die betroffene Datenseite analog zum herkömmlichen (Ein–Schicht–) Gridfile rasch ermittelt werden. Muß beim Einfügen diese Datenseite geteilt werden, weil ein Überlauf auftritt, so sind außerdem die auf der neuen Splitlinie (Teilraumgrenze) liegenden Rechtecke auf der nächsten Schicht einzufügen. Wegen der räumlichen Nähe der betroffenen Rechtecke ist diese Operation effizienter ausführbar als die des Einfügens beliebiger Rechtecke.

Eine Bereichsanfrage wird beantwortet, indem sie für jede Schicht durchgeführt wird. Da die Datenseiten aller Schichten gemäß der Gridfileeigenschaft im Durchschnitt etwa gleich gefüllt sind und durch das Vermeiden von clipping keine redundante Information vorkommt, müssen beim Drei–Schichten–Gridfile etwa gleich viele Datenseiten inspiziert werden wie beim herkömmlichen Gridfile, wenn dort alle Rechtecke zufällig ganz in Teilräumen liegen.

Anstelle des Gridfiles kann jede andere Punktdatenstruktur verwendet werden, die Suchen, Einfügen, Entfernen und Bereichsanfragen effizient unterstützt, sofern eine rasche Überprüfung des aktuellen Standes der Datenraumzerlegung jederzeit möglich ist. Das Mehrschichten–Prinzip generiert also eine Klasse von Datenstrukturen zur Verwaltung ausgedehnter Objekte mit dem wesentlichen Vorteil, daß typische Operationen ausgedehnte Objekte einer Schicht praktisch wie Punkte behandeln können, da diese wie Punkte ganz in einen Teilraum (d.h. in eine Datenseite) passen. Damit können viele Algorithmen für Punktdatenstrukturen mit nur kleinen technischen Änderungen auf ausgedehnte Objekte (einer Schicht) übertragen werden. Die Vorzüge der unterliegenden Punktdatenstrukturen — wie effiziente Operationen, Anpassung an variierende Verteilungen der Objekte und hohe Speicherplatzausnutzung — bleiben im Gegensatz zu Clipping–Ansätzen voll erhalten.

3. Die Operationen der Mehrschichtenstruktur

Im folgenden präzisieren wir die Operationen Suchen, Einfügen und die Bereichsanfrage durch Angabe einer programmiersprachenähnlichen Formulierung für eine Menge von k–dimensionalen Intervallen. Da das Entfernen analog zum Einfügen verläuft, wird es nicht gesondert aufgeführt.

Wir verwenden eine $(k+1)$–Schichten–Datenstruktur S mit Schichten S_1 bis S_{k+1}; Intervalle, die in keiner der $k+1$ Schichten Platz finden, werden im Sinne einer einfachen Darstellung des Konzepts als Menge M behandelt. Eine mögliche Implementierung von M ist ein Gridfile mit geclippten Objekten.

Wir erinnern daran, daß die Objekte einer Schicht ungeclippt den Datenseiten zugeordnet sind, so daß schichtbezogene Operationen analog zu Punktoperationen ablaufen und nicht mehr gesondert erläutert werden.

Die Suche nach einem Intervall ist dann folgendermaßen erklärt:

Search $(r, i, found, D)$;
{liefert für *found* den Wert *true*, wenn Intervall r auf einer Schicht S_j,
$j \geq i$, oder in M vorkommt, und sonst *false*. Kommt r in einer
der $k+1$ Schichten vor, so liefert D die zu r gehörende Datenseite;

```
    i liefert den Index der untersten Schicht, die r ungeteilt aufnehmen
    kann, und den Wert k + 2, wenn es keine solche Schicht gibt.}
    IF i > k + 1
        THEN found := (r kommt in M vor)
        ELSE
            IF r fällt ganz in einen Teilraum T von S_i
                THEN
                    D := Datenseite(T);
                    found := (r kommt in D vor)
                ELSE
                    i := i + 1;
                    Search (r, i, found, D)
End Search.
```

Die Suche nach einem Intervall r in der $(k+1)$–Schichten–Struktur S wird durch Aufruf von *Search* $(r, i, found, D)$ mit $i = 1$ ausgeführt.

Das Einfügen eines neuen Rechtecks leistet folgende Prozedur:

```
Insert (r, i);
{fügt Intervall r auf einer Schicht S_j, j ≥ i, oder in M ein,
    falls r nicht schon vorkommt.}
    Search (r, i, found, D);
    IF NOT found
        THEN
            IF i > k + 1
                THEN
                    M := M ∪ {r}
                ELSE
                    IF D ist nicht ganz voll
                        THEN
                            D := D ∪ {r}
                        ELSE
                            Split (r, i, D)
End Insert.
```

Ein Intervall r wird durch Aufruf von *Insert* $(r, 1)$ in die $(k+1)$–Schichten–Struktur S eingefügt.

In *Insert* wird eine überlaufende Datenseite durch Aufruf der Prozedur *Split* aufgeteilt:

```
Split (r, i, D);
{verteilt Intervall r und alle Intervalle in Datenseite D
    auf zwei neue Datenseiten auf Schicht S_i und verdrängt
    Intervalle auf höhere Schichten und nach M, falls nötig.}
    T := Teilraum(D);
    teile T gemäß Splitstrategie in T_1 und T_2,
        und ändere S_i entsprechend;
    reserviere für T_1 und T_2 je eine neue (leere) Datenseite;
    FOR EACH r' ∈ D ∪ {r} DO
        Insert (r', i);
    gib D frei
End Split.
```

Effiziente Implementierungen werden natürlich lokal verfügbare Information auch nutzen und bei der *Split*–Operation nicht wirklich für jedes zu verteilende Intervall eine *Insert*–Operation ausführen.

Eine Bereichsanfrage nach allen Intervallen in S, die den Suchbereich b überlappen, wird durch den Aufruf *Range* $(b, 1, R)$ der folgenden Prozedur ausgeführt:

```
Range (b, i, R);
{liefert alle Intervalle auf Schicht S_j, j ≥ i, und in M, die sich
    mit Bereich b überlappen, in Intervallmenge R ab.}
    IF i > k + 1
        THEN
            Mengenrange (b, M, R_M);
            R := R ∪ R_M;
        ELSE
            Schichtrange (b, i, R_i);
            R := R ∪ R_i;
```

Range $(b, i+1, R)$

End *Range*.

Dabei ist *Schichtrange* (*Mengenrange*) die Bereichsanfrage der eine Schicht (die Menge M) realisierenden Datenstruktur.

4. Leistungsvergleich eines Drei–Schichten–Gridfiles mit einem Clipping–Gridfile

Um Aussagen über das Leistungsverhalten des Mehrschichtenansatzes zu erhalten, haben wir auf der Basis der Gridfile–Implementierung der ETH Zürich ein Drei–Schichten–Gridfile und ein Clipping–Gridfile implementiert (vgl. auch Nägele 1986). Mit realen kartographischen Daten wurde ein Leistungsvergleich zwischen diesen beiden Alternativen durchgeführt. Dabei haben wir für jedes Gridfile einen Puffer, der genau eine Datenseite aufnehmen kann, und einen 1 KByte großen Puffer für das Directory eingesetzt und selbst verwaltet. Als Maß für das Zeitverhalten haben wir die externen *read*– und *write*–Zugriffe des Programms gezählt.

Leistungsvergleich 1: Gemeinden

Als Eingabe liegen 1211 umschließende Rechtecke von Gemeinden in Baden–Württemberg vor. Jedes Rechteck belegt 128 Byte. Die durchschnittliche Fläche eines Rechtecks beträgt 61.1 km^2. Die Datenseiten der eingesetzten Gridfiles sind 2 KByte bzw. 8 KByte groß. Diejenigen Rechtecke, die auf keiner der drei Schichten Platz finden, werden in einem Clipping–Gridfile als Menge M abgelegt.

Zunächst werden die 1211 Rechtecke eingefügt. Anschließend werden 50 Bereichsanfragen mit pseudozufälligen rechteckigen Bereichen auf den abgespeicherten Rechtecken ausgeführt. Die Ergebnisse dieses Leistungsvergleichs sind in Tabelle 1 aufgeführt.

Leistungsvergleich 2: Flurkarten

Als Eingabe liegen 48500 umschließende Rechtecke von Flurstücken in Baden–Württemberg vor. Jedes Rechteck belegt 128 Byte. Die Datenseitengröße des

	Drei-Schicht-Gridfile 2 KByte	Gridfile mit clipping 2 KByte	Drei-Schicht-Gridfile 8 KByte	Gridfile mit clipping 8 KByte
statische Struktur nach Einfügen von 1211 Rechtecken				
Anzahl belegter Datenseiten		211		42
auf Schichten 1 – 3	124		34	
4	7		0	
Anzahl gespeicherter (Teil–) Rechtecke		3080		1771
auf Schicht 1	647		871	
2	357		301	
3	153		39	
(Teilrechtecke) 4	64		0	
Durchschnittliche Fläche gespeicherter (Teil–) Rechtecke (in km^2)		24		42
auf Schicht 1	41.2		50.3	
2	66.2		78.8	
3	95.6		165.5	
(Teilrechtecke) 4	167.9		–	
Anzahl Externzugriffe beim Einfügen der 1211 Rechtecke	1997	4527	1404	2340
durchschnittl. Anzahl gefundener Rechtecke pro Bereichsanfrage	267	267	267	267
durchschnittl. Anzahl Externzugriffe pro Bereichsanfrage	41	58	9.6	12.8

Tabelle 1

Gridfiles beträgt 2 KByte. Für das Drei–Schichten–Gridfile bzw. Clipping–Gridfile werden dieselben Werte bestimmt wie bei den Gemeinden. Lediglich die durchschnittliche Fläche der gespeicherten (Teil–) Rechtecke und die durchschnittliche Anzahl der gefundenen Rechtecke für eine Bereichsanfrage sind nicht festgehalten. Für die 50 Bereichsanfragen werden umschließende Rechtecke von Gemeinden verwendet. Die Ergebnisse des Leistungsvergleichs sind in Tabelle 2 aufgeführt.

	Drei–Schicht–Gridfile 2 KByte	Gridfile mit clipping 2 KByte
statische Struktur nach Einfügen von 48500 Rechtecken		
Anzahl belegter Datenseiten		8883
auf Schichten 1 – 3	5192	
4	232	
Anzahl gespeicherter (Teil–) Rechtecke		96381
auf Schicht 1	31246	
2	11777	
3	3879	
(Teilrechtecke) 4	2401	
Anzahl Externzugriffe beim Einfügen der 48500 Rechtecke	38821	111512
durchschnittl. Anzahl Externzugriffe pro Bereichsanfrage	161	213

Tabelle 2

Der Leistungsvergleich zeigt eindrucksvoll, daß der Mehrschichtenansatz das Clippen von Objekten weitestgehend vermeidet. Bei einer Datenseitengröße von 2 KByte müssen nur 4.4% der Gemeinden bzw. 3% der Flurstücke geclippt werden; die Anzahl der abgespeicherten Objekte wächst auf 100.8 % (Gemeinden) bzw. 101.6 % (Flurstücke). Beim Clipping–Gridfile wächst hingegen die Anzahl der abgespeicherten Objekte auf 254% (Gemeinden) bzw. 199% (Flurstücke). Dies hat nicht nur eine entsprechende Aufblähung des Speicherplatzes zur Folge, sondern auch eine drastische Zunahme auf das zwei- bis dreifache der Externzugriffe beim Einfügen. Dieses gilt entsprechend auch für Entfernungen und Änderungen.

Deutlich sichtbar ist, daß für die Mehrschichtenversion die Anzahl der gespeicherten Objekte pro Schicht um den Faktor 2 bis 3 abnimmt, und daß die durchschnittliche Fläche der gespeicherten Objekte signifikant zunimmt.

Bei Bereichsanfragen benötigt das Clipping–Gridfile 41% (für Gemeinden) bzw. 32% (für Flurstücke) mehr Externzugriffe als das Drei–Schichten–Gridfile.

Selbst bei der unrealistisch hohen Datenseitenkapazität von 8 KByte ist das Drei–Schichten–Gridfile immer noch signifikant besser als die Version mit clipping, wenn auch erwartungsgemäß der Unterschied geschrumpft ist (vgl. Tabelle 1).

Der Leistungsvergleich demonstriert deutlich die Vorteile des Drei–Schichten–Gridfiles gegenüber der Version mit clipping. Die Idee, über die Schichtung von Punktdatenstrukturen die Probleme der Verwaltung ausgedehnter Objekte zu beherrschen, erweist sich als tragfähig.

Literatur

W. Burkhard,
Interpolation–based index maintenance,
BIT **23**, 1983, 274 - 294.

A. Guttman,
R–trees: A dynamic index structure for spatial searching,
ACM SIGMOD, 1984, 47 - 57.

K.H. Hinrichs,
The grid file system: Implementation and case studies of applications,
Diss. ETH Zürich, Nr. 7743, 1985.

H.P. Kriegel, B. Seeger,
Multidimensional order preserving linear hashing with partial expansions,
wird erscheinen in Proc. ICDT 1986.

U. Nägele,
Implementierung des Gridfiles mit Clipping ausgedehnter Objekte,
Studienarbeit, Universität Karlsruhe, 1986.

U. Nägele,
Implementierung einer Drei–Schichten–Version des Gridfiles für ausgedehnte Objekte,
Diplomarbeit, Universität Karlsruhe, in Vorbereitung.

J. Nievergelt, H. Hinterberger, K.C. Sevcik,
The grid file: An adaptable, symmetric multikey file structure,
ACM TODS **9**, 1984, 38 – 71.

J.T. Robinson,
The k–d–B–tree: A search structure for large multidimensional dynamic indexes,
ACM SIGMOD, 1981, 10 – 18.

M. Tamminen,
Efficient spatial access to a database,
ACM SIGMOD, 1982, 200 – 206.

Fachgespräch
Datenbanken in Netzen

Die immer stärker werdende Dezentralisierung von Rechnerleistung und ihre Bereitstellung am Arbeitsplatz, am Schalter und im eigenen Wohnzimmer sowie der damit mögliche Zugang zu immer komplexeren Dienstleistungen erfordern flexible Lösungen des Problems der konsistenten Datenbereitstellung und -verwaltung in Netzen. Daher stellt sich die Frage nach dem Entwurf und der Bewertung angemessener Architekturen und Betriebsumgebungen für Daten- und Wissensverwaltungsaufgaben in heterogenen Rechnernetzen.

Das Fachgespräch versucht, einen Überblick über aktuelle Lösungsansätze zu geben, wobei der Schwerpunkt bei den arbeitsplatzorientierten Datenbank-Architekturen liegt.

Als eingeladener Redner konnte Prof. Alfred Spector von der Carnegie-Mellon University gewonnen werden, der über die Architektur des verteilten ITC-Dateisystems berichtet, das an der CMU für eine grosse Zahl von Workstations im Bereich der Forschung und Lehre benutzt wird.

Zwei weitere Vorträge untersuchen die allgemeinen Verarbeitungsmuster und -anforderungen in verteilten bzw. arbeitsplatzorientierten Datenverwaltungssystemen. Ein Vortrag behandelt die Implementierung geschachtelter Transaktionen in einer verteilten Rechnerumgebung unter besonderer Berücksichtigung der Betriebssystem- und Kommunikationsprimitiven. Der Einsatz von Rechnernetzen mit naher Kopplung zum Zwecke der Durchsatzsteigerung bei eher klassischen Datenbank-Anwendungen ist Thema eines Vortrages über sogenannte "shared databases".

Das generelle Thema "Datenbanken in Netzen" wird somit aus sehr verschiedenen Perspektiven betrachtet, aus der Sicht des Implementierers, unter konzeptionellen Aspekten und aus der Rückschau auf eine reale Implementierung, und ist somit sowohl für den Praktiker als auch den Wissenschaftler interessant.

Programmkomitee für dieses Fachgespräch: R. Bayer (TU München), H. Biller (Siemens München), E. Effelsberg (IBM Heidelberg), R. Munz (Nixdorf Berlin), F. Oertly (ETH Zürich), A. Reuter (Uni Stuttgart, Vorsitz), H.-J. Schek (TH Darmstadt), G. Schlageter (FernUni Hagen), J.-W. Schmidt (Uni Frankfurt)

Thoughts on Large Distributed File Systems[1]

Alfred Z. Spector
Department of Computer Science
Carnegie Mellon University
Pittsburgh, PA 15213

Abstract

This paper discusses distributed file access on large networks. It uses the Andrew file system, developed jointly by Carnegie Mellon University and IBM as an illustrative example of a large, unified file system. The paper concludes with thoughts on the requirements and design of geographically distributed file systems for very large networks comprising 10^6 nodes or more.

1. Introduction

Most networked computers systems permit remote file access and data sharing. The techniques by which this is done can be divided into three categories:

- *Explicit File Transfer* requires a client (or user) to invoke a file transfer utility, such as the FTP program on the Arpanet, to transfer a remote file before and/or after its use [Tanenbaum 81].
- *Access-Transparent File Systems* access a remote file automatically when they detect that a file name contains a remote computer name, for example, on VAXes running VMS connected by Decnet [Digital Equipment Corporation 85] or on Perqs and IBM RT PC's running Accent connected to VAXes running Unix [Eppinger 85]. These systems are called *access-transparent* because clients use the same commands for accessing both local and remote files.
- *Unified File Systems* eliminate the need for a client to know where a file is stored. The file systems of individual computers become parts of a distributed file system that is one logical entity, possibly providing more features than do any of its constituent parts. For example, the availability of a file despite failures may be increased because the file is replicated on multiple sites. Locus and the Andrew file system are two examples of unified file systems [Morris et al. 86, Popek et al. 81, Satyanarayanan et al. 85, Walker et al. 83].

Each method of access has been used extensively. For a good survey of distributed file systems, see a recent article by Svobodova [Svobodova 84].

This paper discusses distributed file access on large networks and pays particular attention to distributed file systems that provide a high degree of integration. The Andrew file system, developed jointly by Carnegie Mellon University (CMU) and IBM at the Information Technology Center, is used as an illustrative example [Morris et al. 86, Satyanarayanan et al. 85]. The last section contains thoughts on the requirements and design for geographically distributed file systems for very large networks comprising 10^6 nodes or more.

[1]This work was supported by IBM and the Defense Advanced Research Projects Agency, ARPA Order No. 4976, monitored by the Air Force Avionics Laboratory under Contract F33615-84-K-1520. The views and conclusions contained in this document are those of the author and should not be interpreted as representing the official policies, either expressed or implied, of any of the sponsoring agencies or the US government.

2. The Spectrum

Explicit file transfer programs perform data conversions to mitigate the effects of heterogeneous hardware and file formats and use lower-level network services to transfer needed data. Many data conversions are easy (e.g., ASCII to EBCDIC) though certain conversions may require the user to specify higher-level semantic information about files (e.g., the logical record structure). Any of a variety of connection-based communication protocols are suitable. Generally, they are optimized for high bandwidth transmissions, rather than reduced packet latencies. File transfer programs use authentication and access control mechanisms of the server to enforce protection; e.g., they permit a user to login remotely.

Explicit file transfer provides security that is the same as the security provided by the client, server, and underlying network. It scales well because it requires no central administration; coordination is bilateral between the client and server. Failure semantics are clear: As long as the file transfer process itself is atomic, remote files will be in a known state after a failure. However, file transfer programs have disadvantages including the following:

- A client cannot execute a remotely stored program or a local program that uses remote files without having to issue explicit fetches and stores.
- The cost of whole file access is paid regardless of how much data is required.
- Multiple remote clients cannot simultaneously update a file.
- Clients must explicitly remember the storage site of files.

Providing substantially more functions are systems that provide access-transparency. Such systems provide clients with a single common interface to multiple file systems. However, implementing transparent file access is substantially more complex than implementing file transfer programs.

One issue to resolve is the level of the client interface to the shared file system. There are two major possibilities: The simplest interface to implement is that provided by the system I/O libraries and macros. For Unix™ systems, these are the Man 3 library routines [Ritchie and Thompson 78]. They can be modified to permit access to remote as well as local file systems. For programs to access remote files, it is necessary only to recompile them if they contain macros, and relink them with the new libraries. Among others, researchers at Newcastle in their development of the Newcastle Connection use a library interface [Brownbridge et al. 82].

Using the operating system I/O interface as the client interface is more common. Extending this interface to support remote file access requires modifying the operating system, but ensures that all programs can access remote files with neither recompilation nor relinking.

Other design and implementation decisions must be made for systems that provide access-transparency. Here are some questions that motivate these decisions:

- **Failure semantics.** What is the state of an open file after client, server, or network failures? Will the failure semantics be the same as those of a local file?
- **Semantics of local files versus remote files.** Are the semantics of operations on local files

exactly the same as those on remote files? In particular, what happens when multiple users access the same file? Again, will the semantics be those of a local file?

- **Access strategy.** Are remote files transferred on a per file basis, or on a per page basis, or both? Is caching on the client done to reduce the number of network transfers?

- **Support for heterogeneity.** Is the system designed so that many types of computers and operating systems can share files? Are all type conversions done automatically?

- **Security.** Is there a common authentication mechanism, or must each client authenticate itself to each server upon use? Are protection mechanisms on the different computers compatible?

Depending on the resolution of these questions, a distributed file system will appear more as a single system or more as a collection of cooperating autonomous systems.

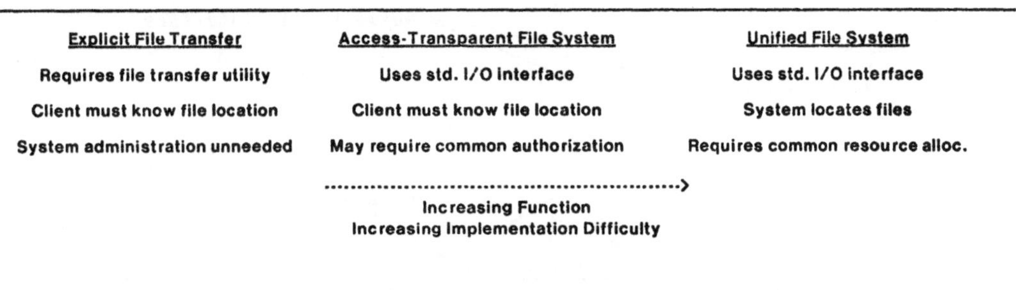

Figure 2-1: Types of Distributed File Access

This figure categorizes three types of distributed file access in terms of a few major characteristics.

Unified file systems provide the highest function. Most importantly, they permit clients to refer to files by name, without regard to their storage location. Files can be distributed on multiple servers to equalize load and to balance storage requirements. A unified file system can grow incrementally and support more clients than can a single node. In addition, it can provide clients with increased availability and performance guarantees by replicating files on multiple storage sites.

Unified file systems are the most difficult to implement, particularly if they must support a collection of existing heterogeneous operating systems. All the difficulties of implementing access-transparent systems remain, and there are additional difficulties as well, pertaining to file location and replication. However, at a coarse grain, unified file systems must necessarily have the following components:

1. *File storage components* that store files, directories, and protection and location information. These components may or may not be on dedicated file server nodes.

2. A standardized *network file interface* to these individual servers. This network interface will be used only by operating system-level software, as described below.

3. For each type of client system, a *client access component* that maps the client file system interface into a collection of calls on the network file interface. Client access components may also use local storage (e.g., for caching data) to improve performance. The network file

interfaces must be carefully crafted to support efficiently the various client file system interfaces.

4. A *client file system interface* for each type of client system.

These components are illustrated in Figure 2-2.

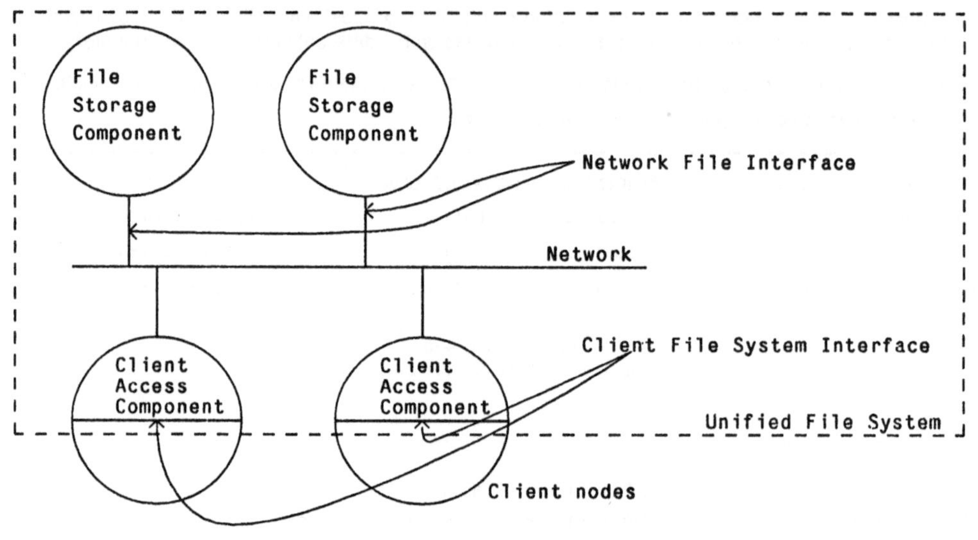

Figure 2-2: Components of Unified File System

This figure illustrates the architecture of a unified file system. It shows the file storage components, client access components, and network and client file system interfaces. In general, file storage components and client access components could reside on the same physical nodes.

Many of the issues and design trade-offs in designing and implementing a unified file system will become clear in the following discussion.

3. Andrew File System

The Andrew file system was developed for workstations on the CMU campus. Members of the Information Technology Center and a few consultants began the design in 1983 and revised it in 1984. The Andrew file system is designed to support 5,000 workstations, permitting each of them to access a large shared file tree. Files are stored on dedicated file servers connected to workstations via token rings.

Satyanarayanan et al. describe the project goals in some detail [Satyanarayanan et al. 85]. To summarize these, the Andrew file system is intended to support location-transparent file access, mobility of users from one workstation to another, data security, performance at least as good as on a lightly loaded time sharing system, incremental growth in the number of workstations and file server computers, high data integrity, and heterogeneous workstations. Also, no likely failure should stop all use of the network file system.

The physical structure of Andrew file system is a two-level hierarchy. (See Figure 3-1.) Each workstation is connected by a single ring to a file server that stores the most frequently accessed files. The backbone ring forwards traffic to a remote file server when non-local file references are made. The file system assumes that there will be strong locality of reference so that the backbone ring will not become overloaded. Location-transparency (described below) makes it possible to move files to file servers that are on the same ring as their most frequent users.

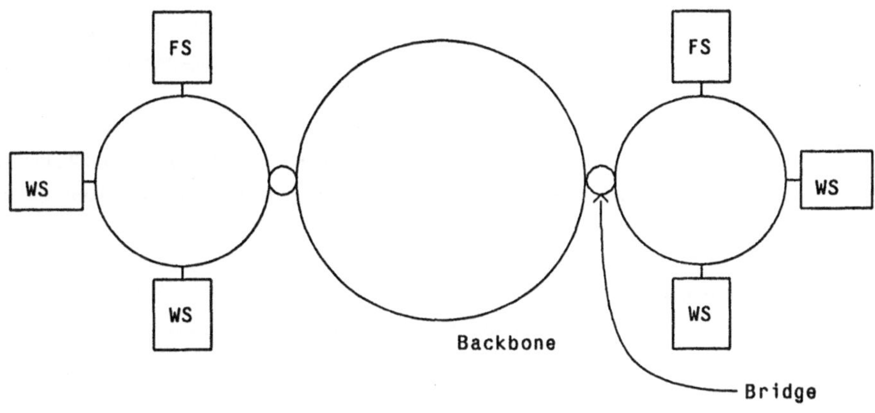

Figure 3-1: Physical Structure of Andrew File System

This diagram shows two rings of workstations (WS), with each ring having its own file server (FS). A backbone ring interconnects the two rings. The Andrew file system will use closer to 100 rings when it is completed. Long lobes on each ring will permit file servers to be clustered in a few physical locations to simplify their maintenance.

The large shared file tree is divided into a collection of *volumes*, each of which contains a partial subtree of the hierarchy. Typically, the files within a volume will be owned by a particular individual or used for a specific project. Volumes are a convenient unit for administrative controls, such as disk quotas. In the Andrew file system, they are also smallest unit that can be relocated from one file server to another. For example, if a user moves offices from one side of campus to another, the entire volume containing the user's files must be moved to the appropriate file server to preserve locality of reference.

To permit location-transparency, the Andrew file system maintains a system-wide database that maps volumes to particular file servers. Each file server stores the entire database. Because there will be only about 10,000 infrequently changing entries, a spooled update protocol suffices for updating each database copy.

The Andrew file system supports the I/O interface of Berkeley 4.2 Unix as its primary client file system interface. (Other client file system interfaces are anticipated.) The major semantic difference between the Andrew client file system interface and the Unix file system interface is manifest when multiple workstations share access to the same file and at least one workstation is modifying that file. Unlike Unix, the Andrew file system does not update a file until the close operation has completed, thus delaying the time that updates become visible. The Andrew file system interface also supports an enhanced protection model that provides access control lists on directories, as well as more standard Unix protection.

The client file system interface is implemented by a process called *Venus* that runs on each workstation with the cooperation of the local Unix operating system. When remote files are accessed, the operating system determines if the file is located on the Andrew file system. If so, Venus is requested to perform the required work.

The file system software running on each file server is called *Vice*. Vice uses Berkeley 4.2 Unix as a base, but other operating systems could support it. A single process, multiplexed by a lightweight process package, services all file system requests.

Within Vice, all files and directories are identified by a unique file identifier (FID). FIDs are unique for all time and specify a volume and a file or directory within it. Andrew directories contain file names and FIDs. The latter specify the next level of directory, a symbolic link, or a file.

The network file interface, which Venus uses to communicate with Vice, is rather complex and includes the following components:

1. The *initial connection interface* provides primitives to authenticate a workstation to a server and to establish an initial connection. Encryption can be used on the connection to ensure privacy.

2. The *file access interface* provides primitives to obtain the status of FIDS, to create, read, and write files, to change the protection of files and directories, etc. Included in this interface are special synchronization calls that permit workstations to cache files. (See below.) This interface supports whole file, rather than paged, transfer.

3. The *volume location interface* provides primitives for locating the file server that stores a volume.

4. The *maintenance interface* provides primitives for system administrators to add and relocate volumes, etc.

As described to this point, the ITC file system would work as follows: To read a file, a client program would present a pathname to Unix in the usual fashion. Unix would detect that the reference is to the Andrew file system and send the request to Venus. Given a unique starting point for the root of the Andrew hierarchy, Venus would then traverse the pathname iteratively reading directories, looking up the next component in the directory to determine its FID, and locating the FID using the volume location interface. For write operations, the file would be written back to the server when it is closed.

While this would work correctly, each open would require multiple interactions with file servers. Furthermore, files would be fetched even if they had been recently used by the workstation. To reduce the number of network interactions, Venus caches files, directories, and volume locations. Files in the cache may be treated as "hints", in which case Venus must check their version number prior to use. More commonly, Venus can request that Vice inform it if the cached file and directory data should happen to change. This "call-back" mechanism permits files and directories to be repetitively used by Venus without intervening network communication. In all cases, the cache is write-through to ensure that the most recent copy of files are available regardless of the availability of workstations.

The Andrew file system is presently in use on the CMU campus. As of June 1986, there are approximately 250 workstations (mostly IBM RT PCs), connected to 7 file servers serving 1160 user accounts. While Andrew's implementors are engaged in normal performance tuning (e.g., improving file transfer bandwidth), Andrew is performing satisfactorily.

There are four major limitations in the design of the Andrew file system that bear discussion:

- **Limitations imposed by sharing semantics.** Effectively, only one workstation at a time can update a file. This complicates many uses of shared files (e.g., bulletin boards) and is incompatible with the use of some data management software. On the Andrew system, mail and bulletin boards store entries in individual files within a directory. Regarding data management, Andrew designers assumed that a distributed file system is not the correct underlying support for distributed databases and that separate database servers should be provided.

- **Costs of whole file transfer.** When files are small and read completely, as in most program development applications, whole file transfer performs well, simplifies handling of node failures, and is straightforward to implement. However, when only small portions of large files are used, paged transfer can be more efficient. Nothing in the design of the Andrew system would preclude paged access to files, possibly in combination with whole file transfer.

- **Required high and infrequently changing locality of reference.** To reduce the load on the backbone ring and decrease the percentage of packets forwarded across bridges, Andrew assumes that most non-system files are accessed predominantly by workstations on a single ring. Though files are cached on workstations, Andrew assumes that locality changes occur relatively infrequently, thus simplifying the maintenance of the volume location database.

- **Lack of replication for availability.** System files that are primarily read-only are replicated in the system, but user files are not replicated. Hence, server crashes can make the system unavailable for some users.

4. Larger File Systems

When the Andrew file system was designed, it was targeted for use with approximately 10,000 workstations. This was about 2 orders of magnitude more clients than were supported by other unified file systems of the time. The Andrew file system is now close to meeting this goal, and it is interesting to contemplate even larger systems: say, having approximately 1,000,000 nodes.

Before discussing the requirements and design of such file systems, here are some reasonable assumptions concerning their usage and underlying technology:

1. Any network of 1,000,000 nodes will span multiple organizations. Though there are organizations that may seem to be large enough to use 1,000,000 computer nodes (e.g., the US Army), they are internally divided into many cooperating organizations.

2. 1,000,000 nodes will, of necessity, be geographically dispersed. Though broadband cable, satellites, and fiberoptic links could support high bandwidth networks, it is likely that many nodes will be connected by slower speed links. However, data compression and better modem technology will support about 10,000 baud over regular phone lines.

3. There will be no major changes in the cost trends of computation, storage, and communication. That is to say, computation and data storage costs will continue to decline in cost more quickly than will communication costs.

4. There will be strong locality of reference. Except for certain system files and publicly available databases that can be replicated using asynchronous updates, individuals will tend to access files within their organization. Within an organization also, files can be stored on file servers on the same network as their most frequent users.

5. Heterogeneous computers, operating systems, and network technology will continue to be common. However, a distributed file system may enforce minimum size requirements for attached computers and insist on communication protocol standards.

Given these assumptions, it is possible to propose some requirements: Access-transparency seems a useful goal. In the presence of heterogeneous operating systems, it may be too difficult to do type conversion for some file types, but text files present few problems. Network speeds of at least 10,000 baud are enough to permit frequent references to remote files via a standard client file system interface. However, Assumptions 1 and 5 make it difficult to have a centralized authentication mechanism; any organization storing a file must be able to require whatever authentication it wants. Hence, bilateral authorization schemes are likely to be necessary. This will require clients to provide server-specific authentication information to their local system so this data may be forwarded along with remote file accesses.

Providing sharing semantics for remotely accessed files that are the same as for locally accessed files is feasible on high-performance networks using a single operating system. For example, the design of Andrew could be enhanced to provide precise Unix file writing semantics. When a file was open by multiple clients at different nodes and at least one client was writing the file, file caching would be disabled. Performance would decline substantially, particularly if there were long network latencies.

However, having file sharing semantics that are like local sharing semantics is more difficult for geographically-dispersed networks having heterogeneous operating systems. It is even unclear what semantics are desirable when two clients write files from two incompatible operating systems. Further, long transmission latencies increase the benefits of whole file transfer and data caching, thus making it harder for users to share write access to files. Perhaps, it is appropriate to require proper sharing semantics between files stored within the same organization when files are accessed by compatible operating systems. Otherwise, file sharing semantics could be explicitly undefined.

Location-transparency is not needed for the entire shared file system, because clients within one organization typically identify clients within another by both name and organization. However, the system should provide location-transparency within a single organization for two reasons:

- Such transparency permits outsiders to reference files by (Filename, Organization) pairs. Detailed knowledge about the file storage structure of a single organization is unneeded.
- Such transparency permits multiple file servers to act as a unified file server for a large organization.

This leads to a design point where a 1,000,000 node file system becomes a collection of unified file systems, with access-transparency between them. Each unified file system will typically belong to an organization in one geographically compact area; broadly speaking, each unified system will resemble Andrew. Users of one organization can easily access files from other organizations, provided they have appropriate authorizations.

This design is close to what is evolving in the world today. There are islands of more closely coupled distributed file systems with file transfer programs being used to interconnect them. Higher bandwidth networks, more powerful computers, and locality of reference should enable us to go the additional step toward providing access-transparency across all nodes.

Acknowledgment

Thanks to Jeffrey Eppinger and Debbie Lynn who read and commented on this paper.

References

[Brownbridge et al. 82] D. R. Brownbridge, L. F. Marshall, and B. Randell. The Newcastle Connection. *Software Practice and Experience* 12:1147-1162, 1982.

[Digital Equipment Corporation 85] *VAX/VMS System Services Reference Manual* Digital Equipment Corporation, 1985.

[Eppinger 85] Jeffrey L. Eppinger. *Remdef: Transparent File Access in a Heterogeneous Operating System Environment*. Technical Report CMU-CS-85-113, CMU, December, 1985. Forthcoming.

[Morris et al. 86] James H. Morris, Mahadev Satyanarayanan, Michael H. Conner, John F. Howard, David S. H. Rosenthal, and F. Donelson Smith. Andrew: A Distributed Personal Computing Environment. *Communications of the ACM* 29(3):184-201, March, 1986.

[Popek et al. 81] G. Popek, B. Walker, J.Chow, D. Edwards, C. Kline, G. Rudisin, G. Thiel. LOCUS: A Network Transparent, High Reliability Distributed System. In *Proceedings of the Eighth Symposium on Operating System Principles*, pages 169-177. ACM, 1981.

[Ritchie and Thompson 78] Dennis M. Ritchie and Ken T. Thompson. The UNIX Time-Sharing System. *Bell System Technical Journal* 57(6):1905-1929, July-August, 1978.

[Satyanarayanan et al. 85] M. Satyanarayanan, John H. Howard, David A. Nichols, Robert N. Sidebotham, Alfred Z. Spector, Michael J. West. The ITC Distributed File System: Principles and Design. In *Proceedings of the Tenth Symposium on Operating System Principles*, pages 35-50. ACM, December, 1985.

[Svobodova 84] Liba Svobodova. File Servers for Network-Based Distributed Systems. *ACM Computing Surveys* 16(4):1-2, December, 1984.

[Tanenbaum 81] Andrew S. Tanenbaum. Network Protocols. *ACM Computing Surveys* 13(4):453-491, December, 1981.

[Walker et al. 83] B. Walker, G. Popek, R. English, C. Kline, G. Thiel. The LOCUS Distributed Operating System. In *Proceedings of the Ninth Symposium on Operating System Principles*, pages 49-70. ACM, 1983.

Überlegungen zur Datenbank-Kooperation zwischen Server und Workstations

U. Deppisch[1], J. Günauer[2], K. Küspert[2], V. Obermeit[1], G. Walch[2]

[1] TH Darmstadt
Fachbereich Informatik
Alexanderstraße 24
6100 Darmstadt

[2] IBM Wissenschaftliches Zentrum Heidelberg
Tiergartenstraße 15
6900 Heidelberg

Überblick

Viele Rechneranwendungen erfordern heute den Einsatz von Arbeitsplatzrechnern (Workstations) in Verbindung mit einem zentralen Universalrechner, der einen Datenbank-Service zur Verfügung stellt. Von besonderer Bedeutung ist dabei die effiziente Kooperation zwischen Datenbank-Server und Workstations. In dieser Arbeit erläutern und begründen wir das Server-Workstation-Konzept und gehen auf bestehende Ansätze der Kooperation ein. Anhand der Architektur von Non-Standard-Datenbanksystemen klassifizieren wir dann die verschiedenen Möglichkeiten der Kooperation und ordnen sie im Hinblick auf ihre Qualität ein.

1. Einleitung

Der Einsatz von **Datenbanksystemen** breitet sich seit den anfänglichen Entwicklungen immer weiter aus und ist für viele Anwendungsgebiete heute schon selbstverständlich. Im administrativ-betriebswirtschaftlichen Bereich entwickelte sich der Einsatz von Batch-Anwendungen hin zu dialogorientierten Datenbank-Anwendungen mittels TP-Monitoren. Die zunehmende Verwendung von Datenbanksystemen begründet sich in ihren zahlreichen attraktiven Eigenschaften. Im Gegensatz zu Dateikonzepten bieten Datenbanksysteme nämlich u.a. eine Datenintegration durch die zentrale und nicht-redundante Zusammenfassung der verschiedenen, in einem Unternehmen anfallenden Daten. Außerdem ermöglichen sie einen Mehrbenutzerbetrieb, wobei die Integrität der Daten bei konkurrierendem Zugriff gewährleistet wird. Durch ein relativ mächtiges Datenmodell erlauben sie ferner eine problembezogene Strukturierung der Daten, die sich an den Anforderungen der Anwendung orientiert. Mittels vom Anwender formulierter Konsistenzbedingungen überprüft das Datenbanksystem den modellierten Realitätsausschnitt auf Integritätsverletzungen, die am Ende einer logischen Arbeitseinheit (Transaktion) durch Einfüge-, Änderungs- oder Löschoperationen entstanden sein können. Bei Systemausfällen, Datenträgerfehlern oder Transaktionsabbrüchen sorgt eine Datensicherungskomponente für die Wiederherstellung der Integrität. Zudem gewähren Datenbanksysteme einen hohen Grad an Datenunabhängigkeit, d.h., sie abstrahieren an der externen Schnittstelle von Implementierungsaspekten und bieten somit die Möglichkeit, ihr Leistungsverhalten durch Einflußnahme auf die interne Datenorganisation zu steuern, ohne daß deshalb die Anwendungsprogramme geändert werden müssen.

In letzter Zeit verstärkt sich wegen dieser positiven Eigenschaften der Wunsch, Datenbanksysteme auch für die sog. **Non-Standard-Anwendungen** einzusetzen /HR83, DKML84, HR85/. Dabei stehen Anwendungen im Büro- und im Ingenieurbereich im Vordergrund, die zahlreiche neue Anforderungen an Datenbanksysteme stellen. Beispielsweise verlangen CAD/CAM-Anwendungen die Unterstützung von anwendungsspezifischen Abstrakten Datentypen, komplex strukturierten Objekten, die oft mehrere Versionen besitzen, sowie langen Entwurfs-Transaktionen aus iterativen und interaktiven Teilschritten. Die dafür benötigten Konzepte können klassische Datenbanksysteme nicht bieten. Setzt man sie trotzdem ein, so ist das Leistungsverhalten so schlecht, daß die interaktiven Entwurfsarbeiten nicht vernünftig realisierbar sind /Fi83, Eb84/. Am Markt verfügbare CAD-Systeme arbeiten deshalb meist mit einer zugeschnittenen Datenhaltung auf Dateiebene, welche jedoch die benötigten Eigenschaften von Datenbanksystemen nicht bietet.

Aus diesem Grund wird in jüngster Zeit intensiv geforscht, um Lösungskonzepte für **Non-Standard-Datenbanksysteme** (NDBS) zu entwickeln und zu implementieren (siehe /BP85/). Dabei wird jedoch meist nur am Rande berücksichtigt, daß Anwendungen im Büro- und im Ingenieurbereich oftmals auf **Workstations** laufen, die über eine Kommunikationskomponente (z.B. ein lokales Netz) den Datenaustausch mit einem zentralen Universalrechner durchführen. Insbesondere CAD/CAM-Anwendungen, die auf sehr leistungsfähigen Workstations laufen, arbeiten idealerweise nicht isoliert, sondern sind in einem integrierten Systemkonzept mit dem Universalrechner verbunden, um mit den betriebswirtschaftlichen Standard-Anwendungen der Produktionsplanung und -steuerung Daten auszutauschen /Sch84/. In einem solchen System dient das Datenbanksystem des Universalrechners als **Server** für die Workstations, die daneben aber auch eine lokale Datenhaltung betreiben können. Um die Leistungsanforderungen des CAD/CAM-Bereichs entsprechend zu berücksichtigen, wird eine **effiziente Kooperation** der beteiligten (Datenbank-) Systeme gefordert. Im übrigen wird die Verbreitung, aber auch die Leistungsfähigkeit von Personal Computern weiter zunehmen, so daß dieses Thema auch für Büro-Informationssysteme und dezentrale DB-Standard-Anwendungen nicht uninteressant ist.

In dieser Arbeit wollen wir daher die Problemstellung einer effizienten Kooperation der (Datenbank-) Systeme in grundsätzlicher Weise diskutieren. Dabei orientieren wir uns an **CAD/CAM-Anwendungen**, da hier der Einsatz des Server-Workstation-Konzepts besonders erfolgversprechend ist. Im folgenden Kap. 2 werden die Argumente für das Server-Workstation-Konzept dargelegt und die Systemumgebung charakterisiert. Kap. 3 beschreibt bestehende Ansätze zur Realisierung der Kooperation. In Kap. 4 werden u.a. die Möglichkeiten einer "engen" Kooperation diskutiert. Hierzu wird zunächst die Architektur von Non-Standard-Datenbanksystemen skizziert, welche die Architektur von klassischen Datenbanksystemen einschließt. Anhand dieser Architektur werden dann die einzelnen Konzepte der Server-Workstation-Kooperation detailliert erläutert und beurteilt. Abschließend sollen in Kap. 5 einige offene Fragen für die zukünftige Forschung dargelegt werden.

2. Das Server-Workstation-Konzept

2.1 Motivation

Wichtige Argumente für den Einsatz von Workstations sind (vgl. /Da85, Go84/):

- **Flexibilität des Gesamtsystems**: Ist ein lokales Netz mit einem Host-Rechner (Server) und mehreren Workstations installiert, so ist es in gewissem Rahmen **inkrementell ausbaubar**. Das bedeutet für die Gesamtorganisation, daß die Rechnerleistung in kleinen Schritten wachsen kann. Workstations sind zudem örtlich flexibel, weil sie oft keine spezielle Umgebung, wie beispielweise den Einbau von Klimaanlagen, benötigen. Darüber hinaus ermöglichen sie es der benutzenden Gruppe (z.B. Abteilung), in bestimmten Grenzen die Rechnerleistung nach ihren lokalen Bedürfnissen vor Ort eigenverantwortlich auszubauen. Der relativ niedrige Anschaffungspreis einer Workstation begünstigt diese Perspektive.
- **Angepaßte Auswahl der Hardware**: Gerade für CAD/CAM-Anwendungen ist es notwendig und möglich, eine gezielte Auswahl der Workstation-Hardware-Ausstattung zu bestimmen. Die Erweiterbarkeit moderner Workstation-Computer bietet die Möglichkeit, spezielle Funktionen durch den Einsatz von Firmware - etwa mikroprogrammierte Standard-Prozessoren - auf ökonomische Weise zu unterstützen.
- **Relative Autonomie der Workstations** vom gekoppelten Universalrechner: Sie ermöglicht es, Stillstandszeiten zu reduzieren. Beim Ausfall einer Workstation können andere Workstations noch weiterarbeiten. Fällt der Server aus, so arbeiten jene Workstations weiter, die die benötigten Datenbestände systemkontrolliert repliziert halten.
- **Anwendungsorientierung der Workstations**: Im Gegensatz zum anwendungsneutralen Server ist es bei einer Workstation leichter möglich, sie durch spezifische Funktionen auf den jeweiligen Anwender auszurichten und somit eine hohe **Benutzerfreundlichkeit** zu realisieren. Der Einsatz von Workstations am Arbeitsplatz eröffnet für den Anwender darüber hinaus die Gelegenheit, das Operating in einfacher Weise und eigenverantwortlich selbst auszuführen. Durch diese **Dezentralisierung** wird die Komplexität der Organisation reduziert; viele Abläufe im Büro werden wieder überschaubar. Außerdem führt der Einbenutzerbetrieb auf Workstations zu einem stabileren Antwortzeitverhalten, da eine Abhängigkeit vom Parallelitätsgrad, wie beim Mehrbenutzerbetrieb auf einem Universalrechner, nicht besteht (vgl. /GC85/).
- **Leistungsverbesserung durch Arbeitsverteilung**: Eine Plazierung der Aufgaben auf dem jeweils geeigneten Medium kann eine Leistungsverbesserung des Gesamtsystems bewirken. Dabei sollte eine Duplizierung der Arbeit möglichst vermieden werden.

Einfache **Personal Computer** eignen sich für kleine Anwendungsaufgaben, die sich durch kurze Pfadlänge, terminal-E/A-intensive Dialogführung und dezentrale Ausrichtung charakterisieren lassen. Programme mit häufiger Terminal-Ein-/Ausgabe wirken beim Server, der Parallelverarbeitung betreibt, störend, weil die Prozesse dann immer wieder unterbrochen werden. Da jeder Prozeßwechsel mit einem großen Verwaltungsaufwand verbunden ist, wurden für dialogorientierte Anwendungen auf Universalrechnern TP-Monitore entwickelt, bei denen meist mehrere Prozesse die Terminals in asynchroner Weise, d.h. ohne Zeitscheibenverlust bedienen /HMW85/. Diese Lösung eignet sich für Anwendungsprogramme, die sehr häufig aufgerufen werden und auf gemeinsamen Datenbeständen arbeiten. Der Programm-Code wird daher oft gemeinsam benutzbar gehalten. Personal Computer eignen sich hingegen für solche dialogorientierten Anwendungen, die selten auf gemeinsamen Daten arbeiten und zu einem Zeitpunkt nur in wenigen

Inkarnationen laufen. Für spezifische dezentrale Anwendungsprogramme lohnt es sich im allg. nicht, den Programm-Code gemeinsam benutzbar auf dem Server zu halten.

Dedizierte Workstations besitzen zur Grundausstattung zusätzliche Hardware für Spezialaufgaben (z.B. hochauflösender Bildschirm, graphisches Eingabegerät, Display-Prozessor, mathematischer Coprozessor etc.). Beispielsweise entlastet der Display-Prozessor die CPU des Servers von der Bildwiederholung und Vektorgenerierung. Bei interaktiven CAD/CAM-Anwendungen erledigt eine CAD-Workstation die zeitkritische und rechenintensive Bildaufbereitung (Translation, Skalierung, Rotation, Hidden-Line Algorithmen, Schattierung etc.). Bei diesen Anwendungen ist oft eine schnelle Übertragung großer Datenmengen vom Hauptspeicher zum Bildwiederholspeicher erforderlich. In Mehrbenutzersystemen, wie dem zentralen Server, kann diese Anforderung nicht immer befriedigt werden. Durch den Einsatz dedizierter Workstations wird der Server von der Übertragung dieser großen Datenvolumina entlastet. Es ist sinnvoll, solche Anwendungen auf eine Workstation auszulagern, weil die benötigten Daten zur Anwendungszeit häufig nur von einem Benutzer benötigt werden.

Der **universelle Server-Rechner** sollte im wesentlichen den zentralen Aufgaben vorbehalten sein. Er erledigt den Zugriff zu gemeinsam benutzten Datenbanken sowie alle platten-E/A-intensiven Anwendungen. Dies ist zweckmäßig, weil gemeinsam benutzte Datenbestände schneller zugreifbar sind, wenn sie auch zentral gespeichert werden. Sonst müßte man jeweils erst den Knoten ihrer Speicherung herausfinden. Daneben führen Universalrechner aufgrund ihrer Hardware-Architektur den Zugriff zu Platten meist schneller aus als Workstations. Neben dem DB-Service sollte der Server-Rechner auch die zentralen Systemdienste (Übersetzer etc.), Stapel-Aufträge sowie andere rechenintensive zentrale Arbeiten ausführen. Außerdem lassen sich mit einem Universalrechner die Konzepte zur Datensicherung (Recovery) besser realisieren, da er in vielen Fällen über mehrere, qualitativ bessere Plattenlaufwerke verfügt.

2.2 Einsatz-Szenarium: Computer Aided Design

Entsprechend der vorgeschlagenen Aufgabenverteilung wird ein modernes CAD-Anwendungskonzept auf leistungsfähigen CAD-Workstations und einem Non-Standard-Datenbanksystem als Server aufbauen. Dabei stellt das Anwendungsgebiet CAD die größten Anforderungen an Datenbanksysteme. Die vielfältigen Aufgaben des CAD/CAM-Bereichs, wie z.B. 3D-Modellierung, Zeichnungserstellung, Arbeitsplanerstellung, Informationsbereitstellung aus Serienteil- und Normteil-Katalogen, NC-Programmierung, sind durch eine Reihe von verschiedenen Software-Produkten zu unterstützen. Für die **Software-Architektur** in einer solch vielfältigen Anwendung setzt sich immer mehr das Prinzip der Schichtenarchitektur durch (vgl. /PSSW84, Mi84, HR85, De85/). Die Grundbausteine eines CAD/CAM-Systems sind dabei die Graphikunterstützung und die entsprechende Datenbankunterstützung /ARW83, Eb84/. Je nach Anwendung kommen noch Schichten zur Dialogführung, Methodenverwaltung sowie rechnerinternen CAD/CAM-Modellierung hinzu.

Die **Hardware-Charakteristik** einer Workstation muß demnach das Datenbank-Verwaltungssystem (DBVS) - zumindest in einer rudimentären Form - die Graphik-Software, geräteabhängige Treiber sowie die spezielle CAD/CAM-Software zusammen "verkraften" können, so daß eine effiziente Unterstützung des Benutzers gewährleistet wird. Geeignete Workstations sollten daher eine Prozessorleistung von mindestens 1 MIPS und mehrere MB realen Hauptspeicher bieten /Da85/. Das Betriebssystem sollte ein virtuelles Speicherkonzept mit genügend großem Adreßraum (16 MB) zur Verfügung stellen und - idealerweise - kompatibel zum Server sein, was die Kommunikation und Weiterverarbeitung vereinfacht. Zur Unterstützung der Datenhaltung (bis zu 1 GB) sind schnelle und ausreichend große Platten, wie z.B. mehrere 100 bis 200 MB große Winchester-Disks, einzusetzen. Auf der Basis der 16-Bit Technologie lassen sich diese Erwartungen heute nur schwer erfüllen. Für eine Workstation der Zukunft erwarten wir deshalb einen leistungsfähigen Computer mit 32-Bit Prozessor.

Eine effiziente Kooperation von Server-Workstation (Datenbank-) Systemen muß die besonderen **Anforderungen des CAD-Bereichs** berücksichtigen. Der konstruktive Entwurfsprozeß dauert nämlich erheblich länger als übliche Transaktionen in kommerziellen Datenbanksystemen. Die Konstruktion wird ausgehend von der Konstruktionsidee und den Randbedingungen stufenweise verfeinert, wobei die Konstrukteure auf der Basis vorhandener Konstruktionsobjekte neue aufbauen bzw. diese entsprechend anpassen /Lo85/. Dabei holt ein Konstrukteur **komplexe Objekte** vom Server auf seine CAD-Workstation und bearbeitet sie dort interaktiv. Er wird gelegentlich auf Serien- und Normteile aus Teile-Katalogen zugreifen. Das Übertragen von Daten des Servers auf die Workstation bezeichnen wir als **Extraktion**. Invers dazu ist die **Injektion**, wobei Daten in die Server-Datenbank eingebracht werden. Die Einführung komplexer Objekte - z.B. auf der Basis des NF^2-Relationenmodells /SP82, SS86/ - erlaubt eine Mengenorientierung und Cluster-Bildung für die vom Graphik-System benötigten Daten. Auf diese Weise können die zeitkritischen Anforderungen graphisch-interaktiven Arbeitens berücksichtigt werden (vgl. /Fi83, Eb84/).

Der Entwurfsprozeß wird oft mehrere Sitzungen dauern; die Zwischenzustände des bearbeiteten Datenbankausschnitts müssen deshalb das Sitzungsende sowie Systemausfälle "überleben", dürfen aber anderen Benutzern zunächst nicht sichtbar gemacht werden. Dies erfordert entsprechende Konzepte für **lange Transaktionen**. Erkennt der Konstrukteur, daß es zu seiner Entwurfslinie bessere Alternativen gibt, wird er auf frühere Zustände (Versionen) zurücksetzen wollen. Es ist zweckmäßig, den jeweils betroffenen Bereich der Daten insgesamt aus der zentralen, unternehmensweiten Datenbank herauszulösen und "privat" in einer Arbeitsdatenbank /BC85/ zu halten. Dieses Herauskopieren durch eine Entwurfs-Transaktion wird als **Check-Out** bezeichnet /HL82/. Dabei werden die Objekte für andere Benutzer (Transaktionen) gesperrt. Die inverse Operation zum Check-Out ist der **Check-In**, wobei eine Transaktion Daten des privaten Datenbereichs in die globale Datenbank zurückschickt und wieder freigibt. Zwischen dem Check-Out und dem Check-In einer langen Entwurfs-Transaktion kann der Konstrukteur die kopierten Objekte ändern. Die Arbeitsdatenbank kann dabei entweder auf dem Server oder lokal auf der Workstation gehalten werden. Der erste Fall bietet sich für die frühen Phasen des Konstruktionsprozesses an, wenn ein Konstrukteur-Team zusammenarbeitet. Später wird die Konstruktionsaufgabe in Teilaufgaben zerlegt, so daß die Daten durch untergeordnete Check-Outs partitioniert und lokal auf der Workstation gehalten werden können. Neuere Transaktionskonzepte für CAD berücksichtigen diese Hierarchie der Check-Outs und Check-Ins /KLMP84, BKK85, KSUW85/.

3. Bestehende Ansätze zur Realisierung der Kooperation

Im folgenden werden wir einige existierende Ansätze vorstellen, die eine Kooperation realisieren, wie wir sie (in ähnlicher Weise) zwischen einer Workstation und einem Server-Datenbanksystem erwarten. Aus dem betrieblichen Bedarf heraus, mit Arbeitsplatzrechnern (PCs) auf existierende Datenbanken auf Großrechnern zugreifen zu müssen, entstanden die sogenannten **PC-DB-Links**. Für sie sind Anwendungsorientierung und Flexibilität wichtig. Die Verbesserung der Leistung steht dagegen im Vordergrund beim Einsatz von **Datenbankmaschinen als Server**. Bei den **verteilten Datenbanksystemen** findet man ebenfalls vielversprechende Ansätze zur Realisierung einer Kooperation. Eine besondere Variante, die für den Einsatz in einem lokalen Netz von Arbeitsplatzrechnern entwickelt wurde, ist der **föderative Datenbank-Server** /DBDZ85, DD85/. Im folgenden wollen wir die einzelnen Konzepte näher betrachten.

3.1 PC-DB-Links

Unter dieser Kategorie sind Produkte wie z.B. MICRO/Answer (Informatics), INGRES/PCLINK (RTI) und ORACLE-LINK (ORACLE Corporation) zusammenzufassen /Ku85, RTI85, OC84/, die es ermöglichen, vom PC aus auf ein zentrales Datenbanksystem (z.B. IMS /MG77/, INGRES /St76/, ORACLE /OC84/) zuzugreifen, ohne die gewohnte, benutzerfreundliche PC-Umgebung verlassen zu müssen. Diese Systeme erlauben jedoch im allg. nur einen lesenden Zugriff. Man kann Anfragen stellen, Ergebnisse auf dem PC ausgeben lassen, "Snapshots" der Datenbank erzeugen sowie Daten zum PC transferieren und dort in eine lokale Datenverwaltungskomponente (Dateisystem, VISICALC, LOTUS usw. /Ku85/) abspeichern, bei der es sich auch um ein lokales PC-Datenbanksystem (z.B. dBase III, ORACLE o.ä. /Ku85, OC84/) handeln kann. Bei manchen Systemen ist es aber auch möglich, Daten vom PC aus in die zentrale Datenbank einzubringen, indem eine Datei vom PC zum Großrechner transferiert wird und dann der Benutzer vom PC aus "remote" ein Anwendungsprogramm starten kann, das diese Datei einliest. Ein echtes Check-Out/Check-In läßt sich damit jedoch nicht realisieren. Dies liegt in der Architektur der PC-DB-Links begründet. Die Systeme bestehen nämlich normalerweise aus zwei über eine Kommunikationskomponente verbundenen Teilen: einer benutzerfreundlichen Anwendungsschale auf dem PC und einer Server-Komponente auf dem Großrechner. Um das existierende Datenbanksystem nicht stark modifizieren zu müssen, läuft die Server-Komponente als ein spezielles Anwendungsprogramm auf dem Datenbanksystem. Die Extraktionswünsche vom PC werden auf normale Lese-Transaktionen des Datenbanksystems abgebildet. Werden solche Daten nach etwaigen Veränderungen wieder abgespeichert, so geschieht das im Rahmen einer neuen (Änderungs-) Transaktion: der Bezug zur Extraktion ist somit nicht mehr zu erkennen. Die Daten werden einfach überschrieben; außerdem können in der Zwischenzeit andere Benutzer diese Daten modifiziert haben, so daß u.U. Änderungen verlorengehen ("Lost Updates" /Re81/). Aufgrund dieser Eigenschaften kann man hier nicht von einer echten Kooperation, sondern nur von einer **sehr losen Kopplung** sprechen.

3.2 Datenbankmaschinen als Server

Eine besondere Form des Servers stellen Datenbankmaschinen dar. Es handelt sich hierbei um Rechner, die zum Betrieb eines Datenbanksystems ausgelegt sind und dafür besondere Hardware und/oder Software besitzen. Das Spektrum reicht vom integrierten "Datenbankbetriebssystem" bis hin zum durch Hardware realisierten Selektionsfilter /ERS81, Qa85/. Von dieser Spezialisierung verspricht man sich eine Leistungssteigerung gegenüber Universalrechnern mit Standard-Datenbank- und Betriebssystemen. Die Anwendungsprogramme werden auf einem normalen Rechner ausgeführt, jede Datenbankoperation wird jedoch an die Datenbankmaschine geschickt und dort bearbeitet. Die **Kommunikationsschnittstelle** ist das Hauptproblem dieses Konzepts. Sie kann sehr schnell zu einem Leistungsengpaß werden, den man durch konsequente Mengenorientierung (es werden nicht einzelne Tupel, sondern Tupel-Mengen übertragen) zu vermeiden sucht. Außerdem bieten die meisten Anbindungen von Datenbankmaschinen nur die Möglichkeit, Anfragen einzeln nacheinander abzuarbeiten. Diese Betriebsform kann bei einem Server für mehrere Workstations zu unerwünschten Wartezeiten führen. Die starre Architektur der meisten Systeme erlaubt es zudem nicht, Teile des DBVS auf die Workstation auszulagern, wenn dies z.B. aus Gründen der Anwendungsorientierung oder der Lastbalancierung erforderlich erscheint. Die angebotene hohe, anwendungsneutrale Datenbankschnittstelle kann sich zudem bei Non-Standard-Anwendungen, insbesondere im CAD-Bereich, als ungünstig erweisen und somit die Einsatzmöglichkeiten stark einschränken. Auch bei diesem Konzept ist nur eine **beschränkte Kooperation** vorhanden, wenngleich die Kopplung deutlich enger ist als bei den PC-DB-Links.

3.3 Server-Workstation-Prototypen

Ausgehend von Datenbankmaschinen-Architekturen untersucht /HF86/ die Verteilung der DBVS-Komponenten auf Server und Workstations. Dabei wurden fünf verschiedene Konfigurationen der Aufteilung des relationalen Datenbanksystems INGRES /St76/ gemessen. Die Benutzerschnittstelle bzw. ein Anwendungsprogramm übergibt eine Anfrage dem Query Parser, der diese analysiert und auf korrekte Syntax und Semantik überprüft. Danach wird die Anfrage vom Query Decomposition Modul in Teilanfragen auf einer Relation zerlegt, wobei die kostengünstigste Ausführungsstrategie angestrebt wird. Jede Teilanfrage wird vom Query Processor ausgeführt, der jeweils eine Relation bearbeitet und sich beim Zugriff auf Tupel der Zugriffskomponente bedient, die ihrerseits die darunterliegende Puffer- und Dateiverwaltung aufruft.

In /HF86/ wurden ausgehend vom vollen INGRES auf der Workstation fünf Kooperationsvarianten entwickelt, wobei zuerst die Puffer- und Dateiverwaltung, danach jeweils zusätzlich die Zugriffskomponente, der Query Processor, das Query Decomposition Modul und schließlich auch der Query Parser auf den Server ausgelagert wurden, so daß letztlich nur noch die Benutzerschnittstelle bzw. das Anwendungsprogramm auf der Workstation liegt. Diese fünf Konfigurationen decken sich im wesentlichen mit den Architekturen von Datenbankmaschinen.

Ein Ergebnis der in /HF86/ durchgeführten Messungen ist, daß keine der betrachteten Konfigurationen gleichmäßig besser ist als alle anderen. Die Konfigurationen mit Anwendungsprogramm bzw. auch Query Parser auf der Workstation benötigen wenig Kommunikationsaufwand und führen zu einer geringen Gesamtbelastung der Prozessoren. Eine höhere Netzbelastung verursachen hingegen die Varianten mit Puffer- und Dateiverwaltung, Zugriffskomponente bzw. Query Processor als Server-Schnittstelle. Dabei entlasten die ersten beiden Varianten den Server bezüglich des CPU- und des E/A-Aufwands, während die letzte Konfiguration zu einer ausgeglichenen CPU-Belastung, gleichzeitig aber zu höheren E/A-Kosten führt. Hierbei muß man jedoch berücksichtigen, daß der Query Processor bei der betrachteten Architektur keine Joins ausführen kann.

3.4 Verteilte Datenbanksysteme

Unter dem Begriff verteilte Datenbanksysteme werden eine Vielzahl von z.T. stark unterschiedlichen Konzepten zusammengefaßt. In bezug auf die Definition von Bayer ("Eine Datenbank heißt verteilt, wenn ein logisch integrierter Datenbestand physisch auf mehrere Rechner verteilt ist." /BEKK84/) ist auch das Server-Workstation-Konzept nur eine spezielle Form eines verteilten Datenbanksystems. Wir betrachten hier in Kap. 3.4 aber vor allem die "voll verteilten Datenbanksysteme", die wir folgendermaßen charakterisieren wollen:

- Auf jedem beteiligten Rechner ist ein komplettes Datenbanksystem verfügbar.
- Die Verteilung der Daten auf die einzelnen Rechner unterliegt der Kontrolle des Systems und ist für den Benutzer transparent. Vor allem übernimmt das System die Kontrolle über die Replikation von Daten.
- Das Gesamtsystem bietet dem Benutzer die Sicht eines zentralen Datenbanksystems.

Unter diesen Voraussetzungen werden die Vorteile dieses Konzepts klar: Zwischen den Teilsystemen findet eine enge Kooperation statt, die auch zur Leistungsverbesserung durch Lastbalancierung und Parallelisierung genutzt werden kann. Auf den einzelnen Rechnern können darüber hinaus anwendungsspezifische Datenbanken installiert werden.

Doch der Preis für diese Vorteile ist eine relativ **hohe Komplexität**. Auf jedem beteiligten Rechner muß ein komplettes DBVS installiert werden. Die Koordination der z.T. sehr unterschiedlichen (anwendungsspezifischen) Komponenten erfordert zusätzlichen Aufwand, da das Gesamtsystem die Verantwortung für sämtliche Daten besitzt und daher deren Integrität kontrollieren muß. Dies resultiert in aufwendigen Transaktionsverwaltungsprotokollen (z.B. Abstimmungsverfahren) oder in einer zentralen Steuerung, die zum Engpaß werden kann. Die Rollenverteilung bei der Kooperation sieht also entweder gleichberechtigte Partner oder einen zentralen "Chef" (evtl. auch mehrere "Chefs") mit vielen peripheren "Untergebenen" vor.

3.5 Föderativer Datenbank-Server

Das an der ETH Zürich entwickelte Konzept des föderativen Datenbank-Servers /DD85, DBDZ85/ ist eine spezielle Variante eines verteilten Datenbanksystems, das für ein lokales Netz von Arbeitsplatzrechnern entwickelt wurde. Es vermeidet die Komplexität eines voll verteilten Datenbanksystems durch eine statische Aufgabenverteilung und eine Vereinfachung der verteilten Datenhaltung. Dies wird erreicht durch eine dem Benutzer sichtbare Unterscheidung zwischen privaten (lokalen) und öffentlichen (zentralen) Daten. Während alle öffentlichen Daten im zentralen Server gehalten werden, speichern die Benutzer ihre privaten Daten in einem lokalen Datenbanksystem auf ihrem Arbeitsplatzrechner. Dort können sie auch Kopien ("Snapshots") von zentralen Daten halten. Für deren Aktualität muß aber das lokale Datenbanksystem sorgen, indem es (z.B. periodisch) 'Auffrischungen' der Originalversionen anfordert. Bei dieser Architektur wird vor allem die Unabhängigkeit der Beteiligten betont. Die Einzelsysteme können daher auch ohne Verbindung zum Restsystem noch autonom weiterarbeiten. Dafür ist jedoch auf jedem Rechner ein komplettes DBVS erforderlich, und die Arbeitsverteilung zwischen diesen Systemen ist relativ starr. Es wird aber die Rollenverteilung zwischen Workstations und Server sehr gut sichtbar, die zur Verwaltung der öffentlichen (nicht der privaten!) Daten kooperieren.

3.6 Schlußfolgerungen

Für alle zuvor betrachteten Alternativen läßt sich feststellen, daß ihre Vor- und Nachteile je nach Anwendungsprofil und Umgebung mehr oder weniger deutlich zu Buche schlagen. Für den Bereich der Non-Standard-Anwendungen, insbesondere CAD, erfüllen sie die gestellten Anforderungen nur zum Teil. Doch eine Patentlösung kann man auch nicht so ohne weiteres angeben. Es lassen sich jedoch folgende Aussagen machen: Die Vielfältigkeit der Anforderungen von Non-Standard-Anwendungen erfordert eine **flexible Schnittstellengestaltung**, und es müssen Maßnahmen zur **Leistungsverbesserung** getroffen werden. Hier bietet sich eine enge Kooperation zwischen den Workstations und dem Server an. Im folgenden Kapitel werden wir ein Modell vorstellen, das uns die Klassifikation und Bewertung von kooperierenden Server-Workstation-Systemen erlaubt. Dieses kann als Ausgangsbasis für die Entwicklung eines leistungsfähigen Systems dienen.

4. Möglichkeiten der Server-Workstation-Kooperation

Im folgenden Kap. 4.1 wird zunächst die **Architektur** eines Non-Standard-Datenbanksystems vorgestellt, wobei wir uns bewußt eng an existierende Vorschläge /HR85, SW86/ bzw. Implementierungen /Lu85/ anlehnen. Danach wird in Kap. 4.2 anhand dieser Architektur aufgezeigt, welche **Varianten** der Server-Workstation-Kooperation möglich sind und wie deren Klassifikation und ansatzweise Bewertung erfolgen kann.

4.1 Zugrundeliegende DBS-Architektur

Im DB-Bereich koexistieren mehrere Modelle zur Beschreibung der Architektur von Datenbanksystemen. Der an das DIAM-Modell /Se73/ angelehnte Architekturvorschlag aus /HR85/ ist in **Bild 1a** wiedergegeben. **Bild 1c** zeigt die Architektur des am Wissenschaftlichen Zentrum der IBM in Heidelberg im Rahmen des Advanced Information Management Prototype (AIM-P) Projekts entwickelten Datenbanksystems /Lu85/. **Bild 1d** gibt die Architektur des Darmstädter Datenbanksystems DASDBS /De85, SW86/ wieder, und **Bild 1b** stellt jene NDBS-Architektur vor, die den nachfolgenden Überlegungen zur Server-Workstation-Kooperation in Kap. 4.2 zugrunde gelegt wird.

Auf Bild 1a soll hier nicht separat eingegangen werden; wir verweisen statt dessen auf die ausführlichen Erläuterungen in /HR85/. Die meisten dort auftretenden Begriffe und Konzepte lassen sich außerdem auch anhand der anderen Bilder (1b, 1c, 1d) erklären. Wir betrachten hier gleich den in Bild 1b gezeigten Aufbau eines Non-Standard-Datenbanksystems, wobei zur Konkretisierung der Ausführungen - wo nötig - auf Beispiele aus AIM-P (Bild 1c) sowie DASDBS (Bild 1d) zurückgegriffen wird.

Die unterste Ebene in Bild 1b wird vom **Betriebssystem (BS)** gebildet. Das Datenbank-Verwaltungssystem (DBVS) nimmt verschiedene BS-Dienste in Anspruch, insbesondere zur **Dateiverwaltung**. Diese wird speziell vom Datenver-

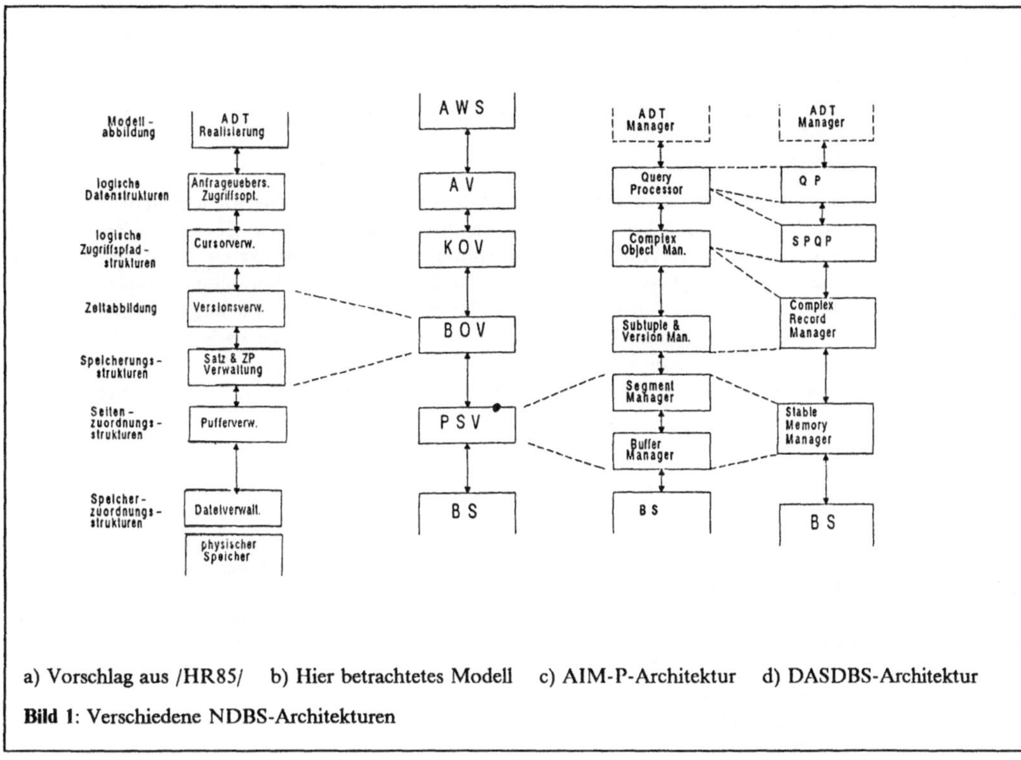

a) Vorschlag aus /HR85/ b) Hier betrachtetes Modell c) AIM-P-Architektur d) DASDBS-Architektur

Bild 1: Verschiedene NDBS-Architekturen

waltungssystem (DVS) des Betriebssystems erledigt. Aufgrund der dabei durchzuführenden Aufgaben (Abbildung von Datenblöcken auf die vorformatierten "Slots" der Plattenspeicher) spricht man hier auch von der Ebene der **Speicherzuordnungsstrukturen** (Bild 1a). Das DVS stellt nach oben - zum DBVS hin - eine blockorientierte Dateischnittstelle zur Verfügung, an der die folgenden **Operationen** angeboten werden:

- ÖFFNEN Datei
- SCHLIESSEN Datei
- LESEN Block
- SCHREIBEN Block

Die unterste DBVS-Ebene wird von der **Puffer- und Segmentverwaltung (PSV)** gebildet. Die Aufgaben der PSV können auch, wie etwa in AIM-P (Bild 1c), zwei eigenständigen Komponenten übertragen werden. Die PSV verwaltet zum einen **Segmente**, d.h. logische Datenbehälter zur Aufnahme einer Menge von Seiten. Zum anderen verwaltet sie den **Systempuffer** des DBVS, indem sie eine interne Pufferschnittstelle im (virtuellen) Speicher des Verarbeitungsrechners bereitstellt, auf der die in der Hierarchie weiter oben angesiedelten DBVS-Komponenten operieren. Die PSV ist dabei für die Zuordnung zwischen Seiten (in Segmenten) und Blöcken (in Dateien) verantwortlich, was auch den Begriff **Seitenzuordnungsstrukturen** für diese Ebene des Schichtenmodells erklärt (Bild 1a). Als **Operationen** werden von der PSV u.a. bereitgestellt:

- ERZEUGEN Segment
- LÖSCHEN Segment
- ÖFFNEN Segment
- SCHLIESSEN Segment
- BEREITSTELLEN Seite (Fix-Operation)
- FREIGEBEN Seite (Unfix-Operation)

Diese Schnittstelle bildet die Grundlage zur Realisierung der **Basisobjekt-Verwaltung (BOV** in Bild 1b). Basisobjekte in Non-Standard-Datenbanksystemen sind in etwa vergleichbar mit 'flachen' Datensätzen ("Records", "Tuples") in herkömmlichen Datenbanksystemen, wobei allerdings ein Unterschied hinsichtlich der zulässigen Länge besteht (Datensätze müssen meist relativ kurz sein, Basisobjekte hingegen nicht). Da die BOV für alle Fragen der Speicherung von Basisobjekten in DB-Seiten zuständig ist, wird hier auch von der Ebene der **Speicherungsstrukturen** gesprochen (Bild 1a). (In AIM-P (Bild 1c) werden die Basisobjekte als "Subtuples" bezeichnet; die zugehörige Verwaltungskomponente heißt demzufolge Subtuple Manager. In DASDBS (Bild 1d) existiert keine explizite Basisobjekt-Verwaltung, sondern die entsprechenden Funktionen sind in den Complex Record Manager integriert.) Wesentliche **Operationen** an der Basisobjekt-Schnittstelle des DBVS sind u.a.:

- SPEICHERN Basisobjekt
- LESEN Basisobjekt (auch teil- bzw. attributweise sowie Historie)
- ÄNDERN Basisobjekt (auch teil- bzw. attributweise)
- LÖSCHEN Basisobjekt

In Non-Standard-Datenbanksystemen wird im allg. auch eine Möglichkeit zur **Versionsverwaltung** für die Darstellung von Objektgeschichten für erforderlich gehalten. Es ist eine noch offene Frage, auf welcher Ebene diese **Zeitabbildung** in das DBVS integriert werden sollte. In AIM-P (Bild 1c) wird die Versionsverwaltung als Bestandteil der BOV angesehen /DLW84/. Demgegenüber liegt sie in DASDBS (Bild 1d) in der Schicht zur Verwaltung komplexer Objekte (vgl. /De85/). - Aus Leistungsgründen erfordern viele Anwendungen eine **Mengenorientierung** der Schnittstellen (s. Kap. 2.2). An der BOV-Schnittstelle ist diese besonders vielversprechend, da dann die Basisobjekte, die zu einem komplexen Objekt gehören, auf "einen Schlag" übergeben werden können. Auch für die Schnittstellen zur PSV und zum BS ist eine Mengenorientierung überlegenswert, wenngleich wir an dieser Stelle nicht näher auf diese Problematik eingehen können.

Charakteristisch für den NDBS-Bereich ist die Verwaltung komplexer Objekte. Diese Aufgabe ist in Bild 1b dementsprechend auch einer eigenen Komponente, der **Komplexobjekt-Verwaltung (KOV)** zugeordnet. Komplexe Objekte können aufgrund ihrer Größe und vor allem ihrer (oftmals hierarchischen oder sogar beliebig vernetzten) Struktur nicht immer nur als Ganzes verarbeitet werden; Einfügungen, Löschungen und Änderungen müssen vielmehr auch auf kleineren Granulaten (Subobjekten) möglich sein. Somit erfordert die Handhabung komplexer Objekte den "navigierenden" Zugriff zur Bereitstellung von Objektteilen mit Hilfe von Cursor-Bewegungen. Man spricht hier auch von "Scans" /As81/ oder "Walks" /Lu85/, die unter Verwendung der **logischen Zugriffspfadstrukturen** durchgeführt werden. Die **Operationen** an der Komplexobjekt-Schnittstelle, zu denen etwa (z.B. in AIM-P)

- ERÖFFNEN Walk
- FINDEN Nächstes Objekt/Subobjekt
- SPEICHERN Objekt/Subobjekt
- LESEN Objekt/Subobjekt
- ÄNDERN Objekt/Subobjekt
- LÖSCHEN Objekt/Subobjekt
- SCHLIESSEN Walk
- etc.

gehören, werden von der KOV in Aufrufe an der Basisobjekt-Schnittstelle umgesetzt, wobei noch verschiedene Optimierungen bei der Speicherung (etwa zur Gewährleistung der Cluster-Bildung in komplexen Objekten /DGW85/) möglich sind.

Auf der nächsthöheren DBVS-Ebene ist die **Anfrageverarbeitung** (AV) angesiedelt, die DML ("Data Manipulation Language")- und DDL ("Data Definition Language")-Anweisungen verarbeitet. Die AV setzt unter Kenntnis sowohl der **logischen Datenstrukturen** als auch der Zugriffspfadstrukturen die in einer hohen, z.B. SQL-artigen Sprache /PT85, PA86/ formulierten Anfragen in "navigierende" Operationen an der Komplexobjekt-Schnittstelle um und transformiert - umgekehrt - die von dort gelieferten Daten in eine geeignete externe Darstellung. Bei der Operationsdurchführung wird von den Möglichkeiten der **Zugriffsoptimierung** Gebrauch gemacht.

Die meisten NDBS-Vorschläge gehen davon aus, daß die Benutzer bzw. Anwendungsprogramme an der erwähnten AV-Schnittstelle mit dem DBVS kommunizieren, daß also das **Anwendungssystem (AWS)** direkt auf der SQL-artigen Schnittstelle aufsetzt. Man kann sich jedoch - gerade im Non-Standard-Bereich - durchaus vorstellen, daß zwischen der Anwendung und der herkömmlichen DBVS-Schnittstelle noch eine weitere Ebene liegt, die **Abstrakte Datentypen (ADTs)** realisiert und dadurch mächtigere, anwendungsbezogenere Operationen zur Verfügung stellt, als dies an der üblichen SQL-artigen Schnittstelle möglich ist. Für die nachfolgenden Betrachtungen zur Server-Workstation-Kooperation ist diese Ebene der **Modellabbildung** mittels Abstrakter Datentypen jedoch nicht von Bedeutung, und wir können deshalb - wie auch in Bild 1b gezeigt - davon ausgehen, daß oberhalb der AV in der Hierarchie direkt das Anwendungssystem des Benutzers folgt. - Bei DASDBS (Bild 1d) befinden sich oberhalb des Complex Record Managers die Komponenten Single Pass Query Processor (SPQP), Query Processor (QP) und schließlich der ADT-Manager.

Zusammenfassend läßt sich feststellen, daß wir im folgenden von der Existenz der DBVS-Komponenten

- AV (Anfrageverarbeitung)
- KOV (Komplexobjekt-Verwaltung)

• BOV (Basisobjekt-Verwaltung)
• PSV (Puffer- und Segmentverwaltung)
ausgehen.

4.2 Vorstellung, Klassifikation und Bewertung der Kooperations-Konzepte

4.2.1 Einfache Kooperationsmöglichkeiten

Nachdem im vorangegangenen Kapitel (4.1) die **Architektur** eines Datenbanksystems für Non-Standard-Anwendungen vorgestellt wurde, sollen nun auf der Grundlage dieses Schichtenmodells verschiedene **Varianten** der Server-Workstation-Kooperation näher betrachtet werden. Dabei geht es vor allem um die Frage, auf welchen **Ebenen** des Schichtenmodells die **Kooperation** zwischen dem Server-Datenbanksystem einerseits und der Workstation-Software andererseits (wobei es sich ebenfalls um ein - mehr oder weniger vollständiges - Datenbanksystem handeln kann) erfolgen soll und wie sich daraus jeweils eine **Aufgabenverteilung** zwischen dem Server und den angeschlossenen Workstations ergibt. (In Kap. 2.1 wurde ja bereits darauf hingewiesen, daß man sich von der Aufgabenverteilung beim Server-Workstation-Konzept nicht zuletzt auch eine Leistungsverbesserung im Gesamtsystem Server/Workstation verspricht.) Wir werden im folgenden auch solche Kooperations-Varianten zwischen Server und Workstation kurz diskutieren, die zwar vom praktischen Nutzen her kaum von Bedeutung sind, dafür aber entweder der Einordnung der anderen vorgestellten Varianten oder der Vollständigkeit der Erörterungen dienen.

Bild 2a zeigt ein solches Beispiel. Hier ist die Workstation als reines **Terminal** ohne eigene Verarbeitungsleistung konzipiert. (Deshalb sollte man unter diesen Umständen eigentlich nicht von einer Server-Workstation-Kooperation, sondern eher von einer Rechner-Terminal-Kopplung sprechen.) Die DB-Verarbeitung geschieht hier vollständig auf dem Server, und - was entscheidend ist - auch das Anwendungssystem (AWS) ist dort angesiedelt. Sämtliche Interaktionen zwischen dem an der "Workstation" arbeitenden Benutzer und dem Anwendungssystem werden somit über den Server abgewickelt. Eine der essentiellen Forderungen beim Einsatz von Workstations (". . . workstations have good and constant response time at the user interface . . ." /GC85, S. 1/) läßt sich auf diesem Wege keinesfalls erfüllen. Man sollte deshalb bei einer "echten" Server-Workstation-Kooperation davon ausgehen, daß sich zumindest das **Anwendungssystem auf der Workstation** befindet. Dies bietet sich auch deshalb an, weil in manchen Fällen eine Unterstützung des Anwendungssystems auf der Workstation mit Hilfe spezieller Hardware erfolgen kann (vgl. Kap. 2.1).

Bild 2b zeigt dementsprechend eine Server-Workstation-Kooperation an der externen DBVS-Schnittstelle, wobei nur das Anwendungssystem (**AWS**) auf die Workstation ausgelagert wurde, während die DB-Verarbeitung - wie bei der o.g. "Terminal-Lösung" - in vollem Umfang auf dem Server erfolgt. Neben dem Anwendungssystem befindet sich auf der Workstation notwendigerweise noch ein Betriebssystem (BS), das sich allerdings - vor allem im Funktionsumfang - durchaus von dem Server-Betriebssystem unterscheiden kann. Die Server-Workstation-Kommunikation geschieht in Bild 2b stets an der **externen DBVS-Schnittstelle**. (In der Art der Kommunikation besteht hier übrigens Ähnlichkeit mit den in Kap. 3 erwähnten PC-DB-Links bzw. Datenbankmaschinen.) Für die Server-Workstation-Kooperation gilt nun folgendes:

- **Lesende Anfragen** ("Retrieval") werden - z.B. in einer SQL-artigen Sprache - vom Anwendungssystem auf der Workstation zum DBVS auf dem Server gesandt, dort von der Anfrageverarbeitung übersetzt und anschließend mit Hilfe der darunterliegenden DBVS-Komponenten ausgeführt.
- **Antworten** auf lesende Anfragen werden in extern aufbereiteter, für das Anwendungssystem verständlicher Form (beispielsweise in Gestalt von Tabellen des Relationenmodells) von der DBVS-Anfrageverarbeitung zurück zur Workstation übertragen.
- **Ändernde Anfragen** ("Update") werden ebenfalls in einer SQL-artigen Sprache vom Anwendungssystem auf der Workstation zum DBVS auf dem Server gesandt (UPDATE . . . WHERE . . .), dort übersetzt und anschließend ausgeführt. Das Versenden der für eine Änderung (wobei es sich auch um eine Einfügung ("Insert") handeln kann) benötigten Daten geschieht in extern aufbereiteter Form zusammen mit der Anfrage von der Workstation zum Server.

Wir gehen bei Bild 2b - und auch bei den folgenden Bildern - zunächst davon aus, daß lesende Anfragen, Antworten auf lesende Anfragen und ändernde Anfragen alle auf derselben Ebene erfolgen. Somit gilt die Beziehung:

Lese-Ebene = Antwort-Ebene = Änderungs-Ebene

Wir sprechen hier auch - wie es der Titel dieses Kapitels schon ausdrückt - von **einfachen Kooperationsmöglichkeiten**. In Bild 2b handelt es sich demnach um eine einfache Kooperation, weil die Kommuni-

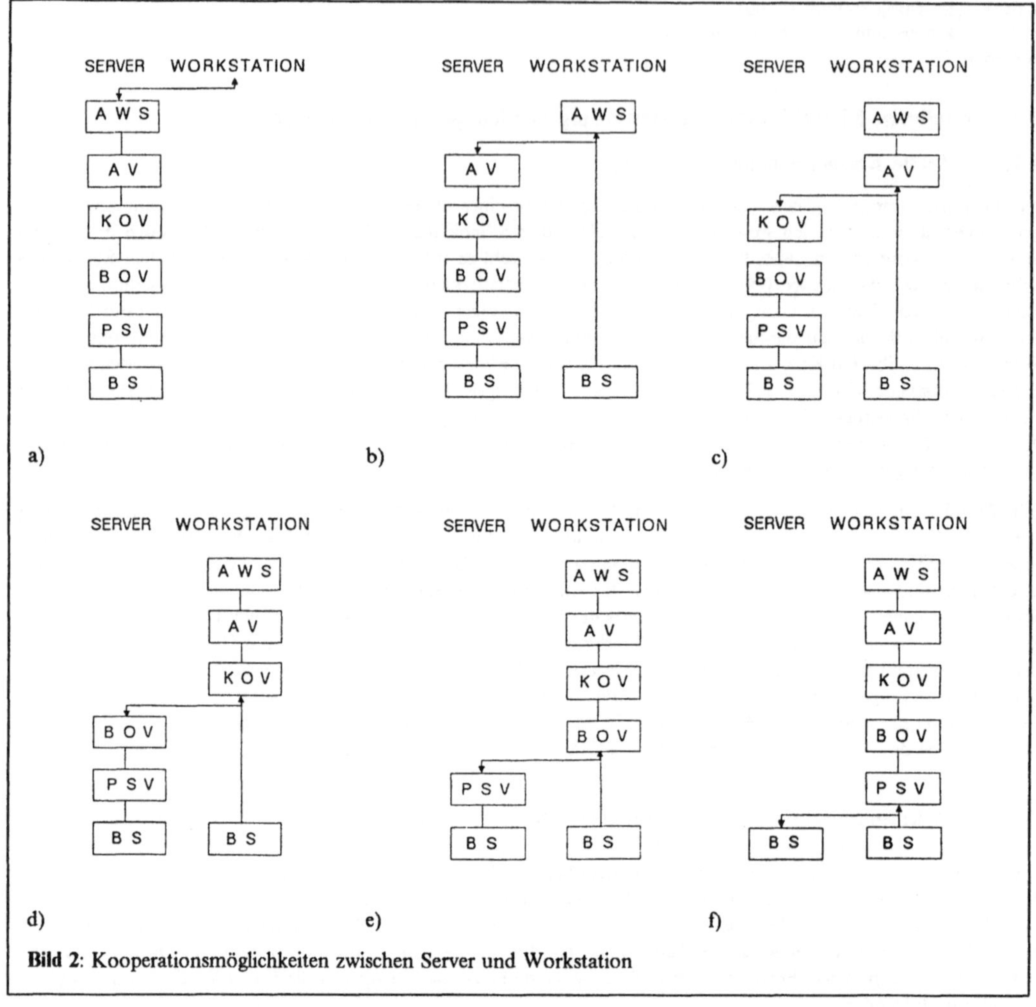

Bild 2: Kooperationsmöglichkeiten zwischen Server und Workstation

kation vollständig auf der **Anwendungsebene** geschieht. (Implikationen dieser Kooperationsstrategie - wie auch der im folgenden beschriebenen Strategien - werden erst in Kap. 4.2.3 diskutiert.)

Bild 2c stellt demgegenüber die Kommunikation zwischen Server und Workstation auf der **Komplexobjekt-Ebene** dar. Neben dem Anwendungssystem befindet sich hier auch die Anfrageverarbeitung (**AV**) auf der Workstation. (Unabhängig davon kann das DBVS auf dem Server nach wie vor eine Anfrageverarbeitung enthalten, wie weiter unten (in Zshg. mit Bild 3) noch gezeigt wird.) Die Anfrageübersetzung findet bereits auf der Workstation statt, und die Kommunikation zwischen der Workstation und dem Server erfolgt dann mit Hilfe der in Kap. 4.1 genannten Operationen an der Komplexobjekt-Schnittstelle (ERÖFFNEN Walk, FINDEN Nächstes Objekt etc.). Objekte und Subobjekte werden in interner Form (etwa als Baum im Fall hierarchischer Strukturen) zwischen der Komplexobjekt-Verwaltung auf dem Server und der Anfrageverarbeitung auf der Workstation hin und her übertragen. (Man könnte sich hier allerdings auch noch eine andere Art der Kooperation vorstellen: Auf der Workstation wird nur ein Syntaxbaum ("Parse Tree") erzeugt, der dann zum Server übertragen wird.)

Bild 2d geht noch einen Schritt weiter und verlagert auch die Komplexobjekt-Verwaltung (**KOV**) auf die Workstation, was zu einer Server-Workstation-Kommunikation auf der **Basisobjekt-Ebene** führt. Basisobjekte (also etwa "Subtuples" bei AIM-P) werden vom Server zur Workstation übertragen, dort möglicherweise geändert und später wieder zum Server zurückgeschickt. (Ebenso ist ein Erzeugen neuer Basisobjekte auf der Workstation möglich.) Die Interpretation der gelesenen Basisobjekte mit einer Abstraktion hin zu komplexen Objekten und letztendlich zu extern - d.h. im AWS - verständlichen Daten geschieht vollständig auf der Workstation.

In **Bild 2e** schließlich ist auf der Workstation auch noch die Basisobjekt-Verwaltung (**BOV**) vertreten, so daß die Server-Workstation-Kommunikation auf der **Seitenebene** erfolgt. Die Workstation fordert vom Server Seiten zum Lesen oder zum Ändern an; auf der Workstation veränderte Seiten werden wieder zum Server zurückübertragen und dort in die Datenbank eingebracht. Das zentrale DBVS ist hier also zu einem reinen "**Page Server**" degeneriert, da der Hauptteil der DB-Verarbeitung bis hinunter zur Interpretation der Seiteninhalte auf der Workstation erfolgt.

Man könnte nun auf die Idee kommen, auch noch die Puffer- und Segmentverwaltung (**PSV**) auf die Workstation zu verlagern, wie es in **Bild 2f** dargestellt ist. Da dann die DB-Verarbeitung ausschließlich auf der Workstation erfolgt, existiert zentral lediglich noch die Dateiverwaltung des Betriebssystems ("**File Server**") mit ihrer blockorientierten Dateischnittstelle. Von einer sinnvollen Server-Workstation-Kooperation kann in diesem Fall jedoch nicht mehr die Rede sein (wie etwa soll hier - auf der normalen Betriebssystem-Schnittstelle und ohne geeignetes Transaktionskonzept - die Synchronisation der Benutzer an verschiedenen Workstations erfolgen, die auf einer gemeinsamen Datenbank arbeiten wollen?). Wir werden deshalb diese Konstellation - wie auch jene aus Bild 2a - im folgenden nicht weiter betrachten.

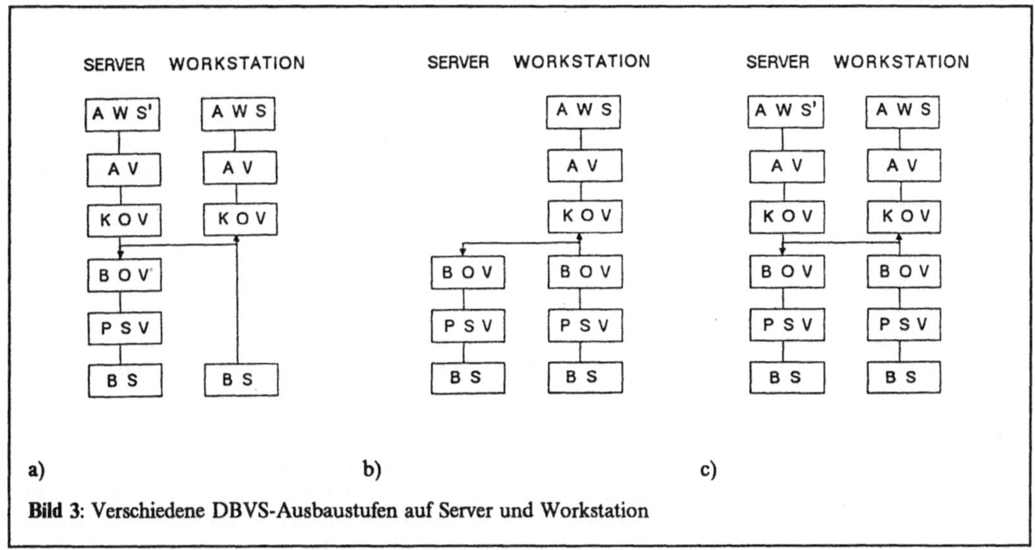

Bild 3: Verschiedene DBVS-Ausbaustufen auf Server und Workstation

Bei den in Bild 2 dargestellten Szenarien wurde stets angenommen, daß jene DBVS-Komponenten, die sich auf der Workstation befinden, nicht nochmals auf dem Server vorhanden sind - und umgekehrt. In den Bildern 2b bis e erfolgte deshalb ein sukzessiver "Abbau" des Server-DBVS von oben und ein entprechender "Aufbau" des Workstation-DBVS nach unten. Diese Betrachtungsweise ist jedoch nicht zwingend vorgeschrieben:

- **Bild 3a** zeigt ein Beispiel für eine Architektur, bei der - im Gegensatz zu Bild 2d - auf den "Abbau" des Server-DBVS verzichtet wurde. Man kann sich zur Vervollständigung der Betrachtungen - ähnlich wie in den Bildern 2b, c und e - noch drei weitere, ebenfalls sinnvolle (aber hier aus Platzgründen nicht dargestellte) Varianten vorstellen, bei denen sich auf der Workstation
  - das AWS,
  - das AWS und die AV bzw.
  - das AWS, die AV, die KOV und die BOV

  befinden /De86/. Das Server-DBVS ist in all diesen Fällen stets vollständig vorhanden, unabhängig davon, welche DBVS-Komponenten sich jeweils auf der Workstation befinden. Dies hat den Vorteil, daß das Server-DBVS - losgelöst von der jeweiligen Workstation-Anbindung - auch noch zur herkömmlichen, zentralen DB-Verarbeitung auf dem Server ohne Workstation-Einsatz benutzt werden kann. Dies soll im Bild dadurch dokumentiert werden, daß auf dem Server ein Anwendungssystem AWS' (in der Regel dürfte AWS$\neq$AWS' gelten) auf der externen DBVS-Schnittstelle operiert. Es ist hier übrigens auch denkbar, daß verschiedene Workstations auf unterschiedlichen Ebenen mit dem Server kommunizieren; dieser wird dadurch zu einer Art "Multi-Level Server". Dann könnte eine Workstation ihre Anfragen auf der externen DBVS-Schnittstelle zum Server schicken und eine andere auf der Komplexobjekt-Schnittstelle. Welche Vor- und Nachteile ein "Multi-Level Server" wirklich mit sich bringt, muß noch in weiteren Untersuchungen geklärt werden.
- **Bild 3b** zeigt eine Architektur als Stellvertreter für wiederum drei weitere (nicht wiedergegebene) Varianten, wobei man auf der Workstation ein vollständiges DBVS vorsieht, unabhängig davon, welche DBVS-Komponenten auf

dem Server existieren. Es erfolgt hier somit kein "Aufbau" des Workstation-DBVS nach unten, wie er in Bild 2 dargestellt wurde. Der Vorteil hierbei ist, daß auf der Workstation mit Hilfe des dort vorhandenen **lokalen DBVS** eine eigenständige Datenverwaltung betrieben werden kann. Das Workstation-DBVS, das vom Schichtenmodell her als vollständig anzusehen ist, muß jedoch nicht unbedingt auch alle Funktionen beinhalten, die im zentralen DBVS auf dem Server vorhanden sind. So wird man z.B. sinnvollerweise auf eine Sperrverwaltung beim Workstation-DBVS verzichten, wenn es, wie im CAD-Bereich üblich, nur im Einbenutzerbetrieb läuft und die Sperrverwaltung somit einen unnötigen Mehraufwand zur Folge hätte. Auch in anderen Punkten (Recovery etc.) kann das Workstation-DBVS eine funktionell "abgemagerte" Version des Server-DBVS sein.

- **Bild 3c** ist schließlich als Beispiel einer Art Generalisierung der Bilder 3a und 3b anzusehen. (Die drei anderen möglichen Varianten bzgl. der Kommunikationsebene sind auch hier nicht dargestellt.) Auf beiden Seiten existiert ein hinsichtlich des Schichtenmodells vollständiges DBVS. Wie schon zuvor in Zshg. mit Bild 3b, so ist wiederum anzumerken, daß das Workstation-DBVS funktionell durchaus weniger mächtig als das Server-DBVS sein darf.

4.2.2 Erweiterte Möglichkeiten der Kooperation

Im vorigen Kapitel wurde davon ausgegangen, daß in einem konkreten Fall der Server-Workstation-Kooperation die Kommunikation immer nur auf **einer** Ebene erfolgt. Die vorgestellten Varianten wurden deshalb auch als **einfache** Kooperationsmöglichkeiten bezeichnet. Wenn man von den verschiedenen Ausbaustufen der Server- und der Workstation-Seite absieht (mehr oder weniger vollständiges Server- bzw. Workstation-DBVS, wie in den Bildern 2 und 3 angedeutet), dann sind nur noch die vier Ebenen der Kooperation zu unterscheiden:

1. Seitenebene
2. Basisobjekt-Ebene
3. Komplexobjekt-Ebene
4. Anwendungsebene

Zumindest im Fall 4 kann von einer **losen Kooperation** zwischen Server und Workstation gesprochen werden, während in den anderen Fällen eine **engere Kooperation** vorliegt, da dort zwischen Server und Workstation genaue Konventionen hinsichtlich der interen Übergabestrukturen (bis hin zum Seitenaufbau im Fall 1) vereinbart werden müssen.

Man kann von diesen einfachen Möglichkeiten der Kooperation abgehen, indem man die Forderung "Lese-Ebene = Antwort-Ebene = Änderungs-Ebene" aufgibt. Dabei sieht es zunächst so aus, als ob für lesende Anfragen, Antworten sowie ändernde Anfragen nun jeweils die vier o.g. Ebenen unabhängig voneinander gewählt werden könnten. Dies hätte offensichtlich insgesamt $4^3 = 64$ Kommunikationsmöglichkeiten zur Folge, gegenüber nur vier Möglichkeiten, wie sie in Kap. 4.2.1 vorgestellt wurden. Im folgenden zeigen wir jedoch mit Hilfe zweier **Regeln**, daß nicht alle 64 Varianten praktikabel sind. (Für die Ebenen sei dabei die obige Numerierung von 1 bis 4 zugrunde gelegt.)

Regel 1. Es muß gelten: Lese-Ebene ≥ Antwort-Ebene

An einem konkreten Beispiel aufgezeigt bedeutet dies, daß etwa die Workstation **keine** Anfrage der Art "Gib mir die Seiten i, j und k" an den Server stellen kann (Seitenebene = 1) und vom Server dann als Antwort ein komplexes Objekt zurückerhält (Komplexobjekt-Ebene = 3). Woher soll nämlich der Server wissen, welches komplexe Objekt von der Workstation tatsächlich gewünscht wird (es können sich ja mehrere Objekte auf den spezifizierten Seiten befinden), und wie soll er eine Abstraktion von Seiten hin zu komplexen Objekten vornehmen?

Regel 2. Es muß gelten: Änderungs-Ebene ≥ Antwort-Ebene

(Wir gehen hier davon aus, daß zur Änderungsdurchführung zunächst Daten vom Server gelesen werden müssen, bevor sie auf der Workstation modifiziert und dann über Änderungsoperationen später wieder in die Server-Datenbank eingebracht werden können. Mehr oder weniger "blinde" Änderungen (UPDATE ... WHERE ...) werden daher zunächst nicht betrachtet.) Anhand eines Beispiels soll wiederum die Berechtigung der Regel demonstriert werden: Angenommen, Antworten auf lesende Anfragen werden auf Ebene 3 (Komplexobjekt-Ebene) übertragen, stellen also beispielsweise hierarchisch strukturierte Objekte in einer internen Form dar. Änderungen können nun offensichtlich **nicht** auf der Seitenebene (Ebene 1) zum Server zurückgeschickt werden, denn wie soll das Workstation-DBVS z.B. wissen, auf welchen Seiten der Server-DB noch Platz ist und wo es somit die modifizierten oder neu eingefügten Basisobjekte ablegen kann? Nur wenn die Workstation die Antworten auf lesende Anfragen ebenfalls auf der Seitenebene erhält, kann sie diese Seiten unmittelbar modifizieren und später wieder zum Server zurückübertragen (s.u.).

Man kann sich von der Gültigkeit dieser beiden Regeln auch allgemein überzeugen (also unabhängig von den betrachteten Beispielen), worauf hier jedoch aus Platzgründen verzichtet werden soll (vgl. auch /De86/). Insgesamt erhält man somit die Beziehung:

Lese-Ebene ≥ Antwort-Ebene ≤ Änderungs-Ebene

Die o.g. 64 potentiellen Kommunikationsmöglichkeiten zwischen Server und Workstation werden dadurch wesentlich eingeschränkt. Für die Antwort-Ebene 4 gibt es nur noch **eine** Festlegung der Lese- und Änderungs-Ebene, nämlich ebenfalls die Ebene 4. Für die Antwort-Ebene 3 ergeben sich **vier** (2^2) Möglichkeiten des Lesens/Änderns etc. Insgesamt ergibt sich für die **Zahl der Kommunikationsmöglichkeiten**:

$$\text{Gesamtzahl} = 1^2 + 2^2 + 3^2 + 4^2 = 30$$

4.2.3 Klassifikation und ansatzweise Bewertung

Es bietet sich an, im Rahmen einer Klassifikation "ähnliche" Kommunikationsmöglichkeiten jeweils zu einer **Gruppe** zusammenzufassen und diese dann insgesamt zu diskutieren. Wir teilen im folgenden die 30 "übriggebliebenen" Kommunikationsmöglichkeiten danach in Gruppen ein, auf welcher Ebene die **Antwort** auf lesende Anfragen vom Server zur Workstation übertragen wird.

1. Antwort-Ebene 4 (AWS-Schnittstelle)

Hier laufen sämtliche DB-Funktionen auf dem Server ab. Auch Änderungen müssen mit Hilfe von Operationen an der AWS-Schnittstelle durchgeführt werden. Somit ist es relativ mühsam, Daten, die vom Server zur Workstation übertragen und dort u.U. wesentlich verändert wurden, später wieder in die Server-DB einzubringen. Wenn beispielsweise viele kleine Datenänderungen im Verlauf einer langen ("conversational") Transaktion auf der Workstation durch das Anwendungssystem veranlaßt wurden, dann müssen diese Änderungen an der normalen DBVS-Schnittstelle (UPDATE ... WHERE ...) in die Server-DB eingebracht werden. Dies kann außerordentlich zeitaufwendig und damit belastend für den Server sein. Ein Vorteil bei dieser losen Kooperation zwischen Server und Workstation liegt hingegen darin, daß die Workstation-Software (das AWS) nicht an eine spezielle DBVS-Implementierung auf dem Server gebunden ist, sondern ohne allzugroße Modifikationen mit verschiedenen Server-Datenbanksystemen kommunizieren kann, sofern diese sich an vorgegebene Konventionen bzgl. der Extraktion/Injektion und der Anfragesprache halten. (Auch beim **Remote Database Access** /Ef85/ wird die Ebene 4 zur Kommunikation benutzt.)

2. Antwort-Ebene 3 (Komplexobjekt-Schnittstelle)

In bezug auf die Lese- und die Änderungs-Ebene lassen sich hier offensichtlich vier Möglichkeiten unterscheiden (3/3, 3/4, 4/3, 4/4). Die Kombination **4/3** (Lesen auf der externen DBVS-Schnittstelle, Ändern auf der Komplexobjekt-Schnittstelle) ist derzeit bei AIM-P implementiert:

- Lesende Anfragen werden in einer SQL-artigen Sprache formuliert /PT85, PA86/ und von der Workstation zum Server übertragen.
- Der Server schickt dann die angeforderten (komplexen) Objekte in einer internen, sich selbst beschreibenden Darstellung zur Workstation. Dort können diese Objekte mit Hilfe "navigierender" Operationen (wie in Kap. 4.1 beschrieben) verarbeitet und auch geändert werden.
- Nach Abschluß der Änderungen werden die Objekte in jener internen Darstellung, in der sie vom Server zur Workstation gesandt wurden, wieder zum Server zurückübertragen. Der Server arbeitet die interne Darstellung ab, stellt fest, wo Änderungen durchgeführt wurden und um welche Änderungsarten es sich dabei jeweils handelt ("normale" Modifikationen, Einfügungen, Löschungen). Diese Änderungen werden dann direkt in Operationen an der Basisobjekt-Schnittstelle umgesetzt und ausgeführt.

Ein Vorteil bei gerade diesem Konzept liegt darin, daß der Kommunikationsaufwand zwischen Server und Workstation und der server-seitige Verarbeitungsaufwand deutlich geringer sind, als dies bei der zuvor genannten Art der Kooperation (alle Kommunikation auf Ebene 4) der Fall ist. Das liegt vor allem daran, daß nun Änderungen nicht mehr auf Ebene 4 sondern auf Ebene 3 von der Workstation an den Server übermittelt werden. Diesen Vorteil bieten hingegen die Kombinationen 3/4 und 4/4 für die Lese- bzw. Änderungs-Ebene nicht. Bei der Kombination 3/3 findet die Übersetzung der Anfrage auf der Workstation statt, die dann mittels "navigierender" Operationen an der Komplexobjekt-Schnittstelle mit dem Server kommuniziert. Dies bedingt einen erhöhten Kommunikationsaufwand im Vergleich zur AIM-P-Variante 4/3.

3. Antwort-Ebene 2 (Basisobjekt-Schnittstelle)

Falls hier die Basisobjekte **einzeln** auf Anforderung vom Server zur Workstation übertragen werden, so führt dies zunächst einmal zu **sehr** hohen Kosten bei der Kommunikation, insbesondere dann, wenn viele (kurze) Basisobjekte zur Weiterverarbeitung auf der Workstation benötigt werden. Der Kommunikationsaufwand läßt sich reduzieren, indem jeweils **Mengen** von Basisobjekten auf einmal übertragen werden. Dies geht allerdings nur dann, wenn dem Server entsprechende Informationen über die benötigte Basisobjekt-Menge vorliegen (z.B. weil ihm die Anfrage auf einer höheren Ebene (> 2) übermittelt wurde und er somit selbst feststellen kann, welche Basisobjekte zur Beantwortung der Anfrage gelesen und zur Workstation übertragen werden müssen).

Weitere Probleme kann es bei der Antwort-Ebene 2 in Zshg. mit der **Adressierung** von Objekten geben. Immer dann, wenn ein neues Basisobjekt auf der Workstation erzeugt wird, sollte auch gleich die Einbindung in das übergeordnete komplexe Objekt erfolgen. In AIM-P geschieht diese im wesentlichen über TIDs. Den TID eines neuen Basisobjekts muß man sich jedoch stets vom Server geben lassen, der allein feststellen kann, auf welcher DB-Seite (unter gleichzeitiger Berücksichtigung von Cluster-Eigenschaften) noch genügend freier Platz für die neuen Daten vorhanden ist. Deshalb muß bei jeder Erzeugung eines neuen Basisobjekts über die Server-Workstation-Schnittstelle gegangen werden, was als sehr kostspielig anzusehen ist. - Insgesamt hat es - aus diesen und aus anderen Gründen /De86/ - somit den Anschein, daß die Antwort-Ebene 2 mehr Nachteile als Vorteile mit sich bringt.

4. Antwort-Ebene 1 (Seiten-Schnittstelle)

Hier werden als Ergebnis einer lesenden Anfrage Seiten vom Server zur Workstation übertragen, ohne daß zuvor irgendeine Aufbereitung der Seiteninhalte (Extraktion von Basisobjekten etc.) erfolgt. Dieses Vorgehen ist nur dann von Nutzen, wenn sich jene Daten, die als Ergebnis einer Anfrage benötigt werden, meist zusammenhängend auf einer nicht allzugroßen Menge von Seiten befinden. Andernfalls würden möglicherweise viel mehr Daten vom Server zur Workstation übertragen, als dort tatsächlich benötigt werden. - Die Kommunikation auf Seitenebene funktioniert somit nur unter bestimmten **Voraussetzungen** bzgl. der Speicherplatzvergabe, der Adressierungstechnik etc. Es würde hier jedoch entschieden zu weit gehen, auf all diese Punkte genauer einzugehen.

4.2.4 Schlußfolgerungen

Im vorangegangenen Kap. 4.2.3 wurden verschiedene Möglichkeiten der Server-Workstation-Kooperation diskutiert, wobei zwischen Server und Workstation in einigen Fällen eine eher lose Kooperation vorlag (insbesondere bei der Kommunikation auf Ebene 4 (AWS-Schnittstelle)), während in anderen Fällen (speziell bei der Kommunikation auf Ebene 1 (Seiten-Schnittstelle)) eine recht enge Kooperation anzutreffen war. Eine Aussage darüber, welche Art der Kooperation (lose/eng) zwischen Server und Workstation nun konkret zu empfehlen ist und welche Ebenen hierfür genau gewählt werden sollten, kann jedoch allein aufgrund der oben durchgeführten Bewertungen noch nicht mit hinreichender Sicherheit getroffen werden. Deshalb bringen wir hier nur die folgenden, noch recht vagen Anmerkungen: Es ist anzunehmen, daß eine enge Kooperation in bezug auf die Effizienz der Kommunikation und Verarbeitung deutliche Vorteile gegenüber einer losen Kooperation bietet. Dafür treten bei solch einer engen Kooperation aber zahlreiche zusätzliche Probleme auf, u.a. in Zshg. mit Sperrgranulaten und Adressierungstechniken (wie schon oben angedeutet), die noch eine genauere Betrachtung verdienen. Diese findet sich z.T. schon in /De86/; weitere Untersuchungen sind jedoch derzeit noch im Gange. Über Ergebnisse hierzu wird in einem späteren Papier zu berichten sein.

5. Resümee

Wir haben in dieser Arbeit gezeigt, daß sich besonders im Rahmen von Non-Standard-Anwendungen eine Kooperation zwischen einem Datenbank-Server und Workstations anbietet, um die gewünschten Anforderungen zu erfüllen. Bei der Betrachtung der bereits existierenden Ansätze mußten wir feststellen, daß es noch keine voll zufriedenstellende Lösung gibt. Um die Analyse der bestehenden und der zukünftigen Konzepte zu systematisieren, haben wir in diesem Bericht auf der Basis einer einfachen Schichtenarchitektur ein Modell entwickelt, das uns die Darstellung der verschiedenen Alternativen ermöglicht. Beim Vorstellen des Modells konnten wir schon einige Erkenntnisse über den Einfluß der Wahl der Kommunikationsebene auf die Kooperation präsentieren. Weitergehende Untersuchungen müssen sich vor allem noch mit den Problemen der Transaktionsverwaltung und der Zugriffspfadunterstützung in einer Server-Workstation-Umgebung und deren Auswirkungen auf die Kooperation beschäftigen. Im Rahmen unseres Projekts werden wir uns diesen Aufgaben widmen und Lösungskonzepte anhand einer Prototypimplementierung, basierend auf dem Non-Standard-Datenbanksystem AIM-P, demonstrieren.

6. Literatur

ARW83 R. Anderl, J. Rix, H. Wetzel: GKS im Anwendungsbereich CAD, in: Informatik-Spektrum, Bd. 6, 1983, S. 76 - 81.

As81 M.M. Astrahan et al.: A History and Evaluation of System R, in: CACM, Vol. 24, 1981, pp. 632 - 646.

BC85 A.P. Buchmann, C.P. de Celis: An Architecture and Data Model for CAD Databases, in: Proc. 11th Int. Conf. on VLDB, Stockholm, 1985, pp. 105 - 114.

BEKK84 R. Bayer, K. Elhardt, W. Kießling, D. Killar: Verteilte Datenbanksysteme - Eine Übersicht über den heutigen Entwicklungsstand, in: Informatik-Spektrum, Bd. 7, 1984, S. 1 - 19.

BKK85 F. Bancilhon, W. Kim, H.F. Korth: A Model for CAD Transactions, in: Proc. 11th Int. Conf. on VLDB, Stockholm, 1985, pp. 25 - 33.

BP85 A. Blaser, P. Pistor (Hrsg.): Tagungsbd. GI-Fachtagung "Datenbank-Systeme für Büro, Technik und Wissenschaft", Karlsruhe, 1985, Springer-Verlag, Informatik-Fachberichte, Bd. 94.

Da85 P. Dadam: Arbeitsstationen als Datenbank-Frontend: Probleme und Lösungsansätze, Vortrag anläßlich eines Treffens der GI-Fachgruppe 2.5.1 "Datenbanksysteme", Aachen, 1985.

Da86 P. Dadam, K. Küspert, F. Andersen, H. Blanken, R. Erbe, J. Günauer, V. Lum, P. Pistor, G. Walch: A DBMS Prototype to Support Extended NF^2 Relations: An Integrated View on Flat Tables and Hierarchies, in: Proc. ACM SIGMOD Conf., Washington, D.C., 1986, pp. 356 - 367.

DBDZ85 A. Diener, R.P. Brägger, A. Dudler, C.A. Zehnder: Replicating and Allocating Data in a Distributed Database System for Workstations, in: Proc. ACM SIGSMALL Symposium on Small Systems, Danvers, Mass., 1985, pp. 5 - 9.

DD85 A. Diener, A. Dudler: The Integrity Subsystem of a Distributed Database System for Workstations, in: Proc. ACM Computer Science Conference, New Orleans, 1985, pp. 364 - 372.

De85 U. Deppisch, V. Obermeit, H.-B. Paul, H.-J. Schek, M. Scholl, G. Weikum: Ein Subsystem zur stabilen Speicherung versionenbehafteter, hierarchisch strukturierter Tupel, in: /BP85/, S. 421 - 440.

De86 U. Deppisch, J. Günauer, K. Küspert, V. Obermeit, G. Walch: Überlegungen zur Kooperation bei Workstation-Server-Datenbanken in CAD/CAM-Anwendungsumgebungen. Interner Projektbericht DVSI-1986-P1, TH Darmstadt, Fachbereich Informatik, 1986.

DGW85 U. Deppisch, J. Günauer, G. Walch: Speicherungsstrukturen und Adressierungstechniken für komplexe Objekte des NF^2-Relationenmodells, in: /BP85/, S. 441 - 459.

DKML84 K.R. Dittrich, A.M. Kotz, J.A. Mülle, P.C. Lockemann: Datenbankkonzepte für Ingenieuranwendungen: Eine Übersicht über den Stand der Entwicklung, in: Tagungsbd. 14. GI-Jahrestagung, Braunschweig, 1984, Springer-Verlag, Informatik-Fachberichte, Bd. 88, S. 175 - 192.

DLW84 P. Dadam, V. Lum, H.-D. Werner: Integration of Time Versions into a Relational Database System, in: Proc. 10th Int. Conf. on VLDB, Singapore, 1984, pp. 509 - 522.

Eb84 W. Eberlein: Architektur technischer Datenbanken für integrierte Ingenieursysteme, Dissertation, Univ. Erlangen-Nürnberg, Arbeitsbericht 17/1, 1984.

Ef85 W. Effelsberg: Datenbankzugriff in heterogenen Rechnernetzen, Vortrag anläßlich eines Treffens der GI-Fachgruppe 2.5.1 "Datenbanksysteme", Aachen, 1985.

ERS81 L. Eberhard, Ch. Riechmann, A. Schütt: Datenbankmaschinen - Überblick über den derzeitigen Stand der Entwicklung, in: Informatik-Spektrum, Bd. 4, 1981, S. 31 - 39.

Fi83 W.E. Fischer: Datenbanksystem für CAD-Arbeitsplätze, Springer-Verlag, Informatik-Fachberichte, Bd. 70, 1983.

GC85 D. Gantenbein, A. Cockburn: Architecture and Usage of a Host-Coupled Workstation. Research Report RZ1382, IBM Zürich Research Lab., Rüschlikon, Schweiz, 1985.

Go84 B.C. Goldstein, A.R. Heller, F.H. Moss, I. Wladawsky-Berger: Directions in Cooperative Processing Between Workstations and Hosts, in: IBM Systems Journal, Vol. 23, 1984, pp. 236 - 244.

HF86 R.B. Hagmann, D. Ferrari: Performance Analysis of Several Back-End Database Architectures, in: ACM Trans. on Database Systems, Vol. 11, 1985, pp. 1 - 26.

HL82 R.L. Haskin, R.A. Lorie: On Extending the Functions of a Relational Database System, in: Proc. ACM SIGMOD Conf., Orlando, Fla., 1982, pp. 207 - 212.

HMW85 T. Härder, K. Meyer-Wegener: Transaktionssysteme, TP-Monitore, DB/DC-Systeme - Eine Systematik ihrer Aufgabenstellung und Implementierung, Interner Bericht 144/85, Univ. Kaiserslautern, Fachbereich Informatik, 1985 (erscheint auch in: Informatik - Forschung und Entwicklung, Bd. 1, 1986).

HR83 T. Härder, A. Reuter: Database Systems for Non-Standard Applications, in: Proc. ICS, Nürnberg, 1983, pp. 452 - 466.

HR85 T. Härder, A. Reuter: Architektur von Datenbanksystemen für Non-Standard-Anwendungen, in: /BP85/, S. 253 - 286.

KLMP84 W. Kim, R. Lorie, D. McNabb, W. Plouffe: A Transaction Mechanism for Engineering Design Databases, in: Proc. 10th Int. Conf. on VLDB, Singapore, 1984, pp. 355 - 362.

KSUW85 P. Klahold, G. Schlageter, R. Unland, W. Wilkes: A Transaction Model Supporting Complex Applications in Integrated Information Systems, in: Proc. ACM SIGMOD Conf., Austin, Tx., 1985, pp. 388 - 401.

Ku85 R. Kunz: MICRO/Answer, in: COMPUTER Magazin, Bd. 7/8, 1985.

Lo85 P.C. Lockemann et al.: Anforderungen technischer Anwendungen an Datenbanksysteme, in: /BP85/, S. 1 - 26.

Lu85 V. Lum, P. Dadam, R. Erbe, J. Günauer, P. Pistor, G. Walch, H. Werner, J. Woodfill: Design of an Integrated DBMS to Support Advanced Applications, in: /BP85/, S. 362 - 381.

MG77 W.C. McGee: Information Management System IMS/VS Part II: Database Facilities, in: IBM Systems Journal, Vol. 16, 1977, pp. 96 - 122.

Mi84 B. Mitschang: Überlegungen zur Architektur von Datenbanksystemen für Ingenieuranwendungen, in: Tagungsbd. 14. GI-Jahrestagung, Braunschweig, 1984, Springer-Verlag, Informatik-Fachberichte, Bd. 88, S. 318 - 334.

OC84 ORACLE Corporation Europe: ORACLE Programmer's Guide, 1984.

PA86 P. Pistor, F. Andersen: Designing a Generalized NF^2 Data Model with an SQL-type Language Interface, to appear in: Proc. 12th Int. Conf. on VLDB, Kyoto, 1986.

PSSW84 H.-B. Paul, H.-J. Schek, M. Scholl, G. Weikum: Überlegungen zur Architektur eines "Non-Standard"-Datenbanksystems, Arbeitsbericht DVSI-1984-A2, TH Darmstadt, Fachbereich Informatik, 1984.

PT85 P. Pistor, R. Traunmüller: A Data Base Language for Sets, Lists and Tables, to appear in: Information Systems, 1986.

Qa85 G.Z. Qadah: Database Machines: A Survey, in: Proc. NCC, Chicago, Ill., 1985, AFIPS Conf. Proc., Vol. 54, pp. 211 - 223.

Re81 A. Reuter: Fehlerbehandlung in Datenbanksystemen, Carl Hanser Verlag, 1981.

RTI85 Relational Technology Inc.: INGRES/PCLINK, Product Information, 1985.

Sch84 A.-W. Scheer: Schnittstellen zwischen betriebswirtschaftlicher und technischer Datenverarbeitung in der Fabrik der Zukunft, in: Tagungsbd. 14. GI-Jahrestagung, Braunschweig, 1984, Springer-Verlag, Informatik-Fachberichte, Bd. 88, S. 56 - 79.

Se73 Senko, M.E. et al.: Data Structures and Accessing in Database Systems, in: IBM Systems Journal, Vol. 12, 1973, pp. 30 - 93.

SP82 H.-J. Schek, P. Pistor: Data Structures for an Integrated Data Base Management and Information Retrieval System, in: Proc. 8th Int. Conf. on VLDB, Mexico City, 1982, pp. 197 - 207.

SS86 H.-J. Schek, M.H. Scholl: The Relational Model with Relation-Valued Attributes, to appear in: Information Systems, Vol. 11, 1986.

St76 Stonebraker, M. et al.: The Design and Implementation of INGRES, in: ACM Trans. on Database Systems, Vol. 1, 1976, pp. 189 - 222.

SW86 H.-J. Schek, G. Weikum: DASDBS: Concepts and Architecture of a Database System for Advanced Applications, Technical Report DVSI-1986-T1, TH Darmstadt, Fachbereich Informatik, 1986

Dieser Aufsatz entstand im Rahmen einer **Kooperation** zwischen der Technischen Hochschule Darmstadt, Fachbereich Informatik, Forschungsgruppe "Datenverwaltungssysteme I" (Prof. Dr. H.-J. Schek) und dem Wissenschaftlichen Zentrum Heidelberg der IBM, Advanced Information Management Prototype (AIM-P) Projekt (Dr. P. Dadam) zum Thema **"Datenbanksysteme in Server-Workstation-Umgebungen"**. Wir danken Herrn Schek und Herrn Dadam für ihre Unterstützung unserer Arbeit.

BETRIEBSSYSTEMKONZEPTE FÜR VERTEILTE DATENBANKSYSTEME

K. Rothermel*, B. Walter
Universität Stuttgart

Existierende Betriebssysteme in Rechnernetzen bieten für die Implementierung verteilter Datenbanksysteme meist nur sehr unzureichende Funktionen an. Die angebotenen Dienste unterstützen meist lediglich den Transport von Nachrichten zwischen den Rechnern. Es wird daher vorgeschlagenen, Betriebssysteme um einige zusätzliche Mechanismen zu erweitern. Auf Grund ihrer Allgemeinheit sind diese Mechanismen teilweise auch zur Unterstützung der verteilten Verarbeitung in anderen Anwendungssystemen geeignet.

1. EINFÜHRUNG

Als die ersten Prototypen verteilter Datenbanksysteme (VDBS) realisiert wurden, gab es Rechnernetze und verteilte Anwendungen bereits seit einer Anzahl von Jahren. Es zeigte sich jedoch, daß die Kommunikationsdienste, die die Betriebssysteme in den Rechnernetzen anboten, für VDBS völlig unzureichend waren. Als Konsequenz erhielten alle folgenden VDBS-Prototypen ein spezielles Schnittstellenmodul, das auf den angebotenen Kommunikationsdiensten die von einem VDBS benötigten zusätzlichen Dienste realisiert. Typische Vertreter solcher Schnittstellenmodule sind etwa das RELNET in SDD/1 /Hamm80/, der COMMUNICATION MANAGER von R* /Lind84/ und das ENHANCED NETWORK des ADA-Compatible Distributed Database Manager /Chan83/.

Prinzipiell unterscheiden sich VDBS von früheren verteilten Anwendungssystemen in zwei wesentlichen Punkten:

- VDBS sind transaktionsorientierte Systeme. Transaktionen sind aus der Benutzersicht atomare Arbeitseinheiten, die als logisch zusammengehörig erkennbar sind (z.B. auf Grund einer entsprechenden Klammerung durch den Benutzer). Bei transaktionsorientierter Verarbeitung kann der Benutzer von systeminternen Problemen wie Fehlerbehandlung und Synchronisation abstrahieren. In einer verteilten Umgebung bedeutet dies, daß dem Benutzer auch die meisten Eigenschaften des verwendeten Kommunikationssystems verborgen bleiben, man spricht daher auch von Netzwerktransparenz /Tr82/.
- Die Daten eines VDBS können über beliebig viele Knoten verteilt sein. Entsprechend

* Derzeitige Adresse: IBM Almaden Research Center, San Jose, USA.

kann die Abarbeitung einer Transaktion die Kooperation beliebig vieler Rechner erfordern. Die dabei verwendeten Protokolle dienen nicht nur, wie bei früheren verteilten Anwendungssystemen, dem Nachrichtenaustausch zwischen zwei Rechnern, sondern einer Konversation zwischen vielen Beteiligten zum Zwecke einer Koordinierung der gemeinsamen Aktivitäten.

Mit der Entwicklung von VDBS wurde also bei den verteilten Anwendungssystemen eine neue Qualitätsstufe erreicht. Es stellt sich somit die Frage, welche zusätzlichen Anforderungen sich dadurch für das Kommunikationssystem und somit für die verwendeten Betriebssysteme ergeben. Wie noch zu sehen sein wird, besteht vor allen Dingen ein Bedarf nach besserer Unterstützung der Verarbeitung verteilter Transaktionen.

Die Grundidee des hier präsentierten Ansatzes ist, daß es bei der Verarbeitung verteilter Transaktionen immer wiederkehrende Protokollmuster gibt, die geeignet sind für eine Realisierung als Systemdienst. Hierzu gehören etwa Frage/Antwort-Paare und Konversationen zum Zwecke der Terminierung von Transaktionen. Wichtig ist hierfür auch ein geeignetes Adressierungskonzept. Die Partner, die bei der Verarbeitung einer (verteilten) Transaktion kooperieren, sind Prozesse. Je nach der individuellen lokalen Implementierung kann die Zuordnung der Prozesse mit jeder neuen Transaktion oder sogar während einer Transaktion wechseln. Das Adressierungskonzept muß von den Eigenheiten der jeweiligen Prozeßstrukturen abstrahieren und eine Ansprache der Kooperationspartner über den durch die Transaktion definierten Kontext ermöglichen.

In der Praxis erfordert die Realisierung höherer, transaktionsorientierter Dienste selbst wieder Hilfsdienste, die zwar vom Transaktionskonzept unabhängig sind, aber von gängigen Kommunikationssystemen ebenfalls nicht angeboten werden. Wie zu sehen sein wird, können diese Hilfsdienste jedoch noch weiteren Zwecken dienen.

Es bleibt die Frage, warum die von einem VDBS zusätzlich benötigten höheren Dienste als Teil des Betriebssystem realisiert werden sollten und nicht als Teil des VDBS. Für eine Betriebssystemeinbettung sprechen unter anderem die beiden folgenden Argumente:

- Durch eine Einbettung höherer Diensten können häufig zahlreiche Umschaltungen zwischen dem aufrufenden Prozess und dem Betriebssystem eingespart werden. Bietet etwa ein Betriebssystem statt einem einfachen Verschickungsdienst einen Multicast-Dienst an, so kann die Verschickung einer Botschaft an mehrere Adressaten veranlaßt werden, ohne daß zusätzliche Umschaltungen notwendig werden.
- Höhere Dienste ermöglichen eine einfachere Implementierung. Da sich das Transaktionskonzept mittlerweile auch für andere (verteilte) Anwendungssysteme durchsetzt, sind Dienste zur Transaktionsunterstützung auch von allgemeinerem Interesse.

Hierbei ist natürlich zu klären, ob alle Anwendungen dasselbe Transaktionsmodell verwenden können oder ob es eine Art Baukasten von Mechanismen gibt, aus dem sich jedes Anwendungssystem das passende Modell zusammenstellen kann.

Der Rest des Papiers gliedert sich wie folgt: In Kapitel 2 wird zunächst ein VDBS-Modell eingeführt, in dessen Rahmen dann in Kapitel 3 die Adressierungsproblematik diskutiert wird sowie typische Dienste zur Unterstützung eines einfachen Transaktionsmodells beschrieben werden. In Kapitel 4 wird am Beispiel des Überwachungsproblems demonstriert, daß die transaktionsorientierten Dienste selbst Hilfsdienste benötigen, die jedoch auch für andere, transaktionsunabhängige Zwecke geeignet sind. Schließlich wird in Kapitel 5 kurz die Problematik allgemeinerer Transaktionsmodelle diskutiert.

2. MODELL EINES VERTEILTEN DATENBANKSYSTEMS

Ein VDBS besteht aus einer Menge sogenannter Prozeß-Clustern, die zum Zwecke der Transaktionsverarbeitung kooperieren. Ein Prozeß-Cluster (oder kurz: Cluster) umfaßt eine Menge von Prozessen, die sich auf demselben Knoten eines Rechnernetzes befinden.

Der Begriff des Prozesses wird in der Literatur mit unterschiedlichster Semantik belegt. Die Definition in unserem Modell ist ähnlich der von Brinch Hansen /BrHa70/: Ein Prozeß ist die Ausführung eines sequentiellen, unterbrechbaren Programms und repräsentiert die kleinste Einheit der Betriebsmittelzuteilung, wie etwa die Zuteilung von Prozessorzeit, Hauptspeicherbereichen oder E/A-Geräten.

Jeder Prozeß ist Mitglied von genau einem Prozeß-Cluster. Alle Prozesse eines Clusters sind Ausführungen desselben Programms. Zwischen den Clustern eines VDBS bestehen Client/Server-Beziehungen, d.h. ein Cluster kann als Client (Kunde) oder als Server (Bediener) agieren. Ein Server-Cluster stellt einen Dienst zur Verfügung, der von einer Anzahl à priori unbekannter Clients für die Verarbeitung von Transaktionen benutzt werden kann. Ein Cluster agiert als Client, wenn er den von einem Server angebotenen Dienst benutzt. Da ein Server zur Erbringung seiner Dienste selbst wieder Dienste von anderen Servern beanspruchen kann, kann er gleichzeitig als Client agieren.

Eine Transaktion besteht aus einer Menge logisch zusammengehörender Operationen, die aus der Sicht eines externen Beobachters eine atomare Arbeitseinheit bilden /Eswa76, Gray78/. Transaktionen werden durch die folgenden Eigenschaften charakterisiert:
- Konsistenzerhaltung: Eine erfolgreich beendete Transaktion erhält die Konsistenz der Datenbank.
- Alles-oder-Nichts-Eigenschaft: Eine Transaktion wird entweder vollständig ausgeführt, oder überhaupt nicht.
- Isolation: Eine parallele Ausführung von Transaktionen liefert dasselbe Ergebnis, wie wenn jede dieser Transaktionen isoliert ausgeführt wird.
- Permanenz: Auswirkungen erfolgreicher Transaktion können nicht mehr verloren gehen.

Transaktionen können auf zwei verschiedene Arten terminieren, durch Abbruch oder Commitment. Bricht eine Transaktion ab, so verläßt sie das System, als hätte sie nie existiert. Führt eine Transaktion das Commitment durch, so werden alle Änderungen der Transaktion in die Datenbank übernommen.

Eine Transaktion wird von einer Menge von Clustern ausgeführt, die durch Austausch von Auftrags- und Antwort-Nachrichten miteinander kommunizieren. Benötigt ein Cluster zum Ausführen einer Transaktion einen Dienst, so sendet er eine Auftragsnachricht zu dem entsprechenden Server. Jeder Auftrag ist genau einer Transaktion zugeordnet und spezifiziert eine Menge von Operationen, die innerhalb dieser Transaktion auszuführen sind. Empfängt ein Server den Auftrag einer Transaktion, so führt er die spezifizierten Operationen als Teil dieser Transaktion aus und sendet, wenn nötig, eine Antwort-Nachricht an den Client zurück. Die Cluster, die einen Auftrag einer Transaktion t senden, werden die Clients von t genannt; die Cluster, die einen Auftrag von t bearbeiten, werden als die Server von t bezeichnet. Ein Cluster, das als Server oder Client von t agiert, ist ein Teilnehmer von t.

Jeder Auftrag wird von genau einem Prozeß eines Clusters ausgeführt. Cluster können hinsichtlich der Art, mit der die Aufträge von Transaktionen auf die Prozesse eines Clusters abgebildet werden, unterschiedlich organisiert sein. Zwei häufig anzutreffende Organisationsformen sind die folgenden (siehe auch /Ston81/):

- Typ1-Cluster: Ein Typ1-Cluster hat eine statische Prozeß-Struktur. Ein ankommender Auftrag kann von irgendeinem Prozeß des Clusters bearbeitet werden, d.h. Aufträge derselben Transaktion können von unterschiedlichen Prozessen des Clusters ausgeführt werden. Als Typ1-Cluster sind etwa die Server in ENCOMPASS /Borr81/ realisiert.
- Typ2-Cluster: Die Prozeß-Struktur eines Typ2-Clusters ist dynamisch. Für jede Transaktion, die den Dienst eines Typ2-Clusters benötigt, wird ein neuer Prozeß kreiert, der alle an das Cluster gerichteten Aufträge dieser Transaktion bearbeitet. Jeder Prozeß in einem Typ2-Cluster arbeitet im Auftrag von genau einer Transaktion und wird zerstört, sobald alle Aufträge dieser Transaktion befriedigt sind. Zum Beispiel haben die Basismaschine von POREL /Wa84c/ und große Teile von R^* /Lind84/ und DISTRIBUTED INGRES /Ston77/ die Struktur eines Typ2-Clusters.

Eine Diskussion der Stärken und Schwächen der oben beschriebenen Strukturen würde den Rahmen dieses Aufsatzes sprengen. Wir verweisen daher auf die relevante Literatur, z.B. /Härd84, Ston81/. In /Roth85/ werden zwei weitere Cluster-Typen beschrieben. Der eine Typ kreiert für jeden ankommenden Auftrag einen neuen Prozeß, der diesen Auftrag ausführt und dann terminiert; der andere Typ hat eine statische Prozeß-Struktur und garantiert, daß alle Aufträge einer Transaktion von demselben Prozeß des Clusters bearbeitet werden. Aus Platzgründen kann jedoch hier nicht auf diese Typen eingegangen werden.

3. FUNKTIONEN DES KERNS

Die von dem Kern bereitgestellten Funktionen können grob in drei Gruppen eingeteilt werden, Adressierungs-, Nachrichtentransfer- und Hilfsfunktionen. Der erste Abschnitt dieses Kapitels diskutiert herkömmliche Adressierungsmechanismen im Kontext von VDBS und beschreibt das vom Kern unterstützte Konzept der Funktionalen Port-Klassen. Der zweite Abschnitt gibt einen Überblick über die von allgemeinen Kommunikationssystemen angebotenen Nachrichtentransferfunktionen und stellt einige der vom Kern angebotenen transaktionsorientierten Kommunikationsprimitive vor. Die Hilfsdienste werden am Beispiel von Überwachungsmechanismen separat in Kapitel 4 diskutiert, da diese Dienste außer der reinen Transaktionsunterstützung auch anderen Zwecken dienen können.

3.1 Adressierungsfunktionen

3.1.1 Herkömmliche Kommunikationskonzepte

In nachrichtenorientierten Systemen erfolgt die Kommunikation zwischen Prozessen durch Austausch von Nachrichten, d.h. Prozesse kommunizieren mittels Senden und Empfangen von Nachrichten. Die Kommunikation kann dabei direkt oder indirekt erfolgen.

Bei der direkten Kommunikation muß der Sender-Prozeß den Identifikator des Empfänger-Prozesses explizit angeben, d.h. der Sender muß den Empfänger kennen, um mit ihm kommunizieren zu können. Das Konzept der direkten Kommunikation findet beispielsweise in DISTRIBUTED PROCESSES /BrHa78/ oder CSP /Hoar78/ Anwendung. Direkte Kommunikation ist einfach zu implementieren und einfach zu benutzen. Leider jedoch ist diese Art der Kommunikation für die meisten der in VDBS auftretenden Interaktionsformen wenig geeignet. Besteht beispielsweise ein Typ1-Cluster aus mehr als einem Prozeß, so sollte ein Client in Lage sein, einen Auftrag zu irgendeinem Prozeß des Clusters zu senden. Dies ist mit einem direkten Kommunikationskonzept nicht möglich, da hier ein Client immer einen speziellen Prozeß als Empfänger seines Auftrags benennen muß.

Beim Konzept der indirekten Kommunikation kommunizieren Prozesse indirekt über Nachrichtenbehälter, meist als Ports oder Mailboxes bezeichnet. Prozesse können Nachrichten an Ports senden und Nachrichten aus Ports entnehmen. Dabei können mehrere Prozesse Nachrichten an denselben Port senden und mehrere Prozesse Nachrichten aus demselben Port entnehmen. Dieses Konzept wurde von Balzer /Balz71/ eingeführt und wird in vielen existierenden Systemen verwendet, etwa in ACCENT /Rash81/ und AMOEBA /Tane81a/.

Mit dem Konzept der indirekten Kommunikation lassen sich nun die bei einem Typ1-Cluster auftretenden Interaktionsformen leicht realisieren. Der von einem Typ1-Cluster S bereitgestellte Dienst s wird logisch mit einem Port verbunden. Die Clients, die Dienst s benötigen, senden ihre Aufräge zu diesem Port, und jeder Prozeß in Server S entnimmt die Aufträge, die er bearbeitet, aus diesem Port. Folglich wird ein an diesen Port gesendeter Auftrag von irgendeinem Prozeß in S bearbeitet.

Das Port-Konzept ist bestens geeignet, wenn ein Auftrag von irgendeinem (existierenden) Prozeß eines Servers bearbeitet werden soll. Zur Realisierung von Typ2-Clustern ist es jedoch weniger geeignet. Die Probleme bei den Typ2-Clustern resultieren im wesentlichen aus der dynamischen Prozeß-Struktur dieses Cluster-Typs und aus der Tatsache, daß alle Aufträge einer Transaktion von demselben Prozeß bearbeitet werden müssen. Beide Problembereiche werden im folgenden ausführlicher diskutiert, wobei angenommen wird, daß ein als Typ2-Cluster organisierter Server S den Dienst s zur Verfügung stellt. Um die Beschreibung zu vereinfachen, wird der Begriff des Arbeiters eingeführt. Ein Prozeß in einem Cluster C, der für die Bearbeitung der Aufträge einer Transaktion t in Frage kommt, wird als Arbeiter von t in C bezeichnet. Da Server S als Typ2-Cluster organisiert ist, existiert in ihm höchstens ein Arbeiter pro Transaktion.

Benötigt der Client einer Transaktion Dienst s und existiert in Server S noch kein Arbeiter dieser Transaktion, so muß der Client vor der Beanspruchung des Dienstes das Kreieren eines Prozesses in S initiieren. Dies geschieht häufig mittels des im Rahmen des ARPANET hierfür entwickelten Protokolls /Tane81b/: Auf jedem Knoten des Systems befindet sich ein sogenannter Prozeß-Server, der beauftragt werden kann, zu ihm lokale Prozesse zu kreieren. Vor dem Senden des ersten Auftrags beauftragt der Client den zu S lokalen Prozeß-Server, einen neuen Prozeß in S zu kreieren. Nachdem der Prozeß-Server den Prozeß kreiert hat, teilt er dem Client die Adresse des Ports mit, an welchem der neue Prozeß hört. Daraufhin sendet der Client den ersten Auftrag zu diesem Port. Diese Methode Prozesse zu kreieren hat zwei wesentliche Nachteile: Erstens muß ein Client, bevor er einen Auftrag senden kann, die Antwort des Prozeß-Servers abwarten, was unter Umständen zu großen Verzögerungen führen kann, und zweitens sind zwei zusätzliche Nachrichtentransfers für die Kommunikation mit dem Prozeß-Server erforderlich.

Jeder Prozeß in S arbeitet im Auftrag von genau einer Transaktion und bearbeitet alle Aufträge dieser Transaktion, die Dienst s betreffen. Folglich benötigt jeder Prozeß in S exklusiven Zugriff auf die s betreffenden Aufträge einer bestimmten Transaktion. Um diesen exklusiven Zugriff gewährleisten zu können, muß jeder Prozeß einen privaten Port besitzen, von dem er als einziger Aufträge entnimmt. Folglich existiert für jede Transaktion ein individueller Port, dessen Adresse die Clients dieser Transaktion kennen müssen, wenn sie Dienst s beanspruchen wollen. Wird in S für eine Transaktion t ein neuer Prozeß kreiert, so muß die Adresse des Ports, an dem dieser Prozeß hört, den Clients von t zugänglich gemacht werden. Da die Menge der mit s verbundenen Ports sich ständig ändert, kann das Bekanntmachen von Port-Adressen sehr teuer werden. Werden die Adressen beispielsweise mittels eines Name-Servers publik gemacht, so ist pro Transaktion, die s benutzt, ein Aufruf des Name-Server notwendig, um die entsprechenden Referenz in den Katalog des Name-Servers einzufügen. Für das Löschen der Referenz ist ein weiterer Aufruf erforderlich.

Die obige Diskussion hat gezeigt, daß die von den herkömmlichen Kommunikationskonzepten unterstützten Adressierungsmechanismen im Kontext von VDBS problematisch sind. Im nächsten Abschnitt wird das Konzept der Funktionalen Port-Klassen vorgestellt, das speziell auf die Interaktionsformen und Strukturen von VDBS zugeschnitten ist.

3.1.2 Funktionale Port-Klassen

Aus Platzgründen kann im folgenden das Konzept der Funktionalen Port-Klassen (Abk. FP-Klassen) nur grob skizziert werden. Eine ausführliche Beschreibung dieses Konzepts ist in /Roth85/ zu finden.

Aus der Sicht eines Clients besteht eine FP-Klasse aus einer Menge sogenannter Entries. Jeder Entry ist einer Transaktion zugeordnet und für jede Transaktion existiert höchstens ein Entry pro FP-Klasse. Ein Entry ist ein 'virtueller' Port der auf einen 'realen' Port des Systems abgebildet wird. Diese Abbildung ist jedoch für einen Client, der den Entry einer FP-Klasse adressiert, nicht sichtbar.

Jeder Dienst wird mit einer FP-Klasse logisch verbunden. Benötigt ein Client einer Transaktion einen Dienst, so sendet er einen Auftrag zum Entry dieser Transaktion in der mit diesem Dienst verbundenen FP-Klasse, d.h. sämtliche Aufträge einer Transaktion werden zu den Entries dieser Transaktion in den jeweiligen FP-Klassen gesendet. Ein Entry hat eine zweiteilige Adresse bestehend aus einer FP-Klassen-Adresse und einem Transaktionsidentifikator. Der Entry einer Transaktion t in einer FP-Klasse k wird durch die Adresse (k,t) global eindeutig identifiziert.

Aus der Sicht eines Servers besteht eine FP-Klasse aus einer Menge 'realer' Ports, von denen jeder einen oder mehrere Entries repräsentiert. Ein Server kann die Abbildung von den Entries auf die Ports einer FP-Klasse manipulieren, indem er Ports in die FP-Klasse einfügt oder aus ihr entfernt.

Man unterscheidet konservative und kreative FP-Klassen. Während konservative FP-Klassen von sich aus die Prozeß-Struktur des Systems nicht verändern, können kreative FP-Klassen eigenständig Prozesse kreieren. Eine kreative FP-Klasse ist logisch mit einem Cluster verbunden und kreiert immer dann einen neuen Prozeß, wenn ein Auftrag einer Transaktion ankommt, für die kein Arbeiter in diesem Cluster existiert.

Das Konzept der kreativen FP-Klassen hat den Vorteil, daß sich Clients nicht mehr um das Kreieren von Prozessen in Server-Clustern kümmern müssen. Ist der von einem Typ2-Cluster S bereitgestellte Dienst s mit einer kreativen FP-Klasse k verbunden, so senden die Clients einer Transaktion t die s betreffenden Aufträge zum Entry von t in k, ohne sich darum zu kümmern, ob bereits ein Arbeiter von t in S existiert. Bei der Ankunft des ersten Auftrags von t kreiert k einen neuen Prozeß in S und sorgt dafür, daß dieser Prozeß alle Aufträge von t empfängt. Die im vorigen Abschnitt beschriebenen Verzögerungen und zusätzlichen Nachrichtentransfers entfallen gänzlich.

Werden Dienste anstatt mit Ports mit FP-Klassen verbunden, so muß ein Client, um einen Dienst beanspruchen zu können, die Adresse der jeweiligen FP-Klasse kennen. Der Vorteil dieses Konzepts ist, daß jeder Client, unabhängig davon für welche Transaktion er arbeitet, für die Beanspruchung eines bestimmten Dienstes, dieselbe Adresse kennen muß. Folglich muß pro Dienst genau eine Adresse bekannt gemacht werden. Auf das im letzten Abschnitt benutzte Beispiel des Name-Servers bezogen heißt das, daß für das Bekanntmachen eines Dienstes genau ein Aufruf des Name-Servers notwendig ist, unabängig davon, wieviele Transaktionen diesen Dienst benutzen.

Ein weiterer Vorteil dieses Konzepts ist, daß die Organisationsform eines Servers für die Clients nicht sichtbar ist. Die Adresse, die ein Client kennen muß, um einen Dienst beanspruchen zu können, ist von der Organisationsform des Servers unabhängig. Zum Beispiel kann ein Server, der als Typ1-Cluster realisiert ist, als Typ2-Cluster reimplementiert werden, ohne daß die Client-Programme angepaßt werden müssten.

3.2 Nachrichtentransferfunktionen

Die meisten der existierenden VDBS bauen auf allgemeinen Kommunikationssystemen (Abk. KS) auf. Die Mehrzahl der KS stellen sogenannte verbindungsorientierte Kommunikationsdienste bereit. Bei der Benutzung solcher Dienste läuft die Interaktion zwischen Kommunikationspartnern in drei Phasen ab: In der ersten Phase, der Verbindungsaufbauphase, einigen sich die Kommunikationspartner über die Charakteristika der gewünschten Verbindung und bauen, falls eine Einigung zustande kommt, eine Verbindung auf; in der zweiten Phase, der Datentransferphase, übertragen sie eine Serie von Dateneinheiten, und in der dritten Phase, der Verbindungsabbauphase, beenden sie explizit ihre Interaktion durch den Abbau der Verbindung. Diese Art der Kommunikation ist für relativ langlebige 'stream oriented' Interaktionen in stabilen Konfigurationen geeignet, wie etwa für 'File Transfer' oder 'Remote Job Entry'. Für transaktionsorientierte Interaktionen ist sie jedoch zu unflexibel und zu teuer /Chap82, Roth85, Walt84/.

Manche KS bieten (zusätzlich) sogenannte Datagram-Dienste an. Diese Dienste erlauben das Übertragen einer Dateneinheit in einer einzigen Operation, ohne daß dabei eine Verbindung auf- bzw. abgebaut werden muß. Datagram-Dienste garantieren keine zuverlässige Datenübertragung, d.h. Nachrichten können verloren gehen, dupliziert werden und in beliebiger Reihenfolge beim Empfänger ankommen. Obwohl diese Dienste sehr allgemein und flexibel sind, können sie bedingt durch ihre hohe Einfachheit nicht direkt als geeignete Grundlage für die Entwicklung von VDBS benutzt werden. Implementierungen von VDBS, die direkt auf Datagram-Diensten aufsetzen, werden zu schwierig und zeitaufwendig. Wie in /Wa84a, Ro84/ diskutiert wurde, sind Datagram-Dienste bei transaktionsorientierter Kommunikation jedoch besser als Basis für die Realisierung höherer Dienste geeignet, als verbindungsorientierte Dienste.

Auf die Bedürfnisse von VDBS zugeschnittene Kommunikationsdienste werden von existierenden KS entweder überhaupt nicht oder nur sehr rudimentär realisiert. Daß solche Dienste benötigt werden, sieht man am besten daran, daß sehr viele der auf KS implementierten VDBS zusätzlich sogenannte Schnittstellenmodule realisiert haben. Diese Schnittstellenmodule passen die vom KS bereitgestellten 'allgemeinen' Dienste den Bedürfnissen der jeweiligen transaktionsorientierten Anwendung an. Beispiele für solche Module sind das RELNET von SDD-1 /Hamm80/, der COMMUNICATION MANAGER von R* /Lind84/ und das ENHANCED NETWORK des von CCA entwickelten ADA-kompatiblen verteilten Datenbankmanagers /Chan83/. Alle diese Module sind auf ihre jeweilige Implementierungsumgebung zugeschnitten und können deshalb nicht auf andere Systeme übertragen werden.

Der vorgestellte Kommunikationskern realisiert Funktionen, die auf die Bedürfnisse verteilter transaktionsorientierter Systeme zugeschnitten sind. Zur Unterstützung der Migration von Transaktionen stellt der Kern Funktionen für das Senden und Empfangen von Aufträgen und den dazugehörenden Antworten bereit. Sie garantieren einen absolut zuverlässigen Nachrichtentransfer, so daß sich das VDBS nicht mehr um verlorengegangene oder duplizierte Arbeitsaufträge kümmern muß. Außerdem führt der Kern darüber Buch, welche Antwort zu welchem Auftrag gehört, und garantiert, daß für jeden Auftrag genau eine Antwort empfangen wird. Bedingt durch die 'Alles-oder-Nichts'-Eigenschaft einer Transaktion muß garantiert sein, daß eine Transaktion von allen ihren Teilnehmern auf dieselbe Weise beendet wird, d.h. entweder setzen alle Teilnehmer die Transaktion zurück oder alle führen für die Transaktion das Commitment durch. Zur Unterstützung der Terminierung von Transaktionen stellt der Kern Buchhaltungs- sowie Koordinierungsfunktionen zur Verfügung, er führt Buch über die Teilnehmer einer Transaktion und koordiniert die Aktivitäten dieser Teilnehmer während der Terminierung.

Für Recovery-Zwecke benötigt sowohl der Kern als auch das VDBS sogenannte stabile

Transaktionszustände. Von einem stabilen Zustand wird angenommen, daß er niemals verloren geht. Hierzu verwendet der Kern Transaktionszustandstabellen, die auf stabilem Speicher abgelegt werden und deshalb alle Störungen überleben. Der Kern stellt Funktionen bereit für das Lesen und Modifizieren stabiler Zustände.

Im folgenden werden einige der vom Kern-Primitiven zur Unterstützung der Migration und Terminierung von Transaktionen grob skizziert (siehe Abb. 3.1). Der Einfachheit halber wird angenommen, daß die Transaktionen flach sind, also selbst keine weiteren Transaktionen enthalten. Primitiven für verschiedene Typen geschachtelter Transaktionen werden in /Roth85, Wa85c/ beschrieben (siehe auch Kapitel 5).

1) *Work (TransId, ToPort, RetPort, Request) returns (ReqNo)*
2) *Abort (TransId)*
3) *Commit (TransId)*
4) *Ready (TransId)*

Abb. 3.1. Einige Kommunikationsprimitiven des Kerns (vereinfachte Darstellung).

Durch einen Aufruf von *Work* kann ein Teilnehmer einer Transaktion einen Arbeitsauftrag senden. *Work* sendet einen WORK-Auftrag zu dem durch *ToPort* identifizierten (virtuellen oder realen) Port. *Request* spezifiziert die Operationen, die innerhalb der durch *TransId* bezeichneten Transaktion ausgeführt werden sollen. *Work* garantiert, daß ein von einem Teilnehmer gesendeter WORK-Auftrag, unabhängig von Störungen, höchstens einmal an den Empfänger übergeben wird. Ein Auftrag wird beispielsweise nicht übergeben, wenn die Transaktion zuvor vom Empfänger abgebrochen wurde. Für jeden gesendeten WORK-Auftrag wird genau eine Antwort in dem durch *RetPort* identifizierten Port abgelegt. Die Antwort kann eine Nachricht vom Typ RESPONSE (Auftrag bearbeitet), ABORTED (Transaktion abgebrochen) oder UNAVAILABLE (Server nicht verfügbar) sein.

Jedem WORK-Auftrag wird vom Kern eine Auftragsnummer zugewiesen und in *ReqNo* zurückgemeldet. Die Antwort, die ein Teilnehmer für einen WORK-Auftrag empfängt, enthält die Nummer dieses Auftrags. Durch diese vom Kern realisierte Buchhaltungsfunktion kann ein Teilnehmer eindeutig erkennen, zu welchem Auftrag eine Antwort gehört.

Eine Transaktion wird entweder durch Commitment oder Abbruch terminiert. Teilnehmer, die das Interesse an einer Transaktion verloren haben, können diese durch einen Aufruf von *Abort* abbrechen. Der Kern garantiert, daß, unabhängig von Störungen, alle Teilnehmer der durch *TransId* bezeichneten Transaktion einen BACKOUT-Auftrag erhalten.

Während des Commitments einer Transaktion koordiniert der Kern die Aktivitäten der Teilnehmer gemäß eines 2-Phasen-Commit-Protokolls (siehe z.B. /Gray78, Lind79/). Das Commitment einer Transaktion kann durch einen Aufruf von *Commit* initiiert werden.

TransId identifiziert die Transaktion, für die das Commitment durchgeführt werden soll. Nach der Initiierung des Commitments sendet der Kern in seiner Funktion als Commit-Koordinator einen PREPARE-Auftrag zu den Teilnehmern der Transaktion. Empfängt ein Teilnehmer einen PREPARE-Auftrag, so bereitet er sich auf das Commitment der Transaktion vor, d.h. er bringt sich in einen Zustand, in dem er, unabhängig von Störungen, in der Lage ist, die Transaktion entweder abzubrechen oder erfolgreich zu beenden. Durch einen Aufruf von *Ready* signalisiert der Teilnehmer, daß er seine Vorbereitungen erfolgreich abgeschlossen hat. Beantworten alle Teilnehmer den PREPARE-Auftrag durch einen Aufruf von *Ready*, so fällt der Kern eine Commit-Entscheidung und benachrichtigt die Teilnehmer mit einem COMMIT-Auftrag. Ist wenigstens einer der Teilnehmer, etwa wegen eines Knotenzusammenbruchs, nicht in der Lage sich vorzubereiten, so bricht der Kern die Transaktion ab und fordert die Teilnehmer mittels eines BACKOUT-Auftrags zum Zurücksetzen der Transaktion auf. Die vom Kern realisierten Recovery-Mechanismen garantieren, daß unabhängig von Kommunikations- und Knotenstörungen entweder alle Teilnehmer einen COMMIT- oder alle einen BACKOUT-Auftrag erhalten.

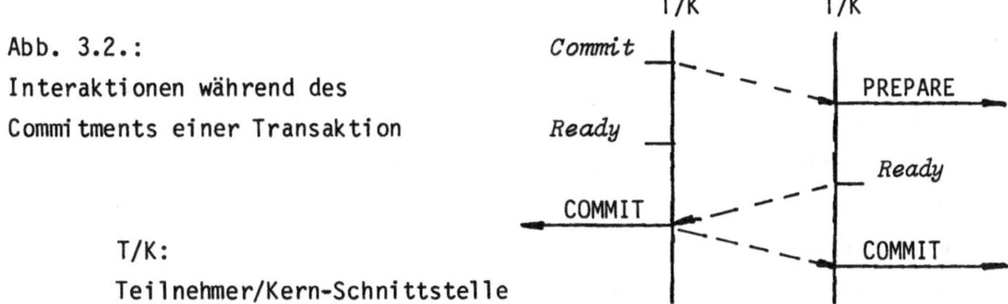

Abb. 3.2.:
Interaktionen während des Commitments einer Transaktion

T/K:
Teilnehmer/Kern-Schnittstelle

Die obige Beschreibung zeigt, daß die vom Kern bereitgestellten Funktionen relativ komplex sind, was natürlich den Vorteil hat, daß bei einer Implementierung eines VDBS höher aufgesetzt werden kann. Darüberhinaus werden Implementierungen durch die Ausnutzung der Kern-Funktionen sicherer. Die im Kern realisierten Objekte, wie etwa die Transaktionszustandstabellen, können nur vom Kern selbst manipuliert werden und sind somit gegen unsachgemäßen Zugriff seitens des VDBS geschützt. Durch diesen Schutzmechanismus kann eine höhere Systemsicherheit gewährleistet werden. Neben der Systemsicherheit kann durch die Ausnutzung der Kern-Funktionen die Effizienz des Systems gesteigert werden. Insbesondere kann durch eine Verlagerung von Funktionen in den Kern die Anzahl der durchzuführenden Prozeßumschaltungen wesentlich reduziert werden. Ein Beispiel hierfür ist das folgende, in transaktionsorientierten Systemen häufig auftretende Kommunikationsmuster. Ein Prozeß sendet einen Auftrag zu einer Menge von Prozessen und erwartet von jedem Empfänger eine Antwort. Wird dieses Muster in VDBS-Prozessen implementiert, so sind im schlimmsten Fall für jeden Empfang einer Nachricht zwei Prozessumschaltungen notwendig. Wird dagegen das Einsammeln der Antworten vom Kern übernommen, so sind höchsten zwei Umschaltungen insgesamt notwendig, eine bei der Auftragsvergabe und eine bei der Rückmeldung nach dem Eintreffen aller Antworten.

4. ÜBERWACHUNGSDIENSTE

Am Beispiel von Überwachungsdiensten wird in diesem Kapitel gezeigt, daß die Realisierung der in Kapitel 3 vorgeschlagenen transaktionsorientierten Dienste selbst wieder transaktionsunabhängige Hilfsdienste erfordert, welche von üblichen Kommunikationssystemen ebenfalls nicht angeboten werden. Es wird zudem demonstriert, daß solche Hilfsdienste in verteilten Anwendungen auch für Zwecke verwendet werden können, die unabhängig vom Transaktionskonzept sind.

In den folgenden Abschnitten wird das Überwachungsproblem zunächst im Kontext des Transaktionskonzepts diskutiert und anschließend unabhängig davon für ein spezielles Problem verteilter Datenbanksysteme. Zur Lösung des Problems geeignete Hilfsdienste, ein "einfacher" und ein "symmetrischer" Überwachungsdienst, werden kurz skizziert.

4.1 "EINFACHE" ÜBERWACHUNG

Werden die in Kapitel 3 vorgeschlagenen Dienste implementiert, so werden insbesondere zusätzliche Mechanismen für die Erkennung und Behandlung von Fehlern benötigt. Die Fehlerproblematik in verteilten Systemen unterscheidet sich von der in zentralen Systemen durch das Hinzukommen von Kommunikationsstörungen und dadurch, daß Prozessorstörungen nicht mehr zwangsläufig zum Abbruch der gesamten Verarbeitung führen.

In verteilten Systemen wird die Handhabung von Fehlersituationen dadurch erschwert, daß jeder Prozessor stets nur unvollständiges Wissen über den aktuellen Zustand des Gesamtsystems hat. Informationserwerb setzt den Erhalt von Nachrichten voraus, die natürlich verloren gehen können und deren Übertragung stets Zeit kostet. Beschreibt etwa eine Nachricht den aktuellen Zustand des absendenden Rechners, so kann sich diese Situation bis zum Empfang der Nachricht bereits signifikant geändert haben.

Schickt ein Prozessor A and einen Prozessor B einen WORK-Auftrag, so erwartet er eine Antwort, üblicherweise vom Typ RESPONSE (siehe Kapitel 3.2). Trifft keine Antwort ein, kann dies zwei Arten von Ursachen haben, die sich gegenseitig nicht ausschliessen:

- Verlust der WORK- oder der RESPONSE-Nachricht auf Grund von Kommunikationsstörungen (es sei angenommen, daß jede derartige Störung zu einen Verlust konvertiert wird).
- Keine Erzeugung einer RESPONSE-Nachricht auf Grund von Prozessorstörungen.

Für Prozessor A ist die Wirkung immer gleich, eine Unterscheidung der Ursachen ist nicht möglich. Ohne Kenntnis des Zeitpunktes, bis zu dem eine Antwort eintreffen muß, kann Prozessor A noch nicht einmal feststellen, ob überhaupt etwas geschehen ist.

Die traditionelle Implementierung einer Auftrag/Antwort-Überwachung beruht auf der

Verwendung einer physikalischen Uhr und eines "Weckerdienstes" bzw. Timeouts. Trifft die Antwort rechtzeitig vor dem Weckersignal ein, so ist alles in Ordnung und der Wecker wird abgestellt. Das Auftreten eines Weckersignals wird als Störungsanzeige interpretiert, der Auftraggeber kann hierauf entweder den Auftrag wiederholen oder die Verarbeitung abbrechen. Die Technik des Wiederholens bei Eintreten eines Timeouts wird meist als "Positive-Acknowledgement-or-Retransmit" (PAR) bezeichnet.

Bei verteilten Datenbanksystemen ist die Verwendung der PAR-Technik jedoch problemtisch. Die Verwendung deskriptiver Sprachen für die Formulierung von Anfragen macht es praktisch unmöglich, erwartete Anwortzeiten bzw. Timeout-Intervalle mit hinreichender Genauigkeit zu bestimmen. Fehleinschätzungen führen meist zu Mehrkosten:

- Ist die geschätzte Bearbeitungsdauer zu kurz, so wird auf Grund der PAR-Technik der Auftrag wiederholt verschickt, was unnötige Kommunikationskosten bedeutet.
- Ist die geschätzte Bearbeitungsdauer lang, so ist dies selbst dann problematisch, wenn die Schätzung korrekt ist. Geht bereits die Auftragsnachricht verloren, so erkennt der Auftraggeber die Störung trotzdem erst nach dem geschätzten Bearbeitungsende. Da in Datenbanksystemen Betriebsmittel meist nicht vorzeitig freigegeben werden können, entstehen während des Wartens unnötige Mehrkosten.

Letzteres kann teilweise gelöst werden, indem Auftragsübergaben sofort quittiert werden und nicht erst bei der Antwortsübergabe. Dadurch ist zumindest garantiert, daß der Auftragnehmer Kenntnis über den Auftrag erhalten hat. Tritt jedoch beim Auftragnehmer eine Prozessorstörung auf, so wird der Auftraggeber wiederum unnötig warten müssen.

Gelöst werden kann das Problem erst durch eine völlige Trennung der Überwachung des Auftrags- und Antworttransfers von der Überwachung des Auftragnehmers. Hierzu wird jeder Transfer einer Auftrags- oder Antwortsnachricht mittels Quittierung und PAR-Technik überwacht. Die Überwachung der Knoten untereinander erfolgt dagegen durch separate Nachrichten nach einem sogenannten Überwachungsprotokoll. Kontrollnachrichten für die Überwachung können natürlich genauso verloren gehen wie normale Nachrichten, Überwachungsprotokolle müssen also auf einem unsicheren Nachrichtentransfer aufbauen. Der Austausch der Kontrollnachrichten und die erwähnte Quittierung erfolgt direkt zwischen den Betriebssystemen und bleibt den beteiligten Prozessen verborgen.

Ein Überwachungsprotokoll wurde systematisch zum ersten Male in SDD/1 verwendet (siehe /Hamm80/). Jeder Rechner, der an dem augenblicklichen Verarbeitungszustand eines anderen anderen Rechner interessiert ist, erfragt dessen Status mittels einer Nachricht (die Nachrichten werden natürlich zwischen den Betriebssystemen ausgetauscht, aber der Einfachheit halber, wird hier stets von Rechnern oder Knoten die Rede sein). Wird innerhalb eines festen Zeitintervalls eine Antwort erhalten, so gilt der antwortende Rechner als verfügbar (UP) und sonst als nicht verfügbar (DOWN). Auf Grund der unsicheren Nachrichtenübertragung und wegen der zeitlichen Verzögerung können falsche oder zumindest überholte Schlüsse gezogen werden. Nachteile dieses ersten Ansatzes sind:

- Da Statuskontrollen nur bedarfsweise durchgeführt werden, ist das Risiko der Fehleinschätzung sehr hoch, Korrekturen erfolgen eventuell erst spät.
- Da die Statuskontrollen direkt durchgeführt werden, was für jede Kontrolle eines Rechners durch einen anderen zwei Nachrichten erordert, ist der Aufwand einer Gesamtkontrolle (alle Rechner informieren sich über den Status aller Knoten im Rechnernetz) extrem hoch.

Die Idealvorstellung ist natürlich, daß jeder Rechner eine Tabelle besitzt, die möglichst aktuell den Status aller anderen Rechner beinhaltet. Auf einer solcher Tabelle können sogenannte Wächterdienste realisiert werden, d.h. immer wenn ein Knoten seinen Status ändert, werden alle Prozesse benachrichtigt, die daran ein Interesse haben. Interesse am Status eines entfernten Rechners haben zweierlei Prozesse:

- Prozesse, die einen Auftrag an den betreffenden Rechner gesendet haben und eine Antwort erwarten, werden durch eine entsprechende DOWN-Mitteilung in die Lage versetzt, Recovery durchzuführen.
- Prozesse, die einen bestimmten Dienst benötigen, der jedoch wegen einer Nichtverfügbarkeit nicht erhältlich war, werden durch eine entsprechende UP-Meldung in die Lage versetzt, den Dienst erneut anzufordern.

Um eine solche Dienstleistung mit vertretbarem Aufwand und der erforderlichen Zuverlässigkeit bereitstellen zu können, mußten Überwachungsprotokolle entwickelt werden, die nicht die oben erwähnten Nachteile des ersten Verfahrens aufweisen. Ein solches Protokoll ist das sogenannte RSC-Protokoll (RSC für Reliable Status Control, siehe hierzu /Wa82/).

Beim RSC-Protokoll wird die Statuskontrolle periodisch durchgeführt. Jeder Knoten manifestiert seine eigene Verfügbarkeit durch eine periodische Erzeugung von Kontrollnachrichten, womit sich die Nachricht für die bedarfsweise Anforderung einer Kontrollnachricht erübrigt. Fehleinschätzungen sind damit nicht mehr von beliebiger Dauer sondern können in der Regel schnell korrigiert werden. Der Nachrichtenaufwand wird beim RSC-Protokoll durch die Verwendung eines virtuellen Rings als Kontrollstruktur erheblich verringert. Jeder Knoten manifestiert seine eigene Verfügbarkeit nur gegenüber einem anderen Knoten, nämlich seinem Nachfolger entlang des virtuellen Rings. Damit wird jeder Rechner von genau einem Rechner überwacht, der selbst wiederum von genau einem Rechner überwacht wird usw. Während des Normalbetriebs, bei dem alle Rechner verfügbar sind, erfordert dies den geringst möglichen Nachrichtenaufwand. Entdeckt einer der Rechner eine Störung, so wird ein Teilprotokoll gestartet, daß die Kontrollstruktur reorganisiert. Hierbei wird im wesentlichen der virtuelle Ring neu "verlegt" um weiterhin eine lückenlose Überwachung der noch verfügbaren Rechner zu gewährleisten. Tatsächlich erfordert dies natürlich eine Reihe von Einzelmaßnahmen, die jedoch aus Platzgründen hier nicht beschrieben werden können (eine komplette Beschreibung enthält /Wa85/). An dieser Stelle sei lediglich erwähnt, daß das Protokoll auch bei Fehlerhäufungen und bei Netzwerkpartitionierungen funktioniert.

Das RSC-Protokoll und ähnliche Überwachungsdienste (siehe etwa /Hamm80, Ki82, Chan83/) sind geeignet, die Transaktionsverarbeitung in geeigneter Weise zu unterstützen. Sie garantieren, daß alle relevanten Störungen erkannt werden. Gelegentlich nicht erkannt werden lediglich Störungen, die von sehr kurzer Dauer sind. Insbesondere können Kommunikationsstörungen nur dann erkannt werden, wenn sie solange existieren, daß der Transfer mindestens einer Kontrollnachricht gestört wird. Weiterhin, ist bei keinem dieser Protokolle garantiert, daß wenn Knoten A einen Knoten B als nicht verfügbar annimmt, automatisch auch B A als nicht verfügbar ansieht. Schließlich führt die Unzuverlässigkeit der Nachrichtenverbindungen dazu, daß sich keine zeitliche obere Grenze für die garantierte Entdeckung einer Störung angeben läßt. Bezüglich der Unterstützung der Transaktionsverarbeitung sind alle diese Eigenheiten unerheblich, im schlimmsten Fall können Probleme durch zusätzliche Vorkehrungen in den Transaktionsprotokollen vermieden werden (siehe Wa85b/).

Mit der Weiterentwicklung der Technik verteilter Systeme hat sich gezeigt, daß Überwachungsdienste auch für andere Zwecke dienlich sein können, wobei jedoch teilweise die obigen Eigenschaften problematisch sind. Ein sogenanntes "symmetrisches" Überwachungsprotokoll, daß die problematischen Eigenschaften nicht aufweist, ist Gegenstand des nächsten Teilkapitels. Zur Unterscheidung werden die bisher erwähnten Überwachungsprotokolle auch als "einfach" bezeichnet.

4.2 "SYMMETRISCHE" ÜBERWACHUNG

Im letzten Teilkapitel wurde gezeigt, daß in verteilten Datenbanksystemen während der Abarbeitung verteilter Transaktionen ein Dienst für eine Überwachung der Kooperationspartner benötigt wird. In den folgenden Abschnitten wird nun an Hand eines anderen Problems demonstriert, daß in verteilten Datenbanksystemen Überwachungsdienste auch unabhängig vom Transaktionskonzept von Interesse sein können. Die Anforderungen an die Überwachung können dabei sehr viel stärker sein, sodaß ein "einfaches" Protokoll nicht ausreicht und durch ein sogenanntes "symmetrisches" ersetzt oder ergänzt werden muß.

Zur Erläuterung der neuen Problemstellung sei zunächst ein Beispiel betrachtet. Gegeben sei ein Netzwerk mit zwei Rechnern, R1 und R2, und ein verteiltes Datenbanksystem, welches ein Datenelement X redundant auf beiden Rechnern speichert, Kopie x1 auf R1 und x2 auf R2, wobei beide Kopien den gleichen Wert anzeigen (x1 = x2). Sei angenommen, daß R1 und R2 normal arbeiten und daß beide Rechner in der Lage sind, mittels Nachrichtenaustausch miteinander zu kommunizieren. Unter diesen Voraussetzungen können typischerweise zwei Arten von Transaktionen ausgeführt werden:

- Leser, die auf x1 und/oder x2 zugreifen ohne dabei den Wert zu ändern.

- Schreiber, die auf beide Kopien zugreifen und den Wert so ändern, daß die Bedingung x1 = x2 nicht verletzt wird.

Benutzen sowohl die Leser als auch die Schreiber ein Synchronisationsprotokoll, das alle Schreiber/Leser- und Schreiber/Schreiber-Konflikte löst (etwa das in /Eswa76/ eingeführte 2-Phasen-Sperrprotokoll), dann ist garantiert, daß jeder Leser den neuesten Wert von X sieht, egal auf welche Kopie zugegriffen wird.

Wenn nun auf Grund einer Störung zwischen den beiden Rechnern keine Kommunikation mehr möglich ist, können Leser weiterhin auf die Kopie des jeweils lokalen Rechners zugreifen, während die Ausführung von Schreibern eingestellt werden muß. Diese Strategie garantiert zwar die Einhaltung der Bedingung x1 = x2, ist aber für Anwendungen nicht akzeptabel, bei denen die Fortsetzung der Verarbeitung von Änderungen wichtiger ist als die Ausführung von Lesern auf beiden Rechnern.

Wünschenswert könnte es etwa sein, einen der beiden Rechner, etwa R1, derart zu priviligieren, daß bei Entdeckung der Nichtverfügbarkeit von R2 auf eine andere Verarbeitungsstrategie umgeschaltet wird, bei der Leser und Schreiber nur noch auf R1 ausgeführt werden. Resultierte die Nichtverfügbarkeit von R2 aus einer Kommunikationsstörung, ist also R2 noch in der Lage, weiterhin lokale Verarbeitung durchzuführen, so ist zu garantieren, daß auch R2 auf eine andere Verarbeitungsstrategie umschaltet, nämlich auf eine, bei der alle Leser und Schreiber zurückgewiesen werden (ggfs. können noch Leser zugelassen werden, die alte Werte akzeptieren).

Natürlich muß garantiert werden, daß eine Umschaltung der Verarbeitungsstrategien gleichzeitig erfolgt. Folgt etwa R2 noch der alten Strategie während R1 bereits umgeschaltet hat, riskieren die Leser auf R2 alte Werte präsentiert zu bekommen. Tatsächlich ist in einem verteilten System eine echte Gleichzeitigkeit nicht realisierbar. Eine akzeptable Quasi-Gleichzeitigkeit könnte jedoch dadurch erreicht werden, daß bei Entdeckung einer Nichtverfügbarkeit die Umschaltung nicht sofort erfolgt, sondern zunächst lediglich die Verarbeitung nach der alten Strategie eingestellt wird, und erst nach einem gewissen Zeitraum mit der Verarbeitung nach der neuen Strategie fortgefahren wird. Dies erfordert natürlich, daß Nichtverfügbarkeiten stets von beiden Rechnern entdeckt werden und zwar innerhalb eines fixen Zeitraums.

Dieses kurze Beispiel (eine ausführlichere Diskussion ist in /Wa86/ zu finden) sollte gezeigt haben, daß Überwachung auch ohne Bezug auf eine konkrete Transaktion sinnvoll sein kann und daß die Anforderungen hier schärfer zu formulieren sind als bei der früher diskutierten "einfachen" Überwachung. Obiges Problem kann mittels sogenannter "symmetrischer" Überwachungsdienste gelöst werden. In /Wa85a, Wa85b/ wurde die Realisierung und Verwendung eines derartigen Dienstes diskutiert, eine effizientere Realisierung ist in /Wa86/ zu finden. Laut /Wa86/ muß ein "symmetrischer" Überwachungsdienst für jedes Paar (R1, R2) von Rechner im Netz folgende Bedingungen erfüllen:

- Wenn zum Zeitpunkt t_0 auf Rechner R1 die Nichtverfügbarkeit von R2 entdeckt wird, dann muß zum Zeitpunkt t_1 mit $(t0 - T) < t1 < (t0 + T)$ mindestens eine der folgenden Aussagen wahr sein:
  -- R2 hat die Nichtverfügbarkeit von R1 entdeckt.
  -- R2 hat erfahren, daß R1 die Nichtverfügbarkeit von R2 annimmt.
  -- R2 hat einen Abbruch erlitten.
- Wenn R1 einen Abbruch und anschließend einen Wiederanlauf durchgeführt hat, so muß zu einem Zeitpunkt bevor R1 wieder die Verfügbarkeit von R2 erkennt (ein Abbruch von R1 bedeutet auch, daß R2 von R1 implizit als nicht verfügbar angenommen wird), mindestens eine der folgenden Aussagen wahr sein:
  -- R2 hat die Nichtverfügbarkeit von R1 entdeckt.
  -- R2 hat erfahren, daß R1 die Nichtverfügbarkeit von R2 annimmt.
  -- R2 hat einen Abbruch erlitten.

Zum Verständnis dieser Bedingungen seien noch einige Anmerkungen angefügt:
- Erleidet einer der Rechner einen Abbruch, so bedeutet dies auch, daß er den anderen Rechner nicht mehr als "verfügbar" annimmt bzw. implizit als "nicht verfügbar" betrachtet. Beim anschließenden Wiederanlauf wird aus der impliziten Annahme der Nichtverfügbarkeit eine explizite Annahme. Damit die Symmetrie der Erkenntnis auch in diesem Fall gewahrt bleibt, ist die zweite Bedingung notwendig.
- Die obere Grenze der Entdeckung eines Abbruchs ist in der zweiten Bedingung durch das Ereignis des Wiederanlaufs definiert und nicht durch den Ablauf eines Zeitintervalls fester Länge. Dies ist hinreichend, da der gestörte Rechner nur implizit eine Nichtverfügbarkeit seines Partners annimmt und dies bis zum Wiederanlauf ohne praktische Konsequenzen bleibt (bezogen auf das obige Beispiel wird die Verarbeitung nach der alten Strategie eingestellt, nach der neuen aber noch nicht begonnen).
- Ein intakter Rechner kann zur Einhaltung der Symmetrieeigenschaft seine Erkennnisse aus zwei Ereignissen ziehen, entweder aus der eigenen Entdeckung einer Nichtverfügbarkeit oder aus einer expliziten Mitteilung von seinem Partner. Letzteres ist besonders dann von Interesse, wenn etwa bei einer kurzzeitigen Netzwerkpartitionierung nur einer der beiden Rechner eine Nichtverfügbarkeit entdeckt hat.

In /Wa86/ wird gezeigt, daß die beiden Bedingungen auch dann hinreichend sind, wenn sich mehr als zwei Rechner symmetrisch überwachen sollen.

Die Realisierung eines solchen "symmetrischen" Überwachungsdienstes scheint auf den ersten Blick der eines "einfachen" Überwachungsdienstes zu ähneln. Auch hier basiert die Überwachung auf einer Manifestation der eigenen Verfügbarkeit durch periodische Verschickung von Nachrichten, zusätzlich enthält jedoch jede dieser Nachrichten eine Aussage darüber, ob der Empfänger als verfügbar angenommen wird oder nicht. Damit die Bezüge eindeutig sind, findet der Austausch dieser Nachrichten in Form einer permanenten Konversation statt, wobei nur einer der beiden Rechner das Recht hat, nach einem Neustart die Konversation neu zu beginnen. In Abb. 4.1 ist ein möglicher Konversationsausschnitt dargestellt (eine komplette Darstellung ist in /Wa86/ zu finden).

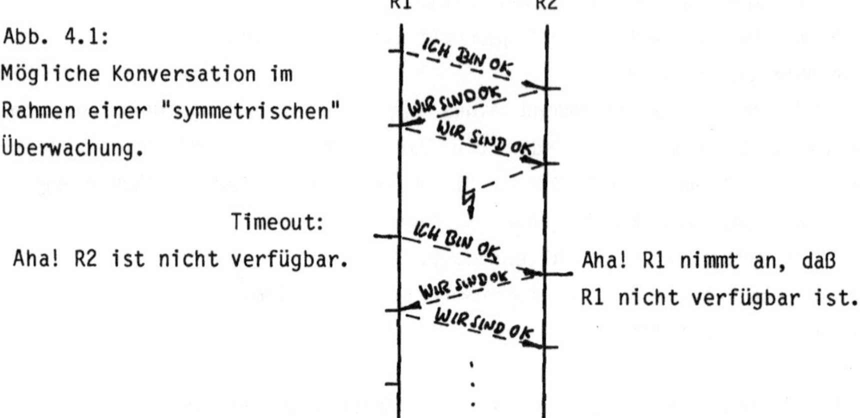

Abb. 4.1:
Mögliche Konversation im Rahmen einer "symmetrischen" Überwachung.

Im dargestellten Beispiel werden zwei Nachrichtenarten benutzt, "ICH BIN OK" und "WIR SIND OK". "ICH BIN OK" manifestiert lediglich die eigene Verfügbarkeit und wird nur von R1 und nur nach einem Timeout verschickt. "WIR SIND OK" gibt zusätzlich an, daß der Adressat ebenfalls als "verfügbar" angenommen wird, und wird immer als Antwort auf eine empfangene "ICH BIN OK"- oder "WIR SIND OK"-Nachricht verschickt. R2 versendet bei einem Timeout gar keine Botschaft. Letzteres erfolgt aus Gründen der eindeutigen Zuordnung der Nachrichten. Wird von einem der beiden Rechner auf Grund eines Timouts eine Nichtverfügbarkeit diagnostiziert, so erfährt dies der andere Rechner innerhalb eines festen Zeitintervalls entweder ebenfalls mittels Timeout oder durch Empfang einer "ICH BIN OK"-Nachricht. Die Länge L des Timeout-Intervalls hängt von der maximalen Netzverzögerung MAX ab und ist als 2MAX + C zu wählen. Wird dazu noch ein Wert G für die maximale Abweichung der Uhren addiert, gilt T = L + G.

Soll das gesamte Netz "symmetrisch" überwacht werden, muß obiges Protokoll von jedem Rechnerpaar ausgeführt werden. Ein "symmetrisches" Protokoll mit geringerem Nachrichtenaufwand konnte bisher nicht gefunden werden.

5. TRANSAKTIONSMODELLE

Die in Kapitel 3 vorgestellten Dienste unterstützen das Modell der sogenannten "flachen" Transaktionen. Dieses Modell wurde ursprünglich für zentralisierte Datenbanksysteme entwickelt und ist somit nicht optimal an die Eigenschaften verteilter Systeme angepasst:

- Bei einem verteilten System ist der Ausfall eines Prozessors nicht gleichbedeutend mit einem Ausfall des Gesamtsystems, wie dies bei zentralen Systemen (1-Prozessorsystemen) der Fall ist. Kooperieren mehrere Prozessoren zwecks Verarbeitung einer Transaktion, so impliziert bei Verwendung "flacher" Transaktionen bereits der Ausfall eines der beteiligten Prozessoren den Abbruch der gesamten Transaktion, auch dann, wenn ein anderer Prozessor dieselbe Dienstleistung erbringen könnte wie der ausgefallene.
- Verteilte Systeme lassen eine echte Parallelität von Verarbeitungsschritten zu. Bei "flachen" Transaktionen kann diese Möglichkeit nicht im vollen Maße ausgenutzt werden, da keine Mechanismen vorgesehen sind für die Koordination der Parallelität.

Diese Unzulänglichkeiten "flacher" Transaktionen führten zur Entwicklung sogenannter "geschachtelter" Transaktionen. Beim ersten derartigen Modell /Mo81/ wurde zunächst hauptsächlich das Ziel verfolgt, die Auswirkungen von Fehlern stärker zu lokalisieren, was einer stärkeren Anpassung an das Fehlermodell verteilter Systeme bedeutet. Um dies zu erreichen, wird zunächst erlaubt, daß jede Transaktion Subtransaktionen starten darf, die selbst wieder Subtransaktionen starten dürfen, ... usw. Das Zurücksetzen einer nicht erfolgreichen Subtransaktion impliziert nicht automatisch ein Zurücksetzen ihrer Vorfahren, vielmehr ist es möglich, durch einen erneuten Start einer Subtransaktion zu versuchen, das ursprünglich gewünschte Resultat noch anderweitig zu erzielen (wie dies etwa auch durch die bei VDBS verbreitete redundante Speicherung von Daten unterstützt wird).

Von den weiteren Modellen "geschachtelter" Transaktionen sei lediglich noch das in /Wa84b, Wa85b/ vorgestellte erwähnt. Dieses Modell erlaubt ein "attributiertes" Kreieren von Subtransaktionen. Bei jedem Kreieren kann spezifiziert werden, ob
- die Rücksetzung der Subtransaktion isoliert erfolgen oder eine automatische Rücksetzung der kreierenden Transaktion implizieren soll,
- das Commitment der Subtransaktion nur gemeinsam mit der kreierenden Transaktion möglich sein soll oder auch unabhängig davon,
- ob die Subtransaktion sich gegen die kreierende Transaktion synchronisieren muß, oder ob deren Sperren mitbenutzt werden können.

Zusätzlich läßt dieses Modell auch eine beliebige Parallelität zwischen Subtransaktionen zu. Eine Reihe anderer Modelle geschachtelter Transaktionen lassen sich als Spezialfall dieses Modells darstellen.

In /Wa85b/ wurde gezeigt, daß die für so ein allgemeines Transaktionsmodell notwendigen Betriebssystemdienste vom Aufruf her prinzipiell den oben vorgestellten Diensten zur Unterstützung eines einfachen Transaktionsmodells gleichen, meist sind nur zusätzliche Parameter nötig. Die Realisierung der Dienste erfordert jedoch wesentlich komplexere Protokolle.

6. FAZIT

Es wurde argumentiert, daß in verteilten Datenbanksystemen die Verarbeitung verteilter Transaktionen durch geeignete Betriebssystemfunktionen unterstützt werden sollte. Dies ermöglicht sowohl eine höhere Effizienz der verteilten Verarbeitung als auch einen besseren Schutz der Kontrollinformationen. Zudem würde dies die Realisierung anderer transaktionsorientierter verteilter Anwendungen erleichtern, was von besonderem Interesse ist, da sich das Transaktionskonzept derzeit mehr und mehr durchsetzt. In /Wa85c/ wurde weiterhin argumentiert, daß ein betriebssystemunterstütztes Transaktionskonzept auch die Kopplung von Abläufen über Anwendungsgrenzen hinweg unterstützt.

Zur Unterstützung der Verarbeitung in verteilten Datenbanksystemen sind im einzelnen Dienste von Interesse, die folgende Leistungen erbringen (siehe auch /Ro85, Wa85/, wo auch einige hier nicht genannten Dienste erwähnt werden):

- Kreation, Migration (zuverlässige Abwicklung von Aktionen auf entfernten Rechnern) und Terminierung (Commitment und Abbruch) von Transaktionen.
- Überwachung entfernter Rechner, sowohl während der Verarbeitung verteilter Transaktionen als auch zur Gewährleistung "symmetrischen" Verhaltens.
- Generierung global eindeutiger Namen.
- Synchronisation der Uhren und Generierung von Zeitmarken.
- Auflösung und Bereitstellung von Adressen (ähnlich sowohl einem normalen Telefonbuchs als auch den "Gelben Seiten").

Die ISO hat im Rahmen ihrer Normungsarbeiten im Bereich der Offenen Systeme Vorschläge zur Normung von Protokollen und Diensten für "Commitment, Concurrency and Recovery" in transaktionsorientierten Systemen /ISO84a, ISO84b/ erarbeitet. Aus Platzgründen konnten die in diesem Aufsatz vorgestellten Konzepte nicht mit den ISO-Vorschlägen verglichen werden. Wir verweisen daher auf die entsprechenden Ausführungen in /Roth85/.

LITERATURVERZEICHNIS

/Al83/ Allchin, J.E., "An Architecture for Reliable Decentralized Systems", Ph.D. Thesis, Technical Report GIT-ICS 83/23, GIT, Atlanta, Sept. 1983.

/Balz71/ Balzer, R.M., "Ports - A Method for Dynamic Interprogram Communication and Job Control", Proc. AFIPS SJCC, Vol. 38, AFIPS Press, 1971.

/Borr81/ Borr, A.J., "Transaction Monitoring in ENCOMPASS: Reliable Distributed Transaction Processing", Proc. Int. Conf. on Very Large Data Bases, 1981.

/BrHa70/ Brinch Hansen, P., "A Nucleus of a Multiprogramming System", Commun. of the ACM, 13:4, 1970.

/BrHa78/ Brinch Hansen, P., "Distributed Processes: A Concurrent Programming Concept", Commun. of the ACM, 12:11, 1978.

/Chan83/ Chan, A., et al., "Overview of the ADA Compatible Distributed Database Manager", Proc. ACM SIGMOD 83, 1983.

/Chap82/ Chapin, A.L., "Connectionless Data Transmission", ACM Computer Communication Review, 12:2, 1982.

/Eswa76/ Eswaran, K.P., et al.," The Notions on Consistency and Predicate Locks in a Database System", Commun. of the ACM, 19:11, 1976.

/Gray78/ Gray, J., "Notes on Database Operating Systems", in: "Operating Systems: An Advanced Course", LNCS 60, Springer Verlag, 1978.

/Härd84/ Härder, T., Peinl, P., "Evaluating Multiple Server DBMS in General Purpose Operating System Environments", Proc. VLDB 10, 1984.

/Hamm80/ Hammer, M.M., Shipman, D.W. , "Reliability Mechanisms for SDD-1: A System for Distributed Database Systems", ACM Trans. on Database Systems, 5:4, 1980.

/Hoar78/ Hoare, C.A.R., "Communicating Sequential Processes", Commun. of the ACM, 21:8, 1978.

/ISO84a/ "Information Processing - Open Systems Interconnection - Definition of Common Application Service Elements - Part 3: Commitment, Concurrency, and Recovery", ISO/TC97/SC21/DP8649/3, 1984.

/ISO84b/ "Information Processing - Open Systems Interconnection - Specification of Protocols for Common Application Service Elements - Part 3: Commitment, Concurrency, and Recovery", ISO/TC97/SC21/DP8650/3, 1984.

/Ki82/ Kim, W., "AUDITOR: A Framework for Highly Available DB/DC Systems", Proc. 2nd Symp. on Reliability in Distributed Software and Database Systems, 1982.

/La78/ Lamport, L., "Time, Clocks and the Ordering of Events in a Distributed System", Communications of the ACM 21:7, Juli 1978.

/Lind84/ Lindsay, B.G. et al., "Computation and Communication in R*: A Distributed Database Mangager", ACM Trans. on Computer Systems, 2:1, 1984.

/Li84/ Liskov, B., "Overview of the ARGUS Language and System", Programming Methodology Group Memo 40, Massachusetts Institute of Technology, Februar 1984.

/Mo81/ Moss. J.E.B., "Nested Transactions: An Approach to Reliable Distributed Computing", Technical Report MIT TR-260, MIT, Cambridge, April 1981.

/Rash81/ Rashid, R., Robertson, G., "Accent: A Communication Oriented Network Operating System Kernel", Proc. 8th Symp. on Operating Systems Principles, 1981.

/Ro84/ Rothermel, K., B. Walter, "A Kernel for Transaction Oriented Communication in Distributed Database Systems", Proc. 4th Int. Conf. on Distributed Computing Systems, San Francisco, Mai 1984.

/Roth85/ Rothermel, K., "Kommunikationskonzepte für verteilte transaktionsorientierte Systeme", Dissertation, Universität Stuttgart, 1985.

/Sp84/ Spector, A.Z., et al. "Support for Distributed Transactions in the TABS Prototype", TR CMU-CS-84-132, Carnegie-Mellon University, Pittsburgh, Juli 1984.

/Ston77/ Stonebraker, M., Neuhold, E.J., "A Distributed Database Version of INGRES", Proc. 2nd Berkeley WS on Distributed Databases and Computer Networks, 1977.

/Ston81/ Stonebraker, M., "Operating System Support for Database Management", Commun. of the ACM, 24:7, 1981.

/Tane81a/ Tanenbaum, A. S., Mullender, S., "An Overview of the AMOEBA Distributed Operating System", ACM Operating Systems Review, 15:3, 1981.

/Tane81b/ Tanenbaum, A.S., "Computer Networks", Prentice-Hall, Englewood Cliffs, 1981.

/Tr82/ Traiger, I.L., et. al., "Transactions and Consistency in Distributed Database Systems", ACM Transactions on Database Systems 7:3, Sept. 1982.

/WPE83/ Walker, B., G. Popek, R. English, C. Kline, G. Thiel, "The LOCUS Distributed Operating System", Proc. 9th ACM Symp. on Operating Systems Principles, Bretton Woods, Oktober 1983.

/Wa82/ Walter, B., "A Robust and Efficient Protocol for Checking the Availability of Remote Sites", Computer Networks 6:3, 1982.

/Wa84a/ Walter, B., "Some Thougths on Communication in Distributed Database Systems", Proc. ICC, 1984.

/Wa84b/ Walter, B., "Nested Transactions with Multiple Commit Points: An Approach to the Structuring of Advanced Database Applications", Proc. VLDB 10, 1984.

/Wa84c/ Walter, B., Neuhold, E.J., "POREL: A Distributed Database System", in: C. Mohan, "Recent Advances in Distributed Database Research", IEEE Press 1984.

/Wa85a/ Walter, B., "Multi-Level Synchronization and Nested Transactions in Advanced Information Systems", GI Fachtagung über Datenbanksysteme in Büro, Technik und Wissenschaft, Karlsruhe, März 1985.

/Wa85b/ Walter, B., "Betriebssystemkonzepte für fortgeschrittene Informationssysteme", Habilitationsschrift, Universität Stuttgart, 1985.

/Wa86/ Walter, B., "A Tunable Protocol for Symmetric Surveillance in Distributed Systems", Proc. ACM SIGCOMM'86, 1986.

Datenbankprogrammierung in Rechnernetzen

Henning Eckhardt (‡), *Winfried Lamersdorf* (•), *Kurt Reinhardt* (‡)
und *Joachim W. Schmidt* (‡)

(•) IBM Deutschland
Europäisches Zentrum für
Netzwerkforschung
Tiergartenstraße 15
6900 Heidelberg

(‡) Johann Wolfgang Goethe-Universität
Fachbereich Informatik
Datenbanken und Informationssysteme
Dantestraße 9
6000 Frankfurt am Main 1

Kurzfassung

Programmiersprachen für datenintensive Anwendungen stellen zusätzlich zu einem algorithmischen Kern noch Sprachkonstrukte zur Verfügung, die die Definition persistenter Daten (etwa mittels Relationen) und deren parallele Bearbeitung (etwa mittels Transaktionen) unterstützen. Ausgehend von DBPL, einer Datenbankprogrammiersprache mit Modula-2 als Kern, werden in der vorliegenden Arbeit Möglichkeiten der Datenbankprogrammierung in Rechnernetzen erläutert. Probleme der Implementierung eines verteilten DBPL-Systems werden unter besonderer Berücksichtigung der Anforderungen an das Kommunikationssystem diskutiert.

1. Einleitung

Zur Softwareproduktion für interaktive, datenintensive Anwendungen werden in zunehmendem Maße integrierte Arbeitsumgebungen aus Programmiersprachen, Datenbankmodellen und weiteren Werkzeugen wie z. B. Entwurfs- und Spezifikationshilfen bereitgestellt [Eckhardt et al. 1985], [Brägger et al. 1984], [Jarke et al. 1985], [Daida 1986]. Zur Unterstützung einer arbeitsteiligen Softwareproduktion werden dabei solche Werkzeuge bevorzugt, die auch die aus der algorithmischen Programmierung bekannten Modularisierungs- und Strukturierungskonzepte (vgl. [Wirth 1982], [Ichbiah et al. 1979], [Nygaard und Dahl 1978]) anbieten.

Unter den datenintensiven Anwendungen gewinnen gegenwärtig diejenigen an Interesse, die ihrerseits arbeitsteilig sind, also aus zeitweise unabhängigen doch fallweise kommunizierenden Arbeitseinheiten bestehen. Verwaltungs- und entscheidungsunterstützende Systeme in Organisationen (z. B. im Büro) und die Softwareproduktion im Team sind entsprechende Beispiele.

Rechnerarchitekturen, deren Eigenschaften für solche arbeitsteiligen Anwendungen besonders interessant erscheinen, liegen nun in Form von lokalen Rechnernetzen vor. Dabei werden leistungsfähige Kleinrechner direkt am Arbeitsplatz zur Erledigung von lokalen Datenverarbeitungsaufgaben eingesetzt. Über die damit mögliche dezentrale Verarbeitung von Daten hinaus erfordert jedoch eine kooperative Zusammenarbeit von Arbeitsstationen auch Kommunikationsmöglichkeiten mit anderen Partnern im Netzverbund. Dazu stellen lokale Netzwerke - oft herstellerspezifisch - Kommunikationsdienste bereit, die den Austausch von Nachrichten und Daten zwischen Rechnern einer homogenen Umgebung erlauben.

Eine über die Grenzen des lokalen Netzes hinausgehende Zusammenarbeit erfordert daneben aber auch weitere Kommunikationsmöglichkeiten, zum Beispiel für den Zugang zu entfernten Kommunikationspartnern oder zu externen Rechnern in heterogenen Netzwerken. Damit wird bespielsweise der Zugriff auf zentral gehaltene Daten auf Rechnern beliebiger Architektur oder auch eine "offene" Kommunikation mit über Weitverkehrsnetze verbundenen Partnern möglich.

In der vorliegenden Arbeit wird ein Forschungs- und Entwicklungsprojekt vorgestellt, in welchem modulare Programmierwerkzeuge für datenintensive, arbeitsteilige Anwendungen in Rechnernetzen entwickelt werden. Ausgangspunkt ist eine entsprechende auf einer zentralen Rechnerarchitektur realisierte Programmierumgebung [Mall et al. 1982], [Eckhardt et al. 1985].

In der ersten Projektphase werden die in einer Datenbankprogrammiersprache angebotenen Möglichkeiten zur Programm- und Datenpartitionierung und -interaktion erweitert, um auf einer hohen programmiersprachlichen Ebene einige der Verteilungs- und Kooperationsmöglichkeiten zu nutzen, die der Übergang vom zentralen Rechner zum Rechnernetz zusätzlich bietet.

Unserem Ansatz zur Datenbankprogrammierung in Rechnernetzen liegt ein Programmierparadigma zugrunde, in dem Programmeinheiten, die ansonsten unabhängig sind, mittels hochsprachlicher Import- und Exportmechanismen sich gegenseitig Daten und andere programmiersprachliche Objekte bekannt und damit verfügbar machen können. Dieses Paradigma der Datenbankprogrammiersprachen soll von einer zentralen in eine verteilte Rechnerumgebung übertragen werden.

Zur Verwirklichung dieses Ansatzes müssen vom Netz elementare, möglichst allgemein akzeptierte Kommunikationsdienste zur Verfügung gestellt werden. Im Interesse einer "offenen" Systemarchitektur, eines strukturierten Systemaufbaues und einer Übertragbarkeit der Projektergebnisse werden die von der "International Standards Organization" (ISO) im Referenzmodell für die Kommunikation in offenen Systemen (OSI) vorgeschlagenen Dienste und Protokolle zur Kommunikation in heterogenen Rechnernetzen verwendet.

Das zweite Kapitel führt in grundlegende Konzepte von integrierten Datenbank- und Programmiersprachen ein und erläutert sie am Beispiel der Datenbankprogrammiersprache DBPL [Eckhardt et al. 1985]. Kapitel 3 stellt dann Möglichkeiten der Verallgemeinerung vor, die die Ausführung von Datenbankprogrammen in einer verteilten Umgebung gegenüber zentralen Datenbanksystemen bietet. Anschließend beschreibt Kapitel 4 genauer, welche Konsequenzen der Übergang zur verteilten Umgebung für das Datenbanksystem DBPL hat. Kapitel 5 stellt Anforderungen an das Kommunikationssystem zusammen, das die Basis für die Realisierung der erforderlichen Kommunikationsdienste bilden soll. Kapitel 6 schließlich gibt einen Überblick über das Forschungsprojekt, in dessen Rahmen einige der in den vorangegangenen Kapiteln vorgestellten Konzepte konkretisiert, realisiert und erprobt werden sollen.

2. Datenbankprogrammierung

Bei der Entwicklung und dem sicheren und effizienten Betrieb von komplexen Softwaresystemen sind die Eigenschaften der verwendeten Datenobjekte, genauer: deren Struktur- und Integritätsdefinition, sowie ihre Zugriffs- und Schutzmöglichkeiten von besonderer Bedeutung. Deshalb besteht auch der Hauptbeitrag der neueren Programmiersprachen in ihren Typsystemen (Datenstrukturen, Datenabstraktion, Typhierarchien etc.) und ihren Kontrollmechanismen (Gültigkeitsbereiche, Parametermechanismen, Import- und Exportverfahren etc.).

Für viele datenintensive Anwendungen haben die Anforderungen an die zentral gehaltenen Datenobjekte ein Ausmaß erreicht, welches zur Entwicklung spezieller Notationen für Datendefinition und -manipulation führte. Damit haben allerdings bei der Programmierung von Datenbankanwendungen nun zwei Systeme zu kooperieren, Sprachprozessor und Datenbanksystem, mit der Folge, daß an ihren Schnittstellen Verluste an Programmierkomfort, Sicherheit und Effizienz eintreten können.

Ziel der Eintwicklung integrierter Datenbankprogrammiersprachen, wie Pascal/R [Schmidt 1977], TAXIS [Mylopoulos und Wong 1980], ADAPLEX [Smith et al. 1983], PS-ALGOL [Atkinson et al. 1984] oder DBPL [Eckhardt et al. 1985] ist deshalb die Entwicklung *einer* hochsprachlichen Sprachschnittstelle für die Definition, Verarbeitung und Kontrolle *aller* Datenobjekte einer Anwendung.

2.1 Datenbankprogrammiersprachen

In (relationalen) Datenbankprogrammiersprachen werden Relationen - wie auch alle übrigen Datenobjekte eines Programmes - als typisierte Variable angesehen. Relationentypen (Schemata) werden (im Prinzip) orthogonal aus den Typen der Datenbankprogrammiersprache aufgebaut. Relationenvariable können in Anweisungen eines Datenbankprogrammes bearbeitet werden, wenn sie in dem die Anweisung enthaltenden Gültigkeitsbereich bekannt sind; dazu müssen sie entweder dort deklariert sein, oder sie müssen zum Zwecke der Bearbeitung dort bekannt gemacht werden.

*Datenbank*variable sind in einem permanenten, länger als jedes Anwendungsprogramm existierenden Gültigkeitsbereich definiert; sie werden zum Zweck der Bearbeitung lediglich in die entsprechenden Programmstücke "importiert". Nach Abarbeitung des Programmstücks existieren sie weiterhin, eventuell mit entsprechend geändertem Wert.

Wertänderungen von Relationen geschehen durch Zuweisungen, Auswertungen (Anfragen) durch Ausdrücke. Iteratoren erlauben die Programmierung von Schleifen über die Elemente von (Teil-) Relationen.

Bereits diese knappe Aufzählung von Sprachkonstrukten sollte verdeutlichen, wieweit Datenbankprogrammiersprachen die Datenbankdefinition und -manipulation in das Paradigma der algorithmischen Programmierung integrieren. Relationenwertige Prozeduren und relationale Parameter vertiefen diese Integration.

```
DATABASE DEFINITION MODULE University;          (* may reside on University server node *)

   EXPORT QUALIFIED ResRecType, ResRelType, TimeType, RoomType, SizeType, DeptType,
                    reservations, DecideRoom;

   TYPE
      RoomType      = (A100, A101, A102, ... );
      DeptType      = (ComputerScience, MedicalScience, ...);
      SizeType      = (10 .. 500);
      TimeType      = ...;

      ResRecType    = RECORD (* relation element type *)
                         time       : TimeType;
                         room       : RoomType;
                         size       : SizeType;
                         free       : BOOLEAN;
                         department : DeptType;
                      END;

      ResRelType    = RELATION time, room OF ResRecType;
                      (* relation type with composite key <time, room> *)

   VAR reservations  : ResRelType;    (* relation with one entry per *)
                                      (* time interval and room      *)

   PROCEDURE DecideRoom (res: ResRelType): RoomType;

END University.


DATABASE IMPLEMENTATION MODULE University;

   PROCEDURE DecideRoom (res: ResRelType): RoomType;
     BEGIN
       (* implements a room selection strategy *)
     END DecideRoom;

END University.
```

Abbildung 1: Datenbankmodul einer Universität (Version 1)

2.2 Die Datenbankprogrammiersprache DBPL

DBPL [Mall et al. 1982], [Eckhardt et al. 1985] ist eine relationale Datenbankprogrammiersprache mit Prädikaten erster Ordnung für die Auswertung und Kontrolle von Daten; als algorithmischer Kern enthält DBPL die Systemprogrammiersprache Modula-2 [Wirth 1982]. Diese Sprache behandelt Programme als Systeme von Moduln, die über definierte Schnittstellen ("definition modules") miteinander in Beziehung stehen.

Aus Datenbanksicht sind zwei Sprachkonstrukte von besonderer Bedeutung: Selektoren und Transaktionen. In einem abstrakten Sinne dienen beide Konzepte der flexiblen Partitionierung von Datenbankzugriffen. Selektoren erlauben es, den durch eine Relationenvariable definierten Datenraum auf genau solche Datenobjekte einzuschränken, die ein im Selektor definiertes Selektionsprädikat erfüllen. Transaktionen ermöglichen es, den durch ein Datenbankprogramm gegebenen Anweisungsraum in Folgen von Anweisungen zu unterteilen, die unter den Bedingungen der Parallelabwicklung von Programmen und der Konsistenz von Daten semantisch zusammengehören [Eswaran et al. 1976]. Aus der Sicht des Programmierers ist eine Transaktion ein sequentielles Programm, welches Zugriff auf ein lokales Objekt, die Datenbank, mit bestimmten Anfangszuständen hat.

Das Beispiel im folgenden Abschnitt soll einige DBPL-Sprachkonstrukte veranschaulichen und insbesondere zeigen, wie Transaktionen und Selektoren bei der Datenbankprogrammierung zusammenwirken.

2.3 Ein DBPL-Beispiel

Im folgenden Beispiel betrachten wir die Hörsaalverwaltung einer Universität. Dabei gehen wir davon aus, daß die Hörsaalbelegung für alle Fachbereiche von der Universitätsverwaltung durchgeführt wird. Dazu wird universitätsweit ein Raumplan (Relation "reservations") bereitgestellt, in dem die Fachbereiche ihre Reservierungen eintragen (Abbildung 1). Die Zeitpläne für die einzelnen Vorlesungsangebote (Relation "csTimetable") werden hingegen von den Fachbereichen selbst erstellt (Abbildung 2).

Die Transaktion "ReserveAndSchedule" (Abbildung 3) nimmt eine Raumreservierung beispielhaft für den Fachbereich Informatik vor. Zu diesem Zweck importiert sie den für sie

```
DATABASE DEFINITION MODULE CsDepartment;  (* may reside on CS client node *)

   FROM University IMPORT TimeType, RoomType;

   EXPORT QUALIFIED TtRecType, TtRelType, LecturerType, TopicType, csTimetable;

   TYPE
       LecturerType  = ...;
       TopicType     = ...;

       TtRecType     = RECORD
                          time       : TimeType;
                          room       : RoomType;
                          lecturer   : LecturerType;
                          topic      : TopicType;
                       END;

       TtRelType     = RELATION time, room OF TtRecType;

   VAR csTimetable    : TtRelType;      (* relation with one entry per *)
                                        (* scheduled lecture           *)

END CsDepartment.


DATABASE IMPLEMENTATION MODULE CsDepartment;

END CsDepartment.
```

Abbildung 2: Datenbankmodul eines CS Department (Version 1)

interessanten Teil der Relation "reservations" (nämlich die Eintragungen über alle Räume zu der gewünschten Zeit). Diese Teilrelation läßt sich noch weiter einschränken, indem nur die Räume mit ausreichendem Platzangebot betrachtet werden. Die Selektion wird mittels Anwendung des Selektors "at" in der IMPORT-Deklaration der Transaktion durchgeführt.

Durch Importieren der Datenbankvariablen "reservations" (genauer: einer in "slot" umbenannten selektierten Teilvariable) und "csTimetable" in den Gültigkeitsbereich der Transaktion "ReserveAndSchedule" erhält diese Lese- und Schreibzugriff auf jene Datenbankrelationen (bzw. einen Teil davon). Die Prozedur "DecideRoom" wählt nun nach einer hier nicht näher bestimmten Strategie einen freien Raum geeigneter Größe aus. Der Raum wird dann für den Fachbereich Informatik belegt (Zuweisungen auf die Attribute "free" und "department" des mittels "newroom" selektierten Datenelementes) und ein entsprechender Eintrag wird in den Lehrplan ("csTimetable") des Fachbereichs eingefügt.

```
MODULE CsScheduling;              (* may reside on CS client node *)

   FROM University IMPORT ResRecType, ResRelType, TimeType, RoomType,
                          SizeType, DecideRoom, reservations, ...;
   FROM CsDepartment IMPORT TtRecType, TtRelType, LecturerType, TopicType, csTimetable;

   SELECTOR at FOR res: ResRelType
            WITH (time: TimeType; size: SizeType) : RELATION room OF ResRecType;
   BEGIN EACH r IN res: (r.time = time) AND (r.size >= size) END at;

   TYPE ScheduleDataType = RECORD
                             time         : TimeType;
                             lecturer     : LecturerType;
                             topic        : TopicType;
                             nrOfStudents : SizeType;
                           END;

   TRANSACTION ReserveAndSchedule (scheduleData: ScheduleDataType);

      IMPORT VAR slot = reservations [at (scheduleData.time, scheduleData.numberOfStudents)];
      IMPORT VAR csTimetable;

      VAR newroom : RoomType;

      BEGIN
         IF SOME s IN slot (s.free)
           THEN
             newroom := DecideRoom (ResRelType{EACH s IN slot: s.free});
             WITH slot[newroom] DO
                  free       := FALSE;            (* make reservation for *)
                  department := ComputerScience;  (* CS department        *)
             END;
             WITH scheduleData DO
                  csTimetable :+ TtRelType{TtRecType{time,newroom,lecturer,topic}};
                                                  (* schedule new lecture *)
             END
           ELSE
             MESSAGE (" no room available ")
         END
      END ReserveAndSchedule;

   VAR scheduleData : ScheduleDataType;

BEGIN
   WITH scheduleData DO
        time         := ...;               (* Initialization *)
        lecturer     := ...;               (* of             *)
        topic        := ...;               (* schedule       *)
        nrOfStudents := ...;               (* data           *)
   END;
   ReserveAndSchedule (scheduleData);      (* make room reservation and *)
                                           (* schedule lecture          *)
END CsScheduling.
```

Abbildung 3: Reservierung eines Hörsaales (Version 1)

3. Verteilung in einer Netzumgebung

Steht eine Datenbankprogrammiersprache auf den Knoten eines Rechnernetzes zur Verfügung, so können Knoten durch Import und Export von programmiersprachlichen Objekten kommunizieren. In Modula-2 und DBPL lassen sich Programme in Moduln unterteilen. Die Wechselwirkung zwischen Moduln geschieht ausschließlich über Objekte, die in der Exportliste eines Moduls anderen Moduln bekannt gemacht und von diesen importiert werden. Es bietet sich an, die Moduln auch als Verteilungseinheiten in einer Netzumgebung zu verwenden. Dann können Objekte der folgenden drei Klassen im Netz "gehandelt" werden:

- Typen
- Prozeduren/Transaktionen
- Variable/Datenbankvariable

Die Semantik des Exports und Imports dieser Objekte ist, je nach Objektklasse, unterschiedlich.

Typdeklarationen werden zur Übersetzungszeit benutzt, um die typgerechte Verwendung von Variablen und Ausdrücken sicherzustellen. Der Import und Export von *Typen* kann etwa verwendet werden, um in verschiedenen Moduln Variable desselben Typs zu erzeugen. Im Beispiel stellt der Modul "University" (Abbildung 2) unter anderem den Typ "RoomType" bereit, den der Modul "CsScheduling" (Abbildung 3) zum Erstellen eines Lehrplanes importiert und benutzt.

Der Import und Export von *Prozeduren* über Rechnergrenzen hinweg, kann im Sinne eines "remote operations call" [Spector 1982] verstanden werden. Beim Aufruf einer importierten Prozedur werden die Parameter zu dem exportierenden Modul gesandt, und die Operation wird dort ausgeführt. Eventuelle Ergebnisse werden dann nach Beendigung der Prozedur wieder an den aufrufenden Modul übermittelt. Die Prozedur "DecideRoom" wird beispielsweise vom Modul "University" exportiert (Abbildung 1) und vom Modul "CsScheduling" importiert und benutzt (Abbildung 3).

Eine über den Export von Prozeduren hinausgehende Möglichkeit des Zugriffs auf Daten bietet der Export und Import von *Variablen*. Hierbei gibt der exportierende Modul allerdings die Kontrolle über die Verwendung der von ihm exportierten Daten weitgehend auf. Beim Import von Variablen ist zwischen temporären und permanenten Datenobjekten zu unterscheiden. Wird ein temporäre (Modula-2-) Variable von verschiedenen Moduln importiert, so wird für jeden importierenden Modul eine eigene Kopie angelegt. Wird dagegen ein permanente (Datenbank-) Variable mehrfach importiert, so bedeutet dies einen Zugriff auf *dasselbe* Datenobjekt. Da auf ein von verschiedenen Programmen importiertes Datenbankobjekt auch simultan zugegriffen werden kann, sind besondere Maßnahmen zur Konsistenzerhaltung zu ergreifen.

In unserem Beispiel wird die Datenbankrelation "reservations" vom Modul "University" exportiert (Abbildung 1) und vom Modul "CsScheduling" importiert und verändert (Abbildung 3). Denken wir nun das Beispiel erweitert um die Lehrplangestaltung etwa des Fachbereichs Medizin, so könnte ein Modul "MsScheduling" ebenfalls die Relation "reservations" importieren. In DBPL wird die Benutzung von permanenten Objekten daher nur in Transaktionen gestattet, und die Transaktionsverwaltung stellt sicher, daß die Transaktionen atomar und isoliert durchgeführt werden. Der dann durch beide Moduln, "CsScheduling" und auch durch "MsScheduling", mögliche parallele Zugriff auf "reservations" wird dadurch synchronisiert, daß in beiden Moduln über eine Transaktion "ReserveAndSchedule" zugegriffen wird. Beiträge zur praktischen Lösung der bei der Implementierung von Transaktionen in Netzen entstehenden Probleme finden sich z.B. in POREL [Neuhold und Walter 1982], SDD-1 [Rothnie et al. 1980] oder R* [Williams et al. 1982].

In den Abbildungen 4, 5 und 6 wird eine zweite Lösung unseres Beispiels vorgestellt. Im Unterschied zur ersten Lösung ist jedoch die gemeinsam verwendete Datenstruktur "reservations" den Anwendungsmoduln, etwa "CsScheduling" oder auch "MsScheduling", nicht mehr zur freien Verfügung überlassen. Stattdessen wird im zentralen Modul "University" eine allgemeine Transaktion "Schedule" definiert und exportiert, die die von verschiedenen Anwendungen benötigte Reservierungsrelation lediglich als interne Variable benutzt

```
DATABASE DEFINITION MODULE University;     (* may reside on University server node *)

   EXPORT QUALIFIED TimeType, RoomType, SizeType, Depttype, LecturerType, TopicType, ResRecType,
                    ResRelType, TtRectype, TtRelType, ScheduleDataType, Schedule;

   TYPE
      ... (* as in fig. 1, 2, and 3 *) ...;

   TRANSACTION Schedule (scheduleData: ScheduleDataType;
                         dept: DeptType; VAR schedule: SchedRelType);

END University.


DATABASE IMPLEMENTATION MODULE University;

   PROCEDURE DecideRoom ... (* as in fig. 1*) ...;  END DecideRoom;

   SELECTOR at ... (* as in fig. 3 *) ...; END at;

   VAR reservations  : ResRelType;

   TRANSACTION Schedule (scheduleData: ScheduleDataType;
                         dept: DeptType; VAR timetable: TtRelType);

      IMPORT VAR slot = reservations [at (scheduleData.time, scheduleData.numberOfStudents)];

      VAR newroom: RoomType;

      BEGIN
         IF SOME s IN slot (s.free)
         THEN
           newroom := DecideRoom (ResRelType{EACH s IN slot: s.free});
           WITH reservations [newroom] DO
                free       := FALSE;          (* make room reservation for *)
                department:= dept;            (* the reserving department  *)
           END
           WITH scheduleData DO
                timetable :+ TtRelType{TtRecType{time,newroom,lecturer,topic}};
                                              (* schedule new lecture      *)
           END
         ELSE
           MESSAGE (" no room available ")
         END;
      END Schedule;

END University.
```

Abbildung 4: Datenbankmodul einer Universität (Version 2)

(Abbildung 4). Diese Transaktion wird von den Anwendungsmoduln, beispielsweise "CsScheduling" oder auch "MsScheduling", importiert und mit den entsprechenden Stundenplänen, etwa "csTimetable" (Abbildung 5) oder auch "msTimetable", versorgt und aufgerufen (Abbildung 6).

In DBPL ergeben sich aufgrund der von Modula-2 übernommenen Trennung von Definitions- und Implementationsmodul zusätzliche Verteilungsmöglichkeiten. In einer Netzumgebung können Definition, Implementation und Benutzung prinzipiell auf drei verschiedenen Rechnern stattfinden. Mit diesen Möglichkeiten kann man in recht flexibler Weise auf Forderungen einer Anwendung eingehen, etwa hinsichtlich der

- Anwendungstopologie (Hierarchien, eventuell mehrstufig; allgemeine Netze, eventuell unterteilt in Subnetze),
- Resourcenausnutzung (Prozessor-, Speicher-, Softwarenutzung)
- und Kontrolle über Programme und Daten.

Als Spezialfall für die Topologie eines Rechnernetzes zeichnen sich hierarchisch verteilte Systeme dadurch aus, daß lediglich ein (Server-) Knoten Objekte zum Export anbietet und

```
DATABASE DEFINITION MODULE CsDepartment;          (* may reside on CS client node *)

   FROM University IMPORT TtRelType;

   EXPORT QUALIFIED  csTimetable;

   VAR csTimetable : TtRelType;

END CsDepartment.

DATABASE IMPLEMENTATION MODULE CsDepartment;

END CsDepartment.
```

Abbildung 5: Datenbankmodul eines CS Departments (Version 2)

folglich die restlichen (Client-) Knoten nur diese Objekte von ausserhalb importieren dürfen. Das im ECMA Entwurf vorgeschlagene Protokoll für den "remote database access" [ECMA 1985] basiert auf diesem Konzept.

Im folgenden Kapitel werden einige Auswirkungen dieser Überlegungen auf Sprachschnittstelle und Architektur eines verteilten DBPL-Systems diskutiert.

4. Datenbankprogrammierung mit DBPL in einer Netzumgebung

Das von der Basissprache Modula-2 übernommene Modulkonzept erlaubt es, durch Verteilung von Moduln, einen großen Teil der im vorangegangenen Kapitel vorgestellten Verteilungsaspekte zu modellieren, ohne wesentliche Veränderungen an der Sprachschnittstelle vornehmen zu müssen.

4.1 Repräsentation der Verteilungsaspekte auf der Sprachebene

Prinzipiell können DBPL-Programme in einer Netzumgebung unabhängig von der physischen Verteilung der Objekte geschrieben werden: der Ort eines Objektes wird auf der Sprachebene durch das Modul repräsentiert, welches dieses Objekt exportiert. Die Zuordnung von Moduln zu Netzknoten ist die Aufgabe der Komponenten des DBPL-Systems, d.h. des Compilers, des Binders und der Laufzeitunterstützung. Entsprechend verschiedene Zeitpunkte gibt es, zu denen diese Zuordnung getroffen werden kann. Allerdings kommen Anwendungen vor, bei denen die Verteilung der Objekte im Programmtext festgeschrieben werden soll. Lediglich für

```
MODULE CsScheduling;

   FROM University IMPORT DeptType, TimeType, LecturerType, SizeType, TopicType,
                          TtRecType, Schedule;
   FROM CsDepartment IMPORT csTimetable;

   VAR scheduleData : ScheduleDataType;

BEGIN
   WITH scheduleData DO
         time         := ...;            (* Initialization *)
         lecturer     := ...;            (* of             *)
         topic        := ...;            (* schedule       *)
         nrOfStudents := ...;            (* data           *)
   END;
   Schedule (scheduleData, ComputerScience, csTimetable);
                                         (* schedule lecture *)
END CsScheduling.
```

Abbildung 6: Reservierung eines Hörsaales (Version 2)

diesen Fall ist eine entsprechende Modifikation der Sprache nötig. Nimmt man das Modul als Einheit der Verteilung, dann genügt hierfür eine Erweiterung der IMPORT-Klausel der Form:

FROM modulename AT location IMPORT ...

Eine IMPORT-Anweisung macht ein Objekt, insbesondere also auch ein Datenbankobjekt, innerhalb des importierenden Gültigkeitsbereich direkt verfügbar. Der Zugriff auf ein entferntes Objekt bedarf in diesem Modell keiner speziellen Notation. Die korrekte Durchführung des Zugriffs ist wiederum Aufgabe der unterliegenden Systemkomponenten.

Die Datenbankmoduln "University" und "CsDepartment" des eingangs erwähnten Beispiels (Abbildung 1 und 2) könnten also auf verschiedenen Rechnern angelegt werden - "University" z.B. auf einem Server und "CsDepartment" auf einem Arbeitsplatzrechner - ohne das Programm "CsScheduling" (Abbildung 3) ändern zu müssen.

4.2 Realisierung der Verteilung in einem erweiterten DBPL-System

Die Behandlung importierter Objekte in DBPL geschieht in zwei Phasen. In der ersten Phase, der Programmierphase, wird die Art der Objekte festgelegt. Zur Übersetzungszeit muß also eine Beschreibung der verwendeten Objekte bereits zur Verfügung stehen. Diese Beschreibung ist maschinenunabhängig; Informationen über den physischen Ort der Objekte sind kein notwendiger Bestandteil. Der Import von Konstanten und Typdefinitionen umfaßt nur diese eine Phase.

Zu Beginn der zweiten, der Benutzungsphase, muß die Zuordnung der importierten Objekte zu ihrem physischen Ort feststehen. Der genaue Zeitpunkt der Zuordnung soll im folgenden außer Acht gelassen werden. Wir betrachten nur die Konsequenzen, die eine Netzumgebung für die Architektur des DBPL-Systems in jedem Fall hat.

Die Laufzeitunterstützung des DBPL-Systems realisiert den Zugriff auf permanente Objekte, also die datenbankspezifischen Operationen; sie ist aus drei Schichten aufgebaut: Transaktionsverwaltung, Anfragebearbeitung, und Datenverwaltung. Im zentralen Fall ist jedem DBPL-Programm ein Betriebssystemprozeß zugeordnet; die Laufzeitunterstützung wird jeweils prozeßlokal instantiiert, lediglich die Transaktionsverwaltungen wickeln die wechselseitige Synchronisierung über einen gemeinsamen Speicherbereich ab (Abbildung 7).

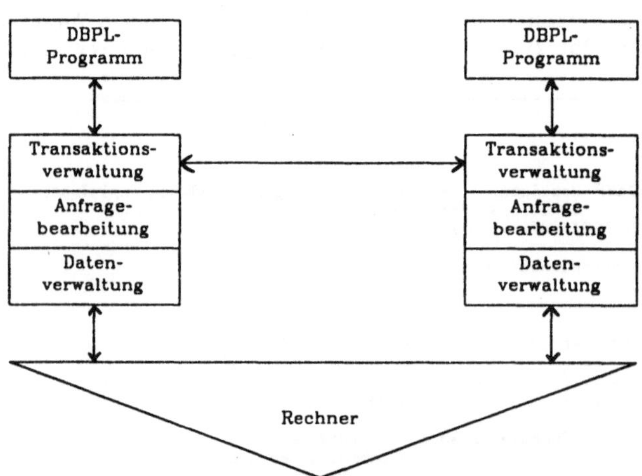

Abbildung 7: DBPL-System im zentralen Fall

Die Einrichtung eines sich virtuell über das gesamte Netz erstreckenden Laufzeitsystems ist Voraussetzung für den Zugriff auf entfernte Datenbankobjekte; sie läßt sich durch die Verwendung von Bedienerprozessen auf den beteiligten Knoten und durch eine Erweiterung der Transaktionsverwaltung um Kommunikationsfunktionen erreichen. Die Bedienerprozesse bestehen im wesentlichen aus dem Laufzeitsystem, mit einer leicht modifizierten Komponente zur Transaktionsverwaltung; ihre Aufgabe ist die stellvertretende Ausführung von Operationen auf den entfernten Daten (Abbildung 8).

Die Synchronisation verschiedener DBPL-Programme beim simultanen Zugriff auf gemeinsame, entfernte Daten läßt sich mit Hilfe geschachtelter Transaktionen durchführen [Moss 1982]: beinhaltet eine DBPL-Transaktion Operationen auf entfernten Daten, so muß die lokale Transaktionsverwaltung den Bedienerprozeß auf dem entsprechenden Knoten zunächst zum Start einer Subtransaktion veranlassen. Anschließend können die Operationsspezifikationen an den Bedienerprozeß gesandt bzw. Ergebnisse empfangen werden. Der Umfang der Daten, die zwischen lokalem Prozeß und Bedienerprozeß ausgetauscht werden, läßt sich bereits an der Sprachschnittstelle durch die Verwendung von Selektoren (Abschnitt 2.2) beeinflussen.

Vor Abschluß der lokalen Transaktion muß der korrekte Abschluß der Subtransaktionen eingeleitet werden (2-Phasen-Commit [Gray 1981]). Die Verwendung geschachtelter Transaktionen sichert auch gleichzeitig ein kontrolliertes Fehlerverhalten [Moss 1982].

5. Kommunikationsunterstützung

Die technische Realisierung der vorgestellten Sprachkonzepte einer Datenbankprogrammiersprache für verteilte Umgebungen erfordert neben den in Kapitel 4 vorgestellten Erweiterungen des Datenverwaltungssystems insbesondere die Dienste eines globalen Kommunikationssystems, das den Zugriff auf nicht-lokale Daten in geeigneter Weise unterstützt.

5.1 Anforderungen an ein Kommunikationssystem

Eine typische Umgebung für einen Dienstleistungsrechner (Server), der den in Kapitel 4 genannten Bedienerprozeß der Transaktionsverwaltung anbietet, besteht aus einem lokalen Netz von Arbeitsstationen (etwa einer Abteilung) mit Zugriff auf einen zentralen Server (z.B. einer übergeordneten Verwaltungseinheit). Im allgemeinen unterscheidet sich ein solcher Dienstleistungsrechner sowohl in der Architektur als auch in der verwendeten Betriebssystemumgebung von den Arbeitsstationen und ist auch nicht notwendig lokal verfügbar (da er etwa auch Daten vieler anderer Abteilungen an anderen Orten in ähnlicher Weise zu

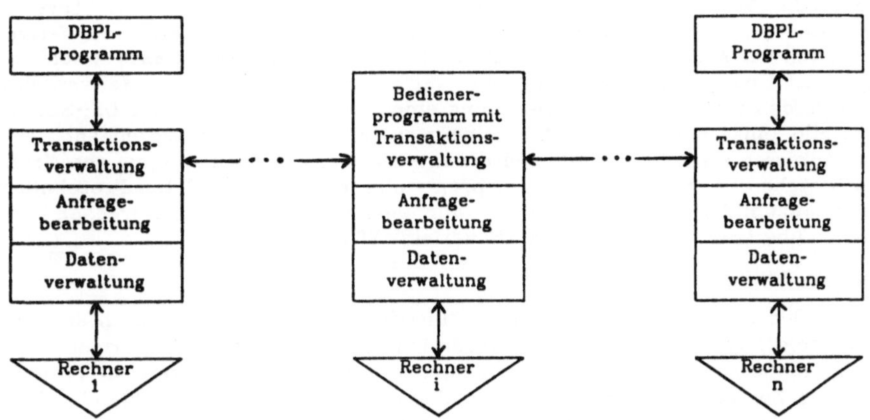

Abbildung 8: DBPL-System in Netzumgebung

verwalten hat). Ein Kommunikationssystem zur Unterstützung einer verteilten Datenverwaltung in einem solchen Anwendungsszenarium erfordert also sowohl die lokale Kopplung der Arbeitsstationen als auch Zugriffsmöglichkeiten von allen Arbeitsstationen auf externe Rechner in einer inhomogenen Netzumgebung.

Die lokale Kopplung von Arbeitsstationen realisieren unterschiedliche lokale Netze auf der Basis sehr leistungsfähiger Übertragungsmedien sowie spezieller lokaler Übertragungsprotokolle. Für den Zugang zu externen Rechnern in einem dann heterogenen Netz ist es erforderlich, Kommunikationsprotokolle zu verwenden, die auf allgemein akzeptierten Übereinkünften über die Kommunikation unterschiedlicher Rechner in "offenen Systemen" basieren.

5.2 Kommunikation in offenen Systemen

Das Referenzmodell der "International Standards Organization" (ISO) [IEEE 1983] bildet die Basis für eine architekturunabhängige Beschreibung der Kommunikation in "offenen Systemen" (OSI). In sieben Schichten werden dabei die zur Kommunikation notwendigen Dienste und Protokolle von der physikalischen Leitung (Ebene 1) bis hin zur Anwendung an der Benutzerschnittstelle (Ebene 7) beschrieben. Die unteren vier Schichten dienen im wesentlichen der gesicherten Übertragung von Nachrichten zwischen Endteilnehmern eines Netzes; die oberen drei sind eher anwendungsorientiert und regeln den Auf- und Abbau sowie die Strukturierung einer Verbindung zwischen Endteilnehmern (Ebene 5), die syntaktische Darstellung der Nachricht an unterschiedlichen Endgeräten (Ebene 6) sowie Dienste und Protokolle verschiedener Anwendungen (Ebene 7).

Um die Dienste eines entfernten, zentralen Datenbankrechners für die Benutzer von Arbeitsstationen eines lokalen Netzes verfügbar zu machen, muß also zunächst ein Zugang vom lokalen Netz aus zu den Kommunikationsverbindungen eines offenen (ISO/OSI-) Netzes nach "außen" (und zurück) hergestellt werden, bevor darauf aufbauend dann spezielle Anwendungsdienste für den Zugriff auf Datenbanken realisiert werden können. Der dazu notwendige Übergang von den Diensten und Protokollen lokaler Netze, die in der Regel nicht auf der Grundlage von ISO/OSI-Standardempfehlungen realisiert sind, zu denen der ISO/OSI-Entwürfe wird durch ein geeignetes "Gateway" realisiert, das die Dienste des jeweils einen Netzes auch für die Benutzer des jeweils anderen zugänglich macht.

Gateways zwischen Netzen mit auf allen Ebenen unterschiedlichen Protokollen können die verwendeten Dienste und Protokolle jeweils nur auf Anwenderebene aufeinander abbilden und werden deshalb "Level-7"-Gateways genannt. In Fällen, wo Dienste der anwendungsnahen Ebene des ISO/OSI-Modells bereits in beiden Teilnetzen verfügbar sein sollen, muß die Abbildung der Dienste und Protokolle aufeinander bereits auf darunterliegenden Ebenen (z.B. in Ebene 3 oder 4) erfolgen. Dementsprechend werden derartige Gateways "Level-3-" oder "Level-4-"Gateway genannt. So kann bei der Kopplung von lokalen Netzen an Weitverkehrsnetze bezüglich der Adressierung der Endteilnehmer im lokalen Netz dieses sowohl - bei Verwendung eines Level-4-Gateways - als ein "verteiltes Endsystem" des Weitverkehrsnetzes angesehen werden als auch - bei Verwendung eines Level-3-Gateways - als OSI-Subnetzwerk, bei dem alle angeschlossenen LAN-Teilnehmer direkt über entsprechend erweiterte "Internet"-Adressen erreichbar sind. Weitere Alternativen bei der Kopplung von Netzen über Gateways bestehen darin, entweder - synchron - alle jeweils verwendeten Protokollelemente aufeinander abzubilden, oder - asynchron - nur jeweils die einander entsprechenden Dienste funktional zu übertragen (vgl. [Lehmann-Bauerfeld 1985]).

6. Das Projekt DURESS

Seit Anfang 1986 wird das Projekt DURESS ("Distributed University Research and Education Support System") gemeinsam vom Arbeitsbereich "Datenbanken und Informationssysteme" (DBIS) des Fachbereichs Informatik der Johann Wolfgang Goethe-Universität Frankfurt und dem "Europäischen Zentrum für Netzwerkforschung" (ENC) der IBM Deutschland in Heidelberg durchgeführt. Es hat zum Ziel, Konzepte, Prototypen und Anwendungen für ein verteiltes Informationssystem zur Unterstützung von Lehre, Forschung und Verwaltung an einem größeren Universitätsinstitut zu entwickeln und im praktischen Einsatz zu erproben.

6.1 Projektübersicht

Das Projekt basiert auf einem lokalen Netz aus IBM PC ATs, von dem aus der Zugang zu externen Rechnern (lokal zu DEC VAX-Systemen) auf der Basis der ISO/OSI-Kommunikationsdienste realisiert wird. Ziel der Anbindung externer Rechner an ein lokales Netz ist es, spezielle Dienstleistungen eines zentralen Servers (z.B. zentrale Datenhaltung) für die Arbeitsstationen im lokalen Netz zur Verfügung zu stellen. Daneben soll der externe Rechner (über entsprechende Gateways) auch Zugangsmöglichkeiten zu anderen, lokalen oder auch Weitverkehrsnetzen für die Arbeitsstationen des lokalen Netzes offerieren. Wie im folgenden Übersichtsbild (Abbildung 9) dargestellt, läßt sich damit der im Projekt DURESS vorgesehene Zugang zu externen Rechnern über ISO/OSI-Kommunikationsdienste als exemplarische Realisierung einer Kopplung von speziellen, lokalen Netzen über ein "neutrales" offenes OSI-Netz verstehen. Eine solche Art der Einbindung lokaler Netze in Weitverkehrsnetze entspricht den derzeitigen Planungen für ein Deutsches Forschungsnetz (DFN) [Lehmann-Bauerfeld 1985].

6.2 Verteilte Datenhaltung

Im Projekt DURESS sollen die vorgestellten Erweiterungen der Datenbankprogrammiersprache DBPL als Sprachschnittstelle eines verteilten Datenverwaltungssystems auf der Anwendungsebene einer ISO/OSI-Kommunikationsarchitektur realisiert werden. Im Sinne der in Kapitel 3 vorgestellten Klassifikation läßt sich das zunächst angestrebte Datenverwaltungssystem durch eine "hierarchisch verteilte" Datenhaltung (auf Server und Arbeitsstationen) charakterisieren. Der Zugriff auf nicht-lokale Daten wird dabei sprachlich durch die in Kapitel 4 beschriebenen Im- und Exportportmechanismen ausgedrückt. Als zentraler Server dient eine VAX, auf der das DBPL-System implementiert ist. Auch auf die IBM PC Arbeitsstationen soll im Laufe des Projektes das DBPL-Datenbanksystem übertragen werden.

In einer zweiten Phase des Projektes soll der Zugriff auf externe Daten für die Arbeitsstationen auch untereinander ermöglicht und damit von einem hierarchisch auf ein "symmetrisch" verteiltes Datenverwaltungssystem übergegangen werden. Darauf aufbauend können schließlich auch die Anwendungsprogramme so verallgemeinert werden, daß sie die verteilte Verarbeitung von Teilaufgaben (d.h. Prozeduren und Transaktionen) auf unterschiedlichen Rechnern im Netz erlauben ("verteilte Datenbankprogramme").

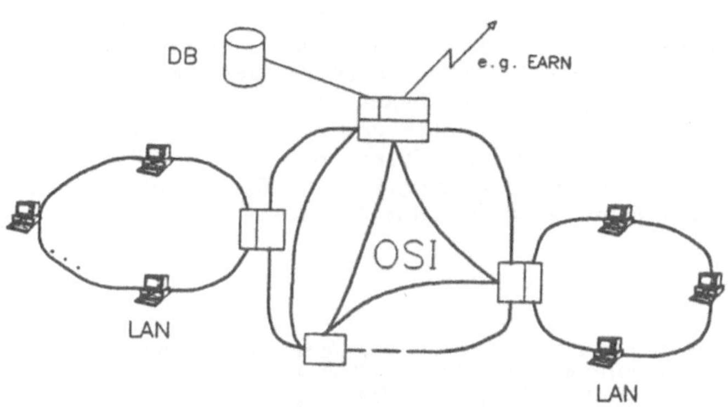

Abbildung 9: DURESS Netzwerk-Szenarium

6.3 Kommunikationssystem

Die technischen Grundlagen für eine anwendungsunabhängige Kommunikation in offenen, verteilten Systemen werden im Projekt DURESS beim Zugang zu externen Rechnern auf der Basis des OSI-Referenzmodells geschaffen. Dazu wird zunächst eine Implementierung der ISO/OSI-Transportebene (Klasse 0) auf dem IBM PC AT realisiert sowie als Kommunikationspartner eine entsprechende Implementierung eines ISO-Transportdienstes auf der VAX bereitgestellt. Diese Ebenen kommunizieren miteinander über jeweils darunterliegende Dienste der Ebenen eins bis drei, die entsprechend der CCITT X.25-Schnittstelle [CCITT 1981] als Produkte angeboten werden. Im Verlauf des Projektes ist geplant, sowohl auf dem PC als auch auf der VAX Dienste der darüberliegenden OSI-Sitzungsschicht anzubieten, die es Anwendungen im lokalen Netz erlauben, verbindungsorientiert mit externen Rechnern sicher zu kommunizieren.

Die Abbildung der Dienstanforderungen (z.B. Datenbankanfragen) aus dem LAN sowie ihren Weitertransport über die OSI-Verbindung zum externen Rechner - und umgekehrt von diesem zurück - übernimmt ein spezieller Gateway-Rechner im lokalen Netz. Im Sinne eines "Dual-Node"-Gateways ist er Knoten sowohl im lokalen als auch im ISO-Netz und hat neben Aufgaben einer (asynchronen) Protokollumsetzung vor allem die Adressierung der Nachrichten im jeweiligen (Teil-) Netz sicherzustellen. Aufsetzend auf einer gleichartigen Transportschnittstelle können dann im integrierten (lokalen und OSI-) Netz anwendungsabhängig die für die Kommunikation zwischen Client (d.h. PC) und Server (d.h. VAX) notwendigen Dienste der höheren ISO/OSI-Ebenen realisiert werden (vgl. [Svobodova 1985]). Beispiele für derartige generische Funktionen der OSI-Anwendungsebene, die den Zugang zu entfernten Daten oder Diensten unterstützen, bieten etwa der "remote database access" [ECMA 1985], der "remote operations call" [Spector 1982] oder - allgemeiner - auch der "remote service call" [Seifert und Eberle 1986]. Ein weiterer Dienst, den die Anbindung des externen Rechners für die Arbeitsstationen des lokalen Netzes verfügbar macht, ermöglicht den Zugang zu entfernten Rechnern über Weitverkehrsnetze - z.B. DFN oder EARN - oder auch zu Benutzern anderer lokaler Netze, die über Weitverkehrsnetze erreichbar sind.

Der Aufwand für die Realisierung der Dienste und Protokolle, die auf unterschiedlichen Ebenen des ISO/OSI-Referenzmodells in ähnlicher Weise benötigt werden, wird durch Einsatz weitgehend einheitlicher Spezifikations-, Code-Generierungs- und Testhilfsmittel für Protokollimplementierungen [Andres et al. 1985] minimiert.

6.4 Anwendungen

Aufbauend auf dem angestrebten Kommunikationssystem werden im Verlauf des gemeinsamen Forschungsprojektes spezielle Anwendungen zur Unterstützung von Kursen, Praktika und der Verwaltung eines Universitätsinstitutes realisiert und im praktischen Einsatz mit Studenten erprobt werden. Exemplarisch sollen so Konzepte eines verteilten Büroinformationssystems unter besonderer Berücksichtigung der Datenverwaltungs- und Kommunikationsaspekte vorgeschlagen, realisiert und analysiert werden. Daraus resultieren können Vorschläge für neuartige Kommunikationsprotokolle höherer Ebenen der OSI-Schichtenarchitektur sowie für entsprechende Erweiterungen der Datenbankprogrammiersprache DBPL. Neben der Integration der für die Kommunikation notwendigen Sprachkonstrukte in DBPL sind schließlich auch Konzepte zur Behandlung komplexer Datenobjekte und Operationen [Lamersdorf 1985] in einem verteilten System Forschungsgegenstand im Projekt DURESS.

7. Referenzen

[Andres et al. 1985]
Andres, C., Fleischmann, A., Holliczek, P., Hillmer, U., Kummer, R., "Eine Methode zur Beschreibung von Kommunikationsprotokollen", *Proc. GI-NTG-Fachtagung "Kommunikation in Verteilten Systemen"*, Karlsruhe, Informatik Fachberichte, vol. 95, Springer Verlag, Berlin Heidelberg New York Tokyo, 1985, pp. 588-609

[Atkinson et al. 1984]
Atkinson, M.P. et al., "PS-Algol Reference Manual", *Universities of Glasgow and St. Andrews PPRR-12*, 1984

[Brägger et al. 1984]
Brägger, R., Dudler, A., Rebsamen, J., Zehnder, C.A., "GAMBIT: An Interactive Database Design Tool for Data Structures, Integrity Constraints and Transactions", *Proc. IEEE COMPDEC Computer Data Engineering Conf.*, Los Angeles, 1984

[CCITT 1981]
Empfehlungen der V-Serie und der X-Serie, Band 1, *Datenpaketvermittlung - Internationale Standards*, 4. erweiterte Auflage, übersetzt und bearbeitet von W. Tietz und M. Gießler, R. v. Decker's Verlag, Heidelberg, 1981

[Daida 1986]
DAIDA: "Development of Advanced Interactive Data-intensive Applications", *ESPRIT Project #892*, 1986

[Eckhardt et al. 1985]
Eckhardt, H., Edelmann, J., ·Koch, J., Mall, M., Schmidt, J.W., "Draft Report on the Database Programming Language DBPL", *DBPL Memo 091-85, Johann Wolfgang Goethe-Universität Frankfurt*, Frankfurt, 1985

[ECMA 1985]
European Computer Manufacturers Association: ECMA/TC22/85/19, "Remote Database Access Service and Protocol", *Technical Report, 7th Draft*, 1985

[Eswaran et al. 1976]
Eswaran, K.P., Gray, J.N., Lorie, R.A., Traiger, I.L., "On the Notions of Consistency and Predicate Locks in a Relational Database System", *Communications of the ACM*, 19, 11, 1976

[Gray 1981]
Gray, J.N., "The Transaction Concept: Virtues and Limitations", *Proc. 7th VLDB* Conference, Cannes, 1981

[Ichbiah et al. 1979]
Ichbiah et al., "Preliminary ADA Reference Manual", und "Rationale for the Design of the ADA Programming Language", *ACM SIGPLAN Not. 14, 6*, 1979

[IEEE 1983]
"Open Systems Interconnection (OSI) - New International Standards Architecture and Protocols for Distributed Information Systems", *Proceedings of the IEEE, Special Issue*, 71, 12, 1983, pp. 1131-1448

[Jarke et al. 1985]
Jarke, M., Mylopoulos, J., Schmidt, J.W., Vassiliou, Y., "Knowledge Base Management Systems for Software Development Environments", *Proc. Workshop on Knowledge Base Management Systems*, Chania, Crete, 1985

[Lamersdorf 1985]
Lamersdorf, W., "Semantische Repräsentation komplexer Objektstrukturen: Modelle für nichtkonventionelle Datenbankanwendungen", *Informatik Fachberichte*, vol. 100, Springer Verlag, Berlin Heidelberg New York Tokyo, 1985

[Lehmann-Bauerfeld 1985]
Lehmann-Bauerfeld, W., DFN-Verein, Berlin - Zentrale Projektleitung: "Einbettung lokaler Netzwerke im DFN", *DATACOM*, 5, 1985, pp.66-73

[Mall et al. 1982]
Mall, M., Schmidt, J.W., Reimer, M., "Data Selection, Sharing, and Access Control In a Relational Scenario", in: Brodie, M.L., Mylopoulos, J., Schmidt, J.W. (eds.), *"On Conceptual Modeling, Perspectives from Artificial Intelligence, Databases, and Programming Languages"*, Springer Verlag, New York, 1982, pp. 411-436

[Moss 1982]
Moss, J.E., "Transactions and Reliable Distributed Computing", *Proc. of the 2nd Symposium on Reliability in Distributed Software and Database Systems*, 1982, pp. 33-39

[Mylopoulos und Wong 1980]
Mylopoulos, J., Wong, H., "Some Features of the TAXIS Data Model", *Proc. 6th VLDB Conference*, Montreal, 1981

[Neuhold und Walter 1982]
Neuhold, E.J., Walter, B., "An Overview of the Architecture of the Distributed Database System POREL", in: Schneider, H.J. (ed.), *Distributed Databases*, North-Holland, 1982

[Nygaard und Dahl 1978]
Nygaard, K., Dahl, O.J., "The Development of SIMULA Languages", *ACM SIGPLAN Not. 13, 8*, 1978, pp. 245-272

[Rothnie et al. 1980]
Rothnie, J.B., et al., "Introduction to a System for Distributed Databases (SDD-1)", *ACM Transactions on Database Systems*, 5, 1, 1980

[Schmidt 1977]
Schmidt, J.W., "Some High Level Language Constructs for Data of Type Relation", *ACM Transactions on Database Systems*, 2, 3, 1977, pp. 247-261

[Smith et al. 1983]
Smith, J.M., Fox, S.A., Landers, T., "ADAPLEX Rationale and Reference Manual", *Technical Report CCA-83-08, Computer Corporation of America*, 1983

[Spector 1982]
Spector, A. Z., "Performing Remote Operations Efficiently on a Local Computer Network", *Communications of the ACM, 25, 4*, 1982

[Seifert und Eberle 1986]
Seifert, M., Eberle, H., "Remote Service Call: A Network Operating System Kernel and its Protocols", *Proc. 8th Intern. Conference on Computer Communication (ICCC)*, München, September 1986

[Svobodova 1985]
Svobodova, L., "Client/Server Model for Distributed Processing", *Proc. GI-NTG-Fachtagung "Kommunikation in Verteilten Systemen"*, Karlsruhe, Informatik Fachberichte, vol. 95, Springer Verlag, Berlin Heidelberg New York Tokyo, 1985, pp. 485-498

[Williams et al. 1982]
Williams, R., et al., "R*: An Overview of the Architecture", *Proc. Int. Conf. on Database Systems*, Jerusalem, 1982

[Wirth 1982]
Wirth, N., *"Programming in Modula/2"*, Springer Verlag, Berlin Heidelberg New York Tokio, 1982

Concurrency Control in DB-Sharing Systems

Erhard Rahm

Dept. of Computer Science, University of Kaiserslautern
P.O.-Box 3049, D-6750 Kaiserslautern

Abstract:

In a database sharing (DB-Sharing) system multiple loosely or closely coupled processors share access to a single set of databases. Such systems primarily aim at high availability and high performance demanded by large transaction processing systems. To achieve high transaction rates with short response times an efficient concurrency control is required for synchronizing accesses to the shared database. This paper gives an overview of conceivable concurrency control algorithms for DB-Sharing. We distinguish between locking and optimistic methods and between centralized and distributed solutions. Five synchronization protocols are described in some detail and compared with each other.

1. Introduction

Many applications in online transaction processing as in banking, inventory control or flight reservation have a continually increasing need for high performance database management systems (DBMS). In the near future, such systems must be capable of processing 1000 transactions per second (tps) of the DEBIT-CREDIT-type [4,1] with equivalent response times compared to present systems. Further major demands are high availability [12], expandability (modular growth) and managability of the system.

It has been clearly recognized that monolithic systems (uniprocessors or tightly coupled multiprocessors) cannot meet these requirements for performance and availability reasons. More appropriate, however, are two basic multiprocessor approaches called DB-Distribution and DB-Sharing [10]. These systems consist of a set of autonomous processors that are loosely or closely coupled. Each processor owns a local main memory and a separate copy of operating system (OS) and DBMS. With loose coupling inter-processor communication is exclusively based on messages, whereas in closely coupled systems certain functions may be implemented using a common memory partition [10,17]. The difference between DB-Distribution and DB-Sharing results from the assignment of the disk drives to the processors:

- In DB-Distribution systems each processor owns some fraction of the disk devices and the database stored on them. Accesses to 'non-local' data require communication with the processor owning the corresponding database partition. This approach is used among others by the TANDEM NonStop system and many distributed DBMS such as R*.

- In DB-Sharing systems each processor has direct access to the entire database. This implies physical contiguity of all processors (e.g. in one room) and permits a high-speed communication system (1 - 100 MB/sec). Examples of DB-Sharing systems are the Data Sharing facility of IMS/VS [11], Computer Console's Power System [25] and the AMOEBA project [23].

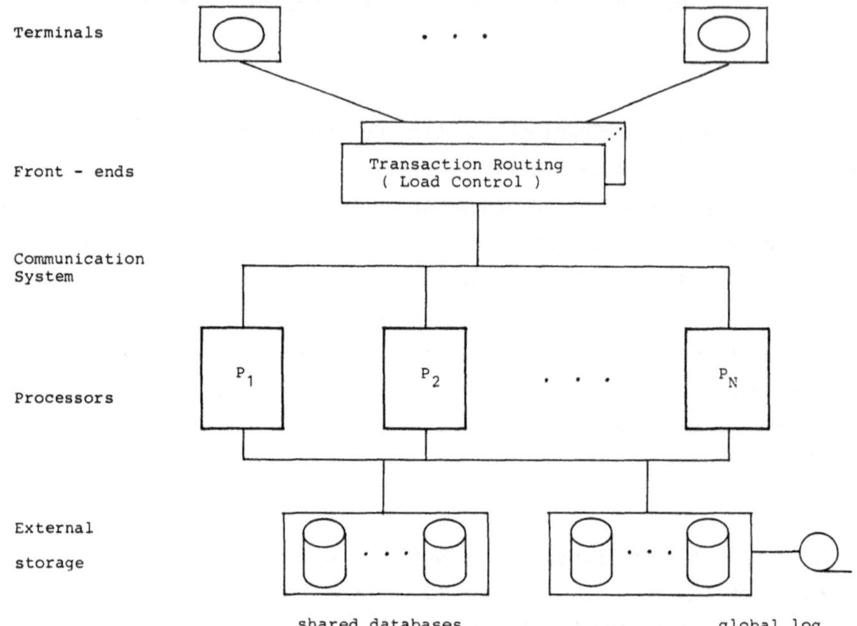

Figure 1: Structure of a loosely coupled DB-Sharing system

A detailed comparision between DB-Distribution and DB-Sharing can be found in [7] and [10]. Here, we concentrate ourselves on loosely coupled DB-Sharing systems as depicted in Fig. 1. A global load control, which may be located at one or more front-ends, distributes each incoming transaction to one of the processors (transaction routing). A transaction can be completely executed at one processor because each CPU has direct access to all parts of the shared database(s). This avoids the necessity of a distributed 2-phase-commit protocol as required in DB-Distribution systems.

A main advantage of DB-Sharing systems is flexibility. Since each processor can access the entire database, transaction work may be dynamically distributed among the processors according to current needs and system availability. Additional processors can be added without altering the transaction programs or the database schema. Likewise, the failure of a processor does not prevent the surviving processors from accessing the disks or the terminals. Transactions in progress on a failed processor can be rolled back and redistributed automatically among the available processors.

Naturally, some functional components must be redesigned compared to centralized systems in order to take advantage of the DB-Sharing architecture:

- The synchronization component has to coordinate accesses to the shared database thereby guaranteeing serializability of the executed transactions. To enable high transaction rates with short response times, concurrency control should require minimal communication between the participating processors. The realization of this component and the related problems are further discussed in the main part of this paper.

- Buffer control is needed to manage the problem of buffer invalidation that results from the existence of a local buffer in each processor. An update operation only modifies the processor's local copy of a database object; copies of the same object in other buffers are getting obsolete. Therefore, accesses to such invalidated objects must be avoided and a method to propagate the new contents of modified objects to other processors has to be supplied. For the latter point, there are two basic ways of exchanging modified objects between processors, namely via the inter-processor connections or across the shared disks.

  The simplest strategy to avoid access to invalidated objects within a buffer is to broadcast the identifier of modified objects to all processors before committing a transaction. So, obsolete copies can be detected and discarded from the buffers. The main deficiency of this general method is the large number of broadcast messages, especially in applications where update transactions are dominating. Much more efficient solutions are feasible if the synchronization component can cope with buffer invalidation, too [16].

- Load control has to find an effective strategy for transaction routing such that all processors are well utilized (however, without overloading any processor) and locality of reference (to decrease the amount of disk-I/O and buffer invalidation) is maximized. Furthermore, load control should reduce the number of global synchronization messages as far as possible. Obviously, the latter point requires a close cooperation between load control and concurrency control.

  Load control also has to react dynamically to changes in the workload and to the crash or reintegration of a processor.

- The recovery component is responsible for system-wide logging and recovery. Each processor has to maintain a local log (not shown in Fig. 1) required for transaction undo and crash recovery. Additionally, a global log (e.g. for media recovery) is constructed by merging the local log data. Crash recovery is performed by the surviving CPU's in order to continue transaction processing. Uncommitted transactions of the failed processor are backed out and restarted on another processor.

Concurrency control and load control are the most important functions in a DB-Sharing system for attaining high performance. In this work we present solutions to the synchronization problem, while load control is only discussed in the context of synchronization. In section 2 we give an overview of the concurrency control algorithms to be presented using a simple classification tree. It follows a description of the algorithms and a qualitative comparision of the different strategies.

2. Synchronization strategies for DB-Sharing

The fundamental problem of synchronization in a DB-Sharing system is due to the fact that concurrency control requires message exchange among the processors, because there is no common, instruction adressable memory which could hold control information for system-wide synchronization (e.g. a global lock table). These inter-processor communications are long and costly since sending and receiving messages are some of the most expensive operations in conventional OS. In order to reduce this communication overhead, messages may be buffered for transmission. This buffering, however, also increases waiting time for the response message. Additional overhead results from process or task switches for deactivating the calling process and activating the called process after receipt of a message.

Obviously, global synchronization requests are much more expensive than lock request handling in centralized DBMS (typically a few hundred instructions per request). Since transactions synchronously wait for the reply to a synchronization message, the above mentioned communication overhead and message buffering delays (transmission times are negligible on a high bandwidth network) increase response times directly. To maintain throughput under these conditions, the level of multiprogramming in each processor has to be increased what, in turn, enlarges the conflict probability and OS overhead for scheduling, paging, etc. Therefore, high transaction rates with acceptable response times are only reachable if the concurrency control algorithm minimizes the average number of synchronous messages per transaction. In general, this is only feasible in cooperation with load control (see below).

In this paper we present five different concurrency control algorithms for DB-Sharing that can be classified as shown in Fig. 2. We distinguish between locking algorithms and optimistic methods, both of which can be centralized or decentralized. Timestamp solutions are less attractive for DB-Sharing systems. Timestamps permit a fast decision about transaction ordering in case of contention, but our main problem is to detect access conflicts. Furthermore, the avoidance of deadlocks, guaranteed by timestamp protocols, is less important in a local environment compared to the price of a higher rate of transaction aborts as with a locking scheme.

A first survey of concurrency control in DB-Sharing systems can be found in the interesting paper [22]. In contrast to this work, we consider two additional schemes (Extended PTB, FOCC) and describe the BOCC-approach partially in more detail. Furthermore, we try a comparision of the algorithms with respect to general aspects like high performance, modular growth and availability.

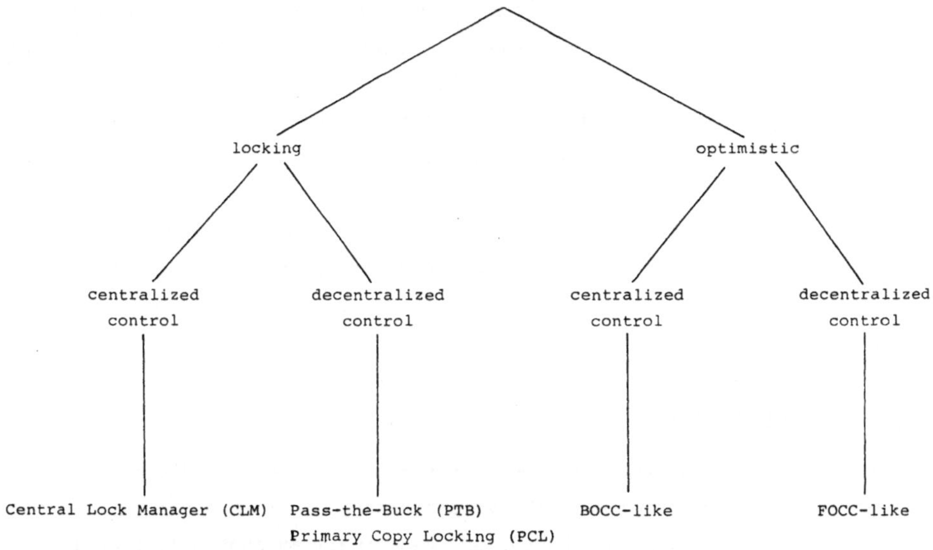

Figure 2: Concurrency control algorithms for DB-Sharing

The next section describes the three locking algorithms. Two of these schemes (CLM, PCL) are based on proposals for distributed DBMS [2,24]. In section 4 the optimistic methods are presented, and in section 5 we conclude with a comparision of the proposed algorithms.

3. Locking algorithms

Thus far, we have emphasized that a locking algorithm should minimize the number of global lock requests. For this, load control must route a transaction to that processor where most of the lock requests can be satisfied locally. Load control therefore needs a prediction of the presumable reference behavior of any incoming transaction. This is usually done by looking at the transaction type and possibly by analyzing input data [21].
In this section we do not discuss detection or avoidance of deadlocks because the techniques for that are the same as in distributed DBMS [2].

3.1 Central Lock Manager (CLM)

In this scheme the CLM resides at one processor and maintains a global lock table to answer lock requests from other CPU's. In the simplest form, each lock request is sent to the CLM for immediate processing. Since this straightforward strategy is certainly too expensive, the communication overhead has to be decreased, e.g. by applying hierarchical locks. In such a scheme, the CLM shares the work with local lock managers located on each processor. Hence, a lock request can be handled locally if the local lock manager holds a (hierarchical) lock for the requested object. Local lock management is always possible if sole interest exists for an object, that is, only local transactions are interested in accessing the object. The usefulness of the concept of sole interest heavily depends on the locality of reference, which should be preserved by the load control as far as possible. In general, however, sole interest can be maintained only if a relatively small number of transactions references the object. Moreover, sole interest may be destroyed by a single stray reference from any other processor [22].

The central lock manager approach is used in the DB-Sharing system of Computer Console. In their Power System 5/55, the CLM controls up to eight (medium-sized) application processors. A passive standby should overtake the synchronization responsibility in case the primary CLM fails [25].

3.2 Pass-the-Buck (PTB) algorithms

The basic form of the PTB-algorithm is used in the data sharing facility of IMS [11] which is restricted to DB-Sharing with two processors. In this approach, the two processors are alternately master of the system (decentralized control). Global lock information being kept by each processor may be altered only when the corresponding processor plays the role of the master. At the end of a master phase, a so-called buck is passed to the other processor. The reception of a buck indicates the beginning of a processor's master phase. In a buck there may be information of the following kind:

- modifications of the global lock information during the last master phase,
- lock requests which are not locally decidable and lock responses for such lock requests,
- notifications of modified objects to recognize buffer invalidation,
- other messages like commands of global interest.

In order to reduce the number of lock request messages, a so-called global hash table (GHT) is used. It contains a two-bit entry for each hash class of the lock table indicating which processor has interest in an object of the hash class. For instance, a 01-entry means that only transactions at processor 2 have interest. With the GHT a lock request at processor 1 can be locally satisfied if the respective entry has value 10, or if the value is 00 and processor 1 is master; in these cases, no conflict with processor 2 is possible.

An improved version of this approach called Extended PTB (EPTB) is presented in [9]. Though also designed for only two processors, it provides a number of enhancements:

- Use of a lock hierarchy
- Extended global lock information to reduce the number of lock request messages

- Effective treatment of buffer invalidation by introducing new lock types ('duration locks'). These new locks also try to exploit locality of reference to achieve a further reduction of global lock requests.
- The special case in which only one processor is permitted to modify the database (while the other can only issue read transactions) is particularly supported.

As simulations with a number of real-life page reference strings have shown, the algorithm provides good results especially with only one update processor [9]. In this case, throughput increase of factor 1.8 to 1.95 with response time degradations from 10 to 20 % compared to the single processor case could be obtained. In general, more than 95 % of the lock requests could be treated locally. As a consequence, short transactions issued less than one lock request message per transaction in average.

The scheme has the major drawback that many lock requests are satisfiable in the processor's master phase only. Therefore, response times are often increased by waiting for the next master phase in order to process a lock request. With more than two processors, these waiting delays would have been still worse.

3.3 Primary Copy Locking (PCL)

This approach is an extension of the CLM scheme in order to reduce the amount of lock request messages. Instead of having one CLM, the synchronization responsibility is now distributed among all processors. The database is therefore logically partitioned into N disjoint parts, and each of the N processors performs the global synchronization for one partition. A processor is said to have the primary copy authority (PCA) for its partition [22]. As shown in Fig. 3, each lock manager maintains a global lock table (GLT) to control the objects of its partition. As opposed to the GLT, the local lock table (LLT) keeps information about granted or requested locks for local transactions only.

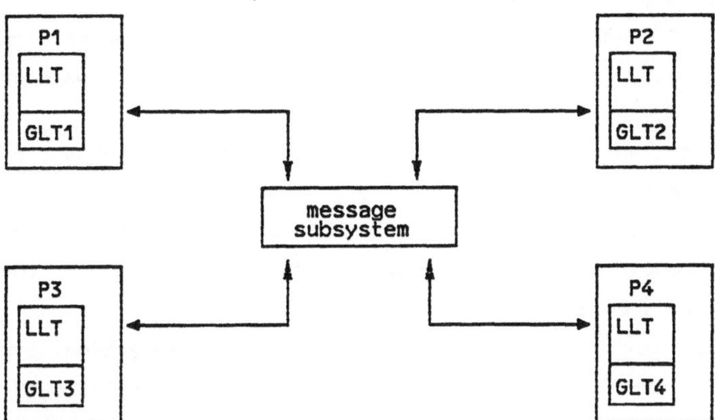

Figure 3: Primary Copy Locking (N = 4)

PCL has the obvious advantage that lock requests from processor P within the partition controlled by P can be managed locally, regardless of external contention. Lock requests for a partition of another processor are sent to the authorized lock manager.

To take full advantage of the primary copy approach, transactions should not be routed to processors at random. Rather, load control has to attune the partitioning of the data and the assignment of the load such that the total number of 'long' lock requests is minimal. Furthermore, the distribution of the PCAs and the routing strategy can be dynamically modified in case a processor fails or is added, or when the transaction load profile changes significantly [15]. Thus, PCL allows a tight and effective cooperation with the load control permitting flexible adaption to changing working conditions; these properties should result in much less messages for synchronization than using a CLM.

In [19] an optimization of the primary copy algorithm is proposed which provides a more effective treatment of read locks, especially for level-2-consistency (short read locks). Furthermore, solutions are given to cope with buffer invalidation using additional information in the GLT and avoiding any extra messages. Algorithms for a coordinated calculation of a routing strategy and a PCA distribution are presented in [18].

4. Optimistic concurrency control

With optimistic concurrency control (OCC) any transaction consists of a read phase, a validation phase, and a possible write phase [13]. During the read phase a transaction performs all updates within a private buffer not accessible by other transactions. The validation has to guarantee serializibility of the transactions; conflict resolution relies on transaction abort. The write phase is only required for update transactions which have successfully validated. In that phase, sufficient log data has to be forced to a safe place and the modifications are made visible to other transactions (update propagation).

In [6] two kinds of OCC schemes are distinguished: First, the backward-oriented approach (BOCC), originally introduced in [13], and second, the forward oriented method (FOCC).

With BOCC, each transaction is validated against all committed transactions that have been running in parallel with the validating transaction at any point in time. Validation compares the read and write set of the validating transaction to the write sets of these completed transactions. In case of conflict, the validating transaction must be aborted.

With FOCC, on the other hand, the write set of a validating transaction is checked against the current read sets of all ongoing transactions. Accordingly, only update transactions have to validate. For conflict resolution, FOCC provides more flexibility than BOCC because all conflicting transactions are not yet committed [6].

In a DB-Sharing environment, OCC is particular attractive because long synchronization requests are necessary for validation only. Therefore, with BOCC the number of messages is restricted to one per transaction, and with FOCC to one per update transaction validation conflicts notwithstanding. Since the number of synchronization requests is fixed, OCC has somewhat different design goals than locking algorithms. A 'good' OCC scheme must mainly provide two characteristics:

1. Validation must be fast for attaining high transaction rates since only one transaction can be validated at any time.
2. The number of transaction aborts must be low since rolling back a transaction increases response time and induces additional overhead.

One problem with OCC in a distributed environment as DB-Sharing comes from the fact that validation has to be (at least logically) centralized to avoid that more than one validation is performed at any time. Furthermore, all updates of successfully validated transactions must be propagated in an uninterruptable way to ensure that other transactions see all the modifications or none. These requirements show the need of a centralized authority for validation and propagation control which can basically be implemented in two ways [8]:

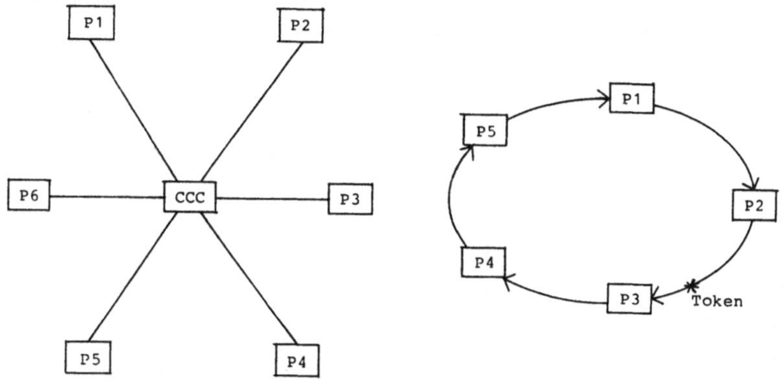

a) Star topology b) Token ring topology

Figure 4: Synchronization topologies for OCC in distributed systems

- In a star topology (Fig. 4a), a central concurrency controller (CCC) can be used for all validations and also for controlling update propagation (and possibly buffer invalidation).
- In a token ring topology (Fig. 4b), on the other hand, control is distributed. Here, validations are only allowed at the site that owns the token which is circulating along a virtual ring connecting all processors.

In the remainder of this section we first describe a BOCC-scheme with a CCC. After that, a FOCC-like algorithm using a token ring topology is investigated.

4.1 Centralized BOCC-algorithm

In this scheme, each transaction has to send a validation request to the CCC after the read phase. The validation request contains the start time of the transaction as well as the read and write set. Before validation, the transaction is assigned a unique transaction number derived from a transaction number count (TNC). The TNC is increased by 1 each time a transaction number is assigned. Besides of the TNC, the CCC also maintains a so-called transaction table (Fig. 5a) to store the write sets of successfully validated transactions required for validation. The insertion order in the transaction table is determined by the transaction number.

To validate a transaction T, the CCC firstly uses the start time of T to find out the oldest update transaction T* that had run in parallel with T at any point in time. For validation of T each element of T's read set (we assume that the write set is part of the read set) must be compared to the write set of T* and to all write sets of transactions younger than T* being kept in the transaction table. Obviously, this simple implementation requires a huge number of comparisions per validation that grows with the transaction rate of the system. The total number of comparisions increases as a square function of the transaction rate. For this very reason, in [8] the whole approach is argued to be infeasible for high performance. It was estimated that the CCC would require 185 MIPS for validation of 1000 transactions per second (tps)! However, it is quite easy to eliminate the validation bottleneck by using a more appropriate implementation.

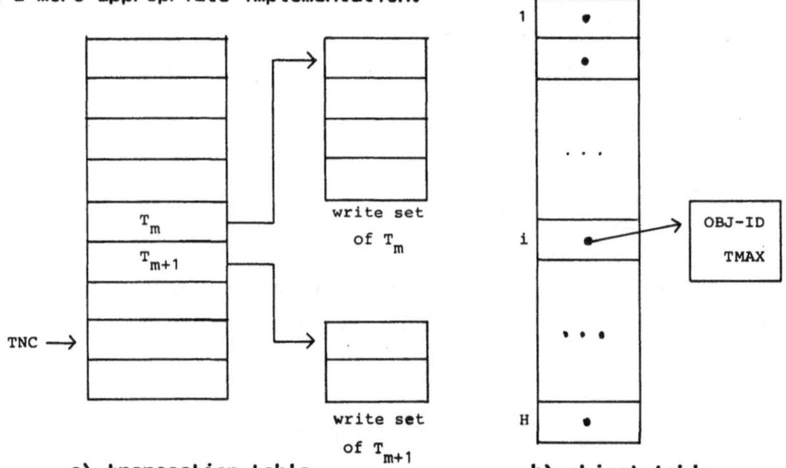

a) transaction table b) object table

Figure 5: Data structures of the CCC in a BOCC-scheme

Improved implementation

The number of comparisions can be drastically reduced by keeping an additional data structure named object table (Fig. 5b). The object table is organized as a hash table and contains an entry for each element of the write sets stored in the transaction table. Besides of the object identifier, a field TMAX is maintained in

each entry of the object table indicating the number of that transaction which has modified the object most recently.
The great advantage of the object table is that it allows for a fast validation, though additional storage requirement and maintenance overhead is introduced. With the object table it is no longer necessary to scan large parts of the transaction table in order to validate a transaction T. Now, for each element of T's read set one merely has to look up whether the object table contains an entry. A conflict is given if an entry is found with TMAX >= T* where T* is defined as above.

The usefulness of the improved implementation can already be demonstrated by a rough assessment of the processing capacity required for validation. The number of instructions per second (#vi) for validation can be estimated as follows:

$$\#vi = t * r * v$$

with
- t transaction rate (tps)
- r average size of a read set
- v number of instructions for looking up an entry in the object table and for comparing TMAX with T*

The formula shows that the number of instructions for a single validation does not depend on the transaction rate, but only on the size of the read set and on parameter v. The value of v can be kept small if the average number of entries per hash class is low, what can be attained by choosing the number of hash classes large enough. With t=1000 tps, r=10, and v=50, the above expression yields that the CCC must merely provide 0.5 MIPS for validation (instead of 185 MIPS) !

In a similar way, the number of instructions needed for maintenance of the data structures and for communication can be estimated. Although the processing capacity required for these actions is about one order of magnitude higher than for validation, the needed instruction rate also depends only linearly on the transaction rate. In our opinion, a 20-MIPS-processor (with a utilization of less than 50 % to keep contention small) should be sufficient for the work of the CCC in a DB-Sharing system with 1000 tps.

Further optimizations

In [22] two further improvements for the centralized BOCC-scheme are proposed in order to avoid multiple rollbacks of the same transaction and to deal with long transactions, for which a validation conflict is very likely:

- For transactions failed to validate, the CCC enters the read and write sets into the tables used for validation yet. This has the effect of preclaiming and guarantees that the second execution suceeds provided the same objects are referenced what is very likely for short transactions.
- It was further shown in [22] that the BOCC-scheme can be combined with a locking strategy where the CCC plays a similar role as the CLM discussed in 3.1. Although the whole protocol is getting more complicated, it also allows a 'pessimistic' synchronization advisable for long transactions in order to avoid cyclic

restarts. Since response time is not supposed to be critical for long transactions, the locking strategy seems to be appropriate for them.

4.2 Decentralized FOCC-algorithm

In this scheme, a processor can validate transactions in its master phase only (i.e. when the processor is hosting the token) guaranteeing that only one validation is possible at any time. Validation against local transactions can be done with the same techniques as in centralized systems. For validation against non-local transactions, the write sets of locally validated transactions (recall that only update transactions must validate) are sent along with the token (in a buck) to the other processors. Therefore, a processor must check all local transactions against these write sets in the buck after receipt of the token.

If a locally validated transaction T is permitted to be aborted at other processors, its write phase must be delayed until its write set has successfully passed all processors. This delay, however, can be avoided if the so-called kill policy is applied against external transactions. With this policy, all transactions are aborted that conflict with any write set in the buck. Therefore, the success of a transaction is guaranteed as soon as it has survived the local validation.

In such a scheme, the following actions take place after reception of a buck at processor P:

1. The write sets of transactions that have been executed on P are removed from the buck because they have just completed their round trip on the ring.

2. Global validation.
   The remaining write sets in the buck (originating from external transactions) are checked against the read sets of transactions currently in progress on P. If a conflict occurs, the local transaction is aborted (kill policy).

3. Local validation.
   Local update transactions having finished their read phases are validated against local transactions.

4. Update propagation.
   The updates of external transactions for which a global validation has been performed in step 2 must now be made visible at processor P. The write sets in the buck indicate the modified objects and can be used to detect invalidated copies in the local buffer [16].

5. Transmission of the token.
   The write sets of locally validated transactions are appended to the buck which is now forwarded to the next processor.

6. Write phases of locally validated transactions.

For transactions that have successfully validated in step 3 sufficient log data must be written and their updates are made visible to local transactions.

Steps 2 to 4 must run in a critical section.

To achieve high performance with this FOCC-scheme it is extremely important to keep the master phases as short as possible. In [8] it is even demonstrated that the whole algorithm is collapsing if the token remains longer than a certain time t at one node (the value of t is getting smaller with more nodes). The reason for this is that if the token remains too long at one node, all other nodes produce even more transactions waiting for global validation. Therefore, the validation periods after the receipt of the token are ever increasing what leads to the breakdown.

In order to avoid such problems, the write phases of local transactions (step 6) must be performed after the master phase (steps 1 to 5) because they require physical I/O (at least COMMIT-records of successful transactions must be written to the log). A further reduction of the master phases may be achieved if local validation (step 3) is partially performed before the token arrival. Although we cannot discuss possible realizations due to space limitations, it should be mentioned that this would considerably increase the complexity of the protocol.

Empirical studies for centralized DBMS have shown [14] that FOCC with a kill policy for conflict resolution leads to a high abort rate, especially for long transactions and in environments with a high share of update transactions. This should also hold for DB-Sharing systems where the global level of multiprogramming and hence the resulting conflict probability is even higher. Therefore, more flexible resolution strategies must be applied, in general, to avoid frequent restarts and to guarantee a fair scheduling. However, such alternative resolution strategies increase the response times of update transactions, because a validation now needs the agreement of all processors inducing an additional delay of one token round trip. Since the circulation time of the token raises with more nodes, only a few processors can be used in this approach due to the response time impact.

5. Conclusions

In the previous sections we have discussed 5 different concurrency control algorithms for DB-Sharing: three locking (CLM, EPTB, PCL) and two optimistic methods (BOCC, FOCC). Although sufficient quantitative analysis is still outstanding for most of the schemes, we will try to give a coarse comparision of the algorithms for a variety of aspects:

Response times

Response times are mainly determined by the average number of synchronization messages per transaction and - in particular with optimistic schemes - by the amount of transaction abort. In algorithms based on a token ring topology (FOCC, EPTB), response time is also increased by waiting for the arrival of the token.

When concentrating on the number of messages, the optimistic protocols and the EPTB-algorithm are best, because they allow one message per transaction or less in average. The number of transaction aborts with BOCC and FOCC is not predictable; it primarily depends on the policy for conflict resolution, on the workload, and on transaction routing.

The CLM approach seems to require most synchronization messages since, in general, sole interest is not stable enough to provide a significant level of local synchronization. The PCL scheme is evidently superior to the CLM-design even so response times (and transaction rates) do heavily depend on the application and on the cooperation with the load control.

Transaction rates

The EPTB-approach can only support modest transaction rates (about 200 - 300 tps) for being limited to 2 processors. Among the other algorithms, the CLM approach appears to have the lowest performance due to the large message requirements. The performance of the remaining protocols is currently investigated in simulations.

Expandability and modular growth

Modular growth means that transaction throughput should grow almost linearly when adding a new processor whereas response times must not increase significantly. This is hard to achieve since the transactions at the new processor usually lead to a higher conflict probabilty and hence to more lock waits, deadlocks and transaction aborts.

The EPTB-protocol has been limited to two processors (no expandability) because otherwise waiting for the token arrival would have increased response times unacceptably. The token ring topology also restricts the FOCC-scheme to a small number of processors (less than 10) as explained in 4.2.

The CLM- and PCL-algorithms are also not likely to permit modular growth for more than a small number of processors. Due to the weakness of the sole interest concept, the CLM approach is restricted to few processors anyway; each additional processor makes sole interest situations even less probable. With PCL the distribution of the PCAs and the transaction routing must be adapted when a new processor is added in order to make use of the extended processing capacity. For modular growth, these adaptions - performed by the load control - must assure the same degree of local synchronization. This, however, is only possible if the number of significant transaction types is greater or equal to the number of processors and if these transaction types are mainly operating on distinct parts of the database. In our opinion, in many applications these prerequisites are only given for a small number of processors.

In the BOCC-scheme with the implementation technique described above, the CCC is not likely to cause a bottleneck in the range of 1000 tps. The critical question with this scheme is whether or not the amount of transaction abort can be kept small enough when a new processor is added.

Dependence on load control

Load control has direct influence on system performance - irrespective of what synchronization technique is in use - since transaction routing determines the amount of buffer invalidations. For efficient synchronization, the locking algorithms (and mostly the PCL-scheme) depend more on the load control than the optimistic methods.

Availability

To provide high availability, concurrency control must guarantee the consistency of the database even in the presence of failures. Especially a processor crash must leave the database available for transaction processing at the surviving processors. Therefore, the concurrency control algorithm must be capable of correctly continuing synchronization after a processor failure.

Since the centralized algorithms (CLM, BOCC) offer single points of failure, provisions must be made for the crash of the central authority (CLM or CCC). The techniques for this are well-known from the design of fault-tolerant systems, e.g. one could install a shadow at a different processor that is periodically updated by checkpoint messages [5].

With distributed protocols, information essential for synchronization after a processor crash must also be maintained redundantly at different sites. For the PCL-scheme a method has been developed for reconstructing global lock tables that have been lost during a processor crash [15].

Hot spots and batch transactions

All proposed algorithms have problems to ensure high performance in the presence of hot spots and long (batch) transactions. In [4] it is advised to avoid hot spots in the database design, if possible. Batch transactions should be splitted into a number of mini-batches that can be run as a normal part of transaction processing.

If hot spots cannot be eliminated, one must use special protocols for synchronization. Such protocols based on locking are already proposed or implemented (IMS Fast Path) for centralized systems [3,20].

All in all, two of the five algorithms (CLM, EPTB) appear not to be appropriate to meet the requirements for a high performance DB-Sharing system. The other protocols are currently investigated in simulations driven by real-life database reference strings in order to quantify the performance behavior and to allow a more comprehensive comparision.

6. References

1. Anon. et al.: A Measure of Transaction Processing Power. Datamation, April 1985
2. Bernstein, P.A., Goodman, N.: Concurrency Control in Distributed Database Systems. ACM Comp. Surveys, 13 (2), 195 - 225, 1981
3. Gawlick, D.: Processing Hot Spots in High Performance Systems. Proc. IEEE Spring CompCon, San Francisco, 249 - 251, 1985
4. Gray, J. et al: One Thousand Transactions per Second. Proc. IEEE Spring CompCon, San Francisco, 96 - 101, 1985
5. Gray, J.: Why Do Computers Stop and What Can Be Done About It. in: Proc. Office Automation 85, German Chapter of the ACM, Teubner-Verlag, 128 - 145, 1985
6. Härder, T.: Observations on Optimistic Concurrency Control Schemes. Information Systems 9 (2), 111 - 120, 1984
7. Härder, T.: DB-Sharing vs. DB-Distribution - die Frage nach dem Systemkonzept zukünftiger DB/DC-Systeme. Proc. 9th NTG/GI conf. on Computer Architecture and Operating Systems, NTG-Fachberichte 92, VDE-Verlag, 151 - 165, 1986, in German
8. Härder, T., Peinl, P., Reuter, A.: Optimistic Concurrency Control in a Shared Database Environment. Manuscript, Univ. of Kaiserslautern/Stuttgart, 1985
9. Härder, T., Rahm, E.: Quantitative Analysis of a Synchronization Algorithm for DB-Sharing. Proc. 3rd GI/NTG conf. on Measurement, Modelling and Evaluation of Computer Systems, IFB 110, Springer-Verlag, 186 - 201, 1985, in German
10. Härder, T., Rahm, E.: Multiprocessor Database Systems for High Performance Transaction Systems. Informationstechnik 28 (4), 1986, in German
11. Keene, W.N.: Data Sharing Overview. In: IMS/VS V1, DBRC and Data Sharing User's Guide, Release 2, G30-5911-0, 1982
12. Kim, W.: Highly Available Systems for Database Applications. ACM Comp. Surveys 16 (1), 71 - 98, 1984
13. Kung, H.T., Robinson, J.T.: On Optimistic Methods for Concurrency Control. ACM TODS 6 (2), 213 - 226, 1981
14. Peinl, P., Reuter, A.: Empirical Comparision of Database Concurrency Control Schemes. Proc. 9th Int. conf. on VLDB, 97 -108, 1983
15. Rahm, E.: A Reliable and Efficient Synchronization Protocol for DB-Sharing. Internal Report 139/85, Dept. of Comp. Science, Univ. of Kaiserslautern, 1985
16. Rahm, E.: Buffer Invalidation Problem in DB-Sharing Systems. Internal Report 154/86, Dept. of Computer Science, Univ. of Kaiserslautern, 1986
17. Rahm, E.: Closely Coupled Architectures for a DB-Sharing System. Proc. 9th NTG/GI conf. on Computer Architecture and Operating Systems, NTG-Fachberichte 92, VDE-Verlag, 166 - 180, 1986, in German
18. Rahm, E.: Algorithms for Efficient Load Control in Multiprocessor Database Systems. Angewandte Informatik 4/86, 161 - 169, 1986, in German
19. Rahm, E.: Primary Copy Synchronization for DB-Sharing. To appear in: Information Systems 11 (4), 1986
20. Reuter, A.: Concurrency on High-Traffic Data Elements. Proc. Principles of Database Systems, 83 - 93, 1982
21. Reuter, A.: Load Control and Load Balancing in a Shared Database Management System. Proc. 2nd Data Engineering Conf., 1986
22. Reuter, A., Shoens, K.: Synchronization in a Data Sharing Environment. IBM San Jose Research Lab., preliminary version, 1984
23. Shoens, K. et al.: The AMOEBA Project. Proc. IEEE Spring CompCon, San Francisco, 102 - 105, 1985
24. Stonebraker, M.: Concurrency Control and Consistency of Multiple Copies in Distributed Ingres. IEEE Trans. on Software Eng., SE-5 (3), 188 - 194, 1979
25. West, J.C. et al.: PERPOS Fault-Tolerant Transaction Processing. Proc. 3rd Symp. on Reliability in Distributed Software and Database Systems, 189 - 194, 1983

This work was financially supported by SIEMENS AG, Munich.

Fachgespräch
Methoden der künstlichen Intelligenz in der Robotik

Die Fähigkeiten der gegenwärtigen Robotergeneration genügen nicht, um einzelne Aktionen sensorgestützt zu planen und auszuführen. Aus diesem Grund muss die zukünftige Robotergeneration die Wahrnehmung mit der Aktion im Sinne einer autonomen Entscheidungsfindung verknüpfen. Soll diese Verknüpfung intelligent sein, so müssen Methoden der künstlichen Intelligenz bei der Planung, Ausführung und Überwachung von Roboteraktionen eine zentrale Rolle spielen. Die Robotik fordert von der künstlichen Intelligenz, dass deren Methoden realitätsgerecht sind und sowohl die Unsicherheiten als auch die Komplexität von realen Betätigungsfeldern in sich aufnehmen. Methoden, die für eine "Klötzchenwelt" entwickelt wurden, genügen diesen Anforderungen im allgemeinen nicht. Die künstliche Intelligenz ihrerseits drängt die Robotik, sich damit zu befassen, welches Wissen wann und wie zu repräsentieren und z.B. bei der Steuerung eines Montageroboters zu verarbeiten ist.

Dieses Fachgespräch behandelt sowohl die enge Wechselwirkung zwischen den Verfahren der künstlichen Intelligenz und der Entwicklung von autonomen mobilen Robotern als auch die Anwendung von Simulationstechniken für den Entwurf und den Einsatz von Robotern, um auch die Bedeutung konventioneller Techniken für die Verbindung der künstlichen Intelligenz mit Robotern zu unterstreichen. Neben diesen Simulationstechniken (CAD) sind für die Robotik auch Darstellungsformen von grosser Bedeutung, die z.B. in der Bildverarbeitung erarbeitet wurden und die in der Lage sind, ereignisorientiertes und zeitabhängiges Wissen zu speichern, sogenannte Skripte.

Ein weiterer Zweig der künstlichen Intelligenz wird in (ferner) Zukunft ebenfalls eine bedeutsame Rolle spielen: das Lernen. Die Verfahren der künstlichen Intelligenz bieten die Möglichkeit, von dem strengen quantitativen Ansatz der mathematisch-technischen Disziplinen abzurücken und sowohl eine qualitative Form der Argumentation als auch eine regelbasierte Algorithmusimplementierung beim Erwerb von neuem Wissen anzuwenden. Aus diesem Grunde kommt im Rahmen des Fachgesprächs auch zur Sprache, wie etwa die motorische Geschicklichkeit eines Roboterarms durch beobachtungsgestützte Regeln erworben werden kann.

Programmkomitee für dieses Fachgespräch: R. Dillmann (Uni Karlruhe), G. Hirzinger (DFVLR Oberpfaffenhofen), P. Levi (FZI Karlsruhe, Vorsitz), B. Neumann (Uni Hamburg)

AUTONOME MOBILE ROBOTER

Paul Levi

Forschungszentrum Informatik
Gruppe : Prof. Dr.-Ing. U. Rembold
Haid- und Neu-Str. 10 - 14
7500 Karlsruhe 1

ZUSAMMENFASSUNG

Dieser Beitrag verdeutlicht den gegenwärtigen Stand, der bei der wissenschaftlichen Entwicklung und bei neueren Einsatzgebieten von autonomen Robotern, die mobil sind, erreicht worden ist. Diese Roboter der dritten Generation zeichnen sich durch ihre Fähigkeit zur autonomen Aufgabenbewältigung aus. Diese Autonomität wird daher präzisiert und der interne Aufbau, der in einer Dreiteilung resultiert, wird vorgestellt. Zur Verdeutlichung dieser Strukturierung und der wechselseitigen Abhängigkeit des Sensorsystems, des Weltmodells und der Exekutive wird die Fusion von Sensordaten, die eigenständige Entscheidungsfindung und die Überwachung der Aktionsdurchführung beschrieben . Ein Überblick über die aktuellsten und fortgeschrittensten Entwicklungen von autonomen mobilen Robotern in den USA, in Japan und in Europa illustriert abschließend die bislang erzielten Fortschritte.

1. EINFÜHRUNG

Die meisten Roboter werden gegenwärtig in der Industrie eingesetzt und sind fest installiert. Gewisse Aufgaben innerhalb eines Fertigungsprozesses lassen sich jedoch nur sehr schwer oder gar nicht mit ortsgebundenen Robotern durchführen. Gemeint sind hier vor allem die Vorgänge zum Beschicken und Entladen von Arbeitsstationen (Material, Werkzeug) und die Verkettung dieser Stationen durch Transportsysteme.

Die automatisch geführten Fahrzeuge (Automatically Guided Vehicle, AGV) wurden zu Beginn der 70-ger Jahre vor allem in den USA und in Japan entwickelt /Tsumara 86/. Sie werden speziell durch die Problematik des Führungssystems und der "on-board" Positionsbestimmung charakterisiert. Die mobilen Transportsysteme werden vor allen Dingen in ebenen Fabrikationshallen eingesetzt, so daß sie meist radgestützt (3- oder 4-rädrig) ausgelegt sind. Als Führungssysteme werden Industrieschleifen, magnetisierte Bahnen, aufgemalte oder reflektierende Streifen und optische Systeme, die Wegmarkierungen erkennen, eingesetzt. Zur Positionsbestimmung dienen Gyroskope, Ultraschallsensoren, Laser Leitstrahlen etc.

Der Einsatz von Robotern beschränkt sich jedoch nicht auf die industrielle Fertigung. Für Erkundungsaufgaben auf unebenem Gelände oder zum Treppensteigen eignen sich beingestützte Roboter.

Der Preis, der hierfür zu bezahlen ist, liegt in dem vermehrten Aufwand, der zur Lösung der Lokomotionsprobleme notwendig ist. Zu jedem Zeitpunkt muß die Balance gehalten und die Bewegung (der Gang) geregelt werden. Die folgenden Gehmaschinen wurden entwickelt: einbeinige Hüpfmaschinen /Raibert 84/, Zweibeiner mit und ohne Gelenke /Miuara 84/, /Sugano 85/, Vierbeiner mit krabbenartigem Gang /Hirose 84/ und Sechsbeiner /Zhimin 85/,/Mc Ghee 84/. Mit Ketten ausgerüstete Fahrzeuge werden z.B. von Hitachi und Mitsubishi entwickelt /Maeda 85/. Achtbeiner wurden zur Unterstützung von Unterwasser-Konstruktionen entwickelt /Ishino 83/.

Neben der Entwicklung dieser "n-Beiner" und der Kettenfahrzeuge wird aber auch die Entwicklung von Greifern und Sensoren stark forciert. Geschickte Hände werden vor allem von der Universität Utah in Kooperation mit dem MIT /Jacobsen 86/ und von der Waseda Universität Tokio /Kato 85/ gebaut. Durch die Fortentwicklung von Sensorsystemem wie z.B. den CCD-Kameras, den Laserabtastern, den Ultraschallsensoren und einer künstlichen Haut /Harmon L.84/ gewinnt die symbolische Bildverarbeitung /Nagel 85/ und die Fusion von Sensordaten /Harmon S. 86/ an besonderer Bedeutung.

Gleichzeitig mit den zuvor genannten Entwicklungen einzelner Bestandteile eines mobilen Roboters sind in den letzten Jahren auch Fortschritte bei den Steuerungsstrukturen für Roboter, bei der Programmierung von Robotern, bei der Datenbankentwicklung und bei dem Aufbau von verteilten Rechnersystemen gemacht worden /Nagel 84/, /Weisel 86/. Daher kann man insgesamt davon ausgehen, daß der jetzige Einsatz von mobilen Robotern von der starren Serienproduktion sowohl auf die flexible Fertigung als auch auf zahlreiche neue Anwendungsbereiche ausgedehnt wird . In Frage kommen mobile Roboter für Nuklearanlagen, für Unterwasseroperationen, zur Katastrophenbekämpfung (Brand, chemische Unfälle, Erdbeben etc.), für Rettungsaktionen, für den Dienstleistungsbereich (Krankenhaus, Behinderte, Haushalt), für das Bauwesen, für den Bergbau und im Weltall.

Um den neuen Herausforderungen, die diese anspruchsvollen Aufgaben stellen, begegnen zu können, werden sowohl in den meisten westlichen Industrienationen als auch in Japan in Form von nationalen und internationalen Roboterprojekten beträchtliche Anstrengungen unternommen. In den USA sei das DARPA - Projekt genannt /Stefik 85/ . Es hat sich unter anderem zum Ziel gesetzt, ein autonomes Landvehikel zu bauen, das im Jahre 1990 selbständig über unwegsames Gelände fahren und mehrere Missionsziele durchführen kann. Auch in Japan läuft ein Programm, das zum Ziel hat, sowohl (a) regelungstechnische Untersuchungen bezüglich der Kinematik, der Dynamik und der Sensorintegration durchzuführen als auch (b) die Entwicklung von praxisnahen Fahrzeugen für industrielle Fertigungen und Überwachungsaufgaben in kritischen oder gefährdeten Bereichen zu fördern /Yamamoto 85/. In Europa unterstützen die Basisprojekte ESPRIT, RACE, BRITE und in Zukunft EUREKA die Roboterentwicklung /Warnecke 85/. Eine Kooperation zwischen den USA, Europa und Japan wird durch ARP (Advanced Robotics Project) hergestellt.

Zusätzlich gibt es in Europa nationale Programme. In Frankreich ist 1983 das RAM (Robots Autonoumes Multiservices) /Feldmann 85/ angelaufen. Der Schwerpunkt der englischen Anstrengungen liegt bei der Textilindustrie und bei der Nahrungsmittelverarbeitung. In der

Bundesrepublik Deutschland werden die Entwicklungen von autonomen Robotern durch das BMFT (Verbundprojekt "Mobiler Roboter") und durch die DFG in Form eines speziellen Sonderforschungsbereiches in München (Informationsverarbeitung in autonomen, mobilen Handhabungssystemen) und eines Robotikprojektes in Karlsruhe im Rahmen des Sonderforschungsbereiches "Künstliche Intelligenz" - in einem nicht so massiven Umfang wie etwa in Frankreich oder Japan - unterstützt.

Diese heutige neuerliche Hinwendung des Interesses an mobilen Robotern liegt, wie bereits angemerkt wurde, an den technologischen und wissenschaftlichen Fortschritten, die zu Beginn der 80-ger Jahre in verstärkter Weise erzielt wurden. Dieser wissenschaftlichen "Stabilisierungsphase" war ein längerer Forschungsabschnitt zur Entwicklung von mobilen Robotern vorausgegangen. Pionierarbeit wurde 1969 am SRI (Stanford Research Institute) mit SHAKEY geleistet .

Der besondere wissenschaftliche Anreiz in der Beschäftigung mit mobilen Robotern liegt, heute wie damals, darin, Subsysteme zur Wahrnehmung zur Exekutive und zur Aktionsüberwachung so zu entwickeln und miteinander zu verkoppeln, daß ein Roboter in der Lage ist, in einer bestimmten Umgebung mobil zu agieren. Zu Beginn der 70-ger Jahre war diese Umgebung noch einfach ("Klötzchenwelt"). Die Erfahrungen, die man damit gesammelt hat, bilden die Basis, auf der man gegenwärtig aufsetzt, um schwierigere, reale Aufgaben anzupacken. Der Problembereich, den diese neuen Forschungsschwerpunkte ansprechen, liegt vor allem darin, Unsicherheiten zu bewältigen und in der Adaption an nicht a priori geplante Schwierigkeiten, die bei der Aufgabendurchführung auftreten und die zu einer Modifikation der ursprünglich vorgesehenen Aktionssequenz führen. Die Aufgabenanpassung und das Fertigwerden mit Unsicherheiten fordert dem Roboter die Fähigkeit zur Autonomie ab. Diese Autonomität ist es, die die engste Verbindung zwischen der Robotik und der Künstlichen Intelligenz (KI) schafft. Der KI fällt die wesentliche Rolle zu, die Wahrnehmung mit der Aktion intelligent zu verknüpfen /Brady 85/.

2. STEUERUNGSSTRUKTUREN AUTONOMER MOBILER ROBOTER

Die zukünftige dritte autonome Generation von Robotern soll

a) zur Kommunikation mit der Umwelt fähig sein,
b) die Umgebung durch den Gebrauch von Modellen verstehen können,
c) eigenständig Pläne formulieren können,
d) diese Pläne selbst ausführen können,
e) und in der Lage sein, eigene Operationen zu überwachen.

Diese ehrgeizigen Anforderungen haben zur Folge, daß die drei wesentlichen internen Blöcke eines Roboters - Sensorverarbeitung, Modellierung (Welt, Aufgaben) und die Exekutive - geeignet strukturiert und derart miteinander verkoppelt werden, daß der Roboter autonom planen, ausführen und überwachen kann /Levi 86a/.Die Autonomität bezieht sich hierbei auf eine Umwelt, die mit Unsicherheiten behaftet ist (keine ideale Welt) und auf die Fähigkeit, genügend selbstorganisiert zu sein, um leicht geänderte Aufgabenstellungen adaptieren (lernen) zu können. Unsicherheiten treten stets dann auf, wenn die Daten ungewiß, unbestimmt oder inkonsequent sind. Sie treten bei der Fertigung, der Manipulation und der Umweltmodellierung auf. Ein erster Teil der Autonomität besteht darin, trotz dieser Unsicherheiten eine hindernisfreie Route zu finden und die gestellte Aufgabe (z.B. Montage) erfolgreich zu Ende zu bringen.

Der zweite Teilaspekt der Autonomität berührt die Fähigkeit, ein Bündel von ähnlichen Aufgaben wie z.B. die flexible Montage von Pumpen durchführen zu können. In diesen beiden Teilaspekten der Autonomie (Unsicherheitsbewältigung und Aufgabenflexibilität) steckt noch ein dritter Aspekt: das Lernen von einzelnen Aktionen und Aufgaben.

Eine hierarchische Strukturierung der drei zuvor genannten Grundsäulen eines Roboters der dritten Generation wurde von /Albus 81/ eingeführt. Bild 1 verdeutlicht diese Grundstruktur an Hand des Karlsruher autonomen mobilen Roboters /Dillmann 85/.

Zu erkennen ist in diesem Bild

. eine integrierte Sensorhierarchie ($G_{1...5}$)
. eine Modellhierarchie ($M_{1...5}$)und
. eine kombinierte Planungs-, Ausführungs- und Überwachungshierarchie ($H_{1...5}$).

Es wird deutlich, daß der interne Aufbau der einzelnen Module noch verfeinert und das Zusammenspiel dieser Bausteine untereinander spezifiziert werden muß. Bild 2 zeigt eine solche Verfeinerung, wie sie von uns durchgeführt wurde.

Der Planer einer Ebene erhält eine oder mehrere Aufgabenspezifikationen. Er muß daraus eine Aktionsfolge generieren. Hierfür benützt er bereits vor der Ausführung Umweltdaten. Der Planer muß festlegen, welche Aufgaben auf seiner eigenen Ebene durchgeführt werden können und welche an die nächst tiefere Ebene weitergereicht werden müssen.

Die Exekutive nimmt die lokale Aufgabenzerlegung vor und sorgt für die Ausführung des Auftrages, indem sie auch gegebenenfalls Modifikationen der ursprünglich geplanten Operationsfolge anordnet. Der Monitor überwacht diese Aktionen und dient insbesondere der Fehlererkennung. Das Weltmodell beschreibt nicht nur die Objekte und ihre räumlichen Beziehungen untereinander, sondern auch die Betriebsmittel, die zugehörigen Montagegraphen und Sensormodule. Die Sensormodulverarbeitung interpretiert für den Planer, die Exekutive und den Monitor die Zustände der Umwelt. Die erwarteten Situationszustände werden mit aktuellen Situationszuständen verglichen und in Form von Analyseregeln festgehalten.

Das Problem der logischen Sensorspezifikation, das in einem Multisensorsystem unumgänglich ist, wird z.B. durch /Henderson 85/ beschrieben. Ein logischer Sensorname wird mit einem Kommunikationsinterpreter kombiniert, um die Aufträge an die Sensoren und die Analyse der Sensordaten auf symbolischer Ebene durchführen zu können. Diese symbolische Vorgehensweise ist immer dann notwendig, wenn die Information verschiedenartiger Sensorquellen kombiniert werden muß.

Die Schnittstelle zwischen dem Planer und der Exekutive wird durch einen Aktionsplan realisiert. Dieser Plan legt fest, wie zu navigieren ist, welche Bewegungsart angebracht und welche Manipulationen in Form von Grobbewegungen, Greifoperationen und Feinbewegungen notwendig sind.

Die Schnittstelle zwischen dem Planer und der Sensorverarbeitung wird durch einen Sensorplan realisiert. Dieser Plan bestimmt, an welchen Punkten des Aktionsplanes welche Sensoren wie einzusetzen sind, er generiert implizierte Sensoranweisungnen und definiert die dazugehörenden sensorspezifischen Instanzen von Objekten. Der Begriff der implizierten Sensoranweisung bedeutet hier, daß lediglich das gewünschte Resultat definiert wird und nicht jeder einzelne Meßvorgang des Sensors explizit bestimmt werden muß. Die expliziten Meßvorschriften werden von dem Modul zur Sensorverarbeitung definiert.

Die direkte Weitergabe der Unteraufträge von einer Ebene zur nächst niedrigeren Ebene erfolgt durch die Planungsmodule dieser beiden Ebenen. Ist ein Unterauftrag der tieferen Ebene nicht durchführbar (Abbruchkiterien), so wird dies von der Exekutive dieser Ebene an die Exekutive der höheren Ebene zurückgemeldet. Die Exekutive der nächst höheren Ebene kann eine Neuplanung in geringem Umfang (parametrische Unsicherheiten) selbst vornehmen und diese Neuplanung dem Planungsmodul der nächst tieferen Ebene mitteilen. Sind die verlangten Modifikationen zu groß (strukturelle Unsicherheiten), so muß die Exekutive die Rückmeldung ihres entsprechenden Partners in der tieferen Ebene an ihren Planer weiterreichen.

Ein Beispiel für einen detallierten Ablauf einer Steuerungstruktur eines autonomen Montageroboters kann der Leser bei /Levi 86b/ finden. Eine weitere Vertiefung der Strukturierung des Sensormoduls findet man bei /Hiraoka 85/. Innerhalb eines Laufzeitsystems, das auch die Robotersteuerung mit beinhaltet, werden die Sensoraktivitäten dreigeteilt. Neben der direkten Verarbeitung der Sensorinformation spielt vor allen Dingen die Verwaltung der aktuellen Weltzustände und die Angabe von Darlegungsbefehlen, die dem gegenwärtigen Zustand entsprechen, eine besondere Rolle. Desweiteren wird die rückfließende Manipulator-Sensorinformation unterteilt in Daten, die nur indirekt mit der Bewegung und in solche, die direkt mit der Robotersteuerung zu tun haben.

Einen neueren Zugang zur Verschmelzung der visuellen Daten und der Robotersteuerung wird durch /Matsushita 85/ aufgezeigt. Er umgeht das Problem der Präzisionsanforderungen bei der Feinbewegung eines Robotergreifers durch den systematischen Einbau von Objektmerkmalen und ihren Erscheinigungsformen an die Manipulatorsteuerung. Die Erscheinungsform von Objektprofilen wird dazu benutzt, um die wechselseitigen räumlichen Beziehungen festzulegen.

Eine Struktur des Steuerungssystems eines autonomen mobilen Roboters, die im Gegensatz zu denjenigen von Albus nicht hierarchisch ist, aber die Kommunikationsschnittstellen zwischen den einzelnen Modulen des Steuerungssystems besonders betont, wurde von /Harmon S. 84/ vorgestellt. Auf der Basis eines Blackboard-Systems kommunizieren ein Sensormodul, ein Steuerungssystem und eine Wissensbasis (Weltmodell) mit Hilfe von Plänen und Berichten. Pläne werden in Form von Produktionsregeln, die an Realzeitprozesse angepaßt wurden, an den Sensormodul und den Steuerungsmodul übergeben. Berichte, die den Zustand der Wissensbasis beschreiben, sind Antworten auf die Aktionen, die in den Plänen angeordnet worden sind.

Ein weiteres autonomes System, dessen Struktur ebenfalls auf dem Blackboard-Konzept aufbaut, wurde von /Giralt 84/ entwickelt. Es kennt ebenfalls Module zur Entscheidungsfindung, zur Modellbildung, (Szenenanalyse, Planung und Navigation) und zur Ausführungsüberwachung (Bewegungssteuerung, Sensorverarbeitung).Der Planer steht in der Hierarchie ganz oben. Er teilt den darunter liegenden Modulen wie Sensorverarbeitung und Navigation grobe Pläne mit, die diese Blöcke eigenständig verfeinern müssen.Jeder dieser Module ist mit Regeln und mit einer Kommunikationsschnittstelle ausgestattet. Diese Regeln setzen die Steueranweisungen wie "move" "dock" etc. in Relation zu den Sensoren, die diese Aktionen überwachen müssen. Welche dieser Regeln zu einem Zeitpunkt gültig sind, wird durch die Situationsanalyse festgelegt.

Eine Systemstruktur, die im Prinzip zwar hierarchisch ist, aber auch eine heterarchische Komponente emulieren kann, wird von /Orlando 84/ vorgeschlagen. Der Informationsfluß wird zwar auch nur an die benachbarte Schicht weitergegeben, doch wird zugelassen, daß in einer Schicht keine Informationsverarbeitung stattfindet. Bei der Planung wird stark zwischen dem strategischen und taktischen Ansatz unterschieden. Die taktische Planung bezieht sich auf die lokale und spezielle Steuerung eines einzelnen Sensor/Stellglied Paares. Der Begriff "strategisch" bezieht sich auf eine globale Sicht, die die taktischen Einheiten und ihre Aktionen in ihrer Gesamtheit berücksichtigt.

3. FUSION VON SENSORDATEN

Die Basis zur autonomen Entscheidungsfindung liegt in einer schnellen und ausreichenden Informationsgrundlage. Diese Aufgabe übernehmen Sensoren. Mobile Roboter zeichnen sich gerade dadurch aus, daß sie mit einer Vielzahl von verschiedenartigen Sensoren ausgestattet sind. Laserabtaster oder Ultraschallsensoren werden häufig für Abstandsmessungen (Navigation, Näherungssensoren) eingesetzt. Kamera-Systeme dienen sowohl der Navigation als auch der Aufgabendurchführung (Montage). Taktile Sensoren werden für Greif- und Fügeoperationen benötigt. Sie messen Kräfte und Drehmomente in den Greifern. Die Geschwindigkeiten und Beschleunigungen des Vehikels werden durch Inertialsignale (Gyrometer) bestimmt.

Die Fusion der Sensordaten zu integrierten Darstellungen ist ein logischer Schritt dahin, die Fähigkeiten der Roboter auszubauen, um komplexe Aufgaben auf robuste Weise in einer unsicheren und a priori nicht bekannten Aufgabenumgebung durchführen zu können. Die Sensordaten-Fusion verbessert die Leistungsfähigkeit von Robotern der dritten Generation, in dem sie kombinierte Informationen zur Verfügung stellt, Fehler der einzelnen Sensoren reduziert und den Sensoreinsatz maximal steigert /Bajcsy 85/. Somit können Roboter den besten Gebrauch ihrer Sensorresourcen zur Lösung komplexer Aufgaben machen. Die Techniken, die zur Fusion von Sensordaten eingesetzt werden, sind verschieden und hängen auch von der Darstellungsweise der Umgebung ab. Üblich ist eine Form, bei der die einzelnen Objekte Attribute und Attritbutwerte zugeordnet bekommen /Harmons S. 86/. Attribute sind Fehlerschätzungen und Vertrauensgrenzen für einzelne Sensoren als auch Zeitmarken.

Als direkte Methode zur Sensordatenfusion kommen Mittelungen, Auswahlverfahren und führungsgestützte Verfahren zum Einsatz. Bei dem Auswahlverfahren wird eine diskrete Wahl zwischen den verschiedenen Messungen ein und derselben Eigenschaft getroffen, wobei eine für die einzelnen Sensoren prioriätsgestaffelte Ordnung zugrunde liegt. Bei dem führungsgestützten Ansatz geht man in Analogie zum modellgesteuerten Sehen vor. Die Werte eines Sensors werden dazu verwendet, die Datenverarbeitung anderer genauerer Sensoreingänge zu steuern.

Denkt man an die im vorigen Abschnitt angesprochenen Steuerungsstrukturen, so ist es naheliegend, denjenigen Weltmodellteil, der zum Sensorsystem gehört, als Blackboard zu implementieren /Shafer 86/. Dieses Blackboard enthält für die einzelnen Sensorarten reservierten Bereiche, die durch die Sensoreingänge beschrieben werden. Die Fusion der Daten kann in einem ersten Ansatz durch eine Zeitmarke und eine Vertrauensgrenze gesteuert werden. Auf der Merkmalsebene kann dann zuerst einmal die 2-D und die 3-D Merkmalsfusion bewerkstelligt werden. Zur Ausarbeitung von Analyseregeln, wie sie für die Planungs- und Steuerungsmodule notwendig sind, müssen symbolische Darstellungen erzeugt werden, um logische Aussagen treffen zu können /Niemann 85/. Diese Aussagen beziehen sich z.B. bei einem mobilen Roboter auf den Zustand der Fahrbahn, auf die lokalen Straßenschäden und auf die gefundenen Hindernisse.

Für die Durchführung von Montageaufgaben ist die Fusion von taktilen und visuellen Daten von besonderer Bedeutung. So wird z.B. in Karlsruhe daran gearbeitet, in Abhängigkeit von der gestellten Montageoperation eine Meßvorschrift zu erarbeiten. Sie soll angeben, welche speziellen Sensoraktivitäten bzw. Überschneidungen wann notwendig sind, um von einem vom Planer vorgegebenen Anfangszustand in einen Endzustand zu gelangen. Diese Meßvorschriften enthalten auch die Vor- und Nachbedingungen einer Operation. Als Resultat dieser Meßvorschriften sollen Analyseregeln erzeugt werden, die neben den aktuellen fusionierten Parameterwerten vor allem noch die vorhandenen Unsicherheiten angeben.

4. AUTONOME PLANUNG, ENTSCHEIDUNG UND ÜBERWACHUNG

Das erste und mittlerweile klassische Verfahren zur Planung von einfachen Montageaufgabe (Umstellen von Klötzchen) und zur Wegfindung lieferte das STRIPS (Stanford Research Institute Problem Solver) - System /Nilsson 69/. Die Zustände der Umwelt wurden durch Ausdrücke der Prädikatenlogik 1. Stufe definiert. In einer Umwelt mit komplexeren Aufgabenstellungen stieß STRIPS jedoch auf ernste Probleme. Eine erste Abhilfe wurde durch ABSTRIPS (Abstraction-Based STRIPS) geschaffen. In ABSTRIPS wird der Problemraum in hierarchische Ebenen eingeteilt. Der Abstraktionsraum ist eine vereinfachende Darstellung des Problemraumes, der unwichtige Details unberücksichtigt läßt und in dem die Zielplanung erfolgt. In beiden Ansätzen bestanden die Pläne aus einer linearen Sequenz von

Aktionen, die dazu diente, ein einziges Ziel in einer statischen Umgebung zu erreichen.

Realistischere Planungsverfahren, die letztlich die Autonomität von Robotern zum Ziel haben, müssen jedoch mit den folgenden Annahmen arbeiten /Fikes 72/, /Adams 85/:

- Vorgabe von mehrfachen Zielen mit unterschiedlichen Dringlichkeiten
- Vorhandensein von Randbedingungen, die sich gegenseitig behindern
- Darstellung von komplexen Aktionen
- Einbeziehung einer dynamischen Umwelt (Unsicherheiten, Zeit)
- Flexible Aufgabendurchführung
- Adaption an neue ähnliche Aufgaben
- Synchronisierte Planung auf mehreren Ebenen.

Dieser Aufgabenkatalog für Planungsansätze ist durch seine Allgemeinheit nicht ausschließlich auf die Robotik beschränkt. Ähnliche Problemstellungen treten z.B. bei der Fertigungssteuerung, /Fox 85/, bei der zeitbegrenzten Aufgabenplanung /Smith 85/, bei dem zeitabhängigen Schließen /Dean 85/, bei dem qualitativen kausalen Schließen /Forbus 84/, bei den Vorfahren zur Bedingungsausbreitung /Brooks 82/, dem opportunistischen Planen /Hayes-Roth 85/, bei der transaktionsorientierten Erweiterung des Blackboard-Konzeptes /Ensor 85/, bei den ATM's (Assumption Based Truth Maintenance) Systemen /de Kleer 86/,auf (vergl. z.B. / Puppe 86/, /Voss 85/, /Güsgen 85/).

Die engste Brücke zwischen der Robotik und den Verfahren der Künstlichen Intelligenz wird demnach durch die Planungsansätze und die Problemlösung im Zusammenhang mit der Zielfindung geschlagen. Die Entwicklung dieser fortgeschrittenen Planungs- und Entscheidungstechniken steht aber erst am Anfang. Aus diesem Grund ist in letzter Zeit innerhalb der Robotik immer mehr die Tendenz zu sehen, spezielle Themen aufzugreifen und sie jeweils soweit voranzutreiben, daß eine gewisse Autonomität erreicht wird. Gemeint sind die Verfahren zur Hinderniserkennung und Wegplanung, die Automatisierung des Greifvorganges und des Teilefügens /Latombe 84/. Im Hinblick auf mobile Roboter stehen hier die Aufgaben der Wegplanung auf ebenen Strecken (Hallen, Asphaltstraßen) und im Gelände, und die Art der Umweltmodellierung für die Navigationsproblematik im Vordergrund.

Die Aufteilung der Navigationsproblematik in die einzelnen Ebenen einer Steuerungsstruktur, die in Analogie zu Bild 1 steht, zeigt Bild 3 .

Die gesamte Navigationsplanung wird üblicherweise auf zwei Ebenen durchgeführt /Gilmore 85/. Die globale Navigationsplanung benutzt a priori Wissen (z.B.eine Landkarte), das durch allgemeine Situationsanalysen aktualisiert wird, um eine hindernisfreie Route zu planen. Auf der darunterliegenden Ebene befindet sich der Navigator, der die lokale Navigationsplanung aufgrund der wirklich vorhandenen Hindernisse und Fahrbahnverhältnisse die globale Route an die realen Gegebenheiten anpaßt. Die Bahn wird korrigiert oder es werden von dem höheren Planungsmodul neue Bahnplanungsdaten angefordert. Die Landkarte, die auf dieser Ebene benötigt wird, ist häufig eine Rasterlandkarte , in der die Hindernisse und die freien Wegsegmente mit einer bestimmten Rasterung eingezeichnet sind.

Die Information, die ein Navigator erhält, setzt sich zusammen aus (a) der globalen Zielvorgabe, (b) den Wegbegrenzungen, (c) den am nächsten liegenden Hindernissen, (d) der maximal erlaubten Vorwärtsgeschwindigkeit und den aktuellen translaterischen und rotatorischen Geschwindigkeiten.

Der Pilot erhält danach die verfeinerte und korrigierte Bahn in Form von expliziten Steuerungsanweisungen an die einzelnen Antriebsaggregate von dem Navigator /Isik 84/.

Die Routenplanung auf höherer Ebene besteht darin, anhand einer vorgegebenen Mission den kürzesten und taktisch geeignetesten Weg zu finden. Hierfür werden in der Regel Graphen benutzt. Diese Graphen beschreiben die topologischen Strukturen der Umwelt und werden mit klassischen Verfahren der heuristischen Suche (z.B. A^*) erarbeitet. Der interne Aufbau dieser Graphen hängt davon ab, welches Konzept zur Raummodellierung verwendet wird. Häufig werden die beiden klassischen Ansätze zur Kollisionsvermeidung bei ortsfesten Robotern - Freiweg, Konfigurationsraum - auch auf mobile Systeme übertragen /Kuan 84/. Die geometrischen Modelle für die auftretenden Hindernisse werden häufig durch vereinfachende Hüllen angegeben. Üblich sind einfache Kugeln oder Polyeder. Sie werden benutzt, um die Rasterlandkarte aufzubauen.

Einer der wesentlichen Aspekte eines autonomen mobilen Systems besteht darin, sich einen Weg selbst auszusuchen und ihn auch zu befahren. Die Aufgabe, die hierbei dem Navigator zufällt, besteht darin, die Szene mit Hilfe von Sensoren zu beobachten und zu analysieren, um die lokale Planung anhand der Position des mobilen Systems durchzuführen. Die hierbei getroffene Entscheidung navigiert das System.

Das Weltmodell, das für die Navigation geeignet ist, enthält somit vor allem topologische und geometrische Darstellungen in Form von Graphen, Polyedern und Landkarten. Soll die Navigation wissensgestützt verlaufen, ist es notwendig, diese Modellierung der Umwelt systematisch in Form einer Wissensbasis aufzubauen, die auch gleichzeitig eine Repräsentationsform für die Situationsanalyse (Computersehen) mit einbezieht.Geländemodelle dieser Art sind z.B. bei /Lawton 86/ zu finden. Ein Geländemodell, das Fuzzy- Logik für die geometrische Information benutzt, wird von /Mc Dermott 84/ vorgestellt.

Ist eine solche Wissensbasis für die Wegplanung, die Situationsanalyse und Konfliktanalyse vorhanden, so können Inferenzprozesse regelbasiert programmiert werden, die sich sowohl auf die Wissensplanung, die Instantiierung generischer Modelle als auch auf Lernaspekte beziehen /Parodi 86/, /Pearson 86/, /Iyengar 86/.

Die Lernvorgänge, die hier angesprochen werden, beziehen sich auf die Validierung neuer Pläne auf der Basis von alten, erfolgreich verlaufenen Aufgabendurchführungen. Führt ein Auftrag in ein Gebiet, das zum Teil durch frühere Missionen bekannt ist, so wird dies ausgenutzt und nur für das neue, unbekannte Terrain wird nochmals mit Hilfe von Regeln die Wissensbasis aktualisiert.

Mit angeregt durch das bereits erwähnte DARPA - Projekt in den USA wird der Navigation eines mobilen Roboters auf einer Straße viel Aufmerksamkeit geschenkt /Davis 86/, /Dickmanns 85/. Er soll stetig auf einer vorgeschriebenen Sträße fahren. Als Sensor wird üblicherweise eine Kamera verwendet. Mit Verfahren der ikonischen Bildverarbeitung (Filterung, Kantendetektion, Segmentierung) werden "Fenster" (Aufmerksamkeitsbereiche) generiert, mit deren Hilfe die Begrenzungen und die Oberflächen der Straße, die ebenen Stellen und die Unterbrechungen (z.B. Löcher) auf der Straße festgestellt werden können. Diese Merkmalsextraktionen werden in eine Geländekarte in Form von Graphen eingetragen und es kommen wiederum heuristische Suchverfahren zur Anwendung, um den Weg zu planen. Die spezielle Schwierigkeit, die hierbei zu beachten ist, liegt darin, daß die Steuerungsentscheidungen, die aufgrund der Planungsdaten gefällt werden müssen, in Realzeit getroffen werden müssen. Die Geschwindigkeiten, die bislang erzielt wurden, bewegen sich gegenwärtig in der Größenordnung von 1 km/h. Hindernisse dürfen dabei auftreten, sollten aber mindestens 100 Meter voneinander entfernt sein und durch einfache Polyeder approximiert werden können.

5. AUTONOME MOBILE ROBOTER: EIN KURZER ÜBERBLICK

Der nachfolgende Überblick ist nach einzelnen Ländern geordnet.

A. U.S.A.

Neben dem bereits erwähneten SHAKEY Roboter stellt der JPL-Rover /Thomson 77/ mittlerweile auch einen "Veteranen" dar. Neuere Systeme werden im DARPA - Projekt (ALV, Autonomous Land Vehikel), von einzelnen Universitäten,von Forschungsinstituten (z.B. Naval Ocean Systems Center, NOSC) und von Firmen entwickelt.

A.1 DARPA - ALV

Dieses Vorhaben wird von Martin Marietta koordiniert. Mitbeteiligt an diesem Vorhaben sind Advanced Decision Systems /Linden 86/, das Hughes Artificial Intelligence Center /Payton 86/, die Carnegie-Mellon Universität /Wallace 86/, die Stanford Universität und die Universität von Massachusetts.Das zu entwickelnde Landgefährt soll sowohl auf Straßen als auch auf ungewegsamem Gelände fahren. Es soll dabei die Umgebung erkunden, abstrakte Befehle empfangen können, den Weg finden und die Mission mit mehrfachen Zielvorgaben autonom planen und durchführen können. Hinzu kommt die Entwicklung einer Testumgebung für die Sensoren und das Fahrzeug . Die Ortung der einzelnen ALV's als auch die Kommunikation dieser Gefährte untereinander erfolgt über einen Satelliten.

(1) **Lokomotion:** Sechs Räder, die nach der Art von Kettenfahrzeugen gesteuert werden.

(2) **Sensorik** : 2 Kameras, Laser- und Ultraschall, Abstandsmesser und Sensoren zur Messung von Inertialsignalen (interne Sensoren)

(3) **Planung und Überwachung:** Die Planungsaktivitäten werden auf vier Ebenen eingeteilt. Auf der höchsten Ebene erfolgt die Missionsplanung. Sie hat die Aufgabe, die abstrakten Aufgabenbeschreibungen in einem Satz von geographischen Zielen und in Begegungsrestriktionen umzusetzen.Auf der nächsten Ebene übernimmt die globale Bahnplanung (map-based planning) diese Aufgaben und setzt sie um in eine spezielle Route. Danach über-

nimmt ein lokaler Planungsmodul (Navigator) die Aufgabe, die globale Route an lokale Verhältnisse anzupassen. Die unterste Ebene stellt die reflexive Planung (Pilot) dar, die die Realzeitsteuerung des Fahrzeuges durchführt. An diese vierstufige Planungshierarchie ist eine ebenso vielstufige Hierarchie zur Sensorverarbeitung angegliedert. Die Inferenzprozesse, die hier ablaufen, beziehen sich ganz oben auf räumlich/zeitliche Gruppierungen, laufen über die Fusion von Sensordaten und enden bei der Servoebene.

A.2 **CMU - Rover**

(1) **Lokomotion:** Drei individuell steuerbare Räder /Moravec 83/.

(2) **Sensorik:** Kamera und mehrere Infrarot- und Ultraschall Näherungssensoren und taktile Sensoren.

(3) **Planung und Überwachung:** Die Planung ist regelbasiert und wird mit Hilfe eines Blackboards implementiert /Elfes 83/. Dieses Blackboard wird auch zur Weltmodellierung und zur Sensorverarbeitung eingesetzt. Die einzelnen Module sind auf Mikrocomputern implementiert. Ein spezieller Kommunikationsprozessor sorgt mittels des Blackboards für die Synchronisation dieser Module.

A.3 **Stanford - Cart**

(1) **Lokomotion:** Vierräderige Plattform, bei der zwei Räder angetrieben werden /Moravec 83/.

(2) **Sensorik:** Eine Kamera zur Abstandsbestimmung (slider stereo) und zur Geschwindigkeitsbestimmung (motion stereo).

(3) **Planung und Überwachung:** Geplant wird nur die Navigation. Die Objekte werden als Kugeln appromiert, die auf eine Rasterlandkarte projeziert werden. Mit dieser Umweltmodellierung wird ein minimaler Weg zwischen den Kreisen bestimmt.

A.4 **NOSC - GSR**

Die Struktur der Ground Surveillance Robot (GSR) wurde bereits im zweiten Abschnitt vorgestellt /Harmon S. 84/. Er soll im schwierigen Gelände selbständig Erkundungsfahrten durchführen.

(1) **Lokomotion:** Kettenfahrzeug.

(2) **Sensorik:** Kamera, Neigungssystem, Kreiselkompaß, Ultraschall- und Radar-Sensoren zur Entfernungsmessung.

(3) **Planung und Überwachung:** Nach einem vorgegebenen Missionsplan werden die Route und die Beobachtungsaufgaben grob vorgegeben. Ein Expertensystem schlägt Manövrierstrategien vor, wie z.B. eine lokale Wegbehinderung umgangen werden kann. Die Fusion von Sensordaten erfolgt mit Hilfe eines Blackboards, das um Kommunikationsschnittstellen erweitert wurde.

A.5 **Ohio - Hexapod**

Die zwei allgemeinen Probleme, die bei der beingestützten Lokomotion auftreten, sind das Gehen über unebenes Gelände und die Stabilisierung der dynamischen Balance. Die einfachsten Gehmaschinen können daher nur in einer festen Haltung gehen. Für unebenes Gelände sind aber eine dynamische Festlegung der Fußplazierung und variable Gangarten notwendig. Der Sechsbeiner der Ohio- Universität /Mc Ghee 84/ benutzt Sensoren, um die Fußlazierung und die Gangart zu bestimmen.

(1) **Lokomotion:** 6 Beine, mit denen ein insektenartiger periodischer "Wellengang" oder ein nichtperiodischer "freier" Gang realisiert werden kann.

(2) **Sensorik:** 2 Kameras und ein Laserscanner zur Bestimmung der möglichen Fußplazierungen.

(3) **Planung und Überwachung:** Das Gelände wird in verschiedenen Typen der Beschaffenheit (flach, löcherig, Hindernisse, die nicht überschritten werden können) eingeteilt. Nach der Bestimmmung eines Weges muß in Abhängigkeit der Geländebeschaffenheit die Gangart ausgewählt werden und die Kinematik der 6 Beine so festgelegt werden, daß die Restriktionen, die durch das Gleichgewicht vorgeschrieben werden, auch eingehalten werden können.

B. **JAPAN**

B.1 **YAMABIKO**

An der Universität von Tsukuba werden etwa seit 1978 mobile Roboter entwickelt. Die neueste Entwicklung stellt YAMABIKO - III dar /Kanayama 83/.

(1) **Lokomotion:** Ein passives Frontrad und zwei angetriebene Hinterräder. Eine Kommandosprache für die Bewegung, die die Fahrzeuggeschwindigkeit und die Geschwindigkeitsunterschiede der der einzelnen Räder zueinander ausnutzt, sorgt für stetige Trajektorien.

(2)) **Sensorik:** Vier Ultraschallsensoren, die horizontal kreuzartig angebracht sind. Ein Abtastmodus liefert Umweltdaten von Wänden und einfachen Hindernissen.

(3) **Planung und Überwachung:** Eine globale Planung findet nicht statt. Die Echos der Ultraschallgeber werden direkt ausgewertet (Methode der kleinsten Quadrate), um Wände und Hindernisse zu erkennen.Typisch für dieses System ist die Implementierung eines Realzeit-Betriebssystems.

B.2 **MVR - 1**

Von der Mitsubishi Gesellschaft wurde ein Prototyp eines Multi-funktionalen Roboter-Vehikels (MVR-1)entwickelt, der fahren, gehen und Treppensteigen kann /Maeda 85/.

(1) **Lokomtion:** Vier kettengestütze Räder, die zum Gehen "hochgeklappt" werden können.

(2) **Sensorik:** Eine Kamera zur Hinderniserkennung.

(3) **Planung und Überwachung:** Es handelt sich hierbei um einen Prototypen, der speziell für das Studium der Bewegungsproblematik ausgelegt wurde, so daß auf die Planungskomponente verzichtet wurde. Die Entscheidungen werden on-line wie beim YAMABIKO-III aufgrund der Sensorsignale getroffen.

B.3 **MEL - DOG**

An dem MEL Institut des MITI in Ibaraki wird seit 1977 an der Entwicklung eines Blindenhundroboters gearbeitet. MEL-DOG enthält ein Kommandosystem, das durch Steuerungsschalter seine globalen Richtungsanweisungen (Ziel) erhält und das über eine natürlichsprachliche Ausgabe den Blinden über Gefahrensituationen die Route und über notwendige Umleitungen informiert /Tachi 86/.

(1) **Lokomotion:** Dreiräderiges Gefährt und einem aktiven vorderen Rad und zwei passiven Hinderrädern. Die Geschwindigkeit des Fahrzeuges wird jerjenigen des Führers angepaßt.

(2) **Sensorik:** Ultraschallsensor zur Detektion von Hindernissen und zwei optische Sensoren zur Identifikation von Wegmarkierungen.

(3) **Planung und Überwachung:** Die globale Planung erfolgt mittels einer Landkarte, auf der die Markierungen (Kreuzung, gerade Straße etc.) die Richtung der Verbindung zwischen den Markierunden (gerade, rechts etc.) angegeben sind. Modifikationen von der hieraus resultierenden Route werden mit Hilfe des Ultraschallgebers sofort eingeleitet.

B.4 **MELWALK - III**

An dem MEL- Institut wurde ebenfalls die sechsbeinige Gehmaschine MELWALK - III entwickelt /Kaneko 85/. Sie dient insbesondere der Untersuchung von komplexen Steuerungsverfahren für die Lokomotion.

(1) **Lokomotion:** 6 federnde Beine, die sich adaptiv an Unebenheiten anpassen können. Die Grundplatte kann dabei horizontal konstant liegen oder aber sie wird rotiert, so daß sich drei Beine kurzzeitig in der Luft befinden.

(2) **Sensorik:** Externe taktile Sensoren (Berührung und Kraft) und interne Sensoren (Fußlänge, Rotationswinkel, Haltung).

(3) **Planung und Überwachung:** Die entwickelten Steuerungsalgorithmen beziehen sich direkt (ohne Planung) auf die Unebenheiten, auf die Fortbewegung, auf die Rotation der Grundplatte und auf die Haltung.

B.5 **WABOT - 2**

An der Waseda Universität in Tokio wurde ein anthropomorphischer Roboter entwickelt, der Tasteninstrumente (Orgel, Klavier) spielen kann /Sugano 85/.

(1) **Lokomotion:** Zwei Arme mit fünf Fingern und zwei Beine mit Gelenken, um auch Fußpedale treten zu können.

(2) **Sensorik:** Eine Kamera zum Notenlesen und zahlreiche interne Sensoren. Es können konventionelle Notenblätter vorgelegt werden, deren Inhalte in einen speziellen Code, der den Takt, die Tonart und die Tondauer beinhaltet, umgesetzt werden.

(3) **Planung und Überwachung:** Die Planung betrifft nicht wie üblich die Routenauswahl und die Hindernisumgehung, sondern die autonome Koordination der verschiedenen Glieder(insgesamt 50 Freiheitsgrade), um die Orgel bedienen zu können. Das Steuerungssystem setzt sich aus drei Ebenen zusammen. Ganz oben ist die globale Planung aller Gliederbewegungen implementiert. In der mittleren Ebene ist die Erfassung von Referenzdaten und die Überwachung der Koordinationssteuerung angesiedelt. Ganz unten ist jedem Freiheitsgrad ein Mikroprozessor zugeordnet, der die Sensormechanismen regelt. Die Wissensbasis bezieht sich auf das Musikinstrument, das Musizieren selbst (die Arbeit) und auf sich selbst; d.h. auf den jeweiligen Zustand der Glieder.

B.6 **BIPER - 4**

An der Universität von Tokio werden seit einiger Zeit (ca. 1972) zweibeinige Gehmaschinen entwickelt. BIPER- 4 stellt die neueste Entwicklung dar /Miuara 84/.

(1) **Lokomotion:** Zweibeinig, mit Knie- und Fußgelenken.

(2) **Sensorik:** Nur interne Sensoren (Potentiometer und Kontaktsensoren.

(3) **Planung und Überwachung:** Die Arbeiten konzentrieren sich vollständig auf die dynamische Steuerung(on-line Lösung der Bewegungsgliederungen) und die Winkel der Kipp-, Neig- und Gier-

achsen zweier Gangarten. Gemeint sind hiermit ein steifer, stelzenartiger Gang und ein elastischer Gang, wie er bei Menschen üblich ist.

C. **FRANKREICH**

C.1 **HILARE**

Das HILARE Projekt begann 1977 am LAAS in Toulouse/Giralt 84/.

(1) **Lokomotion:** Dreiräderiges Gefährt mit zwei Antriebsrädern.

(2) **Sensorik:** 14 Ultraschallsensoren zur Abstandsmessung im Nahbereich und zur Hinderniserkennung. Ein kombiniertes Kamera/Laserabtaster System wird zum dreidimensionalen Sehen eingesetzt.

(3) **Planung und Überwachung:** Module zur Planung, Steueranalyse und zur Navigation,zur Bewegungssteuerung und zur natürlichsprachlichen Kommunikation bilden die wesentlichen Blöcke der Steuerungshierarchie. Bis auf die Bewegungssteuerung sind diese Module regelbasiert. Alle Module haben spezielle Kommunikationsschnittstellen. Die Umweltmodellierung und die Wegfindung findet in einer topologischen und einer geometrischen Ebene statt.

C.2 **VESA**

Am LATA in Rennes startete 1978 das VESA Projekt /Giralt 84/. Es hat zum Ziel, einen vollständig autonomen mobilen Roboter zu bauen, der sich in einer realen Fabrikationsumgebung aufhalten kann.

(1) **Lokomotion:** Zwei passive Räder und zwei angetriebene Räder.

(2) **Sensorik:** Laser Triangulationssystem, ein Infrarot Triangulationssystem und ein Drucksensor, der die Roboterumgebung abtasten kann, um Hindernisse zu erkennen.

(3) **Planung und Überwachung:** Eine globale Planung legt die Route fest. Lokal wird der Weg mit einem speziellen Suchalgorithmus (A^*) bestimmt. Die on-line Steuerung wird mit dem Rückfluß, aber aus den Triangulationssystemen kommt, durchgeführt.

D. **DEUTSCHLAND**

D.1 Münchener **MICROBE**

Seit 1979 wird am Lehrstuhl für Steuerungs- und Regelungstechnik der TU München das experimentelle autonome System MICROBE entwickelt /Freyberger 85/. Es hat zum Ziel, die praktische Anwendbarkeit von Sensor- und wissensgesteuerten Verfahren zur autonomen Durchführung von Transportaufgaben zu lösen.

(1) **Lokomotion:** Vierräderiges Gefährt mit zwei schrittmotorgetriebenen Rädern und zwei Stützrollen.

(2) **Sensorik:** Ultraschallsensor zur Entfernungsmessung und eine Infrarotkommunikationsstrecke.

(3) **Planung und Überwachung:** Die Routenplanung erfolgt mit Hilfe einer Rasterlandkarte, die mit Hilfe des Ultraschallsensor erzeugt wird. Die verwendete Wissensbasis setzt sich aus vier Teilen zusammen: geometrisches Umweltmodell, befahrbares Wegenetz, Fahrzeugmodell und Verhaltensregeln. Die Überwachung bei der lokalen Planausführung stützt sich auf das Ultraschallsystem und ist in der Lage, bei neu auftauchenden Hindernissen auszuweichen.

D.2. Karlsruher **MOBILER ROBOTER**

Seit 1985 wird am Lehrstuhl für Prozeßrechner der Universität Karlsruhe ein autonomer mobiler Roboter entwickelt, der für Transport- (z.B. Teile aus dem Lager holen) und Montageaufgaben eingesetzt werden soll /Dillmann 85/, /Rembold 85/. Er ist mit zwei Armen (Puma 260) ausgestattet, die portalartig angebracht sind.

(1) **Lokomotion:** Vierräderiges Gefährt, von denen jedes einzeln angetrieben wird und mit diagonal angesetzten Rollen versehen ist, so daß aus dem Stand jede beliebige Position angefahren werden kann.

(2) **Sensorik:** Eine Kamera zur zweidimensionalen Teileidentifikation (oberhalb des Montagetisches) und zwei Handkameras für das operationsgestützte dreidimensionale Sehen. Ein Ultraschallsensor und ein selbstgebauter Laserabtaster sollen in Zukunft zur Hinderniserkennung und zur Navigation eingesetzt werden.

(3) **Planung über Überwachung:** Die Planungsaktivitäten (global und lokal) beziehen sich sowohl auf die Wegfindung bzw. Hindernisumgehung als auch auf die Vorgabe von Fügungsvorgaben durch Montagegraphen, den hierfür notwendigen Sensoren (Meßvorschriften) und die hierfür notwendigen Betriebsmittel (z.B. linker oder rechter Arm). Die Exekutive übernimmt die lokalen Teilplanungen und kooperiert eng mit der Sensorverarbeitung bei der Überwachung der einzelnen Roboteraktionen. Die Exekutive und der Sensormodul werden als Blackboardsysteme implementiert, die durch spezielle Kommunikationsschnittstellen sehr eng gekoppelt werden. Die Regeln für die Meßvorschriften und die Roboteraktionen werden als Wissensquellen realisiert.

6. LITERATUR

/ADAMS 85/ Adams, M. et al.: **A HIERARCHICAL PLANNER FOR INTELLIGENT SYSTEMS**, SPIE Vol.48, Applications of Artificial Intell. II, **207 - 218**, 1985

/ALBUS 81/ Albus, J.: **BRAINS, BEHAVIOUR AND ROBOTICS**,BYTE Books, 1981 **207 - 218**, 1985

/BAJCSY 85/ Bajcsy, R.; Allen, P.: **CONVERGING DISPERATE SENSORY-DATA**, proc. of the 2nd international symposium on robotics research, **81 - 86**, MIT-press, 1985

/BRADY 85/ Brady, M.: **ARTIFICIAL INTELLIGENCE AND ROBOTICS**, Artificial Intelligence, Vol. 26, No. 1, **79 - 121**, 1985

/BROOKS 82/ Brooks, P.A.: **SYMBOLIC ERROR ANALYSIS AND ROBOT PLANNING**, Journal of Robotics Research, Vol. 11, No. 4, **29 - 68**, 1982

/DAVIS 86/ Davis, L.S. et al.: **ROAD BOUNDARY DETECTION FOR AUTONOMOUS VEHICLE NAVIGATION**, Optical Engeneering, Vol. 25, No. 3, **409 - 419**, 1986

/DEAN 85/ Dean, Th.: **TEMPORAL REASONING INVOLVING COUNTERFACTUALS AND DISJUNCTIONS**, proc.of the 9th IJCAI, **1060 - 1062**,1985

/Mc DERMOTT 84/ Mc Dermott, D.; Davis, E.: **PLANNING ROUTES THROUGH UNCERTAIN TERRITORY,** Artificial Intelligence , No. 22, **107 -156,** 1984

/DICKMANNS 85/ Dickmanns, E.: **SIMULATIONSTECHNIK FÜR MOBILE ROBOTER,** Beitrag zum 1. Fachgegespräch über autonome mobile Roboter, Karlsruhe, Nov. 1985

/DILLMANN 85/ Dillmann, R; Rembold, U.: **AUTONOMOUS ROBOT OF THE UNIVERSITY OF KARLSRUHE,** proc. of the 15th ISIR, Tokyo, **91 -102,** 1985

/ELFES 83/ Elfes, A.; Talukdar,S.N.: **A DISTRIBUTED CONTROL SYSTEM FOR THE CMU-ROVER,**proc. of the 8th IJCAI, **830 - 838,** 1983

/ENSOR 85/ Ensor, J.R.; Gabbe, J.D.: **TRANSACTIONAL BLACKBOARDS,** proc. of the 9th IJCAI, **340 - 344,** 1985

/FELDMANN 85/ Feldmann, M.: **THIRD GENERATION ROBOTICS IN FRANCE,** proc. of the ICAR, Tokyo, **3 - 6,** 1985

/FIKES 72/ Fikes, R.E. et al.: **SOME NEW DIRECTIONS IN ROBOT SOLVING,** Machine Intelligence, Vol. 3, **405 - 430,** 1972

/FORBUS 84/ Forbus, K.D.: **QUALITATIVE PROCESS THEORY,** AI-Journal No. 84, **85 - 168,** 1984

/FOX 85/ Fox, B.R.; Kempf, K.G.: **COMPLEXITY UNCERTAINTY AND OPPORTUNISTIC SCHEDULING,** proc. of the 2nd conference on Artificial Intelligence applications, Miami Beach, **487 - 491,** 1985

/FREYBERGER 85/ Freyberger, F. et al.: **MICROBE- EIN AUTONOMES MOBILES ROBOTERSYSTEM,** VDI - Z, Bd. 127, No. 7, **231 - 236,** 1985

/Mc GHEE 84/ Mc Ghee, R.B. et al.: **ROUGH TERRAIN LOCOMOTION BY A HEXAPOD ROBOT USING A BINOCULAR RANGING SYSTEM,** proc. of the 1th Int. Symposium on robotics research, **227 - 251,** MIT-press, 1984

/GIRALT 84/ Giralt, G.: **MOBILE ROBOTS,** in: Robotics and Artificial Intelligence (eds. M. Brady et al.), **365 - 393,** Springer Verlag, 1984

/GÜSGEN 85/ Güsgen, H.W.: **CONSTRAINTS,** eine Wissensrepräsentationsform, Arbeitspapiere der GMD, **No. 173,** Oktober 1985

/HARMON L. 84/ Harmon, L.: **TACTILE SENSING FOR ROBOTOS,** in: Robotics and Artificial Intelligence (eds.: M. Brady et al.), **109 - 157,** Springer Verlag, 1984

/HARMON S. 84/ Harmon, S.Y.: **COORDINATION OF INTELLIGENT SUBSYSTEMS IN COMPLEX ROBOTS,**proc. of the 1th conference on Artificial Intelligence applications, **64 - 69,** 1984

/HARMON S. 86/ Harmon, S.Y. et al.: **SENSOR DATA FUSION THROUGH A DISTRIBUTED BLACKBOARD,** proc. of the IEEE intern. conf. on robotics and automation, **1449 - 1454,** 1986

/HAYES-ROTH 85/ Hayes-Roth, B.: **A BLACKBOARD ARCHITECTURE FOR CONTROl**, Artificial Intelligence, No. 26, **251 - 321**, 1985

/HENDERSON 85/ Henderson, T. et al.: **A FRAMEWORK FOR DISTRIBUTED SENSING AND CONTROL**, proc. of the 9th IJCAI, **1106 - 1109**, 1985

/HIRAOKA 85/ Hiraoka, H. et al.: **UTILIZATION OF ENVIRONMENT MODELS FOR A EQUIPPED INDUSTRIAL ROBOT**, proc. of the ICAR conference, Tokyo, **113 - 120**, 1985

/HIROSE 84/ Hirose, E. et al.: **ADAPTIVE GAIT CONTROL OF A QUADRUPT WALKING VEHICLE**, proc. of the 1th intern. Symposium on robotics research, **253 - 277**, 1984

/ISHINO 83/ Ishino, Y. et al.: **WALKING ROBOT FOR UNDERWATER CONSTRUCTION**, proc. of the ICAR conference, Tokyo, 1983

/ISIK 84/ Isik, C.; Meystel, A.: **KNOWLEDGE - BASED PILOT FOR AN INTELLIGENT MOBILE AUTONOMOUS SYSTEM**, proc. of the 1th conference on Artificial Intelligence applications, **57 - 63** , 1984

/IYENGAR 86/ Iyengar, S.S. et al.: **LEARNED NAVIGATION PATHS FOR A ROBOT IN UNEXPLORED TERRAIN**, proc. of the 2nd conference on Artificial Intelligence applications, **148 - 155**, 1986

/JACOBSEN 86/ Jacobsen, S.C.: **DESIGN OF THE UTAH/MIT DEXTEROUS HAND**, proc. of the IEEE international conference on robotics and automation, **1520 - 1532**, 1986

/KANAYAMA 83/ Kanayama, Y.: **CONCURRENT PROGRAMMING ON INTELLIGENT ROBOTS**, proc. of the 8th IJCAI, **834 - 838**, 1983

/KANEKO 85/ Kaneko, M. et al.: **BASIC EXPERIMENTS ON A HEXAPOD WALKING MACHINE (MELWALK III) WITH AN APPROXIMATE STRAIGHT-LINE LINK MECHANISM**, proc. of the ICAR conference, Tokyo, **397 - 404**, 1985

/KATO 85/ Kato, I.: **DEVELOPMENT OF WASEDA ROBOT**, the study of biomechanism at Kato Laboratory, Waseda University, 1985

/de KLEER 86/ de Kleer, J.: **PROBLEM SOLVING WITH THE ATMS**, Artificial Intelligence, No. 28, **197 - 224**, 1986

/KUAN 84/ Kuan, D.T. et al.: **AUTOMATIC PATH PLANNING FOR A MOBILE ROBOT USING A MIXED REPRESENTATION OF FREE SPACE**, proc. of the 1th conference on Artificial Intelligence applications, **70 - 74**, 1984

/LATOMBE 84/ Latombe, J.-C.: **AUTOMATIC SYNTHESIS OF ROBOT PROGRAMS FROM CAD SPECIFICATIONS**, in:Robotics and Artificial Intelligence (eds. M. Brady et al.), **199 - 217**, 1984

/LAWTON 86/ Lawton, D.T. et al.: **TERRAIN MODELS FOR AN AUTONOMOUS LAND VEHICLE**, proc. of the IEEE international conference on robotics and an automation, **2043 - 2051**, 1986

/LEVI 86a/ Levi,P. et al.: **ROBOTIK UND KÜNSTLICHE INTELLIGENZ**, wird publiziert in Informatikberichte, Springer-Verlag, 1986

/LEVI 86b/ Levi, P.; Löffler, Th.: **AN APPROACH TO INTEGRATE EXPERT SYSTEMS INTO ROBOT-BASED ASSEMBLY**, proc. of the 18th CIRP Manufacturing Systems Seminar, Stuttgart, June 5-6, Paper 25, 1986

/LINDEN 86/ Linden, Th. et al.: **ARCHITECTURE AND EARLY EXPERIMENT WITH PLANNING FOR THE ALV**, proc. of the IEEE conference on robotics and automation, **1615 - 1621**, 1986

/MAEDA 85/ Maeda, Y. et al.: **PROTOTYPE OF MULTIFUNCTIONAL ROBOT VEHICLE**, proc. of the ICAR, Tokyo, **421 - 428**, 1985

/MATSUSHITA 85/ Matsushita, T. et al.: **INTEGRATION OF VISUAL PROCESSING AND MANIPULATOR CONTROL BY A ROBOT VISION LANGUAGE** (RVL), proc. of the ICAR, Tokyo, **95 - 102**, 1985

/MIUARA 84/ Miuara, H.; Shimoyama, I: **DYNAMIC WALK OF A BIPED LOCOMOTION**, proc. of the 1th int. Symposium on robotics research, **303 - 325** MIT-press, 1984

/MORAVEC 83/ Moravec, H.P.: **THE STANFORD CART AND THE CMM ROVER**, proc. of the IEEE, Vol. 71,No. 7, **872 - 884**, 1983

/NAGEL 84/ Nagel, R.N.: **STATE OF THE ART AND PREDICTIONS FOR ARTIFICIAL INTELLIGENCE AND ROBOTICS**, in: Robotics and Artificial Intelligence (eds. M. Brady et al.) **3 - 45**, Springer Verlag, 1984

/NIEMANN 85/ Niemann, H.: **A HOMOGENOUS ARCHITECTURE FOR KNOWLEDGE-BASED IMAGE UNDERSTANDING SYSTEMS**, proc. of the 2nd conference on Artificial Intelligence applications, **88 - 93**, 1985

/NILSSON 69/ Nilsson, N.J.: **A MOBILE AUTOMATION : AN APPLICATION OF ARTIFICIAL INTELLIGENCE TECHNIQUES**, proc. of the 1th IJCAI,1969

/NITAO 85/ Nitao, J.J. et al.: **AN INTELLIGENT PILOT FOR AN AUTONOMOUS VEHICLE SYSTEM**, proc. of the 2nd conference on Artificial Intelligence applications, **176 - 189**, 1985

/ORLANDO 84/ Orlando, N.: **AN INTELLIGENT ROBOTICS CONTROL SCHEME**, proc. of the conference on Auto Control Conference (ACC) San Diego, **204 - 208**, 1984

/PARODI 86/ Parodi, A.M. et al.: **AN INTELLIGENT SYSTEM FOR AN AUTONOMOUS VEHICLE**, proc. of the IEEE international conference on robotics and automation, **1657 - 1663**, 1986

/PAYTON 86/ Payton, D.W.: **AN ARCHITECTURE FOR REFLEXIVE AUTONOMOUS VEHICLE CONTROL**, proc. of the IEEE conference on robotics and automation, **1838 - 1845**, 1986

/PEARSON 86/ Pearson, G.; Kuan, D.: **MISSION PLANNING SYSTEM FOR AN AUTONOMOUS VEHICLE**, proc. of the 2th conference on Artificial Intelligence applications, **162 - 167**, 1986

/PUPPE 86/ Puppe, F.; Voss H.: **QUALITATIVE MODELLE IN WISSENSBASIERTEN SYSTEMEN**, Seki Working-Paper **86 - 01**, Fachbereich Informatik, Universität Kaiserslautern, 1986

/RAIBERT 84/ Raibert, M.H.: **MACHINES THAT WALK**, in: Robotics and Artificial Intelligence, (eds.: Brady et al.) **345 - 364**, Springer Verlag, 1984

/REMBOLD 85/ Rembold, U. et al.: Intelligente Roboter, Teil 2: **AUTONOME MOBILE ROBOTER**, VDI-Z, Bd. 127, No. 20, **811 - 817**, 1985

/SHAFER 85/ Shafer, S.A. et al.: **AN ARCHITECTURE FOR SENSOR FUSION IN A MOBILE ROBOT**, proc. of the IEEE Intern. conference on robotics and automation, **2002 - 2011, 1986**

/SMITH 85/ Smith, S.F.; Ow, P S.: **THE USE OF MULTIPLE DECOMPOSITION IN TIME CONSTRAINED PLANNING TASKS**, proc. of the 9th IJCAI, **1013 - 1015**, 1985

/STEFIK 85/ Stefik, M.: **STRATEGIC COMPUTING AT DARPA**: Overviews and Assessment, CACM, Vol. 28, No. 7, **690 - 704**, 1985

/SUGANO 85/ Sugano, S. et al.: **LIMB CONTROL OF THE ROBOT MUSICIAN "W A B O T - 2"**, proc. of the ICAR conference, Tokyo, **471 - 476**, 1985

/TACHI 85/ Tachi, S.; Komoriya, K.: **GUIDE DOG ROBOT** proc. of the second international Symposium on robotics research, **333 - 340**, MIT press, 1985

/THOMSON 77/ Thomson, A.M.: **THE NAVIGATION SYSTEM OF THE JPL ROBOT**, proc. of the 5th IJCAI, 1977

/TSUMARA 86/ Tsumara, T.: **RECENT DEVELOPMENT OF AUTOMATED GUIDED VEHICLES IN JAPAN**, Robotersysteme, Band 2, Heft 2, **91 - 97**, Springer Verlag, 1986

/VOSS 85/ Voss, H.: **Representing and Analysing Time and Cansality in HIQUAI Models**, MEMO Seki 85 -07, Fachbereich Informatik, Universität Kaiserslautern, 1985

/WALLACE 86/ Wallace, R. et al.: **PROGRESS IN ROBOT ROAD-FOLLOWING**, proc. of the IEEE conference on robotics and automation, **1615 - 1621**, 1986

/WARNECKE 85/ Warnecke, H.-J.; Lindner, H.: **TRENDS IN ROBOTICS RESEARCH IN THE EUROPEAN COMMUNITY**, proc. of ICAR Conference, Tokyo, **7 - 13**, 1985

/YAMAMOTO 85/ Yamamoto, K.: **CURRENT CONDITIONS AND PROSPECTS OF RESEARCH AND DEVELOPMENT ON THE MOST ADVANCED ROBOTIC TECHNOLOGY IN JAPAN**, Proc. of ICAR conference, Tokyo, **15 - 20**, 1985

/ZHIMIN 85/ Zhimin, S.; Dongying, G.: **KINEMATICS OF SIX-LEGGED VEHICLE ON IRREGULAR TERRAIN**, proc. of the ICAR conference, Tokyo, **389 - 396**,1985

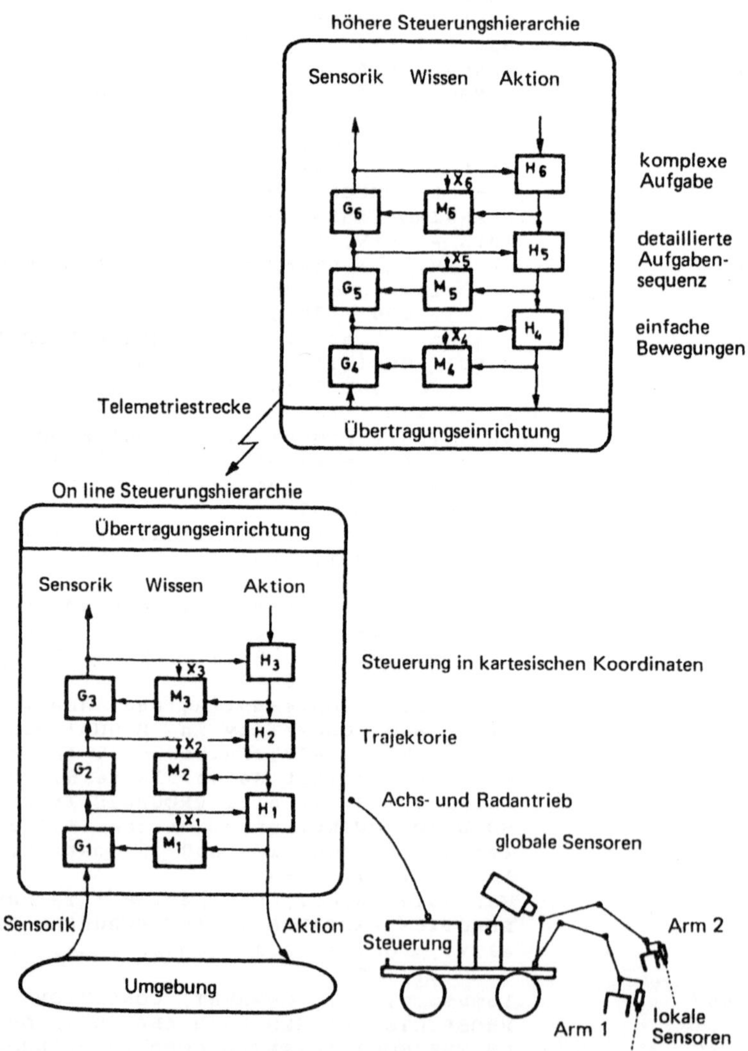

Bild 1: Hierarchisches Steuerungskonzept für den Karlsruher mobilen Roboter

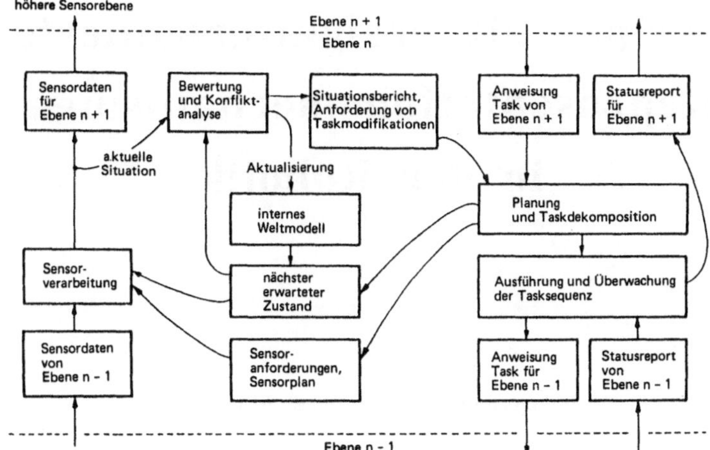

Bild 2: Einzelne Elemente einer Steuerungsebene

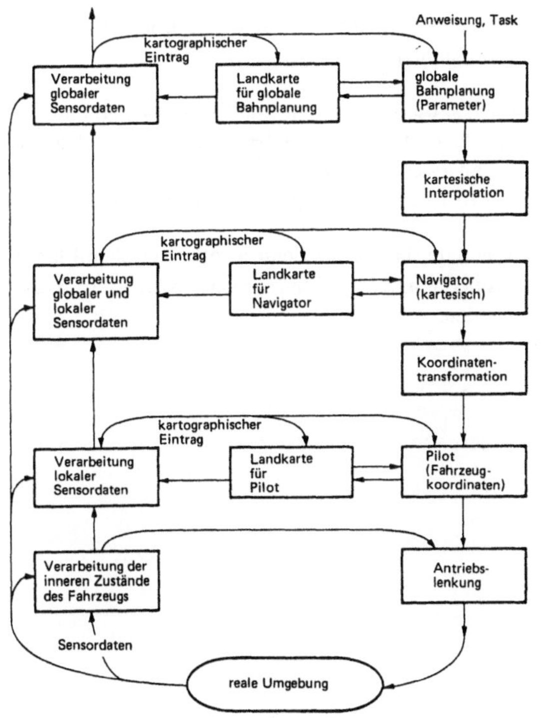

Bild 3: Navigationsstrukturen für mobile Roboter

Skripte als ereignisorientierte Repräsentationsmechanismen in der Robotik

Jürgen Dorn, Günter Hommel, Alois Knoll

Die wissensgestützte Programmierung von Robotern ist noch nicht so weit fortgeschritten, daß sie industriell einsetzbar wäre. Die Probleme liegen dabei zum Teil in der Komplexität der realen Anwendungen. Aber auch im Bereich der künstlichen Intelligenz entwickelte Methoden (z.B. für die Planung in der Klötzchenwelt) eignen sich nicht zur Lösung komplexerer Fragestellungen. Ein Ansatz zur Überwindung der dabei auftretenden Probleme ist die Einführung strukturierter Repräsentations - mechanismen als Abstraktionshilfsmittel.

Verglichen mit anderen Bereichen der künstlichen Intelligenz existiert im Bereich der Robotik sehr viel ereignisorientiertes Wissen, d.h. es wird ein Nacheinander von Aktionen beschrieben. Prozedurale Programmiersprachen, mit denen zwar eine Folge von Aktionen beschrieben werden kann, bieten jedoch keine adäquaten Hilfsmittel zur Beschreibung von Wissen über die Umwelt von Robotersystemen.

Wir beschreiben ein Modell, in dem Skripte als Schnittstelle zwischen Planungsmodul, Überwachungs - modul, Kollisionsvermeidungsmodul und Skript-Interpretationsmodul (d.h. der Ausführung der Aktionen durch den Roboter) benutzt werden.

1 Deklarative Wissensrepräsentation

Die strikte Trennung von Daten, Operationen und Ablaufstruktur ist für Systeme im Bereich der künstlichen Intelligenz charakteristisch. Wissen (Daten und Operationen) wird also deklarativ beschrieben und ist damit unabhängig von seiner Verarbeitung (Ablaufstruktur) leicht an eine sich ändernde Umwelt anzupassen.

Im Bereich der Robotik und der Bildverarbeitung wurden insbesondere semantische Netze [Niem 85] und Rahmen (frames) erfolgreich eingesetzt. Mit Hilfe dieser Wissensrepräsentationsformen kann die Umwelt beschrieben werden, in der sich der Roboter bewegt.

Semantische Netze erlauben die Beschreibung beliebiger Relationen zwischen Objekten. Da geeignete Strukturierungsmechanismen für solche Netze fehlen, neigen sie dazu, bei komplexen Problemen leicht unübersichtlich zu werden. Rahmen stellen solche Strukturierungsmechanismen dar; sie erlauben die Beschreibung von Objekten und deren Eigenschaften, sodaß sie zumindest für die Repräsentation der Umwelt gut geeignet sind.

Beiden Darstellungsarten fehlt die Einbeziehung von Zeiten bzw. die Darstellung einer Folge von Ereignissen. In Rahmen können wir uns zwar Fächer (slots) vorstellen, die eine Zeit beinhalten, aber die Behandlung wird nicht durch einen vorgegebenen Mechanismus unterstützt. In der Automatisierungstechnik ist der zeitliche Ablauf von Ereignissen ein sehr wichtiger Aspekt. Es muß dargestellt werden können, ob zwei Ereignisse parallel oder nacheinander stattfinden. Für diese Darstellung benutzen wir Skripte.

Skripte stellen einen Mechanismus dar, der von Schank u.a. [Scha 77] und [Scha 81] entwickelt wurde, um kleine Zeitungstexte bezüglich der in ihnen beschriebenen *Ereignisse* zu verstehen. Dabei wurde von der deklarativen Sichtweise der Rahmen ausgegangen. Unterschiede ergeben sich aus der unterschiedlichen Interpretation der Fächer.

2 Skripte

Ein Skript stellt eine prototyphafte Beschreibung einer Folge von Ereignissen dar. Zur Spezifikation von Skripten gehören neben Ereignissen weitere Eigenschaften (properties), die erst die Leistungsfähigkeit dieses Hilfsmittels zur strukturierten Wissensrepräsentation ausmachen. Alle Eigenschaften werden in Fächern des Skriptes notiert.

Wir unterscheiden zwischen solchen Skripten, deren Ablauf irreversible Umweltzustandsänderungen zur Folge hat (Beispiel : Bohren) und solchen, bei denen die Zustandsänderung vollständig zurückgnommen werden kann (Beispiel : Bewegen). Bei den letztgenannten ist es möglich, das Skript als atomare Transaktion zu betrachten, was insbesondere für die Fehlerbehandlung die Anwendung der hierfür bekannten Strategien ermöglicht [Lamp 81]. Das bedingt allerdings, daß jedes Einzelereignis des Skriptes *rücksetzbar* ist. Sobald ein Ereignis im Skript nicht rücksetzbar ist, kann das Skript nicht mehr als Transaktion aufgefaßt werden. Die Rücksetzbarkeit eines Ereignisses muß vom Benutzer spezifiziert werden. Die grafische Darstellung eines Skriptes zeigt Bild 9.

2.1 Eintrittsbedingungen und Ergebnisse

Wichtige Eigenschaften von Skripten sind Eintrittsbedingungen und Ergebnisse. Eintrittsbedingungen beschreiben einen Zustand der Umwelt, der gegeben sein muß, damit das Skript anwendbar wird. Beschreibt ein Skript z.B. die Bewegung eines Objektes durch den Roboter, so muß die Bedingung erfüllt sein, daß das Objekt beweglich ist.

Ergebnisse beschreiben den veränderten Zustand, den die Umwelt aufweist, wenn die Ereignisse stattgefunden haben. Beschreibt das Skript den Transport eines Objektes durch den Roboter auf ein anderes Objekt, so kann das bedeuten, daß das untere Objekt nicht mehr beweglich ist.

2.2 Requisiten

Requisiten stellen ein Fach dar, in dem alle an dem Skript beteiligten Objekte aufgeführt werden. Typische Requisiten sind Werkzeuge, die ein Roboter für die Lösung einer Aufgabe benötigt. Spezielle Aufnahmen für Montagearbeiten, die man benötigt, um z.B. eine Verschraubung durchführen zu können, modellieren wir ebenso als Requisit. Requisiten werden auch zur Fehlerbehandlung eingesetzt. Rutscht ein veröltes Objekt aus dem Greifer, kann das Requisit Öl Stichwort für ein Skript sein, das das Öl vom Objekt entfernt.

2.3 Rollen

Rollen sind Fächer für handelnde Objekte, die eine Zustandsänderung bewirken können, wie z.B. Roboter, Fließbänder und andere Maschinen. Wir sehen die wissensgestützte Programmierung in einem größeren Zusammenhang und betrachten deshalb neben dem Roboter weitere Rollen wie z.B. andere Maschinen. Eine Rolle in diesem Zusammenhang kann aber auch ein Mensch sein, der verschiedene Funktionen ausfüllt und während der Laufzeit die Wissensbasis erweitert. Rollen besitzen ebenso wie Requisiten eindeutige Namen, die bei der Spezifikation der einzelnen Ereignisse benutzt werden.

2.4 Ereignisse

Die von einem Roboter auszuführende Aktion „Bewege Objekt von A nach B" ist eine relativ komplexe Handlung. So muß der Roboter das Objekt erst greifen, dann über einen noch zu bestimmenden Weg transportieren, und zum Schluß muß er es wieder loslassen. Der zentrale Teil eines Skripts enthält daher eine Verfeinerung dieser Aktion durch Angabe einer Folge von Ereignissen. Mehrere Ereignisfolgen unterscheiden sich häufig nur in bestimmten Attributen wie Zeit, Stellung und Art der bewegten Objekte. Das Skript beschreibt den Prototyp einer Handlung.

Ereignisse werden durch ein Verb (eine Handlung) charakterisiert. Wir definieren ein *Ereignis* in der folgenden Weise : Ein Ereignis ist eine Zustandsänderung, die zu einem definierten Zeitpunkt beginnt und eine gewisse Zeit dauert.

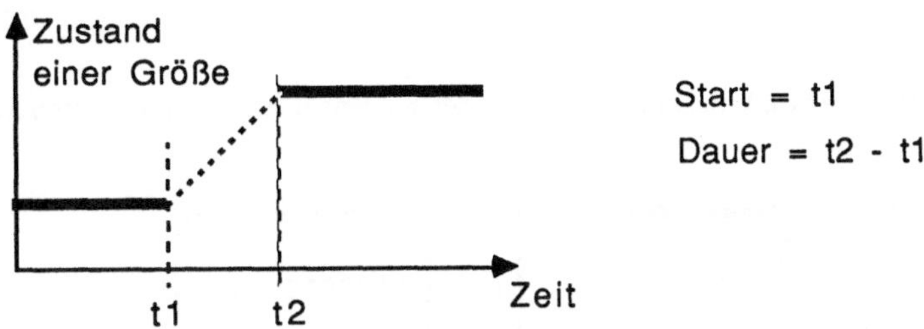

Bild 1: Ereignis

Das *Nullereignis* ist ein Ereignis, bei dem keine Zustandsänderung beobachtet wird. Die grafische Visualisierung eines Ereignisses zeigt Bild 10.

2.5 Zeiten

Die Angabe relativer und absoluter Zeiten erlaubt die zeitliche Einplanung von Aktionen, Synchronisierung von Aktionen und Fehlerbehandlung. Mit diesen Angaben sind Aussagen über die Gesamtzeit des Arbeitsvorganges möglich. Weiterhin kann bei bekannter Bahn hieraus auf die Bewegungsgeschwindigkeit geschlossen werden. Es erscheint sinnvoll, die zeitliche Planung auf der Ebene ganzer Skripte vorzunehmen, das Skript ist dann das Atom der zeitlichen Planung.Wir verlieren dadurch zwar die Möglichkeit, Ereignisse im Skript, die parallel ablaufen könnten, auch wirklich parallel ablaufen zu lassen, verringern jedoch die Komplexität der Zeitplanung. Sofern ausreichend leistungsfähige Planungsmodule vorliegen, können potentiell parallel ausführbare Skripte erkannt und nebenläufig abgearbeitet werden.

2.6 Weitere Eigenschaften

Zur Spezifikation von Ereignissen ist im allgemeinen die Kenntnis der Stellungen der an den Ereignissen beteiligten Objekte und Requisiten erforderlich. Diese Stellungen können wie üblich durch homogene Koordinaten beschrieben werden.

In vielen Anwendungen werden noch weitere physikalische Größen zur Spezifikation von Ereignissen benötigt, wie z.B. Kraft, Drehmoment oder Beschleunigung, die problemlos in das Konzept der Skripte passen. Wir wollen sie hier aber der Einfachheit halber nicht einführen.

3 Wissensgestützte Programmierung von Robotern

Der Skriptmechanismus stellt für uns nur einen *Teil* der wissensgestützten Programmierung von Robotern dar.

3.1 Erster Ansatz

Wir gehen vorläufig von folgender funktionaler Gliederung der wissensgestützten Programmierung von Robotern aus:

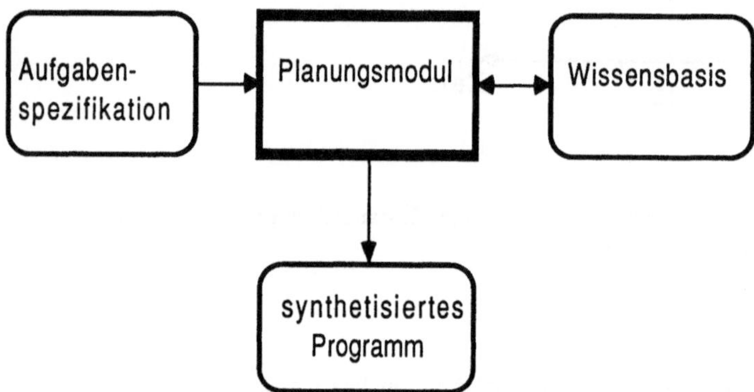

Bild 2: Wissensgestützte Programmierung von Robotern

Die Spezifikation der Aufgabe, die der Roboter lösen soll, kann durch Relationen beschrieben werden. Wir stellen uns Relationen vor, wie sie in ähnlicher Form auch in RAPT [Popp 78] enthalten sind, also z.B. :

Teil1 auf Teil2
Schraube1 in Loch1

Diese Relationen werden bei komplexeren Aufgaben zu semantischen Netzen verknüpft.

Die meisten Planungsmodule im Bereich der künstlichen Intelligenz werden durch Produktionensysteme realisiert. Bevorzugt werden vor allem rückwärtsverkettete Produktionen, da sie die hierarchische Planung vereinfachen. Erfolgt die Planung in Echtzeit, werden auch vorwärtsverkette Produktionsregeln benötigt, um Ausnahmesituationen behandeln zu können.

Die Wissensbasis enthält neben der Umweltbeschreibung des Roboters (die mit Hilfe von Rahmen beschrieben wird) und der Produktionenregeln auch Lösungsstrategien (Metaregeln), die die Auswahl der Produktionenregeln steuern.

3.2 Beispiel

Wir wollen die Leistungsfähigkeit unseres Modells der wissensgestützten Programmierung von Robotern an einem Beispiel zeigen : Der Roboter soll mit dem Kinderspielzeug „Baufix™" verschiedene Modelle auf - bauen. Eine Teilaufgabe ist die Verbindung zweier Teile mit Schrauben. Wir haben folgende Einzelteile:

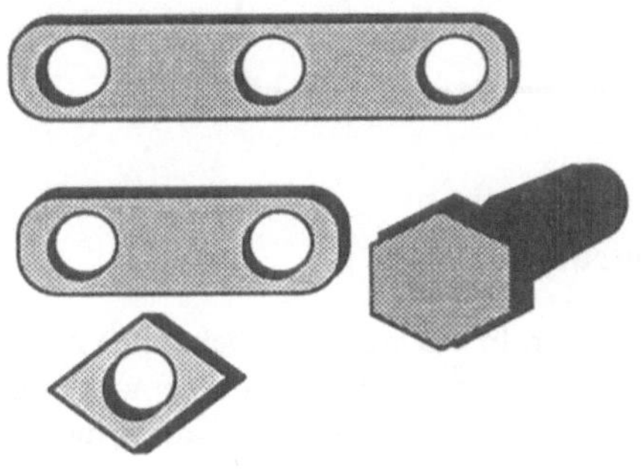

Rahmen	Mutter
Fach	Inhalt
Instanzname	mu1
Gewindegröße	m10
Art	raute
Farbe	rot
Ort	[[3, 1, 4], [90, 0, 33]]

Bild 3: Zusammenzufügende Teile

Bei den Teilen handelt es sich um eine Lochstange mit drei Löchern, eine solche mit zwei Löchern, eine Sechskantschraube und um eine rautenförmige Mutter. Die einzelnen Eigenschaften eines Bauteils (Größe, Anzahl der Löcher, Stellung u.a.) wird in der Wissenbasis durch Rahmen dargestellt. Hier wird auch dargestellt, welche Operationen in unserer Spielzeugwelt möglich sind. Es stehen damit alle Informationen zur Verfügung, die der Planungsmodul benötigt. Die Aufgabenspezifikation erfolgt mit Hilfe einer Zeichnung oder den hierzu äquivalenten Relationen.

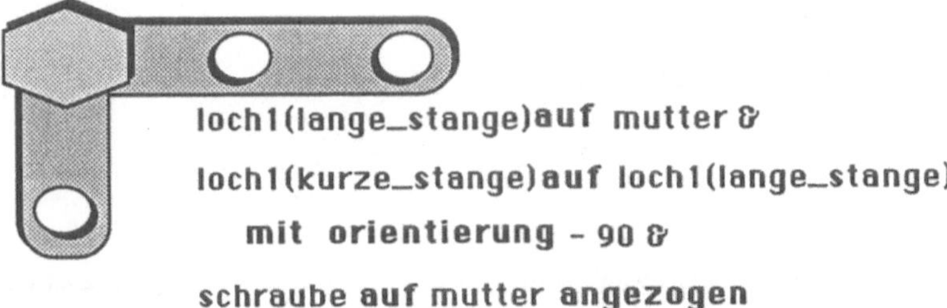

Bild 4: Beschreibung der Aufgabe

Der Planungsmodul erzeugt nun eine Reihe von Aktionen, die der Roboter ausführen soll. In unserem Fall könnte folgende Sequenz erzeugt werden :

lege Mutter1 von Lager in Vorrichtung
lege Lochplatte1 mit Loch1 über Mutter1
lege Lochplatte2 mit Loch1 über Lochplatte1 mit Orientierung 90°
lege Schraube1 auf Mutter1
verschraube Schraube1 mit Mutter1

Bild 5: Erzeugtes Programm

3.3 Skripte in der wissensgestützen Programmierung

Das erzeugte Programm stellen wir in mehreren Skripten dar. In den uns bisher bekannten Arbeiten wird spätestens hier zur prozeduralen Beschreibung übergegangen. Um weitere Probleme der wissensgestützten Programmierung wie Kollisionsvermeidung, Griffplanung und Überwachung der Planung durch Sensorik auf der Ebene der Wissensrepräsentation besser integrieren zu können, schlagen wir die Anwendung von Skripten vor. Diese Skripte werden durch einen weiteren Modul interpretiert.

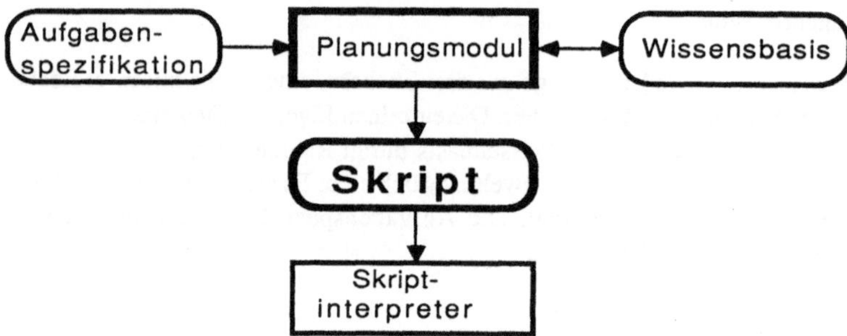

Bild 6: Wissensgestützte Programmierung mit Skripten

Ein einzelnes Skript beschreibt nun eine Aktion wie z.B.

lege Teil1 über Mutter1

Dieses Skript wird vom Planungsmodul ausgewählt, weil genau diese Aktion für die Aufgabenstellung notwendig ist. Eine grafische Darstellung eines Skriptes zeigt Bild 9.

3.4 Auswahl eines Skriptes

Es existieren immer mehrere Skripte, wobei das Planungsmodul aus der Anzahl der existierenden eines aussucht, das zur Erfüllung der spezifizierten Aufgabe geeignet scheint.

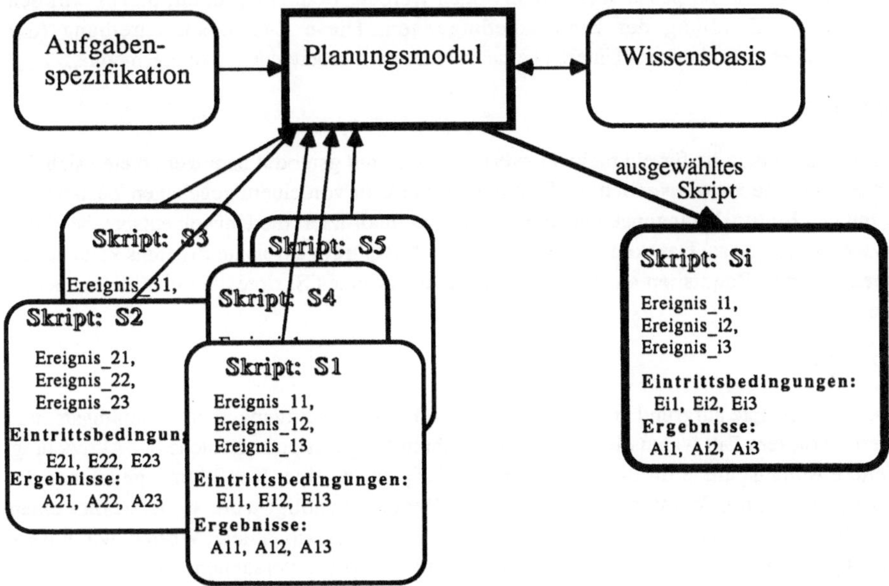

Bild 7: Auswahl eines Skriptes

Für diese Auswahl spielen verschiedene Kriterien eine Rolle. Die Auswahl wird aufgrund der Eigenschaften des Skriptes getroffen. Dabei gibt es Eigenschaften, die die Anwendung eines Skriptes nahelegen und andere, die notwendigerweise eingehalten werden müssen. So wird der Planungsmodul anhand verschiedener Eigenschaften des Skriptes eine Vorauswahl treffen. In einem Produktionensystem würden wir sagen : Es wird eine Konfliktmenge von Skripten gebildet. Anhand weiterer Bedingungen wird aus dieser genau ein Skript ausgewählt.

Ergebnisse

Ergebnisse des Skriptes sind eine geeignete Schnittstelle für einen rückwärtsverketteten Planungsmodul. Steht auf der linken Seite einer Produktionenregel ein Ziel, das mit dem Ergebnis eines Skriptes übereinstimmt, so sollte dieses Skript zur Auswahl erwogen werden. Bedingung dafür, daß es wirklich angewandt wird, ist die Erfüllung der Eintrittsbedingungen. Diese Zustandsbeschreibung (die Eintrittsbedingungen) bilden nun ein neues Unterziel eines hierarchisch arbeitenden Planungsmoduls.

Eintrittsbedingungen

So wie wir die Ergebnisse als Indiz für ein rückwärtsverkettetes Planungsmodul benutzen, bieten sich die Eintrittsbedingungen für eine vorwärtsgerichtete Planung an. Sie geht von einem gegebenen Zustand der Umwelt aus, der mit den Eintrittsbedingungen übereinstimmt und modifiziert die Umwelt entsprechend der im Skript spezifizierten Ereignisse. Das vom Skript nach seiner Ausführung erreichte Ergebnis kann neben den im Skript spezifizierten Requisiten ein Indiz für die Auswahl eines Skriptes bei einem gegebenen Umweltzustand sein.

Requisiten und Rollen

Wir haben gesehen, wie Skripte aufgrund von Ergebnissen und Eintrittsbedingungen vom Planungsmodul ausgewählt werden. In diesem Fall waren die an das Skript gebundenen Zustände Ursache der Aktivierung des Skriptes. Weitere Anhaltspunkte für die Auswahl eines Skriptes aus einer Konfliktmenge können die beteiligten Requisiten sein. Ist bekannt, daß ein bestimmtes Requisit benötigt wird, so liefert dies einen zusätzlichen Anhaltspunkt für den Planungsmodul, dieses Skript auszuwählen. Wollen wir unsere Verschraubungsaufgabe lösen, wird das Planungsmodul nur Skripte untersuchen, die das Requisit *Schraube* beinhalten.

Ereignisse

Namen von Ereignissen können, ebenso wie die Eigenschaften des Skriptes, Stichwort für die Aktivierung eines Skriptes sein. Der Planungsmodul kann also aufgrund von einzelnen Ereignissen, die im Planungsprozeß notwendig sind, ein bestimmtes Skript auswählen.

4 Echtzeitplanung und Fehlerbehandlung

Der bisher vorgestellte Formalismus erlaubt die ereignisorientierte Darstellung von Wissen als Grundlage für die Bewegungsplanung von Robotern. Insbesondere kann die Planung der Aktion in Echtzeit, das heißt unmittelbar vor ihrer Ausführung, stattfinden. Dies hat den Vorteil, daß das Planungsystem flexibler auf Fehler bzw. auf unvorhergesehene Ereignisse, die während der Ausführungsphase des Planes auftreten, reagieren kann. Bei einem System, das das Bewegungsprogramm nicht in Echtzeit generiert, könnten zwar schon in der Planungsphase mögliche Fehlerkonstellationen berücksichtigt werden. Dies hätte jedoch zur Folge, daß das synthetisierte Programm größer als nötig und vor allem weniger flexibel würde.

Typischerweise würde ein Planungsprozeß wie folgt ablaufen : Zuerst sucht der Planungsmodul nach einem möglichen Weg, die gestellte Aufgabe zu lösen. Erkennt er dabei, daß er sich auf einem Irrweg befindet, versucht er (z.B. mittels Backtracking), andere Möglichkeiten zur Erreichung des Ziels zu finden. Ein solches Backtracking ist selbstverständlich nur während der Planungsphase zulässig.

Hat der Modul einen Weg gefunden und einen Plan (also eine Folge von Skript-Aufrufen) aufgestellt, wird dieser Plan Aktion für Aktion ausgeführt. Tritt während der Planausführung ein Fehler auf, wird die Planausführung unterbrochen. Die Aufgabe des Planungsmoduls besteht nun darin, den Fehler zu beheben. Dabei ist aufgrund des veränderten Umweltzustandes eine erneute Planung erforderlich. Die dabei generierte Folge von Aktionen erzeugt entweder einen Zustand, der es erlaubt, daß der alte Plan fortgeführt wird, oder die Planung muß vollständig neu durchgeführt werden. Das Planungssystem muß deshalb mit zusätzlichen Informationen darüber ausgestattet werden, wann eine Aktion noch als „planmäßig erfüllt" angesehen wird, und in welchem Fall korrigierende Maßnahmen einzuleiten sind.

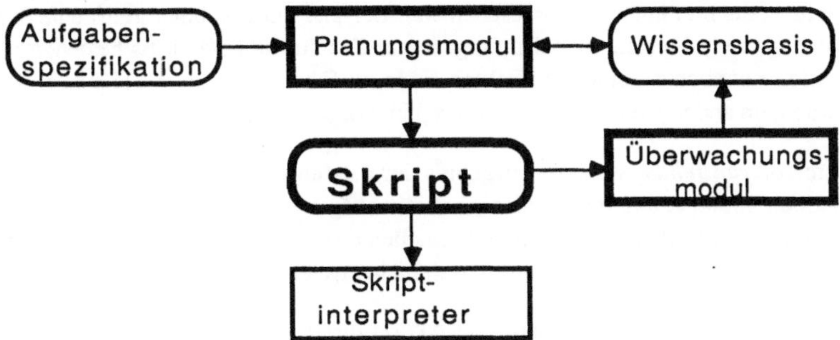

Bild 8: Skript mit Überwachung

Wir benötigen einen Mechanismus, der gewährleistet, daß ein vom Planungsmodul generiertes Programm wie vorgesehen auch dann ausgeführt wird, wenn zur Laufzeit Fehler auftreten. Unser Modell der wissens - gestützten Programmierung von Robotern sieht außerdem eine Wissenserweiterung während der Laufzeit vor. Tritt ein Fehler auf, für dessen Beseitigung dem Planungsmodul keine adäquaten Mittel zur Verfügung stehen, kann die Wissensbasis des Systems von einem menschlichen Experten so erweitert werden, daß bei erneutem Auftreten dieser Situation das System allein mit ihr fertig wird.

4.1 Fehlerdefinition

Wir sprechen immer dann von einem *Fehler*, wenn die Ausführung eines Ereignisses nicht in allen Phasen mit dem geplanten Ablauf des Ereignisses zusammenfällt.

Wir teilen die dabei auftretenden Fehler in die folgenden drei Kategorien ein :

I. : Fehler ohne Zwang zur Korrektur

II. : Fehler mit Zwang zur Korrektur, dabei Unterteilung in

a) Toleranzabweichungen

b) Logische Fehler

III. : Nicht vom System automatisch zu behebende Fehler

Unter Kategorie I. ordnen wir Fehler ein, deren Auftreten für den planmäßigen Abschluß der Aktion kein Hindernis darstellen. Beispiel : Eine Abweichung der vom Roboter gefahrenen Bahn von der ursprünglich geplanten Bahn ist im allgemeinen unproblematisch, wenn der eigentliche Zielpunkt dennoch positions- und zeitgenau angefahren wird, und wenn es nicht aus diesem Grund zu einer Kollision mit einem Hindernis kommt. Eine Maßnahme zur Korrektur der Bahn erübrigt sich in diesem Fall.

Ein Fehler nach Kategorie II a) oder II b) zwingt das System, Maßnahmen zur Fehlerbehandlung zu ergreifen. Wir sprechen von einem *logischen Fehler,* wenn während des Ablaufes der Aktion eine Umweltkonstellation auftritt, die im Plan nicht vorgesehen war. Beispiel : Der Roboter greift eine Schraube mit einem falschen Durchmesser, die sich unbeabsichtigt in der Zuführung befand. Es bestehen mehrere Möglichkeiten, die Aktion dennoch zu einem korrekten Ende zu führen. In jedem Falle aber wird der logische Ablauf der Aktion ein anderer sein, als der ursprünglich vorgesehene.

Wir sprechen von einem *Toleranzfehler*, wenn das Ergebnis der Ausführung der Aktionen des Plans zwar logisch richtig ist, jedoch nicht exakt mit dem eigentlich aufgrund der Planvorgaben erwarteten übereinstimmt. Dies wird der Regelfall sein, denn eine im mathematischen Sinne exakte Übereinstimmung zwischen erreichtem und gewünschten Ergebnis ist praktisch nicht erreichbar.

Tritt nach einer Aktion eine Abweichung auf, kann die Aktion durch eine weitere ergänzt werden, die versucht, den Toleranzfehler zu beheben. Ist die Abweichung jedoch gering, wird lediglich diese Abweichung in die Wissensbasis übernommen. Die tatsächlichen Ergebnisse der Aktion sind nun als Zustand der Umwelt gespeichert. In jedem Fall ist aber der eigentlich geplante Ablauf der Aktion nicht unterbrochen worden. Beispiel : Durch Mitaufnahme eines Fremdkörpers zu einem eigentlich zu greifenden Objekt positioniert der Roboter das Objekt an falscher Stelle. Der Positioniervorgang wird zum Zeitpunkt des Fehlerauftretens (nämlich des Einklemmens des Fremdkörpers) nicht unterbrochen, man kann sich jedoch vorstellen, daß die richtige Position durch einen Korrekturgriff erreicht wird.

Ein Fehler nach Kategorie III kann vom System nicht mit eigenen Mitteln behoben werden. Um die begonnene Aktion fortzuführen, ist die Mithilfe des Benutzers erforderlich. Insbesondere fallen in diese Kategorie alle Fehler, für die beim erstmaligen Auftreten noch kein adäquates Skript existiert. Wird ein solches vom Benutzer (interaktiv, direkt nach dem Auftritt des Fehlers) erzeugt, dann bleibt es im System gespeichert und steht beim Auftritt der nächsten vergleichbaren Fehlersituation zur Fehlerbehandlung zur Verfügung. Der Fehler rechnet nun nicht mehr zur Kategorie III, sondern zur Kategorie II.

4.2 Fehlererkennung

Es wurde schon erwähnt, daß die Bedingung für das Aufrufen eines Skriptes die Übereinstimmung des Umweltzustandes mit einem im Skript spezifizierten Eingangszustand ist. In der gleichen Weise haben wir einen Ausgangszustand definiert. Dem Planungsmodul ist also bekannt, welchen Zustand die Umwelt nach dem Verlassen des Skriptes (d.h. nach vollständiger Abarbeitung der Ereignisfolge) aufweist, sofern während des Ablaufs der Ereignisse kein Fehler aufgetreten ist. Der Vergleich des im Skript spezifizierten Ergebnisses mit dem tatsächlich erreichten Umweltzustand, sowie dessen Vergleich mit den Eintrittsbedingungen der aufzurufenden Skripte obliegt dem Überwachungsmodul (s. Bild 8). Dem Modul ist sowohl das momentan abgearbeitete Skript wie auch der Zustand der Umwelt bekannt. Er sorgt ebenso für eine ständige Aktualisierung der Wissensbasis in Abhängigkeit von der Umwelt. Fehler können durch Vergleich der nachgeführten Wissensbasis mit dem tatsächlichen Zustand der Umwelt entweder nach jedem Ereignis oder erst nach Beendigung des Skriptes ermittelt werden. Die Abprüfung des Umweltzustandes nach Ablauf eines jeden Ereignisses ist sicherlich aufwendiger als die Abprüfung der gesamten Ereignisfolge nach Verlassen des Skripts. Der Benutzer kann deshalb spezifizieren, welche Ereignisse das System nach ihrem Ablauf einzeln prüfen soll und welche nicht. Jede Ereignisbeschreibung enthält ein Fach, in dem der Benutzer diese Angabe macht.

Toleranzen

Zur Erkennung von Fehlern der Kategorie IIa) führen wir ein Fach für die Angabe einer generellen Toleranz in das Skript ein. In dieses Toleranzfach schreibt der Benutzer die maximal zulässige Toleranz für Zeiten, Wege und Kräfte (sowie möglicherweise andere physikalische Größen). Diese Angabe gilt für alle Ereignisse, falls der Benutzer nicht in die ebenfalls bei der Ereignisbeschreibung vorgesehenen Fächer jedes Einzelereignisses eine abweichende Eintragung macht.

4.3 Fehlerbehandlung

Asynchrone Ereignisse

Bislang haben wir nur synchron auftretende Ereignisse betrachtet, d.h. Fehler, die beim Ablauf eines Ereignisses bzw. des gesamten Skriptes erkannt werden konnten. Wir wollen nun noch zusätzlich Fehler zulassen, die während des Ablaufs des Ereignisses asynchron, d.h. zu einem unerwarteten Zeitpunkt und an unerwarteter Stelle auftreten können. Beispiel : Während Roboter 1 dabei ist, ein Teil zu greifen, verliert ein in der Nähe stehender Roboter 2 ein Teil. Das herunterfallende Teil schlägt Roboter 1 das gegriffene Teil aus dem Greifer. Wir geben dem Benutzer im Fach „Ausnahme" die Möglichkeit, Quellen für solche Ausnahmen zu spezifizieren. Diese Quellen werden für das ganze Skript nur einmal angegeben.

Abbruch eines Skriptes

Sobald ein Fehler der Kategorien II und III erkannt wird, wird die weitere Abarbeitung der Ereignisfolge abgebrochen. Der jetzt herrschende Zustand der Umwelt wird vom Überwachungsmodul in die Wissensbasis übertragen. Für den Planungsmodul ergibt sich nun folgende Zielsetzung : Erreicht werden muß auf jeden Fall ein Zustand, in dem die weitere Fortführung des Planes möglich ist, also ein Zustand, der dem intendierten Ergebnis des durch Auftritt des Fehlers abgebrochenen Skriptes möglichst nahekommt.

Für den weiteren Fortgang der Aktionen ist es nun entscheidend, ob das zuletzt bearbeitete Ereignis rücksetzbar war, oder nicht.

Bei *nicht rücksetzbaren* Skripten muß die von jetzt an ablaufende Ereignisfolge neu geplant werden. Unter Umständen ändert sich die gesamte Folge nach dem Auftritt des Fehlers. Zur Grundlage der nun ein - setzenden Neuplanung werden Skripte gemacht, die nur für Fehlersituationen geschrieben wurden. Diese Skripte unterscheiden sich jedoch sonst nicht von den für den normalen Ablauf vorgesehenen. Der Planungsmodul wird deshalb über eine Folge von Skripten versuchen, einen anderen Weg zur Erreichung des Ergebniszustandes zu finden.

Bei *rücksetzbaren* Skripten ist es dagegen nicht nötig, eine Neuplanung vorzunehmen, stattdessen wird die Änderung der Umwelt wieder vollständig zurückgenommen. Die dazu erforderliche Information ist aber im Skript bereits enthalten. Gelingt diese Rückführung, wird das Skript erneut ausgeführt, in der Hoffnung, daß der Fehler nicht nochmals auftritt.

Sofern ein Echtzeitplanungsystem vorliegt, kann von nun ab so vorgegangen werden, wie bei der Auswahl eines normalen Skripts : In Abhängigkeit vom Umweltzustand sucht der Planungsmodul ein Skript, dessen Eingangsbedingung seinen Aufruf ermöglicht.

5. Beispiel

Die folgenden beiden Bilder zeigen eine mögliche grafische Darstellung eines Skriptes und eines Ereignisses für einen Verschraubungsvorgang :

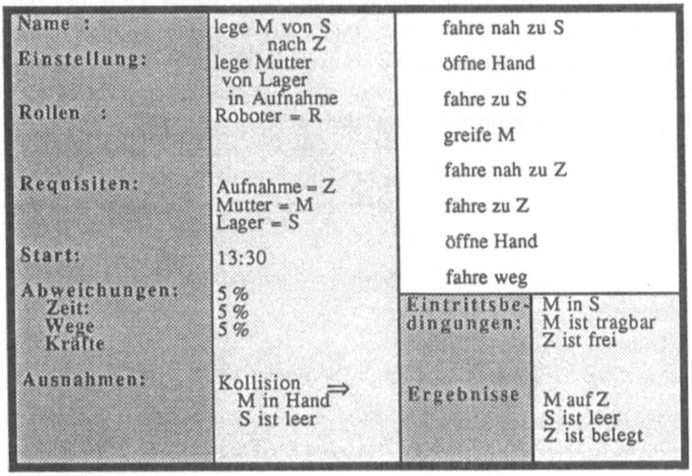

Name :	lege M von S nach Z	fahre nah zu S
Einstellung:	lege Mutter von Lager in Aufnahme	öffne Hand
Rollen :	Roboter = R	fahre zu S
		greife M
Requisiten:	Aufnahme = Z Mutter = M Lager = S	fahre nah zu Z fahre zu Z öffne Hand
Start:	13:30	fahre weg
Abweichungen: Zeit: Wege Kräfte	 5 % 5 % 5 %	Eintrittsbedingungen: M in S, M ist tragbar, Z ist frei
Ausnahmen:	Kollision ⇒ M in Hand S ist leer	Ergebnisse: M auf Z, S ist leer, Z ist belegt

Bild 9: Skriptbeschreibung in grafischer Darstellung

Ereignis:	greife M
Rolle:	Roboter = R
Objekt:	Mutter = M
Stellung:	[[3, 4, 2], [90, 45, 90]]
Dauer:	5 s
Genauigkeit:	25 %
Weg:	linear
Abweichung:	Standard
Ausnahme:	nichts gegriffen ⇒ Hand leer
Soll Überwachung stattfinden	ja
Ist Ereignis rücksetzbar	ja

Bild 10: Ereignisbeschreibung

6 Zusammenfassung

Skripte stellen eines der von Hayes [Haye 79] geforderten Konzepte zur Beschreibung einer „naiven" Physik dar. Nach Kowalski [Kowa 86] ist zur Beschreibung von Ereignisabläufen, verbunden mit Aussagen, wann etwas wahr ist, die konzeptionelle Einbeziehung von Zeiten unabdingbar. In unserem Falle vereinheitlichen sich durch die Einbeziehung von Zeiten große Teile der wissensgestützen Programmierung von Robotern. Der Beschreibungsaufwand wird geringer als in herkömmlichen Systemen. Eine festdefinierte Wissensstruktur wie die vorgestellte erlaubt eine einfachere Kommunikation zwischen den Teilen eines großen Systems. Systemteile wie Kollisionsvermeidung, Planung und Fehlerüberwachung können getrennt voneinander entwickelt werden.

Zum gegenwärtigen Zeitpunkt befindet sich das System noch in der Konzeptionsphase. Es ist für die nächste Zukunft geplant, einen Prototyp unter Modula-Prolog auf einer VAXstation II zu implementieren.

Literatur

[Gini 83] Towards Automatic Error Recovery in Robot Programs, Maria Gini, Giuseppina Gini, in Proceedings of the 8th International Joint Conference on AI, Karlsruhe, 1983

[Haye 79] The Naive Physics Manifesto, Patrick J. Hayes, in Expert Systems in Microelectronic Age, Donald Michie (Ed) Edinburgh University Press, 1979

[Kowa 86] A Logic-based Calculus of Events Robert Kowalski, Marek Sergot, in New Computer Generation 4 (1986)

[Lamp 81] „Atomic Transaction" in Distributed Systems, Architecture and Implementation An Advanced Course in LNCS, Vol 105, Springer-Verlag 1981

[Niem 85] Semantische Netze als Ansatz zur Repräsentation von Wissen für die automatische Bildanalyse, H. Niemann, G. Sagerer, in Robotersysteme 1, 1985

[Popp 78] RAPT : A language for describing assemblies Popplestone et al. The Industrial Robot, Sept. 1978

[Scha 77] Scripts, Plans, Goals and Understanding, Roger C. Schank, Robert P. Abelson, Erlbaum, Hillsdale, N.Y., 1977

[Scha 81] Inside Computer Understanding, Roger C. Schank, C.K. Kiesbeck (Eds), Erlbaum, Hillsdale, N.Y., 1981

ERWERB MOTORISCHER GESCHICKLICHKEIT BEI WISSENSGESTÜTZT BEOBACHTENDEN ROBOTERN

R. Heyers

Deutsche Forschungs- und Versuchsanstalt für Luft- und Raumfahrt e.V. (DFVLR), Institut für Dynamik der Flugsysteme, D-8031 Weßling/Obb.

Zusammenfassung: Es werden einige Aspekte zum Wesen der Programmierung von Industrierobotern zusammengetragen und daraus der Vorschlag für ein **hybrides System** für die Roboterprogrammierung abgeleitet; dieses soll die Vorteile des Offline-Programmierens per Texteingabe und des Online-Programmierens per Vorführung (Teach-In) durch den geschickten Einsatz wissensbasierter Techniken verbinden und damit dem Roboter ein "Verständnis" auch äußerst komplexer, kaum noch verbalisierbarer motorischer Aktivitäten ermöglichen. (Man denke an das Annähen eines Knopfes, das Binden einer Krawatte oder das Drehen eines Stiftes zwischen drei Fingern einer Hand.) Die Arbeit gilt einer **Programmierumgebung**, welche einerseits dem Instrukteur (Online-Programmierer) eine Interaktion mit dem Roboter ermöglicht, die seinen eher motorisch orientierten Ausdrucksfähigkeiten entspricht, und welche andererseits auch alle Mittel zur Abstraktion bereitstellt, um auf präzise Weise generische, d.h. allgemeingültige Programme zum Lösen von Roboteraufgaben an die Maschine zu vermitteln - und dies beides in einer Weise, die ein maschinelles Schlußfolgern über solchen Lösungsvorschlägen gestattet. Dem Vorschlag liegt die **Modellierung des Roboters nach dem Bild eines menschlichen Lehrlings** zu Grunde, der im Verlauf seiner Ausbildung sowohl praktisch als auch theoretisch unterwiesen wird und dadurch sein Auffassungsvermögen und seine Selbständigkeit zunehmend verbessert. Das typische Wechselspiel von Theorie und Praxis soll - auf die Maschine übertragen - in einer Art **Bootstrap-Prozeß** aus einem vom Hersteller gelieferten "dummen" Roboter einen effizient lernenden "intelligenten" Roboter machen. Die Idee, derart akquiriertes anwendungs- und fachspezifisches Wissen in (austauschbaren) Softwaremoduln zu isolieren, führt zum Konzept des "**Fachroboters**", der sich dadurch auszeichnet, für Anwendungen seines Gebiets besonders einfach programmierbar zu sein. Der Beitrag versucht eine Systemskizze.

1. Wissensbasierte Techniken für Industrieroboter?

Ganz grob könnte man sagen, daß wissensbasierte Techniken in der Robotik überall dort erwogen werden sollten, wo der Roboter seiner Aufgabe gerade dadurch besser gerecht zu werden verspricht, daß er sich "intelligent" verhält. In diesem Zusammenhang sollte man sich vor Augen halten, daß das englische "artificial intelligence" eigentlich Programmsysteme mit der Fähigkeit meint, **komplexe symbolische Informationen zu sammeln, zu kombinieren, in einen umfassenden Kontext zu stellen und schlußfolgernd auszuwerten**. Die KI-Forschung hat sich praktisch seit ihrer Anfangszeit Ende der 50er Jahre permanent von der Idee einer Maschine herausgefordert gefühlt, die **Wahrnehmen und Handeln so miteinander verbinden** kann, daß das Resultat vom Menschen als intelligent empfunden wird [1]. Die klassischen Versuche, Robotern mit Hilfe von KI-Methoden zu größerer Anpassungsfähigkeit und damit sowohl zu einem autonomeren Verhalten als auch zu einem breiteren Anwendungsspektrum zu verhelfen, konzentrierten sich folglich vor allem auf die Operationsphase, also das **Laufzeitverhalten**. Hier wird der Roboter durch geeignete Software in die Lage versetzt, während des laufenden Betriebs das ihm gesteckte (abstrakte) Ziel weitestgehend selbständig zu finden. Dem Steuerprogramm des Roboters kommt dabei insbesondere die Aufgabe zu, eine aktuelle Lösung für das vorgegebene Problem (Handhabung, Materialbearbeitung, Standortwechsel etc.) zur Laufzeit zu generieren. Dies mag erklären, weshalb sich die KI-Forschung über viele Jahre hinweg bevorzugt mit (meist simulierten) Robotern beschäftigt hat, die sich innerhalb der Welt, in der sie agieren, frei bewegen können und die mit dieser

Welt dadurch in eine "interessante" Wechselbeziehung treten, daß sie mit den dort vorhandenen physikalischen Objekten manipulieren. Die Intelligenz zeigt sich dann daran, daß der Roboter keiner expliziten Spezifizierung der individuellen Einzelaktionen bedarf, sondern diese ohne Einwirken des Menschen aus einer vorgegebenen Beschreibung des globalen Ziels selbst ableiten kann. Bauklötzchen- oder Labyrinth-Welten, dienten lange als prototypische Einsatzbeispiele für KI-Methoden bei Robotern. In der Tat stellen sie dankbare und sehr interessante Studienobjekte dar, an denen in letzter Zeit erneut besonders verstärktes Interesse aufkommt (Stichwort "Gefechtsfeldroboter"). Die genannten Anwendungen sind dadurch geprägt, daß vom Roboter verlangt wird, seine eigenen **elementaren** Fähigkeiten zu einem sinnvollen **Ganzen** zu organisieren, um dadurch aus isolierten Aktivitäten ein in sich geschlossenes Verhalten zu erzeugen. Um seinem Auftrag gerecht zu werden, muß er in der Lage sein, mit den vorhandenen Ressourcen vernünftig umzugehen und dabei stets auf die aktuelle Umweltsituation Rücksicht zu nehmen. Folgendes etwa ist zu leisten: Aufbau eines Weltmodells, Generieren von Operationsplänen, Bewegungsplanung, Kollisionsvermeidung, Organisation des Sensoreinsatzes, Integration verschiedenartiger Sensorinformationen, Ressourcenverwaltung, sinnvolles Wiederaufsetzen nach Fehlern. Mit anderen Worten: Der Roboter soll typische **Problemlösefähigkeiten des menschlichen Anwenders ersetzen**: Orientieren, Planen, Abwägen, Entscheiden.

Der **industrielle** Einsatz von Robotern für Montage oder Bearbeitungsaufgaben ruft aber nicht allein nach einer **"Laufzeitintelligenz"**, die sich auf die **Anwendung** von Lösungswissen bezieht; vielmehr spielen auch diejenigen Intelligenzaspekte, welche den **Erwerb** einschlägigen Lösungswissens, insbesondere motorischer Geschicklichkeit, unterstützen können, eine weitere Schlüsselrolle, die bislang jedoch in der Literatur noch recht wenig Aufmerksamkeit erfahren hat [2], [3], [4], [5]. Als **motorische Geschicklichkeit** bezeichne ich die Fähigkeit, den Handlungsablauf zur Lösung einer motorisch-praktischen Aufgabe nach sinnvollen Kriterien physikalisch so zu realisieren, daß die verfügbaren Ressourcen in einem brauchbaren Sinn optimal genutzt werden und ein optimales Resultat erzielt wird. Solche Optimalitätskriterien schließen insbesondere die folgenden Forderungen ein:

- Grundsätzlich ist der **Zeitbedarf** aller Operationen im Rahmen der durch die jeweilige Aufgabe gegebenen Möglichkeiten zu minimieren.
- Die **mögliche Parallelität von Handlungseinheiten** muß erkannt und unter Beachtung der vorhandenen Ressourcen auch ausgenutzt werden.
- Bewegungen sind zeitlich und/oder räumlich so **glatt und zügig** wie möglich durchzuführen. Überflüssige Ruhezeiten sind zu vermeiden, durch die Aufgabe vorgegebene Pausen sinnvoll zu nutzen. Während der Ausführungsphase ist **Backtracking unerwünscht**.
- Das **Zusammenspiel der Roboterorgane** (Sensoren wie Effektoren) ist so zu organisieren, daß der resultierende Effekt für den Gesamtablauf der Handlung besonders günstig ist.
- **Seiteneffekte sind gewinnbringend auszunutzen.**[1])

2. Programmierung und Wissensakquisition bei Robotern

Industrieroboter heben sich von anderen Problemlösesystemen dadurch ab, daß **motorische Geschicklichkeit eine zentrale Rolle spielt**. Man denke etwa an eine mehrgliedrige mechanische Hand, die einen Gegenstand zwischen den Fingern drehen soll, oder an einen Roboter mit zwei gleichberechtigten Armen. Für die Realisierung einer motorisch geschickten Lösung ist offensichtlich **mehr Wissen erforderlich** als für deren **prinzipielle** Lösung, wie sie der Mensch spontan verbal spezifizieren würde - man

---

1) Um eine intuitive Vorstellung von motorischer Geschicklichkeit zu erhalten, denke man an ein Analogon zu trickprogrammierten laufzeitkritischen Assemblerroutinen. Dort geht subtilstes Wissen des Programmierers über die Funktionen der Maschine ein; bloße Kenntnis des Algorithmus und eine geradlinige Implementierung reichen nicht aus. - Man denke auch an den ausgeschriebenen Wettbewerb für Tischtennis spielende Roboter!

denke ans Tischtennisspiel. Trotzdem ist gerade der Mensch die **Hauptquelle** für Verfahren motorisch geschickten Verhaltens. Die **Mechanismen zur Übertragung dieses Wissens auf eine Maschine** sind jedoch nur unzulänglich entwickelt. Eine sprachliche Formulierung kommt zwar den Bedürfnissen der Maschine nach **Formalisierung** entgegen und entspricht darüber hinaus auch der Neigung des (theoretisch ausgerichteten) Menschen zu **abstrahieren**, also in idealisierenden Konzepten zu denken und Details als selbstverständlich vorauszusetzen. Physikalische Manipulationsprozesse sind jedoch wesensmäßig äußerst **konkreter** Natur. Die Maschine benötigt entsprechend minutiöse Anweisungen für ihr Handeln, aber dem Menschen sind viele Details - obwohl er sie verwendet - nicht bewußt und daher einer formalen Analyse kaum mehr zugänglich [6]. Offenbar gilt für die meisten Industrieroboter-Aufgaben, daß deren **(generische) Lösungen** weitgehend bereits **von vornherein "verfügbar"** sind. Da läßt es sich kaum rechtfertigen, den Roboter die Lösung komplett neu finden oder eine völlig neue Strategie entwickeln zu lassen; vielmehr soll er das, wovon der Mensch schon eine sehr konkrete Vorstellung hat, lediglich auf "**robuste**" Weise ausführen. Deshalb liegt es nahe, **das Verfahren vom Menschen als kompletten Lösungsvorschlag auf die Maschine zu übertragen**, zumal die motorischen Ausdrucksmöglichkeiten eines Industrieroboters denen des Menschen verwandt sind. Damit präsentiert sich nun ein fundamentales Problem: *Wie läßt sich das einschlägige motorische und organisatorische Fachwissen, welches Menschen bzgl. des geplanten Einsatzbereichs des Roboters bereits besitzen, zeitsparend, vollständig, sicher und möglichst unmittelbar auf den Roboter transferieren?* Erst wenn man dieses Problem löst, kann der grundsätzliche Vorteil des Konzepts "Roboter", frei programmierbar zu sein, zur Wirkung gelangen. Hier sind zwei grundsätzlich verschiedene, geradezu komplementäre Wege beschritten worden: **textuelle** Programmierung auf der einen, **demonstrierende** Programmierung (Teach-In) auf der anderen Seite. Diese Verfahren werden jeweils anderen Aspekten des Programmierproblems gerecht.

2.1 Textuelle Programmierung (Offline-Programmierung)

Bei der textuellen Programmierung leitet der Steuerrechner seine Anweisungen aus einem Text ab, der in einer roboterspezifischen **Programmiersprache** abgefaßt ist. Diese muß so reiche Ausdrucksmöglichkeiten besitzen, daß mit ihrer Hilfe die Bewegungen und Operationen einschließlich der Berücksichtigung von Sensordaten und zeitlichen Randbedingungen **explizit beschrieben** werden können [7], [8], [9]. Syntax und Semantik einer solchen Sprache **zwingen den Programmierer**, sein Anliegen diszipliniert in eine definierte Form zu fassen, die die Maschine akzeptieren kann. Prinzipiell läßt sich jedes so erstellte Programm als Datenstruktur auffassen und unter der Kontrolle anderer Programme nahezu beliebigen Manipulationen, die sogar die Semantik beeinflussen könnten, unterwerfen. Dies führt zu der Möglichkeit **impliziten Programmierens**, bei dem man auf die Spezifizierung von für die Aufgabe regelmäßigen Details verzichten kann, wenn der Computer in der Lage ist, sich das fehlende Wissen ohne Zutun des Programmierers aus dem Zusammenhang zu erschließen. Solche Techniken der **Abstraktion und automatischen Programmanpassung** sind unerläßlich, wenn man zu erträglichen Kosten Systeme generieren will, die einerseits flexibel sind, aber andererseits überschaubar bleiben müssen, damit sie zu einem späteren Zeitpunkt noch verstanden und zielsicher modifiziert werden können.

2.2 Demonstrierende Programmierung (Online-Programmierung, Teach-In)

Während die textuelle Programmierung den Bedürfnissen des **Steuerrechners** angepaßt ist, orientiert sich die demonstrierende Roboterprogrammierung an der Art, wie der **Mensch** eine solche Lösung gewöhnlich herbeiführt. Dieses Vorgehen erscheint legitim, wenn man daran denkt, daß der Mensch aufgrund seiner natürlichen Fähigkeiten ein kompetentes Vorbild darstellt. Der Programmierer muß zunächst - für sich alleine - einen Lösungsweg finden, d.h. eine Methode, mit der die zu behandelnde Aufgabe manuell gelöst werden kann. Praktisch realisiert wird diese Lösung, die das Ergebnis einer Vielzahl von Einzelüberlegungen und "reflexartigen" Entscheidungen ist, in einer direkten physikalischen Kopplung mit dem Roboter, die etwa mit Hilfe der DFVLR-Sensorkugel, die als 6-dimensionaler

Steuerknüppel fungiert, oder mittels eines Exoskeletts hergestellt wird. Ein geeigneter Mechanismus übernimmt dann die Arbeit, diese **prototypische Realisierung** der Lösung **punktweise** auf roboterspezifische Steuerkommandos abzubilden. Der Roboter wird dadurch befähigt, die vom Menschen vorgeschlagene Lösung physikalisch zu imitieren.

- Die demonstrierende Programmierung vollzieht sich **im realen Prozeß**, d.h. in der originalen Arbeitsumgebung (wenn auch bisweilen nicht unter operationalen Bedingungen, z.B. bei reduzierter Geschwindigkeit). Dadurch wird die Realität in voller Komplexität weit unmittelbarer erfaßt als bei der textuellen Programmierung, der ein **abstraktes Gedankenmodell** der Arbeitswelt zugrundeliegt. Die **unmittelbare Anschaulichkeit** erlaubt es, Lösungen **intuitiv** anzugehen.
- Es können nur solche Lösungen auf den Steuerrechner übertragen werden, die der Programmierer selbst zuvor gefunden hat und beherrscht. Jede realisierte Lösung kann normalerweise nur im selben Kontext wiederverwendet werden. Sie ist auf eine konkrete Aufgabe **individuell** zugeschnitten; wird sie unter geänderten Bedingungen wieder benötigt, muß sie **durch den Programmierer** neu realisiert werden.
- Jede solche demonstrierte Lösung ist darüber hinaus von den charakteristischen Eigenarten des Programmierers geprägt. Die programmierte Aufgabenlösung ist dadurch mit unnötigen und irritierenden **Störungen überlagert**, die von der Nutzinformation zu trennen sind (vgl. sprecherunabhängige Spracherkennung).
- Ist die demonstrierte Lösung einmal vom Programmierer auf den Steuerrechner übertragen, lassen sich die **kausalen Zusammenhänge**, die zu dieser konkreten Ausprägung geführt haben, nicht mehr ohne weiteres rekonstruieren.[2])
- Weil der Rechner nicht mehr auf das Warum der Lösung zurückschließen kann, ist es praktisch **unmöglich**, fertige Lösungen ihrem Gehalt gemäß ohne weiteres Zutun des Programmierers **zielgerichtet** an variierte Aufgabenstellungen anzupassen oder auch nur Teile selektiv zu verwenden. Demonstrierte Lösungen lassen sich lediglich lokal im Sinn aktiv nachgebender Systeme **ad hoc** (→ "nicht verständig") anpassen [10].

2.3 Bewertung

Die demonstrierende Programmierung weist besondere Vorzüge im Hinblick auf zwei wichtige Forderungen auf:

1. Ein Industrieroboter soll in möglichst kurzer Zeit (bisweilen sozusagen "**spontan**") für eine neue Aufgabe vorbereitet werden.
2. Die **motorisch-fachliche Sachkenntnis** des **Arbeiters**, dessen Arbeitsleistung durch den Roboter vervielfacht werden soll, sollte möglichst unmittelbar und ohne intellektuelle Umwege auf den Roboter übertragen werden.

Andererseits ist ein textueller Anteil bei der Programmierung unverzichtbar:

1. Eine explizite textliche Darstellung macht den gesamten Handhabungs- oder Bearbeitungsvorgang einer im weitesten Sinn **intellektuellen Bearbeitung** zugänglich.
2. Dies wiederum gestattet zum einen eine **Optimierung** des Ausgangsprogramms und zum anderen dessen **Anpassung** an Umweltänderungen oder an geänderte Aufgabenstellungen.

Die Stärken der textuellen Programmierung beruhen zum großen Teil darauf, daß die vorgeschlagene Problemlösung dem Computer jeweils in einer **strukturierten** Form vorliegt, welche die **Intention des**

---

2) Ein verwandtes Problem taucht beim Schließen über CAD-Daten auf, wo normalerweise nur Wissen über das fertige Objekt vorliegt, nicht aber über die Funktionalität seiner Komponenten und die Wahl derer Anordnung.

Programmierers explizit widerspiegelt.[3]) Die mangelhafte Wiederverwendbarkeit eines einmal durch Vorführen spezifizierten Roboterprogramms hat ihren Grund darin, daß die **semantische Struktur**, die dem beim Teach-Vorgang anfallenden Strom von Rohdaten zugrundeliegt, auf dem Weg zum Steuerrechner **verlorengeht**. Um diesen entscheidenden **Verlust auszugleichen**, müßte der Teach-Programmierer während der Vorführung präzise (formale) Erläuterungen geben. Will man dem Programmierer den zusätzlichen Aufwand ersparen, muß man Programmhilfsmittel konstruieren, die selbständig die demonstrierte Manipulationshistorie in ihre konstituierenden elementaren Bestandteile (die dem Programmierer selbst oft nicht bewußt sind) segmentieren und annotieren können.

3. "Fachroboter"-Konzept

Die **Programmierung** eines Roboters für eine bestimmte Aufgabe bedeutet, einen komplexen Vorgang **vollständig in einem eindeutigen Schema zu definieren**, welches maschinell korrekt interpretiert werden kann. Die mit einer solchen Definition verbundenen Probleme für den Programmierer reduzieren sich mit einer Verbesserung der verfügbaren Ausdrucksmöglichkeiten. Im Zusammenhang mit zahlreichen Anwendungen von Manipulationsrobotern - besonders im Hinblick auf motorische Geschicklichkeit - ist die Auffassung berechtigt, daß die für den Menschen **natürlichste** und somit aus seiner Sicht beste Beschreibungssprache die der unmittelbaren physikalischen Realisierung ist. Offensichtlich sind alle (für eine spezifische Aufgabe) lösungsrelevanten Informationen in einer solchen **demonstrierten** Lösung enthalten - denn sie löst die (konkrete) Aufgabe nachweislich. Erfolgt nun die Formalisierung durch chronologische Aufzählung der während der Vorführung durchlaufenen Zustände des Manipulationssystems, so hat man das Programmierproblem im Paradigma der gängigen Teach-Programmierung gelöst. Jedoch können Lösungen für Manipulationsaufgaben, die den Roboter auf einem solchen Weg erreichen, von einer "unbedarften" Maschine - analog einem Computerprogramm, das nur im Objektkode vorliegt - stets **nur in identischem Kontext wiederverwendet** werden. Der (persönliche) Lösungsvorschlag des Programmierers kann sich naturgemäß immer nur auf eine **konkrete Instanz** aus einer Klasse von Aufgaben des selben Typs beziehen; im Grunde soll der Programmierer aber dem Roboter so viel "Wissen" vermitteln, daß dieser in der Lage ist, die **ganze Klasse** selbständig zu bearbeiten. Die Maschine soll also selbst von dem Vorschlag oder einem kleinen (!) Satz von Vorschlägen des Programmierers **abstrahieren** und ein **Verfahren**, nicht einen Vorgang lernen. **Intelligente Programmierumgebungen** für Industrieroboter müssen daher die Absichten der Bedienperson, die diese sowohl beschreibend als auch zeigend approximativ äußert, in gewisser Weise verstehen und aktiv unterstützen, um den Instruierungsvorgang zu vereinfachen und zugleich die Anwendbarkeit der Programme ausdehnen zu können.

Bei der textuellen Programmierung wird eine Lösung explizit am abstrakten Modell (der Programmiersprache) konstruiert; daher erübrigt sich eine Formalisierung. Bei der Teach-Programmierung muß eine reale Lösung **nachträglich formalisiert** werden. Dieser schwierige Prozeß soll vom Rechner unterstützt und weitgehend selbständig durchgeführt werden. Eine allgemeingültige Formalisierung wird dadurch erreicht, daß die Vorführung nachträglich bzgl. des Vokabulars einer abstrakten Sprache analysiert wird, um Rückschlüsse auf die tatsächliche Konstruktion ziehen zu können. Eine formale Analyse der Bewegungshistorie sowie der damit assoziierten Sensorwahrnehmungen kann einem Interpretationssystem übertragen werden, welches sich auf heuristisches Wissen stützt, wie es dem fachlichen Fakten- und Erfahrungswissen eines menschlichen Fachmanns entspricht. Dieser spezielle Interpretierer muß erstens in der Lage sein, analoge (Beobachtungs-) Größen in abstrakte Symbole umzusetzen, und zweitens, in den dabei gebildeten symbolischen Strukturen charakteristische Muster zu erkennen, wo-

[3]) In diesem Sinn kann man bei dem Begriff "textuelle Programmierung" vom Modell konventioneller Rechnerprogramme zugunsten allgemeinerer Schemata zur Wissensrepräsentation im Sinn der KI abgehen.

durch diesen eine Bedeutung zugeordnet werden kann.[4]) Ein maschineller Interpretierer hätte gegenüber dem Menschen drei wichtige Vorteile:

- Er operiert auf formaler Ebene; das Wissen ist durchgehend auf Computerebene repräsentiert.
- Er kann beliebig **vervielfacht** werden.
- Er ist **unempfindlich gegenüber der Zeitdehnung**, die die minutiöse Beschreibung einer Handlung gegenüber deren Ausführung erfordert. (Beim Menschen führt sie leicht zu logischen Fehlern oder Flüchtigkeitsfehlern.)

Zur Veranschaulichung der Situation stelle man sich einen **Auszubildenden** vor, dem der **Meister** ein bestimmtes Verfahren - z.B. der Montage - beizubringen versucht: Dieser wird den Vorgang an einem didaktisch gut gewählten Beispiel vormachen und dies wahrscheinlich noch durch verbale Erläuterungen ergänzen. Der Lehrling muß diesen Vorgang **aufmerksam beobachten**, dabei **registrieren**, was er wahrnimmt, und versuchen, seine Eindrücke sinnvoll zu **strukturieren**, um **kritische Merkmale** sowie **funktionale Komponenten** zu identifizieren und von Unwesentlichem (wie Ziehen an der Zigarette) zu **isolieren**. Dabei hat er Gelegenheit, seinem Lehrer Fragen zu stellen, um Unsicherheiten zu beseitigen. Daß der Lehrling dies mit Erfolg tun kann, setzt voraus, daß er gewisse **Regeln beherrscht, die seine Beobachtungen steuern** können (Erkennen charakteristischer Ereignisse, Fokussierung der Aufmerksamkeit...), sowie **Konzepte kennt, an denen er seine Beobachtungen messen** kann (qualitatives "Allgemeinwissen", aufgabenspezifisches Wissen...). Schließlich benötigt er eine Art **Meta-Wissen, mit dessen Hilfe er neue Verfahrenskonzepte finden** kann, also Grundsätze, wonach er z.B. Erlerntes für ähnliche neue Situationen modifizieren kann. Hierzu gehört insbesondere auch ein Wissen um die eigenen Fähigkeiten. Übertragen auf den Roboter bedeutet das:

1. Die Szene wird laufend **beobachtet**. Dazu benötigt der Roboter einen hinreichend ausgefeilten sensorischen Apparat (optisch, taktil, akustisch...), der nicht allein die Umwelt, sondern gleichermaßen den Zustand des Roboters selbst mitsamt seinen Organen nach sachdienlichen Kriterien vollständig erfassen kann.
2. Diese festgestellten Phänomene sind zu **registrieren** - zum einen, um sie später wenigstens identisch reproduzieren zu können ("rote learning"), zum anderen, um diese Daten später für eine eingehendere Analyse (und als Basis für eine Weiterentwicklung) zur Verfügung zu haben.
3. Eine solche Analyse besteht darin, den Strom von nach- und nebeneinander gewonnenen Rohdaten in sinnvolle logische Untereinheiten mit gewisser eigenständiger Bedeutung zu zerlegen; dabei sind solche logischen Beziehungen zwischen diesen Einheiten zu finden, daß ein plausibles Schema entsteht, mit dem sich die Rolle der einzelnen Komponenten in ihrem Zusammenspiel erklären läßt. Nur so kann die **Funktion** des Gesamtprozesses transparent gemacht werden. Dies ist eine wesentliche Voraussetzung, um die Funktion (nicht bloß das Verhalten!) **in einer instabilen Umgebung invariant zu halten** - eine entscheidende Anforderung an "intelligente" Robotersysteme.

Der Mensch bewältigt diese auch für ihn enorm wichtige Analyseaufgabe mit Hilfe von lokalem, d.h. situationsgesteuertem heuristischen Wissen, welches man in Form von wenn-dann-Regeln formulieren könnte. Solche **Regeln** (Kriterien) geben an, wie den beobachteten Erscheinungen begegnet und ihnen ein Sinn zugeordnet werden kann, der im Einklang mit früheren Erfahrungen und den Gesetzmäßigkeiten der Arbeitsumgebung steht - zum Beispiel:

- **Segmentierungskriterien**: Sie beschreiben zu Beispiel, welche Beobachtungen (Prämisse) auf das Ende oder den Anfang einer logischen Handlungseinheit schließen lassen und um welchen Typ von Einheit es sich handelt (Konklusion). - Beispiel: Nach längerer freier Bewegung registriert der Kraft-/Momentenfühler des Roboters plötzlich einen Kontakt, der trotz Bewegung des Arms länger als eine Mindestzeit andauert. Hier wird man schließen, daß damit eine Phase gewollten Kontakts vorliegt.

---

[4]) Dieser Interpretierer vereinigt gewissermaßen die Funktionen von Scanner und Parser von Compilern für gewöhnliche Programmiersprachen auf sich.

- **Ordnungskriterien:** Sie können darüber Auskunft geben, ob beobachtete zeitliche Relationen zwischen zuvor herauspräparierten Einheiten (Segmenten) aufgabenspezifisch notwendig oder ob sie zufällig bzw. willkürlich sind. - Beispiel: Der Greifer des Roboters muß unbedingt geöffnet sein, bevor er ein Objekt greifen kann.
- **Optimierungskritien:** Sie können der Detektion sinnloser oder ungünstiger Aktionen dienen sowie konstruktive Verbesserungsvorschläge formulieren. - Beispiel: Den Robotergreifer zu öffnen und zugleich wieder zu schließen, ist im allgemeinen keine sinnvolle Operation und ist zu ignorieren.
- **Aufmerksamkeitskriterien:** Sie können - ausgehend von Beobachtungen - auf Grund von Plausibilitätsbetrachtungen Vermutungen darüber liefern, wie sich eine erst teilweise vorgeführte typische Instanz der generischen Lösung zur vorgegebenen Manipulationsaufgabe weiter entwickeln wird. So kann dann z.B. veranlaßt werden, daß Spezialsensoren aktiviert oder vorbereitend andere Maßnahmen getroffen werden, um die Effizienz der Beobachtung weiter zu steigern (Steuerung der Aufmerksamkeit).
- **Strategiekriterien:** Sie können zweckmäßige Schlußprinzipien beschreiben. - Beispiel: Manchmal lassen sich die Rollen von Ursache und Wirkung vertauschen und dadurch neue Einsichten gewinnen, etwa bei der Bewegung eines Objekts, das mit einem anderen starr verbunden ist.

Das Fachroboterkonzept beruht auf der Idee, das soeben skizzierte Verhalten des Lehrlings durch ein Rechnerprogramm nachzuempfinden, welches sehr eng mit dem Roboter und dessen Wahrnehmungsapparat gekoppelt ist. Dadurch soll der Roboter zu einem Auffassungs- und Anpassungsvermögen befähigt werden, das mit dem eines vorgebildeten Lehrlings vergleichbar ist. Es geht **nicht** darum, alle herkömmlichen Programmierverfahren für Roboter durch ein wissensbasiertes "Super"-Teachverfahren zu **ersetzen**. Das Fachroboterkonzept soll vielmehr die Programmierung in zwei wesensmäßig verschiedene und trotzdem eng verzahnte Aktivitäten **aufspalten**: (1) Einbau **theoretischen** Wissens in das Robotersystem - **offline** durch einen "Wissensingenieur" (≙ Berufsschule für den Lehrling), (2) Programmierung des für eine individuelle Aufgabe **spezifischen** Verhaltens - **online** durch einen "Praktiker" (≙ Unterweisung des Lehrlings vor Ort). Beide Phasen wechseln i.a. mehrfach einander ab und befruchten sich wechselseitig (→ inkrementelles Lernen).

4. Die Turmbau-Aufgabe

Zur Illustration - insbesondere der heuristischen Aspekte des einschlägigen Vorwissens - zunächst ein einfaches Beispiel: Aus einem Vorrat verschiedenfarbiger Holzklötzchen sind geeignete Exemplare auszuwählen und unter Beachtung gewisser Nebenbedingungen zu einem "Doppeltorbogen" zusammenzusetzen. Die dabei anzunehmenden Voraussetzungen und Bedingungen beziehen sich auf verschiedene Abstraktionsebenen und werden entsprechend stufenweise eingeführt. Im Hinblick auf eine allgemeingültige Lösungsstrategie zum Programmierproblem für Roboter scheint es mir sehr wichtig, sich diese typische hierarchische Verfeinerung klarzumachen.

1. **Prinzipielle Voraussetzungen** (Ebene der Aufgabenklasse): Es gibt zwei **Typen** von Klötzchen: (a) **Würfel** der Kantenlänge 1, (b) **Quader** mit den Maßen 1 × 1 × 3. Klötzchen gibt es in den **Farben** rot, gelb, grün, blau.
2. **Individuelle (spezielle) Voraussetzungen:** Für die Lösung der speziellen Aufgabe stehe ein Klötzchenvorrat mit folgender aktueller Zusammensetzung zur Verfügung: 7 rote, 5 gelbe, 3 blaue Würfel sowie 2 blaue, 4 grüne, 9 rote und 1 gelber Quader.
3. **Aufgabe:** Der Auftrag (dessen allgemeine Lösung der Lehrer programmieren soll) lautet: Errichte einen Doppeltorbogen nach der Skizze von Bild 1.
   Der Auftrag könnte **verbal** etwa so beschrieben werden: Auf den Ecken eines Quadrats der Kantenlänge 2 sind insgesamt vier Pfosten der Höhe 3 zu errichten; dazu können grundsätzlich Quader und Würfel gemischt verwendet werden. Benachbarte Pfosten haben einen gegenseitigen lichten Abstand von 1. Irgend zwei benachbarte Pfosten werden durch einen Quader überbrückt, an-

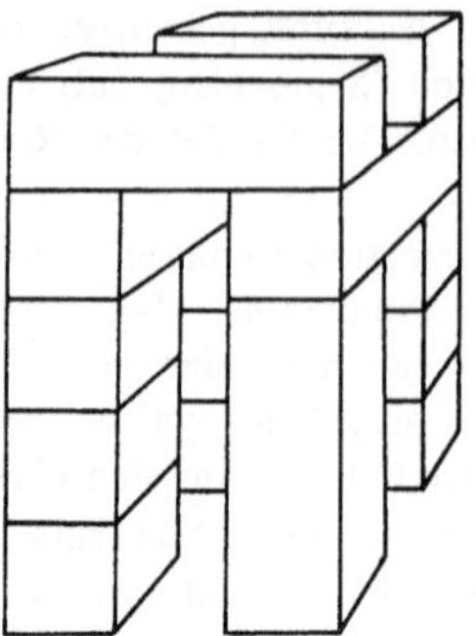

Bild 1. **Perspektivische Darstellung des zu errichtenden Doppeltorbogens**

schließend ebenso die übrigen beiden Pfosten. Schließlich sind die beiden so entstandenen parallelen einfachen Torbögen an ihren beiden Enden durch je einen aufzulegenden Quader mit einander zu verbinden. So erhält man einen stabilen "Doppeltorbogen".

4. **Zusätzliche Nebenbedingungen:** Die gesamte Konstruktion unterliege noch den folgenden zusätzlichen Nebenbedingungen: (a) Alle die Unterlage (Arbeitstisch) berührenden Klötzchen müssen gelb sein. (b) Querliegende Quader der selben Ebene müssen die selbe Farbe besitzen. (c) Position und Orientierung des entstehenden Doppeltorbogens auf der Tischebene sind (in diesem Beispiel) ohne Belang.

Aus den verschiedenen möglichen Lösungen greift sich der Lehrer **subjektiv** eine heraus, die ihm als die geeignetste erscheint. Eine "**klassische**" KI-Aufgabe in diesem Zusammenhang würde darin bestehen, (aus mehreren möglichen Lösungen) die beste Lösung dieser Aufgabe zu konstruieren. In dem hier entwickelten Programmierparadigma jedoch wird die **Lösung der menschlichen Intelligenz des Programmierers überlassen und dem Roboter nur zur "intelligenten Nachahmung" empfohlen.** Denn ein Mensch realisiert eine korrekte Lösung spontan; doch welcher Aufwand ist für eine verbale (d.h. eindimensionale) Beschreibung nötig, mit der auch eine Maschine zurechtkommt!

5. **Beobachtungskriterien:** Damit der Roboter die demonstrierte Lösung auswerten kann, werden Beobachtungskriterien vorgegeben; als Beispiele seien angeführt: Greifer in unmittelbarer Klotznähe [Alarmbereitschaft: Verzicht (des Lehrers) auf Greifen des Klotzes in dieser Situation kann als Verwerfen interpretiert werden - etwa weil Farbe oder Auflageart ungeeignet ist], Klotz im Greifer [Aufmerksamkeit gilt in besonderem Maß diesem Objekt und dessen unmittelbarer Umgebung; sie wandert mit dem Objekt, wenn dieses bewegt wird], Klotz auf Boden/Tischplatte, Klotz auf Klotz, Klotz-Position, Klotz-Orientierung, Klotz-Farbe, Klotz-Typ [Würfel, Quader], Klotz-Auflageart [Quader stehend oder liegend], Distanz zwischen zwei Klötzchen, Reihenfolge von Wahrnehmungen, Korrespondenz von Klötzchen [Unterkriterien - etwa Symmetrieeigenschaften] - Zu jedem Beobachtungskriterium gehört stets wenigstens eine **Beobachtungsmethode**, nach der die zugehörige aktuelle Information beschafft werden kann. Jede solche Methode muß also - ebenso wie die einzelnen Kriterien - i.a. vor der Vorführung dem Roboter explizit beschrieben werden. Man kann auch die **nachträgliche Einführung neuer Kriterien** während der Laufzeit zulassen, informell etwa durch Aussagen wie "Dieses Phänomen ... ist nicht zufällig, sondern mit Absicht herbeigeführt!". Neue Kriterien können entweder durch den Lehrer ausdrücklich **deklariert** werden oder aber durch geeignete Schlußfolgerungsmechanismen maschinell **induziert** werden.

6. **Heuristische Konstruktionsregeln:** Nachstehend werden exemplarisch einige heuristische Regeln formuliert, die bei der **Konstruktion** komplexer Objekte der Klötzchenwelt befolgt werden sollen bzw. befolgt werden müssen. Primär dienen diese Regeln dem Online-Programmierer dazu, einen vernünftigen Lösungsprototypen zu finden. Die Regeln, die als "freiwillig" ausgewiesen sind, dienen dabei einer gewissen Optimierung. Sofern der Programmierer diese nicht berücksichtigt, ist

es (verbindliche) Aufgabe des Robotersystems, die "verstandene" Lösung so zu modifieren, daß sie **allen** Regeln genügt und daß so ein **optimierter Lösungsplan** entsteht. Dabei dürfen die Forderungen der Regeln nicht absolut verstanden werden; vielmehr sind alle Regeln einer **heuristischen Prioritätenstruktur** zu unterwerfen, so daß situationsbedingt Regeln außer Kraft gesetzt oder bevorzugt werden.

- Regel 1: **Physikalische Gesetzmäßigkeiten beachten!** - Werden beispielsweise zwei Klötze aufeinander gesetzt, so muß der Schwerpunkt des oberen über der tragenden Fläche des unteren liegen (rekursiv).
- Regel 2: **Von unten nach oben bauen!** - Soll ein Objekt aufgebaut werden, bei dem Klötze übereinander liegen, so muß beim Bau mit den untersten Klötzen begonnen werden. Insbesondere müssen zuerst diejenigen Klötze, die auf der Tischplatte zu liegen kommen, an ihren Platz gebracht werden.
- Regel 3: **Möglichst große Komponenten verwenden!** - Gibt es mehrere Möglichkeiten, einen Teil des Zielobjekts durch verschieden große elementare Klötze zusammenzusetzen, so sind die Varianten mit den größeren Elementarklötzen (also der geringeren Bauteilezahl) vorzuziehen. Denn dadurch können Bewegungen und Aufbauoperationen eingespart sowie Ungenauigkeiten vermieden werden. (Konkret: Verwende lieber einen Quader als drei Würfel!) [5])
- Regel 4: **Die Gegebenheiten nutzen!** - Will man z.B. aus dem Klötzchenvorrat einen Quader holen, der als **Quer**balken dienen soll, so wähle man möglichst einen **liegenden** Quader aus dem Vorrat aus, um die anderenfalls nötigen Kippoperationen zu sparen.
- Regel 5: **Ressourcen explizit verwalten!**
- Regel 6: **Aktivitäten möglichst parallelisieren!** - Transferbewegungen und Reorientierungen (die ja mit dem fertigen Objekt nichts zu tun haben) sollen z.B. simultan ausgeführt werden - konkret z.B.: Bauelemente bereits auf dem Weg zum Montageort ausrichten.

Es folgen noch einige Beispiele für **Regeln, die die Beobachtung der vorgeführten Prototyplösung steuern.**

- Regel 7: **Farbe als Nahkriterium** - Wenn sich der Greifer innerhalb einer Kugel mit Radius r um ein Objekt befindet, bestimme die **Farbe** dieses Objekts (dto. für Typ und Auflageart usw.).
- Regel 8: **Verworfene Selektion registrieren!** - Ist der Greifer nach der Farbbestimmung wieder aus der r-Kugel um das Objekt entfert worden, kann davon ausgegangen werden, daß das Objekt derzeit für den momentanen Lösungsplan unbrauchbar ist (→ induktives Lernen).
- Regel 9: **Aufmerksamkeit auf gegriffenes Objekt fokussieren!** - Befindet sich ein Objekt im Greifer, so ist insbesondere über alle signifikanten Bewegungen des Greifers buchzuführen.
- Regel 10: **Signifikante Operationen** - Wurde ein Objekt gegriffen, anschließend der Greifer bewegt (translatorisch und/oder rotatorisch) und dann das Objekt losgelassen, so ist damit eine "signifikante" Operation abgeschlossen.
- Regel 11: **Weltmodell aktuell halten!** - Ist ein Objekt - ob gezielt oder beiläufig - identifiziert und vermessen worden, so wird das Resultat ins Weltmodell eingetragen.

5. Zur Akquisition der Manipulationshistorie

Ein Roboter, der aus Beispielen lernen soll, muß die **physikalische Welt,** in die er eingebettet ist und die ihm die Vorlagen für sein Handeln liefert, beobachten. Dazu stehen ihm physikalische Meßeinrichtungen verschiedener Art zur Verfügung (z.B. Kraft-/Momentenfühler, Abstandsmesser, Bildsensoren). Die Meldungen solcher Sensoren beschreiben gewöhnlich nur **Teil**aspekte der interessierenden physikalischen Welt und reflektieren stets den **gegenwärtigen** Zustand oder Trend. Ein bloßes Registrieren

[5]) Regel 3 ist sinnvoll in der Welt "leichter Teile". Dieses Prinzip ist beim Umgang mit schweren Teilen in dieser Form u.U. nicht mehr zu halten, weil zu schwere Teile das ordnungsgemäße Funktionieren des Roboters stören können.

derart isoliert erfaßter Meßwerte kann deshalb der **zielorientierten Dimension** des Beobachtens nicht gerecht werden. Um die vermessene Situation im Hinblick auf das Ziel beurteilen zu können, müssen die **Messungen bewertet**, d.h. in ihrem **logischen und zeitlichen Kontext** gesehen werden. Sie müssen also auf solche Weise strukturiert werden, daß die wechselseitigen Beziehungen zwischen elementaren Beobachtungsgrößen zum Ausdruck kommen - und zwar sowohl auf jeden einzelnen Zeitpunkt bezogen (vertikal) als auch über ganze Zeitintervalle hinweg (horizontal). Um einen solchen Kontext befriedigend herstellen zu können, kann es nötig werden, das **Beobachtungsspektrum gezielt zu beeinflussen**. Dies führt zu der Unterscheidung zwischen statischen und dynamischen Aspekten der Beobachtung einerseits sowie zwischen passiven und aktiven Aspekten andererseits:

5.1 Statische Aspekte

Die statischen Aspekte beziehen sich auf die Behandlung der zu einem isolierten Zeitpunkt verfügbaren Informationen.

5.1.1 Passive Aspekte: Darstellung des Wahrgenommenen

Zur computergerechten Darstellung des Wahrgenommenen benötigt man einen Formalismus, mit dem sich die physikalische Welt des Roboters, zu der auch die gesamte Arbeitsumgebung zählt, angemessen beschreiben läßt. Hier muß man im Hinblick auf die Ausdrucksfähigkeit einer solchen Sprache, in deren Wert auch die Anzahl der darstellbaren Konstrukte (**Konzepte**) wesentlich eingeht, berücksichtigen, daß die Menge der elementaren, direkt meßbaren physikalischen Größen (**Parameter**) endlich und durch die Systemkonfiguration fixiert ist (z.B. Lage, Position, Kräfte, Momente, Abstand), daß dagegen die Anzahl höherer Konzepte oder **abgeleiteter Größen** (z.B. diverse Körper, Greifflächen an Gegenständen, evtl. abgeleitete physikalische Größen wie z.B. Kräfte, die als Objektverschiebungen interpretiert werden...) selbst bei fester Systemkonfiguration unbeschränkt ist. Im folgenden wird die gesamte für den lernenden Roboter relevante physikalische Welt als **Roboterwelt** bezeichnet. Man betrachte eine hypothetische Roboterwelt zu einem willkürlich gewählten Zeitpunkt und gehe zunächst davon aus, daß sämtliche m Meßgeräte aktiviert sind. Jedem der m elementaren Parameter p_i ist dann eindeutig ein Meßwert w_i zugeordnet. Einige der Parameter wird man zu Gruppen zusammenfassen können, welche abgeleitete Größen oder höhere Phänomene repräsentieren - nämlich solche Phänomene, zu deren Bestimmmung genau alle zu dieser Sensorgruppe gehörenden Meßwerte erforderlich sind. (Phänomene haben **punktuellen** Charakter, kennen also keine zeitliche Entwicklung.) Einzelne Sensoren können durchaus zu mehreren höheren Phänomenen beitragen. Eine Strukturierung der Roboterwelt (bezogen auf den jeweiligen festen Zeitpunkt) wird durch die Möglichkeit, Gruppen von Phänomenen zu noch höheren Phänomenen zusammenzufassen, weiter unterstützt. Der momentane Zustand der Roboterwelt, ein **Schnappschuß**, ist somit eine Menge von gleichzeitig vorhandenen Phänomenen, die ihrerseits eine **rekursiv definierte Struktur** aufweisen.

5.1.2 Aktive Aspekte

Der Einsatz von Sensoren kann mit dem Manipulationsprozeß interferieren, ist mit Aufwand für Steuerung und Auswertung verbunden und sollte daher - besonders bei umfangreicheren Systemen - sehr sorgfältig erfolgen. Die Idee liegt nahe, in Abhängigkeit von laufenden Aktivitäten, also nicht rein algorithmisch, sondern daten- oder ereignisgesteuert, **Sensoren gezielt zu befragen**. Eine solche Sensoraktivierung läßt sich kontextabhängig durch Regeln steuern. Solche Regeln können auch die Tatsache berücksichtigen, daß es bisweilen möglich ist, die Werte zusammengesetzter Größen auf verschiedene Weisen zu ermitteln (Beispiel: optische oder taktile Vermessung zur Größenbestimmung).

Zur Definition eines Phänomens beliebiger Stufe (0-te Stufe: elementare Parameter, 1-te Stufe: einfache Parameterkombination) gehört die Angabe von **Methoden**, mit denen die Phänomen-Schablonen instantiert, d.h. mit aktuellen Werten versorgt werden können. Ein Phänomen könnte zum Beispiel dargestellt werden in der Form (<Name> <Strukturbeschreibung> <Verfahrensliste>) Dabei ist <Strukturbeschreibung> eine abstrakte (parametrisierte) Beschreibung des Phänomens als Konstrukt aus anderen Konzepten. <Verfahrensliste> ist die Spezifikation alternativer Methoden zum Instantiieren der Strukturschablone. Das folgende (sehr einfache) Beispiel soll dies grob skizzieren:

```
(WerkstückGewicht                     ; Name
   (Wert)                             ; Strukturbeschreibung
   (((BestimmeIdentifikation)         ; erstes Verfahren, Teil 1
     (NachschlageGewicht))            ;                   Teil 2
    (WiegeWerkstück)                  ; zweite Alternative
    (InteraktivErfrageGewicht)))      ; dritte Alternative
```

5.2 Dynamische Aspekte

Die dynamischen Aspekte beziehen sich auf die Informationen, welche die zeitlichen Veränderungen der Roboterwelt erfassen. Die Gesamtheit aller vom gegebenen physikalischen System prinzipiell erlaubten Ausprägungen von Schnappschüssen der Roboterwelt sei hier informal als **Konfigurationsraum C** bezeichnet. Die Beobachtung der zeitvariablen Konfiguration der Roboterwelt erfolgt **diskret**, mit hinreichend kleinem Abtastintervall Δ_t. Zu jedem Abtastzeitpunkt $t_k$wird als neuer Schnappschuß ein weiterer Punkt in C (das ist eine Liste von Phänomenen) aufgenommen, so daß der Roboter mit jedem Takt mehr über den Manipulationsvorgang erfährt.

5.2.1 Datenreduktion

Im Verlauf des Beobachtungsprozesses werden Schnappschüsse der Reihe nach in eine Protokolliste ("**Logbuch**") eingetragen; diese Liste wird, solange der Beobachtungsprozeß andauert, beständig länger. Doch nicht alle diese Informationen werden später mit voller Auflösung benötigt. Die auf diese Weise anfallenden Daten müssen deshalb so reduziert werden, daß die Datenmenge erträglich und übersichtlich bleibt, ohne daß dabei wesentliche Informationen verlorengehen. Ein Mensch merkt sich auch nicht jeden einzelnen Bahnpunkt mit seinen Koordinaten, sondern prägt sich nur das an dieser individuellen Bahn Wesentliche ein. Dieses **Vereinfachungsprinzip** soll auch der Rechner beherzigen: Sobald einige Schnappschüsse vorliegen, kann man deren Folge als Ganzes daraufhin untersuchen, ob sie ein Bewegungs**konzept** darstellt. "Geradlinige Transfer-Bewegung" und "Konturverfolgen mit konstanter Normalenkraft" sind zwei Beispiele für solche Bewegungskonzepte. Ist ein Konzept erkannt, ersetzt es die betreffende Schnappschußkette in der die bisherigen Beobachtungen repräsentierenden Liste. Dabei ist folgenden "klassischen" Problemen zu begegnen:

1. **kombinatorische Explosion:** Der Vergleich einer gegebenen Schnappschußkette mit potentiellen Konzeptkandidaten stellt an den Pattern-Matcher, der für diese Aufgabe zuständig ist, Anforderungen, die mit zunehmender Kettenlänge explosionsartig wachsen. Hilfe versprechen hier Techniken, wie sie zur Verarbeitung natürlicher Sprache entwickelt wurden. Da eine Abkehr von reinen Mustervergleichsverfahren zugunsten "zielstrebigerer" Techniken angeraten ist, sollte man vielleicht lieber "Parser" statt "Pattern-Matcher" sagen.
2. **Mehrdeutigkeit:** In manchen Situationen wird man einer Schnappschußsequenz verschiedene Konzepte (lokal) sinnvoll zuordnen können. Deshalb kann es erforderlich werden, mehrere Alternativen parallel mitzuführen und erhärtenden Tests zu unterziehen in der Erwartung, daß spätere Beobachtungen alle Kandidaten bis auf einen einzigen ausschließen.
3. **Höhere Konzepte:** Die Konzeptbildung kann sich rekursiv in beliebig vielen Schichten vollziehen, indem einfache Konzepte zu Superkonzepten abstrahiert werden, bis schließlich - als Wurzel des Konzeptbaums - das "Verfahren" als (hoffentlich generische) Lösung der Manipualtionsaufgabe

entsteht. Dazu wird jedes Konzept vom Parser wie eine einzelne Parameterbeobachtung - nun jedoch mit komplexerer Struktur - gewertet.

4. **Konzeptvorrat:** Zu prüfen ist die Frage, ob sich der Parser auf einen festen, vom Systementwickler bereitgestellten Vorrat von Konzepten beschränken darf oder ob man bei realistischen Problemen darauf angewiesen ist, einen Mechanismus zu finden, der neue Konzeptkandidaten auf der Grundlage gesammelter Erfahrungen und Meta-Regeln generiert.
5. **Nebenläufigkeit:** Die Erfassung nebenläufiger Konzepte verlangt besondere Techniken, eine geeignete Repräsentationsform und einen speziellen Schlußfolgerungsapparat für solche Vorgänge (Trennung von "vertikaler" und "horizontaler" Konzeptbildung).

5.3 Grundlegende Postulate für die Protokollauswertung

Das skizzierte Verfahren für die Auswertung von Manipulationsprotokollen stützt sich auf die folgenden Postulate:

1. Jedes zeitlich ausgedehnte Geschehen ist vollständig **beschreibbar** als (rekursive) Kombination einfacherer oder primitiver Konzepte.
2. Es ist **analysierbar** in dem Sinn, wie die konstituierenden Konzepte beobachtbar sind.
3. Diese Analyse ist bei gegebenem Kontext **eindeutig**.

6. Systemskizze

Ein Roboter-Subsystem für die Interpretation vorgeführter Prototyplösungen für Handhabungsaufgaben benötigt als wesentliche Komponenten ein System vernetzter Sensoren mit entsprechender Schnittstelle, einen Protokollmanager für die Logbuchführung, einen Parser zur Analyse des Logbuchs, eine auf temporale Aspekte der Analyse spezialisierte Instanz, ein Modul zur kausalen Analyse auf der Basis des temporalen Modells sowie einen allgemeinen Schlußfolgerungsapparat, der für die Lernfähigkeit des Gesamtsystems zuständig ist.

6.1 Der sensorische Apparat

Intensive Abstützung auf einen umfangreichen, vielseitigen und explizit steuerbaren Sensorapparat ist eine bestimmende Eigenschaft des vorgeschlagenen Systems. Ein brauchbares Sensorsystem sollte daher folgende besonderen Merkmale aufweisen:

1. **Hinreichend viele Wahrnehmungskategorien:** (Erfassung optischer, machanischer, geometrischer, thermischer, akustischer und anderer sowie abgeleiteter Größen, aber auch die Berücksichtigung von Texteingaben). Diese Forderung trägt dem oben formulierten "Analysierbarkeitspostulat" Rechnung und stellt sicher, daß sowohl eine allgemeine Orientierung in der Arbeitswelt als auch eine quantitative bzw. qualitative Beurteilung von Objekten und Situationen möglich ist.
2. **Explizite Sensortaxonomie:** Eine formale Beschreibung, aus der hervorgeht, welche Eigenschaften und Teile der Arbeitswelt auf welche Weise erfaßt werden können, soll sicherstellen, daß der Sensorapparat **gezielt** eingesetzt werden kann. Als Darstellungsform erscheint eine mehrstufige Klassenhierarchie geeignet. Danach umfaßt ein Sensorsystem verschiedene **Wahrnehmungskategorien** (Ebene 1; Beispiel: "Objektposition"). Eine bestimmte Wahrnehmungskategorie läßt sich unter Umständen mittels verschiedener **Sensortypen** erfassen (Ebene 2; Beispiel: "Entfernungsmesser"). Ein Sensortyp kann in verschiedenen **Sensorversionen** realisiert sein (Ebene 3), die sich zum Beispiel in den Parametern "Arbeitsbereich" und "Genauigkeit" unterscheiden mögen. Zu jeder im System definierten Sensorversion gehört wenigstens ein **individueller Sensor** (Ebene 4), der jeweils

alle für die übergeordneten Klassenebenen spezifizierten Merkmale ererbt und zu jedem Zeitpunkt genau einmal verfügbar ist (Beispiel: "der am Greifer angeflanschte Entfernungsmesser").- Eine solche Sensortaxonomie umfaßt auch implizit eine Beschreibung zu zwei weiteren Anforderungen an das Sensorsystem, nämlich:

3. **Räumliche Vielfalt:** Um eine vollständige Beobachtung zu gewährleisten, muß dafür gesorgt sein, daß stets genügend viele Sensorexemplare, ggf. auch des selben Typs und der selben Version zur Verfügung stehen, damit auch gleichartige Phänomene, die an verschiedenen Orten des Arbeitsbereichs auftreten, simultan erfaßt werden können.
4. **Redundanz:** Um eine zuverlässige Erfassung aller wichtigen Phänomene zu jedem Zeitpunkt zu garantieren, sollte das System darauf eingerichtet sein, bestimmte Aspekte der Welt auf verschiedenene Weisen zu bestimmen, sofern dies prinzipiell möglich ist (z.B. Positionsbestimmung per TV-Kamera oder Laser-Scanner). Zwar sollte aus Effizienzgründen zu jedem solchen Aspekt ein Standardverfahren definiert und bevorzugt verwendet werden, doch ist es nützlich, Ausweichmethoden zu erklären, die in Krisenfällen die benötigten Informationen auf andere Weise beschaffen.
5. **Autonomie der Sensoren und Uniformität nach außen:**
   Damit in einem u.U. äußerst umfangreichen und darüber hinaus dynamisch rekonfigurierbaren System verschiedener Sensoren der Überblick erhalten bleibt, müssen alle Sensoren gegenüber dem die Sensordaten verarbeitenden Programm ein **einfaches** und dabei **einheitliches** Bild zeigen. Dies führt zu zwei Forderungen:
   - **Autonomie:** Auf der Ebene des Sensorsystems werden **Sensoren als völlig selbständig operierende Einheiten** modelliert, welche unmittelbar die kompletten Meß- oder Beobachtungsdaten liefern. (Dies reduziert den allgemeinen Verwaltungsaufwand, ermöglicht echte Parallelisierung und unterstützt den Echtzeitbetrieb.)
   - **Uniformität:** Alle Sensoren kommunizieren mit dem jeweiligen Rest des Sensorsystems gemäß einem **einheitlichen Kommunikationsschema.** Man könnte den abstrakten Sensor als Prozeß mit vier Typen von **Kommunikationskanälen** modellieren: ein Ausgabekanal für die Meßdatensätze (das Produkt des Sensors), Eingabekanäle für die Resultate anderer Sensoren, ein Eingabekanal zum Empfang von Kommandos sowie Ausgabekanäle zur Abgabe von Kommandos an andere Sensoren oder Systemeinheiten (z.B. "Ich brauche von dir den aktuellsten Datensatz." oder "Ich habe einen Fehler - meine Daten sind unzuverlässig.").
6. **Explizite Deklaration der Sensornetz-Topologie:** Die Sensortaxonomie beschreibt nur die grundsätzlichen und individuellen Fähigkeiten der vorhandenen Sensoren. Für eine **zielgerichtete** Nutzung des Sensorsystems wird jedoch eine formale (d.h. von einem Programm verwertbare) Spezifikation der Möglichkeiten eines **konkreten Zusammenspiels** der verfügbaren Sensoren benötigt. In einer solchen Beschreibung ist jeder Sensor (jede Sensorklasse) ein eindeutig identifizierbares Objekt; diesem sind ein Name, eine Beschreibung gemäß der Sensortaxonomie, eine vollständige Spezifikation der Kommunikationskanäle sowie ein Schema zuzuordnen, aus dem hervorgeht, welche "Rolle" die auf diesen Kanälen fließenden Informationen für den Beobachtungsprozeß spielen. - Sensoren müssen nicht unbedingt physikalische Geräte sein, sondern können u.U. als Software-Module realisiert sein, welche die Werte anderer Sensoren kombinieren. In diesem Fall gehört zur Sensorbeschreibung die **Angabe eines entsprechenden Algorithmus**. - Jeder Sensor sollte eine Datenvorverarbeitung vornehmen. Damit ist z.B. gemeint, daß der Sensor **asynchron** arbeitet und nur dann einen Meßwert-Datensatz zur Aufnahme ins Protokoll liefert, wenn seine Beobachtungen bestimmten, individuell vorgebbaren Kriterien genügen. Zu einem solchen Sensor sind entsprechend Vorverarbeitungs- oder Filter-Algorithmen zu notieren. - Schließlich ist das Verhalten eines jeden Sensors auf der Kommandoebene zu beschreiben, da die diversen Sensoren hier ganz unterschiedliche Anforderungen stellen bzw. erfüllen (etwa unterschiedliche Betriebsmodus-Alternativen, inkompatible Selbstdiagnosefähigkeiten).

Der Sensorapaparat wird mit Hilfe des **Sensorinterface** so organisiert, daß seine Leistungen von den auswertenden Systemmoduln **flexibel** und **zielgerichtet** ausgenutzt werden können. Anhand von Bild 2 soll nun die Grobstruktur des gesamten untersuchten Systems umrissen und weiter erläutert werden.

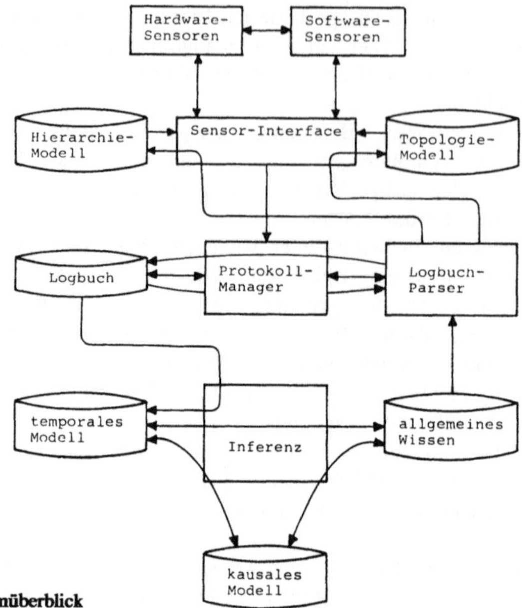

Bild 2. Grober Systemüberblick

6.2 Der Protokoll-Manager

Das Sensorinterface setzt einerseits alle vom Auswertungssystem geforderten Änderungen im Sensorapparat (Parameter- oder Topologieänderung) durch und spielt andererseits alle Meldungen über Messungen und komplexere Beobachtungen in der Arbeitswelt dem **Protokollmanager** zu. Dieser ist zuständig für Aufbau und Wartung der Protokoll-Datenstruktur (Logbuch). Sämtliche Zugriffe - insbesondere schreibende - irgend welcher Programmteile des Auswertesystems auf das Logbuch sind ausschließlich durch seine Vermittlung möglich. Während das Sensorinterface die Aufgabe hat, über die konkurrierend und parallel ablaufenden Sensorprozesse gewissermaßen **Regie** zu führen, hat der Protokollmanager dafür zu sorgen, daß die vielen anfallenden Informationen im richtigen **zeitlichen Kontext** notiert werden. Das Logbuch enthält dann zu jedem Zeitpunkt die gesamte Historie des Beobachtungsprozesses bis hin zur Gegenwart. Die Auswertung dieser Geschichte macht die Hauptaktivität der restlichen Systemkomponenten aus. Das **Ziel der Verarbeitung** ist dabei, in dieser Historie **möglichst viele konsistente höhere Konzepte wiederzuerkennen,** durch deren Kombination das Gesamtgeschehen während des Beobachtungszeitraums plausibel erklärt werden kann. Eine solche Erklärung ist *die* Grundlage für ein Verständnis des Wahrgenommenen, welches seinerseits erforderlich ist, um **das Beobachtete zu unabhängig davon erworbenem Wissen in Relation zu setzen und in verändertem Kontext nutzbringend anwenden zu können.** Wenn innerhalb des Logbuchs eine Teilsequenz **zweifelsfrei** als ein höheres Konzept erkannt worden ist, ist es sowohl legitim als auch nützlich, diese Teilsequenz als Ganzes durch eine **kompaktere Repräsentation** des selben Konzepts zu ersetzen. Der kritische Vorgang des irreversiblen Änderns von Teilen des Logbuchs wird vom Protokollmanager organisiert und überwacht. - Hypothesen über geeignete Interpretationen von Teilsequenzen des Protokolls werden vom Logbuch-Parser erzeugt und getestet:

6.3 Der Logbuch-Parser

Der **Logbuch-Parser** ist die nächste wichtige Systemkomponente. Er richtet seine Aufmerksamkeit ständig auf die letzten Protokolleinträge in der Hoffnung, in der jüngeren Geschichte Anhaltspunkte für das Vorliegen eines höheren Konzepts zu finden. Sobald solche Indizien vorliegen, wird ein neuer **Sub-Parser** abgezweigt, der parallel und unabhängig vom Hauptparser versucht, die neu kreierte Konzepthypothese zu verifizieren (und zugleich eventuell darin vorhandene Variablen zu instantiieren). Jeder Sub-Parser darf bei Bedarf rekursiv weitere untergeordnete Sub-Parser kreieren; dies trägt der Tatsache Rechnung, daß viele höhere Konzepte rekursiv aus einfacheren Konzepten aufgebaut sind. - Um ein Konzept möglichst rasch verifizieren zu können, sollen die Logbuch-Parser das Recht haben, die Konfiguration des Sensorsystems explizit zu verändern. Damit dies nicht in anarchistischer Weise geschieht, müssen diese Änderungswünsche (durch das Sensorinterface) auf einander abgestimmt werden.

Jeder vom Hauptparser abgezweigte Sub-Parser-Prozeß widmet sich also einer bestimmten Hypothese über den aus dem Protokoll einlaufenden Datenstrom, und diese Hypothese entspricht einem Konzept, das - wenn verifiziert - zur Weiterverarbeitung weitergereicht wird oder, wenn es nicht bestätigt werden kann, verworfen und vergessen wird. Würde jeder der Sub-Parser wirklich völlig unabhängig von den anderen Parser operieren, würde dies eine unüberschaubare Lawine von immer neu kreierten Sub-Parsern ergeben, die nach kurzer Zeit nicht mehr handhabbar ist. Aus diesem Grund ist von einem vernünftigen System zu verlangen, daß **die einzelnen Teil-Parser mit einander kooperieren**; dazu gehört eine gegenseitige Verständigung über die gerade bearbeiteten Konzepthypothesen, wodurch Mehrfacharbeit wenigstens teilweise vermieden werden kann. Insbesondere müssen verifizierte Hypothesen publik gemacht werden, um die **Unsicherheit** in den Annahmen, auf denen andere Sub-Parser ihre Verifikationsversuche stützen, zu mindern. Gelingt es einem Sub-Parser, freie Variablen einer hypothetischen Beschreibung des Beobachteten zu instantiieren, so sind diese Werte (je nach Lage als gesichertes Resultat oder als hypothetische Annahme) allgemein verfügbar zu machen. Hier bietet sich eine globale Datenstruktur in Form eines **Blackboard** nach dem Vorbild von Hearsay-ähnlichen Systemen an [11], [12]. Ungeklärt ist bislang, ob eine solche Architektur mit den Forderungen nach einem hohen Informationsdurchsatz verträglich ist.

Ist ein bestimmtes Konzept im Protokoll definitiv erkannt worden, so kann es erst dann sinnvoll weiterverarbeitet werden, wenn es mit definierten **Zeitmarken** versehen worden ist; das ist beispielsweise der Zeitpunkt, zu dem das Konzept (bzw. seine Inkarnation) beginnt, der, wo es endet, oder bei singulären Konzepten der isolierte Zeitpunkt, der zu diesem Konzept gehört, z.B. das Eintreten einer Kontaktsituation oder das Schließen des Geifers. Solche mit einer Zeitmarke versehenen Konzepte können dann von den nachfolgenden Stufen weiterverarbeitet werden, z.B. im Sinn von Allens **temporaler Logik** [13]. Sie können zu einander in Bezug gesetzt werden mit dem Ziel, Kriterien zu finden, nach denen aus diesen temporalen Zusammenhängen **kausale Beziehungen** hergeleitet werden können; diese kausalen Strukturen aufzudecken, macht letztlich das Verstehen des Beobachteten aus.

Die Arbeit an dem skizzierten System zur Teach-Programmierung wissensgestützt beobachtender Roboter gilt derzeit vorwiegend der Evaluierung verschiedener Ansätze zur Interpretation von nebenläufigen Manipulationsprotokollen; Techniken zum Verarbeiten natürlicher Sprache und zum Verstehen von Geschichten (script-basiert) dienen dabei naheliegenderweise als Vorbild. An zweiter Stelle stehen Versuche zu Aufbau und Wartung von **temporalen Modellen** nebenläufiger Vorgänge. Am wenigsten fortgeschritten sind die Überlegungen zu dem eigentlichen und interessantesten Problem, wie man unter Zuhilfenahme von **Vorwissen** aus dem rein temporalen Modell des demonstrierten Vorgangs ein **kausales Modell** ableiten kann. Hier spielt analogisches Schließen eine zentrale Rolle. Die Aussichten, auf fertige Ergebnisse oder wenigstens konkrete Anregungen aus anderen Anwendungsgebieten der Künstlichen Intelligenz oder anderen Disziplinen der Informatik zurückgreifen zu können, scheinen hier derzeit noch sehr ungünstig.

7. Literatur

1. Brady, M.: Artificial Intelligence and Robotics. Artificial Intelligence, Vol. 26, 1985, 79-121
2. Dufay, B.; Latombe, J.-C.: An Approach to Automatic Robot Programming Based on Inductive Learning. The International Journal of Robotics Research, Vol. 3, No. 4, Winter 1984, 3-20
3. Levas, A.; Selfridge, M.: A User-Friendly High-Level Robot Teaching System. IEEE Internat. Conf. on Robotics, Atlanta, March 1984, 413-416
4. Segre, A. M.; DeJong, G.: Explanation-Based Manipulator Learning: Acquisition of Planning Ability Through Observation. IEEE Internat. Conf. on Robotics & Automation, March 1985
5. Summers, P. D.; Grossman, D. D.: XPROBE: An Experimental System for Programming Robots by Example. The International Journal of Robotics Research, Vol. 3, No. 1, Spring 1984, 25-39
6. Heyers, R.: Zur Bedeutung der Künstlichen Intelligenz für geschickte Roboter. Fachgespräch Robotik, GI-Jahrestagung, Braunschweig, 1984
7. Rembold, U.; Blume, C.: Programming Languages And Systems For Assembly Robots. Computers in Mechanical Engineering, January 1984, 61-68
8. Gruver, W. A.; Soroka, B. I.; Craig, J. J.; Turner, T. L.: Industrial Robot Programming Languages: A Comparative Evaluation. IEEE Trans. SMC-14, No. 4, July/August 1984, 565-570
9. Blume, C.; Jakob, W.: Design of the Structured Robot Language (SRL). In: Advanced Software in Robotics, A. Danthine and M. Geradin (eds.), North-Holland, 1984, 127-143
10. Hirzinger, G.: Adaptiv sensorgeführte Roboter mit besonderer Berücksichtigung der Kraft-Momenten-Rückkopplung. Robotersysteme 1, 1985, 161-171
11. Erman, L. D.; Hayes-Roth, F.; Lesser, V. R.; Reddy, D. R.: The Hearsay-II Speech-Understanding System: Integrating Knowledge to Resolve Uncertainty. ACM Computing Surveys, Vol. 12, No. 2, June 1980, 213-253
12. Nii, P. H.; Feigenbaum, E. A.; Anton, J. J.; Rockmore, A. J.: Signal-to-Symbol Transformation: HASP/SIAP Case Study. The AI Magazine, Spring 1982, 23-35
13. Allen, J. F.: Maintaining Knowledge about Temporal Intervals. Comm. ACM, Vol. 26, No. 11, November 1983, 832-843

Eine Auswahl weiterer anwendbarer Literatur:

14. Hendrix, G. G.: Modeling Simultaneous Actions and Continuous Processes. Artificial Intelligence, Vol. 14, 1973, 145-180
15. Salisbury, K.; Brock, D.; Chiu, S.: Integrated Language, Sensing and Control for a Robot Hand. 3rd International Symposium of Robotics Research, Gouvieux, France, 54-61
16. Cheeseman, P.: A Representation of Time for Automatic Planning. IEEE International Conference on Robotics, Atlanta, March 1984, 513-518
17. Kempf, K. G.: Artificial Intelligence Applications in Robotics - A Tutorial. IJCAI-83 Tutorial on Artificial Intelligence, Karlsruhe, August 1983
18. Georgeff, M.; Bonollo, U.: Procedural Expert Systems. Procs. IJCAI-8, 1983, 151-157
19. Goldstein, I. P.; Grimson, E.: Annotated Production Systems - A Model for Skill Acquisition. Procs. IJCAI-5, 1977, 311-317
20. Schank, R. C.; Abelson, R. P.: Scripts, Plans, Goals and Understanding. Lawrence Erlbaum Associates, Hillsdale, 1977.

Ein Konzept für ein Roboter-Aktionsplanungssystem

B. Frommherz und K. Hörmann

Universität Karlsruhe
Institut für Informatik III
Forschungsgruppe Prozeßrechentechnik
und Robotik
(Leiter : Prof. Dr.-Ing. U. Rembold)

Zusammenfassung

Der folgende Beitrag beschreibt das Konzept eines hierarchischen Roboter-Aktionsplanungssystems zur Planung von Montageoperationen. Die Funktionen der verschiedenen Planungsebenen und die bei ihnen zugrundegelegte Information wird beschrieben. Schließlich wird die Realisierung des ersten Prototyps des Planungssystems vorgestellt.

1. Einleitung

Unter einem Aktionsplanungssystem versteht man allgemein ein System, das ausgehend vom aktuellen Zustand einer Datenbasis und der Beschreibung eines gewünschten Zielzustandes eine Folge von Aktionen generiert, die die Datenbasis vom Ausgangszustand schrittweise in den Zielzustand überführen. Dem Benutzer des Systems fällt somit lediglich die Spezifikation des Zielzustandes zu, während das System das Problem löst, wie der Zielzustand erreicht werden kann.

Das Schema für ein Aktionsplanungssystem für Montageroboter ist in Bild 1 dargestellt. Das System erhält als Eingabe eine Beschreibung der zu lösenden Montageaufgabe. Das Ergebnis des Planungsprozesses ist eine Beschreibung der dafür notwendigen Einzelaktionen, deren zeitlicher Verlauf und der für die Ausführung notwendigen Betriebsmittel wie Roboter, Greifer, Einspannvorrichtungen, usw. Die im Plan enthaltene Information entspricht von Art und Umfang her der Information, wie sie auch in einem entsprechenden Programm für die Roboter einer Montagezelle enthalten sein muß.

Ein Aktionsplanungssystem bearbeitet also dieselben Probleme, die auch der Roboterprogrammierer beim Erstellen eines Roboterprogramms lösen muß, wenn er eine bestimmte Montageaufgabe mit Hilfe eines Roboters durchführen lassen will. Hinzu kommt jedoch, daß das Planungssystem geometrieabhängige Aktionen wie Armbewegungen, Greifaktionen, usw. aufgrund geometrischer Modelle berechnen muß, während sich der Mensch bei den meisten dieser Probleme durch nachträgliches "Teachen" an der realen Anlage behilft. Daraus ergibt sich, daß das Planungssystem zu den gleichen Informationen Zugriff haben muß, wie sie auch der Mensch bei der Lösung dieser Probleme benötigt. Insbesondere muß eine detaillierte Beschreibung über Form, Größe und Lage der beteiligten Objekte vorliegen. Eine geometrische Beschreibung liegt i.a. in einer CAD-Datenbasis vor, die in der Regel in eine für das Planungssystem geeignete interne Repräsentationsform übertragen werden muß.

Planungsverfahren in der Robotik zur Lösung solcher realen Welt - Probleme befinden sich derzeit eher noch im Grundlagenstadium [Hoermann 85a] . Insbesondere die geometrischen Planungsprobleme für eine hohe Zahl von Bewegungsfreiheitsgraden unter gleichzeitiger Berücksichtigung geometrischer Unsicherheiten der realen Welt sind äußerst komplex. Auch die Schnittstelle zwischen der geometrischen Planung und der symbolischen Planung bereitet einige Schwierigkeiten : von einem echten *Verständnis* der Geometrie, wie es dem Menschen eigen ist, ist man bei wissensbasierten Systemen noch weit entfernt. Ein solches Verständnis ist aber notwendig, um ein kausal gerichtetes Backtracking von der geometrischen Planungsebene auf die symbolische Ebene durchführen zu können.

Diese Probleme spiegeln sich auch in den existierenden Ansätzen zu Aktionsplanungssystemen für Roboter wieder. Die frühen, rein KI-orientierten Systeme wie z.B. STRIPS, [Fikes 71] ABSTRIPS, [Sacerdoti 74] HACKER, [Sussman 75] BUILD [Fahlman 73] und NOAH [Sacerdoti 75] waren nicht dafür konzipiert Probleme in der realen Welt mit Robotern zu lösen. Oft arbeiten sie in einer abstrahierten, idealen Welt (der sog. *blocks world*).

STRIPS und ABSTRIPS beispielsweise wurden angewendet, um Aktionen für den mobilen Roboter SHAKEY zu planen. Dieser Roboter bewegte sich in einer Welt bestehend aus mehreren Zimmern und angefüllt mit einfachen geometrischen Objekten, die der Roboter manipulieren konnte. Der Roboter löste Aufgaben der Art wie z.B., einen Lichtschalter in einem anderen Zimmer zu betätigen und löste dazu Probleme wie z.B., Rampen aus Objekten zusammen zu bauen, um Stufen zu überwinden. Diese Welt wurde jedoch sehr sorgfältig von realen Problemen wie etwa geometrischen Unsicherheiten befreit. HACKER und BUILD arbeiteten in einer abstrakten blocks world. BUILD integrierte dabei aber schon dreidimensionale geometrische Modelle der Objekte und behandelte die Berührung von Objekten und den Einfluß von Schwerkraft und Reibungskräften. Geometrische Unsicherheiten wurden jedoch nicht berücksichtigt. NOAH wurde angewendet in der Montage von elektromechanischen Bauteilen und gab einem menschlichen Operateur Anweisungen. NOAH konnte auf Nachfragen seine Anweisungen detaillieren und auch im Fehlerfall einen neuen Plan generieren. Durch die Zwischenschaltung eines menschlichen Operateurs wurden natürlich die ganzen Detailfehler ausgeschlossen, die bei einem Roboter auftreten würden.

[Taylor 76] beschreibt einen Ansatz zur Synthese von sensorbasierten Programmen der Robotersprache AL. Taylor verfolgt die Methode der Parametrisierung vorgefertigter prototypischer Strategien (sog. *procedure skeletons*). Solche Strategien enthalten ein Gerüst aus Bewegungen, Fehlertests und Berechnungen für eine bestimmte Klasse von Aufgaben. Das Planungssystem führt anhand eines Weltmodells geometrische Berechnungen und Fehlerrechnungen durch und entscheidet dann über die Anwendbarkeit einer Strategie und ihre Parametrisierung. Ähnliche Verfahren basierend auf procedure skeletons benutzt das LAMA-System [Lozano-Perez 77] .

Für das System AUTOPASS [Lieberman 77] wurde die Syntax und Semantik einer impliziten Roboterprogrammiersprache definiert. Der Forschungsschwerpunkt dabei war die Entwicklung eines Verfahrens zur Planung kollisionsfreier Bahnen für einen kartesischen Roboter.

Einer der neueren Ansätze ist der Vorschlag für das ATLAS-System [Lozano-Perez 84]. ATLAS vereint in sich einige erfolgversprechende Verfahren zur Feinbewegungssynthese, zur Planung kollisionsfreier Bahnen und zur Planung von Greifkonfigurationen. Die Eingabespezifikation wird hierarchisch zerlegt in Planungsinseln und für jede dieser Inseln werden die Vorbedingungen der Anwendung und die Auswirkungen der Anwendung in Form von symbolischen Ausdrücken über Planvariablen berechnet. Mit der *constraint propagation* Technik als Kommunikationsmechanismus zwischen den Planinseln werden symbolische Berechnungen über die Sequenz der Inseln hinweg ausgeführt, um die Planvariablen mit Werten besetzen zu können. Dabei kann es zu *backtracking* kommen, wenn die Vorbedingungen späterer Planinseln nicht befriedigt werden können, um die Sequenz zu modifizieren. Als einziges System integriert es auch Verfahren der Konfigurationsplanung und berücksichtigt die gegenseitigen Abhängigkeiten zwischen Konfiguration und Aktion.

Ein weiterer interessanter Ansatz ist das SHARP-System [Laugier 85] , das aus drei Subplanungssytemen für automatisches Greifen, kollisionsfreie Bahnen und Feinbewegungsplanung besteht. Die Koordination dieser Module wird ebenfalls mit constraint propagation vorgenommen.

2. Architektur des Roboter-Aktionsplanungssystems

Bei dem hier vorgestellten System verläuft der gesamte Planungsprozeß über eine Hierarchie von Planungsebenen, wobei auf jeder Ebene der Plan durch weitere Details verfeinert wird. Dabei hängt die Entscheidung auf einer Ebene von früher getroffenen Entscheidungen ab. Falls es mehrere Entscheidungsmöglichkeiten gibt, von denen zum Zeitpunkt der Entscheidung keine favorisiert werden kann, wird willkürlich eine Wahl getroffen. Wenn auf einer Ebene keine Lösung existiert, wird versucht, durch Revision früherer Entscheidungen eine harmonisierende Lösung zu finden (Backtracking).

Die verschiedenen Planungsebenen des Roboter-Aktionsplanungssystems sind in Bild 2 dargestellt.

Die oberen vier Planungsebenen können zusammengefasst werden zu der sogenannten *Strategieplanung*. Dort wird die gestellte Montageaufgabe in kleinere Teilaufgaben unterteilt, die Betriebsmittel dafür bestimmt und schließlich die daraus resultierenden Einzelaktionen abgeleitet. Als Grundlage für diese Planungsschritte dienen logische Relationen zwischen den vorhandenen Objekten der Umwelt, wobei lediglich deren Topologie, nicht aber die Geometrie relevant ist.

Die unteren Ebenen sind für die detaillierte Planung der Bewegungen zuständig. Hier wird versucht, für den von der Strategieplanung vorgeschlagenen Grobplan die noch fehlenden Bewegungs- und Greifparameter zu bestimmen. Ein Hauptproblem stellt dabei die Kollisionsvermeidung dar, weswegen ein detailliertes geometrisches Modell für die Entscheidungsfindung notwendig ist. Diese Ebenen können deshalb unter dem Begriff *Geometrische Planung* zusammengefaßt werden. Eine genauere Beschreibung dieser Ebenen folgt in den nächsten Kapiteln.

2.1 Die Strategieplanung

Die Strategieplanung leitet aus einer Aufgabenspezifikation einen Grobplan für die Lösung der gestellten Aufgabe ab. Zum Verständis der verschiedenen Planungsebenen ist es notwendig zu wissen, in welcher Form die Beschreibung der Aufgabe vorliegt:

2.1.1 Die Beschreibung der Aufgabe

Die Struktur einer Montageaufgabe wird normalerweise in Form einer technischen Zeichnung dokumentiert. Für die algorithmische Beschreibung eignet sich diese Form jedoch nicht, da bei der Montage die Reihenfolgebeziehungen der Einzelteile eine wesentliche Rolle spielt. Diese Beziehungen können jedoch aufgrund der Teilegeometrie abgeleitet und zusammen mit anderen relevanten Informationen in Form eines gerichteten Graphen dargestellt werden. Für die Bedürfnisse des Planungssystems wurde der sogenannte "gerichtete Montagegraph" um weitere Informationen ergänzt.

Der einfache Montagegraph für den Cranfield Montagesatz ist in Bild 3 dargestellt. Bei dieser Montageaufgabe handelt es sich um eine genormte Testaufgabe, die von dem Forschungsinstitut Cranfield entworfen wurde, um die Fähigkeiten von Montagerobotern vergleichen zu können. Der Montagesatz hat quasi die Funktion eines Benchmarks für Montageroboter [Collins 84] . Die verschiedenen Werkstücke, die gefügt werden sollen, sind jeweils als Knoten dargestellt, wobei diejenigen Werkstücke, die im Lauf der Montage aneinanderzufügen sind, durch Kanten verbunden sind. Jede Kante entspricht somit einem Fügevorgang.

Da bei einer Montage die Reihenfolge der verschiedenen Fügevorgänge i.A. nicht frei wählbar ist, werden die Prioritäten der Fügevorgänge im Montagegraph durch die Richtung der Kanten markiert. Eine Kante (ein Fügevorgang) darf erst dann abgearbeitet werden, wenn alle Kanten der Vorgänger abgearbeitet worden sind.

Die Information des Montagegraphen wurde um die Aussage ergänzt, welche Flächen der Werkstücke bei einem Fügevorgang in Kontakt zu bringen sind. Dennoch beinhaltet die Struktur keine geometrischen Informationen, sondern nur symbolische Relationen, die allerdings von der Geometrie der verschiedenen Objekte abgeleitet worden sind. Die Einschränkung der möglichen Montagereihenfolgen ergibt sich z.B. meist aus der Geometrie der Werkstücke und des Greifers.

Der Montagegraph stellt also bereits eine aufgearbeitete Form der gestellten Montageaufgabe dar. Er setzt voraus, daß man sich bei dem speziellen Montageproblem bereits für ein sogenanntes Basisteil entschieden hat, auf dem die Montage im wesentlichen ausgeführt werden soll. Das Basisteil muß eine Reihe verschiedener Kriterien erfüllen. So muß es z.B. geeignete Spannflächen besitzen und eine möglichst große Anzahl von Einzelteilen muß direkt auf das Basisteil gefügt werden können, ohne daß das Teil vorher gewendet werden muß. Der Montagegraph schreibt ferner die Montagereihenfolge nicht fest vor, sondern beschreibt lediglich notwendige Einschränkungen der Reihenfolge. Somit bestehen noch Freiheitsgrade bezüglich der endgültigen Montagereihenfolge.

2.1.2 Die Planungsebenen der Strategieplanung

Die oberste Planungsebene der Strategieplanung übernimmt die Aufgabe, aus der Menge der in der Montageaufgabe spezifizierten Ziele eines auszuwählen. Die Grundlage für diese Entscheidung bilden die in der Aufgabenbeschreibung festgelegten Reihenfolgebeziehungen. Es bringt auf dieser Ebene wenig Vorteile, die verbleibenden Freiheitsgrade durch den Einsatz von Heuristiken zu optimieren. Ein Beispiel dafür liefert der Montagesatz. Es bestehen zu Beginn fünf gleichberechtigte Möglichkeiten, die Montage fortzuführen, da die Reihenfolge, in der die Abstandsstücke (spacer) und die Achse (shaft) auf die Seitenplatte 1 (sideplate 1) montiert werden sollen, nicht von Bedeutung ist. Die Festlegung einer Reihenfolge könnte aufgrund der Hindernisanalyse notwendig sein, wenn z.B. ein Abstandsstück erst dann gegriffen werden kann, wenn andere Abstandsstücke bereits von ihrer Ausgangsposition entfernt wurden. Dieser Sachverhalt kann erst von der Geometrieplanungsebene aufgedeckt werden. Wenn jedoch zum Zeitpunkt der Aufgabenstellung bekannt ist, daß es aufgrund des Layouts und der Teilegeometrie zu Schwierigkeiten kommen wird, so sollte der Mensch dieses Wissen durch eine zusätzliche Einschränkung der Reihenfolge festhalten. Der Mensch antizipiert damit Entscheidungsprozesse des Planungssystems, die eine Reihe von zeitlich aufwendigen Backtracking-Operationen kosten würden. Die Notwendigkeit für solche Maßnahmen ist ein sicherer Hinweis auf ein montagegerechteres Layout.

Auf der nächsten Planungsebene wird untersucht, ob das ausgesuchte Ziel durch Zwischenziele verfeinert werden muß oder ob es innerhalb eines Operationszyklus erreicht werden kann. Unter einem Operationszyklus ist die folgende, in Roboterprogrammen häufig vorkommende Grundsequenz zu verstehen:

1. Bewegung des Arms ohne Objekt
2. Anrücken an ein Objekt
3. Objekt greifen
4. Objekt von anderem Objekt trennen
5. Abrücken

6. Bewegung des Arms mit Objekt
7. Objekt anderem Objekt annähern
8. Objektverbindung herstellen
9. Objekt loslassen
10. Abrücken

Ziele, die durch einen Abschnitt dieser Sequenz vom aktuellen Zustand aus erreicht werden können, seien *einfache Ziele* genannt. Auf dieser Planungsebene wird nun versucht, dem ausgewählten Ziel falls notwendig ein Zischenziel voranzustellen, über das das ausgewählte Ziel einfach erreicht werden kann. Sollen z.B. die Werkstücke X und Y verbunden werden, so können u.a. die folgenden Umstände das Ziel erschweren:

1. Objekt X kann nicht gegriffen werden, da andere Objekte das Objekt verdecken.
2. Objekt Y ist an der relevanten Fläche verdeckt.
3. Objekt Y muß vorher umgesetzt werden, um die notwendigen Flächen frei zu machen.
4. Objekt Y muß vorher eingespannt werden, da das Herstellen der gewünschten Verbindung das Objekt bestimmten Kräften aussetzt.

Im ersten Fall muß beispielsweise für jedes im Weg liegende Objekt das Zwischenziel generiert werden, dieses Objekt an einen anderen Ort zu legen, an dem es beim weiteren Montageverlauf nicht stört. Das Ergebnis dieser Planungsebene ist also eine Sequenz von Zielen, die nacheinander durch einen einfachen Operationszyklus erreicht werden können. Dabei wird von einer virtuellen Roboterzelle ausgegangen, von der angenommen wird, daß sie die notwendigen Operationen zur Verfügung stellt.

Die Abbildung der virtuellen Roboterzelle auf die physikalische wird im nächsten Planungsschritt vorgenommen. Die Grundlage für die Entscheidung bildet das Wissen über die Funktionalität der verschiedenen Komponenten der Zelle, das z.T. von geometrischen Gegebenheiten abgeleitet werden kann. Z.B. muß einer Greifoperation ein geeigneter Greifer zugeordnet werden. Dazu ordnet man jedem Werkstück und jedem Greifer verschiedene Klassen von Greifpositionen zu und bezeichnet die beim jeweiligen Griff bedeckten Flächen. Soll ein Werkstück von einer Ausgangs- in eine bestimmte Zielposition gebracht werden, so kommt dafür nur ein Griff eines Greifers in Frage, bei dem am Objekt nur solche Flächen bedeckt werden, die in Ausgangs- und Zielposition frei sind. Ein Objekt darf also nicht dort gegriffen werden, wo es aufliegt oder wo es montiert werden soll. Bei der Wahl eines Arms wird betrachtet, ob er den bestimmten Greifer hat oder anflanschen kann, und ob er das Objekt in Ziel- als auch in Ausgangsposition erreichen kann. Diese Entscheidung setzt die Berechnung der einzelnen Positionen voraus, sowie die Auswertung der kinematischen Gleichung des Roboters unter Berücksichtigung des bestimmten Greifers. Falls für die Erreichung eines Ziels keine Betriebsmittel gefunden werden können, die alle notwendigen Fähigkeiten besitzen, muß nach einem Zwischenziel gesucht werden, für das folgendes gilt:

1. Es sind Betriebsmittel bestimmbar, die eine Änderung der Umwelt vom aktuellen Zustand zum Zwischenziel hin bewirken können.
2. Es sind Betriebsmittel bestimmbar, die eine Änderung der Umwelt vom erreichten Zwischenziel in den Folgezustand hin bewirken können.

Beispiele:

1. Ein Werkstück liegt auf einer der Greifflächen, die für einen Griff benötigt wird, um die anstehende Operation mit dem Werkstück durchführen zu können. Es wird nach der Möglichkeit gesucht, das Werkstück entsprechend umzulegen, um den Griff ausführen zu können.
2. In einer Roboterzelle mit zwei Armen liegen Ausgangs- und Zielposition eines Werkstücks in den Arbeitsbereichen verschiedener Arme. Eine Lösung besteht darin, das der eine Arm das Objekt greift und es dem anderen Arm entweder direkt reicht, oder aber es in seinen Arbeitsbereich legt. Die verschiedenen Lösungen hängen von den Griffverhältnissen ab.

3. Ein Bolzen soll waagrecht in ein Loch versenkt werden, so daß das Ende bündig mit der Oberfläche ist. Für einen Zweifingergreifer existiert keine direkte Möglichkeit, das Ziel zu erreichen. Die Lösung besteht darin, daß der Bolzen zuerst nur zur Hälfte eingeführt wird (Zwischenziel), um schließlich in seine endgültige Position bewegt zu werden.

Nachdem diese Planungsstufe abgeschlossen ist, besteht der Plan aus einer Folge von Zielen, denen Betriebsmittel zugeordnet sind. Je nach aktuellem Zustand werden nun dafür die entsprechenden Operationen des Operationszyklus abgesetzt. Das Ergebnis dieser Planungsstufen stellt ein vollständiger Ablaufplan dar, der Betriebsmittel und Aktionen festlegt. Auf den folgenden Planungsebenen sollen nun die geometrischen Parameter detailliert bestimmt werden. Falls aufgrund der späteren Hindernisanalyse eine vorgeschlagene Aktion nicht realisiert werden kann, müssen bereits getroffene Entscheidungen revidiert und durch andere ersetzt werden, um doch noch eine Lösung zu finden. Die geometrische Planungsebenen sind im folgenden Kapitel näher beschrieben.

2.2 Die geometrische Planung

Die geometrische Planungsebene ist im Wesentlichen das, was in der Literatur als ***implizite Programmierung*** bezeichnet wird. Bei der impliziten Programmierung wird eine Handhabungsaufgabe ***implizit*** durch die Beschreibung von Zuständen bzw. Zustandsänderungen in einem Umweltmodell beschrieben und nicht durch die ***explizite*** Angabe von Roboterbewegungen, die zum Erreichen dieser Zustände nötig sind. Eine ***very high level*** Spezifikation etwa der Art

> "Füge Bolzen in Bohrung, so daß Fläche Bolzen.x auf Fläche Bohrung.y liegt"

soll also umgesetzt werden in eine Sequenz von Aktionen, um dieses Ziel zu erreichen. Diese Sequenz könnte in diesem Beispiel etwa so aussehen :

- Bewegung des Roboterarms in die Nähe des Aufnahmeorts des Bolzens
- Sensorüberwachte Bewegung zum Greifpunkt
- Sensorüberwachtes Schließen des Greifers
- Bewegung vom Greifpunkt weg
- Bewegung in die Nähe des Werkstücks
- Sensorüberwachtes Aufsetzen in der Nähe der Bohrung
- Sensorgesteuertes Suchen der Bohrung
- Sensorgesteuertes Fügen des Bolzens in die Bohrung

Die Bewegungen müssen dabei so berechnet sein, daß keine Kollisionen des Roboterarms, des Greifers und des Bolzens mit der Umgebung möglich sind. Besondere Aufmerksamkeit benötigen auch geometrische Unsicherheiten, d.h. die Aktionsfolge muß so beschaffen sein, daß der Plan trotz kleiner Abweichungen der Umweltgeometrie von ihrer nominalen Spezifikation zum Erfolg führt.

Solche Systeme benötigen also sehr intelligente Fähigkeiten, wie etwa :

— mögliche Arten ein Objekt zu greifen planen und auswählen zu können
— Transferbewegungen des Roboters so planen zu können, daß keine Kollisionen auftreten
— Feinbewegungen des Roboters zum Verbinden von Teilen in der Montage planen zu können
— den Einsatz von Sensoren, die Interpretation von Sensordaten und Korrekturmaßnahmen in Fehlerfällen planen zu können

Typisch für komplexe Bewegungen dieser Art ist, daß sie nicht in *einem* Algorithmus geplant werden können. Es ist aber möglich, die Teilbewegungen mit spezialisierten Planungsverfahren (z.B. Greifplanung, Bahnplanung, Feinbewegungsplanung) zu planen. Erste Implementierungsergebnisse auf den Gebieten Greifplanung und Planung kollisionsfreier Bahnen liegen bereits vor (siehe folgende Kapitel). Dabei ergibt sich aber das Problem der Abstimmung der Teilbewegungen untereinander. Die Teilbewegungen sind ja keineswegs voneinander unabhängig, so daß sich die Problemlösung darauf beschränken könnte, eine passende Aufeinanderfolge dieser Teilbewegungen zur Zielerreichung zu finden. Abhängigkeiten bestehen beispielsweise :

- *Zwischen Greifplanung und Bahnplanung* : manche Greifkonfigurationen können nicht mit einer kollisionsfreien Bahn erreicht werden.
- *Zwischen Feinbewegungsplanung und Greifplanung* : ein Griff darf keine Objektflächen benutzen, die während der Feinbewegung in Kontakt mit anderen Objektflächen kommen soll.
- *Zwischen Greifplanung und Greifplanung* : ein Griff muß sowohl beim Greifen des Objekts als auch beim Loslassen des Objekts identisch sein und in beiden Fällen eine kollisionsfreie *Approach/Departure-Trajektorie* besitzen.

Da sich für eine Teilbewegung in der Regel mehrere Lösungen finden lassen, ergibt sich für die zusammengesetzte Bewegung ein kombinatorisches Problem. Bild 4 zeigt ein Beispiel hierzu für eine einfache *pick and place* - Aufgabe. Ein Objekt soll von einem Ort 1 zu einem Ort 2 gebracht werden. Hierzu muß zunächst eine Greifoperation stattfinden, bestehend aus einer Annäherung mit dem Greifer an die Greifposition (*approach*) und der Greifoperation selbst. Danach wird eine Feinbewegung mit dem gegriffenen Objekt durchgeführt, dann eine Transferbewegung und dann wieder eine Feinbewegung. Darauf folgt das Loslassen des Objekts (*ungrasp*) und das Wegbewegen (*departure*) aus der Greifposition.

Da die grasp-, die ungraspoperation, die approach- und die departure-Bewegung unmittelbar zusammenhängen, werden diese zusammen von der Greifplanung geplant. Wir nehmen weiter an, der *fine motion set* enthalte die Paare von möglichen Feinbewegungen. Dann ergibt sich ein Lösungsbaum wie in Bild 4 dargestellt. Jedes Paar von Feinbewegungen ergibt dann eine andere Menge von Lösungen für das Greifproblem. Jede Lösung des Greifproblems ergibt eine andere Lösung für das Bahnplanungsproblem. Aufgabe der geometrischen Planung ist es nun, die notwendigen Regeln bereitzustellen, um den Lösungsbaum sukzessive zu generieren. Außerdem müssen Regeln die Vorgehensweise in bestimmten Konfliktfällen beschreiben. Kann z.B. auf einer Ebene keine Lösung gefunden werden, muß Zurücksetzen auf eine höhere Ebene stattfinden.

2.2.1 Planung kollisionsfreier Bahnen

Die Anforderungen an das zu entwickelnde Verfahren [Hoermann 86b] waren :

1. Das Verfahren sollte in einem Aktionsplanungssystem für Roboter eingesetzt werden [Hörmann 85b] .
2. Die Einschränkungen jeglicher Art und die Komplexität sollten in einem solchen Verhältnis stehen, daß eine Implementierung des Verfahrens praktikabel ist und für reale Probleme eingesetzt werden kann.
3. Das Verfahren sollte insbesondere für Roboter der schwierigsten Kinematik und Geometrie mit sechs rotatorischen Achsen geeignet sein (sog. PUMA-Klasse, nach dem Modell PUMA der Fa. Unimation). Es sollte Bewegungen der Hand mit sechs Freiheitsgraden planen können.

Diese Anforderungen führten zu dem folgenden Lösungsansatz :

Schulter und Arm einerseits und Hand und Last andererseits werden mit zwei verscheidenen Verfahren behandelt. Für Schulter und Arm wird ein Konfigurationsraumansatz verwendet. Als Besonderheit dabei werden keine Gelenkwinkel, sondern die kartesischen Koordinaten eines Referenzpunkts (im Handgelenk) als Parameter des Konfigurationsraums verwendet. Die Hindernisse für den Roboter werden als Konfigurationsraumhindernisse in diesen kartesischen Raum abgebildet. Das Problem bei der Verwendung des kartesischen Raums ist die Mehrdeutigkeit eines Punkts in diesem Raum in Bezug auf die Kinematik des Roboters (d.h. ein Punkt im kartesischen kann durch mehrere Gelenkkonfigurationen realisiert werden). Dieses Problem wird dadurch behandelt, daß für die einzelnen Armglieder und ihre verschiedenen kinematischen Zustände verschiedene Konfigurationsraumhindernisse berechnet werden. Bei der Bahnplanung wird dann das Wissen, in welchem kinematischen Zustand der Roboter sich gerade befindet benutzt, um die gerade zutreffenden Konfigurationsraumhindernisse zu vermeiden. Für die Übergänge zwischen den kinematischen Zuständen lassen sich einfache Übergangsbedingungen im Konfigurationsraum formulieren und überwachen. Als Repräsentationsform für den kartesischen Konfigurationsraum wird eine Zellenstruktur verwendet. Diese Zellenstruktur wird durch ein Raumgitter mit Kuben gleicher Kantenlänge realisiert.

Dieses Prinzip ermöglicht eine Entkopplung der Glieder insofern, daß sich die Form eines Gliedes nicht aufgrund irgendwelcher Konfigurationsparameter ändert. Im Vergleich zum Konfigurationsraumansatz basierend auf Gelenkwinkeln können also die Konfigurationsraumhindernisse wesentlich genauer approximiert werden, die Ungenauigkeit wird im wesentlichen durch die Auflösung des Kubusgitters bestimmt.

Eine sichere Bahn für Schulter und Arm kann nun durch eine Bahn des Referenzpunkts außerhalb der Konfigurationsraumhindernisse realisiert werden. Eine solche Bahn des Referenzpunktes besteht aus einer verbundenen Sequenz von Kuben, die keinem Konfigurationsraumhindernis eines bestimmten kinematischen Zustands angehören. Angenommen sei zunächst der einfachste Fall : Anfangs- und Zielkonfiguration der Bewegung laßen sich durch den gleichen kinematischen Zustand Z_a realisieren. Eine Bahn B verbundener Kuben C_i ist dann sicher, wenn keiner der C_i zu einem Konfigurationsraumhindernis O_j^{Cka} (für alle Objekte j und alle Armglieder k im Zustand a) gehört.

In den schwierigeren Fällen müssen die kinematischen Zustände auf der Bahn abwechseln. Dies ist sicher notwendig, wenn Anfangs- und Endkonfiguration nicht zum selben Zustand gehören. Aber auch wenn dies nicht der Fall ist kann es notwenig sein, implizite Zustandswechsel vorzunehmen, wenn sich keine Bahn für einen einzigen Zustand finden läßt.

Durch die Verwendung des kartesischen Konfigurationsraums können für die Planung der Handbewegungen einfache Abstandsfunktionsverfahren angewendet werden. Zunächst wird aus der Kubusstruktur durch lokale Distanzoperatoren ein dreidimensionales Abstandsbild erzeugt. D.h. für jeden Kubus außerhalb eines Hindernisses wird der Abstand zu den nächsten Hindernissen berechnet. In genügender Entfernung von Hindernissen kann nun durch eine einfache Kugelapproximation ein Weg für Hand und Last gesucht werden :
Hand und Last werden durch eine umhüllende Kugel approximiert. Ein Kubus im Abstandsbild, der deren Mittelpunkt enthält, ist sicher für Hand und Last, wenn sein Abstand zum nächsten Objekt größer ist als der Kugelradius. Diese Konfiguration ist zudem sicher für die Schulter und den Arm, wenn sich in einem entsprechenden Abstand eine passende Zelle für deren Referenzpunkt gefunden werden kann. Eine sichere Bahn für den gesamten Roboter wird nun ähnlich wie oben gesucht, wobei zusätzliche Randbedingungen bestehen durch die Verbindung zwischen Arm und Hand.

Dieses Kugelverfahren soll in erster Linie zur schnellen Suche in unproblematischen Umgebungen eingesetzt werden. Zum Einsatz in geringerer Entfernung zu Hindernissen sollen genauere Approximationen verwendet werden.

2.2.2 Automatisches Greifen

Im folgenden wird ein Systementwurf für ein Greifplanungsmodul vorgestellt [Hoermann 86a] . Der Systementwurf ist im wesentlichen durch eine Zwei-Phasen Struktur gekennzeichnet: in der ersten Phase (*offline*, d.h. nur in Kenntnis des zu greifenden Objektes) werden aufgrund einer CAD Beschreibung des Objektes und des Robotergreifers mögliche Greifkonfigurationen berechnet und diese dann auf Massenspeicher ausgegeben. Die so gewonnenen Daten werden anschließend in einer zweiten Phase (*online*, d.h. bei Ausführung des Greifvorganges) durch Information über die reale Umgebung des Objektes ergänzt und ermöglichen es damit, dynamisch eine geeignete Greifposition auszuwählen. Entsprechend dieser Phasenstruktur zerfällt das Greifplanungsmodul in zwei Komponenten, die im weiteren kurz mit *Analyse* (offline) bzw. *Selektion* (online) bezeichnet werden.

Ein Verfahren zum automatischen Greifen von Objekten hat die Aufgabe, zunächst am Objekt mögliche Greifpositionen zu analysieren und anschließend unter Berücksichtigung der Objektumgebung in der realen Welt ausführbare Greifpositionen auszuwählen. Diese Trennung in *Analyse* und *Selektion* kann auch eine zeitliche sein, d.h. die Analyse beruht nur auf geometrischer Information über das zu greifende Objekt und den verwendeten Robotergreifer; erst während bzw. vor Ausführung des eigentlichen Greifvorganges erfolgt die Selektion unter Berücksichtigung von Hindernissen in der Objektumgebung. Dieses wird zum einen dadurch bedingt, daß die benötigte Information zu unterschiedlichen Zeitpunkten verfügbar ist (Hindernisse in der Objektumgebung können nur dynamisch bestimmt werden); zum anderen durch die Tatsache, daß ein beträchtlicher Teil der Programmlaufzeit in der Analysephase steckt und diese daher soweit wie möglich *offline* erfolgen sollte, was insbesondere auch dem Realzeitverhalten des Gesamtsystems zugute kommt.

Eine *Greifposition P* ist eine Raumposition, welche der Robotergreifer mit einer bestimmten Orientierung anfährt, um dann dort den Greifvorgang auszuführen. Im vorliegenden Fall handelt es sich hierbei um das Schließen der Greiferfinger. Um einen sogenannten *guten Griff* zu erzielen, müssen einige Randbedingungen berücksichtigt werden. So darf der Greifer während des gesamten Vorganges weder mit dem Objekt noch mit Hindernissen in der Umgebung des Objektes kollidieren; auch ist es wünschenswert, daß der Griff zwischen Objekt und Greiferfinger stabil ist, d.h. daß das gegriffene Objekt während der Bewegung des Greifers seine relative Lage zu ihm nicht verändert. Das *Objektmodell* für die zu greifenden Objekte beinhaltet die geometrische und topologische Beschreibung eines dreidimensionalen Körpers und wird mit Hilfe eines CAD Systems gewonnen. Es dient zur Spezifikation des zu greifenden Objektes sowie der lokalen Hindernisse. In der Struktur handelt es sich um eine sogenannte *boundary representation* , d.h. ein Körper wird hierarchisch spezifiziert durch die Menge der ihn begrenzenden Flächen, diese wiederum durch eine Liste begrenzender Kanten und die schließlich durch die Angabe ihrer Endpunkte. (vgl. auch [Baer 79] , [Foley 82])

Prinzipiell können beliebige Körper durch das Greifplanungsverfahren bearbeitet werden, in der momentanen Implementierung jedoch sind die Objektmodelle auf die Klasse der Polyeder beschränkt. Dies vereinfacht bestimmte Analyseschritte und bewirkt im Grunde keine Einschränkung, da Körper außerhalb dieser Klasse entsprechend approximiert werden können.

Das *Greifermodell* wurde speziell auf die Verwendung eines *symmetrischen Parallelbackengreifers* hin ausgerichtet und ist als ein funktionales Modell des realen Greifers zu verstehen. Es zerfällt in die beiden Teilstrukturen der *Greiferhand* und der daran ansetzenden *Greiferfinger.* Beide sind durch einen Satz von Parameterwerten beschrieben und erlauben so die Einbettung realer Greifergeometrien in die Modellbeschreibung (siehe Bild 5).

Greifkonfigurationen sind Paare von Objektflächen, die als mögliche Angriffspunkte für die Fingerbacken des Greifers dienen. In einem Filterungsprozeß werden alle möglichen Kombinationen von Objektflächen betrachtet und diejenigen Paare ausgewählt, welche die folgenden Bedingungen erfüllen:

- Jede der beiden Flächen besitzt mindestens eine konvexe Randkante; d.h. die Fläche muß erreichbar sein.
- Die beiden Flächen sind parallel und ihre Außenseiten weisen voneinander weg.
- Der Abstand der beiden Flächen liegt zwischen der minimalen bzw. maximalen Öffnungsweite des Greifers; damit wird gewährleistet, daß der Greifer diese Flächen überhaupt bearbeiten kann.

– Die beiden Flächen überlappen sich in einem hinreichend großen Bereich; dieser dient als Angriffspunkt für die Fingerbacken und wird als *Greiffläche* bezeichnet.

Beim Anfahren einer Greifposition durchläuft der Körper des Robotergreifers ein gewisses Raumvolumen, dessen Form und Größe von der Greifergeometrie abhängig ist. Alle Objekte bzw. Teile davon, welche gleichzeitig in diesem Raumvolumen liegen, führen zu einer Kollision mit dem Greifer und müssen deshalb entsprechend berücksichtigt werden. Im weiteren sind sie kurz als *Hindernisse* bezeichnet.

Bei dem hier verwendeten Greifermodell lassen sich insbesondere zwei Klassen von Hindernissen unterscheiden, die getrennt voneinander behandelt werden müßen :

– Hindernisse für die Greiferfinger
– Hindernisse für die Greiferhand

Während im Falle der Hand nur Hindernisse betrachtet werden, welche die Anfahrbewegung stören könnten, sind für die Finger zusätzlich noch all die Objekte von Interesse, welche die Schließbewegung der Backen behindern könnten. Berücksichtigt man weiter, daß durch die Bestimmung einer Greifkonfiguration auch eine Teilorientierung des Greifers (die *Greifebene*) festgelegt wird, so kann man zu gegebenen Greifkonfigurationen die beiden Hindernisklassen wie folgt charakterisieren (siehe Bild 6):

– Fingerhindernisse sind all die Objektteile, die im Raumbereich zwischen der Fingerinnenfläche bei geschlossenen Backen (also in Kontakt mit den Greifflächen) bzw Fingeraußenfläche bei geöffneten Backen liegen.
– Handhindernisse sind all die Objektteile, die im Raumbereich zwischen der oberen bzw. unteren Handfläche liegen.

Für jedes ausgewählte Flächenpaar muß eine separate Hindernisbetrachtung durchgeführt werden, um Information über die Zugänglichkeit der zugehörigen Greifflächen zu erhalten. Diese Daten werden dann in einem späteren Schritt dazu benutzt, um einen kollisionsfreien Weg für den Greifer an die Greifflächen heran zu finden.

Eine signifikante Vereinfachung des Verfahrens erreicht man dabei durch eine Reduktion der dreidimensionalen Wegsuche auf eine zweidimensionale. Bildet man nämlich die Umrisse der Hindernisse durch eine Parallelprojektion senkrecht zur Greifebene auf diese ab, so erhält man geschlossene Gebiete in der Ebene, in welche die Projektion des Greifers nicht eindringen darf (siehe Bild 7). Es gilt aufgrund des symmetrischen Greifermodells folgender Sachverhalt :

> Ein Weg des Greifers im Raum ist kollisionsfrei, wenn die zugehörige Projektion des Weges auf die Greifebene kollisionsfrei ist unter Berücksichtigung der Hindernisprojektionen.

Projiziert man auch die Greifflächen auf die Greifebene, so hat man damit alle Voraussetzungen erfüllt, um im Zweidimensionalen eine Lösung des Greifproblems zu finden.

Eine der Hauptforderungen an das Greifplanungsmodul ist die Bestimmmung von *stabilen Greifpositionen*. Dies erfordert zum einen die Definition eines entsprechenden Gütemaßes und zum anderen die Angabe eines Algorithmus, mit dessen Hilfe sich das Gütemaß an realen Greifkonfigurationen berechnen läßt. In der vorliegenden Arbeit wurde deshalb eine Bewertungsgröße definiert, die es erlaubt, *relative Vergleiche* zwischen Greifkonfigurationen anzustellen und so die *beste* mögliche Greifposition unter den vorhandenen herauszufinden. Sie orientiert sich in erster Linie an der Tatsache, daß ein Griff umso stabiler ist, je näher der Schwerpunkt des Greifobjektes an den Fingerbacken liegt.

3. Realisierungskonzept und erste Ergebnisse

Idealerweise sollten die vorgeschlagenen Planungsebenen in einem einheitlichen Systemkonzept integriert werden. Dies gilt sowohl für die Entscheidungsmodule wie auch für die verschiedenen Modelle, auf denen diese Module operieren. Die verschiedenen Modelle unterscheiden sich prinzipiell durch den Grad der Abstraktion, wobei höhere Planungsebenen i.a. abstraktere Modelle verwenden. Da sich die Modelle der verschiedenen Abstraktionsebenen jedoch teilweise überlappen, sollten sie in einem hierarchischen Modell vereinigt sein, um mehrfache Datenhaltung zu vermeiden.

Die Strategieplanung selbst ist nicht durch die Verwendung von Algorithmen zu realisieren. Wie oben beschrieben besteht die Aufgabe darin, ausgehend von gegebenen Zielen geeignete Kombinationen von Zwischenzielen, Betriebsmitteln und Aktionen zu finden, durch die diese Ziele erreicht werden können. Zwischen den Festlegungen auf den verschiedenen Ebenen bestehen starke Abhängigkeiten. Für die Realisierung ist also ein geeigneter Inferenzmechanismus erforderlich, der die Verbindung von Zielen zu Zwischenzielen, zwischen Zielen und Betriebsmitteln und zwischen Betriebsmitteln und Aktionen sucht und herstellt. Dies legt die Realisierung durch ein regelbasiertes System nahe, indem die notwendigen Zuordnungsvorschriften durch Regeln beschrieben sind und eine Beschreibung der Ziele, Betriebsmittel und Werkstücke in der Datenbasis abgelegt ist. Für die Betriebsmittelwahl spielen allerdings auch die Positionen der Teile und das Layout der Zelle, die Kinematik und Geometrie der Roboter und die Greifeigenschaften der Greifer eine Rolle. Diese Informationen können mittels mathematischer Modelle abgeleitet werden, die effektiver durch prozedurale Programmiersprachen beschreibbar sind.

Ähnlich verhält es sich bei den unteren Planungsebenen. Sie verwenden geometrische Modelle mit sehr niederem Abstraktionsgrad, die die Form und Größe der verschiedenen Objekte genau genug beschreiben. Die Modelle der verschiedenen Planungsebenen überlappen sich stark, so daß weitgehend dasselbe Modell verwendet werden kann. Das Auffinden von Griffen und Bewegungen erfordert Algorithmen mit sehr aufwendigen Berechnungen. Auch hier bieten sich daher eher prozedurale Programmiersprachen für die Realisierung an.

Für die Realisierung des ersten Prototyps des Aktionsplanungsystems wurde die Sprache OPS5 verwendet, um den regelbasierten Teil der Strategieplanung zu realisieren. [Brownston 85] [Forgy 81] [Hayes-Roth 83] OPS5 ist eine bereits mehrfach überarbeitete Version des ursprunglichen Systems OPS (Overall Production System), das u.a. für den Bau eines Expertensystems zur Konfiguration von VAX-Rechnern erfolgreich eingesetzt wurde. [McDermott 80] OPS5 steht sowohl in einer Franzlisp-Version, als auch in einer BLISS-Version auf Vax-Rechnern zur Verfügung. Die geometrischen Teile aller Planungsebenen wurden in PASCAL ebenfalls auf VAX unter VMS programmiert, die über OPS5 als externe Module angesprochen werden können.

Zum Zeitpunkt der Wahl von OPS5 war der Gesichtspunkt der Verfügbarkeit mitentscheidend. Aufgrund der gewonnenen Erfahrungen hat sich gezeigt, daß das Werkzeug einige Wünsche offenläßt (siehe hierzu auch [Brewka 84]) Sowohl bezüglich der Benutzeroberfläche als auch der Flexibilität gibt es inzwischen leistungsfähigere Werkzeuge für den oben beschriebenen Problemkreis.

Literatur

Hoermann 85a

K. Hörmann : Planungsverfahren in der Robotik, in H. Stoyan (Ed.) : "Proc. 9th German Workshop on Artificial Intelligence, Dassel/Solling, Sept. 1985", Springer, 1986

Fikes 71

R.E. Fikes and N.J. Nilsson : STRIPS : A New Approach to the Application of Theorem Proving to Problem Solving, Artifcial Intelligence 2, 1971, pp. 189-208

Sacerdoti 74

E.D. Sacerdoti : Planning in a Hierarchy of Abstraction Spaces, Artificial Intelligence 5, 1974, pp. 115-135

Sussman 75

G.J. Sussman : A Computer Model of Skill Aquisition, American Elsevier, New York, 1975

Fahlman 73

S.E. Fahlman : A Planning System for Robot Construction Tasks, M.S. dissertation, MIT-AI-Lab. Techn. Report 283, Cambridge, Mass., 1973

Sacerdoti 75

E.D. Sacerdoti : A Structure for Plans and Behaviour, Doctoral Dissertation, AI-Center, SRI International, Inc., Techn. Note 109, Menlo Park, Calif., 1975

Taylor 76

R.H. Taylor : The Synthesis of Manipulator Control Programs from Task-level Specifications, Ph.D. dissertation, AI-Lab., Stanford Univ., Rep. AIM-282, July 1976

Lozano-Perez 77

T. Lozano-Perez and P.H. Winston : LAMA : A Language for Automatic Mechanical Assembly, in Proc. 5th IJCAI, Cambridge, Mass., Aug. 1977

Lieberman 77

L.I. Lieberman and M.A. Wesley : AUTOPASS : An Automatic Programming System for Computer Controlled Mechanical Assembly, IBM Journal of Res. and Developm., Vol. 21, No. 4, 1977

Laugier 85

C. Laugier and J. Pertin-Troccaz : SHARP : A System for Automatic Programming of Manipulation Robots, 3rd Int. Symp. on Robotics Research, Paris, Oct. 1985

Collins 84

K. Collins, A.J. Palmer, K. Rathmill: The Development of a European Benchmark for the Comparison of Assembly Robot Programming Systems, Robotic Technology and Applications, Proceedings of the 1st Robotics Europe Conference, Brussels, June 27-28, 1984, Springer-Verlag 1985

Hoermann 86b

K. Hoermann : A Cartesian Approach to Findpath for Industrial Robots, Proc. of the NATO Advanced Research Workshop on Languages for Sensor-Based Control in Robotics, Castelvecchio Pascoli, Italy, Sept. 1986

Hörmann 85b

K. Hörmann : A Concept for an Integrated Robot Planning and Adaptive Control System, Proc. Symp. on Robot Control, Barcelona, Spain, Nov. 1985

Hoermann 86a

A. Hörmann : Ein Verfahren zum automatischen Greifen von Objekten mit Industrierobotern, Diplomarbeit am Institut für Informatik III (Forschungsgruppe Prof. Rembold), Universität Karslruhe, 1986

Baer 79

Baer, A., C. Eastman und M. Henrion. Geometric Modelling : A Survey, *Computer Aided Design* 11(5), 253–272 (1979).

Foley 82

Foley, A. und J. D. Van Dam. *Principles of Interactive Computer Graphics.* Addison–Wesley, 1982.

Brownston 85

L. Brownston, R. Farrell, E. Kant, N. Martin: Programming Expert Systems in OPS5, Addison-Wesley, 1985

Forgy 81

C.L. Forgy: OPS5 User's Manual, Carnegie-Mellon University, CMU-CS-81-135, 1981

Hayes-Roth 83

F. Hayes-Roth, D.A. Waterman, D.B. Lenat: Building Expert Systems, Addison-Wesley, 1983

McDermott 80

J.McDermott: R1, A rule-based Configurer of Computer Systems, Carnegie-Mellon University, 1980

Brewka 84

G. Brewka, F. di Primio, B.S. Müller: Arbeitpapiere der GMD, Nr. 124, 1985

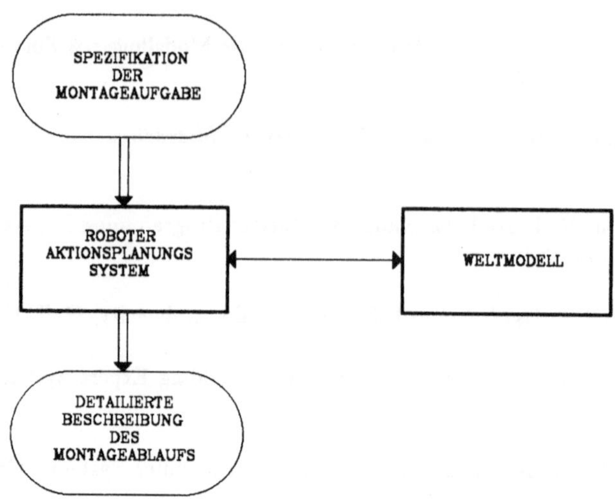

Bild 1 : Schema eines Roboter-Aktionsplanungssystems

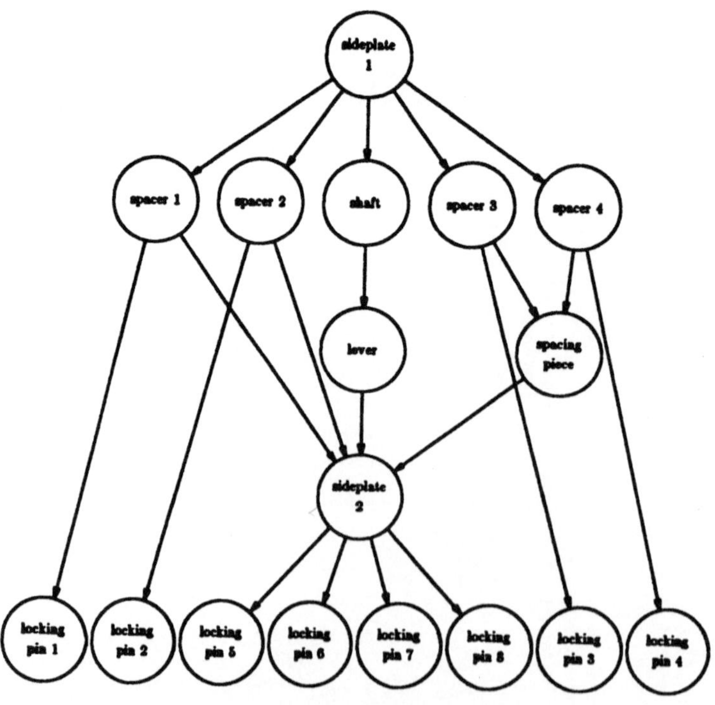

Bild 3 : Der Montagegraph des Cranfield-Benchmark

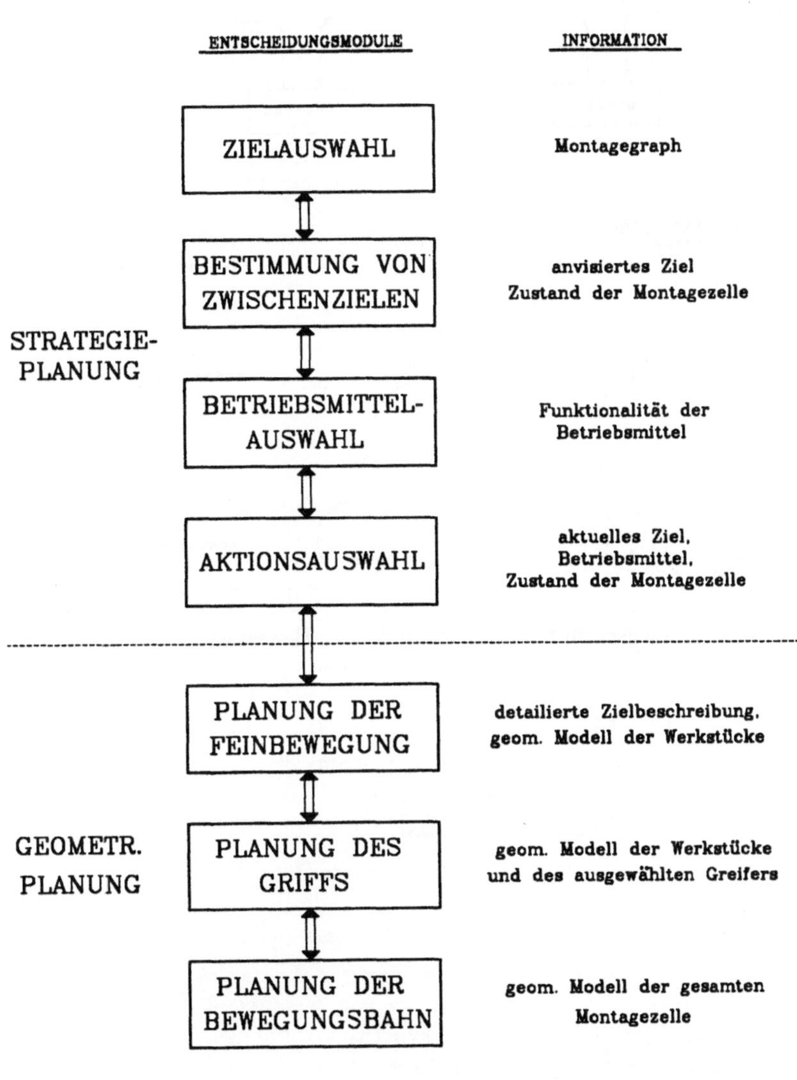

Bild 2 : Die Hierarchie der Planungsebenen

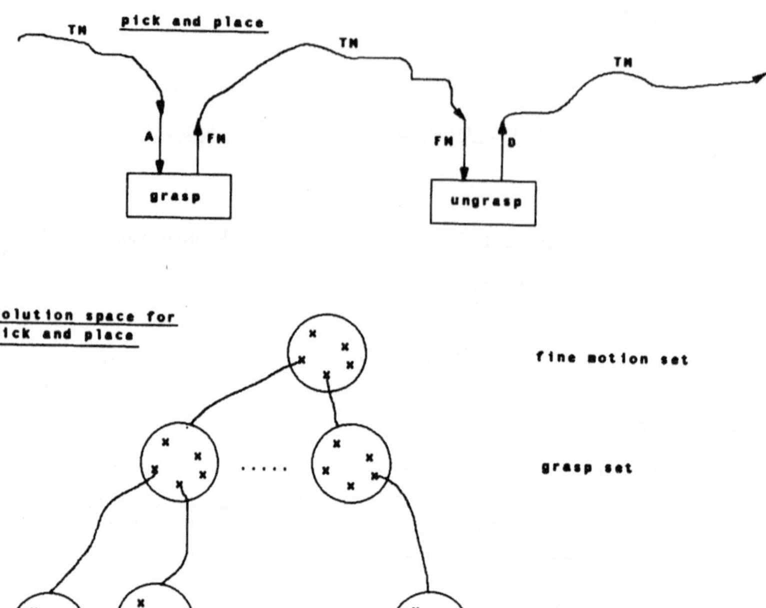

Bild 4 : Lösungsraum für eine Pick-and-Place-Bewegung

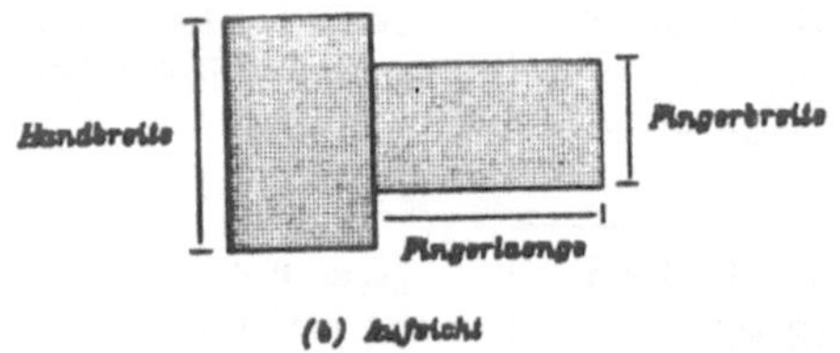

(b) Aufsicht

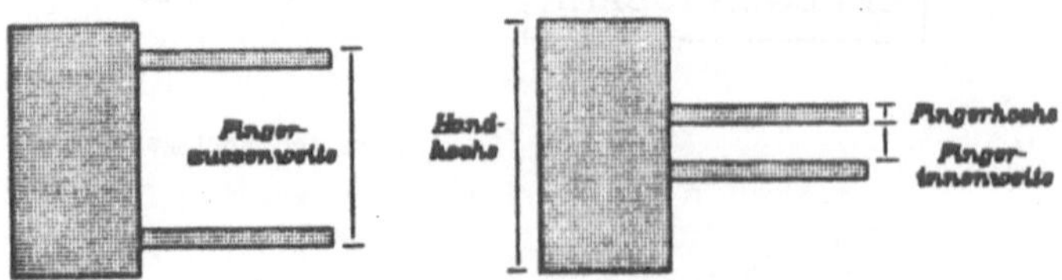

(a) Seitenriss mit geoeffneten bzw geschlossenen Fingerbacken

Bild 5 : Modell des Robotergreifers

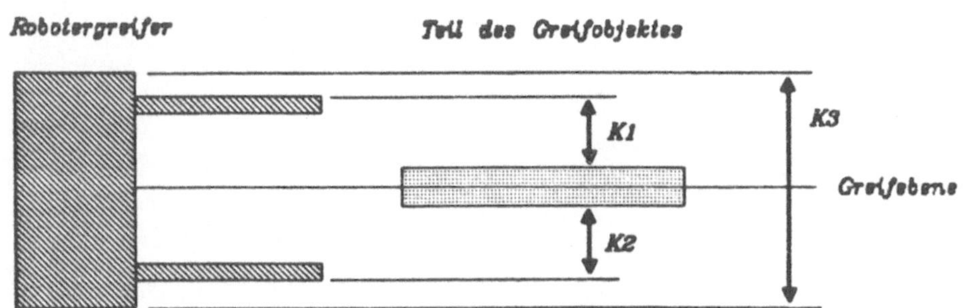

Seitenansicht einer moeglichen Greifposition

K1, K2 Hindernisbereich fuer Greiferfinger
K3 Hindernisbereich fuer Greiferhand

Bild 6 : Raumbereiche für Greiferhindernisse

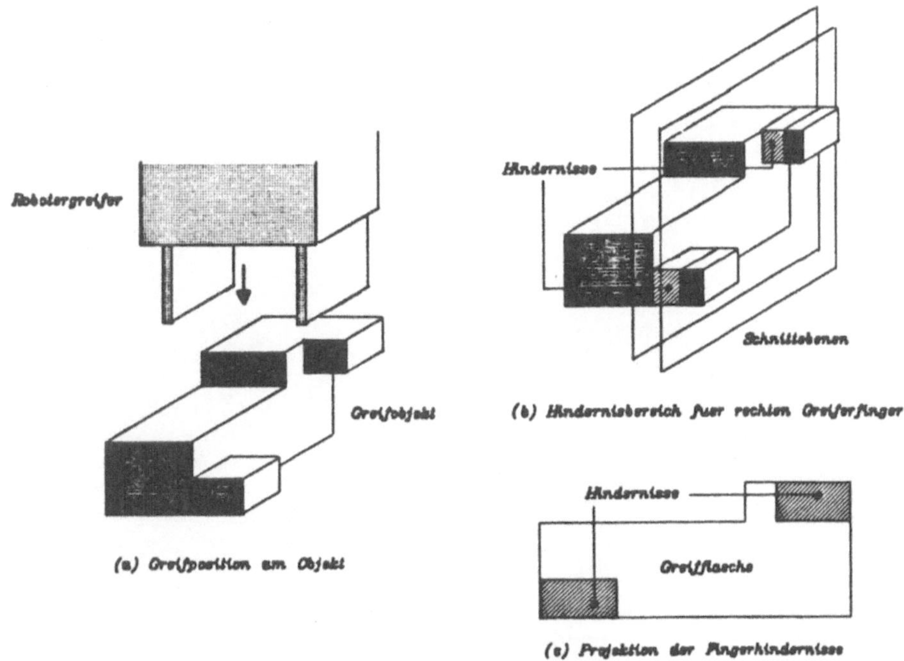

Bild 7 : Projektion von Greiferhindernissen